Berner Zeiten

Berns mutige Zeit

Das 13. und 14. Jahrhundert neu entdeckt

Berner Zeiten

Berns mutige Zeit

Das 13. und 14. Jahrhundert neu entdeckt

Herausgegeben von Rainer C. Schwinges
Redaktion Charlotte Gutscher

Schulverlag blmv AG und Stämpfli Verlag AG
Bern 2003

Publiziert mit Unterstützung der Historisch-Antiquarischen Kommission der Sadt Bern.
Das Gesamtprojekt wurde gefördert durch die Burgergemeinde Bern, die Stadt Bern und den Kanton.

Verein *Berner Zeiten*
Prof. Dr. Norberto Gramaccini, Universität Bern
Prof. Dr. Rainer C. Schwinges, Universität Bern
Dr. des. Cynthia Dunning, Kantonsärchäologin
Dr. phil. Roland Flückiger, Vertreter Denkmalpflege der Stadt Bern
Raymond Gertschen, Direktor Bern Tourismus
Dr. des. Charlotte Gutscher
Lic. phil. Peter Jezler, Direktor Bernisches Historisches Museum
Dr. phil. Peter Martig, Staatsarchivar
Dr. phil. Jürg Schweizer, Denkmalpfleger des Kantons Bern
Lic. phil. Harald Wäber, Direktor Bugerbibliothek Bern

Buchmacher und Koordination:
Jürg Rub

Gestaltung Umschlag und Buchzeichen:
Atelier Thomas Richner

Satz und Druck:
Stämpfli AG, Publikationen, Bern

Lithographien:
Prolith AG, Köniz

Buchbinder:
Schumacher AG, Schmitten

Frontispiz:
Die für Bern bestimmte Vetragsausfertigung des Bündnisses vom 6. März 1353 zwischen Bern, Uri, Schwyz und Unterwalden mit den erhaltenen Siegeln der vier Partner; StAB Berner Bund.

Schulverlag blmv AG ISBN 3-292-00030-0
Stämpfli Verlag AG Bern ISBN 3-7272-1272-1
Printed in Switzerland

Inhalt

Bern – die Stadt

Bern – das Land

Geistliches und geistiges Leben

Das Ausgreifen aufs Land

Anhang

Préface

La publication que voici représente le deuxième volume proposé par l'association *Berner Zeiten*. Paru en 1999, le premier tome, un épais recueil d'études de grande importance, portait sur le XVe siècle bernois. Cette association regroupe des professeurs de l'Université de Berne, des archéologues, des conservateurs des monuments, des archivistes, des directeurs et des personnalités de la vie publique. Ils se sont tous penchés sur l'histoire de la ville et du canton de Berne, de sa fondation jusqu'à l'époque moderne, dans le but de présenter les résultats de leurs recherches sous forme d'une publication somptueuse de six volumes, voué chacun à une période différente. L'élaboration d'un tel projet, qui s'étend sur une durée de vingt ans, requiert une réflexion minutieuse. Ainsi, la sortie du premier livre fut soigneusement préparée et le succès ne s'est pas fait attendre longtemps. L'édition de 4000 exemplaires était rapidement épuisée – un signe que le public s'intéresse vivement à l'étude de l'histoire. En plus des spécialistes, cette oeuvre ne manqua pas d'enthousiasmer les passionnés et les curieux. Les responsables reçurent en effet louanges et encouragements à foison. Il ne s'agissait alors plus de savoir s'il fallait poursuivre ce projet, mais plutôt quelle en serait la prochaine étape. Le jubilé de 2003, portant sur les «650 ans du canton de Berne au sein de la Confédération», fournit alors le sujet idéal. En collaboration avec Peter Jezler et le Musée historique, lieu de la manifestation et responsable de la coordination, l'association saisit l'occasion de livrer une contribution adéquate. Le livre: «Berns mutige Zeit – Das 13. und 14. Jahrhundert neu entdeckt» traite de l'époque agitée comprise entre la fondation de la ville par le Duc Berchtold V de Zähringen (1191) et le grand incendie de 1405. La ville impériale s'était alors élevée au rang d'un état cité puissant, ce qui, le 6 mars 1353, devait l'amener à conclure l'«alliance éternelle» avec Uri, Schwyz et Unterwald et jeter ainsi les bases de la Confédération actuelle.

La réalisation du projet de livre entraîna une modification de l'ancienne structure de direction. Les succès ainsi que les erreurs que l'on a pu faire lors de l'élaboration du premier volume, et cela dans des circonstances bien plus ardues, ont permis de se rendre compte d'un certain nombre de choses. En premier lieu, il s'agissait de recruter de nouveaux membres prêts à investir leur temps et leur savoir dans ce projet. Il s'agit de Dr Peter Martig, directeur des Archives de l'Etat, Harald J. Wäber, directeur de la Bibliothèque de la Bourgeoisie de Berne, Dr Jürg Schweizer, chef du service cantonal des monuments historiques, Cynthia Dunning, archéologue cantonale, et de Dr Roland Flückiger, représentant du service communal des monuments historiques. Par ailleurs, certains anciens membres restèrent fidèles à l'association: Prof. Dr Rainer C. Schwinges, directeur de l'Institut d'Histoire de l'Université de Berne, Peter Jezler, directeur du Musée historique bernois, Raymond Gertschen, directeur de l'Office du tourisme de Berne ainsi que Dr des. Charlotte Gutscher-Schmid. Ce comité devait tout d'abord définir, puis assigner les tâches de chacun; on discuta avant tout de la conception et du financement du livre. On se demanda quelle était la meilleure manière d'intégrer la publicité du volume aux diverses manifestations du jubilé. Par chance, Charlotte Gutscher-Schmid et Jürg Rub, qui s'étaient déjà distingués lors du premier projet, se sont montrés d'accord de veiller à la réalisation opérationnelle du projet. En outre, une commission formée de Dr Armand Baeriswyl, Vinzenz Bartlome, Dr Claudia Engler, Dr Roland Gerber, Dr Daniel Gutscher, Dr Christian Hesse, Barbara Studer et du Prof. Dr Urs Martin Zahnd était responsable, avec le Prof. Dr Rainer C. Schwinges, de l'élaboration d'un concept détaillé du contenu du livre. Ils établirent la structure de cette œuvre qui comprend plus de quarante auteurs et ils rédigèrent eux-mêmes de nombreuses contributions. Il s'agissait de réaliser un livre qui ait une grande valeur informative, qui soit agréable à lire et structuré logiquement. L'acquisition des textes ne représentait toutefois qu'un aspect du travail. Une importance presque égale revint aux illustrations. Le service archéologique du canton de Berne a lui-même dessiné les plans nécessaires, ce qui requit un travail immense. Il a par ailleurs fourni la plupart des illustrations. On ne peut ainsi remercier suffisamment tous ceux qui, en plus de leurs charges habituelles, ont mené à bien une tâche de si longue haleine.

C'est grâce à l'autorité scientifique et organisationnelle de Rainer C. Schwinges qu'une entreprise si complexe a pu arriver à bon port. Tous les participants du projet ont pu bénéficier de sa grande connaissance du sujet, de sa détermination ainsi que de sa renommée dans le monde scientifique. Berns mutige Zeit est avant tout sa création. Le mérite de la réussite revient aux collaboratrices et collaborateurs de l'Institut historique, tous impliqués dans l'entreprise d'une manière ou d'une autre. Charlotte Gutscher-Schmid s'est chargée des lourdes tâches scientifiques et administratives; en plus du secrétariat de l'association, elle s'est occupée de la rédaction du livre. De son côté, Jürg Rub, qui avait déjà réalisé le lay-out du premier volume, s'est consacré à la conception graphique et à la mise en page. Leur immense engagement, qui aux yeux de tous est bien au-delà de toute possibilité de rémunération matérielle, mérite une gratitude infinie. Par ailleurs, un appui extérieur s'annonça. Dans la phase initiale, l'association historique, présidée par Dr Jürg Segesser, décida de commander le volume Berns mutige Zeit à l'avance, comme cadeau annuel à ses membres, ce qu'elle avait déjà fait avec *Berns grosse Zeit*. C'est ici l'occasion d'exprimer mes remerciements pour cette longue amitié collégiale.

Les meilleures initiatives ne servent cependant à rien si les encouragements de l'extérieur ne se transforment pas en espèces sonnantes... *Vivat et res publica!* De nombreux entretiens furent décisifs. Diverses personnalités s'y prêtèrent: le Conseiller d'Etat Mario Annoni, directeur de l'instruction publique et son secrétaire général d'alors, Peter Martin, le maire, Dr Klaus Baumgartner, le président de la Bourgeoisie de Berne, Dr Kurt Hauri, remplacé par l'ancien archiviste d'Etat, Dr Karl Wälchli, ainsi que le Recteur de l'Université de Berne, Prof. Dr Christoph Schäublin. Il apparut ainsi que le premier volume, avec sa reliure verte et son épaisseur de plus de 600 pages, était digne de confiance. A une époque où des projets, tels que le Centre Paul-Klee et le Musée d'art contemporain pèsent lourd sur le budget communal, le soutien généreux et prompt de tous les bienfaiteurs nommés, ainsi que d'un seul qui désire garder l'anonymat, mérite d'être particulièrement relevé. Il faut maintenant espérer que *Berns mutige Zeit* sera en mesure d'accroître encore ce potentiel de confiance. Avant sa parution, un tel regard sur les origines lointaines de notre cité était impossible; peut-être invitera-il également les générations futures à se pencher sur le Moyen-Âge. Mais que l'on se dirige ensuite vers d'autres horizons que les origines de l'histoire de la ville. Il ne faudrait pas que l'on dise que l'association Berner Zeiten bouleverse arbitrairement les priorités historiques. Après les siècles intitulés «courageux» et «grand» des deux premières publications, le prochain livre portera sur le noble XVIIIe siècle. Il est prévu pour 2008 et coïncide avec un autre anniversaire important: le 300e anniversaire d'Albrecht von Haller. Mais cette date est encore lointaine. Puissent les lectrices et les lecteurs tirer plaisir et profit de ce livre et, qu'à côté de tous ses aspects insolites, il leur offre inlassablement le reflet à la fois lointain et caractéristique de l'époque actuelle.

Prof. Dr Norberto Gramaccini
Président de l'association *Berner Zeiten*

Vorwort

Das vorliegende Buch ist nach der Veröffentlichung einer schwergewichtigen Studie zum bernischen 15. Jahrhundert, die 1999 erschien, die zweite Publikation des Vereins *Berner Zeiten*. Hinter dem Namen verbirgt sich eine Gruppe von Professoren der Universität Bern, Archäologen, Denkmalpflegern, Archivaren, Direktoren und Persönlichkeiten des öffentlichen Lebens, die sich zusammengefunden haben, um die Geschichte der Stadt und des Kantons Bern von seiner Gründung bis zur Gegenwart in grosszügigen Epochenschritten zu bearbeiten und die Ergebnisse in Form sechs prächtiger Bände der Öffentlichkeit vorzulegen. Ein solches Riesenprojekt, das sich über einen Zeitraum von zwanzig Jahren erstrecken soll, will gut überlegt sein. Daher wurde der Aufnahme des ersten Buches eine grosse Bedeutung beigemessen. Erfreulicherweise liess der Erfolg nicht lange auf sich warten. Die Auflage von 4000 Exemplaren war bald vergriffen – ein Zeichen dafür, dass die Beschäftigung mit der Vergangenheit weiterhin ein Publikum findet. Neben der Fachwelt konnten sich weitere Kreise von Interessierten und Neugierigen für das Buch begeistern. Den Verantwortlichen wurde vielerlei Lob und Ermutigung zuteil. Die Frage war bald nicht mehr, ob weitermachen, ja oder nein, sondern in welche Richtung der nächste Schritt zu erfolgen hatte. Die Antwort lieferte das für das Jahr 2003 geplante Jubiläum «650 Jahre Bern in der Eidgenossenschaft». Der Verein erkannte die Gelegenheit, zusammen mit Peter Jezler und dem Historischen Museum, Austragungs- und Koordinationsort der Feiern, einen passenden Beitrag zu leisten. Das Buch sollte jene krisengeschüttelte Epoche zum Gegenstand haben, die sich zwischen der Stadtgründung durch Herzog Berchtold V. von Zähringen (1191) und dem grossen Brand von 1405 schiebt: *Berns mutige Zeit – das 13. und 14. Jahrhundert neu entdeckt*. Damals hatte sich die Reichsstadt zum mächtigen Stadtstaat erhoben – es war die Voraussetzung jenes am 6. März 1353 mit den Ländern Uri, Schwyz und Unterwalden geschlossenen «ewigen Bundes», dem die heutige Eidgenossenschaft ihr Entstehen verdankt.

Mit der Verwirklichung des Buchprojektes ging eine Veränderung der alten Leitungsstruktur einher. Man war aus den Erfolgen, aber auch aus den Fehlern klug geworden, die der unter ungleich grösseren Schwierigkeiten bearbeitete erste Band mit sich gebracht hatte. Zunächst ging es darum, neue Mitglieder hinzuzugewinnen, die bereit waren, ihre Zeit und ihr Wissen in das Projekt zu investieren. Es erklärten sich bereit Dr. Peter Martig, Direktor des Staatsarchivs, Harald J. Wäber, Direktor der Burgerbibliothek, Dr. Jürg Schweizer, Leiter der kantonalen Denkmalpflege, Cynthia Dunning, Kantonsarchäologin, Dr. Roland Flückiger, Vertreter der städtischen Denkmalpflege. Von den früheren Mitgliedern blieben dem Verein erhalten: Prof. Dr. Rainer C. Schwinges, Direktor des Historischen Instituts der Universität Bern, Peter Jezler, Direktor des Historischen Museums Bern, Raymond Gertschen, Direktor Bern Tourismus, und Dr. des. Charlotte Gutscher-Schmid. Die vorrangige Aufgabe dieses Vorstandes lag darin, die anfallenden Aufgaben zu definieren und personell zuzuweisen; im Mittelpunkt der Gespräche stand die Konzeption des Buches, die Einwerbung der Mittel und die Form der Werbung im Rahmen der weiteren Jubiläumsveranstaltungen. Es erwies sich als Glücksfall, dass für die operationelle Umsetzung Charlotte Gutscher-Schmid und Jürg Rub gewonnen wurden, die sich schon im ersten Bern-Projekt ausgezeichnet hatten. Daneben formte sich ein Arbeitsausschuss – bestehend aus Dr. Armand Baeriswyl, Vinzenz Bartlome, Dr. Claudia Engler, Dr. Roland Gerber, Dr. Daniel Gutscher, Dr. Christian

Hesse, Barbara Studer und Prof. Dr. Urs Martin Zahnd. Sie waren mit Prof. Dr. Rainer C. Schwinges für die Erstellung eines detaillierten inhaltlichen Konzeptes verantwortlich, erstellten mit über vierzig Autoren die Architektur des Buches und verfassten selber zahlreiche Beiträge. Das Buch sollte nicht nur umfassend informieren, sondern auch gut lesbar und logisch aufgebaut sein. Doch das Verfassen und Einholen der Texte ist nur eine Seite der Medaille. Fast ebenso wichtig sind die Abbildungen. Der archäologische Dienst des Kantons Bern zeichnete unter immensem Arbeitseinsatz die erforderlichen Pläne und besorgte den Grossteil der Abbildungen. Der Dank allen Beteiligten gegenüber, die derart zeitraubende Arbeiten neben ihren übrigen Belastungen durchführten, kann nicht gross genug ausfallen.

Der Autorität von Rainer C. Schwinges auf allen Gebieten, die in wissenschaftlicher wie organisatorischer Hinsicht anfielen, ist es zuzuschreiben, wenn das komplexe Unternehmen an sein Ziel gelangte. Von seiner grossen Kenntnis der Materie, seiner Entscheidungsfreudigkeit und nicht zuletzt seinem Renommee in der wissenschaftlichen Welt haben alle an dem Projekt Beteiligten profitiert. *Berns mutige Zeit* ist weitgehend sein Kind, auch wenn er es früh auf eigene Beine stellte. Dass dies gelang, ist den Mitarbeiterinnen und Mitarbeitern des Historischen Instituts zu verdanken, die auf die eine oder andere Weise in das Unternehmen hineingezogen wurden. Dabei lag die Hauptlast der wissenschaftlichen und technischen Betreuung bei Charlotte Gutscher-Schmid, die neben dem Sekretariat des Vereins die wissenschaftliche Redaktion übernahm, während Jürg Rub, der bereits für das Layout des ersten Bandes zuständig war, das Projekt als Buchmacher betreute. Beider Einsatz für das vorliegende Buch war immens und verdient grössten Dank. Es ist allen Beteiligten bewusst, dass er weit über das hinausging, was materiell vergütet werden konnte. – Hilfe kam zudem von aussen. Gerade in der Anfangsphase war die Initiative des Historischen Vereins unter dem Präsidium von Dr. Jürg Segesser entscheidend.

Es nützen indes die besten Initiativen wenig, wenn nicht der Zuspruch, der von aussen kommt, sich in klingende Münze verwandelt ... *Vivat et res publica!* Entscheidend waren die Gespräche auf der Erziehungsdirektion mit Regierungsrat Mario Annoni und seinem damaligen Generalsekretär Peter Marti, mit dem Stadtpräsidenten Dr. Klaus Baumgartner, dem Burgergemeindepräsidenten Dr. Kurt Hauri, vertreten durch alt Staatsarchivar Dr. Karl Wälchli, und dem Rektor der Universität Bern, Prof. Dr. Christoph Schäublin. Es zeigte sich, dass der Band I mit seinem grünen Einband und den über sechshundert Seiten Vertrauen einflösste. Die grosszügige und rasche Unterstützung durch alle Genannten wie durch einen ungenannt bleiben wollenden Förderer in einer Zeit grosser Beanspruchung der Stadt durch Projekte wie das Paul-Klee-Zentrum und das Museum für Gegenwartskunst verdient eine besondere Hervorhebung. Es bleibt nur zu hoffen, dass *Berns mutige Zeit* das Vertrauenskapital noch zu erhöhen vermag. Einen Blick wie diesen, in die fernen Anfänge unserer Stadt, konnte man niemals zuvor werfen, und es wäre denkbar, dass er das Mittelalter auch kommenden Generationen zugänglich erscheinen lässt. Doch dann sei es vorbei mit dem Gründeln in den Anfängen der Geschichte Berns. Es soll nicht heissen, der Verein *Berner Zeiten* verkehre willkürlich die historischen Prioritäten. Das folgende Buch, nach den mutigen und grossen Jahrhunderten, gilt daher dem stolzen 18. Jahrhundert. Es ist für das Jahr 2008 vorgesehen und fällt mit einem weiteren grossen Jubiläum zusammen: dem dreihundertsten Geburtstag Albrecht von Hallers. Bis dahin ist noch viel Zeit. Mögen die Leserinnen und Leser sie dazu nutzen, Freude und Gewinn aus dem vorliegenden Buch zu ziehen und neben allem Fremden, das er bietet, in ihm das immer wiederkehrende, zugleich ferne und charakteristische Spiegelbild des Gegenwärtigen erblicken.

Prof. Dr. Norberto Gramaccini
Präsident Verein *Berner Zeiten*

Einführungen

Rainer C. Schwinges

Bern – mutig und erfolgreich ins 13. und 14. Jahrhundert

Als Bern am 6. März 1353 in das Bündnis der Eidgenossen eintrat, hatte die Stadt die entscheidenden Schritte ihrer noch jungen Geschichte bereits getan. Die Fundamente der heutigen Stadt und des Kantons waren gelegt. Mit Mut, Glück und Können und im Schlagschatten vielfältiger Interessen, nicht zuletzt des Königs und Kaisers, entschied sich Berns Aufstieg zur beherrschenden Kraft des burgundischen Raumes. Berns Erbauer und Bürger waren mutig gewesen, hatten *geturstige manheit* bewiesen, kühne Tatkraft nach des Chronisten Justinger Ansicht,[1] und waren eine Macht geworden, mit der zu verbünden sich lohnte, mit der die nahen Kräfte ebenso rechneten wie die ferneren. Über dem Tal der Aare hatte sich auf einem Felssporn eine imponierende Stadtanlage erhoben, giebel- und türmereich, weithin sichtbar und landbeherrschend. Um so mehr erstaunte es spätere Geschichtsdeuter, dass Bern, obwohl die berühmteste Stadt der Schweiz, noch gar nicht so alt sei, keine urbane Kontinuität aufweise, obwohl doch die Römer im Lande gewirkt und der Bevölkerung ihren kulturellen Stempel aufgedrückt hatten. Doch brauche Bern den Vergleich mit den prächtigen Städten der Antike nicht zu scheuen. Für Leute im Lebensgefühl von Renaissance und Humanismus war das nicht nur ein Kompliment, sondern zugleich der Versuch, die fehlende Anciennität Berns im Kreise der alten Römerstädte Burgunds zu überbrücken und wenigstens intellektuell Kontinuität zu stiften.

Was gelehrten Köpfen, hier dem eines Heinrich von Gundelfingen,[2] am Ende des Mittelalters entsprossen war, hatte Konrad Justinger, Berns Stadtschreiber und erster bedeutender Chronist seit 1420, auf volksfromme, verständliche Weise vorweggenommen. Justinger knüpfte Kontinuität an ein Reliquienereignis aus christlicher Antike und Heilsgeschichte und band schon das präurbane Bern darin ein. Gleich das erste historische Kapitel seiner Chronik erzählt vom Römerkaiser Friedrich Barbarossa, einem Nachfolger des Augustus, er habe in Mailand die kostbaren Gebeine der Heiligen Drei Könige gewonnen und sie dem Kölner Erzbischof übergeben, der sie in seine Stadt und Kirche überführen liess. Dabei machten sie von Mailand kommend Station im Zürcher Fraumünster, bevor sie durchs Land und weiter nach Köln getragen wurden. Jeder Berner Leser verstand damals die Anspielung: Wo immer Städte entlang des Reisewegs der Heiligen Könige gegründet wurden, und vielleicht waren sie ja auch über Berner Gebiet gezogen, geschah es auf gesegnetem Boden.[3]

Dies vorausgesetzt, wusste der Berner Chronist sehr wohl, dass Städtegründung eine ganz und gar profane Angelegenheit gewesen ist. Es war gar nicht notwendig, nach weiteren Anknüpfungspunkten zu suchen, um Berns Existenz herauszustreichen, abgesehen einmal von der netten, namengebenden Geschichte der Jagd auf den Bären, mit der man die Stärke und den Mut des Tieres zum Schutz der Seinen assoziieren und symbolhaft im Wappen adaptieren konnte. Als Bern 1191 entstand, waren grosse Teile Europas bereits städtische Grossbaustellen. Der Urbanisierungsprozess begann fast überall gleichzeitig, sowohl in als auch neben antiken Ruinen und am meisten auf unberührtem Boden, wo zuvor noch Wälder und Naturland gewesen waren. Überall wurde abgemessen und parzelliert, wurden Burgen, Häuser und Kirchen gebaut, Gräben und Mauern gezogen, Strassen und Plätze angelegt. Allein im Gebiet des alten Reiches nördlich der Alpen waren um 1200 bereits 600 Städte entstanden; und nur fünf Jahrzehnte später hatte sich ihre Zahl auf über 1800 verdreifacht (→ S. 81).[4] Damit lag die Berner Gründung ganz im Trend der mitteleuropäischen Stadtentstehung und profitierte von jenen Triebkräften, die den Aufbruch Europas, die erste innere und äussere Expansion ermöglicht hatten.

Eine der Haupttriebkräfte war die Bevölkerungszunahme, die zwischen den Jahren 1000 und 1300 in West- und Mitteleuropa rund 70 Prozent betrug. Allein in den ersten Jahrzehnten Berns, von 1200 bis 1250, als die neue Stadt sich mit Bürgern und Einwohnern füllen musste, erreichte sie über 20 Prozent. Infolgedessen expandierte man nach innen hin durch Landesausbau und Erschliessen neuer Siedlungsräume, durch Wachstum von Handel und gewerblicher Produktion unter Einschluss von technischen Neuerungen. Nach aussen hin griff man über den alten Horizont hinaus: Reconquista, Kreuzzugsbewegung, deutsche Ostsiedlung, neue Seehandelswege mögen als Hinweise genügen. Jedenfalls geschah etwas im hohen Mittelalter, das in seiner umwälzenden Dynamik erst wieder in der Industrialisierungsphase vom 18. zum 19. Jahrhundert erlebt werden konnte.

Ein historiographisches Talent wie Justinger hatte die Triebkraft des demographischen Prozesses durchaus bemerkt: *Es waz ouch daz lant zu den ziten vol lüten, und daz ist noch wol schinber an den burgen und burgstalen, die in dem lande sint; von note muste vil lüten im lande sin, die so vil herren und herschaft erzugen als do in dem lande waz.*[5] Bemerkt hatte er dabei auch, dass eine grosse Bevölkerungszahl vermehrte Herrschaft erzeugte. In der Tat war Herrschaft neben der demographischen Entwicklung und den ökonomischen Antriebskräften zur Gründungszeit Berns schon die bewegende und künftig entscheidende Kraft der Stadtentstehung. Konsequent nutzte die staufische Königs- und Kaiserfamilie Stadtgründungen als Werkzeug der Herrschaftsbildung, um Hausmacht, Länder und Einflussgebiete abzusichern. Mittels der Städte suchten die Staufer einen breiten Diagonalgürtel von Burgund bis Meissen-Brandenburg durch das Reich zu legen und dieses dadurch zu verklammern. Letztlich war dieser Städtepolitik zwar kein Erfolg beschieden, nicht einmal unter Kaiser Friedrich II., doch der Versuch, auf diese Weise zu einer flächenhaften Gebietsherrschaft zu kommen, färbte vielfach ab.

Die grossen staufischen Rivalen, die Welfen, die Zähringer, taten in der Städtepolitik ein Gleiches, ebenso die geistlichen Fürsten und die grösseren und kleineren Hochadelsgeschlechter des Reiches. Und selbst die königlichen und fürstlichen Ministerialen gründeten Städte auf eigene Faust. In der Herren Länder, die im Grunde nur erst regional begrenzte Stützpunktsysteme waren, brachten die Städte neben ihrer Markt- und Gewinnorientiertheit den unschätzbaren Vorteil ständiger Präsenz. Städtegründung war schon Territorialpolitik; und so konzentrierten auch die Zähringer ihre Unternehmungen auf den gesamten üchtländisch-oberrheinischen Raum: von Freiburg und Bern über Rheinfelden und dem breisgauischen Freiburg bis Villingen und Offenburg. Bern entstand, weil es der Herzog von Zähringen, Berchtold V., so wollte, als «Grossburg» in der Achse Freiburg, Murten und Burgdorf zum Schutz vor allem der dynastisch-politischen Interessen. Dies war einer der Gründe dafür, dass beim Aussterben der Zähringer 1218 der Dynastiewechsel im Rektorat von Burgund zugunsten der Staufer die künftige Entwicklung Berns in keiner Weise beeinträchtigte.

Viel Leute, viel Herrschaft hiess nämlich auch, dass sich die Gründungsstadt gegen eine Fülle von Konkurrenten in adelsreicher Landschaft bewähren sollte. Konrad Justinger konnte sich Berns erfolgreichen Aufstieg bis in seine Gegenwart gar nicht anders erklären, als dass Bern an die Stelle der Herzöge getreten war und deren Funktion als führende und landeinende Macht übernommen hatte. Bern hatte das zähringische Vermächtnis angetreten und mit *geturstiger manheit* durchgesetzt. Bern war in den Augen des Chronisten «die Rache der Zähringer» an den widerstrebenden adeligen Konkurrenten, die deswegen zu Mitschuldigen am Untergang des Dynastenhauses geworden waren (→ S. 21). Die Erzählung von den vergifteten Kindern und Erben ist nur die ins Märchenhafte gewendete Konsequenz eines solchen Geschichtsbildes. *Nu hin, hand si mir minen kinden vergift umb daz min stamme ende habe, so will ich inen und allen iren nachkomen ouch vergiften mit dieser stat berne, die mich und mine kint rechen sont an inen und an allen iren nachkomen.*[6]

Mut und Beharrlichkeit gehörten schon dazu, vom Felssporn herunter über die Gräben und Mauern hinauszusehen und das Augenmerk aufs Land zu richten. Lässt man dies Revue passieren und gibt noch eine gehörige Portion Glück, nicht zuletzt zum Ausgleich von Rückschlägen hinzu, kann man gar nicht umhin, ein ebenso behutsames wie konsequentes Ausgreifen ins Land zu beobachten (→ S. 301). Viele Städte haben das in prinzipieller Expansionsbereitschaft gegenüber jeder Form von Herrschaft versucht, doch wenigen ist es gelungen, schon gar nicht im Umfang Berns. Für einen wie Justinger, der aus Strassburg zugewandert war, wo er ein zwar ansehnliches, aber kaum vergleichbares Herrschaftsgebiet gesehen hatte, schien die wachsende Macht der Berner eine historische Unausweichlichkeit zu beanspruchen. Was immer er an Dokumenten und Aufzeichnungen in seinem Archivkasten auf dem Rathaus studieren konnte, das wies ihn schon rein quantitativ auf äussere Angelegenheiten hin.

Kaum dass Berns Name im Lande bekannt und das staufische Königtum etabliert war, wurde die noch junge Stadt zu politischen Aufgaben herangezogen. Schultheiss und Bürgergemeinde übernahmen 1224 im Königsauftrag den Schutz des Augustinerchorherrenstiftes Interlaken, und dies mit Eifer und guten Zukunftsaussichten. Denn Schutzpflichten und -rechte gegenüber Kirchengut waren bekanntermassen eine sehr willkommene Möglichkeit, sich Einfluss auf Personal- und Besitzpolitik zu verschaffen. Die Berner haben die Aufgabe ernst genommen und nie mehr losgelassen. Es war dies ihr erster sichtbarer und, wie sich im Nachhinein herausstellte, geschickter Schritt ins Oberland. Denn das Gotteshaus zu Interlaken, dessen Propst und Herren schon um 1240 Bürger Berns wurden, stieg danach in kurzer Zeit zum grössten Landeigentümer des ganzen Oberlandes auf (→ S. 165).

Der eingeschlagene Weg schien, wie anderswo auch, ein vielversprechender zu sein, nur im Falle Berns ein besonders geglückter und erfolgreich begangener Weg. Der Schutz geistlicher Institutionen im Königsauftrag oder aus eigenem Antrieb sowie deren Einholen ins Burgrecht, verlieh Bern erhöhte regionalpolitische Bedeutung und lenkte damit schon früh die städtischen Interessen nach aussen. Die Kluniazenser von Rüeggisberg liessen sich mit Zustimmung des Königs 1244 von Bern schützen und später verburgrechten, die Zisterzienser von Frienisberg taten um die Mitte des 13. Jahrhunderts ein Gleiches, ebenso die Zisterzienserinnen von Maigrauge bei Freiburg und weitere mehr, von denen man dies erst später erfuhr. Nur Köniz, wo die Pfarrrechte der eigenen Leutkirche lagen, blieb anscheinend ausgenommen: Der dortige Deutschritterorden, der gegen den Willens Berns die angestammten Augustiner verdrängt hatte, war als international tätiger Grossverband den Berner Kräften zunächst noch überlegen, ganz abgesehen davon, dass er den gleichen Schirmherrn hatte wie die Stadt und in gleicher Weise auf ihn setzte. Aber Bern war präsent, der König fast nie; so lag es nahe, sich bei Wahrung aller Rechte der Protektion der Stadt – zuerst 1257 – doch noch zu versichern.
Aus alledem lassen sich die beiden wichtigsten und zukunftsträchtigsten «Richtlinien» der Berner Politik bereits gut erkennen: zum einen das konsequente Agieren als königliche Stadt, obgleich sie ihren emanzipatorischen Spielraum gegenüber dem Stadtherrn durchaus zu nutzen verstand. Interessenkollisionen auf dem langen Weg zur Reichsstadt widersprachen einer strikten Anlehnung

an das Reich in keiner Weise, selbst dann nicht, wenn sich diese zu kriegerischer Opposition entwickelten, wie es zum Beispiel gegenüber König Rudolf von Habsburg in den achtziger Jahren des 13. Jahrhunderts oder später gegenüber Kaiser Ludwig dem Bayern der Fall war, der erst gar nicht anerkannt wurde und 1339 bei Laupen mitverloren hatte. Bern verhielt sich damit völlig konform mit den dualistischen Gepflogenheiten der Reichsstände, die zwischen König und Reich mehr und mehr zu unterscheiden wussten. Allerdings vergrösserte die königsferne Randlage des burgundischen Raumes den politischen Spielraum erheblich (→ S. 102).

Zum anderen griff Bern ebenso konsequent, wie es scheint, über seine Mauern hinaus und schöpfte unter dem legitimierenden Privilegienschutz des Reiches seinen Spielraum auch gegenüber den Nachbarn Zug um Zug aus. Der berühmte, von Justinger kolportierte Ritt auf der Mauer des Herrn von Aegerten, der andeutete, dass der Reiter zwar willig zum Königsdienst war, aber dazu kein eigenes Pferd besass,[7] könnte ganz unabhängig von dieser Geschichte als Sinnbild dafür gelten, dass man diesseits wie jenseits der Mauern «die Sporen zu geben» gedachte (→ S. 301). Was mit Klosterschutz begann, mündete schliesslich in einen Territorialisierungsprozess, wie man ihn höchstens von oberitalienischen Kommunen her kannte, nördlich der Alpen jedoch vergebens suchte. Bern war auf «konservative», hergebrachte Weise sehr innovativ, als man sich unter dem hohen und weniger hohen Adel und zwischen den grossen Kräften von Savoyen und Habsburg zu entfalten verstand. Man ging dabei Glück und Zufall nicht aus dem Wege, auch den Waffen nicht, ging aber anscheinend zupackender und durchdachter vor als andere werdende Reichsstädte des Südwestens, selbst als Nürnberg, Ulm oder Augsburg, Strassburg oder Zürich. Nicht nur im Lande Burgund, auch in Bern selbst sassen Justingers *edel notveste lüte*, durchaus unternehmerisch tätige Führungskräfte, die grossbürgerliche, ratsfähige Familien bildeten, gleichgültig, ob ministerialischer, adeliger oder kaufmännischer Herkunft. Sie alle vom Typ Bubenberg kannten sich aus im Geschäft der Herrschaft, dienten und verdienten und sammelten für sich und ihre Stadt Land und Rechte verschiedenster Art und Herkunft. Diese gebietsherrschaftlich zu optimieren, war das Ziel. Bern schloss Bündnisse, Schirm- und Burgrechtsverträge, erwarb Grund- und Gerichtsherrschaften, Pfandschaften, Zölle und Lehen und anderes mehr und baute ein ungemein starkes Ausbürgerwesen auf. Und die unverhofften Siege bei Laupen (1339) und Sempach (1386) hatten ihre ebenso unverhofften territorialen Folgen.

Dies alles diente der Sicherung des Aareraums zwischen Oberland und Jura. Das Bündnis mit den Waldstätten, den Eidgenossen von 1353, wie auch jede Art von Städtebünden im Südwesten seit dem ersten bekannten im Üchtland von 1243 zwischen Bern und Freiburg, wird man hier einzuordnen haben. Die Bünde, einmalige und wiederholte mit Biel oder Burgdorf, mit Freiburg und dem Hasletal, mit Laupen, Murten, Solothurn oder Thun demonstrierten weitgehend städtisches Normalverhalten, wenn in Königsferne mitunter auch bewaffnete Selbsthilfe zur Landes- und Friedenssicherung gefordert war. Solche Eidgenossenschaft war trotz aller emanzipatorischer Wirkung ganz und gar nicht – hier treffen sich die beiden Richtlinien – gegen König und Reich gerichtet. Im übrigen standen die Bündnisverträge grundsätzlich unter Reichsvorbehalt, der von 1353 genauso wie schon die wichtigen Schutzverträge mit den Grafen von Savoyen in der zweiten Hälfte des 13. Jahrhunderts (→ S. 469).

Unter allen Mitteln der politisch-sozialen Einflussnahme und der Herrschaftsbildung in der Landschaft war das Ausbürgerwesen das effizienteste; es war nach neuesten Forschungen ein geradezu strategisches Mittel, das schlichtweg über die Zukunft Berns entschied (→ S. 509).[8] Keine andere Stadt des Binnenreiches hatte derart zahlreich Ausbürger unterschiedlichsten Ranges aufgenommen wie Bern, darunter viele adlige und geistliche Grund- und Gerichtsherren, die nicht selten gezwungenermassen ihre eigenen territorialen Träume auf diese Weise begruben. Man muss schon in den Grenzraum zu Flandern blicken, in ähnliche Königsferne, um überhaupt eine vergleichbare Situation zu finden. Allein die Dimension des Ausbürgerwesens, eines zu Tausenden zählenden bürgerlichen Verbandes auf dem Lande, zeigt schon, dass man das alte Bern ohne die gleichwertige Berücksichtigung seiner Landschaft gar nicht verstehen könnte. Ausbürger waren bernische Vorposten, Sicherheitsleister, hoch willkommene Steuerzahler – und nicht zuletzt waren sie wegen ihrer sogenannten Udelliegenschaften in der Stadt in ein sozialräumliches, oft auch verwandtschaftlich geprägtes Beziehungsnetz zwischen Stadt- und Landbewohnern eingebunden. Das Ausbürgerwesen, ein Kernstück in «Berns mutiger Zeit», das völlig disparate Entwicklungs- und rechtliche Zustände herrschafts- und verwaltungstechnisch zu «glätten» half, büsste erst im Verlauf des 15. Jahrhunderts seine Bedeutung in dem Masse ein, in dem es dem Berner Rat gelang, die Rechtsverhältnisse in Stadt und Territorium zu vereinheitlichen und die gesamte landsässige Bevölkerung unabhängig von ihrem Rechtsstatus in einem allgemeinen Untertanenverband zusammenzufassen.

Die innere Entwicklung der Stadt stand hinter der äusseren nicht zurück (→ S. 224). Der Weg führte hier freilich wie anderswo auch über den Erwerb der königlichen Rechte und Ämter. Dies begann zunächst mit der Erlangung der internen Steu-erhoheit. Sodann gelang es, die Amtleute des Königs eidlich an die Stadt und ihre Interessen zu binden und ferner die Sozialkreise von Amtsträgern und Stadtbürgern einander so anzunähern, dass die entscheidenden Positionen aus der Stadt heraus besetzt werden konnten. Vieles von dem, zum Beispiel die Wahl des Berner Schultheissen, war bereits in der «Goldenen Handfeste» niedergelegt; anderes folgte gemäss dem Rhythmus der königlich-stadtherrlichen Regierungstätigkeit. Für Bern handelte es sich neben den fast immer pauschal bestätigten Privilegien der Handfeste um weitere wichtige emanzipatorische Schritte, darunter bedeutende Gerichts- und Verwaltungsprivilegien wie die Hochgerichtsbarkeit und die Befreiung von der Zitation vor auswärtige Gerichte, wie Geleitrecht und Landfriedensaufsicht und wie darüber hinaus wertvolle Markt-, Zoll- und Geldgeschäftsrechte, Pfändungs- und – wichtiger noch – Nichtverpfändungsrechte. All das erlangte Bern sukzessive bis um 1400 auf dem Wege zur bedeutendsten Reichsstadt des Südwestens.[9]

Mit der politischen hielten wirtschaftliche und kulturelle Entwicklungen im regionalen und überregionalen Rahmen erfolgreich Schritt (→ S. 389). Um 1350, nach der dritten Erweiterung des Stadtgebiets, hätte man schon das Bild jener «gotischen Stadt» vor Augen haben können, die in ihrer Ausdehnung nun für gut 500 Jahre gültig sein sollte. Märkte und Jahrmärkte prägten des Leben wie die geistigen und sozialen Aktivitäten in den Vorgänger-Leutkirchen des Münsters und in den Ordenshäusern der Franziskaner, Dominikaner und Dominikanerinnen, der Beginenhäuser und der Spitalgemeinschaften. Markt und Münze, Zölle und Verkehr kündeten von der starken Einbindung Berns in den oberdeutschen Handel mit Frankreich und Italien. Es wurde dabei gut verdient, auch in den berntypischen Gewerben der Leder-, Fell- und Metallverarbeitung, des Lebensmittel- und Textilhandwerks. Den privaten Gewinnen standen allerdings gewaltige öffentliche Aufwendungen gegenüber. Der Erwerb von Land und Rechten und deren Verwaltung war teurer als selbst das Kriegführen, verschlang enorme Summen und verursachte entsprechende Schulden und Zinslasten. Sie machten den Berner Säckelmeister besonders im ausgehenden 14. Jahrhundert wiederholt zahlungsunfähig. Hohe Steuerlasten und soziale Unruhen waren die Folgen, die in Bern jedoch beherrschbar blieben, ohne wie andernorts den Zünften einen eigenen Verfassungsrang einräumen zu müssen. Als der Schuldenberg aus «Berns mutiger Zeit» beinahe abgetragen war, ging das alte Bern in Flammen auf, hinterliess aber eine gewaltige, vielleicht sogar noch grössere Herausforderung als die Stadtgründung. Das Bewältigen des Stadtbrands von 1405 verlangte nicht weniger Mut als die Aufbauzeit, wies aber jetzt die Richtung zur «grossen Zeit» des 15. Jahrhunderts.

Peter Kurmann

Gotik in Bern – eine Skizze

Kunsthistorisch gesprochen ist das 13. und 14. Jahrhundert das Zeitalter der frühen und hohen Gotik. Obwohl dieser auf einem historiographischen Missverständnis beruhende Stilbegriff in erster Linie auf den Kirchenbau angewendet wird, überträgt man ihn auch auf Phänomene der Bildkünste. Stellt man das Kunstgeschehen ganz Europas in Rechnung, ohne die landschaftlich bedingten Phasenverschiebungen zu berücksichtigen, so zeichnet sich im Laufe des 13. Jahrhunderts in der sakralen Architektur ein allmählicher Wandel von einer eher schweren, monumental aufgefassten Formgebung zu einer feingliedrigen, entweder dünnwandig gestalteten oder mit reichen Masswerkfenstern stark durchlichteten Baustruktur ab. Was die Bildkünste betrifft, so folgen sie der inneren Logik, welche die Entwicklung der Architektur dieser Epoche an den Tag legt, in einem geringeren Masse. Um 1200 sind Skulptur und Malerei einer Formgebung verpflichtet, die sich an die römische Antike anlehnt. Im 1. Drittel des 13. Jahrhunderts erfolgt eine Wende zu einer monumentalen, «blockhaften» Bildauffassung. Indem sich Letztere aber seit der Jahrhundertmitte immer mehr einer grösseren Eleganz und linearen Gestaltung öffnet, weist sie nun deutliche Parallelen zur Entwicklung der kirchlichen Baukunst in diesem Zeitraum auf.

Es ist heute unmöglich, die Entwicklung der Gotik in den einzelnen Kunstgattungen auf dem Gebiet des Kantons Bern nachzuvollziehen. Allzu viele Kunstwerke, die in Berns «mutiger Zeit» entstanden, sind neuen Bedürfnissen praktischer Art, dem reformatorischen Ikonoklasmus, dem Geschmackswandel oder schlicht dem Zahn der Zeit zum Opfer gefallen. Dennoch können wir uns anhand der vorhandenen Reste, so gering sie auch sind, eine Vorstellung vom ursprünglichen Reichtum der Gotik des 13. und 14. Jahrhunderts in unserem Gebiet machen (→ S. 420). Lediglich für die Stein- und Holzskulptur ist dies unmöglich, da die Zeugnisse dieser Kunstgattung fast völlig ausgelöscht wurden. Hier hat der Bildersturm des 16. Jahrhunderts ganze Arbeit geleistet. Die architektonisch gebundene Bauplastik im Chor der Kirche von Büren an der Aare aus dem späten 13. Jahrhundert ist künstlerisch wohl doch zu bescheiden, um als repräsentativ für das Verlorene gelten zu können.

Der einzige Sakralbau von überregionaler Bedeutung, den uns in bernischen Gebieten die Hochgotik hinterlassen hat, ist die ehemalige Dominikaner-, jetzt Französische Kirche in Bern (→ S. 400 und S. 402). Entstanden zwischen ca. 1280 und 1320, vertritt sie den Typus der oberrheinischen Bettelordenskirche in einer seiner frühen Varianten. Entsprechend einem anderswo vorgebildeten Schema schafft der elegante kreuzrippengewölbte Chor einen – in erster Linie liturgisch bedingten – Kontrast zum dreischiffigen basilikalen Langhaus. Der Chor setzt sich aus einer polygonalen Apsis und einem Langchor zusammen. Die Wände beider sind mit grossen Masswerkfenstern aufgebrochen. Das Mittelschiff des Langhauses, dessen niedrige Arkaden auf Rundstützen ruhen, trägt eine hölzerne Flachdecke. An der Gelenkstelle zwischen beiden Bauteilen steht die alle drei Schiffe überquerende Bühne des Lettners. Dieser vertritt mit seinen zierlichen Pfeilerchen, den zarten Profilen seiner Arkaden und Kreuzrippengewölbe, vor allem aber mit seiner feinziselierten Brüstung die Gotik um 1300, wie sie zu dieser Zeit in ganz Europa nirgendwo eleganter auftreten könnte. Das gilt auch für das teilweise erhaltene Chorgestühl, das zusammen mit dem Lettner entstand (→ S. 405).

Die ebenfalls um 1300 neu errichtete Berner Stadtkirche St. Vinzenz, die Vorgängerin des heutigen Münsters, deren Grundriss wir einigermassen kennen, griff die Form der Bettelordenskirchen auf (→ S. 389). Wie sie aber im Einzelnen gestaltet war, weiss man nicht. Auf dem Lande haben sich mehrere gotische Kirchenchöre mit polygonaler Apsis erhalten. Letztere ist immer ein Zeichen erhöhten Anspruchs, auch wenn die meisten Beispiele ungewölbt blieben (→ S. 350).

Kirchliche Ausstattungsstücke aus der Zeit der frühen und hohen Gotik sind im Kanton Bern nur in äusserst geringer Zahl überliefert. Zu nennen wären etwa der im frühen 14. Jahrhundert entstandene Taufstein der Kirche von Amsoldingen (→ S.426). Seine in Flachrelief gehaltenen, graphisch aufgefassten Medaillons mit Tiersymbolen lassen sich stilistisch vergleichen mit dem aus Thun stammenden Medaillonteppich im Bernischen Historischen Museum, der wohl ursprünglich als Antependium eines Altars diente (→ S. 454). In Anbetracht der Rarität solcher liturgischer Gegenstände ist es ein besonderer Glücksfall, dass sich in den Chören der Kirchen von Münchenbuchsee, Köniz und Blumenstein Glasmalereizyklen erhalten haben, die insgesamt zwischen ca. 1290 und 1330 von verschiedenen Ateliers geschaffen wurden (→ S. 433). Die elegant geschwungenen, linear aufgefassten Figuren dieser Glaszyklen passen zu den gemalten Architekturrahmen, in denen sie stehen. Diese sind mit den gotischen Baurissen eng verwandt. Offenbar bestanden direkte Verbindungen zwischen den Glasmalerateliers und den Werkplätzen der grossen Kirchen, Dome und Münster im südwestdeutschen Raum, aus deren Umkreis die Schöpfer dieser Zyklen ihren Ausgang nahmen.
Anhand der in bernischen Gebieten erhaltenen Beispiele der Wandmalerei, so gering sie an der Zahl auch sind, lässt sich der Wandel von der Romanik zur Gotik nachvollziehen (→ S. 420). Besonders interessant ist der Fall des Chores von Köniz, dessen kurz vor 1400 entstandenen Fresken das ikonographische Programm der aus der Frühzeit des 14. Jahrhunderts stammenden Glasmalerei ergänzen.

Vom profanen, städtischen Hausbau ist aus der fraglichen Zeit fast gar nichts mehr erhalten (→ S. 371). Das gilt nicht zuletzt für die Stadt Bern, obwohl hier bereits im 14. Jahrhundert, wie wir aus den Quellen wissen, Steinbauten nicht mehr selten waren (→ S. 282). In der Kramgasse finden sich noch einige Keller aus dem 13. Jahrhundert. Ansonsten lassen sich wenige Einzelglieder aus der Zeit der frühen und hohen Gotik an Häusern der Junkerngasse zusammenzählen, wo sich auch das älteste noch existierende profane Fenster der Stadt (um 1380–1400) befindet. Rätselhaft ist ein zweiteiliges Masswerkfenster (um 1280) in der dem Schlüsselgässchen zugewandten Westwand eines Hauses an der Rathausgasse. Seine dem sakralen Bereich entstammende Form deutet auf eine Verwendung als Spolie hin. Auf den gegebenenfalls in reichen Bürgerhäusern vorhandenen Luxus der Ausstattung verweisen die Ornamentmuster eines in einem Keller der Junkerngasse vollständig erhaltenen Tonfliesenbodens aus dem mittleren 14. Jahrhundert (→ S. 282). Dass grosse Räume bedeutender Profanbauten zu dieser Zeit ausgemalt waren, belegt der fragmentarisch erhaltenene Freskenzyklus im Saal der ehemaligen Johanniterkommende zu Münchenbuchsee (→ S. 319), ebenso wie der Wappenfries im ursprünglich die Stelle des heutigen Erlacherhofes einnehmenden Bubenberghauses (→ S. 251).
Wie sehr die künstlerische Ausschmückung auch im repräsentativen Burgenbau gang und gäbe war, zeigen die sorgfältig gehauenen Werkstücke der Biforien im Palas der Burg Burgdorf aus der Zeit um 1200. Zweifellos diente der Burgenbau dem Adel weniger als Verteidigung denn als Repräsentation und als Ausdruck realer politischer Machtverhältnisse (→ S. 327). Nachdem sich Letztere im Laufe des 13. und 14. Jahrhunderts immer mehr zugunsten der Stadt Bern verschoben hatten, lag es auf der Hand, dass deren Regierung die Burgen, soweit sie sie nicht der Zerstörung anheimfallen liess, als Statussymbole weiterhin benutzte.

Stadtgründung

Gründung und Sage

Vinzenz Bartlome und Urs M. Zahnd

Konrad Justingers Gründungssage
Die Gründung der Stadt Bern durch Herzog Berchtold V. von Zähringen ist uns fast ausschliesslich durch die Stadtchronik von Konrad Justinger überliefert. Am 21. Januar 1420, am Tag vor dem Fest des heiligen Vinzenz, erteilten Schultheiss, Rät und Burger ihrem ehemaligen Stadtschreiber den Auftrag, die Geschichte der Stadt Bern von ihren Anfängen bis zur Gegenwart in einer Chronik zu erzählen. Damit stellte zum ersten Mal im Raum der Eidgenossenschaft eine Stadt sich selbst in den Mittelpunkt der historischen Darstellung.[1]
Bern hatte das Glück, dass es mit Konrad Justinger einen Geschichtsschreiber von ungewöhnlichem Format mit der Abfassung seiner ersten Stadtchronik beauftragte. Justingers Darstellung der Anfänge der Berner Stadtgeschichte hat die bernische Geschichtsschreibung für Jahrhunderte geprägt. Selbst Richard Fellers erster Band der Geschichte Berns kann bei aller kritischen Reflexion seine Abhängigkeit von Justingers Chronik nicht verleugnen. Erst durch die Kombination von archäologischen Befunden mit den Methoden der modernen historischen Forschung gelingt es der Wissenschaft in den letzten Jahren, sich allmählich von Justingers Darstellung zu lösen.

Ein Notar als Historiker
Die Ursache für die bis heute andauernde Wirkung der Chronik von Konrad Justinger liegt nicht nur darin, dass er als erster Berns Geschichte schilderte, sie liegt auch wesentlich in seinem historiographischen Können begründet. Sein Auftrag lautete, *alle der vorgenannt ir stat Berne vergangen und grosse sachen ... zesamen bringen, und mit der warheit zusamen lesen usser alten büchern und kroniken, so die warheit bewisen, und von underwisung alter gelobsamer lüten, umbe daz si und ir nachkomen wissen mögen der vorgenant ir stat berne harkomen und gelegenheit.*[2] Es scheint jedoch, dass Justinger damals in Bern nicht viel an *alten büchern und kroniken* finden konnte. Einzig die *Cronica de Berno* – eine dürre Auflistung einzelner historischer Daten am Schluss des Jahrzeitenbuches der Leutkirche – hat sich bis in unsere Tage erhalten (→ S. 305).
Dennoch bleibt Justingers Erklärung in der Einleitung zu seiner Chronik, *allen sinen fliss harine ze tunde, die warheit für ze bringen, als er daz in geschrift, in geloblichen büchern funden hat,*[3] nicht leeres Versprechen. Intensiv hat Justinger nach mündlichen und schriftlichen Quellen gesucht, ja selbst Volkslieder, Sprichwörter, Inschriften und Realien werden in seiner Chronik als historische Zeugnisse verwertet. Der offizielle Auftrag der Behörden hatte ihm die Türen zum städtischen Archiv geöffnet. Ein Blick auf die Anmerkungen der modernen Tschachtlan- und Schilling-Editionen zeigt, wie intensiv Justinger neben älteren Chroniken aus dem oberrheinischen Raum Urkunden aus der Berner «Stadtkiste» benutzt hat.[4]

Das Besondere an Justingers Chronik liegt jedoch nicht allein in der breiten Abstützung auf alle irgendwie greifbaren Quellen, es liegt vor allem auch darin, dass er es in einer für die damalige Zeit ungewöhnlichen Weise verstand, seine Quellen kritisch zu bewerten, zu interpretieren und daraus eine plastische, über-

← Abb. 1
Auf der Suche nach einem Namen für die neue, von ihm gegründete Stadt an der Aare sandte Herzog Berchtold V. von Zähringen seine Knechte in den nahen Eichenwald; nach dem ersten Wild, das sie erlegen würden, sollte die Stadt genannt werden: Es war ein Bär. Nach ihm wurde, wie die Sage berichtet, die Stadt Bern genannt (→ S. 27), Diebold Schillings Spiezer Chronik, BBB Mss. hist. helv. I. 16, S. 59.

aus lebensvolle Schilderung zu gewinnen. Dieses kraftvolle interpretierende und wertende Umformen der Quellen zur historischen Darstellung macht Justingers Qualität aus – auch wenn dies den modernen Historiker oft stört, weil uns Justingers durchkomponierte Sicht des Geschehens den Blick auf die Quellen versperrt, die seiner Schilderung zu Grunde liegen.
Natürlich sind Justinger auch Fehlinterpretationen und historische Irrtümer unterlaufen. Gerade da zeigt sich jedoch sein subtiles Vorgehen und sein Wille zur historischen Analyse oft am deutlichsten. Ein kleines Beispiel möge hier genügen: Für das Jahr 1241 berichtet uns Justinger über einen Krieg der Berner mit dem Grafen Gottfried von Habsburg.[5] Diese Angaben hatte Justinger aus der *Cronica de Berno* entnommen, doch der Beleg reichte ihm aber offensichtlich nicht, er suchte nach weiteren Quellen, nach Anlass und Hintergründen der Auseinandersetzung, konnte jedoch nichts finden: *Waz aber die sache des krieges were, oder die ansprachen oder an welen stetten daz bescheche, hab ich in schrift nit funden*,[6] teilt er schliesslich resigniert mit. Für uns ist die Lösung des Rätsels heute recht einfach: Die Jahrzahl der *Cronica* ist verschrieben, statt 1241 sollte es 1271 heissen. Justingers kurzer Nachsatz aber wirft einerseits ein interessantes Licht auf sein methodisches Vorgehen, andererseits markiert er deutlich die quellenkritische Distanz, die wir auch an vielen anderen Stellen seiner Chronik feststellen können.

Eine Stadt als Gegenstand der Geschichte
Vor grundlegende Probleme wurde Justinger jedoch bei der Darstellung der Gründungsgeschichte gestellt. Neben den kargen Angaben der *Cronica de Berno*, die ihm lediglich das Gründungsjahr der Stadt Bern und das Todesjahr Berchtolds V. von Zähringen beisteuern konnte, lagen kaum Quellenhinweise auf die Frühzeit Berns vor. Dennoch gelang es Justinger, aus den verschiedenen Elementen einer über zweihundert Jahre alten mündlichen Tradition ein in sich stimmiges, «historisches» Bild der Stadtgründung zu formen.
Betrachten wir nun Justingers Darstellung im Einzelnen. Nach der feierlichen Einleitung, in der Justinger den tieferen Sinn dieser Chronik, den offiziellen Auftrag und seine methodischen Absichten schildert, werden in ebenso kurzen wie dürftigen Kapiteln Friedrich Barbarossa, Heinrich VI. und Friedrich II., die drei Staufer-Kaiser im zeitlichen Umfeld der Stadtgründung, vorgestellt – bereits mit dem entsprechenden Hinweis auf ihre jeweilige Bedeutung für Bern: Nach Justinger gab Heinrich VI. den Bernern *ir erste friheit*, Friedrich II. die goldene Handfeste.[7] Die grosse Welt- und Reichsgeschichte wird weggelassen – und dies war hier durchaus Programm. Justinger wollte die Geschichte der Stadt Bern und ihrer Eidgenossen, allenfalls noch einzelne Ereignisse aus dem süddeutschen Raum berichten, *usswendig den landen* jedoch sollten *gar wenig sachen harin gezogen* werden.[8]

Die beiden nächsten Kapitel[9] gehören bereits zur Vorgeschichte der Stadtgründung: Ins Jahr 1190 setzt Justinger einen Feldzug gegen den aufständischen Adel Hochburgunds: Als Quellenbeleg zitiert er eine Inschrift am Tor zum Alten Markt in Burgdorf: *Berchtoldus dux zeringie, qui vicit burgundiones, fecit hanc portam*.[10] Diese Herren des Aaregebietes, die Berchtold von Zähringen nach Justinger kraftvoll *under siner ruten*[11] hält und vor deren Gewalttaten er Arm und Reich schützt, werden nun einzeln aufgezählt. Es sind freilich genau jene Geschlechter, mit denen sich die Stadt Bern in den beiden folgenden Jahrhunderten wird auseinander setzen müssen (→ S. 151). Damit sind bereits Positionen bezogen, die wie ein Leitmotiv Justingers Chronik durchziehen: der Kampf gegen den Hochmut des burgundischen Adels.
Der undatierte Hinweis, dass Berchtold von Zähringen in seinem Krieg mit dem Wallis als erster einen Feldzug über die Grimsel ins Oberwallis unternommen habe, steht wohl in einem direkten Bezug zu Justingers Gegenwart: Nach einem wenig erfolgreichen Vorstoss über die Grimsel im Spätherbst 1419 stand man eben in Verhandlungen über eine Beilegung des Krieges mit dem Wallis, als Justinger der Auftrag für seine Chronik erteilt wurde.[12] Auch da stand Bern in den Fussstapfen seines Gründers.

Die Gründung in drei szenischen Bildern

Mit dieser Vorgeschichte hat Justinger einerseits Berns Gründung historisch motiviert (→ S. 59) und der Stadt gleichzeitig eine Mission erteilt: Als sich nun erneut Anzeichen eines Adelsaufstandes zeigten und die Landbevölkerung sich angstvoll umschaute, wo sie vor den Wirren eines Krieges sicher sein könnte, schreitet der Herzog zur Tat: Er will eine Stadt bauen – zu Schutz und Schirm der Friedliebenden.

Nun folgt die erste jener drei Szenen, die in ihrer farbigen Anschaulichkeit den Kern der bernischen Gründungssage ausmachen:[13] Der Herzog befragt seine Jäger und Jägermeister, ob sie einen Platz kennten, der sich für eine solche Befestigung eigne. Diese antworten, sie wüssten keine bessere Stelle als den *Im Sack* genannten Ort bei seiner Burg Nydegg. Mit seinen Räten besichtigt der Herzog den Platz, auf dem zu der Zeit noch ein Eichenwald steht. Man berät, wie gross die neue Stadt werden solle. Schliesslich befiehlt der Herzog einem Bubenberg, die Stadt bis zur heutigen Kreuzgasse zu bauen. Bubenberg übertritt jedoch den Befehl und führt die Stadt bis zu jenem natürlichen Graben, wo heute der Zeitglockenturm steht. Darauf antwortet nun die zweite Szene: Vom erzürnten Herzog zur Rede gestellt, rechtfertigt sich Bubenberg: Nur in bester Absicht habe er die Stadt grösser angelegt als befohlen. Er sei jedoch überzeugt, dass sich die Stadt mit Menschen füllen werde, sonst werde er sie in eigenen Kosten besiedeln. *Do lies der herre sinen zorn vallen.*[14]

In diesen beiden Szenen hat Justinger verschiedene Elemente der mündlichen Tradition verschmolzen. Auch kannte er natürlich die Stadttopographie und wusste sie historisch zu interpretieren. Dass an der Nydegg einst die Burg des Herzogs stand, war in der Erinnerung der Berner des 15. Jahrhunderts offensichtlich noch präsent. Ebenso kannte die mündliche Überlieferung Einzelheiten wie den Namen des Bauplatzes und erinnerte sich, dass dort einmal ein Eichenwald gestanden hatte – Dinge, die wir heute nur noch schwer nachprüfen können (→ S. 25). Auch wusste man noch ganz deutlich – und die Urkunden bestätigen dies –, dass der Name Bubenberg mit der Gründung der Stadt aufs engste verbunden war (→ S. 88).[15]

Den Kern dieser ersten beiden Szenen bildet jedoch die Aussage, dass die neue Stadt doppelt so gross gebaut wurde, als es ursprünglich geplant war. Auch wenn Justinger klar davon spricht, dass die Stadtgründung bis zum Zeitglockenturm reichte, so hat doch die Forschung hinter dieser Erzählung lange Zeit zwei verschiedene Phasen der Stadtentwicklung vermutet (→ S. 88). Möglicherweise spiegelt sich in diesem Element der Gründungssage jedoch vor allem das Erstaunen über die Grösse der in die Gründungsstadt einbezogenen Fläche.[16]

In diese Richtung weist auch das historische Räsonnement, das Justinger – ganz Historiker – an diese Erzählung anknüpft: *Es waz ouch daz lant zu den ziten vol lüten*[17] – also: Die Bevölkerungszahl muss damals sehr hoch gewesen sein, dies – so fährt er weiter – zeigen uns die vielen Burgen und Burgställe, die es noch auf dem Lande gibt. Es muss daher auf dem Lande viele Leute gegeben haben, wenn so viele Herren von ihnen leben konnten. Viele ehrbare Leute aber zogen vom Land in die Stadt und die Hausplätze mussten deshalb so klein und eng ausgemessen werden, wie dies noch heute zu sehen ist. – Diese Gedankenkette mag uns heute teilweise recht abenteuerlich erscheinen, aber sie zeugt wiederum von Justingers stetem Bemühen, seine Chronik historisch abzusichern, auch dort, wo jegliche Quellen fehlten.

Die dritte Szene der Gründungssage[18] ist wohl die bekannteste: Der Eichenwald, der nun abgeholzt werden soll, ist voller Wild (→ S. 56). Der Herzog veranstaltet eine letzte Jagd und beschliesst mit seinen Räten, dass die neue Stadt nach dem ersten Tier, das gefangen werde, genannt werden soll: *Nu wart des ersten ein ber gevangen, darumb wart die stat bern genempt; und gab do den burgeren in der stat ein wappen und schilt, nemlich einen swartzen bern in einem wissen schilt in gender wise.*[19] Diesen Teil der Gründungssage konnte Justinger nicht umgehen, erklärte er doch Namen und Wappen der Stadt. Mit dem Bären auf dem ersten Stadtsiegel – erstmals bezeugt 1224[20] – ist die Identifikation des Stadtnamens mit einem Bären schon früh belegt. Erst die Forschung des 19. und

Aus Justingers Chronik von 1420

Wie berne ze stiftenne angehaben wart

In den ziten do verdros die herren im lande, daz sie also von dem egenanten hertzog berchtolden solten beherschot werden, und gedachten sament wie sie sich sin erwertin; des entsassent sich stathaft lüte uf dem lande und vorchten kriege, und wisseten nit wol, wa si sich enthalten solten, daz si sicher weren und fride und schirm hetten, soverre daz der egenant hertzog gedachte, wo er ein stat stifte, da arm und rich, der gern fride und gnade hetten, sich enthielten und fristin; darumb er sin jeger und jegermeister fragte, ob si jenant ein werlich gut hofstat wissetin? do seiten si ime, daz die hofstat genempt im sack, da nideg sin burg lag, daz were die beste hofstat von werlicheit die si jendert wissetin, dieselbe hofstat die are beslüsse mit ir umbgang; es stund ouch desselben males uf der hofstat ein eichwalt. Also gedachte der herre der sach nach; am lesten do beschowete er die hofstat mit sinen reten und dienerren; und meinent etlich, er hiesse nit verrer begriffen denne von der are vfwert untz an den alten spital, es meinent ouch etlich, er hiesse begriffen untz an die stat, do nu die Crützgasse ist; und bevalh daz einem von bubenberg. Der ubertrat sin gebot, und fur uss bas witer, nemlich untz an das ende, do nu der Zitgloggenturn stat, als do der gerwer grab [u. der graben] von der steinin brügg zesamen stiessen und ein werlicher enger hals dazwüschent ingie; da begreif man die stat mit muren und graben.

Daz die stat ze wite begriffen waz

Do nu der herre vernam, daz die hofstat ze wite ingefangen und begriffen waz, do wart er gar zornig; do sprach der von bubenberg: genediger herre, lassent üwern zorn vallen; waz ich getan hab, daz hab ich durch daz best getan, won ich getruw, es sölle alles wol behuset werden; were aber daz ützit unbehuset und unverfangen belibe, daz wil ich in minen kosten behusen. Do lies der herre sinen zorn vallen. Es waz ouch daz lant zu den ziten vol lüten, und daz ist noch wol schinber an den burgen und burgstalen, die in dem lande sint; von note muste vil lüten im lande sin, die so vil herren und herschaft erzugen als do in dem lande waz; und alsus do machten sich erber lüte im lande uf und zugen in die stat, und gab man die hofstetten us gar eng und klein, als noch schinber ist.

Daz die stat genempt wart berne

Und won vil gewildes luff in demselben eichwalde, do wart hertzog Berchtold ze rate mit sinen reten, er wolte die stat nennen nach dem ersten tiere so in dem walde gevangen wurd. Nu wart des ersten ein ber gevangen, darumb wart die stat bern genempt; und gab do den burgeren in der stat ein wappen und schilt, nemlich einen swartzen bern in einem wissen schilt in gender wise; wenn aber derselbe schilt und daz wappen sidmales geendret sye, daz wirt bienach in disern buch geseit. Also nam die stat berne zu an lüt und an gut von tag ze tag, alz daz von den gnaden gottes wol schinber ist.

20. Jahrhunderts hat diese Herleitung des Stadtnamens ernsthaft in Frage gestellt (→ S. 28 und 59). Die jüngste These leitet Berns Namen nun von *Brennodurum*, dem – allerdings erschlossenen – Namen des keltischen Oppidums auf der Engehalbinsel ab (→ S. 27).[21]

Die chronologisch unpassende Einfügung der Bärenjagdszene nach den Kapiteln zum Baubeginn und zur Zuwanderung in die Stadt zeigt, dass es sich hier um eine Sage handelt, die Justinger nur schlecht mit der anderen, historisch besser einzuordnenden Tradition verbinden konnte. Danach aber findet seine Chronik wieder zurück zu den Quellen: Aus der *Cronica de Berno* ergänzt er 1191 als Gründungsjahr der Stadt Bern,[22] erinnert an die kirchliche Zugehörigkeit des Stadtgebiets zur Kirchhöre Köniz, den Bau eines Gotteshauses mit dem heiligen Vinzenz als Patron und dessen Erhebung zur Pfarrkirche (→ S. 389). Urkunden dazu konnte Justinger zwar immer noch keine beibringen, aber diese einzelnen Elemente der Stadtgeschichte liessen sich aus späteren Quellen doch einigermassen deutlich ableiten.

Bern wird zum Erben der Zähringer

Damit endet die eigentliche Gründungsgeschichte der Stadt Bern, und Justinger wendet sein Interesse dem Stadtgründer, Herzog Berchtold von Zähringen, zu. An dieser Gelenkstelle schiebt Justinger jedoch drei Kapitel[23] ein, die für die Deutung der Stadtgründung von grosser Wichtigkeit sind und die Stadt und ihren Gründer programmatisch verklammern: Um den Bestand der Stadt Bern über seinen Tod hinaus zu sichern, besiedelt der Herzog die Stadt mit *notvesten lüten*.[24] Die Geschlechter der Münzer von Zürich und von Freiburg im Breisgau sowie das Geschlecht der Statzens werden dabei namentlich genannt. Diese Angaben könnten zwar auch im Zusammenhang mit der Stadtgründung stehen, doch verwendet sie Justinger hier, um die wachsende Opposition des burgundischen Adels zu begründen: Erzürnt über diese Stärkung der Stadt, sinnen die Herren darüber nach, wie sie das Geschlecht der Zähringer vernichten könnten: *Nu hat der hertzog zwei kint, den wart vergeben daz si sturben; die ligent begraben in dem kore ze solotorn; und do der herre bekant daz gross mort, daz an im und sinen kinden beschechen waz, do solt der hertzog sprechen: Nu hin, hand si mir minen kinden vergift umb daz min stamme ende habe, so will ich inen und allen iren nachkomen ouch vergiften mit dieser stat berne, die mich und mine kint rechen sont an inen und an allen iren nachkomen.*[25]
Justinger war sich bewusst – dies zeigen seine subtilen Formulierungen –, dass er sich hier auf historisch sehr unsicherem Boden bewegte (→ S. 28). Als Beleg für diese Sage konnte er einzig das Zähringergrab in Solothurn (Abb. 10)[26] anführen. Dies mochte zwar beweisen, dass Berchtold V. Kinder gehabt hatte, von Giftmord sprechen jedoch einzig die Worte, die der Herzog gesagt haben *soll*; dennoch ist die Wirkung des Textes klar: Bern wird hier von Berchtold V. als Erbe und Rächer der Zähringer eingesetzt.
In seiner ersten, kleineren Chronik[27] war Justinger in der Deutung dieser Zusammenhänge entschieden weniger zurückhaltend als in der offiziellen Stadtchronik; hier nannte er auch Namen: Die Gemahlin Herzog Berchtolds, eine geborene Gräfin von Kiburg, habe ihre eigenen Kinder vergiftet. Diese Fassung ist zwar historisch unglaubwürdig,[28] aber so lautete die ungeschminkte mündliche Tradition.[29] Mit diesem Mord aber – so die Konsequenz der bernischen Sicht – hatten die Kiburger ihren Anspruch auf das Zähringer Erbe moralisch verwirkt (→ S. 122).

In Justingers Darstellung gelten nun die letzten Massnahmen Berchtolds der Sicherung dieses Erbes für seine Stadt: Der Herzog soll dafür gesorgt haben, dass Bern in den Schutz des Reiches genommen worden sei,[30] er habe beim Kaiser die Goldene Handfeste mit ihren weitreichenden Rechten erwirkt (→ S. 230). Bern sollte damit gerüstet sein, für seinen Kampf um das Erbe der Zähringer. Diesen Auftrag sollte die Stadt – so Justingers Interpretation der bernischen Geschichte – in den kommenden zwei Jahrhunderten erfüllen.

Abb. 2
Ofenkachel mit Jagdszene, A. 14. Jh., BHM, Inv. Nr. 4675.

Die Bärenjagd im Eichenwald als Gründungstopos

Erst nach der Betrachtungsperiode unserer Publikation wurde die Legende niedergeschrieben, wie Berchtold von Zähringen nach einem geeigneten Ort für die Stadtgründung suchte und schliesslich die Erlegung eines Bären den Ausschlag für Lage und Namen gab (→ S. 21). Noch später – mit Bendicht Tschachtlan nach 1470 – setzte die bildliche Überlieferung ein und so stellt sich zunächst die Frage, ob in der Zeit des 13. und 14. Jahrhunderts eine mündliche Tradierung existierte. Sie richtet sich zunächst an Historikerinnen und Historiker und gilt letztlich dem Wahrheitsgehalt. Die Frage nach der Plausibilität, danach, ob ein solches Szenario am Ende des 12. Jahrhunderts denn überhaupt möglich sei, richtet sich indessen auch an Biologie, Jagdkunde und Archäologie.
Mit dem Zusammenhang zwischen Eiche und Stadtgründung ist Bern keineswegs allein, kann dieser Topos doch bis in die Antike zurückverfolgt werden. Das Motiv findet sich schon bei Vergil (70–19 v. Chr.) im dritten Buch der ‹Äneis›. Dort verheisst der Seher Helenas dem Aeneas, den Ort der Stadtgründung in der neuen Heimat werde ihm eine weisse Sau mit dreissig Ferkeln unter einer Eiche weisen. Ein Zusammenhang zwischen Eiche und Stadtgründung liess sich für Kaiseraugst BL *(Augusta Raurica)* gar archäologisch postulieren: Bei der Nordwestecke des späteren Theaters fand sich im Stadtgründungshorizont ein Wurzelstock einer zwischen 10 und 20 v. Chr. gefällten Eiche.[1] Seine symbolische Deutung jedoch ist unbekannt. Aber auch im vorchristlichen Germanengebiet finden sich Parallelen: Im Jahr 723 fällt der heilige Bonifatius in Geismar D auf Anraten einiger einheimischer Christen inmitten einer grossen Volksmenge die *Rubor Jovis* (Eiche Jupiters), die dem Germanengott Donar geweihte riesige Eiche und errichtet an deren Stelle ein Oratorium zu Ehren des Apostels Petrus. An verschiedenen Orten erinnert der Ortsname selber an den Zusammenhang zwischen Eiche und Stadtgründung, sei es in Eichstätt[2] oder in Dubrovnik (*Dub* = slavisch für Eiche).[3]

Die biologische Sicht

Die von Justinger erwähnte Jagd im Eichenwald beinhaltet aus botanischer Sicht zunächst keine Unstimmigkeiten mit der Realität. Sicher gab es in der Umgebung in einer Distanz, die für eine Jagd von der Nydegg aus als realistisch einzustufen ist, Eichenwälder. In den Flurnamen Eichholz lebt die Erinnerung

Abb. 3
Humbert Mareschet malte 1584–85 für das Rathaus eine Reihe von Bildern zur Geschichte Berns. Seine Version der Bärenjagd im Eichenwald (Ausschnitt) ist eindeutig von der rund hundert Jahre älteren Darstellung in der Schilling-Chronik beeinflusst (Abb. 20); BHM, Inv. Nr. 800.

Abb. 4
In weitschweifiger Art erzählt Berns amtlicher Chronist Michael Stettler (1580–1642) die Überlieferung von der Bärenjagd. Er stützt sich dabei auf Konrad Justinger und schmückt sie dem Zeitgeschmack entsprechend aus (Stettler, Annales). Die Illustration dazu stammt von Arthur Nydegger, 1994 (in: Rubli, Holländerturm).

1191. Nüchtländischer Geschichten. Bern von einem Bären genennet.

Nun vnter allem diesem glücklichen vnd wol rühmlichen Baw/ beliebete es Hertzog Berchtolden/in dem Eich-Wald darinn vnnd davon die Statt gebawet werden solte/ ein kurtzweiliges Gejägt anzusehen/ vnd als für das erste Gewild den Jägern ein starcker Bär fürkommen/ welchen sie auch jhrem begehren nach erlegten/vnd denselben Berchtoldo jhrem thewren Fürsten zubrachten/nahme jhme bemelter Fürst diesen so namhafften fang zu einer erwünschten Vordeutung an/ vñ entschlosse sich die newe Statt im Sack/ dem Bären nach BERN zu nennen/ verhoffet dz gleichförmig wie der Bär vnter allen Europischen vierfüssigē Thieren das behertzteste/stärckste vnd frewdigste/ daß auch ebenmessiger weiß ein Statt Bern ob andern/ die sich in vnd an jhren Wälden vnnd Grentzen muthwillig wider sie erzeigen wurden / triumphieren/ vnd die vngezembde Herrschafft zu forcht vnd gehorsam bringen wurde.

bis heute fort: So geht der Name Eichholz für das heutige Wylerholz am rechten Aareufer gegenüber dem Thormebodenwald ins 13. Jahrhundert zurück. Heute noch werden Wälder am linken Aareufer gegenüber dem Dählhölzli und nordwestlich von Bern-Bethlehem so genannt.[4] Die spezielle Erwähnung von Eichenwäldern zeigt aber, dass solche nicht flächendeckend waren. Sie bildeten innerhalb der von der Buche dominierten gesamten Waldfläche eine durch den Menschen geförderte Waldgesellschaft. Der Stiel-Eiche dürfte dabei aus ökologischen Gründen als waldbildendes Element die grössere Bedeutung zugekommen sein als der Trauben-Eiche. Es ist nahe liegend, dass der bildlichen Darstellung des Eichenwaldes in der offiziellen Stadtikonographie grosses Gewicht beigemessen wird; allerdings stammen alle erhaltenen Dokumente aus wesentlich jüngerer Zeit: die für die Burgerstube im Rathaus 1584–85 von Humbert Mareschet (Abb. 3)[5] sowie die für den Durchgang durch den Zeitglockenturm 1609–10 durch Gotthard Ringgli[6] angefertigten Stadthistorienbilder. Obschon es sich hier um romantische Verklärungen handelt, dürfen wir vermuten, dass sie ältere Werke ablösten.
Gestützt auf diese Bildquellen haben sich alle Stadthistoriker kritiklos die Anfänge Berns im Eichenwald gedacht.[7] Dieser sei für die Anlage der Stadt gerodet worden. Fanden die Archäologen wie Ueli Bellwald 1977/78 unter dem Berner Erlacherhof auf der ersten Schicht über dem unberührten gewachsenen Boden eine Holzkohle enthaltende Schicht, so interpretierten sie diese als «Brandrodungshorizont».[8] Inzwischen konnten an anderen Orten ähnliche «gründungszeitliche» Horizonte mit Holzkohleanteilen durch Schlämmen auf ihre effektiven botanischen Makroreste hin untersucht werden.[9] Ergebnisse liegen für Unterseen, Aarberg und das Kloster Trub vor. Alle drei galten bislang

Armand Baeriswyl

Der Name Bern: mögliche Herkunft und Deutung

Für den 1208 erstmals erwähnten Namen *Berne* gibt es verschiedene Deutungen.
Schon auf dem ersten Stadtsiegel aus dem Jahr 1224 erscheint das Wappentier, der Bär. Dennoch ist die von Conrad Justinger kolportierte Gründungslegende mit dem erjagten Bären, der für die Namensgebung ausschlaggebend gewesen sein soll, als gelehrsame Erfindung des späten Mittelalters zu sehen (→ S. 25). Ernsthaft im Gespräch sind zwei Hypothesen, zum einen, den Namen aus dem keltischen Sprachgut herzuleiten, zum anderen, ihn in Beziehung zur oberitalienischen Stadt Verona zu setzen.
Bern war im Mittelalter die deutsche Namensform von *Verona*, so wie etwa *Bellenz* für *Bellinzona* oder *Cleven* für *Chiavenna*. Bekanntester Beleg dafür ist die Sagengestalt des Dietrich von Bern, der im berühmten, um 1200 aus frühmittelalterlichen Vorlagen entstandenen Nibelungenlied eine zentrale Rolle spielt. Dietrich ist die literarische Umformung des historischen Ostgotenkönigs Theoderich des Grossen (493–526), der sein Reich von Verona aus regierte und auch dort begraben wurde. Gab es demnach Beziehungen zwischen Verona und den Zähringern? Wie die neueste Forschung betont, waren die Herzöge literarisch sehr interessiert, wodurch diese Zusammenhänge an Wahrscheinlichkeit gewinnen (→ S. 37).

Plausibler erscheint jedoch die Herleitung des Namens aus keltischen Wurzeln. Es gibt dafür neuerdings vielleicht einen archäologischen Hinweis: 1988 fand sich in den Ruinen eines Tempels auf der Engehalbinsel ein Votivtäfelchen aus römischer Zeit, auf dem die Einwohner einer Siedlung *Brenodor* genannt werden (Abb.).
Brenodor ist wahrscheinlich der Name des keltischen Oppidums und späteren römischen *vicus* auf der Engehalbinsel. Der Verdacht, *Brenodor* könnte etwas mit dem Ortsnamen Bern zu tun haben, ist nahe liegend. Zwar ist die Frage, ob sich der Name Bern daraus direkt ableiten liesse, *Brenodor* damit eventuell der Vorgänger der mittelalterlichen Stadt sein könnte, aus sprachwissenschaftlicher Sicht klar mit Nein zu beantworten.
Zu vermuten ist aber eine gemeinsame keltische Wurzel: Ein der Region anhaftender Name *brena-* (für Wald, Gebüsch) könnte sowohl in die Namen *Brenodor, Bremgarten, Bremgartenwald* wie auch in den Namen der mittelalterlichen Neugründung *Bern* eingeflossen sein.
Endgültig lösen lässt sich das Namenproblem beim heutigen Forschungsstand nicht.

Das im Thormebodewald von Bern-Engehalbinsel gefundene Weihetäfelchen aus Zink mit vierzeiliger Inschrift: DOBNOR AEDO/GOBANO/BRENODOR/NANTAROR («Geweiht dem Gott Gobanos, der die Erde befährt, durch die Einwohner der Siedlung Brenodor innerhalb des Kultbezirks des Aaretals»). Nach Rudolf Fellmann.

Literatur: Justinger; Kdm Bern Stadt I; Lüscher, Bern; Fellmann, Zinktäfelchen; Baeriswyl, Studien.

als Gründungen «im Grünen». In Unterseen nehmen Gras und Gebüsch einen kräftigen Anteil ein. Wichtige Flächen müssen aber von Getreidefeldern belegt gewesen sein. Ebenfalls für eine Besiedlung der unmittelbaren Umgebung sprechen mitgefundene Fischschuppen; bei der Nähe des Fundortes zu Aare und den beiden Seen (Brienzersee und Thunersee) nicht weiter erstaunlich.[10] In Aarberg fanden sich auf dem gewachsenen Terrain der Stadtgründung Pflugspuren und zahlreiche verkohlte Reste des 12./13. Jahrhunderts. Die Beschaffenheit des Erdmaterials erlaubte nur noch den Nachweis von verkohlten Körnern und Samen; anderes organisches Material war längst verfault. Trotzdem konnten Körner von Hafer, Dinkel und Gerste sowie von Sträuchern und Kräutern (Holunder, Himbeere und Bilsenkraut) bestimmt werden. Die relativ hohe Korndichte und deren Bestimmung lassen den Schluss zu, dass am Ort oder in nächster Umgebung Flurwirtschaft betrieben worden ist. Das Resultat deckt sich eindeutig mit dem Befund der Pflugspuren und den in nächster Nähe festgestellten Bauresten der vor die Stadtgründung zurückreichenden ländlichen Siedlung.[11]

Für die Berner Aarehalbinsel selber liegen erst seit jüngster Zeit Befunde vor. Die 2002 erfolgte archäobotanische Analyse von Proben aus dem Stadtgründungshorizont im Bereich des Waisenhausplatzes (Abb. 5) bestätigt die obigen Aussagen. Wir haben es hier nicht mit einer Rodungssituation zu tun, sondern mit einem Gemisch von Holzresten verschiedener Standorte, welche zusammen mit Samen und Früchten auf landwirtschaftliche Nutzung hinweisen. Die Aarehalbinsel war im 12. Jahrhundert nicht mehr von dichtem Wald überzogen, sondern war landwirtschaftlich genutzte Kulturlandschaft. Dies legen allein schon die zahlreichen im 12. Jahrhundert in nächster Umgebung Berns bestehenden Siedlungen nahe (→ S. 59).[12]

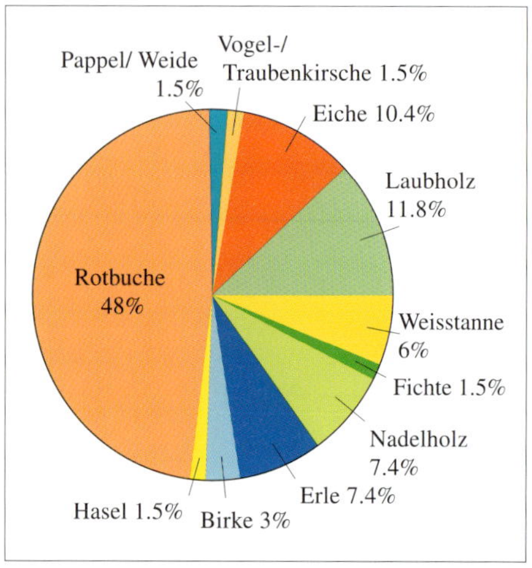

Abb. 5
Im Stadtgründungshorizont Berns feststellbare Holzarten. Bern, Waisenhausplatz, Diagramm 2002.

Zur Stadtgründungszeit gab es also auf der Aarehalbinsel selbst wohl keine bejagbaren Eichenwälder mehr, aber wohl in deren Umgebung. Dasselbe gilt für das Vorkommen von Bären. Der Braunbär war noch bis gegen 1500 in den höheren Lagen des Schweizerischen Mittellandes anzutreffen. Auf Grund bezahlter Prämien lässt sich dies belegen.[13] Hinweise darauf liefern auch zahlreiche Flurnamen.[14] Auch ist anzunehmen, dass Bären als Allesfresser ihre Nahrung schon damals, namentlich in Mastjahren, in Eichenwäldern suchten.[15]
Die Chronikillustration (Abb. 1) lässt aus zoologischer Sicht keine Fehler erkennen: Braunbären erheben sich bei Gefahr, in erster Linie um Obersicht zu gewinnen, auf die Hinterläufe.

Die jagdhistorische Sicht
Zwei der drei Jäger sind je mit einem Bärenfangeisen und einem Horn ausgerüstet, der vordere zudem mit einem links getragenen Schwert. Bärenfangeisen mit breitem Blatt, Knebel und mit einem durch Leder und Nägel kreuzweise beriemten und damit rutschfest gemachten Holzschaft werden in Zusammenhang mit Bärenkämpfen seit römischer Zeit abgebildet und haben ihre Aufgabe bis ins 17. Jahrhundert erfüllt (Abb. 421). Bei den Signalhörnern (von demjenigen des vordersten Jägers ist nur das Mundstück des rechts getragenen Instrumentes sichtbar), handelt es sich um Rüdenhörner, wie sie bis in die Neuzeit in Gebrauch sind.[16]
Die sieben abgebildeten Hunde, von denen nur einer ein Halsband trägt, lassen hinsichtlich Grösse keinen einheitlichen Schlag erkennen. Alle sind ungescheckt, haben Stehohren und unkupierte Ruten. Dies dürfte der damaligen Situation weitgehend entsprochen haben.[17] Sie sind am ehesten als Bracken zu bezeichnen [18], wie sie damals auch für die Hetzjagd auf Bären und Wildschweine eingesetzt wurden.[19]
Auch wenn also der Herzog in der Umgebung der späteren Stadt Bern durchaus eine Bärenjagd im Eichenwald erlebt haben kann, ist doch vom romantischen Bild deutlich Abstand zu nehmen: Bern wurde als politischer Akt in einer Kulturlandschaft gegründet (→ S. 59).

Die Zähringer

Dieter Geuenich und Thomas Zotz

Hochadelsgeschlecht, Rektoren von Burgund und Stadtgründer

Abb. 6
Das Siegel Herzog Bertolds IV. hat sich als Originalabdruck an der Urkunde des Solothurner St.-Ursus-Stifts von 1181 erhalten. Die Umschrift des Reitersiegels «Berhtoldus dei gr(ati)a dux et rector Burgundie» zeigt den Stellenwert des burgundischen Rektorats für das Selbstverständnis der Zähringer.

Ursprünge und Aufstieg des Fürstenhauses bis zum Ende der Salierzeit (1125)[1]
Das südwestdeutsche Adelsgeschlecht der Zähringer (Abb. 7), das unter diesem Namen seit 1100 bis zum Tod Bertolds V., des letzten Herzogs von Zähringen,[2] im Jahre 1218 in der Region und im Reich gewirkt hat, lässt sich bis in das späte 10. Jahrhundert zurückverfolgen.[3] Damals gehörte der mächtige Adlige Bertold, Graf im Thurgau und im Breisgau und begütert in Villingen auf der Baar, zu den engen Vertrauten Kaiser Ottos III., der ihm im Jahre 999 für seinen Ort Villingen das Markt-, Münz- und Zollrecht verlieh.[4] Schlaglichtartig werden die Wurzeln und der frühe Herrschaftsbereich ebenso wie die Herrschernähe der Bertolde sichtbar, wie die Forschung die Familie vor deren Benennung nach der Burg Zähringen im nördlichen Breisgau bezeichnet. Wenn gleich am Anfang der historischen Überlieferung zu den Bertolden/Zähringern das im Übrigen früheste erhaltene Marktprivileg eines weltlichen Grossen im hohen Mittelalter steht, so darf dies als Zeugnis für das märkte- und städtepolitische Interesse gelten, das die späteren Zähringer bekanntlich kennzeichnet.
Dem Marktgründer Bertold (oder seinem gleichnamigem Sohn) begegnen wir als *Bezelin von Villingen* in der Verwandtschaftstafel Wibalds von Stablo, die um die Mitte des 12. Jahrhunderts als Argument für die Scheidung Friedrich Barbarossas von seiner ersten Frau Adela von Vohburg dienen sollte;[5] sie gibt

zugleich Aufschluss über die gemeinsamen Ahnen der Staufer und Zähringer im 10. Jahrhundert. Dieser verwandtschaftlichen Nähe entsprach eine fast durchgängige Konkurrenz der beiden Familien, die zusammen mit den Welfen die drei grossen Fürstenhäuser des 12. und frühen 13. Jahrhunderts im Südwesten des Reiches bildeten.[6] Als Sohn *Bezelins von Villingen* erscheint in der Tafel Wibalds *Bertold im Barte*, kein Geringerer als Herzog Bertold I. von Kärnten (1061–1078).[7] Dieser verwaltete die Grafschaften Breisgau, Ortenau, Albgau und Thurgau und nahm als Gesandter Kaiser Konrads II. politische Aufgaben in Italien wahr. Durch seine Heirat mit Richwara, die als Tochter Herzog Hermanns IV. von Schwaben (†1038) gelten darf,[8] erweiterte sich der Besitz der Bertolde/Zähringer um die Positionen Limburg und Weilheim im Neckargau; diesen kam mit Stammsitz und Eigenkloster in der zweiten Hälfte des 11. Jahrhunderts zentrale Bedeutung für die Familie zu.[9] Überdies hatte Bertold Aussicht auf das Herzogtum Schwaben, die sich 1057 allerdings zerschlug, da die Kaiserinwitwe Agnes den schwäbisch-burgundischen Adligen Rudolf von Rheinfelden mit Schwaben belehnte.[10] Immerhin verschaffte Bertold seiner Familie mit dem 1061 zugesprochenen Herzogtum Kärnten herzoglichen Rang, den sie trotz mancher Krisen bis zum Ende der Zähringerdynastie im Jahre 1218 behaupten konnte.[11]

In den Wirren des Investiturstreits gehörte Herzog Bertold I. von Kärnten mit Welf IV. von Bayern und Herzog Rudolf I. von Schwaben zur Gruppe der Fürstenopposition gegen König Heinrich IV. Zur Festigung dieser Allianz wurde Bertolds gleichnamiger Sohn mit Agnes, der Tochter Rudolfs, vermählt, den die Gegner Heinrichs IV. 1077 zum König wählten. Damit erhielten die Bertolde/Zähringer nicht nur Verwandtschaft von Königsrang, sondern das Aussterben der Rheinfeldener im Jahre 1090 erweiterte den Besitz- und Handlungsspielraum Bertolds II. zudem um Gebiete im nördlichen Hochburgund, vor allem um den Bereich von Burgdorf, der für die spätere Politik der Zähringer in Burgund massgeblich wurde (→ S. 61).[12] Ausserdem dürfte der Anfall des burgundischen Erbes für Bertold II. Anlass gewesen sein, seinen Herrschaftsschwerpunkt von Limburg/Weilheim im Neckargau in den nördlichen Breisgau mit den Zentren der fortan namensgebenden Burg Zähringen,[13] des Haus- und Grabklosters St. Peter[14] und der 1091 ins Leben gerufenen frühstädtischen Siedlung Freiburg[15] zu verlegen.

Indem Bertold ein Jahr darauf von der päpstlichen Partei in Schwaben zum Herzog von Schwaben (und damit zum Gegenspieler des staufischen Schwabenherzogs Friedrichs I.) gewählt wurde, konnte der erste «Zähringer» seine Machtstellung im Südwesten des Reiches noch erheblich verstärken.[16] Allerdings musste er im Jahr 1098 zugunsten des Staufers auf das Herzogtum Schwaben verzichten, erhielt jedoch zum Ausgleich aus der Hand Kaiser Heinrichs IV. Zürich als Reichslehen, die vornehmste Stadt (oder: eine der vornehmsten Städte) Schwabens, wie der stauferzeitliche Chronist Otto von Freising in diesem Zusammenhang formuliert.[17]

Nach dem Tod Herzog Bertolds II. im Jahre 1111, der wie alle nachfolgenden Zähringerherzöge bis auf Bertold V. seine letzte Ruhe im Kloster St. Peter fand, teilten sich seine beiden Söhne Bertold und Konrad das Erbe,[18] wobei der ältere Bertold die Herzogswürde und die Vogtei über St. Peter innehatte, während Konrad in dem ihm verbliebenen Bereich 1120 einen Markt in Freiburg einrichtete und privilegierte, der diesen Ort im Laufe des 12. Jahrhunderts zu einem wirtschaftlich aufblühenden städtischen Zentrum im Breisgau machte.[19]

Als Bertold III. im Jahre 1122 früh ums Leben gekommen war, trat Konrad 1122 die Nachfolge als Herzog von Zähringen an und setzte noch unter dem letzten Salier Heinrich V. (†1125) seine zielstrebige Politik fort, die er bereits mit der Begünstigung Freiburgs und mit der Besetzung des St. Galler Abtstuhls 1121/22[20] bewiesen hatte: Er sicherte sich 1124 gegenüber dem Basler Bischof die Vogtei über das rheinfeldische «Hauskloster» St. Blasien[21] und liess in seiner Heirat mit Clementia von Namur seine nach Westen gerichteten Pläne erkennen.[22]

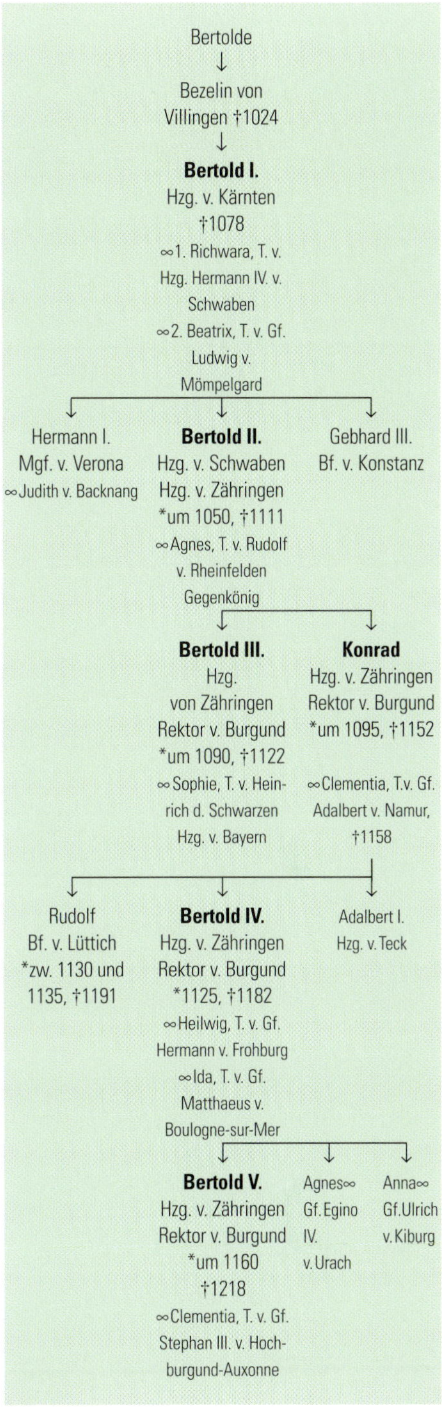

Abb. 7
Stammtafel der Zähringer.

Die Zähringer und das Rektorat von Burgund bis zum Tode Bertolds IV. (1186)[23]

Hatte bereits das rheinfeldische Erbe die Bertolde/Zähringer im nördlichen Burgund verankert, so fiel Konrad von Zähringen im Jahre 1127 eine weitere burgundische Erbschaft zu, als nach der Ermordung seines Neffen, Graf Wilhelms IV. von (Hoch-)Burgund, König Lothar III. Konrads Erbanspruch gegenüber dem des Grafen Rainald III. von (Hoch-)Burgund anerkannte.[24] Damit gewann Konrad die Aussicht auf Positionen und Einfluss westlich des Jura im Gebiet zwischen Besançon und Romainmôtier. Zudem betraute der König den als Bundesgenossen im Kampf gegen die Staufer willkommenen Zähringer mit dem Amt des *rector Burgundiae* als königlicher Stellvertreter[25] im ehemaligen, seit 1033 dem Reich angegliederten Königreich Burgund. Für die Zähringerherzöge war dieses Reichsamt angesichts ihres strittigen *dux*-Titels[26] substantieller Ausweis ihrer reichsfürstlichen Stellung, und so haben sie den *rector*-Titel stets in Urkunden und auf Siegeln geführt (Abb. 6).

Auch wenn sich das 1127 verliehene Rektorat auf das gesamte Reichsburgund bezogen haben dürfte, so ist Herzog Konrad in der Folgezeit als *rector* doch nur in Angelegenheiten nachweisbar, die das östliche Hochburgund, also den bereits seit dem späten 11. Jahrhundert bestehenden zähringischen Machtbereich, betrafen (St. Crucis in Trub, St. Maria in Frienisberg, St. Maria in Interlaken).[27] Während Niederburgund ganz ausserhalb von Konrads Einfluss blieb, hatte er andererseits im westlichen Hochburgund Mühe, seine Erbansprüche gegen Graf Rainald durchzusetzen, und war 1132 deswegen in eine kriegerische Auseinandersetzung mit Graf Amadeus I. von Genf bei Peterlingen verwickelt.[28] Diese Erbstreitigkeiten zogen sich bis in die 50er Jahre des 12. Jahrhunderts hin, bevor sie schliesslich in eine ganz andere, nämlich staufische Richtung entschieden wurden.[29]

Das gute Verhältnis zwischen Herzog Konrad und Lothar III. dauerte auch unter dessen Nachfolger, dem Staufer Konrad III. (1138–1152), fort. Wenn die staufische Kanzlei dem Zähringer sogar den Titel eines Herzogs von Burgund zugestand, so drückt sich darin das starke Engagement und Interesse Konrads an diesem neuen Herrschaftsbereich aus, der nun zunehmendes Gewicht neben dem «altzähringischen» Gebiet nördlich des Rheins und um Zürich erhielt (Abb. 8). Hier erwuchs allerdings dem Herzog damals territorialpolitische Konkurrenz durch einen anderen Staufer, Konrads III. Neffen und Schwabenherzog Friedrich III., den späteren König und Kaiser Friedrich Barbarossa. Im Jahre 1146 sagte dieser dem Zähringer die Fehde an, eroberte Zürich, das zähringische «Aushängeschild» im Herzogtum Schwaben, drang dann in das Land Herzog Konrads ein und gelangte bis zur Burg Zähringen, dem familiären Machtsymbol.[30] Nach Eroberung einer weiteren, als uneinnehmbar geltenden Burg – die neuere Forschung denkt an die Rheinfeste Stein zu Rheinfelden[31] – musste Konrad auf dem Ulmer Hoftag Konrads III. im Juli 1146 um Frieden bitten.[32]

Diese Machtprobe des jungen Friedrich Barbarossa gegenüber dem im Südwesten des Reiches konkurrierenden Zähringerhaus gilt es im Auge zu behalten, wenn man sich der Geschichte von Herzog Konrads Sohn und Nachfolger Bertold IV. (1152–1186) zuwendet, der seine Herzogsherrschaft fast zur selben Zeit begann wie Friedrich Barbarossa sein Königtum.[33] Noch in der ersten Hälfte des Jahres 1152 schlossen beide eine Übereinkunft, die Einblick in die damaligen Verhältnisse in Burgund und die darauf gerichteten Ziele Bertolds IV. gibt.[34] Danach verpflichtete sich der König, dem Herzog die beiden Länder Burgund und die Provence zu geben und ihn bei deren Unterwerfung zu unterstützen. Damit sind offenbar konkret die bislang vom Rektorat noch nicht erfassten Gebiete gemeint. Ausserdem sagte Friedrich I. zu, dem Herzog bei der Durchsetzung seiner Rechte an dem damals von Graf Wilhelm V. von Mâcon in Vertretung seiner Nichte (Beatrix) besessenen Gebiet behilflich zu sein. Die alte Erbstreitfrage von 1127 schwelte also weiter. Im Gegenzug verpflichtete sich Bertold IV., mit 1000 Panzerreitern an dem Zug des Königs nach Burgund und in die Provence sowie mit 500 Panzerreitern und 50 Bogenschützen an dessen Italienzug teilzunehmen.

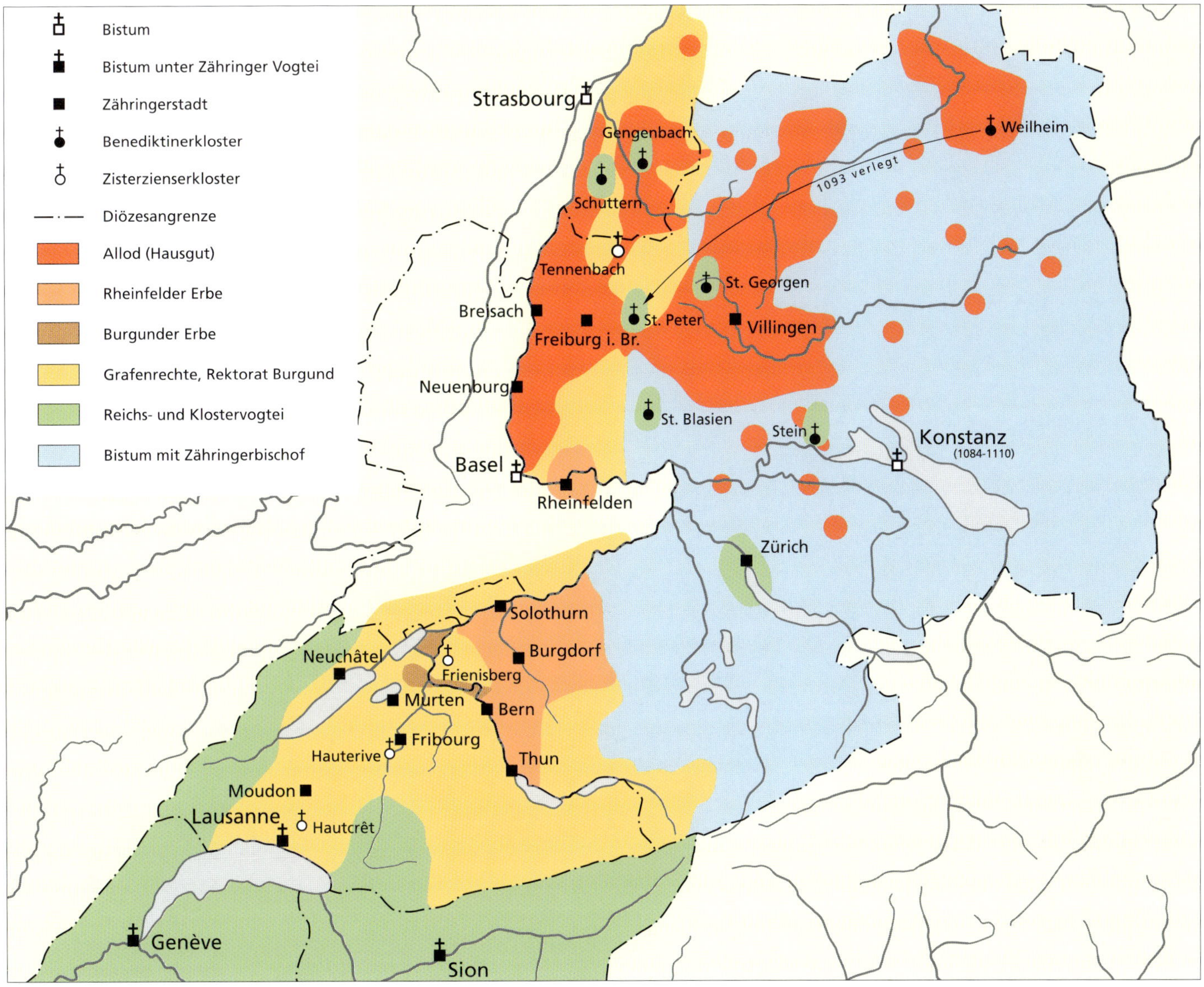

Abb. 8
Die Karte zeigt die Ausdehnung der Zähringer-Herrschaft um 1200 im Südwesten des Reiches.

Die Übereinkunft gibt Gelegenheit, die Rechte und Grenzen des burgundischen Rektorats zu erkennen: In Abwesenheit des Herrschers soll der Herzog Herrschaft (*dominatus*) und Verwaltung (*ordinatio*) in beiden Gebieten innehaben, ausgenommen die eigens zum König gehörigen Erzbistümer und Bistümer. Aus Urkunden ist Näheres über diese Herrschaft und Verwaltung zu erfahren.[35] Dazu gehörten die Aufsicht über das Reichsgut, Anteile an Gerichtsbussen, Klostervogteien oder auch der Schutz für ein Zisterzienserkloster wie Hautcrêt.

Aus nicht ganz durchsichtigen Gründen kam es indes nicht zur Erfüllung dieser Übereinkunft. Im Jahre 1153 zog Friedrich I. allein nach Besançon und konnte sich offenbar mit Graf Wilhelm von Mâcon und auch mit Graf Amadeus von Genf, den alten Gegnern des Zähringers, friedlich verständigen.[36] Gleichwohl hielt Bertold IV. noch 1155 mit Unterstützung des Königs seinen Anspruch auf Niederburgund (Vienne) aufrecht.[37] Nach Wilhelms Tod im selben Jahr warb allerdings Friedrich Barbarossa um die Hand von Wilhelms Nichte Beatrix als Trägerin des strittigen burgundischen Erbes, und bereits an Pfingsten 1156 fand in Würzburg die glanzvolle Hochzeit statt.[38] Der in diesem Zusammenhang zwischen dem Kaiser und Herzog gefundene Ausgleich sah vor, dass Bertold für den westlichen Teil Hochburgunds und für Niederburgund sowie die Provence auf das Rektorat und auf seinen Anspruch am Besitz der Grafen von Burgund verzichtete; dafür verlieh ihm Friedrich das Recht der Regalieninvestitur in den drei ostburgundischen Bistümern Genf, Lausanne und Sitten, die bis dahin der König ausgeübt hatte.[39] In der Literatur wird diese Übereinkunft, verglichen mit jener von 1152, als dürftige Lösung für den Zähringer bewertet; allerdings sollte man beachten, dass die Übertragung der Regalieninvestitur Bertold IV. durchaus Chancen zur Herrschaftsverdichtung im bereits erfassten Ostburgund bot,

Abb. 9
In einer kleinen Pergamenthandschrift um 1150 erscheint das Bildnis einer Frau, die als Stifterin oder Besitzerin der Handschrift anzusehen ist. Wie die historischen Umstände vermuten lassen, könnte es sich dabei um die Gemahlin Heinrichs des Löwen, Clementia von Zähringen, handeln; Baltimore, Walters Art Gallery, Ms. W 10, fol. 6v.

während die 1152 in Aussicht gestellte Kompetenzausweitung angesichts der jahrzehntelangen Negativerfahrungen ohnehin als wenig realistisch gegolten haben mag.

Wie konnte Bertold die gegebenen Chancen nutzen? Über die Wahrnehmung zähringischer Rechte in Sitten ist nichts bekannt; für Genf nahm Friedrich I. bereits 1162 auf Grund eines Hofgerichtsurteils das an Bertold verliehene Investiturrecht zurück.[40] Dabei war das Vorgehen des Kaisers nicht nur formal begründet, sondern auch politisch motiviert; denn seit 1159/60 verschlechterten sich die persönlichen Beziehungen zwischen dem Staufer und dem Zähringer[41] bis hin zu der von Barbarossa betriebenen Scheidung Heinrichs des Löwen von der Zähringerin Clementia (Abb. 9).[42] Im Übrigen lässt das Verfahren gegen Bertold erkennen, dass dieser seine Genfer Rechte bereits an Graf Amadeus gegen Positionen weiter nördlich im Waadtland weiterverliehen hatte. Ein deutliches Zeichen für die weitere Konzentration von Bertolds burgundischer Herrschaft![43]

Diese Tendenz wird am deutlichsten im Hinblick auf den dritten Bischofssitz erkennbar, für den der Kaiser das Investiturrecht Bertold IV. überlassen hat, Lausanne. In dieser Diözese verfügten die Zähringer über Reichsgut und auch über Eigengut. In Lausanne selbst kam es bereits 1157 zu einer vertraglichen Vereinbarung zwischen Herzog Bertold und Bischof Amadeus, von der allerdings nur die Zugeständnisse des Zähringers überliefert sind.[44] Trotz der vor dem Hofgericht Friedrichs I. im Jahre 1186 vorgebrachten Klage gegen Bertold IV. blieben die Zähringer bis zu ihrem Ende im Besitz des Lausanner Investiturrechts.[45] Zur Abrundung seiner dortigen herrschaftlichen Position erwarb der Herzog zwischen 1159 und 1178 überdies die Hochstiftsvogtei.[46]

In das sich abzeichnende Bild von der Verdichtung zähringischer Herrschaft innerhalb der vom Doubs im Westen, von der Aare im Osten, von Solothurn im Norden und vom Genfer See im Süden begrenzten Diözese Lausanne[47] passt die Städtepolitik der Zähringer:[48] Sieht man von dem zum alten Rheinfeldener Erbe gehörenden Burgdorf,[49] 1175 erstmals erwähnt und um 1200 zur Stadt ausgebaut, und von der um 1191 im alemannisch-burgundischen Grenzraum angelegten Stadt Thun[50] ab – beides Vorgänge jenseits der für diesen Abschnitt gesetzten Zeitgrenze (→ S. 176) –, so befanden sich alle übrigen burgundischen Zähringerstädte innerhalb der Diözese Lausanne.

Den Auftakt der Neugründungen in Burgund machte das im Jahre 1157, also kurz nach der Belehnung Bertolds IV. mit der Regalieninvestitur, gegründete Freiburg i. Ü. (→ S. 170);[51] der Herzog legte die Stadt weder auf Reichs- noch auf zähringischem Eigengut an, sondern zu einem Viertel auf dem Grund und Boden des Klosters St. Maria in Payerne/Peterlingen, im Übrigen auf Eigen der Herren von Villars. Die Stadt Freiburg, emblematisch nach dem zum alten zähringischen Herrschaftsmittelpunkt im nördlichen Breisgau gehörenden Freiburg benannt, kann als erste Massnahme des Herzogs zur Sicherung seiner Herrschaft im Waadtland gegen die Konkurrenz der Grafen von Savoyen und der Bischöfe von Lausanne gelten. Wie zahlreiche andere Zähringerstädte erhielt Freiburg i. Ü. das Stadtrecht Freiburgs im Breisgau.[52]

Für die Zeit Bertolds IV. ist noch die Gründung der Stadt Murten zu erwähnen.[53] Sie lehnte sich an das alte Reichsgut gleichen Namens (1228 *vetus Murat*) an, über das in der zweiten Hälfte des 11. Jahrhunderts Rudolf von Rheinfelden verfügte und das nach dessen Ächtung König Heinrich IV. im Jahre 1079 der Bischofskirche Lausanne geschenkt hat. Hier dürfte Bertold IV., vielleicht im Wissen um die Position seines Vorfahren, über die zwischen 1158 und 1179 erworbene Hochstiftsvogtei städtebaulich aktiv geworden sein. Auch Murten hat das Freiburger Stadtrecht empfangen.[54]

Wenn man den Blick erweitert und dabei allgemein nach der Funktion und Bedeutung der frühstädtischen Siedlungen der Zähringer fragt, so wäre für Burgund noch das auf ein spätantikes *castrum* zurückgehende Solothurn zu erwähnen, Grenzfeste zu Alemannien im Königreich Burgund und zeitweise Grafensitz und in salischer Zeit mehrfach Aufenthaltsort der Könige und Stätte von Hoftagen (→ S. 170).[55] Mit dem Rektorat hatten die Zähringer 1127 Zugriff auf dieses bedeutsame Eingangstor nach Burgund und liessen es im Laufe

des 12. Jahrhunderts zur Stadt werden: 1181/82 treten in Urkunden für das St.-Ursus-Stift zu Solothurn erstmals dortige Bürger als Zeugen auf.[56]
Doch bliebe das Bild der vielfach durch Burgen herrschaftlich geprägten Zähringer-Städte[57] unvollständig ohne die zahlreichen Orte in den anderen Herrschaftsbereichen des Fürstenhauses, die teils als Neugründungen, teils in Anlehnung an bestehende Siedlungen entstanden sind oder als traditionsreiche Vororte in die Hand der Zähringer gelangten. Zur letzten Gruppe zählen das für die frühe Zähringer-Herrschaft konstitutive und wohl in den 40er Jahren des 12. Jahrhunderts ausgebaute Zürich[58] und das erst Ende des 12. Jahrhunderts in zähringische Verfügung geratene Breisach.[59] Von den in Anlehnung an eine ältere Siedlung gewachsenen Städten seien das im Laufe des 12. Jahrhunderts erweiterte und befestigte Villingen[60] sowie Rheinfelden[61] genannt, während das zwischen 1091 und 1120 ins Leben gerufene Freiburg im Breisgau[62] und das um 1175 bereits durch seinen sprechenden Namen definierte Neuenburg am Rhein[63] als Neugründungen, allerdings unterschiedlichen Gewichts, zu gelten haben.
Die Stadt Freiburg mit ihrer namentlichen wie rechtlichen Ausstrahlung nach Burgund mag noch einmal für die vielfältige, nicht zuletzt personengestützte Vernetzung alt- und neuzähringischer Herrschaftsbereiche nördlich und südlich des Rheins stehen, deren geschichtliche Entwicklung bis vor den Herrschaftsantritt Bertolds V. 1186 und den Beginn Berns 1191 als prominenter zähringischer Gründungsstadt des späten 12. Jahrhunderts hier zu skizzieren waren.

Abb. 10
Nach dem Bericht des Chronisten Konrad Justinger (1420) hatte Bertold V. zwei Söhne, die vergiftet worden seien. Grabstein der vermeintlich letzten Zähringer-Kinder im Lapidarium des St.-Ursus-Stifts zu Solothurn; Abguss im SLM Zürich, Kopie Nr. 6.

Herzog Bertold V.[64]
Bertold V., der letzte Herzog aus dem Hause der Zähringer (1186–1218), ist von den Zeitgenossen und der Nachwelt bis heute sehr unterschiedlich beurteilt worden (→ S 41).[65] Während der Berner Stadtschreiber Conrad Justinger ihn in seiner 1420 verfassten Chronik rühmt, *daz hertzog Bertold von zeringen ein grosser herre waz,* der *vil grosser dingen* vollbracht hat,[66] gilt er dem um 1230 schreibenden Chronisten Burchard von Ursberg als «äusserst geizig und voll von jeglicher Ungerechtigkeit» (*avarissimus et omni iniquitate plenus*).[67] Als «den grausamsten Herzog» (*ducem crudelissimum*) bezeichnen ihn die Mönche des Zisterzienserklosters Tennenbach (nördlich von Freiburg im Breisgau),[68] und Caesarius von Heisterbach, ebenfalls dem Zisterzienserorden angehörig, schreibt um 1220: «Jener Herzog war ein unmenschlicher Tyrann, ein Plünderer des Erbes von Edlen und Geringen und ein Verleugner des katholischen Glaubens.»[69] Bischof Bertold von Lausanne schliesslich lastet dem letzten Zähringer in einer 1220 ausgestellten Urkunde «Raub von Kirchengütern, Brandschatzungen, Morde, Körperverletzungen und Verstümmelung von Gliedern» an, und zwar «nicht nur an Laien, sondern auch an Klerikern und Priestern».[70]
Sogar die für die Zähringerdynastie so verhängnisvolle und folgenreiche Tatsache, dass Bertold V. im Jahre 1218 starb, ohne Nachkommen zu hinterlassen, wird höchst unterschiedlich erklärt. Während der erwähnte Bertold von Lausanne den Tod des letzten Zähringers mit den Worten kommentiert: «Durch seine schuldhafte Schlechtigkeit hat er weder Sohn noch Tochter zurückgelassen»,[71] führt die ebenfalls schon zitierte Berner Chronik seinen kinderlosen Tod auf *daz gross mort* zurück, *daz an im und sinen kinden beschehen waz.* Demnach

Die Zähringer im Urteil Ottos von Freising

At supra nominatus Bertolfus (Herzog Bertold II. von Zähringen), *vacuum exhinc nomen ducis gerens, id quasi hereditarium posteris reliquit; omnes enim usque ad presentem diem duces dicti sunt, nullum ducatum habentes soloque nomine sine re participantes – nisi quis ducatum esse dicat comitatum inter Iurum et montem Iovis, quem post Willelmi comitis filius suus Conradus ab imperatore Lothario suscepit, vel a ducatu Carentano, quem numquam habuerunt, ducis eos nomine honorandos contendat –, in aliis tamen rerum et honoris non parva pollentes magnificentia.*
«Jener Bertold aber führte seitdem den leeren Titel ‹Herzog› und hinterliess diesen gleichsam als Erbschaft seinen Nachkommen; denn sie heissen alle bis zum heutigen Tag Herzöge, wobei sie gar kein Herzogtum haben und nur des Titels ohne die Sache teilhaftig sind, es sei denn man wollte die Grafschaft zwischen dem Jura und dem Grossen St. Bernhard, die nach dem Tode des Grafen Wilhelm Bertolds Sohn Konrad vom Kaiser Lothar empfangen hat, als Herzogtum bezeichnen oder behaupten, sie seien von dem Herzogtum Kärnten her, das sie niemals besessen haben, durch den Titel ‹Herzog› zu ehren. Im Übrigen aber sind sie stark in der nicht geringen Pracht ihres Reichtums und ihrer Ehre.»

Gesta Frederici I/9, Mitte 12. Jh.

Abb. 11
In Diebold Schillings Spiezer Chronik wird die Sage vom Kindermord von Solothurn illustriert. Der heimtückische Giftmord wird durch Skorpione in den Krügen und einen Mann mit Mischbecher versinnbildlicht; BBB, Mss. hist. helv. I.16, S. 62.

wusste der Herzog die Mörder unter den Adligen Burgunds, und er soll sie sterbend angeklagt haben: *Nu hin, hand si mir minen kinden vergift umb daz min stamme ende habe.*[72] Die wohl kaum ernsthaft durch Fakten zu erhärtende Erzählung von den beiden vergifteten Kindern Bertolds V. rankt sich um eine fragmentarisch erhaltene Grabplatte in der Ursus-Kirche in Solothurn (Abb. 10), die nach alter Überlieferung die Abbildung seiner ermordeten Kinder aufweisen soll.[73] Der Schweizer Geschichtsschreiber Johannes Stumpf berichtet von einer alten Solothurner Sage, nach der die Mutter der beiden Kinder, also wohl Clementia von Auxonne (Abb. 9), ihre beiden Kinder selbst umgebracht habe: *Eine alte sag ists zuo Solothurn, diese muoter habe jre kinder mit gifft selbs hingericht, darmit sy jr guot erben moechte.* Er selbst sei, so schreibt Stumpf, in Solothurn am 9. September 1544 dabei gewesen, als die Gebeine der beiden Kinder und das Haupt ihrer Mutter anlässlich der Exhumierung der Toten im Zusammenhang der Erneuerung des Chores der Ursus-Kirche zu Tage kamen: *Da ward funden ir gebein, und jrer muter haupt bey inen in einem schwartzen Samat, der aber von alter auch gar verfaulet und in stuck gefallen was. Diss gebein hab ich J. S. selbs gsähen und in henden gehebt....*[74] Der Grabstein befindet sich heute im Lapidarium des St.-Ursus-Stifts in Solothurn, und die vermeintlichen Zähringer-Kinderknochen sind 1984 auf einer Kunstauktion in den Privatbesitz eines Berner Bürgers gelangt und waren zuletzt 1986 in der Freiburger Zähringer-Ausstellung zu sehen.[75]

Nicht ohne Grund ist auf diese Sagen und Legenden, die sich um den letzten Zähringer und seinen erbenlosen Tod gebildet haben, hier einleitend hingewiesen worden (→ S. 41), bevor die historisch gesicherten Fakten über den Berner Stadtgründer vorgestellt werden: Zum einen, weil nur wenige zuverlässige Schriftzeugnisse über das Leben und Wirken Bertolds V. und die Gründung der Stadt Bern vorliegen, und zum anderen, weil aus den Sagen und Legenden, die sich um so üppiger um ihn ranken, durchaus historische Folgerungen gezogen und Hinweise auf die Anfänge der Berner Stadtgeschichte ermittelt werden können. Damit ist nicht gemeint, dass etwa die Vergiftung des letzten Zähringers und seiner beiden Kinder einen wahren Kern haben müsse. Nicht einmal die Überlieferung, er habe einen oder mehrere Söhne gehabt, lässt sich wirklich verifizieren.[76] Die oben erwähnte Anschuldigung des Bischofs Bertold von Lausanne, der Herzog habe «durch seine schuldhafte Schlechtigkeit» (*malicie sue meritis*) weder Sohn noch Tochter hinterlassen, sowie die allerdings ebenfalls legendären Hinweise auf die Unfruchtbarkeit seiner Gemahlin sprechen eher dagegen.[77] Es ist jedoch nach den Gründen zu fragen, die solche Gift- und Mordgerüchte aufkommen liessen, und es erscheint bemerkenswert, in Justingers Berner-Chronik zu lesen, dass der Herzog die Stadt an der Aare mit der Absicht gegründet habe, die vermeintliche Mordtat der burgundischen Adligen zu rächen und allen, die von diesen bedrückt worden seien und unter ihnen Not gelitten hätten, in der Stadt *fride unde schirm* zu gewähren. Auf dieses angebliche «Testament» Bertolds V. an seine Berner Bürger ist abschliessend noch zurückzukommen.

Bertold V. wurde um das Jahr 1160 als einziger Sohn des Zähringer-Herzogs Bertold IV. und seiner Gemahlin Heilwig von Frohburg (Abb. 7) geboren. Als sein Vater, der ihn bereits auf die Nachfolge vorbereitet und in die Regierungsgeschäfte eingeführt hatte, am 8. September 1186 starb, war er etwa 25 Jahre alt. In der ersten erhaltenen Urkunde, die er als Kastvogt von Zürich ausstellt, nennt er sich «Bertold, Herzog von Zähringen und Rektor von Burgund» (*Berhtoldus de Zaringen dux et rector Burgundie*).[78] Kann man angesichts dieser Formulierung noch zweifeln, ob der Zusatz *de Zaringen* auf den Namen oder den Herzogstitel zu beziehen ist, so ist *Zaringen* dem Rangtitel *dux* in einer Zürcher Urkunde des Jahres 1200 eindeutig zugeordnet.[79] Thomas Zotz hat in diesem Zusammenhang auf das gewandelte Selbstverständnis der Zähringer aufmerksam gemacht, das sich seit den 80er Jahren des 12. Jahrhunderts beobachten lässt.[80] Die bereits in den letzten Regierungsjahren Bertolds IV. offenbar gewandelte Herrschaftsauffassung der Zähringer zeigt sich in der Titulatur *dux de Zaringen* oder *dux Zaringie*, die den zuvor «leeren»[81] Herzogstitel nun mit *Zaringia* verbindet. Dadurch wird schon am Titel deutlich, dass Bertolds V. Bestrebungen mehr als die seiner Vorgänger auf das eigene Territorium, auf den *ducatus Zaringiae*, gerichtet waren. Sein vorrangiges Ziel war die Behauptung und Erweiterung der verschiedenartigen Ansprüche auf Haus-, Kirchen- und Reichsgut im «Herzogtum Zähringen».

Diese Konzentration auf die zähringischen Stammlande ist im Zusammenhang mit der schwierigen Lage in Burgund zu sehen, wo die Herrschaftsansprüche der Zähringer auf starken Widerstand stiessen. Vor diesem Hintergrund wird verständlich, wie wichtig für Bertold V. die erfolgreiche Niederschlagung des Burgunderaufstands in den Jahren 1190/91 war. Allerdings ist über diese für ihn letztlich siegreich verlaufene militärische Auseinandersetzung mit dem burgundischen Adel «aus guten alten Quellen so gut wie gar nichts, aus neueren Erzählern recht viel zu erfahren».[82] Es scheinen mindestens zwei Schlachten stattgefunden zu haben: In der ersten besiegte Bertold 1190 zwischen Wiflisburg und Peterlingen den Adel des Üechtlandes und der Waadt. Dann zog er über die Grimsel in das Oberwallis, wo in Kämpfen gegen die Walliser Verluste auf beiden Seiten zu beklagen waren. Schliesslich konnte der Herzog seine Feinde *uf einen karfritag*, am 12. April des Jahres 1191, im Grindelwaldtal besiegen, so *daz hertzog Bertold von zeringen herr im oberlant waz*.[83] Die Inschrift, die der Zähringer daraufhin am Tor zum alten Markt in Burgdorf anbringen liess, ist nicht mehr erhalten; ihr Wortlaut ist uns aber durch Conrad Justinger überliefert: *Bertoldus dux zeringie, qui vicit burgundiones, fecit hanc portam* («Bertold, Herzog von Zähringen, der die Burgunder besiegte, erbaute dieses Stadttor»).[84] Der Sieg über die aufständischen burgundischen Adligen scheint nicht nur für den Herzog von grösster Bedeutung gewesen zu sein, sondern auch die Zeitgenossen und vor allem die Nachwelt sehr beeindruckt zu haben. Eine der Burgdorfer vergleichbare, ähnlich lautende Inschrift am Tor des Burgturms in Breisach, den Bertold V. später erbauen liess, ist allerdings vermutlich nicht auf den Burgunderkrieg von 1190/91, sondern auf eine spätere, erneute Auseinandersetzung des Herzogs mit den Burgundern, namentlich mit dem Grafen Thomas I. von Savoyen-Maurienne, zu beziehen: Durch den Herzog, der als Erbauer des Tors genannt wird, seien die Burgunder «für ihr betrügerisches Verhalten» militärisch bestraft worden (*pro fraude Burgundie gens depopulatur*).[85] Bemerkenswert ist der – nicht nur zeitliche – Zusammenhang, den der Berner Stadtschreiber Conrad Justinger zwischen der Niederwerfung des Burgunder-

Abb. 12
In der Schweizer-Chronik des Johannes Stumpf von 1548 wird Bertold V. als König mit Szepter und Reichsapfel dargestellt; Druck Zürich 1548 (Nr. 348), fol. 323.

Abb. 13
Im Spiezer Schilling wird die Auseinandersetzung zwischen Herzog Bertold V. und Kuno von Bubenberg dargestellt: Der mit dem Bau der Stadt beauftrage Ministeriale soll diese doppelt so gross geplant haben, als der Herzog es befohlen hatte; BBB, Mss. hist. helv. I.16, S. 57.

aufstands 1190/91 und der Gründung der Stadt Bern *in dem jare, do man zalte thusend hundert nüntzig ein jar*, herstellt.[86] In den *herren und edellüten*, die der Herzog unter seine Herrschaft (*under siner ruten*) gebracht hatte, sieht Justinger die feindlichen Kräfte, gegen die Bertold V. zunächst militärisch vorging und dann durch die Gründung der Stadt Bern «eine feste Stellung»[87] schuf. Es gibt aber hinreichende Gründe für die Annahme, dass auch Bischof Roger von Lausanne an den Kampfhandlungen gegen den Herzog massgeblich beteiligt war. Hatte doch König Heinrich VI. im Jahr zuvor das Bistum Sitten ohne Bertolds Zustimmung für reichsunmittelbar erklärt und damit möglicherweise auch in Lausanne Unabhängigkeitsbestrebungen gegenüber der Vogtei der Zähringer geweckt. Die Verleihung des Investiturrechts für Genf war schon 1162 rückgängig gemacht worden,[88] so dass Lausanne als einziges der drei Bistümer, die Barbarossa Bertold IV. als Entschädigung übertragen hatte, noch in der Hand der Zähringer war. Bertold V. war offensichtlich fest entschlossen, die Rechte über das Bistum Lausanne nicht preiszugeben. Die Städte Freiburg i. Ü., Thun und dann vor allem Bern wurden zu «Eckpfeilern»[89] einer Politik der systematischen Festigung der zähringischen Position in diesem Bistum.
Insofern spricht vieles für Justingers Interpretation, wenn sie auch aus dem zeitlichen Abstand von mehr als zwei Jahrhunderten erfolgt, dass die Stadt Bern im Jahre 1191 vom Herzog als Ergebnis und Abschluss des Burgunderkrieges *gestift wart* (→ S. 21).[90] Ob nun 1191 das Datum der Gründung oder der den Gründungsvorgang abschliessenden Stadtrechtsverleihung bedeutet:[91] Bern kam von nun an zentrale Bedeutung für die Beherrschung des Oberlandes einerseits und der Westschweiz andererseits zu. Bertold habe, so wird berichtet, ihm treu ergebene Ministerialen, *edel notveste lüte* aus den zähringischen Stammlanden, nach Bern gesandt (→ S. 151).[92] Wenn auch die von Justinger genannten Familien der *Müntzer* und *Statzens*, die der Herzog aus Zürich und Freiburg im Breisgau in die neu gegründete Stadt Bern gebracht haben soll, *umb daz si iren vigenden nach sinem tode widerstan möchten*, kaum schon zur zähringischen Ministerialität gehört haben dürften, so war doch die bevorzugte Inanspruchnahme des Dienstadels bei der Gründung und personellen Ausstattung Berns für Bertold V. sicher kennzeichnend.[93]
Diese dem Herzog offensichtlich eng verbundene Stadtbürgerschicht war es, auf die er sich im Kampf mit dem Bischof von Lausanne und dem burgundischen

Adel stützte. Insofern ist es nicht verwunderlich, dass wir aus dieser Schicht entsprechend positivere Bewertungen des letzten Zähringers vernehmen, denen die oben erwähnten Urteile in den Aufzeichnungen klösterlicher und kirchlicher Kreise diametral entgegenstehen.

Es ist hier nicht möglich, auf die Gründe für das gespannte Verhältnis Bertolds V. zu den Klöstern, insbesondere des Zisterzienserordens, und zu den Bischöfen, insbesondere zu den Bischöfen von Lausanne und Basel (→ S. 157), näher einzugehen.[94] Aus dieser Spannung und den konkreten Konflikten mit seinem Neffen Bertold von Urach, Abt des Zisterzienserklosters Tennenbach, und den Bischöfen Bertold von Lausanne und Heinrich von Basel erklärt sich das überwiegend negative Urteil über den «letzten Zähringer», der im Jahre 1198 sogar der deutschen Königskrone für würdig erachtet wurde. 1700 Mark Silber sollen die Erzbischöfe von Köln und Trier für ihre Zustimmung zu seiner Wahl verlangt haben. Dass Bertold V. letztlich ablehnte und sich für diesen Verzicht von der staufischen Gegenpartei entschädigen liess, hat ihm den Vorwurf seiner Gegner eingebracht, er sei «äusserst geizig». «Da er keine Nachkommen hatte, war es nur das Laster des Geizes, das ihn Massen von Geld aufhäufen liess», urteilt der bereits zitierte Zisterzienser Caesarius von Heisterbach. «Schauerlich anzuhören» seien die Erzählungen über des Herzogs Untergang und Verdammnis, schreibt Alberich von Troisfontaines, ebenfalls Zisterziensermönch.[95]

Nicht von ungefähr hat sich Bertold V. nicht wie seine Vorgänger im Hauskloster der Zähringer, in St. Peter/Schwarzwald, bestatten lassen, sondern inmitten einer Stadt, im Münster zu Freiburg im Breisgau. Sein hartes Vorgehen gegen seine Feinde, erfolgreich demonstriert bei der Niederschlagung des Burgunderaufstands, seine nüchterne «Realpolitik»,[96] die ihn von der Königskandidatur Abstand nehmen liess, und sein kinderloser Tod haben sich bei seinen Gegnern zum Negativbild des «grausamsten», «geizigsten», «unmenschlichen Tyrannen» verdichtet.

Die Berner haben ihrem Stadtgründer dagegen ein positives Andenken bewahrt. Die Berner Chronik des Conrad Justinger tradiert zu Beginn des 15. Jahrhunderts die angebliche Version von der Ermordung des «letzten Zähringers» und seiner Söhne durch den burgundischen Adel und zitiert den sterbenden Herzog mit dem testamentarischen Vermächtnis an seine Stadt Bern: *So wil ich inen und allen iren nachkomen ouch vergiften mit diser stat berne, die mich und mine kint rechen sont an inen und an allen iren nachkomen.*[97]

Michael Bärmann

Förderer der Literatur[1]

Spätestens für das frühe 13. Jahrhundert – eine präzisere zeitliche Eingrenzung ist auf der Basis unseres derzeitigen Wissens nicht möglich – darf für die Herzöge von Zähringen über ihre politischen und wirtschaftlichen Aktivitäten hinaus auch eine sporadische Einflussnahme auf das Entstehen volkssprachiger Dichtungen als nahezu gesichert gelten. Bei näherem Hinsehen indes konfrontiert uns die einschlägige Forschung hinsichtlich der Frage nach den «literarischen Interessen» der Gründer und ersten Stadtherren von Bern weniger mit gesicherten Fakten als vielmehr mit einer ganzen Reihe von mehr oder weniger gut begründeten Spekulationen und Verdachtsmomenten, die im vorliegenden Zusammenhang nur am Rande Berücksichtigung finden können.

Das literarische Mäzenatentum der Zähringer hat vor allem im Rahmen der Forschung zu Hartmann von Aue (mutmassliche Schaffenszeit: um 1180 bis um 1210), dem neben Wolfram von Eschenbach und Gottfried von Strassburg wohl bedeutendsten deutschsprachigen Dichter der «höfischen Blütezeit», Beachtung gefunden. Dieser für die Folgegenerationen geradezu wegweisend gewordene Epiker und Lyriker lässt sich auf Grund sprachlicher Merkmale der unter seinem Namen überlieferten Werke eindeutig dem alemannischen Raum zuordnen und könnte – wie man immer wieder mit plausiblen Indizien und Argumenten erwogen hat – einer Ministerialenfamilie angehört haben, die über

Abb. 14
Der um 1230/50 entstandene Text von Rudolfs von Ems ‹Alexander› wird um 1430/40 im Elsass durch die Werkstatt des Diebold Lauber kopiert und illustriert. Die hier wiedergegebene Miniatur ist überschrieben mit: «Als der wunderer mit sime volcke in persia bleip vnde do noch schie in paietinen dz lant»; Bruxelles, Bibliothèque Royale Albert Ier*, ms. 18232, fol. 132r.*

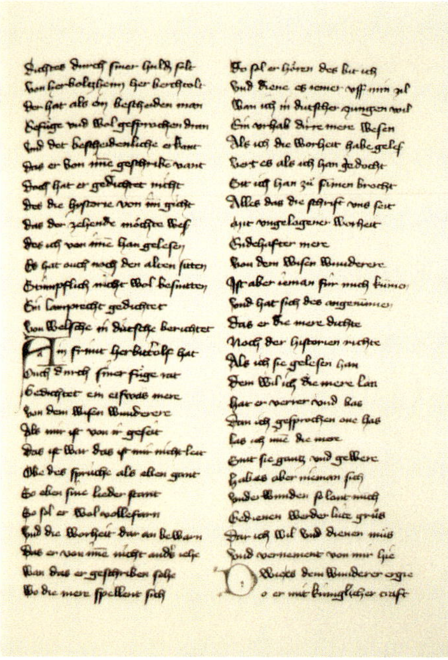

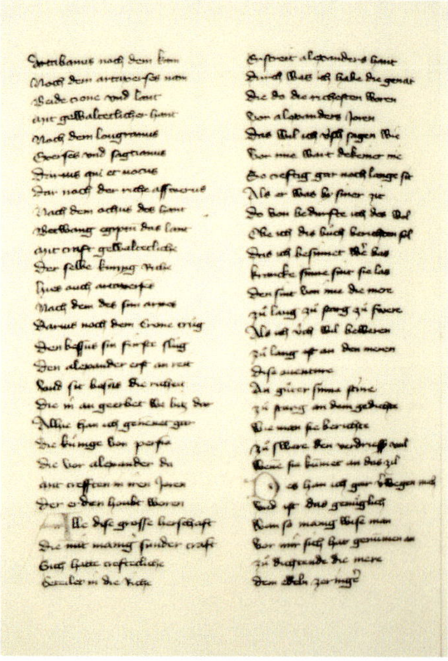

Abb. 15
Möglicherweise in derselben Werkstatt entstanden ist die Abschrift desselben Textes, die sich heute in München befindet. Hier wiedergegeben ist der Autorenkatalog, in welchem Berthold von Herbolzheim erscheint; München, Bayerische Staatsbibliothek, Cgm 203, fol. 141v und 142r.

einen längeren Zeitraum hinweg in zähringischen Diensten stand. Das Für und Wider dieser so genannten «Zähringer-These» bildet seit langem einen festen und für die Interpretation der literarischen Texte unabdingbaren Bestandteil der Hartmann-Forschung, ohne dass bislang ein befriedigender Konsens erreicht worden wäre. So haben denn auch Hartmanns mutmassliche Dienstherren weder als Gönner, Auftraggeber oder Adressaten der frühen Artus-Epik (‹Erec›, ‹Iwein›) noch der Minne- und Kreuzzugslyrik, der religiösen Dichtung (‹Der arme Heinrich›, ‹Gregorius›) oder der Minnedidaxe (‹Die Klage›) in den grossen literaturgeschichtlichen Entwürfen einen gesicherten Platz gefunden. Ein völlig anderes Bild bieten hingegen die bis zum gegenwärtigen Zeitpunkt nur unzureichend untersuchten Stoffbereiche des Antikenromans, der Legendenerzählung und der Heldensage beziehungsweise -dichtung, sind hier doch verschiedentlich Spuren einer (wenn auch grösstenteils nach wie vor als verschollen geltenden) Literaturproduktion und -rezeption greifbar, die den Verdacht nahe legen, dass die Zähringer im deutschsprachigen Südwesten auch in literaturgeschichtlicher Hinsicht eine nicht unbedeutende Rolle gespielt haben dürften.

Die Gattung des hochmittelalterlichen Antikenromans manifestiert sich im Umfeld des Zähringer-Hofes in Form einer Dichtung über den griechischen Eroberer Alexander den Grossen (356–323 v. Chr.), ohne dass sich ein entsprechendes Werk auch nur in Form eines Bruchstücks zweifelsfrei fassen liesse. Fest steht lediglich, dass der von etwa 1220 bis in die Mitte der Fünfzigerjahre des 13. Jahrhunderts hinein literarisch tätige Rudolf von Ems in einem Autorenkatalog seines eigenen Alexanderromans (um 1230/50) unter anderen auch einen Berthold von Herbolzheim als Autor einer Alexanderdichtung bezeugt, die – so Rudolf – angeblich für einen *edelen Zäringære* verfasst worden sei.[2] Das vermutlich verlorene Werk entstand somit, wenn wir Rudolfs Aussagen Glauben schenken dürfen, im Auftrag eines Herzogs von Zähringen, wobei (entgegen der älteren Forschung) letztlich nicht sicher zu entscheiden ist, ob Bertold IV. oder aber dessen Sohn, Bertold V., als Gönner fungierte. Der Herkunftsname des Dichters weist nach dem im Südbadischen gelegenen Ort Herbolzheim, der unweit des ehemaligen herzoglichen Stammsitzes Zähringen (bei Freiburg im Breisgau) liegt.

Anders als im Fall des «zähringischen Alexanderromans» ist der Stoffbereich der volkssprachigen Legende zumindest in fragmentarischer Form durch die Textüberlieferung direkt bezeugt: In der heute in der Universitätsbibliothek Augsburg aufbewahrten Papierhandschrift Oettingen-Wallerstein 1.3.2° 4 findet sich ein insgesamt 637 Verse langes Bruchstück einer mittelhochdeutschen Margarethen-Legende, deren ursprünglicher Umfang auf mehr als 1500 Verse geschätzt wird (‹Wallersteiner Margarethenlegende›). Nähere Einzelheiten zu dem namentlich nicht bekannten Dichter dieses Textes – die früher angenommene Autorschaft eines Wetzel von Bernau gilt bereits seit längerer Zeit als überholt – erfahren wir aus dem Prolog der Legende: Hier meldet sich allem Anschein nach ein Berufsdichter zu Wort, der auf die Freigebigkeit seiner Auftraggeberin *von Zeringen Clêmende* angewiesen war. Das anspruchsvolle sprachliche Niveau des Textes weist den Verfasser als eine mit der höfischen Dichtung seiner Zeit vertraute Autorpersönlichkeit aus. Auf eine intime Bekanntschaft mit der weltlichen Literatur des hohen Mittelalters deuten aber auch die in den Text eingestreuten Hinweise auf in früheren Jahren verfasste Werke hin, von denen sich der Dichter ausdrücklich distanziert. Im vorliegenden Zusammenhang verdienen vor allem die Fragen nach der Datierung, Lokalisierung sowie nach der Auftraggeberschaft der Legende nähere Beachtung, führt uns dieser Problemkomplex doch unter Umständen auch in die nähere Umgebung der Stadt Bern.

Der Hinweis des Autors auf *von Zeringen Clêmende* bezieht sich mit an Sicherheit grenzender Wahrscheinlichkeit auf die gleichnamige Ehefrau Herzog Bertolds V. von Zähringen. Clementia, eine Tochter des Grafen Stephan II. von Burgund-Auxonne und der Beatrix von Chalon, hatte bei ihrer Eheschliessung aus dem Besitz ihres Gatten nicht nur das am Hochrhein gelegene Rheinfelden, sondern auch Burgdorf als Morgengabe verliehen bekommen (→ S. 176). Vor allem das heute noch bestehende Burgdorfer Schloss, das unter der Herrschaft des letzten Zähringers anstelle einer älteren Befestigung grosszügig ausgebaut wurde, diente dem herzoglichen Hof als bevorzugte Residenz. Nach dem Tod Bertolds V. im Jahr 1218 kam es hier im Zuge der Auseinandersetzungen um das zähringische Erbe zu besitzgeschichtlichen Turbulenzen, in die auch die Herzogswitwe involviert wurde. So geben die historischen Quellenzeugnisse zu erkennen, dass Clementia zu Beginn der Zwanzigerjahre des 13. Jahrhunderts vermutlich von Graf Egeno V. von Urach, dem Erben des «rechtsrheinischen» Zähringerbesitzes, hier gefangen gehalten wurde. Die näheren Umstände dieser Haft sind zwar im Einzelnen nicht mehr exakt rekonstruierbar, Tatsache ist aber, dass König Heinrich VII. intervenierte und durch einen Ende des Jahres 1224 in Bern ergangenen Rechtsspruch sowohl die Freilassung der Herzogswitwe als auch die Übergabe Burgdorfs und anderer Güter an den Vater der Inhaftierten (als deren Vogt) anordnete. Das von königlicher Seite aus erfolgte Eingreifen scheint die Probleme um die zähringische Hinterlassenschaft allerdings nicht gelöst zu haben, wurde die Angelegenheit doch bereits im Sommer des darauf folgenden Jahres auf einem in Mainz tagenden Reichstag erneut verhandelt. Die dabei beurkundete Entscheidung richtete sich ausdrücklich gegen Graf Egeno von Urach, der – gemäss dem Wortlaut der betreffenden Urkunde – Clementia gewaltsam und unrechtmässig in Haft hielt und ihr die Witwengüter vorenthielt. Vor dem Hintergrund der soeben skizzierten Konflikte um das Zähringer-Erbe und angesichts der engen Beziehungen der Herzöge zu Burgdorf verdient nun der Umstand, dass sich im Bereich der Burgdorfer Festung eine der heiligen Margarethe geweihte Kapelle nachweisen lässt, besondere Aufmerksamkeit: Zu Recht hat die Forschung eine mögliche Verbindung zwischen dieser lokalen Verehrung der Heiligen nicht nur mit der Entstehung der mittelhochdeutschen Legende, sondern auch mit Clementias Gefangenschaft erwogen, ist es doch nicht ausgeschlossen, dass die Herzogswitwe ein gottgefälliges Legendenwerk in Auftrag gab, um der Fürbitte jener Heiligen teilhaftig zu werden, die das Patronat ihrer Burgkapelle innehatte. Oder sollte der heiligen Margaretha in dieser Form sogar für die Befreiung aus der Gefangenschaft sowie für die Rückgabe ihres Witwenguts gedankt werden?

Mit der Burgdorfer Margarethen-Kapelle ist ein weiterer, nach wie vor nur ungenügend erforschter Problemkomplex verknüpft, der über die Entstehungssituation der ‹Wallersteiner Margarethenlegende› hinausweist und zur Frage nach den möglichen Beziehungen des Zähringer-Hofes zur mittelalterlichen Heldensage und -dichtung überleitet: Wie der im Jahr 1438 verstorbene Berner Historiograph Konrad Justinger in seiner 1420/30 entstandenen Berner Chronik zu berichten weiss, sei die *vesti ze burgdorf* angeblich vor vielen Jahrhunderten von zwei Brüdern erbaut worden, die einen grossen Drachen, der in einer Höhle des Burgfelsens gehaust habe, erschlagen hätten. Das Wissen um diese spektakulären Ereignisse sei, so der Chronist weiter, nicht nur von altersher mündlich weitergegeben worden (*als daz die alten von den alten sagen gehört hand*), sondern finde sich auch in schriftlicher beziehungsweise bildlicher Form *in sant margreten uf der vesti* überliefert. Unterzieht man diese Angaben einer eingehenden Überprüfung, so gelangt man unter Berücksichtigung einer ganzen Reihe von bau- und kunstgeschichtlichen Zeugnissen, die ihrerseits mit Textbelegen unterschiedlichster Provenienz in Zusammenhang stehen, schliesslich zu der Einschätzung, dass Justingers Berner Chronik hier allem Anschein nach eine lokal verbreitete Sagentradition widerspiegelt, die vermutlich bis ins 13. Jahrhundert zurück-reicht und auf Grund von Motivparallelen zu mehreren Heldensagen und -dichtungen in Beziehung steht, deren Spuren bis in den hohen Norden nachweisbar sind.[3] Besonders aufschlussreich sind in diesem Zusammenhang vor allem die Namen der beiden sagenumwobenen Brüder, denen sowohl die Tötung des Drachens als auch die Gründung Burgdorfs angedichtet wird, treten Figuren namens *syntran* und *baltran*, wie sie Justinger ausdrücklich nennt, doch sowohl in den einzelnen Fassungen des wohl im alemannischen Sprachraum entstandenen mittelhochdeutschen Versepos ‹Virginal› als auch in der in der ersten Hälfte des 13. Jahrhunderts vermutlich im norwegischen Bergen entstandenen ‹Thidrekssaga› in vergleichbarer Funktion in

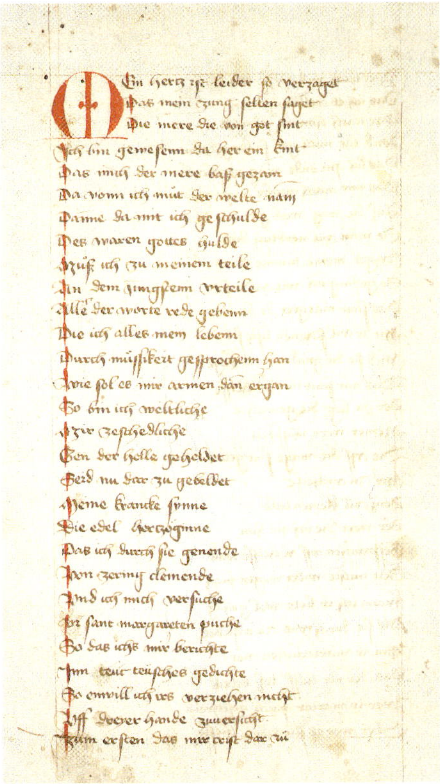

Abb. 16
Am Anfang der ‹Wallersteiner Margarethenlegende› findet sich eine Textstelle, die auf Clementia von Zähringen zu beziehen ist (Zeilen 20 und 22); Augsburg, Universitätsbibliothek (ehemals Harburg), Codex Oettingen-Wallerstein I.3.2° 4, fol. 1r.

Erscheinung, was auf eine gegenseitige Abhängigkeit der genannten Texte beziehungsweise Erzähltraditionen schliessen lässt.
Vor dem Hintergrund der nach wie vor kontrovers diskutierten Frage nach Sinn und Bedeutung des Stadtnamens Bern (→ S. 27) verdient dabei vor allem die stoffliche Zugehörigkeit dieser literarischen Zeugnisse nähere Aufmerksamkeit, ist es doch bezeichnenderweise die Sagenfigur Dietrich von Bern, die sowohl in der mittelhochdeutschen ‹Virginal› als auch in der altnordischen ‹Thidrekssaga› das thematische Zentrum bildet, wobei jedoch vorläufig ungeklärt bleiben muss, ob der Burgdorfer Gründungsmythos erst sekundär in die so genannte ‹Dietrichsage› beziehungsweise ‹Dietrichdichtung› integriert wurde oder umgekehrt als eine Art «Sprosssage» des im Mittelalter ausserordentlich beliebten und weit verbreiteten Dietrich-Stoffkreises zu bewerten ist. Doch wie dem auch sei: Es wird wohl kaum auf blossem Zufall beruhen, dass der letzte Zähringer-Herzog gegen Ende des 12. Jahrhunderts seiner in der Umgebung Burgdorfs gelegenen Gründungsstadt ausgerechnet den geradezu volkstümlich gewordenen Beinamen jenes germanischen Sagenhelden verlieh, hinter dem letztlich die Gestalt des historisch bezeugten Gotenkönigs Theoderich der Grosse (†526) weiterlebt. Welche Motive mögen hierbei eine Rolle gespielt haben?
Was in dem soeben umrissenen Kontext zunächst auffällt, ist die gedankliche Verbindung zu Verona oder besser: «Dietrichsbern», wie die oberitalienische Stadt in früherer Zeit auch bezeichnet wurde. Auf diesen Ort bezieht sich der im Mittelalter populär gewordene Beiname Theoderichs/Dietrichs, wobei sich die Bezeichnung «von Bern» aus der Tatsache ableiten lässt, dass Verona dem gotischen Herrscher als Residenz diente. Lange nach dem Ende der Gotenherrschaft in Italien waren es interessanterweise ausgerechnet die «frühen Zähringer» – will heissen: die Vorfahren jener Herzöge, die diesen Herrschaftstitel seit etwa 1100 führten –, die verschiedentlich als «Markgrafen von Verona» in Erscheinung traten, ohne allerdings eine dauerhafte persönliche Verbindung zu diesem Territorium aufrechterhalten zu können. Ob es letztlich der gewiss prestigeträchtige (und von den badischen Markgrafen als Abkömmlingen der frühen Zähringer bis zum heutigen Tage weitergeführte!) Markgrafentitel war, der auf die Namengebung Berns einen bestimmenden Einfluss ausübte, oder gar ein aktives Interesse an einer Art «Ansippung» der herzoglichen Familie an das Geschlecht des völkerwanderungszeitlichen Gotenkönigs, bleibt zwar nach wie vor zu klären.[4] Tatsache ist jedoch, dass sich in der soeben umrissenen «Grauzone» zwischen mündlicher Erzählkultur und höfischer Dichtung literaturgeschichtlich bedeutsame Vorgänge abgespielt haben könnten, die unter Umständen erst in der Folgezeit schriftliche Reflexe zeitigten.
Wenden wir uns etwa, um ein unter diesem Aspekt bis heute nur unzureichend erforschtes Fallbeispiel ins Feld zu führen, abschliessend dem im Überlieferungskontext der so genannten «schweizerischen Befreiungstradition» nachweisbaren Erzählgut, das sich um die Sagenfigur Wilhelm Tells rankt, zu, so fällt auf, dass der berühmt-berüchtigte Apfelschuss des «ersten Eidgenossen» auch in der altnordischen ‹Thidrekssaga› als Erzählmotiv vorkommt und uns einmal mehr mit der Frage nach den Transportwegen und -mechanismen solcher literarischer Wandermotive konfrontiert.[5] Besondere Bedeutung gewinnt dieses Problem angesichts der verwandtschaftlich-dynastischen Beziehungen der Zähringer zum skandinavischen Raum, deuten sich über diese Verbindungen doch unter Umständen auch Wege und Möglichkeiten der Verbreitung literarischer Themen und Formen an. Anlass zu dieser Annahme bietet eine Variante der Apfelschusserzählung, die in den so genannten ‹Gesta Danorum›, dem wohl bedeutendsten lateinischsprachigen Geschichtswerk des dänischen Mittelalters, überliefert wird. Verfasst wurde die ‹Dänengeschichte› vom Jahr 1185 an bis nach 1202 von Saxo Grammaticus, der im Auftrag Absalons (1128–1201), des von 1178 bis 1201 amtierenden Erzbischofs von Lund (nordöstlich von Malmö, einst dänisches, heute schwedisches Staatsgebiet), arbeitete. Was uns der Historiograph im Rahmen des zehnten Buches seines Werkes überliefert, ist die Schilderung einer Tat, die in der Regierungszeit des dänischen Königs Harald Blauzahn Gormsson (belegt 936 bis circa 987) spielt: Ein in königlichen Diensten

stehender Meisterschütze namens Toko habe sich einst, so der Chronist, bei allzu weinfreudiger Unterhaltung unter seinen Genossen einer so grossen Fertigkeit im Pfeilschiessen gerühmt, dass er einen noch so kleinen Apfel auf einem Pfahl aus angemessener Entfernung mit dem ersten Schuss treffen könne. Dies sei schliesslich dem König zu Ohren gekommen, der alsbald angeordnet habe, der Prahler solle seinen eigenen Sohn an die Stelle des Pfahles treten lassen. Den Rest der Geschichte kennen wir, weist doch der Bericht über die nachfolgenden Ereignisse eine derart grosse Nähe zum «Erzählen von Tell» auf, dass eine irgendwie geartete gegenseitige Abhängigkeit der beiden Schilderungen kaum von der Hand zu weisen sein dürfte.
Die Frage, wie es denn möglich sei, dass eine Sage dieses Zuschnitts unter Beibehaltung der wesentlichen Erzählelemente vom Norden in den Süden (oder umgekehrt?) gewandert sei, hat die Forschung in der Regel mit Verlegenheitslösungen beantwortet, indem die Existenz von Wanderdichtern und erzählfreudigen Pilgern, die für den grossräumigen Transport der einzelnen Sagenmotive noch am ehesten in Frage zu kommen schienen, postuliert wurde. Dabei blieben die bereits angedeuteten Beziehungen der Zähringer zum Norden, die im Kontext literarischer Interessen und Austauschprozesse einem insgesamt näher liegenden Lösungsmodell Vorschub leisten, bislang nahezu unberücksichtigt: Zur Entstehungszeit der hier zur Diskussion stehenden Abschnitte der ‹Gesta Danorum› übte Erzbischof Absalon von Lund, Saxos Auftraggeber, anstelle des dänischen Königs (Knud VI.) die Regierungsgeschäfte aus. Darüber hinaus waren verschiedene Personen aus dem verwandtschaftlichen Umfeld des geistlichen Würdenträgers am königlichen Hof als Ratgeber tätig und verfügten dort über nicht geringen Einfluss. Der Herrscher selbst war seit dem Jahr 1177 mit Gertrud († 1197), einer Tochter Heinrichs des Löwen (um 1129/30–1195) und Clementias von Zähringen († vor 1167), verheiratet, wobei Gertruds Mutter nicht mit der bereits erwähnten gleichnamigen Ehefrau Bertolds V. zu verwechseln ist, von der im Zusammenhang mit Burgdorf bereits die Rede war; die Ehefrau Heinrichs des Löwen war vielmehr eine Schwester Bertolds IV. und somit eine Tante des letzten Zähringers. Kann es angesichts dieser Personenkonstellationen blosser Zufall sein, so wird man sich mit Recht fragen dürfen, dass sowohl im Umfeld des dänischen Königshofes als auch im Raum der heutigen Schweiz eine – wenn auch ganz unterschiedlichen Sagenfiguren zugewiesene – heroische Heldentat erzählt wurde, deren Varianten anerkanntermassen einen zwingenden Zusammenhang nahe legen? Die Beantwortung dieser Frage könnte der weiteren Erforschung des zähringischen Mäzenatentums unter Umständen völlig neue Impulse verleihen, deren weitere Konsequenzen bislang kaum abzusehen sind.

Vinzenz Bartlome

Zähringer-Mythos

Mit dem Tod Herzog Berchtolds V. am 18. Februar 1218 löste sich das heterogene Herrschaftsgebilde aus Eigenbesitz, Reichs- und Kirchenlehen, das die Zähringer mit grossen Anstrengungen zusammengetragen und verdichtet hatten, in seine Einzelteile auf. Die Witwe Clementia, die Herzöge von Teck, die Grafen von Urach und von Kiburg bemühten sich mit unterschiedlichem Erfolg um ihren Anteil an dieser Erbschaft. Dass dabei der Staufer-Kaiser Friedrich II. sich sofort und mit erstaunlichem Eifer nicht nur als Reichsoberhaupt, sondern auch als blutsverwandter Erbe einschaltete, führte zu lange andauernden Auseinandersetzungen, die mit dem Niedergang der Staufer wieder neu aufbrachen.[1] Keiner der Erben jedoch erhob Anspruch auf den Herzogstitel oder versuchte in Anknüpfung an irgendeine «Zähringertradition» seine Position im Ringen um das materielle Erbe zu verbessern.[2] Im Gegenteil: Die frühesten Berichte über den letzten Zähringer sind alles andere als einladend: Raub von Kirchengütern, Brandschatzungen, Morde und Körperverletzungen, Tyrannis und Ungerechtigkeit, vor allem aber auch Geiz werden ihm vorgeworfen, so dass das Aussterben seines Hauses als gerechte Strafe Gottes erscheinen

musste (→ S. 28).[3] Die älteren Verwandten der Zähringer, die Markgrafen von Baden, haben erst im 18. Jahrhundert ihre Zähringertradition entdeckt und dann im 19. Jahrhundert als Klammer für ihr historisch bunt zusammengewürfeltes Grossherzogtum politisch zu nutzen versucht.[4]
Anders lag die Situation in den von den Zähringern gegründeten Städten. Ob mythisch oder historisch, Städte lassen ihren Gründern stets eine besondere Verehrung angedeihen. Bei den Zähringern war die Situation für die Entstehung eines Gründermythos insofern günstig, als sie früh ausstarben. Die Erinnerung an den Gründer wurde hier nicht mit den unvermeidlichen Auseinandersetzungen zwischen der Stadt und den Nachkommen ihres ersten Herrn belastet. Die Zähringer hatten systematischer als die meisten ihrer Konkurrenten die Gründung von Städten zum Ausbau ihrer Macht eingesetzt, was zum Bild einer besonders stadtfreundlichen Politik führte; nun konnten die jeweiligen Traditionen dieser Zähringerstädte sich gegenseitig stützen und ergänzen. Im Übrigen war über die Herzoge von Zähringen historisch lange Zeit so wenig bekannt, dass sich jede Epoche ihr passendes Zähringer-Bild zeichnen konnte. In den Städten wurde – und wird – daher der Mythos der Zähringer am längsten und intensivsten gepflegt. Bern war daran ganz wesentlich beteiligt.
Zentrales Element einer mittelalterlichen Stadtgründung ist die rechtliche Privilegierung des Stadtgebietes und seiner Bewohner gegenüber dem Umland. Es ist daher nahe liegend, dass sich die erste schriftliche Aufzeichnung eines Stadtrechts auf den Gründer als Urheber dieser Sonderstellung beruft. Auch in Berns Goldener Handfeste, die sich als Bestätigung und Erweiterung der städtischen Rechte durch König Friedrich II. darstellt (→ S. 230), werden der Gründer Berchtold von Zähringen und seine Verleihung des ersten Stadtrechtes ausführlich erwähnt.[5] Die regelmässig eingeholten Bestätigungen wie auch die zahlreichen Abschriften und Übersetzungen der Handfeste zeigen, dass die Erinnerung an den Stadtgründer über diese Urkunde wachgehalten wurde, auch als deren rechtlicher Gehalt von der Wirklichkeit längst überholt war.
Diese Erinnerung konnte auch politisch eingesetzt werden: Das Bündnis zwischen Bern und Freiburg von 1271 erinnert an die gemeinsame zähringische Vergangenheit mit der Behauptung, die beiden Städte seien bereits zu den Zeiten Berchtolds V. verbündet gewesen. Der aktuelle Vertrag von 1271 wurde dadurch zur Erneuerung einer uralten, angeblich noch aus den Anfängen der beiden Städte stammenden Verbindung.[6]

Justinger bündelt die mündliche Tradition

Der älteste Hinweis, dass Herzog Berchtold V. in Bern eine besondere Verehrung entgegengebracht wurde, findet sich im Jahrzeitenbuch der Stadtkirche: Am 19. Februar wurde jedes Jahr in der Leutkirche, bei den Barfüssern, in der Predigerkirche, im Unteren Spital, im Heiliggeist-Spital und bei den Leprosen eine Seelenmesse zu Ehren des Stadtgründers gelesen. Wie die – nach den einzelnen Institutionen abgestuften – Beträge aus dem Stadtsäckel zeigen, war es die Stadt selber, die so die Erinnerung an ihren Gründer pflegte.[7] Eingeschlossen in diese kollektive Erinnerung wurde auch ein Sohn des Herzogs (*Berchtoldus filius Ducis Zeringie*), dessen Jahrzeit auf den 1. Januar fiel.[8]
Am Schluss dieses Jahrzeitenbuches finden sich dann auch die ersten, unter dem Namen *Cronica de Berno* bekannten Aufzeichnungen zur Stadtgeschichte (→ S. 21 und S. 205). Sie erwähnen jedoch lediglich in knappen Worten die Stadtgründung 1191 und den Tod Berchtolds V. 1218. Der hier überlieferte, gelehrte lateinische Merkspruch für das Gründungsjahr[9] ist ebenfalls Ausfluss einer lebendigen mündlichen Tradition, die hinter den spärlichen schriftlichen Quellen stets vorausgesetzt werden muss.[10]
Konrad Justinger hat diese Zähringer-Tradition in seiner Stadtchronik zu Beginn des 15. Jahrhunderts – wenn auch in geglätteter, historisch geläuterter Form – erstmals schriftlich festgehalten. Bei allem Dank für die Förderung, welche die junge Stadt von ihrem Gründer erhielt, zeichnet Justinger jedoch keineswegs ein mildes Bild des letzten Zähringers: Aus hochgeborenem, ja königlichem Geschlechte stammen die Zähringer; sie waren *gross fürsten gewesen ...*

Abb. 17
Eine Wappenkomposition aus Reichsschild, Zähringer-Löwe und Berner Wappen eröffnet die Amtliche Berner Chronik von Diebold Schilling. Das traditionelle, in Bern seit dem 15. Jahrhundert verwendete Zähringer-Wappen mit einem goldenen Löwen auf rotem Grund wurde jedoch von den Herzögen nie geführt; BBB, Mss. hist. helv. I, S. 1.

und gar gewaltig;[11] Berchtold V. selbst war *gar ein notvester here ..., krieghaft zu dem rechten, der nieman vertrug noch übersach.*[12]
Der fast zweihundertjährige, immer wieder neu aufbrechende Konflikt mit den Grafen von Kiburg hatte der Zähringer-Tradition in Bern jedoch eine spezifisch antikiburgische Wendung gegeben: Danach wurde Bern vom letzten Herzog selbst zum Erben und Rächer der Zähringer eingesetzt (→ S. 21). Den Kiburgern, den eigentlichen legitimen Erben der Zähringer, wird bei Justinger dieses Erbrecht mit solcher Schärfe bestritten, dass man sich fragen muss, ob er hier nicht gegen eine Zähringer-Tradition des Hauses Kiburg antritt. Die Quellen dafür sind jedoch äusserst spärlich.

Spuren einer kiburgischen Zähringer-Tradition?
Unter den direkten Erben der Zähringer hat sich niemand um eine Zähringer-Tradition bemüht. Zu gross waren offensichtlich noch die Wunden, welche das kraftvolle Umsichgreifen der letzten Zähringer auch in ihrem Burgund hinterlassen hatte.[13] In Amsoldingen konnte man sich noch hundert Jahre nach dem Tode Berchtolds V. erinnern, dass in dessen Krieg gegen den burgundischen Adel das Stift völlig verlassen wurde und dort während zwanzig Jahren kein Kanoniker mehr leben konnte.[14]
Mit seiner Wahl zum deutschen König 1273 beginnt Rudolf von Habsburg sich als Nachfahre der Zähringer zu entdecken. Nach dem Aussterben der älteren Grafen von Kiburg (1263/64) hatte er den grössten Teil ihres Erbes in seine Hand gebracht, jetzt vermählte er seinen Neffen Eberhard von Habsburg-Lau-

Abb. 18
Mit der Schultheissenpforte am Berner Münster verwirklichte Erhard Küng zum Gründungsjubiläum von 1491 eine historische Ehrenpforte, die kirchliches und weltliches Bern, Reichsstadt und Zähringer-Gründung ikonographisch verband.

fenburg mit der letzten Kiburgerin. Als deutscher König und als Nachkomme der Zähringer erhob er nun Anspruch auf das Erbe Berchtolds V.[15]
Das Haus Neu-Kiburg dagegen musste sich zunächst darum bemühen, sich als Nachfolger des älteren Grafenhauses zu legitimieren. Nach der Wende zum 14. Jahrhundert taucht jedoch neben den kiburgischen und laufenburgischen Leitnamen Hartmann und Eberhard auch der Zähringer-Name Berchtold auf. Dem Haus Neu-Kiburg, das sich im Wesentlichen ja nur noch auf das Zähringer-Erbe der Kiburger stützte, konnte in seiner stets prekärer werdenden Lage ein Rückgriff auf die Zähringer-Tradition nur von Vorteil sein (→ S. 125). So mag es denn vielleicht doch mehr als ein historischer Zufall sein, dass das Haus Neu-Kiburg gerade mit einem Berchtold als *ultimus* des Grafengeschlechts aus der Geschichte verschwindet.
Wie diese kiburgische Zähringer-Tradition sich gestaltete, ob sie im Wesentlichen in einer Umdeutung der städtischen Überlieferung bestand oder eigene Elemente enthielt, lässt sich heute nicht mehr feststellen. Aber eine Hinterlassenschaft dieser habsburgisch-kiburgischen Aneignung der Zähringer ist bis heute sichtbar geblieben: Der goldene Löwe auf rotem Grund, das angebliche Wappen der Zähringer, das die Berner so oft und so gerne für ihren Stadtgründer verwendeten, ist nichts anderes als das habsburgische Hauswappen mit gewechselten – kiburgischen – Farben.[16]

Berchtold V. bei den Chronisten
In Bern hat Konrad Justinger die mündliche Zähringer-Tradition in eine feste Form gegossen und aufs engste mit der Gründungssage verwoben. Er beeinflusst einen grossen Teil der spätmittelalterlichen und frühneuzeitlichen Chronistik in der Schweiz – nicht zuletzt über die Abschriften bei Tschachtlan und Diebold Schilling, in deren Chroniken die Gründungssage zum ersten Mal auch

bildlich dargestellt wird. Während bei Tschachtlan noch ganz naiv versucht wird, die Erzählung des Textes ins Bild umzusetzen, gewinnt bei Diebold Schilling das Bild eine eigene programmatische Kraft: Die Amtliche Chronik eröffnet eine heraldische Komposition mit dem Berner Wappen überhöht vom Reichsschild und dem Zähringer-Wappen (Abb. 17). Ähnlich verbindet auch die I-Initiale am Anfang des Textes der Spiezer Chronik das Zähringer-Wappen mit dem Bern-Reich. Wie der Text von Justinger, so eröffnet auch die Darstellung der Stadtgründung in diesen ersten Bilderchroniken eine ikonographische Tradition von langer und breiter Wirkung.

Unter den Berner Geschichtsschreibern hat sich einzig Valerius Anshelm, der Chronist der Reformationszeit, dem Einfluss von Justingers Darstellung entzogen: Bei Anshelm, dem Justingers und Schillings Darstellung der Berner Geschichte ohnehin zu tiefst suspekt war, tauchen plötzlich Elemente aus der Zähringer-feindlichen Tradition auf – Berchtold V. wird gezeichnet als *so listig, karg, hert, dass er an gelt vast* [= sehr] *rich, aber an früntschaft so arm, dass all, ouch sine landsgebornen edlen ... sines namens und stammes abgang begerten.*[17] Im Übrigen sei Bern nicht erst 1191 gegründet worden, Berchtold V. habe die Stadt nur erweitert und ihr einen neuen Namen gegeben.[18] Die Stadt sei stets *in des Römschen richs land und hand* gewesen; nicht der Herzog, sondern Schultheiss, Rät und Burger hätten 1218 die Goldene Handfeste vom Kaiser erworben.[19] Und wenn Anshelm den guelfischen Stadtgründer so kurz nach der Reformation als *bäbstischen Berthold von Zeringen*[20] bezeichnet, bleibt von Justingers Zähringer-Tradition nicht mehr viel übrig. Die öffentliche Wirkung dieser völligen Umwertung der Gründungssage war jedoch bescheiden. Nach Anshelms Tod geriet seine Chronik in Vergessenheit. Michael Stettler (1580–1642), der mit seiner gedruckten Chronik eine nachhaltige Wirkung erreichte, kannte und schätzte Anshelms Werk, doch auch er hielt sich im Wesentlichen an Justingers Prägung der Zähringer-Tradition.

Schultheissenpforte und Zähringer-Standbild

An den Stadtgründer erinnerten in Bern jedoch nicht nur die Chroniken. Im Rathaus war Berchtold V. seit 1449 mit seinem Wappen in allen Sitzungen des Kleinen Rates präsent. Die Wappentrias aus Reichsschild und Zähringer Löwe über dem Berner Wappen gehörte zu einer heute verschwundenen Wandmalerei an der Eingangswand der Ratsstube.[21] Ebenfalls mit seinem Wappenschild wurde der Stadtgründer am Münster mehrfach verewigt: Am Türsturz des südlichen Westportals erscheint das Zähringer-Wappen zusammen mit dem Reichsadler und dem Wappen des Berner Schultheissen Rudolf Hofmeister, die im Tympanon ursprünglich durch ein Bern-Reich überhöht wurden.[22]

Ganz andere Dimensionen hat die 1491 von Erhard Küng geschaffene Schultheissenpforte (Abb. 18). Die von Engeln getragenen Wappen sind einander in einem Geflecht von Fialen paarweise zugeordnet: Dem Reichsschild entspricht auf der Gegenseite das Wappen der Zähringer, darunter zwei Berner Wappen. An die Gründung der Stadt Bern vor 300 Jahren erinnert auch eine Urkunde, welche ein Engel dem Betrachter zeigt: *us · warer · schrift · anfang · diser · stat / die · hertzich · pechtold · von / tzeringhen · ghestiftet · ha*[t] *nach xps* [Christi] · *gheburt · mclxxxxi / jar · gheloben · wir · es · ist · war.*[23] Das Gegenstück dazu bildet eine Urkunde über die Grundsteinlegung zum Müster 1421.[24] Die politisch-historisch geprägte Emblematik dieser Ehrenpforte ist auch erster Beleg für eine Jahrhundertfeier der Stadtgründung.

Räumlich und zeitlich ins engste Umfeld der Ehrenpforte von 1491 gehören auch die beiden Wappenreliefs am so genannten Werkmeisterpfeiler des Münsters: Einem Berner Schild mit Reichsadler als Helmzier wird auch hier an der Rückwand ein Zähringer-Wappen gegenübergestellt.[25]

Die direkt über den beiden Reliefs stehende Figur eines Geharnischten – sie galt bisher als Selbstdarstellung des Münsterbaumeisters Erhard Küng – ist in diesem Kontext als das erste Standbild Herzog Berchtolds V. in der Stadt Bern zu identifizieren (Abb. 19). Diese sogenannte «Werkmeisterstatue» zeigt keine Kennzeichen, die auf einen Baumeister deuten würden. Helm, Harnisch und Schwert der Figur passen umso weniger auf Erhard Küng, als Franz-Joseph

Abb. 19
Bei der bis heute als «Werkmeisterstatue» interpretierten Figur am Berner Münster dürfte es sich in Wirklichkeit um das älteste Standbild Berchtolds V. in Bern handeln. Es entstand in enger zeitlicher und räumlicher Verbindung zur Schultheissenpforte von 1491.

Abb. 20
Aus dem schlafenden Zähringer-Herzog wächst das bernische Staatswesen empor; die Wappen der Ämter sind die Blüten dieses Baumes. In äusserst gewagter Analogie übernimmt die Glasscheibe von Hans Funk, welche Bern 1512 der verbündeten Stadt Mülhausen schenkte, den Typus der Wurzel-Jesse-Darstellung für dieses profane Thema; Musée historique, Mulhouse (F).

Sladeczek die Legende, Küng habe in Murten als Geschützmeister gedient, überzeugend widerlegen konnte. Auch beim etwas übertrieben langen «Zollstock», den der Geharnischte angeblich in der einen Hand hält, dürfte es sich in Wirklichkeit eher um den verwitterten Rest einer Fahnenstange mit dem Wappen des Stadtgründers handeln.[26]

Bär, Adler, Löwe und der heilige Vinzenz

Im Verlaufe des 15. Jahrhunderts hat Bern eine breite Palette von Symbolen und Zeichen entwickelt, mit denen es sich bildlich darstellten konnte. So wie sich Berns Selbstverständnis als Stadtgemeinde allmählich zu dem eines Staatswesens weitete, so wandelten sich auch seine Formen der Selbstdarstellung. Im Zentrum stand selbstverständlich der vertraute Bär und das Stadtwappen in all ihren verschiedenen Spielarten. Zu den traditionellen Symbolen einer mittelalterlichen Stadt gehörte auch der Stadtpatron. In Bern stand der heilige Vinzenz zwar immer etwas im Schatten des Bären, nach der Gründung des Chorherrenstifts 1484 erlebt er jedoch eine neue Blüte, die sich etwa in den zahlreichen Stiftungen von Glasgemälden für die Kirchen der Landschaft zeigt. Allgegenwärtig war die Wappenpyramde des Bern-Reichs (Kombination zweier Berner Wappen mit dem Reichsschild). Sie symbolisiert Berns verfassungsmässige Stellung. Der Berner Schild im Kreise der Ämterwappen verweist auf die wachsende räumliche Ausdehnung des bernischen Herrschaftsgebietes. In der Verbindung des Berner Schildes mit dem Zähringer-Wappen wird die historische Dimension

des bernischen Gemeinwesens angedeutet. Gegen Ende des 15. Jahrhunderts taucht als neue Figur der Bannerträger auf.
Eine höchst ungewöhnliche Verbindung zwischen räumlicher und historischer Dimension findet sich auf einer Glasscheibe, die Hans Funk 1512 im Auftrag der Stadt Bern für das Rathaus von Mülhausen anfertigte (Abb. 20): Da liegt Berchtold V. auf einer Wiese; aus seiner Brust wächst ein grosser Baum, der die Wappen der Stadt Bern und der bernischen Ämter trägt. Ein Berner Bär mit Hellebarde bewacht den schlafenden Herzog. Eine Inschrift in Versform erklärt die Bedeutung: Aus der Wurzel des zähringischen Erbes ergrünt der Baum des bernischen Staatswesens.[27] Diese profane Umdeutung der Wurzel-Jesse-Darstellung auf Justingers Zähringertradition findet sich später vereinzelt auch bei Funks Schüler Joseph Gösler und noch bei Hans Rudolf Fisch II.[28]

Der Heilige wird zum Herzog umgemünzt
Nach der Reformation 1528 musste der heilige Vinzenz seinen Platz als Stadtpatron räumen. An seine Stelle tritt – zumindest teilweise – der Stadtgründer. Bereits auf den 1529 geschlagenen Batzen, in denen wohl auch das Silber der eingeschmolzenen Kirchenschätze Verwendung fand, wird die Umschrift «SANCTUS VINCENCIUS» ersetzt durch «BERCTOLD[us] D[e] ZERINGEN FVND[ator]» (Abb. 21). Mit dieser und ähnlichen Münzumschriften bleibt Berchtold V. in den Taschen der Berner bis ins 18. Jahrhundert präsent. Auf einzelnen Talern des 17. Jahrhunderts ist er gar im Brustbild zu sehen. Das Berner Münzbild hatte sich damit weitgehend den Prägungen ausländischer Herrscher angeglichen, nur dass der Berner Taler nicht einen regierenden Fürsten, sondern den Gründer der Stadt zeigte – eine kennzeichnende Entwicklung: Der herzogliche Gründer erlaubte es der Stadt im 17. Jahrhundert, fürstliche Repräsentationsformen für ihre Selbstdarstellung umzudeuten.[29]

Zähringer-Brunnen und Zeitglockenturm
In der ersten Hälfte des 16. Jahrhunderts entstehen die Berns Gassen prägenden Figurenbrunnen. Der Stockbrunnen vor dem Zeitglockenturm – im Zentrum der damaligen Stadt – wird 1535 dem Stadtgründer gewidmet (Abb. 23). Anders als am Münster erscheint jedoch Berchtold V. hier nicht selber als Standbild auf der Brunnensäule, in symbolischer Umsetzung von Justingers Gründungsmythos ist vielmehr der Bär als Erbe in den Helm des Zähringers geschlüpft und hält dessen Schild und Fahne. Am Kapitell des Brunnenstocks erinnert in Latein und Deutsch eine Inschrift an den Stadtgründer.[30]
Der Zähringer-Brunnen steht in unmittelbarer Nähe zum Zeitglockenturm, der bereits im 15. Jahrhundert zum Wahrzeichen der Stadt Bern wird.[31] Seit dem grossen Stadtbrand von 1405, der das Mauerwerk schwer beschädigte, befindet sich dort ein Uhrwerk. Zwischen 1467 und 1483 erhält er einen neuen Turmabschluss mit Laterne und Erkertürmchen. Das Uhrwerk wird um ein Astrolabium und den Spielerker an der Ostfassade erweitert, die Aussenfassaden mit meist heraldischen Motiven bemalt. Der ehemalige Torturm der Zähringer-Stadt – nun Gehäuse der Normaluhr für Stadt und Land, Standort der bernischen Urmasse und seit 1743 Nullpunkt des Strassennetzes – entwickelt sich in mehreren Schüben zum symbolgeladenen «Memorialbau der Stadtgeschichte», in dem auch der Stadtgründer verewigt wird. Als 1607–1610 die Fassaden neu bemalt werden, erhält die Tordurchfahrt vier grossformatige Leinwandbilder von Gotthard Ringgli mit den Szenen aus Justingers Gründungsgeschichte. Im 18. Jahrhundert galt der goldene Stundenschläger in der Laterne als Berchtold V., so dass der Stadtgründer seinen «Erben» die Zeit mass.[32]
Die vor allem architektonisch geprägte Umgestaltung von 1770/71 gibt dem Turm im Wesentlichen sein heutiges Erscheinungsbild: Unter dem grossen Zifferblatt wird an der Ostseite an einem ausladenden Lorbeergehänge ein Medaillon mit der Profilbüste des Stadtgründers angebracht. Ihm entspricht auf der Westseite eine Gedenkinschrift, welche mit goldenen Lettern Berchtold V. als Gründer der Stadt und Erbauer des Turmes feiert. Der Zeitglockenturm wird damit vor allem als Denkmal der Stadtgründung gedeutet.[33]

Abb. 21
Während andere Staaten ihre Münzen mit dem Bild ihres regierenden Landesfürsten schmückten, setzte die Republik Bern um 1671 auf ihren Taler das Brustbild des herzoglichen Stadtgründers; BHM, Inv. S 1275.

Abb. 22
Zur 600-Jahr-Feier der Stadtgründung war ein grosser historischer Festumzug geplant, der von einem Herzoglich Zähringischen Corps mit Berchtold V. als Hauptfigur eröffnet werden sollte. Die nahenden Schatten der Französischen Revolution bewogen aber die Regierung 1791 auf dieses Fest zu verzichten; StAB, A 3280.

Ein Monument zu «deß hertzogen von Zeringen lobsäliger gedechtnus»
Das monumentalste Zähringer-Denkmal liess der Berner Rat 1601 im südlichen Seitenschiff des Münsters errichten. In der Form eines Wandgrabes schuf Hans Thüring, der damalige Werkmeister am Münster, eine mehrgliedrige Gedenktafel (Abb. 85).[34] Venner Christian Willading hatte am 7. September 1598 vom Rat die Vollmacht erhalten, *deß hertzogen von Zeringen, lobsäliger gedechtnus, schilt vnnd helm vffs stattlichest inn holtz schnyden vnnd inn die kilchen hencken lassen.*[35] Man plante also lediglich eine Holzskulptur mit Wappenschild und Helm. Ein knappes Jahr später wurde der Auftrag erweitert: *Herrn venner Willading ist gwalt geben, das proiectiert ehren wappen deß hertzogen von Zehringen sampt deß rychs vnnd myner herren* [Wappen] *alls ouch cum carmine Herlini inn die kilchen machen ze lassen, iedoch sölle er solche erst mynen gnädigen herren zuvor fürbringen.*[36] Aus dem Zähringer-Schild ist die Wappentrias des Hauptfeldes geworden, auch ein *carmen Herlini* – wohl ein lateinisches Lobgedicht von Johann Ulrich Herlin, Professor für Philosophie und griechische Sprache[37] – sollte hinzugefügt werden. Auf das Lobgedicht des Herlinus wurde schliesslich verzichtet, er hat aber wohl die lateinisch-griechischen Inschriften für das Denkmal verfasst. Am 19. Januar 1601 beschloss der Rat, eine Delegation solle demnächst *das vorhabend werk deß rychs vnd miner herren der rhädten wappen besichtigen vnd des wegen nach irem gudtbedunkhen anordnung geben.*[38] Inzwischen waren also auch noch die 28 Wappen der Auftraggeber ins Bildprogramm aufgenommen worden; bis zuletzt behält sich der Rat vor, nach seinem Gutdünken Anweisungen zu erteilen. So ist es nicht erstaunlich, wenn

Hans Christoph von Tavel feststellt, man könne sich des Eindrucks nicht erwehren, «dass hier Bern das Zähringer-Denkmal zum Vorwand nahm, um sich selbst in den Mittelpunkt zu stellen.»[39] Die Zähringer-Tradition ist hier wie in manchen anderen Wappendarstellungen des 17. Jahrhunderts zum ornamentalen heraldischen Beiwerk der obrigkeitlichen Selbstdarstellung geschrumpft.

Neue Geschichte und alte Sage

Im Geschichtsbewusstsein der Bevölkerung aber blieb Berchtold V. als Stadtgründer auch im 18. Jahrhundert präsent. Den Fremden wurde im Zeughaus ein grosser Harnisch als Rüstung des zähringischen Herzogs vorgeführt.[40] An der Mauer des Klösterli-Friedhofs befand sich ein Stein mit der seltsamen Inschrift «HIER DER BAER FANG», welcher angeblich die Stelle bezeichnete, an welcher der namengebende Bär erlegt wurde.[41] Das Zähringer-Denkmal im Münster, der Zeitglockenturm mit dem nahe gelegenen Zähringer-Brunnen, aber auch die historischen Bilder von Humbert Mareschet in der Burgerstube des Rathauses[42] waren Orte, an denen man sich die Personen und die verschiedenen Elemente der Gründungssage vergegenwärtigte.

Die wachsende Zahl von gedruckten Darstellungen der bernischen Geschichte im 18. Jahrhundert zeugt von einem zunehmenden Interesse der gebildeten Leserschaft an der eigenen Vergangenheit.[43] Als Letzter in der Reihe der offiziellen Chronisten seit Justinger hatte Jakob Lauffer, seit 1718 Professor für Eloquenz und Geschichte, 1724 den amtlichen Auftrag erhalten, der Republik eine Geschichte zu schreiben. Charakteristisch für das neue Jahrhundert ist bei Lauffer das Bemühen um eine gefällige Darstellung und die Ausweitung des Blickfeldes: Seine Geschichte beginnt in der Antike und beschränkt sich auch nicht allein auf die Stadt und Republik Bern. Bei historischen Widersprüchen hält er sich im Urteil meist zurück, indem er das erste Jahrhundert der Stadt Bern ohnehin «das ungewisse» nennt.[44] Die kritische Beschäftigung mit der Tradition beginnt jedoch schon bald – und in Bern beginnt sie mit den Zähringern. Bereits Alexander Ludwig von Wattenwyls Genealogie der Zähringer – 1746 im Mercure Suisse vorgetragen – hatte einen bemerkenswerten Gelehrtenstreit ausgelöst. Einen entscheidenden Schritt zur kritischen Auseinandersetzung mit der überlieferten Geschichte bedeutete jedoch Gottlieb Walthers kleine Abhandlung ‹Critische Prüfung der Geschichte von Ausrottung des Zäringischen Stamms durch Vergiftung zweier Söhnen Berchtolds V.› von 1765. Aus Justingers Darstellung der Gründungsgeschichte wird damit gerade das zentrale, sinngebende Element herausgebrochen (→ S. 21). Von den gelehrten Geschichtsschreibern wird Walthers Kritik sogleich rezipiert. Wie jedoch Justingers Zähringer-Tradition daneben weiterlebte, zeigt eindrücklich Johann Georg Heinzmanns ‹Beschreibung der Stadt Bern›, die im ersten Band 1794 die Zähringertradition in gewohnter Weise referiert, um dann im zweiten Band 1796 – ganz offensichtlich etwas peinlich berührt – zu widerrufen.[45]

Ein Fest für den Stadtgründer – wird abgesagt

Eine grosse Bedeutung für die Pflege des bernischen Geschichtsbewusstseins hatte im 18. Jahrhundert der so genannte «Äussere Stand» – eine Art Schattenstaat, wo sich die künftigen Regenten der Republik auf ihre Aufgaben vorbereiten konnten. Über seinen Ursprung existierten verschiedene Hypothesen – eine der Traditionen sah in Berchtold V. den Stifter dieser Einrichtung – jedenfalls galten die Standesfarben Rot-Gelb-Grün als des Herzogs «fürstliche Liberey und Farb».[46] Der aufgeklärte Patriotismus, wie er auch in der Helvetischen Gesellschaft gepflegt wurde, fand unter den Mitgliedern des Äussern Standes grosses Echo. Seit 1757 wurden alljährlich zur feierlichen Eröffnung der Ausser-Stands-Sessionen «Rednertage» zu meist historischen Themen durchgeführt – bereits 1761 war Berchtold V. Gegenstand einer patriotischen Rede.[47]

Im Äusseren Stand wurde auch die Idee geboren, das 600-Jahr-Jubiläum der Stadtgründung am 17. August 1791, am Berchtoldstag, mit einem grossen historischen Festumzug zu begehen. Mit Feuereifer machte man sich an die Vorbereitungen, die Darsteller der Hauptrollen wurden bestimmt, die Zahl der Teilnehmer am Umzug wurde auf 534 Personen erhöht, ein Feuerwerk wurde

Abb. 23
Bern als Erbe der Zähringer – dieser Kerngedanke des Gründungsmythos wird am Zähringer-Brunnen von 1535 bildhaft umgesetzt: Der Bär ist in die Rüstung des Stadtgründers geschlüpft und hält die Fahne mit dem Zähringer-Löwen hoch. Den Namen Berchtolds V. nennen lediglich die lateinischen und deutschen Inschriften am Kapitell des Brunnenstocks.

Abb. 24
Finanziert durch eine Geldsammlung unter der Bevölkerung war das Zähringer-Denkmal von Karl Emanuel von Tscharner die erste Bronzestatue, die in Bern errichtet wurde. Das Denkmal, das seit dem 8. Mai 1847 auf der Münsterplattform stand, wurde 1969 in der Nähe der zähringischen Burg, im Nydegghöfli, auf einen neuen Sockel wieder aufgestellt, nachdem es während acht Jahren in ein Depot verschwunden war.

angeschafft, in den Zeughäusern wurden passende Waffen gesucht, beim Dekan des Münsters wurde eine Festpredigt bestellt, bereits war ein Festführer mit den Zeichnungen des Malers Niklaus Friedrich König erschienen (Abb. 22). Eben in Druck waren die ‹Briefe alter Berner-Helden aus dem Reiche der Todten an die heutigen Burger von Bern› – eine Berner Geschichte in der damals beliebten Form von fiktiven Briefen; diese Folge beginnt natürlich mit einem Brief Berchtolds V. von Zähringen «an die edlen Jünglinge aus der Burgerschaft zu Bern», in dem der Stadtgründer über die Anfänge der Stadt berichtet und sich auch als Stifter der militärisch-aristokratischen Regierungsform der Republik offenbart. In solchem patriotischen Eifer fieberte alles dem Fest entgegen, da beschloss die Regierung zur grossen Enttäuschung der Initianten, wegen der revolutionären Entwicklung in Frankreich die Feier abzusagen.[48]
Die 1791 geplante Gründungsfeier enthält bereits viele Elemente, die für die patriotischen Feste des 19. und 20. Jahrhunderts kennzeichnend werden. Kern der Feierlichkeiten bildet der historische Festumzug – 1791 noch ganz auf die mittelalterliche Geschichte konzentriert. Wenn dabei, wie bei den grossen Umzügen von 1891, 1953 und 1991, die Geschichte der Stadt vorgeführt wurde, konnte Berchtold V. nicht fehlen (→ S. 528).

Berchtold V. in Bronze
Bern hatte sich bisher seiner Geschichte vor allem mit Inschriften, Wappen und Bildern erinnert. Dem Geschmack der Zeit entsprechend wollte die Stadt im 19. Jahrhundert ihre bedeutenden Persönlichkeiten jedoch auch mit Standbildern feiern. Die erste Bronzestatue, die in Bern errichtet wurde, zeigte nicht zufällig den Stadtgründer. Den Anstoss gab der Künstler, Karl Emanuel Tscharner, der 1840 an der Kunstausstellung in Bern ein Tonmodell für eine solche Statue zeigte. Ein verbessertes Gipsmodell, das 1844 im Münster der Öffentlichkeit vorgestellt wurde, fand so grossen Anklang, dass die Geldsammlung bei der Bevölkerung die budgetierten Kosten bald um das Doppelte überstieg, so dass der Gussauftrag erteilt werden konnte. Umstritten war dagegen die Frage, wo das Denkmal nun seine Aufstellung finden solle. In der Versammlung der Burgergemeinde vom 27. Mai 1846 setzte sich schliesslich der Vorschlag der bernischen Künstlergesellschaft durch, welcher die Münsterplattform zum Standort bestimmte. Der Burgerrat liess nun einen entsprechenden Sockel anfertigen und am 8. Mai 1847 konnte das Denkmal enthüllt werden (Abb. 24). Dass der radikale Regierungsrat bewusst davon absah, dem Künstler seine Anerkennung auszusprechen, während er vom Burgerrat eine feierliche Dankesurkunde erhielt, lässt erkennen, dass dieses Denkmal von den politischen Auseinandersetzungen seiner Zeit sofort vereinnahmt wurde. Um 1960 begann für eine Reihe von bernischen Denkmälern eine Zeit der Wanderschaft. So musste auch Berchtold V. 1961 seinen vertrauten Standort räumen. Erst 1969 fand er im Nydegghöfli mit einem neuen Sockel wieder eine angemessene Aufstellung.[49]

Treffen der Zähringer-Städte
Wie andere nationale und patriotische Symbole so erfreute sich zu Ende des 19. Jahrhunderts auch der Stadtgründer einer modischen Beliebtheit, die durch die glanzvolle Jubiläumsfeier 1891 noch gesteigert wurde. Gleich zwei Strassen wurden in Bern nach ihm benannt: 1872 die Zähringerstrasse, 1907 die Berchtoldstrasse, beide im Länggassquartier.[50]
Neue Impulse für die Zähringer-Tradition brachte nach dem Zweiten Weltkrieg die Stadtgeschichtsforschung, die in den zähringischen Städtegründungen ein einheitliches topographisches Muster erkannte.[51] Die gemeinsame zähringische Herkunft bot nun die Möglichkeit, über die nationalstaatlichen Grenzen hinweg, zu den anderen Gründungen der Herzoge von Zähringen Verbindungen aufzunehmen. An der 600-Jahr-Feier des Berner Bundes mit den Eidgenossen 1953 nahmen auch die Vertreter der Zähringerstädte teil – allein aus Freiburg im Breisgau erschienen 600 Gäste.[52] Ähnlich sandte auch Bern seine Delegationen an die Treffen der Zähringer-Städte. Einen Höhepunkt bildete die grosse Zähringer-Ausstellung von 1986 in Freiburg im Breisgau.

Die Rückbesinnung auf den Stadtgründer, die wir hier nur anhand von einzelnen Beispielen verfolgen konnten, hat in Bern im Verlaufe der 800-jährigen Stadtgeschichte erstaunliche Wandlungen erlebt. Bei Justinger hatte Berchtold V. seiner Stadt eine Mission erteilt, welche sich im Laufe der zweihundert Jahre bernischer Geschichte, die er beschreibt, erfüllen sollte. Im 17. und 18. Jahrhundert war es der herzogliche Rang des Stifters, der die Stadt Bern als Erbe auf die gleiche Stufe stellte wie europäische Fürsten. Im geschichtsbeflissenen 19. Jahrhundert verlor der Zähringer etwas von seiner Bedeutung, weil neben ihm weitere Helden der bernischen Geschichte als historische Symbolfiguren entdeckt wurden. Über die Kollektivbezeichnung «Zähringer-Städte» hat schliesslich die Wissenschaft im 20. Jahrhundert der Zähringer-Tradition ein völlig neues Identifikationsmuster angeboten.

Der Aareraum

Hans-Rudolf Egli und Davide Marconi

Gründung ins Grüne?

Die Geschichte der kulturellen Entwicklung ist auch die Geschichte der Emanzipation des Menschen von der Natur. Die Menschen haben gelernt, die natürlichen Ressourcen zu nutzen und gleichzeitig unabhängiger zu werden von den lokalen naturräumlichen Voraussetzungen, insbesondere durch die sozio-kulturellen, wirtschaftlichen und technischen Entwicklungen und den regionalen und überregionalen Güteraustausch. Durch die Anpassung des Naturraumes an die existentiellen, gesellschaftlichen, wirtschaftlichen und ästhetischen Bedürfnisse entstand die Kulturlandschaft. Diese Entwicklung ist am ausgeprägtesten in den Stadtgebieten festzustellen, wo heute kaum mehr Spuren der ursprünglichen Naturlandschaft zu erkennen sind. Diese Umgestaltung setzte bereits mit der Stadtgründung ein. Obschon die ursprüngliche natürliche Ausstattung innerhalb der Städte heute kaum mehr wahrgenommen wird, wirkt sie bis heute nach, am stärksten durch die Standortwahl, gefolgt von der Grundrissstruktur, die besonders in der Berner Altstadt als orthogonales Strassennetz noch ausserordentlich stark wirksam ist (→ S. 73).
Als naturräumliche Faktoren gelten Boden, Wasser, Luft und natürliche Vegetation. Die räumliche Ausbreitung und Differenzierung und damit auch die Wirkung der einzelnen Faktoren ist sehr verschieden. So sind die durchschnittlichen Temperaturen innerhalb einer Region ähnlich, die Sonnenbestrahlung dagegen ist kleinräumig sehr differenziert. Auch der Niederschlag ist regional praktisch gleich und deshalb kaum standortbestimmend für Siedlungen. Im Gegensatz dazu sind Gewässer – Seen, Flüsse und Bäche – kleinräumig strukturiert und entsprechend häufig standortprägend.
Neben der unterschiedlichen räumlichen Wirkung ist auch die zeitliche Veränderung der einzelnen Faktoren sehr verschieden. So ändern sich die Wetterbedingungen stündlich, die Wasserführung eines Flusses innert Tagen, vielfach in einem jahreszeitlichen Rhythmus, die Bodenverhältnisse (Geologie, Relief) dagegen nur über Jahrhunderte oder Jahrtausende.[1]
Die unterschiedliche räumliche und zeitliche Variabilität ist auch wichtig für die Wahrnehmung und das Wissen der Menschen über einen Standort, ganz besonders bei nur kurzen Aufenthalten, indem bei räumlich und zeitlich stark wechselnden Faktoren unter Umständen eine zufällige Erfahrung an einem einzelnen Standort zu einem bestimmten Zeitpunkt handlungsentscheidend sein kann. Es gibt bis in die Gegenwart zahlreiche Beispiele für Standortentscheide, die sich im Nachhinein als falsch erwiesen haben (→ S. 186). In der Wüstungsforschung, die das Verschwinden von Siedlungen untersucht, fasst man diese Ursachen als Fehlsiedlungstheorie zusammen.
Neben der absoluten Veränderung der naturräumlichen Faktoren, zum Beispiel des Flusslaufes, ist aber auch der Bedeutungswandel der einzelnen Faktoren für

die Siedlungsentwicklung zu berücksichtigen. So war eine auf die regionale Versorgung mit landwirtschaftlichen Gütern abhängige Stadt sehr stark vom Klima abhängig, für den späteren Bau von grossen Gebäuden wie Kathedralen spielte dann der Baugrund und das verfügbare Baumaterial eine entscheidende Rolle. Bei allen Standortentscheiden war sicher neben den Raumkenntnissen auch das Vorhandensein von Alternativen von zentraler Bedeutung. Wohl zu jeder Zeit mussten Entscheide im Wissen gefällt werden, dass der Standort vielleicht nicht optimal ist, dass aber zu diesem Zeitpunkt kein besserer zur Verfügung steht. So spielten sicher bei der Wahl von Siedlungsstandorten die Herrschaftsverhältnisse und die bereits bestehenden Siedlungs- und Verkehrsstrukturen eine grosse Rolle (→ S. 59).
Methodisch stellt sich bei der Beurteilung des Naturraumes das Problem, dass wir über das Wissen der damaligen Menschen und ihre Beurteilung der einzelnen Faktoren des Naturraumes bei der mittelalterlichen Siedlungsgründung keine direkten Kenntnisse haben. Es bleibt deshalb nichts anderes übrig, als die damaligen Verhältnisse so gut wie möglich zu beschreiben und daraus Schlüsse auf die möglichen Motive zu ziehen. Die Gefahr der Zirkelschlüsse sei hier ausdrücklich erwähnt!

Topographie, Relief und Untergrund Berns

Die Topographie der Region Bern im Hochmittelalter lässt sich leicht beschreiben, da sie weitgehend der heutigen entspricht. Sie ist gekennzeichnet durch das 530 bis 600 m über Meer liegende, leicht gewellte Moränenhügelland, das vom Aaregletscher geformt und später noch von Flussschottern überlagert wurde. Die meisten älteren Siedlungen entstanden in dieser auch landwirtschaftlich günstigen Zone. In der Region fallen die bis 950 m hohen Molassehügel wie Bantiger, Ostermundigenberg und Gurten auf, die zum Teil recht steil sind und bis heute grosse Wälder tragen. Drittes topographisches Hauptelement ist das flache, durch Flussablagerungen geprägte Sohlental der Aare, das in Thun auf rund 550 m und in Bern auf 500 m liegt. Dieses geringe Gefälle bewirkte, dass der Fluss vor seiner Verbauung und Kanalisierung im bis zu zwei Kilometer breiten Tal häufig und kurzfristig seinen Lauf änderte.
Die Hügelzüge beziehungsweise die dazwischenliegenden Täler waren für den Verlauf der alten überregionalen Landverkehrswege entscheidend, wie dies beispielsweise die Verbindungen von Burgdorf durch das Krauchtal nach Bern oder über Oberwangen nach Freiburg belegen (→ S. 73).
Im Gegensatz zur regionalen Topographie ist das lokale Relief durch den Bau der Stadt stark überformt worden und nur noch teilweise in der ursprünglichen Form erkennbar. Das Gelände der Stadt liegt in einer annähernd West-Ost orientierten, nach Westen offenen Flussschleife der Aare. Vom höchsten Punkt beim Zeitglockenturm, 43 Meter über dem Flussspiegel, senkt sich das Gelände zuerst leicht, gegen die Aare hin steil nach Osten ab. Die Halbinsel wird durch mehrere Gräben quergeteilt, deren natürliche Entstehung allerdings nicht überall gesichert ist (Abb. 25, → S. 73).[2]

Der Untergrund der Aarehalbinsel

Die Aarehalbinsel besteht zwar wesentlich aus Molassesandstein, welcher der Aare nach dem Abschmelzen des Aaregletschers vor etwa 10 000 Jahren grösseren Widerstand entgegensetzte als die Moränen und Schotterterrassen, als oberste Schicht hat sich aber Grundmoränenmaterial abgelagert. Die Mächtigkeit dieser Kiesschicht variiert im West-Ost-Profil beträchtlich: Beim heutigen Bahnhof ist sie nur wenige Meter dick, unter der Marktgasse misst sie mehr als 50 Meter und bei der Untertorbrücke fehlt sie ganz, so dass deren Fundamente auf den Molassefelsen gestellt werden konnten. Der Wechsel von gröberem Kies bis zu feinem Tonmaterial innerhalb dieses Schotterkörpers hat Grundwasserströme und einzelne Quellaustritte an den Hängen zur Folge, die für die frühe Trinkwasserversorgung wichtig, aber nie ausreichend waren (→ S. 212).
Das Feinrelief der näheren Umgebung der Gründungsstadt war, mit Ausnahme des von den Flussablagerungen geprägten Aaretals, durch den Aaregletscher gestaltet worden. Das ganze Gebiet der heutigen Stadt Bern ist von Grundmo-

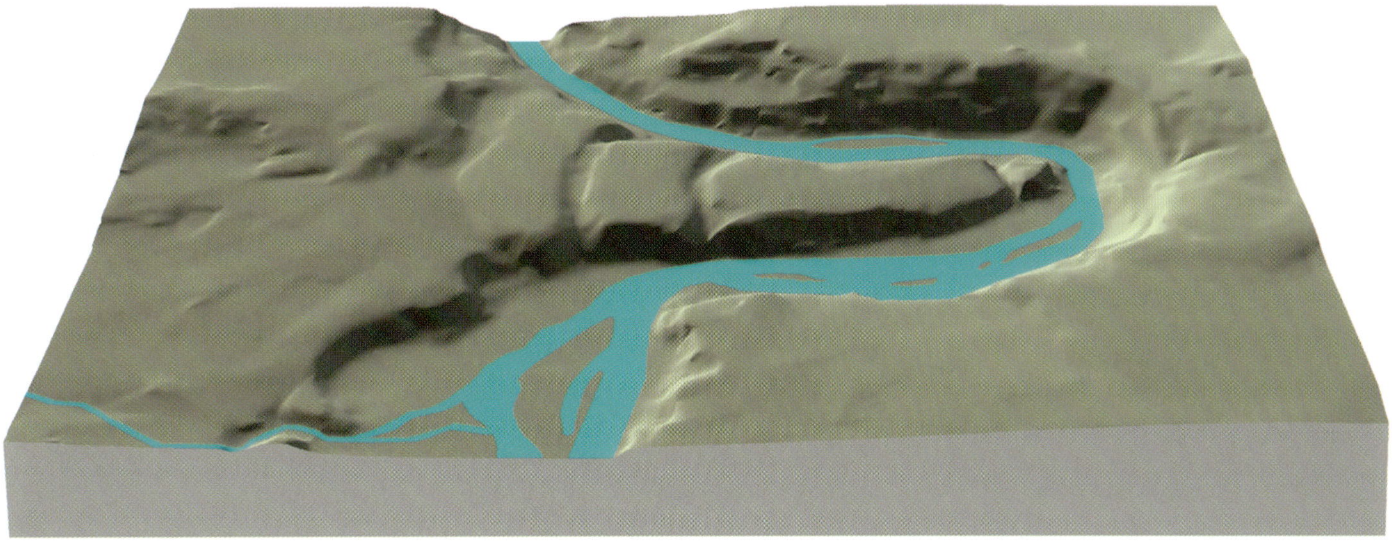

Abb. 25
Das ursprüngliche Relief: neben dem Aaretal und dem Sulgenbach zeichnen sich vier natürliche Quergräben auf der Aarehalbinsel ab.

ränen überdeckt, die meist einige Meter mächtig sind. Darüber lagern mehrere deutliche End- und Seitenmoränen, die verschiedenen Rückzugsstadien des Gletschers entsprechen und etwa vor 15 000 bis 10 000 Jahren entstanden sind. Der älteste dieser Moränenwälle, als Bern-Stadium bezeichnet, zieht sich vom Waberenwald über das Steinhölzli zum Inselspital und weiter über die Grosse Schanze, zum Kursaal und vom Rosengarten ostwärts bis zum Schosshaldewald (Abb. 26). Schon aus der Auflistung dieser Ortsbezeichnungen geht deutlich hervor, dass auch die jüngere Stadtentwicklung durch diesen Moränenwall geprägt wurde, indem er als Standort dominierender Bauten diente.[3]
Ein zweites Rückzugsstadium des Gletschers ist durch die Moränen beim Burgernziel und ostwärts über das Melchenbühl hinaus sichtbar. Auf einem dritten Wall liegen das Elfenauhölzli, das Egghölzli, das Eichholz und das Froumholz in Muri. Nördlich und nordwestlich von diesen Moränenwällen entstanden grosse, bis zu 30m mächtige Schotterfelder, die im Mittelalter und in der frühen Neuzeit wertvolle landwirtschaftliche Nutzflächen waren und im 19. Jahrhundert der grossflächigen Stadterweiterung dienten.

Stein als Baumaterial
Zur Zeit der Gründung spielte der Stein als Baumaterial nur für wenige Bauten ein Rolle, so beispielsweise für die Burg Nydegg. Dazu diente vor allem der grünlich, gelblich oder bläulich gefärbte Sandstein der Oberen Meeresmolasse (Burdigalien), der allerdings nur von relativ geringer, je nach Steinbruch wechselnder Festigkeit ist. Als älteste und längere Zeit in Gebrauch stehende Abbaustelle von Sandstein darf man die so genannte «Sandfluh» im Gebiet des heutigen Aargauerstalden betrachten.[4] Eine weitere Sandsteingrube, wo wahrscheinlich auch schon im 12. Jahrhundert abgebaut wurde, lag am Nordhang des Gurtens.[5] In Ostermundigen wurde erst seit dem 15. Jahrhundert und in Stockern bei Bolligen erst seit Beginn des 18. Jahrhunderts abgebaut. Neben Sandstein wurde auch Tuffstein verwendet, vorwiegend für Massenbauten wie Stadtmauern oder Stadttore. Tuffvorkommen gab es in der Region zahlreiche, meistens aber nur von sehr geringem Umfang. Die wichtigste Abbaustelle liegt bei Toffen im Gürbetal, wo der Stein auch den Ortsnamen bestimmte.[6]
Insgesamt dürfte die Existenz von Baumaterial nicht standortbestimmend gewesen sein, da Sandstein und Tuff vielerorts vorkamen und zudem für die grossen Bauten auch eine gewisse Transportdistanz in Kauf genommen worden wäre. Für die grosse Zahl der frühen Stadthäuser wurde vorwiegend Holz verwendet und dieses war überall und in genügender Menge vorhanden (→ S. 282).

Gewässer und Wasser

Der Verlauf der Aare in der unmittelbaren Umgebung der Stadt hat sich seit dem Mittelalter kaum verändert. Dies im Gegensatz zum Aarelauf zwischen Thun und Muri, wo dieser seit dem 18. Jahrhundert grundlegend verbaut und kanalisiert wurde.[7] Die Wassermenge war bereits ähnlich wie heute,[8] da für die Aare Thuner- und Brienzersee bereits im Hochmittelalter als Ausgleichsbecken dienten und die Wassermengen der Kander und der Simme, die bis ins 18. Jahrhundert noch direkt in die Aare unterhalb Thuns flossen, im breiten Sohlental bis nach Bern hinunter weitgehend ausgeglichen wurden. In der Matte dürften deshalb bereits im Hochmittelalter im Durchschnitt etwa 120 m^3/Sekunde Wasser vorbeigeflossen sein, bei absolutem Hochwasser gegen 600 m^3/Sekunde (absolute Spitze 1999) und bei Niedrigstwasser nur etwa 30 m^3/Sekunde (kleinstes Tagesmittel 1935–1999).[9] Die Möglichkeit zur Schifffahrt auf der Aare, die mindestens bis in die römische Zeit zurück belegt ist,[10] war damit gegeben und dürfte bei der Stadtgründung eine Rolle gespielt haben. Die Stadt Bern entstand beim ersten Engnis unterhalb Thuns, dort wo sich der Fluss in der Nydegg kaum mehr veränderte und wo er auf einer Furt oder per Schiff, später mit der ersten Brücke relativ einfach überquert werden konnte. Im Gegensatz zur Engehalbinsel, die an einer wichtigen Südwest-Nordost-Strassenachse lag, wurde Bern an einer günstigen Nord-Süd-Verbindung gegründet, vielleicht sogar als Ausgangspunkt für eine gezielte Alpenpolitik (Abb. 26).[11]

Die Verfügbarkeit von Brauchwasser in der Matte war seit der Stadtgründung wichtig für die Ansiedlung von Gewerbebetrieben am Aareufer, insbesondere im Zusammenhang mit dem Gütertransport. Von noch grösserer Bedeutung für den Standort der Stadt war aber das kleine, später als Stadtbach bezeichnete Gewässer. Der Bach kommt aus dem Wangental bis zum heutigen Loryplatz, wo er ursprünglich den Moränenwall durchstiess und sich unmittelbar danach mit dem Sulgenbach vereinigte, der im Marzili die Aare erreicht. Mit geringem Aufwand war es möglich, diesen Bach umzuleiten und dem Finkenhubel entlang auf die Aarehalbinsel zu lenken und dort die Stadt mit Wasser zu versorgen.
Neben dem zugeführten Stadtbachwasser konnten auch Quellen genutzt werden, die wegen der nach Norden geneigten Sandstein- und Moräneschichten hauptsächlich auf der Nordseite der Aarehalbinsel austraten (→ S. 88). Zudem wurden Ziehbrunnen gebaut, die ebenfalls zur lokalen Wasserversorgung genutzt wurden. Da aber offenbar von Anfang an mit einem raschen Stadtwachstum gerechnet wurde, dürfte eine genügende und langfristig abgesicherte Wasserversorgung wesentlicher Teil der Stadtgründung gewesen sein. Auch weisen die vielleicht bereits mit der Gründung errichteten Wasserversorgungs- und entsorgungseinrichtungen (Frischwasserkanäle und Ehgräben) auf die zentrale Bedeutung des Wassers hin.
Im Gegensatz zum «Stadtbach» hatte der Sulgenbach bei der Stadtgründung wohl keine oder nur eine untergeordnete Bedeutung. Seine Quellen liegen nördlich des Gurtens am Ulmizberg. Von dort durchfliesst er westwärts das Gurtentäli, quert dann ebenfalls den Moränenwall beim heutigen Loryplatz und fliesst weiter direkt in die Aare. Dieser Bach erhielt erst mit der neuzeitlichen Stadtentwicklung als Gewerbe- und Industriebach grosse Bedeutung.
Das Wasser war auch im Mittelalter nicht nur lebensnotwendig, sondern barg auch Gefahren. Das Sohlental zwischen Thun und Bern war Überflutungszone und deshalb weder dauernd besiedelt noch landwirtschaftlich genutzt. Im Raum Bern waren jedoch nur die flachen Uferpartien im heutigen Marzili und in der Matte überschwemmungsgefährdet. Da die Schiffsanlegestellen und wahrscheinlich einzelne Gewerbebetriebe auf einen Standort unmittelbar an der Aare angewiesen waren, musste bei diesen das Überschwemmungsrisiko in Kauf genommen werden. Die übrige Stadt war jedoch ausserordentlich sicher. Auch der Stadtbach konnte, falls er einmal gefährlich anschwellen sollte, an der Stelle der künstlichen Umleitung auf die Aarehalbinsel in den Sulgenbach abgeführt werden, so dass für die mittelalterliche Stadt eine Überschwemmung praktisch ausgeschlossen werden konnte.

Klima und Vegetation

Die Gründung der Stadt Bern fällt in die Zeit der «mittelalterlichen Warmphase», die von etwa 900 bis 1300 dauerte und dann in die so genannte Kleine Eiszeit (16.–19. Jahrhundert) überging. Das hochmittelalterliche Klimaoptimum, dessen durchschnittliche Jahrestemperaturen etwa denjenigen in der

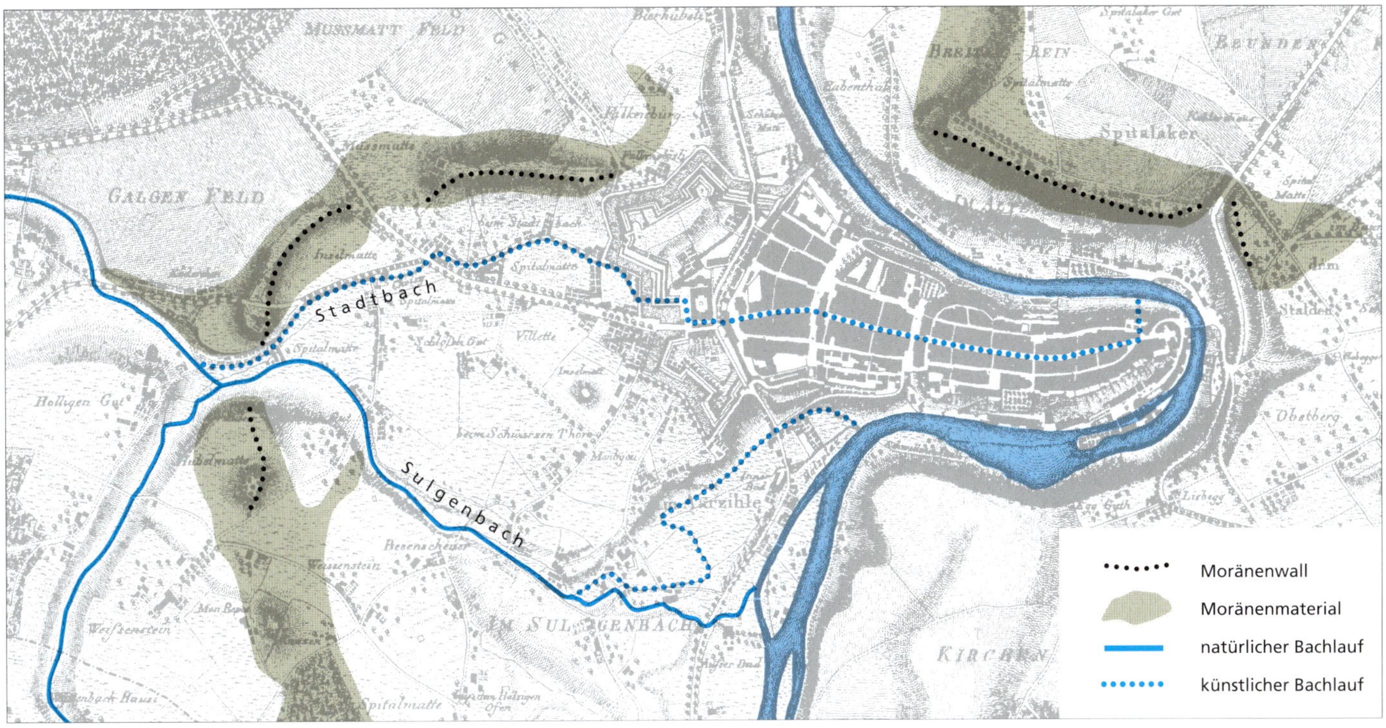

Abb. 26
Die Voraussetzungen für Berns Wasserversorgung: Moränenwälle der letzten Eiszeit, natürliche Bäche und künstliche Umleitungen von Stadtbach und Sulgenbach. Umzeichnung ADB nach einer Kartengrundlage von Dieter Staeger, Ergänzungen von Hans-Rudolf Egli.

zweiten Hälfte des 20. Jahrhunderts entsprachen, könnte ein wichtiger Faktor für die positive wirtschaftliche Entwicklung und für die ausserordentliche Städtegründungsphase in Europa gewesen sein, mit einem absoluten Maximum im 13. Jahrhundert.[12] Auf die lokale Standortwahl dürften aber diese Klimaerscheinungen keinen direkten Einfluss gehabt haben, weil selbst in dieser Periode auch ungünstige Jahreszeiten vorkamen.

Besonders die Klimafaktoren sind räumlich und zeitlich sehr verschieden. Bei Temperatur und Niederschlag sind die lokalen Unterschiede so gering, dass sie wohl keine Bedeutung für die Standortwahl der Stadt hatten. Hingegen dürfte die räumlich sehr differenzierte Besonnung und vielleicht auch die Nebelsituation lokale Standortvor- und -nachteile erzeugt haben. Und da die jährlichen Unterschiede bei allen Klimafaktoren grösser waren als die langfristigen Klimaschwankungen, dürften auch diese zwar für die wirtschaftliche Entwicklung der Periode, nicht aber für den Standortentscheid der einzelnen Stadtgründung wichtig gewesen sein.

Über die lokalen Klimaverhältnisse im Raum Bern zu bestimmten Zeitpunkten im Mittelalter gibt es trotz grosser Fortschritte der Klimageschichte in den letzten Jahrzehnten keine konkreten Aussagen. Allgemeine Hinweise können aber durchaus gewonnen werden. Rüdiger Glaeser beschreibt die Sommer in Mitteleuropa zwischen 1180 und 1250 als überwiegend warm und heiss, nur einzelne waren regenreich, stürmisch und kalt.[13] Die Winter dagegen waren nach einer milden Phase bereits ab 1200 wechselnd mild und kalt. 1210 herrschte offenbar über weiten Teilen Mitteleuropas ein Jahrhundertwinter, dem grosse Teile der Winterfrüchte und der Reben zum Opfer fielen.[14] Durch diese wechselnden Klimaverhältnisse war die Stadt als Markt- und Versorgungsort direkt betroffen, weil dadurch die landwirtschaftlichen Erträge und in der Folge die Preise stark schwankten.

Lokale Unterschiede zeigen sich besonders bei der Besonnung. Dazu kann allerdings nur etwas über die effektiv mögliche Sonnenscheindauer gesagt werden, da über die tatsächliche Bewölkung und den Nebel nichts bekannt ist. Auf dem Plateau der Aarehalbinsel kann die Sonne theoretisch über 4000 Stunden im Jahr scheinen, am Südhang, der in den sommerlichen Abendstunden bereits nicht mehr beschienen ist, nur noch zwischen 3200 und 3600 Stunden, am Nordhang noch bedeutend weniger.[15] Die lokalen Unterschiede sind im Winter wesentlich grösser als im Sommer.

Räumlich sehr unterschiedlich ist auch der Nebel. Im Gebiet der Altstadt ist mit 20 bis 35 Nebeltagen pro Jahr zu rechnen, im Talboden der Aare südlich von Muri mit bis zu 45 Tagen,[16] im Aaregraben westlich von Bremgarten herrscht ausserordentlich häufig Bodennebel. Das vor der Flusskorrektur noch stark vernässte und häufig überschwemmte Aaretal zwischen Thun und Bern hat vermutlich die Nebelbildung gefördert, so dass die regionalen Unterschiede im Mittelalter sogar noch grösser gewesen sein dürften als heute.

Vegetation
Um 1200 machte die Waldfläche im schweizerischen Mittelland noch etwa 40% aus (heute: 25 %). Dies bedeutet, dass schon mehr als die Hälfte des ehemals weitgehend bewaldeten Gebietes gerodet und der landwirtschaftlichen Nutzung zugeführt worden war.[17] Die Grenze zwischen Wald und Offenland war aber keineswegs so scharf wie heute, es gab breite Übergangszonen, die sowohl forst- wie landwirtschaftlich genutzt wurden. In der Region Bern dominierten, wie im gesamten tieferen Mitteland, die Buchenwälder. Einzig im untersten Bereich der Hänge, wo nährstoffreiches Hangwasser austrat, wuchsen Eschen, Bergahorne und Ulmen anstelle der Buchen. In den nassen, vielfach sogar überschwemmten Talniederungen der Aare und der Gürbe standen Auenwälder mit vielfältigen Sträuchern sowie Ulmen und Eschen.[18] Wenn Tannen für den Hausbau verwendet wurden, mussten diese aus dem Emmental oder dem Schwarzenburgerland her transportiert werden oder sogar aus den Alpen, am einfachsten wohl geflösst auf der Aare.
Ohne Holz hätte die Stadt Bern nicht erbaut werden können und war das Leben undenkbar: Die Leute brauchten grosse Mengen Holz zum Kochen, wer es sich leisten konnte auch zum Heizen. Die Handwerker waren auf Holz angewiesen, um ihre Geräte herzustellen, aber auch um die Backöfen zu befeuern oder Fleisch zu räuchern, zum Töpfern und zum Schmieden.[19]
Im Gegensatz zu den andern naturräumlichen Elementen konnten die Wälder aber gepflegt und ergänzt werden, indem neue Bäume angepflanzt wurden. Damit sind wir am Übergang von der Natur- zur Kulturlandschaft.

Fazit

Zusammenfassend dürften die topographischen Bedingungen auf dem hochwassergeschützten Sporn, aber in unmittelbarer Flussnähe besonders wichtig für die Standortwahl gewesen sein. Entscheidend war vermutlich die Möglichkeit, einen Bach relativ einfach in die Stadt umzulenken und sie mit genügend Wasser versorgen zu können. Im Weiteren war der Waldreichtum und die Möglichkeit, Holz auf der Aare unmittelbar an den Stadtrand transportieren zu können, eine existentielle Voraussetzung für die Stadtentwicklung.
In dieser Kombination erweist sich der für die Gründung gewählte Ort der Aarehalbinsel als ausserordentlich geeignet. Dennoch wissen wir letztlich nicht, welche Faktoren den damaligen Menschen bekannt waren und welche schliesslich den Ausschlag gaben für die Wahl des Standortes Bern.

Peter Lüps

Das Wild im Aareraum

Zur Zeit der Stadtgründung hat die Landschaft in der näheren und weiteren Umgebung (vom Jura bis zu den Voralpen) einen seit Jahrtausenden dauernden Wandel hinter sich. Dieser ist eine natürliche Folge klimatischer Einflüsse und der damit verbundenen Anpassungen der Vegetation (→ S. 54). In noch höherem Masse aber ist die Veränderung der Flora eine Folge der menschlichen Landnahme und Bewirtschaftung. Das bernische Mittelland am Ende des 12. Jahrhunderts ist vom Zustand einer Naturlandschaft bereits weit entfernt. In die ursprünglichen weiten Flächen von Mischwäldern, mit Dominanz von Buche und Tanne, hatte der Mensch seit Beginn der Sesshaftigkeit, als Folge von Ackerbau und Haustierhaltung, Rodungsflächen gelegt.
Diese Veränderungen des Pflanzenkleides sind (mit)bestimmend für den Faunenwandel. Durch den Entzug von Wald waren die ihn ursprünglich bewohnenden Tierarten bedrängt, zum Teil auch als Folge der direkten Nachstellung verdrängt worden. Arten des offenen Gebietes («Steppenbewohner»)

Abb. 27
Anlässlich einer Grabung im Schloss Nidau wurden Oberarmknochen, Rabenbein und Oberschenkelknochen eines Jagdfasans, Phasianus colchicus, gefunden. Die drei teilweise Schnittspuren aufweisenden Knochen belegen die Verwendung des aus Zentralasien stammenden Hühnervogels im frühen oder mittleren 12. Jahrhundert als Speise in Nidau. Sie weisen gleichzeitig auf die Schwierigkeiten hin, die sich den Archäozoologen bei der Rekonstruktion des menschlichen Speisezettels stellen: Handelte es sich um einen Vogel aus freier Wildbahn oder um einen solchen aus einem Gehege?

profitierten von diesem neu entstehenden Lebensraum: Sie besetzten die sich bietende Nische und ergänzten oder ersetzten die Waldbewohner.

So hatte die Rodungstätigkeit den Feldhasen, einen Bewohner der offenen Landschaft, gefördert. Fünfzig Prozent der im Schloss Nidau gefundenen Wildtierknochen aus dem 13. Jahrhundert stammen denn auch vom Hasen.[1] Diese Zahl liegt um ein Mehrfaches höher als in jungsteinzeitlichen Siedlungen,[2] als die kleinen Ackerflächen noch zerstreuter lagen. Die kleinparzellierte Landwirtschaftsfläche war mit dem Wald verzahnt und bot zahlreichen Bewohnern von Grenzflächen Lebensraum. Sie nutzten den Wald als Ruhe- und Brutplatz, die offene Flur als Nahrungsgrund.

Noch bestanden aber in der Umgebung der Aarehalbinsel auch nach der Stadtgründung grosse Waldkomplexe, wie der Forst, der Bremgartenwald und Sädelbach-Grauholz, für welche teilweise bereits im frühen 14. Jahrhundert Schutzmassnahmen angeordnet wurden.[3]

Über die Zusammensetzung der Fauna im 13./14. Jahrhundert geben vor allem Analysen von Zähnen und Knochen von Wild- und Haustieren sowie Geweihe Auskunft. Schriftliche Zeugnisse sind selten, behandeln nur die aus wirtschaftlichen oder anderen Gründen interessanten Arten und lassen sich oft nur mit einer gewissen Unsicherheit interpretieren. Sowohl Objekte wie schriftliche Quellen liefern in erster Linie Angaben über Tierarten, die der Mensch gejagt und genutzt hat. Es sind dies vor allem mittelgrosse und grosse Säugetiere, aber auch grosse Vögel, v. a. Wasservögel und Wildhühner.

Bei den Vögeln ist die Situation schwieriger zu beurteilen, da die feinen Knochen schlecht erhalten blieben. Vögel waren zwar in grosser Zahl vorhanden, wegen ihrer hohen Mobilität mit den damaligen Waffen aber schwieriger zu bejagen als die terrestrischen Säugetiere. Noch problematischer als bei den Vögeln gestaltet sich der Nachweis von Kleinsäugern (Säugetieren bis zur Grösse von Ratten), Reptilien, Amphibien und Fischen.

Fünf Huftier- oder Schalenwildarten sind als Bewohner des Gebietes nachgewiesen. Es sind dies die beiden Geweihträger Rothirsch und Reh im gesamten Mittelland und Voralpengebiet, die beiden Hornträger Steinbock (in den Alpen und im Jura) und Gämse (in den Alpen, dem höheren Mittelland und im Jura) sowie flächig verbreitet und sehr mobil das Wildschwein. Bereits verschwunden waren zwei Geweihträger: das Ren schon nacheiszeitlich, der Elch wohl im frühen Mittelalter. Von den waldbewohnenden Hornträgern ist der Wisent bereits für die römische Zeit nicht mehr nachweisbar, der Ur verschwand vermutlich noch vor der Stadtgründung aus dem Aareraum.[4] Die drei grossen Beutegreifer Bär, Wolf und Luchs besiedelten das Mittelland zumindest lokal und durchzogen es noch regelmässig.[5] Vorhanden waren mit grosser Wahrscheinlichkeit alle kleineren Beutegreifer: Fuchs und am Jura-Südfuss die Wildkatze, Dachs, Otter, Baum- und Steinmarder, Iltis, Hermelin und Mauswiesel.

Auf Grund schriftlicher Zeugnisse aus dem 15. bis 17. Jahrhundert darf auch für das 13. und 14. Jahrhundert auf bedeutende Bestände von Rauhfusshühnern geschlossen werden. Vor allem für Hasel- und Auerhuhn boten die Laub- und Mischwälder günstige Bedingungen. Ob die in Nidau für das 13. Jahrhundert nachgewiesenen Fasane (Abb. 27) aus Gehegen stammten oder in freier Wildbahn anzutreffen gewesen und bejagt worden sind, liess sich bisher nicht eruieren.[6]
In den kleinparzellierten Landwirtschaftsflächen herrschten ideale Bedingungen für Rebhuhn und Wachtel. Wie in früheren und späteren Jahrhunderten kann mit einem reichen Vogelleben an den Gewässern und in den noch grossen Sumpf- und Moorgebieten gerechnet werden. Reiher, Gänse- und Enten-, sowie zahlreiche Schnepfenvögel sind als Jagdbeute nachgewiesen. Bedeutend müssen die Greifvogelbestände gewesen sein, denen in der Jagd (und auch in der Symbolik) eine besondere Bedeutung zukam (→ S. 227). Neben den Brutvögeln traten zahlreiche Arten als Durchzügler und Wintergäste auf, in strengen Wintern auch Seltenheiten wie die Grosstrappe.[7]
In einer Übersicht zur Fauna dürfen die Haustiere nicht fehlen. Diese übten einen starken Einfluss aus auf die Vegetation des die Stadt umgebenden Waldes und der Allmend. Der Wald wurde bis weit in die Neuzeit hinein ausser zur Holzgewinnung auch als Waldweide für das Vieh genutzt. Der für die Naturverjüngung besonders schädliche Einfluss der Ziege wurde schon früh erkannt und so wurde diese beispielsweise 1616 aus allen Stadtwäldern verbannt.[8] Eine spezielle Rolle bei der Waldnutzung durch Haustiere spielte das Acherum (*achram, achrum*), das Weidenlassen von Schweinen bei guter Eichen- und Buchenmast. Für den Waldbesitzer war diese geregelte Waldnutzung recht einträglich.[9]
Die Anwesenheit von Haustieren in Wald und Flur konnte auf die Wildtierfauna nicht ohne Einfluss bleiben. Nicht nur die Wälder übernutzende Ziegen, auch streunende und verwilderte Katzen und Hunde sowie die als *«mulenvee»* oder *«mulgut»* bezeichneten verlaufenen Rinder übten einen kaum bezifferbaren direkten und indirekten Einfluss auf die Wildtiere aus. Einerseits verdrängten sie das Wild, nutzten oder übernutzten die Vegetation als deren angestammte Nahrungsquelle und veränderten den Lebensraum. Es erfolgten auch direkte Kontakte mit Wildtieren, was bei Haus- und Wildschweinen nicht ohne Folgen geblieben sein dürfte. Andererseits nutzten namentlich die grossen Beutegreifer diese Haustierbestände als neue Nahrungsquelle, nicht zuletzt deshalb, weil die Schalenwildbestände als natürliche Ressource durch den Menschen stark dezimiert worden waren. Damit wurden Braunbär, Luchs und Wolf zu «Konkurrenten» des Menschen und entsprechend rigoros verfolgt (→ S. 384).
Direkt und indirekt, gewollt und unbeabsichtigt beeinflusst der Mensch die Pflanzen – und Tierwelt nachhaltig, sowohl in positivem förderndem wie in negativem Sinne bis hin zur Ausrottung. Die Bejagung ist dabei nur eine, aber die am direktesten wirkende Einflussnahme.

Siedlung und Herrschaft vor der Stadtgründung

Die Geschichte der Stadt Bern beginnt gewöhnlich mit der Schilderung der Gründung. Wie sah es aber zuvor im Berner Raum aus, welche Kräfte waren bestimmend und was lässt sich über das Gefüge von Herrschaft und Siedlung und seine Charakteristika aussagen?

Daniel Gutscher

Abb. 28
Die Burg Oberwangen bei Köniz bestand nach Ausweis von Pfennigen der Fraumünsterabtei in Zürich bereits in der Mitte des 11. Jahrhunderts und wurde vermutlich 1298 von den Bernern zerstört. Bei Ausgrabungen 1935 kam eine Bronzescheibenfibel des späten 10. oder 11. Jahrhunderts mit Emaileinlage und Adlerbild zum Vorschein. Gewandschliessen waren damals das wichtigste Schmuckstück der Damen und wohlhabenden Männer.

Siedlungsstrukturen

Überblickt man den Siedlungsraum um Bern, so zeigt sich, dass vor der Stadtgründung die ländlichen Siedlungszentren alle bereits vorhanden sind (Abb. 30). Wie oben bereits dargelegt, erfolgte die Gründung der Stadt Bern inmitten einer ausgeprägten Kulturlandschaft (→ S. 25).

Der Blick auf den Kirchenbau auf der Landschaft (→ S. 350) macht deutlich, dass die Herausbildung der Pfarreien bereits in der Karolingerzeit im Wesentlichen zum Abschluss gebracht worden ist. Das zeigte sich bei allen Dorfkirchen, welche in den vergangenen Jahrzehnten archäologisch untersucht wurden: Ihre Gründungsbauten sind allesamt vor die erste Jahrtausendwende zu datieren, ihre Gründungsdaten widerspiegeln frühmittelalterliche Landnahme und hochmittelalterlichen Landesausbau. Von der Theorie der Mutter- und Tochterkirchen ist Abstand zu nehmen.

Einzig die Stadtgründungen scheinen hier eine Ausnahme darzustellen, sofern es sich nicht um Erhebungen bereits bestehender Orte handelt, wie dies für Thun oder Biel zutrifft. Als Neugründungen entstanden Bern im Pfarrsprengel von Köniz, Nidau im Sprengel von Aegerten/Bürglen, Burgdorf im Sprengel von Oberburg und Unterseen im Sprengel von Interlaken.

Die urkundlichen Erstnennungen der Siedlungen im Umfeld Berns widerspiegeln überall da, wo auch – häufig zufällig durch Not- und Rettungsgrabungen gewonnene – archäologische Erkenntnisse vorliegen, nicht die Gründungszeit, sondern einzig das Eintreten dieser Orte in die Schriftlichkeit, was teilweise erst nach jahrhundertlangem Bestand geschah. Auf Grund ihrer früh- bis hochmittelalterlichen Gräberfelder oder nachgewiesenen Einzelbestattungen weiss man, dass die Dörfer von Bäriswil, Belp, Boll, Bolligen, Bümpliz, Frauenkappe-

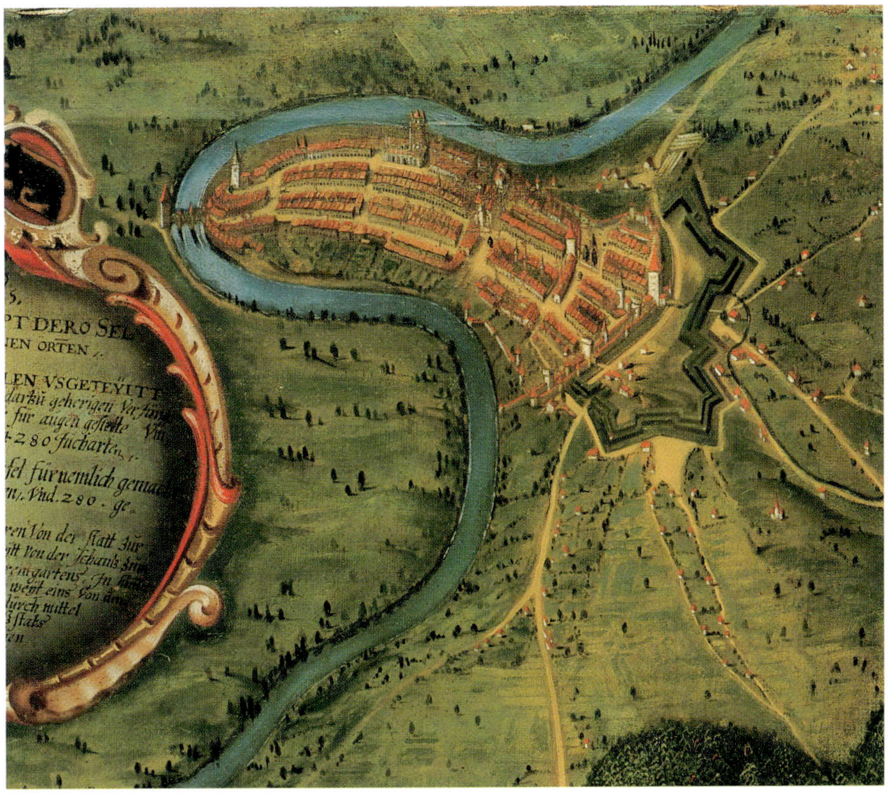

Abb. 29
Noch im 17. Jahrhundert unterscheidet sich die dicht bebaute Stadt entschieden vom locker, entlang der Ausfallstrassen besiedelten Umland. Das ganze Gebiet ist gerodet, der Wald zurückgedrängt. Ansicht der Stadt Bern mit Umgebung von Norden von Joseph Plepp, 1623; BHM Inv. Nr. 807.

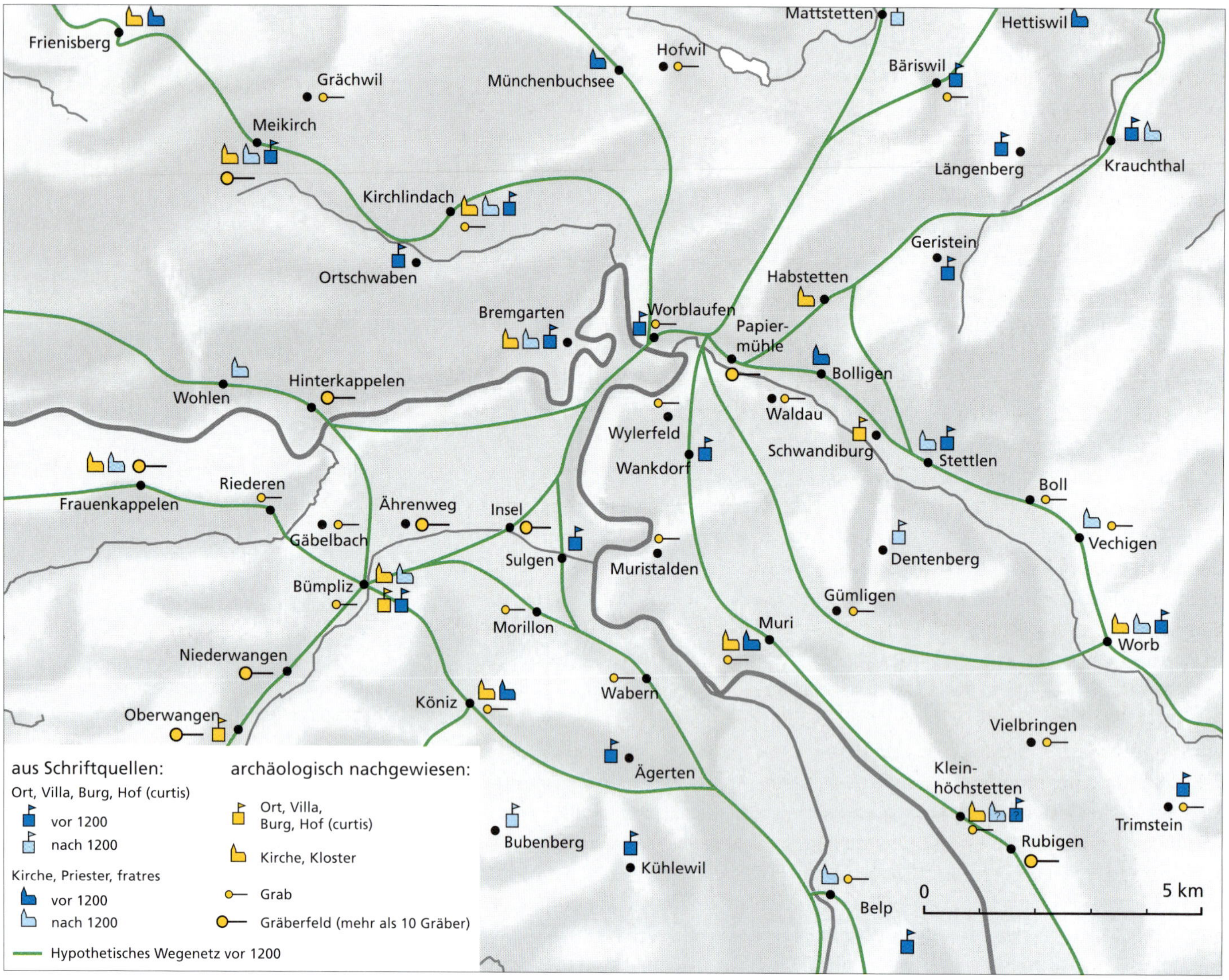

Abb. 30
Besiedlung der Region Bern während des Früh- und Hochmittelalters im Spiegel der historischen und archäologischen Quellen.

len, Gasel, Grächwil, Gümligen, Hinterkappelen, Hofwil, Ittigen, Kirchlindach, Köniz, Meikirch, Muri, Ober- und Niederwangen, Riedern, Rubigen, Trimstein, Vechigen, Vielbringen, Wabern, und Worblaufen im 12. Jahrhundert längst bestanden. Auch im Bereich des heutigen Gäbelbachs, des Inselareales, des Muristalden und des Wylerfeldes zeugen Bestattungen von einer frühen Besiedlung (Abb. 30).

Die ergrabenen Befunde in den Pfarrkirchen von Bremgarten, Bümpliz, Frauenkappelen, Habstetten, Kirchlindach, Kleinhöchstetten, Köniz, Meikirch, Münsingen, Muri und Worb zeigen ein Bestehen dieser Dörfer zumeist schon vor dem 12. Jahrhundert an.[1] Auf Grund der schriftlichen Nennungen besteht die Kirche von Münchenbuchsee sicher im 12. Jahrhundert. Sehr wahrscheinlich haben auch die Siedlungen Belp, Bolligen, Stettlen, Vechigen und Wohlen au Grund der Nennung 1275 eine Kirche hohen Alters.[2]

Über die Form dieser Siedlungen wissen wir wenig Genaues. Der heutige Erkenntnisstand lässt an weiträumig gerodete Nutzungsflächen rund um die dörflichen Siedlungen denken, welche grossflächige Waldabschnitte von einander trennten. Im heutigen Siedlungsgebiet vermögen die grossen Waldflächen von Forst, Bremgartenwald, Könizbergwald, Gurtenwald oder Grauholz noch einen vergleichbaren Eindruck der Ausdehnung der mittelalterlichen Gehölze zu hinterlassen (Abb. 29). Der archäologische Nachweis zusammenhängender Hausgrundrisse oder Siedlungsplätze ist nur bei grösseren Flächengrabungen möglich und diese sind selten, weil die Dorfgemeinschaften stets am selben Ort gesiedelt haben und die Erneuerung ihrer Bauten ältere Spuren zumeist getilgt haben (→ S. 371).

Herrschaftsstrukturen

Wie aus den vorangegangenen Kapiteln deutlich wurde, gehörten die Zähringer zu den Familien, welche die Berner Region seit dem späten 11. Jahrhundert entscheidend prägten. Im Folgenden steht nicht ihre reichspolitische Bedeutung, sondern ihr Wirken vor Ort im Vordergrund.

Ihre Herrschaft äusserte sich in ihrer wiederholten Anwesenheit, der Rechtsprechung, der Durchsetzung von Ansprüchen auch mit kriegerischen Mitteln, dem Einziehen von Abgaben, der Gründung von Städten, dem Bau oder der Erweiterung von Burgen und der Förderung von Klöstern. Dazu wurden Versammlungen einberufen. Die dabei anwesenden burgundischen Grossen bezeichnen nicht nur den Kreis derer, die von den Rechtsgeschäften betroffen waren oder Kenntnis haben wollten oder sollten, sondern sie spiegeln auch den Einfluss der Herzöge. Vergegenwärtigt man sich die Lage der Siedlungen und Burgen, die den Namen der Adligen als Herkunftsbezeichnungen beigegeben sind, so wird der geographische Raum deutlich, den die Zähringer politisch dominierten und der auch wirtschaftlich zusammengehörte.

Die Adligen und Ministerialen, die als Gefolgsleute gewonnen werden konnten und auch die, die wohl grössere Distanz wahrten, sollen hier vorgestellt werden. Besonders wiederholt auftretende Personen dürfen zum Gefolge gerechnet werden. Darüber hinaus reflektiert die Reihenfolge der Namenslisten in den Urkunden die Rangabstufung der Anwesenden. Gegen Ende des 12. Jahrhunderts erscheinen ausserdem Gruppenbezeichnungen, die eine Zuordnung zu einzelnen Herren ermöglichen.

Für diese Betrachtung ist der Blick auf das ganze 12. Jahrhundert hilfreich, da zum einen aus der Zeit um 1190 wenig überliefert ist. Zum anderen gewinnt man so Einblick in die Dauer und die Regelmässigkeit der Verbindungen der Herrschaftsträger. Auskunft über diese Bindungen geben uns überwiegend original oder als Abschriften überlieferte Urkunden, in denen Schenkungen, Belehnungen, Schlichtungen und anderes mehr schriftlich fixiert wurde. Verfasst wurden sie fast alle im Auftrag von Päpsten, Bischöfen und Geistlichen, von Kaisern, Königen, zähringischen Herzögen und Neuenburger Herren. Eigenzeugnisse, etwa selbst ausgestellte und besiegelte Urkunden von den Grossen der Region sind mit einer Ausnahme (Abb. 36) erst seit dem 13. Jahrhundert überliefert.

Der hier interessierende Raum umfasst das Gebiet zwischen Jura und Berner Oberland, reicht im Südwesten bis Estavayer und im Nordosten etwa bis Olten. Das Emmental gehört ebenfalls dazu (Abb. 31). Das nördlich der Aare liegende Gebiet entspricht etwa der Ausdehnung des Archidiakonates Burgund des Bistums Konstanz. Dessen Grenze zum Bistum Lausanne verläuft entlang der Aare mitten durch den Berner Raum. Die Ausbildung der Bistums- und Pfarreigrenzen war in der zweiten Hälfte des 12. Jahrhunderts weitgehend abgeschlossen, wie die detaillierte Beschreibung des Konstanzer Bistums aus dem Jahr 1155 zeigt.[3] Das Gebiet der nachmaligen Stadt liegt an der Grenze zwischen beiden Bistümern. Es gehörte bis 1276 zur Pfarrei Köniz im – 1228 erstmals so bezeichneten – Diakonat Bern.[4]

Die Zähringer und ihr Hausgut im Burgund

Die Rechte der zähringischen Herzöge im Burgund setzten sich aus sehr unterschiedlichen Einzelrechten zusammen. Vor allem im Raum rechts der Aare verfügten sie über ererbten Besitz, sogenanntes Haus- oder Eigengut (→ S. 28).

Bertold II. konnte 1090 den Bruder seiner Gemahlin Agnes, Bertold von Rheinfelden, beerben. Die bedeutende Stellung von dessen Vater Rudolf zwischen Jura und Alpen belegen mehrere zeitgenössische Aussagen. Er war Gegenkönig im so genannten Investiturstreit und wurde als «Herzog der Burgunder» oder «von Burgund» bezeichnet. Seine Position dürfte auf seiner Verwandtschaft zu den burgundischen Königen basieren. Die umfangreichen Gebiete, die er im Kernland des burgundischen Königshauses besass, wurden ihm von Kaiser Heinrich IV. 1079 entzogen und dem Bistum Lausanne übertragen. Ebenfalls zum Eigengut gehörte der Hof (Herzogen-)Buchsee mit den Kirchen Buchsee,

Seeberg und Huttwil, den Rudolfs Tochter Agnes 1093 an das zähringische Hauskloster St. Peter im Schwarzwald schenkte.[5] Sehr wahrscheinlich zum Rheinfelder Erbe gehörten der erstmals im Jahr 1175 Burgdorf genannte Platz, den Bertold V. um 1200 als Residenz und Stadt ausbauen liess, und der Hof Münsingen, der um das Jahr 1000 dem Pfalzgrafen Kuno übertragen wurde. Kuno könnte der Grossvater Rudolfs von Rheinfelden gewesen sein.[6] Die einzige Nennung des Ortes aus zähringischer Zeit bietet die Zeugenliste eines Gerichtstages 1146, auf dem der Priester Werner von Münsingen anwesend war (Abb. 36).[7] Der Hof gehörte im Juni 1218 zur Heiratsausstattung des Hartmann von Kiburg und es wird angenommen, der Vater Ulrich von Kiburg sei durch die Beerbung seines Schwagers, Bertolds V. von Zähringen, in dessen Besitz gekommen.[8]

Eine Erweiterung des Hausgutes erreichte Herzog Konrad im Jahr 1127. Er konnte sich mit seinem Anspruch, den Sohn seiner Schwester, den Grafen Wilhelm IV. von Burgund zu beerben, gegen Graf Rainald III. von Burgund durchsetzen. Dies gelang ihm allem Anschein nach aber nur auf unserer Seite des Jura. Auf diese Weise dürfte unter anderem die Burg Oltigen am Zusammenfluss von Aare und Saane in zähringischen Besitz gelangt sein. Diese war durch die Ehe zwischen der Erbtochter des Grafen Kuno von Oltingen Regina und Rainald II. von Burgund in der zweiten Hälfte des 11. Jahrhunderts den Grafen von Burgund zugefallen.[9] Der 1107 bei der Übertragung der St. Petersinsel an Cluny anwesende Fulmar der Kastellanei Oltingen dürfte in den Diensten des Grafen gestanden haben.[10] Obwohl man erwarten würde, dass die an einem strategisch wichtigen Ort stehende Burg für die Herzöge einen Stützpunkt bildete, gibt es keine Nachrichten, die dies belegen. Sie war zwar zwischen 1192 und 1196 Ausstellungsort einer Schenkung des Kuno, Sohn des Herren Kuno von Oltingen,[11] doch eine Beteiligung der Herzöge bei diesem Ereignis ist nicht festzustellen und weder der Stifter noch sein Vater sind überhaupt im Umfeld der Rektoren nachweisbar. Der einzige unter den genannten Zeugen, der dem zähringischen Umfeld zuzurechnen ist, ist *Hendricus* von Laupen. Der schon erwähnte Ehevertrag zwischen Hartmann von Kiburg und Margaretha von Savoyen führt die Burg als dem Hartmann zugewiesenes Gut wiederum auf.[12] Welche Güter und Rechte im Einzelnen zu dieser Burg und zum übrigen burgundischen Erbe gehörten, ist kaum bekannt und kartographisch nur näherungsweise darstellbar, doch darf der Umfang als beträchtlich eingeschätzt werden (Abb. 8).

Die Zähringer als Rektoren des Burgund

Wohl zu der Zeit, als Herzog Konrad das burgundische Erbe antrat, übertrug ihm König Lothar III. den *Principatus Burgundiae*, das heisst die Wahrnehmung der Reichsrechte im Königreich Burgund während seiner Abwesenheit. Mit der Benennung «Rektor von Burgund» sollte er als Ausführender des Auftrages bezeichnet werden. Die Herzöge versuchten von Anfang an, den Begriff zu einem Titel zu formen und damit an die Familie zu binden.[13] Das sog. Rektorat wurde zwischen Kaiser Friedrich Barbarossa und Herzog Bertold IV. vertraglich ausgestaltet. Direkt fassbar ist die Regalieninvestitur der Bischöfe von Lausanne, Sitten und Genf. Diese erhielt Bertold zugesichert, nachdem der Kaiser 1156 die burgundische Erbtochter Beatrix geheiratet hatte und damit die Regentschaft der westlich des Jura liegenden Teile Burgunds an sich zog. Der Anspruch, den Kandidaten durch Einweisung in die mit dem Bischofsamt verbundenen weltlichen Rechte massgeblich mit zu bestimmen, konnte aber anscheinend nur im Bistum Lausanne durchgesetzt werden (→ S. 28).Von dem 1156 bereits im Amt befindlichen Bischof Amadeus liess Bertold IV. sich wohl zur Mitte des folgenden Jahres die Regalieninvestitur zusagen. Differenzen zwischen dem gegen 1160 eingesetzten Nachfolger Landrich von Durnach und dem Zähringer in der Frage der Investitur sind nicht überliefert. Als der Herzog allerdings seinen Einfluss auf das Bistum durch den Kauf der Hochvogtei noch verstärkte, protestierte der Bischof, jedoch vergebens. Der 1178 von Papst Alexander III. eingesetzte Roger von Vico Pisano dürfte ebenfalls vom Herzog investiert worden sein, obwohl er beim Kaiser dagegen interveniert hatte.[14] Durch die Investitur war der Bischof zu Gastung, Hoffahrt, Heerfolge und auch

→ Abb. 31
Die Karte zeigt die Herrschaftsträger in der Region Bern im 12. Jahrhundert: Adlige, Ministerialen, Bürger und geistliche Gemeinschaften.

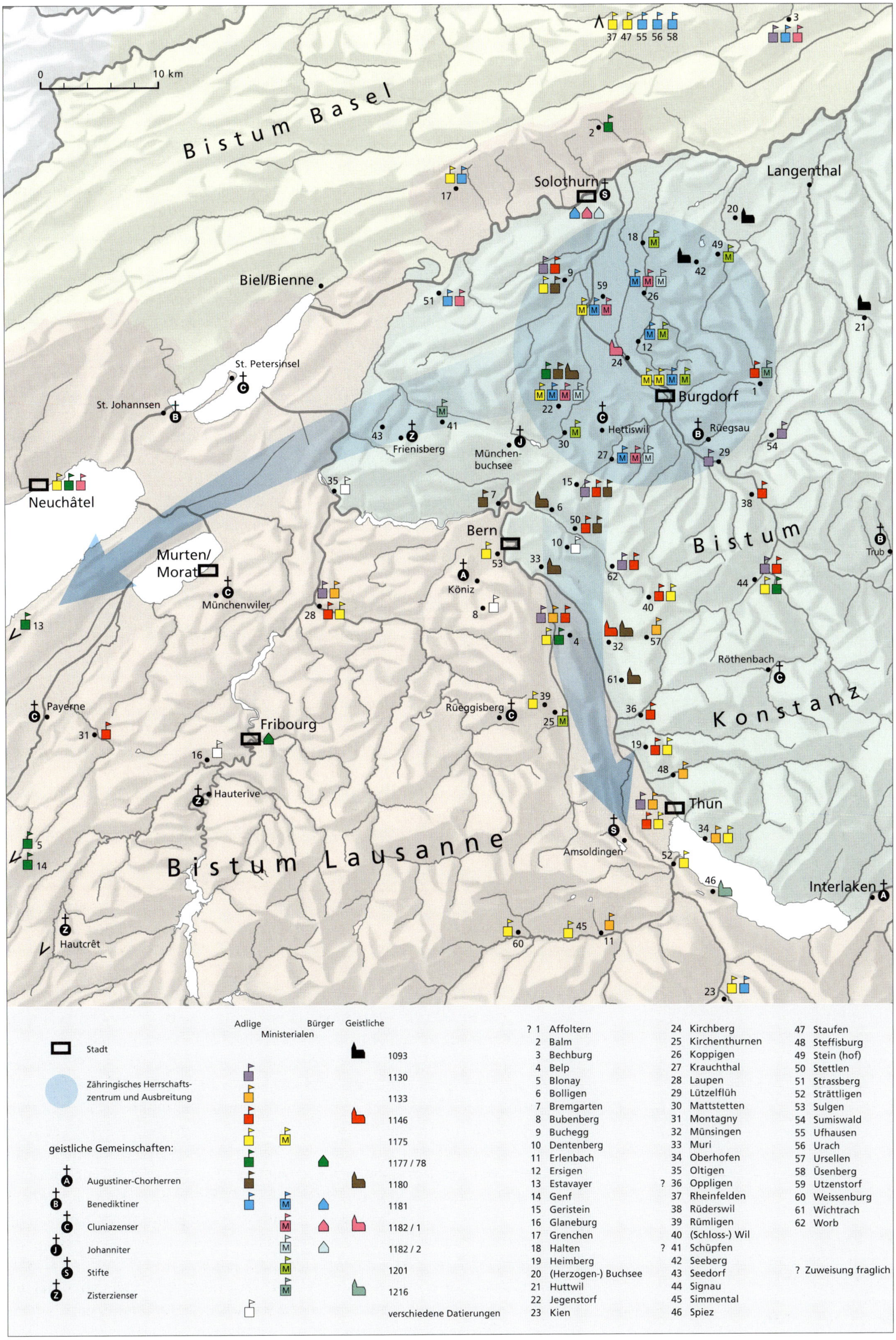
0
10 km
Bistum Basel
37 47 55 56 58
3
2
17
Solothurn
Langenthal
20
18
49
42
Biel/Bienne
9
59
26
51
21
12
St. Petersinsel
24
1
Burgdorf
22
St. Johannsen
41
Hettiswil
Rüegsau
43
Frienisberg
Münchenbuchsee
30
27
29
54
Neuchâtel
35
15
38
7
6
Bern
50
10
Bistum Konstanz
Trub
Murten/
Morat
53
33
62
Köniz
44
Münchenwiler
28
8
40
4
32
57
13
Röthenbach
61
Payerne
39
Rüeggisberg
25
36
31
Fribourg
19
16
48
Hauterive
Thun
Amsoldingen
34
5
14
Bistum Lausanne
52
46
Interlaken
Hautcrêt
60
45
11
23
Stadt
Zähringisches Herrschaftszentrum und Ausbreitung
geistliche Gemeinschaften:
Augustiner-Chorherren
Benediktiner
Cluniazenser
Johanniter
Stifte
Zisterzienser
Adlige
Ministerialen
Bürger
Geistliche
1093
1130
1133
1146
1175
1177 / 78
1180
1181
1182 / 1
1182 / 2
1201
1216
verschiedene Datierungen
? 1 Affoltern
2 Balm
3 Bechburg
4 Belp
5 Blonay
6 Bolligen
7 Bremgarten
8 Bubenberg
9 Buchegg
10 Dentenberg
11 Erlenbach
12 Ersigen
13 Estavayer
14 Genf
15 Geristein
16 Glaneburg
17 Grenchen
18 Halten
19 Heimberg
20 (Herzogen-) Buchsee
21 Huttwil
22 Jegenstorf
23 Kien
24 Kirchberg
25 Kirchenthurnen
26 Koppigen
27 Krauchthal
28 Laupen
29 Lützelflüh
30 Mattstetten
31 Montagny
32 Münsingen
33 Muri
34 Oberhofen
35 Oltigen
? 36 Oppligen
37 Rheinfelden
38 Rüderswil
39 Rümligen
40 (Schloss-) Wil
? 41 Schüpfen
42 Seeberg
43 Seedorf
44 Signau
45 Simmental
46 Spiez
47 Staufen
48 Steffisburg
49 Stein (hof)
50 Stettlen
51 Strassberg
52 Strättligen
53 Sulgen
54 Sumiswald
55 Uhausen
56 Urach
57 Ursellen
58 Üsenberg
59 Utzenstorf
60 Weissenburg
61 Wichtrach
62 Worb
? Zuweisung fraglich

zur Treue verpflichtet. So weit wir wissen, haben Bertold IV. und auch sein Sohn ihren Anspruch auf angemessenen Empfang und Bewirtung wahrgenommen. Sie sind wohl beide feierlich in Lausanne eingezogen, wobei das Zeremoniell dem des Königsadventus nachgebildet war.[15]

Von den Rechten, mit denen der Rektor im Einzelnen ausgestattet war, ist meist nur indirekt, aus den Privilegierungen geistlicher Einrichtungen zu erfahren. So sollte die bei Nichtbeachtung der königlichen, das Kloster Trub betreffenden Entscheidungen zu zahlende Busse zu einem Teil der Rektor erhalten.[16] In dem wohl 1165 für das Kloster Hautcrêt ausgestellten Mandat gewährte Bertold IV. als *dux et rector Burgundie* seinen Schutz. Für die Mönche war der Herzog der Vertreter der höchsten weltlichen Instanz. Von ihm dürften sie sich Beistand erhofft haben in der Zeit des päpstlichen Schismas (1159–1177) und dem Konflikt zwischen Friedrich Barbarossa und dem Zisterzienserorden.[17]
Ausgesprochen deutlich wird die Rolle des Rektors in den Formulierungen zur Verfügung über das Reichsgut. Der König hatte zwar das Recht über neu in Nutzung genommene Gebiete, die Verfügungsrechte lagen aber beim Rektor, der Übertragungen zustimmen musste oder das Gut zuvor zurückgab, wie etwa die 1146 von König Konrad III. getätigte Schenkung von Gebieten im Grindel- und Iseltwald an das Augustiner-Chorherrenstift Interlaken zeigt. Ausserdem wurde ihm ein Mitspracherecht bei Konflikten zwischen den Brüdern und dem Vogt des Klosters eingeräumt.[18] Umgekehrt stellt sich die Frage, ob der Rektor bei der Verfügung über Reichsgut die Einwilligung des Königs benötigte. Eine Zustimmung zur Gründung der auf Reichsgut liegenden Städte Bern und Murten ist nicht zu belegen, und in einem Fall wissen wir von der Verleihung eines Reichslehens an einen Dienstmann, anscheinend ohne Mitwirkung des Königs: Immo von Dentenberg erhielt die Berner Mühlen als Entschädigung für den Bau des Stadtbaches (→ S. 88).[19]
Eher am Rand des betrachteten Raumes liegt Solothurn. Diese Stadt hatte in der Tradition als Vorort der burgundischen Könige auch für die Zähringer Bedeutung (→ S. 170). Von Bertolds IV. Tätigkeit als Rektor – wohl in der Stadt selbst – legen drei Urkunden der Jahre 1181/82 Zeugnis ab. Vielleicht residierte er im Vorgänger des Riedholzturmes, dem 1990/91 ergrabenen, 1338 erstmals genannten Nideggturm an der höchsten Stelle der Altstadt.[20] Von den namentlich bekannten Chorherren des St. Ursenstiftes stammen Aimo von Gerenstein, Werner von Utzenstorf und Kuno von Krauchthal aus Familien des engeren Gefolges der Herzöge.[21]
Über verschiedene Plätze, die aus nachzähringischer Zeit als Reichsgut zu identifizieren sind, schweigen die Quellen des 12. Jahrhunderts gänzlich. Dazu gehören in Berns nächster Umgebung auch die 1016 und 1025 als Ausstellungsort von Urkunden König Rudolfs III. bezeugte *curtis* von Bümpliz (→ S. 123) und das Augustiner-Chorherrenstift von Köniz, das 1226/27 zugunsten des Deutschen Ordens aufgehoben wurde.[22]

Das 12. Jahrhundert ist auch in unserer Region durch die Gründung mehrerer Zisterzienserklöster gekennzeichnet. Soweit die Quellen darüber Auskunft geben, sind die Herzöge nirgends direkt beteiligt, es scheint jedoch Zeiten der Förderung durch Stiftungen oder Begünstigungen gegeben zu haben. Als Stellvertreter des Königs nahm der Herzog gegenüber den Zisterziensern eine besondere Stellung ein, da deren Klöster ausser dem König keinen weltlichen Vogt anerkannten.
Frienisberg wurde wohl 1131 von Graf Udelhard von Saugern, genannt von Seedorf, gegründet und von dem in der Nähe der Stammburg gelegenen Kloster Lützel aus besiedelt. Die erste nachweisbare Erweiterung der Ausstattung fand 1146 auf dem Gerichtstag in Worb statt, an dem Herzog Konrad offensichtlich die Kontrolle über die Angelegenheiten des Klosters wahrnahm.[23] Als Hinweis auf eine zeitweilig enge Beziehung des Frienisberger Konventes zu den Herzögen darf die mehrfache Nennung des Rektors in der Datierung vermutlich im Kloster ausgestellter Urkunden gewertet werden, die sonst so nicht zu beobachten ist.[24] Die Hintergründe der Überlieferung, nach der Abt Hesso 1161 mit

den Mönchen das Kloster verliess und nördlich von Freiburg i. Br. die Zisterze Tennenbach besiedelte, bleiben dunkel, weil nicht klar wird, ob eine Gemeinschaft mit einem anderen Abt weiterbestand. In Herzog Bertold IV. den Initianten der Neugründung im Breisgau zu sehen, liegt eigentlich nahe. 1216 vermittelt Herzog Bertold V. persönlich zwischen dem Konvent und dem Ritter Kuno von Pfeit.[25] Direkte Beziehungen zwischen den Grafen von Saugern und den Rektoren sind bislang nicht nachweisbar, die Grafen treten in keinem burgundischen Rechtsgeschäft als Zeugen in Erscheinung.

Auch an den Gründungen der Zisterzienserklöster Hautcrêt durch den Bischof von Lausanne und Hauterive durch Wilhelm von Glâne in den 1130er Jahren waren die Rektoren wohl nicht beteiligt. Erst um die Mitte des Jahrhunderts setzt eine aktive Förderung ein, was mit der gezielten Nutzung der Rektoratsrechte zusammenhängen dürfte. So weit wir sehen, konnte so der Einfluss des Grafen Amadeus von Genf, der ebenfalls das Erbe der Grafen von Burgund beanspruchte und dem Herzog Konrad 1132 eine militärische Niederlage beibrachte, auf Hauterive und die umgebende Region zurückgedrängt werden.[26] 1157 befreite Bertold IV. die Brüder Hauterives von der Zahlung aller Abgaben und erliess die Verfügung für alle anderen, weder Wegegeld noch Marktzoll von ihnen zu verlangen. Es darf ein enger Zusammenhang mit der Gründung der Stadt Freiburg i. Ü. vermutet werden, auch wenn der Markt nicht eigens genannt wird, denn auch das Stadthaus der Zisterze wurde von allen Abgaben ausgenommen. Im Gegenzug forderte der Herzog wie auch an anderen Orten möglicherweise Gastungsleistungen.[27]

Das Kloster Hautcrêt wurde 1157 in gleicher Weise begünstigt. Die Motive Bertolds liegen im Dunkeln, sie sind wohl nicht in gleicher Weise wirtschaftlicher Natur. Auf die Lage Hautcrêts an einer Art Grenze zwischen den Einflusssphären weist der 1211 im Kloster abgeschlossene Vertrag zur Beendigung der Kämpfe zwischen Bertold V. und Thomas von Savoyen um die Vorherrschaft im Waadtland hin (→ S. 28).[28]

Die erste Niederlassung der Johanniter und die erste eines Ritterordens in der Region überhaupt wurde 1180 von Kuno von Buchsee ins Leben gerufen. Der Herzog scheint sich nicht beteiligt zu haben, jedoch dürfen die fünf namentlich genannten weltlichen Zeugen, vielleicht auch Burchard von Bremgarten und sein Sohn, zum zähringischen Gefolge gerechnet werden. Auch in der Folge sind Hinweise auf Kontakte des Rektors zur Kommende nicht belegt, obwohl die Johanniter – wie die Zisterzienser – Vogtfreiheit und königliche *defensio* in Anspruch nehmen durften.[29]

Die Beziehungen der Herzöge zum regionalen Adel

Ein wesentliches Instrument zur Ausübung von Herrschaft bildete die Vogtei, das heisst die Vertretung geistlicher Institutionen in weltlichen Angelegenheiten, vor allem vor Gericht. Durch die Vergabe an Gefolgsleute wollten die Zähringer den langfristigen Einfluss auf diese Einrichtungen sicherstellen und ausserdem die Adligen der Region als Lehnsträger an sich binden. Im Folgenden sollen die Familien vorgestellt werden, deren Mitglieder nachweislich oder vermutlich als Klostervögte für die Herzöge Dienst taten.

Der erste Vertreter einer Familie von Gerenstein mit dem Namen Imer begegnet 1130 als Zeuge der Privilegierung des Klosters Trub am kaiserlichen Hof.[30] Der Stammsitz der Familie befindet sich am alten Weg von Burgdorf über Krauchthal in das untere Worbletal im Bistum Konstanz (Abb. 31 und 33). Auf dem Gerichtstag Herzog Konrads in Worb 1146 sind Otto und Hupold von *Geristein* anwesend.[31] Wie sie mit Imer verwandt waren, ist nicht bekannt. 1157 wurde *Emmo de Garesten* in den genannten Privilegierungen der Klöster Hauterive und Hautcrêt als *advocatus Lausannensis*, als Vogt der Lausanner Kirche bezeichnet. Diese Privilegierungen werden im Zusammenhang mit einem vermutlich im gleichen Jahr entstandenen Vertrag zwischen Herzog Bertold IV. und Bischof Amadeus gesehen.[32] Von einer Regelung der Vogtei ist allerdings nichts zu erfahren. Ob Emmo von Gerenstein vom Herzog bei diesem Anlass eingesetzt wurde, muss offen bleiben. Auch die Inhaber dieses Amtes aus der 1. Hälfte

Abb. 32
Auf dem Bächigut in Hilterfingen wurde 1862 eine Scheibenfibel mit Emailverzierung gefunden. Vergleichbare Fibeln mit der Darstellung des Agnus Dei kommen vor allem in Gräbern in Slowenien, Kärnten und Friaul vor. Die Hilterfinger Fibel ist nach diesen Vergleichen etwas jünger als die Adlerfibeln und datiert in die zweite Hälfte des 11. oder ins frühe 12. Jahrhundert.

Abb. 33
Luftbild der Burg Geristein. Sie war der Stammsitz eines Geschlechtes, das seit der Mitte des 12. Jahrhunderts im Umkreis der Zähringer anzutreffen ist.

des 12. Jahrhunderts sind nicht bekannt. Das Einverständnis des Bischofs darf vorausgesetzt werden, denn die explizite Amtsbezeichnung in den beiden Urkunden von 1157, in denen er selbst die Zeugenreihe anführt, wäre sonst nicht denkbar. Kontakte zwischen den Gerensteinern und dem Bistum sind aber bereits deutlich früher belegt. 1139 sind Emmo und sein Bruder Lupold Zeugen in Avenches in einer bischöflichen Besitzbestätigung für das Kloster Hauterive. Und die Beziehungen umfassten über die Zeugenschaft und die Hochvogtei hinaus weitere Lehen.[33]
Hatte der Herzog seinen Einfluss in der Diözese um die Mitte des 12. Jahrhunderts durch seinen Gefolgsmann gesichert, so zeichnet sich einige Zeit später eine Umorientierung ab. Zwischen 1160 und 1178 kaufte Herzog Bertold IV. von den Nachkommen des Emmo, Otto und W., die Vogtei.[34] Der Kauf erfolgte gegen den Willen des Bischofs Landrich und widersprach auch dem Eid, den der Herzog seinem Vorgänger geleistet hatte. Danach gibt es keine Nachrichten mehr über direkte Kontakte zwischen den Gerensteinern und den Zähringern. Aber Otto von Gerenstein erscheint 1180 als Zeuge in der Schenkung des Kuno von Buchsee an die Johanniter und ein Heimo von Gerenstein ist zwischen 1208 und 1227 in Solothurn als Chorherr nachweisbar.[35] Vermutlich ist er identisch mit dem 1224 genannten Lausanner Domkanoniker. Die Übertragung eines bischöflichen Lehens 1228 an Heinrich von Gerenstein deutet darauf hin, dass die Familie auch nach dem Jahr 1190 in der Gegend ansässig war.[36]

Sehr weit zurück in eine Zeit ohne zähringische Präsenz können die Herren von Rümligen im Gürbetal verfolgt werden. Lütold von Rümligen schenkte 1070 oder 1071 die Kirche Rüeggisberg zur Errichtung eines Klosters an die Abtei Cluny (Abb. 35). Der Einfluss auf das sich entwickelnde Priorat und die mit dem Ausbau verbundene Rodungstätigkeit scheint für die Beherrschung des Berner Raumes von entscheidender Bedeutung gewesen zu sein, denn der schwäbische Herzog Rudolf von Rheinfelden und sein Sohn Bertold waren an der Schenkung beteiligt.[37] An die Rolle der Rheinfelder suchten die zähringischen Herzöge anzuknüpfen. Deutlich zeigte Herzog Bertold IV. dies durch die 1175 beurkundete Schenkung an das Priorat (Abb. 34). Die 24 namentlich genannten Anwesenden stammten aus dem gesamten betrachteten Raum, aber auch der Marschall Gottfried von Staufen aus dem Breisgau und der Truchsess Werner von Rheinfelden waren anwesend (Abb. 31). Man darf vermuten, dass Bertold einen Hoftag abgehalten hat, vielleicht in Rüeggisberg selbst. Auch sein Sohn knüpfte wohl an diese Tradition an, indem er – in seiner Funktion als Rektor von Burgund – das Priorat in seinen Schutz nahm und Abt Hugo von Cluny um die Einsetzung eines geeigneten Priors aus der Region bat.[38] Unter den Zeugen von 1175 begegnet der ziemlich sicher zur Familie der Stifter gehörende Lütold von Rümligen als Vogt von Rüeggisberg. Das Amt lag bis in das 14. Jahrhundert in den Händen dieser Familie.[39] Beziehungen zu den zähringischen Herzögen können jedoch auch vor dem Hoftag belegt werden: Ein Lütold von Rümligen war in den 1130er Jahren bei einem Verkauf Herzog Konrads an St. Peter zugegen.[40]

Über den längsten Zeitraum lassen sich in dichter Folge die Verbindungen zwischen den Zähringern und den Herren von Belp verfolgen. Vermutlich bewohnten sie die Hohburg am Nordende des Belpberges. Sie gehörten schon zum Gefolge der burgundischen Grafen, wie die Anwesenheit des Ulrich von Belp um 1107 in Salins zeigt.[41] 1111 waren Ulrich und sein Sohn Rudolf im Kloster St. Peter im Schwarzwald beim Begräbnis Bertolds II. von Zähringen anwesend und wohl zwischen 1122 und 1132 bezeugten Ulrich von Belp und seine Söhne Konrad und Burkhard Güterübertragungen des Herzogs an dieses Kloster.[42] Ein weiteres Zeichen für enge Kontakte zwischen beiden Familien ist die Anwesenheit Burkards von Belp auf dem Hoftag Kaiser Lothars III. 1130 wohl in Strassburg, auf dem auch der Zähringer sich aufhielt. Die erste dokumentierte Begegnung im Berner Raum fand auf dem Gerichtstag 1146 in Worb statt, auf dem die Brüder Rudolf und Konrad von Belp anwesend waren. Vermutlich derselbe Konrad von Belp und sein Sohn Rudolf und ein Burchard von Belp

Abb. 34
Die Urkunde von 1175 belegt eine Schenkung des Herzogs Bertold IV. von Zähringen und seines Sohnes in Gegenwart der Grossen Burgunds an das Kloster Rüeggisberg. Der Name des Herzogs erscheint in der zweiten Zeile, die Auflistung der in Abb. 1421 lokalisierten Zeugen nimmt die gesamte zweite Hälfte ein; Staatsarchiv Freiburg i. Ü. Rüeggisberg 1.

bezeugten die Schenkung des Herzogs an Rüeggisberg, wobei Konrad und Rudolf an herausragender, dritter Stelle der Zeugenreihe direkt nach dem Lausanner Bischof und dem Bruder der Herzogs aufgeführt werden, noch vor dem Herren von Neuenburg.[43]
Von dem 1146 genannten Konrad von Belp wurde vermerkt, er sei Besitzer der Burg Montenach. Plausibel scheint die Annahme, der Zähringer habe die Errichtung dieser Burg einige Zeit zuvor veranlasst und sie dem Belper als Gefolgsmann übertragen. Sie stand an einer strategisch wichtigen Stelle zur Kontrolle der Durchgangsstrasse östlich von Payerne.[44] Möglicherweise besteht ein Zusammenhang mit der Auseinandersetzung des Jahres 1132 zwischen dem Herzog und Graf Amadeus von Genf an diesem Ort (→ S. 28).[45] Die Nähe zu Payerne lenkt den Blick auf die Frage nach der Art der Beziehungen der Herren von Belp und Montenach zu diesem Ort. Als Vögte des dortigen Cluniazenserpriorates können Aimo und Wilhelm von Montenach zwar erst nach dem

Abb. 35
Heutige Ansicht von Rüeggisberg mit der Klosterruine links im Bild. Im 11. Jahrhundert ging die damals schon bestehende Kirche als Schenkung an die Abtei Cluny. Das sich entwickelnde Priorat und die mit dem Ausbau verbundene Rodungstätigkeit scheint für die Beherrschung des Berner Raumes von entscheidender Bedeutung gewesen zu sein.

Tod Bertolds V. 1220 belegt werden. Sie versicherten aber mit Erfolg, ihnen stehe die Vogtei *iure hereditatio*, nach dem Erbrecht zu.[46] Hinweise auf das Alter dieses Rechtes gibt es allerdings nicht. Immerhin war Rudolf von Montenach 1177/78 Zeuge eines Ausgleichs zwischen Herzog Bertold IV. und dem Priorat. In der Reihe der neun namentlich genannten Zeugen erscheint er an sechster Stelle, allerdings ohne weitere Kennzeichnung, die eine besondere Stellung gegenüber dem Kloster anzeigen würde.[47]
Über die Rolle der Familie in den Aufständen der burgundischen Grossen gegen den Herzog in den Jahren 1190/91 gibt es keine zeitgenössischen Aussagen. Eintragungen im Schenkungsbuch des Klosters Hauterive bezeugen jedenfalls die Anwesenheit Rudolfs bei zwei Schenkungen zwischen 1190 und 1198 und somit die Handlungsfähigkeit in seiner Herrschaft.[48] Auch die Herren von Gerenstein sind, wie gezeigt, in dieser Zeit präsent. Nach den Aufständen scheint es keine Vertreibungen von zuvor Vertrauten des Herzogs gegeben zu haben, wie dies unter anderem aus einer Nachricht des späten 13. Jahrhunderts abgeleitet wurde, nach der sich ein Herr von Belp in den Aargau habe flüchten müssen. Die Inschrift am Burgdorfer Tor berichtet in der uns überlieferten Form nicht davon und die Inschrift von Breisach dürfte sich auf ein späteres Ereignis beziehen (→ S. 28).[49]

Im Westen grenzt das Herrschaftsgebiet der Herren von Neuenburg an den Berner Raum (→ S. 132). Der von ca. 1090 bis 1103/07 amtierende Bischof von Lausanne Kuno, Sohn des Ulrich von Fenis, gründete um 1100 das von St. Blasien aus besiedelte Kloster St. Johann zu Erlach.[50] Beziehungen des Herzogs zu der Abtei könnten mittelbar über den Vogt, den Neuenburger, bestanden haben. Rudolf I. von Neuenburg erscheint 1146 auch als Vogt des bald nach 1080 gegründeten Cluniazenserpriorates Münchenwiler.[51] In der dieser Gemeinschaft zugeschriebenen Namensliste zum Gedenken der Toten findet sich zum 8. Januar der Eintrag Herzog Konrads von Zähringen. Er dürfte auf eine Stiftung von ihm oder seinem Sohn Bertold IV. zurückgehen, die vielleicht durch den Vogt vermittelt wurde. Deutlicher werden die Beziehungen der Neuenburger zu den Zähringern mit Ulrich von Neuenburg. Er war 1175 und 1181/82 dreimal Zeuge in Urkunden Bertolds IV., in denen Vergabungen an Rüeggisberg und das St.-Ursus-Stift in Solothurn und die Rückgabe von Gütern an Payerne festgehalten wurden.[52] Nach der im Jahre 1180gewählten Formulierung des Bischofs von Lausanne war er dem Herzog als Lehnsmann verpflichtet.[53] Ihm dürfte eine grafengleiche Stellung zugekommen sein, er wird in zwei Zeugenlisten mit dem Titel *dominus* vor anwesenden Grafen aufgeführt. Sein Sohn gleichen Namens tritt 1196 erstmals als Graf auf. Unbekannt ist die Rolle, die Herzog Bertold V. bei der Rangerhöhung wohl gespielt hat.

Die Nennung der Grafen von Kiburg (→ S. 122) als Vögte des Cluniazenserpriorates auf der St. Petersinsel im Jahr 1242 ist sehr spät und kann höchstens als Indiz dafür gewertet werden, dass die Herzöge von Zähringen vor ihnen dieses Amt besassen.[54] Von Kontakten zu der Gemeinschaft, die das Totengedenken der von den Zähringern beerbten Grafen von Burgund pflegte, ist bisher nichts bekannt. Auch von Beziehungen der Rektoren zu dem 1107 gegründeten, in nächster Nähe zur zähringischen Residenz Burgdorf liegenden Cluniazenserpriorat Hettiswil ist nichts überliefert. Ob Thüring von Lützelflüh, der Gründer des Klosters Trub, Gefolgsmann Herzog Konrads war, kann nur vermutet werden. Sie sind um 1130 auf dem Hoftag in Strassburg zusammengetroffen. Aus späterer Zeit sind keine Verbindungen zwischen Kloster und Rektoren bekannt.[55] Und ebenso bleibt das Verhältnis zum 1148 erstmals erwähnten Cluniazenserpriorat Röthenbach, welches wie Trub im Zusammenhang mit dem Landesausbau des oberen Emmentals stehen dürfte, im Dunkeln.[56]

Graf Peter von Buchegg ist kurz nach dem Tod Bertolds V. im Februar 1218 als Vogt des St.-Ursus-Stifts von Solothurn belegt. Auf dem kaiserlichen Hoftag 1130 und 1175 begegnen seine Vorfahren Hugo und Arnold im Umfeld der Zähringer. Ob sie die Vogtei schon im 12. Jahrhundert ausübten oder die Herzöge selbst, ist umstritten.[57] Auffälligerweise traten sie 1181/2 in den Interventionen Herzog Bertolds V. für das Stift nicht auf.

Als Stifter der Augustiner-Chorherrenpropstei Interlaken tritt ein Seliger von Oberhofen 1133 in das Licht der Geschichte.[58] Nach Zeugenaussagen des frühen 14. Jahrhunderts hatte Seliger zwei Brüder, von denen einer mit Namen Libo das Stift Amsoldingen beschenkte.[59] Der 1175 als Zeuge der Schenkung Herzog Bertolds IV. auftretende Werner von Oberhofen wird als weiterer Bruder angesehen.[60] Denkbar ist auf Grund des grossen zeitlichen Abstandes zur Stiftung des Seliger aber auch, dass dieser Werner der Sohn eines der drei Brüder ist. Möglicherweise ist er mit den Herren von Thun verwandt. In der Zeugenliste von 1175 trägt er zusammen mit dem nach ihm aufgeführten Burkhard die Herkunftsbezeichnung «von Thun». Werners einzige Tochter Ita ehelichte Walter II. von Eschenbach-Schnabelburg. Dessen Vater wird wegen wiederholter Auftritte als Zeuge in Urkunden der Herzöge und seiner Ehe mit Adelheid von Schwarzenberg, der Tochter des Waldkircher Vogtes Konrad von Schwarzenberg, als zähringischer Gefolgsmann angesehen. Auch der Name von Walters II. Bruder, Bertold, wird auf herzoglichen Einfluss zurückgeführt.[61] Die Verbindung zwischen Ita und Walter ist ein deutlicher Hinweis, auch den Oberhofer zu den zähringischen Gefolgsleuten zu rechnen, dienten doch Heiraten der Intensivierung der Beziehungen dieser Familien untereinander.
Von den Inhabern der Interlaker Vogtei ist aus der Zeit der zähringischen Herrschaft nichts bekannt. 1223 erklärt Walter II. von Eschenbach, sie allein durch die Verleihung von Kaiser Friedrich II. innezuhaben. Diese Einschränkung gibt der Überlegung Raum, ob Walter das Amt auf Grund anderer Rechte, etwa in der Nachfolge seines Schwiegervaters, beanspruchte, ob sich die Vogtei mithin im 12. Jahrhundert mit Billigung der Rektoren in der Hand der Stifterfamilie befunden hat und die in den kaiserlichen Privilegien wiederholt zugesicherte freie Vogtwahl nur eingeschränkt Anwendung fand.[62]

Weitere Adlige im zähringischen Umfeld
Eine Reihe von Familien des Berner Raumes ohne für uns erkennbaren, institutionalisierten Bezug zu geistlichen Gemeinschaften dürfen ebenfalls zum zähringischen Umfeld gerechnet werden. Im Zusammenhang mit zwei der stiftisch solothurnischen Angelegenheiten traten die Grafen von Bechburg mit Stammsitz bei Holderbank im Jura auf. Stärker als ihre Bindungen an die Herzöge scheinen aber diejenigen nach Basel gewesen zu sein. Sie können mehrfach im Umfeld des Bischofs nachgewiesen werden und gehörten zu den Förderern des Klosters St. Alban.[63]
Wie die Herren von Belp traten auch die Grafen von Laupen bereits im Gefolge der burgundischen Grafen auf (Abb. 31).[64] Sie nannten sich nach der Burg (?) an der Sense direkt vor der Einmündung in die Saane. Sie erscheinen vom frühen bis zum späteren 12. Jahrhundert in herzoglicher Nähe: Lupold und sein

Sohn Rudolf bezeugten 1130 die Privilegierung des Klosters Trub.[65] Nach den geistlichen und weltlichen Grossen des Reiches sind sie vor einer ganzen Reihe von anderen burgundischen Adligen genannt. Ein Hupold (=? Lupold) von Laupen bezeugte zusammen mit Lütold von Rümligen und den Herren von Belp wohl kurze Zeit später den Verkauf von herzoglichen Gütern an das zähringische Hauskloster.[66] 1133 war Graf Hupold wohl ein zweites Mal mit einem Udelhard im Gefolge Herzog Konrads am kaiserlichen Hof in Basel, sie bezeugten die Schirmgewährung Lothars III. für das Stift Interlaken.[67] Udelhard und Lupold führen wiederum die Reihe der burgundischen Vertreter an. Auch die Schenkung Herzog Bertolds IV. 1175 bezeugten Graf Hupold und sein Bruder Ulrich von Laupen. Sie stehen an fünfter Stelle in der Reihe der Zeugen nach den Belpern und den Grafen von Neuenburg. Zwischen 1192 und 1196 trat der schon erwähnte *Hendricus de Loyes* (= Laupen) als Zeuge auf.[68] Im direkten Umfeld Bertolds V. ist kein Herr von Laupen nachweisbar.

Bereits erwähnt wurde die mögliche Verwandtschaft der Herren von Oberhofen mit den Herren von Thun. Werner und zwei seiner Brüder bezeugten 1130 die Privilegierung des Klosters Trub. Drei Jahre später waren Ulrich von Thun und sein Bruder Werner in Basel. Sie führen eine Reihe von Zeugen an, die mit dem auffälligen Hinweis auf ihren Stand *de equestri ordine,* vom ritterlichen Stand, zusammengefasst wurden.[69]

Werner von Thun war 1146 in Worb anwesend und Burkhard bezeugte die Schenkung an Rüeggisberg.[70] Diese über Generationen anhaltenden Beziehungen zu den Herzögen und Rektoren ähneln, soweit die Überlieferung hier Einblick gewährt, denen anderer Adliger der Region. Aus späterer Quelle haben wir aber Kunde von einer Begebenheit, die in dieser Art von keiner anderen Familie überliefert ist. In einem 1250 beigelegten Streit um Besitzungen in Thun wird bemerkt, die Herren von Thun hätten Herzog Bertold Burg und Stadt frei und willentlich übertragen. Allgemein wird dieser Vorgang im Zusammenhang mit der Niederschlagung der Aufstände der burgundischen Grossen gesehen und in die Jahre 1190–1200 datiert.[71] Es stellt sich damit die Frage, ob die Übertragung tatsächlich so freiwillig erfolgte. Zum einen neigt man dazu, hinter der Betonung des freien Willens genau das Gegenteil, nämlich Zwang, zu vermuten und zum anderen liegen zwischen dem Ereignis und der erwähnten Schlichtung mehr als eine Generation. Die Motivation der Zähringer, den Ort am Ende des Sees zu erwerben, ist leicht nachzuvollziehen, war doch von hier aus die Kontrolle über das Oberland und den wichtigsten Transportweg der Region, die Aare, möglich. Auf dem Sporn über dem Fluss liess sich ein geeignetes Zeichen der Herrschaft demonstrativ und weithin sichtbar platzieren, der um 1200 errichtete Donjon (→ S. 327).

Ob der Verkauf im Zusammenhang mit den Aufständen zu sehen ist und eventuell durch eine Parteinahme der Herren von Thun gegen Herzog Bertold V. ausgelöst wurde, ist nicht sicher zu entscheiden.[72] Der Umstand, dass die Herren von Thun – nach der Aussage der viel später ergangenen Schlichtung – die veräusserte Herrschaft vom Herzog wieder zu Lehen empfingen, spricht allerdings für ein anhaltendes Vertrauensverhältnis. Die in den 1220er Jahren erfolgte Übertragung des Kirchensatzes von Sigriswil durch Burkhard und seinen Bruder Heinrich, Bischof von Basel, an die Propstei Interlaken und die Ergänzung mit der Vogtei 1232 durch Burkhard, der sich *miles* von Unspunnen nennt, zeugt von nicht geringem Einfluss der Familie am oberen Thunersee.[73] Zwar stammen diese Zeugnisse aus der Zeit nach dem Tod Herzog Bertolds V., doch ist diese Position ohne Kontinuität aus zähringischer Zeit kaum denkbar.

Die Herren von Heimberg dürften sich nach dem wenige Kilometer nördlich von Thun gelegenen Ort benannt haben. Es gibt keine archäologischen Hinweise auf ihren Stammsitz. Auf dem Gerichtstag in Worb 1146 war Burkhard von Heimberg anwesend, 1175 Heinrich, Werner, Burkhard und seine Söhne.[74] Es wird vermutet, dass sie mit den Herren von Thun verwandt sind.

Regelmässig in der zähringischen Umgebung bewegten sich die Herren von Signau. 1130 war Werner am kaiserlichen Hoftag und 1146 in Worb. Die Übertragung eines von Werner zurückgegebenen und für das Kloster Frienisberg bestimmten Gutes an die Söhne Herzog Konrads bezeugten Ulrich und Burk-

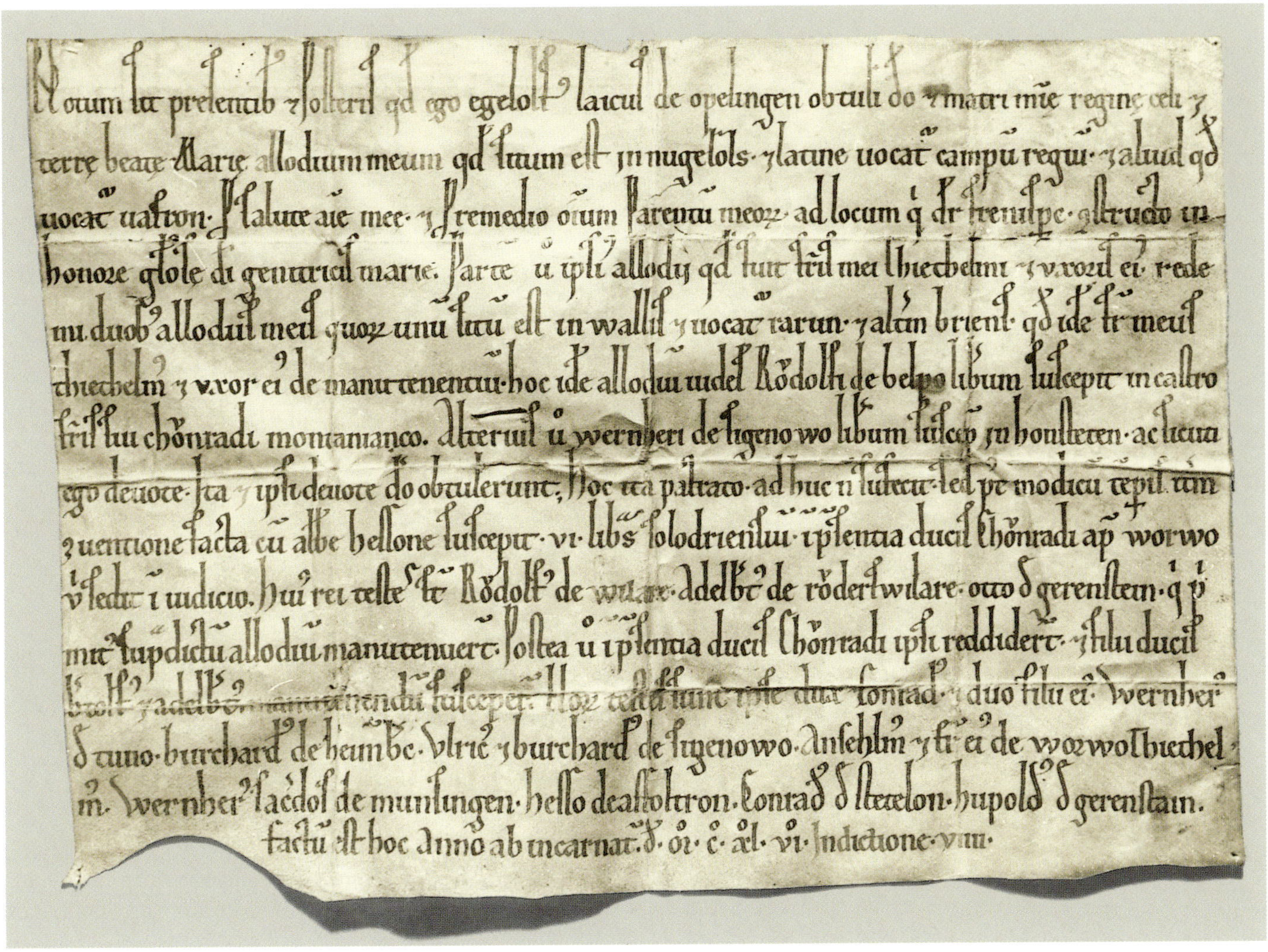

hard von Signau. 1175 war erneut ein Werner von Signau Zeuge für die Schenkung an Rüeggisberg und auch drei Jahre später trat wohl derselbe Werner in einem Ausgleich zwischen Herzog Bertold IV. und dem Kloster Payerne auf.[75] Mitglieder einer Reihe weiterer Familien aus dem Berner Raum, die im Gefolge der Herzöge als Zeugen auftraten, sind nur ein oder zwei Mal nachweisbar. Die auf den Hoftagen Kaiser Lothars Anwesenden können dem Herzog lediglich durch ihre Herkunft zugeordnet werden. Wahrscheinlich begleiteten Walfrid von Sumiswald und Diethelm und seine zwei Brüder von Worb Herzog Konrad im Jahr 1130. In Basel drei Jahre später waren Ulrich und Konstantin von Erlenbach und Egilolf von Steffisburg unter den Zeugen *de equestri ordine*.

Abb. 36
In einer Urkunde aus dem Jahr 1146 geht es um die Schenkung des Laien Egilolf von Opelingen an das Kloster Frienisberg, deren genaue Bedingungen auf dem Hoftag des Herzogs Konrad von Burgund in Worb schriftlich niedergelegt wurden. Die genannten Personen sind in Abb. 1421 lokalisiert; SAB, Stadt A Nr. 1.

Die Zähringischen Versammlungen

Wie eingangs betont, gewähren die Versammlung der Adligen einen guten Überblick über das Einflussgebiet der Herzöge, so auch der Gerichtstag des Jahres 1146. Neben den oben bereits Genannten waren Anselm und sein Bruder von Worb, Rudolf von Wiler (= Schlosswil), Hesso von Affoltern, Konrad von Stettlen, die nur bei diesem Anlass nachweisbaren Egilolf und Diethelm von *Opelingen* und Adalbert von Rüderswil im Emmental in Worb versammelt.[76] Dieser Ort schien für eine Demonstration der Herrschaft ideal und lag annähernd im Zentrum des Einzugsgebietes der Teilnehmer (Abb. 31).

Die Herkunft des als Schenker an Frienisberg auftretenden Egilolf von *Opelingen* (Abb. 36) ist umstritten, für eine Zuordnung des Namens zum Ort Oppligen zwischen Thun und Bern sprechen die Treuhänder aus der näheren Umgebung, Rudolf von Wiler, Adalbert von Rüderswil und Otto von Gerenstein, die damit zu den Vertrauten Egilolfs gehören. Letztlich kann die Frage, welches Opelingen gemeint ist, aber nicht beantwortet werden, und es scheint auch nicht von Bedeutung, denn verschiedene Geschlechter des Berner Raumes hatten um 1200 auch Besitz in Uri und auch Egilolf könnte zu diesen gehört haben.[77] Deutlich ausgeweitet in das Aaretal, das Oberland und das untere Emmental

Suse Baeriswyl

Der Aufstieg der unfreien *Ministerialen* in den Ritterstand

Als Ministerialen wurden im Mittelalter Personen überwiegend unfreier Herkunft bezeichnet, die in persönlicher Nähe und enger Dienstbindung zu einem Herrn standen und denen von diesem Herrn bestimmte Aufgaben im politischen, wirtschaftlichen und militärischen Bereich übertragen waren. Die Ministerialität als Rechtsform und Institution ist eine Besonderheit des Deutschen Reiches einschliesslich des Grenzraumes von Lothringen und Flandern; sie hat den Wandel der Gesellschaft vom 11.–14. Jahrhundert entscheidend mitgestaltet.
Ihren Aufstieg verdankte die Ministerialität dem Interesse der kirchlichen und weltlichen Grossen, zur Ausübung und Verdichtung der Herrschaft qualifizierte und verlässliche Gefolgsleute zu gewinnen, die auf Grund ihrer persönlichen Abhängigkeit besser zu kontrollieren schienen als die adligen und freien Lehnsträger. Im Laufe des 11. Jahrhunderts ist die Herausbildung eines Ministerialenstandes zu beobachten, zuerst auf der Ebene der Reichskirche. In einem frühen, im Sinn einer Regelung der Bindungen entstandenen Dienstrecht des Wormser Bischofs Burchard (1025/35) wird eine Gruppe aus der *familia* dieses Bischofs besonders herausgehoben. Nach dem Bamberger Dienstrecht von 1061/63 erhielten die Ministerialen gerichtliche und verwaltungstechnische Aufgaben als *villici* (Meier), und ihnen wurden gehobene Hofämter wie Truchsess, Schenk, Kämmerer, Marschall und Jägermeister übertragen. Für diese Aufgaben wurden sie mit einem erblichen Lehen ausgestattet, wodurch sie sich den übrigen Vasallen annäherten. Bereits im 11. Jh. konnten sie für sich eine eigene Gerichtsbarkeit in Anspruch nehmen. Aus der Gruppe der Unfreien hoben sie sich durch diesen gesonderten Rechts- und Sozialstatus und durch die Befreiung von der Leistung persönlicher Abgaben hervor. Im Hinblick auf das eingeschränkte Verfügungsrecht über Besitz, die Form des Lehens als rücknehmbares Dienstlehen und die Eheschliessung standen sie allerdings den Unfreien wiederum nahe. Im 13. Jahrhundert kam es zur weitgehenden Aufhebung der Unfreiheit zuerst der gehobenen Ministerialen und damit zu einer Angleichung an den Adel durch 1) die Zugehörigkeit zum Rittertum; 2) die Eheschliessung mit freien Frauen; 3) die Erlangung von hohen geistlichen Würden; 4) die Übertragung echter (vasallitischer) Lehen und nicht zuletzt 5) die Übernahme von für die Ministerialen typischen Aufgaben durch Edelfreie aus Karrieregründen.
Nach 1300 verschwindet der Ausdruck Ministerialen und wird weitgehend abgelöst durch den niederadeligen Gruppenbegriff Ritter und Knechte, während sich gleichzeitig der «alte» Adel gegenüber diesem «neuen» Adel durch die Betonung seiner Freiheit abgrenzte. Die Ausübung der Herrschaft wurde seit dem späten 13. Jahrhundert – im Südwesten des Reiches zuerst von den Habsburgern – durch den Einsatz von absetzbaren Amtsleuten und eine Einteilung der Herrschaftsgebiete in Ämter auf eine neue Basis gestellt.
Literatur: Schulz, Ministerialität

hatte sich der Teilnehmerkreis des Hoftages des Jahres 1175 (Abb. 34).[78] Der am weitesten aus dem Norden angereiste Teilnehmer war Hesso von Grenchen. Rudolf von Wiler war neben den oben Genannten wiederum anwesend, aus dem Oberland kamen die Herren Burkhard, Ulrich und Rudolf von Simmental, Wilhelm, sein Neffe Ulrich und Rudolf von Weissenburg (im unteren Simmental), Heinrich von Strättligen und Heinrich von Kien.
Durch den Vergleich der Teilnehmerlisten der verschiedenen Versammlungen wird zweierlei deutlich. Zum einen stammten die Zeugen in der Regel aus der Umgebung des Versammlungsortes; so auch 1181/82 in den Urkunden für das Stift in Solothurn, in denen Hesso von Grenchen, Ulrich von Strassberg oder Heinrich von Kirchberg, Chorherr des Stiftes, aufgeführt sind.[79] Zum anderen entsprach nicht nur die Zahl der Zeugen, sondern auch ihre soziale und geographische Herkunft der Bedeutung einer Übereinkunft. So fand die Belehnung Ulrichs von Neuenburg mit Gütern des St.-Ursus-Stiftes in Anwesenheit der Brüder des Herzogs und mehrerer Breisgauer Adliger statt. Und dem Ausgleich zwischen dem Herzog und dem Priorat Payerne 1177/78 wohnten unter anderen Graf Amadeus von Genf, Walcher von Blonay, Kuno von Stäffis (= Estavayer) und Otto von Balm bei.

Die Ministerialen oder die familia des Herzogs

Die Untersuchung der einzelnen Adelsgeschlechter hat gezeigt, wie sich im späteren 12. Jahrhundert im Kreis der Zeugen ein Wandel abzeichnet. Viele von ihnen sind im Gefolge Bertolds V. gar nicht mehr nachweisbar, obwohl sie weiterhin in der Region gelebt haben dürften. Anscheinend hat weder die Lage ihres Stammsitzes noch die Dauer der Beziehungen einen Einfluss. Schon in der Schenkung an Rüeggisberg von 1175 beschliessen sechs zur *familia ducis* gehörende Männer die Reihe der namentlich genannten Zeugen. Nach Marschall und Truchsess treten Hugo von Jegenstorf, Albert von Thor(berg) bzw. Burgdorf, Anselm der Junge von Burgdorf und Heinrich und seine Söhne Heinrich und Konrad von Utzenstorf auf. Dies wiederholt sich 1181, 1182 und 1201, es treten jeweils mindestens drei als Ministerialen des Herzogs titulierte Zeugen auf. Auf diese neue Gruppe von Gefolgsleuten stützten sich die Herzöge in zunehmendem Mass bei der Ausübung ihrer Herrschaft.
Vergleicht man die Nennungen der Urkunden bis 1182, so ist innerhalb der Gruppe eine deutliche Hierarchie festzustellen. Angeführt wird sie von Hugo

von Jegenstorf, der in vier Nennungen drei Mal an erster und ein Mal an zweiter Stelle geführt wird. Nahezu gleichauf scheint Adalbert von Tore, der ein Mal an erster und ein Mal an zweiter Stelle genannt ist. Heinrich von Krauchthal begegnet zwei Mal an zweiter und ein Mal an dritter Position. Auffällige Schlusslichter sind Rudolf von Koppingen und die Herren von Utzenstorf. Erstere sind zwei Mal auf dem vorletzten und ein Mal auf dem letzten Platz zu finden, letztere beschliessen in drei Urkunden die Reihe der namentlich Genannten. Zur Zeit Bertolds V. erscheinen vier zuvor nicht genannte Ministerialen. Es sind Kuno von Mattstetten, Notker von Halten, Heinrich von Stein und Rudolf von Turnen.[80] Diese Rangfolge dürfte am Hof selbst von Bedeutung gewesen sein. Auf die Rolle, die diesen Familien vor allem in der Städtepolitik zukam, scheint sie keinen Einfluss gehabt zu haben (→ S. 151).
Der Blick auf die Herkunftsorte lässt eine weitere Gemeinsamkeit der Genannten augenfällig werden. Alle bis auf Rudolf von Turnen sind, wenn nicht nach Burgdorf selbst, so nach Orten in der direkten Umgebung benannt. Dies unterstreicht eindrucksvoll die Zentrumsfunktion des zähringischen Vorortes im Burgund zu einer Zeit, da sich Bertold IV. von reichspolitischen Ambitionen ab- und dem Ausbau seiner Herrschaft in der Region um Bern zuwandte.

Armand Baeriswyl

Angebliche präurbane Siedlungen im Stadtgebiet

Die vergleichende Stadtgeschichtsforschung und die Stadtarchäologie haben in den vergangenen Jahrzehnten immer wieder festgestellt, dass angebliche Gründungsstädte des Mittelalters an der Stelle älterer Vorgängersiedlungen entstanden.[1] Auch in der Forschungsliteratur zu Bern ist die Ansicht vorherrschend, die Stadt sei 1191 nicht neu gegründet worden, sondern habe Bezug auf eine so genannte präurbane Besiedlung genommen.

Archäologische Funde auf der Aarehalbinsel

Die Aarehalbinsel lag im Hochmittelalter zwar in einem dicht besiedelten Gebiet (→ S. 59), doch fehlen auf dem Areal der mittelalterlichen Stadt bislang archäologische Funde und Befunde, die in eine Zeit vor dem späten 12. Jahrhundert zu datieren wären und diese Ansicht stützen würden.[2] Alle angeblichen älteren Funde, von denen die Historiker des 18. und 19. Jahrhunderts berichten, sind verschollen und nicht fassbar. Einzige Ausnahme sind vier römische Münzen, die auf dem Altstadtgebiet gefunden wurden. Sie lagen alle in nachmittelalterlichen Aufschüttungen und ihre Herkunft ist somit unbekannt.[3] Die Fundleere vor 1191 kann kaum alleine durch die umfangreichen Veränderungen des Stadtbildes durch die Jahrhunderte – vom Wiederaufbau der Stadt nach der Brandkatastrophe von 1405 bis zur Auskernungswelle des 20. Jahrhunderts – erklärt werden.[4] Städte mit präurbanen Wurzeln weisen durchweg archäologisch nachweisbare Spuren aus der Zeit vor der Stadtentstehung auf; so fanden sich unter anderem in Aarberg, Burgdorf, Nidau, Thun und Unterseen, aber auch in grösseren Städten wie zum Beispiel Solothurn und Zürich zwar nur wenige Kleinfunde, aber nicht zu übersehende Befunde wie Gräberfelder, Kirchengrundrisse, Reste von Befestigungen, Holzpfosten- oder Schwellenbauten sowie Pflugspuren (Abb. 37 und 38).[5]

Verkehrswege und Topographie

Nach einer sehr populären Hypothese habe an der Ostspitze der Aarehalbinsel seit römischer Zeit ein Flussübergang bestanden, der zusammen mit einer über die Halbinsel ziehenden Reichsstrasse eine überregional wichtige Verkehrsachse gebildet habe.[6] Grundsätzlich ist diese Hypothese plausibel, denn am Anfang jeder Stadt stand eine Strasse.[7] Eine Kartierung aller archäologischen Fundpunkte und schriftlichen Nennungen von Orten vor 1200 zeigt aber deutlich, dass das mutmassliche Wegenetz der römischen Epoche, wie dasjenige des Früh-/Hochmittelalters, die Aarehalbinsel nicht berührte; der Aareübergang dieser Region ist auf der Engehalbinsel zu suchen (Abb. 39 und 8).

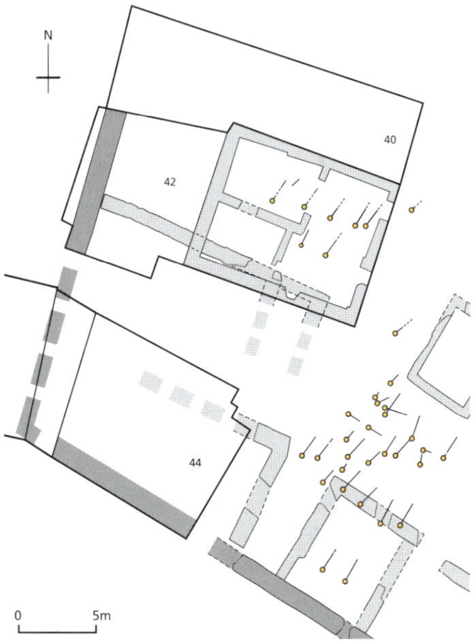

Abb. 37
Die spätmittelalterliche Stadtgründung Unterseen überlagert ein frühmittelalterliches Gräberfeld (nach Regula Glatz, ADB).

Abb. 38
Foto des Gräberfeldes von Unterseen.

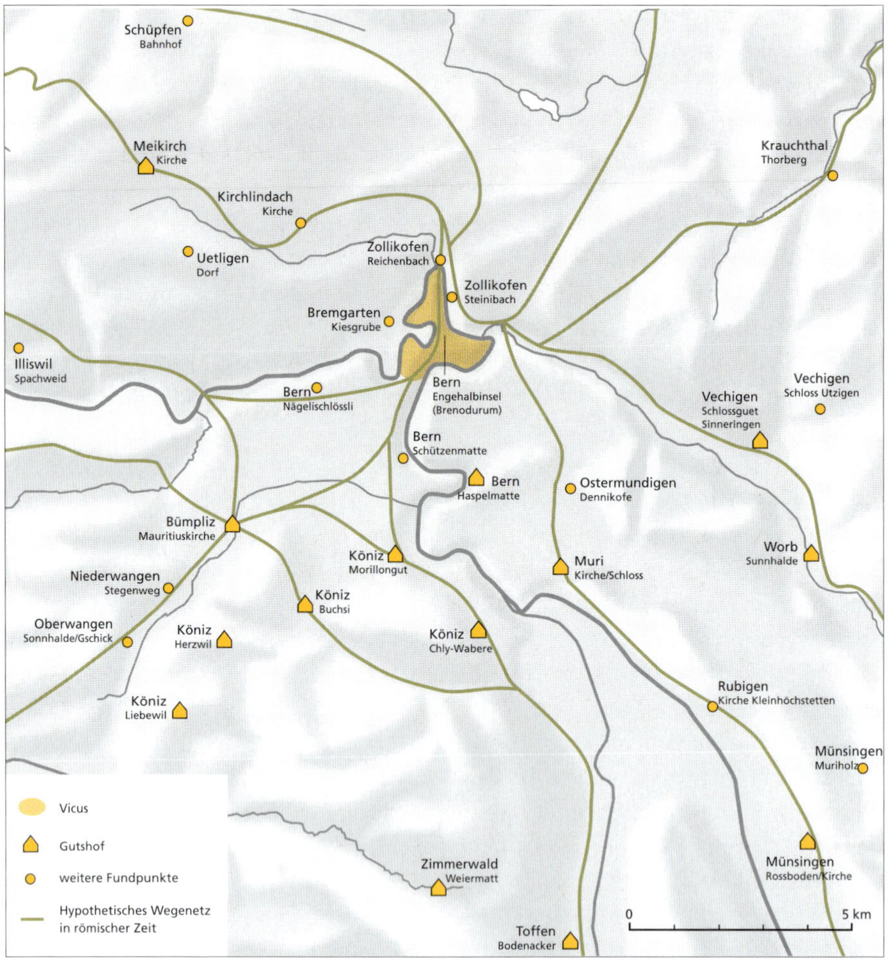

Abb. 39
Karte mit den römischen Fundpunkten und mutmasslichen Strassen in der Region Bern. (Zur Situation im Früh- und Hochmittelalter, Abb. 8)

Ein möglicher Grund dafür ist die Topographie und die Geomorphologie der Aarehalbinsel (→ S. 52). Sie besteht nämlich nicht aus Fels, sondern aus eiszeitlichem Moränenmaterial, und sie ist von einer Reihe Nord-Süd verlaufender Gräben natürlichen Ursprungs durchfurcht, die durch die Arbeit der Aare entstanden sind (Abb. 25). Teilweise entstanden diese Gräben als eigentliche Querschluchten im felsigen Untergrund vielleicht bereits zwischen der Mindel- und Risseiszeit (430 000–240 000 v. Chr.), teilweise aber erst nach dem Rückzug der Gletscher aus dem Alpenvorland um etwa 16 000 v. Chr.[8] Man vermutet, dass die Aare damals Nord-Süd verlief und ihr Bett im Bereich des heutigen Bahnhofsplatzes hatte. Durch konstantes Tieferfressen des Bettes im kiesigen Untergrund war der Fluss im Laufe der Jahrtausende gezwungen, immer mehr nach Osten auszuweichen, bis die heutige Schleife erreicht war. Verschiedene Stationen dieser Verlegung hinterliessen die tiefen Gräben, die die Aarehalbinsel durchfurchen (Abb. 25): Ein erster derartiger Graben liegt im Bereich Bundesrain–Bubenbergplatz,[9] ein zweiter auf der Achse Waisenhausplatz–Bundesplatz[10], ein dritter im Bereich Kornhausplatz–Casinoplatz[11] (Abb. 40 und 42) und ein vierter beim westlichen Ansatz der Nydeggbrücke.[12] Diese Gräben waren im Mittelalter als natürliche Verteidigungslinien sehr nützlich und markieren deshalb nicht zufällig die Ausbauschritte der Stadt (→ S. 93). Abgesehen von diesem militärischen Aspekt bildeten sie aber ein äusserst ungünstiges Gelände und ein Hindernis vor allem für eine Strasse.

Abb. 40
Der Südausgang des zweiten natürlichen Quergrabens der Aarehalbinsel unterhalb des heutigen Casinos, Gerberngraben genannt, war bis im frühen 20. Jahrhundert noch offen. Um den Graben, der Angreifern einen bequemen Aufstieg in die Stadt geboten hätte, zu schützen, wurde er mit einer Hangsperrmauer versehen. Vedute von Matthäus Merian um 1635 (Ausschnitt).

Bern und Brenodor

Auf der Engehalbinsel befand sich in keltischer Zeit ein *oppidum*, das in der römischen Epoche zum *vicus* mit Amphitheater, öffentlichem Bad und ausgedehntem Tempelbezirk wurde. Seit Generationen fragt man sich, ob eine Beziehung zwischen diesem prähistorischen Regionalzentrum und der mittelalterlichen Stadtgründung bestehen könnte.

Der Fund des Zinktäfelchens auf der Engehalbinsel, das den vorher nicht bekannten Namen der Siedlung Brenodor nennt, hat verschiedene Autoren zu neuen Vermutungen angeregt (→ S. 27). So stellte Geneviève Lüscher die Hypothese auf, die Bewohner der Engehalbinsel hätten im 4. Jahrhundert nach Christus ihren Wohnort auf die sicherere Aarehalbinsel verlagert und die Ortsbezeichnung mitgenommen. Damit würde das Zinktäfelchen zum Beleg für eine frühmittelalterliche Siedlung auf der Aarehalbinsel vor der Stadtgründung.[13] Wie aber schon Rudolf Fellmann feststellte, führt ortsnamenskundlich kein direkter Weg von Brenodor zu Bern.[14] Ausserdem ist das nachrömische Schicksal der Siedlung auf der Engehalbinsel völlig ungeklärt, da nur ein verschwindend kleiner Teil archäologisch erforscht ist. So ist völlig offen, ob nicht irgendwo auf diesem Gelände eine Siedlung weiter existierte. Ein Hinweis darauf könnte die im frühen 14. Jahrhundert erstmals erwähnte, aber ältere Kapelle St. Ägidius sein, die sich bis zur Reformation 1528 über den Fundamentresten eines gallo-römischen Tempels erhob (Abb. 41).[15]

Abb. 41
Der gallo-römische Tempel und die über den Ruinen errichtete Ägidienkapelle (letzter Bauzustand des frühen 16. Jahrhunderts). Aquarell der Ausgrabungen von 1878/79, Archiv ADB.

Bern und die Stadtkirche St. Vinzenz

Nach den Aussagen der Schriftquellen ist die Stadtkirche von Bern, das Münster St. Vinzenz, keine alte Pfarrkirche, sondern gehörte ursprünglich zur Pfarrei Köniz (→ S. 389). Hans Strahm postulierte 1935, die Kirche St. Vinzenz sei ursprünglich eine eigenständige frühmittelalterliche Pfarrkirche gewesen und erst nachträglich in Abhängigkeit zu Köniz geraten. Er führte ihre Entstehung wegen ihres Patroziniums auf die fränkische Kirchenmission zurück.[16]

Dafür gibt es aber keine Belege, im Gegenteil: Vinzenz ist aber kein typischer fränkischer Heiliger und schon gar nicht ein besonders früher. Die kirchenrechtliche Situation ist eher ein Beleg für die späte Entstehung des Gotteshauses: Es entstand offenbar erst zu einer Zeit, als das Pfarreisystem und seine Grenzen bereits gefestigt waren, also sicher nach 1000 und war deshalb ursprünglich nur eine abhängige Kapelle, bis man 1276 das Stadtgebiet von der

Abb. 42
Die Ansicht heute zeigt die Fassade des Casino-Parkings, welches 1937 in den letzten offenen Grabenabschnitt gestellt wurde. Die Hangsperrmauer besteht noch.

Abb. 43
Vielleicht ist das in der nächsten, westlich anschliessenden Aareschleife als Bremecart 1180 erstmals erwähnte Dorf Bremgarten eine Nachfolgesiedlung von Brenodurum und der Name Bremgarten eine direkte oder indirekte Übertragung. Zentrum des Dorfes ist eine Burg, Stammsitz der Freiherren von Bremgarten, und eine frühe Pfarrkirche St. Michael, deren Schiff aus dem 10./11. Jahrhunderts stammen soll. Vedute von Albrecht Kauw, BHM Inv. Nr. 26079.

Pfarrei Köniz abtrennte und zur eigenen Pfarrei erhob. Eine solche kirchenrechtliche Situation ist typisch für mittelalterliche Gründungsstädte.[17]

Bern und die Burg Nydegg

Weit verbreitet ist die Idee von der Burg Nydegg als präurbanem Kern der Stadt Bern.[18] Schon der Chronist Justinger spricht von einer bestehenden Burg, bei der die Stadt gegründet worden sei. Dazu wird ein Burgstädtchen am angeblichen Flussübergang angenommen (Abb 44). Auch hier ist festzuhalten, dass die Hypothese an sich sehr plausibel ist, da die Gründung einer Stadt an einer bestehenden Burg mit Burgsiedlung ein weit verbreiteter Normalfall der Stadtgenese ist: Beispiele gibt es viele, im Kanton Bern etwa Laupen, Burgdorf oder Erlach.[19]

Die Nydegg bestand nach den Ergebnissen der archäologischen Untersuchungen aus einem Turm mit südwestlich vorgelagertem Hof und einer umgebenden Ringmauer mit einem breiten Graben. Der Durchmesser der Anlage mass inklusive Graben rund 60 m.[20] Damit ist sie als eine im Vergleich etwa zur Grasburg, zu Laupen oder zu Burgdorf kleinräumige Turmburg zu rekonstruieren. Der Ausgräber Paul Hofer datierte die Anlage auf Grund der Steinbearbeitung der Quader des Eckstrebepfeilers zwischen 1170/80 und 1200. Viele Autoren sind aber der Ansicht, die Nydegg müsse vor 1191 erbaut worden sein, da der Bau der Stadt die Burg entbehrlich mache, ihr Sinn mit der Anlage der Stadt entfiele.[21] Es stellt sich aber die Frage, was denn der Sinn der Nydegg war. Mit ihren eher bescheidenen Dimensionen und ihrer Lage am Flussübergang und am östlichen Stadteingang ist die Burg am wahrscheinlichsten als so genannte Stadtburg zu verstehen.[22] Eine solche Anlage diente dem Vogt oder Schultheissen, dem örtlichen Vertreters des Stadtherrn, als Amtssitz. Sie war Herrschaftsinstrument und Herrschaftssymbol zugleich und schützte die Stadt; viel mehr beherrschte sie sie aber auch. Sie war ein Teil der stadtherrlichen Infrastruktur wie der Richtstuhl und gehörte damit zur Stadt. Der Vergleich mit anderen Stadtburgen zeigt, dass die Gleichzeitigkeit von Burg und Stadt ein weit verbreitetes Phänomen ist. Beispiele sind etwa Biel, Diessenhofen, Freiburg i. Üe., Uerdingen, Marbach/Neckar oder Göttingen. Ein Beispiel für eine Burg, welche gar erst nach der Gründung der Stadt entstand, ist Murten.[23]

Wenn auch der feste Beweis fehlt, so sprechen die verschiedenen zusammengetragenen Fakten doch eine deutliche Sprache: Beim heutigen Stand der Forschung spricht nichts zwingend für eine präurbane Besiedlung der Aarehalbinsel, dafür einiges für einen Siedlungsbeginn im späten 12. Jahrhundert. Festzuhalten bleibt, dass der Begriff «unbesiedelt» nicht die romantische Vorstellung eines unberührten Urwaldes evozieren soll; der Aareraum war damals wie erwähnt eine dicht besiedelte Kulturlandschaft, und es ist wahrscheinlich, dass der Boden der nachmaligen Stadt damals bewirtschaftet, mindestens beweidet wurde (→ S. 28).

Abb. 44
Rekonstruktionsversuch einer vorzähringischen Burg und des zugehörigen Burgstädtchens, um 1850–60. Unbekannter Zeichner, Sammlung von Rodt, BHM.

Andreas Burri

Sprachforschung und Siedlungsgeschichte

Die Namenkunde, eine sprachwissenschaftliche Disziplin, beschäftigt sich mit der Erforschung der Entstehung, Geschichte, geographischen Verbreitung, Bedeutung und Systematik von Namen. Ortsnamen, einerseits die Wälder und Felder, Gewässer und Gebirge bezeichnenden Flurnamen, andererseits die noch beharrlicheren Siedlungsnamen für bewohnte Örtlichkeiten, sind ausgesprochen dauerhafte Gebilde der Sprache. Sie, die in einem bewussten, motivisch ein- und durchsichtigen und oft auch zeitgebundenen Namengebungsakt auf einen bestimmten Ort zugeschnitten wurden, leben als erstarrte Relikte noch in fremd gewordener Umwelt weiter, wenn die namengebende Sprachträgerschicht längst untergegangen ist. So können wir aus den Ortsnamen auf das Vorhandensein von sesshaften Vorbewohnern schliessen, wir vermögen etwas über ihre Sprache auszusagen und gewinnen, wenn das Namenmotiv sich noch erhellen lässt, sogar beschränkte Einblicke in ihre Denk- und Lebensweise. Die zeit-räumliche Fixierung der Namen spiegelt sich in Schichtung und Streuung, in der zeitlichen Staffelung und der räumlichen Verbreitung des Namengutes.

Zur Zeit der Stadtgründung unterschied sich das Gebiet des nachmaligen alten Kantonsteils in siedlungsstruktureller und sprachlicher Hinsicht von den Gegebenheiten des beginnenden 21. Jahrhunderts im Wesentlichen nur noch graduell: Die heutigen Siedlungskerne waren im Grossen und Ganzen – abgesehen etwa von den emmentalischen Schachensiedlungen – besetzt (→ S. 59), Feld und Wald bis in höchste, noch Ertrag verheissende Höhen erschlossen (durch spätere Rodungen erfolgte nur noch eine intensivere Durchdringung des Raumes), und wohl fast überall wurde deutsch gesprochen, und zwar in mittelhochdeutsch-alemannischer Ausprägung.

Das Namenbild in voralemannischer Zeit

Um die Mitte des ersten nachchristlichen Jahrtausends war die Situation eine gänzlich andere. Unsere Gegend war noch keineswegs deutsch(sprachig) geprägt, vielmehr, nach über 400 Jahren römischer Herrschaft, durchgehend romanisiert. Die alteinsässige festlandkeltische (oder gallische) Grundbevölkerung hatte sich auch sprachlich ins System der politisch und kulturell führenden Schicht einfügen müssen, und Sprachliches, mithin auch die Namen, konnte nur in romanisch adaptierter Form den Zeitenlauf überdauern.

Vordeutsche Ortsnamen

Auf das Gallische, die erste fest einer Sprachträgerschicht zuweisbare Einzelsprache unseres Gebiets, sind zwei auch siedlungsgeschichtlich auswertbare

	Siedlungsraum	Haupttypen
1	alter, voralemannischer, das heisst galloromanischer Siedlungsraum	allgemein: vordeutsche, das heisst vorrömische, galloromanische Siedlungsnamen; Haupttypen von bestimmter arealer Verbreitung, gallische dūnon/dūnum-Namen, gallische -duron/-durum-Namen, galloromanische -ācum-Namen
2	ältester alemannischer Siedlungsraum (älteres Frühmittelalter, 5./6. Jahrhundert)	Haupttypus -ingen-Namen der alten mittelländischen Schicht (ohne jüngere -ingen-Namen in den Voralpen und Alpen); ältere Schicht der -dorf-Namen (zeitlich nicht sicher abgrenzbar)
3	erster Ausbauraum des älteren Frühmittelalters (spätes 6./7./8. Jahrhundert)	Haupttypus -inghofen > -ighofen > -ikofen; weitere, zeitlich nicht sicher abgrenzbare Typen wie -husen, -stetten, -büren
4	zweiter Ausbauraum des späteren Frühmittelalters (8. bis 11. Jahrhundert)	-wil-Namen
5	dritter Ausbauraum des späten Frühmittelalters, des Hoch- und Spätmittelalters	allgemein: alemannische Rodungsnamen (wie Rüti, Schwendi, Sangen), sekundäre Siedlungsnamen (aus Flurnamen), Burgennamen

Abb. 45
Das Verhältnis von Siedlungsraum und Namentypen in der spätantiken und mittelalterlichen westlichen Deutschschweiz (nach Sonderegger, Ortsnamen, S. 86).

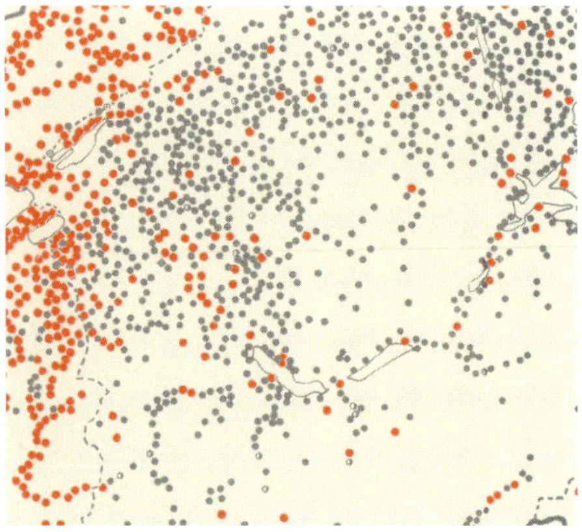

• *vorgermanisch* • *germanisch-deutsch.*

Abb. 46
Vordeutsche Siedlungsnamen zeugen für den Siedlungsraum vor der alemannischen Landnahme: Tieferes, ebenes Mittelland, Aaretal bis zu den Alpenrandseen, grössere alpine Haupt- und Seitentäler.

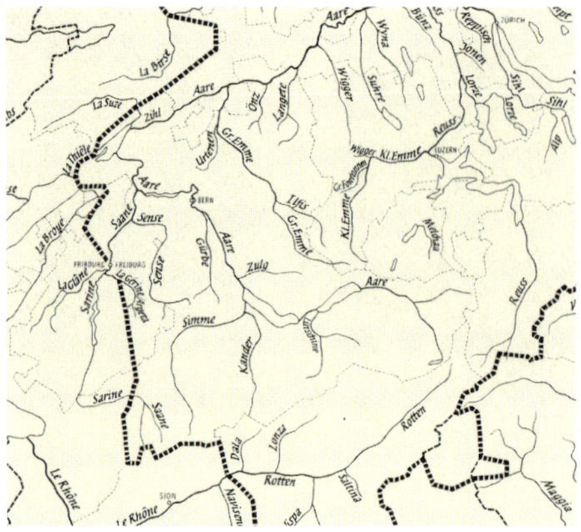

Abb. 47
Die wichtigeren vordeutschen Flussnamen. Auch verhältnismässig kleine Fliessgewässer tragen Namen vordeutschen Ursprungs.

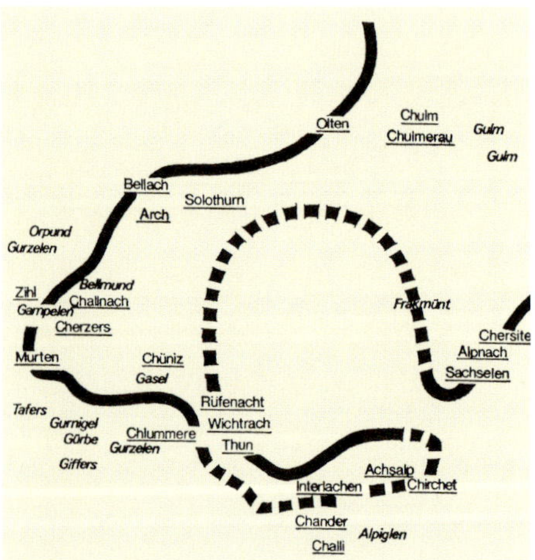

Aufrechte Schrift: «verschobene», Kursivschrift: nicht «verschobene» Namen.

Abb. 48
Althochdeutsche Lautverschiebung in vordeutschen Ortsnamen. «Verschobene» Namen finden sich im klimatisch günstigen Mittelland. Im offenen Talgrund des Berner Oberlandes reichen sie bis an den Hochalpenfuss heran.

Namentypen zurückzuführen: Die Namen mit den gallischen Grundwörtern *-dūnon* (latinisiert *-dūnum*) «befestigte Anlage, Burg» und *-duron* (latinisiert *-durum*) «mit Tor versehene Burgfestung» sind nur spärlich belegt (*Thun* aus **Dūnum,*[1] dazu *Olten* aus **Ollodūnum* und *Murten* aus **Moridūnum; Solothurn* aus *Salodurum*).[2] Etwas zahlreicher vertreten sind die mit dem ursprünglich gallischen, eine Zugehörigkeit ausdrückenden Adjektiv-Bildungselement *-ākos* in römischer Zeit gefügten und weniger für die römische Siedlungsausdehnung als für den römischen Verwaltungsraum stehenden *-ācum*-Namen[3]. Sie enden heute in der deutschen Schweiz auf *-ach* (etwa *Erlach, Ipsach, Kallnach, Kirchlindach, Lyssach, Rüfenacht, Wichtrach*).

Die beiden Typen decken zusammen den zumindest seit neolithischer Zeit als Siedlungsgebiet bekannten Raum des tieferen Mittellandes und des Aaretals bis zum Alpenrand ab. Daneben zeugen auch Bestand und Dichte von nicht mit deutschem Sprachmaterial erklärbaren Einzelnamen wie *Biel* (gallisch **Belena,* zu gallisch **bel-* «glänzend»),[4] *Bellmund* (lateinisch-romanisch **bellum montem*),[5] *Twann* (gallisch **dubona* «schwarz, dunkel»),[6] *Müntschemier* (romanisch **mont-*),[7] *Münchenbuchsee, Herzogenbuchsee* (zu lateinisch **buxētum* «Buchshain»),[8] *Köniz* (nicht gedeutet),[9] *Worb* (wohl gallisch **worw-,* zu indogermanisch **wor-* «Wasser, Regen, Fluss»; ursprünglich Gewässername),[10] *Belp* (gallisch **pelpā* «Kehr, Windung»),[11] *Toffen* (romanisch **tofone* «Tuffstein»),[12] *Gunten* (galloromanisch **cumbitta* «kleiner Talkessel, Gefäss»),[13] *Wimmis* (lateinisch-romanisch **vindēmias* «Weinlese, Weinberg»),[14] *Spiez* (gallisch **spi(j)ates* «Dornengestrüpp»),[15] *Därstetten* (Umdeutung auf *-stetten* aus nichtdeutscher, unbekannter Grundlage),[16] *Abländschen* (aus **aboninca,* zu gallisch **abono-* «Wasser»),[17] *Saanen* (gallisch **seganonā,* zu indogermanisch **segh-* «mächtig, gewaltig»; ursprünglich Flussname),[18] *Prattels* bei Kandersteg (romanisch **pradellas* «kleine Wiese»),[19] *Mürren* (wohl vorindogermanisch **murr-* «Geröll, Hügel»),[20] *Interlaken* beziehungsweise *Inderlappen* (gallisch **enter lopās* «zwischen den Seen»),[21] *Saxeten* (romanisch **saxētum* «Felsen»),[22] *Brienz* (gallisch **brigantiōn* «Hochburg, Hochstadt»)[23] und *Innertkirchen* (zu lateinisch *circinus, circātus* «Kehre»)[24] für die Siedlungsausdehnung vor der alemannischen Landnahme (Abb. 46).

Vordeutsche Flussnamen

Als relativ einheitliche Gruppe sind auch die Namen der bedeutenderen Fliessgewässer zu beachten (Abb. 47), die in der Regel ebenfalls vordeutsch, ja sogar, abgesehen etwa von der *Kander* (gallisch **Kandara,* zu gallisch **kando-* «weiss»),[25] voreinzelsprachlich (oder alteuropäisch) sind, wie etwa die *Aare,* zur indogermanischen Wurzel **er-/*or-* «in Bewegung setzen, erregen», dann «Flusslauf»,[26] oder die *Emme,* zur Wurzel indogermanisch **am-* «Flussbett, Graben».[27] Da Wasserläufe meist von der Mündung her benannt werden, dürfen sie nur mit grösster Vorsicht in siedlungsgeschichtliche Überlegungen einbezogen werden.

Römische Spuren

Als Namengeber kaum Spuren hinterlassen haben die Römer, und auch die inschriftliche und historische Namenüberlieferung der Zeit zeigt bis auf die lateinischen Endungen in den vorrömischen Namen wenig lateinischen Charakter *(Petinesca, Arura/Arula, Regio Arurensis, Regio Lindensis).* Die Bedeutung der römischen Schweiz liegt ortsnamengeschichtlich weniger in einer Funktion der Neu- und Umbenennung als in der Weitergabe vorrömischer Namen in lateinischer Adaptation; damit bildet sie ein wichtiges Glied innerhalb des älteren und jüngeren Namengefüges, das als eine Folge verschiedener Überschichtungen zu verstehen ist.

Die alemannische Landnahme und frühe deutsche Siedlungsräume

Entscheidend verändert wurde das Sprach- und Namengefüge der spätantiken romanisierten Schweiz durch die Landnahme der Alemannen südlich des Rheins wohl kurz nach 500 nach Christus. Die dauerhafte Niederlassung germanischer Bevölkerungsgruppen markiert für die nachmalige deutsche Schweiz den Beginn des langwierigen, nach neuerem Erkenntnisstand durchaus friedlich verlaufenden Prozesses der Entromanisierung und Alemannisierung. Dieser fand im inneralpinen Raum erst im Spätmittelalter mit der Ausdehnung der Alemannia bis an die aktuelle Sprachgrenze seine endgültige Ausformung.

Die althochdeutsche Lautverschiebung in vordeutschen Ortsnamen

Aufschluss über den alemannischen Frühsiedlungsraum kann anhand des – allerdings nicht immer ganz verlässlichen – lautlichen Kriteriums der hochdeutschen Lautverschiebung gewonnen werden: Im Althochdeutschen des 5. bis 8. Jahrhunderts werden je nach Stellung im Wort und sich in zeitlich ablösenden Stufen die bisherigen harten Verschlusslaute *t, p, k* (und romanisch *c*) zu *z/ss, pf/f(f), kch/ch,* das weiche *d* zu *t* «verschoben». Vordeutsche Namen, die die siedelnden Alemannen vor etwa 700 nach Christus kennen lernten und sprachlich integrierten, müssen die Merkmale dieser Lauterscheinung aufweisen, später in alemannischen Mund gelangte Namen können sie nicht mehr zeigen (Abb. 48). Namen mit «verschobenen» Lauten, von Norden nach Süden etwa *Arch* aus lateinisch *arcus* «Brückenbogen, Wölbung» oder lateinisch *arca* «Brückenbogen, -pfeiler»,[28] *Zihl* aus gallisch **Tēlōn-*,[29] *Challnach* aus **Calcaniācum*,[30] *Rüfenacht* aus **Rufiniācum*, *Chlummere* aus lateinisch *columbarium* «Taubenschlag; Friedhof mit Aschenurnen»,[31] *Thun* aus **Dūnum* (siehe oben), *Chander* aus **Kandara* (siehe oben), *Prattels* aus **pradellas* (siehe oben), *Tracht* aus lateinisch *tractus* «Fischzug»[32] und *(Innert-)Chirchen* aus *circinus, circātus* (siehe oben), finden sich im tieferen, fruchtbaren Mittelland sowie in der alpinen Haupttalfurche bis in die Gegend oberhalb des Brienzersees. Sie stecken damit eine Siedlungsfläche ab, die sich mit jener der romanischen weitgehend deckt und die sich damit als frühe Kontakt- und Vermischungszone zwischen den ansässigen Galloromanen und den sich vorerst sicher nur punktweise festsetzenden Alemannen erweist. Ausserhalb dieser früh erreichten Kernzone behielten die vordeutschen Ortsnamen bei der Eindeutschung die alten, «unverschobenen» Laute bei (für romanisches *c* wird ersatzweise *g* gebraucht), die entsprechenden, in grosser Zahl nachweisbaren Eigennamen sind also erst nach der Wirksamkeit der Lautverschiebung in romanisch-alemannischer Symbiose von den sich weiter ausbreitenden Landnehmern ins Deutsche aufgenommen worden, beispielsweise *Toffen* aus **tofone* (siehe oben), *Belp* aus **pelpā* (siehe oben), *Gasel* aus lateinisch-romanisch *casale* «zum Haus gehörig, Landhaus».[33]

Vordeutsche Namen mit und ohne Lautverschiebungsmerkmale im Sprachgrenzraum

Nun zeigen die vordeutschen Namen mit und ohne Lautverschiebung noch ein Weiteres: Sie manifestieren an und für sich das Vorhandensein einer voralemannischen Bevölkerung. Ihre Kartierung, etwa der «unverschobenen» Ortsnamen im Westlichen Sprachgrenzraum (Abb. 49), gibt einen Hinweis auf die schon relativ intensive siedlungsmässige Durchdringung des Gebietes bereits in vordeutscher Zeit. Unsere bisherigen Erörterungen sind entsprechend zu ergänzen: Zur Zeit der alemannischen Landnahme waren nicht nur im tieferen Mittelland, im Aaretal bis Thun und in den Talniederungen der alpinen Haupttäler Vorbewohner ansässig, auch das Gebiet zwischen Aare und Saane, das westliche und östliche Oberland waren, wenn auch sicherlich noch recht dünn, besiedelt. Fundlos bezüglich vordeutscher Namen ist einzig das dem Napf anliegende Emmental, sofern man von Bezeichnungen absieht, die in die alemannische Umgangssprache übergegangene, ohne siedlungsgeschichtliche Relevanz bleibende Lehnwörter aus dem Gallischen oder Romanischen enthalten, wie etwa die zahlreichen *Gummen*-Namen (gallisch **cumbā* «Mulde, Eintiefung»[34]); hier im Emmental also ist die Landerschliessung ausschliesslich von deutschsprachigen Bevölkerungsgruppen getragen.[35]

«Unverschobene» Siedlungsnamen (in Abhebung von «unverschobenen» Flurnamen) entlang der aktuellen Sprachgrenze (Abb. 50) machen deutlich, dass hier noch bis über das 8. Jahrhundert hinaus eine aktive Romania intakt geblieben sein muss, auch als die sich ausbreitenden Alemannen bereits in der Gegend

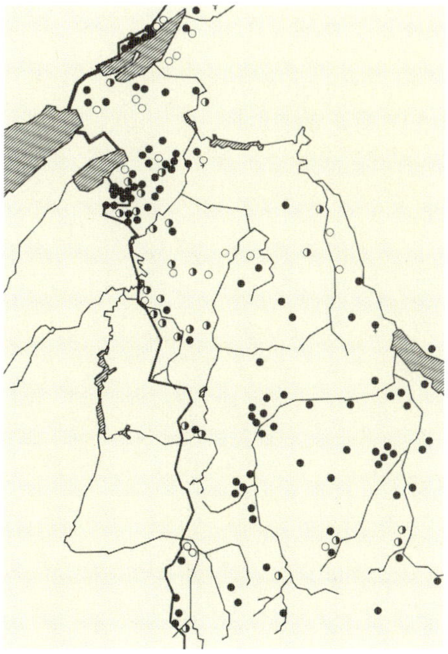

Abb. 49
«Unverschobene» vordeutsche Ortsnamen im Aare-Saane-Raum und im westlichen Berner Oberland. Dichte und Streuung der Namen erweisen eine recht intensive siedlungsmässige Durchdringung der Region schon in vordeutscher Zeit.

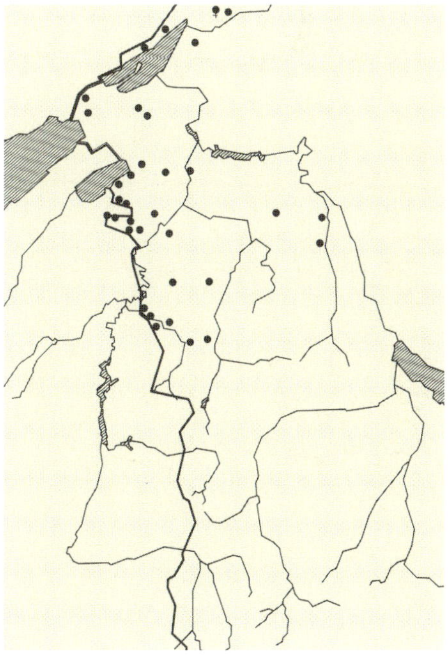

Abb. 50
«Unverschobene» vordeutsche Siedlungsnamen zwischen Jura und Hochalpenkamm. Sie konzentrieren sich entlang der aktuellen Sprachgrenze. Hier muss auch nach dem 8. Jahrhundert noch eine starke Romania intakt geblieben sein.

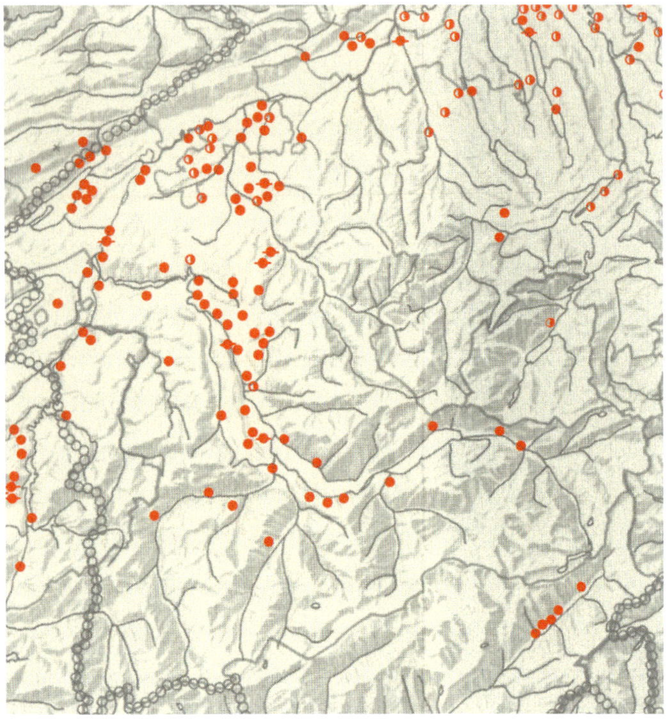

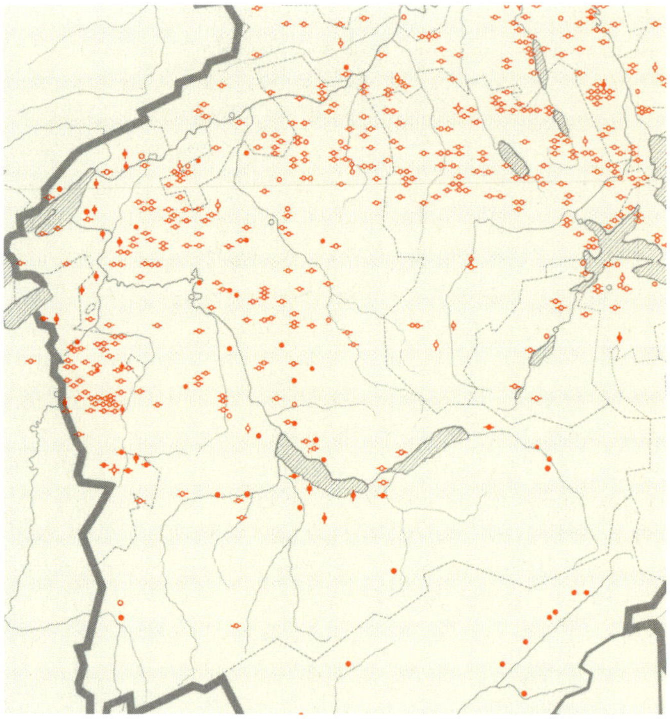

● *-ingen*
◑ *-inghofen; -ikon; -iken*

Abb. 51 (links)
Die primären, mit einem germanisch-althochdeutschen Personennamen im Vorderglied gebildeten Ortsnamen auf -i(n)gen sind die Leitnamen der alemannischen Landnahmezeit im frühen Frühmittelalter ab dem 6. Jahrhundert. Sie finden sich an bevorzugter Lage im bereits auch vordeutsch bewohnten Altsiedlungsland.

○ *-wil-Namen*
● *Wiler-Namen*

Abb. 52 (rechts)
Anhand der -wil-Namen der alten, ursprünglichen Fügeweise (mit einem althochdeutschen Personennamen im Vorderglied) lässt sich eine Verdichtung der primären alemannischen Siedlungsräume im tieferen Mittelland und im Aaretal aufzeigen, aber auch eine Erweiterung des alemannischen Wohngebietes in bisher nicht besetzte Räume, namentlich in der voralpinen Zone westlich und östlich der Aare.

in einem In- und Miteinandersiedeln ansässig wurden. Und bis zur linearen Ausbildung der aktuellen Sprachgrenze dauerte es noch lange; vorerst kann es nur einzelne romanisch-deutsche Sprachgrenzstücke gegeben haben und auch nur dort, wo die alemannischen Siedlungsvorstösse in bereits altbewohntes Gebiet zielten. Die lineare Sprachgrenze setzt geschlossene Siedlungsräume voraus, die wiederum bedingen eine gewisse Bevölkerungsdichte; beides ist je nach Gegend nicht vor dem ausgehenden Mittelalter gegeben.

Das allmähliche Deutschwerden und die Siedlungsdurchdringung
Anhand des Verhältnisses von Siedlungsraum und Namentypen lässt sich nicht nur eine voralemannische von einer alemannisch-deutschen Namenschicht abheben; auch der Zeitraum seit der alemannischen Landnahme um die Mitte des ersten nachchristlichen Jahrtausends kann in zeitliche Abschnitte gegliedert werden, haben die Alemannen doch, besonders in der Frühphase, bestimmte Wortbildungsmöglichkeiten oder Ausdrücke zu bestimmten Zeiten für die Namengebung verwendet (Abb. 45). Die zeit-räumliche Gebundenheit dieser gleichsam Namenmoden spiegelnden Namengruppen erlaubt ihre siedlungsgeschichtliche Auswertung. Mit Hilfe der deutschgeprägten Haupttypen der *-ingen-* und *-wil-*Namen sowie dem Rodungstypus *Schwand/Schwendi* zeigen wir im Folgenden das allmähliche Deutschwerden unserer Gegend auf.

-ingen-Namen
Die mit einem germanisch-althochdeutschen Personennamen im Vorderglied gefügten *-i(n)gen-*Namen, ursprünglich die Zugehörigkeit einer Siedlergruppe zu ihrem Gründer oder Grundherrn bezeichnend (*Amsoldingen* aus **ze den Answaltingun* «bei den Leuten des Answalt»), bald aber zu reinen Ortsbezeichnungen geworden, gelten allgemein als Leitnamen der alemannischen Landnahmezeit seit dem 6. Jahrhundert (Abb. 51). Sie finden sich denn auch vornehmlich in den bekannten Altsiedlungsräumen im Mittelland, am Aarelauf bis oberhalb von Thuner- und Brienzersee und entlang der Unterläufe der grösseren Oberländer Flüsse, in der Regel an bevorzugter Lage. Die einwandernden Alemannen haben offenbar ihre ersten Wohnsitze neben und inmitten der romanisch sprechenden Vorbevölkerung gewählt; eine Bevölkerungs- und Sprachvermischung, mit jeweils alemannischer Prädominanz, muss die Folge gewesen sein. Nur in bisher unerschlossenem Gebiet, wie etwa dem unteren Emmental, erweisen vereinzelte *-ingen-*Prägungen *(Gomerkinden,* zum Personennamen *Gomarich,*[36] *Uetigen,* zu *Uoto*[37]) Vorstösse in Neusiedlungsland.

-wil-Namen
Andere frühe Typen, wie diejenigen auf *-inghofen* (*Zollikofen* ist 1257 als *Zollinchoven* belegt und bedeutet «bei den Höfen der Zollinge»[38]), *-husen* (*Heimenhausen,* mit der Bedeutung «bei den Häusern des Haimo»[39]) und *-dorf* (*Jegenstorf,* mit einem nicht mehr eruierbaren alten Personennamen im Vorderglied[40]), signalisieren erste Ausbauräume noch in unmittelbarer Umgebung der alten Siedlungspunkte: Der bewohnte Raum wird gleichsam verdichtet. Demgegenüber stehen die *-wil*-Namen (die im allgemeinen jüngeren zweisilbigen *Wiler*-Namen lassen wir hier ausser Acht) deutlicher für die Erweiterung des bisherigen, wohl zunehmend überbevölkerten Siedlungsgebietes (Abb. 52). *-wil*-Namen mit einem germanisch-althochdeutschen Personennamen im Vorderglied *(Bäriswil,* 861 als *Perolteswilare* überliefert, zum Personennamen *Beroald, Berwalt,*[41] *Madiswil* aus **Madalolteswilare,* zum Personennamen *Madalold, Madwalt,* 795 bezeugt als *Madalestwilare*[42]) mit der Bedeutung «Weilersiedlung des ...» sind etwa für das 8. bis 11. Jahrhundert anzusetzen. Mit ihnen lässt sich nochmals eine Siedlungsverdichtung im Altsiedlungsland nachzeichnen, wo nun auch bisher als ungünstiger erachtete Landstriche besetzt werden. In grösserer Dichte finden sich *-wil*-Namen aber auch im voralpinen Hügelland westlich und östlich der Aare. Gerade im Emmental, das bis zur Einwanderung der Alemannen ein unerschlossenes Urwaldgebiet war, sind *-wil*-Orte die Hauptsiedlungen an bester Lage *(Rüederswil, Lauperswil, Eggiwil).* Ein Vergleich der Abbildungen 51 und 52 lässt im Weiteren auch die Haupteinfallsrichtungen in dieses hügelige Voralpenland deutlich werden: aus nördlicher Richtung entlang der Emme, andererseits vom Westen her aus dem Aaretal.

Rodungsnamen
Erst in einer weiteren Erschliessungsphase, nun bereits von gefestigten dorf- und weilerartigen Siedlungsschwerpunkten aus, erfolgt die endgültige Durchdringung des Raums, wofür Rodungsnamen wie *Ried, Rüti, Stock, Brand, Sang/Sengi* ein beredtes Zeugnis ablegen. Der zu *schwenden,* eigentlich «zum Schwinden bringen», spezieller aber «das Gehölz durch Entrinden abdorren lassen und danach niederbrennen», gebildete Typus *Schwand/Schwendi* veranschaulicht besonders eindrücklich die Inbesitznahme des voralpinen und alpinen Gebietes in hoch- und spätmittelalterlicher Zeit.

Armand Baeriswyl

Bern vor dem Hintergrund der mittelalterlichen Stadtgründungswelle

Mittelalterliche Städte – gewachsen *versus* gründet
Um 1150 lebten alle Menschen auf dem Gebiet des heutigen Kantons Bern in Weilern und Dörfern, die sich meistens um eine Pfarrkirche scharten und bei einer Burg oder einem Herrenhof lagen. Die nächstgelegenen städtischen Siedlungen waren die bischöflichen *civitates* Avenches, Lausanne und Basel, das *castrum* Solothurn mit dem königlichen Stift St. Ursus sowie der Pfalzort Zürich (Abb. 53).
Um 1300 hatte sich das Gesicht der Region völlig verändert: An der Stelle der Dörfer Aarberg, Biel, Büren an der Aare, Burgdorf, Erlach, Huttwil, Laupen, La Neuveville, Nidau, Spiez, Thun, Unterseen, Wangen an der Aare, und Wiedlisbach sowie auf der zuvor nicht besiedelten Aarehalbinsel erhoben sich ummauerte Städte. Eine Welle von Erhebungen und Neugründungen hatte innert einer Zeitspanne von nur 150 Jahren zur Entstehung von 15 Städten geführt, die als dichtes Netz den Berner Raum überzogen.
Diese Welle von Stadtentstehungen zeigt sich in grösserem Rahmen noch eindrücklicher: Im Gebiet der heutigen Schweiz wuchs der Bestand von Städten

zwischen 1100 und 1300 von 15 auf 175 (Abb. 53), und in Mitteleuropa von etwa 200 auf rund 5000![1]

Diese neu entstandenen Städte werden in der Literatur unterschiedslos als «Gründungsstädte» bezeichnet. Dahinter stehen oft Vorstellungen von Plansiedlungen, die durch den Willen eines Herrschers auf grüner Wiese in sehr kurzer Zeit neu entstanden.[2] Als klassische Gründungsstädte galten lange Freiburg im Breisgau, Bern und Lübeck.[3] Ihr Gegenpol waren die so genannten «gewachsenen Städte» aus römischen oder frühmittelalterlichen Wurzeln, die ihre Grösse und ihre Form angeblich durch lang andauerndes, ungeregeltes, quasi «organisches» Wachstum erreichten.[4]

Die Kritik an diesem Gegensatzpaar setzte allerdings schon früh ein, und 1962 wollte Paul Hofer sie «endgültig in den Schrank der als zu eng erkannten Bekleidungen der Geschichte» verschwinden lassen.[5] Die Ergebnisse der Stadtarchäologie unterstützen diese Kritik klar; sie relativieren aber nicht nur die alte Vorstellung von «Stadtgründung», sondern umgekehrt auch die von «Stadtwachstum». So hat die Archäologie einerseits in Städten wie Lübeck oder Villingen, von denen man zuvor angenommen hatte, sie seien im Mittelalter neu gegründet worden, Reste von älteren Siedlungen ergraben, die präurbane Wurzeln belegen.[6] Daraus zu schliessen, alle mittelalterlichen Städte seien organisch gewachsen und die Theorie der Stadtgründung sei damit widerlegt, greift aber zu kurz. Die archäologischen Befunde zeigen nämlich auch, dass diese Wachstumsschritte, aus deren Summe die mittelalterliche Stadt entstand, nicht alle gleichwertig sind, im Gegenteil: Bei vielen Siedlungen gab es offenbar einen Zeitpunkt oder eine relativ kurze Zeitspanne, in der die bestehende präurbane Besiedlung eine als städtisch zu bezeichnende Umstrukturierung erfuhr oder in der eine neue, städtisch strukturierte Siedlung neben bestehender dörflicher Besiedlung errichtet wurde. Beispiele für Ersteres sind etwa Thun, Winterthur und Villingen, für Letzteres unter anderen Burgdorf und Freiburg im Breisgau.[7]

Diese Umstrukturierung präsentiert sich im archäologischen Befund als das Auftreten von typisch «städtischer» Architektur und Infrastruktur wie Ummauerung, Stadtbach, Parzellierung und Gassenraster, Steinbauten und eine massive Vergrösserung der bestehenden Siedlungsfläche. Eine derartige Umstrukturierung kann nie durch «organisches» Wachstum entstanden sein, sondern ist in einem herrschaftlich strukturierten Raum nur als Folge von grund- beziehungsweise landesherrlicher Initiative sowie entsprechenden finanziellen Mitteln und Know-how zu erklären. Es darf also durchaus von «Stadtgründung» gesprochen werden. Nur so konnte das Aufkommen der mittelalterlichen Stadt zu dem Massenphänomen werden, welches man zu Recht als «Welle» bezeichnet. Der Wille des Stadtherrn und das Bewusstsein, einen Gründungsvorgang vorgenommen zu haben, waren den mittelalterlichen Zeitgenossen offenbar völlig bewusst, wie schriftliche Formulierungen in Stadtrechtsurkunden mit Worten wie *construxit* (errichtet), *contulit* (gegründet), oder *in initio fundationis contulit* (von Grund auf gegründet) belegen.[8]

Es ist also notwendig festzuhalten, was mit Stadtgründung gemeint ist. Der siedlungstechnische Vorgang kann unterschiedliche Ausformungen zeigen: Erstens kann er die genannte städtische Umstrukturierung bestehender Bebauung zu einem konkreten Zeitpunkt oder innerhalb eines begrenzten Zeitraums bedeuten.[9] Zweitens meint der Begriff aber nach wie vor die Bebauung eines neuen, bisher nicht besiedelten Geländes. Die Ergebnisse der Stadtarchäologie zeigen nämlich, dass es – zwar viel seltener als früher angenommen – sehr wohl neu «auf grüner Wiese» gegründete Städte gab, so etwa die Stadt Bern (→ S. 86). Im Hinblick auf die älteren Stadtgründungstheorien ist allerdings zu betonen, dass derartige Städte zwar ohne direkte Vorgängerbesiedlung am Ort entstanden, aber nicht, wie man es für Bern oft annahm, im wilden Urwald, sondern in enger Beziehung und Nachbarschaft zu bestehenden siedlungstopographischen Elementen und herrschaftstrechtlichen Strukturen. Aber auch der Begriff des Stadtwachstums ist nicht hinfällig geworden, da fast jede Stadt durch eine Wechselwirkung von Wachstum und Gründung entstanden ist.[10] Die Anlage eines Marktes oder einer Gewerbesiedlung zu Füssen einer Burg war bei den mittelalterlichen Grundbesitzverhältnissen stets das Ergebnis herrschaftlicher Pla-

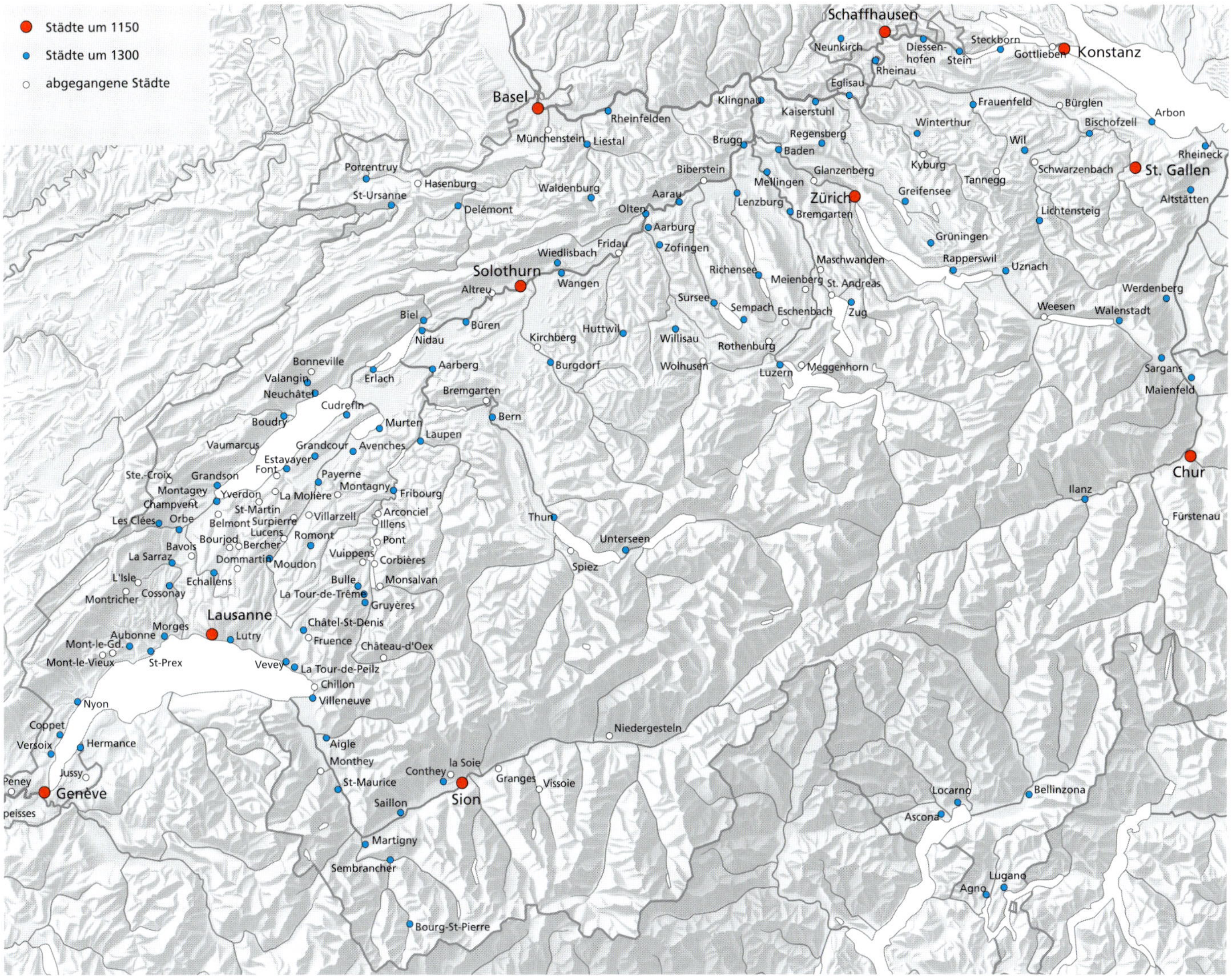

Abb. 53
Die schweizerische Städtelandschaft im Mittelalter.

nung; ihr konnte eine Zeit freieren und planloseren Wachsens folgen, bis wiederum geplante Teilanlagen dem allmählichen Werden Einhalt geboten oder es in vorbestimmte Formen lenkten.[11]

Von der Frühstadt des 10./11. Jahrhunderts zur Stadt des Mittelalters

Erst mit der Stadtgründungswelle des 12. und 13. Jahrhunderts entstand das, was man heute unter dem Begriff der mittelalterlichen Stadt versteht. Die wenigen vorher bereits bestehenden grösseren Siedlungen um geistliche oder weltliche Herrschaftszentren, die so genannten Frühstädte, unterschieden sich nicht nur baulich, sondern auch rechtlich von den späteren Städten und sie zeichneten sich durch die grundherrliche Bindung ihrer Bewohner aus.[12] Die 15 Frühstädte auf dem Gebiet der heutigen Schweiz lagen mehrheitlich in ehemaligen römischen *civitates*, meistens in Kombination mit Bischofssitzen wie Basel, Lausanne und Genf, Königspfalzen wie Zürich oder geistlichen Institutionen wie das Stift St. Ursus von Solothurn (Abb. 54). Im Laufe des Frühmittelalters bei Klöstern neu entstanden waren Schaffhausen und St. Gallen.

Der seit dem 12. Jahrhundert in Europa vorherrschende Stadttyp zeichnet sich durch folgende Funktionen und Kriterien aus:[13] Erstens war er durch das Stadtrecht als Sonderrechtsbezirk aus dem Landrecht herausgelöst und privilegiert. Die Stadtrechtsprivilegien garantierten Frieden, stadtbürgerliche Freiheit und Gleichheit, die Selbstverwaltung seiner Bürger und Akkumulation von Besitz einschliesslich der Möglichkeit, diesen uneingeschränkt zu vererben. Zweitens war die Stadt Produktionsort, in dem durch Handwerk und Gewerbe über den Eigenbedarf hinaus Waren und Güter hergestellt wurden. Drittens besass die Stadt einen Markt und war damit Handelsort. Viertens gab es eine städtische Sozialstruktur, deren Charakteristikum das dichte Zusammenleben einer grösseren Zahl von Menschen auf engem Raum war. Fünftens hatte die Stadt eine bauliche Erscheinung, die in Form und Funktion städtisch war und die es auf

dem Land nicht gab. Neben den öffentlichen Bauten wie Stadtmauer, Rathaus, Kaufhaus, Marktlaube, Spital und Sondersiechenhaus zählte dazu auch die private Bebauung und Architektur, die spezifischen Bedürfnissen von Handel, Gewerbe und Wohnnutzung auf begrenztem Raum entsprachen. Sechstens war die Stadt ein kirchliches Zentrum, in dem sich die geistlichen Institutionen wie Bischofssitze, Stifte, Klöster und Beginensammnungen konzentrierten.
Vor allem auf der Stufe der kleinen Städte konnten allerdings immer Aspekte dieser urbanistischen Merkmale fehlen,[14] umgekehrt kommen verschiedene Kriterien schon bei den Vorformen der mittelalterlichen Stadt vor.[15] Damit stellt sich grundsätzlich die Frage nach der Definition der «Stadt». Ist es die Ummauerung, welche die Stadt ausmacht? Oder ist es die eigenständige Verfassung, die selbstbewusste Bürgerschaft, die Wirtschaft, der Handel und der Markt? Nach Carl Haase wird die Qualität als Stadt durch ein Bündel von Kriterien bestimmt, dessen Zusammensetzung nach Zeit und Ort variiert. Das Bündel enthält immer Kriterien des äusseren Erscheinungsbildes, der inneren Struktur und der Funktion.[16] Die Qualität als Stadt kann also nicht allein am Vorhandensein von Stadtmauer, Markt oder Stadtrecht gemessen werden, sondern ist durch eine Vielzahl von siedlungs- und verfassungsgeschichtlichen, baulichen, topographischen, funktionalen, namenskundlichen, wirtschaftlichen, kulturellen, rechtlichen und religiösen Kriterien definiert.
Zur Definition der Stadt gehört auch deren Wechselwirkung mit dem Umland. Jede Stadt war ein so genannter «zentraler Ort»; ihr fielen – ungeachtet ihrer Grösse – in der Herrschaftskonzeption ihres Gründers in Bezug auf das Umland bestimmte zentrale Aufgaben administrativer, ökonomischer und militärischer Natur zu.[17] So ist zu beobachten, dass auch in Kleinstädten gewöhnlich ein Übergewicht des gewerblichen und kommerziellen Sektors herrschte: Stets war die Stadt Absatzmarkt für Agrarprodukte und das Land Absatzgebiet für städtische Erzeugnisse.[18]
Wichtig ist darüber hinaus die Betrachtungsweise der Zeitgenossen: Stadt war, was Stadt hiess, was die Bezeichnung Stadt trug; Stadt war letztlich jede Siedlung, die von ihren Bewohnern wie von den Leuten der ländlichen Umgebung als Stadt angesehen wurde.

Die Stadtgründungswelle des 12. und 13. Jahrhunderts

Voraussetzungen für die Stadtgründungswelle waren ein andauernder Bevölkerungsüberschuss und die rechtlichen und wirtschaftlichen Entwicklungen in den grossen Bischofsstädten am Rhein wie Worms und Köln, in denen im Laufe des 11. Jahrhunderts die verschiedenen Elemente der späteren kommunalen Stadt entstanden waren.[19] Als Auslöser haben aber vor allem die Territorialisierungsbestrebungen von Adel, Königtum und Prälaten zu gelten. Seit dem Frühmittelalter war der Bau von Burgen der wichtigste Eckpfeiler einer erfolgreichen Herrschaftspolitik. Im ersten Viertel des 12. Jahrhunderts erkannten Herrschaftsträger das Potential der Stadt und begannen bei ihren Burgen derartige Siedlungen zu errichten, die sie ummauerten und mit den Privilegien ausstatteten, die sie von den älteren Bischofsstädten her kennen gelernt hatten und deren Erfolg offensichtlich gewesen sein muss. Die Vorteile einer Kombination von Burg und Stadt zur Herrschaftssicherung lagen auf der Hand: Beide Elemente dienten der Konzentration und Zusammenfassung von Besitzungen und Rechten, die Stadt durch ihre zentralörtlichen Funktionen, die Burg als militärisches Bauwerk, herrschaftlicher Aufenthaltsort und repräsentativ ausgestaltetes Machtsymbol. Die Stadt war aber darüber hinaus viel mehr: Auch sie war ein militärisches Instrument, nämlich eine Grossburg, die dank ihrer Infrastruktur und Bevölkerungszahl ein viel grösseres Potential hatte als die normale Adelsburg. Man konnte Truppen einquartieren und verpflegen, die Bürger konnten bei Bedarf als «Soldatenreservoir» dienen und deren Gewerbebetriebe als Rüstungsschmiede. Auch als Produktions-, Markt- und Handelsort übertraf die Stadt die durchschnittliche Burg, da sie ihrem Herrn wirtschaftliche Vorteile durch Zölle, Abgaben und Steuern brachte.[20]
Diese Vorteile sprachen sich rasch herum und riefen Nachahmer auf den Plan. Vorbild und Wettbewerb steigerten dabei die Bereitschaft, Städte zu gründen;

Abb. 54
Zürich als Beispiel einer seit keltischer Zeit bestehenden Siedlung, die bereits in der römischen Epoche zentralörtliche Funktionen hatte.

- Spätantikes Kastell (4. Jahrhundert n. Chr.)
- Karolingische Pfalz
- Ottonische Pfalz mit möglicherweise zugehörigem Graben (10./11. Jahrhundert)
- Salische Pfalz und Graben der westlichen Stadtgrenze (bis um 1250)
- Stadtbefestigung des späten 13. und frühen 14. Jahrhunderts mit der Stadterweiterung Rennwegquartier

das löste schliesslich besagte Gründungswelle aus, an der sich alle, die das Recht und vor allem die Möglichkeit dazu hatten, vom König und den Fürsten bis zu den Ministerialen, vom Bischof bis zum Abt, aktiv beteiligten.[21]

Es zeigte sich allerdings, dass längst nicht alle Gründungen ein Erfolg waren, im Gegenteil: Die meisten Städte blieben klein, andere sanken zu Dörfern ab oder gingen wieder ein.[22] Die überwiegende Zahl der Städte waren Siedlungen mit weniger als 1000, meistens sogar weniger als 500 Einwohnern. Das hat hauptsächlich zwei Gründe. Erstens herrschte eine starke Konkurrenz zwischen den neuen Städten, wobei normalerweise gilt, dass die früh entstandenen Städte einer Region gewaltige Startvorteile hatten: Sie entstanden an den siedlungs- wie verkehrstechnisch günstigsten Stellen, meistens an bestehenden Verkehrsachsen, und sie steckten das wirtschaftliche Umland grossflächig ab. Je später eine Stadt gegründet wurde, desto kleiner war ihre Chance, erfolgreich zu sein. Zweitens hatten viele der späteren Gründungen des späten 13. und 14. Jahrhunderts schlechte Startbedingungen, da sie das Werk kleinerer, oft konkurrenzierender regionaler Adelsgeschlechter waren, denen die nötige finanzielle Potenz zur Errichtung einer mit Gütern und Rechten angemessen ausgestatteten und mit einer entsprechenden Infrastruktur versehenen Stadt fehlte. Entsprechend klein waren solche Städte von Anfang an, ebenso wie ihre Anziehungskraft für künftige Bewohner und ihre Möglichkeiten, sich wirtschaftlich gegen die bereits bestehenden durchzusetzen.

Im Laufe des 14. Jahrhunderts verlangsamte sich die Stadtgründungswelle und kam etwa um 1400 zum Stillstand.[23] Heinz Stoob charakterisiert die anschliessende, bis um 1800 dauernde Periode bezeichnenderweise mit dem Schlagwort vom «grossen Städtetal».[24]

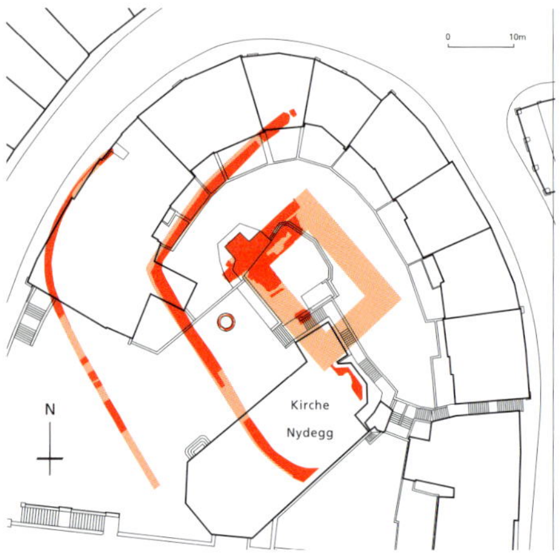

Abb. 55
Archäologischer Grundriss der Burg Nydegg, der Kirche, der Brücke von 1840/44 und der heutigen Bebauung am Stalden, die 1951–58 entstand. Sichtbar ist der Burgturm, der vorgelagerte Hof mit Sodbrunnen und abschliessender Ringmauer sowie der Burggraben mit der Grabengegenmauer. Der Mauerrest im Chor der Nydeggkirche ist nicht abschliessend gedeutet; er gehört aber wahrscheinlich zu einem Nebengebäude.

Abb. 56
Grundriss der Gründungsstadt Bern nach den neuesten archäologischen und historischen Forschungsergebnissen.

Die ersten Jahrzehnte

Armand Baeriswyl

Wie gezeigt werden konnte (→ S. 73), entwickelte sich Bern im Gegensatz zur Mehrzahl der mittelalterlichen Städte wahrscheinlich nicht direkt an einer älteren Strasse und nahm nicht auf eine bestehende Siedlung Bezug, sondern entstand um 1200 zusammen mit einer neuen Strasse, vielleicht durch Verlegung der zuvor über die Engehalbinsel führenden Route. Bern ist also als «Gründungsstadt» im klassischen Sinn zu bezeichnen.

Es gibt keine zeitgenössischen Schriftquellenzeugnisse zur Gründung. Erstmals nennt die zwischen 1325 und 1340 verfasste *Cronica de Berno* das traditionelle Jahr 1191 und den Gründer Herzog Berchtold von Zähringen (→ S. 205).[1] Die erste urkundliche Nennung der Stadt im Jahr 1208[2] ebenso wie die ältesten archäologischen Funde auf Stadtboden aus der Zeit des späten 12. beziehungsweise frühen 13. Jahrhunderts bestätigen jedoch diesen Zeitansatz.[3] Ebenfalls um 1200 entstanden mit der Gründung Burgdorfs und der Erweiterung der dortigen Burg zur pfalzartigen «Residenz» das neue Herrschaftszentrum und mit dem Ausbau Thuns zu einer Stadt ein Stützpunkt im Oberland (→ S. 176): Das neue Bern wurde damit zur Verkehrsdrehscheibe des sich festigenden zähringischen Herrschaftsraumes.

Nach Aussage der Handfeste wurde Bern *in fundo et allodio imperii* (auf Grund und Boden beziehungsweise auf Eigenbesitz des Reiches)[4] gegründet. Als Rektor des *regnum* Burgund konnte Berchtold V. Königsgut nach Belieben für seine Ziele einsetzen und war nicht direkt an die Zustimmung des Königs gebunden, solange dieser ausserhalb Burgunds weilte.[5] Noch im 14. und 15. Jahrhundert gab es um Bern herum viel Reichsbesitz, so genannte Reichslehen, die an Adlige verliehen waren. Wahrscheinlich handelt es sich dabei um Güter und Rechte des Reiches, den der Zähringer kraft seiner Befugnisse als Rektor seinen Ministerialen zum Dank für geleistete Dienste übergeben hatte.[6] Damit trat er weniger als ein Stellvertreter des Reiches denn als ein Grundherr auf, der mit der Ver-

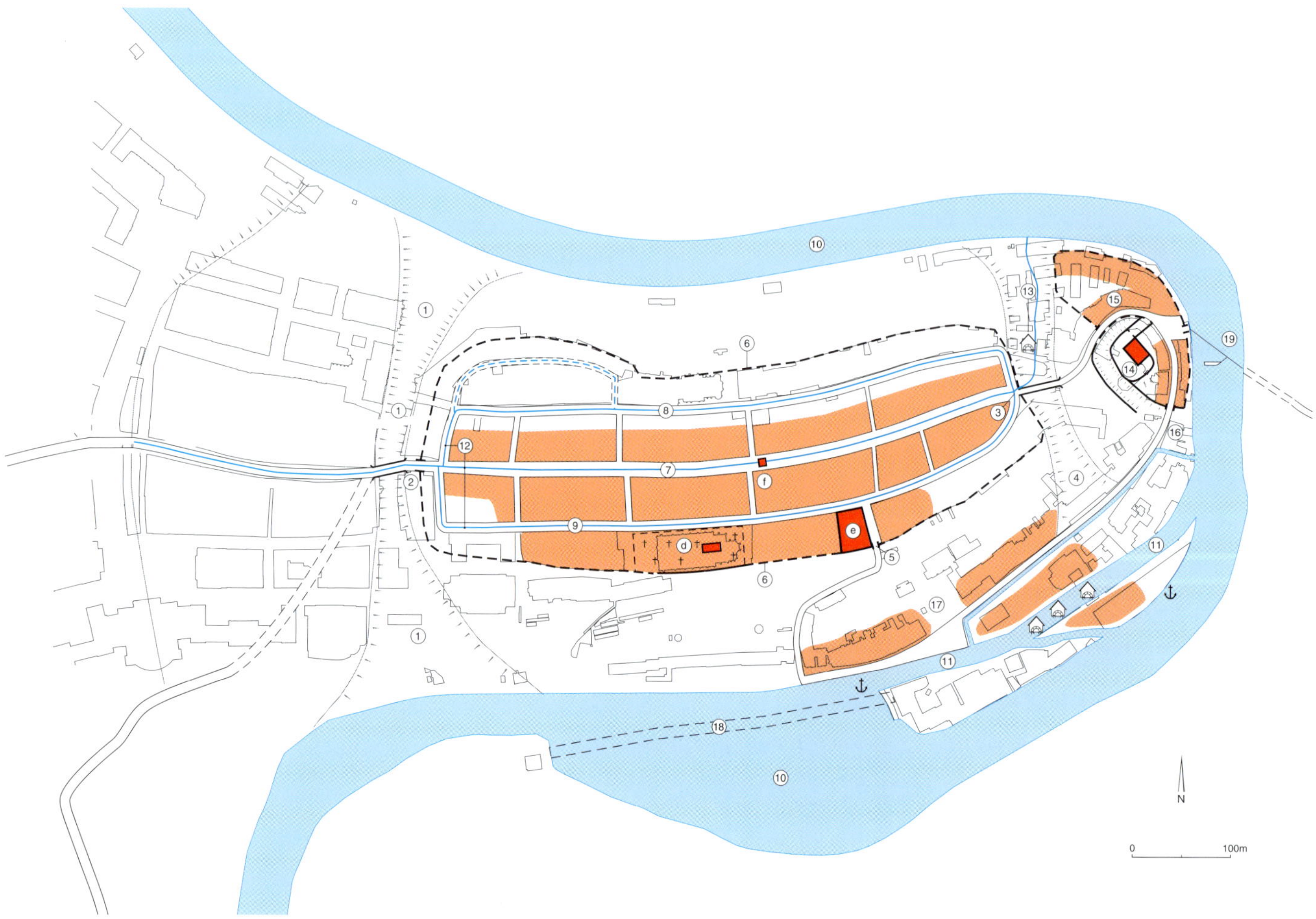

gabe von Lehen an Ministeriale und der Gründung der Stadt vor allem die Sicherung seiner eigenen Herrschaft verfolgte.[7] Der Unterschied zwischen zähringischem Eigenbesitz und Reichsgut wird erst nach Berchtolds Tod erkennbar, als Letzteres teilweise an den König zurückfiel, während die Güter der Zähringer an deren Erben überging.

Abb. 57 (links)
Anlass der Untersuchungen war die weitgehende Zerstörung der historischen Bausubstanz des Bereichs durch eine tiefgreifende städtebauliche Erneuerung. Das Bild zeigt das Ausmass der Zerstörungen. Die archäologische Begleitung durch Paul Hofer wurde von der Bauherrschaft, der Stadt, knapp geduldet.

Abb. 58 (rechts)
Burg Nydegg: Foto der Ausgrabungen von Paul Hofer 1951–58.

Burg Nydegg, Ort der Herrschaft

Die Stadt Bern bestand um 1200 nicht nur aus der eigentlichen Gründungsstadt mit Kirche und dominanter Marktgasse, sondern auch aus einem Burgbezirk, der die Burg Nydegg am Flussübergang, eine Burgsiedlung (*burgus*) am Flussufer und eine auffällig gross dimensionierte Gewerbesiedlung an der Matte enthielt (Abb. 60).

Burg und burgus

Die Lage der Stadtburg Nydegg unter der heutigen Kirche verschwand nie ganz aus dem Gedächtnis der Berner. Genaueres freilich weiss man erst dank archäologischer Ausgrabungen von Paul Hofer (Abb. 55 und 58).[8] Die Burg erhob sich etwa 20m über der Aare auf einer Sandsteinklippe, die westseitig von einer natürlichen Querrinne begrenzt wurde, gegen Osten hingegen künstlich angesteilt worden war (Abb. 57 und 59).[9] Zentrum war ein Turm mit einem Grundriss von 22,5×16,2m, der eine Höhe von vielleicht 25m hatte. Gegen Süden schloss ein Hof mit einem Sodbrunnen an.[10] Ausgehend vom Turm zog eine Ringmauer um den Hof. Sie diente in ihrem unteren Bereich gleichzeitig als Grabenmauer.[11] Der Graben mit einer durchschnittlichen Breite von 14m und einer Tiefe von bis zu 8m war auch auf seiner Aussenseite von einer Mauer abgeschlossen.[12] Das Tor der Burg lag wohl im Osten, wo der Graben auslief und ein Zugang ohne aufwendige Brückenkonstruktion möglich war. Der Graben bog im Süden nicht um, sondern verlief geradlinig weiter in die Matte hinunter und bildete dort wahrscheinlich die Südgrenze des *burgus* (Abb. 55). Damit ist die Nydegg als eine eher kleinräumige Turmburg zu rekonstruieren: Im Vergleich zur gleichzeitigen Anlage von Burgdorf (→ S. 176) diente sie nicht als Residenzburg eines zähringischen Zentralortes, sondern war nur Amtssitz des Stellvertreters des Stadtherrn.

Paul Hofer datiert die Nydegg in die Zeit zwischen 1175 und 1191 und lässt die Frage nach dem zeitlichen Verhältnis zwischen Burg und Stadt offen. Ein Grossteil der historischen Forschung hält sie für älter als die Stadt mit der Begründung, diese mache zusammen mit der Burg keinen Sinn. Beim heutigen Stand der Forschung zu Stadtburgen weiss man aber, dass eine gleichzeitige Entstehung von Burg und Stadt keinesfalls auszuschliessen ist.[13] Als Sitz der Stadt-

Abb. 59
Das 1991 für eine Ausstellung im Staatsarchiv Bern von Hans Jakob Meyer angefertigte Modell der Burg Nydegg. Rechts die angebliche Verbindungsmauer zwischen Burg und Ländtitor.

Abb. 60
Die Mattenschwelle heute.

herrschaft war sie Herrschaftsinstrument und Herrschaftssymbol zugleich. Sie schützte die Stadt, beherrschte sie aber auch. Die Lage der Nydegg am tiefsten Punkt der Aarehalbinsel ist nicht typisch für Stadtburgen, ist aber insofern charakteristisch, als dass Stadtburgen meistens Randlagen einnahmen und räumlich zwar oft unmittelbar an die Stadt anschlossen, aber durch Graben und eigene Ummauerung abgetrennt waren. Sie bedeutete ausserdem, dass von dort aus der Flussübergang gesichert, der Wasserverkehr kontrolliert und die Zölle eingenommen werden konnten.
Die wahrscheinlich zusammen mit der Burg entstandene Burgsiedlung an der äussersten Spitze der Aarehalbinsel wird erst im späten 13. Jahrhundert, dem Moment ihrer Aufnahme in die Stadt nach der Zerstörung der Burg fassbar. Ihren Namen, *jm sak,* verwendet erstmals Justinger; er war noch im frühen 18. Jahrhundert in Gebrauch.[14] Ihr Kern ist am Flussufer zu vermuten, wo die Schiffländе und der Flussübergang lagen. Die Südgrenze am Burggraben ist noch im heutigen Stadtbild erkennbar: Dort fliesst der Gerberbach in die Aare zurück. Wahrscheinlich bestand hier auch eine Mauer, die im Bereich der Gasse zur Mattensiedlung ein einfaches Durchgangstor besass. Sie ist wohl mit der im älteren Udelbuch von 1389 als Grenze zwischen Mattenenge und Matte erwähnten *trommur* identisch.[15] Zur Nordgrenze des *burgus* gibt es keine Anhaltspunkte. Erschlossen wurde er durch den Nydeggstalden, einen sich entlang des Burggrabens ziehenden Abschnitt der über die Aarehalbinsel verlaufenden Strasse. Gegen Westen überquerte sie die Querrinne zwischen Stadt und Burgbezirk, während sie gegen Osten an die Aare hinunter führte. Der Fluss wurde zu Anfang wohl mittels Fähre überquert.[16] Schon damals führte eine vor dem Flussübergang südwärts abzweigende Gasse parallel zum Ufer in die Matte.

Die Gewerbesiedlung Matte
Die Matte und die Mattenschwelle, ein quer durch das Aarebecken gebautes Stauwehr, reichen wahrscheinlich ebenfalls bis in die Gründungszeit von Bern zurück.[17] Die für ihren Bau günstige topographische Situation könnte vielleicht gar mit ein Grund dafür gewesen sein, warum die Stadt an dieser Stelle und nicht auf der Engehalbinsel gegründet wurde (→ S. 52).
Die Mattenschwelle drängt einen Teil des Flusswassers in einen Kanal, welcher durch seinen regulierbaren Wasserspiegel den Betrieb von Mühlen ermöglichte (Abb. 62).[18] Der Ort war gut ausgesucht: Die Aare weitet sich dort nicht nur zu einem weiten Becken, sondern der Flussuntergrund bildet dort eine natürliche Stufe.[19] Die Konstruktion ist eine hervorragende technische Leistung, und es ist anzunehmen, dass ein Bauherr seine Errichtung angeordnet hatte, der ihren wirtschaftlichen Nutzen aus eigener Anschauung kannte, über die nötigen finanziellen Mittel verfügte und mit dem Bau und dem Unterhalt derartiger Anlagen vertraute Fachleute zur Verfügung hatte. Herzog Berchthold V. brachte solche Voraussetzungen mit, kannte er doch eine entsprechende Konstruktion aus seiner im frühen 12. Jahrhundert entstandenen Stadt Freiburg im Breisgau, welche dort Wiehre genannt wurde (Abb. 61).[20]
Die Schwelle und die zugehörige Siedlung an den abgeleiteten Mühlekanälen diente als herrschaftliche Gewerbesiedlung zur Burg (Abb. 60).[21] Die Matte hatte aber auch Hafenfunktionen. Dabei ist von Anfang an mit zwei Schiffsanlegeplätzen zu rechnen: Da die Schwelle mit Booten nicht überquert werden durfte, um diese nicht zu beschädigen, brauchte es beidseitig des Hindernisses eine Ländе.[22] Die Hauptländе lag westlich des Mühlenplatzes in dem Bereich, der noch heute Schifflaube heisst; die zweite Schiffländе befand sich unmittelbar östlich der Mündung des Südarmes des Mühlekanals im Bereich der heutigen Wasserwerkgasse.

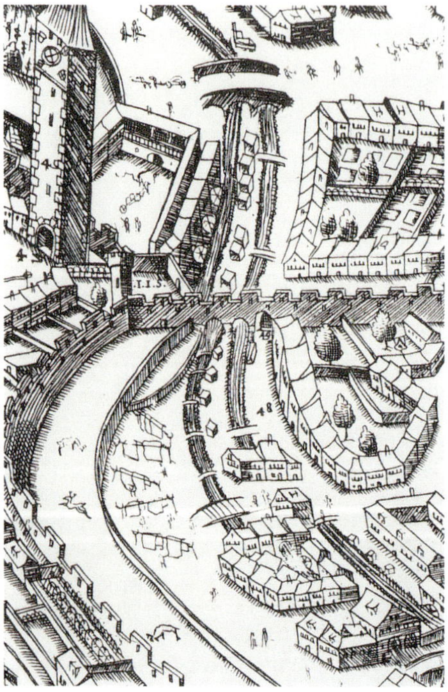

Abb. 61
Der Gewerbebach in Freiburg i. Br., der von der Wiehre (Stauwehr) aus dem Fluss Dreisam abgeleitet wurde; Vedute von Gregorius Sickinger von 1593 (Ausschnitt).

Die Gründungsstadt

Der vermeintliche erste Westgürtel an der Kreuzgasse
Seit Jahrzehnten erhitzt vor allem eine Frage zur Gründung der Stadt Bern die Gemüter: die nach ihrer ersten Westgrenze und damit nach ihrer ursprünglichen Grösse.

Armand Baeriswyl

area und casale: der Mythos von der Gründungsparzelle in Bern

Gemäss dem Architekturhistoriker Paul Hofer (1909–1995) gilt Bern als Hauptwerk zähringischen Städtebaus. Hauptmerkmal sei der Grundriss mit dem in der Stadtrechtsurkunde von 1218 erstmals genannten, noch im heutigen Stadtbild ablesbaren Gründungsraster von *areae* mit 100 Fuss Breite und 60 Fuss Tiefe.
Die archäologischen Grundannahmen für die Existenz dieses Rasters, der vom Historiker Hans Strahm (1901–1978) entwickelt worden war, sind inzwischen ins Wanken geraten. Strahm ging von einem Stadtgrundriss aus, dessen Alter ihm im Detail unbekannt war. Untersuchungen zeigen, dass er Parzellengrenzen und Kellergrundrisse, die aus verschiedensten Epochen stammen, unbesehen in die Zeit der Stadtgründung zurückschrieb und Stadtmauerzüge, deren Existenz inzwischen widerlegt ist (→ S. 86), als vermeintlich sichere Grundlinien für seine Rekonstruktionsversuche verwandte. Ganz generell zeigen die Ergebnisse der Mittelalterarchäologie, wie gefährlich es ist, den Stadtplan als historisches Dokument benutzen zu wollen, ohne ihn archäologisch erforscht zu haben, da er sich im Laufe der Zeit aus verschiedensten Gründen teilweise oder grundlegend verändern kann.
Auch die historischen Grundlagen sind fraglich geworden. Die Goldene Handfeste mit der Nennung der *areae* entstand nicht 1218, sondern wahrscheinlich erst kurz vor 1274. Was von ihrem Inhalt tatsächlich auf die Gründungszeit zurückgeht, ist völlig ungewiss, ebenso wie die Antwort auf die Frage nach dem mittelalterlichen Fussmass.
Neue Aussagen zur gründungszeitlichen Parzellierung und Bebauung sind beim heutigen Stand nur mit äusserster Zurückhaltung zu machen, da die spärlichen archäologischen Befunde kein zusammenhängendes Bild ergeben (→ S. 88).

Literatur: Baeriswyl, Studien; Gutscher, Forschungsstand; Gutscher, Fragen; Hofer, Herkunft; Maurer, Stadt; Strahm, Area; Strahm, Gründungsplan; Studie Bern

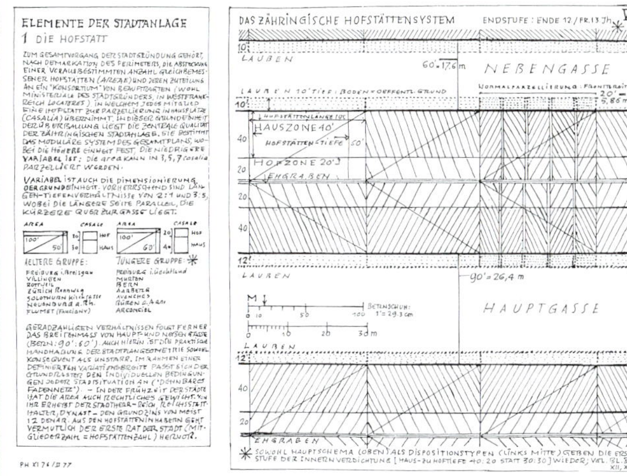

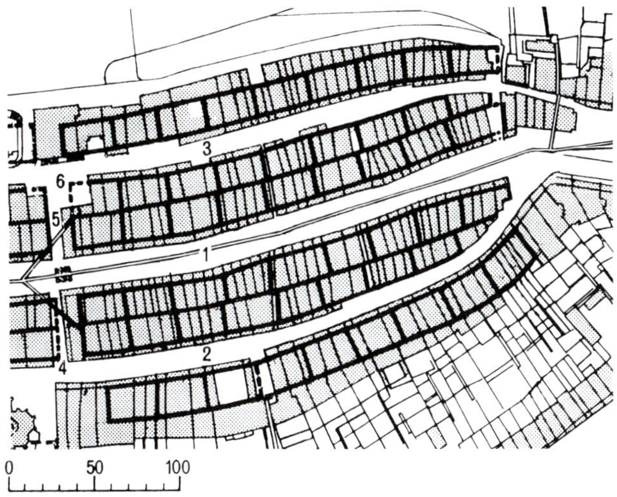

Oben: Paul Hofer verfeinerte die Hypothese Strahms und unterschied zwischen den areae, die zähringischen Ministerialen zur Parzellierung in einzelne Hausplätze (casalia) überlassen wurde. Unten: Die angeblich zähringische Hofstätteneinteilung nach Hans Strahm in einer Umzeichnung von P. Hofer.

Nach den Chroniken des 15. Jahrhunderts reichte die Gründungsstadt bis zum Zytgloggeturm (→ S. 21). Während die ältere Forschung dieser Überlieferung kritiklos folgte,[23] kam 1945 die Hypothese auf, die Gründungsstadt sei um 1152 unter Berchold IV. entstanden und hätte sich ursprünglich nur bis zur heutigen Kreuzgasse erstreckt. Erst im Jahr 1191 sei sie bis zum Zytgloggeturm erweitert worden.[24] 1952 berichtete Paul Hofer von archäologisch gefassten Mauerresten, die eine Stadtmauer an der Kreuzgasse zu belegen schienen (Abb. 65).[25] Damit blieb die Zweiphasigkeit bis vor kurzem die offizielle Lehrmeinung.[26] Archäologische Ausgrabungen in der Kreuz-, der Junkern- und der Kirchgasse im Sommer 1998 brachten die von Hofer seinerzeit als Stadtmauer interpretierten Mauern erneut zum Vorschein. Es erwies sich, dass sie zu Kellern von zwei Gebäuden des 15./16. Jahrhunderts gehörten (Abb. 65 und 66).[27] Ferner zeigten die archäologischen Profile nirgends Anzeichen eines Nord–Süd verlaufenden Grabens, der auf der Feldseite einer Stadtmauer zu erwarten wäre. Weitere Untersuchung in der Junkern- und der Kirchgasse belegten, dass weder östlich noch westlich der Kreuzgasse je ein derartiger Graben bestanden hat. Im Gegenteil liess sich auf dem gewachsenen Boden zwischen dem Erlacherhof und dem Münsterplatz ein durchgehendes erstes Gassenniveau nachweisen, welches auf Grund der Kleinfunde ins 13. Jahrhundert zu datieren ist. Damit wird klar, dass es innerhalb dieses beobachteten Bereichs in der Kreuzgasse weder einen Stadtgraben noch eine Stadtmauer gegeben hat. Justingers Bericht, dass sich die Gründungsstadt schon 1191 bis zum Zytgloggeturm erstreckte, wird sehr wahrscheinlich.

Abb. 62
Die einzige mittelalterliche Darstellung der Mattenschwelle in der amtlichen Berner Chronik von Diebold Schilling, um 1478/1483; BBB Mss. hist. helv.I.1, S. 31.

Abb. 63
Als einfache Maueröffnungen muss man sich die ursprünglichen Tore der Gründungsstadt Bern vorstellen. Das Beispiel zeigt das Obere oder Thomattinen-Tor von Unterseen aus dem späten 13. Jahrhundert; Tuschzeichnung von Heinrich Fuessli, um 1790, ETH Zürich Graphische Sammlung.

Umriss und erste Stadtbefestigung

Weniger umstritten sind die übrigen Grenzen der Gründungsstadt: Im Osten war sie von der erwähnten natürlichen Querrinne begrenzt, an die sich zur Aare hin Burg und *burgus* anschlossen (Abb. 56). Im Süden und im Norden bildeten die Hangkanten die Besiedlungsränder; die beiden randlich gelegenen Areale Herren- und Brunngasse wurden vielleicht erst im Zuge des Binnenwachstums erschlossen und überbaut (→ S. 208).

Es ergibt sich für die Gründungsstadt ein Areal von annähernd 600×190m. Damit war Bern mit 11,5 Hektaren nicht einmal halb so gross wie Freiburg im Breisgau, aber doch viel grösser als Burgdorf mit nur 2,5 Hektar oder Freiburg i. Ü. mit rund 4 Hektar. Die Grösse des Areals, die breite zentrale Marktgasse und die aufwendig ausgebaute Gewerbezone stehen in starkem Kontrast zu den vergleichsweise bescheidenen Dimensionen der stadtherrlichen Burg. Dieses Verhältnis darf als deutlicher Hinweis auf die Funktion der Stadt im Rahmen des zähringischen Herrschaftsraumes gedeutet werden: Die an der Kreuzung eines Land- und eines Flussweges gelegene Stadt sollte als Gewerbe- und Handelsort ein wirtschaftliches Zentrum im *regnum* Burgund werden, während bei der Anlage von Burgdorf offenbar der Residenzcharakter im Vordergrund stand (→ S. 176).

Über die Befestigung der Gründungsstadt ist nur wenig bekannt, da bisher kaum Mauerwerk aus der Zeit um 1200 archäologisch erfasst wurde. Sie dürfte allerdings nur aus einer Ringmauer bestanden haben, denn es gibt keine Hinweise auf verstärkende Mauertürme oder Toranlagen. Das Zytgloggetor erhielt wahrscheinlich erst um 1220/30 seinen Turm; ursprünglich ist nur ein einfaches Durchlasstor anzunehmen (Abb. 63).[28] Vorgelagert war ein mächtiger Graben, der Gerberngraben; es handelt sich um eine weitere natürliche Rinne quer über die Aarehalbinsel, deren südlicher Ausläufer noch bis 1937 offen war (Abb. 40 und 42).[29] Ihre Tiefe betrug im Bereich des Kornhauses rund 10 m.[30] Für die Ostseite der Stadt ist vorderhand nicht einmal bekannt, ob es überhaupt eine Mauer gab. Das gilt auch für die nördliche Längsseite, die durch die Aare geschützt war. Für die Südseite ist jedoch eine Befestigung anzunehmen, war diese doch wegen des flachen Flussufers an der Matte stärker exponiert. Zudem gab es ein Tor, das *Bubenbergtürli*, welches die Stadt mit der Matte verband.[31] An der Stelle des heute noch bestehenden Turms aus dem 13. Jahrhundert ist für die Gründungszeit ebenfalls ein Mauerdurchlass zu rekonstruieren.[32]

Abb. 64
Nach Justingers Erzählung beauftragte Herzog Berchtold V. von Zähringen einen Ministerialen aus der Familie von Bubenberg, den Bau der neuen Stadt zu leiten. Bubenberg baute die Stadt bis zum Zeitglockenturm – doppelt so gross, als ihm der Herzog befohlen hatte. Von diesem zur Rede gestellt, versprach Bubenberg, der einen grossen Zustrom erwartete, die Stadt notfalls auf eigene Kosten zu besiedeln. Tschachtlan-Chronik, ZB Zürich Ms. A 120, Abb. 1, S. 13.

Gassen, Parzellierung und Bebauungsstruktur

Die anlässlich der Gründung wohl neu angelegte, die Aarehalbinsel längs in zwei etwa gleich grosse Hälften teilende Landstrasse wurde als Hauptgasse zum Rückgrat der Stadt.[33] Beidseitig war sie von je einer parallelen Nebengasse begleitet, nordseitig von der Hormanns-[34], südseitig von der Kirchgasse

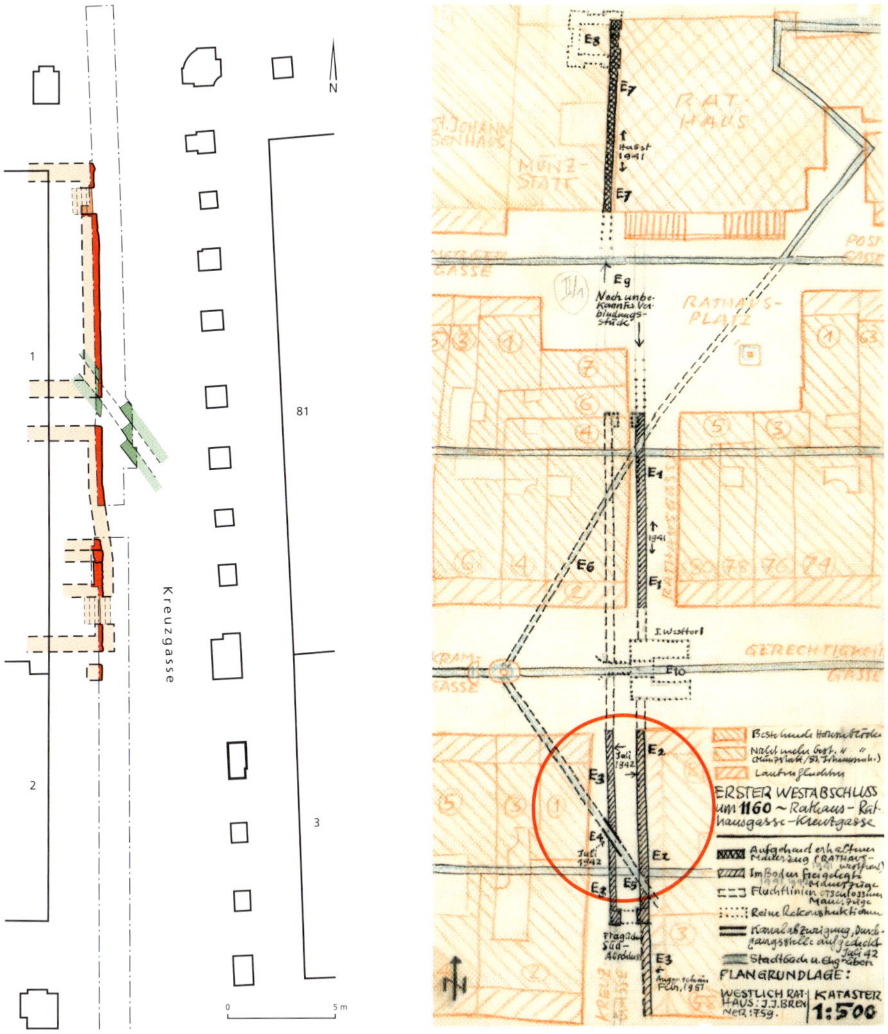

Abb. 65
Die Befunde an der Kreuzgasse im Vergleich: rechts ein Grundriss von Paul Hofer, um 1951. Der Kreis markiert den Ausschnitt der Zeichnung links, welche die archäologischen Befunde nach den Ausgrabungen von 1998 zeigt. Deutlich ist zu sehen, dass es sich bei den Mauern der Phase rot um die Kellermauern eines Vorder- und eines Hinterhauses an der Stelle des heutigen Hauses Kramgasse 1/Münstergasse 2 handelt. Der Kanal der Phase grün ist wesentlich jünger und rechnet bereits mit dem Abbruch der Häuser der Phase rot.

(Abb. 56).[35] Alle Quergassen waren untergeordnete, schmale Gässchen, einzig in der Mitte bildete die Kreuzgasse eine grössere – rangmässig allerdings hinter den Längsachsen zurückstehende – Querverbindung. Plätze fehlten vollständig; die einzigen Freiräume der Gründungsstadt waren die noch nicht überbauten randlichen Areale und der Friedhof um die Kirche.[36] Es gab auch keinen Marktplatz im Sinn einer ausgesparten Fläche, sondern der Marktraum war die aus diesem Grund derart breite Hauptgasse.[37] Der neue Flussübergang, der zusammen mit der Strasse entstanden war, ersetzte wahrscheinlich den älteren Übergang an der Nordspitze der Engehalbinsel. Somit lag die Stadt bald nach ihrer Gründung auch an einem frequentierten Landverkehrsweg.

Die Hangkanten, die Ummauerung und die Gassen ergeben ein System von Baublöcken, die als Grundlage einer Parzellierung dienten. Wie diese Parzellierung genau aussah – ja ob eine solche überhaupt für die gesamte Stadtfläche gleich von Beginn an bestand – ist völlig ungeklärt. Zu viel ist durch spätere Veränderung und moderne Zerstörung ohne archäologische Beobachtungen verschwunden. Sicher ist das von Hans Strahm und Paul Hofer vorgeschlagene System von *areae* und *casalia* zu schematisch und beruht auf heute teilweise überholten Prämissen (→ S. 89).

Neue Aussagen zur gründungszeitlichen Parzellierung sind beim heutigen Stand allerdings nur mit äusserster Zurückhaltung zu machen, da die spärlichen archäologischen Befunde noch kein zusammenhängendes Bild ergeben.[38] Die bisher gewonnenen Erkenntnisse lassen immerhin eines vermuten: Die noch heute die Stadt prägende Parzellierung mit ihren schmalen Grundstücken, welche vorne an die Gasse, rückseitig aber aneinander stossen und durch einen Ehgraben getrennt sind, ist wahrscheinlich nicht überall gründungszeitlich, sondern teilweise spätmittelalterlich überformt (→ S. 208). Mindestens stellenweise muss für die Zeit um 1200 mit anderen Parzellenzuschnitten gerechnet werden.[39] Es

Abb. 66
Grabungsfoto mit den Kellermauern an der Kreuzgasse. Im Mauerwerk steckt ein wiederverwendeter Fensterpfosten aus Sandstein, der ins 13./14. Jahrhundert zu datieren ist, Beleg dafür, dass die Mauern jüngeren Datums sein müssen.

fällt auf, dass im späten 14. und im 15. Jahrhundert Hofstätten genannt werden, die von Gasse zu Gasse reichen *...und stosset daz vorder hus vore an die Meritgassen und daz hinder hus an die Kilchgassen ...*[40] Noch um 1600 zeigt die Sikinger-Vedute Parzellen, die offenbar keine trennenden Hofmauern in der Mitte zwischen den Gassen aufweisen. Ein archäologisch untersuchtes Beispiel steht an der Gerechtigkeitsgasse 71/73 beziehungsweise Junkerngasse 50,[41] ein zweites an der Gerechtigkeitsgasse 79.[42] Es stellt sich deshalb die Frage, ob man – wenigstens an der Hauptgasse – nicht vielleicht statt längs besser quer zu den Gassen liegende Gründungsparzellen annehmen muss. Auffällig ist jedenfalls, dass die Baublöcke zwischen der Hauptgasse und der entsprechenden rükkwärtigen Gasse ohne die Lauben zwischen 32 und 35m tief sind und damit um den «Idealwert» von rund 100 Fuss pendeln.

Abb. 67
Das Säulenkreuz auf dem Hauptmarkt von Trier. Das Monument war um 960 als sichtbares Wahrzeichen der Stadtherrschaft und des Marktfriedens errichtet worden.

Die Stadtkirche

Überreste des ersten Kirchenbaus der Stadt wurden bei Umbauten unter dem heutigen Münster mehrfach angeschnitten, archäologisch aber nie umfassend erforscht. Seriöse Aussagen über ihre Grösse und architektonische Form sind momentan nicht möglich (→ S. 389). In den Schriftquellen erscheint die Berner Kirche erstmals 1224 als *ecclesia civitatis*,[43] knapp zehn Jahre später – noch immer eine Filiale der Pfarrkirche von Köniz – als *ecclesia parochialis*.[44] Ergrabene Reste der Kirchhofmauer erlauben die Rekonstruktion eines den Sakralbau umgebenden Friedhofs, der nördlich von der Kirchgasse und südlich von der Hangkante begrenzt war.[45]

Markt und Wasserversorgung

Die Marktgasse dominiert die Gründungsstadt: Markt war offensichtlich einer ihrer Hauptzwecke.[46] Zu berücksichtigen ist allerdings, dass Bern wegen seiner Lage abseits der grossen Handelsstrassen kein bedeutender Fernhandels- oder Rohstoffmarkt war; Jahrmärkte wurden erst seit dem 15. Jahrhundert regelmässig abgehalten, obwohl bereits in der Goldenen Handfeste zwei Termine vorgesehen waren.[47] Die ökonomische Stellung der Stadt sicherten in der Frühzeit die Wochenmärkte, durch die Bern rasch zum Wirtschafts- und Handelszentrum der dicht besiedelten Region heranwuchs (→ S. 257).[48]
Obwohl die *vicus fori*[49] genannte Gasse und ihre Einrichtungen in den Schriftquellen erst im 14. Jahrhundert fassbar werden, dürften diese bis in die Zeit um 1200 zurückgehen. Die Gasse war ursprünglich rund 25–30m breit, wobei in ihrer Mitte der Stadtbach floss. Über diesem Bach erhoben sich Marktbauten – Schalen oder Lauben genannt – die das Bild der Gasse bis 1468 prägten.[50] Man darf sie sich als eingeschossige, hallenartige, hölzerne Leichtbauten ohne Wände, aber mit einem Dach vorstellen.[51] Regelmässig erscheinen in den Schriftquellen des 14. Jahrhunderts Redewendungen wie von einer *banke gelegen under der oberen Schale von Berne*.[52] Gemeint sind offenbar permanente Konstruktionen, in denen sich einzelne Verkaufsstände befanden, welche die Handwerker oder Händler mieten konnten (Abb. 70). Neben diesen Marktbauten existierten auch mobile Stände und Buden vor den Häuserfassaden. Aus ihnen entstanden später durchgehende Bogenstellungen vor den Häusern, die ihre heutige Bezeichnungen «Lauben» wohl von den älteren gassenmittigen Marktbauten übernahmen.
Das Zentrum der Stadt befand sich am Schnittpunkt von der Marktgasse und der einzigen grösseren Quergasse und war wahrscheinlich mit einem Kreuz markiert, welches dort vom Stadtgründer als Symbol seiner Herrschaft und der Marktprivilegien errichtet worden sein dürfte (Abb. 67). Wenigstens deutet der Name, *vicus crucis*, Kreuzgasse, darauf hin.[53] An diesem Ort befand sich das herrschaftliche Hochgericht, der so genannte Richtstuhl.[54]
Die Wasserversorgung ist wahrscheinlich einer der ursprünglichen Bestandteile der städtischen Infrastruktur; der erste urkundliche Nachweis für die Existenz des Stadtbachs reicht jedenfalls in die Frühzeit der Stadt zurück.[55] Der aus dem Wangental in die Stadt geführte Bach diente als Brauch- und Löschwasserlieferant und floss wahrscheinlich in hölzernen Rinnen durch die drei Längsgassenzüge.[56] An ihrem östlichen Ausgang vereinigten sich die Bachläufe wieder und

wurden durch die Querrinne zwischen Stadt und Burgbezirk nordwärts in die Aare geleitet und trieben dabei noch die Wasserräder mehrerer Mühlen an (Abb. 56 und 68).
Parallel dazu bestand ein System von Abwasserkanälen, Ehgräben genannt, die am Stadteingang vom Stadtbach abzweigten und in der Mitte der Baublöcke verliefen (Abb. 56). Am Stadtende vereinigten sich die Ehgräben mit dem Abfluss des Stadtbachs und ergossen sich in die Aare. Obwohl archäologische Befunde aus der Frühzeit fehlen und die Ehgräben erstmals 1379 erwähnt wurden, sind sie wahrscheinlich ebenfalls Teil der Gründungsinfrastruktur, denn in Bern ist im Gegensatz zu vielen anderen Städten, so etwa Zürich, Freiburg i. Br. oder Villingen, bisher kein einziger Latrinenschacht archäologisch nachgewiesen.[57] Deswegen darf man inzwischen davon ausgehen, dass Bern keine Entsorgung durch Latrinen kannte und Abfälle aller Art wohl über die Ehgräben entsorgt wurden und in der Aare landeten.
Zu den Anfängen der Trinkwasserversorgung gibt es vereinzelte archäologische Befunde in Form von ergrabenen Sodbrunnen in Privathäusern.[58] Bern war in der glücklichen Lage, dank eines nur wenige Meter unter dem Gassenniveau verlaufenden Grundwasserstroms leicht zugängliche Quellen mit sauberem Trinkwasser zu besitzen. Dieser Strom floss in nordöstlicher Richtung und trat ursprünglich an mehreren Stellen am nördlichen Aarehang an die Oberfläche; dort schöpften die ersten Einwohner ohne Zugang zu einem privaten Sodbrunnen wohl ihr Trinkwasser.[59]

Abb. 68
Heutiger Zustand der im 18. Jahrhundert erbauten Stettmühle.

Das Wachstum bis zur Mitte des 13. Jahrhundert

Mit dem Übergang an die Staufer nach dem Tod des letzten Zähringers im Jahr 1218 wurde die Stadt zum königlichen Stützpunkt im *regnum* Burgund (→ S. 105). Das änderte sich 1254 schlagartig mit dem Zusammenbruch der staufischen Königsherrschaft. Für Bern bedeutete das keineswegs eine Befreiung vom Joch des Stadtherrn, im Gegenteil. Die Stadt fühlte sich schutzlos und ging deswegen mit Graf Peter II. von Savoyen ein Schutzbündnis ein, das diesen zum temporären Stadtherrn machte (→ S. 110). Die archäologischen und schriftlichen Quellen belegen ein von diesen wechselnden politischen Konstellationen offenbar unbeeinflusstes, stetiges Wachstum.

Die Verstärkung der Befestigung

Die Bedeutung, welche die staufischen Könige der Stadt beimassen – aber auch das Gefährdungspotential, das sie sahen – äusserte sich baulich in der Verstärkung und dem Ausbau der Stadtbefestigung um 1220/30. Er konzentrierte sich, soweit nachvollziehbar, auf die Westbefestigung. Hauptbauwerk war der damals errichtete Zytgloggeturm (Abb. 69 und 71). Mit seinem Grundriss von 10,8×11,2 m, einer Mauerstärke von rund 4 m und einer Höhe von 16 m war er eher ein wehrhafter, wuchtiger Mauerklotz als ein repräsentativer Stadteingang.[60] Darüber hinaus wurde die Ummauerung verstärkt und der Graben beidseitig mit Mauern aus Tuffsteinquadern versehen. Stadtseitig wurden sie wahrscheinlich als Brustwehr über das Bodenniveau hochgezogen und bildeten so einen zweiten Mauergürtel vor der eigentlichen Stadtmauer, zwischen denen ein Rondenweg, «Zwingelhof» genannt, verlief (Abb. 71).[61] Reste dieser Mauern wurden in der Zytgloggelaube 4/6, an der Mündung der Amtshausgasse, unter dem Kornhausplatz und dem Casinoplatz ergraben.[62]

Die Überbauung der randlich gelegenen Bereiche

Deutliches Zeichen des stetigen Zustroms neuer Menschen ist die nach Ausweis der archäologischen Befunde kurz vor der Mitte des 13. Jahrhunderts einsetzende Überbauung der randlichen Areale – ausserhalb der Bereiche entlang der Marktgasse und der sonnigen Südseite der oberen Junkerngasse, auf die sich die Gründungsbebauung konzentriert hatte. So entstanden auf den Parzellen an der östlichen Postgasse entlang der nördlichen Hangkante, die bisher nur als Werkplätze genutzt worden waren, im Gefolge des um 1250 erbauten öffentlichen Lenbrunnens erste gassenständige Holzhäuser.[63] Die ebenfalls damals einsetzende Überbauung an der unteren Junkerngasse ist durch ein steinernes Hinter-

Abb. 69
Das mittelalterliche Mauerwerk des Zytgloggeturms ist nur noch auf der Innenseite sichtbar.

Abb. 70
In Beauregard, Dept. Lot, in Südfrankreich hat sich bis heute eine spätmittelalterliche Markthalle erhalten.

haus an der Junkerngasse 1 belegt.[64] Ob die Randbereiche mit der Herren- und der Brunngasse auch erst damals angelegt wurden, wie Paul Hofer annimmt, ist unklar (Abb. 71).[65] Archäologische Funde aus dem späten 12. Jahrhundert an der Brunngasse 7/9/11 sind jedenfalls ein Hinweis darauf, dass das Gelände vorher schon genutzt war.[66] Für die Herrengasse gibt die Ansiedlung der Franziskaner im Jahr 1255 immerhin einen *terminus ante quem*.[67] Mit der Anlage des neuen Quartiers entstand ein neues Stadttor, das Michaelstürli südlich des Haupttores (Abb. 71).

Die Gründung der ersten geistlichen Niederlassungen
Zwischen 1226 und 1256 errichtete der Deutsche Orden unmittelbar neben der Kirche St. Vinzenz eine Niederlassung, die als Stadthof und Pfarrhaus diente (Abb. 71): Der Ritterorden war durch die staufische Schenkung der Mutterpfarrei Köniz auch Kirchherr der Stadtkirche geworden und übte dieses Amt nachweislich seit 1238 aus.[68] Diese Schenkung wirft ein weiteres Licht auf die Bedeutung, die Kaiser Friedrich II. Bern zumass. Eigentlicher Zweck der Donation von Köniz dürfte die Verstärkung der staufischen Herrschaft in der Stadt durch den Ritterorden gewesen sein, der damals sehr eng mit dem Königshaus der Hohenstaufen verbunden war.[69] Bern wehrte sich gegen den aufoktroyierten Kirchherrn, musste aber einlenken, wie eine Urkunde von 1238 belegt, in der sich die Stadt verpflichtete, künftig dem Gottesdienst der Deutschordensbrüder zu folgen (→ S. 389).[70] Die Fundamente der Kommende, die 1430 für den Neubau des Münsters weichen musste, wurden bei verschiedenen Ausgrabungen auf dem Münsterplatz angeschnitten, sind bisher aber nicht zusammenhängend erforscht. Es kann ein rechteckiges Steinhaus mit einem Grundriss von etwa 30×13 m rekonstruiert werden, welches in der Südwestecke des Kirchhofes mit seiner Südfassade an der Hangkante stand.[71] Es handelte sich wohl um ein Palas-artiges Hallengeschosshaus, ähnlich wie das 1262 entstandene Ritterhaus der Kommende Köniz (→ S. 317). Die Berner Niederlassung war aber rund ein Drittel grösser als das Mutterhaus in Köniz, was die Bedeutung dieser städtischen Niederlassung für den Ritterorden unterstreicht.[72]
Auch die Ansiedlung der Franziskaner zwischen 1251 und 1255 ist in keiner Weise zufällig geschehen (→ S. 400). Sie waren *instanter* (inständig) vom städtischen Rat in die Stadt gerufen worden, der ihnen *hofstat und platz ... ir kloster*

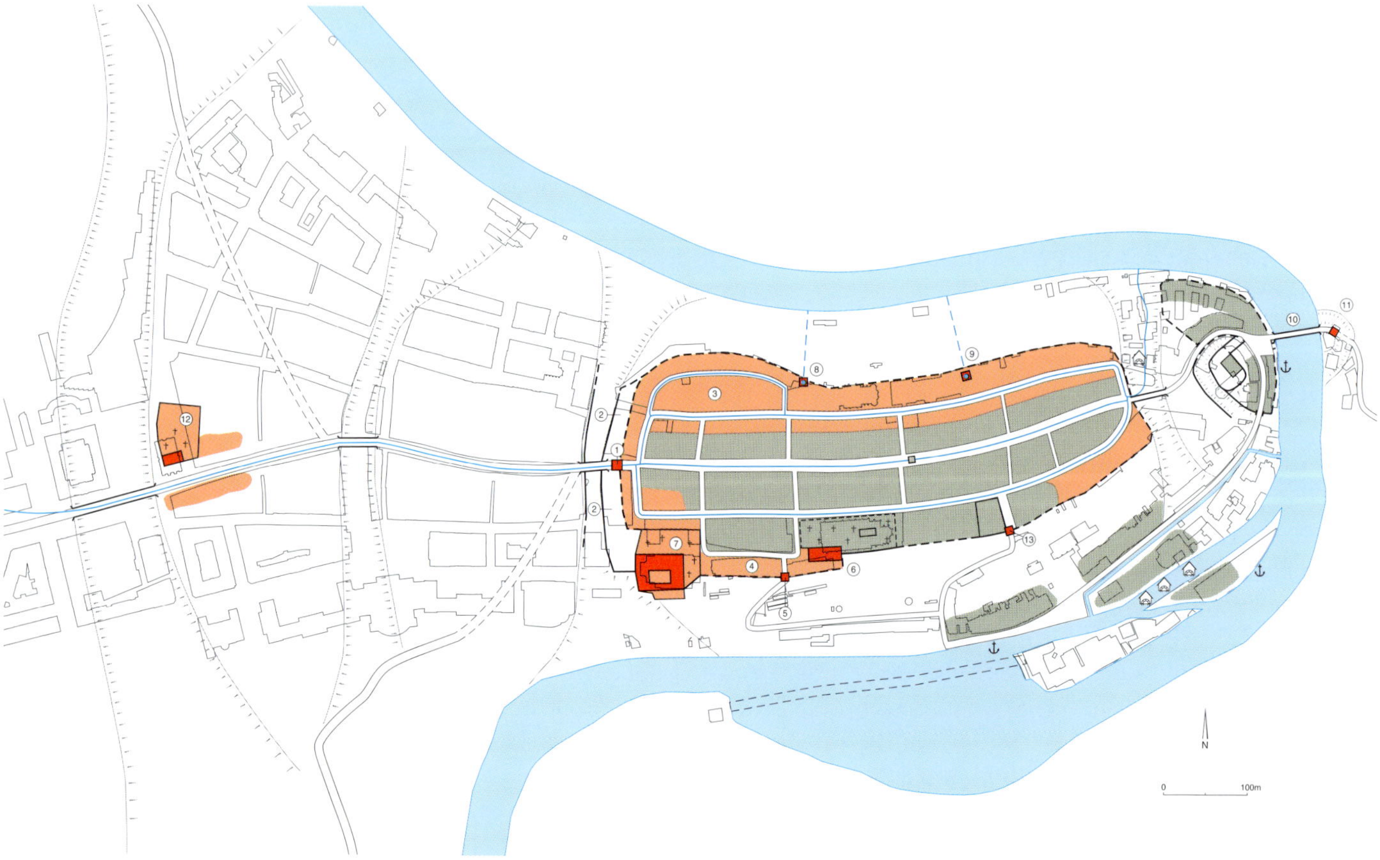

Abb. 71
Grundriss der Stadt Bern in der ersten Hälfte des 13. Jahrhunderts (zwischen der Gründung und der ersten Erweiterung); 1:6000.

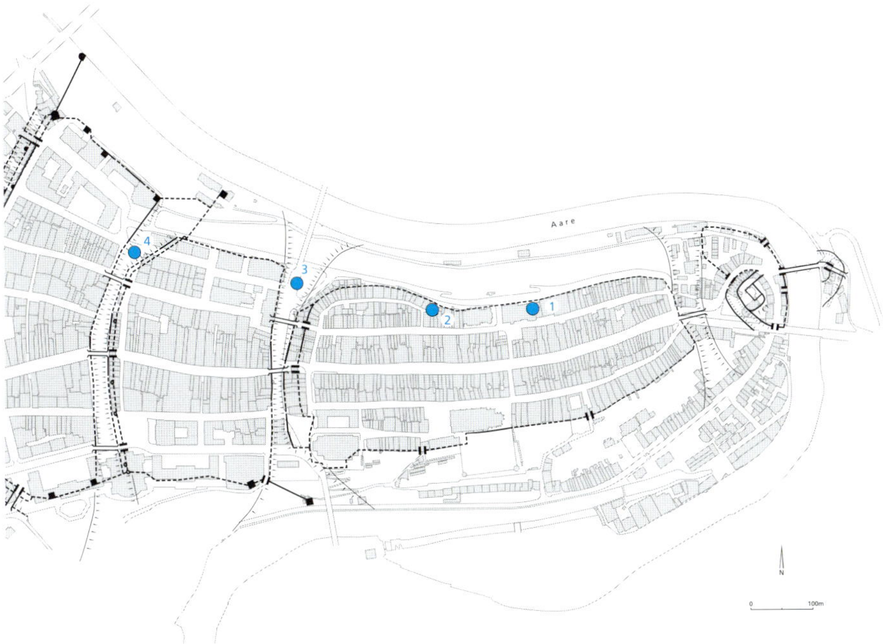

Abb. 72
Bern, Grundriss mit den öffentlichen Brunnen des 13. und 14. Jahrhunderts.

1 Lenbrunnen
2 Stettbrunnen
3 Brunnen im Badstubengraben
4 Schegkenbrunnen

zu buwen zuwies (Abb. 71).[73] Er verfolgte damit mehrere Zwecke. Erstens erhielt die Stadt an ihrem Westrand ein neues seelsorgerisches Zentrum, das wohl auf die ganze Stadt ausstrahlte. Vermutlich stand hinter der Berufung zweitens auch der Wunsch von Schultheiss und Räten, mit einer Bettelordensniederlassung ein geistliches Gegengewicht zum mächtigen Kirchherrn zu schaffen.[74] Die Beziehungen der Franziskaner zur Bürgergemeinde waren denn auch eng; die Kirche diente ihr als Versammlungslokal, das Kloster wurde reich mit Stiftungen begabt und der Kirchhof war eines der grossen Bestattungsareale der Stadt.[75] Drittens ist ein Zusammenhang mit der Stadtverteidigung wahrscheinlich, erhob sich der Klosterkomplex doch, einer Eckbastion gleich, über dem verteidigungstechnisch gefährdeten Südteil der die Stadt abschliessenden Querrinne: Diese lief am Aareufer aus und ermöglichte damit Feinden einen bequemen Einstieg in den Stadtgraben.[76] Über die Baugeschichte des Klosters ist nur wenig bekannt, archäologische Untersuchungen fehlen. Die Gründungsbauten bestanden vielleicht nur aus Holz; mit der Errichtung eines steinernen Kirchenchors wurde offenbar erst 1325 begonnen.[77]

Der Ausbau der Trinkwasserversorgung

In die Zeit des mittleren 13. Jahrhunderts fällt der Ausbau von zwei vorher wohl nur mit hölzernen Konstruktionen gefassten Quellen zu dauerhaften Brunnenanlagen der Kommune; es entstanden der Stett- und der Lenbrunnen (Abb. 72).[78] Es ist kaum Zufall, dass beide Anlagen in den erwähnten randlichen Bereichen der Gründungsstadt lagen, sondern es ist eine Wechselwirkung zwischen der baulichen Verdichtung des Areals und dem Ausbau der Quellen zu vermuten: Einerseits führte zunehmende Überbauung zu einer verstärkten Nutzung der Quellen, was wohl eine dauerhaftere Fassung erforderlich machte, andererseits dürften die fertig gestellten Brunnen weitere Siedler angezogen haben. Vielleicht gehören die Überbauung der Brunngasse und des Stettbrunnens zusammen, zumindest hat Letzterer der Gasse ihren Namen gegeben.
Während über das Aussehen des Stettbrunnens im 13. Jahrhundert nichts bekannt ist, konnte der Lenbrunnen an der Postgasse 68 1992–95 erfasst und bauarchäologisch dokumentiert werden.[79] Der dendrochronologisch in die Zeit um 1250 datierte turmartige Steinbau mit einem Grundriss von 7×7m war so in den Aarehang eingetieft, dass der Grundwasserstrom unter dem Fundament ins Innere strömte und dort aufstieg (Abb. 73 bis 77). Vermutlich war das Sockelgeschoss mit einem Kiesbett versehen, in dessen Mitte sich ein holzausgesteifter Schacht befand. Darüber lag ein Boden, von dem aus das Wasser in Eimern aus dem Schacht geschöpft wurde; ein weiteres Stockwerk darüber diente vermutlich als Wächterstube. Ein Überlauf dürfte sich über den Aarehang direkt in den Fluss entleert haben.[80]

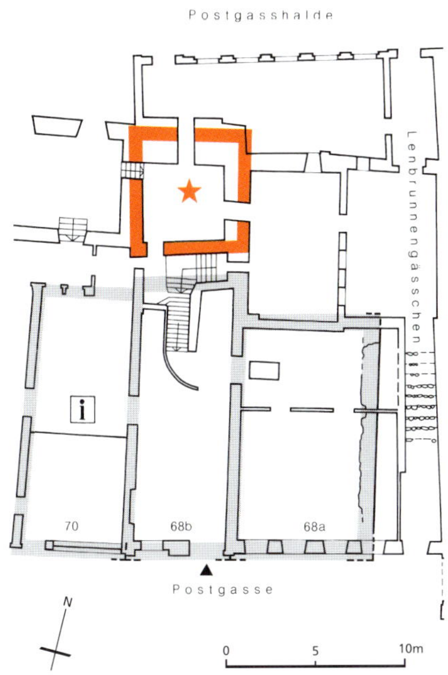

Abb. 73
Lenbrunnen, Grundriss der heutigen Situation:
■ Standort des Brunnenhauses;
■ mittelalterliche gassenseitige Häuser;
In Weiss die heutige Bebauung.

Abb. 74
Links: Lenbrunnen, Rekonstruktionsmodell von Urs Huber, Kehrsatz.
Rechts: Die Reste des Lenbrunnens sind heute während Büroöffnungszeiten öffentlich zugänglich: Der Ausstellungsraum befindet sich im Keller der Staatskanzlei an der Postgasse 68.

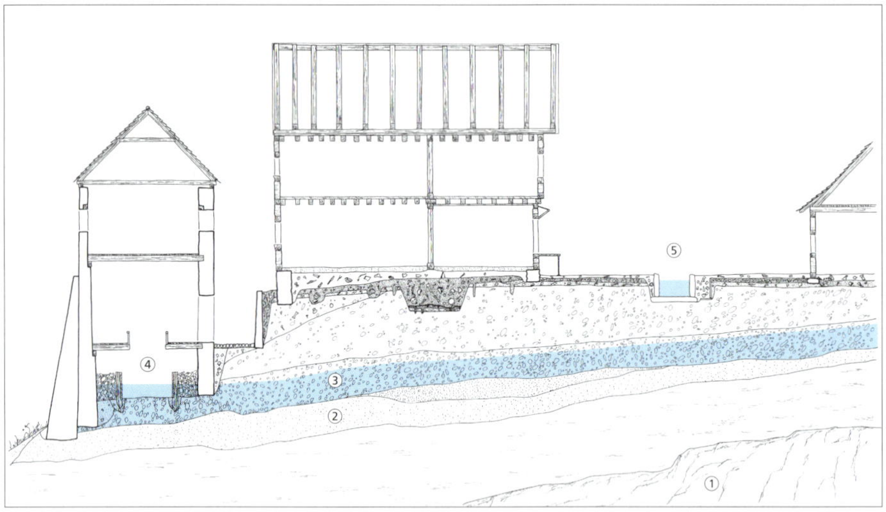

Abb. 75 (Mitte)
Lenbrunnen, hydrologisches Schema des Untergrundes (Blick Richtung Osten): 1 Molasse, 2 wasserdichte Schicht (Lehmschichten), 3 wasserführende Moränenkiesschicht, 4 Brunnenturm mit in die Schicht abgetieftem Schacht, 5 Postgasse mit Stadtbach.

Abb. 76
Lenbrunnen, das mittelalterliche Mauerwerk im unteren Bereich während der Untersuchung.

Abb. 77
Lenbrunnen, das mittelalterliche Mauerwerk mit der originalen Tür während der Untersuchung.

→ Abb. 78
Ansicht der Felsenburg nach dem 2002 abgeschlossenen Umbau.

Abb. 79
Rekonstruktion des herrschaftlichen Bezirks an der Ostspitze der Aarehalbinsel vor 1274 mit Untertor, Brücke, Burgbezirk und Burg Nydegg.

Vor den Toren

Die erste Aarebrücke
In Zusammenhang mit dem Wachstum der Stadt steht der Bau der wahrscheinlich ersten Aarebrücke anstelle einer vermuteten älteren Flussüberquerung mit einer Fähre (Abb. 79). Conrad Justinger erzählt die Umstände ihrer Entstehung: Initianten seien die Berner gewesen, die zu diesem Zweck einen Baumgarten in kiburgischem Besitz, *do nu der turn stat*, gekauft hätten. Das hätte einen Konflikt mit Graf Hartmann von Kiburg ausgelöst. Tatsächlich betrieb der Kiburger 1254 eine ausgesprochen aggressive Politik (→ S. 122). Justinger kommt dann auf den Brückenbau selber zu sprechen: Nach Beendigung des Konflikts sei Graf Peter von Savoyen in Bern von der Bürgerschaft sehr freundlich empfangen worden und hätte ihnen geholfen, die Brücke zu bauen. Justinger weist ihm dabei eine entscheidende Rolle zu, er soll – im Sinne einer Grundsteinlegung? – persönlich *den ersten ansboume* (Längsbalken) *über die brugge* gelegt haben.[81]

Diese legendenhafte Schilderung enthält sicher einen historischen Kern: Der Zeitpunkt für einen Brückenschlag durch die Stadt war 1254 günstig, sollte die Brücke doch im Burgbezirk ansetzen, der (noch) nicht Teil der Stadt war, nach dem Ende der Stauferherrschaft aber verwaist lag. Und Graf Peters «Hilfe» beim Bau der Brücke passt zu seinen mutmasslichen Absichten: Als Protektor Berns war er faktisch der Stadtherr, der mit seinem Ritt in die Stadt die Herrschaft antrat. Mit seiner Unterstützung beim Bau der Brücke trat er als Stadtherr auf, der seine neue Herrschaft in Besitz nahm und seine Untertanen förderte, in dem er ihnen einen Wunsch erfüllte. In den gleichen Zusammenhang gehört die erste Stadterweiterung, die ebenfalls von Peter II. symbolisch begonnen wurde (→ S. 101).

Da die Brücke 1265 erstmals urkundlich bezeugt ist, dürfte sie tatsächlich in diesem Zeitraum entstanden sein.[82] Über ihr Aussehen ist nichts bekannt; die Chronikbilder des 15. Jahrhunderts geben sie nicht korrekt wieder. Sicher ist nur, dass sie aus Holz bestand. Zu vermuten sind Joche, die aus einer Reihe von im Flussboden eingerammten Pfählen bestanden und eine Fahrbahn aus längs darüber verlegten und mit langen Streben verankerten Eichenbalken (Abb. 79).[83]

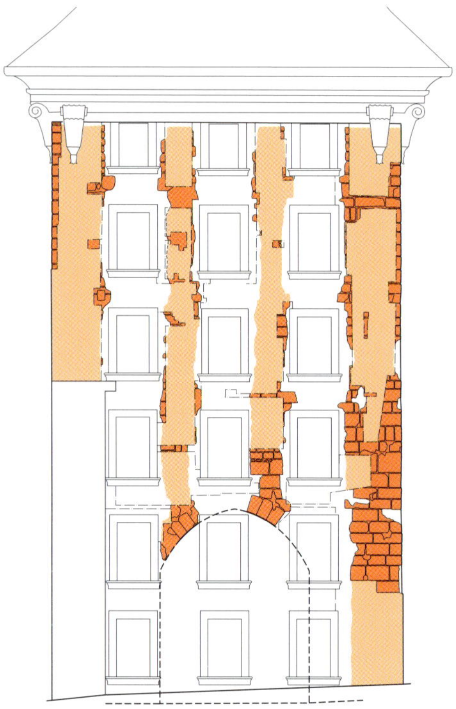

Abb. 80
Die Ostfassade des Untertors mit den Resten der ursprünglichen Bossenquaderung und dem spitzbogigen Portal. In Weiss die Störungen der Umbaumassnahmen von 1864.

Das rechte Flussufer war von Anfang an durch einen mit einem Graben verstärkten Brückenkopf befestigt (Abb. 78 bis 81).[84] In seinem Zentrum stand der in diese Zeit zu datierende Torturm, der als so genannte «Felsenburg» heute noch besteht.[85] Der rund 18m hohe, burgartige Turm aus Bossenquadermauerwerk war als Schalenturm errichtet, also gegen die Stadtseite offen, während sich feldseitig ein rund 5m hohes spitzbogiges Portal öffnete. Eine hölzerne Brücke führte über den Graben zum Klösterlistutz, dem Beginn der Überlandstrasse in Richtung Osten.

Abb. 81
Ein Detail der Turmfassade mit dem charakteristischen Bossenquadermauerwerk. Die Bossen wurden bei einer Restaurierung im mittleren 16. Jahrhundert abgeschlagen, um einen Deckverputz über die Fassaden ziehen zu können.

Das Heiliggeistspital und die zugehörige suburbane Siedlung
Ein Hinweis auf das stetige Wachstum Berns ist auch die Entstehung einer ersten suburbanen Siedlung an der westlichen Ausfallstrasse vor den Toren (Abb. 71). Kern der Siedlung war das rund 1 km vor der Stadt gegründete Heiliggeistspital *extra muros de Berno* beziehungsweise *prope Bernum*[86] (→ S. 410). Die im Jahr 1228 erstmals genannte, auch als Oberes oder Äusseres Spital bezeichnete Institution dürfte kurz zuvor entstanden sein,[87] wahrscheinlich aber nach 1218, so dass nicht mehr der Stadtgründer, sondern wohl schon die Bürgerschaft die Hospitaliter vom Heiligen Geist mit der Absicht nach Bern berief, mit dem Spital die Attraktivität der Stadt zu steigern.[88] Ein weiterer Zweck der Gründung ergibt sich aus der Lage. Diese war von der Kommune wohl auch aus militärisch-taktischen Überlegungen gewählt: Die ummauerte Spitalanlage befand sich nämlich unmittelbar östlich einer weiteren, von der Aare in den Untergrund gegrabenen, natürlichen Querrinne und konnte so im Kriegsfall als vorgeschobene Befestigung dienen.[89] Sie wurde denn auch bei der ersten Belagerung Berns durch König Rudolf im Mai 1288 erfolgreich verteidigt (Abb. 82).[90] Die ältesten Ansichten zeigen das Spital im Zustand nach dem umfassenden Neubau kurz vor 1500; das Aussehen der Gründungsbauten ist nicht bekannt und archäologische Befunde fehlen.
Eine suburbane Siedlung beim Spital ist aus den Schriftquellen erst im frühen 14. Jahrhundert nachzuweisen, so 1318, als Häusern mit anstossenden Gärten vor dem äusseren Oberen Tor neben dem Hospital zum Heiligen Geist die Rede ist; sie wird aber bald nach der Gründung des Spitals ihren Anfang genommen haben, war doch die Lage an der Landstrasse attraktiv.[91] Diese Siedlung ist wohl von den Spitalbrüdern gefördert worden, denn sie lag auf Grundbesitz des Spitals, mit dem einzelne Bürger gegen einen jährlichen Zins belehnt wurden.[92]

Abb. 82
Die Belagerung Berns durch König Rudolf von Habsburg im Jahr 1288. Am linken Bildrand ist ausserhalb der Stadt der ummauerte Komplex des Heiliggeistspitals erkennbar. Das Bild ist anachronistisch, da es die Stadt im späten 15. Jahrhundert zeigt, die gegen Westen mit dem Christoffelturm endet. Das Spital müsste damit im Innern der Stadt liegen, Tschachtlan-Chronik, ZB Zürich, Ms. A. 120, Abb. 16, S. 60.

Vor den Toren: Allmend und private Gärten
Ein Schlaglicht auf das Erscheinungsbild der vor den Toren gelegenen Areale im mittleren 13. Jahrhundert – der Zeit der ersten Stadterweiterung – wirft der Schenkungsbrief von 1269, mit dem die Stadt Bern dem Dominikanerorden ein Gelände nordwestlich der Gründungsstadt zum Bau eines Klosters zur Verfügung stellte.[93] Dort werden diese bis 1256 extramuralen Bereiche beschrieben: So wird das *communitatem pertinens, vulgariter Almeinda* genannt, die Allmend, die als Weidefläche für das Vieh der Stadtbürger diente. Daneben gab es aber auch viele private Gärten mit Sommerlauben, *horti sive loca hortorum* oder wie Justinger schreibt, *kleini hüsli und garten*.[94] So zeigten denn auch die archäologischen Ausgrabungen unter dem Kloster, dass die älteste Schicht aus mit etwas Holzkohle, Keramikscherben des 12./13. Jahrhunderts und Tierknochenfragmenten durchsetztem Humus bestand.[95] Auf diesen Grundstücken zogen die Stadtbürger ihr Gemüse und ihre Früchte, die einen wichtigen Teil ihrer Ernährung ausmachten.

Grosse Kräfte: Mit- und Gegenspieler

Ein zweiter Zähringer? Peter von Savoyen

Armand Baeriswyl

Bern, eine savoyische Stadt auf Zeit

Nach dem Zusammenbruch der staufischen Königsherrschaft beim Tod Konrads IV. im Jahre 1254 kam Bern in eine schwierige Situation, wurde die Stadt doch vom expansiven Grafen Hartmann V. von Kiburg, einem Anhänger der päpstlichen Partei, massiv bedroht. Ohne königlichen Rückhalt fühlten sich Rat und Bürgerschaft schutzlos und schlossen deshalb ein Bündnis mit Graf Peter II. von Savoyen (→ S. 119).[1] Dieser Schutzvertrag ist nicht mehr erhalten, wohl aber der wahrscheinlich gleich lautende zwischen Peter II. und Murten, das sich in einer ähnlichen Situation befand.[2] In dieser Urkunde war die Dauer des Protektorates befristet auf das nächste Erscheinen eines rechtmässig gewählten deutschen Königs in Basel.[3]
Mit dem Abschluss des Bündnisses hatte Graf Peter als *dominus et protector* die Stadtvogtei mit allen dazugehörigen Rechten und Einkünften an Münze, Zoll und Hochgericht übernommen, der von ihm eingesetzte Stellvertreter residierte auf der Burg Nydegg.[4] Peter von Savoyen war somit Stadtherr auf Zeit.[5]

Peter als Wohltäter Berns

Die neuen Machtverhältnisse führten schon bald zum Ende der Aggressionen des Kiburgers gegen Bern. Unmittelbar nach dem Ende des Konfliktes kam es zu der ersten Stadterweiterung Berns (→ S. 210). Der vom Chronisten Conrad Justinger verfasste Bericht gibt Hinweise auf das Verhältnis des Savoyers zur Stadt, auch wenn die lange nach den Ereignissen verfasste Darstellung verkürzend und überhöhend ist.[6] Nach Justinger ging die Initiative zur Stadterweiterung von der Berner Bürgerschaft aus;[7] auffällig ist aber die Betonung der aktiven Rolle von Peter von Savoyen dabei: Zwar hatten Schultheiss und Räte die Absicht, *daz man die stat witrote*, weil damals *gar vil lüten in die stadt gezogen*; als aber Graf Peter als Stadtherr in Bern einzog, legte man ihm die Erweiterungspläne vor. Sie sollen ihm zugesagt haben, und er *gieng mit sin selbs person, mit reten und burgern, und begreif ein vorstat mit einem graben.*[8] Diese Erweiterung – der Stadtteil zwischen dem Zytglogge und dem Käfigturm – wurde im 13. und 14. Jahrhundert noch nicht *vorstat* genannt, sondern hiess *nova civitas* beziehungsweise *neuenstat*.
Justinger nennt auch das Motiv für Peters aktive Rolle: Er *wollte ... ouch stifter und ortfrumer sin in der stadt von berne*; Peter wollte offensichtlich als Stifter und Gründer der Stadt Bern gelten.[9] Wenn, wie die Art der Schilderung vermuten lässt, Graf Peter bei dieser Gelegenheit zum ersten Mal in Bern gewesen ist, dann sind seine Handlungen als die eines Stadtherrn bei Antritt seiner Herrschaft zu verstehen: Ein neuer Stadtherr leitete diesen normalerweise mit der Bestätigung oder Erweiterung des Stadtrechts ein.[10] Mit dieser ebenso realen wie symbolischen Handlung präsentierte er sich der Bevölkerung als *dominus*, der seine Stadt und ihre Bürger beschützte und förderte. Justingers Formulierung lässt vermuten, dass auch eine Erweiterung der Stadt eine solche Handlung sein konnte. Der Gedanke scheint nahe liegend: Der neue Stadtherr konnte damit beweisen, wie sehr die Stadt in seiner Gunst stand und wie sehr ihm an deren Wachstum und Gedeihen lag. In einem ähnlichen Licht ist Peters Initia-

← Abb. 83
Spiez, Schlossturm. Graffito I. Reiter mit dem ältern Ringgenberger Panner.

Abb. 84
Peter von Savoyen in der Stadt Bern. Unter dem Schutz Savoyens konnte Bern die Brücke über die Aare vollenden, mit Rat und Hilfe des Grafen begann es jetzt auch die Erweiterung seiner Stadtmauern: Der Westabschluss wurde vom Zeitglockenturm an den Graben beim späteren Käfigturm verlegt. Darstellung in der Spiezer Chronik des Diebold Schilling, BBB Mss. hist. helv. I. 16, S. 89.

tive beim Bau der ersten Aarebrücke zu sehen: Nach Justingers Bericht soll er nämlich höchstpersönlich beim Verlegen des ersten Schwellbalkens mit Hand angelegt haben. Man fühlt sich spontan an eine moderne Grundsteinlegung erinnert, bei der Politiker in Anzug und Kravatte mit der Schaufel hantieren.
Die Aussage Justingers, Peter wolle als Gründer der Stadt Bern gelten, ist aber durchaus auch wörtlich zu verstehen: Nach dem Verständnis der Zeit erweiterte er nicht einfach das Gelände der Stadt, sondern er gründete eine – deswegen auch so genannte – *nova civitas Bernensis.*[11]
Die Gründung von Städten war bereits in der Antike und im Frühmittelalter ein prestigereiches und -förderndes Unterfangen. So wurde etwa Otto der Grosse für seine Gründung von Magdeburg von Widukind von Corvey verherrlicht und nach den mittelalterlichen Chronisten stand der «Adel» von Stadtgründern unmittelbar neben jenem der Begründer königlicher Geschlechter.[12] Stadtherren – vor allem solche, welche der Gründungsdynastie nicht mehr angehörten – wollten dem Prestige des *fundators* nacheifern und gründeten so eben Stadtteile «neu».[13] Der realpolitische Hintergrund dürfte Peters Absicht gewesen sein, Bern für Savoyen einzunehmen und durch die wirtschaftliche Förderung die Stadt nicht nur auf Zeit, sondern auf Dauer an sich zu binden.[14]

Berns Beziehungen zu König und Reich

Urs Martin Zahnd

Reichsstadt oder Stadt des Königs?

Am 7. September 1598 beauftragten Schultheiss und Rat der Republik Bern den Münsterbaumeister Hans Thüring, an der Ostwand des südlichen Seitenschiffes der Berner Hauptkirche ein Denkmal für Herzog Berchtold V. von Zähringen, den Gründer der Stadt, zu errichten. In Zusammenarbeit mit weiteren Künstlern – so unter anderen dem Bildschnitzer Georg Schmid – errichtete

Abb. 85
Das Denkmal für Herzog Berchtold V. von Zähringen, den Gründer Berns, an der östlichen Stirnseite des südlichen Seitenschiffes des Berner Münsters wurde 1601 vom Münsterbaumeister Hans Thüring im Auftrag von Schultheiss und Rat errichtet. 1673 wurden die Spätrenaissance-Architekturelemente des Denkmals mit Draperie- und Scheinarchitekturmalereien Conrad Heinrich Friedrichs umrahmt; der Einbau der neuen Sakristeitüre erfolgte 1917.

Hans Thüring das gewünschte Monument, signierte das Werk und datierte es auf 1601. Dass sich die Berner um 1600 in Dankbarkeit des fast vierhundert Jahre zuvor verstorbenen Gründers ihrer Stadt erinnerten, erstaunt kaum angesichts des selbstbewussten historischen Interessens, das sich in Bern seit dem Spätmittelalter in vielfältiger Form nachweisen lässt (Abb. 85).
Auf der oberen rechteckigen Schrifttafel des Denkmals wird denn auch ausdrücklich betont, es handle sich bei dem Auftragswerk der Behörden Berns um das Monument *Berchtholdi V. Zaeringiae ducis fortiss[imi]: urbis Bernae condito*[1] (Abb. 86), und im Mittelfeld prangt neben dem zentralen Berner Wappen das Löwen-Schild des Zähringers. Auffallen mag dem heutigen Betrachter schon eher, dass auf diesem den Zähringern gewidmeten Denkmal neben dem Stadtgründer und der stiftenden Stadt auch die Embleme des Reiches mit aller Deutlichkeit hervorgehoben werden: Das Pendant zum Zähringer-Wappen bildet der doppelköpfige Reichsadler. Auf dem Fries unter dem bekrönenden Giebelfeld findet sich zudem eine Inschrift, laut welcher Bern 1191 zur Zeit Kaiser Friedrichs II. gegründet worden sei – die Embleme der einst in Schwaben und Burgund zerstrittenen und rivalisierenden Geschlechter der Staufer und Zähringer finden sich friedlich vereint am selben Monument (Abb. 85). Im Bewusstsein der Berner um 1600 galt offensichtlich Kaiser Friedrich II., auf den sie ihre goldene Handfeste zurückführten, gleichsam als der zweite Gründer der Stadt, der das Gemeinwesen nach dem Tode Berchtolds V. von Zähringen ans Reich zurückgenommen und damit zur Reichsstadt erhoben habe. Und so wichtig selbstverständlich der Stadtgründer war, ebenso zentral war für das Selbstverständnis der Berner noch zu Beginn des 17. Jahrhunderts der Rang des

Abb. 86
Die Schrifttafel enthält die Widmung des Denkmals an «den mächtigen Herzog Berchtold von Zähringen, den Gründer der Stadt Bern.» Der Text aus dem Schriftband unter dem Dreiecksgiebel lautet: «ANO DOM: MCXCI. FRID: II ROM: IMP: BER: COD» (Im Jahre des Herrn 1191, zur Zeit des römischen Kaisers Friedrich II., wurde Bern gegründet). Ausschnitt aus Abb. 221.

Abb. 87
Die Kombination von Reichs-, Zähringer- und Berner Wappen (neben dem Stadtpatron Vincenz) ist bereits auf einer Wandmalerei von 1449 im Berner Rathaus nachzuweisen. Pause nach der verlorenen Malerei im Bernischen Historischen Museum.

Gemeinwesens als Reichsstadt, eine Deutung und Wertschätzung, die sich bereits beim Chronisten Justinger nachweisen lässt (Abb. 87).[2]
Zwar war diese Hervorhebung der Reichszugehörigkeit der Stadt nach der formalrechtlichen Lösung vom Reich 1648 offensichtlich nicht mehr erwünscht: Die Ordnungszahl hinter Friedrichs Name wurde noch in der zweiten Hälfte des 17. Jahrhunderts in ein VI. verändert, weil das Interesse nicht mehr dem Kaiser galt, von dem man annahm, er habe die Kommune zur Reichsstadt erhoben, sondern jenem, der zur Zeit der Stadtgründung herrschte – der Name «Friedrich» liess sich dabei allerdings nicht in «Heinrich» umwandeln.[3] Selbst im Bewusstsein historisch interessierter Bernerinnen und Berner unserer Tage blieb aber die stolze Überzeugung erhalten, Bern habe im Mittelalter dem erlauchten Kreis der Reichsstädte angehört und sei von den benachbarten fürstlichen Untertanenstädten sehr wohl zu unterscheiden gewesen. Die Reichsfreiheit und Reichsunmittelbarkeit habe ihren Niederschlag nicht nur in zahlreichen kaiserlichen Privilegien gefunden, sondern auch darin, dass die Stadt, formalrechtlich den grossen Dynasten und Kirchenfürsten gleich, nur dem Reich selber unterstanden sei. Sicherung und Gefährdung dieser Reichsfreiheit sei deshalb für die Kommune von grösster Bedeutung gewesen. Und diese Vorstellungen sind von renommierten Historikern durchaus geteilt und untermauert worden. In seiner grossen Berner Geschichte gliedert etwa Richard Feller den ersten Teil unter anderem in die Kapitel «Die Reichsstadt Bern» (vom Aussterben der Zähringer bis zum Beginn der savoyischen Schutzherrschaft 1218–1255) und «Bern wieder reichsfrei» (nach dem Interregnum 1273/74); und Hans Strahm führt sogar aus, Friedrich II. habe Bern 1218 die Reichsunmittelbarkeit verliehen, wodurch die Kommune ein «autonomes Gemeinwesen, eine freie, reichsunmittelbare Stadt»[4] geworden sei.

Diese Deutung des Reichsstadtcharakters ist nun allerdings in jüngster Zeit in Frage gestellt worden. Ausgangspunkt dieser Neubeurteilung waren interessanterweise nicht Untersuchungen über Reichsstädte oder freie Städte, sondern Forschungen zu Königtum und Reich im Spätmittelalter. Peter Moraw, Ernst Schubert und andere haben gezeigt, dass es nicht zulässig ist, vom Reich im 14. und 15. Jahrhundert als von einem Staatenbund oder gar einem Staat zu sprechen. Auch in der Zeit nach dem Interregnum blieb einerseits der Anspruch auf die heilsgeschichtliche Verankerung, die römischen Wurzeln und die Unteilbarkeit des Reiches erhalten. Andrerseits beruhte aber der lockere, von aussen ungefährdete Zusammenhang des Imperiums nur auf wenigen gemeinsamen Verfahren und Institutionen, die den Teilgewalten ein weites politisches Spielfeld offen liessen und in zahlreichen «Nischen» die Entstehung unterschiedlichster politischer Lebensformen ermöglichten. Erst im letzten Drittel des 15. Jahrhunderts wurde dieser Zustand der so genannt offenen Verfassung allmählich von der Entwicklung zu mehr Staatlichkeit umgeformt, einem Prozess, der vor allem unter Maximilian zum institutionalisierten Dualismus von Herrscher und Reichstag, Kaiser und Reich führte.
Die entscheidende Figur in diesem Reich war auch noch während der spätmittelalterlichen Umwandlungsperiode der König, beziehungsweise der Kaiser. Zwar beschränkte sich dessen Herrschaftstätigkeit nach dem Interregnum sehr oft auf die Selbstbehauptung der königlichen Stellung, denn der Aufbau einer regionalen oder gar lokalen Verwaltung gelang den Herrschern kaum. Angesichts der Ausdehnung des Reiches war an eine herrschaftliche Durchdringung nicht zu denken, und mit den bescheidenen Überresten des Reichsgutes, mit der Schaffung von neuen Rechten (Privilegien) oder mit der Errichtung von Friedensordnungen konnten die Könige lediglich ins Reich hineinregieren. Dennoch verkörperte sich in ihnen das Imperium am deutlichsten: Allein auf den Herrscher liessen sich letztlich Friede und Recht zurückführen, allein in seiner Person wurde das Reich manifest. Das Dasein des Königs beziehungsweise des Kaisers war wichtiger als sein Handeln (Abb. 88).[5]
Naheliegenderweise haben diese revidierten Vorstellungen von König und Reich im Spätmittelalter dazu geführt, dass auch die so genannten Reichsstädte und deren Beziehung zum Herrscher und zum Reich erneut untersucht und

beurteilt worden sind. In zahlreichen jüngeren Veröffentlichungen wird betont, zwischen Königsstädten auf Reichsgut, Königsstädten auf Kirchengut, Reichsvogteistädten und freien Städten sei zu unterscheiden. Insbesondere im 13. und 14. Jahrhundert dürfe noch nicht von «Reichsstädten», sondern vorsichtigerweise lediglich von «königlichen Städten» gesprochen werden, denn der König habe in diesen Städten seine Herrschaft ausgeübt wie irgendein geistlicher oder weltlicher Fürst: Er habe seine Amtleute eingesetzt, Steuern und Naturalabgaben bezogen, mit seinem Hof das Gastrecht beansprucht oder die Romzughilfe eingefordert. Zur Reichsstadt des 15. Jahrhunderts sei die königliche Stadt der Stauferzeit erst auf Grund eines beschwerlichen und lange nicht immer erfolgreichen Prozesses geworden. Zudem habe dieser Prozess in Landschaften stattgefunden, die in ganz unterschiedlicher Weise mit dem König und seinem Hof verbunden gewesen seien: Neben ausgesprochen königsnahen Regionen und Städten (Franken, Mittelrhein, Untermain; Nürnberg, Frankfurt) habe es auch königsferne Landschaften gegeben; dazu hätten im 14. und 15. Jahrhundert unter anderem Schwaben und insbesondere die Region südwestlich des Rheins gehört, mithin gerade jene Gegend, in der auch Bern liegt.[6] Angesichts dieser Forschungslage ist es nahe liegend, dass auch die Frage nach dem Reichsstadtstatus Berns erneut aufgerollt wird. In den neuesten Arbeiten zu diesem Thema gilt denn auch das Augenmerk einerseits den königlichen Privilegien, welche die Kommune erhalten hat und die gleichsam als Wegmarken der königlichen Autonomiegewährung interpretiert werden; die Stellung der Stadt wird also vornehmlich aus der Perspektive des Königs beziehungsweise des Reiches gesehen. Andrerseits wird gefragt, wie sich das Verhältnis zwischen König und Stadt, zwischen Reich und Stadt in den Augen der städtischen Führungsgruppen dargestellt hat, welche Verfassungswirklichkeit sie auf Grund des Rechtsstatus ihrer Kommune erlebt und gestaltet haben.[7] In den nachfolgenden Ausführungen soll versucht werden, die beiden Gesichtspunkte zu kombinieren.

Abb. 88
So stellte sich der Chronikillustrator um 1485 den im Kreise seiner Fürsten herrschenden König Friedrich II. vor, der mit Szepter und Reichsapfel unter einem prächtigen Baldachin sitzt. Vor dem Thronpodest liegen zwei Hunde – Zeichen des höfischen Lebens. Aus den Arkaden im Hintergrund beobachten Zuschauer die feierliche Zeremonie. Spiezer Chronik des Diebold Schilling, BBB Mss. hist. helv. I. 16, S. 49.

Die Stadt der staufischen Herrscher

Gemäss alter Tradition ist Bern 1191 von Berchtold V., dem letzten Zähringer Herzog, als klassische Gründungsstadt errichtet worden. Grund und Boden der Aareschleife, auf dem die Stadt gebaut wurde, war ursprünglich ein Teil des hochburgundischen Königsgutes, das auch den Forst und den Hof Bümpliz umfasste und im 12. Jahrhundert zusammen mit Solothurn, Murten, Laupen, Gümmenen und der Grasburg zum Fiskalbesitz der salischen und staufischen Könige gehörte. Die These, die Stadt sei auf zähringischem Eigengut entstanden, ist eindeutig widerlegt worden: Berchtold gründete die Stadt als Vertreter des Kaisers, als Rektor in Burgund, auf Reichsboden und übte in dieser Stellung auch die Funktionen eines Stadtherrn aus.[8] Das zuvor nicht zu belegende Amt eines Rektors in Burgund erhielten die Zähringer (Konrad) 1127 von Lothar III., der ihnen damit die Aufgabe übertrug, Rechte und Pflichten des Königs wahrzunehmen, solange der Herrscher nicht persönlich in Burgund weilte. Trotz alter Rivalitäten zwischen Staufern und Zähringern in Schwaben bestätigte Friedrich I. 1152 das Rektorat der Zähringer: Er wies Berchtold IV. als Reichsverweser ganz Burgund samt der Provence zu und versprach, ihm bei der Erringung der tatsächlichen Gewalt in diesem Gebiet behilflich zu sein. Weshalb diese Übereinkunft nicht eingehalten worden ist und die Spannungen zwischen den beiden Geschlechtern wieder zugenommen haben – vielleicht wegen des Ausbleibens der versprochenen zähringischen Truppenkontingente –, lässt sich nicht eindeutig eruieren. Jedenfalls kam es um 1156, nach der Heirat Friedrichs mit Beatrix von Burgund, zu einem erneuten Ausgleich: Berchtold erhielt die Investiturrechte in den Bistümern Genf, Sitten und Lausanne, musste dafür aber seine Rektoratsansprüche im südlichen und westlichen Burgund aufgeben; der Wirkungsbereich des zähringischen Rektorates beschränkte sich damit auf den Raum zwischen Jura und Alpen. Offene Konflikte scheint es nach 1156 zwischen dem staufischen Königshaus und den Zähringern keine mehr gegeben zu haben. Mehrfach weilte Berchtold IV. im Gefolge Friedrichs I. in Italien, 1173 belehnte der Staufer die Zähringer mit der Reichsvogtei Zürich und 1197/98 verzichtete Berchtold V. auf eine Thronkandidatur gegen Philipp von Staufen.[9]

Als sich immer deutlicher abzeichnete, dass Berchtold V. ohne legitime Nachkommen bleiben würde, berief Friedrich II. 1214 einen Hoftag nach Ulm ein, um die zähringische Erbschaftsfrage zu regeln. Bei dieser Gelegenheit wurde festgelegt, dass die Reichsgüter an den König, der zähringische Eigen- und Lehensbesitz an jene Familien, in die Berchtolds Schwestern Agnes (Grafen von Urach) und Anna (Grafen von Kiburg) geheiratet hatten, und Rheinfelden sowie Burgdorf an die Herzogswitwe Clementia fallen sollten (→ S. 119). Allerdings meldete auch Friedrich II. – mit Hinweis auf eine entfernte Verwandtschaft – Ansprüche auf Teile des zähringischen Hausgutes an. Nach dem Tode Berchtolds V. von Zähringen am 18. Februar 1218 griff der König sofort zu: Die Reichslehen im Rektorat Burgund mit Bern, Solothurn, Murten, Grasburg und Laupen samt den dazugehörigen Landgebieten, die Reichslehen im Oberland und die Reichsvogtei Zürich zog er an sich. Um die Zugehörigkeit zum Reichsgut zu sichern, stellte er die Fraumünsterabtei sowie das Grossmünsterstift in Zürich unter seinen Schutz und stattete mit grösster Wahrscheinlichkeit auch die Stadt Bern mit einer (nicht erhaltenen!) Handfeste aus. Zugleich setzte er seine Ansprüche auf einen Teil der zähringischen Kirchenlehen und sogar an zähringischem Hausgut durch (Villingen). Das restliche zähringische Hausgut nördlich des Rheins fiel an die Uracher, südlich des Rheins an die Kiburger; Clementia wurde gezwungen, ihren Anteil zu verkaufen. 1218/19 muss es zu heftigen Erbstreitigkeiten zwischen Staufern, Urachern und Kiburgern gekommen sein. So bemühte sich etwa Graf Ulrich von Kiburg, der bedeutendste Erbe des zähringischen Eigen- und Lehensbesitzes in der Westschweiz, vom König auch mit dem Rektorat in Burgund betraut zu werden. König Friedrich II. wies diese Ansprüche aber zurück; er übertrug neben dem Herzogtum Schwaben auch das burgundische Rektorat auf seinen Sohn Heinrich – offensichtlich sollten die burgundischen Reichsgüter, und dazu zählte auch die junge Stadt Bern, unmittelbarer Kronbesitz bleiben. Nach der Kaiserkrönung Friedrichs II. und der Erhebung Heinrichs zum König und Mitregenten in Deutschland scheint das Rektorat erloschen zu sein. Mit der Sicherung von Frieden und Recht sowie dem Schirm der Freien auf dem offenen Land wurden nun die Landgrafen betraut: die Nidauer in Aarburgund, das heisst links der Aare, die Buchegger in der rechts der Aare gelegenen Landgrafschaft Burgund (→ S. 117). Die Landgrafen besassen allerdings nie die Machtfülle der alten Rektoren.[10]

Die Politik Friedrichs II. gegenüber den Städten war uneinheitlich: Einerseits suchte er die Kommunen nördlich der Alpen stärker an die Krone zu binden und stellte gerade in den Jahren 1218–1220 – also vor seiner Rückkehr nach Italien – zahlreichen Städten Privilegien aus; andrerseits war er insbesondere nach 1220 aus Rücksicht auf die Fürsten mit verfassungsrechtlichen Zugeständnissen an die Kommunen zurückhaltend. Demgegenüber verfolgten Friedrichs Söhne und Vertreter im Reich, Heinrich (VII.) und Konrad IV., nicht nur eine ausgesprochen städtefreundliche Politik; sie bemühten sich zudem darum, den alten Reichsbesitz in Burgund, und damit nicht zuletzt die Stadt Bern, dem direkten Zugriff der Krone zu erhalten. Im Verzeichnis der Städte, Flecken und Judengemeinden, die 1241 dem Reich gegenüber zu Steuerzahlungen verpflichtet waren, wird aus dem burgundischen Raum allein die Stadt Bern erwähnt, Solothurn, Murten, Laupen oder das Haslital fehlen. Dass Bern die besondere Aufmerksamkeit der Stauferkönige besessen hat, zeigt sich auch an den Hoftagen, zu denen sowohl Heinrich (1224) als auch Konrad (1238, 1244) die Grossen Burgunds in der Aarestadt versammelt haben. Am Hoftag von 1224 ging es unter anderem nochmals um die zähringische Erbschaft: Der König und die versammelten Grossen verfügten, Graf Egino von Freiburg und Urach habe die in Gefangenschaft gehaltene Herzogswitwe Clementia freizulassen; die Wiederholung desselben Urteils auf dem Mainzer Hoftag von 1235 zeigt allerdings, dass dem Entscheid nicht nachgelebt worden ist.[11]

Offenbar kam Bern die Funktion eines regionalen staufischen Machtzentrums zu: Als Ersatz für das nach 1220 nicht mehr erneuerte burgundische Rektorat ernannten verschiedene Könige im 13. und beginnenden 14. Jahrhundert Prokuratoren, die als Vertreter des Herrschers neben den Landgrafen die Interes-

Urs Martin Zahnd

Kaiser und Könige besuchen die Stadt Bern

Als Stadt des Königs und als Reichsstadt ist Bern mehrmals von den Herrschern mit ihrem Gefolge besucht worden. In den Mauern der Stadt fanden dann jeweils Hoftage statt, an denen der König in Anwesenheit der Grossen Burgunds und der städtischen Behörden anstehende Probleme des burgundischen Raumes regelte, Frieden und Recht zu sichern suchte und allenfalls neue Kompetenzen und Privilegien erteilte. Folgende Königsbesuche und Hoftage in Bern sind nachzuweisen:

1224 König Heinrich (VII.)
1238 König Konrad IV.
1244 König Konrad IV.
1275 König Rudolf I.
1295 König Adolf
1309 König Heinrich VII.
1310 König Heinrich VII.
1365 Kaiser Karl IV.
1414 König Sigismund

Die Besuche Karls IV. und Sigismunds beschreibt Konrad Justinger in seiner Chronik eingehend. Einige Stellen über den Königsbesuch von 1414 werden hier wiedergegeben (Justinger, S. 218–220): Der Chronist betont, anlässlich dieser Aufenthalte habe Bern neue Privilegien erhalten und das Prestige der Stadt sei gemehrt worden; zugleich verschweigt er aber auch die Beherbergungskosten nicht, die Bern als Stadt des Königs hat übernehmen müssen. Das Bild zeigt, wie sich der Illustrator von Diebold Schillings Spiezer Chronik um 1485 den Einzug von König Sigismund in die Stadt Bern vorgestellt hat. BBB, Mss. hist. helv. I. 16, S. 601.

Wie aber der küng (König Sigismund, 1414) enpfangen wart.
Darnach wart der küng enpfangen von dem schultheis, rete, zweyhunderten und von der gantzen gemeinde von bern, die alle nacheinander beidersit der strasse mit tscheppellin stunden ordenlich. Do bot im der schultheis der stat slüssel von den toren. Do sprach er: nempt die slüssel wider und hütent wol. Also waz nu bereit ein guldin himel an vier stangen, den trugen die vier venre ob dem künge, und giengent neben des küngs rosse, und reit der küng also under dem himel und der schultheis und die rete giengent alle nebent dem rosse. Also wart der küng gar erlich und ordenlich in die stat gefüret. Und do man uf den platz kam vor dem zitgloggenturn, do giengen die pfafheit mit dem heltum und schuolern jegklichs in sin gotzhuse, und fürt man den küng zu den prediern. Do waz vorhin herlich bereitet ein kamer und sin bette mit guldinen und sidinen tüchern in der grossen stuben; die tische wol bereit, und die wende alle behengket mit kostberen tüchern, besunder hindrem tische, do der küng saz, an der wand ein guldin tuch. Also ass er nit me denn ein mal in der stuben, die andren male ass er in dem refentor [=Refektorium, Essaal des Klosters], und allermenglich bi im, als vil do lüten gesitzen mochten an allen tischen inwendig und usswendig.

Daz all sachen wol geordenot waren.
Es waz ouch bestellet und geordenot umb win, umb brot, umb fuoter, wa man daz vinden und nemen sollte; fleisch, visch, spetzerie und ander ding, waz man bedorft dez hat man gnug, da waz kein gebrest. Nit allein der küng, sunder menglich hat gnug, me ouch der graf von safoy und alle die sinen; und allen den, so zu dem küng dar komen, gap man gnug. [...]

Der kost so uber den küng gangen waz.
Als nu der küng und der graf voll safoy von bern geschieden, do uberslug man allen kosten der zerung, der schmiden, der sattlern, bi den schönen frouwen im gesslin, darzu daz man an barem gelte gap des künges amptlüten, nemlich sinen pfiffern, trumpotern, türhütern, metzgern, köchen, daz bar gelt geburt sich in ein summe sechtzig schiltfranken und aller kost in ein summe gerechnot gebürte zwei thusent pfunt pfennigen. Der koste beturte nieman, won nachdem do der küng uf dem rine und vil andern stetten und landen gewesen waz, do rümde der küng offenlich, daz im in keiner richstat me eren und wirdikeit nach aller ordnunge erbotten were, denne ze bern. Und daz ist kuntlich war.

sen des Reiches, insbesondere den Schutz von gefährdetem Reichsgut, wahrnehmen sollten. Diese Funktion übte in der Zeit Heinrichs und Konrads mehrfach die Stadt Bern aus. Am 20. Februar 1229 teilte König Heinrich *procuratori Burgundie pro tempore constituto nec non sculteto et universis civibus de Berno*[12] den derzeitigen Prokuratoren in Burgund, dem Schultheissen und der Gesamtheit der Bürger Berns mit, das Gotteshaus Köniz sei dem Deutschen Orden übergeben worden (→ S. 389); und im Februar 1244 unterstellte König Konrad das Kloster Rüeggisberg dem Schutz Berns, das erneut mit *procuratori Burgundie pro tempore constituto*[13] angesprochen wird. Dass die Bewohner der umliegenden weltlichen und geistlichen Reichsgüter diese Stellung Berns anerkannt haben, zeigte die Klage wider Walther von Eschenbach, die das Kloster Interlaken bereits 1223 vor Schultheiss und Bürgern der Stadt Bern vorgebracht hat, weil es sonst keinen Verteidiger hätte. Ausdrücklich wurde die Stadt denn auch von König Heinrich am 25. Februar 1224 mit dem Schutz des Klosters betraut (→ S. 165). Die Führungsrolle Berns innerhalb des burgundisch-staufischen Bereiches lässt auch sein Auftreten als Haupt einer Gruppe von (ungenannten) burgundischen Verbündeten in einem Friedensvertrag mit Luzern vom 15. Mai 1251 erkennen (nach Auseinandersetzungen zwischen Anhängern der Staufer

und der Kiburger?) oder sein Bemühen um die Einsetzung eines starken Reichsprotektors nach dem Tode Konrads IV.[14]
In der Regel waren sowohl der Stadtherr als auch die Stadt daran interessiert, ihre gegenseitigen Beziehungen und die innere Ordnung der Kommune in rechtskräftiger Form festzuhalten. Die «Stadtrechte» oder «Handfesten» umschrieben die Kompetenzen des Herrn, die Stadt wirtschaftlich, fiskalisch und herrschaftlich zu nutzen, und verliehen der Stadtgemeinde eine Rechtsgrundlage für ihre Schutz- und Autonomieansprüche. Längst nicht jede Stadt erhielt allerdings ihr eigenes, individuelles Stadtrecht. Neuere Untersuchungen des Rechts von Freiburg im Breisgau haben gezeigt, dass gerade die Zähringer die von ihnen gegründeten oder erweiterten Städte nicht mit je neuen Rechtsordnungen versehen, sondern meist pauschal mit Freiburger Recht ausgestattet haben. Ob die Zähringer die entsprechenden Dokumente der Kommune zur Verfügung gestellt und bestätigt haben oder ob sich die Stadt selber Abschriften aus dem Breisgau hat beschaffen müssen, ist nicht in jedem Falle mit Sicherheit zu entscheiden. Unter Umständen bestand dieses Stadtrecht auch nur aus einer Zusammenstellung jener Einzelrechte unterschiedlichster Herkunft, auf die sich die Bürger üblicherweise beriefen. Das zeigt sehr schön der Stadtrodel von Murten, der um 1250/55 zusammengestellt und durch die Nachbarstadt Bern besiegelt und bekräftigt worden ist.[15]
Mit grösster Wahrscheinlichkeit erhielt auch Bern bereits von den Zähringern eine Handfeste, die sich wohl vorwiegend aus Freiburger Vorlagen zusammensetzte. Auf ein derartiges zähringisches Rechtsdokument für Bern verweist beispielsweise die auf das Jahr 1218 datierte Handfeste (→ S. 230), wo im ersten und im letzten Abschnitt eine ältere bernische Rechtsordnung genannt wird, die auf Freiburger Erlassen der Herzöge Konrad und Berchtold und auf Kölner Recht beruht habe. Auch Justinger wusste noch zu Beginn des 15. Jahrhunderts von dieser ersten, auf zähringisch-freiburgischen Wurzeln fussenden bernischen Stadtordnung, obwohl offenbar bereits zu seiner Zeit das Dokument nicht mehr in der Stadtkiste, dem städtischen Archiv, zu finden war.[16]

Der älteste erhaltene, auch materiell unzweifelhaft echte Teil eines bernischen Stadtrechtsprivilegiums ist die berühmte Goldbulle mit dem Bild des thronenden Königs Friedrich II. auf der Vorder- und der stilisierten Ansicht der Stadt Rom auf der Rückseite, die laut Datierung in eben dieser Handfeste der staufische Herrscher am 15. April 1218 erlassen haben soll (Abb. 195, → S. 233). Die Diskussion um die Echtheit der Urkunde (nicht der Bulle!) dauert nun schon über 130 Jahre, ohne dass der an hyperkritischen Methodenbemühungen und patriotischer Emphase reiche Streit bisher endgültig hätte entschieden werden können. Seit den jüngsten Untersuchungen der Handfeste durch Walter Heinemeyer, deren Ergebnisse 1970 und 1978 vorgelegt worden sind, und seit den sehr differenzierten Arbeiten zum Stadtrecht von Freiburg im Breisgau und zur Freiburger Stadtrechtsfamilie, die Marita Blattmann 1986 und 1991 publiziert hat, herrscht über die Herkunft der Berner Handfeste mindestens in folgenden Punkten Klarheit: Im Prolog lehnt sich der Berner Text an die (erschlossene) erweiterte Handfeste an, die Berchtold V. 1186 der Stadt Freiburg verliehen hat, in den Artikeln 1–11a an das Freiburger Marktrechtsprivileg Konrads (um 1120) und in den Artikeln 12–52 an Aufzeichnungen zum Freiburger Stadtrecht, die in Tennenbach überliefert worden sind. Zu diesen Tennenbacher Vorlagen gehören offenbar auch Vorarbeiten zum Freiburger Stadtrodel, dessen nach 1218 redigierte Fassung aber entgegen der bisherigen Annahme im Berner Text nicht mehr berücksichtigt worden ist. Zumindest das Argument, die Berner Handfeste müsse eine Fälschung sein, weil die endgültige Tennenbacher Fassung des Stadtrodels von Freiburg erst nach 1218 entstanden sei und deshalb nicht mehr in den Berner Text von angeblich 1218 habe einfliessen können, fällt also dahin. Dennoch herrscht in der heutigen Forschung wohl zu Recht die Meinung vor, die erhaltene Berner Handfeste gehe in der überlieferten Form nicht auf die Zeit von 1218 bis 1220 zurück. Zwar ist es mehr als nur wahrscheinlich, dass Friedrich II. der Stadt als einem besonders wichtigen Teil des Zähringererbes, das beim Tode Berchtolds V. an die Krone zurückgefallen ist, ein Privileg ausgestellt

und wohl auch mit einer Goldbulle bekräftigt hat. Indirekt bestätigt dies König Wilhelm, wenn er in seiner Bekräftigung des bernischen Rechtsstatus vom 2. November 1254 erklärt, er eifere mit seinem Privilegium für Bern seinem kaiserlichen, beziehungsweise königlichen Amtsvorgänger nach. Das Diplom Friedrichs II. dürfte etwa folgende Zusagen enthalten haben: 1. Die Stadt Bern werde in die Herrschaft des Reiches aufgenommen; 2. Er, Friedrich, werde die Stadt dem Reich nicht entfremden, sondern in seinem Besitz und Schutz behalten; 3. Er bestätige der Kommune alle vom früheren Stadtherrn Berchtold von Zähringen verliehenen Freiheiten und Rechte. Dieses (erschlossene) Diplom ist aber kaum mit der erhaltenen Handfeste identisch. Vielmehr wird heute angenommen, die Berner hätten um die Mitte des 13. Jahrhundert alle Rechte, die ihnen bisher verliehen worden seien oder von denen sie angenommen hätten, man habe sie ihnen verliehen, zusammengestellt und mit der Bulle des königlichen Privilegs von 1218/20 versehen. In der Tat veranlasste die Unsicherheit der letzten Jahre staufischer Herrschaft verschiedene Städte des westlichen Mittellandes, ihre Rechtsordnung aufzuzeichnen und zu sichern – es sei lediglich an die Freiburger Handfeste von 1249, die Solothurner Kundschaftsaufnahme von 1251 oder den Murtener Stadtrodel von circa 1250/1255 erinnert.[17] Es kann hier nicht der Ort sein, die Frage nach der Echtheit der erhaltenen Berner Handfeste erneut aufzurollen. Erlaubt sei lediglich der Hinweis auf die neuesten Untersuchungsergebnisse, wonach alle Artikel der Urkunde mit Ausnahme der Erbrechtsbestimmungen einen Rechtsstand repräsentieren, der um 1220 durchaus realisierbar gewesen sei. Gerade die genaue Nennung aller Quellen im ersten und letzten Abschnitt des Privilegs mache zwar deutlich, dass die Berner bei der Zusammenstellung ihrer erweiterten Handfeste in der Mitte des 13. Jahrhunderts wohl geahnt hätten, dass sie sich am Rande der Illegalität bewegten, dass von einer bewussten, massiven inhaltlichen Fälschung aber nicht die Rede sein könne (Abb. 89).[18]
Diese Handfeste legten die Berner am 15. Januar 1274 dem frischgewählten König Rudolf vor, der sie bestätigte und dadurch rechtlich sanktionierte. Ob Rudolf die nicht ganz lupenreine Herkunft des Dokumentes, das ihm zur Konfirmierung vorgelegt worden ist, geahnt hat, ob die Bestätigung lediglich vorgenommen worden ist, um die reichs- und königstreuen Kräfte in der Auseinandersetzung mit den Dynasten – vor allem mit Savoyen – im burgundischen Raum zu stärken, ist allerdings kaum zu eruieren. Damit verfügte Bern spätestens seit 1274 über ein königliches Privilegium, das ihm die unveräusserliche Zugehörigkeit zum Königsgut und zum Reich, das Münz- und Marktrecht, eine umfassende Rechts- und Verwaltungsautonomie, Dienst- und Steuerfreiheiten sowie das bisher geübte, auf zähringischen Wurzeln beruhende Privat- und Strafrecht garantierte.[19]

Zurück zur Situation Berns nach dem Aussterben des zähringischen Hauses: Die Stadt war zweifellos der wichtigste Teil des burgundischen Reichsgutes, trat als Sprecher der übrigen Reichsleute der Region auf, beherbergte den König und seinen Hof in ihren Mauern, wurde von den Staufern mit der Funktion eines königlichen Prokurators in Burgund betraut, genoss das Wohlwollen Heinrichs (VII.) und Konrads IV. und engagierte sich ihrerseits im Interesse der königlich-staufischen Politik. In spätstaufischer Zeit zeichnete sich Bern unverkennbar durch eine gewisse Königsnähe aus. Dass diese königliche Stadtherrschaft angesichts der unausweichlichen Verzettelung der Kräfte der Herrscher weniger präsent und systematisch gewesen ist als die Stadtherrschaft von stärker in der Region verwurzelten weltlichen und kirchlichen Grossen, liegt auf der Hand. Das heisst aber nicht, dass die Kommune 1218 auf einen Schlag zur Reichsstadt im Sinne des 15. Jahrhunderts geworden wäre; vielmehr war sie jetzt eine Stadt des Königs, der in Bern im Rahmen seiner Möglichkeiten seine Herrschaftsrechte wahrnahm wie jeder andere Stadtherr auch. Er bezog die ihm zustehenden Reichssteuern, setzte seinen Willen – etwa bei der Übertragung des Gotteshauses Köniz auf den Deutschen Orden (→ S. 389) – auch gegen den Widerspruch der Stadt durch und liess sich zumindest zeitweise durch einen auf der Nydegg residierenden Reichsvogt vor Ort vertreten.[20] Wenn sich Bern den-

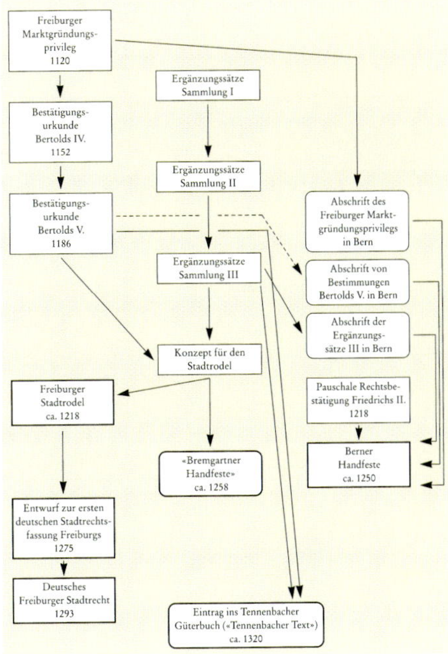

Abb. 89
Die verschiedenen Quellen, die nach heutigem Wissensstand Eingang in die erhaltene Fassung der Berner Handfeste gefunden haben; der auf 1218 datierte Text dürfte etwa um 1250 entstanden sein.

noch bereits kurz nach 1218 für die Anliegen des Königs und der Angehörigen des Reiches in Burgund engagiert hat und notfalls auch vor Auseinandersetzungen mit lokalen Dynasten nicht zurückgeschreckt ist, liegt dies auch in der konkreten Umsetzung dieser königlichen Stadtherrschaft begründet, die der Kommune recht früh eine beachtliche Autonomie ermöglicht hat (→ S. 224): Zähringischer Tradition folgend, sind die Schultheissen, welche in den frühen Quellen *judex* oder *causidicus* genannt werden, bereits in spätstaufischer Zeit von der Stadt selber eingesetzt, allenfalls durch den König bestätigt worden; seit 1224 ist ein städtischer Rat belegt; die Schultheissen übernahmen im Verlaufe des 13. Jahrhunderts den Vorsitz im Blutgericht; nach der Zerstörung der Burg Nydegg durch die Berner zwischen 1268 und 1273 (→ S. 213) residierte kein Reichsvogt mehr in der Stadt; und spätestens seit 1294 waren Schultheissenamt und Rat auch de jure ausschliesslich in der Hand der Kommune. Dadurch erübrigte sich in Bern die Einführung des Bürgermeisteramtes, das in zahlreichen Städten als kommunaler Gegenpol (Vorsitz im Rat) zum Schultheissen – dem Vertreter des Stadtherrn – diente.[21]

Gefährdung und Sicherung der Reichszugehörigkeit

Mit der Einbindung Berns als eines Teils des zähringischen Erbes ins Reichgut nach 1218 war die Entwicklung der Aarestadt von der königlich-staufischen Kommune hin zur Reichsstadt des Spätmittelalters keineswegs zwingend vorgegeben. Als besonders kritische Phasen im Prozess städtischer Autonomieentfaltung erwiesen sich die letzten Jahre der Staufer (1245–1254), die Zeit des Interregnums (1250/54–1273), die Monate nach dem Tode Rudolfs I. (1291) und die Jahre der Herrschaft Ludwigs des Bayern (1314–1347). Es handelt sich dabei um Zeiträume, in denen die Dynasten und geistlichen Fürsten des nördlichen Alpenvorraumes entscheidende Schritte zur Verdichtung und territorialen Abrundung ihres Herrschaftsgebietes unternommen haben. In diesem Prozess der Begründung und Ausbreitung fürstlicher Landesherrschaft haben die Reste königlichen Besitzes unter anderem in Burgund, darunter beispielsweise die Stadt Bern, eine wichtige Rolle gespielt.[22]

Spätestens seit dem Erlöschen der königlich-staufischen Herrschaft in Burgund nach dem Tode Konrads IV. (25. Mai 1254) war die Zugehörigkeit Berns zum Reichsgut schwer gefährdet. Zwar bestätigte König Wilhelm am 2. November 1254 der Stadt, deren Treue zum Reich er ausdrücklich hervorhob, alle Rechte, Gewohnheiten und Freiheiten, die der Kommune verliehen worden seien, versprach, sie dem Reich nicht zu entfremden, sondern unter königlicher Obhut zu bewahren, und berief sich dabei ausdrücklich auf das Vorbild seines kaiserlichen Vorgängers. Wieweit das im fernen Eckemunden ausgestellte Dokument im burgundischen Raum politisch wirksam geworden ist, bleibt allerdings fraglich, obschon Wilhelm am 21. März 1255 den Grafen Adolf von Waldeck als Generaljustitiar und Generalprokurator des Reiches eingesetzt und mit dem Schutz des Reichsgutes beauftragt hat. Bezeichnend für die Lage in der Westschweiz ist unter anderem, dass in nach staufischer Zeit das Amt des Reichsprokurators in Burgund nicht mehr von Bern, sondern fallweise von einzelnen Adligen ausgeübt worden ist; nach 1318 ist es nicht mehr zu belegen.[23]

Die grösste Gefahr für die burgundischen Reichsgüter ging in der 2. Hälfte des 13. Jahrhunderts zweifellos vom Hause Kiburg aus (→ S. 122). Bereits im Zusammenhang mit der Aufteilung des zähringischen Erbes kam es zwischen König Friedrich II. und Graf Ulrich von Kiburg zu Spannungen, die sich im Verlaufe der Zwanzigerjahre noch vertieften, war es doch in erster Linie die politische Präsenz der Staufer im nördlichen Alpenvorraum, die eine Konsolidierung oder gar Ausdehnung der kiburgischen Machtstellung in dieser Region verhinderte. Nach 1243 fiel den Kiburgern offenbar eine führende Rolle innerhalb der antistaufischen Partei südlich des Rheins zu. Dabei spielte nicht in erster Linie der universalpolitische Gegensatz Kaiser–Papst eine Rolle; entscheidend waren vielmehr regionale Spannungen und Fehden. Dass sich die Grafen Hartmann III. und IV. von Kiburg nach dem Tode Kaiser Friedrichs II. sogleich darum bemühten, die staufertreuen Reichsgüter, unter denen die Städte Bern und Zürich die wichtigsten waren, unter ihren Einfluss zu bringen, war wohl zu erwarten.[24] Was sich aber in der Mitte des 13. Jahrhunderts im burgundischen Raum genau abgespielt hat, lässt sich nicht eruieren. Justinger erzählt, ohne dass er die Episode zeitlich einordnet, es sei zum Streit zwischen Bern und Graf Hartmann IV. gekommen, weil die Stadt bei der Burg Nydegg eine Brücke über die Aare gebaut habe. Daraufhin habe der Kiburger in grossem Umfange die Feindseligkeiten eröffnet, so dass sich Schultheiss und Rat, die vom König keine Hilfe hätten erwarten können, an den Grafen Peter von Savoyen gewandt und ihn um Unterstützung gebeten hätten (→ S. 119). Erst nach mehrmaligen Verhandlungen sei es zu einem Frieden gekommen, in dem Bern seine Position behauptet habe (Abb. 90).[25]

Weniger Glück hatten offenbar andere Reichsgüter der Region: 1253/54 riss Graf Hartmann die Reichsfesten Laupen und Grasburg an sich, und daran änderte auch König Wilhelm nichts mit seinem Versprechen vom 3. November 1254, Murten, Laupen und die Grasburg zu seinen Lebzeiten dem Reich nicht zu entfremden und ohne Willen der genannten Orte mit dem Grafen von Kiburg keinen Frieden zu schliessen.

Unter diesen Umständen suchte Bern Rückendeckung beim wichtigsten Gegenspieler der Kiburger im Westen, bei Graf Peter II. von Savoyen. Die Stadt ersuchte Graf Adolf von Waldeck, den Generalprokurator des Königs, er möge sich an Graf Peter von Savoyen wenden und ihn ersuchen, während der Auseinandersetzung mit Kiburg die Reichsorte Bern, Murten und Hasli in Vertretung des Reiches zu schützen.[26] Festgehalten und umschrieben wurde diese Schutzherrschaft in Verträgen, welche die Reichsorte mit dem Savoyer Grafen schlossen. Erhalten geblieben ist allerdings lediglich der Vertrag mit Murten, in dem festgehalten wird, die Kommune nehme Peter und seine Nachfahren zum zeitlich unbefristeten Herrn und Protektor an, alle volljährigen Bürger hätten ihm, seinen Erben oder seinen Beauftragten eidlich zu huldigen und diese Stadtherrschaft solle dauern, bis die Reichsgewalt in Burgund wieder wirksam werde. Bis dahin sollten dem Grafen alle Rechte und Einkünfte in Murten zustehen, die bisher der König wahrgenommen habe.

Bisher hat die Forschung ohne Nennung von Gründen angenommen, der verschollene Berner Vertrag habe dem Murtener Text inhaltlich genau entsprochen.[27] Dass das nicht zwingend so gewesen sein muss, zeigen folgende Überlegungen: 1. Die beiden Städte unterschieden sich sowohl hinsichtlich ihrer Lage, das heisst ihrer Nähe zu den Schwerpunkten der savoyischen Machtstellung, als auch hinsichtlich ihrer Grösse und ihres politischen Gewichtes; noch im Mai 1255 trat Bern als Haupt der Reichsorte in Burgund auf. 2. Die erwähnte, wirkungslose Zusage König Wilhelms, Murten, Laupen und die Grasburg dem Reich nicht zu entfremden, bezog sich zweifellos auf die besonders gefährdeten Reichsgüter; offenbar war die Position Berns zu diesem Zeitpunkt gefestigter. 3. Wenige Monate nach dem Tode Peters II. von Savoyen schloss die Stadt Bern im Herbst 1268 einen neuen Schutzvertrag mit Peters Nachfolger Graf Philippe; anders als im Murtener-Vertrag war für Bern 1255 die automatische Übertragung der Reichsstatthalterschaft auf Peters Nachfolger offenbar nicht vorgesehen, sie musste erneut in einer Übereinkunft festgehalten werden. 4. Auch Murten erneuerte die savoyische Schutzherrschaft mit Graf Philippe, bezeichnenderweise aber erst 1273. Dabei musste die Stadt wiederum akzeptieren, dass sich die Reichsvertretung der Savoyer auch auf Philippes Nachkommen erstreckte. Im entsprechenden Vertrag Berns mit Philippe von Savoyen vom 9. September 1268 hingegen betont die Aarestadt, die Zusagen Berns hätten nur für die Person Philippes Gültigkeit; und im Bündnisvertrag Berns mit Philippe von 1271, der den Schutzvertrag von 1268 ersetzt hat, wird ausdrücklich hervorgehoben, die Stadt sei den Erben des Grafen in keiner Weise verpflichtet.[28]

Selbstverständlich lässt sich auch auf Grund dieser Andeutungen der Wortlaut des verschollenen Vertrages zwischen Bern und Graf Peter II. von Savoyen aus dem Jahre 1255 nicht rekonstruieren; und auch wenn angenommen wird, die Bedingungen des savoyischen Schutzes in Vertretung des Reiches seien im Falle Berns weniger drückend gewesen als bei Murten, bleibt die Tatsache bestehen, dass die Zugehörigkeit der Aarestadt zum Reichsgut in den Jahren von 1250 bis 1273 höchst gefährdet war: Um einer drohenden kiburgischen Stadtherrschaft

Abb. 90
Der Chronist Conrad Justinger erzählt, bei einer ersten Zusammenkunft der Grafen Hartmann von Kiburg und Peter von Savoyen zur Schlichtung des Streites zwischen Bern und Kiburg (um 1255?) habe Graf Hartmann den Grafen Peter, der lediglich mit kleinem Gefolge am Tagungsort Bolligen erschienen sei, schwer beleidigt, weil er zur Begrüssung nicht aufgestanden sei. Zu einer zweiten Besprechung sei Peter mit starken Kräften in Bolligen erschienen, habe den Kiburger seinerseits sitzend empfangen, damit seine Ehre wieder hergestellt und die Verhandlungen zu einem guten Ende geführt. Die bildlichen Darstellungen der beiden Szenen stammen aus Bendicht Tschachtlans Bilderchronik; ZB Zürich, Ms. A 120, Abb. 9 und 10, S. 36f.

zu entgehen, musste sich Bern einer stellvertretenden Reichsherrschaft der Savoyer beugen; zumindest zwischen 1255 und 1268 residierte ein savoyischer Vogt als Vertreter der Reichsgewalt auf der Nydegg. Im Nachhinein mag es da als bedeutsam erscheinen, dass Bern im savoyischen Einflussbereich ein isolierter östlicher Vorposten gewesen ist, der sich in einer veränderten machtpolitischen Konstellation leichter von der Schutzmacht hat lösen können als das von savoyischen Herrschaften umgebene Murten. Den Zeitgenossen in den Jahren des Interregnums lag demgegenüber wohl die bittere Einsicht näher, dass königliche Städte, die sich nicht auf eine starke Königsmacht stützen konnten, in ihrer Rechtsstellung höchst gefährdet waren. Dass selbst in diesen schwierigen Zeiten der Wille zur Behauptung der errungenen Autonomie in Bern lebendig gewesen ist, zeigt die Zerstörung der Reichsburg auf der Nydegg vor 1273: Weder königliche noch savoyische Herrschaftsvertreter sollten sich künftig in der Stadt niederlassen können (Abb. 91).[29]

Mit der Erhebung Graf Rudolfs von Habsburg zum deutschen König und seinem Erscheinen in Basel 1273 fiel die Schutzherrschaft Savoyens über Bern dahin, und die Stadt erhielt denn auch am 15. Januar 1274 vom neuen Herrscher die Bestätigung all ihrer Privilegien, Rechte und Gewohnheiten, die ihnen von Rudolfs kaiserlichem Vorgänger verliehen worden seien. Selbstverständlich ging es Rudolf mit dieser Stärkung Berns auch darum, die reichstreuen Kräfte, auf die er sich in seiner gegen Savoyen gerichteten burgundischen Politik stützte, nach Möglichkeit zu stärken. Dass sich die Präsenz eines starken Königs für die königlichen Städte durchaus nicht nur positiv auswirken musste, erfuhr gerade Bern mit aller Deutlichkeit: Rudolfs Forderung nach einer ausserordentlichen Vermögenssteuer 1284/85 veranlasste die durch einen grösseren Brand geschädigte Stadt, dem König die Steuerzahlungen insgesamt zu verweigern, sich dem Kreis der antihabsburgischen Kräfte anzuschliessen und erneut Anlehnung bei Savoyen zu suchen. Nach zweimaliger vergeblicher Belagerung Berns und einer empfindlichen Niederlage städtischer Truppen in der Schosshalde wurde die Stadt aber 1289 gezwungen, die vom König geforderten Leistungen zu erbringen.[30]
Unter diesen Umständen ist es verständlich, dass sich Bern nach dem Tode König Rudolfs nicht nur erneut der antihabsburgischen Koalition verschiedener geistlicher und weltlicher Herren zwischen Bodensee und Waadtland, der Waldstätte und der Städte Zürich und Luzern anschloss; in Erwartung eines neuen Interregnums begab es sich auch wieder unter die Schutzherrschaft Savoyens und anerkannte am 9. August 1291 den Grafen Amadeus in Vertretung des Reiches als Protektor. Nach der Unsicherheit des Spätsommers 1291 entsprach es denn auch sowohl den Interessen der territorialpolitischen Kontrahenten der Habsburger als auch der Reichsorte im schweizerischen Mittelland, unter anderem Berns, dass nicht Rudolfs Sohn Albrecht, sondern Graf Adolf von Nassau zum neuen König gewählt wurde. Bereits bei seinem ersten Erscheinen südlich des Rheins bemühte sich die Aarestadt darum, ihre Freiheiten und ihre Zugehörigkeit zum Reichsbesitz vom neuen Herrscher bestätigt zu erhalten und dadurch das savoyische Reichsprotektorat zu beenden; das entsprechende Privilegium liess Adolf am 11. Januar 1293 in Zürich ausstellen. Damit war Berns Stellung als königliche Stadt erneut gesichert. Wieweit es gerade die Politik dieser Könige gegenüber der Stadt im ausgehenden 13. Jahrhundert gewesen ist, welche die führenden Kreise der Kommune dazu geführt hat, zunehmend zwischen König und Reich zu unterscheiden, wird noch zu untersuchen sein.[31]

Von der Stadt des Königs zur Reichsstadt

So wie Adolf von Nassau bestätigten alle deutschen Kaiser und Könige des Spätmittelalters – eine noch zu erörternde Ausnahme bildet Ludwig der Bayer – die von der Stadt Bern jeweils vorgelegten Dokumente, insbesondere die Handfeste und weitere königliche Privilegien, und anerkannten damit die Freiheiten, Rechte und Gewohnheiten der Kommune und deren Unveräusserlichkeit vom Reich. Entsprechende Urkunden liessen 1298 Albrecht I., 1309 Hein-

Abb. 91
So stellte sich Hubert Maraschet um 1584/85 die zerstörte Burg Nydegg vor; seine Bilder hingen in der Burgerstube des Berner Rathauses, heute befinden sie sich im Bernischen Historischen Museum.

rich VII., 1322 Friedrich (III.), 1348 und 1365 Karl IV., 1376 und 1378 Wenzel, 1401 Ruprecht, 1413 und 1433 Sigismund, 1442 Friedrich III. und 1487 Maximilian ausstellen.[32] Verbunden mit diesen Bestätigungen, die meist den Wortlaut der Vorgängerprivilegien lediglich wiederholten, erteilten verschiedene Könige der Stadt aber zusätzliche Freiheits- und Herrschaftsrechte. Die wichtigsten waren etwa die Kompetenz, während Thronvakanzen den Blutrichter auch ohne Bestätigung einer Reichsinstanz einzusetzen (1293), die Befreiung von allen fremden Gerichten mit Ausnahme des königlichen Hofgerichtes (1293, 1309, 1322 usw.), das endgültige Verfügungsrecht über die Münze und den Zoll (1348), das Selbsthilfe- und Gewaltanwendungsrecht gegenüber allen Angreifern, das Geleitsrecht, die Landfriedenshoheit und die Gerichtshoheit im Umkreis der Stadt, die Befugnis, Reichspfandschaften einzulösen (1365), das Recht, selber Reichslehen verleihen zu dürfen (1379), und die Befreiung selbst vom königlichen Hofgericht (1398).[33]
Bei all diesen Verleihungen neuer Kompetenzen wird man allerdings nicht übersehen dürfen, dass viele dieser Rechte von der Stadt längst wahrgenommen worden sind, dass das königliche Privilegium lediglich bestehenden Rechtsbrauch im Nachhinein legitimiert hat. Zudem bemühte sich die Stadt auch, ihre Rechtsstellung und Autonomie dadurch auszubauen, dass sie Regalien und Reichsbesitz in ihrem Umfeld erwarb, so etwa den Reichszoll und die Kawertschensteuer in Bern 1315/31, Burg und Stadt Laupen 1324 oder die Landschaft Hasli 1334.[34] Zugleich sicherte sich Bern vor den benachbarten Dynasten durch zahlreiche Bündnisse und seit etwa 1300 durch den Aufbau eines eigenen Territoriums. In den Augen des Königs änderte dieses politische Streben der Stadt selbstverständlich nichts am Status der Kommune: Sie blieb «unsere und des Reiches Stadt», sie blieb gemäss den jeweiligen Möglichkeiten königlicher Herrschaftsausübung dem Willen des Herrschers unterworfen, der sich als einzige Legitimationsgrundlage für die Ausgestaltung des städtischen Rechtes und Herrschaftsbereiches verstand.[35] Wie sahen das aber die führenden Kreise in der Stadt? Inwiefern war nicht auch der König auf die Anerkennung durch die Städte, auf ihre Huldigung angewiesen?

Besonders deutlich zu erkennen sind die Vorstellungen der führenden städtischen Kreise über das Verhältnis zwischen der Kommune und dem König beziehungsweise zwischen der Stadt und dem Reich in den zahlreichen Bündnis- und Burgrechtsverträgen des ausgehenden 13. und des 14. Jahrhunderts. In meist zweiseitigen Verträgen sicherten sich benachbarte Städte und Landschaften oder Städte und Adlige gegenseitige Hilfe bei Rechtsverletzungen und Friedensbrüchen, Gleichbehandlung der beiderseitigen Angehörigen vor Gericht, Schiedsverfahren bei Streitigkeiten und anderes mehr zu. Vorbehalten blieben bei derartigen Zusagen selbstverständlich immer die Verpflichtungen gegenüber dem jeweiligen Herrn, im Falle Berns also gegenüber dem König und dem Reich. Ein Blick auf die genaue Wortwahl bei der Formulierung dieser Vorbehalte zeigt nun mit aller Deutlichkeit, wen die Stadt im politischen Alltag als ihren Herrn angesehen, wie lange sie die vom Herrscher postulierte Gleichsetzung von König und Reich übernommen, wo sie zu differenzieren begonnen hat. In Berns Bund mit Biel von 1279 (erneuert 1297) gilt der Vorbehalt zwar noch ausdrücklich *domino rege Romanorum, pueris suis*[36] (dem Herrn, dem König der Römer und seinen Söhnen). Im Vertrag mit Laupen von 1301 gelten die Abmachungen aber bereits ohne Nennung des Herrschers *excepto dumtaxat imperio*[37] (vorbehalten nur das Reich). Diese Formulierung taucht sinngemäss 1308 auch im erneuerten Burgrecht mit der Talschaft Hasli auf und findet im Bündnis mit Solothurn aus dem gleichen Jahr mit den Worten *nisi solummodo dominium suum videlicet imperium Romanum*[38] (allein ihre Herrschaft, nämlich das Römische Reich) ihre für längere Zeit gültige Gestalt. Seit dem Städtebund von 1327 wird von Bern nur noch das Reich, nicht aber der König vorbehalten, so etwa im Bund mit Guggisberg 1330, mit Murten 1340, mit Payerne 1343, mit den Waldstätten 1353, mit Österreich 1363 und so weiter. Die deutsche Formulierung lautet in der Regel, es werde niemand vorbehalten, *want daz heilig Römsch ryche.*[39] Selbstverständlich ist der Wortlaut dieser Vorbehalte kein Beleg dafür, dass es in den Ratskreisen Berns bereits im frühen 14. Jahrhundert so etwas wie abstrakte, von der Person des Herrschers gänzlich losgelöste Reichsvorstellungen gegeben hätte. Sie machen aber deutlich, dass die Stadt in ihrer konkreten Bündnis- und Burgrechtspolitik nicht nur zunehmend friedenssichernde Aufgaben wahrgenommen hat, die eigentlich dem König zugefallen wären, sondern darüber hinaus selbst in der Absicherung dieser Politik den König immer weniger berücksichtigt hat.

Zweifellos waren die dem König unmittelbar unterstellten Städte daran interessiert, sich bei Thronwechseln ihre Rechte und Privilegien vom neuen Herrscher bestätigen und wenn möglich erweitern zu lassen, bedurfte ihr Status als königliche Stadt doch eindeutig der ausdrücklichen Zustimmung eben dieses Königs. Vor allem in Zeiten eines Doppelkönigtums waren aber nicht nur die Städte auf die Huld der Herrscher angewiesen, sondern auch der Herrscher auf die Treue der Kommune. Als es 1314, nach dem Tode Heinrichs VII., zu einer Doppelwahl kam, anerkannte Bern weder den Habsburger Friedrich noch den Wittelsbacher Ludwig, obwohl sich der Adel der Nordwestschweiz grösstenteils Friedrich anschloss und obwohl Herzog Leopold, Friedrichs Bruder, die Stadt Bern und das mit ihr verbündete Solothurn auch mit militärischen Mitteln zu bezwingen suchte, allerdings ohne Erfolg.[40] Erst 1322 huldigte Bern dem Habsburger in Kolmar, unmittelbar vor der Schlacht bei Mühldorf, die Friedrich den Thron kostete und die Herrschaft Ludwigs des Bayern sicherte. Trotz der nunmehr geklärten Machtverhältnisse hielten sich aber Bern und seine Verbündeten von Ludwig fern, und zwar auch, als der Wittelsbacher nach dem Tode Friedrichs 1330 die Alleinherrschaft übernahm. *Herzog Ludwig von Peyern, der sich schreib für einen römschen küng*[41], wie Konrad Justinger noch in den 1420er Jahren schrieb, wurde von Bern nicht anerkannt, die Bezahlung der Reichssteuer wurde weiterhin verweigert, auf die königliche Bestätigung der Freiheiten und Rechte wurde verzichtet. Ob diese Weigerung lediglich darauf zurückzuführen ist, dass sich Ludwig seit 1323 im päpstlichen Bann befunden hat, wie Konrad Justinger hervorhebt, oder ob die zunehmend enge Zusammenarbeit zwischen dem Wittelsbacher und dem Hause Habsburg das Misstrauen und die Ableh-

nung der Stadt genährt hat, ist unklar. Die verweigerte Huldigung macht es jedenfalls verständlich, dass sich Bern zunehmend zwar als Reichsstadt betrachtet und entsprechend in seinen auswärtigen Verträgen das Imperium vorbehalten, von diesem Reich aber den König und dessen Interessen und Ansprüche sehr wohl unterschieden hat.
Naheliegenderweise teilte der Herrscher diese städtische Betrachtungsweise nicht; vielmehr versuchte er, Bern zur Huldigung zu zwingen: Im Februar 1338 beauftragte Ludwig der Bayer den Grafen Gerhard von Valangin mit der Exekution der Reichsacht gegen die unbotmässige Stadt und erhob damit den sich anbahnenden Laupenkrieg zwischen der Stadt Freiburg, dem westschweizerischen Adel und dem Haus Österreich einerseits und der Stadt Bern mit ihren Verbündeten andrerseits zum Reichskrieg. Demnach ging es in der kriegerischen Auseinandersetzung der Jahre 1339/40 nicht zuletzt auch um die Frage, ob es zulässig sei, dass eine dem König und Reich zugehörige Stadt zwischen Reich und König unterscheide, sich wohl als Reichsstadt, nicht aber ohne weiteres auch als dem König unterworfen verstehe.[42] Wie die Zeitgenossen in der Stadt und im Umfeld von Bern diese Frage beurteilt haben, zeigen sowohl die Friedensverträge, die nach dem unerwarteten militärischen Sieg der Aarestadt und ihrer Verbündeten geschlossen worden sind, als auch die Bündnis- und Burgrechtspolitik, die Bern nach dem Laupenkrieg betrieben hat.
Im Sommer 1340 vermittelte die in Königsfelden lebende Königin Agnes, Tochter König Albrechts I. aus dem Hause Habsburg und Witwe des ungarischen Königs Andreas III., in langwierigen Verhandlungen einen Frieden zwischen Bern und seinen Verbündeten einerseits, seinen Gegnern andrerseits. Im ersten Vertrag, der am 9. August 1340 zwischen Bern und dem Hause Österreich, den Grafen von Kiburg, Aarberg sowie Nidau geschlossen worden ist, findet sich als erste Bestimmung, *daz die burger von Berne werben süllent umbe unserz lieben herren dez keiserz hulde und genad*;[43] sollten sich dabei Schwierigkeiten ergeben, biete sich Herzog Albrecht von Österreich als Vermittler an. Falls die Berner und ihre Verbündeten die kaiserliche Huld aber nicht erlangten oder sich gar nicht darum bemühten, seien der vorliegende Friede und alle weiteren darauf beruhenden Verträge hinfällig. Und wenn *der keiser angriffen wollte umb sin selbez getat, so mugent unser bruder und vettere, herzogen von Österrich, dem keyser wol beholfen sin*.[44] Erst nach dieser Grundsatzerklärung folgen weitere Bestimmungen, welche die starke militärische Stellung Berns spiegeln und den *status quo ante* festschreiben. Offenbar war für die Gegner Berns eine Stadt, die keinen Herrn anerkannte, ein Unding. Damit sie überhaupt als Rechtspartner auftreten konnte, musste sie als Kommune des Königs und des Reiches die persönliche Huld dieses Königs besitzen. Wie sah man das in Bern?
Im Gegensatz zum verbündeten Solothurn, das sich bereits vor dem Vertrag von Königsfelden Ludwig dem Bayern behutsam näherte, im Januar 1340 dem Wittelsbacher in München huldigte und sich damit der Rechtsauffassung der Gegner beugte,[45] hielt Bern trotz der Übereinkunft vom 9. August an seiner bisherigen Haltung fest, nahm keine Kontakte zu Ludwig auf und verweigerte dem König die Anerkennung bis zu seinem Tode. Erstaunlicherweise akzeptierten die ehemaligen Gegner ausnahmslos diese Haltung der Stadt und schlossen mit Bern Frieden und sogar Burgrechte und Bündnisse – entgegen dem Wortlaut der von ihnen selbst in den Königsfelder Vertrag eingebrachten Bedingung! In den Vorbehalten dieser nach 1340 mit Bern geschlossenen Bündnisse beugten sie sich durchwegs der Rechtsauffassung der Aarestadt: Der Kaiser wird nicht erwähnt, der Vorbehalt lautet lediglich *excipimus nisi dominium nostrum, scilicet Romanum imperium*[46] beziehungsweise *hant hie under nieman vorbehabet, want allein ir herschaft, mit namen daz heilig Römsche ryche*.[47] Mehrfach findet auch weder die Treue zum Kaiser noch zum Reich Erwähnung.

Zweifellos war diese strikte Trennung von Kaiser als Person und Reich als Herrschaftsverband in der bernischen Politik zwischen 1314 und 1322 sowie 1322 und 1347 ungewöhnlich und galt wohl auch in der Vorstellungswelt des bernischen Rates als Ausnahme. Allerdings war der Stadt die ausdrückliche königliche Huld auch nicht derart wichtig, dass sie sich unverzüglich an den 1346 gewählten Gegenkönig Karl IV. gewendet hätte. Erst nach dem Tode Ludwigs des Bayern reiste eine bernische Ratsdelegation zum Luxemburger, huldigte ihm in Mainz und erlangte von ihm am 16. Januar und 16. Februar 1348 nicht nur die Bestätigung der Handfeste und aller übrigen Rechte, sondern auch zahlreiche weitere Privilegien. Das Verhältnis zwischen Herrscher und Stadt war offensichtlich wieder ungetrübt. Bemerkenswert ist aber, dass auch in den nach 1348 geschlossenen Bündnissen und Burgrechten Berns der König kaum mehr vorbehalten wird. Rücksichtnahme legte sich die Stadt wie zur Zeit Ludwigs höchstens noch gegenüber dem Reich auf, das zeigen etwa die Verträge mit Savoyen 1350, mit Murten 1351, mit Biel 1352, aber auch mit Österreich 1363. Wie distanziert sich die Stadt in der Mitte des 14. Jahrhunderts selbst dem Reich gegenüber verhalten hat, zeigt das berühmte Bündnis von 1353, in dem Bern und die Waldstätte lediglich *vorbehebt und usgelassen ... dem heiligen Römischen riche die rechtung, als wir von alter guter gewonheit harkomen sint, an alle geverde* (→ S. 494),[48] desgleichen das erneuerte Bündnis Berns mit Solothurn von 1351, in dem sich die beiden Städte Hilfe selbst gegen das Reich und den im Namen des Reiches agierenden Herrscher versprochen haben, falls man sie zu *deheinen dingen benöten woltin oder twingen, die wider der stat vriheit, hantvesti oder guten gewonheit weren.*[49]

Damit wird deutlich: In den politisch führenden Kreisen der Stadt Bern herrschte zumindest seit der Zeit Ludwigs des Bayern die Vorstellung vor, zwischen Reich und König sei wohl zu unterscheiden, die Stadt gehöre in erster Linie dem Reiche zu, und der König habe Herrschaftsansprüche nur insofern zu erheben, als sie sich im Einklang mit der überlieferten Rechtsordnung befänden. Seit König Wenzel der Stadt 1379 das Recht verliehen hatte, anstelle des Herrschers Reichslehen zu vergeben, identifizierte sich Bern zunehmend mit den Ansprüchen dieses Reiches im Einflussbereich der Stadt, distanzierte sich aber immer mehr von der Person des jeweiligen Herrschers. In den Burgrechtsverträgen des ausgehenden 14. Jahrhunderts vertritt die Aarestadt ihren Partnern gegenüber immer wieder das Reich: So nimmt Bern beispielsweise 1388 Neuenstadt in den Schutz und Schirm des Reiches und zugleich ins bernische Burgrecht auf, und 1391 belehnt Schultheiss Otto von Bubenberg im Namen des Reiches Thüring von Schweinsberg mit der Herrschaft Ringgenberg.[50] Entsprechendes gilt im Hinblick auf den Bürgereid: Hatte der neu ins Bürgerrecht Aufgenommene laut Handfeste aus dem 13. Jahrhundert dem Reich, dem König und den Vertretern des Königs Treue zu schwören, so verschoben sich die Treueverpflichtungen im Verlaufe des 14. Jahrhunderts, so dass die Huldigung nicht mehr dem Herrscher, sondern dem Reich und der Stadt Bern mit all ihren Zugewandten, mediaten und inmediaten Herrschaften galt.[51]

De jure erreichte Bern die letzte Stufe auf dem Weg zur Reichsstadt mit den Privilegien König Wenzels von 1379 und 1398. Kurze Zeit später erhielten auch Berns Nachbarn und Verbündete Solothurn, Zürich, Luzern, St.Gallen und andere einen entsprechenden Rechtsstatus, deutlich früher als die meisten Städte nördlich des Rheins, die in der Regel erst im Verlaufe des 15. Jahrhunderts mit entsprechenden Privilegien ausgestattet wurden. Im konkreten politischen Handeln Berns bahnte sich die Trennung König–Reich und die Ausrichtung auf das Imperium als einzige Orientierungs- und Legitimationsgrösse allerdings bereits im ersten Drittel des 14. Jahrhunderst an. Bern führte seit der Zeit Ludwigs des Bayern *de facto* immer deutlicher die Politik einer Reichsstadt. Das ist umso bemerkenswerter, als sich selbst bei den schwäbischen Kommunen, die sehr früh mit der Selbstbezeichnung «Reichsstadt» einsetzen, die Trennung König–Reich erst um 1400 nachweisen lässt.[52] Gerade die der Stadt Bern von den Herrschern bestätigten Herrschaftskompetenzen erlaubten es ihr, vom König abzurücken. Die häufigen Berufungen auf das Reich in Wort und Bild sind denn auch nicht nur als Treue gegenüber dem alten Heiligen Römischen Reich zu verstehen, sondern ebenso als Abgrenzung gegenüber dem jeweiligen König und seinen Herrschaftsansprüchen. Nicht erst Konrad Justinger betont in seiner bekannten, breit angelegten Darstellung des Laupenkrieges aus dem Anfang des 15. Jahrhunderts, die Stadt habe 1339/40 den besseren

Rechtsstandpunkt vertreten als ihre Gegner – auch als Ludwig der Bayer – und deshalb habe sich Gott ihrer Sache angenommen. Bereits in der *Cronica de Berno* aus der Mitte des 14. Jahrhunderts (→ S. 205) wird die Vorstellung von der heilsgeschichtlichen Verankerung des Reiches auf die Stadt ausgeweitet, die nur habe siegen können, weil *deo pro eis pugnante*[53] (weil Gott für sie gekämpft habe); und konsequenterweise endet der Abschnitt denn auch mit einer Gebetsformel, in der Gott für sein Eingreifen auf der Seite der Berner im Laupenkrieg gedankt wird – ein würdiges Pendant zu Justingers *got ist ze Bern burger worden, wer mag wider got kriegen?*[54]

Anne-Marie Dubler

Die Landgrafschaften: Verwaltungsämter des Reichs und Hochadelsbesitz

Als Landgrafschaften bezeichnet wurden Verwaltungsbezirke beziehungsweise reichslehnbare Ämter, die im Südwesten des Deutschen Reichs – vom Hochrhein (Ober- und Unter-Elsass, Breisgau) bis zum Bodensee (Baar, Hegau, Klettgau) und in der heutigen Deutschschweiz (Buchsgau, Sisgau, Frickgau, Aargau, Zürichgau, Thurgau) – teils als Nachfolgeorganisationen karolingischer Grafschaften im späten Mittelalter geschaffen wurden zur Vertretung der Reichsinteressen und zur Sicherung des Landfriedens. Im selben Zeitraum, doch nicht in Nachfolge früherer Grafschaften entstanden die nachmals bernischen Landgrafschaften Burgund und Aarburgund.[1]

Anfänge

Vom 9. bis 11. Jahrhundert wird im später bernischen Territorium eine grafschaftliche Organisation mit wechselnden Strukturen fassbar: Eine Grafschaft Oberaargau (erwähnt um 1000–1040), auch Eberhards Grafschaft (891–894) genannt, lag zwischen Thun und Murgenthal. An deren Rand sind zwei weitere Grafschaften, Uttigen (1006) und Utzenstorf (1009), kurzzeitig belegt. Eine Grafschaft Bargengau (968–1040) erstreckte sich am linken Ufer der Aare zwischen Stockhorn und Jura und die Grafschaft Buchsgau (1040–1080), ebenfalls linksufrig, zwischen Aare und Jura.

Anders als diese vagen hochmittelalterlichen Grafschaften treten die spätmittelalterlichen Landgrafschaften dieses Gebiets ab 1252 als feste Organisationen in Erscheinung. Sie schlossen räumlich an die älteren Grafschaften an. Während die Landgrafschaft Buchsgau aus der gleichnamigen Grafschaft

Anne-Marie Dubler

Nicht «Kleinburgund» – ganz einfach «Burgund». Zur Richtigstellung eines falschen Begriffs

1969 – vor über 30 Jahren also – wurde die in der Literatur verbreitete und durch Richard Fellers monumentale Geschichte Berns (Feller I, S. XCVIIIf.) geradezu sakrosankt gewordene Bezeichnung «Landgrafschaft Kleinburgund» von Karl H. Flatt in seiner Dissertation «Errichtung der bernischen Landeshoheit» als falsch entlarvt (Flatt, Errichtung). Denn «Kleinburgund», die *Burgundia minor*, ist kein Quellenbegriff. Vielmehr ist dieser Begriff eine gelehrte Konstruktion des Glarner Humanisten Aegidius Tschudi (1505–1572). Trotz der Richtigstellung lebt dieses Kleinburgund in der Literatur hartnäckig weiter. Die richtige Bezeichnung ist und bleibt Landgrafschaft Burgund.

Tschudi unterschied mit Kleinburgund die kleine *Burgundia* der Westschweiz von den bedeutenderen *Burgundiæ*, der Freigrafschaft und des Herzogtums Burgund. Tatsächlich hiessen aber alle drei Landschaften *Burgund*. Die Westschweiz bildete im Frühmittelalter ein östliches Teilgebiet des burgundischen Reichs, das im Hochmittelalter mit der Freigrafschaft zum Königreich Burgund zusammenwuchs. Im Königreich Burgund war der Raum der späteren Landgrafschaft Burgund ab 935 eingebunden.

Die *Burgundia* des 13. bis 15. Jahrhunderts war eine von der West- bis in die Zentralschweiz reichende Landschaft von wechselnder Ausdehnung, die sich maximal von Lausanne oder Freiburg über Bern bis Burgdorf und vom Gotthard beziehungsweise von Meiringen bis Basel erstreckte. Burgund war als Landschaftsbezeichnung bis ins 15. Jahrhundert gebräuchlich (*in dem dorff zuo Rorbach in Búrgenden*, 1455). Burgund gab Berns Bündnissystem der «burgundischen Eidgenossenschaft» (*unser eitgnoze von Buorgendon*, 1251) den Namen.

Burgund nannten sich vom 12. bis 15. Jahrhundert unterschiedliche Verwaltungsbezirke der westlichen Schweiz – kirchliche wie das Archidiakonat Burgund und die Deutschordens-Ballei Elsass-Burgund oder politisch-administrative wie das nachzähringische Protektorat Burgund (Bern als *procurator Burgundie*, 1229/1244), die Reichsvogtei (*lantvogt dez riches ze Búrgenden*, 1309) und eben auch die Landgrafschaft Burgund.

Abb. 92
Die Landgrafschaften und ihre Landgerichte im 14. Jahrhundert.
Als Grundlage der Karte dienten die Grenzbeschreibungen der einzelnen Landgerichte. Landgerichtsgrenzen erscheinen in Pfandverträgen um Herrschaften ab den 1370er Jahren. Sie wurden v.a. unter bernischem Einfluss oder durch Bern ab 1400 im Rahmen von Offnungen verzeichnet. Bis zu diesem Zeitpunkt waren sie Bestandteil des Gewohnheitsrechts und somit mündlich überliefert. Daher mussten sie so verlaufen, dass sie leicht im Gedächtnis haften blieben. In der Regel folgten sie Flüssen und Bächen und den Wasserscheiden (der Schneeschmelze nach – «alz der schne har in smiltzet», 1409). Sie sind in den Rechtsquellen (Stadtrecht von Bern und Rechte der Landschaft) ediert: Ranflüh (1400), Murgeten, Konolfingen und Zollikofen (1409), Buchsgau (1428) und Seftigen (1459).
Die Grenzbeschreibungen geben den ursprünglichen Verlauf wieder, der aber schon im 14. Jahrhundert und vollends im 15. Jahrhundert unter Bern durch Umteilung von Dörfern und Herrschaftsteilen an Nachbargerichte sowie durch Exemtion von Herrschaften zunehmend nicht mehr der Realität entsprochen hatte. Die Karte gibt diesen ursprünglichen Zustand ohne Berücksichtigung der exemten Gebiete und Umteilungen wieder. Rekonstruktionen von Grenzverläufen mit Karten finden sich in den Einleitungen der Rechtsquelleneditionen Emmental, Burgdorf und Oberaargau.
Kartenentwurf: Anne-Marie Dubler; Ausführung: Andreas Brodbeck.

gewachsen war, gingen die Landgrafschaften Burgund und Aarburgund rechtlich aus dem 1218 zu Ende gegangenen zähringischen Rektorat Burgund hervor, was sich in ihrem Namen und in ihrer Funktion offenbarte: Wie das Rektorat dienten auch sie der Wahrung von Reichsgut und Sicherung des Landfriedens und waren Standesgerichte für Adel, Geistliche und freie Bauern.

Lehnsinhaber und Umfang

Die Landgrafschaft Burgund (*in Búrgenden*), ab 1252 als Lehen des Grafen von Buchegg (1252 *lancravius*, 1286 *langravius Burgundie*) belegt, lag zwischen Thun und Murgenthal im rechtsufrigen Aarebogen. Die Landgrafschaft Aarburgund (1276 *Burgundia circa Ararim*) unter ihrem Lehnsinhaber, dem Grafen von Neuenburg-Nidau, reichte links der Aare von der Stockhornkette bis zum Jura. Die Landgrafschaft Buchsgau (1318 *Buchsgoewe*) lag wie die Grafschaft davor als Lehen bei den Grafen von Frohburg. Sie erstreckte sich zwischen Aare und Jura von der Siggern abwärts bis zum Erlinsbach bei Aarau.

Landgrafschaften waren ursprünglich Reichslehen und Beamtungen. Davon war schon bei ihrem erstmaligen Erscheinen ab 1252 wenig übrig geblieben: Landesfürsten, nicht der König, nahmen die Belehnung vor – in Burgund die Herzöge von Österreich, im Buchsgau der Bischof von Basel. Beliehen wurde nicht nur der Amtsinhaber, der Älteste einer Hochadelsfamilie, sondern auch dessen Geschwister, so bei der Lehnsübertragung von Burgund an Graf Hartmann von Kiburg (1314), oder neben dem Amtsinhaber auch dessen Erben wie bei der Übertragung des Buchsgaus an Graf Rudolf von Neuenburg-Nidau und dessen Neffen, die Grafen von Kiburg und Thierstein (1367). Zu Ende des 13. Jahrhunderts waren die Landgrafschaften an Söhne vererbbar. Jahrzehnte später traten mangels Söhne auch Seitenlinien das Erbe an, was dazu führte, dass im Buchsgau mit dem Inhaber meist auch gleich die Familie wechselte: nach den Frohburgern († 1366) kamen die Neuenburg-Nidau († 1375), dann die Thierstein-Farnsburg († 1418), dann die Falkenstein zum Lehen. Amtsinhaber und Familienglieder trugen den ererbten Grafentitel als Namen und zugleich Standesbezeichnung, der Amtsinhaber fügte diesem noch den Amtstitel «Landgraf» an (1316 *Hartmann comes de Kyburg, Burgundie langravius*).

Mit der weitgehenden Privatisierung der Landgrafschaften fielen diese wie das Familiengut (*Allod*) und die Herrschaftslehen der Überschuldung der Adelsfamilien zum Opfer: Wie diese wurden sie verpfändet, geteilt und verkauft oder gingen dem Adel sonst verloren. Aarburgund fiel nach dem Tod Graf Rudolfs von Neuenburg-Nidau als Teil der Erbmasse 1375 an die Grafen von Kiburg und wurde von Bern nach dem Sempacherkrieg 1388 annektiert. Die Rechte an der Landgrafschaft Burgund wurden von den bankrotten letzten Grafen von Kiburg, Berchtold (*ultimus*) und Egon, 1406 gegen eine Leibrente an Bern übertragen, jene an der Landgrafschaft Buchsgau von den Grafen von Falkenstein 1426 an Bern und Solothurn verkauft und von diesen 1463 auf die neu errichteten Vogteien Bipp (Bern) und Bechburg (Solothurn) aufgeteilt.

Landgerichte

Das Richten über Leben und Tod gehörte ursprünglich nicht zu den landgräflichen Kompetenzen. Nach 1300 fallen erste Hinweise auf die Existenz von Landgerichten, und ab 1356 bezeugen Offnungen deren Rolle als Blutgerichte im Rahmen der Landgrafschaft. Ab 1400/09 betrieb Bern in den Landgerichten die Rechtsaufzeichnung systematisch: Offnungen überliefern erstmals Grenzbeschreibungen der Landgerichte, deren Gerichtsorte, das Aufgebot an das Landgericht (Prozedere, Busse für Nichterscheinen), die vom Gericht beurteilten Delikte (Mord, Diebstahl, Totschlag, Brand, Notzucht usw.) sowie die dem Landrichter für seine Tätigkeit zustehenden Regalien (Jagd, Fundgut, verlaufenes Vieh). Am Landgericht (Landtag) wurden unter dem Landrichter – Landgraf oder Stellvertreter – durch die gerichtsfähigen Männer (Herren, Ritter, Freie und Eigenleute) Kapitalverbrechen beurteilt und bestraft. Zur landgräflichen Gerichtsbarkeit über Freie war somit die Blutgerichtsbarkeit über die ganze Bevölkerung getreten. Nicht verzeichnet ist eine «staatliche» Befehlsgewalt des Landgrafen, weder Militär- noch Steuerhoheit.

Die Landgrafschaften umfassten mehrere Landgerichte: Burgund die Landgerichte Äusseres Amt Thun, Ranflüh (Emmental), Konolfingen, Zollikofen und Murgeten (Murgenthal), Aarburgund die Landgerichte Seftigen, Sternenberg (oder Neuenegg) und Nidau. Die Landgrafschaft Buchsgau war zugleich Landgericht. Jedes Landgericht zählte ausser dem namengebenden Gerichtsort mehrere abwechselnd benützte, mit Stock (Pranger) und Galgen ausgerüstete Dingstätten, zum Beispiel im Landgericht Zollikofen in Zollikofen selbst, ferner in Schnottwil, Leuzigen, Alchenflüh und Jegenstorf (1409).

Wohl von Beginn weg waren die Landgerichte von exemten Gerichtsbezirken weltlicher und geistlicher Herren mit eigenem Stock und Galgen durchsetzt. Das waren zum Beispiel im Landgericht Seftigen die Herrschaften Belp und Riggisberg sowie Amsoldingen (Chorherrenstift) und Rüeggisberg (Cluniazenserpriorat) und im Landgericht Zollikofen die Städtchen Aarberg und Büren. Vom Landgericht Murgeten waren rund zwei Drittel des Gerichtskreises eigenständige Hoch- und Blutgerichtsbezirke, darunter das Herrschaftsgericht Landshut, das Hofgericht Herzogenbuchsee und die Stadtgerichte Burgdorf, Wangen und Huttwil. Die Exemtionen schränkten die überregionale Zuständigkeit der Landgerichte ein.

Das Ende der Landgrafschaften

Im Lauf des 14. Jahrhunderts liefen die kleinräumigeren Verwaltungs- und Gerichtsorganisationen – Land-, Hof- und Stadtgerichte – den grossräumigen Landgrafschaften den Rang ab, besonders als diese nach 1400 ihrer primären Aufgaben beraubt wurden: Zum einen sicherte nun Bern in seinem ganzen Territorium den Landfrieden. Zum andern waren Sondergerichte für Freie angesichts der rasch voranschreitenden Ablösung der Leibeigenschaft obsolet geworden. Daher stützte die Stadt Bern ihre Landesherrschaft auf die räumliche Struktur und den alten Rechtsanspruch der Landgerichte ab. Dies wiederum trug zum raschen Verschwinden der Landgrafschaften als Organisationsstruktur und als Begriff bei. Noch um 1400 wurde «Landgrafschaft» wechselweise auch auf Landgerichte angewendet. Doch bereits ab 1419 wurden diese – nunmehr bernische Vogteien – neu als «Grafschaften der Stadt Bern» bezeichnet. Der Titel «Landgericht» erhielt sich nur in der offiziellen Bezeichnung der «Vier Landgerichte» oder Vennergerichte. Heerbann, Fuhrdienste und Steuern, offenbar keine landgräflichen Herrschaftsrechte, wurden von den bernischen Vögten unter dem Rechtsvorwand der «Grafschaft» schrittweise ausgeübt, Neuerungen, die 1470 zum Twingherrenstreit führten.

Zwischen Fürsten und Grafen

Bernard Andenmatten

Berne et la Maison de Savoie

Berne prit une part essentielle à la chute de l'Etat savoyard en 1536. Ce fut elle qui entraîna Fribourg et le Valais à se partager les possessions ducales situées au nord du Léman. Pourtant, il ne s'agissait pas de l'ultime épisode d'une rivalité séculaire, puisque les rapports entre la ville des bords de l'Aar et la dynastie savoyarde furent pendant plusieurs siècles placés sous le signe du respect des limites territoriales et de l'alliance politique. Soudée par des intérêts communs, celle-ci fut le plus souvent dirigée contre Fribourg et ses seigneurs, les Kybourg, puis les Habsbourg.

Plus pacifiques que conflictuelles, ces relations furent particulièrement intenses durant la seconde moitié du XIIIe et le début du XIVe siècle. A trois reprises (1255, 1268, 1291), la ville impériale renonça à une partie de ses libertés pour se placer sous la protection de la Maison de Savoie. Ces protectorats sont l'expression d'une infériorité relativement prononcée de la ville par rapport aux

Ill. 93
Croix de Savoie dans le chœur de l'église abbatiale de Payerne. En obtenant en 1240 l'avouerie du prieuré de Payerne, la Maison de Savoie fit de cet établissement religieux un appui solide de sa politique de conquête du Pays de Vaud.

princes savoyards; ils feront place au XIVe siècle à des relations plus égalitaires, concrétisées notamment par la réception des Savoie dans la bourgeoisie de Berne. Une telle évolution formelle des rapports entre la ville impériale et la dynastie princière témoigne tout autant de la stabilisation territoriale intervenue alors en Suisse occidentale que de la nouvelle conscience politique acquise par la ville des bords de l'Aar.

L'expansion de la Maison de Savoie au nord du lac Léman

Originaire probablement de la région de Belley, la Maison de Savoie orienta ses efforts, au cours des XIe et XIIe siècles, vers le contrôle des grands itinéraires des Alpes occidentales qui passaient par les cols du Mont-Cenis et du Grand-St-Bernard. Présents depuis longtemps en Chablais où ils contrôlaient l'abbaye de St-Maurice d'Agaune, les Savoie marquèrent leur intérêt pour la région située au nord du Léman à partir du début du XIIIe siècle.[1]

Le 1er juin 1218 fut scellée à Moudon une alliance entre le comte Thomas Ier de Savoie et le comte Hartmann de Kybourg qui reçut comme épouse Marguerite, la fille de Thomas.[2] Ce mariage peut être interprété comme l'expression de l'accord intervenu entre les deux parties pour se partager pacifiquement les dépouilles des Zähringen, après la dispartition sans héritier du dernier duc, Berchtold V, survenue le 18 février précédent. Ce mariage et les droits potentiels de Marguerite à l'héritage de son mari, qui mourra lui aussi sans héritier direct en 1264, constitueront un prétexte constamment invoqué par les Savoie lors de leur avancée en direction du Plateau suisse et de l'Alémanie.

Cette politique offensive des Savoie au nord du Léman fut surtout l'oeuvre de Pierre. Frère de Marguerite, il ne devint comte qu'en 1263, lorsqu'il succéda à son neveu Boniface.[3] Avant ce dénouement plutôt inattendu, Pierre s'était constitué à partir des années 1240 un important domaine personnel dans le pays de Vaud. Il s'était établi plus particulièrement dans sa partie orientale, formée par les vallées de la Broye et de la Sarine. Seigneur de Moudon, Romont et Rue, Pierre parvint également à se faire prêter hommage par de nombreux représentants de la noblesse locale (comtes de Gruyère, seigneurs d'Illens-Arconciel, de Pont, de Corbières, de Vuippens, etc....).[4] Sa position se renforça encore durant l'hiver 1255, lorsqu'il réussit à se faire concéder par son frère, le comte Amédée IV, les possessions patrimoniales des Savoie situées en Chablais.[5] Etendant son influence du Grand-St-Bernard aux portes de Fribourg, Pierre de Savoie paracheva sa maîtrise de toute la partie orientale de la Suisse romande en se faisant reconnaître, quelques semaines plus tard, comme seigneur par les villes de Morat et de Berne.

Les trois protectorats savoyards (1255, 1268, 1291)

Connu de manière indirecte, ce premier protectorat exercé par les Savoie sur Berne à partir de mai 1255 est devenu célèbre grâce au récit coloré de Conrad Justinger. Vers 1420–1430, le chroniqueur bernois fixa par l'écrit un épisode qui courait probablement depuis longtemps dans la mémoire politique bernoise et qui permit même d'attribuer à Pierre de Savoie le statut prestigieux de second fondateur de la ville. Si certains détails, anachroniques, sont à mettre au compte de l'époque de la rédaction, le noyau du récit, soit la dédition de la ville à Pierre de Savoie et à ses successeurs pour le temps que durera la vacance du pouvoir impérial, est généralement retenu comme authentique (→ p. 101).[6]

Rivale de Fribourg, alors en mains du comte de Kybourg qui maîtrisait la vallée de l'Aar, Berne ne pouvait choisir pour protecteur que le principal antagoniste de ce dernier, Pierre de Savoie. Malgré les liens familiaux noués 40 ans plus tôt, les hostilités étaient déclarées entre les différents partisans des deux beaux-frères. Au cours des années 1251–1255, un état de guerre plus ou moins larvée avait déjà opposé Fribourg à une vaste coalition regroupant les principaux seigneurs vaudois vassaux de Pierre ainsi que ses châtellenies de Moudon, Romont et Payerne.[7]

On a souvent mis en évidence combien ce premier protectorat savoyard était assorti de dures conditions qui restreignaient la liberté de la ville impériale, laquelle n'avait pas d'autres moyens pour se libérer de ses ennemis. Parvenu au

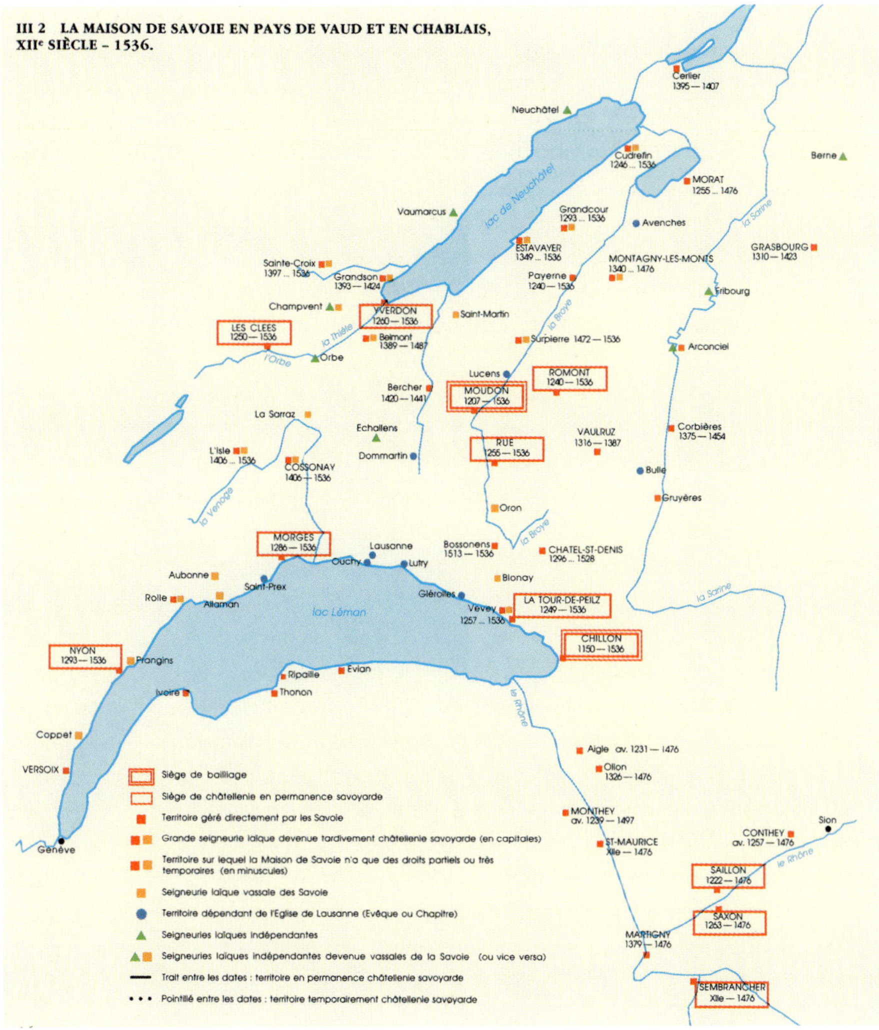

Ill. 94
La Maison de Savoie en Pays de Vaud et en Chablais, XIIe siècle – 1536.

sommet de sa puissance, Pierre pouvait monnayer chèrement sa protection et imposer la présence régulière de l'un de ses représentants au bord de l'Aar. Incorporée de fait au domaine direct savoyard, Berne apparaissait ainsi en 1255 comme la première tête de pont d'une extension de la dynastie en direction de l'Alémanie.

Cependant, il en alla différemment et l'accession de Pierre au comté de Savoie en 1263 coïncide paradoxalement avec le début d'une phase de contestation, puis de repli, de l'expansionnisme savoyard qui dura jusque dans les années 1320. Les Savoie étaient ébranlés à la fois par des conflits internes, dus à des successions difficiles et contestées,[8] et par un interminable et dur affrontement avec les Habsbourg.[9] A plusieurs reprises, ceux-ci réussirent à ourdir de vastes coalitions rassemblant tous les ennemis potentiels des Savoie: grands princes territoriaux (Dauphins, comtes de Genève), prélats de Suisse romande (évêques de Genève, de Lausanne et de Sion) et petits seigneurs (Montagny, Font) qui cherchaient à profiter des circonstances pour se libérer de leurs liens vassaliques.

Dans ce contexte difficile, il est évident que le deuxième protectorat, conclu le 9 septembre 1268 entre Berne et le comte Philippe qui avait succédé en mai à son frère Pierre, ne peut que traduire cette situation de repli des Savoie.[10] On a pu établir que les conditions étaient moins contraignantes qu'en 1255 car le protectorat ne fut concédé à Philippe qu'à titre viager.[11] Il s'agissait plutôt pour le nouveau comte de renouveler une alliance que de manifester des prétentions hégémoniques. Il reçut cependant la faculté de percevoir ces droits régaliens par excellence qu'étaient les revenus des péages, de la monnaie et de la haute justice, théoriquement dévolus à l'empereur. A la différence du premier protectorat qui avait à plusieurs reprises contraint les Bernois à participer aux campagnes militaires savoyardes, le deuxième ne semble pas avoir pesé trop lourdement sur la liberté d'action de la ville.

Ce second protectorat prit fin cinq ans plus tard, lorsque fut élu au trône de roi des Romains, le 29 septembre 1273, Rodolphe de Habsbourg. A la mort de ce

Ill. 95
Le comte de Savoie et ses vassaux d'après l'armorial de Gelre (1370-1395, Bibliothèque Royale de Bruxelles, ms.15652-56, fol. 96r.). A droite le comte de Savoie, entouré de ses vassaux, parmi lesquels on distingue (première ligne, à gauche) le prince de Piémont (ou le Baron de Vaud), le bâtard Humbert de Savoie (première ligne, à droite). Sur l'écu central de la deuxième ligne, armes d'Othon II ou III de Grandson.

dernier fut conclu en août 1291 un troisième protectorat entre Berne et le comte Amédée V de Savoie.[12] La coïncidence de date avec le célèbre pacte des Waldstätten n'est pas fortuite. La disparition du roi des Romains, qui avait également été le prince territorial le plus puissant du Plateau suisse, rendait l'avenir incertain et incitait princes, villes et communautés rurales à resserrer leurs alliances. Ce troisième protectorat savoyard est très semblable dans son contenu au deuxième et lui non plus ne semble guère avoir entamé l'indépendance de la ville impériale. Il est le dernier du genre car désormais Berne aura assez de poids politique pour substituer au rapport vertical de soumission au prince savoyard une relation d'un type nouveau, horizontale et égalitaire: la combourgeoisie.

Une nouvelle forme de rapport politique: les combourgeoisies

Lors d'un premier partage du patrimoine savoyard conclu le 14 janvier 1286 avec son frère aîné, le comte Amédée V, Louis avait reçu le pays de Vaud ainsi que tous les droits potentiels des Savoie «depuis Romont en direction de l'Alémanie».[13] Il matérialisa ces droits par la réception d'hommages vassaliques prêtés par différents seigneurs (Aarberg, Thorberg) ainsi que par des ressortissants des élites bernoises comme Jacques de Kienberg et Jean de Bubenberg.[14] Dans le même temps, il devenait, le 25 février 1297, bourgeois de Berne.[15] Si Louis reprenait ainsi à son compte les velléités expansionnistes de son oncle Pierre en direction de Berne et du bassin de l'Aar par la réception d'hommages vassaliques, il dut cependant prendre acte de l'autonomie politique croissante de la ville impériale. Celle-ci ne le choisit pas comme protecteur, mais le reçut comme bourgeois. Le 17 septembre 1330, ce fut même au tour du comte de Savoie d'être reçu au nombre des bourgeois de Berne.[16]

Sans grande portée pratique, ces entrées des Savoie dans la bourgeoisie de Berne doivent être interprétées comme la manifestation d'une reconnaissance réciproque des sphères d'influence des deux parties. Elles sont un signe parmi d'autres de la stabilisation territoriale intervenue en Suisse occidentale au cours du premier quart du XIVe siècle. Dorénavant, les Savoie ne manifestèrent plus de volonté expansionniste au delà de l'Aar. A l'exception de Grassbourg, ils restèrent même en deçà de la Sarine, respectant de fait une frontière linguistique et culturelle dont l'expression émerge justement à cette époque.[17] Quant à Berne, elle traitait maintenant à égalité avec les princes savoyards et leur noblesse, qu'elle allait bientôt défaire à Laupen (1339) en attendant de les éliminer définitivement de la Suisse romande au début du XVIe siècle.

Peter Niederhäuser

Einsteiger aus dem Osten: die älteren Grafen von Kiburg

Als im Februar 1218 der letzte Zähringer, Herzog Berchtold V., starb, warteten zahlreiche Erben auf die beträchtliche Hinterlassenschaft. An der Spitze standen die Grafen von Urach und Kiburg, die mit den Schwestern des Herzogs verheiratet waren. Während das Gebiet nördlich des Rheins mit Freiburg im Breisgau an die Uracher fiel, übernahmen die Kiburger die zähringischen Rechte in Burgund um Thun, Burgdorf und Freiburg i. Ü. Dank dieser Erbschaft «erklomm das Haus Kiburg [...] den Gipfel seiner Bedeutung [...] und erhob sich zu dem mächtigsten Dynastengeschlecht zwischen Rhein und Alpen.»[1] Dieser Einschätzung ist die Geschichtsschreibung lange gefolgt. Die Kiburger galten als wichtige Schweizer Vertreter jenes Hochadels, der über Territorialisierung und Intensivierung von Herrschaft eine frühe Form von «Staatlichkeit» errichten konnte, und erhielten als Gegenspieler der aufstrebenden Reichsstadt Bern eine zentrale Rolle auf der regionalen historischen Bühne zugewiesen. Von der neueren Adelsforschung wird diese Einschätzung allerdings in Frage gestellt.[2] Die Kiburger zählten zweifellos zu den bedeutendsten Familien im Gebiet der späteren Schweiz, doch ihre landesherrlichen Bestrebungen blieben im Vergleich zu denjenigen der Savoyer oder Habsburger letztlich bescheiden und wenig erfolgreich. Der Anspruch auf das Zähringer Erbe und die Durchsetzung der damit verbundenen Rechte waren Kraftakte, die das Haus Kiburg zu überfor-

Daniel Gutscher und Werner Meyer

Bümpliz – vom burgundischen Königshof zur savoyischen Burg

Als Mittelpunkt eines herrschaftlich organisierten Güterkomplexes ist der Königshof, die *Curtis* oder *Curia* von Bümpliz – heute Altes Schloss –, erst vom 14. Jahrhundert an urkundlich fassbar, und nur die damalige ausdrückliche Bezeichnung als Reichsgut erlaubt uns, einen direkten Bogen zu den schriftlichen Belegen des frühen 11. Jahrhunderts zu schlagen, aus denen hervorgeht, dass König Rudolf III. in Bümpliz – so etwa in den Jahren 1016, 1025 und 1030 – jeweils Urkunden ausgestellt hat.

Die archäologischen Grabungen von 1966–1970 haben als ältesten Befund den Nachweis eines bis ins 10. Jahrhundert, vermutlich in die Zeit Rudolfs II. zurückreichenden, herrschaftlichen Gebäudekomplexes an der Stelle des Alten Schlosses erbracht: drei Holzpfosten-Bauten in einem mit Kreisgraben und Palisade umwehrten Areal (Periode Bümpliz I). Es bleibt jedoch unsicher, wie und wo sich Rudolfs III. Beurkundungen abgespielt haben. Mindestens aus den Dokumenten von 1016 und 1030 ist ein ansehnlicher Personenaufmarsch zu erschliessen, für den die Platz- und Raumverhältnisse in der *Curtis* wohl zu eng gewesen wären. Wir dürfen annehmen, dass die rechtsverbindlichen Übertragungsakte ausserhalb der *Curtis* vorgenommen worden sind, auf dem Gerichtsplatz oder vor der Kirche. Das schliesst nicht aus, dass die Urkunden selbst in einem Gebäude der *Curtis* geschrieben worden sein könnten. Bümpliz war nun einmal keine Pfalz mit einem geräumigen Audienzsaal. Die zur *Curtis* gehörigen Güter bildeten aber die Versorgungsbasis für den König und sein Gefolge während der Dauer ihrer Aufenthalte. Allerdings weisen die Befunde kaum auf ein längeres Verweilen oder gar eigentliches Hofhalten hin. Dazu war die *Curtis* doch zu bescheiden dimensioniert und eingerichtet. Zudem fehlen in den Fundschichten von Periode Bümpliz I die Wildtierknochen, die als Zeugnisse königlicher Jagdveranstaltungen gedeutet werden könnten.

Das völlige Schweigen der schriftlichen Überlieferung zwischen 1030 und 1306 hüllt die Rolle der *Curtis* von Bümpliz in ein Dunkel, das durch die archäologischen Befunde nur teilweise aufgehellt wird. Auf das Schicksal der Anlage von Bümpliz übte zweifellos die Lage zwischen den Reichsburgen Laupen und Gümmenen sowie – seit deren Gründung – der Stadt Bern einen wesentlichen Einfluss aus. Die Errichtung einer Ringmauer anstelle der hölzernen Palisade erfolgte im 12. Jahrhundert. Verbunden damit war eine Erhöhung des Innenniveaus und eine neue Innenüberbauung (Periode II), die sich dahin gehend interpretieren lässt, dass die Inhaber und Bewohner der Curtis deren Funktionstauglichkeit bewahren und verbessern wollten. Erst in der 2. Hälfte des 13. Jahrhunderts erfolgte der Schub der eigentlichen «Versteinerung». Auf dem Areal wurden mit dem mächtigen, jedoch bald wieder abgetragenen Rundturm oder *Donjon* (Periode IIIa) monumentale Steinbauten mit Kastellburgcharakter (Periode IIIb) errichtet oder zumindest angefangen. Damit bekamen der Wehr- und Wohnkomfort, fassbar etwa in Ofenkeramik und Trinkgläsern, jenen gehobenen Standard, der den Ansprüchen der niederadligen Oberschicht entsprach. Es spricht vieles dafür, als initiierende Kraft hinter diesem Ausbau Peter von Savoyen zur Zeit seiner Übernahme der Schirmherrschaft über Bern im Jahr 1255 zu sehen (→ S. 101). Der Fertigstellung dürfte der für Peter nachteilige Friedensvertrag von 1267 zuvorgekommen sein, spätestens jedoch sein Tod im Jahr darauf. Ein Bedürfnis, den Hof von Bümpliz in eine Burg umzuwandeln, hatten nur die Savoyer, während für die Habsburger – genauer für die Herren von Maggenberg, die Bümpliz als Reichspfand besassen – solche Investitionen kaum ratsam waren: Von einer kleinen Wasserburg aus hätte man die starke Stadt Bern nicht ernsthaft bedrohen können, wohl aber hätten die Berner, die bereits die Burg Nydegg zerstört hatten, eine solche Anlage unmittelbar vor ihren Toren bei der erstbesten Gelegenheit dem Erdboden gleichgemacht.

Bümpliz, Altes Schloss. Überreste des mächtigen Rundturmes des 13. Jahrhunderts. Der Aussendurchmesser des Turmes betrug 9,3 m, das Mauerwerk bestand aus sorgfältig geschichteten Lagen von Kieseln und war 1,8 bis 2 m stark. Übersicht auf den Nordostteil des Mauerrunds während den Ausgrabungen 1970.

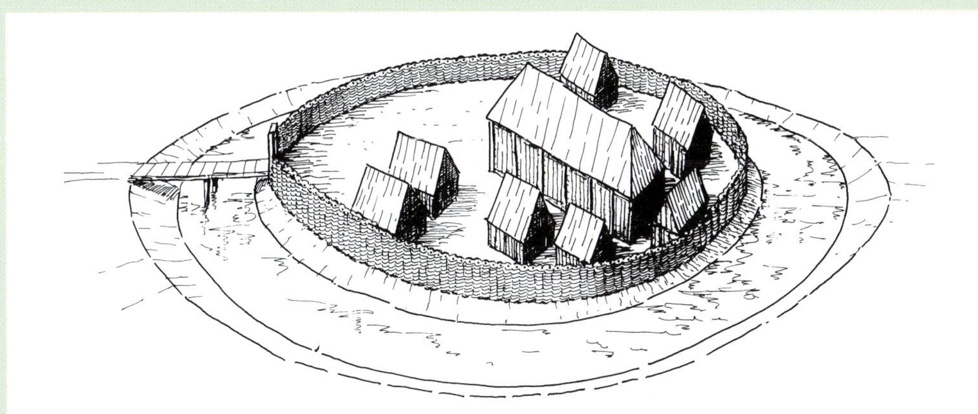

Bümpliz, Altes Schloss. Rekonstruktion der Holzbauphase: Curtis oder Curia des 10./11. Jahrhunderts. Ansicht von Westen. Gesichert sind ausser dem Verlauf des Grabens die Grundrisse der Häuser im südlichen Bereich. Die Dachformen – Walm für den zentralen Hauptbau, Satteldächer für die kleinen Häuser – bilden die konstruktiv einfachste Lösung. Die Hauswände deuten die Stabbautechnik an. Die Einfassung der Anlage postuliert – gemäss dem Grabungsbefund – eine Flechtpalisade. Hypothetisch bleibt der Standort der Brücke und des Einganges. Über architektonische Details (Türen, Fenster, Wehreinrichtungen hinter der Palisade) sowie die Lage eines allfälligen Ziehbrunnens herrscht Ungewissheit.

Literatur: Meyer/Strübin Rindisbacher, Bümpliz.

dern drohten. Wer aber waren die Kiburger, die 1218 unvermittelt in Burgund auftauchten und die Entwicklungen zwischen Saane und Emme ein knappes halbes Jahrhundert mitprägten?

Seit 1180 losgelöst vom schwäbischen Zweig der Grafen von Dillingen, sicherten sich die Kiburger im Verlauf des 12. Jahrhunderts über das Erbe der Winterthurer und Nellenburger Grafen in der Ostschweiz eine Stellung, die durch die Beteiligung am Lenzburger Erbe nach 1172 eine weitere Stärkung erfuhr. Mit ihrem Aufstieg verknüpft war die Zugehörigkeit zur staufischen Klientel.

Abb. 96
Die letzte Gräfin: Elisabeth von Châlons heiratete um 1254 Graf Hartmann den Jüngeren von Kiburg und starb 1275 im Klarissinnenkloster Freiburg i. Ü. Die heute im Franziskanerkloster aufgestellte Grabplatte zeigt sie als Ordensschwester über dem Kiburgerwappen.

Besonders der 1183 erstmals erwähnte und mit Anna von Zähringen verheiratete Ulrich III. hielt sich als Gefolgsmann Friedrich Barbarossas immer wieder am kaiserlichen Hof auf, wo er Rückhalt fand für eine gelegentlich rücksichtslose Durchsetzung eigener Interessen auf lokaler Ebene, wo er aber auch mit den Mächtigen im Reich Kontakte knüpfte, die sich in den Heiraten seiner Söhne mit Töchtern aus den Häusern Lothringen, Savoyen und Habsburg widerspiegeln. Diese von politischen Überlegungen diktierten verwandtschaftlichen Netzwerke bestimmten im 13. Jahrhundert nicht nur das Schicksal der Kiburger, sondern des Aare-Raumes überhaupt.

Reichs- und Regionalpolitik

Eheschliessungen dienten der Anknüpfung oder Festigung von Allianzen, aber auch der Absicherung gegen Konkurrenten, wie die erstmalige Erwähnung der Kiburger in Burgund deutlich macht. Wenige Monate nach dem Tod des letzten Zähringers besiegelten Graf Thomas von Savoyen für seine minderjährige Tochter Margaretha sowie Graf Hartmann IV. von Kiburg, Sohn Ulrichs, im Frühsommer 1218 einen Ehevertrag.[3] Die Heirat konnte zwar erst Jahre später vollzogen werden, beide Parteien suchten jedoch in Zusammenhang mit dem umstrittenen Erbe der Zähringer nach Partnern und erhofften sich eine gegenseitige Abgrenzung der Interessensphären. Ulrich sicherte seinem Sohn Hartmann Oltingen, Jegenstorf, Münsingen, Diessbach und *Ripolcens* zu und setzte als Heiratsgut 2000 Mark Silber auf die Stadt Freiburg – Güter, über die er erst seit kurzem verfügte oder vielleicht nur beanspruchte und jetzt mit savoyischer Hilfe zu gewinnen suchte.
Obwohl Graf Hartmann von Kiburg erstmals 1228 in Urkunden als Landesherr im westlichen Mittelland erscheint, übernahmen er und sein Vater dank savoyischer Unterstützung wohl schon einige Jahre früher das Zähringererbe – zumindest eines gewichtigen Teiles, denn auch das Reichsoberhaupt, kleinere Adlige und Bischöfe machten im herrschaftlichen Vakuum, das auf das Aussterben der Zähringer folgte, unter Verweis auf Verwandtschaft und Reichsrecht oder einfach durch Machtpolitik Forderungen geltend. Besonders aktiv waren die Staufer, die vor allem am Rhein, über die Verleihung von Privilegien an Täler und Orte aber auch in Burgund erfolgreich zähringische Rechte an das Reich zogen und kiburgische Ansprüche blockierten. Graf Hartmann der Ältere und sein Neffe Hartmann der Jüngere mussten diese Politik des Reichsoberhauptes, zu dessen Gefolgschaft sie sich bisher zählten, immer stärker als Konkurrenz empfinden. Bald schlossen sie sich dem Papst an, der sie Anfang 1233 seinem besonderen Schutz unterstellte. Fortan gehörten die Kiburger zu den massgeblichen Vertretern der antistaufischen Partei, während sich Bern zu einem wichtigen Stützpunkt des Reiches entwickelte; der Gegensatz zwischen Papst und Kaiser fand auf regionaler Ebene seine Fortsetzung.[4] Mit päpstlichem Segen begann Hartmann der Jüngere, der seit 1250 die kiburgischen Gebiete westlich der Reuss unter Mitsprache seines Onkels von Burgdorf aus verwaltete, seine Stellung in Burgund auszubauen, indem er Zehntrechte bestritt, vogteiliche Befugnisse usurpierte und Reichsburgen besetzte. Das Pendel schlug immer stärker zugunsten der päpstlichen Partei aus, bis die reichstreuen Orte 1255 Peter von Savoyen zum Schutzherrn wählten. Nachdem Peter in einem jahrelangen Kleinkrieg das kiburgische Freiburg bedrängt hatte, bedeutete die offene Parteinahme Savoyens zugunsten der Reichsstädte den endgültigen Bruch mit dem seit 1218 verwandten Haus Kiburg. Doch bereits kurze Zeit später einigten sich die Gegner auf einen Frieden; bei den Verhandlungen scheint Graf Hartmann im Sommer 1256 erstmals wieder die Stadt Bern betreten zu haben.[5] Savoyen war jetzt allerdings die vorherrschende Macht in Burgund, die kiburgische Politik trat bis zum Tode Hartmanns des Jüngeren im September 1263 und seines Onkels im November 1264 immer offensichtlicher an Ort.

Strukturen der Macht

Das Zähringererbe verschaffte den Grafen von Kiburg zwar einen beeindruckenden Zuwachs an Besitz, trotzdem war es dem Ostschweizer Geschlecht kaum gelungen, seine Herrschaft im Aareraum auszubauen, was zweifellos mit

der erwähnten Konkurrenz anderer Machtträger, aber auch mit der Unfähigkeit zu Intensivierung und Modernisierung der Verwaltung zusammenhing. Traditionelle Adels-«Herrschaft» bedeutete nicht einfach verbriefter Besitz in einem klar umrissenen Gebiet, sondern umfasste einen heterogenen Komplex von weit zerstreuten Rechten, Gütern, Titeln oder auch nur Ansprüchen, die es immer wieder durchzusetzen galt.[6] Während die Kiburger die vom Reich gestützte Verschreibung Burgdorfs an die Witwe Herzog Berchtolds einfach missachten konnten, mussten sie auf die eingeforderte Vogtei des Bistums Lausanne verzichten und Rechte Dritter an der Burg Thun finanziell ablösen.[7] Über diese aufschlussreichen Einzelfälle hinaus bleiben Informationen über die Herrschaftspraxis der Grafen von Kiburg spärlich. Privilegienerteilungen an Städte und Klöster, die – übrigens ohne nennenswerte Dotation von Seiten der Grafen erfolgte – Gründung von Fraubrunnen (→ S. 126) und Maigrauge bei Freiburg, die Beurkundung von Handlungen ihrer Ministerialen oder die Vermittlung zwischen zwei Parteien erlauben neben den bereits erwähnten kriegerischen Unternehmungen nur einen diffusen Blick auf die Kiburger.
Ihre Macht stützte sich zweifellos auf die drei Städte Freiburg, Thun und Burgdorf. Im Mittelpunkt stand der alte Zähringerort an der Emme, wo sich die Grafen meist aufhielten und in dessen Umgebung sich die kiburgische Herrschaft zu einem vergleichsweise engmaschigen Netz von Rechten verdichtete. Dort waren zudem die meisten ihrer Ministerialen sesshaft, zu denen nicht nur lokale Adlige wie die Herren von Oenz, Rubiswil, Schüpfen, Senn, Stein, Sumiswald oder Tor(berg), sondern auch Freie wie die Herren von Bremgarten, Rüti und Jegenstorf zählten. Diese Bindungen blieben allerdings locker. Einige wenige Ritteradlige bildeten den Kern dieses Gefolges; spezialisierte «Beamte» wie Notare und Schreiber fehlten ebenso weitgehend wie Quereinsteiger aus der Ostschweiz – mit Ausnahme eines Ulrich von Diessenhofen, der ab 1263 als Schultheiss in Burgdorf residierte. Dieses für traditionelle Herrschaften des Hochadels charakteristische Bild einer heterogenen, von der Präsenz der Grafen bestimmten Macht wird durch das bekannte, um 1260 verfasste Kiburger Urbar differenziert. (Abb. 98)[8] Hier finden sich mit der Schriftlichkeit und der geographischen Organisation von Verwaltung in Ämter Neuerungen, die für die Ausbildung von Territorialherrschaften massgeblich werden. Ins Auge sticht im Urbar vor allem das Gewicht der von Bauern getragenen Naturalwirtschaft. Lukrativere Formen der Herrschaft wie Orts- und Kirchenvogteien, Zehnt- oder Marktrechte oder gar Zölle und Steuern fehlen hingegen beinahe vollständig. Auch wenn das nur in einer spätmittelalterlichen Abschrift erhaltene Urbar lückenhaft erscheint und in seiner tatsächlichen Bedeutung kaum erforscht ist, zeigt der Inhalt doch das grundsätzliche Problem der Grafen von Kiburg, gestützt auf das Erbe der Zähringer neue, gewinnversprechendere Einkünfte zu erschliessen, konkurrierende Hochadlige zu verdrängen und ihre Herrschaft zu einem flächendeckenden homogenen Verband abzurunden. So scheint es kein Zufall, dass die aggressive Politik in den 1250er Jahren bald versandete und grössere kiburgische Bauwerke als Symbole der Macht in Burgund fehlen. Die Kluft zwischen landesherrlichem Anspruch und tatsächlich verfügbaren Ressourcen war wohl allzu tief. Nur wenige Wochen nach dem Tod Graf Hartmanns des Jüngeren sah sich dessen Witwe Elisabeth Ende 1263 gezwungen, zur Tilgung der von ihrem Mann angehäuften Schulden Güter zu verkaufen – das Zähringererbe stand weiterhin zur Diskussion.[9]

Abb. 97
Graf Hartmann der Jüngere von Kiburg verbietet Bern um 1254 den Bau einer Aarebrücke an der Nydegg. Laut chronikalischem Bericht stand dieser Konflikt am Beginn einer Eskalation, die zum jahrelangen Kleinkrieg zwischen Stadt und Grafen führte. Die Darstellung stammt aus der Chronik Bendicht Tschachtlans, 1470, ZB Zürich Ms. A 120, Abb. 7, S. 32.

Im Schatten von Bern: die Grafen von Neu-Kiburg

Graf Hartmann von Kiburg hinterliess neben dem Schuldenberg die minderjährige Tochter Anna, die nach dem Tod Hartmanns des Älteren Alleinerbin der kiburgischen Herrschaft wurde. Doch die machtpolitischen Weichenstellungen erfolgten bereits zu Lebzeiten ihres Vaters: Während Savoyen über die Frau des älteren Hartmann, Margarethe von Savoyen, Teile des Kiburgererbes einforderte und sich schon Ende 1263 vom König die Reichslehen des jüngeren Hartmann versprechen liess, reagierte Rudolf von Habsburg, künftiges Reichsoberhaupt und Neffe Graf Hartmanns des Älteren, noch schneller. 1261 sicherte er Gräfin Elisabeth von Kiburg bei der Besitzwahrung seine Hilfe zu, wenige

Jürg Leuzinger

Das Zisterzienserinnenkloster Fraubrunnen – eine Kiburger-Gründung

...um unsere Sünden zu erlassen und unseren Seelen zu vergeben... stifteten die beiden Grafen Hartmann der Ältere und der Jüngere von Kiburg im Juli 1246 zu Burgdorf ihr Eigengut bei Mülinen dem Zisterzienserorden zur Gründung eines Frauenklosters (unten). Die Ministerialen der Kiburger wurden zudem durch die beiden Grafen aufgefordert, weitere Vergabungen an das künftige Kloster vorzunehmen. 1249 wurde das entstehende Kloster unter dem Namen *Fons Beate Marie* – im 14. Jahrhundert als *Unser frouwen brunnen* bezeichnet – in den Zisterzienserorden aufgenommen. Bezeichnenderweise entstand das Kloster Fraubrunnen als kiburgisches Hauskloster nahe bei Burgdorf, das die Kiburger aus dem Zähringererbe erhalten hatten und nach 1250 unter Hartmann V. zu einem Herrschaftszentrum ausbauten.

Neben den beiden Grafen begannen nun deren Ministerialen ebenfalls Stiftungen im neu gegründeten Kloster einzurichten. So finden sich zum Beispiel unter den Stiftern des 13. Jahrhunderts die Herren von Jegenstorf, Schüpfen, Mattstetten, Rüti, Önz, Büttikon und Grünenberg. Aber nicht nur die Kiburger-Ministerialen waren um ihr Seelenheil besorgt, sondern auch die Berner Bürger, wie Stiftungen der adligen Herren von Englisberg, Aegerten, Bubenberg, Erlach, Kramburg, Bümpliz, Rümligen und Scharnachtal sowie auch derjenigen der nichtadligen Bürger aus den Familien Krauchthal, Neunhaupt und Seedorf zeigen. Zahlenmässig waren die Kiburger-Stiftungen gegenüber denjenigen der Berner im 13. Jahrhundert noch in der Mehrheit (vgl. Grafik).

Zu Beginn des 14. Jahrhunderts nahm die Stiftungstätigkeit zugunsten Fraubrunnens allgemein stark zu. So war es um 1350 möglich, über vierzig Nonnen zu beherbergen. Damit wurde Fraubrunnen zum reichsten und grössten Nonnenkloster in Berns näherer Umgebung. Gemäss den Angaben aus dem Jahrzeitbuch von Fraubrunnen (→ S. 315) finden sich zu dieser Zeit ungefähr gleich viele Kiburger- wie Berner-Stiftungen. Am Ende des 14. Jahrhunderts hingegen waren die Berner Stiftungen schliesslich in der Überzahl. Weil Stiftungen häufig an Ausstattungen eintretender Nonnen gebunden waren, zeigt sich die

Das ehemalige Zisterzienserinnenkloster Fraubrunnen. Blick gegen Süden in den Klosterhof.

gleiche Tendenz auch in der Zusammensetzung des Konvents. So lassen sich denn im 13. Jahrhundert mehr Nonnen aus dem Umfeld der Kiburger als solche aus Bern nachweisen, am Ende des 14. Jahrhunderts hat sich das Verhältnis jedoch umgekehrt.

Unklar ist, in welcher Weise die Auswirkungen der Epidemien oder des Guglerkrieges von 1375 die Stiftungstätigkeiten beeinflusst haben. Die Hintergründe für die Abnahme der Stiftungen der Kiburger-Ministerialen hingegen müssen mit dem steten Machtverlust der Grafen in Zusammenhang stehen: Die zahlreichen militärischen Auseinandersetzungen des 14. Jahrhunderts haben den Adel – und damit auch viele Kiburger-Ministeriale – zahlenmässig stark dezimiert. Auch dessen zunehmend schlechte wirtschaftliche Lage schlägt sich in einem Rückgang der Stiftungen nieder.

Im Gegensatz dazu gewannen die Berner durch Stiftungen und Klostereintritte langsam, aber stetig mehr Einfluss auf das ursprünglich kiburgische Kloster, bis es schliesslich zu einer «Machtübernahme» durch Bern kam. Dies lässt sich anhand der Äbtissinnenwahl von 1386 illustrieren: Entstammten nämlich alle bisherigen Äbtissinnen, sofern dies überhaupt nachweisbar ist, aus dem Kiburger-Umfeld, so wurde mit Anna Schauland die erste nichtadlige Bürgerin aus Bern in Fraubrunnen eingesetzt. Damit mussten die Kiburger-Grafen die veränderten politischen Machtverhältnisse auch in ihrem Hauskloster akzeptieren.

Fraubrunner Stiftungsurkunde der Grafen von Kiburg vom Juli 1246, besiegelt von den Grafen Hartmann dem Älteren und dem Jüngeren; StAB, Fach Fraubrunnen.

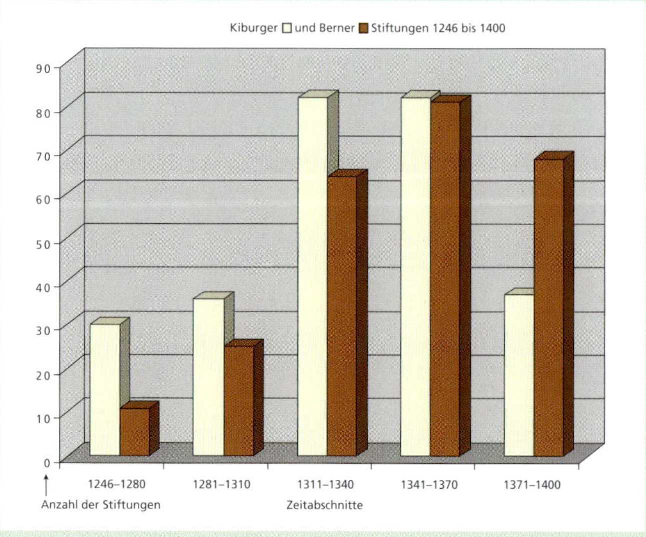

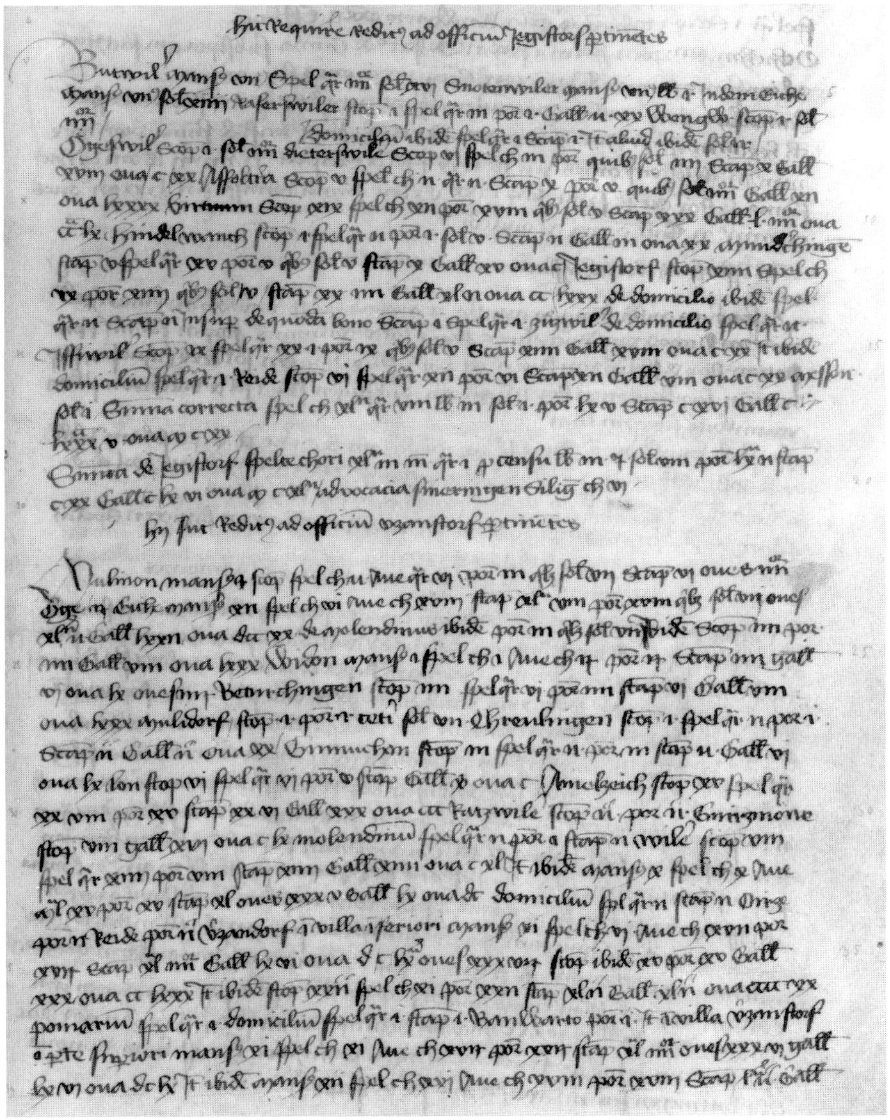

Abb. 98
Der Beginn der «Moderne»: Das nur in einer Abschrift des 14. Jahrhunderts überlieferte Kiburger Urbar bedeutete mit der (erstmaligen?) Niederschrift von Rechten und der geographischen Gliederung der Herrschaft einen Meilenstein in der Verwaltungsgeschichte. Beim hier dargestellten Ausschnitt handelt es sich um die Einkünfte aus den Ämtern Jegensdorf und Utzensdorf; BBB Mss.h.h. VI, p. 237.

Wochen nach dem Tod des jüngeren Hartmann wurde er Schirmherr von Freiburg, übernahm noch zu Lebzeiten des älteren Grafen dessen Ostschweizer Güter und schuf damit vollendete Tatsachen. Der «Grafenkrieg» zwischen Peter von Savoyen und Rudolf von Habsburg endete 1267 mit einem Vertrag, der der Witwe Margarethe eine Entschädigung zubilligte, die «Annexion» der Kiburgerherrschaft durch den Habsburger aber sanktionierte. Seit 1265 nannte sich Rudolf von Habsburg auch Graf von Kiburg, im Sommer 1273 verheiratete er seinen Vetter Eberhard mit der Erbtochter Anna und liess sich vom Ehepaar die Stadt Freiburg zu einem vorteilhaften Preis abtreten – das kiburgisch-zähringische Erbe war weitgehend in die Hand Habsburgs übergegangen.[10]

Hochadel im Abstieg

Obwohl sich erst die Nachkommen Eberhards Grafen von Kiburg nannten, bedeutete dessen Hochzeit mit Anna einen Neubeginn in der Geschichte des Hauses Kiburg, wenn auch als Seitenzweig der Habsburg-Laufenburger. Als scheinbar gefährliche Rivalen der Aarestadt und als «schreiendes Beispiel» für den Niedergang des Adels nahmen und nehmen die Grafen eine wichtige, aber wenig sympathische Rolle in der bernischen Historiografie ein.[11] Durch Schulden gebeutelt, verlor die Familie innerhalb von fünf Generationen ihren gesamten Besitz und erschien schon früh als «Spielball im Kräftespiel der lebensfähigeren Mächte».[12] So beispiellos sich der Fall der Grafen von Kiburg auch präsentiert, so vage bleiben letztlich die Gründe des eindrücklichen, aber nicht einzigartigen Schicksals der Kiburger. Strukturelle Defizite der Herrschaft – ein Erbe der älteren Grafen –, grundsätzliche Krisenphänomene des Spätmittelalters, Kriege, die wenig komfortable Lage zwischen einem nur gelegentlich präsenten Habsburg und dem zur dominanten Macht in Burgund aufsteigenden

Abb. 99
Die Erfindung des Geschlechts: Der kunstvolle Wandteppich mit dem Stammbaum der Kiburger ist zwar nachmittelalterlich, könnte aber auf eine Tafel zurückgehen, die sich bis zur Reformation in der gräflichen Grabkapelle im Chorherrenstift Heiligberg bei Winterthur befand. Die Kiburger werden in direkter Linie auf die Herzöge von Schwaben zurückgeführt, genealogische Brüche und Unsicherheiten grosszügig übergangen. Der Teppich ist 1568 datiert und mit den Wappen des Zürcher Bürgermeisters Bernhard von Cham sowie dessen Frau Agnes Zoller versehen. Verstand sich der Bürgermeister, ehemaliger Landvogt auf der Kiburg, ausdrücklich als Nachfolger der Grafen? SLM, Inv. Nr. 1568.

Bern sowie innerfamiliäre Belastungen führten das Geschlecht rasch in eine Sackgasse. Dort befanden sich die Grafen von Kiburg in bester Gesellschaft: Zusammen mit den Grafen von Neuenburg-Nidau, Aarberg, Frohburg und Tierstein sowie den Freiherren von Signau, Brandis oder Grünenberg bildeten sie in Burgund eine Hochadelsgruppe, die – politisch und verwandtschaftlich eng vernetzt – mit ähnlichen Problemen konfrontiert war. Als mittelgrosse Herren verfügten sie zwar über einen auf den ersten Blick beeindruckenden Besitzkomplex, konnten diesen aber nie zu einer geschlossenen Herrschaft abrunden und langfristig eine eigenständige Politik verfolgen.[13] Während die Kluft zwischen repräsentativem Alltag und tatsächlichen Einkünften immer tiefer wurde, boten weder Bern noch Habsburg standesgemässe und finanzielle Alternativen; vielmehr verloren die Hochadligen im Ringen der grossen Parteien um die Vorherrschaft im Aareraum ihren Spielraum. Das Ausgreifen der Städte Bern, Freiburg, Luzern, Solothurn oder Basel, des Bischofs von Basel und der Grafen von Savoyen und Habsburg liess die adligen Rückzugsgebiete, Pufferzonen zwischen den neu entstehenden Territorien, schrittweise schrumpfen und besiegelte schliesslich den Untergang des Hochadels.

Seit Beginn verschuldet und in Abhängigkeit vom habsburgischen Stammhaus, litt die kiburgische Herrschaft zusätzlich unter biografischen Brüchen: Eberhard starb schon wenige Jahre nach der Heirat, sein Sohn Hartmann, lange unter dem Einfluss seines bischöflichen Onkels und Vormunds, profilierte sich erst in den 1290er Jahren mit einer probernischen Politik, war jedoch oft landesabwesend. Bei seinem frühen Tod 1301 hinterliess er die junge Witwe Elisabeth von Freiburg und die beiden Söhne Hartmann und Eberhard, die unter dem Einfluss ihres Vogtes Ulrich von Torberg weiterhin den Ausgleich mit Bern suchten. Das 1301 auch für Burgdorf und Thun geschlossene Bündnis wurde 1311 verlängert und Ende 1313 von den inzwischen volljährigen Grafen bestätigt.[14] Doch die Konsolidierung Habsburgs unter Herzog Leopold änderte die Perspektiven. Bereits im Sommer 1313 unterwarfen sich die Grafen von Kiburg dem Herzog,

Abb. 100
Der Brudermord in Thun 1322: Bei einem handgreiflichen Streit mit seinem Bruder Eberhard, einem Geistlichen, fand Graf Hartmann von Kiburg den Tod. Der Thuner Schlossbau dient als erstaunlich realitätsnaher Rahmen für die nur chronikalisch überlieferte Geschichte; Chronik Bendicht Tschachtlans, ZB Zürich Ms. A 120, S. 104.

Jürg Leuzinger

Ulrich von Torberg – Vermittler zwischen Bern und Habsburg

Als Ministerialen der Herzöge von Zähringen sind die Herren von Torberg seit dem ausgehenden 12. Jahrhundert urkundlich nachgewiesen. Dass sie keine unbedeutenden Dienstleute waren, zeigt eine Schenkungsurkunde Berchtold IV. von 1175, die *...de Burtorf Albertus de Porta...* zur *familia ducis* zählte. Nach 1218 erscheinen die Ritter von Torberg als Ministerialen der Grafen von Kiburg, die das Zähringererbe in Hochburgund angetreten hatten. So findet sich 1246 ein *... Alberto de Tore ...ministerialibus nostris...* in der Kiburger-Gründungsurkunde des Zisterzienserklosters Fraubrunnen. Nach 1264, nach dem Aussterben der Kiburger-Grafen, werden die Herren von Torberg zu Dienstleuten des Grafenhauses Neu-Kiburg (→ S. 122).
Ulrich von Torberg, der Sohn des 1246 erwähnten Albertus, erscheint 1294 sowie 1295 in Urkunden als Vormund und Verwalter des jungen Grafen Hartmann von Neu-Kiburg. Damit kann Ulrich von Torberg auf die Politik des Hauses Neu-Kiburg Einfluss nehmen. Er stellt sich in den folgenden Jahren aber nicht einfach auf die Seite der Habsburger, sondern versucht vermittelnd zwischen Bern und Habsburg einzugreifen. Die geographische Lage seiner Herrschaft Torberg, zwischen Bern und Burgdorf gelegen, dürfte seine Politik bestimmt haben, denn den möglichen Folgen einer bernfeindlichen Politik wären seine Kräfte auf die Dauer nicht gewachsen gewesen. So steht im April 1295 Ulrich von Torberg einem Schiedsgericht in Laupen vor, dass die Kriegsschäden der vorangegangenen, gegenseitigen Überfälle zwischen Bern und Freiburg dergestalt regelt, dass Bern Schadenersatz erhält.
Bereits im März 1301 wird Ulrich von Torberg erneut an den Grafenhof gerufen und als Verwalter und Vormund eingesetzt, da unterdessen Graf Hartmann gestorben ist. Schon im April desselben Jahres schliesst Ulrich von Torberg ein Schutzbündnis auf zehn Jahre zwischen Neu-Kiburg (mit Thun und Burgdorf) und Bern. Damit erhält das Grafenhaus Schutz durch Bern, das im Gegenzug auf die Hilfe von Burgdorf und Thun zählen kann. 1306 vermittelt Ulrich von Torberg zudem einen Burgrechtsvertrag zwischen Bern und Ulrich von Montenach, dessen Burg Belp 1298 durch die Berner zerstört worden ist. Durch diese Vereinbarung kann Bern seine Politik der Burgrechtsverträge und Schutzbündnisse ausbauen und den zunehmenden Einfluss der Habsburger beschränken (→ S. 477).
1311 schliesslich werden die Gräfin Elisabeth von Neukiburg mit ihren beiden Söhnen Hartmann und Eberhard ins Burgrecht der Stadt Bern aufgenommen. Die Rolle Ulrichs von Torberg wird aus der entsprechenden Urkunde vom 21. Mai ersichtlich: *...daz wir mit rate und willen hern Uolrichs, herren von Torberg, ritterz, unser und unser herschaft phleger, sin burger worden zu Berne in der stat...*. Weiter wird bestimmt, dass Bern Neu-Kiburg vor Angriffen beschützen muss, und Neukiburg ohne Erlaubnis Berns keinen Krieg beginnen darf. Mit diesem Burgrecht und dem Schutzbündnis von 1301 wird Neu-Kiburg in die Politik Berns eingebunden. Damit kann zunächst verhindert werden, dass sich die jungen Grafen gemäss ihrer Herkunft – der Grossvater der Grafen Hartmann und Eberhard war Eberhard von Habsburg-Laufenburg – mit Habsburg verbünden. Doch schon bald ändert sich die Lage grundlegend: Ulrich von Torberg stirbt im März 1312 und Leopold, Herzog von Österreich, kann die Grafen Hartmann und Eberhard von Neu-Kiburg auf seine Seite ziehen. Es gelingt ihm 1313 mit den Verträgen von Willisau, Neu-Kiburg in habsburgische Lehensabhängigkeit zu bringen.

Schutzbündnis vom 6. April 1301 zwischen Bern und Neu-Kiburg. Siegel: 1. Gräfin Elisabeth von Neu-Kiburg 2. Ritter Ulrich von Torberg 3. Stadtgemeinde Burgdorf 4. Stadtgemeinde Thun, StAB, Fach Burgdorf.

unterstellten ihren an habsburgische Güter grenzenden Besitz der Lehenshoheit Leopolds, verzichteten auf Rechtstitel ausserhalb Burgunds und sicherten militärische Hilfe gegen habsburgische Gegner zu; als Entschädigung erhielten sie die Landgrafschaft Burgund und Pfänder um Interlaken.[15]
Ein nur chronikalisch überlieferter Konflikt zwischen den jungen Grafen um die Herrschaft brachte im Herbst 1322 eine unerwartete Wende: Landgraf Hartmann fand anscheinend nach einem heftigen Streit mit seinem Bruder auf Schloss Thun den Tod, der gegen seinen Willen für höhere kirchliche Weihen bestimmte Eberhard übernahm das Haus Kiburg. Während Österreich die Güter des «Brudermörders» einforderte, fand Eberhard Rückhalt beim antihabsburgischen König Ludwig, den Waldstätten und vor allem Bern, musste jedoch Thun zur Tilgung von Schulden an Bern abtreten, um es wieder als Lehen zu empfangen. Hoffnungen der Aarestadt auf die baldige Übernahme Thuns nach einem kinderlosen Absterben des Kiburgers waren aber verfrüht. Nicht nur söhnte sich Eberhard 1331 mit Habsburg aus, verburgrechtete sich in Freiburg und schwenkte auf eine betont antibernische Politik um, auch hinterliess er bei seinem Tod 1357 aus der Ehe mit der Freifrau Anastasia von Signau elf Kinder. Sein Sohn und Nachfolger Hartmann III., verheiratet mit der Gräfin

Abb. 101
Besitz der Kiburger im bernischen Raum.

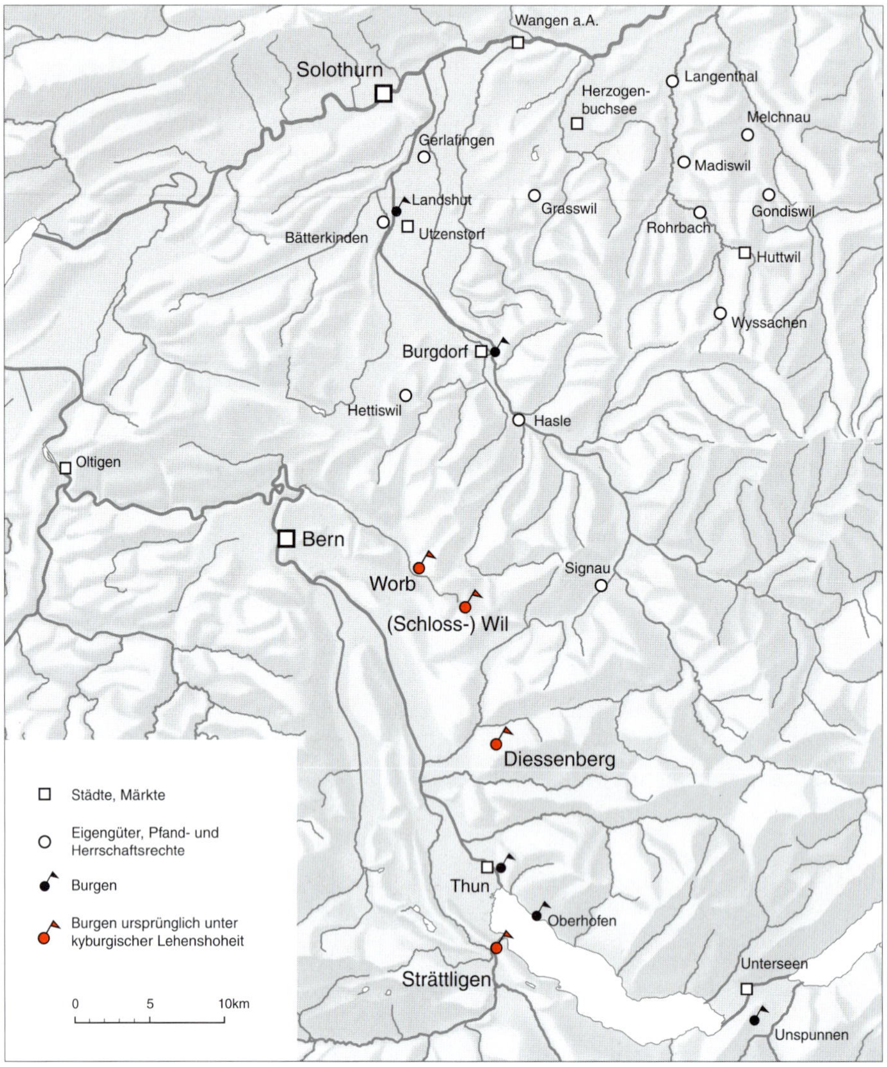

Anna von Neuenburg-Nidau, übernahm allerdings ein schweres Erbe. Immer häufiger mussten zur Tilgung von Schulden Güter und Herrschaften verkauft werden. Doch weder die Verpfändung von Wangen und Herzogenbuchsee 1356 an Nidau, noch die Abtretung von Burgdorf, Thun und Oltingen 1363 an Habsburg, der endgültige Verkauf Thuns 1375 an Bern oder die Erbschaft des letzten Grafen von Neuenburg-Nidau 1376 brachten Rettung. Mit einem missglückten Überfall auf Solothurn verspielte Graf Rudolf von Kiburg, Sohn Hartmanns III., 1382 schliesslich den letzten Kredit. Sein Onkel Berchtold sah sich trotz erfolgreicher Verteidigung Burgdorfs gegen Truppen aus Solothurn und Bern sowie deren eidgenössische und burgundische Verbündete 1384 gezwungen, Bern alle gräflichen Rechte in Thun und Burgdorf zu übergeben. Bis 1415 folgte die endgültige Liquidation der kiburgischen, unter habsburgischer Lehenshoheit stehenden Rechte an Unterseen und Unspunnen, Wangen und Herzogenbuchsee, der Landgrafschaft Burgund sowie im Buchsgau. Verburgrechtet in Bern, verschwindet der letzte Graf von Kiburg, Berchtold, nach 1417 spurlos aus den Quellen.[16]

Herrschaft im Dilemma

Den Bankrott der Kiburger als unausweichliches Schicksal des Adels in eidgenössisch-städtischem Umfeld zu erklären und von der Krise des bernischen Hochadels auf den gesamten Adel rückzuschliessen, greift etwas kurz. Immerhin vermochten die Grafen bis in die Mitte des 14. Jahrhunderts ihre seit Beginn fragile Herrschaft scheinbar problemlos zu halten, zählten Berner und Solothurner zu ihren Vassalen oder – wie Johann von Bubenberg – gar zu ihren Freunden und suchten, wohl nicht nur aus Opportunismus, Anlehnung bei der Aarestadt.[17] Das Schuldenkarussell begann sich erst ab den 1340er Jahren zu beschleunigen, als die spätmittelalterliche Agrarkrise, die ständigen Kriege im Aareraum und die Kinderschar Graf Eberhards, deren standesgemässe Versorgung an den Domstiften in Strassburg und Basel sowie im Deutschen Orden ihren Preis hatte, einen hochadligen Lebensstil endgültig beeinträchtigten. Während die Würde eines Landgrafen in Burgund vor allem ein prestigeträchtiges Amt bedeutete, das mit den tatsächlichen Fähigkeiten der Grafen zur Durchsetzung von Frieden und Ordnung kontrastierte, erwies sich der umfangreiche Besitz mit Städten, Marktflecken und Burgen als vor allem auf dem Papier eindrücklich. Die frühe Ausrichtung auf Bern, Habsburg und Freiburg macht vielmehr deutlich, dass eine eigenständige Politik das Haus Kiburg überfordert hätte, dass aber die Grafen aus der günstigen Lage und der relativen Grösse ihrer Herrschaft durchaus Profit zu ziehen hofften.

Abgesehen von einzelnen Urkunden gibt es kaum Schriftstücke, die Auskunft über die Verwaltung und Durchsetzung von Herrschaft im Alltag geben. Immerhin zeichnen sich drei Elemente ab, die für die Macht der Kiburger charakteristisch sind: Die Städte Thun und Burgdorf, die adlig-städtische Ministerialität und die Konkurrenz zwischen Bern und Habsburg. Als befestigte Stützpunkte und Märkte zählten Thun und Burgdorf zu den Eckpfeilern der kiburgischen Position und waren strategisch, militärisch, finanziell und prestigemässig von herausragender Bedeutung (→ S. 176). Hier befanden sich Juden und Lombarden, der zur kiburgischen Ministerialität zählende Lokaladel und Angehörige der städtischen Oberschicht, die alle für die gräflichen Geld- und Verwaltungsgeschäfte immer wichtiger wurden. Während Thun eher am Rande des kiburgischen Besitzes lag und zunehmend unter bernischen Einfluss geriet, konzentrierten die Grafen ihre Macht auf Burgdorf als Mittelpunkt ihrer Herrschaft, dessen symbolische Bedeutung durch zahlreiche Privilegienerteilungen, kirchliche Förderung und eine grössere Jahrzeitstiftung – eine der wenigen belegten des Grafenhauses – an das Barfüsserkloster 1378 unterstrichen wird.[18] Die Schultheissen, Angehörige des Dienstadels, waren Vertrauensleute und gleichzeitig Kreditgeber der Kiburger. Wirtschaftliche und politische Interessen gingen Hand in Hand; kaum zufällig tauchen immer wieder finanzkräftige Kleinadlige und Bürger im Umfeld der Grafen auf. Die Verschränkung macht auf Schattenseiten aufmerksam, scheinen die Grafen doch schon früh ihren Einfluss auf die Städte verloren zu haben. Diese waren wohl bereits um 1300 zu gross und zu selbständig für die Kiburger, die seit den 1320er Jahren schrittweise die Autonomie der Gemeinde erweitern, Herrschaftsrechte und Einkünfte an die Stadt oder an Bürger verpfänden oder verkaufen und 1343 ausgerechnet Bern zu Vermittlungsdiensten im Falle von Streitigkeiten mit Burgdorf verpflichten mussten.[19] Wie wenig die Grafen schliesslich von ihren Städten profitieren konnten, zeigt die schon 1277 den Bürgern von Thun zugestandene Befreiung von allen Abgaben gegen eine jährliche Zahlung von 50 Pfund, die überdies 1341 an Bürger und Adlige verpfändet wurde.[20] Damit fehlten wichtige Mittel für eine Sanierung der prekären Finanzlage.

Die gelegentlich als «Diener» bezeichneten Lokaladligen und Angehörigen der städtischen Oberschicht bildeten als Ministerialen die zweite Stütze der kiburgischen Herrschaft. Zu dieser bisher kaum erforschten Gruppe zählten freiherrliche Geschlechter wie die Signau, Grünenberg, Kien, Rüti oder Brandis sowie ritteradlige Familien wie die Oenz, Senn, Torberg, Rich, Gowenstein, Mattstetten, Sumiswald, Sachs von Teittingen, Halten oder Burgistein. Einzelne dieser Adligen übernahmen Verwaltungsaufgaben, andere bildeten das militärische oder herrschaftliche Gefolge, die meisten aber sind vor allem als Zeugen und Bürgen fassbar. Die Beziehungen und Abhängigkeiten waren gegenseitig, verkauften doch die Kiburger immer häufiger Teile ihres Besitzes an ihre Ministerialen oder übergaben Güter als Entschädigung für Dienste. Dass der Zusammenhalt weniger auf Loyalität als auf finanziellen Interessen beruhte, zeigt das Schicksal einzelner Familien, die ursprünglich zur kiburgischen Klientel zählten, dank geschicktem Wirtschaften und der Anlehnung an Habsburg oder Städte aber die Grafen überflügelten. Während die Herren von Torberg und Grünenberg unter den Herzögen eine steile Karriere durchliefen und mit österreichischen Pfändern eine eigene Herrschaft aufzubauen suchten, wurden die Freiherren von Kien Schultheissen in Bern, die Rich in Solothurn.

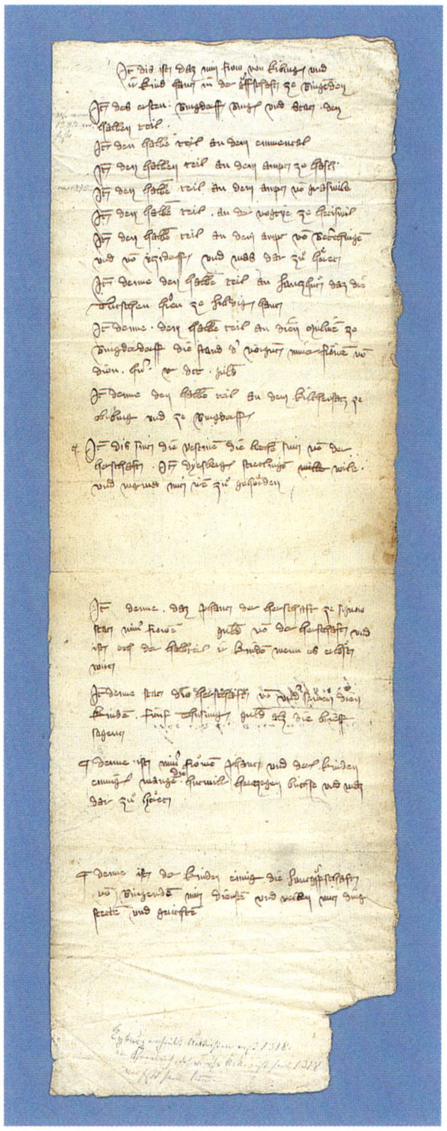

Abb. 102
Ein Güterverzeichnis zwischen Anspruch und Realität: Entstanden vermutlich um 1377, listet dieser Rodel Eigengüter, Lehen und Pfänder auf, die sich zumindest teilweise in kiburgischem Besitz befanden, wenig später aber auf immer verloren waren. Der Rodel ist praktisch das einzige Schriftstück der Neu-Kiburger, das einen – wenn auch groben – Überblick über die gräfliche Herrschaft erlaubt, StAB (Fach Kiburg).

Abb. 103
Das liebe Geld: Gestützt auf ein Privileg Kaiser Ludwigs, liessen die Grafen seit den 1320er Jahren in Burgdorf Münzen prägen. Symbol von Herrschaft und attraktive Einnahmequelle, stand dieses Geld gerade in Krisenzeiten in Verdacht, durch die Verwendung von minderwertigem Material «böse» zu sein. Der gräfliche Münzmeister zeigt dem gestikulierend-misstrauischen Berner Schultheissen das neugeschlagene Geld; Spiezer Chronik der Diebold Schilling, BBB, S. 222.

Verkäufe und das ständig fehlende Geld machen auf das Problem der Grafen von Kiburg aufmerksam, Einkünfte und Ausgaben in der Waage zu halten. Ihre Macht beruhte wohl vor allem auf grundherrlichen Rechten mit Naturalabgaben, während die finanziell unvergleichlich attraktiveren Städte Thun und Burgdorf sich allmählich dem gräflichen Zugriff entzogen. Ohne immer kriegführende Partei zu sein, sahen sich zudem die Kiburger wiederholt Plünderungszügen gegenüber, die auch das Gebiet der Grafen und damit deren herrschaftliche Basis in Mitleidschaft zogen. Gleichzeitig war die militärische Ausrüstung enorm kostspielig, musste doch 1316 Graf Hartmann für ein Streitpferd ein Gut verpfänden.[21] Der Versuch, mit neuen Zöllen zu regelmässig fliessendem Geld zu kommen, scheiterte am Widerstand Berns, das auch der seit 1328 in Burgdorf geschlagenen kiburgischen Münze misstrauisch gegenüberstand; die Katastrophe zeichnete sich immer deutlicher ab. In den Monaten vor dem Burgdorferkrieg verschuldeten sich die Kiburger allein bei Berner Juden um über 500 Gulden, während 1387 Wangen und Herzogenbuchsee mit über 50% des Pfandwertes belastet waren.[22] Die Hoffnung der Grafen galt deshalb Bern wie Habsburg, die beide am weniger wirtschaftlich als strategisch wichtigen kiburgischen Besitz interessiert waren. Mit der Anlehnung an die vorherrschenden Mächte im Aareraum begaben sich die Grafen zwar in gefährliche Nachbarschaft, gewannen aber dank deren Konkurrenz eine Atempause. Versprach Bern Rückendeckung, Kredite und Entgegenkommen beim Ausburgerwesen, sicherte Habsburg Schirm, Geld und Dienste zu. Diese Patt-Situation ermöglichte den Kiburgern zum Teil überrissene Forderungen für ihre Güter, die wohl eher der politischen «Nachfrage» als dem tatsächlichen Wert entsprachen. Der Verkaufspreis floss allerdings kaum an die Grafen, sondern diente in der Regel der Begleichung von Schulden. Nur so lässt sich erklären, dass Bern für Thun 1323 3000 Pfund, 1375 über 20 000 Gulden und 1384 für Burgdorf und Thun weitere 37 800 Gulden aufwarf – der weitaus grösste Teil dieser immensen Summe dürfte in der Aarestadt geblieben sein. Solange beide Konkurrenten Präsenz markierten und Rechte am gräflichen Gebiet geltend machten, war die Schaukelpolitik der Kiburger recht erfolgreich. Die miserable Zahlungsmoral Habsburgs und ihr offensichtliches Desinteresse an der Vergabe wichtigerer Verwaltungsaufgaben an die mit ihnen verwandten Grafen zeigten jedoch schon früh Grenzen auf. Mit der Schwächung der zunehmend nach Osten orientierten habsburgischen Herrschaft im Mittelland endete auch der lange Überlebenskampf des Hauses Neu-Kiburg. Während Bern «der wahre Erbe der Zähringer...» wurde, lebt die Erinnerung an die Grafen von Neu-Kiburg wenig vorteilhaft vor allem in den stadtbernischen Chroniken weiter.[23]

Maurice de Tribolet

Les Seigneurs de Neuchâtel

Fidèles des ducs de Zähringen, les seigneurs de Neuchâtel sont au début du XIIIe siècle à la tête de possessions qui s'étendent de Neuchâtel à Soleure (→ p. 61); elles sont aussi concentrées autour du château d'Arconciel aux portes de Fribourg ainsi que nous l'apprend le partage de leurs ministériaux (en réalité des centres fiscaux confiés à l'administration de ministériaux) en 1214–1215 (Ill. 104).[1] Comptant parmi les lignages les plus puissants de la Bourgogne transjurane, les seigneurs de Neuchâtel se qualifient d'*advocati seu judices terrae* (d'avoués ou juges territoriaux) et de *principes terrae* (princes territoriaux) en 1209, ce qui prouve bien qu'ils sont parties prenantes à la réorganisation de l'empire entreprise par les Hohenstaufen – par l'entremise des Zaehringen – dès la seconde moitié du XIIe siècle et qui trouvera son achèvement dans le *Statutum in favorem principum* (statut en faveur des princes) de 1231. La puissance de la dynastie prend concrètement appui sur l'ancienne résidence royale de Neuchâtel (Ill. 105), sur laquelle se replie le seigneur d'Arconciel vers 1182, ainsi que sur la forteresse de Nidau, le couvent bénédictin de Saint-Jean de Cerlier (→ Ill. 295) constituant quant à lui le «Stammkloster» du lignage des Neuchâtel, branches allemandes et romandes confondues.[2]

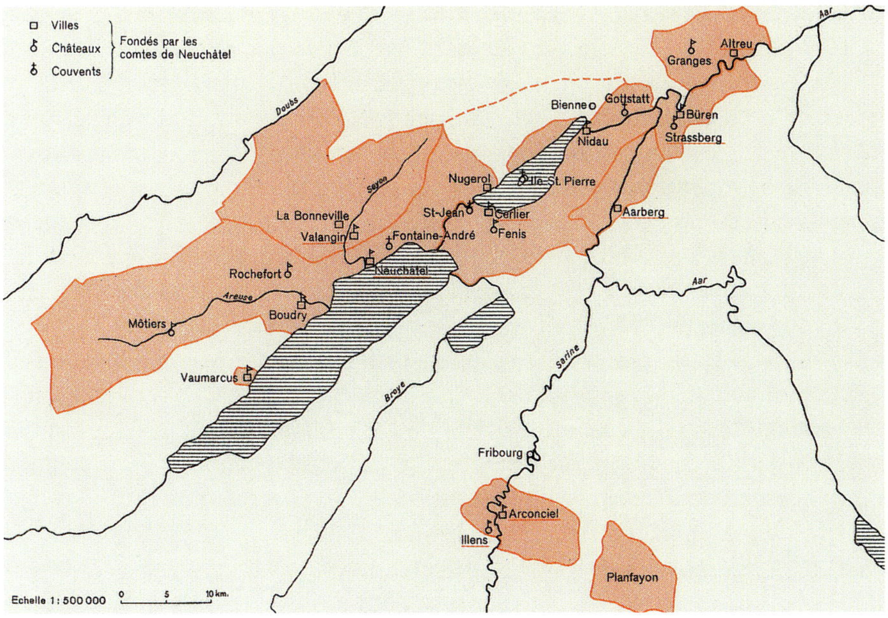

Ill. 104
Zone d'influence de la maison de Neuchâtel au XIIIe siècle.

Il semble bien que forts de leur légitimité dérivée du droit d'empire, les seigneurs de Neuchâtel, par l'entremise de leurs branches romandes et allemandes (Neuchâtel-Nidau, Neuchâtel-Aarberg, Neuchâtel-Strassberg), aient eu la mission de contrôler les voies d'eau et les routes commerciales longeant le pied du Jura et permettant à partir de Neuchâtel de rejoindre au pied du château de Joux la route «internationale» franchissant le col de Jougne contrôlé par le puissant Jean de Chalon; il en va de même du sire de Neuchâtel-Aarberg qui doit reprendre son château d'Arconciel du comte de Savoie en 1251 pour s'assurer la maîtrise de la route commerciale extrêmement importante menant vers Lausanne et le col du Grand-Saint-Bernard. C'est dans cette perspective qu'il faut apprécier la charge de «Landgraf» exercée en 1277 et 1309 par les Neuchâtel-Nidau et les Neuchâtel-Strassberg.[3]

Cette politique prend aussi appui sur des villes telles que Neuchâtel, Nidau, Cerlier ou Aarberg, villes d'importance secondaire qui dès la seconde moitié du XIIIe siècle sont soumises à l'influence de Berne et de la Savoie; de son côté le seigneur de Neuchâtel guerroie dans le Val-de-Ruz (1296–1303) avec ses parents Jean et Thierry de Neuchâtel-Aarberg qui, avec l'appui de l'évêque de Bâle, tentent de créer une principauté jurassienne autonome et cohérente, en contestant la suzeraineté du seigneur de Neuchâtel sur le Val-de-Ruz: cette guerre intestine qui affaiblit tout le lignage montre la nécessité pour chaque branche des Neuchâtel de se créer des principautés cohérentes territorialement et administrativement afin de pallier l'éparpillement de leurs possessions patrimoniales convoitées par les Habsbourg, les Kybourg, la Savoie et Berne: n'est-il pas significatif à cet égard de constater qu'en 1314 Hartmann de Kybourg exige que la dot de son épouse Marguerite de Neuchâtel, sœur de Louis de Neuchâtel, soit assignée sur ses «châteaux, ses villes, ses terres, ses possessions et ses revenus les plus proches de la terre et de la seigneurie de Neuchâtel»?[4]; de même durant tout le XIIIe siècle, le seigneur de Neuchâtel veille particulièrement à ce que les donations consenties par ses dépendants à l'abbaye Saint-Jean de Cerlier ne viennent pas diminuer ses revenus, ce qui aurait constitué un abrègement de fief.[5]

C'est pourquoi Louis de Neuchâtel (1305–1373) procède de 1318 à 1350 (suite à l'effacement de l'influence de sa famille à la fin du XIIIe siècle) à une remise en ordre administrative et financière de sa principauté sur le modèle savoyard, en prenant soin à cette occasion de redéfinir les droits de ses sujets de toutes conditions – au besoin par l'octroi de franchises – afin d'accroître les revenus nécessaires au fonctionnement de sa seigneurie de Neuchâtel; les Neuchâtel-Aarberg adoptent la même politique dans leur seigneurie de Valangin en favorisant les défrichements afin d'accroître l'assise territoriale de leur pouvoir.[6]

Epoux depuis 1325 de Jeanne de Montfaucon, issue d'une puissante famille comtoise établie sur les hauts plateaux du Doubs qui s'étendent de la frontière

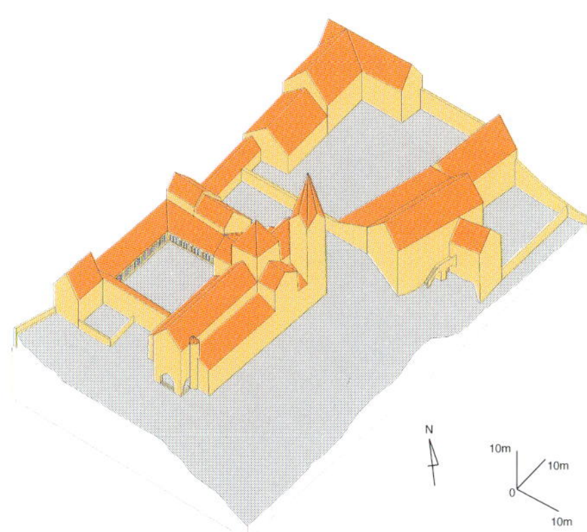

Ill. 105
Le château et la collégiale de Neuchâtel vers 1380. Restitution Christian de Reynier, Service de la protection des monuments et des sites, Neuchâtel.

Ill. 106
Le comte Rodolphe de Neuchâtel-Nidau avec ses armoiries d'après l'illustration du Codex Manesse, conservé à la Bibliothèque universitaire de Heidelberg (Codex Palatinus Germanicus 848), fol. 20r.

suisse actuelle jusqu'aux portes de Besançon, Louis de Neuchâtel se trouve ainsi placé à la tête de seigneuries comtoises dispersées dans ces régions et qu'il administre à distance, mais il ne lui sera pas donné de créer une principauté transjurassienne d'un seul tenant (Ill. 104): bien mieux de 1325 à 1357 il mène des guerres incessantes contre les parents comtois de sa femme dont les possessions se trouvent aussi situées des deux côtés du Jura, à Orbe plus précisément; entraîné dans les troubles de la Guerre de Cent ans en France et en Bourgogne de 1337 à 1360, sans oublier son expédition italienne de 1351, Louis de Neuchâtel sortira considérablement appauvri de ces expéditions qui mettront à contribution les modestes ressources financières de son comté.[7]

Cette politique ambitieuse ne doit pas nous faire oublier que dès 1288 le seigneur de Neuchâtel perd son immédiateté impériale et qu'il doit prêter hommage au puissant Jean de Chalon, situation qui rend bien compte de sa position modeste parmi les puissances régionales qui se disputent alors les espaces jurassiens ou ceux du pied du Jura, le long de l'Aar et des lacs de Bienne et de Neuchâtel. Cette perte de prestige est illustrée par le fait qu'en 1308, Rodolphe de Neuchâtel (Ill. 106) devient bourgeois de Berne et se place ainsi sous la protection de la ville impériale, démarche suivie par les fils de Rodolphe de Neuchâtel-Nidau qui deviennent à leur tour bourgeois de Berne en 1336 pour une période de vingt ans.[8]

Quant à la puissance réelle de la ville de Berne elle est illustrée par sa victoire militaire de Laupen le 10 juin 1339 sur les seigneurs du plateau suisse coalisés (dont ceux de Neuchâtel-Nidau et de Neuchâtel-Aarberg) contre elle pour mettre fin aux atteintes qu'elle portait au droit impérial et plus spécifiquement à ceux du comte de Neuchâtel-Nidau, en admettant certains de ses sujets à la bourgeoisie, puis en refusant de les lui remettre, ce qui démontre à la fois l'attrait exercé par la ville de Berne sur les dépendants des seigneuries avoisinantes et la menace qu'elle constituait pour la stabilité financière de ces dernières. On fera remarquer de plus que c'est à Gérard, seigneur d'Aarberg-Valangin qu'il appartiendra, peu avant la bataille de Laupen, de réclamer à Berne le versement de l'impôt impérial dont elle refusait jusqu'alors de s'acquitter. De toute évidence les ambitions politiques bernoises suscitent l'inquiétude des lignages seigneuriaux de la région et les amènent à se regrouper pour tenir tête à la ville impériale accusée d'avoir rompu la paix publique.[9] Cela ne nous permet pas de mettre en avant une politique lignagère concertée qui aurait impliqué une mise en commun de moyens militaires et financiers afin de créer une principauté territoriale qui aurait pu s'étendre des deux côtés du Jura; bien au contraire, nous l'avons vu, chaque branche mène sa propre politique conditionnée qu'elle est par les règles contraignantes propres au droit familial et féodal, ce qui n'est pas le cas de Berne qui est bien plus libre dans ce domaine et peut se permettre en conséquence de mener une politique systématique à long terme d'agrandissement territorial. Ce n'est qu'à la fin du XIVe siècle que l'on assiste à un rapprochement entre les Neuchâtel et les Nidau lorsque les deux maisons sont sur le point de s'éteindre.[10]

Par ailleurs dès 1354, Louis de Neuchâtel, lors d'une alliance conclue avec des seigneurs comtois, prend soin de préciser qu'il réserve les alliances qu'il a faites avec les «bonnes villes», à savoir Fribourg, Bienne, Berne et La Neuveville, ce qui ne l'empêche pas d'entrer dans la fidélité du duc d'Autriche en 1359; par ailleurs son parent Jean d'Aarberg-Valangin succède au comté de Willisau en 1367, ce qui montre bien le jeu très ouvert des fidélités et le fait que les Neuchâtel ne dédaignent pas la protection du duc d'Autriche, à tel point que le 30 juin 1386, à la veille de la bataille de Sempach, Mahaut de Valangin met son château de Willisau à la disposition du duc Léopold d'Autriche, ce qui lui attire l'ire de Berne (dont elle est bourgeoise depuis le 26 avril 1386) qui mène une expédition punitive dans le Val de Ruz, au cœur de la seigneurie de Valangin.[11]

Le destin des Neuchâtel se joue ainsi entre deux fidélités, et la ville impériale de Berne apparaît en cette fin du XIVe siècle comme la puissance dominante, seule à même d'imposer la paix publique dans la région: cet état de fait est reconnu le 11 septembre 1388, par Mahaut de Valangin, qui se déclare disposée à vivre en bon voisinage avec Berne. A la même époque les bourgeois de Cerlier (1382)

Jacques Bujard et Nicolas Schätti

Le tombeau des comtes à la collégiale de Neuchâtel

Le tombeau des comtes de Neuchâtel est situé à l'entrée du chœur roman de la collégiale, sous la première des deux arcades nord de celui-ci. Il constitue l'une des œuvres majeures de la sculpture médiévale en Suisse et a, selon l'inscription latine qu'il porte, été édifié en 1372 par le comte Louis *en mémoire des siens.* Après plusieurs années de préparation menée par un groupe de chercheurs réunis autour de feu le professeur Louis-Edouard Roulet, une étude pluridisciplinaire approfondie de ce monument funéraire a été engagée en 1996 par la ville de Neuchâtel. Elle a abouti à une conservation-restauration complète, confiée à l'atelier Marc Stähli d'Auvernier et achevée à la fin de l'année 2001.

Dès la seconde moitié du XIIIe siècle au moins, la branche aînée des Neuchâtel a élu sépulture dans la collégiale (→ S. 132). Le testament rédigé en mars 1338 de Rodolphe IV stipule le désir de celui-ci d'être enterré *en l'egliese de Nostre Dame de Nuefschastel, entre la tombe ou giesent mes pere et ma mere et le usselet dever la cloistre*, soit la petite porte ouvrant sur le cloître au nord du chœur. En tout, quatre tombes de la famille comtale sont signalées par les textes du XIVe siècle entre le maître-autel et la porte du cloître; certaines regroupaient les sépultures de deux personnes. La construction du monument en 1372 s'inscrit donc parfaitement dans la politique funéraire des Neuchâtel. L'emplacement choisi, à l'endroit le plus visible et le plus sacré de l'église collégiale qu'ils avaient fondée, est une affirmation de la puissance de leur lignée.

Un sondage archéologique pratiqué en 1996 au pied du monument a permis de retrouver les vestiges d'un caveau funéraire aménagé devant le pilier séparant les deux arcades septentrionales du chœur. Ce caveau, qui n'a pas été dégagé jusqu'au fond, avait une longueur de 2,10 m pour une largeur d'environ 1 m et était couvert au Moyen Age d'une dalle ou d'un monument, comme l'indique le sommet parfaitement horizontal de ses murs. Il est antérieur au monument de 1372, puisqu'il lui sert en partie de fondation. Ce caveau pourrait être l'un des quatre tombeaux cités au cours du XIVe siècle; son étroite liaison avec le monument de 1372 confirme la fonction funéraire de ce dernier, qui ne peut donc, malgré la tradition moderne, avoir été un cénotaphe, c'est-à-dire un monument sans sépulture.

La face du sarcophage est ornée de deux dalles superposées figurant des pleurants sculptés en bas-relief. Au-dessus du sarcophage, le fond de l'arcade est clos d'un mur contemporain du monument et surmonté depuis le XIXe siècle d'une corniche festonnée. Du côté du chœur, la baie est ornée de deux arcs en mitre jumelés à remplage; ceux-ci retombent au centre sur un pilier posé sur la plate-forme du sarcophage, tandis que sur les côtés ils s'appuient sur deux piliers ornés de statues cantonnantes. Trois statues féminines et une masculine sont adossées au mur de fond, alors que deux gisants sont redressés contre les parois latérales. Ces gisants ainsi que les deux dalles en bas-relief du sarcophage ont été placés en remploi dans le monument, comme l'indique notamment la superposition des couches de polychromie. Ils pourraient donc avoir orné un ou deux des tombeaux antérieurs cités par les textes. Selon un témoignage, malheureusement peu fiable, du début du XVIe siècle, un gisant aurait en outre été couché sur le tombeau. Aucune trace ne permet de le confirmer. En revanche, les analyses matérielles ont prouvé que le caractère partiellement composite du monument n'était pas une création postérieure au Moyen Age. Son aspect actuel remonte bien, pour l'essentiel, à la fin du XIVe siècle.

Par sa typologie, l'ensemble neuchâtelois évoque un groupe d'œuvres particulières, apparues peu avant le milieu du XIVe siècle et répandues dans les régions alémaniques – le nord de la Suisse, l'Alsace et la Souabe. Il s'agit de représentations monumentales du Saint-Sépulcre dans lesquelles le Christ gisant, couché dans un tombeau à baldaquin ou dans un enfeu clôturé, est entouré des saintes femmes, ainsi que, souvent, de la Vierge et de saint Jean. Les figures sont généralement grandeur nature, comme à Neuchâtel. Le modèle aurait pu être transmis par l'artiste qui fut chargé de l'exécution de l'œuvre, Claus le peintre, dont on sait qu'il était établi à Bâle (Claus von Wissenburg, Claus Sideler von Tübingen?). Il travaillait déjà à Neuchâtel en 1370 et était encore mis à contribution en 1373.

Cette typologie particulière ne semble guère avoir fait école dans le domaine funéraire. D'autres monuments funéraires légèrement postérieurs à celui de Neuchâtel sont certes conservés, au moins partiellement, dans la région. Deux se trouvaient dans le chœur de l'église prioriale de Romainmôtier, celui de l'évêque de Rodez, Henri de Sévery, daté de 1387, et celui du prieur Jean de Seyssel, créé au début du XVe siècle. Le troisième a été élevé durant le dernier quart du XIVe siècle dans la chapelle Saint-Antoine à La Sarraz; seul ce dernier dérive très certainement du modèle neuchâtelois.

Le caractère exceptionnel du monument de Neuchâtel se marque avant tout dans le grand nombre des statues qui le composent et dans leur remarquable état de conservation. En outre, celui-ci constitue l'une des rares œuvres monumentales de la région à avoir conservé des vestiges importants de ses polychromies d'origine, aujourd'hui couvertes par des repeints. Leur étude a cependant montré qu'elles avaient été assez fidèlement reproduites lors de la restauration du XIXe siècle, à l'exception de certains motifs héraldiques.

Au cours du XVe siècle, trois statues sont venues compléter le monument. Elles indiquent la volonté des successeurs des Neuchâtel d'affirmer la continuité des lignages en regroupant leurs sépultures. Les statues de Conrad (à droite) et Jean de Fribourg (à gauche) sont dues au maître-maçon de l'église Saint-Vincent de Berne Matthäus Ensinger. Quant à la dernière, celle de Rodolphe de Hochberg, postérieure de quelques décennies, elle est la seule du monument à ne pas être polychrome.

La Réforme ne semble guère avoir eu de conséquence sur le monument, si ce n'est que c'est peut-être à cette époque que les pleurants du sarcophage ont été mutilés. En 1678, le monument est dissimulé par une paroi de bois, qui subsistera jusqu'à la restauration menée par le sculpteur neuchâtelois Charles-Louis-Frédéric Marthe entre 1837 et 1840.

Literatur: Kdm Neuchâtel I, S. 109–114. Aballéa/Amsler u. a., Totam machinam.

accusent Isabelle de Neuchâtel-Nidau, veuve de Rodolphe IV, de ne pas respecter leurs franchises et surtout de les laisser juger par des non-libres, ce qui prouve bien que le pouvoir seigneurial est alors ressenti comme arbitraire et humiliant, trait qui sans conteste contribuera à rehausser le prestige déjà grand de la ville impériale de Berne auprès des élites des villes aspirant à l'autonomie.[12]

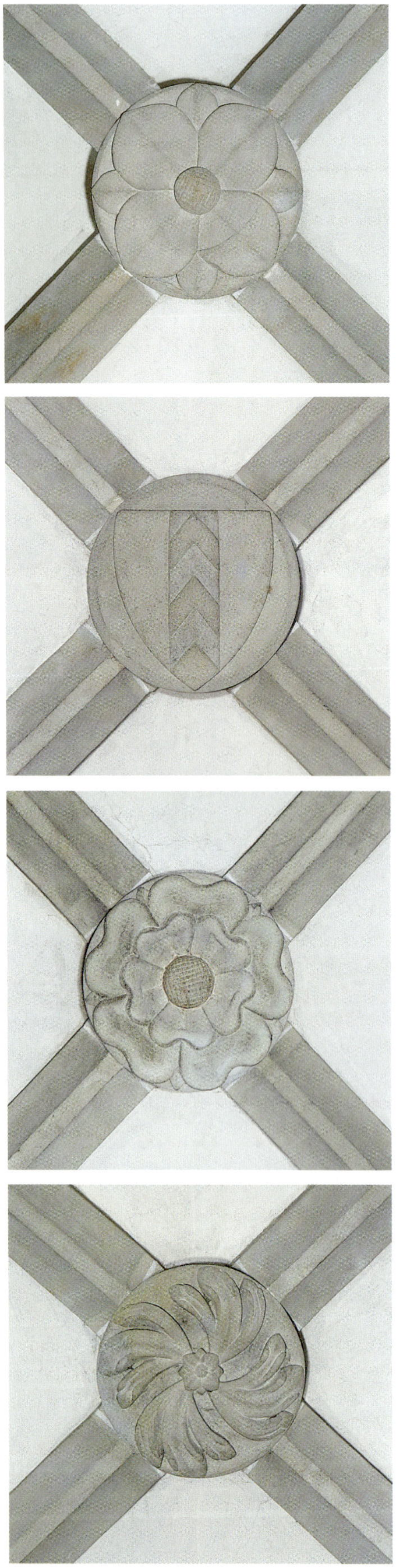

Ill. 107
D'après deux chartes de 1247 et 1255 le couvent des prémontrés de Gottstatt, Orpund, fut fondé par les comtes de Neuchâtel-Nidau. La maison de la branche allemande y a élu sépulture. Une des quatres clés de voûte de l'église montre les armoiries des fondateurs, reprises par le couvent.

Andreas Bihrer

Bern und die Habsburger. *Es si uber kurtz oder uber lang, Bern wirt herre im land*

König Rudolf I. von Habsburg belagerte 1288 zweimal Bern, da sich die Stadt nicht bereit gezeigt hatte, die von ihm auferlegte Reichssteuer zu entrichten. Während der Belagerung wurde aus dem königlichen Gefolge – so tradiert es der Chronist Konrad Justinger – eine Prophezeiung kundgetan: *Do hat der küng einen wisen twerg. Do der die stat und ir gelegenheit und ir wisheit und ir manheit ersach, do sprach daz twerg: «Es si uber kurtz oder uber lang, Bern wirt herre im land.»*[1] (Abb. 108). Aber noch sollte sich die Voraussage des Zwergs nicht bewahrheiten, denn die Stadt unterlag schliesslich in dieser Machtprobe mit dem Habsburger: Dessen Sohn lockte die Berner, die beiden Belagerungen erfolgreich widerstanden hatten, im Mai 1289 in einen Hinterhalt und besiegte die nach Justinger *unordenlich und unbedachlich* ausgerückten städtischen Truppen;[2] die Geschlagenen mussten am Ende für die geforderte Steuer und eine Busse aufkommen. Jedoch etwas mehr als ein Jahrhundert später sollte sich die von Justinger im Rückblick auf die Konflikte zwischen der Stadt Bern und den Habsburgern erzählte Prophezeiung «erfüllen»: Die beiden Belagerungen der Stadt und die Niederlage der Berner auf ihrem eigenen Territorium blieben nicht nur die einzigen derartigen Bedrohungen im gesamten Mittelalter, die Stadt schaltete bis 1415 die habsburgische Herrschaft in ihrer Einflusszone gänzlich aus und erweiterte ihr Territorium auf ehemals habsburgisches Gebiet. Warum aber wurden Bern und die zeitweise als Könige fungierenden Habsburger Konkurrenten? Welches waren die Grundlagen habsburgischer Herrschaft in diesem Raum, welche Ziele verfolgte die Dynastie, und wie versuchte sie, diese durchzusetzen beziehungsweise Erreichtes zu festigen?[3]

Der Aufstieg der Habsburger

Die Zentren ältester Güter und Rechte der sicher seit der Mitte des 10. Jahrhunderts belegten Habsburger sind im Elsass und im Aargau beim Zusammenfluss von Aare, Reuss und Limmat zu lokalisieren. Den Mittelpunkt in den aargauischen Stammlanden bildeten die 1020/30 erbaute Habichtsburg/Habsburg, nach der sich die Grafen benannten, und das zur selben Zeit gegründete Hauskloster Muri, das der Familie bis 1260 als Grablege diente.[4] Ihren Aufstieg verdankten die Habsburger staufischer Protektion, ausserdem profitierten sie vom sukzessiven Aussterben territorialer Konkurrenten, so der Lenzburger 1172/73, der Zähringer 1218 (→ S. 28) und der Kiburger 1263 (→ S. 122), aus deren Erbmasse die Habsburger ihren Besitz und ihre Rechte vor allem im Aargau, Thurgau, Zürichgau und in der Innerschweiz erweitern konnten (Abb. 109). Damit stiegen die Habsburger in diesem Raum zur einflussreichsten Macht auf, zugleich geriet aber auch die Stadt Bern auf Grund ihrer geographischen Lage in den habsburgischen Interessenbereich. Auf längere Sicht stellten zudem die Nebenlinien Habsburg-Laufenburg (seit 1232 beziehungsweise 1238/39) und Neukiburg (seit 1273) keine Konkurrenz für die Hauptlinie dar.[5]

1273 wurde Rudolf I. von Habsburg zum König gewählt; seinen neu gewonnenen Einfluss nutzte er, um – Hausmachts- und Reichpolitik verschmelzend – die eigene Herrschaft zu stärken (Abb. 110). Rudolf I. berief sich auch im Südwesten auf staufische Traditionen. Sein Vorgehen und die Wahrnehmung der Zeitgenossen verrät die königliche Absicht, das staufische Herzogtum Schwaben wieder zu beleben.[6] Damit begab er sich in Konflikt mit den dort ansässigen Mächten, vor allem mit dem burgundischen Adel, dessen mächtigste Ver-

Abb. 108
Die vom Chronisten Justinger erzählte Prophezeiung des Zwerges wird um 1475 in die Spiezer Chronik des Diebold Schilling aufgenommen und illustriert, BBB Mss. hist. helv. I. 16, S. 120.

treter die Grafen von Savoyen waren (→ S. 119). Mit Peter von Savoyen hatte Rudolf I. bereits im Grafenkrieg 1265–1267 um das Kiburger Erbe sowie um die regionale Vorherrschaft gerungen und war dabei auch in Gegensatz zur Stadt Bern geraten – Berns Lage in der Grenzzone zwischen habsburgischem und savoyischem Einflussgebiet bestimmte noch bis zum Ende des 13. Jahrhunderts die Situation der Stadt wesentlich mit. Zu Beginn der Königsherrschaft Rudolfs I. gab es auch positive Berührungspunkte: Rudolf bestätigte den Bernern 1274 ihre Stadtrechte (→ S. 230) und gewährte ihnen Amnestie für die Stadtburg Nydegg (→ S. 213). Dennoch wurden die Spannungen zwischen Bern und den Habsburgern durch das schliesslich 1277 erfolgsgekrönte Bestreben der Letzteren verschärft, die Stadt Freiburg i. Ü. endgültig in ihren Machtbereich zu integrieren; diese Konstellation sollte die Berner Territorialpolitik bis ins 15. Jahrhundert grundsätzlich beeinflussen (→ S. 170 und S. 469). Kurz nach dem Regierungsantritt Rudolfs I. endete zwar die savoyische Schutzherrschaft über das wieder königliche Bern,[7] doch die Bürgerschaft blieb in eine habsburgische und eine burgundische Partei gespalten (→ S. 102). Bei den Bemühungen Rudolfs I., Burgund wieder enger an das Reich zu binden, kam es im Rahmen der königlichen Kriegszüge gegen die burgundische Opposition auch zu dem eingangs erwähnten Konflikt mit Bern. Doch dies sollte für knapp 100 Jahre die einzige unmittelbare militärische Auseinandersetzung zwischen Bern und den Habsburgern bleiben: Bereits in der nach dem Tod Rudolfs I. 1291 entstandenen Koalition gegen die Habsburger spielte die Stadt nur eine Nebenrolle, in der Folgezeit ging sie bei ihrem mit dem Jahrhundertende beginnenden Ausgreifen in das Umland einer Konfrontation mit den Habsburgern aus dem Weg; erster und am stärksten exponierter Gegner der Berner Territorialpolitik war allerdings das habsburgische Freiburg i. Ü.[8]

Ausserdem verlagerten sich ab dem Ende des 13. Jahrhunderts die Interessen der Habsburger, denn Rudolf I. hatte nicht nur durch Erwerbungen im Südschwarzwald und an der oberen Donau neue Einflussgebiete für die Dynastie erschlossen, sondern auch die Reichslehen Österreich und Steiermark an das Haus gebracht (1276–82). Aus den bisherigen Stammlanden sollten im 14. Jahrhundert die Oberen, später die Vorderen Lande, schliesslich Vorderösterreich werden; aus der Perspektive des Südwestens waren die Habsburger bereits seit

Abb. 109
Die im Habsburger Urbar erwähnten Ämter: 2 Landsburg; 3 Ensisheim; 4 Landser; 5 Delle; 6 Kiburg-Burgdorf; 7 Freiburg; 8 Wolhusen; 9 Engelberg; 10 Luzern; 11 Sempach; 12 Münster; 13 Sursee; 14 Willisau; 15 Kasteln; 16 Lenzburg; 17 Wilmergen; 18 Richensee; 19 Meienberg; 35 Freiamt Affoltern; 36 Muri; 37 Baden; 38 Siggenthal; 39 Eigen; 40 Elfingen und Rein; 41 Bözberg; 42 Laufenburg; 43 Säckingen; 44 Wehr; 45 Schwarzwald und Waldshut; 46 Krenkingen.

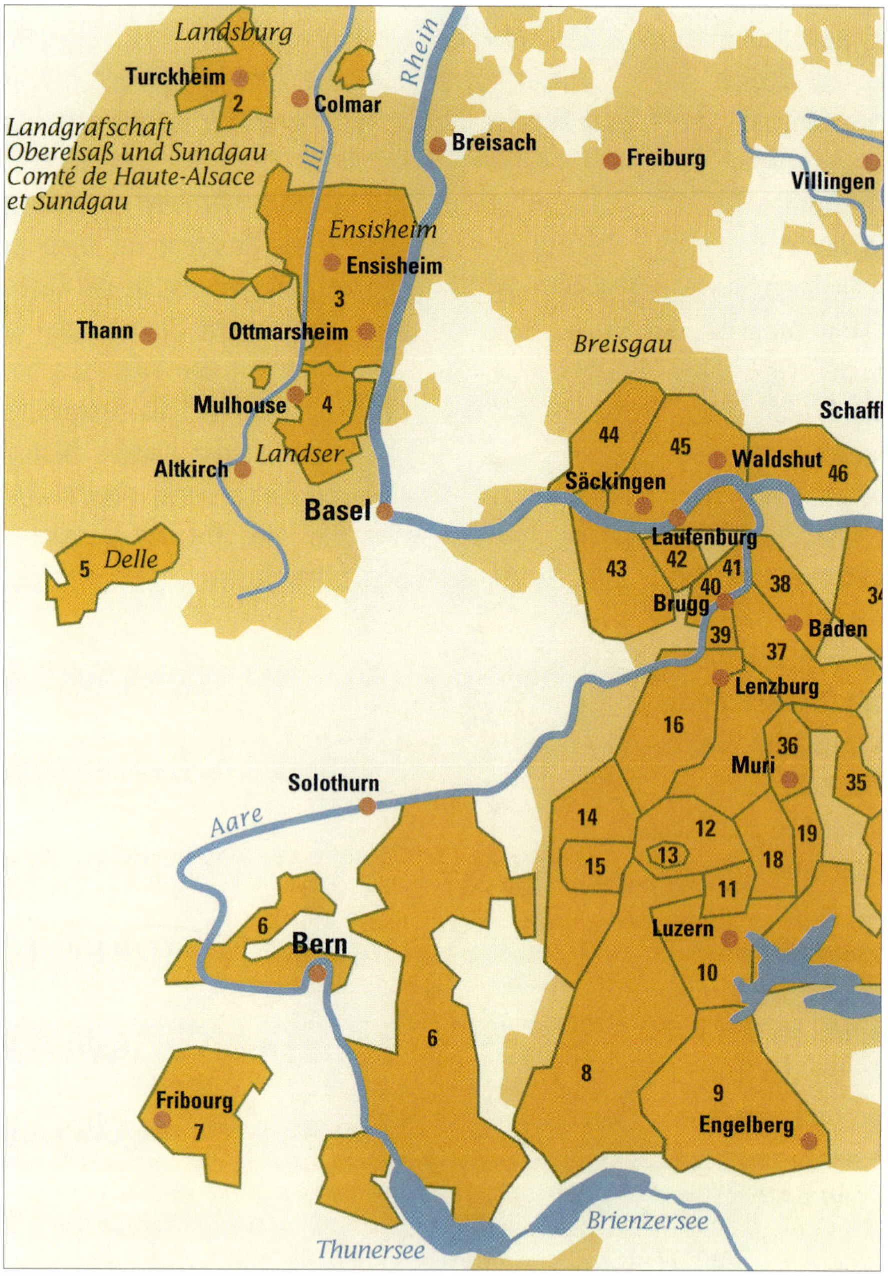

der ersten Hälfte des 14. Jahrhunderts zu *Australes*, zu «Ostlern» geworden. Schon unter dem ab 1298 regierenden König Albrecht I. liess das habsburgische Interesse an ihrem ursprünglichen Kernraum nach; hatte Rudolf I. seinen königlichen Einfluss vorrangig im Dienste seines Hauses im Südwesten nutzbar gemacht, so zeigte sich unter seinem Sohn Albrecht I., dass – neben einer verstärkten Konzentration auf das österreichische Herrschaftsgebiet – die Königswürde die Aufmerksamkeit Albrechts I. auf neue Ziele und andere Regionen lenkte.[9] Die von ihm angeordnete Anlage eines Urbars für die Vorlande ist damit weniger als ein Zeichen für eine moderne und effiziente Verwaltung zu werten,[10] sondern zeigt, dass die Habsburger immer mehr genötigt waren, ihre Ansprüche im Südwesten gegen andere Konkurrenten zu verteidigen. Die Ermordung Albrechts I. 1308 bildete schliesslich eine Zäsur für die habsburgische Politik besonders in den Vorlanden.

Die Krise der Habsburger (Abb. 110)
Mochte die Regentschaft König Heinrichs VII. (1308–1313) von den Habsburgern noch als ein Intermezzo angesehen worden sein, so sollte nach der Doppelwahl 1314 und der militärischen Niederlage des Habsburgers Friedrich des Schönen gegen seinen Kontrahenten Ludwig von Bayern 1322 die Königswürde für das Haus bis 1438 verloren gehen. In den Mittelpunkt habsburgischer Politik gerieten daraufhin die Auseinandersetzungen mit den Wittelsbachern und Luxemburgern, mit denen es auf Grund der Absteckung von Einflusszonen im

Osten und bei Auseinandersetzungen um die Königskrone zu zahlreichen Konflikten kam. Zugleich gingen durch den Wegfall der Königswürde auch im Südwesten viele Herrschaftsrechte verloren, nicht zuletzt diejenigen über die königliche Stadt Bern. Desgleichen war den Habsburgern mit der entstehenden Eidgenossenschaft ein neuer Konkurrent erwachsen, dessen Gefährdungspotential die Parteinahme Ludwigs des Bayern und die habsburgische Niederlage bei Morgarten offenbarte.[11] Die Schwerpunktverlagerung nach Osten, der Verlust der Königskrone und die Konkurrenz mit den anderen Grossdynastien machten es notwendig, den habsburgischen Einfluss in den Vorlanden neu zu formieren und zu konsolidieren, um ihn unabhängig vom Königtum stabilisieren zu können.

Mit der Verwaltung wurden nun nicht mehr Königssöhne, sondern herzogliche Brüder betraut, Leopold I. bis 1326 beziehungsweise Otto bis 1339; danach übernahmen mit den Herzögen Albrecht II. bis 1358 und Rudolf IV. bis 1365 die «Hausherren» auch die Regierung in den Vorlanden. Trotz einiger erfolgreicher Erwerbungen – unter anderem der Grafschaft Pfirt und der Stadt Villingen – sank die Geltung Habsburgs; erst die Versöhnung mit Ludwig dem Bayern 1330 verstärkte – auch durch den Gewinn der Städte Breisach, Neuenburg, Rheinfelden und Schaffhausen im selben Jahr – den habsburgischen Einfluss in den Vorlanden wieder. Doch der schwache Regent Otto und der erst ab 1351 wieder präsente Albrecht II. liessen die Vorlande immer mehr zu einem Nebenschauplatz absinken. In Vertretung der Regenten versuchte deren Schwester Agnes in Königsfelden durch ihre Schlichtungen und ihre Bündnispolitik einen gewissen habsburgischen Einfluss im Südwesten abzusichern, sie konnte aber keine ausgreifende Territorialpolitik vollstrecken.

Zu Beginn der Regierungszeit Rudolfs IV. in den Vorlanden im Jahr 1357 ist hingegen kurzzeitig wieder ein intensiver herrschaftlicher Zugriff auf den Südwesten zu erkennen: Der Herzog versuchte, gegen den Widerstand Karls IV. das Herzogtum Schwaben zu erneuern,[12] und veranstaltete 1361 mit dem glanzvollen Lehenstag in Zofingen eine für lange Zeit letzte Demonstration habsburgischer Macht im Südwesten. Doch auch Rudolf IV. konzentrierte sich bald darauf neuerlich auf den östlichen Herrschaftsbereich: Die dortigen habsburgischen Besitzungen, zu denen seit 1335 auch Kärnten gehörte, wurden 1363 um Tirol erweitert; schliesslich kamen im 14. Jahrhundert noch Krain, Istrien und Triest hinzu. Dass der Aargau schon lange als habsburgischer Zentralraum ausgedient hatte, belegen auch die Bemühungen Rudolfs IV., die Residenzstadt Wien durch eine Universitätsgründung, den Bau des Stephansdoms und den Plan für die Errichtung eines Bistums aufzuwerten. Der Tod von Agnes 1364 und Rudolfs IV. 1365 markierten vorerst das Ende der habsburgischen Konsolidierung und eine deutliche Zäsur in der Geschichte der Vorlande, in den nächsten Jahrzehnten sollte sich die Dynastie in langwierigen Erbstreitigkeiten aufreiben.

Probleme habsburgischer Herrschaftsausübung im 14. Jahrhundert

Durch den Verlust der Königswürde und die über lange Zeiträume fehlende Präsenz der Herzöge wurde eine Neustrukturierung habsburgischer Herrschaft im ehemaligen Kerngebiet notwendig. Neue Formen fürstlichen Handelns und herrschaftlicher Präsenz in den habsburgischen Stammlanden mussten gesucht werden, um Ziele wie die Konzentration und Vereinheitlichung von Herrschaftsrechten, die Arrondierung des Besitzes sowie die Intensivierung des herzoglichen Zugriffs sicherzustellen.[13]

Die Orte Baden, Brugg und Königsfelden bildeten das herrschaftliche Zentrum der Habsburger in den Vorlanden, auch wenn sich die Herzöge nach 1308 nur noch selten dort aufhielten und somit der Hof zu einem «Hof ohne Herrscher» wurde (Abb. 111). Zudem vertiefte sich im 14. Jahrhundert die funktionale Spaltung des Zentralorts: Brugg bildete die herzogliche Residenz, Baden war Sitz des Landvogts und der Verwaltung, die Feste Stein diente als vorländisches Archiv; ausserdem entwickelte sich Königsfelden unter Agnes nicht nur zu einem «regelrechten Nebenhof»[14], sondern auch zum wichtigsten habsburgischen Memorialort in den Vorlanden (→ S. 144 und S. 143).

Das habsburgische Lehenssystem wurde im 14. Jahrhundert immer mehr durch das Pfandschaftswesen als «Mittel zum Ausbau und zur Stärkung der Herrschaft»[15] der Habsburger gegenüber dem regionalen Adel ersetzt. Dieses Instrumentarium war insofern erfolgreich, als grosse Teile des vorländischen Adels und des aufsteigenden Bürgertums auf die Habsburger hin orientiert wurden, so dass «neben dem habsburgischen Kreis sich an eigenständigen adeligen Organisationsformen wenig finden»[16] lässt. Die Integration des Adels vermittels Lehen, Pfänder, Dienstverträge und Ämter gelang, wenn auch sein Einfluss gegenüber anderen Machtträgern wie den aufstrebenden «Stadtstaaten» immer schwächer wurde.

Die im 14. Jahrhundert wirksame habsburgische Verwaltungsorganisation war bereits weitgehend unter den Königen Rudolf I. und Albrecht I. entstanden, als wichtigste Amtsträger sollten in der habsburgischen Konzeption neben dem Landvogt die örtlichen Vögte, die Amtmänner und die Schultheissen dienen. Gegenüber den oftmals ortsfremden Landvögten erreichten die Habsburger, indem sie nur kurze Amtsperioden zuliessen, dass diese Ämter den Charakter von Beamtenstellen besassen. In den übrigen Ämtern jedoch setzten sich meist lokale Herrschaftsträger durch, die in ihren Amtsbezirken stark verwurzelt waren und durch habsburgische Dienste vor allem ihre lokale Position zu verbessern suchten. Die Forschung wurde oftmals dazu verführt, in den habsburgischen Vorlanden ein «komplex durchorganisiertes und planvoll aufgebautes Grossterritorium»[17] zu sehen und von einer «modernen Ämterverfassung»[18] bereits für das endende 13. Jahrhundert zu sprechen, von einer «so weitgehend institutionalisierten, vom Herrscher losgelösten Verwaltung»[19] wie in keinem anderen Territorium im Reich. Allerdings bildeten vor allem persönliche Bindungen und die Loyalität der ansässigen Herrschaftsträger und weniger die Ämterverfassung oder die eingesetzten Beamten die wichtigsten Fundamente habsburgischer Macht in den Vorlanden.

Abb. 110
Stammtafel der Habsburger

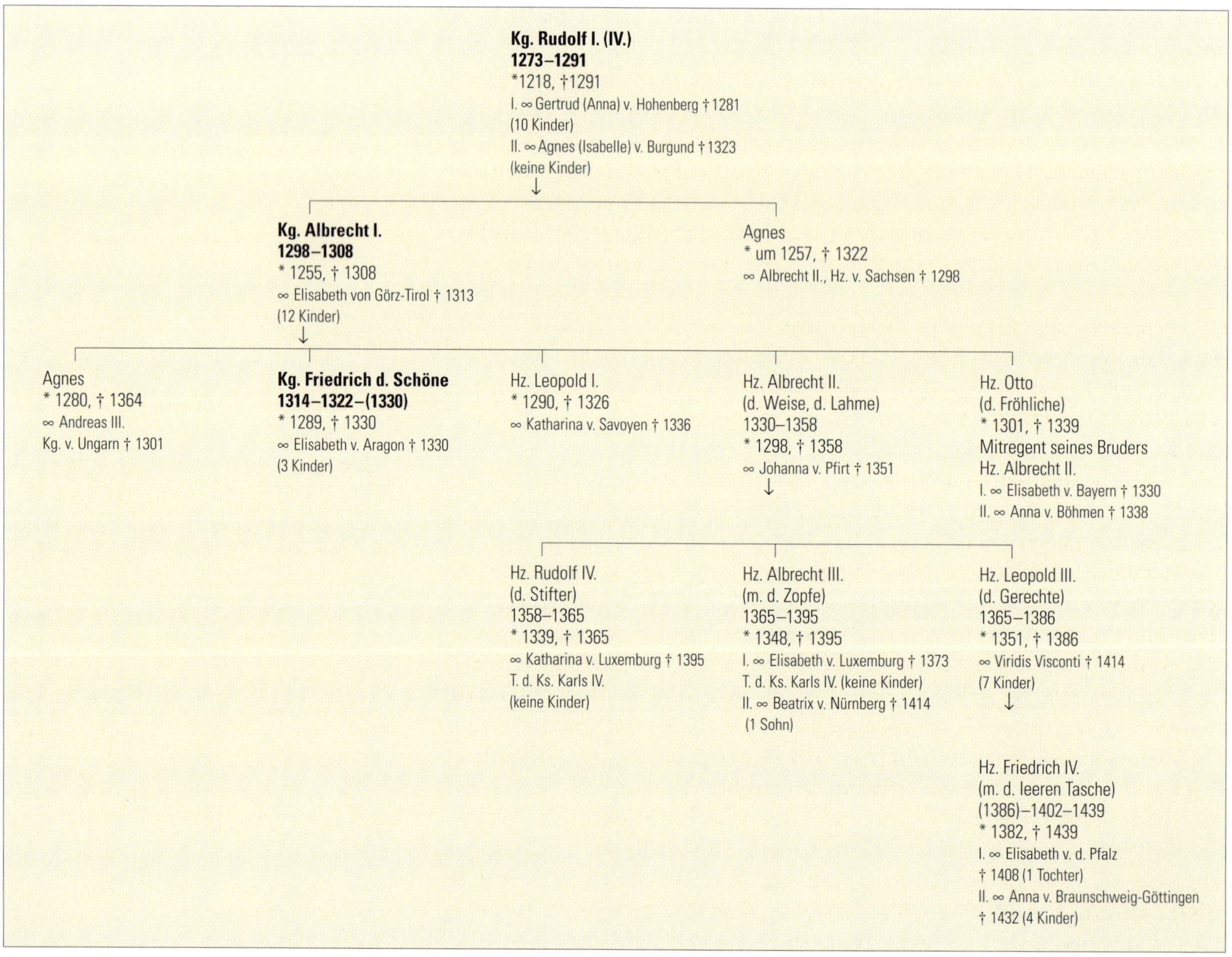

Schliesslich strebten die Habsburger an, die vorhandenen kirchlichen Strukturen zu nutzen, teils zur Kompensation der fehlenden Präsenz der Herzöge, teils analog zum neuen Kernbereich habsburgischer Herrschaft im Osten.[20] Dies gilt einerseits für die im 14. Jahrhundert fassbaren Anfänge eines «landesherrlichen Kirchenregiments», andererseits für Formen religiöser Präsenz; im Mittelpunkt stand dabei die religiöse Legitimation des Fürstenhauses und die Stiftung sakraler Erinnerung. Den räumlichen Mittelpunkt habsburgischer Memorialpraxis bildete – in Ablösung des Hausklosters Muri – das am Ort der Ermordung Albrechts I. gegründete Kloster Königsfelden, das bis 1386 auch als Grablege zumindest einiger Habsburger fungierte (→ S. 144).[21]
Im 14. Jahrhundert erwuchsen der habsburgischen Herrschaft in den Vorlanden zahlreiche Belastungen, welche die Dynastie immer mehr schwächten und so den Aufstieg anderer Mächte wie der Stadt Bern ermöglichten: (1) Der erwähnte Verlust der Königswürde 1308 und die daraus folgende Rivalität mit anderen Grossdynastien fesselte das gesamte 14. Jahrhundert hindurch die habsburgische Politik. (2) Die «Kleinräumigkeit und Vielgestaltigkeit der Herrschaftsrechte im Westen im Vergleich zur grösseren Einheitlichkeit und Grossflächigkeit im Osten»[22] stand dem Aufbau eines geschlossenen Territoriums im Wege. (3) Die Habsburger konnten lediglich Adelsherrschaften und Kleinstädte wie Schaffhausen, Freiburg i. B. oder Freiburg i. Ü. an sich binden, aber keine Kontrolle über die bedeutenden Städte im Südwesten wie Konstanz, Basel, Zürich, Ulm, Strassburg, Augsburg und auch Bern erlangen. (4) Diese Städte, die vielfach als «Stadtstaaten» auf das umliegende Territorium ausgriffen, und die in einigen Fällen mit diesen verbundenen Eidgenossen entpuppten sich als neue Konkurrenten Habsburgs. (5) Infolgedessen richtete sich das Interesse der Habsburger auf den Osten, dessen Besitztümer sich nicht nur grösser und ertragreicher ausnahmen, sondern sich auch für den Aufbau eines geschlossenen Territorialstaats besser eigneten. (6) Die daraus folgende häufig fehlende Präsenz der Herzöge im Westen konnte nur unzureichend durch Formen stellvertretender Herrschaft kompensiert werden, die Schaffung einer effektiven Verwaltung misslang weitgehend, und der Zugriff auf die Kirche blieb in den Anfängen stecken. (7) Der erfolgreich integrierte vorländische Adel fiel nach und nach als wichtiger Machtfaktor aus oder orientierte sich um, insbesondere in Richtung der neuen «Stadtstaaten». (8) Gegen Ende des 14. Jahrhunderts wurde die Dynastie zunehmend durch interne Erbstreitigkeiten erschüttert, die zwar früher schon aufgekommen waren, nun aber nicht mehr innerhalb kurzer Zeitspannen gelöst werden konnten. Diese letzte, situative Schwächung sollte den rivalisierenden Kräften die Gelegenheit geben, vehement zuzuschlagen.

Abb. 111
Luftaufnahme der Habsburg. Vorne ist das Westwerk der Anlage zu sehen, das in der heutigen Gestalt auf die Zeit des 13. bis 15. Jahrhunderts zurückgeht. Im Hintergrund Blick auf die Ruinen der älteren Ostpartie (mehrheitlich 11. und 12. Jahrhundert).

Der Niedergang der Habsburger in den Vorlanden
Nach dem Tod Rudolfs IV. 1365 konkurrierten Albrecht III. und Leopold III. um den habsburgischen Besitz; im Neuberger Vertrag von 1379 erhielt schliesslich Letzterer neben Tirol die ehemalige Stammlande. Zwar galt nach dieser Teilung den Vorlanden wieder grösseres Interesse eines Habsburgers, aber nicht dem Aargau, sondern den nördlichen und den Tirol benachbarten Gebieten, die unter anderem durch den Erwerb der Grafschaften Hohenberg 1381 und Montfort-Feldkirch 1379 erweitert wurden.
Anstelle einer Konfrontation mit den Habsburgern selbst provozierte Bern ab dem endenden 13. Jahrhundert zahlreiche Konflikte mit deren engen Verbündeten in der näheren Umgebung der Stadt, so etwa mit den Grafen von Neu-Kiburg und der Stadt Freiburg i. Ü., die 1339–1340 im Laupenkrieg gipfelten (→ S. 122, 469 und 523). Zugleich erweiterte Bern seine Einflusszone durch friedliche Methoden der Territorialpolitik, durch Käufe und Pfandschaften, Kreditvergaben oder die Aufnahme in bernisches Burgrecht (→ S. 509). Im Thronstreit zwischen Habsburgern und Wittelsbachern hatte die Stadt lange nicht Partei genommen, ihre späte Anerkennung König Friedrichs 1322 revidierte sie nach dessen Niederlage gegen Ludwig den Bayern noch im gleichen Jahr. Diese Position Berns wurde nach der Einigung der Habsburger mit dem König 1330 prekär, doch die Stadt konnte einen unmittelbaren Konflikt mit den Habsburgern vermeiden, wurde sogar in habsburgische Landfriedensbündnisse

Abb. 112
Das «Reitersiegel» zeigt Erzherzog Rudolf IV. mit dem österreichischen Bindenschild.

einbezogen (1327, 1333, 1341, 1348/49, 1363, → S. 469) und akzeptierte die habsburgische Schiedsgerichtsbarkeit – Bern erkannte Habsburg somit als eine gleichsam überparteiliche Ordnungsmacht an. Die Stadt nahm 1351–1352 denn auch an der habsburgischen Belagerung Zürichs teil. Das Bündnis mit den Waldstätten 1353 war weder eine endgültige Parteinahme für die Eidgenossen noch gegen Habsburg gerichtet, zumal sich Bern im Jahre 1370 nicht dem Pfaffenbrief anschloss.

Eine direkte militärische Auseinandersetzung Berns mit den Habsburgern begann nach deren grosser Niederlage in der Schlacht von Sempach 1386 und den Folgekämpfen bis 1389. Die Stadt nutzte die augenblickliche Schwächung der Dynastie zum Ausbau ihres Herrschaftsraums; bereits im Burgdorferkrieg zwei Jahre zuvor hatte Bern entscheidende Zugewinne erworben, in den folgenden Jahren gewann es die Kontrolle über den Oberaargau. Nach dem Tod Leopolds III. eroberten die Berner freiburgische und habsburgische Besitzungen im Umland, zudem drangen sie von Herbst 1388 bis Januar 1389 in Beutezügen mehrfach ins habsburgische Aargau und damit in den vorländischen Kernraum vor; 1389 mussten die Habsburger die territorialen Erwerbungen Berns anerkennen. Daneben erweiterte die Stadt ihren Einfluss, indem sie in der Folgezeit die habsburgischen Städte Baden, Brugg, Zofingen, Aarau und Lenzburg in ihr Burgrecht aufnahm.

Nach dem Tod Albrechts III. 1395 lähmten wiederum innerdynastische Streitigkeiten das Haus Habsburg, erst 1411 wurde eine länger gültige Teilung vereinbart, nach der Friedrich IV. Tirol und die Vorlande erhielt. Als sich dieser 1415 mit König Sigismund überwarf, verhängte der König die Reichsacht über Friedrich IV. und animierte dessen Gegner zu einem militärischen Vorgehen. Diese günstige Gelegenheit nutzte die Stadt Bern: Im Wettlauf mit den Städten Zürich und Luzern gewann Bern die grössten Teile des habsburgischen Besitzes im Aargau für sich und eroberte die Städte Zofingen, Aarau, Lenzburg und Brugg. Lediglich das Fricktal verblieb bei den Herzögen, die Stammburg Habsburg, die Hausklöster Muri und Königsfelden, der Herrschaftsmittelpunkt Baden und Brugg sowie die Feste Stein und damit das vorländische Hausarchiv gingen für Habsburg verloren.[23] Damit gelangte der Unteraargau in Berner Besitz, der Schwerpunkt der habsburgischen Vorlande wurde nach der Niederlage 1415 und dem Verlust des Thurgaus 1460 endgültig auf die Gebiete nördlich des Rheins verlegt.

Fazit

Für das Verhältnis Berns zu den Habsburgern lassen sich damit drei Phasen festmachen: (1) Bis 1308 waren die Habsburger die dominante Macht im Raum, ihre Stellung erreichte den Höhepunkt ihres Einflusses unter König Rudolf I. Berns Lage im Grenzraum zwischen den rivalisierenden Grossmächten Habsburg und Savoyen ermöglichte der Stadt kaum einen eigenen Handlungsspielraum; die militärische Konfrontation Berns mit Rudolf I. ging für die Bürger ungünstig aus. (2) Die mit dem Verlust der Königswürde einhergehende Machteinbusse der Habsburger erlaubte es der Stadt Bern, sich erfolgreich gegen Habsburganhänger wie Freiburg i. Ü. und die Neukiburger durchzusetzen; bei ihrer Territorialpolitik vermied die Stadt aber eine offene Auseinandersetzung mit den Herzögen, die versuchten, ihre Herrschaft wieder zu konsolidieren. (3) Die entscheidende Schwächung der Habsburger durch die langwierigen Erbstreitigkeiten nach dem Tod Rudolfs IV. 1365, durch die Niederlage bei Sempach und die Reichsacht gegen Friedrich IV. nutzte Bern durch ein aggressives militärisches Vorgehen und eroberte weite Teile der aargauischen Besitzungen der Dynastie.

In der retrospektiven Beschreibung der Auseinandersetzung zwischen Bern und Habsburg durch Konrad Justinger rückten die eingangs geschilderten Ereignisse von 1288 und 1289 in den Mittelpunkt. Mutig, aber unvorsichtig, ungestüm und übermütig waren die Berner in den habsburgischen Hinterhalt gelaufen; zu diesem Zeitpunkt waren sie noch chancenlos gegen den übermächtigen Landesherrn, der zugleich als König amtierte. Doch die Prophezeiung des weisen Zwergs sollte sich – wenn auch eher über lang als über kurz – «bewahrheiten»: Wie als Lehre aus der durch ungestümes Handeln verursachten Niederlage von

1289 sicherte sich Bern über eine weit ausgreifende Bündnispolitik vorsichtig ab, um den eigenen Handlungsspielraum nicht durch eine einseitige Parteinahme einzuengen; es wurden meist friedliche und langfristig wirkende Mittel der Einflusserweiterung angewandt, lediglich gegen schwächere Nachbarn die direkte Konfrontation gesucht. Gegenüber Habsburg hingegen war das 14. Jahrhundert lange nicht die «mutige Zeit» Berns, sondern die Stadt ging vorsichtig und abwartend vor. Erst nach der offensichtlichen Schwächung der Herzöge ab dem Jahrhundertende wagten sich die Berner aus der Deckung und nutzten die günstige Gelegenheit, um bis 1415 – so die Deutung Justingers und damit die städtische Selbstdeutung – die Prophezeiung zu erfüllen: *«Es si uber kurtz oder uber lang, Bern wirt herre im land.»*

Brigitte Kurmann-Schwarz

Die Stiftung der Königin Agnes: die Glasmalereien des Klosters Königsfelden

Die ehemalige Klosterkirche von Königsfelden bewahrt zusammen mit dem Berner Münsterchor den umfangreichsten Bestand von mittelalterlichen Glasmalereien in der Schweiz. Neben einem bedeutenden Ensemble von ornamentalen Scheiben, die zwischen 1310 und 1320 geschaffen wurden, blieben in Königsfelden mehrere Gruppen von figürlichen Verglasungen erhalten. Letztere spiegeln die Entwicklung dieser Kunstgattung zwischen 1325/30 und 1360. Sie entziehen sich jedoch weitgehend einer genauen kunstgeschichtlichen Einordnung, weil sie sich durch ihre ausserordentliche Qualität stark von der Glasmalerei in Südwestdeutschland und im Elsass unterscheiden, zu deren Umkreis sie gehören. Überdies erschwert die lückenhafte Überlieferung der Glasmalereien ihre Beurteilung. Es muss mit einem Verlust von ca. 90% des einst Vorhandenen gerechnet werden. Hinzu kommt die mangelhafte Erhaltung der wenigen auf uns gekommenen Werke. Das alles verunmöglicht eine zweifelsfreie Lokalisierung der Werkstätten. Mit anderen Worten wissen wir weder von den Glasmalern, die in Königsfelden tätig waren, noch von denjenigen, die zur selben Zeit andere im regionalen Umkreis vergleichbare Zyklen geschaffen haben, wo sie gearbeitet haben. Die Königsfeldener Glasmalereien wurden zwischen 1896/97 und 1900 von Richard A. Nüscheler tief greifend restauriert und neu geordnet.[1] Dabei ersetzte der Restaurator nicht nur viele verwitterte, zerbrochene oder neue Gläser und ergänzte den grössten Teil der Glasmalereien von mehreren Fenstern (s III, s IV, s V), sondern retuschierte auch in hohem Masse die Schwarzlotmalerei.[2] Das Annafenster (n VI) übermalte Nüscheler fast vollständig und machte dabei weder vor den Konturen noch vor den Halbtönen halt.[3] In den meisten anderen Fenstern beschränkte er sich im figürlichen Bereich damit, die Konturlinien mit Kaltretuschen zu verstärken.[4] Bei der eingehenden Untersuchung der Bemalung während der letzten Restaurierung (1993–1998) stellte sich heraus, dass die christologischen Fenster des Chorpolygons den höchsten Anteil an authentischer Bemalung besitzen.

Wie die Baugeschichte lehrt, entstand in Königsfelden zuerst das Langhaus der Kirche, das folglich auch als Erstes verglast wurde. Normalerweise erhält ein Bau seine Fenster, während das Dach aufgerichtet wird. Für das Königsfeldener Langhaus hat die dendrochronologische Analyse des Dachstuhls ergeben, dass dieser spätestens im Frühjahr 1314 errichtet wurde.[5] Damals erhielten alle Fenster eine ornamentale Verglasung, deren Muster mit Scheiben im nördlichen Obergaden der Zisterzienserkirche von Kappel (um 1310), in Konstanz (ehemals Mauritiusrotunde um 1318/20)[6] und in Köniz (um 1320/30, → S. 433) Ähnlichkeiten aufweisen. Ornamentale Verglasungen waren bei den Bettelorden sehr beliebt, da diese nicht nur durch die Architektur ihrer Kirchen, sondern auch durch deren zurückhaltende Ausstattung die Einfachheit ihres Lebensstils unter Beweis stellen wollten.[7]

Die erhaltenen Ornamentscheiben in Königsfelden teilen sich in zwei Gruppen: Die meisten Felder zeigen in geometrische Formen eingefügtes, auf weisses Glas gemaltes naturalistisches Blattwerk (Abb. 113). Dieses kann auch Teil einer

Abb. 113
Ornamentscheibe mit in geometrische Formen eingefügtem naturalistischem Blattwerk (Muster N), um 1314/16; Königsfelden, ehemaliges Kloster, Kirche, Langhaus, Fenster w I, 7a.

Abb. 114
Das Feld mit dem hier auftretenden Muster C stammt wahrscheinlich aus einem der Kreuzgänge und ist wohl etwas älter als dasjenige der vorangehenden Abbildung (um 1312/13), es ist heute im Langhaus eingesetzt; Königsfelden, ehemaliges Kloster, Kirche, Langhaus, Fenster n XI, 1b.

Brigitte Kurmann-Schwarz

Das Kloster Königsfelden

Am 1. Mai 1308 brach König Albrecht I. von Baden auf, um Königin Elisabeth in Richtung Rheinfelden entgegenzureiten. Auf seinem Weg musste der König und sein Gefolge bei Windisch die Reuss mit der Fähre überqueren. In der Gesellschaft befand sich auch der Neffe König Albrechts, Herzog Johann, der mit seinem Onkel seit längerem wegen einer Erbangelegenheit im Streite lag. Er liess das Geschäft noch am Vormittag desselben Tages durch den Bischof von Strassburg dem König vortragen. Dieser jedoch antwortete ihm einmal mehr mit Ausflüchten. Daraufhin verliess Herzog Johann mit vier Getreuen, Rudolf von Wart, Rudolf von Balm, Walther von Eschenbach und Konrad von Tegerfeld, die königliche Mittagstafel, später schlossen sie sich aber dem König und seinem Gefolge wieder an. Die Edelleute hatten sich mit Herzog Johann gegen Albrecht I. verschworen, weil sie hofften, sie würden nach gelungenem Anschlag von ihren drückenden Schulden befreit.

An der Reuss angekommen, gelang es den Verschwörern zusammen mit dem König, den nur ein Diener begleitete, das einzige dort liegende Schiff zu besteigen. Nachdem sie am anderen Ufer anlangten und auf der Strasse losritten, die durch das Ruinenfeld von Vindonissa nach Brugg führte, soll Rudolf von Wart den anderen zugerufen haben *Quam diu iste cadaver equitare permittemus?* (Wie lange erlauben wir diesem Leichnam noch weiterzureiten?) Dies wirkte auf die Verschwörer wie ein Stichwort, auf das hin sie über den König herfielen. Dort, wo er unter ihren Streichen zu Tode kam – etwa auf dem halben Weg von der Reuss bis nach Brugg –, siedelte seine Witwe, Königin Elisabeth, zwei Franziskaner an und liess eine Kapelle und ein Haus errichten. Der Leichnam des Königs war im Zisterzienserkloster Wettingen beigesetzt worden, im Sommer 1309 jedoch übertrug man ihn in die Krypta des Speyerer Domes. Den frühesten Beleg dafür, dass am Ort des Mordes ein Kloster erbaut werden sollte, enthält eine Urkunde vom Oktober 1309 (Aarau, Staatsarchiv, KU 7a, 1309 X. 10. Brugg). Zuerst wurde die neue Gründung nur *monasterium* genannt. Gegen Ende des Jahres jedoch erwähnt Königin Elisabeth in einer weiteren Urkunde erstmals das Klarissenkloster von Königsfelden (Aarau, Staatsarchiv, KU 7b, 1309 XII. 6. Brugg). Am 8. Juni 1310 erteilte Papst Clemens V. Elisabeth die Erlaubnis, ein neues Franziskanerkloster zu gründen (Aarau, Staatsarchiv, KU 11a, 1310 VI. 18. Avignon) und am 29. September 1311 stellte sie

mit ihren Söhnen in Wien die Gründungsurkunde für beide Klöster aus (Aarau, Staatsarchiv, KU 20a, 1311 IX. 29. Wien). An diesem Vorgang beteiligte sich auch ihre Tochter, Königin Agnes von Ungarn, denn der Dompropst von Konstanz, Conrad von Klingenberg, erlaubte ihr am 23. August 1312, eine bereits früher geplante Gründung eines Klarissenklosters nach Königsfelden zu übertragen (Freiburg, Erzbischöfliches Archiv, Kopialbuch AA, 568, 1312 VIII. 23). In den Glasmalereien des dynastischen Zyklus, den Königin Agnes um 1360 in die Seitenschifffenster der Klosterkirche einsetzen liess, wird sie in der Inschrift als die Vollenderin der beiden Klöster herausgestellt:... *per cuius procurationem ista duo monasteria plene sunt aedificata* (durch deren Bemühung diese beiden Klöster vollständig erbaut wurden; Abb.).

Die Königsfeldener Chronik berichtet, dass Königin Elisabeth im Spätherbst 1310 den Grundstein zum Bau des Klosters legte. Damals begann man, die Konventsbauten zu errichten. Die Aussenwände des Kirchenschiffes bis zur Höhe der Fenstersohlbänke und damit wohl auch die jeweils drei Flügel beider Klostergebäude waren im Herbst/Winter 1312/13 so weit aufgeführt, dass die Kreuzgänge zum Eindecken bereit waren. Im September 1312 zogen die ersten Nonnen in Königsfelden ein. Diese kamen aus dem Klarissenkloster von Söflingen bei Ulm und hatten die Aufgabe, im neuen Kloster die Gewohnheiten nach der Regel Urbans IV. einzuführen.

Von den Klosterbauten stehen heute nur noch Teile des Klarissenklosters auf der Südseite der Kirche (vgl. Grundriss). An dieses schliesst sich im Westen ein Wirtschaftshof an, von dem noch der Nord- und der Westflügel erhalten sind. Nur die Klarissen durften Besitz annehmen, während der Unterhalt der anfänglich sechs Franziskaner in einem Almosen des Frauenklosters von je 4 Mark Silber bestand. Das Männerkloster wurde 1869 bis auf den gewölbten Archivbau abgerissen, ebenso die Wirtschaftsgebäude westlich der Kirche und die Klostermauer mit ihrem turmbewehrten Tor.

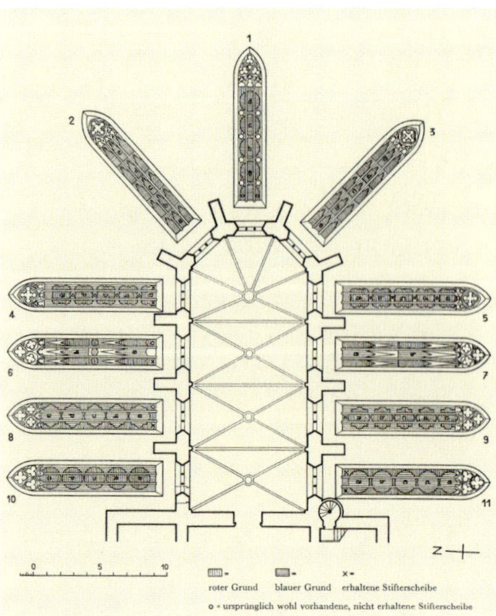

Abb. 115
Schema der Chorfenster in der Kirche Königsfelden.

stilisierten Ranke sein (Muster D, E und F nach den Bezeichnungen von E. Maurer[8]), die das geometrische Gerüst der ornamentalen Komposition ersetzen kann. Die Blätter sind fast ausschliesslich auf weisses Glas gemalt und durch einen opaken Schwarzlotgrund hinterlegt (Muster D–P bei E. Maurer[9]). Davon unterscheiden sich die Muster A–C (Abb. 114), die zwar ähnlich aufgebaut sind, aber deren Blätter sich von Kreuzschraffuren abheben.[10] Diese gehen auf die Tradition der Ornamentscheiben aus dem 13. Jahrhundert zurück und gehören daher wohl zu einer Verglasung, die noch etwas älter als diejenige des Langhauses ist. Wie schon Emil Maurer vermutete, darf man in den drei Scheiben die letzten Reste der Kreuzgangsverglasung der beiden Klöster sehen.[11] Die Fragmente überlebten die Erneuerung der Hofumgänge im 15. Jahrhundert und deren Abbruch nach der Säkularisierung des Klosters, weil sie als Lückenbüsser in der Chorverglasung Verwendung fanden.[12]

In den Ornamentscheiben des Langhauses und des Kreuzgangs findet man das Reichs- und das Ungarnwappen mit dem silbernen Doppelkreuz auf rotem Grund.[13] Das deutet darauf hin, dass Königin Agnes nicht erst auf dem Totenbett der Mutter (1313) versprach, sich um das junge Kloster zu kümmern,[14] sondern diese Absicht schon 1312 hegte, als sie ihr eigenes Projekt einer Klostergründung nach Königsfelden verlegen liess (→ S. 144). Die Wappen beziehen sich daher einerseits auf die beiden Klostergründerinnen, andererseits unterstreichen sie auch nach dem Mord an König Albrecht den ungebrochenen Anspruch der Habsburger auf die deutsche Königskrone.

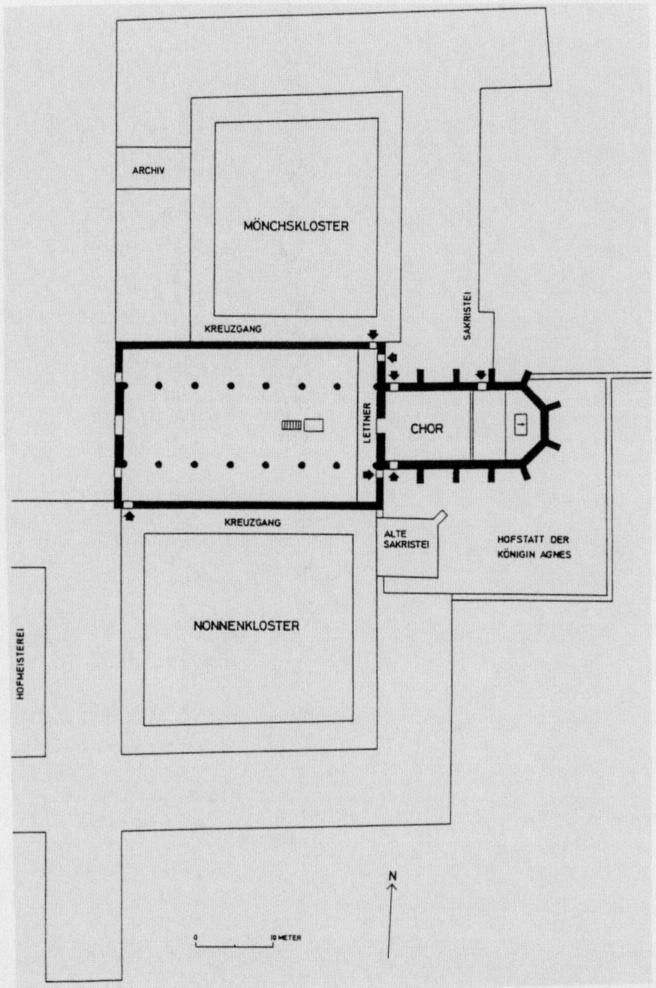

Die typische Bettelordenskirche ragt als geistiges Zentrum des Doppelklosters über die Konvents- und Wirtschaftsgebäude hinaus. Die sieben Arkaden des basilikalen Langhauses werden von sechs polygonalen Pfeilern getragen. Ein fünfachsiger Lettner, der 1985/86 rekonstruiert wurde, schliesst die drei Schiffe nach Osten ab. Das Hochschiff der Kirche, deren Bau um 1312/13 begonnen wurde, erhielt 1314 sein Dach. Zu dieser Zeit

Königin Agnes nach dem Glasgemälde in einem der Seitenschiff-Fenster des Langhauses; Wien, Österreichische Nationalbibliothek, Cod. 8614, fol. 234r.*

muss der Bau verglast und provisorisch nach Osten abgeschlossen worden sein. 1316, als der Leichnam der bereits 1313 in Wien verstorbenen Königin Elisabeth nach Königsfelden übertragen wurde, war auch die Grabanlage im Mittelschiff des Langhauses mit Gruft und Sarkophag vollendet. Spätestens 1318 erhielten die Nonnen auf einer Empore im Westteil des Langhauses ihren Psallierchor (Aarau, Staatsarchiv, KU 59b, 1318 III. 9). Bis auf den Zugang im ersten Joch des südlichen Seitenschiffes blieben keine Spuren mehr von diesem Bauteil erhalten. Laut chronikalischer Überlieferung fand 1320 die Weihe des Langhauses und seiner vier Altäre statt.
Der Triumphbogen in der Ostwand des Mittelschiffes öffnet sich auf einen einschiffigen, gewölbten Langchor von drei Traveen Länge und einem fünfseitigen Chorschluss. Nach der dendrochronologischen Analyse des Dachstuhls wurde der Chor erst 1329/30 eingedeckt. Der elegante Chorbau soll nach Justingers Chronik durch den Berner Werkmeister errichtet worden sein (Justinger, S. 26). Die Weihe im Jahre 1330 überliefert die Königsfeldener Chronik. Damals setzte man in den drei Fenstern des Chorpolygons die ersten figürlichen Scheiben ein.
Bis 1335, als das ältere Kopialbuch des Klarissenklosters verfasst wurde, konsolidierte die Gründerfamilie den Grundstock des Klosterbesitzes. Um dieselbe Zeit wurde ausserdem der Franziskanerkonvent ausgebaut, indem weitere sechs Pfründen für Priester des Franziskanerordens gestiftet wurden. Treibende Kraft war Königin Agnes, die sich spätestens 1317 in Königsfelden niederliess, ohne jedoch in den Orden einzutreten. Lebenslang bemühte sie sich darum, das Familienkloster wirtschaftlich und rechtlich abzusichern. Als sie 1364 verstarb, hinterliess sie ihr Werk so wohlgeordnet, dass es sich auch noch in Zukunft weiterentwickeln konnte.

Literatur: Boner, Gründung; Gerbert, De transaltis; Koller, Habsburger Gräber; Krieger, Habsburger; Kurmann-Schwarz, Königsfelden, Zofingen, Staufberg; KdM Aargau III.

Mit der Verglasung des Chors wurde nicht vor dem Ende der 1320er Jahre angefangen, da dieser Bauteil erst 1329/30 eingedeckt wurde (Abb. 115). Lange glaubte man, die Glasmalereien im Chor der Königsfeldener Klosterkirche seien als einheitliches Bildprogramm in sehr kurzer Zeit ausgeführt worden.[15] Vereinzelt wiesen jedoch Forscher darauf hin, dass die Chorverglasung formal uneinheitlich ist und daher über einen längeren Zeitraum entstanden sein muss.[16] Mit grosser Wahrscheinlichkeit dürfte zur Weihe der Kirche im Jahre 1330 der christologische Zyklus in den drei Fenstern des Chorpolygons eingesetzt gewesen sein. Gleichzeitig verglaste man auch das Couronnement von sieben der elf Chorfenster. Während geraumer Zeit muss man sich jedoch mit einer provisorischen Verschliessung von acht Choröffnungen zufrieden gegeben haben. Da in fünf von diesen acht Fenstern die Stifter von sechs zusätzlichen Pfründen für Priester des Franziskanerordens dargestellt sind, vollendete man die figürliche Verglasung wahrscheinlich erst, nachdem diese Stiftungen in den 1330er Jahren alle erfolgt waren.[17] Diese Vermutung wird durch die allgemeine Entwicklung der Malerei am Oberrhein gestützt.
Nachdem man sich entschlossen hatte, die figürliche Verglasung auf die Fenster ausserhalb des Chorpolygons auszudehnen, wurden zuerst das Johannes-Katharina- (n III) und das nördliche Apostelfenster (n IV) in Angriff genommen. Die Anordnung der Glasmalereien im Johannes-Katharina-Fenster richtet sich nach den etwas älteren Scheiben mit der Passion Christi (Abb. 116). Wie dort sind über einem Halbmedaillon vier vollständige Bildfelder aufgereiht. Für das

Abb. 116
Im Medaillon wird die Grablegung Christi dargestellt. Der Körper wird von zwei Helfern in den Sarkophag gelegt, Maria, Magdalena und Johannes sowie ein schwebender Engel betrauern den Toten, um 1329/30; Königsfelden, ehemaliges Kloster, Kirche, Chor, Fenster I, Passion Christi.

Pendant auf der Südseite, dem Paulus-Maria-Fenster (s III), wählten die Auftraggeber dagegen eine neue Einteilung des Fensterspiegels mit fünf vollen Bildfeldern.[18] Dieser Unterschied in der Gliederung des Fensterspiegels deutet auf eine Änderung des Programms hin. Die beiden Apostelfenster (n/s IV, Abb. 117) bilden innerhalb der Verglasung eine formale und geistige Zäsur, denn sie markieren die Grenze zwischen dem Sanktuarium mit dem Hochaltar und dem Psallierchor der Brüder. Beide Öffnungen zeigen jeweils sechs Figuren von zwei Feldern Höhe, die unter monumentalen, dreidimensionalen Baldachinen stehen.[19] Auf der Nordseite werden Figur und Architektur in ein planes, filigranes Masswerksystem eingezwungen, auf der Südseite fiel dieses ursprünglich weg, so dass Standflächen und Baldachine räumlich aufeinander Bezug nahmen. Das kann heute nicht mehr nachvollzogen werden, da der Restaurator des späten 19. Jahrhunderts das auf der Nordseite vorhandene

plane Rahmensystem auf die Südseite übertrug.[20] Die unterschiedliche Komposition der Fenster n/s IV deutet wiederum darauf hin, dass man kurz nach der Fortführung der figürlichen Verglasung das Bildprogramm änderte.
Die Figuren der beiden Märtyrer- (n/s III) und der Apostelfenster (n/s IV) weichen formal von denjenigen des christologischen Zyklus ab. Am deutlichsten lässt sich dies an einer Gegenüberstellung der Frau mit der Salbbüchse aus Fenster s II und der Salome aus n III zeigen, die das Haupt des Johannes wegträgt (Abb. 118 und 119). Beide Figuren sind sehr ähnlich aufgebaut und zeigen dieselbe Haltung. Die Proportionen von Salome weichen jedoch von der hochgewachsenen Frau aus dem Osterbild deutlich ab. Der schmächtige, kurze Körper der Prinzessin, der von breitlappigen Gewändern völlig überdeckt wird, vermag den grossen Kopf kaum zu tragen. Dagegen bestimmen ausgewogene, schlanke Proportionen das Grössenverhältnis von Kopf und Körper der Frau mit der Salbbüchse. Die Salome steht einer Gruppe von oberrheinischen Handschriften nahe, in deren Bildern die Figuren ein ähnliches Missverhältnis zwischen der Grösse des Kopfes und des Körpers aufweisen. Diese Buchmalereien gehören alle den 1330er Jahren an.[21]
Die Verglasung des Chores wurde mit den vier Heiligenfenstern (Franziskus, n V; Nikolaus, s V; Anna, n VI; Klara, s VI) in den beiden westlichen Langchorjochen abgeschlossen. Das allzu stark restaurierte Annafenster soll nicht für die künstlerische Bestimmung der Glasmalereien herangezogen werden. Die formalen Charakteristika dieser Gruppe lassen sich am besten anhand des Klarafensters (s VI) darlegen.[22] Während Salome wie die Figuren der Glasmalereien aus dem Chorpolygon beinahe die ganze Höhe des Feldes einnimmt, sind diejenigen der Szene, in der Bischof Guido von Assisi Klara die Palme überreicht, deutlich kleiner und weniger monumental wiedergegeben (Abb. 120). Klara trägt ein modisches, langärmliges Gewand und darüber einen ärmellosen Überwurf, den sie mit ihrer Linken rafft und eng um den schlanken Körper zieht. Dadurch wird im Gegensatz zur Gestaltung der Salome (n III) der Körper wieder als fester Figurenkern fassbar. Das Haupt ist schmaler und wird von langem, blondem Haar gerahmt. Die gotische Ohrlocke ist zwar immer noch Teil der Frisur, doch wurde dieses Motiv im Vergleich zur heiligen Katharina in Fenster n III deutlich zurückgenommen und in die Wellen der langen Strähnen stärker integriert. Die Betonung des Körperkerns und der einfache, straffe Faltenwurf des Gewandes von Klara weist auf die figürliche Gestaltung der zweiten Jahrhunderthälfte voraus, in der die Festigkeit des Körpers und sein Volumen zunehmend herausgearbeitet wird. Neben historischen sprechen auch künstlerische Argumente dafür, dass die Glasmalereien in den vier westlichen Fensterpaaren des Chors kurz vor und kurz nach 1340 entstanden sind.[23]

Da allein für die Herstellung der Chorverglasung etwas mehr als zehn Jahre gebraucht wurde, darf man kein einmal festgelegtes ikonographisches Programm erwarten.[24] Vielmehr hat man die Bildthematik in Etappen nach und nach erweitert. Einzelne Passionsbilder oder ganze Bilderfolgen der Passion Christi, unter Umständen erweitert zu einem gesamten Christusleben, waren seit dem 13. Jahrhundert für die Ausstattung einer Kirche mit Glasmalereien üblich geworden.[25] Häufig erschienen die Episoden des irdischen Lebens Christi in typologischem Zusammenhang. Diesen Verweis auf das Alte Testament bewerkstelligen in Königsfelden die Prophetenfiguren. Die zentrale Stellung der Passion, die in einer Achse mit dem der Eucharistie geweihten Hochaltar steht, verdeutlicht die Funktion der Messe, in der die historische Passion täglich nachvollzogen wurde. Wenn der Priester die Elevation der Hostie vollzog, hielt er Christus wie die in den Glasmalereien dargestellte Maria in den Händen.[26]
Die Gottesmutter nimmt in den drei Chorschlussfenstern einen herausragenden Platz ein (Abb. 122). Damit wurde ihre Stellung als *Coredemptrix* (Miterlöserin) neben Christus herausgestrichen.[27] Das ursprüngliche Programm der Glasmalereien befolgt in Königsfelden weitgehend die Vorschriften des franziskanischen Generalkapitels von Narbonne. Ihnen zufolge waren figürliche Glasmalereien einzig und allein dem Achsfenster beziehungsweise einer Gruppe von Fenstern in der Achse des Chores vorbehalten.[28]

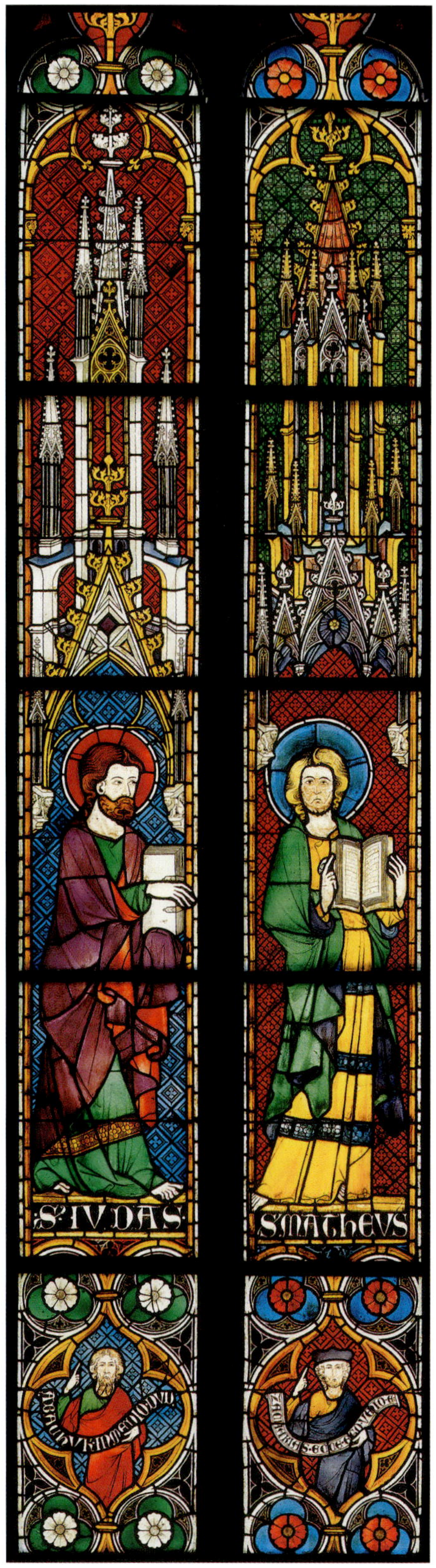

Abb. 117
Apostelfenster, gegen 1340. Trotz der Aufreihung wiederholen sich die Standfiguren nie: Sie sind unterschiedlichen Architekturen eingefügt, werden bezüglich Haltung und Charakter individualisiert und gehen verschiedenen Tätigkeiten nach; Königsfelden, ehemaliges Kloster, Kirche, Chor, Fenster n IV, 7–10a-c.

Abb. 118
Auferstehungsfenster, um 1330. Am Ostermorgen besuchen Frauen das Grab Christi, um den Leichnam zu salben – das Grab ist jedoch leer. Königsfelden, ehemaliges Kloster, Kirche, Chor, Fenster s II, 3a.

Abb. 119
Johannes-Katharina-Fenster, gegen 1340. Als Dank für ihren wunderbaren Tanz fordert Salome die Ermordung Johannes des Täufers, dessen Haupt sie in einer Schüssel präsentiert. Königsfelden, ehemaliges Kloster, Kirche, Chor, Fenster n III, 5c.

Abb. 120
Klarafenster, um 1340. Die heilige Klara empfängt die geweihte Palme aus der Hand von Bischof Guido; Königsfelden, ehemaliges Kloster, Kirche, Chor, Fenster s VI, 2b.

Abb. 121
Christus-Johannes-Gruppe, um 1330/40. Königsfelden, ehemaliges Kloster, Kirche, Langhaus, Fenster s XII, 1a.

Der Hochaltar ist nicht nur der Ort des Messopfers und der Fürbitte für die Lebenden und die Toten, sondern in Königsfelden auch die Stelle, an welcher der Tradition nach König Albrecht erschlagen wurde.[29] Hier wurde an den Todestagen des Königs, seiner Gemahlin und seiner nahen Verwandten jeweils die Totenmesse gelesen und die Heiligen um Beistand für die Seelen der Verschiedenen angerufen. Wenn in Fenster s III der Tod Mariens (Abb. 123) und darüber wahrscheinlich die Himmelfahrt oder die Krönung der Gottesmutter dargestellt wurde, so ist dies kein Zufall, denn der Tod der heiligen Jungfrau hatte im Mittelalter für alle Christen die Funktion eines Vorbildes.[30] In der Nähe des Hauptaltars, wo die Messen für die Seelen der verstorbenen Habsburger gelesen wurden, um ihnen Linderung im Fegefeuer zu bringen, war die Betrachtung des Todes der Gottesmutter besonders angebracht.[31] Die übrigen ebenfalls nahe am Hauptaltar dargestellten Heiligen, Paulus, der als reuiger Sünder sich Christus zuwandte, Stephanus, der im Angesicht des Todes Fürbitte für andere leistete, Johannes der Täufer, der zur Busse mahnte, und Katharina, die Gott bat denen zu helfen, die ihres Martyriums gedachten, wurden ebenfalls im Hinblick auf den Kontext des Totengedächtnisses ausgewählt.[32] Ihre Botschaft lautet, dass alle Menschen die Vergebung Gottes erwirken und nach ihrem Tode in das Paradies einziehen können, wenn sie sich der Reue, der Busse, der Fürbitte für die Verstorbenen und eines vorbildlichen Todes befleissigen.[33] Genau dies wünschten sich nicht zuletzt die Angehörigen der Gründerfamilie von Königsfelden. Sie machten zahlreiche Stiftungen, damit die beiden Konvente ihrer Jahr für Jahr mit zahlreichen Messen und Fürbittgebeten gedachten.[34]

Im Zentrum der jüngsten Scheibengruppe stehen die beiden Ordensgründer Franziskus und Klara.[35] Der Entwerfer des Programms ordnet sie, die erst kurz zuvor heilig gesprochen worden waren, den grossen Figuren aus der Frühzeit des Christentums zu. Franziskus wird dem Thaumaturgen Nikolaus gegenübergestellt, dessen Grabkirche zu Bari im Mittelalter Ziel einer Wallfahrt war.[36] Die heilige Klara, die Gründerin des weiblichen Zweiges des Franziskanerordens, steht Anna und Maria sowie einer ganzen Schar frühchristlicher Märtyrerinnen gegenüber, die in den Zwickeln der Hauptbilder von Fenster n VI angebracht sind. In ähnlicher Form wird Klara auch im Vierungsgewölbe der Hauptkirche ihres Ordens zu Assisi verherrlicht.[37] Dieser Teil des Bildprogramms wurde in Königsfelden über dem Gestühl angebracht, in dem die Brüder das Stundengebet absolvierten. Da die Franziskaner und Klarissen von Königsfelden nach der Gottesdienstordnung die Gebetsstunden alternierend abhielten,[38] ist es nicht ganz ausgeschlossen, dass die Nonnen ihr Offizium wie die Brüder im architektonischen Chor abhielten. War dies der Fall, so stellt sich allerdings die Frage, auf welchem Wege sie in den architektonischen Chor gelangten, ohne die Klausur zu verletzen. Jedenfalls halten die Quellen eindeutig fest, dass sich ihr Psallierchor *in fine ecclesiae* befand, was man wohl nur mit «im Westen des Langhauses» übersetzen kann.[39] Die Existenz des Klarafensters im Chor ist nicht unbedingt ein Beweis dafür, dass die Nonnen im Chor beteten. Neben dem Zelebrieren der Gedenkmessen gehörte die *cura monialium*, die Seelsorge der Nonnen, zu den Hauptaufgaben des zwölfköpfigen Franziskanerkonventes von Königsfelden. Die Darstellung des Klarenlebens im Psallierchor sollte zweifellos die Mönche daran erinnern, diesen Dienst nie zu vernachlässigen. Überdies wurde 1340, also kurz vor der Entstehung des Klarafensters, die *commemoratio sanctae Clarae* für den ganzen Franziskanerorden vorgeschrieben. Nachdem der Todestag Klaras innerhalb des Minoritenordens schon seit 1260 duplex, das heisst als wichtiges Fest gefeiert wurde, bedeutete dies eine nochmalige Steigerung ihrer Verehrung.[40]

Kurz vor ihrem Tode entschloss sich Königin Agnes, die figürlichen Glasmalereien auf das bisher lediglich mit Ornamentscheiben ausgestatteten Langhaus auszudehnen.[41] Sie stiftete einen dynastischen Zyklus, der mit König Rudolf I. anfing und Angehörige der Habsburgerfamilie aus drei Generationen mit Nichten und Neffen der Königin umfasste. Die vierzehn Fenster der Seitenschiffe zeigten jeweils in einer der beiden Lanzetten eine betende Figur, die in der anderen Fensterbahn durch ihr Wappen ergänzt wurde. Sowohl über der Figur als auch über dem Wappen türmte sich ein hoher, dreidimensionaler Baldachin auf. Die Scheiben beider Fensterbahnen wurden ausserdem von einem rechteckigen Rahmen mit Inschriften eingefasst, die Rang, Name, manchmal Verwandtschaftsgrad zu König Albrecht oder zu Königin Agnes und oft auch das Todesdatum der abgebildeten Person mitteilte. Von diesem einst 54 Scheiben umfassenden Ensemble blieben nur noch sechs Felder erhalten,[42] darunter die Bilder von König Rudolf von Böhmen und Herzog Albrecht II. Der ganze Zyklus wurde jedoch in den 1555 gemalten Deckfarbenbilder festgehalten, die den «Ehrenspiegel des Hauses Habsburg» von Johann Jakob Fugger und Clemens Jäger illustrieren.[43] Die Art und Weise, wie die Habsburger hier dargestellt wurden, erinnert an Bilder von Heiligen. Das ist insofern von Bedeutung, als in den Fürbittgebeten Gott stets darum angefleht wird, er möge den Toten zu den Heiligen eingehen lassen.[44] So weit man heute die wenigen noch vorhandenen und leider durch Übermalungen entstellten Glasmalereien dieses Zyklus noch beurteilen kann, stehen sie Fragmenten aus der ehemaligen Strassburger Dominikanerkirche (um 1350) und den Scheiben im Langhaus von Niederhaslach (um 1360) stilistisch nahe.[45]

Neben den beiden grossen figürlichen Glasmalereiensembles gibt es in Königsfelden drei weissgrundige Scheiben, die bis zum Jahre 1900 in den Glasmalereien des Chores die Rolle von Lückenbüssern eingenommen hatten.[46] Sie zeigen eine Ikonographie, die für die Religiösität von Nonnen im 14. Jahrhundert typisch ist:[47] nämlich eine Christus-Johannes-Gruppe (Abb. 122), einen Ölberg-Christus und eine heilige Klara. Wo diese Glasmalereien, bevor sie zu einem unbekannten Zeitpunkt in den Chor wanderten, ursprünglich angebracht waren, wissen wir nicht. Als Standort kommt das Frauenkloster ebenso in Frage wie die Fenster der Nonnenempore, also die Fenster der Westfassade. Künstlerisch gehören die drei Felder in den Bereich der oberrheinisch-elsässischen Glasmalerei der Zeit um 1330/40. Sie zeigen jedoch weder Ähnlichkeit mit der Chorverglasung noch mit anderen überlieferten Scheiben dieser Zeit.

Obwohl in den letzten zwanzig Jahren die Baugeschichte der Kirche von Königsfelden geklärt wurde (→ S. 144) und man die Glasmalereien während der

Abb. 122
Kindheit-Christi-Fenster , um 1330. Die thronende Muttergottes hält das stehende Christkind auf dem Schoss, das die sich ihm unterwerfenden Könige segnet; Königsfelden, ehemaliges Kloster, Kirche, Chor, Fenster n II, 5c.

Abb. 123
Paulus-Maria-Fenster, gegen 1340. Die umstehenden Jünger betrauern den Tod Mariä, Christus hat die als kleine Figur dargestellte Seele der Entschlafenen aufgenommen. Königsfelden, ehemaliges Kloster, Kirche, Chor, Fenster s III, 8b/c.

Restaurierung (1978–2002) eingehend untersuchte, bleibt vieles offen. In erster Linie bewegt die Frage nach dem Ort der Herstellung der Königsfeldener Scheiben die Gemüter. Die Beziehungen, die sich zwischen Königsfelden und dem Elsass herstellen lassen, deuten auf eine Herkunft der Scheiben aus Basel hin.[48] Leider blieb jedoch in der Stadt am Rheinknie kein einziges Fragment von Glasmalereien aus der Entstehungszeit der Königsfeldener Verglasung erhalten, so dass sich die Argumentation auf historische Verbindungen beschränken muss. Die in der Forschung häufig diskutierte Frage, wer den eigentlichen Anlass zur Herstellung der Königsfeldener Verglasung gab, lässt sich dagegen eindeutig beantworten. Von allen Habsburgern lebte nur Königin Agnes über sehr lange Zeit in Königsfelden, und nur sie wird in den Quellen als die Vollenderin des Klosters genannt. Somit kommt zweifellos nur ihr das Verdienst zu, die Fenster von Königsfelden in Auftrag gegeben zu haben.[49]

«Edel notveste lüte» – der niedere Adel

Mathias Kälble

Adel und Ministerialität

Stadtgründung, Adel und Ministerialität in der Chronik des Konrad Justinger

In seiner 1420 im Auftrag des Berner Rats verfassten Chronik schildert der Stadtschreiber Konrad Justinger, wie und unter welchen Umständen Herzog Bertold V. von Zähringen begonnen habe, die Stadt Bern zu errichten (→ S. 21). Nachdem es dem letzten Zähringer gelungen sei, den burgundischen Adel zu überwinden und unter seine Herrschaft zu zwingen, so Justinger, habe der Herzog beschlossen, eine Stadt zu gründen, um den Leuten auf dem Land *fride und schirm* und den unter der Herrschaft der burgundischen Landesherren Not leidenden Menschen eine sichere Zuflucht zu bieten. Also habe er seinen Jägermeister beauftragt, einen geeigneten Platz zum Bau der Stadt zu finden, habe sich daraufhin mit *sinen reten und dienerren* über das weitere Vorgehen und die zu ergreifenden Massnahmen beraten und schliesslich einen seiner Leute, einen von Bubenberg, beauftragt, mit dem Bau zu beginnen. Der Platz sei gerodet, Hofstätten abgesteckt und an *erber lüte im lande* ausgegeben worden, die sich in der neuen Stadt niederliessen (Abb. 124). Zuletzt habe Herzog Bertold ihm treu ergebene Geschlechter, *edel notveste lüte* aus den zähringischen Stammlanden, nach Bern entsandt, um die Stadt auch nach seinem Tod vor ihren Feinden sicher und in guten Händen zu wissen.

Als Konrad Justinger den Auftrag erhielt, eine Geschichte Berns zu verfassen, stand die Stadt auf dem Höhepunkt ihrer Macht. Mit der Eroberung des Aargaus fünf Jahre zuvor war sie zur dominierenden Kraft innerhalb der Eidgenossenschaft emporgestiegen. Viele der alten burgundischen Dynastengeschlechter waren inzwischen ausgestorben oder ins Berner Burgrecht aufgenommen worden. Es sind nach Justingers Angaben vor allem diejenigen, die einst *vast* unter Herzog Bertolds *ruten* standen und aus Rache für die erlittene Schmach schliesslich zum Untergang des zähringischen Herzogshauses beigetragen hatten.[1] Zu ihnen zählt der Chronist namentlich die Grafen von Kiburg, deren

Abb. 124
Herzog Bertold V., umgeben von seinen Räten, wird von Kuno von Bubenberg durch den Bauplatz des entstehenden Berns geführt. Die kolorierte Federzeichnung stammt aus der Spiezer Chronik des Diebold Schilling; BBB Mss. hist. helv. I. 16, S. 55.

Abb. 125
Siegel des Niklaus von Münsingen an einer Urkunde von 1274; StAB Fach Haus Köniz, 1274, Sep.18.

ältere Linie 1265 erloschen war, während sich die jüngere Linie im Verlauf des 14. Jahrhunderts schrittweise der bernischen Oberherrschaft unterwerfen musste (→ S. 119), weiterhin die Grafen von Aarberg, die 1358 ihre Herrschaft an Bern verpfändeten und 1372 ausgestorben waren, die Herren von Strassberg, die dasselbe Schicksal bereits 1364 ereilt hatte, die Herren von Eschenbach, von Wädenswil, von der Rothenfluh, von Weissenburg, von Kramburg, von Signau, von Strättligen, von Kienberg, von Münsingen, von Ringenberg oder von Egerdon. Sie alle waren im Verlauf des 14. und zu Beginn des 15. Jahrhunderts von der Bildfläche verschwunden, nachdem sie sich mit der expandierenden Stadt arrangieren oder sich nach und nach ihrem Druck hatten beugen müssen.[2] So schien sich der letzte Wille des Stadtgründers erfüllt zu haben, der die Stadt an der Aare dazu bestimmt hatte, sein Werk zu vollenden und *daz gross mort, daz an im und sinen kinden beschehen waz*, an seinen Feinden bis ins letzte Glied zu rächen.[3]

Erweist sich Justingers Gründungsgeschichte bei näherer Betrachtung also ganz auf seine eigene Gegenwart hin bezogen, die durch das immer gespanntere Verhältnis zwischen Stadt, Adel und Territorialgewalten bestimmt wurde, so ist zu fragen, inwieweit seine Darstellung überhaupt als Quelle für die Frühgeschichte Berns herangezogen werden kann.

Entkleidet man Justingers Schilderung der Anfänge Berns von allen legitimierenden wie sagenhaften Elementen, so bleibt die Aussage, die Stadtgründung sei im direkten Zusammenhang mit der Konsolidierung zähringischer Herrschaft in Burgund erfolgt (→ S. 61). Nach dem Scheitern des Vertragswerkes zwischen Herzog Bertold IV. und Friedrich Barbarossa vom Jahr 1152, das den Zähringern als Rektoren von Burgund die Herrschaft über das Gebiet der heutigen Westschweiz und die Provence einbringen sollte, wurde die Sicherung des nunmehr auf den Raum zwischen Jura und Alpen verkleinerten Rektorats zu einer der vordringlichsten Aufgaben der Zähringer.[4] Hierbei kam vor allem den Städten eine wichtige Funktion zu. So gründeten die Herzöge im Zuge dessen die Stadt Freiburg i. Ü., später folgten Murten, Burgdorf und Thun sowie eine Reihe kleinerer Städte in der Westschweiz.[5] Auch die von Justinger ins Spiel gebrachte Entstehung Berns vor dem Hintergrund des von Herzog Bertold V. niedergeschlagenen Aufstands burgundischer Adliger im Jahr 1190/91 findet ihre Stütze in einer Inschrift, die der Herzog über dem Tor am Eingang zum Alten Markt in Burgdorf anbringen liess und die ihn als Bauherr und Sieger über die Burgunder feierte.[6] Sie zeigt, welche Bedeutung Bertold V. diesem Ereignis und der herrschaftssichernden Funktion seiner Städte zumass.

Problematischer und bislang noch nicht ernsthaft überprüft ist hingegen die Aussage, Bertold V. habe Gründung und Ausbau der Stadt seinen Räten und Ministerialen anvertraut und auf treue Gefolgsleute aus seinen älteren Herrschaftszentren zurückgegriffen. Namentlich die Münzer, zwei Geschlechter aus Zürich und Freiburg im Breisgau, sowie eine zweite Familie aus den altzähringischen Besitzungen am Schwarzwaldrand, die Statzen, sollen sich für diese Pionierarbeit bereit gefunden haben.[7] Während die Münzer wegen der Gefahr einer möglichen Verwechslung mit den jeweiligen Inhabern der städtischen Münze in Zürich und Freiburg nicht eindeutig zu identifizieren sind, handelt es sich bei den Statzen um eine Familie, die in Freiburg erst um 1300 nachweisbar ist und auch in Bern nicht vor 1295 begegnet.[8] Eine Herkunft aus der zähringischen Ministerialität ist daher so gut wie ausgeschlossen. Auch bei dem von Bubenberg, den Justinger gleichermassen den Dienstleuten zurechnet, welche Herzog Bertold beim Bau der Stadt unterstützt haben sollen, lässt sich keine unmittelbare Beziehung zu den Zähringern mehr nachweisen. Allerdings gehörten die von Bubenberg als Schultheissen bereits von ihrem ersten Auftreten 1235 an zur städtischen Führungsschicht, so dass Justingers Nachricht hier durchaus Glaubwürdigkeit für sich beanspruchen darf.[9]

Der Aufbau neuer Siedlungszentren ohne eine massgebliche Beteiligung hervorragender Gefolgsleute ist ohnehin kaum vorstellbar. So erfolgte nicht nur die Gründung des Marktes Freiburg im Breisgau 1120 unter massgeblichem Anteil von Ministerialen,[10] auch bei der Verlegung des zähringischen Hausklosters

St. Peter von Weilheim auf den Schwarzwald im Jahr 1090 soll Herzog Bertold II. ortskundige Dienstleute mit der Auswahl eines geeigneten Platzes beauftragt haben.[11] Ausserdem wissen wir, dass die von den Zähringern gegründeten Städte von Anfang an enge Beziehungen zueinander pflegten und sich beim Ausbau ihrer Kommunen gegenseitig unterstützten. Darauf verweist nicht nur der Austausch von Rechtstexten und Zollvorschriften schon zur Zähringerzeit, sondern auch das 1243 geschlossene und 1271 erneuerte Bündnis zwischen Bern und Freiburg i. Ü., das sich auf einen älteren, zur Zeit der Zähringer geschlossenen Bund zwischen beiden Städten bezieht.[12] Schliesslich kann man noch eine Urkunde von 1249 heranziehen, in welcher der Berner Rat bestätigt, dass Immo von Dentenberg zur Zeit Bertolds V. auf eigene Kosten einen Kanal erbauen liess, der wesentlich zur Verbesserung der städtischen Infrastruktur beigetragen habe, weshalb der Herzog ihm zum Lohn für seine Dienste die Berner Mühlen zu Lehen gegeben habe.[13]

Geht man also davon aus, dass Ministerialen bei der Gründung und dem Ausbau Berns eine nicht unwesentliche Rolle gespielt haben, so stellt sich die Frage nach ihrem Anteil an der Entwicklung der Kommune im ausgehenden 12. und beginnenden 13. Jahrhundert. Welchen Stellenwert hatte die Ministerialität im Rahmen zähringischer Herrschaftspraxis in Burgund und in welchem Verhältnis stand sie zu Stadt und freiem Adel der Region?

Abb. 126
Jakob von Kienberg tritt 1297 im Zusammenhang mit dem Kloster Interlaken als Zeuge auf; StAB Fach Interlaken, 1297, Nov. 5

Neue Formen der Herrschaft: der Aufschwung von Stadt und Ministerialität nach der Mitte des 12. Jahrhunderts

Die Übernahme des Rheinfelder Erbes im Jahr 1090 öffnete Bertold II. die Tür zu einem neuen Herrschaftsbereich in Burgund und führte bald schon burgundische Adlige am zähringischen Hof zusammen.[14] Doch erst nachdem Bertolds Sohn Konrad 1127 von König Lothar III. mit dem Rektorat über Burgund belehnt worden und ihm nach der Ermordung seines Neffen, Graf Wilhelm IV. von (Hoch-)Burgund, ein reiches Erbe in Aussicht gestellt war, traten die zähringischen Herrschaftsgebiete südlich des Rheins stärker ins Blickfeld (→ S. 28).[15] Zugleich häufen sich auch die Hinweise auf enge Beziehungen zwischen den Herzögen und den burgundischen Baronen. So treffen wir unter Konrads Regierung hochrangige Persönlichkeiten wie etwa Graf Hupold von Laupen oder die Adligen Luitold von Rümligen und Ulrich von Belp wiederholt als Zeugen in Angelegenheiten des zähringischen Hausklosters St. Peter (→ S. 61).[16] Als Bertold IV. im Jahr 1152 die Privilegien seines Klosters bestätigte, befanden sich mit Egilolf von Hasli und Adalbero von Balm erneut zwei Adlige aus dem Berner Mittel- und Oberland im Gefolge des Zähringers.[17]

Zeigt gerade das Auftreten dieser Personen im Zusammenhang mit St. Peter, welchen Einfluss die Zähringer noch vor Mitte des 12. Jahrhunderts auf die burgundischen Magnaten auszuüben vermochten, so erschliesst sich der Kreis derjenigen, die seit Konrad in das Fahrwasser der Herzöge gerieten, vor allem durch jene Urkunden, welche die Zähringer in ihrer Funktion als Rektoren von Burgund zeigen. Bereits 1130 bezeugten zahlreiche burgundische Adlige neben Konrad von Zähringen auf einem königlichen Hoftag in Strassburg einen Schiedsspruch zwischen dem Kloster St. Blasien und dem Freien Thüring von Lützelflüh, dem Gründer des Klosters Trub.[18] Drei Jahre später waren die Grafen Ulrich und Hupold von Laupen, die Brüder Ulrich und Werner von Thun, Ulrich und Konstantin von Erlenbach sowie Egelolf von Steffisburg gemeinsam mit dem *rector Burgundionum* Zeugen eines Privilegs Lothars III. für das Kloster Interlaken.[19] 1146 nahmen neben Werner von Thun auch Angehörige der Familien von Wiler, von Rüderswil, von Gerenstein, von Heimberg, von Signau, von Worb und von Stettlen an einem Gerichtstag Herzog Konrads in Worb teil.[20] Schliesslich finden sich anlässlich eines Hoftages 1175, zu dem Herzog Bertold IV. die *barones Burgundie* geladen hatte, neben bereits genannten auch die Namen der von Neuenburg, von Rüeggisberg, von Oberhofen, von Simmental, von Weissenburg, von Kienberg, von Strättligen, von Buchegg und von Grenchen.[21] Angehörige dieser Familien stellten sich den Zähringern nicht nur als Zeugen, sondern auch als Ratgeber bei wichtigen Entscheidungen zur Verfügung und prägten so in besonderer Weise das Umfeld der Herzöge[22] (→ S. 61).

Abb. 127
Siegel des Burkhart von Egerden, 1270. Die auf Burg Aegerten ansässige Familie machte durch den spektakulären «Sitz auf der Mauer» auf sich aufmerksam, (→ S. 301). StAB Fach Fraubrunnen, 1270, Febr. 25

Vergleicht man die Verhältnisse in Burgund in dieser Zeit mit jenen in den alten zähringischen Herrschaftszentren im Breisgau, so fällt auf, dass die Ministerialität im Vergleich zum freien Adel in den burgundischen Landesteilen über lange Zeit noch keine bestimmende Rolle gespielt zu haben scheint. Während im Breisgau nämlich schon früh zahlreiche Personen aus der herzoglichen *familia* bezeugt sind,[23] begegnen diese in den Herrschaftsgebieten südlich des Rheins, von einigen wenigen Ausnahmen unter Bertold II. einmal abgesehen,[24] erst im letzten Drittel des 12. Jahrhunderts häufiger.[25] Bis dahin scheinen die Zähringer ihre Herrschaft als Rektoren von Burgund vorwiegend auf den freien Adel gestützt zu haben.
Dies änderte sich gegen Ende der Regierung Bertolds IV. grundlegend. Während die Zahl ministerialischer Gefolgsleute nun zunimmt und parallel hierzu auch Bürger der von den Zähringern beherrschten Städte öfter als Zeugen herzoglicher Rechtshandlungen auftreten,[26] geht der Anteil adliger Personen in den Urkunden merklich zurück. Damit zeichnet sich ein deutlicher Strukturwandel der Zähringerherrschaft in Burgund ab, der offensichtlich zu einer Verdrängung des freien Adels zugunsten neuer Kräfte am Herzogshof führte. Beispielhaft für diese Entwicklung sind die Herren von Belp, die unter Herzog Bertold II. und seinem Sohn Konrad öfter im Umfeld der Zähringer anzutreffen sind, nach 1175 jedoch aus zähringischem Kontext verschwinden (→ S. 61). Einer späteren Überlieferung zufolge beteiligten sich die Herrn von Belp dann am Burgunderaufstand gegen Herzog Bertold V. im Jahr 1190/91.[27]
Anstelle des Adels wurden nunmehr Ministerialität und Stadt zu den tragenden Säulen zähringischer Herrschaft in der Westschweiz. Hintergrund dieser Entwicklung ist das Bemühen der Zähringer um die Sicherung der nach 1156 in ihrer Hand verbliebenen Teile Burgunds sowie die effektive Durchsetzung der im Zuge der Ausgleichsverhandlungen zwischen Friedrich Barbarossa und Bertold IV. zugesprochenen Herrschaftsrechte in den Bistümern Lausanne, Genf und Sitten.[28] Welche Bedeutung den Städten hierbei zukam, zeigt ein Blick auf die Karte (Abb. 8). Sie lässt erkennen, dass sich die zähringischen Ministerialensitze vor allem nördlich von Bern im Aareraum rund um das alte rheinfeldische Herrschaftszentrum Burgdorf gruppierten, wohingegen südlich im Berner Oberland und in der Waadt so gut wie keine Ministerialensitze nachweisbar sind. Hier dominierte ganz offensichtlich der freie Adel, dessen namengebende Burgen zum Teil östlich der späteren Stadt Bern, vor allem aber entlang der Aare und am Thuner See lagen, wo die Zähringer über keinen nennenswerten Eigenbesitz verfügten. In diesen Gebieten konzentrieren sich bezeichnenderweise auch die zähringischen Städtegründungen seit Bertold IV. Während die alten Herrschaftszentren also in traditioneller Weise durch Ministerialen ausgebaut und gesichert wurden, treten in den nach 1156 stärker ins Blickfeld geratenen Regionen in erster Linie die Städte als neues, gleichsam modernes Herrschaftsinstrument in den Mittelpunkt.[29]
Ein frühes Beispiel für diesen strukturellen Wandel der zähringischen Herrschaftspraxis in Burgund und die steigende Bedeutung der Städte ist die Gründung von Freiburg i. Ü. im Jahr 1157 (→ S. 170).[30] Freiburg war eine Stadt, die bewusst in einem vom Adel dominierten Raum errichtet wurde, und deren frühe Bevölkerungsstruktur dementsprechend wohl einen hohen Anteil freier Leute aufzuweisen hatte. So finden sich in den wenigen erhaltenen Urkunden des Klosters Hauterive aus der Frühzeit der Stadt wiederholt Personen, die als *barones de Friburch* offensichtlich der städtischen Führungsschicht angehörten und die Interessen der Bürger nach aussen vertraten.[31] Umso auffallender ist, dass das höchste Amt in der Stadt nicht von freien Führungskräften bekleidet wurde, sondern dass noch zu Lebzeiten Bertolds IV. ein zähringischer Ministeriale, Heinrich von Utzenstorf, als Schultheiss und damit als Stellvertreter des Herzogs in Freiburg amtierte.[32] Die von Utzenstorf waren offenkundig aus den alten rheinfeldischen Herrschaftszentren um Burgdorf in die neu gegründete Stadt entsandt worden, wo sie als Angehörige der *familia ducis* herrschaftliche Aufgaben übernahmen. Dem entspricht eine im Freiburger Stadtrecht festgehaltene Bestimmung aus der Zeit Bertolds IV., die dem Herzog die unmittelbare Verfügungsgewalt über die städtische Gerichtsbarkeit einräumte, welche er

dann an einen von den Bürgern zu wählenden Schultheissen (*causidicus*) delegieren konnte.[33] Auf diese Weise wahrte der Herzog den vollen Bestand seiner Herrenrechte, da Ministerialen im Vergleich zu den belehnten Amtsträgern freien Standes einer stärkeren herrschaftlichen Kontrolle unterlagen und leichter wieder abgesetzt werden konnten. Für die adligen Inhaber der Vogteien bedeutete dieses Vorgehen indes eine gefährliche Ausweitung zähringischer Machtpositionen und eine nicht unerhebliche Einschränkung eigener Handlungsspielräume. So ist zu erklären, dass der Erwerb der Lausanner Bistumsvogtei, die Bertold IV. den ihm verbundenen Herren von Gerenstein abgekauft hatte, ausdrücklich gegen den Willen Bischof Landrichs von Lausanne erfolgt war.[34]

Auch in Zürich gelang es dem Herzog, die Klostervogteien in seine Hand zu bekommen, um daraus umfassende Herrschaftsrechte über die Stadt abzuleiten, und auch hier ist die personelle Durchdringung städtischer Führungspositionen mit zähringischen Eigenleuten deutlich zu erkennen.[35] An der Spitze der Stadtgemeinde stand wiederum ein vom Herzog abhängiger Schultheiss, der im Verbund mit der Bürgerschaft im Sinne des Stadtherrn agierte. Im Jahr 1210 übertrug Bertold V. ihm und namentlich nicht genannten «ehrbaren Personen» aus der Stadt die Kontrolle über die weltlichen Geschäfte der Züricher Fraumünsterabtei, die der Herzog zuvor unmissverständlich und mit Nachdruck seiner Herrschaftsgewalt untergeordnet hatte.[36]

Die wenigen Beispiele bestätigen also den Eindruck einer zunehmenden Intensivierung zähringischer Machtstellung in Burgund nach der Mitte des 12. Jahrhunderts, die zu einer Stärkung ministerialisch-bürgerlicher Kräfte im Umfeld der Zähringer verbunden mit einer schrittweisen Verdrängung des freien Adels führte. Vor diesem Hintergrund erhält Justingers Nachricht, Herzog Bertold V. habe sich anlässlich der Gründung der Stadt Bern mit seinen Räten und Dienstmannen beraten und ihm ergebene Leute zur Sicherung der Stadt in Bern angesiedelt, besonderes Gewicht. Die Übertragung herrschaftlicher Aufgaben an herzogliche Ministerialen und die Ansiedlung von Dienstleuten aus den altzähringischen Herrschaftsgebieten wie sie am Beispiel Heinrichs von Utzenstorf auch für Freiburg i. Ü. zu beobachten ist, führt somit zu der Frage, welche Konsequenzen diese Politik für die innere Entwicklung der Zähringerstädte nach sich zog.

Abb. 128
Siegel des Bertold von Rümligen, 1337. Seine Vorfahren hatten zu den Adligen im Umfeld der Herzöge von Zähringen gehört; StAB Fach Fraubrunnen, 1337, Febr. 5.

Ministerialität und frühe Stadtentwicklung: die Anfänge der Ratsverfassung

Mit der Übertragung herrschaftlicher Aufgaben an herzogliche Dienstleute vergrösserten sich auch die Handlungsspielräume der Stadt. Wie aus einem Brief Bertolds IV. an die Bürgerschaft von Freiburg i. Ü. hervorgeht (Abb. 129), verfolgte die Stadt bereits wenige Jahre nach der Gründung eine eigenständige Abgabenpolitik und besass ausserdem weitreichende militärische und judikative Kompetenzen, die den Prozess der Gemeindebildung ganz wesentlich vorantrieben.[37] Grundlegend für die Entwicklung der Kommune war die Beteiligung der Bürgerschaft an der Rechtsprechung, die unter Bertold IV. bereits gängige Praxis war.[38] Von hier aus führt ein direkter Weg zur Entstehung der Ratsverfassung, die sich in den zähringischen Städten besonders früh durchsetzen konnte.[39] Wichtig erscheint im vorliegenden Zusammenhang vor allem, dass die Ausbreitung der Ratsverfassung von Italien ausgehend über Südfrankreich und Burgund führte, bevor sie auch in Deutschland Einzug hielt.[40] So ist es vielleicht kein Zufall, dass ausgerechnet die für die Zähringer so wichtigen Städte Zürich, Bern und Freiburg besonders früh über ein Ratsgremium verfügten, dessen Wurzeln noch in die Zeit Herzog Bertolds IV. zurückreichen. Die Freiburger Handfeste enthält eine Bestimmung, die im Kern in die Zeit vor 1178 zu datieren ist und die besagt, dass «Ratsmitglieder» (*unusquisque de consilio*) vom Hofstättenzins in der Stadt befreit waren.[41]

Trifft die zeitliche Einordnung des Satzes zu, so wäre dies geradezu das früheste Beispiel für die Existenz eines städtischen Rates im deutschsprachigen Raum. Es ist jedoch kaum anzunehmen, dass wir es hier bereits mit einem Ratsgremium im Sinne eines autonomen bürgerschaftlichen Selbstverwaltungs-

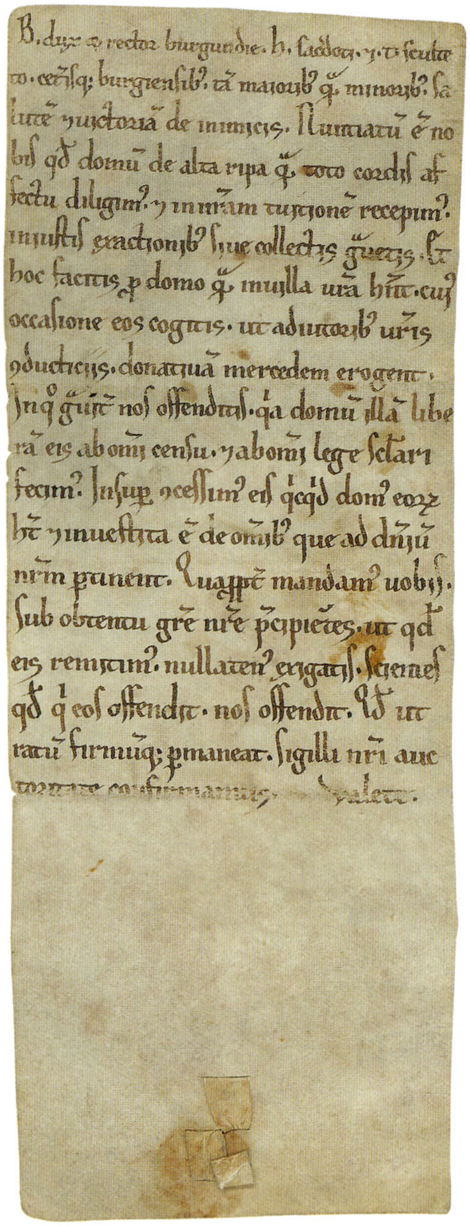

Abb. 129
Brief Bertolds IV. an die Bürger von Freiburg i. Ü. Der Brief ist ein einzigartiges Dokument, das unabhängig von den Rechtsquellen Aufschluss über die tatsächlichen Handlungsspielräume einer Stadt zur Zeit der Zähringer gibt. Herzog Bertold IV. ermahnt die Bürger von Freiburg i.Ü., die dem Kloster Hauterive wegen seines Hauses in der Stadt auferlegte Steuer zurückzunehmen, da er die Mönche von allen Abgaben und von weltlichem Gericht befreit habe. Das Dokument verdeutlicht, welche Schwierigkeiten die Bürgerschaft zu überwinden hatte, um Sonderrechte stadtsässiger Gruppen und Institutionen zugunsten eines allgemeinverbindlichen Stadtrechts einzuschränken; StAB.

organs zu tun haben. Vielmehr dürfte sich hinter diesem *consilium* ein noch mehr oder weniger stark vom Stadtherrn abhängiges Ratskollegium verbergen, wie wir es auch aus den rheinischen Bischofsstädten kennen, wo der Stadtrat häufig aus einem älteren Bischofsrat (*consilium episcopi*) hervorgegangen ist.[42] Ein solches herzogliches Ratsgremium ist wohl auch gemeint, wenn Justinger in seinem Bericht über die Gründung Berns davon spricht, Bertold V. habe seinen Plan zur Stadtgründung mit seinen *reten* erörtert und diese mit der Durchführung des Bauvorhabens beauftragt. Dass die Erstnennung eines Rates unter den Zähringern in Form eines Privilegs erfolgt, zeigt, dass zwischen den so bevorrechtigten Personen und dem Herzog ein besonderes Vertrauensverhältnis bestand, das die *consiliarii* aus der Bürgerschaft heraushob und so deren später bezeugte rechtliche Sonderstellung in der Stadt begründete (→ S. 224).[43] Für die Annahme, der Rat sei in den Zähringerstädten aus einem Kreis stadtherrlich privilegierter Personen hervorgegangen, denen als enge Vertraute der Herzöge herrschaftliche Aufgaben übertragen wurden, spricht, dass wir in diesen Städten nach dem Aussterben der Zähringer 1218 eine Reihe ehemals herzoglicher Ministerialen oder den Zähringern eng verbundene Bürger in städtischen Führungsgremien wiederfinden.

Besonders deutlich wird dieser Zusammenhang zwischen Zähringergefolgschaft und Ratsentstehung zunächst in Zürich. Hier nennen bereits die von den Herzögen in der Stadt ausgestellten Urkunden immer wieder dieselben Namen, deren Träger zu den «meliores» der Stadt gehörten, zum Teil schon in Lenzburger Zeugenlisten zu finden sind und bald nach 1218 im Züricher Rat wieder begegnen.[44] Ebenso gab es in Burgdorf 1175 mit Albert de Porta und Anselm Iuvenis zwei Angehörige der herzoglichen *familia*, deren Namen auch im 13. Jahrhundert mit der Stadt verbunden bleiben.[45] Anselm Iuvenis ist vermutlich identisch mit Anselm von Burgdorf, der im Jahr 1201 zusammen mit anderen zähringischen Ministerialen eine Urkunde Bischof Diethelms von Konstanz beglaubigte.[46] Unter ihnen befanden sich auch Angehörige der Familien von Ersigen und von Mattstetten, die in nachzähringischer Zeit als kiburgische Dienstleute und als ratsfähige Bürger von Burgdorf nachweisbar sind.[47] Auch *Albertus de Tore*, ein weiterer Dienstmann der Kiburger und mutmasslicher Nachfahre des genannten Albert de Porta, besass möglicherweise Burgdorfer Bürgerrecht.[48] In Burgdorf ansässig war schliesslich auch ein Zweig der Familie von Jegenstorf, die sich bereits um 1180 in Freiburg i. Ü. niedergelassen hatte und zu den bedeutendsten Ministerialengeschlechtern der Zähringer gehörte.[49] Allein diese Namen verweisen auf eine starke Kontinuität beim Übergang der einzelnen Städte auf die Zähringererben und die enge Verflechtung von Ministerialität und Stadt, die in Burgdorf auch unter kiburgischer Herrschaft fortdauerte. Bis weit in das 13. Jahrhundert hinein finden wir in Urkunden, die in Burgdorf ausgestellt wurden, zahlreiche kiburgische und ehemals zähringische Ministerialen, die teils als Ritter, teils als Bürger testierten, hohe Ämter am gräflichen Hof und in der Stadt übernahmen und schliesslich auch als städtische *consules* in Erscheinung traten.[50]

Dieselben Verhältnisse finden wir nun auch in Bern vor, über dessen frühstädtischen Charakter aus zähringerzeitlichen Quellen allerdings keine Aussagen mehr möglich sind. 1223 amtierte hier Rudolf von Krauchthal, der als erster namentlich bekannter Schultheiss (*causidicus*) von Bern einer alten Ministerialenfamilie entstammte, die bereits unter Bertold II. besonders enge Beziehungen zum Zähringerhof unterhielt.[51] Zwei Jahre später trat mit Kuno von Jegenstorf als Nachfolger wiederum ein aus dem engeren Umfeld der Zähringer entstammender Amtsträger an die Spitze des Rates, dessen Familie zur gleichen Zeit auch in Burgdorf und im üechtländischen Freiburg präsent gewesen ist.[52] In einer Ratsurkunde des Jahres 1226 begegnen neben dem Schultheissen Kuno von Jegenstorf und Rudolf von Krauchthal noch drei weitere Vertreter der von Jegenstorf sowie Heinrich von Krauchthal unter Berner Zeugen, die teilweise ausdrücklich als *consules* bezeichnet werden.[53]

Der Anteil ehemals zähringischer Gefolgsleute in städtischen Führungsgremien erscheint somit vor allem in den ersten Jahren nach dem Herrschaftswechsel von 1218 besonders hoch. Vielleicht spiegelt sich hierin noch einmal die he-

rausragende Bedeutung, welche der zähringischen Klientel gerade in den Anfängen der Stadt zukam. Dabei darf jedoch nicht übersehen werden, dass neben ehemaligen Ministerialen auch zahlreiche Adlige des Berner Umlandes schon frühzeitig in städtischen Führungsgremien nachweisbar sind. Zu ihnen gehören beispielsweise die Herren von Kienberg, von Strättligen, von Montenach, von Bremgarten, von Buchsee oder von Rümligen, die ebenfalls zu einem nicht geringen Teil im Umfeld der Zähringer anzutreffen waren (→ S. 61).[54]
Welche Bedeutung diese Familien im Einzelnen schon zur Zähringerzeit für die Entwicklung Berns hatten, lässt sich mangels Quellen nicht mehr nachvollziehen. Nach 1218 scheinen viele von ihnen jedoch die Gunst der Stunde genutzt und sich Friedrich II. als neuem Stadtherrn angeschlossen zu haben. Dabei mag mancher erst nach dem Ende der Zähringerherrschaft unter neuen Vorzeichen in die Stadt gezogen sein, wo er bald schon eine führende Position einnahm. Wie allein schon die zahlreichen Nennungen in Berner Urkunden belegen, spielten die genannten Adligen in staufischer Zeit jedenfalls eine wichtige Rolle in der noch jungen Reichsstadt; ganz entgegen den Angaben Justingers, wonach Bern schon mit der Gründung eine dem Adel des Landes gegenüber feindselige Haltung eingenommen habe (→ S. 21).
Erst nach der Mitte des 13. Jahrhunderts beginnen sich die Kräfteverhältnisse in der Stadt grundlegend zu verändern. Im Jahr 1249 wird erstmals ein Rat der Fünfzig erwähnt, der das alte, von Adel und Ministerialität geprägte Zwölferkollegium ergänzt (→ S. 234).[55] Fortan nimmt auch die Zahl der Zeugen bürgerlicher Herkunft in den Urkunden stetig zu, während die alten Kräfte zahlenmässig in den Hintergrund treten.[56] 1257 stehen den beiden Rittern Gerhard von Rümligen und Heinrich von Endlisberg bereits zehn *consules* im Rat der Zwölf gegenüber, die zu jener Zeit nicht im Besitz der Ritterwürde waren.[57] Zu ihnen gehörten auch der nachmalige Schultheiss Heinrich von Bubenberg und Peter von Krauchthal. Während andere wie die von Jegenstorf weiterhin enge Beziehungen zum ritterlichen Adel des Berner Umlandes pflegten, begegnet der Name «von Krauchthal» während des 13. Jahrhunderts stets in enger Verbindung mit der Bürgerschaft.[58] Keiner der in Bern ansässigen Mitglieder der Familie erwarb, trotz ihrer Herkunft aus der zähringerischen Ministerialität, in dieser Zeit die Ritterwürde.
Mit dem Zusammenbruch der staufischen Herrschaft wurde, ebenso wie in zahlreichen anderen Städten des Reiches,[59] auch in Bern langsam das Ende der alten ritterlich-adeligen Geschlechter eingeläutet. Namen von Personen ministerialischer Abstammung verschwinden aus den Urkunden und machen neuen Kräften aus einem anderen sozialen Herkunftsfeld Platz. Hierzu gehören nun auch die in Justingers Gründungsbericht genannten Münzer und Statz, jene *edel notvesten lüte*, die Bertold V. zur Sicherung der Stadt in Bern angesiedelt haben soll. Die Statzen sassen 1295 im Rat der Zweihundert, der auf Druck der politisch mündig gewordenen Zünfte geschaffen worden war, und mit Kuno Münzer wurde 1298 erstmals ein Mitglied dieser neuen Burger-Familien Schultheiss der Stadt.[60] Damit war gewissermassen ein neues Zeitalter angebrochen, auf dessen Grundlage jenes Geschichtsbild Justingers entsteht, das von der fortschreitenden Rivalität zwischen Adel und Bürgertum geprägt ist.

Geistliche Herren

Nicolas Barras

Der Fürstbischof von Basel: vom entfernten Bekannten zum unbequemen Nachbarn[1]

Mit grosser Beharrlichkeit festigen im 13. Jahrhundert die Fürstbischöfe von Basel ihre Vormachtstellung im Juraraum. Um ihren Einfluss in diesen Gebieten zu sichern, streben sie in erster Linie danach, für ihre weltliche Herrschaft die Vogteirechte zu erwerben oder wieder zu erlangen.[2] In diesem Kontext muss

Abb. 130
Siegel des Johann Senn von Münsingen, der von 1335 bis 1365 Bischof von Basel war. Unten ist das Wappen der Familie Senn, der damaligen Herren von Münsingen, zu erkennen, das heute als Gemeindewappen von Münsingen verwendet wird; Basel, Staatsarchiv, Klosterarchiv Augustiner Nr. 35.

auch die Gründung Biels als Stadt durch den Bischof von Basel zu Beginn des 13. Jahrhunderts gesehen werden. Dieser machte aus der Stadt das Verwaltungszentrum für die fürstbischöflichen Besitzungen am Jurafuss – als Gegengewicht zur Burg und Stadt von Nidau, welche die Grafen von Neuenburg-Nidau errichteten.
Auf Ersuchen des Fürstbischofs erhält Biel am 26. November 1275 von König Rudolf von Habsburg die gleichen Rechte und Freiheiten wie die Stadt Basel.[3] Fast vier Jahre später, im September 1279, schliesst Biel erstmals ein Bündnis mit einer andern Stadt, mit Bern.[4] Es wird viermal erneuert[5] und schliesslich am 23. Januar 1352 für immer während erklärt.[6] Dieses Bündnis zeigt, dass Biel gegenüber seinem Herrn Distanz wahren wollte. Es sollte die Bieler vor einem zu starken Einfluss des Basler Bischofs schützen und schliesslich am Ende des 14. Jahrhunderts[7] an die Seite der Eidgenossen führen. Doch erst in der zweiten Hälfte des 14. Jahrhunderts, als das Bündnis immer während wird und Bern im Seeland seine Präsenz ausbaut, bewirkt es eine heftige Reaktion des Fürstbischofs von Basel.

Um ihre weltliche Macht zu festigen, suchen die Bischöfe von Basel am Ende des 13. Jahrhunderts auch die Grenzen ihres Bistums zu verstärken. So geraten sie unvermeidlich in Konflikt mit ihren wichtigen Nachbarn, zu denen die Stadt Bern noch nicht gehört. Aber die Gruppierung der Hauptbeteiligten nach ihrem Verhältnis zu Reich, Papsttum und Österreich, sowie das Wechselspiel der Allianzen führen zu den ersten nachweisbaren Verbindungen der Aarestadt mit dem Bischof von Basel. Dieser Fürst ist ausreichend entfernt, um die Gedanken der Berner Behörden nicht allzu stark zu beschäftigen, befindet sich aber doch in ihrem Blickfeld. So wird das Verhältnis zwischen dem Basler Bischof und der Stadt Bern bis 1365 bleiben.
1283 finden sich die Berner und der Bischof von Basel unversehens Seite an Seite mit König Rudolf von Habsburg. Bischof Heinrich von Isny, der beim Versuch die Grenzen in der Ajoie zu festigen dem Grafen Renaud de Bourgogne, Graf von Montbéliard, ins Gehege gekommen ist, ruft als Freund, Vertrauter[8] und treuer Gefolgsmann Rudolf von Habsburg zu Hilfe. Wegen des Krieges, den er mit dem Grafen von Savoyen um die Kontrolle Burgunds führt, ist dieser ohnehin in der Gegend und eilt herbei, um Pruntrut zu belagern, wo Renaud sich verschanzt hat. Die Berner, die während dieses Krieges noch den deutschen König unterstützen, beteiligen sich also zugunsten des Fürstbischofs an der Rückeroberung der Ajoie und an der siegreichen Belagerung Pruntruts.[9] Ein anderer Basler Bischof, Peter Reich von Reichenstein, Getreuer eines anderen Königs, Adolf von Nassau, gewinnt 1294 die Wertschätzung der Berner. Vom König eingesetzt fällt er als Schiedsrichter[10] im schweren Zwist der Stadt Bern mit den dort wohnhaften Juden den für die Aarestadt vorteilhaften Schiedsspruch, welchen der Bern wohlgesinnte König bestätigt.[11]
Die Sicherung der Südwestgrenze des Fürstbistums war während des 13. und im ersten Viertel des 14. Jahrhunderts eine mühevolle Aufgabe der Basler Bischöfe. Hier standen ihnen die Grafen von Neuenburg als starke Gegenspieler gegenüber. Deren Rivalität kam im Val-de-Ruz und im Tal von Nugerol gewaltsam zum Ausdruck. Um die Sicherheit ihres Territoriums zu verstärken, bauten die Fürstbischöfe eine Verteidigungslinie aus, in der die Burgen Erguel (um 1275–1286) und Schlossberg (um 1283–1288) Schwerpunkte bildeten. Zum Schutz seiner Grenze liess Bischof Gérard de Vuippens 1310–1312 sogar eine Stadt, Neuenstadt, aus dem Boden stampfen. Darauf antwortete der Graf von Neuenburg im Winter 1328/29 mit dem Bau der Stadt Le Landeron.[12] In dieser Auseinandersetzung kämpften die Berner zeitweise auf der Seite des Bischofs von Basel, weil sie den Grafen Eberhard von Kiburg unterstützten, einen Verbündeten des Bischofs, der gegen den Grafen Rudolf IV. von Neuenburg tiefen Groll hegte.[13]

Die guten Beziehungen, die das Fürstbistum Basel und die Stadt Bern gelegentlich unterhielten, wurden am 5. März 1330 förmlich bekräftigt durch das Burgrecht, eigentlich eher ein Bündnis,[14] zwischen Jean de Chalon-Arlay, Admi-

Abb. 131
Am 11. Oktober 1388 schliesst Neuenstadt mit Bern ein ewiges Burgrecht. Der von Neuenstadt für Bern ausgefertigte Vertrag trägt das Neuenstädter Siegel; StAB.

nistrator des Bistums, und Schultheiss, Rät und Burger von Bern. In diesem Vertrag versprechen sich die Parteien für sechs Jahre gegenseitige Hilfe und sehen ein Schiedsverfahren im Falle von Streitigkeiten zwischen ihren Angehörigen vor. Der Bischof erwirbt ein Udelhaus in Bern, bleibt aber frei von Steuern und Wachdienst und ist nicht der örtlichen Gerichtsbarkeit unterstellt.[15]
Der Fürstbischof und Bern hatten mit Sicherheit ein gemeinsames Interesse, diesen Vertrag zu schliessen, zum Schutz vor den ehrgeizigen Plänen des Grafen Rudolf III. von Neuenburg-Nidau, der im Seeland eine geschlossene Herrschaft zu errichten versuchte.[16] Auf Grund dieses Burgrechts unterstützte der Bischof von Basel die Berner tatkräftig im Gümmenenkrieg gegen Freiburg (1331–1333).[17]

Die ausgesprochen lange Herrschaft des Bischofs Johann Senn von Münsingen (1335–1365) verdient in mehr als einer Hinsicht genauere Betrachtung. Zunächst weil die Familie dieses Basler Bischofs aus der Gegend von Bern stammt. Er ist der Sohn des Ritters Burkhard Senn von Münsingen und der Johanna, geborenen Gräfin von Buchegg (Abb. 130). Viel verdankt er seinen drei Onkeln mütterlicherseits: Mathias, dem Erzbischof von Mainz, Berthold, dem Bischof von Strassburg, und Hugo, dem berühmten Grafen von Buchegg. Der Einfluss von Berthold und von Hugo hat wahrscheinlich Johann Senn von Münsingen den Basler Bischofsstuhl verschafft. Friedliebend, auf Ordnung bedacht und ein guter Verwalter, stellt er die materielle Lage des Fürstbistums wieder her, die seine Vorgänger durch ihre kriegerischen Auseinandersetzungen um die Nachfolge geschädigt haben.[18]
Im Laupenkrieg (1339) steht Johann Senn von Münsingen auf der Seite der Gegner Berns. Da das Gebiet des Fürstbistums durch den politischen Aufstieg Berns und seine territoriale Ausdehnung noch nicht bedroht ist, so haben ihn wohl Bündnisverpflichtungen und persönliche Gefühle ins gegnerische Lager geführt. Aus dem Geschlecht der Senn, kann er keine Sympathie für die Berner empfinden, die dreissig Jahre zuvor die Burg seines Vaters in Münsingen in Brand gesteckt hatten. Als Neffe des Strassburger Bischofs und des Mainzer Erzbischofs schliesst er sich ganz natürlich in deren Gefolge der habsburgischen Partei an.[19] Als Basler Bischof stellt er sich auf die gleiche Seite wie sein Amtsbruder in Lausanne.[20] Militärisch wenig engagiert, hat das Fürstbistum unter der Niederlage von Laupen nicht zu leiden. Johann Senn von Münsingen setzt sein

Abb. 132
Die Burg Schlossberg und Neuenstadt vom Ufer des Bielersees bei Erlach aus. Aquarell von Albrecht Kauw aus dem Jahre 1671; BHM, Inv.-Nr. 26057.

Siegel unter den durch die Königin Agnes von Ungarn vermittelten Vergleich von 1340, mit dem die Feindseligkeiten eingestellt werden. Sein Siegel hängt neben dem seines Onkels Hugo, der seinerseits Bern unterstützt hatte.[21]

Der Landfrieden, für dessen Wiederherstellung sich Bern nach dem Laupenkrieg einsetzt, sowie der friedliebende Charakter des Johann Senn von Münsingen erklären den Abschluss eines Freundschaftsvertrages für drei Jahre zwischen dem Fürstbischof und Bern am 12. November 1364, ein Jahr vor dessen Tod.[22] Auf ihn folgt Jean de Vienne (1365–1382). Dieser stammt aus einem einflussreichen burgundischen Adelsgeschlecht und ist noch ein echter Feudalherr. Er ist ein Mann von strengem und streitsüchtigem Charakter. Mit Vorliebe legt er sich mit den Städten an, deren Aufschwung er höchst ungern sieht. Vordem hatte er nacheinander die Bischofssitze von Besançon und von Metz inne, die er wegen seiner konfliktreichen Beziehungen zu den städtischen Behörden aufgeben musste. Als Fürstbischof von Basel wird er mit Basel und mit Biel wieder vor dem gleichen Problem stehen.[23] Nach dem Auslaufen des Freundschaftsvertrags von 1364 unternimmt Jean de Vienne wegen Biel einen Krieg gegen Bern, das eben seine Präsenz im Seeland verstärkt hat.[24] Erzürnt über die Freiheiten, die sich die Bieler ihm gegenüber herausnehmen, verlangt der Fürstbischof, dass Biel auf sein immer währendes Bündnis mit Bern verzichte. Damit hat er die Festigkeit solcher Städtebündnisse unterschätzt. Biel braucht die Bündnisse, die es mit Bern, aber auch mit Freiburg, Solothurn und Murten abgeschlossen hat, um in seinem Lebensraum den Landfrieden zu wahren, den eine Stadt und ihre Bürger für ihre Entwicklung nötig haben. Bern seinerseits festigt und erweitert sein weitläufiges Netz von Bündnissen und Burgrechten, um seine wachsende Macht zu sichern, und hat keinerlei Anlass, sich im Seeland und am Jurafuss nachgiebig zu zeigen.
An Allerheiligen 1367 finden wir den Fürstbischof in Biel, begleitet von einer stattlichen bewaffneten Eskorte, um die Stadtbehörden unter Druck zu setzen. Es kommt zu Übergriffen seiner Männer, namentlich gegenüber Berner Kaufleuten. Vierzehn Tage später erscheint ein Berner Kontingent in Biel, um die Sache handgreiflich zu klären. Es findet die Stadt geplündert und in Flammen. Jean de Vienne und die Seinen verschanzen sich nun in der Burg Schlossberg oberhalb von Neuenstadt, welche die Berner vergeblich belagern (Abb. 132). Kurz vor Weihnachten kehren die Berner in die Gegend zurück. Ihre Vergeltung im Süden des Fürstbistums ist grauenhaft. Die lange Liste der Kriegsschäden umfasst unter anderem die Zerstörung der Festung Pierre Pertuis und die Verheerung des Dorfes und der Kirche Tavannes. Die Stiftskirche von Moutier und die Abtei Bellelay erleiden grossen Schaden.[25] An Weihnachten 1367 schlagen die Solothurner als Verbündete Berns die bischöflichen Truppen bei Malleray gründlich. Anfang 1368 wird durch Graf Amadeus VI. von Savoyen ein Waffenstillstand vermittelt.[26] Ein Schiedsgericht verurteilt Bern zu einer schweren Busse wegen der Beschädigungen von Kirchen. In Bern gärt die Empörung gegen die Führung; das Ergebnis des Krieges gegen den Fürstbischof von Basel

wird als verheerend beurteilt.[27] Jean de Vienne bedankt sich bei Neuenstadt für die bewährte Treue (Abb. 133), löst die Stadt aus dem Meiertum von Biel und schenkt ihr als Hinterland den Tessenberg und das Obererguel.[28]
Noch während einiger Jahre bleiben die Beziehungen zwischen dem Fürstbischof von Basel und der Stadt Bern getrübt. Im Guglerkrieg von 1375 lässt der Basler Bischof die Söldnerhorden des Enguerrand de Coucy über die Jurapässe ziehen und setzt damit die Umgebung von Bern schrecklichen Plünderungen aus. Am Ende dieses Krieges, in welchem Graf Rudolf IV. von Neuenburg-Nidau bei der Verteidigung von Büren fällt, verliert der Bischof die Herrschaft Nidau an die Erben des Grafen, Hartmann III. von Kiburg-Burgdorf und Sigmund II. von Thierstein. Dabei hatte er sich vergeblich Berns Neutralität erkauft, indem er sich mit einem bescheidenen Teil der schweren Busse zufrieden gab, die ihm die Berner noch schuldeten.[29] In den letzten Jahren seiner Herrschaft muss Jean de Vienne zusehen, wie die Stadt Bern ihre Stellung im Seeland ausbaut, während er selbst dort nicht mehr präsent ist.
Sein Nachfolger, Imer von Ramstein, hat vor allem mit grossen finanziellen Schwierigkeiten zu kämpfen und greift nicht in den Sempacherkrieg (1386–1389) ein, der es Bern erlaubt, sich im Seeland definitiv gegen Österreich und Freiburg durchzusetzen. Vorher noch hatte er sogar am 26. Oktober 1383 mit der Stadt Laupen einen Burgrechtsvertrag geschlossen, der ihn faktisch an Bern band.[30] Demzufolge stellt sich der Bischof von Basel nicht gegen die Beteiligung der Bieler an diesem Krieg auf der Seite der Berner. Der Sempacherkrieg hat wesentliche Auswirkungen: Die Stadt Bern hat nicht nur Büren und Nidau erobert, sondern wird zudem den Iselgau, Ligerz und Twann erwerben und die Mitherrschaft über den Tessenberg. Von nun an haben das Fürstbistum Basel und Bern eine gemeinsame Grenze.

Abb. 133
Als weithin sichtbare Herrschaftszeichen von adeligen Herren und Städten trugen Fahnen vorwiegend militärischen Charakter. Das 1312 gegründete, bischöflich-baslerische Neuenstadt besitzt noch heute zwei Fahnen des 14. Jahrhunderts. Der Stadtherr Bischof Jean de Vienne übergab dem Städtchen die dargestellte Fahne am 19. Juni 1368 als Auszeichnung für den Widerstand gegen die bernische Belagerung im Jahr 1367.

Während der zweiten Hälfte des 14. Jahrhunderts sind mit dem Bischof von Basel und der Stadt Bern zwei Welten aufeinander gestossen: ein Feudalherr mit seinen herkömmlichen politischen und militärischen Mitteln und das Bürgertum mit seinem neuen Zusammenhalt und seiner finanziellen Leistungsfähigkeit, die ihm viele Möglichkeiten eröffnen. Mit dem Ende des Sempacherkrieges beginnt auch ein neuer Abschnitt in den Beziehungen zwischen dem Bischof von Basel und der Stadt Bern. Der Fürstbischof muss sich nunmehr mit einem politischen Instrument abfinden, mit dem er schlecht umgehen kann: den Burgrechten.[31] Diese ermöglichen den Bernern, im Fürstbistum Fuss zu fassen mit einer geschickten Mischung von Diplomatie und Machtspiel.
Ihr erstes Burgrecht mit einem Gemeinwesen des Fürstbistums schliesst die Stadt Bern im Jahr 1388. Am Ende des Winters entzieht Imer von Ramstein Neuenstadt die Privilegien, Freiheiten, Rechte und Gunsterweise, die zwanzig Jahre früher sein Vorgänger Jean de Vienne gewährt hatte. Dieser hatte sie damals Biel weggenommen, das sein immer währendes Bündnis mit Bern nicht aufgeben wollte. Verunsichert und gekränkt wendet sich Neuenstadt an Bern, freie Reichsstadt, Glied der Eidgenossenschaft und seit dem Ende des Sempacherkrieges in der Region allmächtig.

Am 11. Oktober 1388 wird ein Burgrechtsvertrag geschlossen (Abb. 131).[32] Bern nimmt Neuenstadt in seinen Schutz und gleichzeitig in denjenigen des Reiches. Dabei beruft es sich auf eine von Kaisern und Königen gewährte Vollmacht, freie Menschen in seinen Schutz zu nehmen, eine Anspielung auf die Bern 1365 durch den Kaiser Karl IV. gewährten Privilegien. Bern nimmt also eine Aufgabe des Reiches wahr – die Förderung des Landfriedens – indem es dieses Burgrecht eingeht. Nicht nur Neuenstadt ersucht 1388 Bern um Schutz: Die Gräfin Mahaut de Valangin, der Graf Thiébaud VI de Neuchâtel en Comté und der Graf Etienne de Montbéliard tun desgleichen. Die Stadt Bern kann so die Reihe ihrer Stützpunkte im Jura vervollständigen. Dank des Burgrechtes kann sie für ihre Feldzüge auch auf die Unterstützung treuer Truppen aus Neuenstadt und vom Tessenberg zählen, was die Stadt wohl zu schätzen weiss.
Mit dem Burgrecht mit Bern im Rücken kann Neuenstadt sich gegen die Ansprüche des Fürstbischofs und seines Hofes wehren und kann auch die Ver-

geltungsgelüste Biels dämpfen. Bern tritt übrigens auch als Schiedsrichter auf, um die ewigen Zänkereien zwischen diesen beiden Städten des Fürstbistums Basel zu beenden, denn die fürstbischöflichen Behörden wurden damit nicht fertig. Um die Region zu befrieden, vermittelt Bern einen Burgrechtsvertrag zwischen Biel, seiner ewigen Verbündeten, und Neuenstadt, seiner Mitbürgerin. Dieser am 30. September 1395 aufgestellte Vertrag enthält ferner einige Artikel, mit denen die Auseinandersetzung um das Bannerrecht am Tessenberg und im Erguel abschliessend beigelegt werden sollten.[33]
Der Burgrechtsvertrag von 1388 zwischen Bern und Neuenstadt ist mit dem Einverständnis des Basler Fürstbischofs abgeschlossen worden. Seine Rechte bleiben ausdrücklich vorbehalten. Doch solche Burgrechte erweisen sich als gefährlich für den Landesherrn. Die Einwohner seiner Stadt entgleiten ihm nach und nach, denn sie geniessen den Schutz einer mächtigeren Stadt, mit der sie in den Krieg ziehen und der sie jährlich eine Abgabe zahlen müssen. Kurzum, die Stadt, die sie in ihr Burgrecht aufgenommen hat, findet immer einen Grund einzuschreiten und die Macht des Landesherrn droht so von innen her ausgehöhlt zu werden. Nachdem Neuenstadt die Reformation auch aus dem Grunde angenommen hat, um das Burgrecht mit Bern und mit Biel weiterführen zu können, verwahrt sich der Fürstbischof gegen den Vertrag von 1388. Erst 1758 wird mit einem Abkommen zwischen dem Fürstbischof von Basel und dem Staat Bern eine Annäherung gefunden. Darin wird eine Auslegung des genannten Burgrechtsvertrages vorgenommen und seine Anwendungsbestimmungen werden sehr genau geregelt.[34]

Beat Immenhauser

Klöster und Stifte: Berns Gegenspieler?

Als die junge Stadt Bern nach dem Aussterben der Zähringerdynastie 1218 versuchte, sich im Herrschaftsgefüge des Aareraums zu positionieren, sah sie sich nicht nur mit mächtigen Adelsgeschlechtern wie den Kyburgern oder rivalisierenden Städten wie Freiburg i. Ü. konfrontiert, sondern auch mit zahlreichen geistlichen Niederlassungen.[1] Obwohl hier keines dieser Klöster die Macht und den Besitz grosser Abteien wie St. Gallen, Einsiedeln oder des Zürcher Fraumünsters erreicht hatte, befand sich um Bern ein dichtes Netz von Rechten und Besitzungen in klösterlicher Hand (Abb. 134[2]). Allerdings muss hier eingeschränkt werden, dass die meisten Klöster nur in ihrer unmittelbaren Umgebung herrschaftliche Strukturen aufbauen konnten. Dazu gehörten etwa die niedere Gerichtsbarkeit über ganze Dörfer oder die Patronatsrechte über Pfarrkirchen. Der weiter entfernte Streubesitz bestand meistens aus einzelnen Grundstücken oder Teilen davon sowie Pachtzinsen, bis hin zu kleinsten Rechten wie dem halben Ertrag eines Obstbaumes, den das Stift Amsoldingen 1336 bei Wimmis erwarb.[3] Viele Klöster und Stifte besassen gegenüber der im mitteleuropäischen Vergleich[4] eher spät gegründeten Stadt Bern einen entscheidenden Vorteil im Besitzerwerb: Sie waren schon vorher da.[5] Durch eigene Käufe und durch Schenkungen des Adels, der im 12. und 13. Jahrhundert noch äusserst stiftungsfreudig war, hatten sie einen grossen Teil des Grund und Bodens im Aareraum erwerben können.[6]
Am Anfang der Entwicklung der bernischen Klosterlandschaft steht das noch vor 1000 gegründete Kloster Payerne.[7] In dieser Zeit erlebte das gesamte Klosterleben im Gebiet der heutigen Schweiz einen ersten Aufschwung. Der Höhepunkt der Neugründungen wurde dann im 12. und 13. Jahrhundert erreicht (→ S. 303). Allein in den alten Landgrafschaften Aarburgund und Burgund entstanden über 40 klösterliche Gemeinschaften und Stifte (Abb. 134). Im 14. Jahrhundert hatte der Stiftungswille des Adels bereits deutlich abgenommen. Nur Peter von Thorberg stiftete noch 1397 als Letzter seines Geschlechts Besitzungen für die Errichtung einer Kartause.[8]
Die dichte Klosterlandschaft im Aareraum zeigt die im Gebiet der heutigen Westschweiz typischen Besonderheiten: eine auf die Nähe zu Burgund zurückzuführende hohe Anzahl von Kluniazenserprioraten[9] und die häufig zu be-

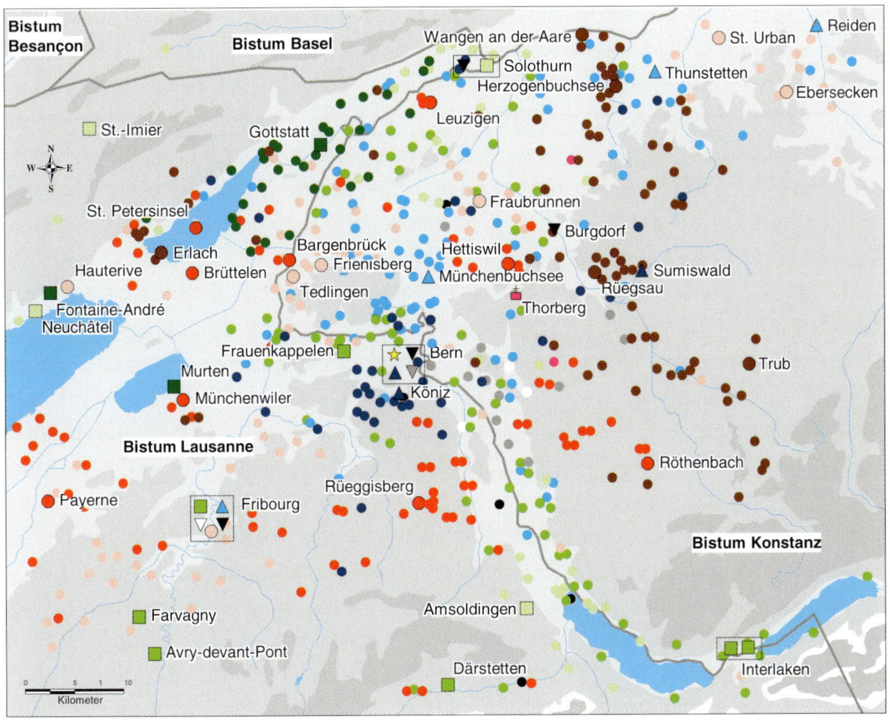

Abb. 134
Geistliche Niederlassungen und ihre Besitzungen um 1400 (im bernischen Einflussgebiet)

- *Benediktiner/-innen*
- *Kluniazenser*
- *Zisterzienser/-innen*
- *Prämonstratenser*
- *Augustiner Chorherren/-frauen*
- *Weltliche Chorherren*
- *Deutschorden*
- *Johanniter*
- *Franziskaner*
- *Dominikaner/-innen*
- *Augustiner Eremiten*
- *Hospitaliter zum Hl. Geist*
- *Kartäuser*
- *Besitzungen*
- *Bistumsgrenzen*

obachtenden Abhängigkeitsverhältnisse von kleineren Konventen zu ihren Mutterklöstern.[10] Die Niederlassungen der Kluniazenser in der Umgebung Berns darf man sich nicht als grosse, selbständige Priorate vorstellen. Neben Payerne, mit ursprünglich 22 Mönchen die einzige grössere Niederlassung in der Region,[11] waren Rüeggisberg, St. Petersinsel, Münchenwiler und Hettiswil immediate, Cluny direkt unterstellte Priorate; Brüttelen war von Payerne, Röthenbach von Rüeggisberg abhängig. Hettiswil, Leuzigen und Bargenbrück wurden in Personalunion von einem Prior verwaltet. Diese Konvente beherbergten zwischen zwei und sechs Mönchen.[12] Ferner waren auch die beiden Augustiner Chorherren Priorate in Farvagny und Avry-devant-Pont beide dem Mutterhaus auf dem Grossen St. Bernhard unterstellt, und die benediktinischen Niederlassungen in Rüegsau und Wangen an der Aare blieben bis ans Ende des Mittelalters in der Abhängigkeit der Abtei in Trub. Solche Filialgründungen dienten vor allem der effizienteren Verwaltung der etwas entlegeneren Besitzungen.

Von den grösseren geistlichen Institutionen im Grossraum Bern sind zu nennen: allen voran das reich begüterte Augustiner Chorherrenstift Interlaken, 1130 gegründet, seit 1257 Doppelkloster, mit zahlreichen Besitzungen im Berner Oberland und im Aaretal (→ S. 165); die im Emmental begüterte Benediktinerabtei Trub, die beiden Ritterordensniederlassungen in Köniz (Deutschorden) und Münchenbuchsee (Johanniter); die Zisterzienserklöster St. Urban und Frienisberg sowie das Frauenkloster Fraubrunnen; die Prämonstratenserabtei Gottstatt und die Benediktinerabtei Erlach, die beide im Seeland über zahlreiche Besitzungen und Rechte verfügten; schliesslich die Zisterzienserabtei Hauterive mit der Tochtergründung des Frauenklosters La Maigrauge bei Freiburg und am Rande des Berner Einflussgebietes das Kluniazenserpriorat Payerne (→ S. 303). Die Bettelorden besassen kaum Grund und Boden ausserhalb der Stadtmauern. Erst um die Mitte des 14. Jahrhunderts wich das ehemalige Armutsideal der Bereitschaft, auch grössere Schenkungen zu akzeptieren.[13]

Dies waren gleichsam die Kontrahenten, mit denen sich Bern nebst den weltlichen Kräften bei der territorialen Entwicklung konfrontiert sah. Der Stadt wurde aber auch täglich vor Augen geführt, dass die geistlichen Niederlassungen schon vor ihr bestanden und wichtige Positionen besetzt hielten. Die Berner Stadtkirche St. Vinzenz gehörte nämlich zur Pfarrkirche Köniz. Diese war zugleich Sitz eines ausgedehnten Dekanats mit zahlreichen Pfarreien. Zur Gründungszeit Berns bestand in Köniz bereits ein Augustiner Chorherrenstift, das jedoch von König Heinrich VII. 1226 dem deutschen Orden übertragen wurde (→ S. 389 und S. 317).[14] Die Chorherren wehrten sich mit Unterstützung

des Lausanner Bischofs Bonifaz, der seine Rechte in Bern beeinträchtigt sah. Der Schultheiss Peter von Bubenberg, der auf der Seite der Deutschherren stand, liess sich in einen Konflikt mit Bonifaz ein, den er schliesslich zu seinen und des Ritterordens Gunsten entscheiden konnte. Einen formellen Abschluss fanden die Auseinandersetzungen 1243, als die Schenkung erneut von Papst Innozenz IV. bestätigt und vom Lausanner Bischof anerkannt wurde. Die Berner Bürgerschaft hatte bis dahin zu den Augustiner Chorherren gehalten und sich geweigert, den Gottesdienst der Deutschherren zu besuchen. Die in der zweiten Hälfte des 13. Jahrhunderts einsetzenden zahlreichen Stiftungen an den Könizer Ritterorden zeigen jedoch, dass sich das Verhältnis zwischen Stadt und Orden normalisiert hatte, was auch durch die Erhebung von St. Vinzenz zu einer selbständigen Pfarrkirche 1276 bestätigt wurde.[15] Unter den Könizer Komturen finden sich in unregelmässiger Reihenfolge Berner Geschlechter wie der von Bubenberg und von Erlach,[16] ohne dass aber von einer gezielten Personalpolitik des Rates gesprochen werden könnte. Dies lag im hier zu behandelnden 13. und 14. Jahrhundert noch ausserhalb der politischen Möglichkeiten Berns.
Die eigentlichen Gegner Berns waren aber nicht die Klöster, sondern der aufstrebende Hochadel, wie die Kiburger, nebst den zu Beginn noch rivalisierenden Städten Burgdorf und Freiburg. Vor 1300 war Bern nicht in der Lage gewesen, Besitzungen ausserhalb der Stadt zu erwerben (→ S. 472). Erst die Schlacht von Oberwangen 1296 brachte die Wende, als sich Bern gegen Freiburg und den lokalen Adel durchzusetzen vermochte. Während des 13. und 14. Jahrhunderts mussten sich jedoch nicht nur die Berner gegen die grossen Dynastien im Gebiet der heutigen Westschweiz behaupten, sondern auch die Klöster selbst. In Schirm- und Burgrechtsverträgen suchten sie bei den städtischen Bündnispartnern Beistand in militärischen Notsituationen. Bern konnte solche Verträge bereits 1224 mit Interlaken und 1244 mit Rüeggisberg abschliessen, die später wieder erneuert wurden.[17] Es folgten weitere Bündnisse mit Köniz (1257), Trub (1301), Münchenbuchsee und Thunstetten (1329), Sumiswald (1371), Frienisberg (1386),[18] Amsoldingen (1396) sowie Thorberg (1399).[19] Auch die aus der Sicht Berns etwas abseits gelegene Klostergemeinschaft der Zisterzienserinnen von La Maigrauge suchte schon früh den Schutz der Aarestadt. Ihre Aufnahme in das Berner Burgrecht bewahrte das Kloster im 14. Jahrhundert während der Auseinandersetzungen zwischen Bern und Freiburg vor Plünderungen.[20] Als Gegenleistung für den gewährten Schutz erhielt Bern das Recht, die Eigenleute eines Klosters zu besteuern und zu Kriegszügen aufzubieten.
Ein weiteres, noch effektiveres Mittel der herrschaftlichen Durchdringung einer Landschaft boten die Vogteirechte über ein Kloster und dessen Untertanen. Gelangte der Berner Rat oder einzelne Stadtbürger in deren Besitz, eröffneten sich ihnen weitreichende Möglichkeiten der Einflussnahme in die Gerichtsbarkeit und Wirtschaftsverwaltung der Konvente sowie als Beschwerdeinstanz bei Auseinandersetzungen. Dies gelang jedoch erst seit den 80er Jahren des 14. Jahrhunderts, nachdem Bern während der Sempacherkriege Nidau erobern und damit die Kastvogteien über die Klöster Gottstatt und Erlach erlangen konnte.[21] 1382 hatte die Familie von Erlach die Vogtei Hettiswil erworben[22] und 1398 konnte der Berner Rat die Vogtei des Kluniazenserpriorates St. Petersinsel übernehmen.[23] Die Vogtei über die Kartause Thorberg war bereits mit der Stiftung derselben durch Peter von Thorberg an Bern gekommen.[24]
Mit der Aufnahme von ausserhalb der Stadt Bern lebenden Personen ins Ausburgerrecht bediente sich der Rat schliesslich eines in der Westschweiz weit verbreiteten Instruments der Herrschaftsintensivierung (→ S. 509). Ausburger genossen Schutz und Recht der Stadt, waren aber im Gegenzug zu Abgaben und Militärdienst verpflichtet.[25] Bereits 1336 können einzelne Chorherren von Amsoldingen als Ausburger nachgewiesen werden.[26] Der Prior von Röthenbach versicherte sich 1399 durch den Erwerb eines Udels in Bern des Ausburgerrechtes.[27] Aber nicht nur die Konventsmitglieder und deren Vorsteher wurden zu Ausburgern Berns; dem städtischen Rat gelang es während des Höhepunkts der Ausburgerpolitik um 1400, auch Eigenleute von Klöstern zu diesem begehrten Rechtsstatus zu verhelfen, was die Herrschaftsrechte der Konvente empfindlich ausdünnte und durchlöcherte.[28]

Wann immer sich die Möglichkeit bot, setzte Bern bereits im 14. Jahrhundert die Instrumentarien Burgrechtsvertrag, Vogtei und Ausburgerrecht ein, um seinen Einfluss auf dem Lande zu stärken. Dies zeigt, dass eigentlich Bern als Gegenspielerin der Klöster zu bezeichnen ist und nicht umgekehrt. Wie war es soweit gekommen? Die Blütezeit der Klöster und Stifte war um 1300 am Abklingen. Wie beim Landadel bestand die Einkommensstruktur der geistlichen Niederlassungen in erster Linie aus unveränderlichen Erbpachtzinsen der Bauern. Die sich nach 1300 verschlechternde wirtschaftliche Entwicklung im schweizerischen Raum schränkte die finanziellen Möglichkeiten der Klöster und Stifte ein. Als dann um die Mitte des 14. Jahrhunderts Pestwellen auch die Aarelandschaft in Mitleidenschaft zogen und in der Folge die Besiedlungsdichte auf dem Lande geringer wurde,[29] führte dies manchen ehemals begüterten Konvent in grosse Schulden. So mussten sich die Augustiner Chorherren Interlakens bei Berner Bürgern so stark verschulden, dass sie zulassen mussten, in wirtschaftlichen Belangen gleichsam vom Berner Rat bevormundet zu werden (→ S. 165). Die Zisterziensermönche von Frienisberg mussten Bern zwischen 1380 und 1386 den Grossteil ihrer klösterlichen Besitzungen verkaufen, um den finanziellen Verpflichtungen nachkommen zu können.[30] Durch die massive Verschuldung gerieten die geistlichen Herrschaften in wirtschaftliche Abhängigkeiten, die Bern Tür und Tor für eine intensivere Einflussnahme eröffnete.
Die Entwicklungsgeschichte der geistlichen Niederlassungen und der Stadt Bern sind deshalb weniger als sich konkurrierende, sondern vielmehr als sich gegenseitig zeitlich ablösende Prozesse zu verstehen. Als Bern sich anschickte, sein Umland zu erwerben, waren viele Klöster und Stifte bereits nicht mehr in der Lage, sich wirksam gegen die aufstrebende Stadt zu erwehren. Es folgte Schritt für Schritt eine immer grössere Ausdehnung des Berner Einflussgebietes auch auf geistliche Herrschaften, die dann mit der Säkularisation des Kirchen- und Klostergutes nach der Reformation ihren vorläufigen Abschluss fand.

Barbara Studer

Kloster Interlaken – die mächtigen Chorherren im Oberland

Das Augustiner-Chorherrenstift Interlaken wurde um das Jahr 1130 vom Freiherrn Seliger von Oberhofen in einer seit dem Frühmittelalter besiedelten Gegend gegründet.[1] Die ersten Chorherren waren von Marbach im Elsass aus ins Berner Oberland gekommen[2] und hatten auf dem so genannten Bödeli, einer fruchtbaren Ebene zwischen dem Thuner- und dem Brienzersee, eine

Abb. 135
Ehemaliges Kloster Interlaken, Ansicht der Gebäudegruppe von Norden in der Mitte des 18. Jahrhunderts. Lithographie von Johann Grimm, 1740. Gut zu erkennen ist der hochgotische Chor und der gleich zu datierende Turm des ehemaligen Männerkonventes, der Zeichner steht ungefähr am Ort des abgebrochenen Frauenklosters; Privatbesitz.

Abb. 136
Ansicht der Schlosskirche von Interlaken, anonymes Aquarell, datiert 183?. Trotz der späteren Umbauten ist vom Bestand der Klosterkirche aus der Zeit um 1300 noch viel zu sehen: ebenso am Chorpolygon (Plan S. 169: C,), an der Sakristei (Plan S. 169: E) wie am nach Süden anschliessenden ehemaligen Kapitelsaal (Plan S. 169: F).

kleine Zelle mit einer Holzkirche errichtet.[3] 1133 wurde dieses einfache Kloster von Kaiser Lothar von Supplingenburg in seinen Schutz genommen.[4] Mit dieser Urkunde wurde den Chorherren nicht nur die freie Wahl ihres Propstes zugestanden, sondern auch das Recht, ihren Kastvogt selber zu bestimmen. Die grosse Bedeutung dieser Rechte zeigt sich nicht zuletzt darin, dass sich die Propstei die Urkunde Lothars von jedem neuen König und Kaiser bestätigen liess – ein Unterfangen, das alles andere als billig war!
Spätestens seit der Mitte des 12. Jahrhunderts gehörte dem Chorherrenstift Interlaken auch ein Frauenkloster an. Urkundlich erwähnt wird der so genannte innere Konvent erstmals 1257.[5] Vergleicht man allerdings die Kongregation von Interlaken mit Engelberg oder ähnlichen Doppelklöstern,[6] so ist davon auszugehen, dass der Frauenkonvent in Interlaken älter ist als der früheste schriftliche Beleg dies glauben lässt. Wie in Engelberg werden auch die Frauen in Interlaken, zuerst ohne formelle Gelübde, in Armut und freiwilliger Ehelosigkeit ein Leben in der Gemeinschaft im Schutz des Männerkonvents gesucht haben.[7]
Schon zu Beginn des 13. Jahrhunderts kam das Doppelkloster in Kontakt mit der erst kurz zuvor gegründeten Stadt Bern. Nachdem die Pröpste von Interlaken schon 1221 ein erstes Mal bei Bern in einer geistlichen Angelegenheit Unterstützung gefunden hatten,[8] wandten sie sich auch an sie, als sie sich durch ihre Kastvögte, die Freiherren von Eschenbach, bedroht fühlten. Diese hatten gegen Ende des 12. Jahrhunderts nicht nur die Herrschaft Oberhofen von der Nichte des Klostergründers geerbt, sondern auch die Kastvogtei, also die weltliche Schutzaufsicht über die Propstei.[9] Mit Hilfe Berns konnten die Chorherren so am 5. Mai 1223 erreichen, dass Walter II. von Eschenbach vor dem kaiserlichen Richter in Bern bekannte, er besitze die Vogtei über die Propstei nur durch die Verleihung König Friedrichs II.[10] Als sich das Verhältnis nicht besserte, übertrug König Heinrich (VII.) knapp ein Jahr später die Schutzherrschaft über diese erstmals an Schultheiss und Rat von Bern.[11] Erst mit Walthers

Sohn, Berchtold I. von Eschenbach, scheint die Propstei wieder ein besseres Einvernehmen gehabt zu haben. Als er 1226 wieder um die Schirmvogtei bat, wurde dieser Bitte vor Schultheiss und Rat in Bern stattgegeben.[12] Trotz einiger Streitigkeiten, die schnell wieder beigelegt werden konnten, blieb das gute Verhältnis zu Bern auch in den nächsten Jahrzehnten bestehen. So nahm Bern die Propstei am 23. November 1256 in ihr Burgrecht auf und erliess ihr gleichzeitig alle bisherigen Tellen.[13] 1323 wurde dieses Burgrecht bestätigt und das Kloster gegen die Bezahlung von 100 Pfund von allen Steuern, Abgaben und Zöllen in Bern, Thun und überhaupt dem ganzen Herrschaftsgebiet befreit.[14]

1306 verzichtete Walter IV. von Eschenbach, der in grossen finanziellen Schwierigkeiten steckte und grosse Teile seines Besitzes verkaufen musste, auf die Kastvogtei von Interlaken.[15] Wer diese in der Folge innehatte ist nicht klar. Sie kam auf jeden Fall nie mehr an die Eschenbacher zurück, da diese am Mord an König Albrecht von 1308 beteiligt waren und dadurch ihr gesamtes Erbe an die Habsburger verloren. Erst am 27. März 1318 erklärten Propst und Kapitel von Interlaken schliesslich, dass sie einhellig Herzog Leopold von Österreich zu ihrem Kastvogt und Schirmherrn gewählt hätten und übertrugen ihm die damit verbundenen Befugnisse, namentlich den Blutbann.[16]

Auch in den folgenden Jahrzehnten konnte die Propstei an der freien Propst- und Kastvogtwahl festhalten und wählte je nach Belieben einen habsburgtreuen Adeligen oder einen Berner Bürger. Trotzdem wird aber deutlich, dass die Chorherren immer grössere Mühe hatten, sich gegen die aufstrebende Stadt Bern zu behaupten. Als das Kloster sich um 1370 gegenüber dem Bischof von Lausanne auf verschiedene Beschuldigungen wegen seiner Verwaltung verantworten musste, wurden auch Angaben über die Propst- und Kastvogtwahl gefordert. Hier hielten die Chorherren allzu deutlich fest, dass ihnen gemäss kaiserlichem Privileg die freie Wahl zustehe. Die *universitas de Berno* werde in dieser Angelegenheit nicht angefragt, ausser wenn die Rechte des Klosters verteidigt werden müssten – dann jedoch auch nur als Bürger der Stadt Bern, also in der Art wie dies auch anderen Bürgern zustehen würde.[17] Interlaken war damals ein wichtiges kulturelles Zentrum im heutigen Kanton Bern. Obwohl sich nur wenige Zeugen dieser glanzvollen Zeit erhalten haben, kann davon ausgegangen werden, dass das Kloster eine reiche Bibliothek mit unzähligen Handschriften besass. (→ S. 438 und S. 449).

Während Berns Macht im 14. Jahrhundert stark zunahm, hatte Interlaken seit der Mitte des Jahrhunderts nicht nur grosse finanzielle Schwierigkeiten, sondern auch heftige Auseinandersetzungen mit seinen Nachbarn und Untertanen. Bisher hatte es jedes Jahr unzählige Schenkungen und Stiftungen erhalten sowie seine Besitzungen durch gezielte Käufe abrunden können. Seine weltlichen Besitzungen reichten vom Aare- und Gürbetal bis an den Alpenkamm. Zudem besass es 24 Pfarreien, in denen es nicht nur durch die Besetzung der Leutpriesterstelle Einfluss nehmen konnte, sondern aus denen ihm auch die Zehnten zustanden. Seit etwa 1350 verlangsamte sich die Expansion des Klosters jedoch deutlich. Immer wieder waren die Chorherren gezwungen, Güter zu verkaufen, um an Geld zu kommen. Zahlreiche Zins- und Schuldquittungen belegen zudem, dass vor allem bei Basler Bürgern zum Teil hohe Beträge aufgenommen werden mussten.

Die Jahrzehnte nach 1350 waren zudem für Interlaken geprägt von zahlreichen Konflikten zwischen der Propstei und ihren Nachbarn. Besonders erwähnenswert ist in dieser Beziehung der Streit zwischen der 1280 von den Freien von Eschenbach auf Klostergrund gegründeten Stadt Unterseen[18] und der Propstei. Obwohl nämlich Herzog Leopold 1320 als Lehnsherr Rat und Gemeinde von Unterseen befohlen hatte, die Privilegien des Klosters zu achten[19] und auch die Herren von Weissenburg sich 1334 als Pfandinhaber der Stadt Unterseen gegenüber der Propstei verpflichteten,[20] kam es bald zu ersten Auseinandersetzung zwischen den Nachbarn. 1338 musste eine erste Vereinbarung über den Bezug der Frevelbussen getroffen werden[21] und 1352 widersetzten sich Schultheiss und Rat von Unterseen einer Gerichtsverhandlung vom Interlakner Kastvogt Johann von Seftigen mit Gewalt.[22] Dass auch in den folgenden Jahren die Konflikte schwelten, zeigen zwei Papierrollen von 1364, auf denen die Klagepunkte

Abb. 137
Maria war die Patronin der einstigen Klosterkirche, entsprechend zeigt das Siegelbild die thronende Himmelskönigin zwischen zwei Sternen. Maria ist frontal dargestellt, auf ihrem linken Knie sitzt das Kind, in der rechten Hand hält sie das Szepter. Siegel des Propstes Werner von Interlaken an einer Urkunde von 1291; StAB, Fach Interlaken 1291 Juni 6.

Abb. 138
Interlaken, Schloss. Die bei der Restaurierung 1996–98 entdeckte Türe führte einst in eine Mönchszelle und stammt noch aus der Klosterzeit, allerdings erst vom Umbau 1445. Charakteristisch für die Spätgotik ist der in der Form eines Eselrückenbogens geschweifte Türsturz.

des Klosters gegen die Stadt respektive umgekehrt protokolliert wurden. Diese reichen von grundsätzlichen Uneinigkeiten wie etwa der Frage, ob Gotteshausleute als Bürger in Unterseen aufgenommen werden dürften, bis zu gegenseitigem Beschuldigen, Holz gestohlen zu haben. Die Chorherren fügten ihren Klagepunkten gar noch eine Liste bei, in der diejenigen Unterseener aufgezählt werden, die durch besonders schlechtes Benehmen aufgefallen waren.
Nicht nur mit Unterseen hatte die Propstei allerdings Schwierigkeiten, sondern auch mit ihren Untertanen in den umliegenden Dörfern. 1348 schlossen die Landleute von Grindelwald und Wilderswil mit den Landleuten von Unterwalden einen Schirm- und Beistandspakt.[23] Weder die Chorherren von Interlaken noch die Stadt Bern duldeten jedoch ein solches Bündnis und Bern reagierte mit einem Kriegszug ins Oberland, der mit einer Niederlage Unterwaldens und seiner Bundesgenossen endete. Die Gotteshausleute und die mit ihnen in ihre Einung aufgenommenen Lötscher wurden gezwungen, dieser zu entsagen und sich wieder dem Kloster zu unterwerfen. Bern erlegte ihnen zudem eine hohe Busse auf, für die sie 151 namentlich genannte Bürgen zu stellen hatten.[24] Für die Zukunft wurden ihnen jegliche Verbindungen untersagt, wodurch im Gegensatz zu anderen Regionen im Berner Oberland eine Gemeindebildung im Rahmen der Talschaften nicht stattfinden konnte (→ S. 194) und diese auf die weniger einflussreichen Dörfer und Kirchgemeinden beschränkt blieb.[25]
Auch der so genannte innere Konvent, in dem die Chorfrauen untergebracht waren, verlor seit der Mitte des 14. Jahrhunderts an Prestige und Ausstrahlungskraft. Vor allem in der zweiten Hälfte des 13. Jahrhunderts war die Zahl der Chorfrauen hier stark angestiegen. Am 2. April 1310 wird in einer Bulle von Papst Clemens die Anzahl der Frauen, die im inneren Konvent lebten, auf 350 geschätzt.[26] Auch wenn diese Zahl wahrscheinlich zu hoch gegriffen ist, so ist doch von einer sehr grossen Zahl von Chorfrauen auszugehen. Zudem stammten viele dieser Frauen aus angesehen und oftmals adeligen Familien der näheren und weiteren Umgebung. Es bestand hier auch ein bedeutendes Skriptorium (→ S. 438). Ebenso wie der Männerkonvent litten jedoch auch die Frauen von Interlaken zunehmend unter Geldnöten und einer immer schlechter werdenden Disziplin. Die Stiftungen wurden spärlicher und die Zahl der Chorfrauen sank drastisch. Während der Visitation des Bischofs von Lausanne im Jahr 1417 bestand der innere Konvent nur noch aus 60 Nonnen[27] und 1432 fanden die Visitatoren des Basler Konzils noch 49 Frauen vor.[28]
Der Stadt Bern, welche seit der Mitte des 15. Jahrhunderts versuchte, ihren Einfluss auf die Grossgrundbesitzerin im östlichen Oberland auszudehnen, kam der Machtzerfall des Klosters gelegen. Als 1472 ein heftiger Streit zwischen dem inneren und dem äusseren Konvent ausbrach, nutzte sie die Gelegenheit, um die Kastvogtei endgültig an sich zu ziehen und die freie Wahl der Chorherren aufzuheben. Mit Hilfe des einflussreichen Burkard Stör, welcher der Stadt Bern besonders wohlgesonnen war, erreichten Schultheiss und Räte, dass Papst Sixtus IV. am 31. Januar 1474 die geflüchteten Chorherren durch regeltreue Ordensleute aus Marbach und St. Leonhard in Basel ersetzte und vor allem Bern die Schirm- und Kastvogtei endgültig zusprach.[29] 1484 konnte Bern seinen Willen gegenüber dem Kloster Interlaken ein weiteres Mal durchsetzen, als es den Frauenkonvent zugunsten seines neu gegründeten Stiftes aufhob. 1528, als durch die Reformation auch der Männerkonvent geschlossen wurde, war dies kein unerwarteter Einschnitt mehr, sondern das Ende eines langen Prozesses, der mehr als 100 Jahre früher begonnen hatte.

Hans Peter Würsten

Augustiner-Doppelkloster, Landvogteisitz, Bezirksverwaltung – ein Streifzug durch 800 Jahre Interlakner Baugeschichte

Die Anlage des Augustiner-Doppelklosters Interlaken bestand aus zwei baulich klar getrennten Teilen, nämlich einem Männerkonvent Ⓐ im Süden der heutigen Schlosskirche Ⓒ Ⓟ und einem Frauenkonvent, der sich nördlich davon auf einem heute durch die katholische Kirche und Wohnhäuser überbauten Areal Ⓑ befand. Die laufend den veränderten Erfordernissen angepasste Anlage besitzt eine vielschichtige und interessante Baugeschichte. Wegen des stark reduzierten vorreformatorischen Baubestandes und den knappen klösterlichen Archivnachrichten, die Bauliches kaum wiedergeben, kann das Aussehen der Klosteranlage im Mittelalter nur sehr beschränkt erfasst werden. Dies gilt insbesondere für das 44 Jahre vor der bernischen Reformation aufgehobene Frauenkloster. Vom Männerkonvent ist hingegen ein zusammenhängendes Bauensemble aus der Klosterzeit übriggeblieben, welches den mächtigen Mönchschor Ⓒ, Teile der Konventbauten Ⓔ–Ⓗ, Ⓚ und den Wohntrakt des Propstes Ⓛ umfasst.

Die ältesten aufgehenden Teile sowie Bodenfunde belegen, dass die eigentliche Klausur des Männerkonvents Ⓐ mit ihren Flügeln und dem Kreuzgang, aber auch die östlich anschliessende Bebauung bereits im 13. oder 14. Jahrhundert eine Ausdehnung besassen, die mindestens der heutigen entsprach. Um 1300 oder wenig später wurde das Sanktuarium am einschiffigen, aber stattlichen Laienhaus Ⓓ durch einen hochaufstrebenden Mönchschor Ⓒ mit nordseitig beigestelltem Glockenturm ersetzt. Die Wände sind zwar aus Bruchstein gemauert und verputzt, hingegen belegen die Kreuzrippengewölbe, die schlanken Masswerkfenster und die sparsame, aber qualitätsvolle Bauplastik, dass bei wichtigen Bauvorhaben ein hoher Standard angestrebt wurde. Die Konventtrakte dürften im Laufe der Zeit aus zahlreichen kleinvolumigen Gebäuden zusammengewachsen sein. Eine grössere Bautätigkeit lässt sich um 1420 feststellen, als ganz im Osten des Männerklosters das stattliche zweigeschossige, mit einem ungewöhnlich steilen Dach versehene Wohnhaus des Propstes Ⓛ ältere Baustrukturen ersetzte. Rund 30 Jahre später, kurz vor 1450 wurde eine umfangreiche bauliche Erneuerung des Männerkonvents an die Hand genommen, wobei die Kirche weitgehend ausgespart blieb. Der Ostflügel bewahrte zwar die gleichzeitig mit dem Chor erstellte zweigeschossige Sakristei Ⓔ und zeitlich noch weiter zurückreichende Wandteile des Kapitelsaals Ⓕ, erhielt aber durch einen neuen Kreuzgang Ⓖ mit spätgotischen Masswerkarkaden aus Sandstein und einem neuen Dachstuhl ein aktuelles Aussehen. Im Gegensatz dazu wurde der Südflügel Ⓗ vollständig neu errichtet. Er beherbergte im Erdgeschoss vor allem das Refektorium, an seinem Westende die Küche, im Obergeschoss Säle und über dem Kreuzgang eine Flucht von Zellen. Über den Konventwestflügel Ⓘ, der vermutlich gleichzeitig erneuert, aber bereits 1748 abgebrochen wurde, fehlen genaue Kenntnisse. Hingegen ist das östlich an die eigentliche Klausur anschliessende so genannte Chorherrenhaus Ⓚ klar der Bautätigkeit von 1450 zu verdanken; es ersetzte eine Anzahl kleinerer Bauten an dieser Stelle. Über seinem erdgeschossigen Keller lag ein bewohntes Obergeschoss mit grosszügigen Räumen beidseitig eines langen Mittelkorridors, die man als Chorherrenzellen interpretieren kann.

Ein Schiedspruch von 1472 erzählt, dass im selben Jahr ein Brand das Frauenkloster unbewohnbar gemacht hat. Die als «ärmlich und baulich unzweckmässig» bezeichnete Anlage, die im frühen 14. Jahrhundert 300 oder mehr Insassinnen beherbergt haben soll, scheint neben den üblichen Wohn- und Arbeitsräumen über eine eigene Kirche, Sakristeien und Bibliotheken verfügt zu haben. Propst und Kapitel wurden angewiesen, durch Sofortmassnahmen einen Wiedereinzug der Augustinerinnen zu ermöglichen, und hatten sich zu verpflichten, innerhalb von sechs Jahren einen neuen Frauenkonvent zu bauen. Es darf bezweifelt werden, dass in der Folge ein Neubau an die Hand genommen wurde, viel mehr ist von einer Reparatur der alten brandgeschädigten Anlage auszugehen. Nach einem weiteren Feuer schloss Papst Innozenz VIII. 1484 auf Betreiben Berns das Frauenkloster. Als Bern 1528 im Zuge der Reformation auch den Männerkonvent aufhob und im Herbst die gesamte Klosteranlage übernahm, dürfte ein Grossteil der Frauenabteilung bereits abgetragen gewesen sein. Die letzten aufgehenden Reste verschwanden erst gegen Ende des 19. Jahrhunderts.

Der Männerkonvent hingegen wurde ab 1528 Sitz einer bernischen Vogtei, wobei der Landvogt die Privaträume des Propstes Ⓛ als Wohnung übernahm, während Teile des angrenzenden Chorherrenhauses Ⓚ dem Landschreiber zugeteilt und der Südflügel der Klausur Ⓗ 1532 als Spital und Pfründerei umgenutzt wurde. Im Gegensatz zu anderen Klöstern blieb die funktionslos gewordene Kirche der Augustiner-Chorherren vom Abbruch verschont; der leerstehende Chor Ⓒ wurde 1562–64 durch eine Scheidemauer vom Schiff getrennt und als Kornschütte und Weinkeller umgebaut. Auch das Laienhaus Ⓓ erhielt einen Zwischenboden und diente als Einstellraum und Fasslager. 1841 wurde der Chor für anglikanischen, 1864 das Schiff für katholischen Gottesdienst eingerichtet. 1909 wich es zusammen mit dem eindrücklichen Lettner dem neuen Predigtsaal Ⓟ der reformierten Kirchgemeinde. Trotz kontinuierlicher Anpassungen, von denen 1657 die Aufstockung des ehemaligen Propstwohnsitzes Ⓛ um ein Geschoss besonders augenfällig war, galten gegen Mitte des 18. Jahrhunderts die landvögtlichen Wohn- und Amtsräume als derart veraltet, dass Bern 1748 dem Bau einer barocken Schlossanlage Ⓜ *entre cour* Ⓝ *et jardin* Ⓞ zustimmte. Ihr fiel nicht nur der westliche Klausurflügel, sondern ein erheblicher Teil der Wirtschaftsbauten zum Opfer.

Das heutie so genannte Schloss Interlaken besticht durch das geschichtsträchtige Miteinander von überformten Klosterbauten und barocker Residenz. Es beherbergt als Nachfolgerin der Landvogtei die Verwaltung des Amtsbezirks Interlaken.

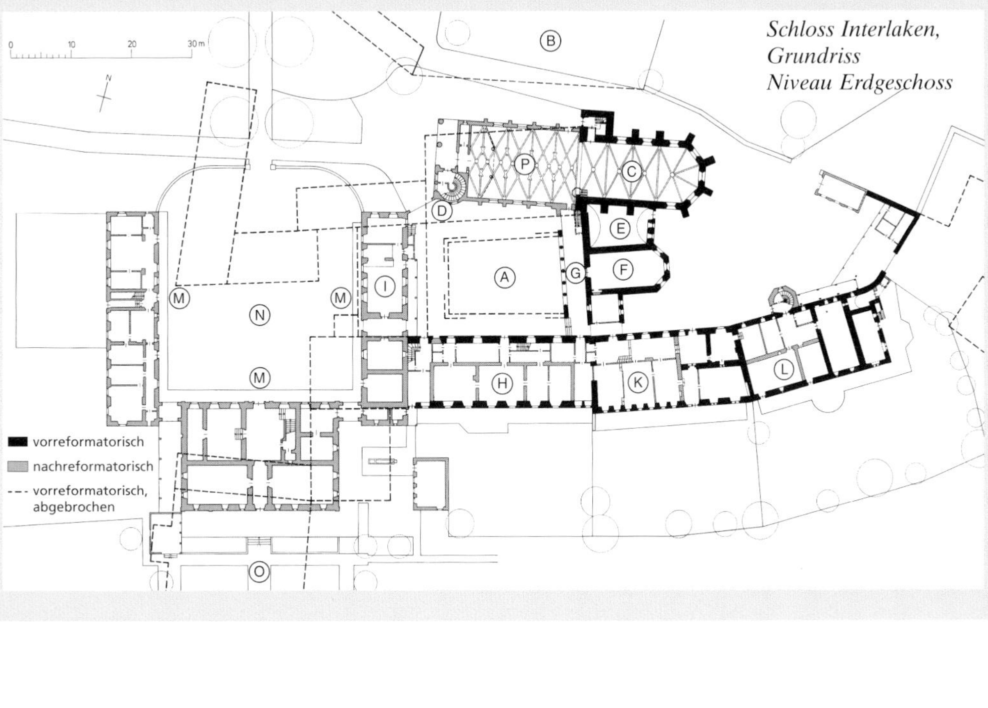

Schloss Interlaken, Grundriss Niveau Erdgeschoss

Literatur: Würsten, Schloss Interlaken (im Druck).

Städte und Täler

Carl Pfaff

Berns Konkurrenten an Saane und Aare: Freiburg und Solothurn

Zwischen dem 11. und dem 13. Jahrhundert überzogen grosse und kleine Adelige, Klöster und Bischöfe die heutige Westschweiz mit einem dichten Netz von Städten, und doch entstand hier keine eigentliche mit den Niederlanden oder der Lombardei vergleichbare Stadtlandschaft.[1] Die meisten der an ältere Siedlungen, Burgen oder Klöster sich anschliessenden Neugründungen blieben Klein- oder Zwergstädte, nur in wenigen Fällen bündelten sich die förderlichen Faktoren in einem Mass, das einer jungen Stadt zu einer gewissen Grösse und zu mindestens regionaler Bedeutung verhalf. Zu derartigen Faktoren zählen die siedlungsgeographische Lage an wichtigen Verkehrswegen zu Land oder an schiffbaren Gewässern, die wirtschaftstopographische Situation in einer den lokalen oder regionalen Markt belebenden Gegend, ferner für den Bürger günstige Verfassungs- und Rechtsverhältnisse und nicht zuletzt die politischen Rahmenbedingungen. Sehen wir im Folgenden zu, wie sich diese Faktoren im Verlauf des 14. Jahrhunderts bei Berns Konkurrenten im Süden und Norden, bei den Städten Freiburg und Solothurn, ausgewirkt haben.[2]

Die Stadt Freiburg i. Ü. (Abb. 139)

Beim Aussterben der Zähringer 1218 zog König Friedrich II. die Reichslehen des bisherigen Rektors von Burgund – so die Städte Bern und Solothurn – an das Reich, das zähringische Eigengut – mit der wohl 1157 gegründeten Stadt Freiburg – kam dagegen in den Besitz des rechtmässigen Erben, des Grafen von Kiburg.[3] Die Saanestadt wurde somit nicht Reichsstadt, sondern Landstadt im südwestlichsten, mit den übrigen Herrschaftsgebieten nicht direkt zusammenhängenden kiburgischen Amt und unterlag fortan den Wechselfällen seiner Besitzer (→ S. 122). Nach dem Tod des letzten Grafen 1264 verheiratete Rudolf von Habsburg als deren Vormund die Erbin Anna von Kiburg mit seinem Vetter Eberhard von Habsburg-Laufenburg und gründete damit das Haus Neu-Kiburg. Die notorischen Geldnöte dieses Paares veranlassten es, neben verschiedenen Besitzungen auch Freiburg zum Kauf anzubieten. Rudolf griff rasch zu: 1271 erwarb er zugunsten seiner Söhne die für den Kampf gegen die in den Aareraum vorstossenden Savoyer strategisch unverzichtbare Stadt. Sie verblieb bei Österreich bis 1452, als Herzog Albrecht das nunmehr weit ausserhalb seiner territorialen Interessen liegende Freiburg dem übermächtigen Savoyen anheim fallen liess.

Als Landstadt geriet Freiburg zum Vornherein in ein anderes politisches Beziehungsgefüge als eine direkt dem König unterstellte Reichsstadt.[4] Ihre eigenen Bestrebungen wurden immer wieder überlagert von den Interessen des jeweiligen Landesherrn. Das bedeutete aber keineswegs, dass die internen Verhältnisse im Vergleich zu reichsstädtischen sich ungünstiger gestaltet hätten. Der Stadtgründer, Berchtold IV. von Zähringen, hatte Freiburg offenbar mit den sehr weitgehenden Vorrechten der älteren breisgauischen Schwesterstadt ausgestattet. Ein Gründungsprivileg ist zwar nicht überliefert, doch lässt sich sein mutmasslicher, an die örtlichen, burgundisch-savoyischen Gewohnheiten adaptierter Inhalt recht gut erschliessen; zudem ist er in die vom kiburgischen Stadtherrn ausgestellte Handfeste von 1249 eingegangen. Zu den wichtigsten Rechten und Privilegien der Stadt zählten die folgenden: freie Wahl des Schultheissen und des Pfarrers, die nur der Bestätigung durch den Stadtherrn unterliegt, Bestellung des Rates mit 24 Mitgliedern, rechtliche Gleichstellung der zähringischen Ministerialen (*barones de Friburch*) mit den Bürgern, die samt dem Klerus die Steuerlasten zu tragen haben, Befreiung der Bürger vom Zweikampf, Erbrecht der Kinder und Witwen, Befreiung der Stadtbürger von der Quartierlast, Kriegsdienst der Bürger jeweils nur tagsüber, Pflicht des Stadtherrn, beim feierlichen Einzug die Freiheiten der Stadt zu bestätigen bei

Abb. 139
Luftaufnahme der Stadt Freiburg. Die topografische Ähnlichkeit zur «Schwesterstadt» Bern ist offensichtlich.

anschliessender Huldigung durch die Bürgerschaft. Zahlreiche Bestimmungen, die sich besonders fruchtbar ausgewirkt haben, regeln Markt, Handel und Wandel.[5]
Der Stadtherr hielt sich aber das Recht vor, diese kommunalen Privilegien nicht nur wohlwollend zu erweitern, sondern nach Gutdünken auch wieder einzuschränken. So entzogen die Habsburger im frühen 14. Jahrhundert der Stadt vorübergehend die Schultheissen- und Pfarrerwahl oder verpfändeten bei Bedarf einzelne ihrer Rechte an auswärtige Adelige. Wohl kam es der Stadt zu, zum Schutze ihrer eigenen Interessen mit benachbarten Städten Bündnisse einzugehen, wie seit 1243 wiederholt mit Bern oder 1245 mit Murten. Das hinderte den Stadtherrn jedoch nicht, notfalls die Freiburger Bürger gegen ihre eigenen Verbündeten in den Krieg zu zwingen oder sie zu veranlassen, nach seinem Willen Bündnisse einzugehen. Das ist der Fall gewesen bei der gegen das aufstrebende Bern gerichteten, von Freiburg angeführten Koalition des burgundischen Adels mit den Bischöfen von Lausanne und Basel, die bei Laupen 1339 ihre vernichtende Niederlage erlitt, oder beim Bündnis Freiburgs von 1370 mit den Städten Bern und Solothurn sowie dem Grafen von Nidau. Der Spielraum für eigene Erwerbungen blieb limitiert. Aussicht auf einigen Erfolg in der Territorialpolitik bestand für die Landstadt nur dann, wenn sie mit den Interessen der Herrschaft konform ging oder mit ihr gemeinsam betrieben werden konnte. Das traf zu, als 1379 Herzog Leopold III. nur mit freiburgischem Geld die Pfandsumme für die Herrschaften Nidau und Büren aufbrachte. Ein grosszügiges Darlehen der Stadt ermöglichte es dem Landesherrn auch, durch den Erwerb von Wiedlisbach, Bipp und Olten vorübergehend die habsburgische Stellung im Aareraum zu verstärken. Nur unter dem Vorbehalt der Rechte Österreichs brachte die Stadt 1382 den Inselgau in ihren Besitz. Dagegen musste Freiburg in Rücksicht auf die Herrschaft im Kiburger- oder Burgdorferkrieg dem verbündeten Bern den erwarteten Beistand verweigern.
Nach dem für Österreich katastrophalen Ausgang der Schlacht bei Sempach im Juli 1386 war an gemeinsame Erwerbungen ohnehin nicht mehr zu denken. Vielmehr hielt das mächtig expandierende Bern den Augenblick für gekommen, dem habsburgischen Freiburg – das seinen *per infideles rusticos* (durch untreue Ländler) erschlagenen Herrn betrauerte – den Krieg zu erklären. Auf beiden Seiten wurde mit grösster Verbissenheit gekämpft. Aus dem Frieden vom 1. April 1389 zwischen der Herrschaft und den eidgenössischen Orten ging Freiburg als der grosse Verlierer hervor: Das obere Simmental wie auch Nidau und Büren samt dem Inselgau wurden Bern zugeschlagen. Der hoffnungsvolle Ansatz zu einer freiburgischen Territorialpolitik im Verein mit dem Landesherrn war zunichte gemacht.
Zweierlei wurde dabei manifest: Die beginnende Verflüchtigung der habsburgischen Landesherrschaft über das Amt Freiburg und die bernische Übermacht, die es jetzt als unausweichliche Tatsache hinzunehmen galt. Im Ewigen Burgrecht von 1403 zwischen den beiden Schwesterstädten wurde daraus die Konse-

Abb. 140
Der Schultheiss von Freiburg leistet den Eid vor dem Stadtherrn, das Banner in seiner Hand ist die älteste Darstellung mit den Freiburger Standesfarben, Miniatur im «Schwabenspiegel», 1410; Staatsarchiv Freiburg.

Abb. 141
Plan und Grundriss des Berntores in Freiburg, errichtet um 1300 mit wehrhafter Front gegen Bern (Reparatur und Umbauten im 14. Jahrhundert und 1444, Anbau des Erkers 1587, dessen Dach jedoch erst aus dem 18. Jahrhundert stammt).

quenz gezogen. Ein Ende sollte der unseligen Zeit gesetzt werden, *als wir und ouch unser vordern ze beiden teilen leider dik und vil sament gross tötlich vientschaft und kriege in vergangnen ziten gehebt haben ... es si mit totslegen, brand, roub und mit andern sachen swerlich angriffen und geschedegot hand.*[6] Die Pflicht, der Herrschaft in einem Konflikt mit der Aarestadt zu helfen, reduzierte Freiburg auf ein Minimum, ja im Falle, dass Österreich Herren oder Städte aus dem Welschland um Hilfe ersuche, versprach es, Bern mit aller Macht zu unterstützen. Im Vertrag von 1412 zwischen Bern, Freiburg und Savoyen zeichnete sich ein neues Bündnissystem unter Ausschluss Österreichs ab.[7] Nichts könnte den Wandel im Verhältnis zur Herrschaft besser illustrieren als die Entscheidung des Freiburger Rats, während der Eroberung des Aargaus 1415 zum Schutz der Aarestadt ein Kontingent von 700 Mann zur Verfügung zu stellen. Positive Folgen dieser neuen Konstellation liessen nicht lange auf sich warten: 1418 (endgültig 1442) konnte Freiburg die bisher tiersteinischen Reichslehen, die zusammen mit dem alten Amt den Kern der künftigen Stadtherrschaft ausmachten, ohne Anfechtung erwerben. Für ein friedliches Verhältnis zwischen den beiden Schwesterstädten war die Zeit aber noch längst nicht reif.

In grellem Gegensatz zu dieser bis ins frühe 15. Jahrhundert wenig erfolgreichen Territorialpolitik steht Freiburgs wirtschaftliche Entfaltung im gleichen Zeitraum.[8] Nicht nur die Stadt selbst, auch die umliegende Landschaft hatte bis ins frühe 14. Jahrhundert – im Gleichschritt mit fast allen Gebieten Europas – einen starken Bevölkerungsanstieg zu verzeichnen. Bis in immer höhere Regionen der Voralpen trieb man den Anbau von Getreide vor, um die Ernährung der Menschen zu sichern. Die Verschlechterung des Klimas, Missernten, Hungersnöte und endlich in der Mitte des Jahrhunderts der schwarze Tod verringerten ihre Bevölkerung vielleicht um einen Drittel oder gar die Hälfte. Nun wurden zumal hoch gelegene Anbauflächen aufgegeben, was fortan erlaubte, sie als Weiden für Schafherden zu nutzen, die – nach den Quellen berechnet – bis zu mehreren 10 000 Stück umfassen konnten.

Neben dem Zisterzienserkloster Hauterive, das mit dem Beispiel voranging, stellten einzelne Bürger als Verpächter den Schafzüchtern als Pächtern die nötigen Mittel zur Verfügung, um dann jedes Jahr den Gewinn hälftig zu teilen. Das Fleisch der geschlachteten Tiere kam auf den lokalen Markt, die Häute wurden weissgegerbt und fanden gerade bei Berner Händlern besten Absatz. Wie allenthalben üblich, verwendete man die Wolle von den recht rauhen Fellen zum Weben von anspruchslosem Grautuch. Seit etwa 1370 gaben sich die Freiburger damit aber nicht mehr zufrieden, und bald nahm ihre Tuchmacherei einen unvergleichlichen Aufschwung.

Zwei Voraussetzungen begünstigten den rasanten Wandel zur «Industriestadt»: einerseits die Bildung beträchtlicher Kapitalien in der Hand etlicher Bürger dank dem florierenden Geschäft in der Gerberei und Metallverarbeitung sowie anderseits die Verlegung der internationalen Handelsströme von Norden nach Süden aus dem vom 100-jährigen Krieg zerrütteten Frankreich an den Rhein und von den blühenden süddeutschen Städten her durch das Schweizer Mittelland zu den Alpenpässen oder zum Rhonetal. Finanzkräftige Unternehmer erkannten diese einmalige Chance: In grossem Umfang, teils unterstützt mit Krediten aus Basel oder Strassburg, bemühten sie sich, bessere Wolle aus Burgund, der Provence oder aus England anzukaufen und die Verarbeitungsmethoden zu verfeinern. Schon 1372 verbot der Rat den Einsatz von Walkmühlen und darauf des Spinnrades, weil nur die reine Handarbeit die erforderliche Qualität garantierte. Der Erfolg gab den Promotoren recht.

Um 1420 auf dem Höhepunkt der jährlichen Produktion von guter, nicht luxuriöser Qualitätsware von 14 000 Stück verschiedenfarbig gefärbten Wolltuchs öffneten sich den Freiburgern über die Genfer Messen die Märkte Savoyens und Kataloniens, später über Venedig jene Syriens und Ägyptens. In geringerem Umfang wickelte sich der Markt mit Süddeutschland über die Zurzacher Messe ab, wo aber weiterhin das anspruchslose Grautuch den Handel dominierte.

Die wirtschaftliche Prosperität der Stadt lockte viele fremde Arbeitskräfte an, darunter zahlreiche Spezialisten vorab aus welschen Landen. Dem Zuwanderer wurde es nicht schwer gemacht, das Bürgerrecht zu erwerben. Trotzdem zählten

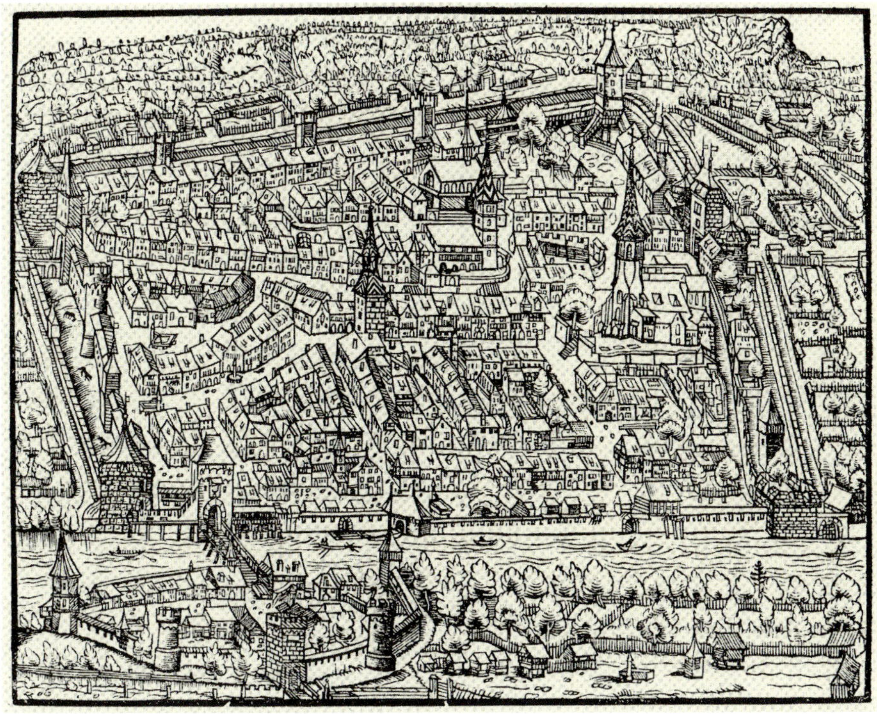

Abb. 142
Vogelschau der Stadt Solothurn von Süden, Holzschnitt in Johannes Stumpfs Chronik nach Vorzeichnung von Hans Asper, 1546. Der westliche Teil der mittelalterlichen Stadt entstand im Bezirk des ehemaligen römischen Castrum, in der Mitte der Altstadt erhebt sich als städtisches Wahrzeichen der Zeitglockenturm. Östlich dieses Siedlungskerns erstreckt sich die Vorstadt um den Stiftsbezirk St. Ursus. Als einziger Bettelordenskonvent der Stadt entstand nach 1280 eine Niederlassung der Franziskaner im nördlichen Teil der Altstadt.

in den ersten Jahrzehnten des 15. Jahrhunderts nicht einmal die Hälfte der männlichen Einwohner zur Bürgerschaft, denn ausser für den Fernhandel und den Verkauf auf dem städtischen Markt ergaben sich dem gewerblich tätigen Nichtbürger wohl politische, aber keinerlei wirtschaftliche Nachteile. Aus dem Bedarf an Sommer- oder Winterweideplätzen für die enormen Schafherden erklärt sich zudem der territoriale Ausgriff ins obere Saanetal sowie im Verein mit Österreich in den Aareraum. Jedenfalls standen im späten 14. und frühen 15. Jahrhundert hinter Freiburgs Ansprüchen auf benachbarte Gebiete nicht primär herrschaftspolitische, sondern ökonomische Interessen.
Trotz der industriellen Blüte vermochte sich also die Saanestadt kein angemessenes Territorium zu sichern. Ganz im Gegensatz zu Bern mangelte es Freiburg an steuerpflichtigen Untertanen und militärischen Kontingenten, die dazu nötig gewesen wären.

Die Stadt Solothurn
Im Vergleich mit Solothurn, dessen Geschichte 1000 Jahre weiter zurückreicht (Abb. 142), erscheinen die beiden zähringischen Gündungsstädte Bern und Freiburg geradezu als Parvenus. Die Vergangenheit Solothurns ähnelt eher jener Zürichs, ja sogar mancher der alten Städte West- und Südeuropas. Keltisch ist der Name (*Salodurum*) des römischen Weilers an der Reichsstrasse von Aventicum nach Augusta raurica. Im zweiten Viertel des 4. Jahrhunderts trat an dessen Stelle ein im Umriss glockenförmiges *Castrum*, eine befestigte Anlage. Seitherige Siedlungskontinuität ist mindestens wahrscheinlich. Frühe Christen sollen hier am Ausgang des 3. Jahrhunderts das Martyrium erlitten haben. Legendär umrankt, setzt die schriftliche Überlieferung von den angeblichen Thebäern Urs und Viktor gegen die Mitte des 5. Jahrhunderts ein, als schon im Kastell eine Kirche (St. Stephan) und unter der späteren Peterskapelle ein Memorialbau bestanden haben.[9] Sicher noch im 8. Jahrhundert wurde wohl als karolingisches Hauskloster das St. Ursenstift gegründet.[10] Dank seiner Lage nahe dem Juraübergang und dem Ruhm seiner Märtyrer entwickelte sich Solothurn zur Zeit des hochburgundischen Reiches (888–1032) zu einem der bevorzugten Stützpunkte des Königtums. Die deutschen Herrscher aus dem salischen Hause sahen sich deshalb veranlasst, als sie 1032/33 Burgund mit dem deutschen Reich verbanden, gerade in seinen Mauern wichtige Reichstage durchzuführen. Solothurn verblieb mit seinem Stift in der Hand des Königs oder Kaisers, kam aber unter die Herrschaft der Zähringer, als diese 1127 mit dem Rektorat, der Stellvertretung des Königs in Burgund, betraut wurden.[11] Nach dem Erlöschen dieser Dynastie geriet Solothurn 1218 wieder unter die Krone. Von einer auto-

nomen Reichsstadt war es aber noch weit entfernt, ja bis in die Mitte des 13. Jahrhunderts strebte das von Söhnen des umliegenden Adels besetzte St. Ursenstift nach einer damals bereits obsoleten geistlichen Stadtherrschaft. Nirgends ist die Rede von einer die Rechte der Bürger garantierenden Handfeste. Auf dem mühsamen Weg zur städtischen Autonomie startete Solothurn eher unter schlechteren Bedingungen als die Landstadt Freiburg. Den Schultheissen und andere wichtige Beamten suchte sich der König unter seinen getreuen, hohen oder niedrigen Adeligen aus. Er beanspruchte die Reichssteuer, die Heeresfolge der Bürger, verfügte über Münze und Zoll, und sein Hofgericht diente als Appellationsinstanz gegen Urteile des Stadtgerichts. Einzelne Ämter und Rechte oder gar die ganze Stadt konnte er nach Gutdünken verleihen, verpfänden oder verkaufen. Es leuchtet ein, dass derartige Eingriffe die Entwicklung der städtischen Verfassung und die Bildung eines eigenen Territoriums schwer hätten behindern können.
Umso mehr musste die Stadt darauf bedacht sein, den König zur Gewährung von Rechten und Privilegien zu bewegen. Dazu bot sich Gelegenheit, wenn im Reich ein Dynastiewechsel erfolgte oder ein Herrscher die Unterstützung der Bürgerschaft gegen seine eigenen Gegner benötigte. Das war wohl der Fall, als König Rudolf von Habsburg in seinem Abwehrkampf gegen das zum Aareraum hin vorstossende Savoyen hierzulande um Sympathien warb. Solothurn bestätigte er 1276 und wieder 1280 angeblich alte Rechte, ja fügte das begehrte Gerichtsstandsprivileg hinzu, das die Bürger davon bewahrte, vor einem fremden Gericht belangt zu werden. Das Verhältnis Solothurns zum deutschen König, der zur Legitimierung der beanspruchten Freiheiten unverzichtbar war, entwickelte sich aber keineswegs geradlinig. Sass ein Habsburger auf dem Thron, bestand die Gefahr, dass dieser die Königsgewalt zum Nutzen seiner Landesherrschaft einsetzte. Österreich hatte ja stets das Ziel vor Augen, über Solothurn hinweg die Lücken zwischen den Besitzungen im Aargau und im Üechtland zu schliessen und damit das mächtig aufstrebende Bern in Schach zu halten. Erhoben dagegen die Kurfürsten einen mit den Habsburgern rivalisierenden Dynasten zum König, stiegen im Prinzip die Chancen, die beanspruchten Rechte auszubauen. Kam aber eine zwiespältige Wahl zustande wie 1314, mochte sich Solothurn zusammen mit Bern während Jahren weder für Friedrich von Habsburg noch für Ludwig den Bayern entscheiden. Die 1318 gescheiterte Belagerung Solothurns durch die Österreicher hatte wohl den Zweck, die Anerkennung des Habsburgers zu erzwingen und den zuvor geschlossenen, unbequemen Landfrieden zwischen Bern, Solothurn, Freiburg, Murten und Biel wieder zu sprengen.
In dieser Zeit ständig wechselnder Machtverhältnisse hatten derartige Verträge ohnehin ein kurzes Leben. Als der vom österreichischen Freiburg angeführte Bund von burgundischen Adeligen und Bischöfen Bern bedrohte, trat Solothurn an dessen Seite und sah sich nach der Schlacht von Laupen am 21. Juni 1339 im Lager der Sieger. Als aber Bern sich mit Österreich versöhnte und seine «burgundische Eidgenossenschaft» auszubauen begann, stand es isoliert da. Es blieb ihm nichts anderes übrig, als – unter dem absichernden Vorbehalt des Gehorsams gegenüber dem Reich – dem bernisch-österreichischen Bündnis beizutreten. Da es aber inzwischen Ludwig den Bayern als Reichsoberhaupt anerkannt hatte, fand sich dieser bereit, den Solothurnern nicht nur die bisherigen Rechte und Freiheiten zu bestätigen, sondern auch die geschuldete Reichssteuer zu erlassen und die Einlösung verpfändeter Reichslehen zu gewähren. Das bedeutete nicht wenig, hatte doch zuvor der Bayer das Schultheissenamt und den damit verbundenen Blutbann an den Grafen Hugo von Buchegg verpfändet, der versprochen hatte, es zu einem späteren Zeitpunkt – er traf 1344 ein – der Stadt zu überlassen. Zugleich gewann diese die Kastvogtei über das Stift und passte ihre interne Verfassung den veränderten sozialen Verhältnissen an, indem sie neben den Rittern und reichen Kaufleuten auch Vertreter der Handwerkerzünfte am Regiment teilnehmen liess. Ohne Zweifel kündigte sich mit diesen ersten Erfolgen eine grundlegende Wende an. Wirklich gesichert war jedoch Solothurns Emanzipation noch keineswegs, wie sich bald unter dem neuen König, dem Luxemburger Karl IV., zeigen sollte.

Wohl garantierte Karl 1353 alle Rechte der Stadt, was ihn aber nicht hinderte, fünf Jahre später seinen Schwiegersohn, den jungen Herzog Rudolf IV. von Österreich, zum Reichsvogt sowie dessen Anhänger, den Grafen Peter von Aarberg, zum Reichsschultheissen über Solothurn zu setzen. Aus der berechtigten Furcht, durch den ungemein ehrgeizigen Habsburger territorialisiert zu werden, setzte sich die Stadt heftig zur Wehr. Schliesslich befreite sie der Kaiser selbst aus dieser gefährlichen Situation, als er im Zwist mit seinem Schwiegersohn die Königsmacht gegen Österreich selbst in der fernen Südwestecke des Reiches zu festigen gedachte. Zu wiederholten Malen bestätigte er nicht nur Solothurns Privilegien, sondern baute sie noch aus. Mehr als vierzig Jahre später erreichte jedoch der herrscherliche Privilegiensegen sein Vollmass, als König Ruprecht von der Pfalz Anfang 1409 das Gerichtsstandsprivileg auch auf das Hofgericht selber bezog. Fortan konnten Solothurner Bürger nur noch vor dem eigenen Schultheissengericht belangt und verurteilt werden, freilich ohne damit den König als oberste richterliche Instanz in Frage zu stellen. Ausserdem verpfändete dieser der Stadt die Reichssteuer, verbunden mit dem Recht, Juden und Lamparter aufzunehmen und zu besteuern. Da das Pfand niemals wieder eingelöst wurde, verblieben auch diese restlichen Regalien für immer in ihrer Hand. Nur zwölf Jahre nach Bern erreichte damit Solothurn den Status einer autonomen Reichsstadt im spätmittelalterlichen Verständnis (Abb. 143).

Abb. 143
Siegel der Stadt Solothurn. Der Stadtheilige Ursus in langem Waffenrock trägt in der Rechten eine Kirchenfahne, in der Linken den geraden Spitzschild mit Kreuz, um 1307. Die Umschrift lautet: CIVIUM SANCTI URSI SOLODORENSIUM; Historisches Museum Blumenstein Solothurn, Inv. Nr. 1990.148.

Diese verfassungsmässige Entwicklung ist für eine Kommune erstaunlich, die niemals die Dimensionen einer grösseren Kleinstadt zu sprengen vermochte. Ausserhalb ihrer eng gezogenen Mauern sah sie sich zudem von zahlreichen Adelsgeschlechtern förmlich umklammert. Im Aaretal, an den Hängen des Jura und an seinen Passstrassen hatten diese mit Eigengut, Lehen und Pfändern ihre Herrschaften aufgebaut. Angesichts ihrer zunehmenden Schwäche lehnten sich die meisten an Österreich an, was selbstverständlich den Interessen der Stadt zuwiderlief. Bis gegen die Mitte des 14. Jahrhunderts hatte Solothurn nicht die Kraft, sich dieses Korsetts zu entledigen. Erst dann eröffnete ihm der materielle Niedergang, der Rückzug in den geistlichen Stand und zumal das Aussterben einer ganzen Reihe von Geschlechtern reale Chancen.[12] Solothurn hatte freilich ebenso wie Freiburg längst erkannt, dass seine Selbständigkeit nur mit einem eigenen Territorium Aussicht auf Dauer haben konnte. Burgrechtsverträge mit einzelnen Adeligen und benachbarten Städten, Pfandnahme und Käufe von Herrschaftssplittern durch finanzstarke Bürger bahnten den Pfad, den es jetzt zu beschreiten galt. Inwiefern dies alles zum Erfolg führte und wo Solothurn an unüberwindbare Grenzen stiess, lässt sich noch heute an der merkwürdig verrenkten Gestalt des Kantonsgebietes ablesen.[13]

Die eine Stossrichtung seiner Territorialpolitik wies westwärts zu den Juraseen hin. Verblieben ist ihm der Bucheggberg, dagegen ging die mit Bern gemeinsam erworbene Herrschaft Büren rasch an die überlegene Rivalin verloren. Diese erlaubte es Solothurn auch sonst nicht, südlich der Aare Fuss zu fassen. Ja sie strebte selbst zu den Jurapässen hin, wie die gemeinsame Übernahme der später geteilten Herrschaft Bipp belegt, deren bernischer Anteil bis heute als mächtiger Brückenkopf ins Solothurnische hineinragt.

Die andere, ostwärts zielende Stossrichtung Solothurns traf in Olten auf eine zweite Rivalin: die Stadt Basel. Die Schwäche des Basler Hochstifts ausnützend, drängte die Rheinstadt über den Jura hinaus und brachte diesen wichtigen Aareübergang kurzfristig als bischöfliches Lehen in ihre Hand, bis er 1426 doch als Pfand an Solothurn überging.

Basel setzte aber auch im Jura der dritten solothurnischen Stossrichtung ihre Grenzen. Ausser der Herrschaft Falkenstein, die Solothurn zwischen 1402 und 1420 pfandweise übernommen hat, gelangen im Jura überhaupt erst im späteren 15. und im 16. Jahrhundert neue territoriale Gewinne.[14]

Die politische Überlegenheit Berns

Wie wir sehen, wäre im 14. Jahrhundert ein Besucher von Berns Konkurrenten im Süden und Norden auf zwei recht unterschiedliche Schwestern gestossen. Freiburg hat man sich als ein sehr lebendiges urbanes Zentrum vorzustellen, das dank wirtschaftlicher Aktivität und intensiven Handelsbeziehungen seinesglei-

chen suchte.[15] Als von jeher zweisprachige Stadt stand sie auch kulturell unterschiedlichen Einflüssen offen, nicht zuletzt vermittelt durch die Zisterzienser von Hauterive sowie durch die Orden der Johanniter, Augustiner und Franziskaner. Letztere verfügten über eine einzigartige Bibliothek, die ihr Interesse an der Diskussion der grossen theologisch-philosophischen Fragen der Zeit bezeugen. Ihre Klosterkirche repräsentierte erstmals den ausgereiften Typus einer oberrheinischen Bettelordenskirche, während die Bürgerschaft für den Bau der grossen Pfarrkirche St. Nikolaus an der Kathedrale von Lausanne abgelesene burgundisch-savoyische Elemente übernahm. Wen wundert es, wenn Teile einer vielen Einflüssen unterliegenden Bürgerschaft sich auch ketzerischen Ideen öffnete. Keineswegs erstaunlich ist es auch, dass in der Stadt politische Parteien entstanden, die sich an unterschiedlich eingeschätzten realen Machtverhältnissen orientierten, aber auch an familiären Beziehungen oder kulturellen Vorlieben. Die eine Partei sah die Zukunft bei Savoyen, die andere beharrte bei Österreich. Beide Optionen hatten ihre Berechtigung. Offenkundig glaubte die politische Elite, eine Stadt mit zu geringem Territorium benötige ein Schutzschild, der sie vor gefrässigen Nachbarn bewahre.
Im Vergleich mit Freiburg nahm sich Solothurn bescheiden aus. Sein zur Versorgungsstätte nachgeborener Adelssöhne herabgesunkenes Stift hatte zur fraglichen Zeit kaum eine kulturelle Ausstrahlung auf die Bürgerschaft ausgeübt. Seine Schule genoss kein grosses Ansehen, einige Stiftsherren konnten nicht einmal schreiben. Die Lage an der alten Reichsstrasse behielt zwar noch immer eine gewisse Bedeutung, der grosse Verkehrstrom begann sich aber nach Osten zu verschieben. Zu einem mehr als lokalen Handels- und Marktort konnte sich Solothurn nicht entwickeln. Die etwas abseitige Lage hatte aber auch ihre Vorteile: Die Stadt stand nicht direkt im Brennpunkt der Machtkämpfe zwischen der Herrschaft Neu-Kiburg und Österreich auf der einen und der Stadt Bern auf der andern Seite. Den nichthabsburgischen Königen und Kaisern mag sie als Stützpunkt erschienen sein, den es für den Bedarfsfall beim Reich zu behalten galt. So reifte Solothurn zur Reichsstadt heran. Die es umklammernden Adelsgeschlechter behinderten zwar lange eine territoriale Entfaltung, sie erschwerten aber auch den Bernern den Ausgriff zum Jurasüdfuss, was letztlich den Solothurnern zugute gekommen ist.
Das Ausscheiden Neu-Kiburgs und Österreichs als Ordnungsmächte im Raum zwischen Jura und Alpen ermöglichte dem «mutigen» Bern seinen triumphalen Aufstieg. Beide Konkurrenten erwiesen sich zwar als stark genug, als Landstadt oder Reichsstadt ihre Selbständigkeit zu erhalten, mussten sich aber dem bernischen Führungsanspruch beugen, der sie nach den Burgunderkriegen in den Schoss der Eidgenossenschaft geleitet hat.

Armand Baeriswyl

Zwischen Gross- und Kleinstadt: Burgdorf und Thun

Auf dem heutigen Kantonsgebiet gab es im Mittelalter Städte unterschiedlichster Grösse und Einwohnerzahl. An der Spitze stand Bern mit über 6000 Einwohnern und einer Grundfläche von 60 ha. Am unteren Ende rangierten Kleinstädte wie Aarberg oder Wiedlisbach mit 100 bis 400 Einwohnern auf 1 bis 2,5 ha.[1] Zwischen diesen Extremen lagen drei Städte, Biel, Burgdorf und Thun.

Burgdorf

Die Anfänge der Siedlung liegen im Dunkeln. Zwar gibt es ein frühmittelalterliches Gräberfeld westlich der mittelalterlichen Stadt, die zugehörige Siedlung fehlt bislang. Erst seit dem frühen 12. Jahrhundert erscheint in den Schriftquellen die Burg auf dem Felssporn über der Emmeniederung.[2] Ihre Lage war kein Zufall, gab es doch dort neben dem idealen Platz zum Bau der befestigten Burganlage eine Furt im Fluss, an der sich mehrere Strassen trafen.
Unmittelbar vor den Toren der Burg bestand eine im 14. Jahrhundert als «Alter Markt» bezeichnete Siedlung. Sie war Wohnstätte der Bediensteten und grundherrlicher Markt. Am Fusse des Schlossfelsens gab es an der zur Emme führen-

Abb. 144
Burgdorf kurz vor 1715. Ölgemälde von Johann Grimm um 1710 (Ausschnitt); Rittersaalgesellschaft Burgdorf.

den Strasse eine weitere Siedlung. Sie war von gewerblichem Charakter und hiess Holzbrunnen. Während für die Siedlungen archäologische Funde vorliegen, die sie mindestens ins mittlere 12. Jahrhundert datieren, ist über das Alter der Burg und ihr Aussehen vor 1200 vorderhand nichts bekannt. Der Platz gelangte wohl als Teil des Rheinfelder Erbes 1090 in den Besitz der Zähringer Herzöge. Mit seiner Lage im Zentrum des Herrschaftsgebietes dürfte er grosse Bedeutung für die seit 1127 amtierenden Rektoren von Burgund gehabt haben (→ S. 102).
Um 1200 lichtet sich das Dunkel schlagartig, als Herzog Berchtold V. von Zähringen eine neue grosse Burganlage errichten liess. Sie enthielt einen Palas, einen Bergfried und einen in unserem Raum seltenen Hallenbau nach dem Vor-

Abb. 145
Flugaufnahme der heutigen Altstadt Burgdorf.

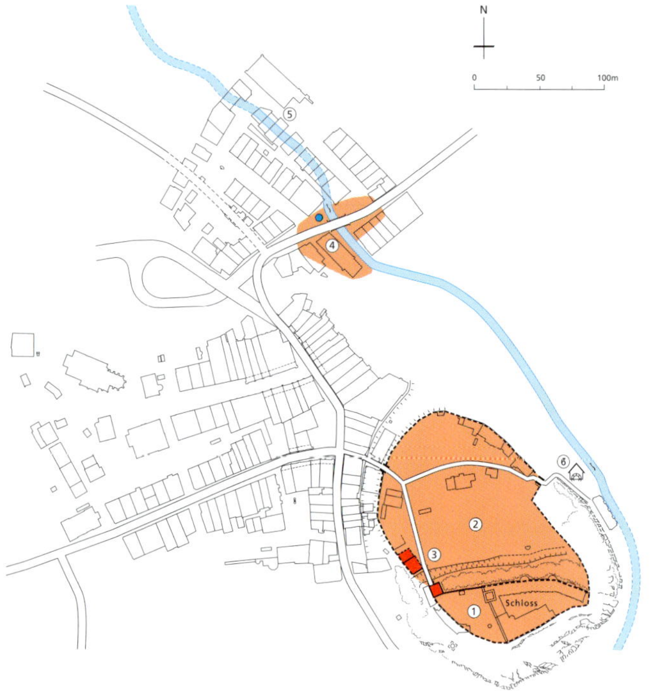

Abb. 146
Das präurbane Burgdorf (11./12. Jahrhundert).
1 Burg,
2 Burgsiedlung «Alter Markt»,
3 Gebäude des 12. Jahrhunderts,
4 Gewerbesiedlung «Holzbrunnen» des mittleren 12. Jahrhunderts,
5 mäandrierender Nebenarm der Emme,
6 Burgmühle.

Abb. 147
Burgdorf: die Gründungsstadt (um 1200).
1 Burg mit Neubauten um 1200,
2 Burgsiedlung mit Neubau,
3 Gründungsstadt mit Ummauerung, Siedlungsfläche, Kirche und Friedhof,
4 Gewerbesiedlung mit Kapelle und Friedhof,
5 und 6 Holzhäuser einer suburbanen Siedlung vor den Toren,
7 Adelshof der Ministerialen von Münchenbuchsee.

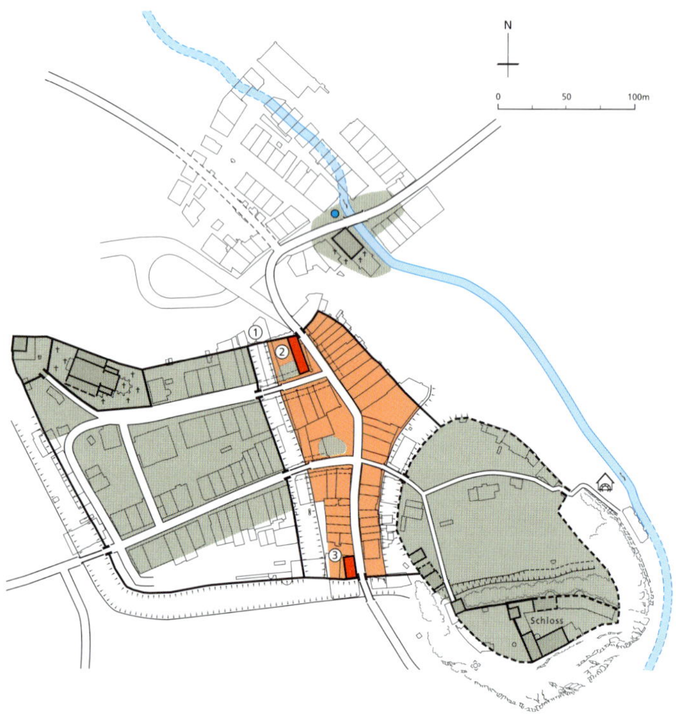

Abb. 148
Burgdorf: erste Stadterweiterung Oberstadt Ost (um 1225).
1 Ummauerung der Stadterweiterung,
2 und 3 mutmassliche Adelshöfe an den Stadttoren.

Abb. 149
Burgdorf: zweite Stadterweiterung Holzbrunnen (zwischen 1250 und 1300).
1 neuer Burgzugang,
2 neue Burgkapelle,
3 Erneuerung und Anbau des Saalbaus,
4 und 5 neue Steinbauten in der Burgsiedlung,
6 Kaufhaus und mutmasslicher Kornmarkt,
7 Stadterweiterung «Holzbrunnen»,
8 neues Tor der Burgsiedlung.

bild der normannischen *halls*. Die Burg geht in ihrer Grösse und ihrem Repräsentationsrahmen weit über den gleichzeitiger zähringischer Anlagen wie etwa der Burg Nydegg in Bern hinaus; das reiche Raumprogramm bot Platz für ein differenziertes höfisches Leben in einer herzoglichen Residenz[3] (→ S. 303): Offensichtlich hatte Berchtold V. Burgdorf als zukünftigen Herrschaftsmittelpunkt in Burgund ausgewählt – Burgdorf und nicht Bern, wie der Chronist Konrad Justinger im 15. Jahrhundert wortreich behauptete.[4]
Seit dem 12. Jahrhundert gehörte zu einem derartigen zentralen Ort in der Regel eine Stadt. Berchtold V. gründete denn auch gleichzeitig mit dem Bau der Burg die Stadt Burgdorf auf einem von Westen an den Burgfelsen stossenden Moränenzug neben der präurbanen Burgsiedlung. Deren Markt ging dabei offenbar an die Gründungsstadt über. Das Stadtareal von 2,5 ha setzte man mitten auf die ältere Landstrasse, die zur Hauptgasse wurde. An dieser Gasse und dem parallel verlaufenden Kirchbühl muss die Bebauung unmittelbar nach der Gründung eingesetzt haben, mindestens an Letzterer wurden bei Ausgrabungen mehrere locker gereihte, im Grundriss längsrechteckige, mit der Schmalseite direkt an der Gasse stehende Gebäude ergraben, die mit steinernen Kellern versehen waren.
Die Ummauerung bezog im Nordwesten eine Kuppe mit ein, auf der Berchtold V. die Kirche seines zukünftigen Herrschaftszentrums errichten liess. Obwohl kirchenrechtlich nur Kapelle – Burgdorf entstand im Pfarrsprengel Oberburg – übertraf der archäologisch gefasste Vorgänger der heutigen Kirche mit seiner Grösse nicht nur diejenige gleichzeitiger Landpfarrkirchen, sondern wohl auch die der ältesten Leutkirche von Bern. Es handelte sich um eine rund 36 m lange, dreischiffige Basilika mit eingezogenem, rechteckigem, von Seitenannexen flankiertem Altarhaus. Sie gehört architekturtypologisch in die Gruppe der Stadtkirchen mit Langchor, die oft als Stiftskirchen dienten.[5] Zwar gibt es keine Hinweise darauf, dass in Burgdorf je ein Stift bestanden hätte, aber die Architektur sollte offenbar einen entsprechenden Eindruck erwecken.[6]

Abb. 151 a und b
Typar (Siegelstempel) der Stadt Burgdorf, in Gebrauch zwischen 1276 und 1343. Das städtische Siegel ist eines der wichtigen Symbole der Ratsherrschaft.

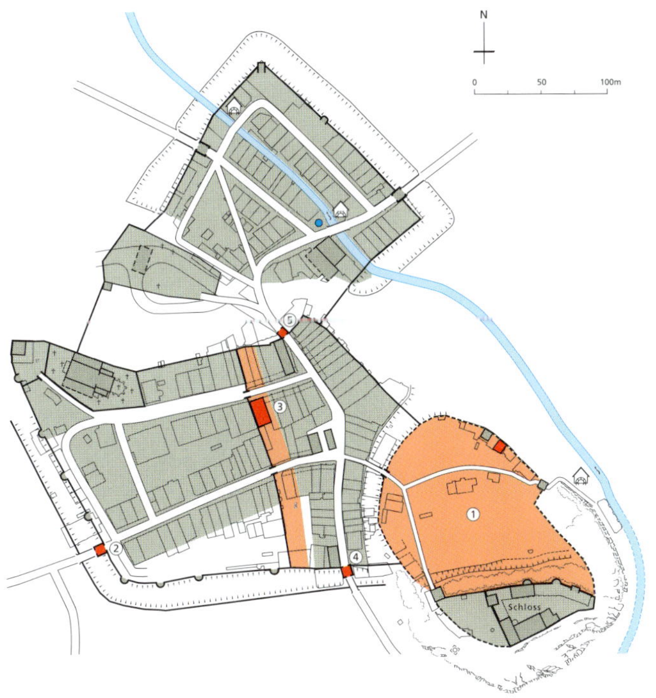

Abb. 150
Burgdorf: dritte Stadterweiterung Alter Markt (1322).
1 ehem. Burgsiedlung «Alter Markt».

Stifte finden sich oft in königlichen oder hochadligen Herrschaftszentren. In ihnen wurden hohe kirchliche Feste, aber auch Hochzeiten oder Taufen gefeiert. Die erste Kirche von Burgdorf war wohl auch im Hinblick auf diese Aufgaben errichtet worden.[7]

Gleichzeitig baute man die Ministerialensiedlungen auf dem Alten Markt und am Holzbrunnen aus. Damit wird deutlich, dass die Gründung der Stadt keinesfalls zu einer Auflassung der Vorgängersiedlungen führte, im Gegenteil: Die ergrabenen, im Grundriss quadratnahen und im Aufriss wohl turmartigen Steinhäuser auf dem Alten Markt sind als baulicher Niederschlag der verstärkten Präsenz von Dienstmannen zu interpretieren, und der archäologisch nachgewiesene Bau einer Kirche in Holzbrunnen deutet dort auf eine gestiegene Einwohnerschaft und eine verstärkte Gewerbetätigkeit hin.

Der Tod des letzten Zähringers im Jahr 1218 beendete die Vorreiterrolle Burgdorfs abrupt. Die Stadt ging an die Kiburger. Nach deren Aussterben 1265 arrangierte Graf Rudolf von Habsburg eine Heirat zwischen der kiburgischen Erbtochter und seinem Neffen Eberhard von Habsburg-Laufenburg (→ S. 122). Dieser neue Zweig der Grafen, von den Historikern von Neu-Kiburg genannt, wählte Burgdorf zum Residenzort. Obwohl die andauernde finanzielle Schwäche des Stadtherrn den schrittweisen Erwerb von Rechten und Freiheiten ermöglichte, blieb Burgdorf immer in starker Abhängigkeit. Das zeigt sich noch beim Burgdorfer Krieg, als Graf Rudolf die Stadt dazu zwang, sich auf seine Seite zu stellen und Bern den Krieg zu erklären.

Nach der Niederlage der Neu-Kiburger in diesem Konflikt fiel die Stadt 1384 an Bern. Burgdorf erhielt sämtliche Freiheiten und Privilegien bestätigt und verfügte damit über eine städtische Autonomie, die «im altbernischen Staat keine andere Landstadt genoss».[8] Die seit dem frühen 14. Jahrhundert fassbare wirtschaftliche Blüte ermöglichte es der Stadt zwischen 1394 und 1435 sogar, ein eigenes Herrschaftsgebiet zu erwerben. Langfristig aber beschränkte die eher ungünstige Verkehrslage und die Dominanz Berns die weitere Entwicklung nachhaltig.[9]

Ausweis für die wirtschaftliche Blüte im 13. und 14. Jahrhundert sind drei kurz aufeinander folgende Stadterweiterungen. Eine erste Erweiterung schloss bereits um 1225 die Lücke zwischen Stadt- und Burgareal. Dieser Bereich wurde das ökonomische und politische Zentrum der Stadt mit dem Rathaus, dem Kaufhaus, der Kornlaube und der Brotschal. Mit dieser Erweiterung geriet Holzbrunnen unmittelbar vor den Toren in den Sog der aufstrebenden Stadt. Aus der ehemals präurbanen Siedlung wurde schrittweise eine suburbane. Seit etwa 1250 setzten Baumassnahmen ein, welche als gezielte Schritte zur Anlage einer zweiten Stadterweiterung interpretiert werden dürfen, die durch die rechtliche Integration im Jahr 1300 ihren Schlusspunkt fanden.

Im Jahr 1322 fand eine dritte und letzte Stadterweiterung ihren rechtlichen Vollzug, als der bislang zur Burg gehörige Alte Markt dem Stadtrecht unterstellt wurde. Er wurde im Gegensatz zu den ersten beiden Erweiterungen nicht städtisch überformt und besiedelt und die Integration ist in erster Linie als politischer Positionsgewinn der Stadt zu sehen, die ihren Machtbereich auf Kosten der Grafen ausdehnen konnte.

Thun

Die Stadt am Austritt der Aare aus dem Thuner See liegt an einer durch die Jahrtausende befahrenen Wasserstrasse auf dem Weg zur Grimsel, einem wichtigen Alpenpass.[10] Vermutungen über einen frühmittelalterlichen Ort namens *Dunum*, der auf Grund der Nennung des *lacus duninse* um 660 postuliert wird liessen sich bisher archäologisch nicht bestätigen. Sicheren Boden betritt man erst im 10./11. Jahrhundert mit dem ersten ergrabenen Vorgänger der heutigen Stadtpfarrkirche St. Mauritius. Sie belegt die Existenz einer Siedlung, die sich bis ans Aareufer erstreckt haben dürfte. Ein Graben unmittelbar westlich der Kirche lässt vermuten, dass dort die Westgrenze der Siedlung lag und der Westteil des Schlossberges ausserhalb war. Die ältere Forschung postuliert einen präurbanen Flussübergang mit Brückenkopf; archäologische Spuren fehlen aber.[11] Inwiefern die seit 1130 im Gefolge der Zähringer auftretenden Herren von

Thun als Besitzer oder gar Gründer der Siedlung zu bezeichnen sind, ist offen, ebenso, wo allenfalls ihre Burg zu suchen ist (→ S. 61).
Irgendwann in der zweiten Hälfte des 12. Jahrhunderts übernahmen die Zähringer die Stadt – nach einer Urkunde von 1250 war sie ihnen angeblich freiwillig von den Herren von Thun übergeben worden – und bauten sie zu einem Stützpunkt aus.[12] Das einzige genauer zu datierende Element ist der damals am Westende des Schlossberges errichtete, noch heute die Stadt prägende Donjon: Nach Aussage der Bauforschung war er 1191 im Bau (→ S. 327).
Die Burg mit ihrer beeindruckenden Gestalt enthielt aber im Wesentlichen nur einen einzigen, wenn auch gewaltigen Saal.[13] Sie war also im Gegensatz zum gleichzeitigen Burgdorf nicht als Residenz erbaut worden, sondern sollte mit symbolhaftem Gestus die Macht der Zähringer in dieser Region sichtbar machen.
Vor den Toren der Burg erstreckte sich auf dem separat ummauerten Schlossberg wohl – analog zum Alten Markt in Burgdorf – eine zugehörige, parallel zur Gründungsstadt existierende Ministerialensiedlung. Entscheidend für den zähringischen Ausbau war aber die Anlage einer Gründungsstadt zwischen Aare und Schlossberg. Die archäologisch gefasste Ummauerung zeigt, dass dabei die bestehende Siedlung mit einbezogen wurde.[14] Wie in Burgdorf wurde das etwa 2,2 ha umfassende Areal mitten auf die ältere Durchgangsstrasse gesetzt, die zur Hauptgasse wurde, und die ältesten Häuser reihten sich zu beiden Seiten dieser Strasse. Das Stauwehr in der Aare mit der Mühle gehört möglicherweise ebenfalls in die Gründungszeit, analog zum Bau der Mattenschwelle in Bern.[15] Vermuten lässt sich das auch für die Brücke, die allerdings erst im Jahr 1261 erwähnt wird, und die Bebauung des zugehörigen Brückenkopfes. Dieser war als Standort von Gerichtslaube, Pranger, Schifflände, Sust (Gredhaus) und Waage min-

Abb. 152
Flugaufnahme der heutigen Altstadt Thun.

Abb. 153 (links)
Das präurbane Thun
(10.–12. Jahrhundert).
1 Pfarrkirche,
2 präurbane Siedlung,
3 Graben gegen Westen.

Abb. 154 (rechts)
Thun: die Gründungsstadt (um 1200).
1 neue Kirche, 2 Burg,
3 mutmassliche Burgsiedlung,
4 Gründungsstadt, 5 Schwelle
und Stadtmühle, 6 Brücke
und Brückenkopf «Sinne».

Abb. 155 (unten)
Stadtmauer der ersten Stadterweiterung; Abwicklung; unten links und rechts zwei Fotografien der vom Bewuchs befreiten Mauer. Mitte unten die Umzeichnung der archäologischen Dokumentation mit den Bauphasen.

destens im 14. Jahrhundert von grosser herrschaftlicher und wirtschaftlicher Bedeutung.

Wie Burgdorf ging auch Thun nach dem Tod des letzten Zähringers an die Grafen von Kiburg, und 1273 wurde Thun neben Burgdorf und Wangen an der Aare eine von drei Städten der Herrschaft der Grafen von Neu-Kiburg. Die Stadt stand wie Burgdorf in enger Abhängigkeit vom Stadtherr, auch wenn dieser meistens nur in Gestalt des Schultheissen präsent war.

Die mit dem berühmten Brudermord von 1322 (→ S. 122) einsetzende Entfremdung von den Neu-Kiburgern hatte aber keine Emanzipierung der Stadt zur Folge, sondern führte zu einem schrittweisen Übergang an die Stadt Bern, das immer stärker als dominante Macht der Region auftrat. Dieser Prozess, der durch die finanziellen Probleme der Neu-Kiburger beschleunigt wurde, fand mit dem Burgdorfer Krieg 1384 seinen Abschluss. Bern bestätigte zwar die städtischen Freiheiten Thuns, langfristig aber wurde die Stadt stark in den bernischen Staat eingebunden (→ S. 490).

Um 1250 kam es zu einer ersten Stadterweiterung. Sie wurde wahrscheinlich von Graf Hartmann V. initiiert und ist wie die zeitgleiche zweite Erweiterung von Burgdorf in Zusammenhang mit seinem Herrschaftsantritt zu sehen.[16] Ihre Form legt die Annahme nahe, es seien suburbane Siedlungen an den beiden sich

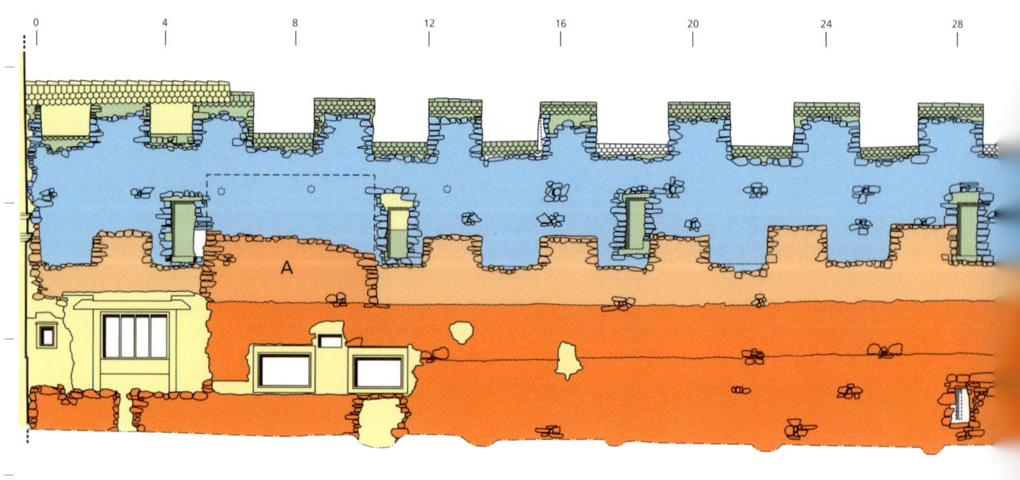

älteste Stadtmauerteile mit horizontaler Krone

an die Innenseite der Stadtmauer angebaute Steinhäuser A und B

Ergänzung durch Zinnenkranz, Mitte 13. Jahrhundert

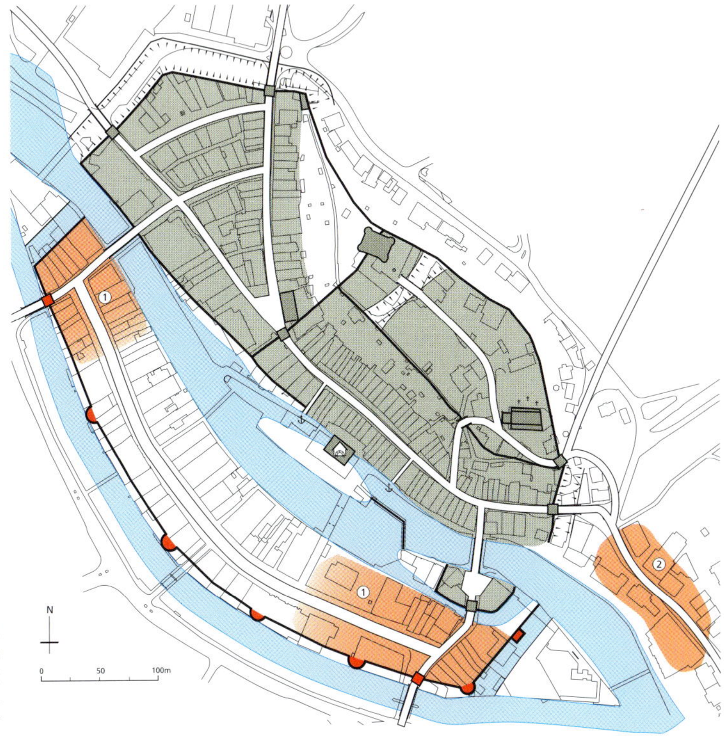

direkt vor dem Westtor der Gründungsstadt verzweigenden Ausfallstrassen integriert worden. Der zentrale Rathausplatz ist eine nachträglich angelegte Freifläche, auf der im 13. Jahrhundert Wohnbauten standen.[17] Wohl erst mit der Anlage des Platzes entstand die noch heute prägende Konzentration mit öffentlichen Bauten, dem Rathaus, dem Spital, dem Kaufhaus und den Gesellschaftshäusern der Metzger und der Pfister.

Nach Bauuntersuchungen und Ausgrabungen setzte im Laufe des späten 13. Jahrhunderts die Entstehung der zweiten Stadterweiterung auf dem Bälliz genannten Südufer der Aare ein, vermutlich in der Folge des Herrschaftsantritts von Graf Eberhard von Neu-Kiburg um 1273.[18] Erstmals genannt wird die *novo suburbio de Thuno, Laussannensis dyocesis* im Jahr 1315. Vermutlich als letzte Erweiterung wurde im Lauf des 14. Jahrhunderts mit dem Bau einer neuen Ringmauer eine kleine, vor dem Osttor entstandene suburbane Siedlung in die Stadt einbezogen.

Abb. 156 (links)
Thun: erste Stadterweiterung Neuenstadt (um 1250).
1 neue Kirche,
2 Stadterweiterung,
3 Spital.

Abb. 157 (rechts)
Thun: dritte Stadterweiterung Lauitor-Vorstadt (vor 1346).
1 Neubau der Kirche,
2 Lauitorvorstadt.

Burgdorf und Thun im Vergleich

Sowohl Thun wie auch Burgdorf waren nach den Kategorisierungen von Hektor Ammann und Eberhard Isenmann im Mittelalter nur Kleinstädte.[19] Sie unterscheiden sich aber stark von den Kleinst- und Kümmerstädtchen, bei

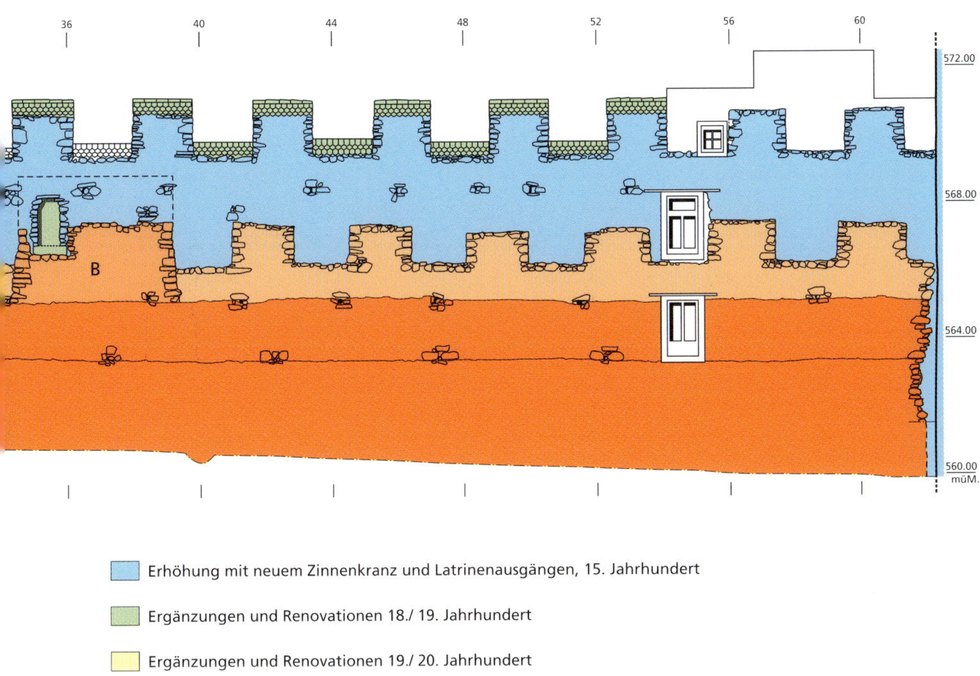

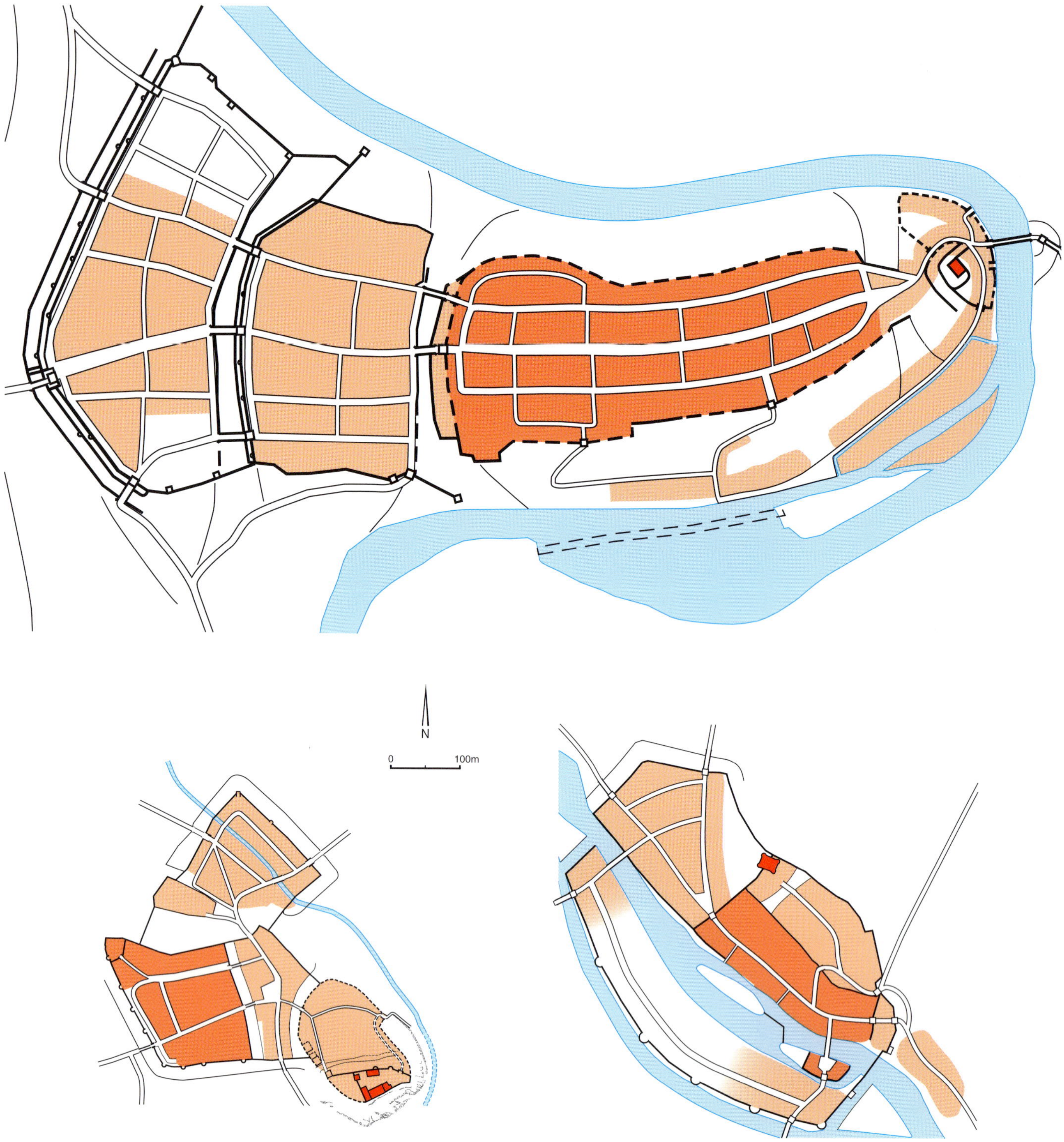

Abb. 158
Die Grundrisse von Bern (oben), Burgdorf (links) und Thun (rechts) im Vergleich. Dunkel: Gründungsstadt; hell: spätere Erweiterungen.

denen sich oft die Frage stellt, ob es sich tatsächlich noch um Städte oder nicht vielmehr um ummauerte Dörfer handelte (→ S. 81 und S. 186). Thun und Burgdorf wiesen im Gegensatz dazu alle Kriterien auf, die eine mittelalterliche Stadt auszeichnen.[20] Das zeigt sich bereits an ihrer Grösse: In Thun lebten im mittleren 14. Jahrhundert auf einer Fläche von 12 ha etwa 1400 Personen. Burgdorf war mit etwa 7,5 ha kleiner, hatte aber mit rund 1500 Einwohnern eine leicht grössere Bevölkerungszahl.[21] Beide Städte hatten wahrscheinlich bereits bei ihrer Gründung ein Stadtrecht erhalten, welches das Areal *infra civitatem aut infra terminos civitatis* als Sonderrechtsbezirk ausschied. Die Verwaltung lag in den Händen eines Ratsgremiums, an dessen Spitze allerdings in beiden Fällen ein von der Herrschaft eingesetzter Schultheiss stand.
Beide Städte übten Zentrumsfunktionen aus. So waren sie in wirtschaftlicher Hinsicht die jeweils einzigen städtischen Marktorte im Umkreis, Burgdorf zwischen Bern und Solothurn, Thun zwischen Bern und Spiez. Die Wochenmärkte

sicherten die Existenz von spezialisierten Handwerkern und Gewerbetreibenden, die dort ihre Erzeugnisse gegen die Waren der Landleute aus der Region tauschten. Sichtbar ist diese gewerbliche Prägung durch den Mühlebach von Burgdorf und das Wehr von Thun, ebenso wie durch die kommunalen Marktbauten (Kaufhaus, Brotschal, Metzig, Tuchlaube), durch die Existenz eigener Masse und Gewichte[22] und durch die Formierung von fünf beziehungsweise sechs Gesellschaften, in denen mit den Metzgern, Pfistern, Schmieden, Zimmerleuten, Schuhmachern, Webern, Schneidern und Gerbern die wichtigsten Handwerke vereinigt waren.
Thun wie Burgdorf zeichnen sich durch eine städtische Architektur aus; im Gegensatz zu den Kleinststädtchen bestanden bereits im 13. Jahrhundert nicht nur die Ringmauern und die Kirche, sondern auch eine ganze Reihe von Wohnhäusern aus gemörteltem Mauerwerk. Beide Städte wuchsen bis ins 14. Jahrhundert derart, dass sie ihr Areal durch ummauerte Erweiterungen mehrfach vergrössern mussten. Mit bereits im 14. Jahrhundert nachweisbaren Rathäusern, Spitälern, Schulen und Sondersiechenhäusern hatten sie ferner kommunale Einrichtungen, die Kleinststädtchen nur in Ansätzen aufwiesen.
Es gibt aber auch Unterschiede zwischen den beiden Städten. So ist Thun mit seiner ins Frühmittelalter zurückreichenden Pfarrkirche älter als Burgdorf, das offensichtlich sekundär zwischen den beiden älteren Pfarrdörfern Kirchberg und Oberburg entstanden war. Obwohl flächenmässig kleiner, erscheint Burgdorf in mancherlei Hinsicht als die bedeutendere Stadt.[23] Es war als Herrschaftssitz gegründet worden und diente bis 1384 auch als Residenzort, während in Thun immer nur Verwalter lebten. Der Rat von Burgdorf hatte denn auch von Anfang die Hochgerichtsbarkeit inne, und in Burgdorf richteten die Grafen von Neu-Kiburg ihre Münzstätte ein. Burgdorf hatte ein Franziskanerkloster, eine Antoniterpräzeptorei und ein Beginenhaus, während in Thun das Kloster Interlaken als Patronatsherr der Stadtkirche die Ansiedlung der Bettelorden offensichtlich verhinderte. Burgdorf hatte auch mindestens zwei Klosterhöfe, während in Thun zwar Häuser in Klosterbesitz nachgewiesen sind, die aber wahrscheinlich verpachtet waren.[24] Ein weiteres Zeugnis für eine selbstbewusste Burgdorfer Bürgerschaft ist der repräsentative Neubau der Stadtkirche im späten 15. Jahrhundert. Auffällig ist zu guter Letzt, dass sich Burgdorf unter der Oberherrschaft Berns im späten 14. und frühen 15. Jahrhundert eine eigene kleine Territorialherrschaft aufbauen konnte, während für Thun keinerlei entsprechende Aktivitäten zu beobachten sind.

Wie ist abschliessend die Entwicklungsgeschichte von Thun und Burgdorf im Vergleich zu der Berns zu sehen? Beide Städte hatten grundsätzlich ebenso gute Voraussetzungen für Gedeihen und Wachstum wie Bern: Sie lagen an älteren Strassen, was Durchgangsverkehr sicherte und – entscheidend – sie wurden zu einer Zeit gegründet, als das wirtschaftliches Umland noch auf keine Stadt ausgerichtet war. Sie hatten mit den Zähringern potente Herren, die Stadtgründungen als Teil ihrer Herrschaftskonzeption verstanden und diesen Städten klare Aufgaben zudachten, Burgdorf als Residenz des Rektorats Burgund und Thun als «Aufmarschort» für den Vorstoss in und über die Alpen.

Trotzdem blieben beide Städte klein und wurden nie ernsthafte Konkurrenten für Bern. Diese Stadt hatte bereits durch die – vom Stadtherrn bestimmten? – Umstände seiner Gründung einen gewaltigen wirtschaftlichen und bevölkerungsmässigen Vorsprung: So erlaubte die Mattenschwelle den Betrieb von vielen Mühlen, die Breite der Hauptgasse ermöglichte den Betrieb eines grossen Wochenmarkts, und das Gründungsareal war rund fünfmal so gross wie Thun und Burgdorf, bot also auch der entsprechend mehrfachen Zahl von Ansiedlern Platz. Das unterschiedliche Schicksal der drei Städte nach dem Aussterben der Zähringer zementierte diesen Vorsprung: Während Bern von den deutschen Königen gefördert wurde und sich entfalten konnte, wurden Thun und Burgdorf von den finanzschwachen Grafen von Neu-Kiburg in ihrer Entwicklung derart nachhaltig behindert, dass sie dem Aufstieg Berns zur dominanten Macht in der Region nichts entgegenzusetzen hatten.

Gegner am Rande: Kleinstadtgründungen

Mit dem 12. Jahrhundert beginnt in Europa eine Phase der Stadtgründungen, wie sie vorher undenkbar ist und auch seither nie mehr beobachtet werden konnte. Innerhalb von nur drei Jahrhunderten wurden allein in der Schweiz 200 städtische Gebilde neu geschaffen und in den deutschsprachigen Gebieten Europas ist gar mit 4000 Neugründungen zu rechnen.[1] Gründungsstädte unterscheiden sich von den übrigen Städten, indem sie weder allmählich, noch durch stückweise ummauerte Erweiterungen von innen nach aussen gewachsen sind, sondern dass sie durch den Willensakt eines geistlichen oder weltlichen Gründers nach einem bestimmten Plan ins Leben gerufen worden sind.[2] Archäologische Forschungen haben jedoch in den letzten Jahrzehnten gezeigt, dass die meisten «Gründungsstädte» nicht auf der grünen Wiese oder auf dafür gerodetem Land entstanden, sondern sich fast durchwegs an eine schon vorhandene Siedlung anlehnten, sei es an eine Burg, ein Kloster, einen Herrenhof oder ein Dorf.[3] Während die zu Beginn dieser Bewegung geschaffenen Städte noch zu wichtigen Zentren heranwachsen konnten, wurde der Überlebenskampf für eine Stadt umso grösser, je später sie gegründet worden war. Ab der Mitte des 13. Jahrhunderts war das Städtenetz bereits so dicht, dass Neugründungen kaum mehr über eine Chance verfügten, sich zu grösseren Städten zu entwickeln.[4] Es fehlten ihnen dazu sowohl die wirtschaftlichen Voraussetzungen als auch das nötige Bevölkerungspotential.[5] Da die Sterblichkeit in den engen Gassen einer Stadt grundsätzlich grösser war als die Geburtenrate, war eine Stadt nämlich nicht nur bei ihrer Gründung auf einen Zuzug aus dem Umland angewiesen, sondern lebte auch in späteren Zeiten von Neuzuzügern. Lagen die Neugründungen zu nahe beieinander, konkurrierten sie daher nicht nur in wirtschaftlicher Hinsicht, sondern verhinderten auch gegenseitig ein Anwachsen der Bevölkerung. Es erstaunt daher nicht, dass viele der im 13. und 14. Jahrhundert gegründeten Stadtanlagen wieder verschwanden. Die Forschung unterscheidet allgemein zwei Hauptgruppen von solchen so genannten Stadtwüstungen.[6] Einerseits Städte, die eine Mehrzahl ihrer städtischen Funktionen verloren haben und heute noch als Dorf weiterleben, und Städte, die gänzlich verschwunden sind und deren bauliche Gestalt oft nicht mehr erkennbar ist. In der Schweiz sind knapp die Hälfte aller im späten Mittelalter gegründeten Städte wieder abgegangen. Von total 197 erforschten Anlagen in der Schweiz sind 20 ganz verschwunden, 29 leben als Siedlungen an anderer Stelle weiter und 46 haben ihre städtische Funktion verloren, sind zum Dorf geworden.[7]

Abb. 159
Flugbild der Stadt Aarberg im Jahr 2000.

Doch was unterscheidet eigentlich im Mittelalter eine kleine Stadt von einem grösseren Dorf? Dass einfache Merkmale wie das Vorhandensein einer Stadtmauer, die Verleihung eines Stadtrechts oder auch nur die blosse Anzahl von Einwohnerinnen und Einwohnern dem Stadtbegriff nicht gerecht werden, wurde schon in der Mitte des 19. Jahrhunderts erkannt. Seither wurden viele Versuche unternommen, diejenigen Merkmale zu definieren, die eine Stadt zur Stadt machen und sie vom Dorf oder Marktflecken unterscheiden.[8] Heute hat sich allgemein die Meinung durchgesetzt, dass eine Stadt durch ein Bündel von Kriterien bestimmt wird, dessen Zusammensetzung nach Zeit und Ort variieren kann. Das Bündel enthält jedoch immer Kriterien des äusseren Erscheinungsbildes, der inneren Struktur und der Funktion.[9] Gemäss Paul Hofer wird der Stadtbegriff durch sechs Aspekte geprägt: wirtschaftlicher und sozialer Aufbau, Verkehrslage sowie rechtliche, politische und architektonische Gestalt.[10] Es darf dann von einer Stadt gesprochen werden, wenn eine Mehrzahl dieser sechs Qualitäten festgestellt werden kann. Für kleine und kleinste Städte greift jedoch auch diese Definition zu kurz. Da das Mittelalter nicht in Systemen dachte, sondern sich an konkreten Einzelfällen orientierte, schlug Klaus Fehn 1992 vor,[11] dass die Definition des Begriffs «Stadt» durch die Sichtweise der Zeitgenossen ergänzt werden sollte. Stadt wäre demnach, was Stadt heisst, was vom Stadtherrn gegründet wurde, in der Absicht eine Stadt zu gründen, und was sowohl von den Stadtbürgern selber als auch von der ländlichen Umgebung als Stadt angesehen wurde.

Abb. 160
Aarberg. Rekonstruktion der Stadt im 13. Jahrhundert auf Grund der archäologischen Untersuchungen.

Für die Bewohnerinnen und Bewohner jeder Stadt dürfte jedoch von besonderer Wichtigkeit gewesen sein, dass sich ihr Rechtsstatus grundsätzlich von demjenigen der Dorfbewohner unterschied. Während diese oft noch hörig und an die Scholle gebunden waren, galt für die Stadtbewohner das Prinzip der persönlichen Freiheit. Wenn sie nach Jahr und Tag von ihrem Herrn nicht zurückgefordert worden waren, erhielten Neuzuzüger Schutz und Schirm in der Stadt, es wurde ihnen Freiheit vor Strafverfolgung auswärtiger Herren versprochen, sie durften frei Eigentum erwerben und verkaufen, konnten Testamente erlassen, und es wurde ihnen vor allem auch eine gewisse Selbstverwaltung zugestanden. Dafür mussten sie dem Stadtherrn Treue schwören und wurden zu Steuerabgaben sowie zum Unterhalt der Stadtmauer verpflichtet.

Diese Freiheiten, die den Stadtbewohnern gewährt wurden, waren für den Stadtherrn und -gründer jedoch mit gewissen Risiken verbunden: Die Delegierung von Aufgaben an einen städtischen Rat enthielt nämlich von Anfang an ein Element der Emanzipation.[12] In vielen Städten versuchten die Bürger denn auch, sich von ihrem Stadtherrn zu lösen und wenn immer möglich den Status einer Reichsstadt zu erlangen, was bedeutet, keinen Stadtherrn ausser dem Kaiser akzeptieren zu müssen. Dass dies vor allem den älteren Städten gelang, liegt sicher in erster Linie an deren Entfaltungsmöglichkeiten, die ein schnelleres Wachstum und damit auch eine grössere Macht mit sich brachten. Peter Johanek geht jedoch davon aus, dass der Grund für die schlechtere rechtliche Stellung von kleinen Städten nicht nur in deren Grösse liegt. Er glaubt, dass die Landesherren im 13. Jahrhundert ganz einfach auch mehr Erfahrungen im Umgang mit Städten gesammelt hatten und daher auf emanzipatorische Strömungen geschickter reagieren konnten als noch wenige Jahrzehnte vorher.[13]

Trotz der Risiken, die eine Stadt mit einer autonomen Bürgerschaft mit sich brachte, war für mittelalterliche Adelige die Stadtgründungspolitik eines der wichtigsten Mittel zur Territorienbildung und Herrschaftsintensivierung.[14] Neue Städte dienten ihnen nicht nur als Verkehrs- und Verwaltungsmittelpunkte, sondern hatten insbesondere auch Stützpunktcharakter. Da die Bürger die Stadtverteidigung und -befestigung selber übernehmen mussten, waren diese für ihn viel nützlicher als eine kleine Burg, die mit teuren Söldnern und Vasallen besetzt werden musste. Überdies war der Besitz von Städten für den Territorialherrn auch dringend notwendig, um den Auf- und Ausbau seines Territoriums in wirtschaftlicher Hinsicht zu fördern. Eine als Handwerkerzentrum und Warenumschlagplatz funktionierende mittelalterliche Stadt war nicht

Abb. 161
Spiez, Flugaufnahme von Schloss und Kirche 2001.

nur eine wichtige Steuereinnahmequelle, sondern konnte bei Bedarf erst noch verpfändet werden.[15]

Im heutigen Kanton Bern lässt sich die eingangs erwähnte Faustregel, dass sich aus den ältesten Gründungen oftmals die grössten und wichtigsten Städte entwickelten, besonders deutlich nachvollziehen.[16] Alle drei am Ende des 12. Jahrhunderts bereits existierenden Städte, Bern, Thun und Burgdorf, zählen noch heute zu den wichtigsten.[17] Keine der im 13. oder 14. Jahrhundert gegründeten Städte hingegen vermochte neben diesen Machtzentren noch eine grössere Bedeutung zu erlangen. Sie blieben – wie beispielsweise Wangen[18] oder Wiedlisbach[19] – klein und unbedeutend oder existieren, wie etwa Mülenen im Kandertal,[20] heute nur noch als Dorf weiter. Im 15. Jahrhundert wurden im Gegensatz zu süddeutschen Gebieten in der ganzen Schweiz keine neuen Städte mehr gegründet. Der Hauptgrund dafür ist darin zu suchen, dass der Adel, der bisher neue Städte ins Leben gerufen hatte, entweder verschwand oder immer mehr verarmte und seine Rechte verpfänden oder verkaufen musste. Die Mitglieder der Eidgenossenschaft hingegen verhinderten weitere Stadtgründungen. Während die Landorte in den Voralpen nie Städte gekannt hatten und sich auch fortan keine wünschten, versuchten die Stadtstaaten vor allem die Interessen der eigenen Stadt zu wahren. Sie sahen in den Landstädten nur eine unbequeme Konkurrenz, die es nicht noch zu fördern galt.[21]

Der heutige Kanton Bern weist zwei Gebiete mit einer besonders hohen Städtedichte auf. Es sind dies einerseits die Region Thunersee und andererseits der Jura-Südfuss mit dem anschliessenden Mittelland, insbesondere das westliche Ende des Bielersees. Besonders aktiv als Städtegründer waren in diesem Gebiet die Grafen von Neuenburg (→ S. 132). Sie gründeten um 1200 Erlach,[22] um 1220/25 Aarberg (Abb. 160)[23] und etwa gleichzeitig Büren an der Aare.[24] 1325 errichteten sie das Städtchen Le Landeron als neuenburgisches Gegenstück zum 13 Jahre zuvor vom Bischof von Basel gegründeten La Neuveville.[25] 1338 wurde schliesslich noch die Burg Nidau zu einer Stadtanlage erweitert.[26] Auch diese letzte Stadtgründung auf bernischem Gebiet wurde wieder direkt an der Grenze zu bischöflich-baslerischem Territorium errichtet – diesmal wohl als Gegenpart zu dem um 1200 zur Stadt erhobenen Biel.[27]

Abb. 162
Wimmis, Schloss und Kirche von Süden.

Im Berner Oberland leben heute nur noch Thun und Unterseen als Städte fort. Von allen anderen, die in den Quellen als *«stat»* bezeichnet werden, ist fraglich, wie weit sie überhaupt je einen städtischen Charakter aufwiesen. So war Spiez (Abb. 161), das zwar heute wieder mit einer ansehnlichen Grösse aufwarten kann, bis ins 19. Jahrhundert nur ein kleiner Amtssitz der dazugehörigen Freiherrschaft.[28] Über die Anfänge des Städtchens lassen uns die Quellen im Dunkeln. Bekannt ist hingegen, dass Spiez 1280 königliche Stadt – oder einer solchen zumindest gleichgestellt – war. In einer Urkunde vom 15. Mai dieses Jahres, in der Rudolf II. von Habsburg dem Freiherrn Richard von Corbières das Recht verleiht, in der Stadt einen Wochenmarkt abzuhalten, wird Spiez am Schluss als *...civitas nostre imperiale(i?)s* bezeichnet.[29] Spätestens mit dem Übergang an die Bubenberg 1338 verlor die Stadt diese Sonderstellung jedoch wieder und erhielt den Status einer grundherrlichen Stadt ohne Autonomie.[30]
Wimmis, das um 1200 von den Freiherren von Strättligen gegründet wurde,[31] verlor sein Stadtrecht nach dem käuflichen Übergang an Bern im Jahr 1449. Es wurde mehrmals belagert und zerstört, so dass von den ursprünglichen Stadtanlagen nichts mehr erhalten ist (Abb. 162 und 163). Noch 1349 wird es aber als *burg und stat* bezeichnet.[32] Eine weitere Stadtwüstung in dieser Region ist Uttigen, am linken Aareufer, wenige Kilometer nordöstlich von Thun gelegen.[33] Es gehörte 1271 zur Herrschaft der Freien von Wädenswil und wird noch 1381 ausdrücklich *burg und statt* genannt.[34] Wer es wann gegründet hat, ist nicht mehr nachvollziehbar. Bis auf wenige Überreste der Ringmauer und des Burgturmes ist das Städtchen Uttigen heute verschwunden oder im Dorf aufgegangen.
Noch unklarer als bei den bisher genannten Beispielen ist die Situation in Mülenen (Gemeinde Reichenbach im Kandertal; → S. 478), wo heute ebenfalls nichts mehr an eine Stadt erinnert.[35] Ob es wirklich je Stadtrechte besessen hat, ist unklar. Nur einmal, in Konrad Justingers Schilderung der Belagerung Mülenens von 1331, ist von einem *stetly mülinon* die Rede.[36] Stadtrechte werden in diesem Zusammenhang nicht erwähnt. Möglicherweise nennt Justinger den Ort einfach auch nur deshalb Stadt, damit das Verdienst Berns, Mülenen erobert zu haben, umso grösser erscheint.

Abb. 163
Erster Zug der Berner vor Wimmis 1288. Die Chronikdarstellung Diebold Schillings entspricht nicht der örtlichen Realität. Sie zeigt aber die landschaftsstrukturierenden Elemente: Burg, Städtchen, Landmauer (Letzi) und vorgelagerten Torschirm (Flechtzaun). Baustil und Bewaffnung entsprechen natürlich nicht dem 13. Jahrhundert, sondern der Zeit des Chronisten; BBB Ms.h.h.I.1, S. 50.

Abb. 164
Spiez. Schloss und Umgebung vom See aus gesehen. Deutlich erkennbar ist die Dreiteilung der Bebauung innerhalb der Befestigung in Burg, Kirche und «Städtli»; Aquarell von Albrecht Kauw (1616–81), BHM Inv. Nr. 26101.

Abb. 165
Unterseen, Burgruine Weissenau. Die Burganlage diente mit ihrem befestigten Hafen dem Güterumschlag vom Thunersee Richtung Unterseen und verlor mit dem Übergang des Städtchens an Bern ihre Bedeutung. Nach der Reformation wurde sie verlassen, ist jedoch noch heute in Kantonsbesitz. Restauriert 1988/89. Die ummauerte Wiese im Vordergrund stellt den verlandeten mittelalterlichen Hafen dar.

«...burgere ze Inderlappen genant Undersewen» – Unterseen als Fallbeispiel

Ebenfalls im Berner Oberland liegt aber mit Unterseen diejenige Stadt des Kantons Bern, deren Gründung mit Abstand am deutlichsten und klarsten nachvollzogen werden kann.[37] Einerseits sind hier mehr schriftliche Quellen aus der Gründungsphase erhalten als anderswo und andererseits konnte bereits ein verhältnismässig grosser Teil der Altstadt archäologisch untersucht werden.

Die Gründung des Städtchens Unterseen im Jahr 1279 fällt in die Zeit der sich auflösenden Reichsmacht, als sich das Haus Habsburg vermehrt um das Berner Oberland zu interessieren begann. Von besonderem Interesse war für Rudolf der Übergang über die Aare zwischen dem Thuner- und dem Brienzersee, der den Zugang zu den nach Süden und nach Osten in die nachmalige Innerschweiz führenden Alpenpässen ermöglichte. Deshalb erlaubte er am 13. Juli 1279 seinem Lehnsmann, dem Freiherrn Berchtold III. von Eschenbach, eine Feste oder Burg zwischen den Seen zu errichten.[38] Der geeignete Baugrund am nördlichen Aareufer gehörte jedoch dem zu dieser Zeit bereits recht mächtigen Augustiner-Chorherrenstift Interlaken, das zuerst seine Einwilligung zum Projekt der Eschenbacher geben musste.[39] Am 3. Mai 1280 kam der Vertrag schliesslich zustande, und die Augustiner von Interlaken überliessen ihrem Kastvogt, dem Freien von Eschenbach, das gewünschte Gebiet gegen einen jährlichen Zins von 3 Pfund reinen Wachses zu Erblehen.[40] Der Name der neu zu gründenden Stadt wird mit *Inderlappen* angegeben. Diese Bezeichnung war noch bis weit ins 14. Jahrhundert hinein viel gebräuchlicher als der heutige Name Unterseen. 1291 wird zwar von zwei Männern gesagt, dass sie *burgere ze Inderlappen genant Undersewen* seien, ansonsten fehlen aber weitere Belege für die Bezeichnung Unterseen bis in die 30er Jahre des 14. Jahrhunderts.[41] Das so genannte Bödeli wird *vallis Underseuwen* oder *Tal von Unterseen* genannt, doch das heutige Unterseen blieb noch für mehrere Jahrzehnte *stat ze Inderlappon*[42] oder *ze Hinderlappon in der stat*.[43]

Mit dem Erblehensvertrag von 1280 wurde gleichzeitig auch die künftige Beziehung zwischen der Stadt und dem Kloster geregelt. So durfte beispielsweise kein Leibeigener des Klosters als Bürger im Städtchen aufgenommen werden. Im Weiteren legte die Propstei Wert darauf, dass sie an ihren Hoheitsrechten an und auf der Aare keine Einbussen erleiden musste, und auch die umliegenden Wälder wurden ihr als Eigentum garantiert. Um künftigen Streitigkeiten aus dem Weg zu gehen, wurde zudem festgehalten, dass die Eschenbacher das

Abb. 166
Unterseen, Stadtgrundriss mit Eintragungen der archäologischen Befunde. Stand Ende 2001.
rot: nach 1279;
orange: 13./14. Jahrhundert;
gelb: 14./15. Jahrhundert;
blau: 15./16. Jahrhundert;
grün: neuzeitlich.

ummauerte Erblehensgrundstück an niemanden veräussern dürften, ohne dass der neue Besitzer sich verpflichtete, die obgenannten Vereinbarungen einzuhalten. Dass dieser Paragraph durch die Beteiligung des letzten Freiherrn von Eschenbach am Habsburger Königsmord von 1308 hinfällig werden würde, da ohnehin ihr ganzes Erbe an die Habsburger fiel, konnte zu diesem Zeitpunkt niemand vorhersehen. Interessant ist jedoch, dass, als der Erblehensvertrag aufgesetzt wurde, die Gründung bereits im Gange gewesen sein muss. Neben den Siegeln von Walter und Berchtold von Eschenbach hängt an diesem nämlich bereits dasjenige der Stadtgemeinde von Unterseen (*Sigillum civitatis Inderlapen*).

Ob zur Zeit der Gründung schon ein Rat existierte, ist nicht klar. Erstmals erwähnt werden der grosse und kleine Rat von Unterseen erst 1320.[44] Von Anfang an verfügte Unterseen jedoch über einen Schultheissen, der vom Stadt-

Abb. 167
Unterseen, Ansicht des aufgehenden Mauerwerks der nördlichen Stadtmauer. Massstab 1:150.
rot: nach 1279;
orange: 13./14. Jahrhundert;
gelb: 14./15. Jahrhundert;
blau: 15./16. Jahrhundert;
grün: neuzeitlich.

herrn eingesetzt worden war und der in dessen Namen die Geschicke der Stadt leitete. Der erste namentlich bekannte, Werner, genannt vom steinernen Haus, wird 1283 in einer Verkaufsurkunde genannt.[45] Wahrscheinlich gehörte er – wie übrigens auch seine Nachfolger – einer lokalen Ministerialenfamilie an.[46]

Über die Rechtsverhältnisse in der Stadt Unterseen bei ihrer Gründung ist nichts bekannt. Es scheint jedoch, dass ihr schon von ihrem Gründer das Recht der Stadt Bern verliehen worden ist. Dies geht aus einer Bestätigung von 1299 hervor, in der Walter von Eschenbach die Freiheiten und Rechte, welche sein Vater der Stadt Unterseen *nach rechtem vrien Bernrechte* verliehen hatte, bestätigt und erweitert.[47]

Dank neuesten archäologischen Untersuchungen konnte nachgewiesen werden, dass das heutige Parallelogramm des Stadtgrundrisses (100 × 150 m Seitenlänge; vgl. Abb. 166) dem Gründungsplan der Freiherren von Eschenbach entspricht.[48] Dabei ist Unterseen nicht «auf der grünen Wiese» entstanden. Seit dem Hochmittelalter siedelte eine kleine dörfliche Bevölkerungsgruppe am Ort der späteren Stadtgründung und bestattete ihre Verstorbenen im Südwesten des heutigen Stadtareals. 1986 und 1994/95 wurden Teile dieses Gräberfeldes archäologisch untersucht.[49]

Das neu gegründete Städtchen war nicht nur mit einer Stadtmauer, sondern an den drei Seiten, die nicht von der Aare begrenzt wurden, auch durch einen neun bis elf Meter breiten Stadtgraben befestigt. Die Stadtmauer wurde in verschiedenen Schritten errichtet (Abb. 167). Zunächst erfolgte in einem raschen Arbeitsgang der Aushub des rund 2,5 m tiefen Grabens. Mit dem Material wurde im zukünftigen Stadtinnern eine einigermassen ebene Fläche geschaffen. An die innere Grabenwand wurde darauf die Stadtmauer als 1,35 m mächtiges Kieselmauerwerk gesetzt. Als das Terrain erreicht war, wurde die stadtinnenseitige Baugrube zugeschüttet und die Aufmauerung bis auf eine Höhe von rund drei Metern fortgesetzt; hier folgt eine deutliche provisorische Mauerkrone. Offenbar wollte der «Stadtgründer» möglichst rasch eine sichere Höhe erreichen. Dazu war wohl weniger die Bedrohungslage Triebkraft als vielmehr das Bedürfnis, möglichst rasch eine für jedermann sichtbare Rechtsgrenze zu setzen. Erst in einem späteren Arbeitsschritt – wie wir auf Grund ähnlicher Beobachtungen auch aus Burgdorf und Thun wissen: erst nach der Errichtung erster Steinhäuser im Stadtinnern – wurde bis zur Wehrganghöhe weiter gemauert, welche das rund neun Meter hohe Bauwerk abschloss.[50]

Abb. 168
Unterseen, Überblick auf die Grabungen von 1994/95 am Westabschluss. Deutlich wird der uneinheitliche Bebauungstyp. Direkt neben dem Stadteingang (unten im Bild) erhob sich ein besonders grosser Steinbau, Sitz eines Ministerialen?

Die äusseren Häuserzeilen schlossen direkt an die Stadtmauer an. Zudem konnte in der Mitte der ummauerten Fläche, an der Stelle, wo heute das so genannte Stadthaus steht, wenn auch nicht eine geschlossene Häuserzeile, so doch eine Binnenbebauung nachgewiesen werden.[51] Dadurch wurden eine obere und eine untere Gasse ausgeschieden. Ursprünglich die Hauptgasse bildete die heutige untere Gasse und deren Fortsetzung, das Habkerngässli. Sie mündeten je in ein Stadttor. Im Norden ausserhalb des Habkerngässlis vermuten wir in der dortigen Bucht einen Hafen beziehungsweise eine Sust (Abb. 166)[52] Auffällig ist, dass die Gebäude im Stadtinnern nicht auf gleichmässig vorgegebenen Parzellen errichtet wurden, wie dies in anderen Gründungsstädten beobachtet werden kann, sondern dass die Hausgrundrisse von Anfang an unterschiedliche Grössen und Ausrichtungen aufwiesen (Abb. 168).[53] Es sieht ganz danach aus, als ob der «Stadtgründer» nur den Stadtperimeter und wenige Hauptbauten festlegte. Ansonsten scheinen die ersten Bürger ihre angestammte Bauweise jedoch aus der dörflichen Siedlung mit in die neue Stadt genommen zu haben. Die ersten Gebäude wirken denn auch wie in die Reihe gerückte einzelne Kleinbauten vom Typ alpiner Stadel oder Gaden. Das Fehlen von Verbänden und durchgehenden Brandmauern sowie der freie Wechsel zwischen Holz- und Steinbauweise erinnern deutlich an die im alpinen Bereich verbreitete «Domino-Bauweise». Die heutigen Riemenparzellen entstanden erst im Laufe der Jahrhunderte, indem in der frühen Neuzeit die Hofbereiche überbaut wurden und damit die Hinter- und Vorderhäuser zusammenwuchsen.

Entsprechend der ersten Bebauung ist davon auszugehen, dass sich die meisten Bürgerinnen und Bürger der neu gegründeten Stadt Unterseen ihren Lebensunterhalt weiterhin mit Vieh- und Landwirtschaft verdienten. Was uns heute unvorstellbar erscheint, war im Mittelalter nicht nur in kleinen Ackerbürgerstädten üblich: In Hinterhöfen wurden Schweine, Ziegen und andere Tiere gehalten, die immer wieder auch auf den Strassen anzutreffen waren. Erst im Laufe der Zeit entwickelte sich in den neuen Kleinstädten ein Handwerkerstand. In Städtchen wie Unterseen dürfte dieser allerdings kaum je sehr ausgeprägt gewesen sein und lediglich Güter für den täglichen Gebrauch hergestellt haben. Der erste namentlich bekannte Handwerker von Unterseen ist der 1343 erwähnte Johannes Born, der in der Stadt Burger war und als Schuster arbeitete.[54] Bereits 1325 wird ein Magister Johannes der Schreiber als Burger von Unterseen bezeichnet. Dass er sich seinen Lebensunterhalt in der kleinen Stadt wirklich als Schreiber verdienen konnte, ist jedoch eher unwahrscheinlich. Das Kloster Interlaken mit seinen schreibkundigen Chorherren war zu nahe, als dass es nötig gewesen wäre, einen eigenen Stadtschreiber anzustellen. Die häufigen Streitigkeiten zwischen Unterseen und dem Kloster könnten allerdings Grund genug gewesen sein, einen eigenen Stadtschreiber zu beschäftigen, wenn auch im Nebenamt.

Abb. 169
Unterseen, Bauuntersuchung von 1998/99 an Kirchgasse und Habkerngässli. Am östlichen Ende der Häuserzeile verdichtete sich die Bausubstanz. Mehrere palasartige Steinbauten drängten sich hier auf engem Raum zusammen, Hinweis auf den gleich ausserhalb des Tors liegenden Hafen, Stapel-und Güterumschlagsplatz?

Abb. 170
Unterseen, Kirchgasse. Steinbauten an Stadtmauer.

Obwohl die Stadt bis in unsere Zeit hinein klein blieb und heute neben dem stark gewachsenen und bei Touristen sehr beliebten Interlaken fast nicht mehr zur Kenntnis genommen wird, scheint sie doch eine gewisse Grösse und Zentrumsfunktion erlangt zu haben. Immerhin gelang es ihr im Gegensatz zu vielen anderen späten Kleinstadtgründungen, den Status einer Stadt über die Jahrhunderte zu retten und auch heute noch als solche anerkannt zu werden.

Josef Brülisauer

Die Täler im Oberland

Abb. 171
Siegel der Talschaft Hasle. Dargestellt ist der Reichsadler, weil das Haslital einst Reichsgut gewesen ist. Die Umschrift lautet: DIS S IST DER GEMEINDE VON HASLE. Die Urkunde hält die Rechte und Pflichten der Talschaft gegenüber Bern als dem neuen Reichsvogt fest; StAB, Fach Oberhasle, 1334 Aug. 9.

Das Oberland umfasst die Täler südlich des Thuner- und Brienzersees von der Grimsel bis zu den Diablerets: das Haslital mit Meiringen im Einzugsgebiet der Aare oberhalb des Brienzersees, das Tal der beiden Lütschinen mit Lauterbrunnen und Grindelwald, das Kander- und Engstligental mit Frutigen, Kandersteg und Adelboden, das Nieder- und Obersimmental im Einzugsbereich der Simme mit Erlenbach und Zweisimmen, und ausserdem das jenseits der Wasserscheide gelegene Saanental am Oberlauf der Saane mit dem Hauptort Saanen.
Heute ist das Haslital durch drei fahrbare Pässe mit seinen Nachbartälern Obwalden (Brünig), Uri (Susten) und Wallis (Grimsel) verbunden. Auch das Simmental ist dank dem bequemen Übergang über die Saanenmöser und das Saanental mit seinem natürlichen Zugang zum Greyerzerland sowie dem Col des Mosses und dem Col du Pillon ins Wallis gut erschlossen. Das Kandertal dagegen besitzt seit 1913 dank seiner Eisenbahnverbindung ins Wallis eine wichtige Bedeutung.
Im Mittelalter sind alle diese Täler durch ein Netz von heute nur noch als Wanderwege bekannten Übergängen mit ihren Nachbarn und untereinander verbunden. So führen zusätzlich zu den bereits erwähnten Verbindungen der Lötschen- und der Gemmipass von Frutigen ins Lötschental und nach Leuk, aus dem oberen Simmental der Rawil- und aus dem Saanental der Sanetschpass nach Sitten. Damit sind nur die niedrigsten genannt. Kleinere Übergänge garantieren die Querverbindungen zwischen den Tälern wie das Hahnenmoos von Lenk nach Adelboden, die Kleine Scheidegg zwischen Mürren und Grindelwald, die Grosse Scheidegg zwischen Grindelwald und Meiringen, der Jochpass zwischen Engstligen im Haslital und Engelberg.
Diese Gebiete besassen in der hier interessierenden Zeitspanne sehr unterschiedliche Voraussetzungen. Neben dem reichsfreien Land Hasli, das durchaus die Voraussetzungen hatte, ein eigener Stand wie etwa Obwalden zu werden, standen das in viele kleine Herrschaften zersplitterte Simmental oder das früh vom Kloster Interlaken beherrschte Gebiet.

Abb. 172
Auch das Landessiegel von Frutigen zeigt den Reichsadler, das hier abgebildete besiegelte eine Urkunde von 1380, StAB Fach Interlaken, 1380 Jan. 21.

Haslital

Im Haslital besteht die Bevölkerung im Mittelalter hauptsächlich aus freien Landleuten. Leibeigene und Gotteshausleute sind hier kaum anzutreffen. An verschiedenen Orten, an den Schattenhängen des Gadmentales, in Wiler Schattseite, in Bottigen, auf Falcheren, bei Balm, Bürglen und um Altenschwendi am Hasliberg liegen vogthörige Güter. Sie werden von freien Landleuten bebaut. Diese haben aber ihren Herrschaften, vor allem den Ringgenbergern, verschiedene Abgaben und Leistungen zu entrichten. Die gravierendste ist der «Dritte Pfennig», eine Abgabe von 33 Prozent des Wertes bei Handänderungen. Aber die Leistungen werden im Laufe der Zeit in Geldabgaben umgewandelt und unterscheiden sich daher nicht mehr von Bodenzinsen.
1275 schliessen das Land Hasli und die Stadt Bern als gleichberechtigte Partner ein Bündnis und versprechen sich gegenseitige Hilfe. 1308 – nur wenige Tage nach der Ermordung König Albrechts I. – wird dieses Bündnis erneuert.[1] Doch 1310 und 1311 verpfändet König Heinrich VII. das Tal den Freiherren von Weissenburg.[2] Die unklaren Formulierungen in den Pfandbriefen und wohl auch die beträchtlichen Auslagen der Weissenburger im Kriegsdienste des Königs führen zu erhöhten Forderungen an die Landleute. Diese erheben sich gegen diese

Zumutungen, werden aber vor Unspunnen geschlagen. Die zu Hilfe gerufenen Berner zwingen im Juli 1334 die Weissenburger zur Abtretung der Pfandschaft an die Stadt.[3] Damit übernimmt Bern im Haslital die Rechte der Weissenburger.

Frutigen

Das Tal von Frutigen befindet sich im 13. Jahrhundert im Besitz der Herren von Kien, gegen Ende des Jahrhunderts in der Hand der Freiherren von Wädenswil. Nach ihrem Aussterben 1327 erben die Edlen von Thurn zu Gestelen. Mitte des 14. Jahrhunderts treten diese die Verwaltung der Herrschaft an die Weissenburger ab. Von ihnen gelangt sie 1367/68 durch Erbschaft an die Herren von Brandis. 1368 nimmt Thüring III. von Brandis Burgrecht in Bern. Die von Thurn besitzen aber weiterhin die herrschaftlichen Rechte. 1400 verkaufen sie diese um 6200 Goldgulden an Bern. Den Kaufpreis bezahlen aber die Landleute von Frutigen. Bern erlässt ihnen daher die jährliche Steuer.[4]

Saanen

Im Saanenland gehören alle Rechte vom 13. bis zur endgültigen Ablösung im 16. Jahrhundert zum Herrschaftsbereich der Grafen von Greyerz. In ihrer chronischen Geldnot sind diese aber gezwungen, in regelmässigen Abständen Teile ihrer Rechte an die Landleute zu verkaufen. 1312 verzichten sie auf die Steuerpflicht, 1341 auf den Marktzoll und die Waage. 1371 treten sie alle Nutzungen und Leistungen ab, mit Ausnahme der Bodenzinsen in Geld, dem Eigentum der Lehengüter und dem Recht einer Abgabe beim Tode eines Landmannes (der toten Hand). 1397/98 fallen auch die Erbschaft und das Todfallrecht an die Untertanen und 1448 alle Bodenzinsen, Zehnten und sonstige Abgaben.[5] Mehrfach – so 1341 und 1367 – verpflichten sich die Untertanen zu weiteren Geldzahlungen, um die Schulden ihrer Herren bei den Gläubigern zu entrichten.[6] Ab 1448 ist Saanen damit praktisch frei. Es ist daher von 1451 bis 1555 zugewandter Ort der Eidgenossenschaft.

Obersimmental

Im Obersimmental zerfällt die Herrschaft in drei verschiedene Gebiete mit unterschiedlichen Entwicklungen: Mannenberg-Laubegg in den Gemeinden Zweisimmen und St. Stephan (dazu gehören die Herrschaftsrechte über das Tal), Mannenberg–Reichenstein in der Gemeinde Lenk und die Reichsburg Simmenegg in der Gemeinde Boltigen.

In der Herrschaft Mannenberg-Laubegg wird Peter von Raron im späten 13. Jahrhundert als Bewohner der Burg zu Mannenberg genannt (Abb. 174). Mit seinem Tode gegen Ende des Jahrhunderts scheint der Obersimmentaler Zweig der Raron erloschen zu sein. Mannenberg gelangt in den Besitz der Freiherren von Strättligen. Dieses einheimische Geschlecht besitzt bereits vorher als Eigen (Allod) die Burg Laubegg und die Kirche von Zweisimmen. 1335 verkauft Heinrich von Strättligen Kirchensatz und Kirchengüter von Zweisimmen an das Kloster Interlaken[7] und 1336 Mannenberg und Laubegg an seinen Schwager, den Grafen Peter von Greyerz. Er behält aber weiterhin gewisse Rechte und verschiedene Güter,[8] vor allem die Oberherrschaft. Durch Erbschaft gelangt ein Teil davon an Ulrich von Bubenberg. Obwohl dieser 1348 dafür vom Kaiser belehnt wird,[9] dürfte die Übernahme nicht problemlos erfolgt sein. 1349 erstürmen und verbrennen die Berner Laubegg und Mannenberg, Zweisimmen und die umliegenden Orte werden verwüstet und gebrandschatzt. Nach dem Frieden von 1350 sollen die Streitigkeiten durch Schiedsrichter beigelegt werden. Vielleicht als Folge dieses Entscheids verkauft Ulrich von Bubenberg 1353 seine Lehen im Obersimmental an Peter von Greyerz.[10] Dieser aber tritt 1356 seinen ganzen dortigen Besitz, Lehen und Eigen, an den Freiburger Adligen Jakob von Thüdingen[11] ab. Nach dessen Tod teilen seine Nachkommen den Besitz vom Schlegelholz an aufwärts und abwärts. Nach Streitigkeiten mit seinen Leuten, in denen Bern vermittelt, verkauft Jakob von Thüdingen 1378 sein väterliches Eigengut an die Stadt Freiburg und seine Lehen an Jakob Rych von Freiburg.[12] Sein Bruder Wilhelm schliesst im gleichen

Abb. 173
Obwohl das Oberhasli schon seit langem mit Bern verburgrechtet war, wurde das Gebiet 1310 vom Kaiser den Freiherren von Weissenburg verpfändet. Der im Hintergrund dargestellte Aufstand der Hasler scheiterte. Nachdem die Berner aber im Krieg von 1334 die Weissenburger besiegt und die Pfandrechte abgekauft hatten, übernahm die Stadt als Reichsvogt das Tal. Die Hasler schwören im Vordergrund den Treueid. Spiezer Chronik des Diebold Schilling, BBB Mss. hist. helv. I. 16, S. 198.

Abb. 174
Von der in der Nähe von Zweisimmen gelegenen Burg Mannenberg, die im späten 13. Jahrhundert als Besitz der Herren von Raron genannt wird, bis in die Mitte des 14. Jahrhunderts vielfach die Hand wechselte und 1349 von den Bernern gebrandschatzt wurde, ist nur noch wenig zu sehen. Die Lage der Burg und die Reste von Donjon und Nebenbauten lassen noch heute die einstige Wichtigkeit erahnen.

Jahr einen Burgrechtsvertrag mit der Stadt und gewährt ihr ein Vorkaufsrecht.[13] Im Sempacherkrieg, wo Freiburg auf der Seite der Habsburger kämpft, besetzt Bern die Freiburger Besitzungen im Oberland. Der Tschachtlan und die Gemeinde im Obersibental – also diejenigen Gebiete, welche denen von Freiburg und Wilhelm von Thüdingen gehören, huldigen Bern.[14] Nach dem Frieden von 1389 bleibt das Obersimmental bei Bern.

Die Herrschaft Mannenberg-Reichenstein umfasst die Festen Reichenstein und Terenstein, einen Teil des Dorfes Zweisimmen, das linke Simmenufer und das Gebiet der Lenk. Ihre Besitzer, die Herren von Raron auf Reichenstein, haben bereits 1337 Burgrecht in Bern. Zugleich sind ihre Besitzungen aber auch Lehen der Grafen von Greyerz. Die Raron auf Reichenstein haben aber nie Probleme, auch nicht 1386, als die Berner das Simmental besetzen. Eigentliche Schwierigkeiten entstehen erst nach dem Tode Johanns von Raron (1441) und seiner Tochter Barbara. Bis zum Ende des 15. Jahrhunderts ist auch dieser Teil in den Händen Berns.

Die Burg Simmenegg in der Gemeinde Boltigen ist zu Beginn des 14. Jahrhunderts als Reichslehen im Besitz der Freiherren von Weissenburg. Um 1330 erfolgt der Übergang an die Herren von Brandis. 1337 nimmt Thüring II. von Brandis für Simmenegg Burgrecht in Bern. 1374 überträgt Thüring III. von Brandis die weissenburgischen Güter seinem Neffen Rudolf von Aarburg. Dieser erneuert mit seinen Landleuten das Burgrecht mit Bern. 1391 verkauft er Simmenegg als Mannlehen an Bern.[15] Simmenegg teilt eigentlich die Geschicke des Niedersimmentals und kommt eher zufällig zum Obersimmental, weil es schon früh in bernischen Besitz gelangt.

Niedersimmental

Die Landschaft Niedersimmental besteht im Mittelalter aus den vier Herrschaften Wimmis, Erlenbach, Diemtigen und Weissenburg. Die dominierenden Adelsgeschlechter sind die von Sibental, von Weissenburg und die Strettlingen. Bereits bei einer Vergabung Berchtolds IV. von Zähringen an das Priorat Rüeggisberg im Jahre 1175 erscheinen Vertreter aller Familien als Zeugen.[16]

Im Zuge der Auseinandersetzungen der Haslitaler mit ihren Pfandherren, den Weissenburgern, ziehen die Berner 1334 vor Wimmis und zerstören es.[17] Sie einigen sich aber anschliessend mit Ritter Johann von Weissenburg und seinen Neffen den Junkern Rudolf und Johannes über den Schaden.[18] Noch im gleichen Jahre schliessen die Junker von Weissenburg mit ihren Leuten von Sibental für 10 Jahre ein Bündnis mit Bern.[19] Geldschulden nötigen die Herren von Weissenburg zu weiteren Verpflichtungen. Spätestens ab 1354 sind auch die Herren von Brandis an der Herrschaft beteiligt.[20] Bern vermittelt verschiedentlich in den Auseinandersetzungen mit den Landleuten, so 1378, 1391 und 1396.[21] Gegen Ende des Jahrhunderts besitzen Wolfgang von Brandis und Niklaus von Scharnachtal das Niedersimmental.[22] 1439 treten die Brandis, 1449 die Scharnachtal ihre Anteile an Bern ab.

Interlaken (→ S. 165)

Das Klostergebiet von Interlaken setzt sich aus vielen kleinen Herrschaftsbezirken zusammen. Schon 1224 unterstellt Heinrich, der Sohn und Statthalter König Friedrichs II., die von Freiherr Seliger von Oberhofen gestiftete Augustinerpropstei dem Schutz von Bern.[23] 1256 schliesst das Kloster einen Burgrechtsvertrag mit Bern. Nach dem Königsmord von 1308 ziehen die Habsburger die zahlreichen Eschenbacher Güter an sich, da Walther IV. von Eschenbach am Mord beteiligt war. 1315 verpfänden aber die Habsburger diese Güter an ihren Oheim Otto von Strassberg, der im Morgartenkrieg einen Einfall gegen die Unterwaldner unternimmt. Nach dem Tode Ottos von Strassberg gelangen die Rechte 1318 an die Freiherren von Weissenburg. Diese verkaufen 1334 dem Kloster die Herrschaften Rotenfluh und Weissenau.[24] 1342 löst Interlaken zusammen mit Johann von Hallwil die Pfandschaften über Unterseen, Unspunnen, Oberhofen und Balm von den Weissenburgern ab. Kurz darauf übernimmt das Kloster auch die Anteile der Hallwiler.[25] 1346 und 1395 verkauft Peter zum Turm zu Gestelen dem Kloster seine Herrschaftsrechte über die Lötscher

Abb. 175
Die Felsenburg bei Kandersteg thront auf einer schmalen Felsrippe. Nebst dem mächtigen Wohnturm sind nur geringe Fundamentreste der übrigen Bauten und der Ringmauer erhalten. Die Waldwiese rechts bildet einen Teil der einstigen Burggüter.

(Walser) im hinteren Lauterbrunnental, in Grindelwald, Mürren, Lauterbrunnen, Steig und auf der Planalp.[26]
Mit Unterstützung ihrer Nachbarn im Obwaldnerland erheben sich die Gotteshausleute 1348 gegen das Kloster. Bern schlägt als Schutzmacht des Klosters diesen Aufstand nieder und diktiert die Friedensbestimmungen. Die Leute des Gotteshauses Interlaken verpflichten sich zu Gehorsam gegenüber dem Gotteshaus und zur Reispflicht gegenüber Bern.[27]
1356 und 1372 verkauft Junker Philipp von Ringgenberg dem Kloster Interlaken die Reichslehen Flinsau und Hofstetten.[28] Die Herrschaft Unspunnen aber gerät in den Pfandbesitz der Thuner Bürger Peter von Gouwenstein und Werner von Velschen.[29] Im Sempacherkrieg von 1386 besetzt Bern im Oberland alles, was österreichisch ist. Auch Unterseen huldigt Bern.[30] Im Jahr darauf löst die Stadt die österreichischen Pfandrechte auf den Herrschaften Unterseen, Unspunnen, Oberhofen und Balm ab.[31] Es verkauft aber 1398 die Herrschaften Unspunnen und Oberhofen an Ludwig von Seftingen und Niklaus von Scharnachtal und behält nur Heerbann und Vorkaufsrecht.[32]
Zusammenfassend lässt sich also sagen, dass die Ausgangslage in den einzelnen Tälern recht unterschiedlich war. Geschlossene Bezirke und durch kleinteilige Herrschaftsstrukturen geprägte Gebiete lagen nebeneinander. Auch die Entwicklung während der zwei Jahrhunderte verlief keineswegs einheitlich. Dennoch lassen sich gemeinsame Trends feststellen.

Die Ziele der Landleute

Die Leute in den Tälern beginnen sich seit dem 13. Jahrhundert zu organisieren. Schon früh tauchen Begriffe wie *universitas, communitas* oder gleichbedeutende Ausdrücke wie *die Landleute gemeinlich*, die *Gemeinde* für die Gesamtheit einer Landschaft auf. Die Leute treten nach aussen als geschlossene Gemeinschaft auf und werden von Aussenstehenden als solche wahrgenommen. Am frühesten ist dies in den Quellen in Frutigen (1260) und im Hasli belegt (*universitas, communitas* von «Hasli», 1275), etwas später in Saanen (1312), im Obersimmental und in Frutigen (1340) oder in Grindelwald und Wilderswil (*gemeinde ze Grindelwalt und ze Wilderswile*, 1348). Erst in der zweiten Hälfte des 14. Jahrhunderts sind gleiche Ausdrücke für das Niedersimmental belegt. (Diemtigen, 1361; *die gemeind gemeinlich von Sibental*, 1377; *die landlüte gemeinlich beider herrschaften Wissemburg und Erlibach*, 1393).[33]
Diese Gemeinschaft umfasst ausdrücklich verschiedene Gesellschaftsschichten (*richslüte und vogtlüte*, die *gemeinde rich und arm*) und trachtet danach, alle Einwohner (*habitatores totius terre*) eines bestimmten Gebietes zu erfassen. Damit wird das Prinzip durchbrochen, nach dem jede Person nur vor seinem Herrn verantwortlich ist, und durch eine neue territoriale Ordnung abgelöst.
Die Gemeinschaften haben ein eigenes Gericht. Häufig besteht dieses aus fünfzehn Richtern. Im übrigen alemannischen Raum besteht das Gerichtskollegium

Abb. 176
Obwohl die Tellenburg bei Frutigen erst im 14. Jahrhundert erstmals urkundlich erwähnt wird, muss sie als Sitz der Freiherren von Kien wesentlich älter sein. Im Laufe der Zeit wohnten hier verschiedene Geschlechter, Anton von Turn als der letzte private Besitzer musste 1400 sein Gut an Bern verkaufen, die Stadt richtete hier einen Landvogteisitz ein. 1868 brannte der Amtssitz nieder, die Ruine wurde beim Bau der Alpenbahn (heute BLS) Anfang des 20. Jahrhunderts als einer der point-de-vues auf Staatskosten saniert.

in der Regel aus sieben bis dreizehn Personen.[34] Ein Fünfzehnergericht gibt es aber auch in Uri, Obwalden und im Entlebuch.[35] Auch im Meiergericht im Goms sitzen zehn bis vierzehn Geschworene.[36] Das Fünfzehnergericht ist im Haslital 1395 erstmals erwähnt,[37] im Landrecht von Interlaken wird es erst 1521 genannt.[38] Saanen dagegen hat 24 Geschworene.[39]

Die Talschaften sind zu jener Zeit in wirtschaftlich guter Verfassung. Die Leute haben Geld. Sie kaufen den Adligen, die sich dauernd in Geldnöten befinden, schrittweise einzelne Rechte ab. Dabei gibt es klare Tendenzen. Zuerst werden Naturalabgaben durch Geldleistungen in der Form von Bodenzinsen ersetzt. Dies hängt möglicherweise mit der Umstellung vom Ackerbau auf die Viehproduktion zusammen. Fällt der Getreidebau weg, müssen die bisherigen Abgaben wie die Kornzehnten durch andere, zum Beispiel von Tieren, vom Heu oder vom Käse, ersetzt werden. Eine Umwandlung der Abgaben in Geld lag dabei wohl im Interesse beider Parteien.

Der Finanzbedarf der Adligen ist besonders in Kriegen, wenn sie ein Aufgebot zu stellen haben, enorm. Verpfändungen geschehen oft in dieser Zeit oder als Folge davon, wenn die Ablösung fällig wird. Das Haslital wird 1310 vor dem Romzug Heinrich VII. an die Weissenburger verpfändet. Die Grafen von Greyerz benötigen in regelmässigen Abstand Bargeld und ermöglichen so ihren Untertanen den Abkauf von Rechten.

Bei den Abkäufen zeigen die Leute ebenfalls eine klare Strategie. Zuerst werden die flexiblen Forderungen der Herrschaften – wie die Steuern und Frondienste – abgelöst oder durch fixierte Abgaben ersetzt. In späteren Schritten werden andere, klar definierte Abgaben abgekauft, wie die Vogteiabgaben oder der Todfall. Die erste Ablösung der Steuer erfolgt 1312 in Saanen. 1334 bestehen die Hasler auf ihrer Reichssteuer von fünfzig Pfund. 1393 erfolgt in den Herrschaften Weissenburg und Erlenbach die Umwandlung aller bisherigen Steuern, der Vogthühner, der Tagwann und aller aufgelaufenen Bussen in eine jährliche Abgabe von 300 Pfund Stebler. Drei Jahre später wird diese Abmachung von Wolfhart von Brandis bestätigt.[40] Beim Verkauf von Frutigen an Bern stellen die Talbewohner den Kaufpreis von 6200 Goldgulden zur Verfügung. Als Gegenleistung für diesen Kauf erhalten sie die Befreiung von der jährlichen Steuer.[41]

Sehr deutlich lassen sich die einzelnen Schritte in Saanen verfolgen. 1312 wird die Steuerpflicht abgelöst, 1341 das Recht auf Marktzoll und Waage gekauft, 1371 alle Nutzungen (*usagia*), mit allen Lasten und Diensten, 1397/1398 das Erbschaft- und Todfallrecht erworben, und schliesslich verzichtet die Herrschaft 1448 auf alle Bodenzinsen, Zehnten und sonstige Abgaben.[42]

Daneben verfolgen die Leute noch weitere Ziele: Sie verlangen von ihren Herrschaften den Verzicht auf den Verkauf, die Verpfändung oder Versetzung von Rechten.[43] Um Käufe und Verkäufe, aber auch Urteile beglaubigen zu können, streben die Gemeinden nach einem eigenen Siegel. Bereits im Bündnis von

Abb. 177
Den Burgcharakter bewahrt hat die Anlage von Ringgenberg, deren Palas im 17. Jahrhundert in eine Kirche umgebaut wurde, der Burghof diente in der Folge als Friedhof. Erhalten ist der Bergfried, ursprünglich waren an die Ringmauer noch weitere Gebäude angelehnt.

Hasli mit Bern 1275 wird im Text das Landessiegel angekündigt, an der Urkunde hängt jedoch noch jenes des Ammanns Werner von Resti. 1296 ist das erste Hasler Siegel erhalten.[44] In Frutigen wird das Landsiegel nach dem Verkauf an Bern 1400 erwähnt, dasselbe geschieht in Saanen erst 1447/1448. Einzig im Niedersimmental wird noch 1489 von Bern ein Landsiegel als Neuerung abgelehnt.
Ein weiteres, wichtiges Desiderat ist nach dem Pestzug um die Mitte des 14. Jahrhunderts die Regelung und die Erweiterung des Erbrechts. 1361 erlangt Diemtigen die Regelung des Erbrechts der Eltern und der Geschwisterkinder, 1378 Niedersimmental die Erweiterung der Erbschaft im dritten Glied; 1392 Obersimmental das Erbrecht der Ehegatten gegen einander und 1400 Brienz die rechtliche Gleichstellung der Verwandten auf Vater- und auf Mutterseite (Abb. 179).[45]
Daneben bemühen sich die Gemeinschaften aber auch aktiv um die Sicherung des Friedens und um die Bereinigung von Streitigkeiten, die sie tangieren. So einigen sich die Leute von Saanen, Ober- und Niedersimmental und Frutigen 1340 selbständig und Hasli vermittelt 1393 zwischen Unterseen und Goms.[46]
Die adeligen Herrschaften stehen den Bestrebungen ihrer Untertanen nicht einfach tatenlos gegenüber. Einige verhandeln mit ihren Leuten und erhalten von ihnen das dringend benötigte Geld. Andere gehen den üblichen Weg und besorgen sich das fehlende Kapital bei den Geldverleihern in der Stadt. Zur Absicherung ihrer Stellung schliessen sie Bündnisse mit ihren Nachbarn oder den Städten, vor allem mit Bern und Thun, im Simmental auch mit Freiburg. Ein wichtiger Punkt bei diesen Abmachungen besteht darin, zu verhindern, dass die Untertanen Stadtbürger werden können. Diese Gefahr der Aushöhlung ihrer Herrschaft war der Grund für manches Burgrecht der Oberländer Herren. Dies gilt etwa für die Weissenburger (Abb. 176), die 1334 mit Bern[47] und 1351 mit Thun ein entsprechendes Abkommen treffen oder für die Ringgenberger (Abb. 178), die 1386 mit Bern und 1378 mit Thun übereinkommen.[48]

Abb. 178
Von ausserordentlicher Bedeutung war einst die Weissenburg, diente sie doch als Sitz der gleichnamigen Familie, welche lange das Niedersimmental und zeitweise auch andere Talschaften des Oberlandes beherrschte. Gut nachvollziehbar ist bis heute die topographische Riegelstellung der an enger Stelle auf einem Hügel zwischen Simme und Bunschenbach erbauten Burg, die schon im 15. Jahrhundert aufgegeben wurde.

Die Stellung Berns

Die Stadt Bern besitzt nicht von Anfang an einen klaren Plan für die Inbesitznahme des Oberlands. Schon früh aber wird Bern zum Ansprechpartner der Reichsfreien im Aareraum. Das zeigt sich 1224, als Heinrich, Statthalter Friedrichs II., Bern den Schutz des Klosters Interlaken überträgt,[49] oder 1255, als Bern mit Murten und Hasli Peter von Savoyen zum Schutzherren annimmt, bis ein neuer Herrscher nach Basel kommt. Dieser Zustand bleibt bis 1268 bestehen. Das reichsfreie Land Hasli hält sich in kritischen Situationen immer an Bern: so im Bündnis von 1275 und bei dessen Erneuerung im Mai 1308, wenige Tage nach der Ermordung König Albrechts.
Immer stärker droht aber die habsburgische Herrschaft zur Konkurrenz Berns bezüglich der Entwicklung im Oberland zu werden. 1306 muss Walter von Eschenbach Besitzungen im Oberland an König Albrecht verkaufen. Nach dessen Ermordung ziehen die Habsburger alle Besitzungen der Königsmörder Walter von Eschenbach und Rudolf von Balm im Oberland an sich. 1315 verpfänden sie diese Güter an Otto von Strassberg. Weil dieser das Oberland im Morgartenkrieg als Ausgangspunkt für einen Zug gegen Unterwalden benützt, folgt ein langjähriger Kleinkrieg der Obwaldner gegen dieses Gebiet.
Klar nimmt Bern im Bruderstreit im Hause Kiburg Stellung. Hartmann will mit österreichischer Unterstützung seinen mit Bern verburgrechteten Bruder Eberhard in eine geistliche Laufbahn und zum Verzicht auf seine Herrschaftsrechte drängen. Bei einer Unterredung auf Schloss Thun eskaliert der Streit. Hartmann wird verletzt und stirbt durch Sturz in den Burggraben. Die Berner befreien daraufhin den belagerten Eberhard und setzen ihn in seine Herrschaftsrechte ein. Er verkauft Thun, Steffisburg und Sigriswil an Bern und erhält sie von der Stadt wieder zu Lehen. Diese forsche Gangart der Berner ist nur möglich, weil die Habsburger durch die Niederlage in der Schlacht bei Mühldorf gegen Ludwig den Bayern 1322 zurückgebunden sind.
Zur Absicherung seiner Stellung im Oberland schliesst Bern 1323 ein erstes Bündnis mit den Waldstätten (→ S. 490) Dass es Bern dabei und in den späteren Bündnissen um die Kontrolle der Lage im Oberland ging, zeigt der verein-

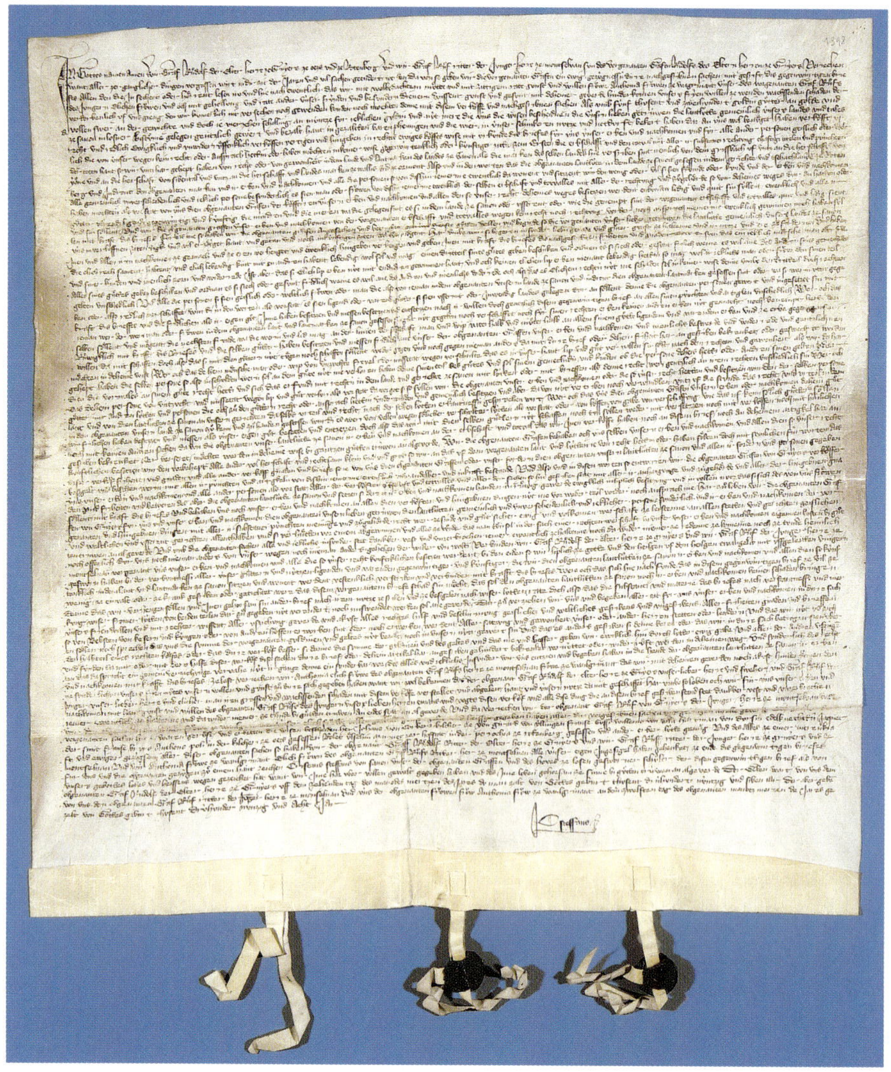

Abb. 179
Die Grafen von Greyerz verkaufen den Landleuten von Saanen die Rechte des Erbfalls und der toten Hand; Gemeindearchiv Saanen, 10. März 1397/12. März 1398.

barte Treffpunkt im Kienholz und die Bestimmung, dass die Hilfeleistung bis Interlaken/Unterseen auf eigene Kosten erfolgen soll. Mit dem Bündnis werden auch die willigen Helfer aller unruhigen Untertanen im Oberland, die Nachbarn von Unterwalden, in die Pflicht genommen.
Nach dem Tode Friedrichs des Schönen nähert sich Eberhard von Kiburg wieder den Österreichern und schliesst 1331 einen Sühnevertrag mit Albrecht II. Bern dagegen nützt die Schuldverpflichtungen der verschiedenen Oberländer Herren aus. 1334 zieht es gegen die Weissenburger vor Wimmis und verlangt von ihnen die Pfandschaft über das Hasli. Die Bubenbergs nehmen von den Strättligen die Feste Spiez zu Lehen.
Mit dem Sieg im Laupenkrieg 1339 stärkt Bern seine Stellung und mehr noch durch den Erwerb von Besitzungen, durch Burgrechte und Bündnisse nach allen Seiten, selbst mit Österreich (→ S. 484). Das Bündnis mit den Eidgenossen wird verlängert und Ludwigs Nachfolger Karl IV. anerkennt Berns Privilegien. In der Erhebung der Gotteshausleute von Interlaken 1348 greift Bern als Schutzmacht scharf durch. In der Abmachung mit den Unterlegenen sichert sich die Stadt für die Zukunft ihr Aufgebot.
Die Auseinandersetzungen Österreichs mit Zürich 1350–1352 zwingen Bern zur Beteiligung an der Belagerung dieser Stadt und bringen es in die Gefahr einer Auseinandersetzung mit den Waldstätten. Damit drohen von Obwalden neue Unruhen im Oberland. Der Bund von 1353 mit den Waldstätten beendigt diese Gefahr zwar nicht für immer, aber er dämmt sie immerhin ein.
Die wichtigste Verkehrsachse im Oberland führt im Mittelalter über Thun, Interlaken und durch das Haslital. Ihre Bedeutung zeigt sich nicht erst 1397 bei der Regelung des Passverkehrs an der Grimsel mit Wallis, Pomat und Eschental.[50] Schon früher beteiligt sich Bern immer wieder an der Bereinigung von Streitigkeiten in den Seitentälern. So vermittelt es etwa in den Auseinandersetzungen mit den Landleuten im Simmental 1376, 1378, 1391 und 1396.[51]

In den Verträgen sichert sich Bern jeweils zuerst das Mannschaftsrecht, die Verpflichtung zu militärischem Beistand. Auch von den Adligen verlangt es die Heerfolge und die Öffnung der Burgen, so 1336 von Weissenburg und 1368 von den Brandis.[52] Als nächste Punkte folgen die Einflussnahme auf die Besetzung des Gerichts und des Ammannamtes. Die volle Herrschaft und die damit verbundene aufwendige Verwaltung wird jedoch nicht unbedingt angestrebt. So verkauft Bern 1398 die Herrschaften Unspunnen und Oberhofen an Ludwig von Seftingen und Niklaus von Scharnachtal und behält nur den Heerbann und ein Vorkaufsrecht.[53] Noch 1457 tritt Bern die Herrschaft Interlaken wieder an das Kloster ab und behält nur das Mannschaftsrecht.
Im Laufe der zwei Jahrhunderte sind im Oberland also zwei gegenläufige Tendenzen sichtbar. In den Tälern zeigt sich das Bestreben der Landleute nach Emanzipation von ihren Herrschaften. Bern wird rasch zur bestimmenden Macht in der Region. Es strebt aber weniger die direkte Herrschaft an, als die Stärkung seiner militärischen Schlagkraft und die Gewährleistung von Frieden und Sicherheit. Eine Intensivierung der Herrschaft findet erst wesentlich später statt. Diese ist oft die Folge spezieller Ereignisse, wie der Reformation.

Abb. 180
Erbrechtsbrief der Kirchgenossen von Brienz vom 29. August 1400. Die Urkunde trug einst die Siegel der sieben Herren der verschiedenen Dörfer und Weiler, heute fehlen zwei davon; Original Kirchgemeinde Brienz.

Cronica de Berno

Anno dñi . m̊ . c̊ . lxxx̊x . i . fundata est Bña ciuitas a duce Berch
toldo zeringie . vñ v̄sus . Anno milleno . C . cū p̊mo nonageno .
Bernā fundasse dux Berchtold' recitatur .
Anno dñi . m̊ . cc̊ . xvi̊ij . Obijt B'chtold' zeringie . Qui uiuus
rexit bernam . xx . vij . annis   apc Bernam
Anno dñi . m̊ . cc̊ . xxx . iij . Fundatū est hospitale scī spc
Anno dñi . m̊ . cc̊ . xxx . v̊ . ij . kal' Junij . data est fribz domus
Theuthonice Eccl'ia in Kvnitz cum alijs ecclijs adiecētibz .
saltz . Bno / Bumplitz / Mvllenbg / Nuwenegga / vbristorf
a friderico quondā Romanoꝝ Imperatore ꝛ ꝯfirmata ab
apostolico Innocencio q̄rto .   Bnam
Anno dñi . m̊ . cc̊ . quinquagesimo . v̊ . fr̄es minores intrauerūt
Anno dñi . m̊ . cc̊ . lx̊ . ix . Predicatores Intrauint Bernam .
Anno dñi . m̊ . cc̊ . xl . i . Comes Gotfrid' de habsburg . cepit
trecentos q̄nquaginta Bneñ . aliquos ecīā occidit / Incar
Anno dñi . m̊ . cc̊ . lxx . vij . hẽtici apẽ Swarzebg / nisprimo
conburuntur post pasca .
Anno dñi . m̊ . cc̊ . lxxx . iij . Dn̄s Rvd' / Rex expugnauit pater
niacū . mense Decembri .
Anno dñi . m̊ . cc̊ . lxxx . viij . Duellū fuit in bno iṫ uirū ꝛ muliere
in . viij . Innocentū . sed mulier p̄ualuit .
Anno dñi . m̊ . cc̊ . lxxx viij . kal' Junij . Tūc fīa t̄cia illustris
Romanoꝝ Rex Rvd' p̊mo obsedit bnā . cū . xxx . milib' hoim
ꝛ plus . ꝛ ṗxia fīa sex . Impugnauit eā simul p ignē ꝛ p hoste
accenso hospitali supius ꝛ leprosorio inferius . s; bernen̄ illesi
euaserunt abutroq; infatigabilit' resistētes . Itm idē Rex
sc̄do obsedit Bnam in die Laurencij . demū in exaltacioe
sc̄e crucis . tūc fīa . iij . misus deserit nouū pontē ꝛ molēdinū .

inmisit in arati ultas strues lignoz ardētea scilz flos et
itū se fortissiē defendentes illesi oīno de hys piclis euaserūt.
Postea sequenti anno scilz m° cc° lxxx° ix° Junij vital' Rud'
Dux fili' dñi reg' Rud' occidit iuxta berna pl'es qm centū de
bernen. pl'es etiā captiuauit. Ista vice autē in eode conflictu
dñs Ludewic' Comes de Homberg famos' et quidā miles de
hetelingē et multi equi pciosi a bernen. sūt interfecti.
Anno dñi m° cc° lxxxx° viij vj non. marcij. Tunc dñica Re
miniscē. Cū friburgen. fulti auxilio pugnatoz tum Comitū
scilz Ludewico de Sabaudia. de Nouo castro et de Gruiers p
cessisset contra Bernen. ad deuastandā terram ipoz. incendiys et
Rapinis Bernen. adiuti tantū cū pugnatorib' hartmāni
Comitis de kyburg. eis occurrētes iuxta villā ob wangen
occiderūt ex parte friburgen. plus qm lx viros mille quien
tos duxerūt captiuos et qd' extreme ignominie est decē
et octo vexilla friburgēsibz abstulerūt. Alys omībz terga
uertentibz. licz friburgen. tam ipeditibz qm equitibz tūc
fuīnt bernensibz fortiores. De bernen. uo unus tantū occu
buit et alius tantū capt' fuit.
Eodem etiā Anno circa pincipiū may destructū fuit Castrū
Belp a bernen. infra xij dies.
Anno dñi m° ccc° viij vj kal' Junij. bernen. in adiutorio
friburgen. uenerūt contra Comitē Sabaudie poterit ultra
meldunū.
Anno dñi m° cc° lxxxx v. tunc feria qnta in die bti mathye
apli post dñicam Inuocauit. Adolfus romanoz rex qndam co
mes de Nazzowa Bernam uenit et a bernen. honorifice receptus est
Anno dñi m° ccc° vij. inceptū erat hospitale inferius apud

Annelies Hüssy

Steckbrief der Handschrift in der Burgerbibliothek Bern

Text: eingeschrieben im Jahrzeitenbuch (= Kalender, in den die gestifteten Totenmessen eingetragen werden) von St. Vinzenz in Bern, S. 202–206. Ältester Eintrag: Die Gründung der Stadt Bern 1191. Jüngster Eintrag: Die Schleifung der Feste Burgistein 1344
Standort: Burgerbibliothek Bern; Signatur: Mss.h.h. I.37
Entstehungszeit: um 1325 mit Zusätzen bis 1344
Auftraggeber: frater Ulricus Phunt (Pfund), 1313–1331 Kustos des Münsters
Schreiber: verschiedene, unbekannt, eventuell auch Ulricus Phunt selber; 5 Hände lassen sich unterscheiden:
1. Hand: Beginn bis 1311 (Haupthand)
2. Hand: 1323 bis 1331
3. Hand: 1334
4. Hand: 1339 bis 1340
5. Hand: 1344
Beschreibung: Pergamenthandschrift in restauriertem Originaleinband mit Holzdeckel und Lederrücken sowie zwei Metallschliessen an braunen Lederbändern; braune Tinte mit roten Initialbuchstaben; auf S. 202, 203 und 204 rote Seitentitel ‹*Cronica de Berno*›; Seiteneinrichtung und Satzspiegel durch deutlich sichtbare Linierung mit schwacher Tinte.
Schrift: gotische Textualis
Vorbesitzer: Leutkirche St. Vinzenz Bern, das heutige Berner Münster: Verbalexlibris im Spiegelblatt: *Iste liber est ecclesie bernensis.*

←Abb. 181
Einleitungsdoppelseite
Die Cronica de Berno ist der älteste erhaltene Text zur Geschichte Berns. Die nur vier Seiten umfassende Chronik ist eingebunden im Jahrzeitenbuch von St. Vinzenz in Bern und überliefert erstmals das legendäre Gründungsjahr 1191. Man nimmt an, der Text sei um 1325 entstanden, Zusätze wurden bis 1344 angebracht; BBB Mss.h.h. I.37, S. 202f.

Bern – die Stadt

Cronica de Berno – die älteste Chronik Berns

Annelies Hüssy (Übersetzung)

Der Text

[1. Hand/Haupthand:]
Im Jahre des Herrn 1191 ist die Stadt Bern durch Herzog Berchtold von Zähringen gegründet worden, oder, wie berichtet wird: im Jahre 1191 habe Herzog Berchtold Bern gegründet.
Im Jahre des Herrn 1218 starb Berchtold von Zähringen, der zu seinen Lebzeiten Bern während 27 Jahren regiert hatte.
Im Jahre des Herrn 1233 ist vor den Mauern Berns das Spital zum Heiligen Geist gegründet worden.
Im Jahre des Herrn 1235 ist an den 2. Kalenden des Juni [31. Mai] die Kirche zu Köniz samt anderen zugehörigen Kirchen, als da sind Bern, Bümpliz, Mühleberg, Niederwangen, Überstorf [Kanton Freiburg, Sensebezirk; 1226 an den Deutschorden vergabt], den Brüdern des Deutschordenshauses vom deutschen Kaiser Friedrich [II.] vergabt und durch Papst Innozenz IV. bestätigt worden.
Im Jahre des Herrn 1255 kamen die Minderbrüder nach Bern.
Im Jahre des Herrn 1269 kamen die Prediger nach Bern.
Im Jahre des Herrn 1241 nahm Graf Gottfried von Habsburg 350 Berner als Geiseln gefangen, einige tötete er sogar.
Nach Ostern im Jahre 1277 wurden bei Schwarzenburg Ketzer verbrannt.
Im Dezember des Jahres des Herrn 1283 belagerte König Rudolf Peterlingen [Payerne].
Im Jahre des Herrn 1288 fand acht Tage nach den Unschuldigen Kindlein [4. Januar] in Bern ein Zweikampf zwischen einem Mann und einer Frau statt, wobei die Frau obsiegte.
Im Jahre des Herrn 1288, an den 8. Kalenden des Juni [25. Mai], an einem Dienstag, belagerte der römische König Rudolf mit 30 000 Mann Bern, und am nächstfolgenden Samstag griff er mit Truppen und Feuer die Stadt an, indem er das obere Spital und das untere Siechenhaus in Brand steckte. Aber die Berner leisteten beiderorts unermüdlich Widerstand, und so flohen schliesslich die Feinde. Der König indes belagerte Bern ein zweites Mal am Tage des heiligen Laurentius [10. August]. Daraufhin, am Mittwoch nach dem Tag der Kreuzerhebung [15. September], unternahm er einen weiteren Vorstoss und zerstörte dabei die neue Brücke und die Mühle und setzte zahlreiche brennende Holzstösse, so genannte Flösse, auf der Aare aus, und wiederum entgingen die sich heftig verteidigenden Berner den Gefahren der Belagerung.
Danach im folgenden Jahr, das heisst 1289, am Vorabend von Vitalis [27. April], tötete Herzog Rudolf, der Sohn des obgenannten Königs Rudolf, ausserhalb der Stadt mehr als hundert Berner, zahlreiche nahm er gefangen; auf der anderen Seite indes wurden in diesem Konflikt auch Graf Ludwig von Homberg [Ludwig von Hohenberg; Verwandter von König Rudolf] und ein Ritter von Hetelingen [Werner von Ettingen] sowie viele kostbare Pferde durch die Berner erschlagen.
Im Jahre des Herrn 1298, an den 6. Nonen des März [2. März], das ist am Sonntag Reminiscere, drangen die Freiburger, unterstützt von einem Heer im Diens-

te dreier kampfeslustiger Grafen, nämlich Ludwig von Savoyen, weiter dem Grafen von Neuenburg und dem Grafen von Greyerz, gegen die Berner vor und verwüsteten die Gegend durch Brandschatzen und Plündern. Die Berner, unterstützt von den Truppen des Grafen Hartmann von Kiburg, stürmten ihnen entgegen und töteten auf einem Feld nahe beim Dorf Oberwangen mehr als 60 Mann, 1500 führten sie als Gefangene ab, und, was als besonders schimpflich empfunden werden musste, sie entwendeten den Freiburgern 18 Fähnlein, die Restlichen aber flohen, waren sie doch sowohl zu Fuss als auch zu Pferd den Bernern unterlegen. Auf Seiten der Berner wurden je einer erschlagen und einer gefangen genommen.
Im gleichen Jahr um Anfang Mai herum wurde auch die Feste Belp innerhalb von 12 Tagen durch die Berner gebrochen.
Im Jahre des Herrn 1308, an den 6. Kalenden des Juni [27. Mai], eilten die Berner den Freiburgern bei einem Treffen mit dem Grafen von Savoyen ausserhalb Moudons tatkräftig zu Hilfe.
Im Jahre des Herrn 1295, an einem Donnerstag, am Tag des heiligen Apostels Mathäus nach Dominica [24. Februar], besuchte Adolf, römischer König und ehemals Graf von Nassau, Bern und wurde durch die Berner ehrenvoll empfangen.
Im Jahre des Herrn 1307 wurde durch die Burger mit dem Bau des unteren, bei der Mühle gelegenen Spitals angefangen.
Im Jahre des Herrn 1309, am Vorabend zu Philippus und Jacobus [30. April], kam Heinrich, römischer Kaiser, ehemals Graf von Lützelemburg [Heinrich von Luxemburg], mit mehr als 1000 Rittern nach Bern und wurde durch die Berner ehrenvoll empfangen.
1311, am Tag der Apostel Petrus und Paulus, es war ein Dienstag [29. Juni], geschah es durch göttlichen Ratschluss, dass 72 Männer und Frauen, welche nach Bern auf den Markt wollten, bei Tettingen [auch Teitingen an der Aare; heute: Unterdettingen, Gemeinde Wohlen b. Bern] mitsamt ihrem Schiff untergingen.
1311, um das Fest des heiligen Martin herum [um den 11. November], zerstörten die Berner, als sie den Solothurnern zu Hilfe eilten, innerhalb von 15 Tagen die beiden Burgen Balmegg [Kanton Solothurn, Bezirk Bucheggberg] und Münsingen [Amtsbezirk Konolfingen].
1318, im Monat Mai, wurde die Feste Kerrenriet [heute: Kernenried, Amtsbezirk Burgdorf] innerhalb von 10 Tagen durch die Berner gebrochen.
1311, um das Fest des heiligen Michael [um den 29. September] herum, kam der bereits genannte Kaiser Heinrich, in Begleitung seiner edlen Gattin Elisabeth, zum zweiten Mal nach Bern und blieb volle zehn Tage lang, dies in der Absicht, mit den Fürsten und Adligen des Reiches über die Alpen in die Lombardei und weiter durch Tuszien und Apulien ins Heilige Land zu ziehen.

[2. Hand:]
1323, im Monat Mai, brachen die Berner die Feste Rorberg [Burg Rohrberg bei Huttwil, Amtsbezirk Trachselwald; s. a. Jahrzeitenbuch Fraubrunnen fol. 23v].
1331, im Monat März, wurde die Feste Diessenberg [Amtsbezirk Konolfingen] innerhalb von zehn Tagen durch die Berner gebrochen.

[3. Hand:]
1334, acht Tage nach Sankt Peter und Paul [6. Juli], wurde der Grundstein zur Mauer des Friedhofs bei der Leutkirche zu Bern [heutige Plattform] gelegt und der Bau derselben angefangen.
Im Jahre des Herrn 1334, am Vorabend zu Maria Magdalena [21. Juli], wurde der erste Stein zu der genannten Mauer durch Bruder Theobald, Leutpriester zu Bern, und Bruder Ulrich Broewe [auch Bröwo] gelegt, und auch Nikolaus von Esche gab zur Unterstützung des Mauerbaus 10 Pfund, Niklaus genannt Rubel leistete 5 Pfund Beisteuer in bar.
Im Jahre des Herrn 1334, am 4. Tag des Juni, wurde die Mauer [Letzi], welche das Simmental einschloss [Talsperre], durch die Berner und ihre Mitstreiter und Helfer, welche sie einst selbst gebaut hatten, zusammen mit dem Dorf Wimmis zerstört.

[4. Hand:]
1339 belagerten die Freiburger am Vorabend von Barnabas, es war ein Donnerstag [10. Juni], die Feste Laupen. Zu ihren Verbündeten und Mitverschworenen gegen die Berner gehörten die Grafen von Kiburg, von Nidau, von Aussersavoyen, von Neuenburg, von Greyerz, von Valendis [von Valangin], von Arberg [von Aarberg], die Bischöfe von Basel und von Lausanne und zahlreiche andere Adlige und Barone aus dem Elsass, aus Schwaben, dem Sundgau und den österreichischen Teilen des Aargaus. So hatten sie in ihrem Heer 24 000 Krieger, darunter wurden 1200 Gerüstete [wörtlich: Behelmte] gezählt, unter welchen sich 700 gekrönte Häupter befunden haben. Die Berner aber, welche die genannte Feste befreien wollten, kamen mit geringen Hilfstruppen, das heisst mit 1200 bewaffneten Fusstruppen aus den Tälern, als da sind Uri, Schwyz, Unterwalden, Hasle und Simmental; am Vorabend des 10 000-Ritter-Tages, an einem Montag [21. Juni], gelangten sie auf das Feld ausserhalb der Dörfer Oberwil und Widon [Widen] bei Laupen, woselbst die Berner dann zur Vesperstunde glücklich in den Kampf gezogen sind; mit Gottes Hilfe, da sie kaum über 6000 Bewaffnete verfügten, trugen sie feierlich den Sieg davon, befreiten die Feste Laupen, wobei von den Feinden ungefähr 4000 Mann, Edle und Bauern, getötet wurden. Es kamen auch viele junge Ritter [das heisst: neu zum Ritter geschlagen], die zum ersten Mal in den Krieg gezogen waren, an jenem Tage um. Gelobt sei der Herr in alle Ewigkeit. Amen!
Im Jahre nach der Geburt Christi 1340, an den Iden des Mai [15. Mai], wurde zum Gedenken an Johannes von Habstetten am Kreuzaltar eine zusätzliche [ewige] Messe nach der Frühmesse gestiftet.

[5. Hand:]
An den Iden des April [13. April] 1344 wurde die mit Mauern und Graben wohl geschützte Stadt Huttwil von den Bernern mit Gewalt genommen und innerhalb [der Mauern] gebrandschatzt. Im selben Jahr, an den 12. Kalenden des Mai [20. April], wurden 500 und mehr Männer und Burger von Freiburg durch die oben genannten Berner in einer bewaffneten Auseinandersetzung getötet und überwältigt, danach wurde am selben Tag die Neustadt Freiburgs [heute das Quartier «Neuveville»] mit der Feste genannt Castels von den vorgenannten Bernern in Brand gesteckt und zerstört. Im selben Jahre des Herrn, an den 8. Kalenden des Mai [24. April], wurde die Vorstadt des genannten Freiburg, Galterra [Galtern; heute: Vorstadt «Le Gotteron»] geheissen, durch die bereits erwähnten Berner gebrandschatzt [wörtlich: durch Feuer zerstört]. Ebenfalls im selben Jahr wie oben, an den 4. Iden des Mai [12. Mai], wurde die Feste Burgistein [Amtsbezirk Seftigen] von den Bernern mit Gewalt genommen und vollständig zerstört.

Bemerkungen zum Charakter der ältesten Berner Stadtchronik

Wohl trägt die *Cronica* in ihrem Titel den gattungsmässigen Begriff. In ihrer dürren Sprache allerdings hat sie wenig Ähnlichkeit mit dem breiten Erzählfluss, wie wir ihn aus den Werken spätmittelalterlicher und neuzeitlicher Geschichtsschreiber kennen, aus den Chroniken eines Konrad Justinger oder eines Diebold Schilling und deren Nachfolger.
Der behandelte Gegenstand ist die enggefasste Ereignisgeschichte der Stadt, nur wenig greifen die Schreiber in die weitere Welt hinaus, bemerkens- und damit berichtenswert wird diese weitere Welt in der Wahrnehmung der Zeitgenossen allein im Spiegel der lokalen Geschichte, in ihrer wechselweisen Wirkung; dabei geschieht aber keine thematisch-diskursive Behandlung des Stoffes, keine selbstreflexive Bewältigung, kein Einflechten von Wunder- und Heilsgeschichten. Der Eintrag ins Jahrzeitenbuch von St. Vinzenz – dieser geistlichen Erinnerung im weltlichen Jahreslauf mit durchaus diesseitigem Zweck – sichert der *Cronica* eine höhere Überlieferungschance. Wohl hat solch physische Verbindung auch inhaltlich viel Komplementäres: Da bieten sich dem Schreiber am Ende des Bandes ein paar Blätter unbeschriebenes Pergament, und so trägt er im Anschluss an die Reihung der geistlichen Gedenktage gewissermassen die

weltlichen, in seinen Augen geschichtsmächtigen Taten nach. Die *Cronica de Berno* manifestiert beispielhaft den Übergang von der reinen Annalistik, welche noch streng der unkommentierten, chronologischen Reihung der Geschehnisse gehorcht, zur Chronistik, deren gattungsmässige Scheidung ohnehin schwierig, die Grenzen oft verwischt sind: In den Augen des Zeitzeugen wichtige Ereignisse werden nicht mehr nur als Fakten referiert, sie werden jetzt zusätzlich erzählend aufgewertet. Die Gewichtung ist deutlich, die absichtsvolle Behandlung des Stoffes in Ansätzen bereits Programm. Aber noch in anderer Hinsicht steht die *Cronica* an der Schwelle des Überganges, ist sie doch – bis auf wenige jüngere Zusätze – in lateinischer Sprache abgefasst. Auch hierbei: Die *Cronica* war offensichtlich nicht für den grossen Leserkreis gedacht, sie diente – wie das Jahrzeitenbuch selbst – dem Gedächtnis und ward damit zu einer der Quellen der grossen Berner Geschichtsschreiber, etwa eines Konrad Justinger (→ S. 21).

Die Entwicklung der Stadt

Armand Baeriswyl und Roland Gerber

«Die stat wuchs an lüt und an gut»

Das 13. und 14. Jahrhundert bedeutete für die Stadt Bern eine Zeit des wirtschaftlichen Aufschwungs und des politischen Erstarkens gegenüber dem König und dem benachbarten Adel (→ S. 102 und S. 119). Entsprechend ihrer wachsenden Bedeutung vergrösserte sich die Einwohnerschaft der Aarestadt zwischen 1250 und der zweiten Hälfte des 14. Jahrhunderts von schätzungsweise 2500 Personen auf ihren mittelalterlichen Höchststand von rund 6000 Personen.[1] Ähnliche Bevölkerungszahlen wie Bern wiesen im 14. Jahrhundert das benachbarte Freiburg i. Ü. sowie Zürich auf.[2] Deutlich kleiner waren hingegen Solothurn mit schätzungsweise 2500 Einwohnern oder Luzern, das um 1350 knapp 4000 Personen zählte.[3]
Diese kontinuierliche Zunahme der Bevölkerung hatte mehrfache Stadterweiterungen zur Folge: Erstens die Innere oder Savoyer Neuenstadt (nüwenstat) ab 1255, zweitens die Einverleibung des herrschaftlichen Burgbezirks Nydegg/Stalden um 1268/74, drittens die Äussere oder Heiliggeist Neuenstadt ab 1343 sowie viertens der Einbezug der bubenbergischen Gewerbesiedlung Matte im Jahr 1360.[4] Es gab also nicht nur zwei Stadterweiterungen, wie meistens zu lesen steht, sondern deren vier.[5] Dabei ist zu unterscheiden zwischen den zwei planmässigen Erweiterungen des Stadtareals durch die Berner Bürgerschaft mit dem Zweck, Wohnfläche für neue Einwohner zu schaffen, und der Einverleibung von zwei ursprünglich zum Herrschaftsbereich der zähringischen Stadtburg gehörenden Siedlungen, die mehrheitlich von Handwerkern bewohnt wurden (Abb. 182).
Wie überall in Mitteleuropa setzten auch in Bern die seit 1349 periodisch wiederkehrenden Pest- und Seuchenzüge, wirtschaftliche Probleme in Stadt und Landschaft sowie die Abschliessungstendenzen von Bürgerschaft und Zünften dem seit der Stadtgründung anhaltenden Bevölkerungswachstums nicht nur ein Ende, sondern führten gar zu einem massiven Bevölkerungsrückgang: 1458 lebten nur noch knapp 4500 Personen in Bern.[6] Erst zu Beginn des 16. Jahrhunderts kam es schliesslich zu einer Trendwende und die Stadtbevölkerung wuchs allmählich wieder über 5000 Einwohner an.[7]
Die Grundlage für die kontinuierliche Zunahme der Bewohnerschaft im 13. und 14. Jahrhundert bildete in Bern wie in anderen Städten im Reich die Zuwanderung vom Land.[8] Jede grössere mittelalterliche Stadt war wegen der im Vergleich zum Land höheren Mortalität und der geringeren Geburtenrate ihrer Einwohnerschaft auf den stetigen Zuzug neuer Bewohner angewiesen.[9]
Bereits der Stadtgründer Herzog Berchtold V. von Zähringen war deshalb bestrebt, durch die Schaffung einer gewerblichen Infrastruktur wie des Gassen-

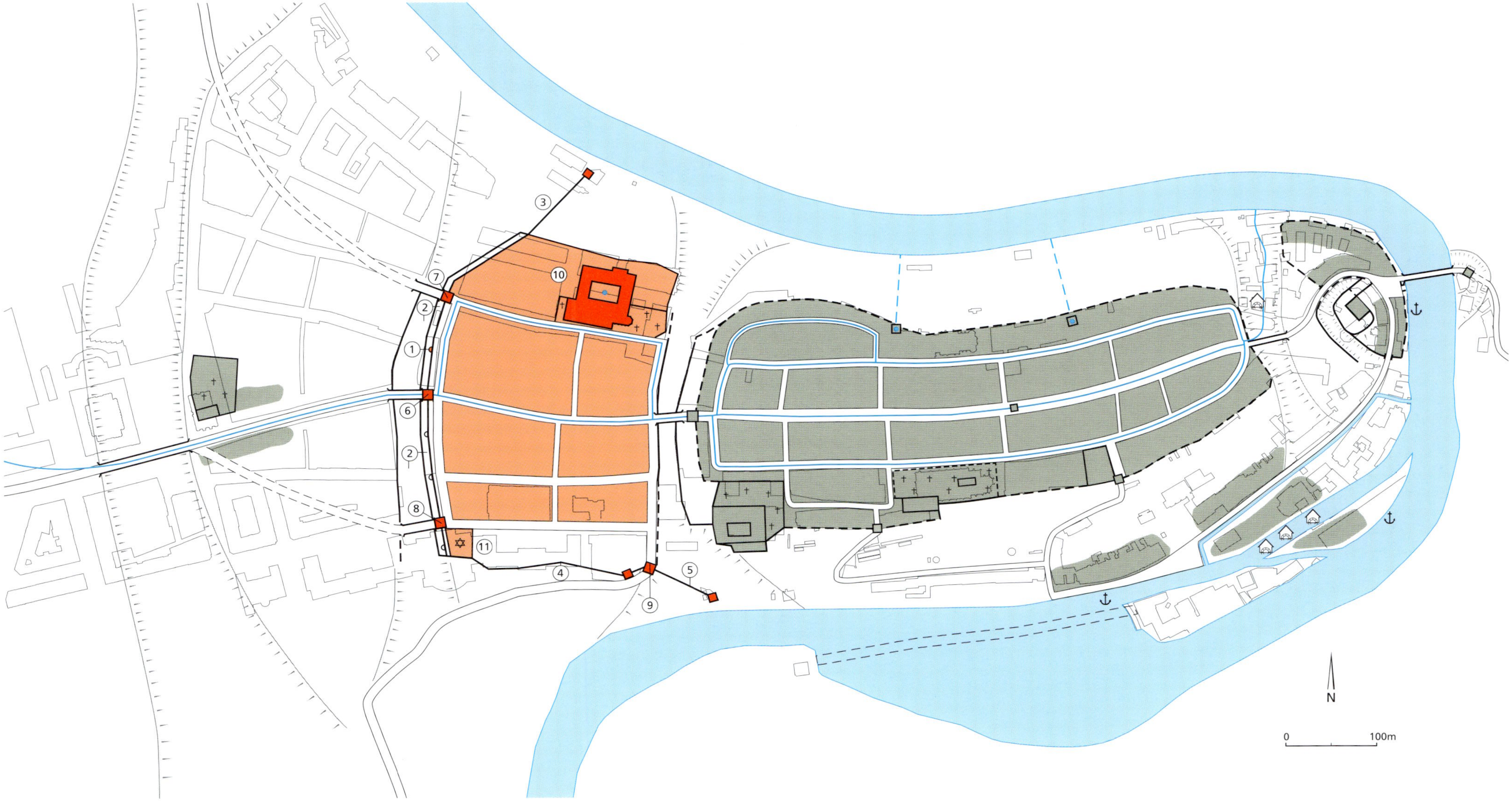

Abb. 182
Erste Stadterweiterung
Innere Neuenstadt nach 1255

1 Holländerturm
2 Graben
3 Haldensperrmauer Nord
4 Ringmauer
5 Haldensperrmauer Süd
6 Käfigturmtor
7 Frauentor
8 Judentor
9 Marzilitor
10 Dominikanerkloster
11 Judenfriedhof

markts und des Stadtbachs sowie durch die Verleihung wirtschaftlicher Privilegien an die Bürgerschaft möglichst viele auswärtige Kaufmanns- und Handwerkerfamilien zur Niederlassung in Bern zu bewegen.[10] Darüber hinaus siedelte er eine Reihe seiner Ministerialen mit der Absicht in der Stadt an, dass diese den Aufbau der Neugründung organisierten sowie deren Verteidigung übernahmen. Diese Ministerialen stammten dabei wie die von Bubenberg oder die von Dentenberg aus der Region,[11] teilweise aber auch aus bereits bestehenden zähringischen Städten. Konrad Justinger spricht davon, dass sich im Zuge der von Berchtold V. initiierten Freizügigkeit zahlreiche *edel notveste lüte* in dem von ihm gegründeten Gemeinwesen angesiedelt hätten.[12] Neben dem 1294 im Rat der Zweihundert genannten Geschlecht der Statzens nennt der Chronist insbesondere auch die vermögende Kaufmanns- und Geldhändlerfamilie der Münzer, die aus Zürich respektive aus Freiburg im Breisgau nach Bern gezogen seien.[13] Die Münzer stellten mit Konrad und Laurenz zwischen 1298 und 1319 schliesslich die ersten nichtadligen Schultheisse der Stadt Bern nach der Verfassungsreform von 1294 (→ S. 460).[14]

Die erste Stadterweiterung nach 1255

Nach Konrad Justinger sind bis zur Mitte des 13. Jahrhunderts *gar vil lüten* in die Stadt Bern gezogen.[15] Auf Grund des Bevölkerungswachstums sahen sich Schultheiss und Rat bereits 64 Jahre nach der Stadtgründung dazu veranlasst, *daz man die stat witrote* [erweiterte].[16] Durch eine erste Erweiterung wurde neuer Siedlungsraum für die Zuzüger zur Verfügung gestellt und mindestens ein Teil der westlich des Zytgloggens entstandenen suburbanen Bebauung mit der Errichtung einer neuen, durch vier Tore gesicherten Ummauerung in den kommunalen Befestigungsring einbezogen.[17] Der konkrete Anlass für diese Erweiterung waren die wiederholten militärischen Übergriffe der Grafen von Kiburg-Dillingen (→ S. 122), die nach dem Zusammenbruch der staufischen Königsherrschaft im Jahr 1254 versuchten, die Stadt Bern zusammen mit anderen königlichen Besitzungen und Lehen im Gebiet der Landgrafschaft Burgund zu unterwerfen.[18] Wie schon 1191 ermöglichten es auch diesmal die topographischen Gegebenheiten, dass die neue Stadtmauer entlang bestehender natürlicher Quergräben errichtet werden konnte.

Die Innere Neustadt scheint wie die zähringische Gründungsstadt vorerst nur entlang der zentralen Marktgasse zwischen dem Zytgloggen und dem nach 1255 erbauten Gloggnertor – dem heutigen Käfigturm – mit Wohnhäusern überbaut worden zu sein. Um 1260 konnte die Bürgerschaft den nach Bern gerufenen Dominikanermönchen jedenfalls am nördlichen Rand der Neustadt noch ein grösseres Areal zur Niederlassung zuweisen (→ S. 400). Dort gab es nicht nur genug Platz, um eine ausgedehnte Klosteranlage zu errichten, sondern die Präsenz des Bettelordens sollte wohl auch die wahrscheinlich nur zögerlich anlau-

Susi Ulrich-Bochsler

Gräber in der Stadt Bern – Quellenproblematik

An welchen Krankheiten litt die mittelalterliche Bevölkerung Berns? Wie alt wurden die Menschen?
Möchte man zu diesen Fragen Informationen aus dem Skelettmaterial gewinnen, so müsste ein genügend grosser, zudem sicher datierter und für städtische Verhältnisse repräsentativer Bevölkerungsausschnitt zur Verfügung stehen. Dies ist jedoch bis jetzt nicht der Fall.
In der Stadt Bern wurden zwar schon verschiedentlich Gräber freigelegt, doch stammen diese zum grössten Teil aus Ausgrabungen der Jahre vor 1975, sind demzufolge schlecht bis gar nicht dokumentiert und häufig nicht gesichert in ihrer Zeitstellung. Jüngeren archäologischen Untersuchungen verdankt man die Kenntnis von Bestattungen an verschiedenen Orten, so etwa am Klösterlistutz – Gräber von 1339 bis zum Anfang des 18. Jahrhunderts – oder im ehemaligen Holzwerkhof im Bereich der Bundesgasse mit Gräbern aus der Neuzeit (1729–1815). Bei mehreren Ausgrabungen im Bereich des ehemaligen Dominikanerklosters – 1988–1990 im Kreuzgang, 1997 beim Kornhausplatz – stiess man auf Skelette, die jedoch einer grossen Zeitspanne entstammen. So endete die Belegungszeit des Predigerfriedhofes erst um 1711. Alle diese Befunde erfüllen also die eingangs erwähnte Anforderung einer repräsentativen Bevölkerungsstichprobe nicht. Dieser Materialnotstand ist umso bedauerlicher, als gerade der Vergleich der biologischen Daten von Stadt- und Landbevölkerung Aufschluss über das soziale und wirtschaftliche Lebensumfeld aus den Auswirkungen auf die Knochen geben könnte.

Weiterführende Literatur:
Hug, Anthropologische Sammlung; Schoch/Ulrich Bochsler, Anthropologische Sammlung; Ulrich-Bochsler, Stadtbevölkerung; Ulrich-Bochsler/Meyer, Französische Kirche.

Daniel Gutscher

Die Messstrecke am Lettner der Französischen Kirche – eine Massnahme gegen «babylonische Sprachverwirrung»

Bereits in der ersten Bauetappe des Dominikanerklosters entstand die untere Partie der später zum Lettner ausgebauten Trennwand am Ostende des zukünftigen Kirchenschiffes (Abb.). Anlässlich der bauarchäologischen Untersuchungen von 1988–90 entdeckten die Archäologen hier auf 1,65m Höhe eine Messlinie. Sie ist als horizontale Kerbe von 422,9cm Länge auf einer dünneren, äusserst fein bearbeiteten Quaderlage angebracht worden und mit dünneren und fetteren senkrechten Kerben in mehrere Abschnitte unterteilt (Abb.). Eine rote Farbfassung sorgte ursprünglich für eine gute Sichtbarkeit. Es lassen sich 14Abschnitte ablesen; die ersten 13 messen jeweils 30cm – einen Fuss – das letzte Intervall ist länger und misst 32,7cm. Zwei zusätzliche Kerben liegen zwischen dem 7. und 8. Intervall; während die rechte bislang ungedeutet bleibt, weist die linke zur 6. Kerbe eine Distanz von 42,4cm auf, was der Länge von √2 Fuss oder auf die Länge von 12Fuss dem Ort des goldenen Schnittes entspricht. Wir dürfen davon ausgehen, dass 12Einheiten als Grundmodul zu lesen sind, eine in die Antike zurückgehende Masseinheit.

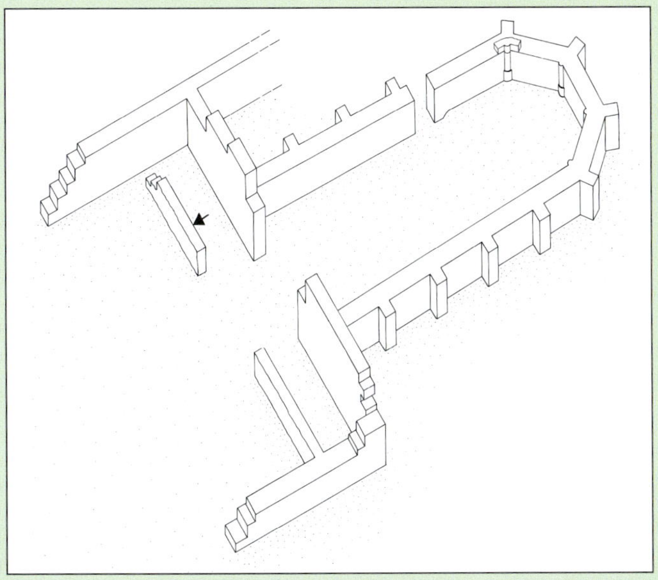

Einblick von Südwesten in die Baustelle der ehemaligen Dominikanerkirche, um 1280/90. Der Pfeil zeigt die Lage der Messstrecke an.

Die Messstrecke an der Lettnerrückwand im Fundzustand, Ausschnitt.

Die Messstrecke liegt im Bereich der späteren Klausur; sie kann demnach nicht wie andere an Rathäusern oder Kirchen als Muttermass für Tuchhändler, Kaufleute oder Handwerker bestimmt gewesen sein. Sie war nur während der Bauzeit für Laien zugänglich, muss also dem Baubetrieb gedient haben. Tatsächlich lassen sich diese Messeinheiten an vielen Orten der heutigen Kirche, vor allem an Bauteilen der frühen Phasen nachvollziehen. So beträgt beispielsweise im Chor die Jochtiefe je ein Modul, die Gesamtlänge sechs Modul. Dieser lässt sich zudem von Fensterachse zu Fensterachse je ein Mal abtragen. Die Fenster scheinen bis ins Detail gemäss der Messstreckenangaben konstruiert zu sein. Weniger klar lassen sich die Module im Kirchenschiff ablesen. Wenn wir aber annehmen, dass für die Vermessung des Gesamtgrundrisses auf dem abhumusierten Terrain der Verlauf der Mauern (Mauermitte) mit einem Kalkstreifen gestreut wurde, könnte auch hier der Grundmodul Anwendung gefunden haben: er lässt sich in der Gesamtbreite der Kirche sieben Mal, für die Seitenschiffbreite zwei Mal und für die Gesamtlänge 14 Mal abtragen. Im Aufgehenden beträgt der Durchmesser der Pfeiler zwei Mal √2 Fuss.

Von Bedeutung ist die Feststellung, dass das hier für die Bauleute des 13. Jahrhunderts festgelegte Fussmass den aus späterer Zeit bekannten Berner Massen nicht entspricht – eine Bauhütte lässt sich erst für den ab 1421 einsetzenden Münsterbau nachweisen. Wir vermuten, dass eine ortsfremde Masseinheit vorliegt, welche der bauleitende Architekt der Dominikaner mitbrachte und hier anbringen liess. Dieser Architekt ist vielleicht mit der bei Justinger genannten Persönlichkeit des Frater Humbertus gleichzusetzen. Wir vermuten, dass derselbe Humbertus sich als *Praefectus operi*, als Baumeister, am mittleren Schlussstein des Lettners verewigt hat (Abb.). Sicher darf jedoch aus dem Vorhandensein unserer Messstrecke gefolgert werden, dass es offenbar nötig war, ein für die gesamte Baustelle verbindliches Mass festzulegen.

Schlussstein im Mitteljoch des Lettners. Das Baumeisterbildnis könnte möglicherweise den Dominikanerbruder Humbertus darstellen.

Literatur: Descœudres, Französische Kirche. – Moosbrugger, Schnurvermessung.

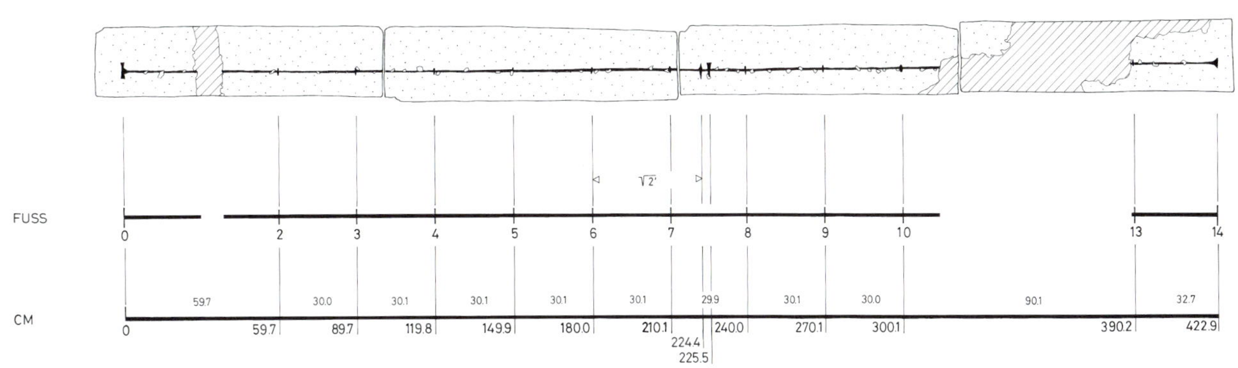

Umzeichnung der Messstrecke mit ermittelten Abmessungen, Massstab 1:30.

fende Besiedlung der rückwärtigen Gassen fördern.[19] Aus den aus dem 13. Jahrhundert überlieferten Güterschenkungen und Grundstücksverkäufen geht hervor, dass sich an der heutigen Zeughaus- und Amthausgasse neben wenigen Wohnhäusern vor allem Gärten und Äcker mit hölzernen Ställen und Scheunen befunden haben.[20]

Auch am südlichen Rand der Inneren Neustadt befanden sich im 13. Jahrhundert noch vornehmlich Gärten und Äcker. Hier stellte der Rat den aus wirtschaftlichen Gründen nach Bern gerufenen Juden Platz zur Errichtung eines Friedhofes und vielleicht auch einer Synagoge zur Verfügung (→ S. 269). Nach dem Pogrom des Jahres 1293 gelangten schliesslich die zuvor auf einer Aareinsel beim Altenberg lebenden Dominikanerinnen in den Besitz dieses Geländes. Sie errichteten zu Beginn des 14. Jahrhunderts in der südwestlichen Ecke der Vorstadt ihr neues Kloster, das so genannte Inselkloster (→ S. 400).

Abb. 183
Chor der Französischen Kirche, der ehemaligen Kirche des Dominikanerkonvents. Trotz verschiedener Umbauten sieht man dem Polygonalchor noch seine Entstehung um 1300 an.

Ausbau und innere Verdichtung im 13. und frühen 14. Jahrhundert

Obwohl einzelne Bereiche zwischen Nydegg und Käfigturm bis weit ins 14. Jahrhundert hinein noch ohne dichtere Überbauung verblieben und zwischen 1285 und 1309 vier grössere Stadtbrände[21] (Abb. 182) sowohl in der zähringischen Gründungsstadt als auch in der Inneren Neustadt teilweise erhebliche Zerstörungen verursachten, bedeutete das 13. und das beginnende 14. Jahrhundert für die Stadt Bern eine Zeit des intensiven Bevölkerungswachstums. Deutliches Zeichen des offenbar stetigen Zustroms neuer Menschen in die Stadt ist die nach Ausweis der archäologischen und schriftlichen Befunde noch vor der Mitte des 13. Jahrhunderts einsetzende Überbauung der peripheren Areale neben den Marktgassen und der sonnigen Südseite der oberen Junkerngasse, auf die sich die Gründungsbebauung konzentriert hat (→ S. 93).[22]

Zugleich kam es vor allem seit der zweiten Hälfte des 13. Jahrhunderts entlang der zentralen Gassen zu einer Verdichtung der Bebauung: Dabei wurden erstens die Freiflächen auf den Parzellen mehr und mehr überbaut, zweitens unterteilten die Bürger die bestehenden Hofstätten ständig weiter, so dass diese nach Meinung Konrad Justingers schliesslich *gar eng und klein* ausgegeben werden mussten,[23] und drittens dürften damals viele Holzhäuser in Stein erneuert und um ein Geschoss erhöht worden sein. Bisher einziger archäologischer Befund dazu ist das kürzlich untersuchte Haus Gerechtigkeitsgasse Nr. 71 (→ S. 286). Der dort gefasste gassenständige Kernbau – ein Doppelhaus, das wahrscheinlich um 1265 entstand – besass bei einer lichten Breite von nur zwei Mal 4,5 m bereits eine über drei Geschosse reichende Brandmauer aus Sandsteinquadern ohne Fensteröffnungen. In diesem zentralen Stadtbereich um die Kreuzgasse dürfte es somit bereits im mittleren 13. Jahrhundert mehrgeschossige Zeilenbauweise gegeben haben.

Um weitere Unterteilungen der Liegenschaften zu verhindern, was einerseits die Eigentumsverhältnisse in der Stadt zunehmend komplizierte und andererseits die Gefahr von grossflächigen Stadtbränden erheblich erhöhte, sah sich der Berner Rat in der ersten Hälfte des 14. Jahrhunderts gezwungen, den Bau von Wohnhäusern innerhalb der Stadtmauern durch rechtliche Bestimmungen zu reglementieren und im Jahre 1310 der Aufsicht einer speziellen Ratskommission zu unterstellen.[24] Die damals neu gewählten Bauherren hatten dabei vor allem die Durchführung von Brandschutzmassnahmen wie den Bau von Brandmauern und Ziegeldächern durch Subventionen aus der Stadtkasse bei der Stadtbevölkerung zu fördern (→ S. 234).[25]

Abb. 184
Rekonstruktion der Stadtbefestigung mit dem einzigen erhaltenen Wehrturm, dem Holländerturm, im Endausbau (nach Jürg Schweizer).

Das Phänomen der verdichteten Bauweise ist im 14. Jahrhundert auch in der Inneren Neustadt feststellbar. Ausdruck davon ist die Besiedlung und Bebauung der Stadtgräben: So hatten sich die Gerber 1326 auf Betreiben des Rates im späteren Gerberngraben niedergelassen und dort zahlreiche neue Häuser errichtet (→ S. 263).[26] Weiter stand im Badergraben, dem nördlichsten Abschnitt des Stadtgrabens der Gründungsstadt, im 14. Jahrhundert neben einem öffentlichen Sodbrunnen eine Badestube. Der Bader hatte dort auch sein Wohnhaus und seine Gärten.[27] Einen Hinweis auf die Bebauung im Graben lieferten die archäologischen Untersuchungen auf dem Kornhausplatz aus dem Jahr 1997,

Oliver Landolt

Markttopographie

Der älteste urkundliche Hinweis über den Markt in der Stadt Bern stammt aus dem Jahre 1292 (FRB III, S. 777). Ein regelmässiger Marktverkehr darf jedoch schon für frühere Zeiten angenommen werden, denn ohne den sogenannten Wochenmarkt war die Existenz und die wirtschaftliche Entwicklung einer mittelalterlichen Stadt wesentlich eingeschränkt. Der Wochenmarkt war einerseits für die Versorgung der Stadtbewohner und der Bewohner des städtischen Umlandes mit Nahrungsmitteln und alltäglichen Gebrauchsgegenständen lebensnotwendig. Als zentraler Absatzmarkt für vielfältige Produkte der näheren und weiteren Umgebung bildete er aber auch einen Mittelpunkt wirtschaftlichen Lebens. Seit dem 13. Jahrhundert liess der Berner Rat den Wochenmarkt in den breit angelegten Gassen durchführen; als Marktstrassen wurden seit dem 14. Jahrhundert die Kram-, die Gerechtigkeits-, die Markt- sowie die Münster- und die Herrengasse genutzt. Welche Bedeutung der Berner Wochenmarkt für das nähere städtische Umland zu Beginn des 14. Jahrhundert hatte, zeigt deutlich ein von Justinger zum Jahre 1311 überliefertes Schiffsunglück auf der Aare: Rund 72 Personen, welche den Markt zu Bern besuchen wollten, seien dabei ertrunken (Justinger, S. 44).
Bestimmungen zugunsten des städtischen Marktes in der Aarestadt finden sich bereits in der «Goldenen Handfeste», welche im 14. Jahrhundert durch verschiedene Satzungen – so die Fürkaufsverbote oder der Marktzwang – ergänzt wurde. Das Anwachsen des Marktverkehrs bewirkte in verschiedenen Städten, dass neben einem Hauptmarktplatz weitere spezialisierte Märkte entstanden (Isenmann, Deutsche Stadt, S. 61 f). Über die Markttopographie des mittelalterlichen Bern vor dem grossen Stadtbrand von 1405 sind nur wenige Hinweise überliefert. Sie genügen jedoch, diese Spezialisierung der Märkte ebenfalls festzustellen: Bereits im 14. Jahrhundert wird ein Ankenmarkt erwähnt, welcher sich an der südlichen Gerechtigkeitsgasse, in der Nähe des Untertores, befand. Dieses war auch der Hauptzugang für die Bauern aus dem Oberland, welche vor allem Molkereiprodukte und Vieh verkauften. 1367 wird ein Marktplatz für Nahrungsmittel erwähnt. Dieser befand sich vor dem Barfüsserkloster, der heutigen Universitäts- und Stadtbibliothek, wo noch heute ein entsprechender Markt abgehalten wird. 1404 wird auch ein Brennholzmarkt erwähnt (SSRQ Bern Stadt I/1, S. 125 und S. 141). Ein spezieller Viehmarkt am oberen Ausgang der Zeughausgasse taucht 1379 in den Stadtrechnungen auf (Welti, Stadtrechungen, S. 137). Auch Verkaufsstände von Tuchhändlern vor dem Franziskanerkloster am westlichen Ausgang der Herrengasse werden bereits im 14. Jahrhundert erwähnt.
Eine genaue Rekonstruktion der einzelnen Marktplätze ist erst aus der Marktordnung von 1481 möglich: Das lebensnotwendige Getreide wurde auf dem heutigen Theater- und Kornhausplatz sowie am Zwiebelngässchen, der Hotellaube wie auch an der unteren Gerechtigkeitsgasse gehandelt. Hühner, Eier und Obst wurden auf dem oberen Getreidemarkt und an der Gerechtigkeitsgasse verkauft. Der Viehmarkt befand sich an der untersten Gerechtigkeitsgasse und an der oberen Kramgasse, während Molkereiprodukte wie Käse, Ziger und Butter vor den Barfüssern, an der Kreuzgasse und am untersten Ende der Gerechtigkeitsgasse angeboten wurden (SSRQ Bern Stadt VIII/1, Nr. 8, S. 9-11). Im Bereich der Kreuzgasse befand sich der Fischmarkt, wobei der als Fastenspeise äusserst wichtige Fisch auch direkt bei den Fischern unten an der Aare erworben werden konnte.
Eine besondere Bedeutung hatte das um 1373 errichtete Kaufhaus: Nur hier durften unter der Aufsicht eines Kaufhausmeisters und seiner Gehilfen wichtige Handelsgüter wie Salz oder Tuche verkauft werden. Bei Missachtung dieser Bestimmungen wurden Geldbussen wie auch Stadtverbannung angedroht.
Damit hatte die Stadt eine genaue Kontrolle über die verkauften Waren und konnte diese mit Zöllen besteuern.
Weiterführende Literatur:
Morgenthaler, Bilder, S. 193 bis 196; Gerber, Gott, S. 214 bis 217.

wo eine verschliessbare Treppe in die Tiefe des Grabens führte. Intensive Brandrötungen an der Grabengegenmauer lassen vermuten, beim Stadtbrand von 1405 seien mehrere Gebäude im Graben verbrannt (Abb. 184).[28] Nach Aussage von Urkunden des 15. Jahrhunderts gab es auch im Tachnaglergraben, dem nördlichen Abschnitt des Stadtgrabens der ersten Stadterweiterung, einen weiteren öffentlichen Brunnen sowie Wohnhäuser und Gärten. Vermutlich lebten dort unter anderem die namengebenden Schindelmacher oder *tachnagler*.[29]
Ferner entstanden in der zweiten Jahrhunderthälfte beiderseits an die nach der zweiten Stadterweiterung von 1343 funktionslos gewordene Stadtmauer südlich und nördlich des Käfigturms angelehnte Häuserzeilen. Ein Beleg für diese Bautätigkeit ist ein Eintrag in die Säckelmeisterrechnung des Jahres 1378. Die beiden städtischen Bauherren Peter Balmer und Niklaus Uttinger bezahlten einen Betrag von 32 Gulden an den Säckelmeister, den sie für den Durchbruch von Fenstern *an der mittleren ringmure* von den dortigen Hausbesitzern erhalten hatten.[30]

Die zweite Stadterweiterung: Der Einbezug des herrschaftlichen Burgbezirks von Nydegg nach 1268

Um 1268 zerstörten die Berner die Stadtburg Nydegg (→ S. 87) am östlichen Rand der Gründungsstadt.[31] Dies war der Ausgangspunkt, um die zur Burg gehörende Siedlung am Stalden als zweite Erweiterung rechtlich wie baulich mit der Stadt zu verbinden (Abb. 185). Mit der Zerstörung der Burg schleifte die Berner Bürgerschaft nicht nur das Symbol der königlichen – oder der savoyischen – Stadtherrschaft, sondern sie brachte den herrschaftlichen Sonderrechtsbezirk am Stalden mit dem für die Stadt bedeutungsvollen Flussübergang unter ihre Kontrolle. Diese Stadterweiterung mit ihren nur etwa 2,5 Hektar diente somit im Unterschied zu dem 1255 begonnenen Bau der Inneren Neustadt nur in zweiter Linie der Erweiterung der bestehenden Siedlungsfläche.

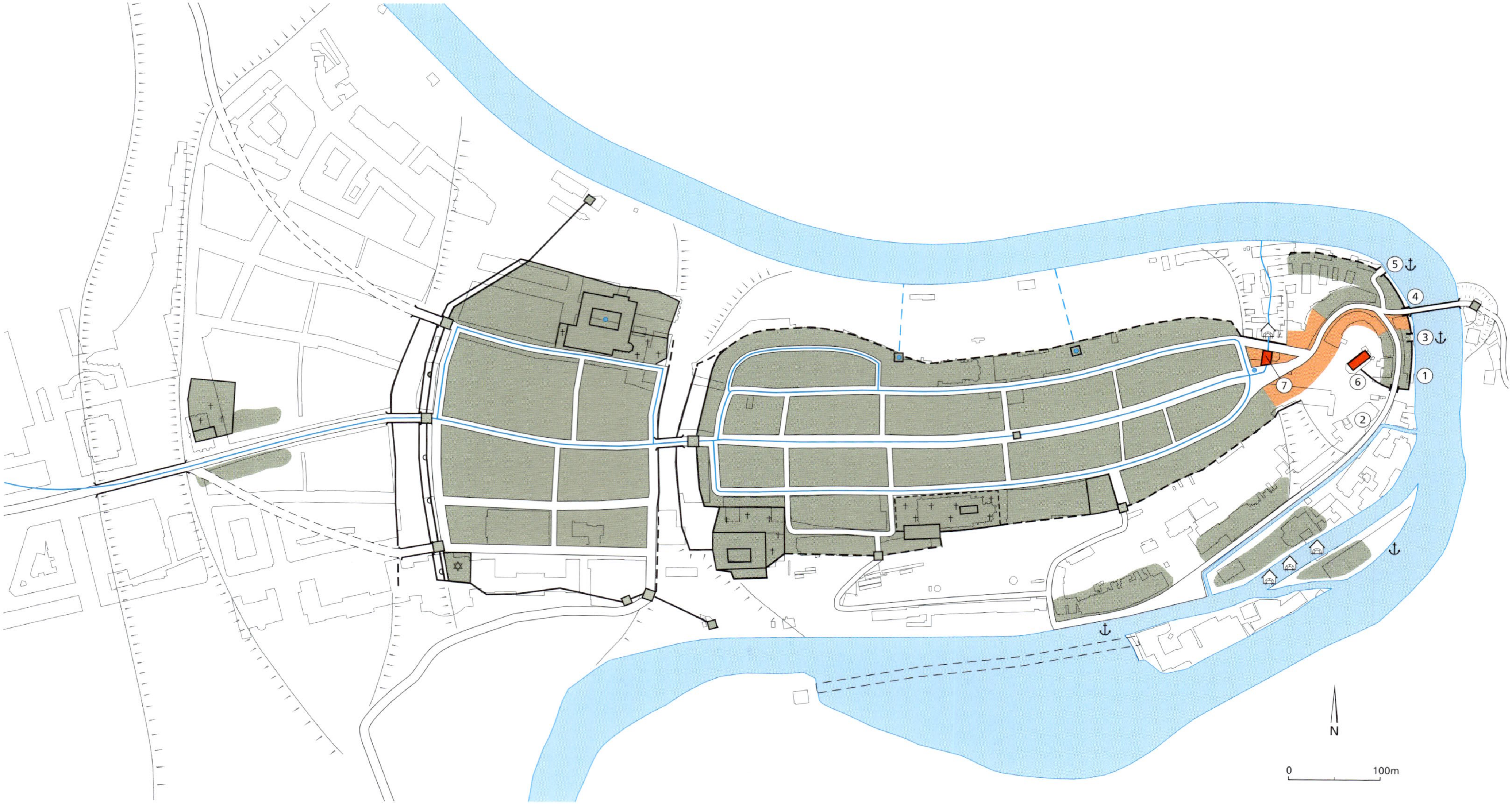

Abb. 185
Zweite Stadterweiterung:
Nydegg/Stalden/Mattenenge
zwischen 1268 und 1273

1 Ringmauer
2 Tor zur Matte
3 Ländtetor
4 Inneres Untertor
5 Tränkitor
6 Nydeggkirche
7 Niederspital.

Abb. 186
Die Zerstörung der Häuserzeile Mattenenge 1–7 anlässlich der Nydeggsanierung 1956-1962. Sichtbar ist die dabei zu Tage getretene Ringmauer der ehemaligen Burg und im Hintergrund das in die Neubebauung integrierte Ländtetor. Im Hintergrund die Rampe und das westlichste Joch der Niedertorbrücke. Blick nach Norden.

Ausgehend von den ehemals herrschaftlichen Kernbereichen am Flussufer entwickelte sich die Besiedlung des Staldens nach dessen Integration in die Gründungsstadt längs des Hauptverkehrsweges in Richtung Kram- und Gerechtigkeitsgasse und wuchs allmählich mit dieser zusammen. Möglich wurde diese architektonische Verbindung zwischen den ursprünglich durch Graben und Mauern getrennten Siedlungen durch die Verfüllung der Querrinne zwischen Post- und Junkerngasse, die mit dem Bau des Niederen Spitals im Jahr 1307 einen *terminus ante* quem hat.[32] Weiter östlich wurde ebenfalls im frühen 14. Jahrhundert der überflüssige Burggraben zugeschüttet.[33] Im Bereich des heutigen Nydeggstaldens wurde er überbaut, und es entstand die südseitige Häuserzeile dieser Gasse; die Grabenmauern wurden dabei zu Vorder- und Rückwänden der Keller (Abb. 185).

An der Stelle der zerstörten Burg entstand eine Kapelle, die wohl allfällige königliche Forderungen nach einem Wiederaufbau abwehren sollte. Als Filialkirche zu St. Vinzenz war die von Bürgerschaft und Rat finanzierte Kapelle aber auch das seelsorgerische Zentrum des neuen Quartiers am Stalden.[34] Der Standort der ehemaligen Stadtburg blieb mit Ausnahme der in seiner Mitte errichteten Kapelle hingegen unbebaut; das heutige Nydegghöfli diente teilweise als Friedhof, teilweise als Gartenareal, die der Rat an einzelne Bürger verpachtete.

Da sämtliche bisher archäologisch untersuchten Mauerteile und auch das Ländtetor der ehemaligen Burgsiedlung erst ins spätere 13. Jahrhundert zu datieren sind, ist davon auszugehen, dass der Stalden erst nach seiner Integra-

Abb. 187
Der Christoffel-Turm während des Abbruchs im Jahr 1865. Deutlich ist zu erkennen, dass der untere Bereich aus Bossenquader-Mauerwerk besteht. Er wird deshalb als Kernbau des 14. Jahrhunderts interpretiert.

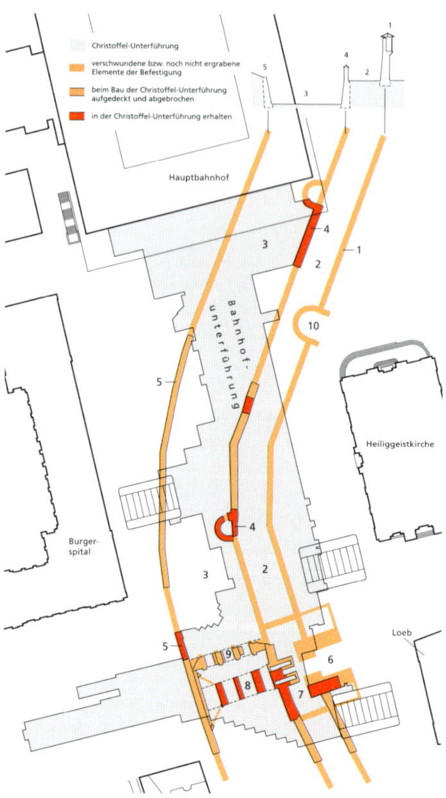

Abb. 188
Die Überreste der Befestigung der Äusseren Neuenstadt kamen beim Bau der Christoffel-Unterführung 1973-75 zum Vorschein; einzelne Elemente wurden in den Neubau integriert.

tion in die Gesamtstadt ummauert wurde. Einzelne Tore und Mauerabschnitte dieser Befestigungen waren noch bis ins 15. Jahrhundert im Stadtbild zu erkennen (Abb. 185 und 186).

Die dritte Stadterweiterung nach 1343

Das seit dem 13. Jahrhundert anhaltende Bevölkerungswachstum gipfelte im Jahre 1343 in einer dritten Stadterweiterung (Abb. 189). Der konkrete Anlass dazu war der Schutz der vor dem Käfigturm entlang der westlichen Ausfallstrasse entstandenen Vorstadt. Die Erweiterung wurde von der Berner Bürgerschaft nach der militärischen Bedrohung während des Laupenkrieges von 1339 in Angriff genommen.[35] Die Äussere Neustadt befand sich im Unterschied zu den älteren Stadtquartieren grösstenteils ausserhalb der von der Aare umflossenen Halbinsel. Der neue Stadtteil musste deshalb nicht nur im Westen, sondern auch im Norden und Süden durch ausgedehnte Befestigungsanlagen geschützt werden. Obwohl auch diese Stadtmauer wenigstens in den zentralen Abschnitten entlang natürlicher Quergräben errichtet werden konnte, übertraf sie mit einer Länge von rund 1100 m sämtliche bisher von der Stadt durchgeführten Bauprojekte (Abb. 187 und 188). Allein die Bauzeit der neuen Westbefestigungen erstreckte sich mit allen Anpassungen an die aufkommende Geschütztechnik von der Mitte des 14. bis zum Ende des 15. Jahrhunderts.[36]
Der neu ummauerte Stadtteil zählte insgesamt sieben fächerförmig angelegte Gassen, von denen jedoch nur die Fronten der vier zentralen Gassen der Spital-, der Schauplatz-, der Neuen- und der Aarbergergasse während des Spätmittelalters dichter mit Wohnhäusern überbaut wurden. An den drei übrigen peripheren Gassen reihten sich neben einzelnen Gärten und Äckern vor allem Ställe und Scheunen, die sowohl die Bewohner der Neustadt als auch die Einwohnerschaft der älteren Stadtteile bewirtschafteten. Obwohl die Besiedlung der Äusseren Neustadt durch die seit 1349 in regelmässigen Abständen in der Stadt grassierende Pest zeitweilig ins Stocken geriet ist und zwischen 1367 und 1387 insgesamt sieben grössere Stadtbrände in den alten Stadtteilen östlich des Käfigturms erhebliche Zerstörungen verursachten, scheint die Bevölkerung des jüngsten Stadtteils Berns relativ schnell angewachsen zu sein.[37] Im Jahre 1389 können jedenfalls bereits etwa 280 Wohnhäuser in der Äusseren Neustadt lokalisiert werden. Die Zahl der Einwohner, die sich in den 46 Jahren zwischen der Grundsteinlegung zum Oberen Spitaltor 1343 und der Niederschrift des ältesten überlieferten Vermögenssteuerregisters von 1389 westlich des Käfigturms niedergelassen hat, dürfte somit rund 1000 Personen betragen haben.[38]

Die vierte Stadterweiterung: der Einbezug der bubenbergischen Gewerbesiedlung der Matte im Jahre 1360

Es ist kein Zufall, dass das um 1268 in die Gründungsstadt integrierte Quartier Stalden durch einen Torbogen von der südwestlich anschliessenden Matte getrennt war.[39] Diese ursprünglich wahrscheinlich zur Burg Nydegg gehörige Gewerbesiedlung war beim Einbezug der Burgsiedlung Stalden nicht Teil der übrigen Stadt geworden, sondern in herrschaftlicher Abhängigkeit zu ihren adligen Grundherren – den Herren von Bubenberg – verblieben. Allerdings entstanden ebenfalls gegen Ende des 13. Jahrhunderts im Bereich des Inneren Aaretors am westlichen Ausgang der Untertorbrücke neue Wohnhäuser, die die beiden Siedlungen baulich mehr und mehr verschmelzen liessen.[40]
Rechtlich in die Bürgerstadt westlich der Nydegg integriert wurden die Matte und ihre Bewohner erst, nachdem der verbannte Altschultheiss Johannes von Bubenberg *den grundt dez heiligen riches in der Ara* im Jahre 1360 für 1300 Gulden an den Berner Rat verkauft hatte (Abb. 190).[41] Dieser Kauf bedeutete faktisch ebenfalls eine Stadterweiterung. Auf diese Weise ging der letzte seit zähringischer Zeit bestehende herrschaftliche Sonderrechtsbezirk in Bern an Schultheiss und Rat über. Die Gewerbeeinrichtungen an der Matte waren wohl schon im Laufe des 13. Jahrhunderts Teil der städtischen Topographie und wichtiger wirtschaftlicher Faktor der prosperierenden Stadt geworden. Bezeichnenderweise lagen an der Matte ober- und unterhalb der Schwelle auch die beiden Schiffländen Berns.[42] Durch den Kauf 1360 wurde die Bevölkerung der Matte

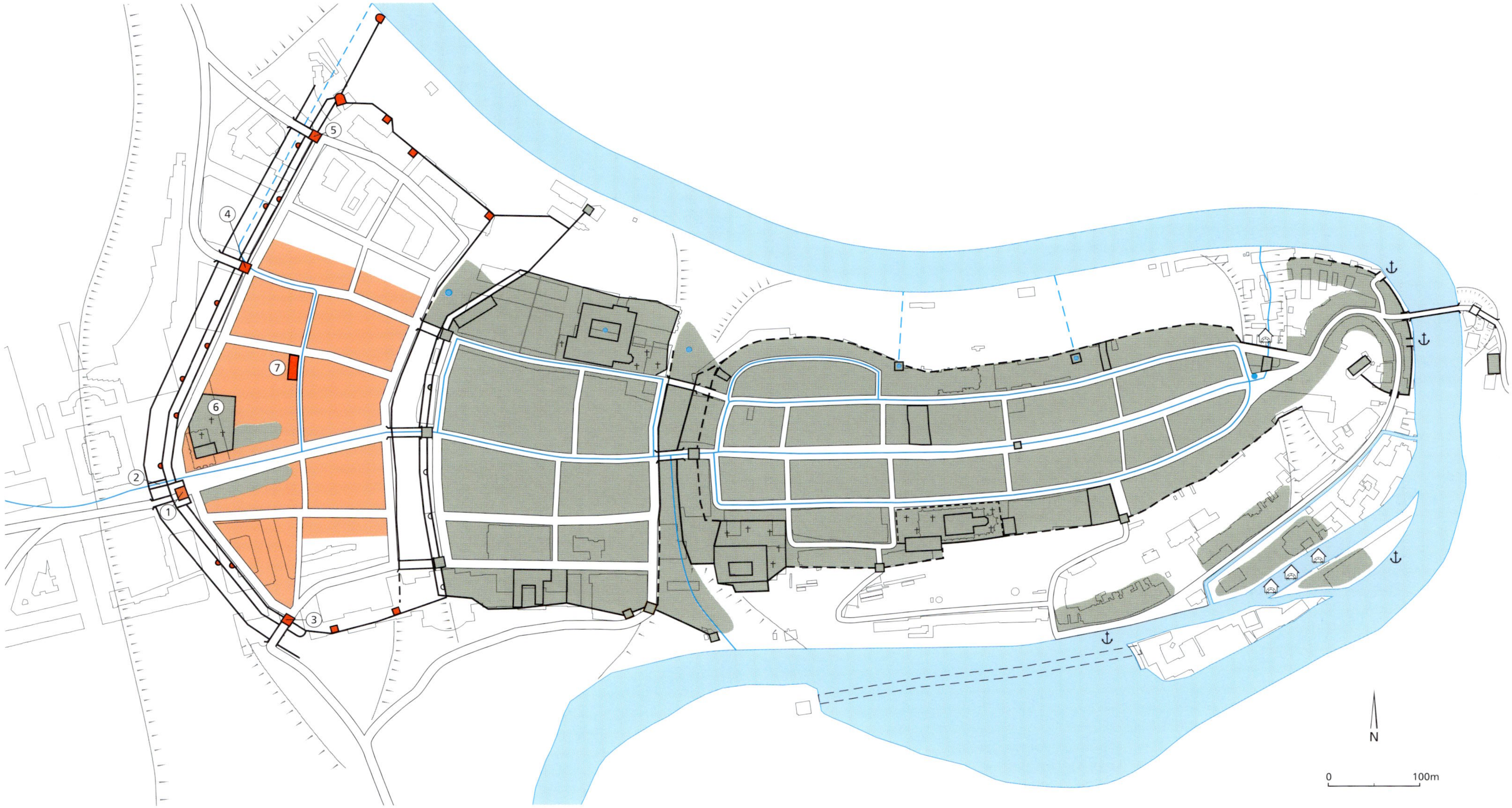

Abb. 189
Dritte Stadterweiterung
Äussere Neuenstadt ab 1344.

1 Christoffel-Turm
2 Stadtbachviadukt
3 Oberes Marzilitor
4 Golattenmattgasstor

5 Weisser Turm
6 Heiliggeistspital
7 Haus des Scharfrichters

rechtlich der übrigen Stadtgemeinde gleichgestellt. Der noch im 18. Jahrhundert als Vorstadt bezeichnete Stadtteil lag nicht nur innerhalb des Stadtbanns von 1336, sondern war als Teil des Gerberviertels administrativ ein Stadtquartier. Ausserdem gehörte die Matte seit 1276 zum Kirchspiel Bern. Im Unterschied zum Stalden wurde dieses jüngste Stadtquartier Berns jedoch nicht mehr ummauert.[43]

Die Auswirkungen der Pest und das Ende des Wachstums

Einen nachhaltigen Einbruch erlitt das seit dem 12. Jahrhundert anhaltende Bevölkerungswachstum erst in der zweiten Hälfte des 14. Jahrhunderts, als die Bewohnerschaft Mitteleuropas wiederholt von schweren Pest- und Seuchenzügen heimgesucht wurde.[44] Auch die Stadt Bern erlebte in dieser Zeit mehrere verheerende Epidemien, die seit 1349 in regelmässigen Abständen in Stadt und Land hunderte von Toten forderten (→ S. 220).[45] Die Stadtbevölkerung wurde bis zum Ende des 14. Jahrhunderts von mindestens vier Seuchenzügen heimgesucht, die in den Jahren 1349, 1355, 1367 und 1395 auch in den übrigen Gebieten Mitteleuropas teilweise schwere Verluste an Menschenleben verursachten.[46] Dieser Bevölkerungsrückgang bedeutete auch das Ende des flächenmässigen Wachstums der Stadt. Der Bau der barocken Schanzenanlage zwischen 1622 und 1634 integrierte zwar noch einmal einen Teil der westlichen Allmend ins ummauerte Stadtgebiet, auf dem im 18. Jahrhundert unter anderem das neue Heiliggeistspital errichtet wurde. Diese Stadterweiterung diente jedoch nur noch militärischen Zwecken. Erst im Zuge der Industrialisierung während des 19. Jahrhunderts wurde mit der Zerstörung der Befestigungsanlagen die Siedlungsfläche der Stadt Bern schliesslich auf die ausserhalb der Aarehalbinsel gelegenen Landgebiete ausgeweitet.

Bereits beim ersten Auftreten der Pest im Frühsommer des Jahres 1349 scheint sowohl die Stadt Bern als auch die Landschaft besonders schwer von der Krankheit betroffen gewesen zu sein. Konrad Justinger spricht von grossen Verlusten, wobei in der Stadtbevölkerung an einem Tag bis zu 60 Tote zu beklagen gewesen seien.[47] In der Landschaft bewirkte die Pest eine Verringerung der Ernteerträge und Einkünfte, da zahlreiche Äcker aus Mangel an Arbeitskräften unbebaut blieben.[48] Die Kornpreise stiegen an und verursachten in Bern eine Lebensmittelteuerung.

Zahlreiche von der Pest betroffene Familien suchten zudem ihr Seelenheil zu sichern, indem sie verschiedenen Klerikergemeinschaften grosszügige Vergabungen an Geld und Grundeigentum machten.[49] Insbesondere die während der Epidemie verwaisten Besitztümer scheinen von den Angehörigen der Pestopfer mit Vorliebe an geistliche Institutionen gestiftet worden zu sein. Eine immer grössere Zahl von städtischen Liegenschaften ging auf diese Weise in den Besitz des Klerus über. Da der Kirchenbesitz von der Stadt nicht besteuert werden durfte, sah sich der Berner Rat ein Jahr nach dem erneuten Auftreten der Seuche 1355 sogar dazu veranlasst, die Vergabe von Wohnhäusern und Hofstätten an die Kirche innerhalb der Stadtmauern gänzlich zu verbieten.[50] Zudem bestimmte er in der gleichen Satzung, dass sämtliche seit 1349 der Geistlichkeit gestifteten Häuser in Zukunft keine städtischen Subventionen für den Bau von Brandschutzmassnahmen mehr erhalten sollten, ausser die Ratsmehrheit würde diese ausdrücklich bewilligen.[51]

Obwohl Konrad Justinger neben der Pest von 1349 keine weiteren Pestzüge im 14. Jahrhundert mehr erwähnt, scheint die Einwohnerschaft Berns nach den überlieferten Satzungen ausser dem Sterben von 1355 mindestens im Frühling des Jahres 1367 noch einmal von einem grösseren Seuchenzug heimgesucht worden zu sein. Nachdem der Rat bereits im November des Jahres 1366 die stadtsässigen Grundbesitzer wegen der besonders schlecht ausgefallenen Getreideernte dazu ermahnte, ihr Korn vom Land nur noch auf dem städtischen Markt zu verkaufen, erliess er an Ostern 1367 eine weitere Satzung. In dieser schränkte er den Verkauf von verwaistem Gut auf jene Einwohner ein, die einen rechtmässigen Anspruch auf den betreffenden Besitz nachweisen konnten.[52] Schultheiss und Rat reagierten mit dieser Massnahme auf eine wahrscheinlich im Frühjahr 1367 in Bern grassierende Epidemie, die eine grössere Zahl von Todes-

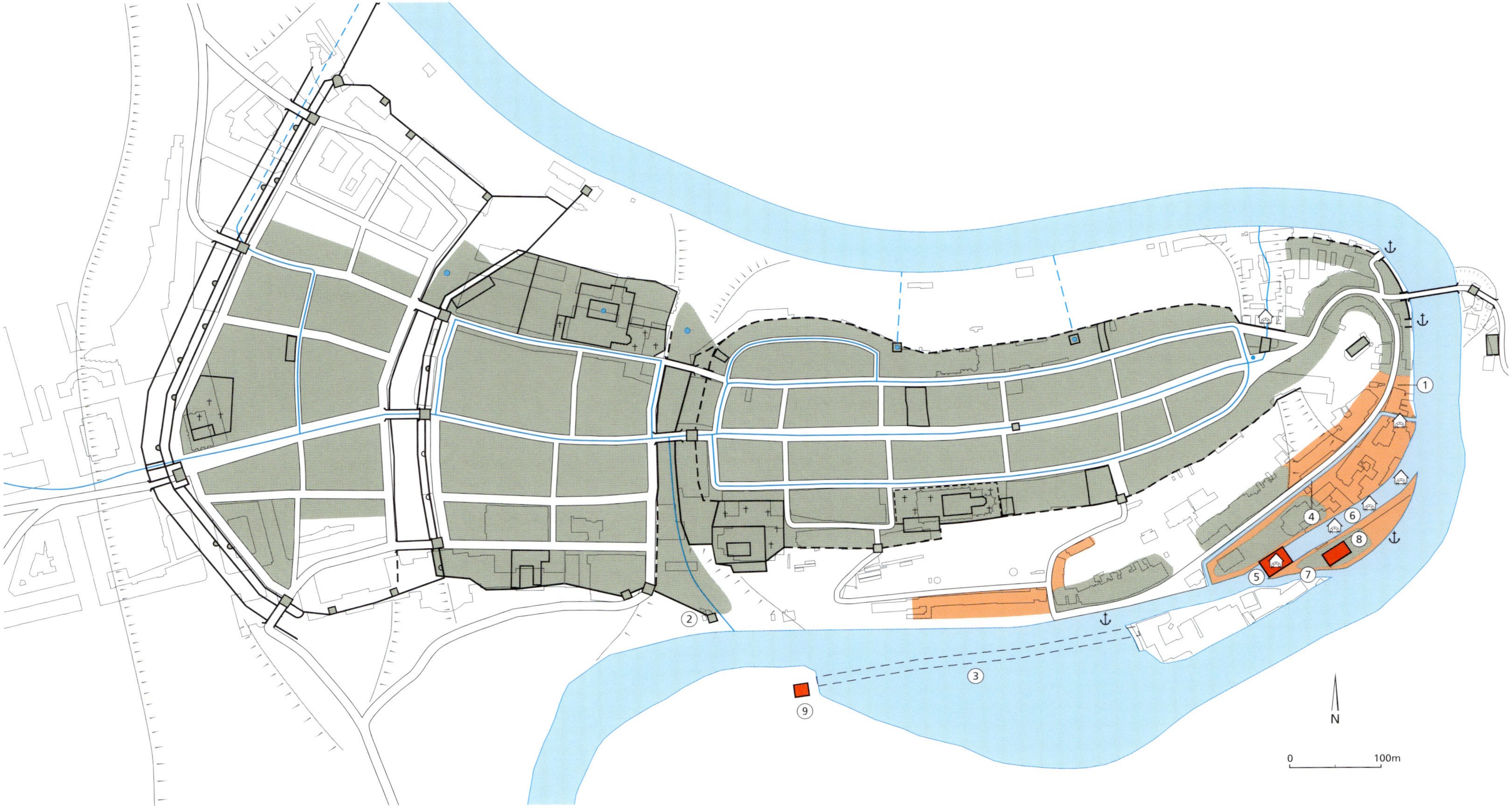

Abb. 190
Vierte Stadterweiterung Matte 1360.

1 ehemalige Burgsiedlung Mattenenge
2 Haldensperrmauer
3 Mattenschwelle
4 Gerberbach
5 Stadtmühlz
6 Tych (grosser Gewerbekanal)
7 kleiner Gewerbekanal
8 Amtssitz des Schwellenmeisters

opfern forderte. Das Sterben war von einzelnen Stadtbewohnern offenbar dazu benutzt worden, sich fremdes Eigentum anzueignen, um dieses nach dem Abklingen der Seuche mit Gewinn weiterzuverkaufen.
Eine weitere Folge des Pestzuges von 1367 bestand darin, dass immer mehr verwitwete Frauen ohne den Beistand eines männlichen Vogtes Rechtsgeschäfte tätigten, von denen sie dann aber wieder zurücktraten. Nach Meinung des Rates wurden dadurch *erber lüte dick und vil betrogen und geschedigt*. In einer ebenfalls an Ostern 1367 festgelegten Satzung bestimmte er deshalb, dass die Frauen ihre einmal getätigten Erwerbs- und Verkaufsgeschäfte entsprechend den ursprünglichen Abmachungen strikt einzuhalten hätten und diese nachträglich nicht wieder abändern durften.[53]
Am Ende des 14. Jahrhunderts führte der Berner Rat dann auch seine bereits um die Mitte des Jahrhunderts formulierte Politik der Zurückdrängung des geistlichen Grundbesitzes innerhalb der Stadtmauern zu Ende.[54] Als Erstes erneuerte er 1381 das Verbot, städtische Liegenschaften an die Kirche zu verkaufen, wobei er dessen Gültigkeit auf das Gebiet von drei Meilen rund um Bern ausdehnte.[55] In einer weiteren Bestimmung von 1400 forderte er die stadtsässigen Klerikergemeinschaften schliesslich dazu auf, ihre auf kommunalen Liegenschaften lastenden Seelgeräte[56] gegen einen bestimmten von der Stadt festgelegten Tarif abzulösen.[57]

Oliver Landolt

Der Schwarze Tod und die Judenverfolgung von 1348

In der Mitte des 16. Jahrhunderts behandelte der berühmte Glarner Staatsmann und Historiker Ägidius Tschudi (1505–1572) in seinem umfangreichen, die Geschichte der damaligen Eidgenossenschaft behandelnden «Chronicon Helveticum» ausführlich die Ereignisse rund um den zweihundert Jahre zurückliegenden schwarzen Tod. 1348 und im darauf folgenden Jahr habe *ein merckliche unerhörter grusamer sterbend* die ganze Christenheit heimgesucht; viele Städte und Landschaften starben durch diese hochinfektiöse Krankheit beinahe ganz aus. Die Epidemie war über das Meer *plützlich in gantz weltsch land und schnell daruf in alles Tütschland* gelangt. Menschen, welche an dieser Seuche erkrankten, starben innerhalb von drei Tagen.[1] Von den drei Erscheinungsformen der Pest – Beulenpest, Lungenpest und Pestsepsis – trat die erste weitaus am häufigsten auf.[2] Es bestand bei dieser Form eine geringe Überlebenschance, während die Lungenpest tödlich verlief.
Die schnelle Ausbreitung der Pest in der Mitte des 14. Jahrhunderts lässt sich nicht zuletzt auf die zunehmende wirtschaftliche Verflechtung der damals bekannten Welt zurückführen, denn vor allem über die Handelsstrassen drang die Seuche bis in die entferntesten Winkel vor.[3] Aus Asien kommend trat der Schwarze Tod im Frühjahr 1347 auf der Krim auf und breitete sich in der Folge schnell über Konstantinopel und die Hafenstädte des östlichen Mittelmeeres bis nach Italien und Südfrankreich aus. Von den Mittelmeerhäfen aus erfasste die Seuche das Hinterland, schlich sich den Handelsrouten entlang weiter und nahm sämtliche sich in ihren Weg stellenden menschlichen Siedlungen in den Würgegriff des Todes.[4] In das Gebiet der heutigen Schweiz gelangte die Epidemie über zwei Einfallstore: Ende 1348 war der schwarze Tod über die Lombardei bis ins Tessin vorgedrungen und breitete sich von hier über die Alpen nach Norden aus. In die Westschweiz gelangte das *grosse Sterben* von Avignon her über das Rhônetal, entlang einer der wichtigen den Norden mit dem Süden verbindenden Handels- und Kommunikationsroute.[5]
Über den Ausbruch der Seuche in der Stadt Bern sind keine zeitgenössischen Berichte erhalten: Erst rund siebzig Jahre nach den vorgefallenen Ereignissen gibt Conrad Justinger in seiner im offiziellen Auftrag der Stadt verfassten Chronik einen knappen Bericht über die Geschehnisse: Spätestens im Frühsommer 1349 erreichte der schwarze Tod von Südwesten her die Stadt: *Der sterbot kam von der sunnen undergang und gieng gegen der sunnen ufgang*.[6] Dabei sollen an manchen Tagen in der Stadt rund 60 Menschen gestorben sein.[7] Obwohl keine

Abb. 191
Weder das grosse Sterben – nur die damit in Verbindung stehenden Geisslerzüge – noch die Judenvertreibung von 1348 werden in den Berner Chroniken illustriert. Doch schon fünfzig Jahre früher hatten die Juden eine Verfolgung erlitten: Sie wurden beschuldigt, einen Knaben in einem Ritualmord getötet zu haben. Auch damals entzündete sich der Volkszorn über die Geldverleiher in einer Zeit wirtschaftlicher Schwierigkeiten. Amtliche Berner Chronik des Diebold Schilling, BBB Ms. A 120, S. 44.

genaueren Angaben über die Gesamtzahl der Opfer bekannt sind, darf angenommen werden, dass auch hier ähnlich wie in ganz Mitteleuropa – allerdings mit grossen regionalen Unterschieden – rund ein Viertel bis ein Drittel der Bevölkerung an der Seuche starb.[8]
Nach dem Bericht Justingers wurde auch die ländliche Umgebung Berns in ähnlich starker Weise von der Pestepidemie getroffen wie die Stadt. Wie die Forschung im Gegensatz hierzu ermittelt hat, lassen sich im Allgemeinen in ländlichen Gebieten auf Grund einer geringeren Siedlungsdichte geringere Sterblichkeitsraten feststellen.[9]
Jedenfalls muss die Pestepidemie Bern so stark getroffen haben, dass der in Habsburgs Diensten stehende elsässische und breisgauische Adel erwogen haben soll, einen Angriff gegen die geschwächte Aarestadt zu unternehmen, um sich für die schmachvolle Niederlage bei Laupen im Jahre 1339 zu rächen. Nachdem aber die Berner im Dezember 1349 ein erfolgreiches militärisches Unternehmen gegen den Grafen von Greyerz im Oberland durchführen konnten und zwei Burgen eroberten, sahen die Adligen von ihrem Unternehmen ab.[10]
Ähnlich wie in der heutigen Gesellschaft suchten auch die mittelalterlichen Menschen Gründe für die sich ereignenden Katastrophen. Unterschiedlichste Hypothesen wurden vorgebracht: Zeitgenössische Mediziner und auch andere naturwissenschaftlich Gebildete vermuteten als Ursache für die Epidemie entweder ungünstige Sternenkonstellationen oder aber verpestete Luft.[11] Die beiden Theorien konkurrierten sich gegenseitig und wurden trotzdem als gleich wahrscheinlich angesehen. Besonders weit verbreitet war aber die Auffassung, dass die Pest eine Strafe Gottes für die sündige Menschheit sei.[12] Speziell die auch in Bern auftretenden Geissler suchten mittels körperlicher Bussübungen den angeblichen Zorn Gottes zu besänftigen. Diese Bewegung war deutlich antiklerikal ausgerichtet,[13] denn in den Augen der Geissler war der Klerus im besonderen Masse verantwortlich für das unermessliche Leid, welches über die Menschheit hereingebrochen war.[14] Kritisch vermerkt Justinger in seiner Chronik die Ankunft der Geissler in Bern: Diese waren nach *sungicht* (Sonnenwende, 24. Juni) 1349 vor den Mauern der Aarestadt aufgetaucht. Mit Fahnen und langen Kerzen ausgerüstet, gekleidet in speziellen Mänteln, auf ihren Köpfen Hüte mit roten Kreuzen, zogen diese rituell sich mit Ruten und Peitschen schlagenden und Busslieder singenden Scharen durch die Lande.[15] Im Gegensatz zu anderen Chronisten, wie etwa Mathias von Neuenburg,[16] geht Justinger auf die in Bern vorgefallenen Ereignisse nur sehr knapp ein: Er erzählt über den Antiklerikalismus der Geisslerbewegung und deren Ächtung durch Papst Clemens VI. Da sich die ganze Bewegung bald verlief, bemerkt Justinger in lakonischer Weise, die Geissler seien *am lesten ein gespöt* geworden.[17]

In späterer Zeit suchte der Berner Rat jeweils in Seuchen- und anderen Krisenzeiten religiös-emotionale Ausbrüche der Menschen zu kanalisieren und forderte in Wallfahrts- und Prozessionsaufrufen die Bevölkerung innerhalb des bernischen Herrschaftsgebietes auf, durch Teilnahme an solchen Veranstaltungen um die Gnade Gottes und den Beistand der Heiligen zu bitten.[18]
In engem kausalem Zusammenhang mit der Angst weiter Bevölkerungskreise vor der Pest standen auch die in dieser Zeit stattfindenden Judenverfolgungen, welche sich schon im Vorfeld des eigentlichen Seuchenausbruches ereigneten und zur Vernichtung der meisten Judengemeinden im mitteleuropäischen Raum – so auch in Bern – führten (→ S. 269). Diese in der Mitte des 14. Jahrhunderts stattfindende Verfolgungswelle wurde erst im 20. Jahrhundert durch den Holocaust übertroffen.[19] Zu ersten Übergriffen gegenüber Juden – wie auch vereinzelt gegenüber Bettlern – war es in verschiedenen Städten der Provence und Nordspaniens erstmals im Frühling 1348 nach den ersten Seuchenopfern gekommen. Die Juden wurden verdächtigt, sich gegen die Christenheit verschworen zu haben, um diese mittels der Vergiftung von Gewässern und Lebensmitteln umzubringen. Dieser Vorstellung leisteten auch die häufig weitreichenden Beziehungen zwischen den Judengemeinden verschiedener Städte Vorschub: Diese waren primär verwandtschaftlich geprägt und wurden durch eine hohe interurbane Mobilität auch gepflegt. Die Juden nutzten diese Verbindungen wirtschaftlich zum Aufbau einer leistungsfähigen und flexiblen finanziellen Organisation, welche die teilweise sehr hohen Kredite an geldbedürftige adlige Herren, aber auch an Städte und deren Bewohner, gewähren konnte. In der durch Geldknappheit geprägten spätmittelalterlichen Gesellschaft waren die finanziellen Möglichkeiten lokal ansässiger jüdischer Geldgeber beschränkt, so dass diese ihre überregionalen Beziehungen zu anderen jüdischen Kreditoren nutzten. Daneben fand aber auch auf gelehrter Ebene ein intensiver Austausch zwischen den einzelnen Judengemeinden statt: Jüdische Wanderlehrer zogen von einer Stadt zur anderen und vermittelten ihre theologischen Kenntnisse innerhalb der jüdischen Gemeinden. Solche vielfältigen und intensiven Kontakte schürten natürlich das Misstrauen der Christen gegenüber den vor allem durch die kirchliche Propaganda immer stärker dämonisierten Juden. Die in engen Mauern lebenden spätmittelalterlichen Stadtbewohner waren ohnehin durch eine mehr oder weniger ausgeprägte Fremdenfeindlichkeit geprägt, unter welcher in immer stärkerem Masse auch andere Randgruppen zu leiden hatten.[20]
Vergebens versuchten einzelne kirchliche wie weltliche Instanzen diese gegenüber den Juden vorgebrachten Brunnenvergiftungsgerüchte als Hirngespinste abzutun: Nicht einmal zwei durch Papst Clemens VI. im Juli und September 1348 erlassene Bullen vermochten die Juden vor Verfolgungen zu schützen.[21] Während die Pest in den Monaten April und Mai 1348 das Rhonetal hochwanderte, eilten die Brunnenvergiftungsgerüchte dem Ausbruch der Krankheit mit rasender Geschwindigkeit voraus. Über die Dauphiné und Savoyen[22] drangen die Gerüchte um die angebliche jüdische Giftverschwörung schliesslich auch auf das Gebiet der heutigen Schweiz vor und strahlten von hier auf weitere Regionen des Heiligen Römischen Reiches aus. Laut dem Chronisten Heinrich von Diessenhofen war Solothurn die erste Stadt im deutschsprachigen Raum, welche im November 1348 Juden wegen angeblicher Vergiftung der Brunnen verbrannte.[23] Neuere Forschungen haben aber gezeigt, dass wahrscheinlich Bern eine aktive Rolle in der Weitervermittlung des Brunnenvergiftungsgerüchtes vom französischen in den deutschsprachigen Raum übernahm und die Räte einzelner Städte im schweizerischen, süddeutschen wie auch elsässischen Raum aufforderte, gegen die Juden in ihren Kommunen vorzugehen und auf dem Scheiterhaufen zu verbrennen.[24] Diese Rolle Berns betonen schon Mathias von Neuenburg und Jakob Twinger von Königshofen in ihren Chroniken.[25] Die Berner Quellen jedoch schweigen sich zu den vorgefallenen Ereignissen aus: Der mit starken antijüdischen Ressentiments behaftete Conrad Justinger erwähnt nur ganz allgemein die gegenüber den Juden vorgebrachten Brunnenvergiftungsvorwürfe und dass deshalb *alle juden bi hundert milen verbrent wurden*.[26] Berns besondere Rolle in dieser traurigen Geschichte spiegelt sich jedoch

Gaby Knoch-Mund

Bernische Grabsteine als Zeugnisse jüdischer Tradition

Zwei Grabsteinfragmente des mittelalterlichen jüdischen Friedhofs in Bern sind erhalten. Sie stammen vermutlich vom Ende des 13. Jahrhunderts oder dem Beginn des 14. Jahrhunderts.

Der grössere und vollständigere Grabstein ist publiziert und gehört zur ständigen Ausstellung des Bernischen Historischen Museums (BHM, Inv. 4510, unten). Nach einer ersten Beschreibung 1901 erfolgte die Restaurierung, die jedoch einen Teil der Inschrift verdeckte (ASA, NF 3 [1901], S. 228). Wahrscheinlich handelt es sich um den Grabstein einer Frau, doch sind aus dem Textfragment weder ihr Name, derjenige des Vaters oder Ehegatten, noch eine Jahreszahl zu erschliessen.

Der zweite Stein (BHM, Inv. 58791, rechts) ist möglicherweise älter, da er schlichter ist als der mit einem Masswerkdreipass verzierte grössere Grabstein. Er ist damit ein typischer Vertreter eines mittelalterlichen aschkenasischen Grabsteines, der einzig durch die quadratische Schrift wirkt (Encyclopedia Judaica, Bd. 15, Sp. 1223 f.). Es ist nur die linke Hälfte des Grabsteins aus Kalkstein erhalten, die Kanten waren bearbeitet, sind aber abgeschlagen. Nicht auszuschliessen ist, dass der Stein eine Sekundärverwendung erfuhr, denn er wurde in der Mitte auseinander geschlagen und bearbeitet.

Grabsteine sind zusammen mit Zeugnissen zu Geldverleih, Steuern oder Erwerb von Bauten und Grundstücken wichtige Belege zur jüdischen Siedlungstätigkeit im Mittelalter. Vor den grossen Verfolgungen im Zuge der Pest (1348/49, → S. 220) sind im Gebiet der heutigen Eidgenossenschaft zahlreiche Niederlassungen mit geringer jüdischer Population belegt, so nicht nur in der Romandie und den grösseren Zentren, sondern auch in Biel, Solothurn und Zofingen. Bern lässt sich mit den bedeutenderen jüdischen Gemeinden in Basel und Zürich vergleichen. Die Errichtung eines eigenen Friedhofs und die Bestattung nach jüdischem Ritus war für Juden wichtig, erst in zweiter Linie wurde der Bau einer Synagoge angestrebt, da jüdische Gottesdienste auch in einem nicht primär als Sakralraum genutzten Raum stattfinden können.

In Basel datiert der älteste jüdische Grabstein mit hebräischer Inschrift von 1251.

Die meisten jüdischen Friedhöfe befanden sich ausserhalb der damaligen Stadtmauern (dazu: Gilomen, Siedlungssegregation; Kupfer/Weingarten, Integration und Ausgrenzung). Dies war der Fall in Basel (Petersplatz, später beim Aeschengraben) und Zürich (beim heutigen Kunsthaus). Die Bewilligung zur Gründung einer Begräbnisstätte und zum Erwerb eines Grundstücks wurde von Bürgermeister und Rat der Stadt erteilt. So wurde etwa den Juden in Basel 1394 bewilligt, ein neues Grundstück für einen jüdischen Friedhof zu erwerben.

Für jedes Begräbnis eines Einheimischen oder eines Auswärtigen wurde ein halber Gulden Steuer verlangt. Eine hebräische Handschrift oder ein Memorbuch, ein Erinnerungsbuch mit den Namen der Verstorbenen, hätten Aufschluss über die jüdische Gemeinschaft Berns gegeben, sind aber nicht erhalten.

Die Fundorte der Berner Grabsteine lassen vermuten, dass sie aus der Zeit der «ersten», 1259 urkundlich belegten Gemeinde stammen. Auch in Bern befanden sich die Judengasse und der Judenfriedhof am Rande des damaligen Siedlungsgebiets. Der Friedhof lag am Judentor der Ringmauer, was dem heutigen Bereich von Bundeshaus Ost und Nationalbank entspricht. Hier wurde zwischen 1323 und 1327 das Kloster der Dominikanerinnen angelegt (→ S. 400) und der Friedhof aufgehoben.

Trotz der vielen Verfolgungen (→ S. 269) haben sich bis zum obrigkeitlich aufgezwungenen Ende der zweiten jüdischen Gemeinde im Jahr 1427 immer wieder Juden in Bern niedergelassen und sind diese auch weiterhin nach jüdischem Brauch bestattet worden – ein jüdischer Friedhof ist aber im 15. Jahrhundert nicht mehr nachzuweisen.

Professor Dr. theol. K. Marti lieferte eine erste Übersetzung des besser erhaltenen Grabsteines (links), die hier etwas präzisiert werden konnte, während seine Transkription nicht erhalten ist. Für die Durchsicht meiner Transkription danke ich Joachim Hahn, Denkendorf, Deutschland.

Weiterführende Literatur: Baeriswyl, Friedhöfe; Dreifuss, Juden; Guggenheim-Grünberg, Judenschicksale; Meier, Judentum; Schmutz/Lory, Geld

Transkription

1	ים
2	[י]ום ו'
3	חאדן
4	כ(?) ת׳נ׳נ

Linke Hälfte eines Grabsteins aus Kalkstein mit hebräischer Inschrift, die zwar teilweise entziffert, aufgrund der fragmentarischen Erhaltung aber nicht übersetzt werden kann. Fundstelle: westliches Ende der Amtshausgasse/Bundeshaus Ost 1988; BHM Inv. 58791.

Transkription:	
האבן	Der Stein
מעש[ה]	das Werk
חרש לחותם	eines Steinmetz zu einem Siegel
[...]ט ומפורש לראש	einem eingegrabenen (?) und deutlichen: Zu Häupten
ה[...]ה החכמה אשת(?)	der klugen Frau. Heil
.[..]שי[..] [ה]נאם ספה ל[ע..]	ihrer Seele! Sie wurde versammelt zu (ihrem Volk)
[...]ש[כהח]	? [empfängt] ihre Hoffnung und [ihren Lohn]

Aus Sandstein gefertigter Grabstein mit hebräischer Inschrift, der 1901 beim Bau der Nationalbank an der Kochergasse 9 gefunden wurde; BHM Inv. 4510.
Die hebräische Inschrift wird von einem Masswerkdreipass umschlossen. Masse: Höhe 53,5 cm, Breite 54 cm, Tiefe 16 cm.

auch deutlich in den in Strassburg aus dieser Zeit erhaltenen Korrespondenzen: Daraus geht hervor, dass sich der Berner Rat bereits im Herbst 1348 Abschriften von Verhör- und Geständnisprotokollen von angeblichen jüdischen Brunnenvergiftern aus dem benachbarten savoyischen Herrschaftsbereich besorgt hatte.[27] Die in der Stadt ansässigen Juden wurden gefangengenommen, gefoltert und nach dem Geständnis schliesslich im November 1348 dem Scheiterhaufen überantwortet.[28] Dem gegenüber der jüdischen Verschwörung zögerlich eingestellten Strassburger Rat hatten die Berner sogar einen gefangenen Juden geschickt, damit sich dieser von der vermeintlichen Schuld der jüdischen Brunnenvergifter selber ein Bild machen konnte.[29] Wie aus einem Brief des Berner Rates an die Stadt Strassburg hervorgeht, forderte der Berner Rat die Solothurner ausdrücklich auf, die in ihrer Stadt ansässigen Juden auf Grund ihrer Missetaten zu verbrennen, was Solothurn noch im November 1348 ausführte.[30] Im damals noch unter kiburgischer Herrschaft stehenden Burgdorf, wo ebenfalls Juden ansässig waren, wurden die Juden in der Nacht vom 16. auf den 17. Februar 1349 verjagt und deren Vermögen durch den kiburgischen Stadtherrn beschlagnahmt.[31]

Im gesamten Reich wurden bis Ende 1350 wohl mindestens bis zu 400 jüdische Gemeinden vernichtet.[32] Bezogen auf den gesamten europäischen Raum muss die Anzahl der zerstörten Judengemeinden um ein Vielfaches höher gelegen haben; zu Judenverfolgungen kam es neben dem bereits erwähnten Frankreich und Nordspanien auch in Lothringen, den Niederlanden und einzelnen Gebieten Polens. Für das Gebiet der heutigen Schweiz lässt sich für diesen Zeitraum die Zerstörung von mindestens 28 jüdischen Gemeinden ermitteln.

Schon die zeitgenössischen Chronisten stellten fest, dass der Grund für die Ermordung der Juden vor allem in der Habgier der Christen zu suchen sei. So bemerkte etwa der Strassburger Chronist Fritsche Closener zur Frage des Judenmordes, dass die Konfiszierung der Hinterlassenschaft der getöteten Juden und die gleichzeitige Tilgung sämtlicher Schulden bei diesen *ouch die vergift* gewesen sei, welches die Juden getötet habe.[33] Wo die Vermögen der getöteten Berner Juden hinkamen, ist aus den Quellen nicht bekannt. Es wird sich hier aber abgespielt haben wie in den meisten ähnlichen anderen Städten: Üblicherweise erhielten diese schon wenige Monate nach dem Judenmord einen königlichen Amnestiebrief, welcher sie von jeglicher Schuld freisprach. Ein solches Schreiben ist in der Schweiz für St. Gallen, Solothurn, Schaffhausen und Zürich belegt.[34]

Im Dezember 1349 klang die Seuche allmählich ab. Auch in Bern wurde ähnlich wie in anderen Städten das Ende des schwarzen Todes mit Tanz und Spiel überschwänglich gefeiert. In ekstatischem Freudentanz überrannten Berner Truppen zudem zwei Burgen des Grafen von Greyerz im Oberland.[35] Dies kann jedoch nicht darüber hinwegtäuschen, dass der schwarze Tod gewaltige wirtschaftliche, soziale wie mentale Auswirkungen hatte.

Politisches Leben

Roland Gerber

Bürgerrecht und Ratsverfassung

Die Stadt Bern wurde im Unterschied zu anderen Städten, die sich wie Zürich oder Solothurn aus bereits in römischer Zeit befestigten Siedlungen im Verlauf des Hochmittelalters allmählich zu städtischen Gemeinwesen entwickelten, in einem einmaligen Rechtsakt gegründet und durch Herzog Berchtold V. von Zähringen im Jahre 1191 planmässig als Stadt angelegt (→ S. 81). Wahrscheinlich bereits in der Gründungszeit konstituierten sich dabei die haushäblichen[1] Männer, die persönlich frei und wirtschaftlich unabhängig waren, im speziellen Rechtsverband der Berner Bürgerschaft.[2] Nur die Bürger hatten Anspruch auf die uneingeschränkte Nutzung der vom Herzog und nach dessen Tod 1218 von

Abb. 192
Die Darstellung des 15. Jahrhunderts zeigt einen wohl seit der Gründungszeit üblichen städtischen Rechtsakt: Die Bürger verstanden als Schwurgenossenschaft, die einen personalen Frieden aller Bürger bedingte; Diebold Schillings Spiezer Chronik, BBB Mss. hist. helv.I.16, S. 193.

den römisch-deutschen Königen und Kaisern an die Stadtgemeinde übertragenen Rechte und Freiheiten. Allein die Bürger besassen die volle Rechtsfähigkeit und waren gegenüber dem Stadtherren und seinem rechtlichen Vertreter, dem Stadtvogt, zur Huldigung und zur Leistung von Abgaben und Diensten verpflichtet. Wie in der ländlichen Gesellschaft blieben hingegen auch die in Bern wohnenden Tagelöhner, Mägde und Handwerksgesellen sowie andere persönlich und wirtschaftlich abhängige Personen wie Ehefrauen und Kinder unfrei und unterstanden der Gebotsgewalt ihrer Haushaltsvorstände, der Bürger.
Die Berner Bürger verstanden sich jedoch nicht allein als ein vom Stadtherren privilegierter Untertanenverband, sondern sie scheinen sich noch zu Lebzeiten Herzog Berchtolds V. in einer eigenständigen bürgerlichen Schwurgenossenschaft zusammengeschlossen zu haben.[3] Die wesentlichsten Merkmale dieser genossenschaftlich organisierten Bürgergemeinde waren die Schaffung eines speziellen durch die Bürgerschaft besetzten Stadtrates sowie die periodische Eidesleistung aller Bürger (Abb. 192). Diese versammelten sich jeweils an bestimmten Schwörtagen, um sich gegenüber dem Stadtherren als Schwurgenossenschaft regelmässig neu zu konstituieren. Der von Herzog Bertold V. bei der Stadtgründung aufgerichtete Stadtfrieden wandelte sich auf diese Weise bereits zu Beginn des 13. Jahrhunderts von einem lokalen, auf das ummauerte Stadtgebiet beschränkten Frieden zu einem personalen Frieden aller Berner Bürger, deren bruderschaftliches Verhältnis auf ihrer gemeinsamen Eidesleistung beruhte.[4]

Abb. 193
Wie die Luftaufnahme der Stadt Bern zeigt, hat sich die mittelalterliche Stadtanlage weitgehend intakt erhalten: Gut erkennbar die seit der Gründung dominante zentrale Marktgasse, der ehemalige Burgbezirk am Spitz der Landzunge, das Industriequartier in der Matte. Auch die Stadterweiterungen nach Westen zeichnen sich bis heute im Stadtbild ab.

Erstmals schriftlich formuliert wird das Prinzip der bürgerlichen Schwurgenossenschaft in Artikel 52 der in der zweiten Hälfte des 13. Jahrhunderts verfassten Goldenen Handfeste (→ S. 230). Nach diesem Rechtserlass waren alle in Bern geborenen Bürgersöhne verpflichtet, nach der Vollendung des 14. Lebensjahres einen Eid auf die Stadtverfassung abzulegen.[5] Der Bürgereid musste von den Bürgersöhnen jeweils im Verein mit der gesamten erwachsenen Bürgerschaft geleistet werden. Diese versammelte sich nach Artikel 7 der Handfeste jedes

Roland Gerber

Die Unruhen von Ostern 1376

Konrad Justinger erwähnt in seiner Chronik zwischen dem Geltenhals-Aufstand von 1368 und der Ratsentsetzung von 1384 keine weiteren innerstädtischen Unruhen. Eine vom Berner Rat am 28. April 1376 ausgestellte Urkunde lässt jedoch erkennen, dass es auch nach dem zweiten Kauf der Stadt und Herrschaft Thun, die Schultheiss und Rat am 15. Juli 1375 für den hohen Betrag von 20 100 Gulden in Form einer Pfandschaft erworben hatten, zu einem Aufruhr gegen die führenden Ratsgeschlechter gekommen ist. Der Aufstand von 1376 scheint vom Berner Rat jedoch früh erkannt und vereitelt worden zu sein. So wurden die beiden mutmasslichen Aufwiegler Niklaus Held und Ulrich von Spiez eingekerkert und zwei Wochen nach den Osterwahlen für immer aus der Stadt Bern verbannt. Die beiden Männer mussten schwören *liplich ze gotte mit uferhabnen handen*, dass sie in *ir stat niemer me komen süllen*. Gleichzeitig verloren sie alle ihre Rechte und *satzunge* in der Stadt *ewenklich* [ewig]. Als Gründe für die Verbannung nennt der Rat die konspirativen Machenschaften von Niklaus Held und Ulrich von Spiez, denen er vorwarf, dass sie *ortfrümmer* [Anstifter] gewesen seien, *ein baner zu machenne in ir stat ane* [ohne] *ir* [des Rates] *sunder willen und heissen; hievor aber grosse ufflouffe und schade*[n] *were entsprungen.*

Der konkrete Anlass für die Unruhen während der Osterwahlen von 1376 war die von Schultheiss Ulrich von Bubenberg und 20 Klein- und Grossräten am 24. Juli 1375 eingegangene Verpflichtung, die für den Kauf der Herrschaft Thun geschuldeten 20 100 Gulden innerhalb eines Jahres an Graf Hartmann von Kiburg zu entrichten. Da der Rat nur die erste Rate in der Höhe von 500 Gulden hatte bar bezahlen können, versprach er, bis zum 29. Juli weitere 1000 Gulden, bis zum 15. August 4000 Gulden, bis zum 8. September 4500 und zwischen *winnacht und vastnach den nächsten* schliesslich noch die restlichen 11 000 Gulden an den Grafen auszurichten.

Die Folge dieser rigorosen Zahlungsverpflichtung war, dass der Rat in kurzer Zeit mehrere Kredite bei wohlhabenden Basler Bürgern aufnehmen musste. Gleichzeitig liess er in der Stadt und Landschaft Bern eine allgemeine Vermögenssteuer erheben, damit die gemachten Schulden möglichst rasch wieder abgetragen werden konnten. Allein in der Stadt zogen die vier Venner bis Ende 1375 rund 4000 Gulden ein. Diese drückenden Steuerforderungen dürften an Ostern 1376 schliesslich zu jenem Aufruhr geführt haben, in dessen Folge die beiden Aufwiegler Niklaus Held und Ulrich von Spiez für ewige Zeiten aus Bern verbannt wurden.

Jahr, um gemeinsam die Freiheiten der Stadt Bern zu beschwören und die kommunalen Ratsgremien und Ämter neu zu besetzen.[6] Mit der Teilnahme an den jährlichen Schwörtagen versicherten sich die Bürgersöhne zugleich den Anspruch auf die von ihren Vätern ausgeübten Rechte *an erbe, an burgrecht und an gerichte*.[7] Die jungen Männer blieben jedoch auch nach dem Erreichen der Volljährigkeit solange von der Ausübung des vollen Bürgerrechts ausgeschlossen, als sie im elterlichen Haushalt wohnten und unter der direkten Gebotsgewalt ihrer Väter standen. Erst nachdem sie einen eigenen Hausstand gegründet hatten und *usgestüret* waren *mit gute oder mit der e* [Ehe], mussten auch die Bürgersöhne für ihre Person das Bürgerrecht erwerben und den üblichen Bürgerpflichten wie Wachdienst und Steuerleistung nachkommen.[8]

Der Weg zur kommunalen Selbstbestimmung

Entscheidend für die verfassungsrechtliche Entwicklung Berns im Spätmittelalter war, dass es der Bürgerschaft gelang, im Verlauf des 13. und 14. Jahrhunderts eine weitgehende Autonomie zu erlangen und sich aus der Abhängigkeit der römisch-deutschen Könige und Kaiser sowie der beiden in Aarburgund massgeblichen adligen Lehensverbände der Grafen respektive Herzöge von Savoyen und Habsburg zu lösen (→ S. 102 und S. 119).[9] Neben den äusseren Beziehungen der Stadtgemeinde bedeuteten im Innern vor allem die Etablierung einer eigenen Ratsverfassung sowie die Wahl des Schultheissen und spezieller städtischer Behörden durch die Bürgerschaft wichtige Voraussetzungen auf dem Weg Berns zur kommunalen Selbstbestimmung. Während andere Orte wie Freiburg i. U. und Schaffhausen bis zum Ende des Mittelalters in direkter Abhängigkeit zu ihrem Stadtherren verblieben oder wie Mainz und Konstanz noch im 15. Jahrhundert Gefahr liefen, dass König und Adel während Unruhen in die inneren Verfassungsverhältnisse der Kommunen eingriffen, verstand es der Berner Rat, bis zum Ende des 14. Jahrhunderts eine weitgehende Autonomie gegenüber dem königlichen Stadtherren zu erringen. Die Stadt Bern stieg dadurch in den privilegierten Kreis der so genannten Reichsstädte auf, was ihr im Bündnis mit den eidgenössischen Orten eine weitgehende Handlungsfreiheit gegen Innen wie gegen Aussen ermöglichte (→ S. 112).[10]

Schultheiss und Rat

Angeführt wurde die Berner Bürgerschaft durch den 1223 erstmals genannten Schultheissen.[11] Dieser verwaltete das Stadtsiegel (*sigillum burigensium de Berne*) und war als oberster städtischer Richter sowohl gegenüber der Bürger-

Peter Lüps

hochflug und fäderspil … dem herren schuldtheissen gebühret – Beizjagd als Privileg des Schultheissen

Unter den Begriffen *hochflug und fäderspil* wurde im ausgehenden Mittelalter und der frühen Neuzeit die Jagd auf hochfliegendes Wild verstanden: die Beizjagd oder Falknerei. Es handelt sich dabei um eine jahrtausendealte Jagdart, bei welcher «abgetragene» (dressierte, «erzogene») Greifvögel eingesetzt werden als lebende, weitreichende Waffen auf schwer erreichbare Vögel und Säugetiere. In Europa hat sie ihren Höhepunkt im ausgehenden Mittelalter und in der frühen Neuzeit an zahlreichen Höfen erlebt. Die ursprüngliche, bei Naturvölkern noch heute im Vordergrund stehende Bedeutung, das Beschaffen von Fleisch, ist dem vergnüglichen Jagen und dem Prestigedenken des Adels gewichen. Im Minnesang hat die Falknerei einen hohen Stellenwert erreicht, wovon der Codex Manesse (um 1300–1340) beredtes Zeugnis ablegt. Auch im Bereich der heutigen Eidgenossenschaft haben sich ab der Jahrtausendwende geistliche und weltliche Würdenträger diesem höfischen Jagdvergnügen gewidmet. Anzumerken ist allerdings, dass Habicht und Sperber auch von anderen Gesellschaftsschichten zur Beschaffung von Nahrung eingesetzt wurden.

Der erste bisher bekannte Hinweis aus dem Gebiet des bernischen Stadtstaates stammt aus dem Ende des 13. Jahrhunderts: Im Jahre 1281 überliessen Burchard und Gisela von Scherzligen im Gebiet von Beatenberg ihr Land und *daz recht daz ich hatta an der valkenzucht ze Spirenwalt* der Probstei Interlaken (FRB II, S. 299). Das Dokument liefert einen Hinweis darauf, dass für die Beizjagd geeignete

Darstellung eines jungen Beiz-Habichts mit Bellen in einer Handschrift des 17. Jahrhunderts; BBB Mss. h. h. XV 49.

Greifvögel offensichtlich als Nestlinge oder Ästlinge ausgehorstet und von Hand aufgezogen worden sind. Wie die Kenntnisse der Beizjagd nach Beatenberg gelangt sind, ist nicht bekannt. Dass Kontakte mit höfischem Leben in diesem und in anderen Fällen eine Rolle gespielt haben, ist aber anzunehmen. Zwei je eine Dame mit Beizvogel zeigenden Siegel der Kiburger-Grafen-Gattinnen Margarethe (nachgewiesen 1252) und Elisabeth (nachgewiesen 1264) liefern Hinweise darauf (Abb.). Die Damen stammten aus Savoyen, beziehungsweise aus Châlons, also aus dem heutigen Frankreich, wo die

Auf dem Rundsiegel der Gräfin Margaretha von Kiburg ist eine reitende Dame abgebildet, die einen Falken auf der Faust trägt. Das Motiv ist auf weltlichen Frauensiegeln sehr beliebt; Urkunde vom 28. 8. 1252, Staatsarchiv Aarau (Wettingen 80).

Beizjagd später einen sehr hohen Stand erreicht hat.

Mit der territorialen Erweiterung des jungen Stadtstaates Bern ging in der Regel auch die Jagdhoheit in den neu integrierten Herrschaften an ihn über. Dabei wurden *hochflug und fäderspil* meist explizit erwähnt, so etwa beim Verkauf von Signau an Bern: *mit wiltpan, mit vederspil, mit wasser* (SSRQ Bern Stadt III, S. 344).

Spätestens 1519 wurde die Beizjagd auf den Schultheissen monopolisiert (SSRQ Bern Stadt IX/1, S. 406) – analog zur Situation in Königshäusern und an Fürstenhöfen. Dass sie nie auch nur annähernd deren dortige Bedeutung erlangte, ist wohl in erster Linie den unterschiedlichen finanziellen und politischen Verhältnissen zuzuschreiben. Die Jagd mit Beizvögeln ist zeitlich und finanziell sehr aufwendig. Erschwerend dürfte auch gewesen sein, dass in Bern durch die kurzen Amtsdauern der Schultheisse die Kontinuität fehlte: Nur der regierende war Inhaber des Privilegs; einen Falkenhof aufzubauen erfordert aber deutlich mehr Zeit als ein Jahr. Der Schultheiss hatte allerdings die Möglichkeit, sein Recht auf beschränkte Zeit weiter zu verleihen. So waren Schultheiss und Rat 1511 bereit, dem Abt des Klosters Trub, Thüring Rust, gewisse Freiheiten zu gewähren *ouch das vederspil … in sins gotzhuss oberkeit* (SSRQ Bern Stadt IX, S. 405).

Mit der Verbesserung der Schusswaffen hat die Kunst der Jagd mit Beizvögeln im Verlauf des 17. Jahrhunderts nicht nur in Bern an Attraktivität eingebüsst. Ihre letzte Erwähnung datiert vom 2. Juli 1697 und weist eher in die Vergangenheit als in die Zukunft, wenn von ihr bemerkt wird, dass sie *… von altershar einem jewesenden regierenden herren schuldtheissen gebühret* (SSRQ Bern Stadt IX, S. 425).

Weiterführende Literatur zum Thema: Lindner, Geschichtlicher Abriss; Lüps/Althaus, Fragmente; Parpoil, chasse.

schaft als auch gegenüber dem Stadtherren zur Wahrung des Stadtfriedens und zur Umsetzung der von der kommunalen Gerichtsbarkeit getragenen Rechtsnormen verpflichtet.[12] Er wurde bis zur Integration des Schultheissenamtes in die kommunalen Ratsgremien in der zweiten Hälfte des 13. Jahrhunderts offenbar durch den Stadtherren oder, bei dessen Abwesenheit, durch den für Burgund zuständigen königlichen Landvogt ernannt oder bestätigt. Ob in der von den Zähringer Herzögen bei Nydegg erbauten Stadtburg (→ S. 87) zwischen 1218 und 1268 regelmässig ein vom König eingesetzter Stadtvogt residiert und von dort aus die Blutgerichtsbarkeit[13] in Bern ausgeübt hat, bleibt hingegen eine offene Frage. Eine Urkunde aus dem Jahre 1223 nennt zwar mit *Theto de Ravensburc* ausdrücklich einen von Kaiser Friedrich II. *in civitate Berno iudex domini imperatoris delegatus*.[14] Dieser dürfte jedoch die Stadtvogtei nur für eingewisse Zeit ausgeübt haben. Auch die in den Urkunden zwischen 1244 und 1258 genannten Ministerialen der Grafen von Kiburg respektive der Grafen von Savoyen, *Berctoldus dictus Bognere* und Ulrich von Wippingen, scheinen jeweils nur für kurze Zeit gewisse Vogteirechte in Bern besessen zu haben. Das Amt des

Schultheissen wurde dabei wahrscheinlich bereits seit der Stadtgründung 1191 von einem in der Umgebung Berns begüterten Adligen ausgeübt.[15]

Dem Schultheissen untergeordnet war der im Jahre 1224 erstmals genannte Rat der Zwölf.[16] Dieser vertrat die Berner Bürgerschaft im städtischen Gericht. Gleichzeitig scheint er für die Verwaltung der Stadt verantwortlich gewesen zu sein. Der Rat der Zwölf setzte sich sowohl aus Angehörigen der stadtsässigen Adelsfamilien als auch aus wohlhabenden Kaufleuten und grundbesitzenden Bürgern zusammen[17]. Dies lässt darauf schliessen, dass sich der Berner Rat bereits in der ersten Hälfte des 13. Jahrhunderts weitgehend selbst ergänzt hat (Kooptation). Obwohl Schultheiss und Stadtvogt bis zur Mitte des 13. Jahrhunderts ausserhalb des Rates standen, dürfte diesen bei der Ernennung der Ratsherren ein gewisses Präsentationsrecht zugekommen sein. Schon früh scheint die Neubesetzung der Ratsgremien und der wichtigsten kommunalen Ämter zudem an den Schwörtagen vor versammelter Gesamtbürgerschaft stattgefunden zu haben.[18] Als älteste Versammlungsorte der Bürgergemeinde nennen die Urkunden im 13. Jahrhundert den Friedhof vor der St. Vinzenzkirche oder das Innere dieses Gotteshauses. Erst gegen Ende des 13. Jahrhunderts wurden diese beiden Versammlungsplätze durch die neu erbauten Klosterkirchen der Dominikaner und Franziskaner abgelöst (→ S. 400).[19]
Bei Steuererhebungen oder bei grösseren Finanzgeschäften gingen Schultheiss und Rat schon früh dazu über, ausgewählte Vertreter der Bürgerschaft zur Beschlussfassung herbeizuziehen. Auf diese Weise sollte die Konsensfindung innerhalb der Bürgerschaft erleichtert und mögliche Opposition zum Voraus verhindert werden.[20] Erstmals nachweisbar ist eine solch erweiterte Vertretung der Bürgerschaft im Berner Rat im Jahre 1249, als neben dem Rat der Zwölf (*consilium duodecim*) zusätzlich noch ein Rat der Fünfzig (*consilium quinquaginta*) genannt wird.[21] Obwohl dieser Rat der Fünfzig nur ein einziges Mal urkundlich in Erscheinung trat und in der zweiten Hälfte des 13. Jahrhunderts wieder verschwand, bedeutete die Schaffung eines zweiteiligen Rates der erste nachweisbare Ausbau der politischen Rechte der Berner Bürgerschaft nach dem Tode Herzog Berchtolds V.[22] Zum ersten Mal seit der Stadtgründung fand in dem 1249 erwähnten Rat der Fünfzig eine grössere Zahl von Bürgern Zugang zu den kommunalen Ratsgremien, in denen – wenn auch nur für eine beschränkte Zeit – auch Handwerksmeister vertreten gewesen sein dürften.

Die Verfassungsreform von 1294
Während der so genannten Verfassungsreform von 1294 wurde das Prinzip des 1249 erstmals erwähnten zweiteiligen Rates durch die in der Dominikanerkirche versammelte Bürgerschaft institutionalisiert und zur Grundlage der neuen bis zum Ende des Ancien Régime 1798 gültigen bernischen Ratsverfassung erhoben.[23] Der konkrete Anlass für die Neugestaltung des kommunalen Verfassungslebens am Ende des 13. Jahrhunderts war die militärische Niederlage bernischer Truppen gegen das Belagerungsheer des Sohnes König Rudolfs I. von Habsburg an der Schosshalde im Jahre 1289 (→ S. 523).[24] Neben dem Verlust der Ehre verursachten vor allem die Hinrichtung mehrerer Bürger auf dem Schlachtfeld, die hohen Kriegsentschädigungen sowie die Bezahlung von Lösegeldern für die Rückführung der Gefangenen nach der erlittenen Niederlage eine tiefe Unzufriedenheit innerhalb der Berner Bürgerschaft. Hinzu kamen die seit längerer Zeit bestehenden Forderungen der sich in eigenen Berufsverbänden organisierenden Handwerker sowie verschiedener durch Handels- und Geldgeschäfte reich gewordener Kaufleute. Diese verlangten eine breitere Beteiligung der Bürgerschaft am städtischen Regiment, insbesondere der von Schultheiss und Rat getragenen Darlehenspolitik. Verstärkt wurde diese Unzufriedenheit durch zwei verheerende Stadtbrände 1285 und 1287, während denen die westlich der Kreuzgasse gelegenen Häuserzeilen bis zum heutigen Käfigturm grösstenteils niederbrannten.[25]
Nachdem bereits im Frühjahr 1293 Ulrich von Bubenberg wahrscheinlich altersbedingt aus dem Schultheissenamt hatte zurücktreten müssen und durch einen auswärtigen Adligen den frohburgischen Ministerialen Jakob von Kienberg

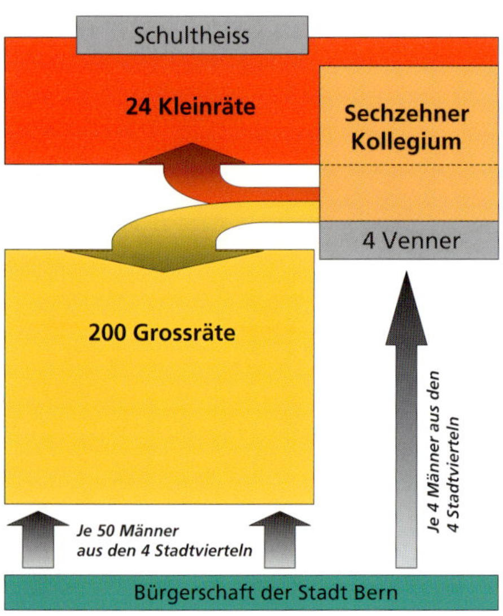

Abb. 194
Die Berner Ratsgremien nach der Verfassungsreform von 1294.

Roland Gerber

Die beiden Verfassungsurkunden von 1294

Entscheidend für die innere politische Entwicklung der Stadt Bern bis zum Ende des Ancien Régime 1798 war die Institutionalisierung eines zweiteiligen Rates in den so genannten Verfassungsurkunden vom 18. Februar 1294. Während in einer ersten kleineren Urkunde (StAB, Sech-Zehnerbrief, Abb. unten) die 16 Wahlmänner des aus den vier Stadtvierteln gewählten Sechzehner-Kollegiums namentlich aufgeführt werden, nennt die zweite grössere Urkunde (Bastuberbrief, Abb. rechts) sämtliche 199 Mitglieder des damals neu geschaffenen Rates der Zweihundert.

In den beiden Verfassungsurkunden nicht erwähnt sind hingegen der amtierende Schultheiss Jakob von Kienberg sowie die übrigen Mitglieder des Kleinen Rates. Dazu gehörten nach einer Zeugenliste vom 21. Juli 1293 neben dem Ritter Johannes von Bubenberg und dem späteren Schultheissen Konrad Münzer auch Gerhard von Grasburg, Niklaus Fries, Konrad Fischer, Ulrich von Gisenstein, Gerhard von Krauchthal und Rudolf von Bolligen. Es muss deshalb angenommen werden, dass im Jahre 1294 sowohl die Mitglieder des Sechzehner-Kollegiums als auch die Kleinräte noch ausserhalb des Rates der Zweihundert gestanden sind. Im Unterschied zu den nachfolgenden Jahrhunderten gehörten Wahlmänner und Gewählte somit am Ende des 13. Jahrhunderts offenbar noch zwei verschiedenen, in ihrer personellen Zusammensetzung getrennten Ratsgremien an.

Nach einer Urkunde von 1295, in der mit Ulrich von Aegerten und Johannes von Lindach zwei Vertreter des Sechzehner-Kollegiums ausdrücklich auch als Mitglieder des Kleinen Rates genannt werden, konnten hingegen einzelne Kleinräte bereits seit dem 13. Jahrhundert sowohl im Wahlmännerkollegium als auch im Kleinen Rat vertreten sein. Zwischen 1295 und 1319 erscheinen mit Johannes von Bubenberg, Heinrich von Wimmis, Ulrich von Signau, Peter von Aegerten, Werner Münzer und Konrad von Oey schliesslich noch sechs weitere Kleinräte, die 1294 als Sechzehner bezeichnet werden.

Es kann deshalb vermutet werden, dass der alte zwölfköpfige Rat mehrheitlich durch diejenige Männer erweitert wurde, die am 18. Februar als Mitglieder des Sechzehner-Kollegiums genannt sind. Die 16 Wahlmänner waren somit die eigentlichen Sieger der Verfassungsreform von 1294. Unter diesen finden sich neben Johannes von Bubenberg, der sich 1293 möglicherweise anstelle seines Onkels Ulrich von Bubenberg zum Berner Schultheissen hatte wählen lassen wollen, auch zwei Mitglieder der mit den von Bubenberg verschwägerten Adelsfamilie von Aegerten sowie drei Angehörige der Kaufmannsfamilie Münzer. Die starke Präsenz dieser drei Geschlechter in den Ratsgremien könnte einer der Gründe gewesen sein, dass an Ostern 1298 mit Konrad Münzer erstmals ein Mitglied der Familie Münzer an die Spitze der Berner Bürgerschaft gewählt wurde (→ S. 279). Seinem Sohn Laurenz Münzer folgten 1322 und 1323 mit Johannes von Bubenberg und Peter von Aegerten schliesslich noch einmal zwei ehemalige Sechzehner im Amt des Schultheissen nach.

Das Ringen um die Machtverteilung im Kleinen Rat sollte jedoch auch im 14. Jahrhundert wiederholt zu Unruhen unter den Berner Bürgern führen.

ersetzt worden war, erzwang eine Gruppe bisher vom Regiment ausgeschlossener Berner Bürger am 18. Februar 1294 eine bedeutende Verfassungsänderung.[26] In dieser wurde die Macht der bisher im Stadtrat vertretenen Familien eingeschränkt und auf eine grössere Zahl von Männern ausgeweitet. Die Bürgerschaft erhöhte die Mitgliederzahl des von den Adels- und Notabelngeschlechtern dominierten Stadtrates von 12 auf wahrscheinlich 24 Personen. Gleichzeitig schuf sie den so genannten Rat der Zweihundert, dessen Mitglieder durch das ebenfalls neu institutionalisierte Wahlmännerkollegium der Sechzehner bestellt wurde (Abb. 194). Die Sechzehner waren ein spezielles Ratsgremium, das die Interessen der Stadtgemeinde gegenüber Schultheiss und Rat zu vertreten hatte.[27] Die Mitglieder des Sechzehner-Kollegiums wurden offenbar für die Amtsdauer von einem Jahr gewählt, wobei die Einwohnerschaft der vier Stadtviertel je vier Vertreter in das Wahlmännergremium stellen konnte. Die Stadtviertel erhielten den Status von Wahlbezirken, deren Bevölkerung mit je 50 erwachsenen Männern am städtischen Regiment beteiligt wurde. Als jährlichen Wahltermin bestimmte der Rat der Zweihundert das Osterfest. An diesem hatte sich die Berner Bürgerschaft bereits seit der ersten Hälfte des 13. Jahrhunderts zur Leistung des Bürgereides und zur Neubesetzung der Ratsämter versammelt.

Der neu geschaffene Rat der Zweihundert erhielt als oberstes politisches Gremium der Stadt Bern die Kompetenz, über alle wichtigen innen- und aussenpolitischen Fragen zu entscheiden. Er war zugleich Appellationsinstanz für die vor dem Berner Rat verhandelten Gerichtsfälle. Die Bürgerschaft übertrug dem Rat der Zweihundert 1294 insbesondere auch wichtige Aufgaben bei der Kontrolle des kommunalen Finanzhaushalts. Obwohl die täglichen Regierungsgeschäfte auch nach der Verfassungsreform allein vom Kleinen Rat geführt und sämtliche wichtigen Ämter und Behörden durch diesen besetzt wurden, nennen die überlieferten Urkunden bei allen grösseren Finanzgeschäften des 14. und 15. Jahrhunderts neben den Kleinräten immer auch mehrere Grossräte, die die Entscheidungen des Täglichen Rates mittrugen.[28] Eine im 14. Jahrhundert erlassene Satzung legte sogar ausdrücklich fest, dass sämtliche Finanzentscheide von Schultheiss und Rat, die über ein Pfund betrugen, nur mit Willen und Wissen von mindestens 40 Grossräten getroffen werden durften.[29]

Eine wesentliche Neuerung der Verfassungsreform von 1294 war die zahlenmässige Überlegenheit von Handwerkern und Gewerbetreibenden im neu geschaffenen Rat der Zweihundert. In den «Verfassungsurkunden» von 1294 finden sich in diesem jedenfalls nur vereinzelte Adlige (→ S. 229).[30] Obwohl die Handwerkmeister in Bern auch nach 1294 keinen in der Stadtverfassung garantierten Zugang zu den Ratsgremien erhielten und die Zünfte als politische Korporationen sogar ausdrücklich verboten wurden, sicherten sich die Handwerker innerhalb des grossen Burgerrates eine gewisse Einflussnahme auf die Besetzung der wichtigsten kommunalen Ämter. Die Angehörigen der alteingesessenen, seit der ersten Hälfte des 13. Jahrhunderts im städtischen Regiment vertretenen Familien blieben zwar im Kleinen Rat sowie im Sechzehner-Kollegium weiterhin führend, die Bestätigung der neu gewählten Ratsherren sowie des Schultheissen lag seit 1294 jedoch in der ausschliesslichen Kompetenz des Rates der Zweihundert. Die bisher allein regierenden Adels- und Notabelnfamilien waren auf diese Weise auf die Unterstützung von Handwerksmeistern und Gewerbetreibenden angewiesen, wenn sie ihre politischen Anliegen auch in Zukunft in den Ratsgremien durchsetzen wollten (→ S. 246).

Rainer C. Schwinges

Erfolgreich gefälscht – die Goldene Handfeste

Kein anderes Dokument der Berner Frühzeit hat eine solche Berühmtheit erlangt wie die «Goldene Handfeste». Der römische König und spätere Kaiser Friedrich II. aus dem Hause der Staufer soll sie zu Frankfurt am Main am 15. April des Jahres 1218 ausgefertigt und mit einer «majestätischen» Goldbulle gesiegelt haben.[1] Handveste war eine der Bezeichnungen des Mittelalters für

die verbriefte, urkundliche Sicherheit. Die Berner Handfeste ist jedoch eine Fälschung, aber gleichwohl zur Grundlage einer sehr erfolgreichen bernischen Verfassung geworden. Nach bald 150-jähriger Auseinandersetzung ist die Tatsache der Fälschung heute anerkannt.[2] Übrig blieben nur die Fragen, wann und unter welchen Umständen die Handfeste entstand und wer die Fälschung fabrizierte. Das relativ grosse, pergamentene Dokument (ca. 42 × 40 cm) zeugt in der Herstellung von einem hohen Qualitätsbewusstsein (Abb. 195), zumal ihm zur Besiegelung eine zweifellos echte Goldbulle des Königs angehängt worden ist.

Abb. 195
Die angeblich von Kaiser Friedrich II. am 15. April 1218 verliehene Handfeste. In diesem wichtigsten Dokument der frühen Geschichte werden einerseits die Kompetenzen des Herrn festgehalten, andererseits erhält die Stadtgemeinde eine Rechtsgrundlage für ihre Autonomieansprüche.

Abb. 196
Ein neuer König für Bern: Rudolf von Habsburg erfährt im Feldlager vor Basel von seiner Wahl zum König; Diebold Schillings Spiezer Chronik, BBB Mss. hist. helv.I.16, S. 105

Diese dürfte von jenem Diplom stammen, das Friedrich II. 1218 tatsächlich für Bern ausstellen liess, als nach dem Aussterben der Zähringer im Mannesstamme der staufische König selbst die Herrschaft in Burgund und in der Stadt Bern übernommen hatte. Eine Bulle zu lösen und unauffällig wieder zu verwenden, war kein allzu schwieriges Unterfangen (→ S. 233).[3] Das ältere staufische Schriftstück musste freilich verschwinden, zugleich wohl mit den zähringischen Stücken, die den älteren Zustand dokumentierten.[4] Berns Stadtschreiber und erster bedeutender Chronist, Konrad Justinger (gest. 1438), wusste jedenfalls nichts mehr davon und konzentrierte sich ganz auf die Handfeste.
Wie es scheint, war die städtische Kanzlei auch gar nicht in den Entstehungsprozess involviert. Der zuständige Stadtschreiber Berns, der von 1257 bis 1278 nachweislich amtierende Notar Burcardus, hatte mit der Sache offenbar nichts zu tun; seine in etlichen Urkunden belegte Handschrift war eine gänzlich andere als die des Fälschers der Handfeste. Diese glich vielmehr auffällig der Hand eines Schreibers, der im Zisterzienserkloster Frienisberg tätig gewesen ist und in dortigen Urkunden zwischen 1249 und 1265 nachgewiesen werden kann.[5] Auch damals wusste man schon, dass Kirchen- und Klosterleute Meister der *pia fraus* waren, des frommen Betrugs. Sie fälschten Urkunden und Siegel oder nutzten verfälschend echte Siegel, passten eigentlich aber nur den Willen eines früheren Stifters, voraussetzend, dass er selbst so gehandelt hätte, an die veränderten Zeiten und deren Bedingungen an. Überdies war das Kloster Frienisberg bereits in der zweiten Hälfte des 13. Jahrhunderts in Bern verburgrechtet und insofern den Interessen der Stadt eng verbunden. So konnten sich die Verantwortlichen der Stadt für alle Fälle noch den Rücken freihalten, solange jedenfalls, bis das gefälschte Dokument seine eigentliche «Feuertaufe» bestanden hatte und von einem neuen König bestätigt worden war. Am 15. Januar 1274 erneuerte König Rudolf von Habsburg (Abb. 196) das angebliche Privileg Friedrichs und anerkannte damit die Fälschung als das jetzt und künftig verbindliche Dokument des Berner Stadtrechts.[6] Die nachfolgenden Könige und Kaiser sahen keinen Grund, die regelmässig erbetenen Bestätigungen nicht zu erteilen.

Entstanden ist die Handfeste zwischen 1250 und 1273. Gute Gründe sprechen für die krisenhaften 50er Jahre, für die Zeit der staufischen Katastrophe und des Übergangs der Stadtherrschaft an die Schutzmacht Savoyen; ebenso gute Gründe, wenn nicht plausiblere, sprechen aber auch für die frühen 70er Jahre. Nicht alles ist krisengeboren. Die ruhigen und gedeihlichen Jahre Berns unter savoyischem Schutz und im beruhigenden Bündnis mit Freiburg können genauso gut Anlass gewesen sein, das inzwischen weiterentwickelte und vermehrte Stadtrecht neuerlich aufzuzeichnen und damit jene völlig normalen Anpassungen zu vollziehen, die auch anderswo in den Städten des Reiches vorgenommen worden sind.
So ist die Handfeste das Dokument eines verfassungspolitischen Prozesses. In 54 Satzungen oder Artikeln entfaltete sich eine erste Berner Verfassung, die sich grossenteils zwar noch vom Stadtrecht der zähringischen und staufischen Stadtherren nährte, aber auch viel «Willkür» enthielt: selbstbeschlossene, emanzipative Gesetzgebung der Stadtgemeinde und ihres Rates.[7] Der Schlussartikel (54) der Handfeste wollte diese modernisierende Funktion der Ratsbeschlüsse zugunsten kommunaler Selbstbestimmung ausdrücklich bestätigt wissen. Problem war nur, dass dieses eigengesetzliche Vorgehen, das andernorts mehr oder weniger konfliktfrei mit dem Stadtherrn vereinbart wurde, in Bern so nicht gedeckt war. Der Zustand blieb so lange illegal, bis ihn ein König wieder für rechtens erklärte. Obwohl der königliche Stadtherr über zwei Jahrzehnte lang, im so genannten Interregnum, praktisch nicht existent war, setzte Bern in der burgundischen Politik des 13. Jahrhunderts konsequent auf die königliche Karte und verstand es, seine Königsunmittelbarkeit erfolgreich zu verteidigen. Da lag es nahe, sich in der Sache der Handfeste noch einmal an den staufischen Stadtherrn zu binden: Zum einen besass man bereits eine Goldbulle, zum anderen hatte man gar keine Alternative zur Tradition der staufischen Königsherrschaft – wie auch sonst niemand im Reich – und der neue König, Rudolf von Habsburg, stand selbst in dieser Tradition.

Barbara Spalinger

Die Goldbulle der Handfeste im Röntgenbild

Die historische Forschung beschäftigt sich seit über 150 Jahren kritisch mit der Berner Handfeste. Erst Hans Strahm untersuchte allerdings in seiner Publikation «Die Berner Handfeste» von 1953 die Goldbulle ausführlich und bezog sie in die Diskussion um die Echtheitsfrage mit ein.
Bei der Versiegelung der Berner Handfeste handelt es sich um die zweite deutsche Königsgoldbulle Friedrichs II., die vom König zwischen 1218 und 1220 eingesetzt wurde (Abb. Mitte). Der Stempel der Berner Bulle wurde vermutlich bald nach der Aachener Königskrönung von 1215 in Strassburg hergestellt.

Die Versiegelung besteht aus zwei geprägten Goldblechen mit einem Durchmesser von 62 mm, die auf einen zirka 6 mm hohen Rand aufgelötet sind. Rote, grüne und gelbe Seidenfäden verbinden die Pergamenturkunde und die Bulle. Walter Heinemeyer, der sich 1970 intensiv mit der Echtheitsfrage der Berner Handfeste auseinander gesetzt hat, belegte durch einen Vergleich der noch vorhandenen Bullen Friedrichs II. und anderer zeitgleicher Herrscher, dass die Befestigung der Versiegelung der Berner Handfeste denjenigen entspricht, welche von 1154 bis zur Kaiserkrönung Friedrichs II. (1220) ausgestellt wurden.

Grundsätzlich gilt in der historischen Forschung die Bulle der Berner Handfeste als echt. Da aber das Alter des Diploms angezweifelt wird, tritt die Frage auf, ob die zweite deutsche Königsgoldbulle von einer anderen Urkunde abgenommen und später an die Berner Handfeste angebracht wurde (→ S. 230).

Zur Untersuchung der Bulle an der Berner Handfeste setzte Strahm erstmals ein Röntgenbild ein, wodurch er den Befestigungsmechanismus der Bulle an den Seidenfäden aufzeigen konnte. Da die Drucktechnik des strahmschen Röntgenbildes auch Fachleute irritierte, wurde entschieden, neue Röntgenbilder anzufertigen. Mit Hilfe moderner Technik sollte die Art der Befestigung einwandfrei geklärt, sowie nach möglichen Veränderungen gesucht werden. So entstanden im April 2002 am Studiengang Konservierung und Restaurierung der Hochschule für Gestaltung, Kunst und Konservierung in Bern nach 50 Jahren neue Röntgenbilder.

Schon 1913 wurde die Bedeutung der 1895 von Röntgen entdeckten und nach ihm benannten Strahlen als Untersuchungsmethode für Kulturgut wahrgenommen und weiterentwickelt. In Deutschland entstand in den 1930er Jahren ein heftiger Diskurs um die Frage, ob Kulturgüter durch Röntgenstrahlen geschädigt würden. Die im gleichen Zeitraum durchgeführten Untersuchungen ergaben jedoch, dass grundsätzlich keinerlei Bedenken bestehen. Heute hat sich die Untersuchung von Kulturgut mit Röntgenstrahlen als gängige Methode etabliert. Sie kann wertvolle Hinweise über den Aufbau, Zustand und Echtheit eines Objektes liefern. Die Lesbarkeit eines Röntgenbildes entspricht etwa dem eines Negativs. Auf dem Röntgenfilm weisen helle Darstellungen darauf hin, dass Röntgenstrahlen den Röntgenfilm nicht schwärzen konnten, da sie vom zu untersuchenden Material absorbiert wurden.

Auf den nun neu angefertigten Röntgenbildern ist der Federmechanismus im unteren Bereich der Bulle unbeschädigt sichtbar (Abb. rechts). Dieser besteht aus einem Metallstäbchen mit zwei Federzungen und Ringabschluss, vermutlich aus Gold. Der Federmechanismus mit den gespreizten Widerhaken verhindert, dass die in den Seidenfäden verankerte Befestigung geöffnet werden kann. Auf dem Röntgenbild ist zwischen Rand und Ringende ein kleines, circa 6 mm langes Goldplättchen zu erkennen, dessen Längsseiten etwas abgebogen wurden und das als kleines u-förmiges Plättchen vorliegt (Abb. rechts). Das Goldplättchen verstärkt den Randbereich und verhindert, dass das Ringende des Stiftes in die Siegelkapsel gedrückt werden kann. Auf dem Röntgenbild ist auf der Innenseite liegend, im Bereich der Kopfpartie des Herrschers, ein inhomogen dickes Plättchen vorhanden (Abb. links und rechts). Strahm deutet dieses als Verstärkungsplättchen der erhöhten Kopfpartie. Aber weshalb wurde nicht auch der erhöhte Reichsapfel oder weitere erhöhte Darstellungen verstärkt? Für Heinemeyer könnte dieses Plättchen auf eine Reparatur nach einer Öffnung der Kapsel hinweisen. Andererseits könnte es sich dabei auch um einen originalen Führungskanal für die Seidenschnur handeln. Um dies entscheiden zu können, wurde ein Röntgenbild angefertigt, auf dem das Siegel 45° aufgestellt wurde (Abb. links). Die Aufnahme zeigt jedoch kein Merkmal, welches auf eine spätere Öffnung schliessen liesse und die Funktion des Plättchens bleibt deshalb weiterhin offen.

Auf den Röntgenbildern sind die geprägten Darstellungen und Umschriften der Vorder- und Rückseite übereinander zu sehen. Keine Spur ist hingegen von einer durch Heinemeyer beschriebenen Lötstelle auf der Vorderseite im unteren, rechten Randbereich der Umschrift zu finden, die auf eine mögliche Reparatur nach einem Siegeltausch hinweisen könnte.
Weiter sind einige Besonderheiten auffällig. Die teilweise hellen Buchstaben der Umschriften deuten auf unterschiedliche Prägestärken hin. Der auf den Röntgenbildern hell dargestellte kreisrunde Randabschluss entstand durch stellenweise umgebogene Ränder nach einer mechanischen Beschädigung. Bei den kleinen schwarzen Linien innerhalb der Bulle und in den Randbereichen handelt es sich um Risse in den beiden Goldblechen (Abb. links und rechts). Die Bulle ist jedoch abgesehen davon in einem sehr guten Zustand.
Die Röntgenuntersuchung konnte einen unbeschädigten und den Gewohnheiten der damaligen Zeit entsprechenden Befestigungsmechanismus nachweisen. Die Bulle scheint nicht gefüllt zu sein. Zudem sind auf den Röntgenbildern keine eindeutigen Veränderungen zu erkennen, die darauf hinweisen würden, dass die Versiegelung einmal ausgewechselt wurde. Nicht beantwortet werden konnte jedoch die Funktion des Metallplättchens in der Kopfpartie und die Diskussion um die Handfeste wird wohl noch nicht abgeschlossen sein.
Literatur: Strahm, Handfeste; Heinemeyer, Handfeste; Wehlte, Praxis; Wiegel, Rembrandtgemälde.

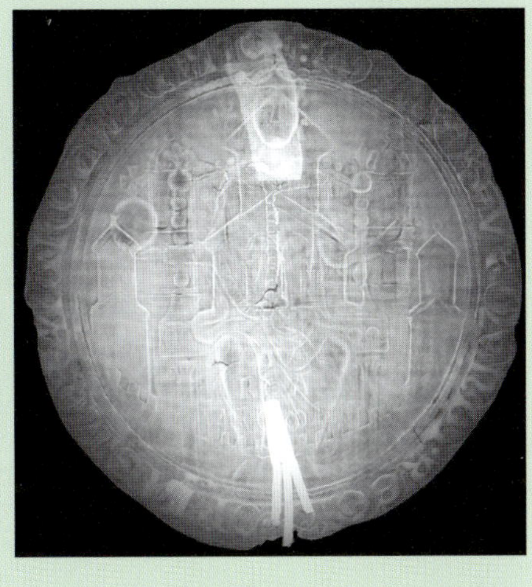

Roland Gerber

Staatsdienst als Risikogeschäft? Die Notabelnfamilie von Bolligen

In der zweiten Hälfte des 13. Jahrhunderts erscheinen mit Rudolf und Konrad zwei Angehörige der Notabelnfamilie von Bolligen, die in den überlieferten Urkunden zwischen 1276 und 1299 als Zeugen genannt werden (Abb.). Rudolf von Bolligen war 1293 Mitglied des zwölfköpfigen Rates, während Konrad von Bolligen 1294 in den damals neu geschaffenen Rat der Zweihundert gewählt wurde. Die Verfassungsreform gab den beiden Söhnen von Rudolf, Heinrich und Jakob, die Möglichkeit, ihren Einfluss in den bernischen Ratsgremien zu vergrössern und mit Meikirch die erste Twingherrschaft der Familie zu erwerben. Der Kleinrat Heinrich von Bolligen übernahm nach dem Erwerb der Herrschaft Laupen durch Bern im Jahre 1329 die Verwaltung dieser ersten städtischen Landvogtei, was ihn als einflussreiche Persönlichkeit ausweist. Sein Bruder Jakob von Bolligen wird 1327 und 1329 ebenfalls als *des rates von Berne* bezeichnet. Auch der Sohn von Jakob, Ulrich von Bolligen, war politisch aktiv und erscheint zwischen 1338 und 1372 wiederholt als Zeuge in den Urkunden. Er scheint bereits über ein beachtliches Vermögen verfügt zu haben. Jedenfalls besass er im Jahre 1344 zwei benachbarte Häuser an der Kramgasse.

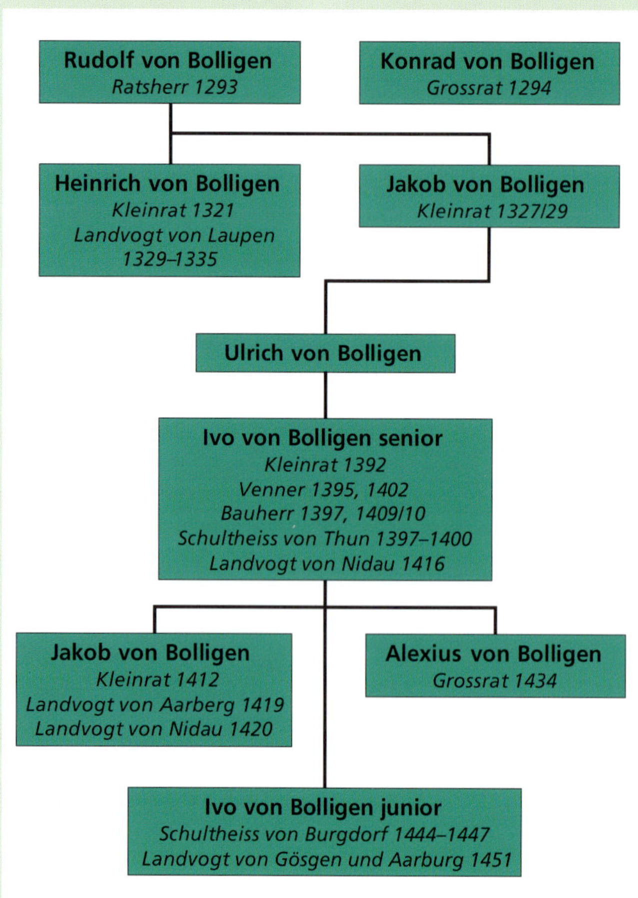

Der wachsende Reichtum der Familie von Bolligen zeigt sich besonders deutlich beim Kleinrat und Twingherren von Riedburg Ivo von Bolligen senior, dem Sohn von Ulrich. Ivo von Bolligen erscheint seit 1383 regelmässig als Bürge bei grösseren Kreditgeschäften des Berner Rates. 1389 versteuerte er ein Vermögen von 4000 Gulden (→ Abb. 364). Damit gehörte er zu den 20 reichsten Bernern seiner Zeit. Zugleich bekleideten Ivo von Bolligen senior und seine beiden Söhne Jakob und Ivo junior während mehrerer Jahrzehnte einflussreiche Ratsämter in der Stadt und Landschaft Bern. Ivo von Bolligen war Venner zu Schmieden (1395, 1402), Bauherr vom Rat (1397, 1409/10), Schultheiss von Thun (1397–1400) und Landvogt von Nidau (1416). Diese aktive Teilnahme am städtischen Regiment scheint der Notabelnfamilie von Bolligen jedoch keinerlei wirtschaftliche Vorteile gebracht zu haben. So versteuerte Ivo von Bolligen junior 1448 mit 2320 Gulden nur noch das halbe Vermögen seines gleichnamigen Vaters. Für Ivo und Jakob von Bolligen war ihr politisches Engagement sogar mit erheblichen Risiken verbunden, die ihnen fast das Leben gekostet hätten. Bereits 1386 musste Ivo von Bolligen senior erhebliche finanzielle Einbussen in Kauf nehmen, als er bei der Abwehr eines freiburgischen Angriffs in der näheren Umgebung der Stadt Bern von den Freiburgern gefangen genommen wurde. Konrad Justinger berichtet zu diesem Vorfall: *Es wart ouch ein burger von Bern, ein fromer fürnemer man, gefangen, hies Yvo von Bollingen, der sich mit grossen eren den vigenden* [Feinden] *so nache fügte, daz er von inen gefangen wart; und lag gefangen drithalb jar* [2,5 Jahre]. *Dazwüschent wart im sin huse* [Twingherrschaft in] *Rietpurg verbrent und gewüst, und kam dez kriegs gar türe an lip und an gute, e* [ehe] *er wider heim keme.*

Auch die Nachkommen Ivo von Bolligens blieben von schweren Schicksalsschlägen nicht verschont. Als sein ältester Sohn Jakob 1419 mit seiner Familie als neuer Landvogt in Aarberg eintritt, brach ein Feuer aus, das sich wegen des heftig wehenden Nordwindes rasend schnell im gesamten Städtchen ausbreitete. Gerade als der Landvogt mit seinen Gesellen damit beschäftigt war, den von Bern nach Aarberg transportierten Hausrat vom Wagen ins Landvogteischloss zu tragen, wurde er und seine Familie vom Feuer überrascht. Nach Justinger verbrannten während des Stadtbrandes *ein kint* [des Landvogtes] *und eines sines nachgeburen kint von Bern, ein sin jungfrouwe und ein burgknecht, und sprang der vogt hinderus in den graben, anders er were ouch verbrunnen; im verbran ouch aller sin husrat.* 1422 war Jakob von Bolligen daraufhin gezwungen, seine Twingherrschaft in Twann zu verkaufen.

Roland Gerber

Ratsämter und Behörden

Die Verfassungsreform von 1294 schuf die rechtlichen und personellen Voraussetzungen, damit in Bern vergleichbar mit anderen spätmittelalterlichen Städten im Reich im Verlauf des 14. und 15. Jahrhunderts eine zunehmend differenzierte Stadtverwaltung entstehen konnte.[1] Als zentrale Aufgaben erwiesen sich dabei die Aufsicht über den kommunalen Finanzhaushalt, der Schutz der Stadtbevölkerung vor militärischen Angriffen und Bränden sowie die Durchsetzung der ratsherrlichen Gerichtsbarkeit in der Stadt und – als Besonderheit der eidgenössischen Städte – auch in der benachbarten Landschaft (→ S. 509). Die ständig wachsenden Anforderungen der Bürgerschaft an Verwaltung und Herrschaftsausübung führten dabei zu einer kontinuierlichen Zunahme der Schriftlichkeit und zur Entstehung eines differenzierten städtischen Geschäfts-

Abb. 197
In einer Fehde 1346 verlieren die Berner beinahe ihr Banner: Im letzten Moment gelingt es dem sterbenden Venner Peter Wentschatz das wertvolle Standeszeichen über die Köpfe der Feinde hinweg in die Reihen der Berner zu schleudern und damit Berns Ehre zu retten; Diebold Schillings Spiezer Chronik, BBB Mss. hist. helv.I.16, S. 327.

schriftgutes (→ S. 241).[2] Zugleich wurde die Amtstätigkeit der einzelnen Behörden allmählich aus der Abhängigkeit der jeweiligen Amtsinhaber gelöst und bis zum Ende des Mittelalters weitgehend institutionalisiert. Die offenen, anfänglich noch stark personenbezogenen Ratskommissionen entwickelten sich auf diese Weise seit dem 14. Jahrhundert zu strukturierten, festbesoldeten Ämtern, deren Finanzbedarf infolge der wachsenden Anforderungen durch die Stadtverwaltung stetig anstieg.[3] Auch die Zahl der aus der Bürgerschaft besetzten Ämter und Behörden vergrösserte sich bis zum Ende des Mittelalters ständig. Während die Goldene Handfeste in der zweiten Hälfte des 13. Jahrhunderts neben Schultheiss und Rat nur *lüppriester* (Leutpriester), *schulmeister, sigristen* und *weibel* als von der Stadt eingesetzte Amtsleute bezeichnet, vermehrten sich allein die vom Berner Rat kontrollierten landschaftlichen Verwaltungen vom 14. bis zur Mitte des 16. Jahrhunderts auf über 50 Ämter und Vogteien.[4]

Eine verstärkte Institutionalisierung der wichtigen Ratsämter lässt sich vor allem in der zweiten Hälfte des 14. Jahrhunderts beobachten. In dieser Zeit führte die wachsende Verschuldung des Stadthaushalts wiederholt zu Spannungen innerhalb der Bürgerschaft, was wiederum eine Differenzierung der Aufgaben von Schultheiss und Rat nach sich zog (→ S. 246).[5] Während in den überlieferten Urkunden zwischen 1294 und 1375 bei wichtigen Geschäften immer *der schultheiz, der rat und die zweihundert der stat von Berne* als oberste politische Entscheidungsträger der Berner Bürgerschaft in Erscheinung treten, werden seit 1375 *der schultheiz, die rete, die heimlicher und die venre* als spezielle Führungsgruppe innerhalb des Kleinen Rats genannt.[6] Zu diesem exklusiven Kreis von Ratsherren gehörte seit der Mitte des 14. Jahrhunderts auch der Säckelmeister. Dieser übte zusammen mit Schultheiss und Vennern die Oberaufsicht über den gesamten Finanzhaushalt in der Stadt und Landschaft Bern aus.[7] Daneben etablierten sich im Verlauf des 14. Jahrhunderts zahlreiche weitere ursprünglich rein städtische Ämter wie Zollherren, Ungeldner, Böspfenniger, Tellherren und Bauherren, deren Zuständigkeitsbereiche der Berner Rat mit dem Erwerb der ersten Gerichtsherrschaften auf dem Land seit 1324 auch über die Stadtmauern hinaus ausdehnte. Die Verwaltung der ländlichen Gerichtsherrschaften übernahmen die aus dem Rat der Zweihundert ernannten Landvögte und Tschachtlane (Abb. 198).

Entscheidend für die Institutionalisierung der bernischen Ämter und Behörden im 14. Jahrhundert war, dass der Kleine Rat die Aufsichtskompetenzen des

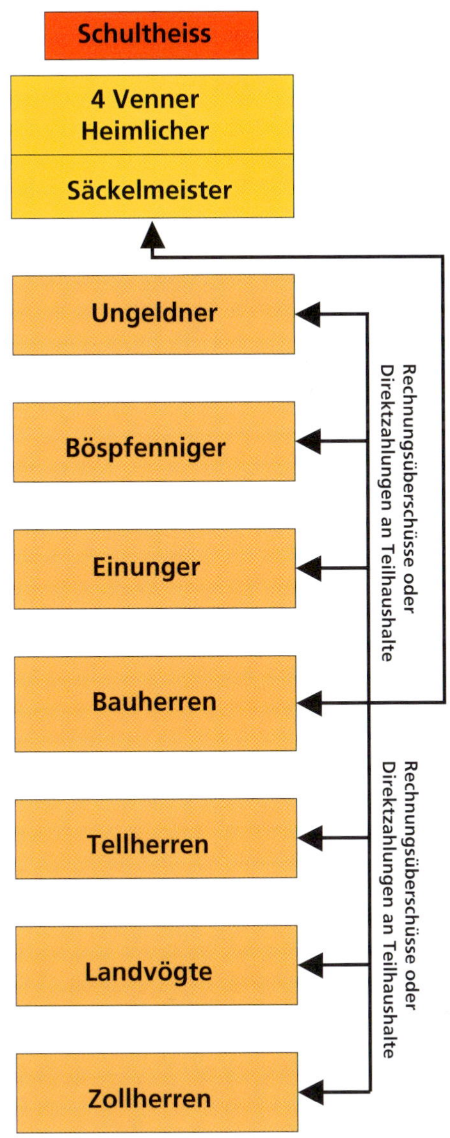

Abb. 198
Die wichtigsten Ratsämter der Stadt Bern am Ende des 14. Jahrhunderts.

Jahr	Venner
1289	Werner Brügger
1324/27	Ulrich Regenhut
1334	Rudolf von Muhleren
	Niklaus von Diesbach
	Johannes von Herbligen
1334–1346	Peter Wentschatz
1353	Peter von Buch
	Ulrich Bütschelbach
1353–1358	Johannes Stähli
	Heinrich Rieder junior
1358	Niklaus Scherer
	Johannes Dietschi
1375	Peter Eiger
	Heinrich Rieder
	Thoman Biderbo
	Johannes Dietschi
1383–1385	Peter von Greyerz
1383–1389	Niklaus von Gisenstein
	Johannes von Wohlen
	Rudolf Wipprecht
1389	Konrad Hetzel
	Ludwig Hetzel
1389–1398	Ulrich von Gisenstein
	Heinrich von Ostermundigen
1395	Ivo von Bolligen
1395–1402	Johannes von Hürenberg
1398–1402	Heinrich Subinger

Jahr	Säckelmeister
1361	Peter Schwab
1361–1363	Konrad vom Holz
1375–1384	Peter von Wabern
1385	Peter Halmer
1387–1388	Peter von Graffenried
1394–1407	Peter Buwli

Jahr	Bauherren
1338	Rudolf Rieder
	Michael von Heimenschwand
1366	Johannes von Graffenried
	Rudolf Wiellose
	Niklaus Scherer
1366–1376	Vinzenz Buwli
1375–1380	Ulrich von Buch
1375–1383	Johannes von Gisenstein
1375–1384	Peter Balmer
1377–1384	Niklaus Uttinger
1381–1382	Rudolf Scherer
1383–1384	Peter von Graffenried
1384	Heinrich Simon
1394–1395	Heinrich Zigerli
1394–1397	Ulrich von Gisenstein
1396	Heinrich von Ostermundigen
1397	Ivo von Bolligen
1397–1400	Heinrich Reber
1397–1401	Heinrich Zigerli

Abb. 199
Die namentlich bekannten Venner, Säckelmeister und Bauherren im 13. und 14. Jahrhundert.

Rates der Zweihundert sukzessive zurückdrängte und den erweiterten Burgerrat immer seltener in seiner Gesamtheit zusammenrief.[8] Der Rat der Zweihundert, dessen Mitgliederzahl im 15. Jahrhundert zwischen 280 und 400 Personen schwankte, blieb zwar bis zum Ende des Mittelalters rechtlich das oberste Ratsgremium der Stadt Bern, in Wirklichkeit wurde die Regierungsgewalt jedoch seit dem 14. Jahrhundert immer ausschliesslicher vom Kleinen Rat wahrgenommen. Dieser betrachtete den grossen Burgerrat zunehmend als beratendes Gremium, das politisch brisante Entscheide wie Kriegserklärungen oder Kreditaufnahmen sowie die Ratserneuerung während der Osterwahlen im Namen der Gesamtbürgerschaft zu bestätigen hatte. Die Mitglieder des Rates der Zweihundert wurden deshalb bei ihrem Amtsantritt eidlich dazu verpflichtet, sich nur auf ausdrückliches Geheiss von Schultheiss und Rat zu versammeln, wenn sie die Glocke in der St. Vinzenzkirche oder *die cleini glogken oder schellen, so in der lüt kilchen ob dem kantzel hanget*, läuten hörten (Abb. 200).[9] Zuwiderhandlungen gegen dieses Versammlungsverbot zogen hohe Bussen und eine Verbannung aus Bern nach sich.

Venner, Heimlicher und Säckelmeister

Die hinter dem Schultheissen oberste politische Führungsgruppe Berns waren die einflussreichen Ratsämter der Venner, Heimlicher und des Säckelmeisters[10]. Diese wurden im Unterschied zum Schultheissen, dessen Amt im 13. und 14. Jahrhundert hauptsächlich von den alteingesessenen Adels- und Notabelngeschlechtern bekleidet wurde, in erster Linie von jüngeren, wirtschaftlich aufstrebenden Berner Bürgern besetzt.[11] Obwohl das Amt der Venner offenbar bereits in der ersten Hälfte des 13. Jahrhunderts durch die Bürgerschaft geschaffen worden war, kam diesem erst nach der Verfassungsreform von 1294 eine wachsende politische Bedeutung zu. Das Gleiche galt für die Heimlicher und den Säckelmeister. Deren Ämter dürften jedoch erst nach 1294 entstanden sein. Um die Mitte des 14. Jahrhunderts sassen Venner, Heimlicher und Säckelmeister schliesslich als ständige Mitglieder im Kleinen Rat, dessen Mitgliederzahl sich von 24 auf 27 Personen erhöhte (Abb. 199).[12]
Die Institutionalisierung der wichtigsten Ratsämter steht in engem Zusammenhang mit dem ökonomischen und sozialen Aufstieg einzelner Berner Familien im 14. Jahrhundert.[13] Die Bürger nutzten ihre Tätigkeit als städtische Amtsträger, um den politischen Einfluss der eigenen Familie auf die täglichen Ratsgeschäfte zu erhöhen. Indem sie die Kompetenzen der von ihnen ausgeübten Ratsämter vergrösserten und diese mit neuen Einkünften ausstatteten, erhöhten sie zugleich das Ansehen ihrer Person. Die bernischen Ratsämter erfuhren auf diese Weise bis zum Ende des 14. Jahrhunderts eine zunehmend differenzierte soziale Bewertung durch die Bürgerschaft. Zwischen den Ämtern entstand eine Art Rangordnung, die allein sozial bedingt war.[14] Für die wirtschaftlich erfolgreichen und politisch ambitionierten Berner Bürger ergab sich daraus die Möglichkeit, eine Ämterlaufbahn innerhalb der Ratsgremien anzustreben und beispielsweise vom Zoll- und Geleitsherren zum Bauherren und schliesslich zum Venner oder Säckelmeister aufzusteigen.[15]
Besonders deutlich zeigt sich diese enge Verknüpfung zwischen der Institutionalisierung eines Amtes und dem wachsenden Sozialprestige der Amtsinhaber in der politischen Aufwertung des Venneramts vom 13. bis zum Ende des 15. Jahrhunderts.[16] Die Venner, die als Vorsteher der vier bernischen Stadtviertel und als städtische Bannerträger im 13. Jahrhundert noch vor allem militärische Aufgaben wahrgenommen hatten, übernahmen im Verlauf des 14. Jahrhunderts zunehmend die Funktion von eigentlichen Repräsentanten der ökonomisch führenden Zünfte im Kleinen Rat (Abb. 199). Gleichzeitig verstanden sie es, in Übernahme der ehemals von der Bürgerschaft an sie übertragenen Rechte und Befugnisse einen immer entscheidenderen Einfluss auf die Wahl der beiden Räte und des Schultheissen auszuüben.
Am Ende des Mittelalters nominierten und wählten die Venner schliesslich nicht nur die Sechzehner für die Wahl des Grossen und des Kleinen Rates, sondern sie nominierten auch den Schultheissen sowie sämtliche Mitglieder des Kleinen Rates.[17]

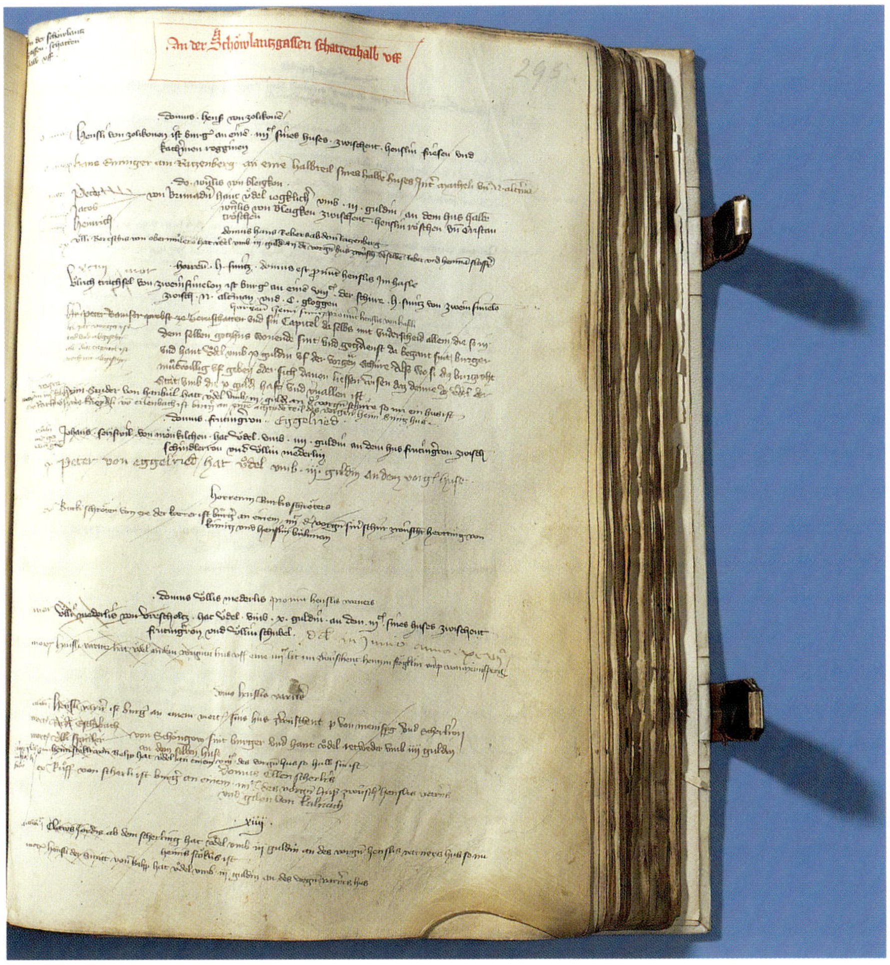

Abb. 200 (oben)
Die westliche oder kleinere Feuerglocke des Berner Münsters stammt noch aus der ersten Hälfte des 14. Jahrhunderts und vom Vorgängerbau, der Leutkirche St. Vinzenz.

Abb. 201 (links)
Im Udelbuch von 1389 wird sorgfältig und nach Gassen geordnet darüber Buch geführt, welcher Bürger auf welcher Liegenschaft Anteile besass. Diese Bürgschaften dienten der Stadt als finanzielle Sicherheit; StAB B XIII 28, S. 295.

Zugleich waren sie zusammen mit den 1344 erstmals namentlich erwähnten Heimlichern für die Führung und Aushebung der militärischen Aufgebote Berns verantwortlich.[18] Die Heimlicher waren wie die Venner eine Art Vertrauensmänner der Bürgerschaft und übten in dieser Funktion spezielle Aufsichtsfunktionen innerhalb der Stadtbevölkerung aus.[19] Des Weiteren bezogen die Venner zusammen mit den Tellherren die vom Berner Rat eingeforderten Abgaben und Steuern. Sie organisierten die Fron- und Fuhrdienste der Viertelsbevölkerung für den Bau und Unterhalt der kommunalen Gebäulichkeiten und sorgten für die Einhaltung der vom Rat erlassenen Bestimmungen zur Brandbekämpfung. Seit dem 14. Jahrhundert beaufsichtigten die Venner zudem die neu ins bernische Bürgerrecht aufgenommenen Personen, über deren Udelbesitz sie in jedem der vier Stadtviertel Buch führten (Abb. 201).

Im Unterschied zum Amt der Venner scheint dasjenige des Säckelmeisters erst nach der Verfassungsreform von 1294 geschaffen worden zu sein.[20] Der wachsende Geldbedarf von Bürgerschaft und Rat führte dazu, dass der Rat der Zweihundert die Kontrolle über den kommunalen Finanzhaushalt wahrscheinlich zu Beginn des 14. Jahrhunderts an einen speziellen Rechnungsherren delegierte. Seit der zweiten Hälfte des 14. Jahrhunderts war der Säckelmeister dann als oberster Rechnungsherr der Stadt und Landschaft Bern für die Führung der kommunalen Einnahmen- und Ausgabenrechnung, der so genannten Säckelmeisterrechnung, verantwortlich. Zugleich kontrollierte er die Rechnungsführung sämtlicher Amt- und Dienstleute inner- und ausserhalb der Stadt Bern (→ S. 241).

Wie bei den Vennern lässt sich auch beim Säckelmeister im Verlauf des 14. Jahrhunderts eine zunehmende Institutionalisierung seines Amtes und ein Anwachsen des Sozialprestiges der Amtsinhaber feststellen. Während die Finanzverantwortlichen der Stadt Bern bei ihrer ersten urkundlichen Erwähnung im Jahre 1333 noch ganz allgemein als Verwalter *der burgeren gutez von Berne* bezeichnet wurden, erscheint im Jahre 1361 mit dem Kaufmann und Kleinrat Peter Schwab bereits eine der führenden Persönlichkeiten Berns als *phleger des statt guot*.[21] Peter Schwab gehörte zu jenem Kreis wohlhabender Berner Bürger,

Jahr	Landvögte von Laupen
1329–1335	Heinrich von Bolligen
1339–1342	Anton von Blankenburg
1357–1358	Ulrich von Bach
1369	Otto von Bubenberg
1377	Johannes Pfister
1395–1403	Konrad Matter

Jahr	Landvögte von Aarberg
1358	Peter von Seedorf
1360	Peter von Balm
1365	Ulrich von Bubenberg
1375	Johannes Pfister
1377–1378	Niklaus von Gisenstein
1380–1382	Gerhard von Krauchthal
1381	Johannes von Diesbach
1383–1384	Heinrich Zigerli
1395–1400	Heinrich Legeli

Jahr	Landvögte von Thun
1375–1377	Peter von Seedorf
1380	Ulrich Ladener
1381–1382	Thoman Biderbo
1383	Konrad von Seedorf
1384–1387	Niklaus von Gisenstein
1388–1389	Peter Rieder
1397–1400	Ivo von Bolligen

Jahr	Landvögte von Burgdorf
1384–1385	Peter Rieder
1387–1389	Johannes Pfister
1390	Johannes Matter
1394–1400	Johannes Pfanner

Abb. 202
Die namentlich bekannten Landvögte im 14. Jahrhundert.

Abb. 203
Die Niedergerichtsbezirke der Stadt Bern in der Region Seeland um 1393.
Karte Roland Gerber 2002.

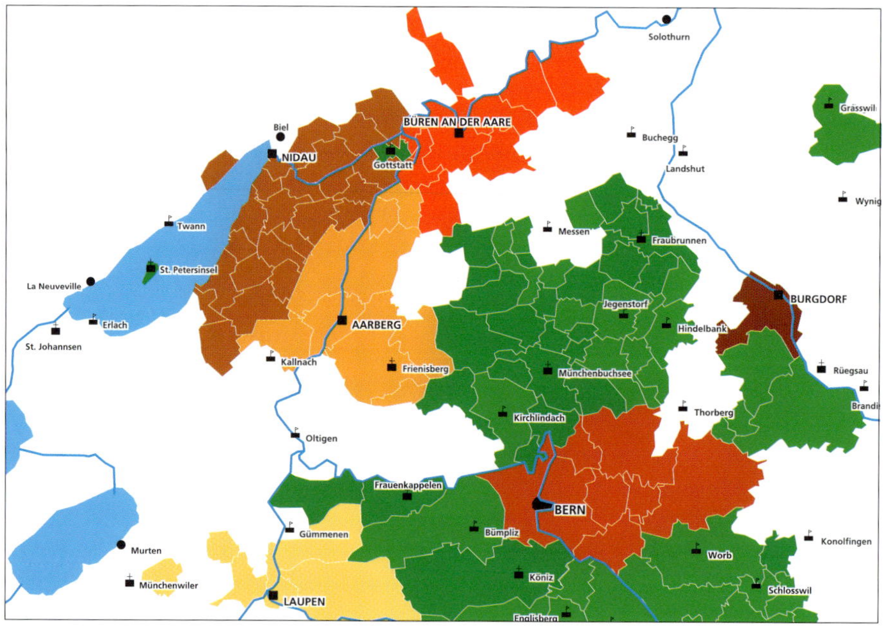

Laupen
Aarberg
Büren
Nidau
Burgdorf
geistliche Twingherrschaften
weltliche Twingherrschaften
Stadtgericht Bern

Vogteisitze
Herrschaftssitze
Klöster
verburgrechtete Orte

deren wirtschaftlicher Erfolg es ihnen ermöglichte, zwischen 1350 und 1364 in Konkurrenz zu den alteingesessenen Adelsgeschlechtern sämtliche wichtigen Ratsämter sowie das einflussreiche Schultheissenamt auszuüben (→ S. 246). Für Peter Schwab bedeutete seine Tätigkeit als städtischer Rechnungsherr schliesslich die Grundlage, um 1362/63 für eine Amtsperiode an die Spitze der Berner Bürgerschaft gewählt zu werden.

Am Ende des 14. Jahrhunderts amtierte mit dem vermögenden Kleinrat Peter von Wabern dann erneut ein Angehöriger einer angesehenen Berner Familie als Säckelmeister. Seine verwandtschaftlichen Beziehungen zu den Mitgliedern der einflussreichen Gerberzunft machen dabei deutlich, dass die bernischen Stubengesellschaften ihren Einfluss auf die Finanzaufsicht der Stadt seit 1364 kontinuierlich hatten ausbauen können (→ S. 249).[22] Die verstärkte Finanzkontrolle der Zünfte zeigt sich insbesondere auch darin, dass mit dem Grossrat Ulrich von Murzelen zwischen 1375 und 1384 jeweils noch ein zweiter Rechnungsherr in den Säckelmeisterrechnungen genannt wird, der zusammen mit Peter von Wabern um den Weihnachtstag (25. Dezember) und um den St. Johannestag (21. Juni) den versammelten Ratsgremien die städtische Halbjahresrechnung präsentierte.[23]

Jahr	Stadtschreiber
1296–1311	Peter von Gisenstein
1313–1346	Ulrich von Gisenstein
1356–1359	Johannes Graf
1359–1362	Peter von Solothurn
1366–1391	Johannes des Rinz
1392–1399	Johannes von Kiental
1400	Konrad Justinger

Jahr	Gerichtsschreiber
1327	Johannes Marschalk
1344	Rudolf von Lindach
1365–1369	Johannes Wermer
1373–1388	Johannes von Wichtrach

Jahr	Grossweibel
1316–1327	Heinrich Winkler
1330	Heinrich von Rüeggisberg
1337	Heinrich von Sigriswil
1338	Hugo Binder
1343–1349	Werner Schilling
1351–1361	Richard von Schaffhausen
1362–1368	Heinrich zum Horn
1368–1387	Heinrich Legeli
1388–1390	Heinrich Simon
1394–1406	Rudolf Ringger

Abb. 204
Die namentlich bekannten Stadtschreiber, Gerichstschreiber und Grossweibel im 14. Jahrhundert.

Landvögte und Tschachtlane

Es gehört zu den Besonderheiten der Stadtentwicklung Berns, dass es der Bürgerschaft gelang, im Verlauf des 14. und 15. Jahrhunderts zahlreiche Grund- und Gerichtsherrschaften auf dem Land zu erwerben und diese bis zum Ende des Mittelalters in einem ausgedehnten städtischen Territorium zusammenzufassen (→ S. 469).[24] Keine andere Stadt nördlich der Alpen verfügte im Spätmittelalter über ein ähnlich grosses Untertanengebiet wie Bern (Abb. 203).[25] Die Verwaltung der Herrschaftsrechte auf dem Land delegierten Schultheiss und Rat dabei an die aus den Mitgliedern des Rates der Zweihundert gewählten Landvögte und Tschachtlane (Abb. 202). Als erste bernische Amtsträger auf dem Land nennen die Quellen die Kleinräte Heinrich von Bolligen als Landvogt von Laupen (1329–1335), Peter von Seedorf als Landvogt von Aarberg (1358) und Schultheiss von Thun (1375–1377), Peter Rieder als Schultheiss von Burgdorf (1384/85) sowie Peter Balmer als Landvogt von Nidau (1388/89).[26]

Die auf dem Land residierenden Amtsleute hatten die der Stadt Bern zustehenden Korn- und Geldeinkünfte in ihren Vogteien einzuziehen. Gleichzeitig sprachen sie Recht, organisierten militärische Auszüge und Steueraufgebote und kümmerten sich um den baulichen Unterhalt von Landvogteischlössern, Kornspeichern, Brücken und Strassen (→ S. 341). Wie alle bernischen Amts- und Dienstleute hatten auch die Landvögte jedes Jahr vor Säckelmeister und Rat über ihre Einnahmen und Ausgaben Rechnung abzulegen. Im Unterschied zu ihren in Bern wohnhaften Ratskollegen war es den auf dem Land residierenden

Roland Gerber

Die Verlegung des Gerberhandwerks an den Stadtrand

Ein wesentliches Anliegen der vom Berner Rat seit 1294 betriebenen Aufsicht über das städtische Gewerbe war die Zusammenfassung der wichtigsten Verkaufs- und Produktionsstätten der Handwerker an bestimmten Standorten innerhalb des Stadtgebietes. Auf diese Weise konnten die Ratsbevollmächtigten die Preis- und Qualitätskontrolle der in Bern hergestellten Gewerbeerzeugnisse an einem Ort und in direkter Zusammenarbeit mit den Handwerksmeistern durchführen. Zugleich bemühten sich Schultheiss und Rat darum, geruchsintensive Handwerke wie Gerber und Kürschner sowie brandgefährliche Gewerbe wie Schmiede und Hafner, die Öfen und offene Feuerstellen benötigten, aus der Innenstadt an weniger dicht besiedelte Gebiete am Stadtrand oder in den Vorstädten zu verlegen.

Anlass zu Beschwerden bot seit dem 14. Jahrhundert insbesondere der Stadtbach. Dieser wurde durch verschiedene Handwerker wie Färber, Hufschmiede, Scherer, Kürschner, Metzger und vor allem durch die Gerber derart verunreinigt, dass sich der Rat nach Klagen der Bürgerschaft 1314 dazu genötigt sah, die Lederverarbeitung in den zentralen Gassenmärkten der Zähringerstadt weitgehend zu verbieten. Er beschloss, weil *unser bach, der uns grosses gut hät gekostet, ze allen ziten alz unrein und so unfletig was,* dass die Gerber die von ihnen gegerbten Häute, Innereien oder sonstigen Tierprodukte nur noch am unteren Ausgang der Gerechtigkeitsgasse östlich der Niederen Fleischschal auswaschen durften. Des Weiteren wurden sie dazu angehalten, keine Tröge, Bütten oder Gerbstöcke mehr in den Hauptgassen, weder *in dem huse, noch vor dien türen, noch by dem bache*, stehen zu lassen.

Die Gerber schienen dem Ratsentscheid von 1314 jedoch wenig Verständnis entgegengebracht zu haben und bestanden darauf, ihr Handwerk weiterhin auch westlich der Niederen Fleischschal im Zentrum Berns ausüben zu dürfen. Der Rat beschloss daraufhin, den Forderungen des Gerberhandwerks entgegenzukommen und diesem den ehemaligen Stadtgraben südwestlich des Zytgloggens als neuen Standort für seine Tätigkeit zuzuweisen. 1326 übertrug er den Gerbermeistern das Nutzungsrecht über das Gebiet des Stadtgrabens und dessen Zufahrtswegen zwischen dem Zytgloggen und dem Unteren Marzilitor. Insbesondere gewährte er den Bewohnern des Stadtgrabens, der in der Folge in Gerberngraben umbenannt wurde, eine eigene Wasserfassung im Stadtbach.

Die Tell- und Udelbücher von 1389 nennen insgesamt 26 Häuser im so genannten Inneren Gerberngraben, die fast ausschliesslich von Gerbern und ihren Familien bewohnt wurden. Die im Graben ansässigen Frauen und Männer versteuerten dabei ein durchschnittliches Vermögen von rund 250 Gulden. Das Durchschnittsvermögen der Gerber war somit rund 20 Gulden grösser als die 231 Gulden, die die übrige Einwohnerschaft Berns versteuerte. Den weitaus grössten Besitz besass 1389 Rudolf Oberruf im Haus Nummer acht. Rudolf Oberruf war offenbar im Lederhandel tätig und versteuerte als einziger Bewohner im Gerberngraben ein Vermögen von über 1000 Gulden. Der Besitz Ulrichs von Wabern von 400 Gulden setzte sich hingegen vor allem aus Immobilien zusammen. Neben dem Sesshaus (Nr. 24) besass er ein weiteres Gebäude im Graben (Nr. 4) sowie seit 1372 ein Wohnhaus am Rossmarkt in der Kramgasse.

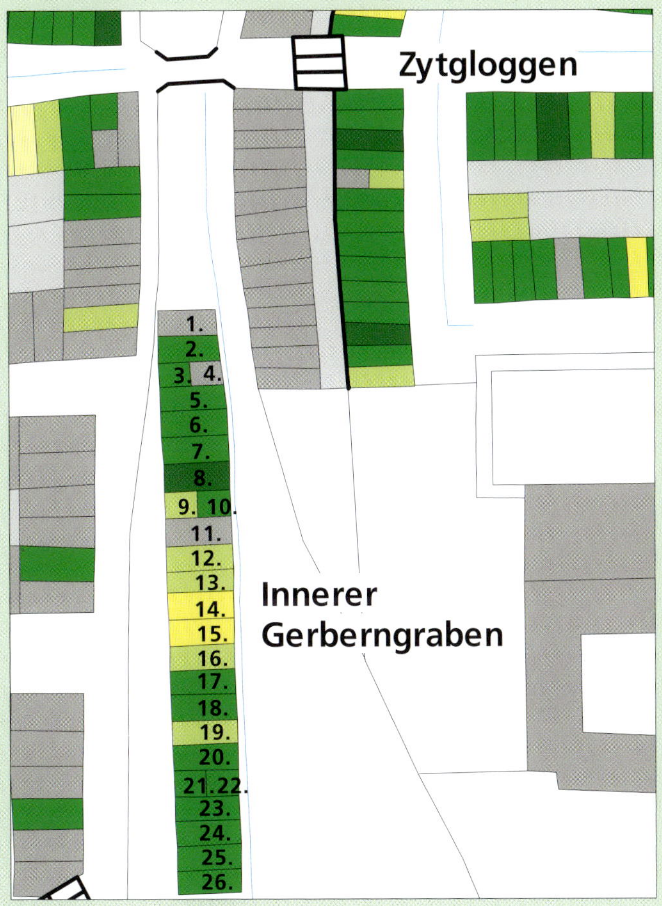

Die Bewohner des Gerberngrabens, 1389, Hausnummer 1 bis 26

1. Rudolf Howli
2. Heinrich Legeli 450 fl
3. Rudolf Zuber 300 fl
4. Ulrich von Wabern
5. Ulman Freiburghaus 200 fl
6. Multschera und Wilhelm Matter 120 fl
7. Peter Gruschi 350 fl
8. Rudolf Oberruf 1120 fl
9. Grenchera und Peter Wanner 60 fl
10. Martin Mag 150 fl
11. Johannes Legeli der Weibel
12. Johannes Burgenstein 100 fl
13. Buchera 70 fl
14. Peter Schaffer 20 fl
15. Peter von Otmarsberg 50 fl
16. Johannes Suni 60 fl
17. Heinrich Toffi 500 fl
18. Konrad Wipprecht 130 fl
19. Peter Gasler 60 fl
20. Heinrich Butsch 150 fl
21. Ulrich von G̦mmenen 130 fl
22. Johannes Schorrer 200 fl
23. Heinrich Ladener 850 fl
24. Ulrich von Wabern 400 fl
25. Peter Furer 150 fl
26. Peter Stocker 250 fl

Vermögensverteilung

- 1–10 Gulden (Kopfsteuer)
- 11–50 Gulden
- 51–100 Gulden
- 101–500 Gulden
- 501–1000 Gulden
- 1001–8000 Gulden
- nicht besteuerte Liegenschaften
- Hinterhöfe
- andere

Landvögten und Tschachtlanen jedoch verboten, ihre Verwaltungssitze mehr als drei Nächte ohne ausdrückliche Erlaubnis von Schultheiss und Rat zu verlassen.

Der Stadtschreiber

An der Spitze der bernischen Stadtverwaltung stand der Stadtschreiber. Obwohl der Stadtschreiber im Unterschied zu Vennern und Säckelmeister kein einflussreiches Ratsamt bekleidete, kam ihm auf Grund seiner speziellen Ausbildung und seiner genauen Kenntnisse der Regierungsgeschäfte eine wichtige Stellung innerhalb der bernischen Ratsgremien zu (Abb. 204). Bereits im Jahre 1296 wird mit dem Notablen Peter von Gisenstein der erste aus der Stadtkasse besoldete *notarius in Berno* erwähnt.[27] Als Vorsteher der Kanzlei hatte er den

Abb. 205
Siegel des Peter von Gisenstein an einer Urkunde von 1304; StAB Fach Inselarchiv 1304 Juni 1.

Amtsbezeichnung	Lohn
Der Leutpriester im Niederen Spital	3 lb 2 ß 6 d
Die Deutschherren	10 ß
Der Stadtschreiber	8 lb 15 ß
Der Werkmeister	6 lb 5 ß
Der Schreiber des Schultheissen	1 lb 5 ß
Peter Scherer der Schreiber	1 lb
Die Bannwarte im Forst (Förster)	5 lb
Die Bannwarte im Bremgartenwald	2 lb 10 ß
Der Bannwart auf dem Könizberg	1 lb 5 ß
Der Bannwart im Habstettenwald	1 lb 5 ß
Johannes Brun und Johannes zur Flüe die reitenden Stadtboten	4 lb
Die Weibelsboten	5 lb 12 ß 6 d
Hermann der Stadtpfeiffer	2 lb 3 ß
Der Bachmeister	7 ß 6 d
Die Totengräber	7 ß 6 d
Der Sigrist	1 lb 5 ß
Der jüdische Arzt Simon Menneli	12 ß 6 d
Sieber der Maurer	5 ß
Johannes Groub	1 lb 5 ß
Meister Hans der Nachrichter	2 lb
Peter von Meikirch der Schreiber	2 lb
Der Armbrustmacher	2 lb 10 ß
Die Pfeiffer der Venner	2 lb
Niklaus Schlosser der Zeitglogger	3 lb
Richard von Schaffhausen der Torwächter	3 lb
Rudolf von Tal der Torwächter	3 lb 5 ß

Abb. 206
Die Empfänger von Fronfastengeldern im Dezember 1382; Welti, Stadtrechnung 1382/II, S. 237.

seit der Verfassungsreform von 1294 ständig wachsenden Schriftverkehr des Berner Rates zu erledigen.

Das hohe Ansehen, das Peter von Gisenstein genoss, zeigt sich auch darin, dass er zwischen 1296 und 1311 immer wieder als Zeuge im städtischen Gericht genannt wird. Dort vertrat er als rechtskundiger Schreiber die Anliegen der Bürgerinnen und Bürger vor Schultheiss und Rat und hängte im Namen seiner Klienten sein persönliches Siegel an die von ihm verfassten Urkunden.[28] 1303 nennt sich Peter von Gisenstein schliesslich selbst in einer Zeugenreihe von zehn Ratsherren, die er als *consules de Berno* bezeichnet (Abb. 205).[29] Nach seinem Tod um 1313 folgte ihm sein Bruder Ulrich im Stadtschreiberamt nach. Er war ebenfalls Mitglied des Kleines Rates und gehörte zu den einflussreichsten Mannen Berns.[30]

Die wichtigsten Aufgaben des Stadtschreibers umfassten die Niederschrift von Korrespondenzen und Urkunden sowie die Aktenverwaltung der städtischen Kanzlei. Dazu gehörte insbesondere auch das Sammeln und Verzeichnen der wichtigsten Ratsentscheide in den so genannten Stadtrechtsbüchern. Das älteste überlieferte Stadtrechtsbuch Berns stammt aus dem beginnenden 15. Jahrhundert (Abb. 207). Es wurde von Konrad Justinger angelegt und von seinen Amtsnachfolgern systematisch weitergeführt. Das Stadtrechtsbuch beinhaltet neben Abschriften älterer Bestimmungen – die mit einer Eigentumsregelung über Jahr und Tag von 1274 und dem Wucherverbot gegen Juden und Lombarden von 1284 sogar bis in die Zeit der die Verfassungsreform von 1294 zurückreichen – die von Schultheiss und Rat zwischen 1400 und 1436 neu erlassenen Rechtssätze. Diese wurden entsprechend den politisch-herrschaftlichen Verhältnissen in Stadt und Landschaft Bern bis zum Ende des Mittelalters periodisch aktualisiert und ergänzt oder nach ihrer Erledigung wieder gestrichen.

Übrige Ämter und Behörden

Die zwischen 1375 und 1384 überlieferten Säckelmeisterrechnungen nennen neben dem Stadtschreiber zahlreiche weitere Ämter und Behörden, die im Dienste des Berner Rates standen.[31] Diese wurden entweder für einzelne, zeitlich befristete Aufgaben wie die Erhebung von Steuern (Tellherren) oder für die zahllosen niederen städtischen Dienste wie das Bewachen der Stadttore (Torwärter) oder das Eintreiben von Bussgeldern (Einunger) aus der Stadtkasse besoldet. Zusätzliche Aufgaben entstanden den Mitgliedern des Rates der Zweihundert durch die Aufsicht über die städtischen Klöster und Klerikergemeinschaften (Spital- und Kirchenvögte) und Handwerksbetriebe (Brot-, Fleisch- und Tuchschauer) sowie durch den Einzug verschiedener Zölle und Verbrauchssteuern (Kaufhaus- und Zollherren, Ungeldner, Böspfenniger).

Zwischen den einzelnen Amts- und Dienstleuten bestanden grosse soziale Unterschiede.[32] Während etwa der Grossweibel als Stellvertreter des Schultheissen im Stadtgericht eine wichtige Aufgabe innerhalb der Stadtverwaltung ausübte, die durch spezielle polizeiliche Befugnisse und den Einzug eigener zweckgebundener Einkünfte noch aufgewertet wurde, waren die Torwärter nicht viel mehr als von der Stadt entlohnte Kriegsknechte. In den Säckelmeisterrechnungen werden in der zweiten Hälfte des 14. Jahrhunderts zwischen 30 und 40 Personen erwähnt, die auf der ordentlichen Gehaltsliste des Berner Rates standen (Abb. 206). Zusätzliche Lohnanteile erhielten die Dienstleute jeweils in Form von Naturalien wie Brennholz, Kleidern und Schuhen. Ein Grossteil der Amtsleute und Behörden erschien jedoch nie in den kommunalen Lohnlisten, da sie wie Venner, Säckelmeister, Bauherren und Grossweibel direkt aus den eingezogenen Steuern, Gebühren und Bussen entlöhnt wurden.[33]

Klara Hübner und Hans Braun

Läufer, Boten und Gesandte – Kommunikation im Mittelalter

In den Berner Stadtrechnungen des Spätmittelalters wurden nicht nur Listen mit allgemeinen Ausgaben und Einnahmen geführt, sondern auch Rubriken, welche die Kosten für laufende Boten, Reitlöhne und Gesandtschaften enthiel-

Roland Gerber

Die Kanzleireform am Ende des 14. Jahrhunderts

Die Institutionalisierung der wichtigsten Ratsämter wie Säckelmeister, Venner, Bauherren und Landvögte führte in Bern ähnlich der Entwicklung in anderen spätmittelalterlichen Städten zur Bildung von neuem spezialisierten Geschäftsschriftgut. Mit dem Udelbuch und den Tellbüchern von 1389 entstanden in der zweiten Hälfte des 14. Jahrhunderts die ersten grossen Verwaltungsschriften der bernischen Kanzlei. Allein die Dimensionen des Udelbuches übertrafen diejenigen aller anderen städtischen Verwaltungsakten in dieser Zeit. Der grossformatige Ledereinband besitzt insgesamt 472 grösstenteils vollständig beschriebene Pergamentseiten im Format von rund 375 auf 267 mm.

Bereits vor 1375 hatte auch der Säckelmeister begonnen, die Einnahmen und Ausgaben des Stadthaushalts in einer halbjährlich geführten Rechnung, der Säckelmeisterrechnung, zusammenzufassen. Nach 1391 entstanden dann weitere Rechnungs- und Zinsbücher, in denen Venner und Säckelmeister die Abrechnungstätigkeit sämtlicher Amt- und Dienstleute inner- und ausserhalb Berns sowie die aufgelaufenen Schulden der Stadt und die jährlich zu leistenden Schuldzinse verzeichneten. Der übrige Haushalt verlief über eine Vielzahl weiterer Teilhaushalte wie diejenigen der Bauherren oder der Kirchen- und Spitalpfleger. Der konkrete Anlass für die Niederschrift dieses neuen Geschäftsschriftgutes war die erste grosse Kanzleireform Berns während des Spätmittelalters. Die Reform war deshalb notwendig geworden, weil der Verwaltungsaufwand der Stadt infolge des verstärkten territorialen Ausgreifens der Bürgerschaft auf die Landschaft und der daraus resultierenden Überschuldung des kommunalen Finanzhaushalts in der zweiten Hälfte des 14. Jahrhunderts stark zunahm. Die systematische schriftliche Erfassung der steuer- und wehrpflichtigen Bürger sowie der laufenden Einnahmen und Ausgaben des Stadthaushalts scheint somit in erster Linie aus fiskalischen Gründen durchgeführt worden zu sein. Bevor Schultheiss und Rat eine allgemeine Vermögenssteuer inner- und ausserhalb der Stadtmauern erheben konnten, mussten sie abklären, wer das bernische Bürgerrecht besass und wer von der Stadt besteuert werden durfte. Die seit der Mitte des 14. Jahrhunderts wachsende Zahl von Einbürgerungen, vor allem der zahlreichen Ausbürger zwang den Rat, die Namen und Wohnsitze der steuerpflichtigen Personen in den Udel- und Tellbüchern schriftlich festzuhalten und periodisch zu aktualisieren. Zugleich mussten die von einer stetig wachsenden Zahl von Amtleuten geführten Teilhaushalte in Stadt und Land kontrolliert und deren Überschüsse respektive Forderungen (Restanzen) regelmässig in einem zentralen Rechnungsbuch vermerkt werden.

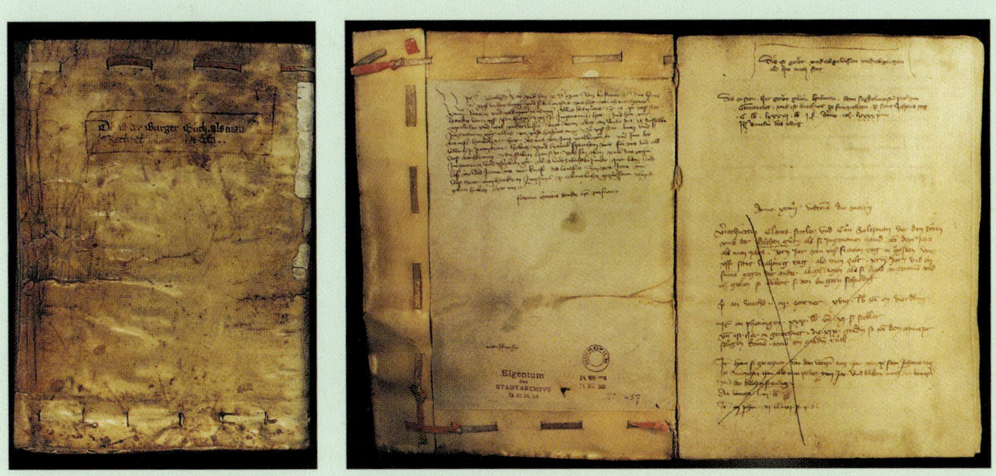

Die älteste Bilanzenrechnung von 1394 bis 1418 hat sich mit originalem Ledereinband erhalten; SAB, A004.

ten. Stadteigene Boten, die zur Übermittlung alltäglicher Nachrichten eingesetzt wurden, muss es in Bern bereits in der zweiten Hälfte des 13. Jahrhunderts gegeben haben. Die Stadt trat zu diesem Zeitpunkt bereits eigenständig gegenüber anderen Mächten auf und verfügte über eine Verwaltung, welche die Entscheidungen der Obrigkeit in Stadt und Land durchzusetzen wusste. Von dieser frühen Verwaltungsstruktur zeugen auch die in der Goldenen Handfeste aufgeführten Stadtämter. Obschon die Urkunde Stadtläufer nicht erwähnt, wird das Amt des *praeco*, des städtischen Weibels, genannt, der neben seinen ordnungsrechtlichen Aufgaben auch zur Verkündigung und Übermittlung von Nachrichten eingesetzt wurde. Aus diesem Amt hat sich im Verlauf des 14. Jahrhunderts über die Zwischenform des *weibelsbotten* wahrscheinlich auch jenes des *louffenden botten* entwickelt.[1]

Erstmals wird ein Stadtläufer in der ältesten erhaltenen Stadtrechnung, der zweiten Halbjahresrechnung des Jahres 1375, erwähnt.[2] Zu diesem Zeitpunkt scheint das städtische Botenwesen bereits eine eigenständige Institution gewesen zu sein. Denn der damalige Säckelmeister Peter von Wabern verzeichnet in seinen Rechnungen sowohl die Anfertigung besonderer Amtsröcke für die Stadtläufer als auch die Auszahlung des vierteljährlichen Fronfastengeldes, das allen vereidigten niederen Amtsleuten zustand. Ferner enthalten die 13 Stadtrechnungen des ausgehenden 14. Jahrhunderts Listen mit *louffenden Botten*. In diesen Listen hat der Säckelmeister nicht nur die Ausgaben für alle städtischen Botendienste festgehalten, sondern auch den Namen des jeweiligen Boten, seinen Zielort und gelegentlich auch die Art seines Auftrages. 2148 solcher Einträge haben sich in den erwähnten Listen erhalten. Sie enthalten rund 240

Abb. 207
Das älteste Berner Stadtrechtsbuch stammt aus dem beginnenden 14. Jahrhundert; StAB A I 5.

Namen von Männern und gelegentlich auch von Frauen sowie 197 Zielorte. Ob alle diese Personen tatsächlich vereidigte Stadtläufer waren, lässt sich nicht feststellen, da sich aus dieser Zeit keine Verzeichnisse städtischer Amtsleute erhalten haben. Es lässt sich in den Stadtrechnungen allerdings eine Gruppe von Personen ausmachen, die im ausgehenden 14. Jahrhundert besonders häufig für Botendienste entlöhnt wurde. Diese rund 20 Personen waren sehr wahrscheinlich mindestens ein Jahr lang als Stadtläufer tätig. Eine besondere Rolle scheint dabei ein Bote namens Geisseller gespielt zu haben. Sein Name taucht während der neun Jahre 448-mal in den Abrechnungslisten auf. Auch ein gewisser Luentzlin muss während längerer Zeit einer der drei oder vier jährlich vereidigten Läufer gewesen sein, da er zwischen 1377 und 1384 230-mal zur Nachrichtenübermittlung eingesetzt wurde. Viele Namen tauchen jedoch nur ein einziges Mal auf. Diese Personen dürften Gelegenheitsläufer mit Sonderaufträgen gewesen sein. Einige hat der Säckelmeister sogar in den Abrechnungslisten aufgeführt. So entlöhnte er 1375 einen Willin, der zusammen mit seinem Gesellen Pfeile nach Thun brachte.

Beachtenswert ist auch die Aushilfsläuferin Katharina Huoter, die dem Haushalt des Weibelsboten Jenni von Diesbach angehörte und in den Jahren 1383 und 1384 mehrmals nach Friesenberg und Burgdorf geschickt wurde.

Gelegentlich wurden laufende Boten auch entsandt, um für den Berner Rat heimlich Kundschaft einzuholen. Besonders der bereits erwähnte Läufer Luentzlin wurde mehrfach mit solchen «geheimen» Diensten betraut. Die meisten Aufträge hat der Säckelmeister jedoch nicht kommentiert.

Unter der Rubrik *zerungen* führen die erwähnten Berner Stadtrechnungen die Vergütungen auf, die aus dem Stadtseckel an die Berner Gesandten bezahlt wurden. Da die einzelnen Posten nebst den Vergütungen die Namen der Gesandten sowie die Zielorte der Gesandtschaftsreisen angeben, widerspiegelt diese Rubrik von Halbjahr zu Halbjahr den Radius und die nach verschiedenen Richtungen hin unterschiedliche Intensität der politischen Beziehungen Berns zu den umliegenden Städten und Herren.

Die beiden Karten ermöglichen einen Vergleich bezüglich Radius und Intensität zwischen den Missionen der Gesandten und den laufenden Boten einerseits sowie zwischen einem ruhigen Jahr ohne grosse kriegerische Auseinandersetzungen, in welchem aber Bern das Städtchen Aarberg definitiv erwarb (1377), und dem Jahr des Burgdorferkrieges (1383) andererseits (Abb. 208 und 209). Dabei fällt auf, dass in beiden Jahren der äussere Radius ungefähr gleich blieb. Bei den Gesandten erstreckt er sich von der savoyischen Waadt (vor allem Romont und Moudon) über Neuenburg, dem verbündeten Solothurn nach Basel und von dort über das habsburg-österreichische Baden nach dem eidgenössischen Zürich und den vier Waldstätten.

Da wesentlich mehr laufende Boten unterwegs waren als Gesandte, und Erstere nicht nur im Bereich politischer Korrespondenz tätig waren, ist ihr Netz dichter. Auch bewegten sich die laufenden Boten in einem etwas weiteren Umkreis als die Gesandten, indem sie vereinzelt ins Wallis, nach Strassburg oder Konstanz geschickt wurden. Nicht selten griff der Berner Rat bei besonders entfernten Zielorten auf Boten anderer Städte zurück, denen an verkehrsgünstig gelegenen Orten Briefe für ihre Herren übergeben wurden. Doch auch Bern selbst war im ausgehenden 14. Jahrhundert Nachrichtenzentrum für Boten anderer Orte, wovon zahlreiche Einträge in den Berner Abrechnungslisten zeugen.[3]

Unterschiede beim Vergleich der Jahre 1377 und 1383 finden sich hingegen bezüglich Intensität des Nachrichtenflusses und der Gesandtschaftsreisen. Im Kriegsjahr 1383, als Bern 430 laufende Boten und 203 Gesandtschaften abfertigte, war sie fast doppelt so gross wie im «Normaljahr» 1377, als nur deren 277 beziehungsweise 117 abgingen. Das in Kriegszeiten erhöhte Kommunikationsbedürfnis konnte sogar dazu führen, dass Bern 1425 nach den norditalienischen Kriegsschauplätzen ein aus berittenen und laufenden Boten bestehendes Stafettensystem einrichtete, das eine ähnliche Form hatte wie das, welches rund 70 Jahre später durch die Thurn- und Taxische Post in Gebrauch kam.

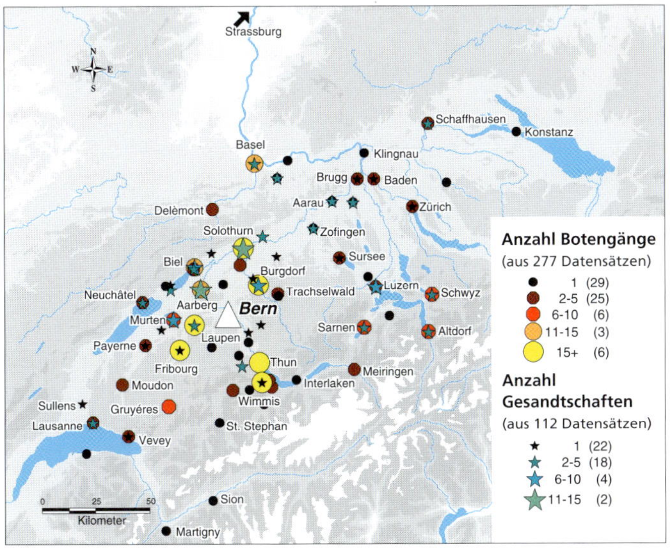

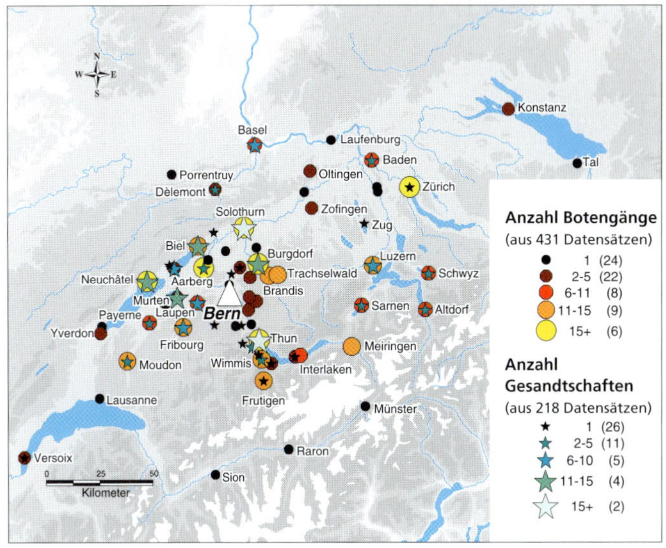

Abb. 208 (links)
Vergleich der Berner Gesandtschaften und Botengänge im Normaljahr 1377.

Abb. 209 (rechts)
Vergleich der Berner Gesandtschaften und Botengänge im Kriegsjahr 1383.

Bezüglich der Zielorte der Gesandtschaften stand das benachbarte und verbündete Solothurn in beiden Jahren mit 13 beziehungsweise 28 an der Spitze. An zweiter Position fand sich 1377 mit zehn Gesandtschaften Aarberg, gefolgt mit sieben beziehungsweise sechs Gesandtschaften von den verbündeten Städten Luzern und Biel sowie ebenfalls mit sechs von dem kiburgischen Burgdorf. 1383 hingegen folgte dicht hinter Solothurn mit 26 Gesandtschaften die Stadt Thun, die Bern nach Ende des Krieges von den Kiburgern endgültig erwerben sollte. Mit grossem Abstand stossen wir schliesslich auf die bernischen Bündnispartner Murten (13), Biel und Neuenburg (je 12), Luzern und Savoyen (je 10). Freiburg, das sich neutral verhielt, empfing nur fünf bernische Gesandtschaften. Wenn auch in beiden Jahren der Gesandtenverkehr mit den benachbarten bernischen Bündnispartnern dominierte, so sind je nach politischen Gegebenheiten doch auch Unterschiede festzustellen, indem 1377 Aarberg und 1383 Thun in den Mittelpunkt des politischen Interesses rückten.

Anders als bei den Gesandten, richteten sich die Läufe der Berner Boten 1377 vor allem nach Laupen und Thun, die beide 23-mal besucht wurden. Solothurn war 22-mal Zielort, Freiburg 18-mal. Aarberg scheint in diesem Jahr für Boten wie für Gesandte von ähnlicher Bedeutung gewesen zu sein: es wurde wie Burgdorf 17-, beziehungsweise 16-mal Ziel von Botenläufen. Ferner sind die Berner Boten in jenem Jahr auch 14-mal nach Basel gelaufen, das für Bern nicht nur bedeutendes Finanzzentrum und bevorzugter Absatzmarkt für eigene Waren war, sondern vor allem ein Nachrichtenknotenpunkt mit Ausstrahlung auf den gesamten oberdeutschen Raum. Im Kriegsjahr 1383 lässt sich hingegen eine grössere Übereinstimmung zwischen Gesandtschaften und Botengängen feststellen: Solothurn ist mit 58 Läufen die mit Abstand am häufigsten besuchte Stadt, gefolgt vom Kriegsschauplatz Burgdorf, der 31-mal besucht wurde. Ebenso häufig war der Sitz der verbündeten Gräfin von Neuenburg Zielort Berner Boten. Beachtenswert ist auch die Zunahme der Botengänge nach Zürich, dem 1377 nur zwei, 1383 dann aber 17 Botengänge galten. Den erhöhten Nachrichtenbedarf des Berner Rates merkt man in diesem Jahr auch an der Besuchsfrequenz des Knotenpunktes Meiringen, über welches der Berner Rat seine Kommunikation mit den Waldstädten abwickelte. Im Verhältnis zum Jahr 1377, wo es nur zwei Mal Zielort war, wurde es 1383 elf Mal besucht.

Am häufigsten mit politischen Gesandtschaften betraut wurden Mitglieder des Kleinen Rates, die sich in den Geschäften auskannten, sowie Grossräte, die über gute Kontakte zu den Zielorten verfügten. Alleine oder mit Ratskollegen – aber wohl meistens von mehreren Knechten begleitet – war 1377 der Schultheiss Ulrich von Bubenberg am häufigsten unterwegs (34-mal), gefolgt vom späteren Schultheissen Kuno von Seedorf (22-mal), von Johann von Diesbach (21mal) und Johann von Schafhusen (16-mal), alle des Rats. 1383 hingegen figuriert der Schultheiss (bis Ostern Jakob von Seftigen, nachher Otto von Bubenberg) in den Stadtrechnungen nur fünf Mal als Gesandter, dafür rangiert Hartmann von Burgistein als Burger von Thun und Herr von Strättligen, Thierachern und Wattenwil mit 19 Gesandtschaftsreisen vor allem nach Thun an der Spitze. Von den Berner Räten wurden Johannes Matter, Gilg Spilmann und Peter von Wabern am häufigsten als Gesandte gebraucht, nämlich je zehn Mal.

Pascal Ladner

Siegel und Heraldik

Berns Emblem ist der Bär. Er findet sich nicht nur auf den im Folgenden näher zu besprechenden Standes- und Stadtwappen sowie auf den Siegeln, sondern auch auf Münzen und dem Hauptbanner, kurz auf beinahe allen Hoheitszeichen der Stadt des 13. und 14. Jahrhunderts. Wie immer die Herkunft des Namens «Bern», der schriftlich erstmals in einer Urkunde vom 1. Dezember 1208 vorkommt,[1] erklärt wird (→ S. 27), Tatsache ist, dass der Bär als Emblem auf Siegeln schon seit 1224, auf Münzen seit 1228 bezeugt ist. Die Verknüpfung von Stadtnamen und Bärenmotiv, die mit dem in den um 1415/20 abgefassten Berner Chroniken Conrad Justingers überlieferten Bericht über die Gründungsgeschichte Berns zusammenhängt (→ S. 21 und S. 25),[2] scheint sich demnach schon früh durchgesetzt zu haben.

Entsprechend der allgemeinen Entwicklung des Siegel- und Wappenwesens ist auch in Bern der Gebrauch des Stadtsiegels vor dem Auftreten des Standeswappens bezeugt. Während das erste original erhaltene Berner Wappen nachweislich erst in der zweiten Hälfte des 14. Jahrhunderts belegt ist, beginnt die Reihe der Stadtsiegel schon rund anderthalb Jahrhunderte früher.

Abb. 210
Erstes grosses Stadtsiegel; StAB Fach Interlaken 1224 April 7.

Abb. 211
Zweites grosses Stadtsiegel; StAB Fach Haus Köniz 1268 Juni 12.

Zu den Siegeln[3]

Während des 13. und 14. Jahrhunderts waren in Bern insgesamt fünf Siegel im Gebrauch: drei grosse Stadtsiegel und zwei kleinere Sekretsiegel, die grundsätzlich dieselbe Darstellung aufweisen. Alle drei Stadtsiegel enthalten dieselbe Umschrift: SIGILLVM BVRIGENSIVM DE BERNE, die mittels eines Perlenkranzes vom Siegelbild getrennt ist.

Das erste Stadtsiegel, von 1224 bis 1267 im Gebrauch,[4] hat einen Durchmesser von 60 mm, leitet die in der Mitte in gotischen Majuskeln der breiten Form ausgeführte Umschrift mit einem eher unüblichen Stern ein und zeigt einen heraldisch nach rechts aufwärts schreitenden Bären mit erhobener linker Vordertatze (Abb. 210).

Das zweite Stadtsiegel, dessen Verwendung in die Zeit von 1268 bis wenigstens 1364 fällt,[5] hat den gleichen Durchmesser wie das erste, unterscheidet sich jedoch von diesem durch das zu Beginn der Umschrift stehende übliche Kreuz und durch die hier von zwei Perlenkränzen umrahmte Bärendarstellung, die das Tier in waagrechter Stellung mit einer leicht vorgreifenden rechten Vordertatze zeigt (Abb. 211).

Das dritte Stadtsiegel, das erstmals an einer Urkunde vom 14. April 1368[6] zu finden ist und bis zu einer – durch Ratsbeschluss vom 16. Februar 1470 verfügten – Erneuerung sowohl des grossen als auch des kleinen Stadtsiegels vorkommt, ist etwas grösser als seine beiden Vorgänger. Es misst im Durchmesser 65 mm und enthält die gleiche Darstellung wie das zweite Stadtsiegel, freilich mit einer verbesserten Ausführung des Bären.

Das erste kleine Stadt- oder Sekretsiegel mit einem Durchmesser von 37 mm ist erstmals an einer Urkunde vom 3. September 1319[7] überliefert und diente bis ins Jahr 1364. Die Umschrift in gotischer Majuskel lautet: + S' : MIN. CO̅MVNITATIS DE BERNO (= *sigillum minus communitatis de Berno*: Kleineres Siegel der Bürgerschaft von Bern). Im Feld ist ein stehender Bär abgebildet, auf dessen Rücken der Reichsadler sitzt (Abb. 212). Das zweite kleine Stadtsiegel, von 1365 bis 1415 verwendet,[8] stellt eine genaue, jedoch künstlerisch verbesserte Kopie des ersten Sekretsiegels dar (Abb. 213).

Zum Wappen[9]

Anders als bei den Berner Stadtsiegeln, die in der fraglichen Zeit weder eine Feldeinteilung noch Farbangaben aufweisen, hat es – den verfügbaren Quellen zu Folge – beim Wappen am Ende des 13. Jahrhunderts eine Veränderung hin zur heutigen Gestalt gegeben: In Rot ein goldener Rechtsschrägbalken, belegt mit einem schreitenden schwarzen rotbewehrten Bären mit roter Zunge. Diese Blasonierung lässt sich mit Sicherheit im ausgehenden 14. Jahrhundert nachweisen.

Der entscheidende Einschnitt in der Entwicklung des Berner Wappens scheint in den Zusammenhang mit dem Gefecht auf der Schosshalde gegen Herzog Rudolf II. von Österreich, einen Sohn König Rudolfs von Habsburg, vom 27. April 1289 zu gehören, bei welchem die Berner eine schwere Niederlage erlitten hatten (→ S. 523). Nach dem sicher auf älteren Quellen beruhenden Bericht in Justingers Chroniken hätten die Feinde ein Stück vom Banner weggerissen, der von einem tapferen Berner Bürger gerettete Teil sei deshalb abgeändert worden: *darumb wart die paner gewandlet in die wise als sie noch ist.*[10] Das ins Schosshaldegefecht geführte ältere, angeblich von Herzog Berchtold V. verliehene Wappen zeigte einen *swartzen bern in einem wissen schilt, in gender wise.*[11] In dieser Blasonierung findet sich das Berner Wappen tatsächlich auch dargestellt, so in der von Bendicht Tschachtlan und Heinrich Dittlinger 1470/71 vollendeten ältesten Schweizer Bilderchronik und zwar auf denjenigen Illustrationen, welche die ältere Geschichte der Stadt betreffen (Abb. 214).[12]

Eine erste Beschreibung des abgeänderten Wappens taucht in einem Lied auf, das nach der erfolgreichen Bekämpfung der Gugler entstanden ist. Die wegen ihrer Helmform so bezeichneten Söldnerscharen waren im Spätherbst und Winter 1375 aus dem Elsass kommend in den Aareraum vorgedrungen.[13] Die Eingangsstrophe des ebenfalls bei Justinger überlieferten Liedes lautet: *Bernerwaffen ist so snel / mit drin gevarwten stricken, / der ein ist rot, der mittel gel, / darinn stat unverblichen / ein ber gar swartz gemalet wol, / rot sint im die klauwen, / er ist swertzer denn ein kol, / pris er bejagen* sol.[14] (Das Bernerwappen ist so kraftvoll / mit drei farbigen Balken, / der eine ist rot, der mittlere gelb, / darin steht ungebleicht / ein Bär, ganz schwarz bemalt; / seine Klauen sind rot, / er selber ist schwärzer als Kohle; / er soll Ruhm und Ehre erjagen.) In diesen Versen lässt sich mühelos das gegenwärtige Berner Wappen erkennen.

Was nun die im Anschluss an das Gefecht auf der Schosshalde erfolgte Wappenänderung betrifft, hat die Chronistik des 16. Jahrhunderts zwei verschiedene Deutungsversuche geliefert. Während Valerius Anshelm die Änderung mit einem Befehl des siegreichen Herzogs erklärt,[15] führen Johannes Stumpf und Aegidius Tschudi die rote Farbe auf Blut zurück. Tschudi schreibt in seinem 1571 abgeschlossenen Chronicon Helveticum: *Und als die von Bern bis ze der zit in ir paner den bern in wijssem veld gefuert, wards damals verendert in ein rot veld, von wegen das die paner ... von bluot was rot worden.*[16] Und das etwas früher erschienene Werk von Stumpf enthält überdies eine sachliche Erweiterung: *Der Berner Paner war ein wenig mit blůt beschweysset und ward deßhalb fürterhin rot gemachet, darinn stůnd der Bär in weyßer strassen, über ort obsich, zů einem zeichen des sigs. Die weyße Straaß aber ist hernach auß etwas befreyung umb eeren willen vergüldet.*[17] Über die Gründe der Umwandlung des silbernen zum goldenen Schrägbalken sind mancherlei Überlegungen angestellt worden,[18] doch ist zu beachten, dass allein Stumpf darüber berichtet und dass keine bildlichen Darstellungen mit einem weissen Balken bekannt geworden sind.

Als älteste farbige Darstellung des Berner Wappens gilt ein Setzschild aus dem ausgehenden 14. Jahrhundert (Abb. 516, S. 468).[19] Ein entsprechendes Wappen ist in der Anonymen Freiburger Chronik *(Anonymus Friburgensis)* als Schild (*targia*), «*in qua depictus ursus*» (auf welchen ein Bär gemalt ist) erwähnt.[20] Schon ins beginnende 15. Jahrhundert gehören die ältesten plastischen Darstellungen im Berner Ratshaus.[21] Es handelt sich einerseits um die Bern-Reichs-Wappengruppe am südöstlichen Pfeiler der Erdgeschosshalle und anderseits um die Wappenkonsole an der Westwand im gleichen Raum.[22]

Als Ergebnis dieser kurzen Betrachtung kann festgehalten werden, dass am Ende des 14. Jahrhunderts das Berner Wappen die Form besessen hat, welche für die folgenden Jahrhunderte massgebend geworden ist.

Abb. 212
Ältestes kleines Stadtsiegel (Sekretsiegel); StAB Fach Oberamt 1319 September 3.

Abb. 213
Zweites kleines Stadtsiegel (Sekretsiegel); StAB Fach Aarberg 1365 August 14.

Abb. 214
In der Darstellung der Gründungsgeschichte in der Tschachtlan-Chronik tritt am Stadttor noch das alte Berner Wappen auf: die roten Ecken fehlen; ZB Zürich Ms. A 120, Abb. 2, S. 16.

Das Ringen um die Macht

Roland Gerber

Adlige, Notabeln und Handwerksmeister

Konrad Justinger stellt in seiner um 1420 niedergeschriebenen Stadtchronik voller Stolz fest, dass die politischen und militärischen Erfolge Berns im 13. und 14. Jahrhundert nur dadurch hätten erzielt werden können, weil die Bürger untereinander *einhellig* und gegenüber Schultheiss und Rat *gehorsam* gewesen seien. Der Chronist bezeichnet die in den bernischen Ratsgremien vertretenen Bürger deshalb als eine Interessengemeinschaft, die ihre persönlichen, wirtschaftlichen und politischen Ambitionen während Krisenzeiten dem Gemeinwohl der Stadtgemeinde untergeordnet hätten.[1]

Die von einem kleinen exklusiven Kreis von Ratsgeschlechtern getragene Herrschaftsbildung über die Bewohnerschaft in Stadt und Landschaft Bern verlief jedoch nicht so gewaltfrei und widerspruchslos, wie dies von Konrad Justinger und den meisten nachfolgenden bernischen Geschichtsschreibern bis in die jüngste Zeit dargestellt worden ist.[2] Wie in anderen spätmittelalterlichen Städten kam es auch in Bern vor allem während des 14. Jahrhunderts zu langwierigen, teilweise gewalttätigen Abgrenzungs- und Ausgleichsbewegungen zwischen den verschiedenen sozialen Gruppen innerhalb der Stadtgesellschaft (→ S. 252). Im Rat der Zweihundert waren es vor allem die stadtsässigen Adligen, die vermögenden Notabeln und Kaufleute sowie die zünftig organisierten Handwerksmeister, die mit wechselndem Erfolg versuchten, die jeweils vorherrschenden politischen und ökonomischen Verhältnisse dazu zu nutzen, um ihren Einfluss aufs Regiment zu verstärken. Seit der Mitte des 14. Jahrhunderts

Amtszeit	Schultheiss	Wichtige Ereignisse
1293–1298	Ritter Jakob von Kienberg	Verfassungsreform von 1294
1298–1302	Konrad Münzer	Gefecht bei Oberwangen 1298
1302–1319	Laurenz Münzer	
1319–1327	Ritter Johannes II. von Bubenberg im jährlichen Wechsel mit den Rittern Bertold von Rümlingen, Peter von Aegerten und seinem Vetter Johannes I. von Bubenberg	Erster Kauf von Thun 1323 Kauf von Laupen 1324
1327–1334	Ritter Johannes II. von Bubenberg im jährlichen Wechsel mit dem Freiherren Johannes von Kramburg	
1334–1338	Ritter Philipp von Kien	
1338–1350	Ritter Johannes II. von Bubenberg	Schlacht bei Laupen 1339
1350–1364	Konrad vom Holz, Peter von Balm, Peter von Seedorf, Peter von Krauchthal, Konrad von Seedorf und Peter Schwab im jährlichen Wechsel	Von der Bürgerschaft erzwungene Absetzung von Johannes II. von Bubenberg und dessen Verbannung aus Bern nach 1350 Erster Kauf von Aarberg 1358
1364–1367	Ritter Johannes II. von Bubenberg	Von der Bürgerschaft erzwungenen Rückkehr der Familie von Bubenberg 1364 Zweiter Kauf von Aarberg 1367
1367–1381	Ritter Ulrich von Bubenberg	Geltenhalsaufstand von 1368 Erster Zunftbrief von 1373 Zweiter Kauf von Thun 1375 Unruhen von Ostern 1376 Dritter Kauf von Aarberg 1377/79
1381–1383	Konrad von Seedorf im jährlichen Wechsel mit Jakob von Seftigen	
1383–1393	Ritter Otto von Bubenberg	Ratsentsetzung von 1384 Kauf von Thun und Burgdorf 1384 Eroberung von Nidau und Büren 1388 Zweiter Zunftbrief von 1392
1393–1407	Junker Ludwig von Seftigen	
1407–1418	Peter von Krauchthal	Eroberung des Aargaus 1415

Abb. 215
Die Berner Schultheissen von 1293 bis 1418.

führte vor allem das expansive Ausgreifen der Stadt auf die Landschaft zu einer Überbeanspruchung des kommunalen Finanzhaushalts und zu einer zunehmenden Polarisierung der im Rat der Zweihundert vertretenen sozialen Gruppen. Die Folge waren wachsende Spannungen innerhalb der Bürgerschaft. Als wichtigste Auseinandersetzungen nennen die Quellen die Amtsenthebung des Schultheissen Johannes II. von Bubenberg von 1350 und dessen erzwungene Rückkehr nach Bern im Jahre 1364 sowie den von den Zünften getragene so genannte Geltenhals-Aufstand von 1368 und die Ratsentsetzung von 1384. Des Weiteren scheint es auch nach dem zweiten Erwerb der Stadt und Herrschaft Thun im Jahre 1375 zu einem Aufruhr in Bern gekommen zu sein. Dieser wird von Konrad Justinger in seiner Chronik jedoch nicht erwähnt (→ S. 226).

Die Auseinandersetzungen innerhalb der Berner Bürgerschaft entzündeten sich im 14. Jahrhundert in erster Linie an der Besetzung des Schultheissenamtes, das von den stadtsässigen Adelsgeschlechtern wie von den in Geld- und Handelsgeschäften reich gewordenen Notabelnfamilien beansprucht wurde, sowie am Zugang zum Kleinen Rat, dessen Kompetenzen gegenüber dem 1294 geschaffenen Rat der Zweihundert noch kaum abgegrenzt waren.[3] Grosse Unstimmigkeiten verursachten wie in den meisten grösseren spätmittelalterlichen Städten zudem die Organisation und Kontrolle des kommunalen Finanzhaushalts (→ S. 252). Die in Zünften organisierten Handwerker misstrauten den im Kleinen Rat sitzenden wohlhabenden Bürgern, die im Namen der gesamten Stadtgemeinde Herrschaftskäufe und umfangreiche Kreditgeschäfte tätigten, die anschliessend über wiederholte Steuererhebungen in Stadt und Landschaft finanziert werden mussten. Nach Meinung der Zunftmitglieder brachte die von Schultheiss und Rat betriebene Darlehenspolitik zudem nur bescheidene territoriale Gewinne, während die Ratsherren mit dem Kauf der ländlichen Gerichtsherrschaften ihre persönlicher Machtstellung auf Kosten der Stadt sukzessive ausbauten. Ein zentrales Anliegen der Handwerksmeister und der im Handel reich gewordenen Berner Bürger war deshalb während des gesamten 14. Jahrhunderts die Offenlegung des kommunalen Rechnungswesens sowie die direkte Beteiligung von Zunftvertretern an der Finanzaufsicht.[4]

Abb. 216
Ansicht von Schloss Spiez, Twingherrschaft der Schultheissenfamilie von Bubenberg seit 1338.

Die Amtsenthebung des Schultheissen Johannes von Bubenberg

Einen ersten Höhepunkt erreichten die Auseinandersetzungen im Rat der Zweihundert um die Mitte des 14. Jahrhunderts, als es einer Gruppe reich gewordener Kaufleute gelang, die alteingesessenen Adelsfamilien aus dem Schultheissenamt zu verdrängen und selbst die Führung der Berner Bürgerschaft zu übernehmen. Angeführt wurde die Adelspartei seit der Verfassungsreform von 1294 durch die Familie von Bubenberg. Johannes II. von Bubenberg hatte die Stadt in den Jahren 1339/40 militärisch erfolgreich durch die Krisenzeit des Laupenkrieges geführt. Der Sieg vor Laupen, der die hegemoniale Stellung Berns im Gebiet von Aarburgund im 14. Jahrhundert begründete, ermöglichte es ihm, die oppositionellen Kräfte in den Ratsgremien lange Zeit zu neutralisieren und während zwölf Jahren ununterbrochen an der Spitze der Berner Bürgerschaft zu stehen.[5] Erst als die Stadtbevölkerung durch die Verheerungen der Pest von 1349 (→ S. 220) sowie durch die wachsende Zahl von Darlehen an die mit der Aarestadt verburgrechteten Adligen auf dem Land (→ S. 505) immer stärker belastet wurde, gelang es den opponierenden Notabelnfamilien an Ostern 1350, Johannes von Bubenberg mit Unterstützung der wahrscheinlich in ihrer Gesamtheit versammelten Bürgerschaft zu stürzen und in der Folge für *hundert jar und einen tag* aus Bern zu verbannen.[6] Als wichtigstes Zugeständnis gegenüber der Handwerkerschaft mussten die Notabeln nach dem Machtwechsel die 1319 eingeführte einjährige Amtszeit des Schultheissen erneuern. Zwischen 1350 und 1364 lösten sich daraufhin die Notabeln Peter von Balm, Konrad vom Holz, genannt von Schwarzenburg, die Brüder Peter und Konrad von Seedorf, Peter von Krauchthal sowie Peter Schwab jährlich im Amt des Schultheissen ab. Einzig Peter von Balm stand nach der Amtsenthebung Johannes von Bubenbergs zwischen 1350 und 1352 während zwei Amtsperioden an der Spitze der Berner Bürgerschaft (Abb. 215).[7]

Konrad Justinger berichtet, dass Johannes von Bubenberg *mit gemeinem rate* vom Schultheissenamt abgesetzt worden ist, weil dieser *mietrich* gewesen sei, das heisst, Bestechungen und Geschenke wahrscheinlich von auswärtigen Adligen angenommen habe.[8] Den Mitgliedern des Rates der Zweihundert war es seit 1306 jedoch strengstens verboten, *miet und gaben* zu nehmen und ihre Stimme gegen Geld zu verkaufen.[9] Da die in Bern ansässigen Adelsfamilien in engem persönlichen und verwandtschaftlichen Kontakt zu einzelnen Herrschaftsträgern in der Nachbarschaft Berns standen, dürfte es den Notabelnfamilien nicht schwer gefallen sein, der Familie von Bubenberg konspirative Abmachungen und Bestechlichkeit zu unterstellen. Insbesondere die Politik Johannes II. von Bubenberg zeichnete sich in der ersten Hälfte des 14. Jahrhunderts dadurch aus, dass er einen Ausgleich zwischen der Bürgerschaft und den in Abhängigkeit zu Habsburg stehenden Grafen von Kiburg suchte (→ S. 122).[10]

Die Auseinandersetzungen um das Schultheissenamt um 1350 machen deutlich, dass das Ringen um die politische Führung Berns während des 14. Jahrhunderts nicht allein von den Adels- und Notabelnfamilien untereinander ausgetragen wurde. Auch zwischen den im Rat der Zweihundert sitzenden Handwerksmeistern und Kaufleuten kam es immer wieder zu Parteibildungen, die je nach den bestehenden Mehrheiten entweder der einen oder anderen Gruppierung zum Sieg verhalfen. Justinger erzählt in seiner Chronik, dass neben dem Schultheissen Johannes von Bubenberg nach 1350 auch zahlreiche *biderbe lüte von den reten* wie Bertold Gloggner und Ulrich Ladener, die offen für die Interessen der Adelspartei eingetreten waren, aus der Stadt gewiesen worden seien.[11] Die politischen Auseinandersetzungen in der Bürgerschaft waren dabei so tief, dass sie auch nach der Verbannung der von Bubenberg nicht beigelegt werden konnten. Insbesondere gelang es den regierenden Notabelnfamilien nicht, den städtischen Finanzhaushalt zu sanieren. Die neuen Schultheissenfamilien von Balm, vom Holz, von Krauchthal, Schwab und von Seedorf verstrickten sich wie ihre Vorgänger zunehmend in Darlehensgeschäfte mit den überschuldeten Adelsfamilien der Umgebung, deren Herrschaftsrechte sie im Namen der Stadt zu erwerben suchten (→ S. 489).[12] Nachdem Peter von Balm an Ostern 1351 für ein weiteres Jahr im Amt des Schultheissen bestätigt worden war, kam es deshalb innerhalb der Bürgerschaft zu erneuten Unruhen, von der eine Minderheit Johannes von Bubenberg wieder nach Bern zurückberufen wollte.[13] Schultheiss und Rat sahen sich daraufhin genötigt, gegen die Androhung einer lebenslänglichen Verbannung aus der Stadt und der hohen Busse von 100 Pfund zu verbieten, *wer der ist, er si edel, burger oder wie er geheissen ist, vrefenlich* [verbotenerweise] *ze Bern an die gloggen slahet oder slahen heisset, die gemeinde ze samnenne* [versammeln].[14] Der Rat begründete sein Vorgehen damit, dass in anderen Städten *grossen gebresten und schaden von uff louffen* entstanden seien, was er in *unser stat ze nutz und ze eren* verhindern wolle (Abb. 220).[15]

Auch in den folgenden Jahren scheint es zu keiner Entspannung der Situation gekommen zu sein. Als Beweis für die wachsende Zahl von Gewalttaten dient eine Satzung aus dem Jahre 1352. In dieser bestimmte der Berner Rat, dass all jene Bürger, die Zeuge eines Verbrechens wurden, *wa einer verwundet oder ze tode erslagen wirt*, vor dem Stadtgericht zu *voller schulde* mit verurteilt werden sollten.[16] Im Januar 1353 erliessen Schultheiss und Rat dann eine weitere Verordnung, die jährlich während der Osterwahlen verlesen und von sämtlichen Mitgliedern des Rates der Zweihundert beschworen werden musste. Weil *misshellung* [Uneinigkeit] *in den stetten grossen schaden und gebresten bringet*, beschloss der Rat, dass alle nicht autorisierten Zusammenkünfte, Aufläufe und geheimen Verbindungen unter den Bürgern zukünftig eine Busse von zehn Pfund sowie eine Verbannung von fünf Jahren aus der Stadt nach sich ziehen sollten.[17] Das unerlaubte Tragen von Waffen und Harnisch *heimlichen oder offenlichen* wurde strikt verboten, wobei die Ratsmitglieder daran erinnert wurden, ihrer Anzeigepflicht gegenüber den städtischen Amtsträgern ohne Vorbehalt nachzukommen. Im Dezember des gleichen Jahres mussten sich Schultheiss

Abb. 217
Luftaufnahme des Städtchens Aarberg. Die Herrschaft Aarberg wurde von Bern zunächst pfandweise übernommen, 1358 ging sie in den vorläufigen Besitz der Stadt über. Der Erwerb verursachte jedoch enorme Kosten, was innerstädtisch zu Konflikten führte.

und Rat schliesslich sogar gegen tätliche Übergriffe einzelner Bürger schützen, die *mit messerzuken, mit slahen* oder *mit verwunden* gegen die Mitglieder des Stadtgerichts vorzugehen trachteten.[18]

Die Parteikämpfe scheinen jedoch trotz der verstärkten Satzungstätigkeit des von den Notabelnfamilien angeführten Kleinen Rates nach 1350 nicht wesentlich zurückgegangen zu sein.[19] Bei der Wiederwahl Peter von Krauchthals zum Schultheissen im April 1359 übertrug ihm *der rat, die zweihundert und die gemeind von Bern* sogar eine ausserordentliche Vollmacht, die es ihm ermöglichen sollte, während eines Jahres Ruhe und Frieden in der Stadt – wenn nötig auch mit Gewalt – aufrechtzuerhalten und gegen *stoessen* und *kriegen* sowie gegen jegliche *ufflöffen in unser stat, es si tages oder nachtes*, mit bewaffneten Mannschaften vorzugehen.[20] Insbesondere wurde den Stadtbewohnern verboten, nach Einbruch der Dunkelheit ihre Wohnhäuser ohne Licht zu verlassen.

Die Rückkehr der Familie von Bubenberg

Insgesamt verdichteten sich nach 1359 die Anzeichen, dass es erneut zu einem Machtwechsel an der Spitze der Berner Bürgerschaft kommen könnte. Vor allem der verbannte Johannes II. von Bubenberg schien entschlossen, die 1350 verlorene Schultheissenwürde für seine Familie wieder zurückzugewinnen. Vielleicht um die Stimmung in der Handwerkerschaft zugunsten der Adelspartei positiv zu beeinflussen, verkaufte der Altschultheiss zusammen mit seinen Söhnen Johannes junior, Richard, Ulrich und Otto am 28. November 1360 *den grundt dez heiligen riches in der Ara*, den die Familie von Bubenberg seit dem 13. Jahrhundert als königliches Lehen besass, für 1300 Gulden an den Berner Rat (Abb. 218).[21] Mit diesem Kauf gingen die für die kommunale Wirtschaft lebenswichtigen Gewerbebetriebe in der Matte in den vollständigen Besitz der Stadt über (→ S. 216).

Während es Johannes von Bubenberg offenbar gelang, immer mehr Mitglieder des Rates der Zweihundert auf seine Seite zu ziehen, verschlechterten sich die Beziehungen zwischen den regierenden Notabelnfamilien und den in Zünften organisierten Handwerksmeistern und Gewerbetreibenden zusehends. Vor allem die in Bern ansässigen Textilproduzenten, von denen Tuchhändler, Wollweber und Tuchwalker in grösserer Zahl im Grossen Rat sassen, scheinen zunehmend gegen die Wirtschafts- und Finanzpolitik der Notabeln opponiert zu haben. Grösseren Unmut rief insbesondere eine 1362 erlassene Tuch- und Weberordnung hervor, in der die Notabelnfamilien unter Schultheiss Peter Schwab beschlossen, Herstellung und Handel von Textilien in Bern der restriktiven Kontrolle des Rates zu unterstellen[22] (→ S. 263).

Abb. 218
Das Handwerkerquartier Matte ging erst 1360 in den Besitz der Stadt über, zuvor war es königliches Lehen der Familie Bubenberg. Aquarell von A. Guesdon, um 1860, BHM Inv. Nr. 7265.

Als der Notabel Konrad vom Holz, genannt von Schwarzenburg, am 25. März 1364 seine vierte Amtszeit als Schultheiss antrat, kam es innerhalb der Bürgerschaft schliesslich zu einem Aufruhr, der zur Rückkehr Johannes von Bubenbergs nach Bern führte.[23] Konrad Justinger berichtet, dass sich die Stadtgemeinde, wie dies in der Satzung von 1351 ausdrücklich verboten worden war, im Sommer 1364 ohne Erlaubnis des Rates in der Dominikanerkirche versammelt habe, um dort über die Rückkehr des verbannten Altschultheissen zu debattieren.[24] In der Klosterkirche schien es daraufhin zu einer heftigen Diskussion über die Rechtsgültigkeit der Rückberufung Johannes II. gekommen zu sein. Eine Mehrheit der versammelten Bürger stellte sich dabei hinter die Argumentationen der Adelspartei, die behauptete, dass die Notabelnfamilien wie einstmals Johannes von Bubenberg *miet* genommen hätten und deshalb ebenfalls gestürzt werden müssten.

Mit ausdrücklicher Berufung auf den letzten Artikel der Goldenen Handfeste (→ S. 230), in dem die Berner Bürgerschaft vom König all jene Rechte bestätigt erhalten hatte, die sie zur Mehrung und Bewahrung von Nutzen und Ehre der Stadt sowie des Reiches noch beschliessen würden, lief *die gemeind* von der Dominikanerkirche *herab in die Crützgassen für das von Swartzenburgs huse* und forderte vom Schultheissen die Herausgabe des Stadtbanners.[25] Konrad vom Holz, der vom Auflauf der Bürgerschaft überrascht worden zu sein scheint, reichte *die paner zem venster us und gab gut rede und reit zer hindren tür us gen Thuno.* Während der abgesetzte Schultheiss mit seinen Parteigängern durch das Untertor floh, zog eine Abordnung der Bürgerschaft zum Stammsitz der Familie von Bubenberg oberhalb von Köniz (Abb. 219). Hier erwartete sie Johannes II., der offenbar über die Vorgänge in Bern bestens informiert war und sich deshalb in nächster Nähe zur Stadt aufhielt. Schliesslich führten die Berner Bürger den verbannten Altschultheissen mit allen Ehren in die Stadt zurück und wählten dessen gleichnamigen Sohn, *dem vatter ze eren,* zum neuen Schultheissen (Abb. 220).[26]

Entscheidend für die Wiederherstellung des städtischen Friedens nach dem Umsturz von 1364 war, dass im Unterschied zu 1350 diesmal keine Vertreibungen stattfanden und Konrad von Schwarzenburg bald nach seiner Flucht wieder *bi eren gestund und wider an dem rate* gesetzt war.[27] Obwohl sich nach Justinger *etlich ander wenig entschuldigen* konnten, gelang es der um Johannes von Bubenberg versammelten Adelspartei, einen dauerhaften Ausgleich mit den gestürzten Notabelnfamilien zu finden. Neben den Altschultheissen Konrad vom Holz, Peter von Krauchthal und Konrad von Seedorf sass nach 1364 auch der 1350 verbannte Ulrich Ladener wieder im Kleinen Rat.[28] Die Satzungstätigkeit gegen Friedensbrecher nahm nach 1364 ebenfalls deutlich ab, so dass angenommen werden kann, dass die Spannungen zwischen den Adels- und Notabelnfamilien am Ende des 14. Jahrhunderts merklich zurückgegangen sind.[29]

Charlotte Gutscher

Die Wappenfolge des Bubenberghauses

Aus dem 13. und 14. Jahrhundert sind in Bern keine Wandmalereien erhalten geblieben. Dies unterscheidet die Gründungsstadt von den Städten mit frühen Wurzeln wie etwa Basel oder Zürich. Dort hatte die städtische Oberschicht spätestens seit 1300 begonnen, ihre Häuser – vielfach an den steinernen fensterlosen Brandmauern – mit Malereien zu schmücken. Über den ästhetischen Wert hinaus besitzen diese Bemalungen klar repräsentative Bedeutung, indem sie Motive zitieren, die der höfisch ritterlichen Welt des Adels entnommen sind.
Wesentlicher Bestandteil dieses Repertoires sind die Wappen, die seit dem 13. Jahrhundert nicht mehr nur den Ranghöchsten zustanden, sondern zu Familienemblemen geworden waren. Auf Burgen und in deren Tradition auch in Bürgerhäusern finden sich an den Wänden Wappenmalereien, die als eine Art «adeliges Gästebuch» aufzufassen sind. Diese Gewohnheit wird auch von einem Dominikaner aus dem frühen 14. Jahrhundert, Jakob von Lausanne, bestätigt. Er berichtet, es seien bei der Ankunft hoher Personen deren Wappen angebracht und diejenigen früherer Gäste getilgt worden: *imagines delentur de pariete et finguntur arma supervenientis* (zitiert nach Hegi, Wappenrolle). Eine ähnliche Funktion hatte schon W. F. Mülinen der nur durch zwei Kopien des mittleren 18. Jahrhunderts überlieferten Malerei im ehemaligen Bubenberghaus zugeschrieben. Nach der Inschrift auf der jüngeren Kopie handelt es sich um eine *Exacte Copey und Abschilderung jeniger auf der Mauer gemahlten Wapen, so sich auf dem obern Etage Ihro Excellenz Herrn Generals und Schultheissen von Erlach auf der Hofstatt stehenden s. h. Bestallung, welche vermutlich und nach allen Spuren ein ehemaliges Ritterhaus muss gewesen seyn, würklich noch zu finden und zu sehen sind* (Abb.).
Bei diesem «ehemaligen Ritterhaus», dem Vorgängerbau des Erlacherhofes, handelte es sich um den Stammsitz der Herren von Bubenberg, die als Ministeriale der Zähringer seit der Gründungszeit in der Stadt eine wichtige Rolle spielten (→ S. 208). Nicht zufällig entzündete sich im mittleren 14. Jahrhundert der Streit um die Besetzung des Schultheissenamtes an Johannes von Bubenberg (→ S. 246), denn wie keine andere Familie verkörperten die Bubenberg den Machtanspruch des Adels. So erstaunt es auch nicht, dass ausgerechnet in ihrem Stammhaus die heraldische Malerei überliefert ist – als einziges Beispiel höfischer Profanmalerei in Bern.
Die genaue Lage des Repräsentationsraumes im Adelshof ist nicht mehr auszumachen: Es muss sich der Inschrift auf der

Eine vergleichbare heraldische Malerei aus dem mittleren 14. Jahrhundert – ebenfalls in fünf Reihen angeordnet aber in der Gesamtzahl von gegen hundert Schilden die Berner Ausmalung übersteigend – wurde 1976 im Haus «Zum Tor» am Münsterhof 7 in Zürich entdeckt.

Kopie zu Folge um die Brandmauer eines gassenseitig gelegenen, also Teil des Vorderhauses bildenden, grossen Raumes gehandelt haben. Wie zürcherische Vergleichsbeispiele belegen, befanden sich diese wie hier immer in höher gelegenen Geschossen und waren auf die Strasse hin ausgerichtet.
Von den 65 Wappen können 37 sicher, 21 hypothetisch bestimmt werden und nur sieben bleiben verschlüsselt. Sehr viel weniger Wappen können in einer vergleichbaren Bemalung im zürcherischen Haus «Zum Tor» zugeordnet werden, was sicher zu mindest teilweise mit dem schlechten Erhaltungszustand jener Malereien zu erklären ist (Abb.). Dort wird jedoch die Wand in ihrem veränderbaren «Gebrauch» fassbar, denn es sind ganz deutlich leere – also wohl bewusst gelöschte – Schilde zu sehen. Es scheint, dass irgendwann die heraldische Dekoration ausser Mode kam und deshalb übertüncht wurde.
In Bern hingegen blieb die Wappenfolge bis zum Hausabbruch sichtbar; ja sie scheint gar unterhalten worden zu sein, sonst hätte der Kopist des 18. Jahrhunderts nicht mehr alle Wappen erkennen können. Für eine nachmittelalterliche Neufassung spricht auch die spitze Form der Schilde, die jedenfalls nicht dem ursprünglichen Bestand entsprechen kann: sie muss von einem restaurierenden Maler oder dem Kopisten in dieser Art verändert worden sein.
Zur Herkunft der dargestellten Geschlechter – das Bubenbergwappen fehlt – bemerkt Mülinen: «Ungefähr lässt sich feststellen, dass die heutigen Kantone Bern und Freiburg die meisten Vertreter stellten und dass auch die grossen Geschlechter der weitern Nachbarschaft nicht fehlten» (Mülinen, Wappenschmuck, S. 116). Durch diese Auswahl gewinnt die Wappenfolge eine gewisse Glaubwürdigkeit: Der Auftraggeber scheint die Träger der dargestellten Familienembleme tatsächlich gekannt zu haben. Phantasiewappen treten nicht auf, und es werden auch nicht – wie dies etwa in der um 1300 entstandenen Folge des Hauses «Zum langen Keller» in Zürich der Fall war – die Ehrenzeichen von entfernten Königreichen zitiert (Wüthrich, Wandgemälde S. 68–70). Damit wird wahrscheinlich, dass die Wappenwand zu einem bestimmten Anlass gemalt wurde – vielleicht 1364 bei der Rückkehr der Familie nach Bern und der Einsetzung von Johannes Bubenberg junior als Schutheiss (→ S. 249). Die Erinnerung an dieses denkwürdige Ereignis könnte dazu geführt haben, dass die Wappenfolge sorgfältig gehütet, ja möglicherweise mehrfach restauriert wurde, bevor sie – nicht ohne «exact» kopiert worden zu sein – dem Neubau des Erlacherhofes geopfert wurde.
Literatur: Gutscher, Repräsentationsräume; Mülinen, Wappenschmuck; Kdm Bern Stadt II, S. 147 f.

Kopie des Wappenzyklus im Bubenberghaus anstelle des Erlacherhofes, Junkerngasse 47. Die Folge von 65 Wappen befand sich bis 1746 an einer nicht sicher bestimmbaren Wand im ersten Obergeschoss eines gassenseitigen Wohnraumes, welcher dem barocken Neubau weichen musste.

Abb. 219
Ansicht der Burgruine Bubenberg oberhalb von Köniz. Aquarell von Albrecht Kauw, undatiert; BHM Inv. Nr. 26058.

Die innerstädtischen Unruhen

Die eigentlichen Verlierer des Umsturzes von 1364 waren Handwerkerschaft und Gesellschaften. Diese konnten im Unterschied zu den Handwerksmeistern in Zürich und Basel, wo die Zünfte bereits in der ersten Hälfte des 14. Jahrhunderts direkt am städtischen Regiment beteiligt wurden, weiterhin keine Vertreter in den Stadtrat wählen (→ S. 263).[30] Insbesondere wurde die einjährige Amtszeit der Schultheissen – wahrscheinlich als Zugeständnis für die Rückkeh der Familie Bubenberg ins Regiment – nach 1364 wieder zugunsten einer unbefristeten Amtsdauer aufgegeben. Während sich die Adels- und Notabelnfamilien zwischen 1367 und 1383 mit den Brüdern Ulrich und Otto von Bubenberg sowie den Notabeln Konrad von Seedorf und Jakob von Seftigen offenbar weitgehend einvernehmlich im Schultheissenamt ablösten, drohten die Zünfte am Ende des 14. Jahrhunderts endgültig von einer Beteiligung am bernischen Regiment ausgeschlossen zu werden.[31] Zugleich bewirkte die stark anwachsende Fremdverschuldung des Stadthaushalts sowie die zahlreichen Steuererhebungen, die seit 1364 in immer kürzeren Abständen durchgeführt wurden, eine zunehmende Opposition der in den Zünften organisierten Stadtbewohner.[32] Die politischen Auseinandersetzungen zwischen Adelsfamilien, Notabeln und Handwerksmeistern konzentrierten sich deshalb seit der Rückkehr der Familie von Bubenberg 1364 verstärkt auf die Darlehenspolitik von Schultheiss und Rat (→ S. 252).

Der Geltenhals-Aufstand von 1368

Zu einem ersten offenen Aufstand gegen die Schuldenpolitik des Rates kam es im Jahre 1368, als ein Schiedsgericht unter dem Vorsitz des habsburgischen Landvogtes im Elsass die Stadt Bern zur Bezahlung einer Kriegsentschädigung von 30 000 Gulden an den Bischof von Basel verurteilte.[33] Der Anlass dieser Kontributionen war ein Kriegszug ins Birstal von 1367, während dem bernische und solothurnische Truppen in Vergeltung eines bischöflichen Angriffs auf Biel die Abteien Bellelay und Moutier-Grandval verwüstet hatten. *Daz verdros die von Berne und waz ein groz unglimpf,* berichtet Konrad Justinger, *und luffen die geselschaften zesamen und versach man sich eines uflouffez*.[34] Der von den Zünften getragene Aufruhr richtete sich hauptsächlich gegen die wohlhabenden Mitglieder des Kleinen und Grossen Rates, denen Handwerksmeister und Gewerbetreibende vorwarfen, diese würden die Stadt mit undurchsichtigen Geldzahlungen in den finanziellen Ruin treiben. Die beschuldigten Ratsmitglieder zogen sich nach dem Bekanntwerden des Aufruhrs in das von einer steinernen Immunitätsmauer umschlossene Dominikanerkloster in der Inneren Neustadt zurück. Das Kloster konnte wegen seiner Lage direkt an Aare und Stadtmauern von den in der Kirche debattierenden Ratsherren gut gegen einen bewaffneten Übergriff der Gesellschaften verteidigt werden. Zusätzlich liessen Schultheiss und Rat ein kampfbereites Aufgebot von 100 loyalen Bürgern in dem direkt vor dem Kloster stehenden Seilerin Spital stationieren.

Abb. 220
1364 kehrte der zuvor als Schultheiss vertriebene Johannes von Bubenberg im Triumph nach Bern zurück. Amtliche Chronik des Diebold Schilling, BBB Mss. hist. helv. I. 1, S. 175.

Abb. 221
Zahlungsverpflichtung des Berner Rates für den Kauf von Stadt und Herrschaft Thun vom 24. Juli 1375. Die dadurch entstehenden hohen Schuldzinsen an den Grafen Hartmann von Kiburg boten den konkreten Anlass für einen Aufruhr in der Berner Bürgerschaft; StAB Fach Thun 1375 Juli 24.

Im Unterschied zu den entschlossen handelnden Kleinräten scheint es den opponierenden Zünften nicht gelungen zu sein, die auf mehrere Gesellschaften verteilten Stubengesellen zu versammeln und mit dem zuvor vereinbarten Kampfruf *geltenhals* gemeinsam gegen die in der Dominikanerkirche verschanzten Ratsherren vorzugehen. Unter den Handwerksmeistern bestanden zudem unterschiedliche Ansichten, wie die Zünfte am städtischen Regiment beteiligt werden sollten. Der Aufstand von 1368 misslang deshalb, ohne dass es zwischen den zerstrittenen Parteien zu einer bewaffneten Konfrontation gekommen wäre. Trotzdem ahndete der Berner Rat die verfassungswidrige Vorgehensweise der Gesellschaften, indem er mehrere Verbannungen sowie ein Todesurteil aussprach. Die Strafmassnahmen richteten sich dabei hauptsächlich gegen den Tagwächter auf dem Glockenturm von St. Vinzenz namens Geltenhals. Dieser hätte nach den Anklagepunkten des Rates, als er seinen Familiennamen rufen hörte, an die Sturmglocken geschlagen, um die Stubengesellen auf diese Weise zu einem gemeinsamen Vorgehen gegen das Dominikanerkloster zu mobilisieren. Da das unerlaubte Schlagen der Kirchenglocken seit 1351 ausdrücklich verboten war, zeigten Schultheiss und Rat gerade in diesem verfassungsrechtlich heiklen Punkt keine Gnade.[35] Der offenbar zu Unrecht beschuldigte Geltenhals beteuerte zwar, dass er mit seiner Weigerung die Sturmglocken zu läuten, den Aufstand ja gerade vereitelt habe, *von grosser marter wegen* musste er jedoch eingestehen, dass er an der Verschwörung in verräterischer Weise beteiligt gewesen sei. Er wurde deshalb als einziger der Aufständischen 1368 an der Kreuzgasse enthauptet. Weitere Repressalien trafen die am Aufruhr massgeblich beteiligten Familien der Stähli, Hafner, Losi und von Diesbach, die für längere Zeit aus Bern verbannt wurden.

Die Ratsentsetzung von 1384
Die ständig zunehmende Steuerlast, die Verheerungen zahlreicher Stadtbrände zwischen 1367 und 1382 sowie die kontinuierlich wachsende Fremdverschuldung des Stadthaushalts hatten zur Folge, dass es in Bern im Februar 1384 erneut zu einem Aufruhr kam.[36] Auch diesmal ging die Opposition von denjenigen Bevölkerungsgruppen aus, die durch ihre Tätigkeit in Handel und Gewerbe den städtischen Finanzhaushalt mitzutragen hatten, jedoch auf die Politik des Rates kaum Einfluss ausübten.[37] Der konkrete Anlass für den Aufstand waren die hohen Schuldzinsen, die Bern wegen des Kaufs der Stadt Thun

seit 1375 an den Grafen Hartmann von Kiburg zu leisten hatte (→ S. 226), sowie die kostspielige, jedoch erfolglose Belagerung der kiburgischen Stadt Burgdorf durch bernische Truppen im Jahre 1383 (→ S. 523).[38] Erneut beschuldigten die Gesellschaften die wohlhabenden Ratsherren das Gemeindegut dazu zu missbrauchen, um das eigene Vermögen zu vermehren und fragwürdige Kredite an überschuldete Adlige zu gewähren.

Im Unterschied zum Geltenhals-Aufstand gelang es den Zünften zu Beginn des Jahres 1384, gemeinsam loszuschlagen und das Dominikanerkloster noch vor dem Kleinen Rat zu besetzen. Dieser wurde auf Druck der in der Klosterkirche versammelten Gesellschaften kurzerhand abgesetzt und im Februar 1384 durch einen neuen provisorischen Rat ersetzt. Von den bisherigen Kleinräten verblieben nach Konrad Justinger einzig der Schultheiss Otto von Bubenberg und vier weitere Ratsherren im Amt.[39] In einer am 25. Februar aufgesetzten Urkunde (Abb. 3410) bestimmten die in der Dominikanerkirche versammelten Bürger und Stubengesellen, dass der Rat künftig alle Jahre zur Hälfte neu besetzt werden solle, wobei leibliche Brüder nicht mehr gleichzeitig in den Ratsgremien Einsitz nehmen durften.[40] Das Gleiche galt für die wichtigsten Ämter in Stadt und Land, deren Inhaber ebenfalls, wie dies in der Handfeste festgelegt wurde, jährlich neu gewählt werden mussten. Schultheiss und Rat behielten sich jedoch vor, bewährte Männer je nach Bedarf auch längere Zeit im Amt zu behalten. Zugleich erzwangen die Gesellschaften eine Bestimmung, die festlegte, *daz wir von dishin* [in Zukunft] *unsers gemeinen und grossen rates wellen haben zweihundert erber mannen, die man kiesen* [ernennen] *und erwelen sol von den hantwergken gemeinlich unser stat*. Die vier Venner und die, *so bi inen sitzent*, erhielten die ausschliessliche Kompetenz, die neu zu wählenden Ratsmitglieder in den Zünften zu nominieren (→ S. 234). Jede Ratswahl musste dabei am Ostermontag von der versammelten Bürgerschaft bestätigt werden. Des Weiteren bestimmten Bürger und Stubengesellen, dass niemand für die während des Aufruhrs gemachten Anfeindungen und Schädigungen *weder mit lip, sin ere noch an sin gut* zur Rechenschaft gezogen werden durfte. Man versprach sich gegenseitig, auch in Zukunft zusammenzuleben *als gebrudere und als unser vordern ie da har hant getan*.
Entsprechend den Forderungen von Handwerksmeistern und Kaufleuten liess der neu gewählte Rat als erste Massnahme nach dem Umsturz den so genannten Böspfennig abschaffen. Der Böspfennig war eine ausserordentliche, auf die in Bern eingekellerten Weinfässer erhobene Verbrauchssteuer, die ursprünglich nur in Krisenzeiten mit ausdrücklicher Bewilligung des Rates der Zweihundert hätte eingezogen werden dürfen. Der alte Rat hatte den Böspfennig jedoch seit 1375 zur Abzahlung der wachsenden Schuldenlast jährlich erheben lassen, was die Mehrheit der Bürger als unrechtmässigen Verstoss gegen die Stadtverfassung empfand.[41] Mit dem Wegfall der bedeutenden Einkünfte aus dem Böspfennig war der neue provisorische Rat jedoch wie zuvor der alte gezwungen, zusätzliche auswärtige Kredite aufzunehmen, um für die während des Burgdorferkrieges entstandenen Kosten sowie den laufenden Schuldendienst aufzukommen.
Auch sonst scheint die von den Zünften angestrebte Verfassungsänderung trotz der überlieferten Verfassungsurkunde vom 25. Februar 1384 nie in die Tat umgesetzt worden zu sein.[42] Die Bestimmungen über die Kreditvergabe blieben ebenso wirkungslos wie die von den Gesellschaften geforderte Beschränkung der Amtszeiten der wichtigsten Ratsämter auf ein Jahr. Die Wahl der Mitglieder in den Rat der Zweihundert wurde nach 1384 weiterhin nach Stadtvierteln und nicht, wie dies von den Zünften gefordert worden war, nach Gesellschaftszugehörigkeit durchgeführt. Die wachsende politische Bedeutung der Venner führte jedoch dazu, dass die ökonomisch führenden Gesellschaften der Metzger, Gerber, Schmiede und Pfister die personelle Zusammensetzung des Wahlmännerkollegiums der Sechzehner und damit auch den Grossen Rat immer stärker zu dominieren begannen. Insbesondere erkämpften sich die vier Zünfte während der Ratsentsetzung von 1384 das ausschliessliche Recht, dass der Rat die Venner aus den Mitgliedern dieser vier Gesellschaften wählen musste. Die Hand-

Abb. 222
Die Verfassungsurkunde vom 25. Februar 1384; StAB Fach Oberamt 1384 Febr. 25.

werkszünfte der Metzger, Gerber, Schmiede und Pfister entwickelten sich auf diese Weise zu den so genannten Vennergesellschaften, denen seit dem ausgehenden 14. Jahrhundert eine verfassungsrechtliche Sonderstellung innerhalb der Stadtgemeinde zukam (→ S. 263).[43]

Oliver Landolt

Spätmittelalterliche Bürger- und Verfassungskämpfe

Das spätmittelalterliche Bern bildete mit seinen innerstädtischen Unruhen keine Ausnahme; in vielen Städten kam es in dieser Zeit zu verschiedenen politischen wie sozialen Auseinandersetzungen.[1] Die Stadtgeschichtsschreibung sah in diesen Konflikten lange Zeit Zunftkämpfe oder sogar eigentliche Zunftrevolutionen. Dadurch wurden diese Auseinandersetzungen vor allem als Kämpfe wirtschaftlich aufgestiegener, sich in Zünften organisierender Handwerker interpretiert. Die jüngere Forschung lehnte diese einseitigen Vorstellungen ab und wies darauf hin, dass diese Konflikte weitaus komplizierterer Natur waren. So ging es denn auch nicht nur um den Kampf wirtschaftlich aufgestiegener Gruppen um die Macht im städtischen Regiment, sondern wiederholt versuchten sich auch adlig-patrizische Familien der regierenden Oberschicht gegeneinander auszuspielen. Dabei wurden nicht selten andere soziale Schichten und Gruppen zugunsten eigener Interessen eingespannt. Der marxistische Historiker Karl Czok führte den Begriff «Bürgerkampf» ein und unternahm den Versuch, diese sozialen Auseinandersetzungen in den spätmittelalterlichen Kommunen in präziserer Form zu beschreiben: Czok definierte Bürgerkämpfe als «Auseinandersetzungen um das Stadtregiment zwischen machthabenden Geschlechtern und bürgerlicher Opposition unter Beteiligung der Stadtarmut».[2] Diese Definition fand eine weitgehende Akzeptanz selbst unter den aus dem Westen stammenden, den bürgerlichen Werten verpflichteten Historikern.[3] Erstaunlicherweise fanden die innerstädtischen Unruhen[4] in den überlieferten Quellen einen verhältnismässig geringen Niederschlag. Gerade für das spätmittelalterliche Bern ist die urkundliche Überlieferung so schlecht, dass wir nur durch die chronikalischen Berichte Justingers und seiner beiden Nachfolger Tschachtlan und Schilling über diese Unruhen erfahren.[5] In anderen Städten ist die Situation ähnlich.[6] Vielfach lassen die in den Quellen fassbaren Änderungen der städtischen Verfassungen erahnen, dass es sich um das Ergebnis durchstandener innerstädtischer Auseinandersetzungen und Konflikte handelt. Ebenso können Verordnungen, welche die innerstädtische Sicherheit betreffen, als vor-

beugende Massnahmen interpretiert werden: So weisen etwa Versammlungsverbote, das Verbot des heimlichen Waffen- und Harnischtragens, ein nächtliches Ausgangsverbot oder das Glockenläutverbot für Unbefugte darauf hin, dass ein von sozialen Spannungen geprägtes Gemeinwesen mögliche Unruhen zu verhindern sucht.[7] Nicht selten wurden solche Verordnungen aber auch nach innerstädtischen Auseinandersetzungen erlassen, um die Position der obsiegenden Partei zu stärken und alle anderen oppositionellen Kräfte auszuschalten.
Bern gehörte zu denjenigen Städten, welche wiederholt von innerstädtischen Unruhen erschüttert wurde (1293/94, 1350, 1364, 1368, 1384).[8] Diese Ereignisse fanden innerhalb der bernischen Geschichtsschreibung – mit der Ausnahme von Zesiger[9] – bis weit ins 20. Jahrhundert hinein nur verhältnismässig geringe Beachtung.[10] Die stiefmütterliche Behandlung der innerstädtischen Konflikte durch die bernische Historiographie lässt sich einerseits mit der bereits erwähnten schlechten Quellenlage erklären; andererseits argumentierten vor allem Berner Lokalhistoriker immer wieder mit der angeblich allen Konflikten abgeneigten bernischen Mentalität. So stellte etwa der bekannte Berner Historiker Richard Feller in pathetischen Sätzen die Behauptung auf, dass in Bern zugunsten einer aktiven Aussenpolitik weitgehend auf innenpolitische Querelen verzichtet wurde: Die Aarestadt «gab die Anregungen, die Eitelkeiten und den Kurzweil des Parteienstreites hin und verurteilte sich zu bürgerlicher Stille, um für Grösseres gesammelt zu sein, wie überhaupt die Macht von dem Mächtigen den Verzicht auf den Augenblick verlangt. In Bern bestimmte die Aussenpolitik die Innenpolitik, die nur eine Funktion der ersten war.»[11]
Bei einer näheren Betrachtung der einzelnen Unruhen zeigt sich aber, dass gerade die Aussenpolitik in massgeblicher Weise zu den innenpolitischen Konflikten beigetragen hatte. Besonders trifft dies auf den Geltenhals-Aufstand von 1368 wie auch auf die Unruhen von 1384 zu (→ S. 249): Beide Konflikte hatten ihren Ursprung in aussenpolitischen kriegerischen Auseinandersetzungen, die zu einer massiven städtischen Verschuldung führten.[12] Tatsächlich lassen sich nicht wenige innerstädtische Unruhen innerhalb des spätmittelalterlichen Reiches auf die durch aussenpolitische Ereignisse verursachte schlechte Finanzlage von Kommunen zurückführen. Besonders grossen Unmut löste jeweils die Erhebung neuer Steuern beziehungsweise die Erhöhung von Steuertarifen aus, mit welchen die städtischen Obrigkeiten ihre verschuldeten Finanzhaushalte wieder ins Lot zu bringen suchten.[13]
Ähnlich wie in anderen Städten machte sich auch in Bern die Zunftbewegung bemerkbar. In vielen Städten des oberdeutschen und rheinischen Raumes wurden nach Unruhen Zunftverfassungen eingeführt. Darunter ist ein Stadtregiment zu verstehen, welches auf den so genannten politischen Zünften aufgebaut ist. Eine politische Mitbestimmung für den einzelnen Bürger war nur über diese «politischen Zünfte» möglich. Aber nicht nur im politischen, sondern vor allem auch im wirtschaftlichen und gesellschaftlichen Leben spielten diese Zunftkorporationen als eine Art «halböffentliche» Institution eine massgebliche Rolle.[14] Analog zu den Entwicklungen im süddeutschen und rheinischen Raum wurden in Basel, Zürich, Schaffhausen, Sankt Gallen und Chur im Laufe des Spätmittelalters Zunftverfassungen eingeführt. Im Gegensatz hierzu fanden in Bern, Luzern, Solothurn, Freiburg oder Biel – also in den Städten der so genannt burgundischen Schweiz – Zünfte oder Elemente der Zunftverfassung nur bruchstückhaft Eingang in die städtischen Verfassungen.[15] Der Begriff Zunft, der vor allem in der Frühzeit als eigentlicher Kampfbegriff verstanden wurde, wurde von den Zeitgenossen recht unterschiedlich diskutiert und entweder mit positiven oder negativen Konnotationen versehen: 1368 begründete der Augsburger Rat beispielsweise die Einführung der Zunftverfassung damit, dass *sich in allen steten des hailigen Romischen riches, da zunfft sint, ere und gute friuntschaft, fride und gut gerihte uffet, meret und wehset.*[16] Ganz ähnlich wurde dies 1411 bei der Einführung der Zunftverfassung in Schaffhausen formuliert.[17] Im Gegensatz hierzu standen nicht wenige Zeitgenossen den Zünften sehr negativ gegenüber. In deutlicher Form formuliert dies der aus dem Umfeld des Basler Konzils stammende unbekannte Verfasser der «Reformatio Sigismundi: Denjenigen, welche die Zünfte erdacht beziehungsweise in den Städten eingeführt haben, solle

weder beten noch almußen helfen, denn vor allem die Institution «politischen Zunft» sei eine *gar schedlich sach*. Diese in den Räten einzelner Städte vertretenen Zünfte hätten weder *der stat ere* noch den – damals vor allem als politischen Legitimationsbegriff verstandenen – *Gemeinen Nutzen* im Sinn, sondern nur rein eigennützige Interessen.[18] Bekanntlich setzte auch der Berner Rat die Zünfte mit Zwietracht gleich und meinte, *dz, [wa] vil zůnften in stetten sint, daz ŏch da vil und dik grosse parten und mishelli entspringent, da von aber und von semlichen stŏssen und parten gůten stetten dik und vil berlich misselinget.*[19] Bis zum Ende des Ancien Régime wurde alljährlich das Verbot der politischen Betätigung von Zünften am Stadtregiment bei der Neubesetzung der Räte am Ostermontag erneut beschworen,[20] obwohl im Laufe des 15. Jahrhunderts die zunftähnlichen Gesellschaften der Pfister, Metzger, Schmiede und Gerber eine massgebliche Rolle innerhalb des städtischen Verfassungslebens gewannen.[21]
Ein weiterer Grund, der städtische Unruhen auslösen konnte, war der Anspruch einzelner Personen oder auch Familien, eine absolute Spitzenposition innerhalb der Kommune anzustreben und diese dauerhaft aus rein eigennützigen Interessen zu besetzen. Solche Tendenzen lassen sich ebenso in den Städten und Länderorten der spätmittelalterlichen Eidgenossenschaft wie auch in anderen Teilen des Reiches feststellen. Allerdings scheiterte dieses Herrschaftskonzept der uneingeschränkten Herrschaft einer einzigen Familie innerhalb einer Kommune nördlich der Alpen immer, während sich im Laufe des Spätmittelalters in Italien in diversen Städten dauerhafte Signorien durchsetzen konnten, so etwa die Medici in Florenz.[22]
Auch in Bern regte sich seit dem 14. Jahrhundert Widerstand gegenüber der Herrschaft einzelner weniger Personen wie auch Familien, welche städtische Führungspositionen dauernd zu besetzen suchten. Mit der Absetzung und Verbannung des langjährigen Schultheissen Johann II. von Bubenberg im Jahre 1350 wegen angeblicher Amtsbestechlichkeit wurde die Laufbahn eines karrierebesessenen Stadtpolitikers abrupt beendet; allerdings wurde derselbe bereits 1364 rehabilitiert und dessen Sohn – zur Genugtuung des Vaters – als Schultheiss der Stadt Bern eingesetzt (→ S. 247 und S. 249).[23]

Der Markt

Hans-Ulrich Geiger

Das Geld: Währungen, Münzen, Münzstätten

Die Berner Handfeste erwähnt in Artikel 3 ein Münzrecht der Stadt Bern (*monetam libere habere* ... → S. 230).[1] Tatsächlich hat Bern seit der ersten Hälfte des 13. Jahrhunderts eigene Münzen geprägt. Der König als Stadtherr war auch Münzherr und bezog die Einkünfte, den so genannten Schlagschatz. Die Entscheidungsgewalt über die Prägetätigkeit lag indessen wohl bei der Stadt. Das Privileg Karls IV. von 1348 für Bern und Solothurn zeigt, dass der König noch damals das Verfügungsrecht über die Münze besass, indem er versprach, dieses nicht ohne Einvernehmen mit Rat und Burger zu verleihen.[2] Im Gegensatz zur Solothurner hat der König die Berner Münze nie weiterverpfändet.

Die Berner Münzprägung in der zweiten Hälfte des 13. Jahrhunderts

Das mittelalterliche Währungsgefüge basierte auf dem Münzsystem, das sich schon in karolingischer Zeit ausgebildet hatte. Als geprägte Münze gab es den Pfennig oder Denar. 12 Pfennige entsprachen einem Schilling, 20 Schillinge einem Pfund oder 240 Pfennigen. Pfund und Schilling blieben jedoch bis ins Spätmittelalter reine Rechnungseinheiten. Für grössere Zahlungen verwendete man oft Barrensilber, das nach Gewicht genommen wurde. Als Einheit diente die Mark, die in Bern nach Kölner Standard 233,812 g wog.[3]
Urkundlich wird eine Berner Münze erstmals 1228 erwähnt. Ob damit nur die in Bern gängige Währung gemeint ist oder tatsächlich in Bern geprägte Pfen-

1 Pfund	20 Schillinge	240 Pfennige
1 Gulden	1 Pfund	
1 Groschen	1 Schilling	12 Pfennige
1 Angster	2 Pfennige	4 Haller
1 Rappen	2 Pfennige	4 Stebler

Abb. 223
Das Münzsystem im 14. Jahrhundert

Abb. 224
Bern, Pfennig, ca. 1225–1275, Bär mit drei Kugeln über dem Kopf; Dresden, Münzkabinett der Staatlichen Kunstsammlungen.

Abb. 225
Bern, Pfennig, 1274–1290, Bär, darüber Königskopf, Perlkreis. Fund Kirche Steffisburg 1980–1982, ADB.

Abb. 226 und 227
Links: Bern, Pfennig, 1321–1350, Bär, darüber Königskopf, Wulstkreis; BHM. Rechts: Bern, Hälbling, 1321–1350, Bär, darüber Königskopf, Wulstkreis; Fund Kirche Steffisburg 1980–1982, ADB.

Abb. 228
Bern, Angster, 1375, Bär, darüber Kopf nach links, Wulstkreis; BHM.

nige, ist ungewiss. Zahlreichere Nennungen erfolgen erst ab 1240, seit 1246 kennen wir auch einen *Wernherus* als Münzmeister (→ S. 279). Ab 1240 kann also sicher mit einer bernischen Münzprägung gerechnet werden. Nach 1298 verschwindet die explizite Nennung von Berner Pfennigen in den schriftlichen Quellen. Statt dessen tauchen Formulierungen auf wie *bone monete, nunc in Berno dapsilis et communis* oder *gemeiner phenninge, so ze Berne genge und gebe sint*. Daraus kann geschlossen werden, dass die Prägetätigkeit zu Beginn der Neunzigerjahre eingestellt wurde.[4] Diese Annahme wird gestützt durch die Reihe der bekannten Münzmeister. Der bereits erwähnte Wernher ist bis 1277 belegt und muss eine grosse Familie besessen haben. 1264 wird ein weiterer Münzmeister greifbar: Rudolf Dietwi, der bis 1299 erwähnt wird und anfänglich wohl zusammen mit Wernher tätig war.
Die älteste bis jetzt bekannte Berner Münze ist ein einseitiger Hohlpfennig (Brakteat) von vierzipfliger Form, der zwischen 1240 und 1275 geprägt worden sein dürfte. Er zeigt den nach links schreitenden Bären mit drei Kugeln über dem Kopf (Abb. 224). Vermutlich im Zusammenhang mit der Wahl Rudolfs von Habsburg zum deutschen König (1273) und der Huldigung Berns im Folgejahr, wurde er durch jenen Pfennig abgelöst, der über dem Bären einen Königskopf trägt (Abb. 225). Dieser dürfte bis zum Tode Rudolfs 1291 geprägt worden sein. Er steht in Zusammenhang mit einer Reihe von ähnlichen Königsprägungen aus Basel, Solothurn, Zürich, Zofingen und Schaffhausen.[5] Durch seine Aufteilung in drei Varianten müssen verschiedene Emissionen angenommen werden, die sporadisch nach Bedarf erfolgten. Neben dem Pfennig wurde auch der halbe Pfennig oder Hälbling geschlagen.
Bern gehörte zur süddeutschen-alemannischen Währungsregion, die durch die einseitige, vierzipflige Form der Pfennige charakterisiert ist. Diese werden als Brakteaten oder Hohlpfennige bezeichnet. Dabei bildete Bern die Westgrenze dieser Region: Freiburg und die Waadt lagen bereits im französisch bestimmten Münzgebiet mit den zweiseitig geprägten *deniers* des Bischofs von Lausanne.

Das Währungssystem des 14. Jahrhunderts

Das Münzwesen hatte sich in der ersten Hälfte des 14. Jahrhunderts grundlegend verändert. Mit dem Aufkommen grösserer Münzsorten verlor der Pfennig seine Monopolstellung. Groschen, die etwa der Grössenordnung des Schillings entsprachen (12 Pfennige), und Gulden, die rund ein Pfund (240 Pfennige oder 20 Schillinge) galten, erleichterten die Zahlung grösserer Beträge. Der Pfennig sank deshalb im Verlauf des Jahrhunderts zur Kleinmünze herab und differenzierte sich in Angster oder Rappen (Doppelpfennig) sowie Stebler oder Haller (Hälbling). Die erneute Verwendung des Goldes als Münzmetall in Konkurrenz zum Silber führte zu Strukturstörungen im Währungssystem und zwang die Münzherren zu Absprachen und Vereinbarungen, um die Währung nicht im Chaos versinken zu lassen.
Nach einem Unterbruch von etwa dreissig Jahren nahm Bern die Münzprägung um 1320 wieder auf. Die Emissionen blieben auch im 14. Jahrhundert eher klein, jedenfalls im Vergleich mit Basel, Zürich oder auch Solothurn. Als Münzmeister werden 1321–1323 Heinrich von Seedorf und 1334–1335 Johannes von Ast genannt, ein *Lombarde* aus Asti. Italiener waren nicht nur in Geldgeschäften versiert, sie besassen auch besondere Kenntnisse in der Technik der Münzprägung (→ S. 269). Dem Sohn Heinrichs, Peter von Seedorf, begegnen wir ab 1333, er wird zusammen mit Tragbott erwähnt, der bis 1360 immer wieder als Münzmeister genannt wird. Für die Einstellung von Peter Lüllevogel 1374 hat sich der Münzmeistervertrag erhalten, er wurde aber bereits 1377 durch Erli Ruolmann abgelöst, der 1384 verstarb.
Die bis Mitte des 14. Jahrhunderts geprägten Pfennige und Hälblinge behalten das Münzbild der vorhergehenden Emission mit Bär und Königskopf bei, sind aber etwas kleiner und leichter und tragen anstelle des Perlkreises einen Wulstrand (Abb. 226 und 227).

1375/76 fand in Bern eine einschneidende Münzreform statt. Der bisherige Pfennig wurde durch den Angster ersetzt, der zu vier Pfennige gerechnet wurde.

Er zeigt einen nach links blickenden Kopf über dem Bären (Abb. 228), in dem wir möglicherweise den heiligen Vinzenz als Stadtpatron erkennen können. Diese Währungsumstellung wirkte sich sofort auf Preise und Löhne aus, die geviertelt wurden.[6] Die Währungsverhältnisse im schweizerischen Gebiet, am Hoch- und am Oberrhein wurden immer verwirrender und drohten ausser Kontrolle zu geraten. Der häufige Wechsel des Münzfusses der verschiedenen Pfennigwährungen und ihr Verhältnis zum Gulden behinderten die Finanztransaktionen im mittleren und oberen Geldbereich. Deshalb schlossen 1377 der Herzog von Österreich, die Grafen von Habsburg-Laufenburg, Kiburg und Neuenburg, der Freiherr von Krenkingen und die Städte Basel, Zürich, Bern und Solothurn in Schaffhausen einen Münzvertrag, um Ordnung ins Münzwesen zu bringen. Bern wurde in den dritten der drei Währungskreise eingeteilt, der Angster wieder durch einen kleinen Pfennig oder Stebler ersetzt, der als Münzbild den Bären allein in einem Wulstkreis ohne Beizeichen trägt (Abb. 229). Mit diesem Vertrag versuchte man einerseits die regionalen Pfennigwährungen an die internationale Goldwährung anzubinden und anderseits die Umtauschverhältnisse der Ersteren mit fixen Wechselkursen zu stabilisieren. Damit wurde eine Art «Guldenstandard» geschaffen. Ein ungelöstes Problem bildete die Schuldentilgung.[7] Auch aus anderen Gründen – etwa wegen des im Verhältnis zum Gold zu hoch angesetzten Silberpreises sowie des zu geringen Bruttogewinnes – erwies sich der Münzvertrag von Schaffhausen als nicht durchführbar. Nach verschiedenen Ansätzen zu Abänderungen kam es 1387 zu einem neuen Vertrag in Basel, der von 28 Kontrahenten aus 74 beteiligten Städten und Herrschaften unterschrieben wurde. In Bern wurde in der Folge ein neuer Stebler ausgegeben, der im Unterschied zu jenem nach dem Schaffhauser Vertrag einen Ring über dem Bären trägt (Abb. 230).

Abb. 229
Bern, Stebler, 1377, Bär, Wulstkreis; Fund Kirche Steffisburg 1980–1982, ADB.

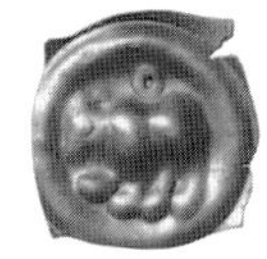

Abb. 230
Bern, Stebler, 1388, Bär, darüber Ring, Wulstkreis; BHM.

Berns währungspolitische Flucht nach vorn

In einer schwierigen finanziellen und politischen Situation (→ S. 484 und S. 505) entschloss sich Bern zu einem münzpolitisch innovativen Schritt, nämlich grössere und zweiseitige Münzen zu prägen. Bern ist damit der erste Münzherr im oberrheinisch-schweizerischen Währungsgebiet der Hohlpfennige, welcher den Ausbau zu einer differenzierteren Nominalstruktur unternahm. 1384 liess Bern aus Chambéry oder Lyon einen Münzmeister kommen, der die Kenntnis der doppelseitigen Prägung besass. Das Resultat war ein Zwei- und ein Vierpfennigstück (Abb. 231 und 232). Damit richtete sich Bern nach Westen aus und passte die Währung dem Savoyer und Lausanner Münzsystem an, in dem der *quart* als Vierer seinen festen Platz besass. Die Emission dürfte allerdings nur klein gewesen sein und hat zur Lösung der finanziellen Probleme der Stadt kaum beigetragen.

Kurz darauf, wohl 1388, tat Bern einen weiteren Schritt und liess grosse Schillingstücke, so genannte Plapparte, prägen. Bereits seit einigen Jahrzehnten waren solche Groschenmünzen im schweizerischen Münzumlauf anzutreffen, die auch als *ambrosin* bezeichnet wurden. Es waren mailändische *grossi* oder *pegioni* mit dem heiligen Ambrosius im Münzbild. Diese dürfte Bern für seine Prägung zum Vorbild genommen haben. Auf der Vorderseite ist der Bär überhöht vom Adler zu sehen, auf der Rückseite ein Blumenkreuz. (Abb. 233). Auch der Plappart ist nur in einer kleinen Emission ausgebracht worden.

Nach den Versuchen mit der doppelseitigen Prägung festigte Bern das System nach 1400 mit Haller, Fünfer und dem Plappart zu 15 Haller.

Abb. 231
Bern, Zweier, 1384, Vorderseite: Bär mit getupftem Fell, + MONETA • BERNE. Rückseite: Krückenkreuz, im Zentrum kleiner Vierpass, in den Zwickeln je ein Ringel mit Punkt, + S • VINCENCIVS; Fund von Thun 1891, SLM Zürich.

Abb. 232
Bern, Vierer, 1384, Vorderseite: Bär mit getupftem Fell, + MONETA ➚ BERNENSIS. Rückseite: Krückenkreuz, im Zentrum kleiner Vierpass, im zweiten Quadranten drei Kugeln, S ➚ VINCENCIVS; BHM.

Münzmeister Lüllevogel

Der 1374 abgeschlossene Vertrag mit Peter Lüllevogel gibt einen ausgezeichneten Einblick in die Organisation einer Münzstätte.[8] Neben Bestimmungen über den Münzfuss der zu prägenden Pfennige wurde das Prüfungsverfahren geregelt, wozu der Schultheiss und zwei weitere Männer bestellt waren. Dem Münzmeister wurde das Monopol des Silberhandels gewährt, jede Transaktion oder Wägung von Silber hatte auf der Münzstätte zu erfolgen, und zur Ausfuhr bedurfte es der Erlaubnis des Schultheissen. Damit sollte die Versorgung der Münzstätte mit Prägesilber gesichert werden. Die Münzstätte bildete einen

Abb. 233
Bern, Plappart, 1384–1388? Vorderseite: Bär, darüber Adler, +×MONETA×BERNENSIS×. Rückseite: Blattkreuz, +×SANCTVS× VINCENCIVS×; BHM.

Abb. 234
Urkundliche Nennungen von Pfennigsorten in der Mitte des 14. Jahrhunderts.

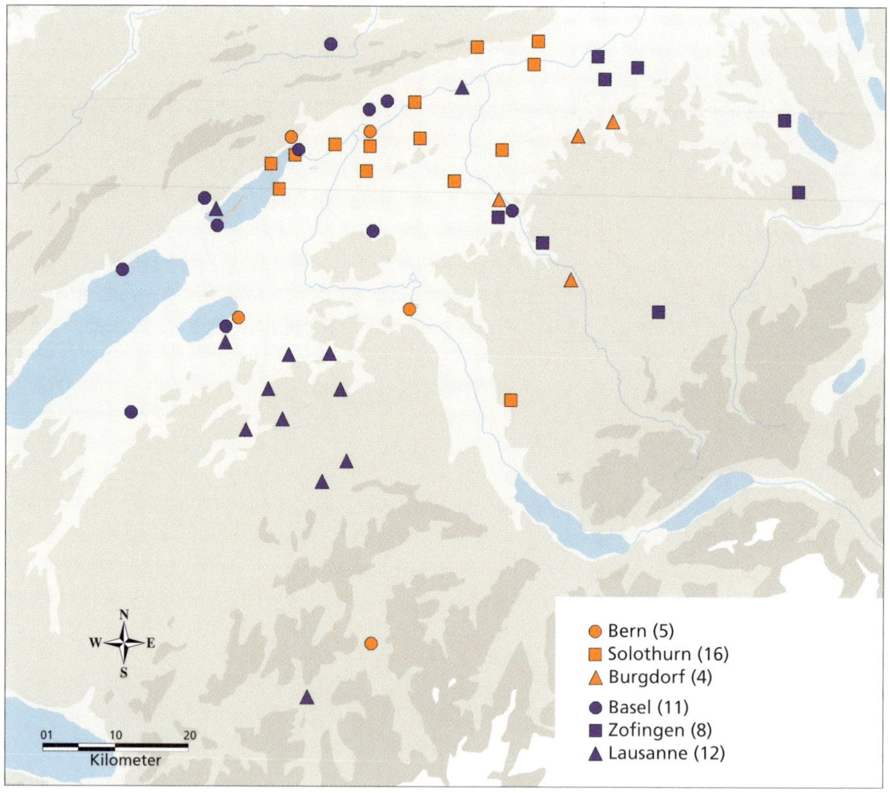

eigenen Rechtsbezirk innerhalb dessen der Münzmeister einen Streit unter den Knechten oder dem Hausgesinde richten konnte, ohne dass der Fall an die Behörden der Stadt weitergezogen wurde, sofern kein Blut geflossen war. Ausserdem besass die Münzstätte die so genannte Freiheit oder das Asylrecht: Jemand, der dorthin geflüchtet war, durfte nicht freventlich, das heisst nicht ohne polizeiliche Verordnung, herausgeholt werden, was auch immer er getan hatte.[9] Im Weiteren waren der Münzmeister und seine Knechte vom Kriegsdienst befreit. Über den Standort der Münzstätte gibt es für das 13. und 14. Jahrhundert keine Angaben. Erst für die Mitte des 15. Jahrhunderts ist belegt, dass sie sich an der Westseite des Rathauses befand.[10]

Die Verbreitung der Berner Währung

Das Umlaufgebiet der Berner Pfennige lässt sich sowohl nach den urkundlichen Quellen wie nach den aufgefundenen Münzen eingrenzen. Urkunden, die Kaufgeschäfte betreffen, halten Währung, eventuell auch die Münzsorten fest, in der eine Zahlung zu leisten war. Sie belegen, was vor Ort *werschaft* oder *geng und gebe* war. Nach den schriftlichen Belegen umfasste der Geltungsbereich der Berner Münze über die Bannmeile der Stadt hinaus Teile des Emmentals, den Oberaargau, das Aare- und Gürbetal, das Oberland und den östlichen Teil des Schwarzenburgerlandes. Im Norden stösst der Basler Pfennig bis zum Frienisberg vor. Im Nordosten grenzt das Berner Umlaufgebiet an den Solothurner, im Osten an den Zofinger und Zürcher Pfennig. Zahlungen, die über den Alpenkamm reichten, wurden häufig in deniers von St-Maurice stipuliert. Im Verkehr mit Freiburg i. Ü. herrschte der denier von Lausanne vor, der die ganze heutige Westschweiz dominierte. Kleine gegenseitige Durchdringungszonen charakterisieren diese Währungsgrenzen (Abb. 234).[11]

Funde von Berner Münzen aus dem 13. und 14. Jahrhundert sind spärlich und es fällt auf, dass es bis jetzt keine mittelalterlichen Münzschätze gibt, die zu einem überwiegenden Teil aus Berner Münzen bestehen, wie das für Zürich oder Basel der Fall ist. Der Geldumlauf wurde neben den lokalen Münzsorten, die wegen der sporadischen Prägetätigkeit nicht immer zur Verfügung standen, auch von fremden Münzen gespiesen, die zum Teil einen erheblichen Anteil bildeten. Neben den bereits erwähnten Pfennigsorten belegen die Münzfunde für das 14. Jahrhundert eine grosse Verbreitung der Pfennige der Grafen von Habsburg Laufenburg, die offensichtlich mit der Berner und Solothurner Münze für pari genommen wurden. Dazu gesellten sich Pfennige der Grafen von Kiburg

Daniel Schmutz

Verlorenes Opfergeld – die Fundmünzen aus der Kirche Steffisburg

Im Laufe der archäologischen Untersuchungen in der reformierten Kirche Steffisburg von 1980 und 1982 kamen insgesamt 375 Münzen aus dem 13. bis 17. Jahrhundert zum Vorschein. Dabei handelt es sich mit Abstand um das bedeutendste Ensemble von Fundmünzen aus einer Kirchengrabung im Kanton Bern. Beinahe alle Münzen stammen aus einer Fugenschmutzschicht, die sich im Lauf der Jahrhunderte unter einem Bretterboden im Laienbereich der Kirche gebildet hatte. Immer wieder waren Münzen, welche eigentlich für den Opferstock bestimmt waren, zu Boden gefallen und in den Spalten zwischen den Brettern verschwunden. Neben den Münzen kam bei der Ausgrabung auch eine grosse Zahl anderer Kleingegenstände zu Tage, etwa Glasperlen von Rosenkränzen, Nadeln, Häkchen und Ösen von der Kleidung der Kirchgänger und sogar mehrere Spielwürfel (Abb.).

Die Fundmünzen lassen sich insgesamt 37 Münzstätten zuordnen. Der mit Abstand grösste Anteil stammt aus dem Gebiet der heutigen Schweiz. Die Gruppe der übrigen Prägungen ist wesentlich kleiner, umfasst aber Münzen aus nicht weniger als 24 Prägestätten. Ihr Herkunftsgebiet reicht von Italien bis Norddeutschland und von Flandern bis Böhmen.

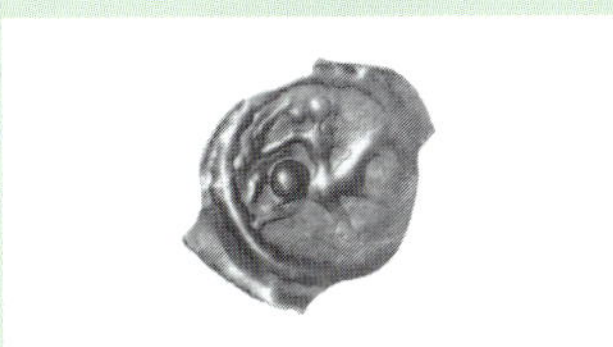

Breisgauer Reiterpfennig, 1. Hälfte 13. Jh.; ADB Inv. 448.0284.

Vorderösterreichische Münzstätte Zofingen, Pfennig und Hälbling, um 1320; ADB Inv. 448.0116 und 448.0279.

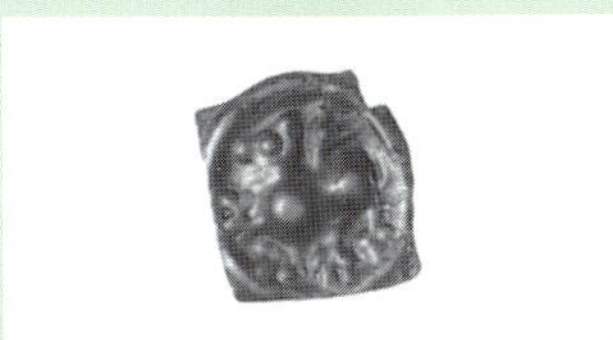

Grafschaft Laufenburg, Hälbling, um 1330/40; ADB Inv. 448.0026.

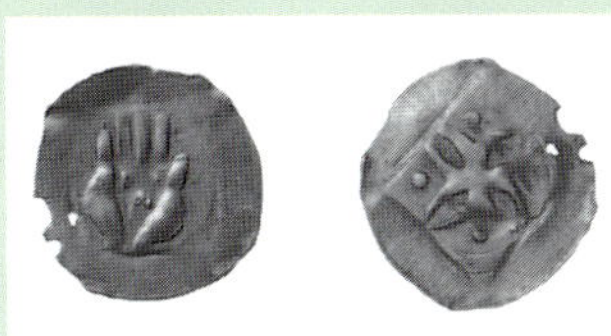

Grafschaft Wertheim (?), Heller, um 1370/80; ADB Inv. 448.0083.

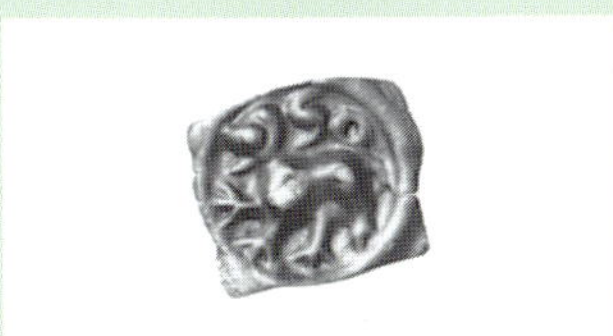

Stadt Solothurn, Hälbling, vor 1349; ADB, Inv. 448.0092.

Herzogtum Mailand, Gian Galeazzo Visconti, Sesino, 1395–1402; ADB Inv. 448.0021.

Die Münzen aus der Kirche Steffisburg gingen zufällig verloren und wurden nicht bewusst vergraben. Anders als bei den meisten Schatzfunden dominieren in Kirchengrabungen daher die Klein- und Kleinstnominale. Vermutlich wurde in der Kirche vorwiegend solches Kleingeld geopfert. Die Gaben der Gläubigen waren zwar bescheiden, wurden aber regelmässig entrichtet.

Die Münzreihe in Steffisburg beginnt mit einem Breisgauer Pfennig aus der ersten Hälfte des 13. Jahrhunderts (Abb.). Aus der Zeit nach 1274 stammen die drei ältesten hier vertretenen Berner Münzen. In der ersten Hälfte des 14. Jahrhunderts steigt sodann die Fundmenge deutlich an. Dieser Zuwachs ist zu einem grossen Teil auf die Hälblinge aus Laufenburg (Abb.) sowie auf die Imitationen dieser Münzen aus Solothurn (Abb.) zurückzuführen, welche zusammen den grössten Anteil am Münzumlauf dieser Zeit ausmachen. Ein bisher unbekannter Hälbling dieser Epoche aus Zofingen zeigt, dass bei Kirchengrabungen immer wieder neues, unbekanntes Material zum Vorschein kommt (Abb.). Die Berner Münzen machten hingegen bis ins 15. Jahrhundert nur einen geringen Anteil am Geldumlauf aus.

In der zweiten Hälfte des 14. Jahrhunderts ist ein deutlicher Rückgang bei der Fundmenge festzustellen. Dieser Rückgang ist wohl weniger auf Änderungen im Spendenverhal-

Spätmittelalterliche Kleinfunde aus der Kirche Steffisburg; ADB.

ten als auf eine geringere Produktion der einzelnen Münzstätten zurückzuführen. In diesem Zeitabschnitt dominieren Prägungen aus Solothurn und Zürich, während Bern wiederum schwach vertreten ist.

Auffälligerweise kommen nun gerade in dieser Periode vermehrt fremde Prägungen vor, schwerpunktmässig aus Süddeutschland und aus dem Elsass. Die Fundmünzen aus Steffisburg belegen, dass die in der Nordostschweiz häufigen Heller aus Schwäbisch Hall und anderen süddeutschen Prägestätten auch bis an den Thunersee gelangten (Abb.). Die Münzen aus Italien spielten hier dagegen eine viel geringere Rolle als die süddeutschen Prägungen (Abb.). Die Verkehrswege über die Berner Alpenpässe haben sich im Fundmünzenspektrum von Steffisburg somit kaum niedergeschlagen.

Hinweis: Die Publikation der Fundmünzen aus der reformierten Kirche Steffisburg ist in Vorbereitung: Schmutz/Koenig, Fundmünzen. Die Ergebnisse der archäologischen Untersuchungen sind publiziert bei: Eggenberger/Ulrich-Bochsler, Steffisburg.

aus Burgdorf, die in kleinen Emissionen und als Konkurrenz zu Bern geschlagen wurden (Abb. 235). Wie bunt der Kleingeldumlauf im Spätmittelalter war, zeigen die Münzen, die bei archäologischen Untersuchungen der Kirche Steffisburg ans Licht traten (→ S. 261).

Goldmünzen

Einer der frühesten Belege für die Verwendung von Goldmünzen nördlich der Alpen besitzen wir aus Bern: Im Zusammenhang mit den Judenverfolgungen von 1294 hatte ein Mann mit Namen Vivilin ein Kästchen mit seinen Pretiosen an Bertha von Habstetten zur Verwahrung übergeben, das aber von der bernischen Obrigkeit beschlagnahmt wurde. Unter den aufgelisteten Objekten befanden sich 88 *nummi aurei* bei denen es sich um nichts anderes als um Florentiner Gulden handeln konnte, die damals in Bern noch unbekannt waren und

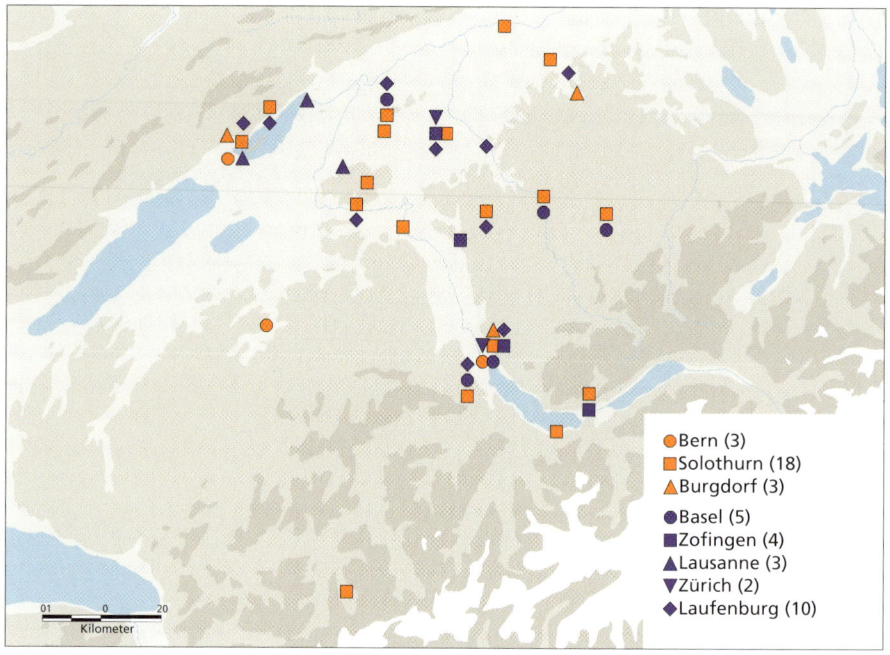

Abb. 235
Funde von Pfennigsorten in der Mitte des 14. Jahrhunderts.

Abb. 236
Avignon unter Papst Urban V., 1362–1370, Gulden, Vorderseite: Lilie von Florenz, (gekreuzte Schlüssel)•SANT PETRH. Rückseite: Johannes der Täufer mit Segensgestus und Stab, links oben Tiara, •S•IOHA NNES•B•. Der Gulden wurde 1986 bei der Ausgrabung auf der St.Petersinsel gefunden. Er zeigt das klassische Münzbild des Florentiner Guldens wie es Mitte des 14. Jahrhunderts zahlreich nachgeahmt wurde; ADB.

deshalb auch keinen Namen besassen.[12] Erst vom zweiten Drittel des 14. Jahrhunderts an werden die Gulden für die Zahlung grösserer Summen geläufig. Im Gegensatz zur Waadt, wo wir grössere Goldschätze aus dem Spätmittelalter kennen, wurden im Bernbiet relativ wenige Goldmünzen gefunden, meistens als Einzelstücke. Eine Ausnahme bildet bis jetzt der Fund aus der Lenk, wo 1893 gegen 20 Gulden des 14. Jahrhunderts «ausgegraben» wurden. Ein kleiner Schatz mit fünf Gulden aus der Zeit um 1380 kam 1986 im Cluniazienserpriorat der St. Petersinsel zum Vorschein (Abb. 236, → S. 311).

Zahlungsverkehr und Kaufkraft

Die Zahlungen konnten im Mittelalter auf verschiedene Weise erfolgen: *in parata pecunia nobis numerata*, in genau abgezählten Pfennigen, was bei grossen Beträgen mühsam und aufwendig war, oder in Barrensilber. Dass solche Transaktionen recht kompliziert ausfallen konnten, zeigt die Abrechnung des Rückkaufs der verpfändeten Grasburg durch Graf Amadeus von Savoyen von 1356.[13] Ein Teil der Pfandsumme von 5000 Gulden wurde in Lausanner, Mailänder und St-Mauricer Pfennigen geleistet, umgerechnet 584 Pfund 5 Schillinge Lausanner Währung. Bei einem Kurs des Guldens von 13 Schillinge 6 Pfennige wurde dieser Betrag mit 865,5 Gulden angerechnet. Ein Teil der bezahlten Gulden war aber nach Freiburger Gewicht zu leicht, weshalb nochmals 10 Pfund 19 Schillinge draufgelegt werden mussten. So können wir davon ausgehen, dass von der Summe von 5000 Gulden 4124 in Gold- und 876 in Silbermünzen der oben angeführten Währungen bezahlt wurden.
Die Entwicklung der Kaufkraft der Münze lässt sich für das 13. und 14. Jahrhundert kaum befriedigend darstellen, da echte Vergleichsparameter so wie quantifizierbare Preisangaben weitgehend fehlen. Über das *Liber decimationis*, den Steuerrodel der Diözese Konstanz von 1275, erfahren wir etwas über die Einkommensverhältnisse der Pfarrer in der bernischen Landschaft. Jahreseinkommen unter 10 Pfund wurden nicht besteuert, galten als arm.[14] Der Stadtpfarrer von Thun beispielsweise versteuerte ein Einkommen von 80 Pfund, jener von Stettlen 20 Pfund.[15] Grundstückverkäufe geben weitere – mit Vorsicht anzuwendende – Anhaltspunkte. Der Preis der Schuppose als variables Flächenmass von zehn bis zwölf Jucharten (344–412,8 Aren) schwankte im 13. Jahrhundert zwischen 9.75 und 15 Pfund, stieg in der ersten Hälfte des 14. Jahrhunderts auf 12 bis 38 Pfund an und verdoppelte sich in der zweiten Jahrhunderthälfte von 26 rasch auf 40, dann auf über 100 Pfund mit einer Spitze bei 141 Pfund. In den Siebzigerjahren des 14. Jahrhunderts pendelt sich der Schupposenpreis zwischen 30 und 60 Pfund ein, fiel im folgenden Jahrzehnt – als Folge von der 1375/76 in Bern vorgenommenen Währungsreform – weiter bis auf unter 16 Pfund.[16]

Das Zinsniveau bewegte sich für Darlehens- und Schuldzinse im 14. Jahrhundert zwischen 5 und 10 Prozent, Renten waren in der Regel mit 5 Prozent angesetzt. Der Verzugszins, mit zwei Pfennig pro Pfund und Woche berechnet, sollte abschreckende Wirkung haben und muss mit 43 % als Wucher bezeichnet werden. Dazu kam das Instrument der *Giselhaft* (Einlager), die in Darlehens- und Schuldverträgen eingesetzt wurde, um die Schuldner zur termingerechten Zahlung zu verpflichten. Dabei musste der Schuldner einen Bürgen stellen, der bei Verzug bis zur endgültigen Zahlung sich als *Gisel* an einen bestimmten Ort begehen musste, meistens ein Wirtshaus, wo er auf Kosten des Schludners beherbergt wurde.[17]

Roland Gerber

Handwerker und Zünfte

Wie in den meisten grösseren Städten im Reich gehörten auch in Bern die zünftig organisierten Handwerksmeister hinter Adel, Notabeln und Kaufleuten zu den wichtigsten wirtschaftlichen und politischen Kräften innerhalb der spätmittelalterlichen Stadtgesellschaft.[1] Obwohl sich die Handwerker weder in ihrem sozialen Ansehen noch in ihrem Reichtum mit den stadtsässigen Adelsfamilien und Notabeln messen konnten, besassen sie seit 1294 die Mehrheit im Rat der Zweihundert (→ S. 226). Dies machte sie zu wichtigen Verbündeten der einflussreichen Ratsfamilien in deren Auseinandersetzungen um die Führung der Berner Bürgerschaft. Sowohl die Adelsgeschlechter als auch die Notabelnfamilien waren auf Grund der wechselnden Mehrheitsverhältnisse im Rat der Zweihundert gezwungen, gegenüber Handwerkerschaft und Gewerbetreibenden verschiedene Zugeständnisse zu machen, wenn sie ihre Interessen gegen die konkurrierenden Familien durchsetzen wollten (→ S. 246).[2]
Sichtbarer Ausdruck des wachsenden Selbstbewusstseins der bernischen Handwerksmeister war die Konstituierung verschiedener Handwerkszünfte im 14. Jahrhundert.[3] Obwohl Schultheiss und Rat die Bildung von «politischen» Zünften offenbar bereits während der Verfassungsreform von 1294 verboten hatten, verstanden es die vermögenden Handwerksmeister und Kaufleute, den Einfluss der von ihnen gebildeten Berufsverbände entsprechend der wachsenden ökonomischen Bedeutung ihrer Gewerbe bis zum Ende des Mittelalters sukzessive zu vergrössern.
Ausgangspunkt dieser Entwicklung waren die Eröffnung der internationalen Warenmessen in Genf zu Beginn des 14. Jahrhunderts sowie der daraus resultierende wirtschaftliche Aufschwung in der Stadt Bern (→ S. 270).[4] Die Genfer Messen machten das Gebiet zwischen Alpen und Jura zu einem wichtigen Durchgangsland für den Handel mit Gewürzen wie kostbarem Safran aus Katalonien oder Metallwaren und Tüchern aus den prosperierenden oberdeutschen Wirtschaftszentren Nürnberg, Augsburg und Ulm (Abb. 237).[5] Vom aufkommenden Fernhandel zwischen Spanien, Südfrankreich und Deutschland profitierte seit der ersten Hälfte des 14. Jahrhunderts auch eine wachsende Zahl von Berner Bürgern, indem sie sich am lukrativen Warenhandel durch das heutige Schweizer Mittelland beteiligten.[6] Die steigende Nachfrage nach tierischen Produkten wie Fleisch, Leder und Fellen gab dabei vor allem den in Bern ansässigen Metzgern und Gerbern die Möglichkeit, ihre Erzeugnisse auf den wichtigen Messeplätzen in Genf, Zurzach und Frankfurt am Main zu verkaufen und auf diese Weise grössere Vermögen zu erwerben.[7] Ebenfalls am Warenhandel beteiligt waren die Schmiede (Metallhandel), die Bäcker (Kornhandel) und die Schneider (Tuchhandel). Ihre Geschäftstätigkeit erreichte jedoch nie eine überregionale Bedeutung, wie dies beispielsweise für das Tuchgewerbe in Freiburg im Uechtland im 14. und 15. Jahrhunderts nachgewiesen ist (→ S. 170).[8]

Um die Zünfte zu wehren...

Nach der Chronik von Konrad Justinger gehörte es zu den besonderen Verdiensten der führenden bernischen Ratsgeschlechter, dass es ihnen gelungen sei, die Handwerkszünfte von einer in der Verfassung garantierten Beteiligung am

Abb. 237
Seit dem Beginn des 14. Jahrhunderts intensivierten sich die Handelsbeziehungen zwischen Bern und den reichen oberdeutschen Städten. Nürnberg, Stadtansicht von Süden, aus Hartmann Schedels Weltchronik, 1493.

→ Abb. 238
Das Angebot der Berner Fischer und Metzger im 14. Jahrhunderts dürfte kaum so reich gewesen sein wie dasjenige in Konstanz zur Zeit des Konzils: es reichte vom Wild über Vögel, Bären, zahlreiche Fischarten bis zu Schnecken und Fröschen. Darstellungen aus der 1420–30 verfassten Chronik des Ulrich Richental, die in der zweiten Hälfte des 15. Jahrhunderts mit Illustrationen versehen wurde; Konstanz Rosgartenmuseum, Inv. Hs. 1, S. 24r–25r.

städtischen Regiment auszuschliessen. Der Chronist behauptet, dass die Berner Bürgerschaft gerade aus diesem Grund in keine grösseren innerstädtischen Unruhen oder blutigen Parteikämpfe verwickelt worden sei, wie sie andere Städte wie Konstanz oder Zürich während des 14. Jahrhunderts wiederholt erschüttert haben.[9]

Anhand der zwischen 1307 und 1392 in den Stadtrechtsbüchern überlieferten Satzungen und Handwerksordnungen lässt sich jedoch zeigen, dass die Handwerkerschaft in Bern genauso wie in allen grösseren Städten Oberdeutschlands und der heutigen Schweiz bestrebt war, sich in eigenen Berufsverbänden zusammenzuschliessen und als politische Korporationen eine in der Stadtverfassung garantierte Teilnahme am städtischen Regiment zu erhalten.[10] Konrad Justinger selbst erwähnt in seiner Chronik mehrere innerstädtische Unruhen oder *uflouffez der geselschaften*, die offenbar unter massgeblicher Beteiligung der in Zünften organisierten Handwerksmeister stattgefunden haben. Im Geltenhals-Aufstand von 1368 und der Ratsentsetzung von 1384 manifestierten die Berner Handwerksgesellschaften dabei ihren Willen, ihre ökonomischen und politischen Forderungen falls nötig auch mit Gewalt gegen die Interessen der regierenden Adels- und Notabelngeschlechter durchzusetzen (→ S. 249).[11]
Anlass zu Konflikten bot seit der Verfassungsreform von 1294 jedoch nicht nur die von den Zünften geforderte Teilnahme am städtischen Regiment, sondern auch die Rivalität der verschiedenen Gewerbe untereinander.[12] Vor allem die Abschliessungstendenzen der ökonomisch führenden Gesellschaften der Gerber, Metzger, Bäcker und Schmiede führten immer wieder zu gewalttätigen Auseinandersetzungen unter den Handwerksmeistern und zu Anfeindungen gegenüber Schultheiss und Rat. Die Mitglieder dieser Zünfte versuchten, sich durch die Erhöhung der Meisterschaftsgebühren gegenüber der Konkurrenz anderer Handwerke abzuschliessen und die Berufsausübung in der Stadt Bern zunehmend auf die eigenen Stubengesellen zu beschränken.[13] Damit sich solche Auseinandersetzungen nicht wie in Zürich 1336 oder Strassburg 1349 zu einem allgemeinen Aufruhr gegen das Stadtregiment und zur Einführung der in Bern verpönten Zunftverfassung ausweiten konnten, waren die Ratsgeschlechter während des gesamten 14. Jahrhunderts darum bemüht, die Aufnahmebedingungen ins städtische Handwerk zu reglementieren und durch obrigkeitliche Tarife zu kontrollieren.

Zu einer ersten Einschränkung der genossenschaftlichen Selbstbestimmung der Berner Handwerkerschaft kam es während der Verfassungsreform von 1294 (→ S. 205). Die von der Bürgerschaft erzwungene Verfassungsänderung ermöglichte es zwar den in der Stadt ansässigen Handwerksmeistern, über das aus den vier Stadtvierteln zusammengestellte Wahlmännergremium der Sechzehner Einsitz in dem damals neu geschaffenen Rat der Zweihundert zu nehmen, als Gegenleistung für die Konstituierung des erweiterten Bürgerrates scheinen sie jedoch auf sämtliche genossenschaftliche Zusammenschlüsse untereinander verzichtet zu haben. Mit dem Hinweis, *das wa vil zünften in stetten sint, das ouch da vil und dick gross partyen und misshelle entspringent,* verbot der Rat die Zünfte als politische Organisationen und unterstellte das städtische Gewerbe speziellen aus dem Rat der Zweihundert gewählten Bevollmächtigten.[14] Diese hatten Preise und Qualität der in Bern hergestellten Gewerbeerzeugnisse zu kontrollieren. Gleichzeitig sollten sie unerlaubte Absprachen und Schwurgenossenschaften unter den Handwerkern dem Schultheissen anzeigen und Verstösse gegen die vom Rat erlassenen Bestimmungen ahnden.[15]

Das 1294 festgelegte Verbot politischer Zünfte scheint jedoch bereits zu Beginn des 14. Jahrhunderts wiederholt auf den Widerstand einzelner Handwerker gestossen zu sein. Diese verlangten, dass die aus dem Rat der Zweihundert gewählten Gewerbeaufseher nicht durch den Kleinen Rat, sondern durch die Handwerksmeister selbst ernannt wurden. Der Rat reagierte auf diese Forderungen, indem er 1307 eine erste Verordnung über das Handwerk in die Stadtrechtsbücher schreiben liess. Er drohte denjenigen Stadtbewohnern mit einer Busse von drei Pfund, die städtische Amtsleute beschimpften oder *boese scheltwort* gegen die von Schultheiss und Rat eingesetzten Ratsbevollmächtigten gebrauchten, denen *eine hantwerch enpholchen ist ze behuetenne.*[16] Vor allem die Gerber, Metzger, Bäcker und Schmiede, die in zunehmender Zahl am lukrativen Handelsgeschäft teilnahmen und auf diese Weise grössere Vermögen erwarben, schienen bestrebt, sich in eigenen Zünften zusammenzuschliessen und ihre gemeinsamen wirtschaftlichen und politischen Interessen gegenüber den regierenden Ratsgeschlechtern durchzusetzen.

Das erste bernische Gewerbe, das sich nachweislich zünftig organisierte, waren die Gerber.[17] Bereits 1314 und 1326 hatte der Berner Rat die lederverarbeitenden Gewerbe angewiesen, im Bereich der unteren Gerechtigkeitsgasse und im ehemaligen Stadtgraben vor dem Zytgloggen (heutiger Casinoplatz) zwei neue Gewerbebezirke einzurichten (→ S. 239).[18] Die Konzentration der Verkaufs- und Produktionsstätten der Gerbermeister an zwei bestimmten Standorten innerhalb des ummauerten Stadtgebietes zwang diese, die Ausübung ihres Gewerbes genossenschaftlich zu organisieren und ihre Wohnhäuser gegen die Ansprüche anderer Stadtbewohner zu schützen. Zugleich erhielten sie vom Rat verschiedene rechtliche Vergünstigungen zugestanden, damit sie sich in grösserer Zahl in den vorgeschriebenen Gewerbebezirken niederliessen. Gegenüber Schultheiss und Rat traten die Gerbermeister deshalb spätestens seit 1326 als eigenständiger Berufsverband auf. Nicht mehr einzelne Handwerksmeister, sondern die gesamte Gemeinschaft *unsren gerweren* im Gerberngraben erhielt vom Berner Rat das Recht zuerkannt, so viel Wasser aus dem Stadtbach abzuleiten, *als inen daz mit einem ysen* [Eisen] *und loche ist usgescheiden*, sowie Brücken und Stege zu bauen *zu dem wege, der da gat wider Marsili.*[19]

Als eigenständige Zunft institutionalisiert wurde die Gerbergesellschaft jedoch erst im März 1332.[20] In jenem Jahr bestätigten Schultheiss, der Rat und die Zweihundert die von den Gerbermeistern selbst verfasste Handwerksordnung und legten diese zu den *satzunge und ordenunge an der burger buch von Berne.*[21] Im Unterschied zu allen anderen bernischen Zünften, deren Ordnungen nicht von den Handwerkern erstellt, sondern von Schultheiss und Rat verfügt wurden, scheint es den Gerbermeistern 1332 gelungen zu sein, ihr Gewerbe durch eigene Bestimmungen zu reglementieren und diese nachträglich durch den Rat der Zweihundert bestätigen zu lassen. Als wichtigstes Zugeständnis

Abb. 239
Im Sodbrunnen der ehemaligen Burg Nydegg sind Gussformen aus Sandstein gefunden worden. Nach Untersuchungen von Susanne Frey-Kupper wurden sie in einer Blei- oder Zinngiesserei verwendet, die im 13. oder 14. Jahrhundert vielleicht im benachbarten Nydeggstalden untergebracht war.

erhielten die Gerber dabei das Recht zugesprochen, die Lehrlingsausbildung sowie die Gewerbeaufsicht der Kontrolle der eigenen Zunftmitglieder zu unterstellen.[22]

Bis zur Mitte des 14. Jahrhunderts scheinen sich dann auch die meisten übrigen Handwerke in Bern als eigenständige Berufsverbände konstituiert zu haben. Obwohl aus der ersten Hälfte des 14. Jahrhunderts keine weiteren Handwerksordnungen mehr überliefert sind, beweisen die von einzelnen Gewerben erworbenen Pfründen im Niederen Spital, dass sich die Mehrheit der bernischen Handwerksmeister bis 1350 genossenschaftlich organisiert hat. Um den kranken und alten Berufsgenossen ein gesichertes Auskommen zu garantieren, erwarben zwischen 1342 und 1349 die Fischer, die Schmiede, die Weber, die Steinmetze und die Metzger nachweislich einzelne Bettstätten im städtischen Spital, die sie für die Pflege der eigenen Zunftmitglieder reservierten (→ S. 280).[23]

Zu Beginn der zweiten Jahrhunderthälfte war die Institutionalisierung der bernischen Zünfte dann soweit abgeschlossen, dass sich der von den reichen Notabelngeschlechtern beherrschte Rat der Zweihundert am 24. März 1358 zum ersten Mal gesetzgeberisch mit den in der Stadt entstandenen Handwerkszünften befassen musste. Eine Woche vor den Osterwahlen liess er unter dem Vorsitz des Schultheissen Konrad von Seedorf die erste allgemeine Handwerksordnung in die städtischen Satzungsbücher eintragen. Der Rat legte die Gebühren für den Erwerb des Meistertitels in einer Zunft fest und bestimmte, dass *durch grosses frides willen mit gemeinem rät* alle in Bern ansässigen Handwerke, *die meisterschaft bedürfent*, zukünftig einen einheitlichen Tarif von zwei Pfund *und nit me* von den neuen Meistern verlangen durften. Von diesem Betrag sollte je ein Pfund an die Stadt und ans betreffende *antwerch* gehen. Ausgenommen von dieser Bestimmung blieben die Söhne der Handwerksmeister, die sich wie bisher lediglich mit einer Weinspende um den Meistertitel zu bewerben hatten.[24] Eine verstärkte Kontrolle der bernischen Handwerkerschaft beabsichtigte auch die im August 1362 von den Notabelnfamilien in die Satzungsbücher eingeschriebene Ordnung um das Wollhandwerk. Im Unterschied zu den Gerbermeistern, denen der Rat die Gewerbeaufsicht über die städtische Lederproduktion 1332 noch zugestanden hatte, unterstellte er die Herstellung und den Handel von Textilien in Bern der restriktiven Kontrolle von vier Ratsbevollmächtigten. Zudem erhielt der Schultheiss Peter Schwab während fünf Jahren die Vollmacht, die Werkstätten der Weber und Tuchwalker jederzeit zu inspizieren und dabei festgestellte Verstösse sofort zu ahnden. Den betroffenen Handwerksmeistern drohte der Rat mit einer drakonischen Busse von einem Jahr Verbannung sowie bei deren Rückkehr mit der Bezahlung von zehn Pfund und einem lebenslänglichen Berufsverbot.[25]

Die vier Vennergesellschaften

Obwohl der Sturz der Notabelnfamilien 1364 nur unter der massgeblichen Beteiligung der Zünfte hatte stattfinden können, kam es auch nach der Rückkehr von Johannes von Bubenberg nach Bern zu keiner Institutionalisierung der Stubengesellschaften als politische Körperschaften. Die seit langem angestaute Unzufriedenheit der Handwerksmeister entlud sich deshalb in zwei grösseren innerstädtischen Unruhen (→ S. 249). Während der Geltenhals-Aufstand von 1368 am entschlossen handelnden Kleinen Rat scheiterte, erzwangen die in der Dominikanerkirche versammelten Zünfte während der Ratsentsetzung von 1384 die politische Aufwertung der Gerber-, Metzger-, Pfister- und Schmiedenzunft zu den vier Vennergesellschaften. Indem die opponierenden Gesellschaften das Recht erhielten, dass Schultheiss und Rat die Venner in Zukunft nur noch aus ihren Mitgliedern wählen durften, entwickelten sich diese zu den wichtigsten Rekrutierungsbasen der politisch ambitionierten Berner Bürger für die Wahl in ein einflussreiches Ratsamt.[26] Von grosser Bedeutung war zudem die um 1384 erkämpfte Verfassungsbestimmung, nach der die neu gewählten Mitglieder des Rates der Zweihundert innerhalb einer Frist von zwei Wochen um

Abb. 240
Mittelalterliche Gerberbottiche sind 1992 an der Kornhausgasse in der Burgdorfer Unterstadt ausgegraben worden. Die Gerbereien standen unmittelbar am Mühlebach, jüngere Mauern haben den Befund teilweise zerstört.

den Beitritt in eine städtische Gesellschaft nachzusuchen hatten.[27] Für die in Bern ansässigen Adligen und Notabeln ergab sich daraus die Notwendigkeit, einer bestehenden Handwerksgesellschaft beizutreten oder sich in separaten Gesellschaften zu organisieren, falls sie weiterhin freien Zugang zu den wichtigsten Ratsämtern haben wollten.
Insgesamt führten die von den Handwerksmeistern um 1384 erzwungenen Verfassungsänderungen zu einer merklichen Aufwertung der bernischen Stubengesellschaften als politische Körperschaften. Diese entwickelten sich seit dem Ende des 14. Jahrhunderts ähnlich den Verhältnissen in anderen Städten Oberdeutschlands und der heutigen Schweiz zu den sozialen und ökonomischen Grundeinheiten der Stadtgemeinde, in denen sich alle steuer- und wehrpflichtigen Männer zu versammeln hatten.[28]

Die Zunftbriefe von 1373 und 1392
Die bernischen Zünfte blieben trotz der 1384 erkämpften politischen Rechte weiterhin von einer direkten Beteiligung an den Ratswahlen ausgeschlossen. In den Zunftbriefen von 1373 und 1392 verschärften Schultheiss und Rat sogar noch einmal die Bestimmungen des ersten Zunftverbotes von 1294. Der Rat liess alle Handwerksmeister in der Stadt schwören *liplich ze got mit ufferhabnen handen*, keine *heimliche oder offenliche* Eide zu leisten, *da von sich zünfte, parten* [Parteiungen], *misshelle in unser stat deheins* [keines] *wegs möchtin uff gän*.[29] Eine Ausnahmeregelung gewährte der Rat einzig den Gerbermeistern, denen er versprach, falls sie *einen brief uffziehent, wie si ir hantwerch versehen sullent*, deren Bestimmungen wie 1332 nachträglich zu bestätigen.[30]
Der Anlass für die Niederschrift der Zunftbriefe von 1373 und 1393 war wie schon 1358 die Festlegung unterschiedlich hoher Meisterschafts- und Aufnahmegebühren durch die Gesellschaften. Im so genannten *alten Brief zünfte ze werren* vom 1. April 1373 werden die bernischen Stubengesellschaften dabei erstmals namentlich aufgeführt und nach ihrer Grösse und ökonomischen Bedeutung gegliedert.[31] An der Spitze der bernischen Zunfthierarchie standen am Ende des 14. Jahrhunderts die beiden Vennergesellschaften der Metzger und der Gerber. Die Aufnahme in eine dieser Zünfte legte der Rat auf 30 Schillinge fest *und nüt darüber*. Diesen folgten die beiden anderen Vennergesellschaften der Pfister und der Schmiede. Deren Aufnahmegebühren beschränkte der Rat auf höchstens 20 Schillinge. Nur zehn Schillinge bezahlten hingegen die Schuhmacher. Alle neu aufgenommenen Stubengesellen hatten zudem eine einmalige Abgabe von fünf Schillingen an die städtischen Bauherren zu entrichten. Keinerlei Aufnahmegebühren erhoben die wirtschaftlich weniger bedeutenden Gesellschaften der Schneider, Rebleute, Weber, Zimmerleute, Dachnagler, Wollschleger oder Walker und die Kürschner.

Im Zweiten Zunftbrief vom 8. August 1392 beklagte sich der Berner Rat dann erneut darüber, dass *in disen verlüffnen ziten grosser nyd und hass in unser stat under den antwerchen uff gestanden sei, da ieglich antwerch meinde ze nemenne und ze hande von dem, so an iro antwerch meister oder knecht werden wölt*. Er verordnete deshalb für alle Handwerksgesellschaften einen einheitlichen Aufnahmetarif von knapp einem halben Gulden für die Meister, *dez vatter dez antwerchs nit meister ist gesin*, sowie von rund einem Viertel Gulden für die neu aufgenommenen Gesellen. Wandernde Handwerksgesellen aus fremden Städten durften sich nach dem Willen des Rates sogar ohne jegliche Abgaben in Bern niederlassen, *wo sie werken und dienen konnten äne beschatzunge und äne win*.[32]
Die Bestimmungen des Zunftbriefes von 1392 mussten jährlich während der Osterwahlen vorgelesen und von sämtlichen Ratsherren feierlich beschworen werden. Die Mitglieder des Rates der Zweihundert hatten mit Leib und Gut, *usse und inne, ligendes und varendes*, für die Einhaltung der Verordnung einzustehen, wobei sie konspirative Zusammenkünfte der Handwerkerschaft umgehend dem Schultheissen, den Vennern oder den Heimlichern melden mussten. Zuwiderhandlungen sollten dabei mit einer ewigen Verbannung aus Bern und der Bezahlung eines ausserordentlich hohen Bussgeldes von 100 Gulden an die Bauherren bestraft werden.

Abb. 241
In einem Zwischenboden des Hauses Gerechtigkeitsgasse 71 in Bern ist diese Nadel gefunden worden. Die grobe Knochenspitze mit ihrer grossen Öse ist zwar nicht zu datieren, könnte aber zusammen mit den am gleichen Ort gefundenen Lederresten ein Hinweis auf eine lokale Lederverarbeitung sein.

Abb. 242
Spinnwirtel aus Keramik oder Stein zeugen als häufige Bodenfunde vom häuslichen Gewerbe (Hauswerk). Spinnen galt als typische Tätigkeit der Dame zu Hause. Der abgebildete Wirtel ging vor dem Bau des Dominikanerklosters in Bern im Bereich des Kreuzhofes verloren; er ist also vor 1269 zu datieren.

Abb. 243
In einem Feuchtbereich unter dem Aarberger Stadtplatz konnten 1993 zahlreiche Holz- und Lederfunde geborgen werden. Einige Lederreste dürften Halbfabrikate oder Abfallprodukte eines Schuhmachers darstellen, der im 13. oder frühen 14. Jahrhundert in der Stadt Aarberg gearbeitet hatte.

Adriano Boschetti

Archäologische Spuren von Handwerk in der Stadt – zum Beispiel die Knochenschnitzerei

Von den meisten mittelalterlichen Handwerkstätten haben sich keine Spuren mehr erhalten. In der Regel sind sie nur anhand von schriftlichen Erwähnungen, Werkstattabfällen und Halbfabrikaten oder anhand der Einrichtungen im Boden – zum Beispiel von Schmiedeessens- oder Gerberbottichen – nachweisbar. Dank dem Umstand, dass die Knochenschnitzerei ein abfallintensives Handwerk war, haben wir archäologische Kenntnisse von Paternosterern oder Knopfmachern in Bern. Paternosterer fertigten unter anderem die Beinringchen für Gebetsketten (Vorläufer des Rosenkranzes) an. Auf dem Casinoplatz fanden sich Werkstattabfälle in der Hinterfüllung der Grabenstützmauer des 14./15. Jahrhunderts, und an der Kramgasse 2 sind in einer vielleicht beim Stadtbrand von 1405 zugeschütteten Wendeltreppe weitere Knochenabfälle gefunden worden (→ S. 297). Aus flachen Knochenscheiben – oft Mittelfussknochen von Rindern – bohrte der Paternosterer die kleinen Ringchen, die aufgeschnürt eine zehn bis 150 Ringchen lange Gebetsschnur bildeten. Im alten Predigerfriedhof bei der ehemaligen Dominikanerkirche in Bern wurde einer älteren Frau ein Paternoster mit gut 30 Knochenperlen ins Grab gegeben (Abb. Mitte).

Knochenverarbeitung war ursprünglich nicht unbedingt ein städtisches Handwerk. Im 11./12. Jahrhundert arbeiteten auf der Frohburg im Kanton Solothurn Beinschnitzer. Möglich, dass sich hier die Verlagerung des Handwerks von der älteren Grafenburg in die wirtschaftlich aufstrebenden Städte des 13./14. Jahrhunderts widerspiegelt. Für einzelne Städte – so etwa Basel – ist überliefert, dass Würfler, Kammmacher und Paternosterer im 14. Jahrhundert als eigenständige Berufsgruppen organisiert waren. Die vielfältigen Anwendungsbereiche und die häufige Verwendung des Rohstoffes führten zu einer ausgeprägten Spezialisierung. In Bern lässt sich Vergleichbares anhand der Quellen nicht nachweisen. Die Vielfalt an Gegenständen aus Knochen, Geweih und Horn war aber enorm: Von liturgischen Geräten über Schmuck bis zu Alltagsgegenständen wurde alles Mögliche aus dem günstigen und beständigen Rohstoff hergestellt (so beispielsweise Schreibgriffel, Spielwürfel, Trictrac-Steine, Flöten, → S. 297).

Werkstattabfälle einer Knochenschnitzerei an der Kramgasse 2 in Bern, vermutlich 14. Jahrhundert; ADB.

Grab 101 des Predigerfriedhofes in Bern während der Ausgrabung 1997. Zwischen den gekreuzten Unterarmen und dem Becken des Frauenskelettes lagen die Ringchen einer Gebetsschnur.

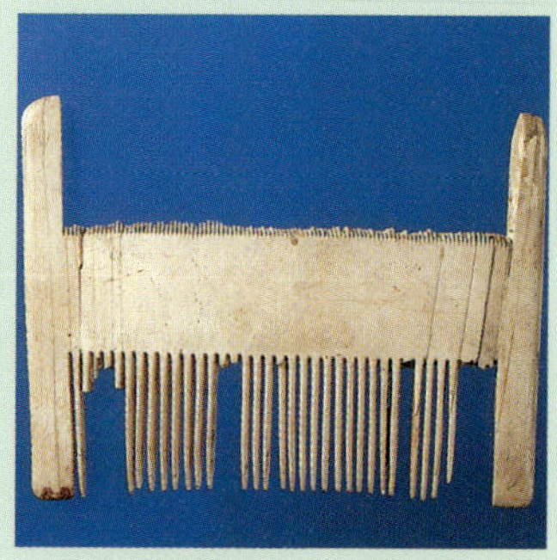

Auf der Burg Festi ob Ligerz ist ein zweireihiger Beinkamm ausgegraben worden, der wahrscheinlich ins 12. oder 13. Jahrhundert zu datieren ist; BHM Inv. Nr. 869.10.

Verzierte Knochenperle, gefunden auf der vermutlich 1298 zerstörten Burg Oberwangen bei Köniz; BHM Inv. Nr. 25644.

Literatur: Tauber, Beinschnitzer; Oexle, Würfel; Schuck, Horn; Descœudres/Utz Tremp, Französische Kirche, S. 175–176; Röber, Hauswerk; Baeriswyl/Gerber/Roth, Handwerk, S. 22–223; Mittelstrass, Archäozoologische Untersuchungen

Zu Beginn des 15. Jahrhunderts kamen den bernischen Stubengesellschaften schliesslich ähnliche soziale, ökonomische und politische Aufgaben zu wie in anderen mittelgrossen Städten des Reiches.[33] Obwohl die Zünfte in Bern während des gesamten Spätmittelalters von einer direkten Beteiligung an den Ratswahlen ausgeschlossen blieben, entwickelten sich diese seit 1384 anstelle der älteren Stadtviertel zu den sozialen und politischen Grundeinheiten der Stadtgemeinde. Sowohl die Organisation der militärischen Auszüge als auch die Fuhr- und Frondienste zum Bau und Unterhalt der kommunalen Gebäulichkeiten sowie die Zuteilung zu Feuerwehr und Stadtwache führten die Venner im 15. Jahrhundert nicht mehr nach den Wohnsitzen der Bürger sondern nach deren Gesellschaftszugehörigkeit durch. Die Bestrebungen der Zünfte, direkten Anteil an den Ratswahlen zu erhalten, traten auf diese Weise zunehmend in den Hintergrund, so dass Schultheiss und Rat die Anliegen der Handwerksmeister nicht mehr wie im 14. Jahrhundert als Bedrohung für das friedliche Zusammenleben der Bürgerschaft betrachteten. Von umwälzenden Verfassungsänderungen oder blutigen Parteikämpfen blieb die Stadt Bern deshalb bis zum Ende des Mittelalters verschont.[34]

Berner Kaufleute

Im Gegensatz zu anderen Städten des schweizerischen und süddeutschen Raumes, in welchen zahlreiche Quellen bereits für das 12. und 13. Jahrhundert Fernhandelsaktivitäten von städtischen Kaufleuten belegen, fehlen solche Nachrichten über die Handelstätigkeiten von in Bern ansässigen Kaufleuten weitgehend. Zum einen hat dies mit der schlechten Überlieferung von Quellen wirtschaftlichen Inhalts zu tun, welche häufig nur zufällig erhalten sind. Oft müssen deshalb historische Wirtschaftsverhältnisse indirekt über andere Quellengattungen erschlossen werden.[1] Zum anderen lag Bern bis ins 14. Jahrhundert nicht an einer der bedeutenden, überregionalen mittelalterlichen Handelsrouten: Wie zahlreiche Beispiele belegen, konnte eine verkehrsgeographisch günstige Lage die kaufmännischen Aktivitäten der einheimischen Bevölkerung und den Zuzug von Händlern und Kaufleuten begünstigen. Die geringe wirtschaftliche Bedeutung Berns, welche die Stadt – trotz Ausstattung mit verschiedenen wirtschaftlichen Privilegien seitens der zähringischen Stadtgründer – im 13. Jahrhundert selbst im unmittelbaren städtischen Umland spielte, spiegelt sich auch in der wenig weiten Verbreitung der Berner Münze in dieser Zeit (→ S. 257).[2] Das einheimische Handwerk produzierte weitgehend für den lokalen Bedarf. Immerhin müssen einzelne in Bern ansässige Familien aber schon in der zweiten Hälfte des 13. Jahrhunderts über Handels- und Kaufmannsaktivitäten zu einem gewissen Reichtum gelangt sein, denn bereits 1298 findet sich mit Kuno Münzer erstmals ein Vertreter der nichtadligen, über Handelsgeschäfte reich gewordenen Familien in der Schultheissenwürde der Aarestadt (→ S. 279).[3] Bestrebungen der Berner Stadtverantwortlichen, den Handel wie auch die wirtschaftliche Prosperität der Kommune zu befördern, lassen sich bereits in der durch König Rudolf von Habsburg im Jahre 1274 bestätigten «Goldenen Handfeste» feststellen (→ S. 230): In ausführlicher Form wurden in diesem Dokument die für ein funktionierendes städtisches Wirtschaftsleben wichtigen Markt-, Münz- und Zollprivilegien bestätigt.[4] Auch die mit Freiburg (1243), mit dem Bischof von Sitten (1252), mit der Landschaft Hasli (1275), der Stadt Biel (1279) und den Grafen von Savoyen (1255, 1268, 1291) abgeschlossenen Bündnisse, dienten der wirtschaftlichen Förderung der Stadt (→ S. 469): Im Vordergrund dieser Bundesbriefe stand ebenso die für die wirtschaftliche Entwicklung zentrale Sicherung des Landfriedens wie allgemein der Schutz von Handel und Wandel.[5] Diesem Zweck dienten auch die nachfolgenden Bündnisse mit diversen anderen Herrschaftsträgern, worunter der mit den Waldstätten 1353 auf ewige Zeiten geschlossene Bund eine zentrale Rolle einnahm (→ S. 490).[6]

Mit dem Niedergang der Champagner Messen seit der Mitte des 13. Jahrhunderts und dem gleichzeitigen Aufschwung der Genfer Messe, wie auch einer immer stärkeren Bedeutung der oberdeutschen Wirtschaftszentren, gelangte Bern – auch über sein territoriales Ausgreifen (→ S. 469) – in das Einzugsgebiet der vor allem im Laufe des 14. Jahrhunderts an Wichtigkeit gewinnenden Handelsroute an der Jurafusslinie. Diese Handelsstrasse führte über den Boden- und Genfersee durch das schweizerische Mittelland und verband diesen Raum mit Südfrankreich und Spanien.[7] Um die Attraktivität des Handelsplatzes Bern zu steigern, wurde 1373 ein Kaufhaus eröffnet; nur hier durften die Handelsgüter zum Verkauf angeboten werden.[8] Bernische Kaufleute sind seit dem 14. Jahrhundert auf den Messen und Märkten von Genf, Zurzach, Frankfurt und Nürnberg zu finden.[9] Um einen Anteil am überregionalen Handel erringen zu können, musste eine mittelalterliche Stadt über ein oder mehrere Gewerbe verfügen, welche nicht nur der Selbstversorgung der eigenen Kommune dienten, sondern vor allem für den Export produzierten. Dazu kamen in Bern die Metallverarbeitung, die Gerberei und die Wolltuchherstellung in Frage. Während letzteres Gewerbe auf Grund der starken Konkurrenz durch Freiburg i. Ü. – wie vermutlich auch wegen mangelnder Qualität – trotz verschiedener Anstrengungen über eine regionale Bedeutung nicht hinaus kam, war die leder- und pelzverarbeitende Gerberei das wichtigste Exportgewerbe Berns im Spätmittel-

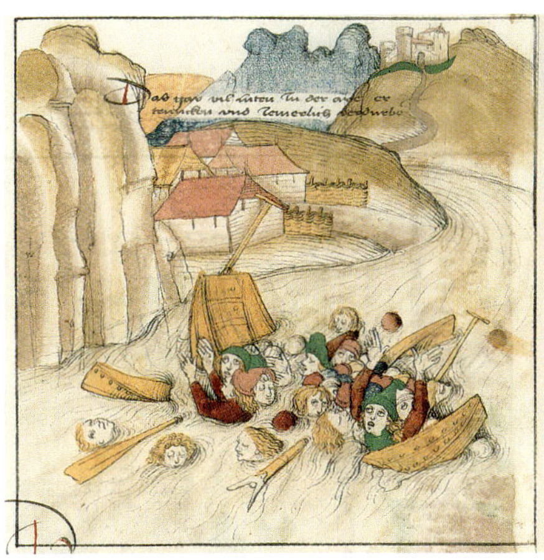

Abb. 244
Am 29. Juni 1311 hatte eine grosse Menge von Leuten aus dem Gebiet des Frienisbergs, die an diesem Dienstag in Bern den Markt besuchen wollten, das Fährboot von Dettligen bei Wohlen bestiegen, als das Schiff auf dem Fluss auseinander brach. 72 Menschen sollen bei diesem Unglück ums Leben gekommen sein; Diebold Schillings Spiezer Chronik, BBB Mss. hist. helv. I. 16, S. 151.

Oliver Landolt

Die Genfer und die Zurzacher Messen

Noch im 13. Jahrhundert lockten die Messen der Champagne – in Troyes, Provins, Lagny und Bar-sur-Aube – die internationale Handelselite Europas an. Zu Beginn des 14. Jahrhunderts zerfiel jedoch diese internationale Messe und andere Orte traten in die Fussstapfen der Champagner Messen.
Einer der Nachfolgeorte, dem nicht nur eine kurze Zeit der Existenz beschieden war, war Genf. Erstmals als Messeort erwähnt wird Genf im Jahre 1262; allerdings darf angenommen werden, dass die Bischofsstadt am Ausgang des Genfersees bereits schon um 1200 regelmässig Kaufleute innerhalb seiner Stadtmauern empfing. Seit dem ausgehenden 13. Jahrhundert gewannen die Genfer Messen, welche jeweils jährlich an vier Messeterminen stattfanden – am Dreikönigstag, an Ostern, am Fest des Diözesanpatrons Petrus (1. August) und an Allerheiligen – ständig an Bedeutung. Ihren Höhepunkt erreichten die Genfer Messen in der ersten Hälfte des 15. Jahrhunderts, als sogar eine Filiale der Medici-Bank in der Rhônestadt ihre Pforten öffnete. Neben dem Geldgeschäft war vor allem der Handel mit Luxusgütern, wie Seide, Gewürze, Tuch und Kunstgegenstände, von besonderer Bedeutung.
Der Aufschwung der Genfer Messen wirkte sich auch für die Berner Wirtschaft belebend aus; vor allem die Umleitung der Handelsströme brachte die verkehrsgeographisch bis anhin abgelegene Aarestadt im 14. Jahrhundert in den Einzugsbereich dieser Messen. Dies suchte der Berner Rat auch infrastrukturell zu nutzen, indem er etwa ein Kaufhaus einrichtete und die Handelswege sicherte. Immer wieder fanden sich aber auch Berner Kaufleute auf den Genfer Messen ein, um hier ihre Geschäfte zu tätigen. Um 1450 war der Zenit erreicht, und es setzte ein allmählicher Niedergang des Messebetriebes ein (siehe dazu Bergier, Genève und Bergier, Wirtschaftsgeschichte sowie Ammann, Freiburg und Bern).
Mindestens seit der Mitte des 14. Jahrhunderts erfreute sich die Messe von Zurzach eines regen Besuches; auf halbem Weg zwischen Basel und Zürich, inmitten des nordschweizerischen Strassen- und Wasserwegnetzes gelegen, lag der Marktflecken verkehrsgeographisch äusserst günstig. Während Hektor Ammann, der den Zurzacher Markt erstmals äusserst gründlich erforschte, noch annahm, dass der Messebetrieb erst im Laufe des Mittelalters eingerichtet wurde (Ammann, Zurzacher Messen und Neue Beiträge) gehen neuere Forschungen davon aus, dass die Wurzeln des Zurzacher Jahrmarktes noch in spätantike Zeit zurückreichen und sich aus dem Wallfahrtsbetrieb zur Verehrung der heiligen Verena entwickelt hat (Mitterauer, Jahrmärkte; Herborn, Mittelalterliche Messen). Von wesentlich geringerer Ausstrahlungskraft als die Genfer Messen, stellte der Zurzacher Markt vor allem für den süddeutschen und schweizerischen Raum einen wichtigen Tauschort für eine vielfältige Warenpalette dar: Tuche aus Freiburg i. Ü., Strassburg und dem westlichen Schwaben wurden hier genauso angeboten wie Barchent und Leinwand aus dem Bodenseeraum, Leder aus der Westschweiz, Molkereiprodukte aus den Alpenregionen, Nürnberger Metallwaren und Luxusprodukte wie Samt und Seide aus Italien. Vor allem für das Berner Gerberhandwerk stellte der Zurzacher Markt einen wichtigen Absatzort für ihr Leder dar: So erwarben die Meister des Gerberhandwerks 1431 in Erbpacht das Untergeschoss eines Hauses in Zurzach, um hier sicheren Raum für die Lagerung und den Verkauf ihres Leders zu erhalten.
Im Gegensatz zu den Genfer Messen konnte der Zurzacher Markt bis ins 19. Jahrhundert hinein seine regionale Bedeutung bewahren.

alter.[10] Familien wie die von Wabern oder die Matter verdankten ihren gesellschaftlichen wie politischen Aufstieg vor allem dem Leder- und Pelzhandel.[11] Einen eigentlichen «Take-off» erlebte die Berner Wirtschaft schliesslich zu Beginn des 15. Jahrhunderts[12] – eine Blüte, die allerdings nur kurz dauerte: Mit dem ökonomischen Niedergang der Diesbach-Watt-Gesellschaft in der zweiten Hälfte des 15. Jahrhunderts verlor auch die Kaufleutengesellschaft zunehmend an Bedeutung. Die über den Fernhandel zu gesellschaftlichem wie politischem Einfluss gelangten Familien verloren ihr Interesse an kaufmännisch-händlerischer Tätigkeit; vielmehr strebten diese, einem adlig-ritterlichen Gesellschaftsideal verpflichteten Familien nach Adelstiteln sowie nach dem Erwerb von Twingherrschaften und ländlichem Grundbesitz; zusätzlich abgesichert wurde dieser soziale Status durch die Besetzung von einflussreichen Ratsstellen und Ämtern innerhalb der städtischen Verwaltung.[13]

Die jüdische Bevölkerung

Bereits im zweiten oder dritten Jahrhundert nach Christus müssen Juden im römischen Augusta Raurica gelebt haben;[14] eine ungebrochene Siedlungskontinuität von Juden im Gebiet der heutigen Schweiz von der Antike bis ins Mittelalter darf allerdings bezweifelt werden. Während in Basel sich jüdische Siedlungsspuren bereits in der ersten Hälfte des 13. Jahrhunderts nachweisen lassen, liessen sich Juden mit ihren Familien in verstärktem Masse vor allem seit der zweiten Hälfte des 13. Jahrhunderts in verschiedenen Städten der heutigen Deutschschweiz wie auch im Gebiet der französischen Schweiz nieder.[15] In Bern ist die Anwesenheit von Juden erstmals zu Beginn der 1260er Jahre belegt.[16] Die Existenz einer Judengasse (*vicus Judaeorum*) am südlichen Rand der Neustadt lässt auf eine Siedlungskonzentration von Juden schliessen; allerdings lassen sich Wohnstätten von Juden auch in anderen Stadtteilen feststellen.[17] Die Existenz eines jüdischen Friedhofes, welcher sich im Areal des heutigen Bundeshausostflügels und der Nationalbank befand, deutet auf die Grösse und Bedeutung der damaligen jüdischen Gemeinde in Bern hin.[18] Ähnlich wie in anderen Städten spielten auch die Berner Juden zu dieser Zeit eine wichtige Rolle im

Abb. 245
Drei Adelige – so berichtet Justinger – hatten Kaufleute gefangen und ausgeraubt. Nun zog der Graf von Nidau, in dessen Geleitsbezirk die Tat geschehen war, mit seinen Verbündeten Kiburg und Basel vor das Schloss Falkenstein, wo das geraubte Gut lag. Bald wurde die Burg eingenommen, doch die Güter der Kaufleute, darunter acht Zentner Safran, teilten die Sieger untereinander; Diebold Schillings Spiezer Chronik, BBB Mss. hist. helv. I. 16, S. 399.

Wirtschaftsleben der Stadt wie des umliegenden Landes: Zahlreiche, zum Teil recht bedeutende Kreditgeschäfte mit Berner Bürgern, Adligen und Klöstern sind überliefert.[19] Vor allem die Feuersbrünste von 1286 und 1287, aber auch aussenpolitische Ereignisse, wie die Belagerungen durch König Rudolf 1288 und die Eroberung der Stadt durch Herzog Rudolf von Schwaben, liessen die Schulden der Stadt wie ihrer Bürger bei jüdischen Kreditgebern stark ansteigen. 1294 kam es schliesslich zum Eklat: Die Berner Juden wurden – erstmals im Gebiet der heutigen Schweiz – des Ritualmordes an einem Christenknaben beschuldigt.[20] Laut Konrad Justinger, der rückblickend in seiner zu Beginn des 15. Jahrhunderts entstandenen Chronik über diese Ereignisse berichtet, wurden die Mörder gerädert, während den übrigen Juden das Aufenthaltsrecht in Bern aufgekündigt wurde. Wie der Chronist weiter ausführt, *wart ... einhellenklich von einer gemeinde von berne gelopt und verheissen, daz kein jude niemerme gang Bern komen solte.*[21] Das vermeintliche Ritualmordopfer wurde im Heiligkreuzaltar im Berner Münster beigesetzt, wo der Leichnam bis zur Einführung der Reformation im Jahre 1528 als – wenn auch nicht durch die offizielle Kirche kanonisierter – Heiliger verehrt wurde.[22] Die vertriebenen Juden wandten sich an König Adolf, worauf am 30. Juni 1294 unter Mitwirkung königlicher Bevollmächtigter ein Vertrag zwischen den Juden und der Stadt Bern geschlossen wurde: Als Busse für den angeblichen Ritualmord zahlten die Juden 500 Mark an den Schultheissen, während die Stadt 1000 Mark erhielt; ausserdem mussten sie alle den Berner Bürgern gehörigen Pfänder und Pfandbriefe zurückgeben.[23]
Quellenmässig nur unzureichend überliefert ist die Wiederansiedlung von Juden in der Aarestadt nach diesen Verfolgungen. Richard Feller meinte etwa, dass Juden sich erst wieder im späten 14. Jahrhundert in der Aarestadt niedergelassen hätten.[24] Auswärtige Quellen belegen allerdings deren Präsenz bereits vor der Mitte des 14. Jahrhunderts, denn auch die Berner Juden waren von den grossen in Mitteleuropa stattfindenden Judenverfolgungen im Vorfeld des schwarzen Todes betroffen (→ S. 220).
Obwohl einzelne Städte nach den grossen Judenverfolgungen geschworen hatten, nie mehr Juden innerhalb ihrer Mauern zu dulden, sahen sich die meisten Kommunen aus wirtschaftlichen Gründen veranlasst, erneut Juden ins städtische Bürgerrecht aufzunehmen. Diese Wiederansiedlung ging nur sehr zögerlich vor sich, was auch auf die Tatsache zurückzuführen ist, dass wohl nur wenige Juden die Massaker überlebt hatten.[25] Ganz allgemein stellt die Herkunft der

Roland Gerber

Urkundenfälschung und Betrug – der Fall Gilian Spilmann

In einen aufsehenerregenden Kriminalfall verwickelt war am Ende des 14. Jahrhunderts der vermögende Kleinrat und Kaufmann Gilian Spilmann. Nach der Erzählung Konrad Justingers wurde der an der Marktgasse ansässige Ratsherr 1392 von einem in Willisau lebenden Wirt namens Ulrich Wagner, der zugleich auch Bürger in Burgdorf war, um fast 1000 Gulden betrogen.

Während einer Gesandtschaftsreise nach Luzern, die Gilian Spilmann zusammen mit Ulrich Wagner unternahm, gelang es dem Wirt, sich unbemerkt an die Satteltasche des Berner Kaufmanns zu schleichen und daraus dessen persönliches Siegel zu entwenden. *Also reite er* [Ulrich Wagner] *für, und do er gen Willisow in sin hus kam, do gieng er über die teschen, und vant daz ingesigel* [Siegel] *darinn; do nam er drije hüte bemendes* [Pergamenthäute], *und schneit die in briefewise, und schneit daz zedel underdran, und besigelt die hüt alle drije mit anhangenden ingesigeln.* Auf den drei gefälschten Pergamenturkunden quittierte Ulrich Wagner daraufhin einen Betrag von insgesamt 700 Gulden, 18 Mark Silber und 22 Pfund *alter plaphart*, die ihm Gilian Spilmann nach Inhalt der Fälschung *bi dem bande alles sines gutes* nach schulden würde. Gleichzeitig bestach er drei Zeugen, die das betrügerische Kreditgeschäft bestätigen sollten.

Als Ulrich Wagner nach sieben Jahren die ausstehenden Schulden bei Gilian Spilmann in Bern zurückfordern wollte, bestritt dieser, je vom Wirt aus Willisau ein Darlehen empfangen zu haben. Es kam deshalb zum Gerichtstag vor dem Rat der Zweihundert. Die Mehrheit der Grossräte glaubte jedoch den Aussagen Ulrich Wagners und der von ihm gekauften Zeugen, so dass Gilian Spilmann *und sinen fründen geraten wart, man sölte die sach richten in der minne* [Freundschaft], *umb daz der egenant Spilman nit umb ere* [Ehre], *lib* [Leben] *und gut keme.* Als sich die Anhänger des betrogenen Ratsherren dann auch noch zu Gewalttaten gegen die Kläger hinreissen liessen, verurteilten ihn Schultheiss und Rat schliesslich zur Bezahlung der geforderten Schuld in zwei Raten. Noch bevor die erste Rate bezahlt war, gelang es jedoch den Parteigängern Gilian Spilmanns, einen der bestochenen Zeugen einzuschüchtern bis dieser zugab, von Ulrich Wagner 20 Gulden für seine Falschaussage erhalten zu haben. Alle drei Zeugen bestätigten daraufhin ihren Meineid *für den rat ze Bern* und verliessen anschliessend aus Furcht vor Bestrafung das bernische Territorium.

Ulrich Wagner, der in Luzern die Rückerstattung seines Darlehens abwartete und dabei eine weitere Straftat beging, wurde nach dem Bekanntwerden des Betrugs vom Luzerner Rat in den Gefängnisturm geworfen. Unter Folter gestand er schliesslich seine Untaten und *wart ze Lutzern uf ein rad gesetzet.* Die falschen Zeugen gerieten ebenfalls in Gefangenschaft und wurden, wie es für Fälscher üblich war, in einem Kessel gesotten. Nach den Ausführungen Justingers *kam der egenant Gylian Spilman* auf diese Weise *wider an sin ere, den manig man mit grossen unschulden für schuldig* [gehalten] *hat, und kam er, sin wip, sine kind, sin fründ und die im gutes gonden* [gönten], *zu fröden und selden* [Glück].

Der schreckliche Tod der Betrüger wird detailreich geschildert in der Spiezer Chronik des Diebold Schilling, BBB Mss. hist. helv. I.16, S. 506.

neu angesiedelten Juden in den Städten nach 1350 nicht nur im Gebiet der heutigen Schweiz, sondern im ganzen deutschsprachigen Raum noch immer ein Desiderat der Geschichtsforschung dar. Tatsache ist, dass seit den 1360er Jahren in den grösseren schweizerischen Städten wieder vermehrt Juden wohnen, in Bern sind sie seit 1375 wieder belegt.[26] Wie aus den überlieferten Bürgerrechtsbriefen dieser Zeit hervorgeht, galten nun massiv schlechtere Aufnahmebedingungen: In der Regel wurden nur noch einzelne, finanziell potente Juden samt ihren Angehörigen für eine beschränkte Zeit aufgenommen; die Rechte und Pflichten wurden dabei zwischen der Kommune und den Juden genau festgeschrieben.[27] So nahm beispielsweise der Berner Rat 1408 zwei jüdische Grossfamilien für sechs Jahre *ze unsern ingesessenen burgern und in unser Stat schirme* auf. Jährlich hatten diese zu Ostern eine Pauschalsteuer von 60 Schildfranken zu zahlen und waren damit *quitt, lidig und entladen ... aller ander diensten, stüren, tellen, reisen, reiskosten und aller ander usslegung und beschatzung, so ander unser burger geben und tun müssent.* Einzig zur Zahlung der Verbrauchssteuern auf Wein waren sie zusätzlich verpflichtet.[28]

Genaue Regelungen wurden auch über das Geldgeschäft getroffen: Der Höchstzinssatz für auswärtige Schuldner wurde auf den in der damaligen Zeit allgemein üblichen Zinssatz von 43 1/3 Prozent beschränkt. Wesentlich differenziertere Höchstzinssätze wurden für die Stadtbewohner wie auch die zum Herrschaftsgebiet Berns gehörenden Untertanen festgelegt: Für Kleinkredite bis fünf Schilling galt ein Wochenzins von einem halben Pfennig; für Kredite zwischen fünf und 10 Schilling wurde das Doppelte erhoben, während solche von über zehn Schilling bis zu einem Pfund mit eineinhalb Pfennigen verzinst wur-

den.[29] Weitere wichtige Punkte bezogen sich etwa auf den Gerichtsstand oder die Versorgung mit koscherem Fleisch durch die einheimischen christlichen Metzger.[30]
In den späten 1370er Jahren liessen sich verschiedene sehr reiche, aus dem Elsass stammende jüdische Geldhändler – so zum Beispiel Meister Benjamin von Schlettstadt[31] oder Meister Isaak von Thann[32] – in der Aarestadt nieder und bezeugen damit die Bedeutung Berns als ein im Aufschwung begriffenes Wirtschaftszentrum. Unterstrichen wird dies durch die Tatsache, dass Simon von Deneuvre, damals einer der reichsten jüdischen Bankiers innerhalb des Reichsgebiets,[33] nicht nur in Basel, sondern auch in Bern über Geschäftsfilialen und Partner verfügte. Diese spielten eine grosse Rolle bei Finanztransaktionen mit den Grafen von Savoyen in den 1380er Jahren.[34] Zum Kreis der Schuldner der jüdischen Geldhändler gehörten neben der Stadt Bern selber, die Stadt Freiburg i. Ü., der Bischof von Konstanz wie auch verschiedene Berner Bürger.
Von besonderer Bedeutung für die städtische Territorialpolitik Berns war die Verschuldung der Grafen von Kiburg wie auch ihrer Ministerialen bei den Berner Juden; neben anderen Faktoren spielte diese eine Rolle beim Erwerb des kiburgischen Herrschaftskomplexes durch die Aarestadt.[35]
Neben dem Geldgeschäft waren die für ihre Kenntnisse in der medizinischen Heilkunst berühmten Juden verschiedentlich auch als Ärzte tätig; laut Ausweis der Berner Stadtrechnungen wurden einzelne jüdische Mediziner sogar aus der Stadtkasse besoldet.[36]
Nachdem es vermutlich um 1400 wiederum zu einer in den Quellen nur schlecht dokumentierten Vertreibung der jüdischen Familien aus Bern gekommen war,[37] wurde den Juden nach einer erneuten Wiederansiedlung schliesslich im Jahre 1427 endgültig das Aufenthaltsrecht in der Aarestadt aufgekündigt.[38]

Abb. 246
Der Berner Kaufmann Gilian Spilmann – ein ehrlicher Mann – wird Opfer einer Urkundenfälschung (→ S. 272). Diebold Schillings Spiezer Chronik, BBB Mss. hist. helv. I. 16, S. 503.

Lombarden und Kawertschen

Scharfe Konkurrenten im Geldgeschäft zu den Juden waren die norditalienischen Lombarden wie auch die aus Südfrankreich stammenden Kawertschen.[39] Obwohl sie Christen waren, beschäftigten sie sich mit den durch die Kirche als «Wucher» verurteilten Geldgeschäften. Mit dem wirtschaftlichen Aufschwung seit dem späten 12. Jahrhundert wurden diese Finanzspezialisten zu gefragten Leuten, welche sich in ganz Europa niederliessen.[40] Im Gebiet der heutigen Schweiz lassen sich Lombarden und Kawertschen in den bedeutenderen Kommunen seit dem 13. Jahrhundert feststellen.[41] In Bern ist die Anwesenheit von Lombarden erstmals 1269 bezeugt.[42] Innerhalb der Grenzen des heutigen Kantons Bern waren auch in Thun[43] wie in Biel[44] Lombarden ansässig.
Ihre Geldgeschäfte betrieben die Lombarden häufig als Familienbetrieb, wobei die einzelnen Familien und Familienzweige in verschiedenen Städten Bankfilialen unterhielten: Beispielsweise gründeten die Berg de la Rocca 1349 ihren Hauptsitz in Luzern und dehnten ihre Kreditgeschäfte bis nach Zürich und Bern aus, wobei sie in Zürich bis in die 1380er Jahre eine eigene Filiale unterhielten, während die Berner Geschäfte direkt von Luzern aus abgewickelt wurden.[45] Laut dem Udelbuch hatte Friedrich von Berg, ein Angehöriger der Familie Berg de la Rocca, wie auch Vinzenz von Troya das Bürgerrecht der Stadt Bern erworben; daneben besass Friedrich zeitweise auch das Zürcher wie das Luzerner Bürgerrecht.[46] Vinzenz von Troya konnte zu Beginn des 15. Jahrhunderts hingegen in Solothurn ein Haus sein Eigen nennen, wo dieser vermutlich ebenfalls in Geldgeschäften tätig war.[47]
Seit dem Ende des 14. Jahrhunderts verloren die Lombarden wie auch die Juden gesamteuropäisch in zunehmendem Masse ihre Bedeutung innerhalb des Kreditgeschäfts. Dies hatte mit der Entwicklung und Durchsetzung neuer Kreditformen (Wiederkaufs- und Leibrente) zu tun. Kapital konnte so zu wesentlich günstigeren Zinssätzen angeboten werden, und der teure lombardische wie jüdischen Wucherkredit wurde erfolgreich konkurrenziert. Vielerorts verschwinden deshalb nach 1400 die lombardischen Geldhändler mehr und mehr aus den Quellen.[48] Schon zuvor war es hier und dort zu Übergriffen gegenüber dieser Bevölkerungsgruppe gekommen.[49] Nicht so in Bern: Hier wurden zu Beginn des 15. Jahrhunderts die lombardischen Geldverleiher gegenüber den Juden ein-

Abb. 247
Händler bringen Nahrungsmittel auf den Markt, Darstellung aus der Chronik des Ulrich Richental, 2. Hälfte 15. Jahrhundert; Konstanz Rosgartenmuseum, Inv. Hs. 1, S. 70r.

Roland Gerber

Kredite aus Norditalien – das Burgrecht des Geldkaufmanns Peter Gutweri

In direktem Zusammenhang mit den Darlehensgeschäften von Schultheiss und Rat standen im 14. Jahrhundert die Burgrechte norditalienischer Geldkaufleute, deren Udel der Rat auf den Wohnhäusern wohlhabender Kleinräte anlegte. Die bekanntesten waren die Angehörigen des um 1324 aus dem oberitalienischen Asti nach Bern zugewanderten Geschlechts der Gutweri (→ S. 269).

Bereits vor 1389 erwarb Peter Gutweri *von Lamparten* ein Udel im Wert von 50 Gulden *uff dem hus* Burkhard Stettlers *zwischent Johans von Buch und Enderlinon* an der Kramgasse. Der Lombarde verpflichtete sich bei der Bürgeraufnahme, den hohen Udelzins von fünf Gulden für die Befreiung von allen städtischen Bürgerpflichten wie der Steuer- und Wehrpflicht an die Bauherren zu bezahlen. Burkhard Stettler versteuerte als Besitzer der Udelliegenschaft 1389 ein Vermögen von 600 Gulden. Er amtierte 1386 als städtischer Bauherr, in dessen Funktion er für den Einzug der Udelzinse der sozial hochgestellten Ausbürger verantwortlich war. Nach dem Tode Burkhard Stettlers verlegte der Rat das Udel Peter Gutweris zu den gleichen Bedingungen auf das Sesshaus des Kleinrats Peter Rieder an der Gerechtigkeitsgasse. Peter Rieder war 1384 Schultheiss von Burgdorf, 1389 Schultheiss von Thun und 1402 Venner der reichen Metzgerzunft. Er versteuerte 1389 ein Vermögen von 1600 Gulden. Gleichzeitig beteiligte er sich an zahlreichen Kreditgeschäften der Stadt sowie am Kauf verschiedener Grund- und Gerichtsherrschaften auf dem Land.

Die persönliche Teilhabe Peter Rieders am lukrativen Darlehensgeschäft zeigt sich auch darin, dass dieser ein weiteres Udel an einen norditalienischen Geldverleiher vergab. Am Ende des 14. Jahrhunderts verzeichnete neben Peter Gutweri auch der Lombarde Otto Gamberitus sein Bürgerrecht auf der Scheune Peter Rieders an der südlichen Postgasse. Nur wenige Jahre vor dem Tode Peter Gutweris im März 1400 verlegte der Berner Rat dessen Udel schliesslich noch ein letztes Mal. Als neue Udelliegenschaft bezeichnete er das Wohnhaus des wohlhabenden Kaufmanns Simon Friburger am unteren Ausgang der Kramgasse.

deutig begünstigt.[50] Eine gewisse Konkurrenz zu den italienischen wie auch jüdischen Geldverleihern war jedoch bereits 1384 eingetreten, als der Berner Rat auf Grund der grossen städtischen Verschuldung allen Stadt- und Landbewohnern Berns erlaubte, dem Stadtsäckel Geld gegen Zins zu leihen. Alle diejenigen, welche diese Gläubiger als *wucherer oder abbrecher* beschimpften, sollten nach Ratserkenntnis bestraft werden.[51] Obwohl den italienischen Geldhändlern wie auch den Juden am 10. Mai 1427 das Aufenthaltsrecht in der Aarestadt aufgekündigt worden war,[52] wurden Lombarden seit den späten 1430er Jahren wieder in Bern zugelassen.[53] Wie das Beispiel der Familie May zeigt, gelang einzelnen eingebürgerten Lombardenfamilien sogar der gesellschaftliche Aufstieg ins städtische Patriziat Berns.[54]

Arm und Reich

Roland Gerber

Geld ist Macht

In allen grösseren Städten des Spätmittelalters bildete der Besitz von Sach- und Geldwerten eine Grundvoraussetzung, um politische Macht ausüben zu können.[1] Obwohl Abstammung, soziales Ansehen und persönliche Leistungen eines Bürgers für die Wahl in ein kommunales Amt ebenfalls von Bedeutung waren, konnten nur wirtschaftlich abkömmliche und rechtlich selbständige Männer zu politischem Einfluss gelangen und regelmässig den Ratssitzungen ihrer Heimatstadt beiwohnen.[2]

In Bern gab der Aufschwung von Handel und Gewerbe seit dem 14. Jahrhundert einer wachsenden Zahl von Bürgern die Möglichkeit, ein Vermögen zu erwerben und als Mitglieder des Rates der Zweihundert eine aktive Rolle im politischen und ökonomischen Leben der Stadtgemeinde zu spielen.[3] Die wirtschaftlich erfolgreichen Familien investierten ihre Gewinne dabei vornehmlich in den Kauf von Grund- und Gerichtsherrschaften in der Landschaft. Dies erlaubte es ihnen, ihre kaufmännische oder handwerkliche Tätigkeit aufzugeben und in den exklusiven Kreis der von den Erträgen ihrer ländlichen Besitzungen lebenden Twingherren aufzusteigen (Abb. 248). Indem sie die ritterliche Lebensweise der Adelsgeschlechter imitierten, bekräftigten sie zugleich ihren Anspruch auf die Besetzung der politisch wichtigsten Ratsämter wie vor allem auf dasjenige des Schultheissen (→ S. 247).

Neben den prosperierenden und politisch ambitionierten Aufsteigerfamilien gab es in Bern wie in anderen Städten jedoch auch zahlreiche Geschlechter, die im Verlauf des 13. und 14. Jahrhunderts entweder ausstarben oder durch den Verlust ihrer Vermögen ihre ursprüngliche soziale Stellung innerhalb der Stadtgesellschaft einbüssten.[4] Wirtschaftlicher Erfolg und Misserfolg lagen dicht nebeneinander. Vermögen an Bargeld und Grundbesitz konnten ebenso schnell erworben werden, wie sie wieder verloren gingen (→ S. 234). Neben den Verheerungen von Kriegszügen und Stadtbränden verursachten vor allem ungünstige Witterungsverhältnisse, Erbteilungen und Krankheiten sowie schwankende Konjunkturen auf den kommunalen Warenmärkten immer wieder finanzielle Einbrüche, von denen sich nicht alle Familien wieder erholten.[5] Die periodischen Steuerumgänge des Berner Rates sowie die hohen Aufwendungen für wohltätige Stiftungen, für ehrgeizige Bauunternehmungen, für Grund- und Gerichtsherrschaften, für Heiraten und Festmähler sowie für den Kauf repräsentativer Kleider, Kunstgegenstände und Luxusartikel hinterliessen häufig beträchtliche Schulden, die nicht selten zum Ruin ganzer Familien führten. Im Unterschied zu den reichen und politisch führenden Berner Bürgern, deren Namen sich in den überlieferten Rechnungs- und Ratsbüchern immer wieder finden, werden diejenigen Stadtbewohner, die wirtschaftliche Rückschläge erlitten oder die wie Dienstmägde und Knechte kaum die Möglichkeit besassen, innerhalb der spätmittelalterlichen Stadtgesellschaft zu Reichtum und Ansehen zu gelangen, in den Quellen nur selten erwähnt.[6] Über die Lebensumstände dieser wirtschaftlich und sozial benachteiligten Frauen und Männer lassen sich deshalb im 13. und 14. Jahrhundert kaum Aussagen machen.

Die Vermögensverhältnisse im Jahre 1389

Die wichtigste Quelle für die Beschreibung der wirtschaftlichen und sozialen Verhältnisse in der Stadt Bern während des Spätmittelalters sind die so genannten Tellbücher.[7] In diesen Steuerregistern liess der Berner Rat die erwarteten Geldeinkünfte der seit dem beginnenden 14. Jahrhundert regelmässig in der Stadt und Landschaft erhobenen Vermögenssteuern, der Telle, aufzeichnen. Die ältesten überlieferten Tellbücher stammen aus dem Jahre 1389 (→ S. 241). Sie enthalten das erste vollständige Verzeichnis der steuerpflichtigen Einwohner Berns während des Spätmittelalters.[8] Es ergibt sich daraus die Möglichkeit, die Vermögensstruktur der Stadtbevölkerung am Ende des 14. Jahrhunderts statistisch auszuwerten und auf Grund der im Tellbuch genannten Steuerhaushalte nach den städtischen Gassen geordnet kartographisch darzustellen.

Um die seit dem zweiten Kauf der Stadt und Herrschaft Thun 1375 ständig wachsende Schuldenlast möglichst rasch wieder abtragen zu können, beschloss der Berner Rat am 15. August 1389 unter dem Vorsitz des Schultheissen Otto von Bubenberg, zum vierten Mal in Serie eine ausserordentliche Vermögenssteuer in Stadt und Landschaft zu erheben. Der Steuerfuss betrug, wie dies bereits 1384 festgelegt worden war, den vierzigsten Teil des liegenden und fahrenden Vermögens eines Stadtbewohners.[9] Zur Leistung der Vermögenssteuer verpflichtet waren neben den erwachsenen Einwohnern, die über ein Vermögen oder ein minimales Einkommen verfügten und einem eigenen Haushalt innerhalb der Stadtmauern vorstanden, auch alle auf dem Land lebenden Ausbürger sowie die freien Bewohner in den bernischen Landvogteien.[10] Die stadtsässigen Haushaltvorstände hatten eine nach ihrem Vermögen abgestufte Telle für alle in ihrem Haushalt lebenden erwachsenen Personen zu bezahlen, die auf dem Land ansässigen Ausbürger entrichteten einen fixen Steuerbetrag (→ S. 509).

Insgesamt verzeichnen die Tellbücher von 1389 rund 2080 in der Stadt Bern ansässige erwachsene Frauen und Männer. Von diesen hatten 1916 oder 92 Prozent eine Vermögenssteuer zwischen fünf Schilling und 200 Gulden an den Stadtsäckel zu entrichten. Die übrigen Stadtbewohner wie Kleriker, verheiratete Frauen, spezialisierte Handwerker oder Vermögenslose blieben von der Steuer befreit. Die von Vennern und Tellherren veranschlagten Steuereinnahmen beliefen sich für alle vier Stadtviertel auf ungefähr 10 960 Gulden. Etwa 6755 Gulden oder 62 Prozent der erwarteten Einnahmen entfielen dabei auf die

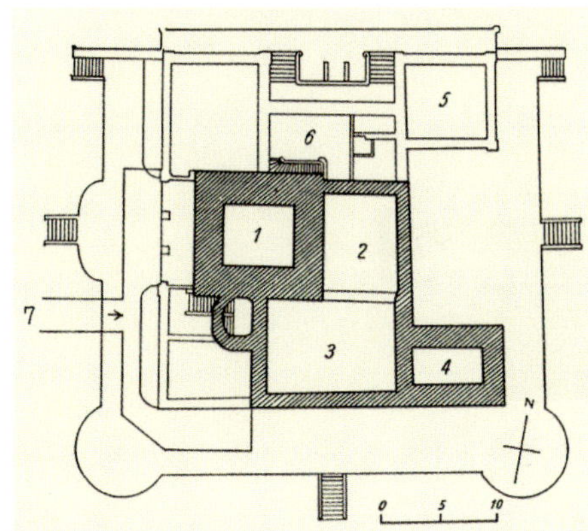

Abb. 248
Um 1111 errichteten die Herren von Jegistorf, Gefolgsleute der Herzöge von Zähringen, eine mittelalterliche Burg, die seit 1300 Twingherrschaft der Familie von Erlach war. Im heutigen Schloss Jegenstorf haben sich Teile dieser Anlage erhalten.
Oben: Bis zum Umbau von 1720ff. waren Bergfried, Palas und südöstlicher Eckturm auch von aussen zu erkennen; Kopie (1818) des verschollenden Herrschaftsplanes (1719) von Johann Adam Riediger, Schloss Jegenstorf, hinteres Treppenhaus.
Unten: Grundriss der mittelalterlichen Burg mit den Erweiterungen von 1720.
1 Bergfried
2 Überdeckter Burghof
3 Palas
4 Südöstlicher Eckturm
5 und 6 Neubauten von 1720
7 Ursprünglicher Zugang

Roland Gerber

Von stüre und telle wegen – Die Steuerschulden des Junkers Hartmann vom Stein

Im Unterschied zu anderen spätmittelalterlichen Städten, in denen Immobilien im 14. Jahrhundert noch geringeren Steuersätzen unterlagen als Mobilien, galt in Bern bereits 1389 ein einheitlicher Steuerfuss von 25 Promille auf allem liegenden und fahrenden Gut. Vor allem die grundbesitzenden Berner Bürger hatten deshalb Mühe, die von den Vennern geforderten Steuerbeträge aufzubringen. Sie waren wie der wohlhabende Adlige Hartmann vom Stein gezwungen, verschiedene ihrer Grund- und Gerichtsrechte in der Landschaft zu verkaufen, um zu genügend Bargeld für die Bezahlung der ausstehenden Steuerschulden zu gelangen.

Bereits am 27. Mai 1386 wandte sich Hartmann vom Stein erstmals mit der Bitte an den Berner Rat, dass es ihm erlaubt würde, verschiedene seiner Güter an die der Stadt benachbarten Klöster zu veräussern. Obwohl es in Bern wie in anderen Städten *verpenet und verordnet* sei, Grundbesitz an geistliche Institutionen zu übertragen, sei es ihm nur auf diese Weise möglich, seine sehr hohen Steuerschulden von 443 Gulden 22 Pfund und 11 Schilling an die Venner zu entrichten. Als Gründe für seine Geldknappheit nennt er *costen und stüre, so von krieges wegen und unmussen der statt ze Berne under zwürent* [zweimal] *uff die gutere geleit sint.*

Am 31. Oktober 1386 verkaufte Hartmann vom Stein noch einmal verschiedene Güter in der Kirchgemeinde Thurnen für 170 Pfund *kleiner nüwer müntze guter und gemeiner ze Berne* an den vermögenden Kleinrat Gilian Spilmann (→ S. 272). Auch diesen Verkauf begründete der Adlige *von der selben iro* [seiner Kinder] *muter todes wegen, oder von stüre und telle wegen, so min herren von Berne von ir krieges und unmuzen wegen uff miner kinden gutere geleit und uff iro schaden ze Berne an den juden genomen haben.* Weitere Einkünfte brachte schliesslich der Verkauf eines Stadthauses, *gelegen bi dem obern tore,* das er 1388 für 115 Gulden wiederum an Gilian Spilmann veräusserte.

Hartmann vom Stein wurde trotz seiner finanziellen Schwierigkeiten im Jahre 1389 erneut zur Steuerleistung verpflichtet. Diesmal hatte er ein Vermögen von 3300 Gulden zu versteuern, was eine Telle von 82,5 Gulden nach sich zog.

Abb. 249
Im ehemaligen Dominikanerkloster in Bern fand sich ein ausserordentlich schön verziertes Gürtelsenkel, das Endglied eines modischen Gürtels. Die Gesamtform und die Darstellung des Drachens vor rautendamasziertem Hintergrund führen zu einer Datierung ins 14. Jahrhundert.

Abb. 250
Die bronzene, runde Gürtelschnalle aus dem 13. Jahrhundert ist 2001 unter dem Waisenhausplatz in Bern ausgegraben worden. Nur wenige Bestandteile mittelalterlicher Kleidung sind im Boden erhalten geblieben. Es handelt sich in der Regel um Metallteile, die keinen Eindruck von der Farbigkeit und Vielfalt der Mode des 13./14. Jahrhunderts vermitteln.

beiden grössten Viertel westlich der Kreuzgasse, während in den beiden kleineren Stadtvierteln östlich der Kreuzgasse mit 4205 Gulden die restlichen 38 Prozent der Steuereinkünfte aufgebracht werden mussten.[11] Bei einem Steuerfuss von 25 Promille ergibt sich somit im Jahre 1389 ein steuerbares Gesamtvermögen der stadtsässigen Bevölkerung Berns von rund 442 000 Gulden. Das durchschnittliche Vermögen eines einzelnen Stadtbewohners betrug dabei etwa 231 Gulden.[12]

Wegen den seit 1384 jährlich durchgeführten Tellumgängen konnte ein Teil der Stadtbewohner Berns ihre 1389 zu leistenden Tellbeträge nur in Raten oder mit Hilfe von Verkäufen anderer Vermögenswerte wie Haus- und Grundbesitz begleichen (→ S. 276). Die in den Tellbüchern aufgeführten Steuersummen wurden deshalb nicht selten nur teilweise oder mit grosser Verspätung in den Stadtsäckel bezahlt.[13] Dabei konnte es durchaus vorkommen, dass einzelne Steuerschulden auch dann noch nicht beglichen waren, als der Rat bereits wieder eine neue Vermögenssteuer veranschlagte. So musste beispielsweise der an der Spitalgasse ansässige Johannes Küng 1389 neben der aktuellen Steuer von sechs Pfund und fünf Schilling noch Schulden in der Höhe von einem Pfund und sieben Schilling *von der alten telle wegen* an die Steuerherren entrichten.[14] Der in der Äusseren Neustadt wohnende Niklaus Scherer, genannt Tamper, versuchte sogar, sich der Steuerleistung zu entziehen, indem er Bern kurzerhand verliess. Die städtischen Boten spürten ihn jedoch auf und er musste die verhältnismässig hohe Strafsteuer von fünf Pfund bezahlen.[15]

Adels- und Notabelnfamilien

Die in den Tellbüchern von 1389 dokumentierten steuerbaren Vermögen verteilten sich sehr ungleich auf die verschiedenen Bevölkerungsgruppen in der Stadt Bern (Abb. 252).[16] Nur gerade 86 Personen oder 4,5 Prozent der steuerpflichtigen Bewohner brachten im Jahre 1389 fast die Hälfte des in den Steuerbüchern ausgewiesenen Gesamtvermögens von ungefähr 442 000 Gulden auf. Die 86 reichsten Bernerinnen und Berner wiesen dabei alle ein Vermögen über 1000 Gulden aus. Sie besassen das bernische Bürgerrecht und verteilten sich auf insgesamt 71 verschiedene, grösstenteils seit mehreren Generationen in der Stadt ansässige Adels- und Notabelnfamilien. Die meisten dieser Familien verfügten über ausgedehnte Grund- und Gerichtsherrschaften in der Landschaft, was einzelnen Notabeln wie Ludwig von Seftigen, Johannes von Buch und Konrad vom Holz den Junkerntitel eingetragen hatte.

Die grössten Vermögenskonzentrationen finden sich 1389 bei den Schultheissenfamilien von Seedorf mit 11 200 Gulden[17] und vom Holz, genannt von

Adriano Boschetti

Wappenkästchen als Ausdruck höfischen Lebens

Wappenkästchen von Aeschi mit zwei unbekannten Wappen und den Wappen von Lindach, Deutscher Orden und Strassburg. Bern um 1325–29 (?). BHM inv. Nr. 6614.

Aus der Region Bern haben sich zwei mit Wappen verzierte Holzkästchen des 13. und 14. Jahrhunderts erhalten. Im Bernischen Historischen Museum befinden sich weitere Holzes Erwerbs durch das Museum noch durch die Darstellungen mit Sicherheit zu bestimmen ist. Verzierte Kästchen und Kassetten mit profanen Darstellungen erscheinen oft unter dem Begriff Minnekästchen, den die Romantik des 19. Jahrhunderts geprägt hat. Oft wird vermutet, die Holzkassetten seien Brautgaben, Briefladen für den Ehevertrag oder Minnegaben. Tatsächlich gibt es Holzkästchen aus der Mitte des 13. Jahrhunderts, die in Darstellungen und Inschriften deutlich Bezug auf die Minnethematik nehmen. Auch die Kästchen aus der Region Bern gehören mit ihren Wappen in die höfische Welt.

Die Kassette von Attinghausen stammt aus der Zeit nach 1250 (Abb. unten). H. Zeller-Werdmüller vermutete, dass sie ein Hochzeitsgeschenk von Emmentaler Adelsgeschlechtern für Wernher I. von Attinghausen-Schweinsberg war. Diese Familie hatte ihre Wurzeln nicht nur in Uri, sondern auch in Signau, und von elf erhaltenen Wappen auf dem Kästchen gehören neun Familien, die im Emmental und im Umfeld der Grafen von Kiburg begütert waren. Nach dem Aussterben der Attinghausen-Schweinsberg um 1360 gelangte das Kästchen wahrscheinlich in die Kirche von Attinghausen, von wo es über den Kunsthandel ins Landesmuseum kam. Die Kassette von Attinghausen besteht aus Buche und Fichte mit geschnitzten Füllungen aus Ahorn. Dargestellt sind Jagd- und Landwirtschaftsszenen. Über einer Kreide-Gips-Grundierung liegt eine Blattversilberung, die mit Goldlack überzogen oder bemalt ist. Auf den Deckel war ein Fries mit ursprünglich 16 Wappen gemalt. Die reichen Beschläge bestehen aus vergoldetem Kupfer.

Die so genannte Wappenkiste von Aeschi zeigt ringsum auf einem Leinenstoff mit Kreide-Gips-Grund verschiedene Wappenschilde (Abb. oben). Die bestehenden Eisenbeschläge, insbesondere die Schlösser, wurden zum Teil nachträglich angefügt. Die Kreide-Gips-Grundierung war an den Seiten grün bemalt und an den Längsseiten in vier Felder geteilt. Jedes Feld und die Schmalseiten trugen einen schräg gestellten Wappenschild, so dass ursprünglich zehn Schilde dargestellt waren. Die Wappenbilder sind stilistisch gut mit den Malereien der Manessischen Liederhandschrift vergleichbar und daher in die Zeit um 1320 zu datieren. Die vegetabilen Darstellungen auf dem Deckel sind nur noch schlecht zu erkennen.

Lesbar sind die Wappen der Familien von Seedorf, von Krauchthal, von Lindach, Deutscher Orden und Strassburg – Letzteres übrigens die älteste bekannte, farbige Darstellung jenes Stadtwappens. Ein sechstes Wappen entspricht dem gevierteten Wappen, das 1466/68 Otto vom Bach, Statthalter von Aeschi, führte. 1345 trug Ulrich vom Bach, Burger zu Bern, zwar ein anderes Wappen; es ist aber möglich, dass Mitglieder der Unspunner Ministrialenfamilie bereits im 14. Jahrhundert das geviertete Wappen führten. Diese Verbindung könnte erklären, weshalb das Wappenkästchen von der Gemeinde Aeschi bei Spiez ans Bernische Historische Museum gelangt ist. Das eindrücklichste Wappenbild bleibt indes ungedeutet; es zeigt einen goldenen, blumentragenden Mann vor rotem Grund. Die drei übrigen Wappen sind zerstört oder nur sehr schlecht lesbar (eines könnte eventuell der Adelsfamilie von Egerdon zuzuweisen sein).

Der Wappenreigen stellt einen Teil der Führungsschicht der Stadt Bern im 14. Jahrhundert dar. Aufschlussreich sind die aufeinander folgenden Wappen des Deutschen Ordens und der Stadt Strassburg. Die Deutschordens-Kommende Köniz bediente seit 1256 die Pfarrkirche der Stadt Bern und gehörte wie die Kommende von Strassburg zur Ballei Elsass (→ S. 317). Von 1325–1329 amtete Bruder Peter von Strassburg als Komtur in Köniz und war somit oberster Pfarrherr von Bern. Komtur Peter war bürgerlicher Herkunft und führte den Stadtnamen und das Stadtwappen – wie andere Strassburger auch – als persönliche Herkunftszeichen. Er ist weder vor noch nach seiner Könizer Zeit in Bern nachgewiesen, was die Herstellung des Kästchens während seiner Amtszeit wahrscheinlich macht. Peter von Strassburg trat in Rechtsgeschäften oft zusammen mit Vertretern von Familien der anderen dargestellten Wappen auf; er war als Könizer Komtur Teil des Berner Establishments.

Das Wappenkästchen aus Aeschi könnte daher sehr gut in Bern zwischen 1323 und 1330 entstanden sein. Die Berner Familien beschenkten sich offenbar mit derartigen Zeichen höfischer Lebensweise; Anlässe zu gegenseitigen Geschenken dürfte das politische und gesellschaftliche Leben der Stadt genug geboten haben. Auffälligerweise begegnen wir keinem der Wappen des Kästchens auf dem überlieferten Zyklus des Bubenberghauses, wo Johann II. von Bubenberg um 1319 bis 1350 die Wappenbilder von bernischen und freiburgischen Adelsgeschlechtern anbringen liess (→ S. 251). Die beiden heraldischen Quellen sind daher Spiegel der damals schwelenden Auseinandersetzungen zwischen den adligen und den bürgerlichen Familien Berns.

Auskünfte zur Heraldik verdanken wir Berchtold Weber aus Bern.

Das Kästchen – an Vorder- und Rückseite wie auch dem Deckel reich verziert – war vielleicht ein Hochzeitsgeschenk von Emmentaler Adelsgeschlechtern für Wernher I. von Attinghausen-Schweinsberg. SLM, Inv. Nr. 3405.34.

Literatur: Appuhn, Kästchen; Brinker/Flühler-Kreis, Liederhandschrift; Kdm Bern Stadt II, S. 147–148; Kohlhaussen, Minnekästchen; Lanz, Untersuchungen; Martin, Hoheitszeichen; Zeller-Werdmüller, Denkmäler.

Schwarzenburg, mit 9400 Gulden[18] sowie bei der Familie des 1389 amtierenden Schultheissen Otto von Bubenberg (Abb. 253). Dieser versteuerte zusammen mit seinen beiden Söhnen Heinrich und Konrad sowie seinem Neffen Johannes von Bubenberg einen Besitz von insgesamt 13 000 Gulden.[19] Die höchsten Einzelvermögen besassen der im Jahre 1393 als Nachfolger Otto von Bubenbergs ins Schultheissenamt gewählte Ludwig von Seftigen mit 8000 Gulden, der Säckelmeister Peter Buwli mit 6450 Gulden und der Kleinrat Johannes von Büren mit 6300 Gulden. Alle drei Männer entstammten einflussreichen, teilweise bereits seit dem 13. Jahrhundert im Berner Rat sitzenden Notabelnfamilien.

Auffallend wenige Personen, deren Vermögen 1389 mehr als 2500 Gulden betrugen, waren in Bern ansässige Adlige. Nur gerade acht der dreissig reichsten Stadtbewohner waren von adliger Geburt. Neben den Mitgliedern der Schultheissenfamilie von Bubenberg sind hier vor allem die reiche Witwe Anna von Grasburg, geborene von Bennenwil, Ritter Konrad von Burgistein, Junker Hartmann vom Stein sowie die beiden Edelknechte Rudolf und Walter von Erlach zu nennen.

Die weitaus reichsten Personen des Jahres 1389 waren die Angehörigen der im Waren- und Geldhandel reich gewordenen Notabelnfamilien. An der Spitze der Vermögenshierarchie standen die Familien von Seftigen, von Seedorf, Buwli, von Büren, von Buch, Münzer sowie die vom Holz, genannt von Schwarzenburg. Der Reichtum dieser Familien dürfte 1350 die Grundlage gebildet haben, um die alteingesessenen Adelsgeschlechter für mehrere Jahre aus dem Schultheissenamt zu verdrängen und die Politik des Kleinen Rates bis 1364 weitgehend zu dominieren (→ S. 247). Mit Ludwig von Seftigen und Peter von Krauchthal amtierten zwischen 1393 und 1418 erneut zwei Notabeln als Berner Schultheisse.

Zum Kreis der Notabeln müssen auch jene Personen gezählt werden, die es wie der Gerber und Lederhändler Peter von Wabern, der Fischverkäufer Sefried Ringgold, der Tuchkaufmann Peter von Graffenried sowie die beiden Metzger und Viehhändler Burkhard Kistler und Peter Balmer in der zweiten Hälfte des 14. Jahrhunderts durch Handelsgeschäfte zu grossem Wohlstand gebracht haben. Ursprünglich im Handwerk tätig verkörperten die Angehörigen dieser Familien einen neuen ökonomisch und sozial aufsteigenden Kreis von Bürgern, die als Mitglieder der sich als eigenständige Berufsverbände konstituierenden Handwerksgesellschaften immer wichtigere politische Funktionen innerhalb der Ratsgremien wahrnahmen (→ S. 263).[20] So haben etwa Peter von Wabern, Bernhard Balmer und Peter von Graffenried ihre kaufmännischen Fähigkeiten dazu genutzt, um als Säckelmeister die Kontrolle über den gesamten Finanzhaushalt von Stadt und Landschaft Bern auszuüben. Auch bei Johannes von Muhleren senior bildeten wohl seine Beziehungen zum Bäckerhandwerk und Kornhandel die Voraussetzungen dafür, dass er 1380 zum Venner der Pfisternzunft und 1408 zum Säckelmeister gewählt wurde (→ S. 234).

Abb. 251
Als Zeichen von Wohlstand sind die so genannten Aquamanilien zu werten, tier- oder menschenförmige Giessgefässe, die zu Tisch, aber auch für liturgische Zwecke verwendet worden sind: Kopffragment eines menschenförmigen Giessgefässes, gefunden an der Gerechtigkeitsgasse 79 in Bern; darunter Rekonstruktion.

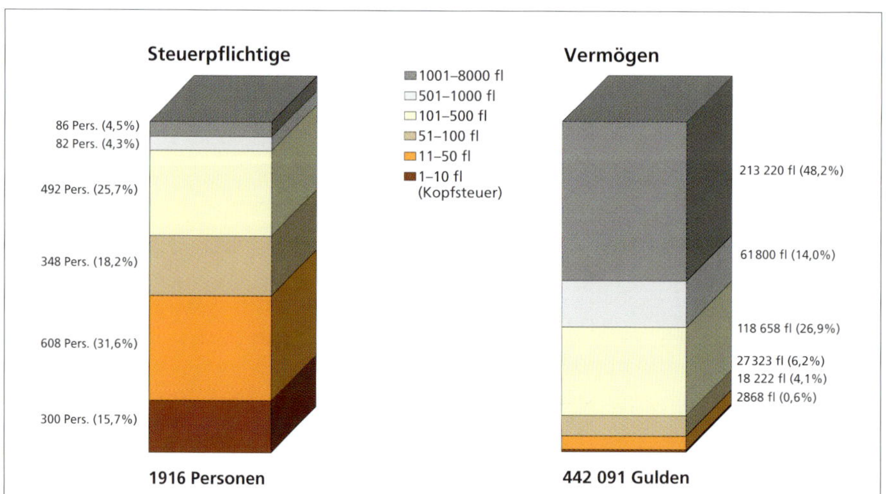

Abb. 252
Die Anzahl steuerpflichtiger Einwohner Berns im Vergleich mit der Höhe ihrer Vermögen im Jahre 1389.

Hans Ulrich Geiger

Die Familie Münzer. Der Weg zur Macht

Als erster bernischer Münzmeister tritt im Jahr 1246 ein Mann mit dem Namen *Wernherus* in Erscheinung. Er wird verschiedentlich in Urkunden als Zeuge aufgeführt und mit *monetarius* bezeichnet. Da er einen gleichnamigen Sohn hatte, dem wir bereits 1250 begegnen, fällt es zuweilen schwer, die beiden zu unterscheiden. Möglicherweise ist es noch der Vater, der 1267 zusammen mit Rudolf Dietwi als Zeuge auftritt, welcher drei Jahre früher als *monetarius in Berno* erwähnt worden war. Berufsbezeichnungen – in unserem Fall die des Münzmeisters – können rasch zum Beinahmen und dann zum Familiennamen werden.
Wernher wurde jedenfalls zum Stammvater einer weitverzweigten Familie, die es in der zweiten Hälfte des 13. Jahrhunderts zu grossem Ansehen und Reichtum brachte. Mit dem Amt des Münzmeisters waren auch der einträgliche Geldwechsel und der Silberhandel verbunden – diese Tätigkeiten bildeten wohl auch den finanziellen Grundstock für den späteren Erfolg der Familie.

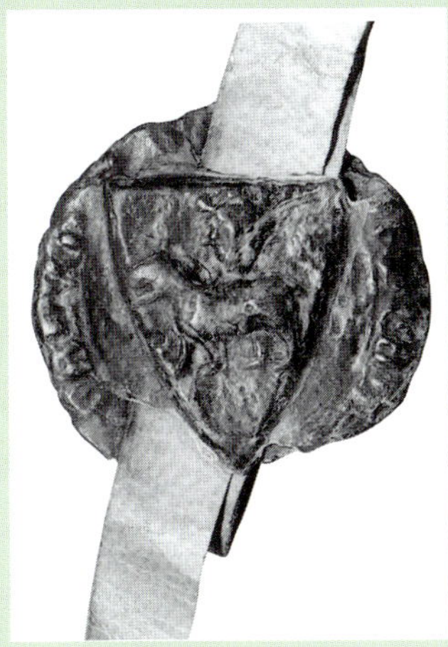

Werner Münzer – vermutlich der Sohn – wurde mit mehreren anderen Vertretern bürgerlicher Familien Mitglied des Grossen Rates, später wird er mehrmals zusammen mit seinem Bruder Kuno erwähnt. Während er 1277 noch den Schultheissen bitten musste, für ihn eine Urkunde zu besiegeln, legte er sich in späteren Jahren ein eigenes Siegel zu. Er wählte dazu das Münzbild des Berner Pfennigs mit Bär und Königskopf und liess dieses in einen Spitzschild setzen (StAB, F. Interlaken 1293 Sept. 18, Abb. S. 279).
Seit 1253 tritt in den Urkunden mehrmals ein *Johannes monetarius* auf, ab 1256 ein Burchard, ab 1277 ein Münzmeister namens Kuno. Da Namen Werner und Johannes in der Familie mehrfach vorkommen, ist es schwierig, die genaue Deszendenz zu eruieren.
Vom sozialen Aufstieg der Familie zeugt die Tatsache, dass 1289 die Brüder Werner und Kuno Münzer zur Gesandtschaft der Stadt an König Rudolf von Habsburg gehörten. In den Neunzigerjahren häuft sich die Zeugentätigkeit Kunos, der seine wirtschaftliche, gesellschaftliche und politische Stellung so ausbauen konnte, dass sie sogar ins Schultheissenamt führte. Sein Schwiegervater, Burkhard vom Belpberg, war einer der wohlhabendsten Bürger der Stadt und er verlieh Kuno Münzer eine ganze Reihe von Gütern. Im Zuge der Umgestaltung der politischen Behörden der Stadt (→ S. 226) wurden 1294 drei Vertreter der Familie – Werner, sein Sohn Johannes und ein weiterer Johannes – zu Sechzehnern bestellt. Zwei weitere Mitglieder wurden in den Rat der Zweihundert gewählt, während Kuno bereits im Kleinen Rat sass und 1295 mit fünf anderen Ratsherren in das Schiedsgericht berufen wurde, das den Streit mit Freiburg i. Ü. schlichten sollte. 1298 wurde Kuno nach einer langen Reihe von Vertretern der Adels als erster Bürgerlicher ins Schultheissenamt gewält. Er war jetzt nicht nur der reichste, sondern auch der mächtigste Mann in Bern.
1302 folgte Lorenz Münzer seinem Vater im Schultheissenamt nach, das er während 17 Jahren innehatte. Nach seinem Rücktritt 1319 blieb er weiterhin ein geschätztes Mitglied des Kleinen Rates und starb 1343 oder 1344. Die Familie besass weit herum grosses Ansehen und verschwägerte sich mit dem niederen Adel. Um 1400 starb sie aus, ihr Vermögen ging an das Geschlecht der Seftigen und später an jenes der Scharnachtal.

Immerhin 16 Prozent der in den Tellbüchern von 1389 verzeichneten Personen mit einem Vermögen von über 1000 Gulden waren Frauen. Elf der 14 reichsten Bernerinnen führten einen Witwenhaushalt. Diesem konnten, wie das Beispiel der adligen Verena von Grimmenstein und ihrer Tochter Küngold zeigt, auch steuerpflichtige Kinder angehören.[21] Die beiden anderen Frauen mit einem Besitz von über 1000 Gulden, Ursula Thüring und Verena von Sand, lebten als erwachsene Töchter oder Schwestern im Haushalt ihrer männlichen Familienangehörigen. Sie verfügten mit 2200 Gulden respektive 1500 Gulden ebenfalls über relativ grosse Vermögen. Sie waren Angehörige zweier bereits seit dem beginnenden 14. Jahrhundert im Kleinen Rat sitzenden Familien.[22] Das grösste Einzelvermögen besass jedoch die adlige Witwe Anna von Grasburg. Sie entstammte als geborene von Bennenwil einem freiburgischen Ministerialengeschlecht und wies im Jahre 1389 mit 5050 Gulden das achtgrösste Vermögen in Bern aus. Anna von Grasburg war damit noch wohlhabender als Werner Münzer, der als letzter Vertreter dieser alteingesessenen Schultheissenfamilie ein Vermögen von 5000 Gulden versteuerte (Abb. 253).

Die bevorzugten Wohnlagen der reichen Bürger

Die reichsten Einwohner Berns lebten im Jahre 1389 in den Häuserzeilen der zähringischen Gründungsstadt zwischen Zytgloggenturm und Nydeggstalden (Abb. 254). Weniger vermögend waren die Bewohner der nach 1343 angelegten Äusseren Neustadt zwischen Christoffel- und Käfigturm sowie diejenigen der erst 1360 von Schultheiss und Rat erworbenen Matte (→ S. 216). Wie in anderen spätmittelalterlichen Städten im Reich zeigt sich somit auch in Bern eine stetige Abnahme des durchschnittlichen Reichtums von den zentralen zu den peripheren Stadtteilen und Gassen.[23] Die Häuserzeilen der Brunn- und Herrengasse gehörten dementsprechend zu den ärmsten Wohngegenden innerhalb der Zähringer-Stadt. Eine eher niedrige Vermögensstruktur fand sich zudem in den rückwärtigen Häuserzeilen der zentral gelege-

Roland Gerber

Die Fischergesellschaft erwirbt zwei Betten im Niederen Spital für die Pflege ihrer alten und kranken Stubengesellen

Wie in anderen spätmittelalterlichen Städten übernahmen die Zünfte auch in Bern die Funktion von religiös-karitativen Gemeinschaften, den so genannten Bruderschaften. Im Namen des Schutzpatrons ihres Handwerks stifteten die Zunftmitglieder gemeinsame Messen, unterhielten eigene Altäre in den städtischen Kirchen und unternahmen Wallfahrten und Prozessionen. Zugleich organisierten sie die Begräbnisse verstorbener Stubengesellen und sorgten sich um den Unterhalt von alten und kranken Berufsgenossen sowie von deren Familien.
Die erste bernische Handwerksgesellschaft, die nachweislich eine eigene Stiftung für die Pflege ihrer alten und kranken Stubengesellen im Niederen Spital einrichtete, waren die Fischer. Im Juni 1342 bestätigte Konrad Wolf als *vogt und pfleger der* [Be-]*dürftigen des neuen spitals vor dem niedern tor der stat von Berne*, dass die *fischer und ire gesellen* zwei Bettstätten vor dem Altar ihres Schutzheiligen Sankt Niklaus auf *ewigliche* Zeiten erworben hatten. Voller Stolz bestimmten die Fischer in ihrer Stiftung, dass die beiden Bettstätten, *wenn und alsbald si ledig sind und erloest werden von den zwei dürftigen, die nun darin liegen*, auf jeder Seite mit dem Emblem der Fischergesellschaft gekennzeichnet werden sollten. Besiegelt wurde die Urkunde durch den Schultheissen Johannes von Bubenberg senior.
Die Fischer vereinigten sich wahrscheinlich in der zweiten Hälfte des 14. Jahrhunderts mit den ebenfalls auf der Aare tätigen Schiffleuten zu einer gemeinsamen Zunft. Als im Jahre 1528 das Niedere Spital in das während der Reformation säkularisierte Dominikanerkloster verlegt wurde, wies der Rat der Schiffleutegesellschaft schliesslich eine eigene Stube im neuen Spital zu, wo sie ihre Stubengesellen – wie dies die Fischer 1342 bestimmt hatten – pflegen lassen konnten.

Ludwig	von Seftigen	8000
Konrad	von Seedorf	6500
Peter	Buwli	6450
Johannes	von Büren	6300
Johannes	von Buch	6150
Konrad	vom Holz, genannt von Schwarzenburg	6000
Gilian	Spilmann senior	5600
Anna	von Grasburg, geb. von Bennenwil	5050
Peter	von Wabern	5000
Werner	Münzer	5000
Peter	von Krauchthal	5000
Konrad	von Bubenberg	4600
Heinrich	von Bubenberg senior	4600
Ivo	von Bolligen senior	4000
Sefried	Ringgold	4000
Rudolf	von Erlach	3600
Konrad	von Burgistein	3500
Gilian	vom Holz, genannt von Schwarzenburg	3400
Hartmann	vom Stein senior	3300
Walter	von Erlach	3200
Otto	von Bubenberg	3000
Burkhard	Kistler	3000
	Haltera, die	2950
Peter	von Graffenried	2800
Agnes	von Seedorf	2700
Heinrich	Zigerli	2600
Gerhard	von Krauchthal	2500
Niklaus	von Gisenstein senior	2500
Johannes	von Muhleren senior	2500
Bernhard	Balmer	2500

Abb. 253
Die steuerbaren Vermögen der 30 reichsten Bernerinnen und Berner im Jahre 1389 (in Gulden).

nen Hauptgassen. Diese waren deutlich weniger dicht mit Wohnhäusern bebaut als die vorderen Gassenfronten.
Bevorzugte Wohnlagen waren hingegen die breit angelegten Strassenmärkte der Markt-, Kram- und Gerechtigkeitsgasse, an denen sich hauptsächlich vermögende Haushalte reihten. An den Marktgassen lebten am Ende des 14. Jahrhunderts die Angehörigen der sozial aufsteigenden Familien wie Heinrich Zigerli, Peter von Wabern, Burkhard Kistler und Johannes Matter.[24] Ausgesprochen reiche Haushalte befanden sich 1389 auch an der zentral gelegenen Kreuzgasse. Hier waren es der vermögende Ritter Konrad von Burgistein und seine Ehefrau Agnes, der Kaufmann Johannes von Nürnberg sowie der Schulmeister und Schreiber Johannes Rintz, die einen Besitz von über 1000 Gulden versteuerten.

Es gehört zu den topographischen Besonderheiten der Stadt Bern, dass die Bewohner mit den grössten Vermögen am Ende des 14. Jahrhunderts jedoch nicht an den zentralen Strassenmärkten, sondern an der peripheren Junkerngasse wohnten (Abb. 256). Im Jahre 1389 lebten mit dem Schultheissen Otto von Bubenberg, Johannes Pfister, genannt Lubetz, Konrad von Seedorf, den Brüdern Peter und Gerhard von Krauchthal, Gilian von Buch, Ludwig von Seftigen und dem Venner Peter von Greyerz nicht weniger als acht amtierende Kleinräte in der südlichen Häuserzeile der Junkerngasse. Zusammen versteuerten sie einen Besitz von über 29 000 Gulden.
Ausschlaggebend für die gehobene Sozialtopographie der Junkerngasse waren deren Nähe zur städtischen Pfarrkirche St. Vinzenz sowie die Lage des Adelshofes der Schultheissenfamilie von Bubenberg westlich der so genannten Hofstatt am nördlichen Ausgang des Bubenbergtürlis (→ S. 282).[25] Direkt neben den Bubenberghäusern befand sich auf der östlichen Seite der Hofstatt der Adelshof der Familie von Erlach. Das aus dem Seeland stammende Geschlecht verfügte über ein ähnlich hohes soziales Ansehen wie die von Bubenberg. Die Mitglieder der Familie von Erlach erwarben im Verlauf des 14. Jahrhunderts verschiedene Wohnhäuser an der Junkerngasse, die sie ähnlich den Bubenberghäusern bis zum Ende des Mittelalters in repräsentative Adelshöfe um- und ausbauen liessen. Weitere angesehene Adelsgeschlechter an der oberen Junkerngasse waren im 14. Jahrhundert die von Kramburg, von Blankenburg und von Grimmenstein.

Handwerker, Dienstleute und Vermögenslose

1256 Personen oder rund zwei Drittel der in den Tellbüchern von 1389 genannten Bernerinnen und Berner besassen nur gerade etwa einen Zehntel des insgesamt in Bern versteuerten Besitzes von 442 000 Gulden (Abb. 252). Sie waren

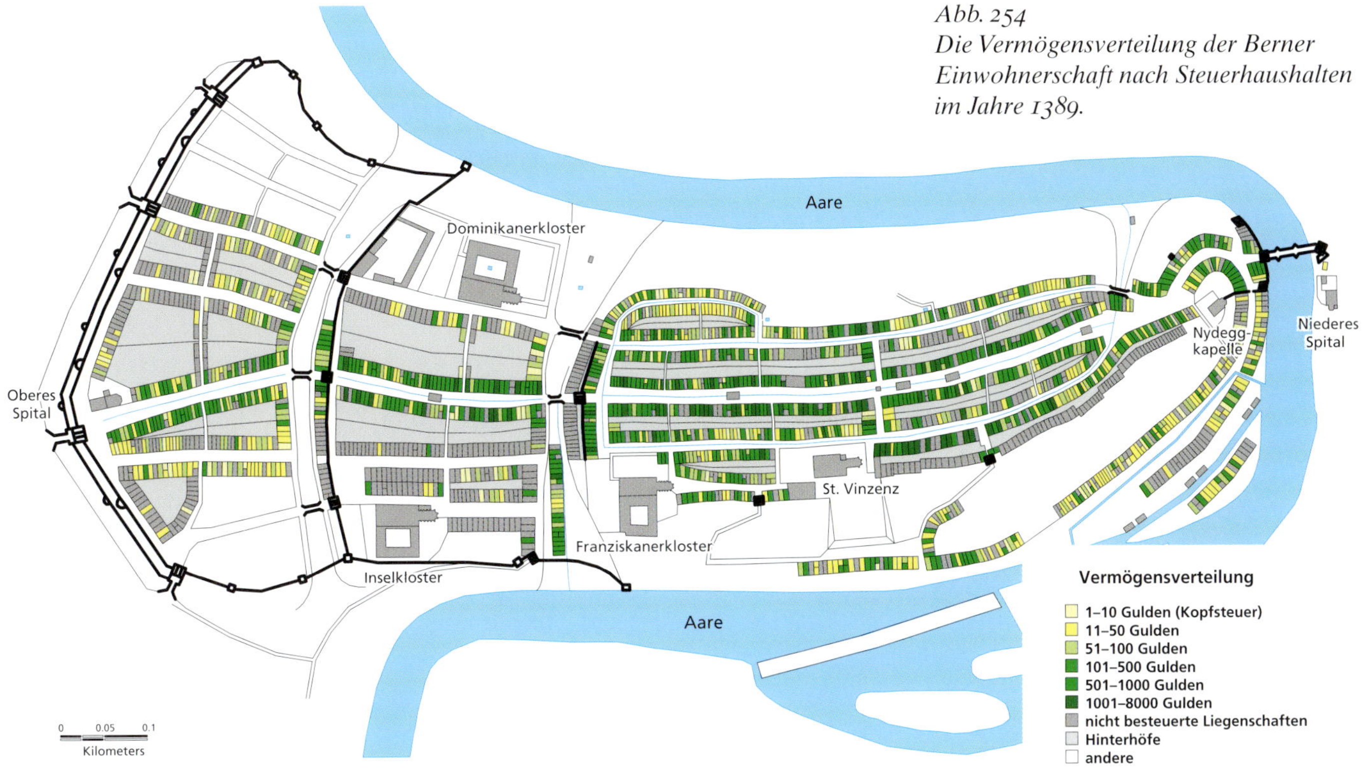

Abb. 254
Die Vermögensverteilung der Berner Einwohnerschaft nach Steuerhaushalten im Jahre 1389.

zu einem grossen Teil einfache Handwerker oder Dienstleute, deren Vermögen unter 100 Gulden lagen. 300 dieser Frauen und Männer verfügten über kein oder nur ein geringes Vermögen, dass sie gegenüber Vennern und Tellherren nicht zu versteuern brauchten. Sie bezahlten lediglich eine einmalige Kopfsteuer von fünf Schilling in den Stadtsäckel. Die vermögenslosen Stadtbewohner standen häufig in rechtlicher und ökonomischer Abhängigkeit zu den vermögenden Bürgern, deren Rebgüter und Haushalte sie bewirtschafteten oder für die sie im Tagelohn oder im Verding kleinere Aufträge ausführten. Vor allem die zahlreichen in fremden Haushalten arbeitenden Dienstmägde und Knechte, kranke oder alte Personen sowie allein stehende Frauen konnten nur selten ein eigenes Vermögen erwerben und gehörten deshalb zu den wirtschaftlich schwächsten Bewohnern der spätmittelalterlichen Stadt Bern.[26]

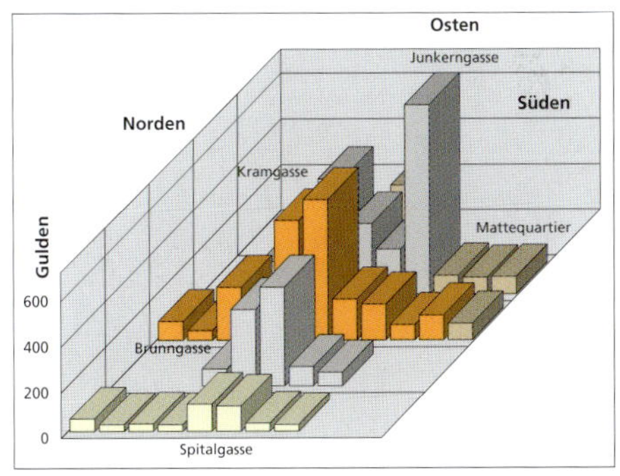

Abb. 255
Die Höhe der durchschnittlichen Vermögen der Berner Einwohnerschaft im Jahre 1389 nach Häuserzeilen und dem Verlauf der städtischen Gassen geordnet.

Einwohner mit kleineren und mittleren Vermögen lebten am Ende des 14. Jahrhunderts in allen vier bernischen Stadtquartieren (Abb. 256). Auch in der gegenüber den jüngeren Quartieren deutlich bevorzugten zähringischen Gründungsstadt besassen rund 59 Prozent der Bevölkerung ein Vermögen von unter 100 Gulden. Die Zahl der vermögenslosen Einwohner, die eine Kopfsteuer von fünf Schilling an den Stadtsäckel entrichteten, war mit zwölf Prozent jedoch vergleichsweise bescheiden.

Das eigentliche Handwerkerquartier Berns war der Nydeggstalden und die Matte. Hier übertraf kein einziges Vermögen 1000 Gulden. Überdurchschnittlich stark vertreten waren hingegen die kleinen und mittleren Vermögen zwischen elf und hundert Gulden. Sie machten einen Anteil von rund 60 Prozent bei der Einwohnerschaft dieses hauptsächlich gewerblich geprägten Stadtquartiers an Stadtbach und Aare aus.

Im Vergleich zur Matte zeichneten sich die Innere und Äussere Neustadt durch eine relativ grosse Vermögensstreuung aus. Rund 23 Prozent der Einwohnerschaft dieser Stadtteile besassen 1389 kein steuerpflichtiges Vermögen. Die reichen Personen, die mehr als 1000 Gulden versteuerten, lebten allesamt an der Marktgasse. Die wohlhabendsten Bürger waren Johannes von Buch, Gilian Spilmann und Peter von Wabern mit Vermögen zwischen 5000 und 6100 Gulden.[27] Die Marktgasse scheint somit am Ende des 14. Jahrhunderts sowohl für einzelne aufstrebende Kaufmannsfamilien als auch für wohlhabende Neuzuzüger ein bevorzugter Wohn- und Arbeitsort gewesen zu sein.

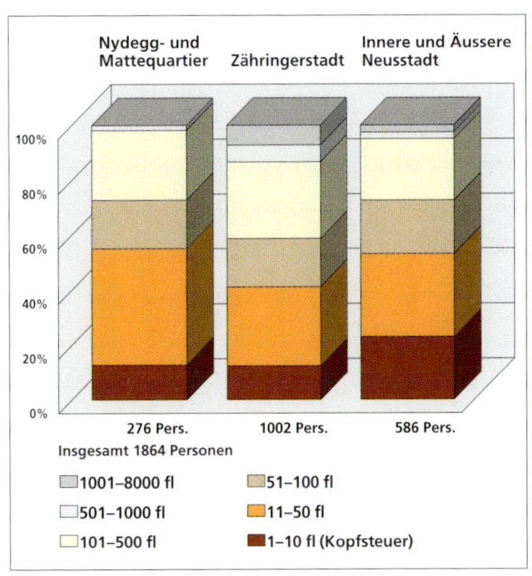

Abb. 256
Die Vermögensstruktur der Berner Stadtquartiere im Jahre 1389.

Wohnen und Alltag

Adriano Boschetti

Vom Turmhaus bis zum Holzpfostenbau

Wohnen und Arbeiten waren in der frühen Stadt räumlich eng miteinander verbunden. Der städtische Wohnbau beherbergte in Erdgeschoss, Keller oder Hinterhof die Werkstatt des Handwerkers oder Lagerräume, und in der Stadt des 13. und 14. Jahrhunderts war auch die Landwirtschaft präsent.[1] Durch diesen Rahmen sind die Funktionen des städtischen Hausbaus umschrieben: Schlafen, Essen, Vorratshaltung, Entsorgung, Gärten, Tierhaltung, Werkstatt, Lagerraum und Verkaufslokal. Neben unterschiedlichen Funktionen von Gebäuden und Räumen sind auch soziale Unterschiede im Hausbau zu beachten. Der Hof des Adligen in der Stadt sah – zumindest noch im 13. Jahrhundert – anders aus als das gehobene Bürgerhaus, das sich wiederum vom Haus des «einfachen Mannes» unterschied.

Diese Vielfalt der Wohnbauten kennen wir aus manchen Städten des hohen und späten Mittelalters. Gerade in Bern ist aber die Quellenlage ungünstig, denn nur wenige und kleine Flächen sind archäologisch erforscht, und vieles ist durch die Auskernungen und die intensive Bautätigkeit nach dem Stadtbrand 1405, während des barocken Baubooms im 18. Jahrhundert und durch die Citybildung im 20. Jahrhundert zerstört. Der Blick auf besser erforschte Landstädte wie Unterseen, Burgdorf, Aarberg oder Wangen erlaubt Rückschlüsse auf Bern und hilft uns weiter, wenn wir ein Lebensbild des 13. und 14. Jahrhunderts in Bern zeichnen wollen.[2]

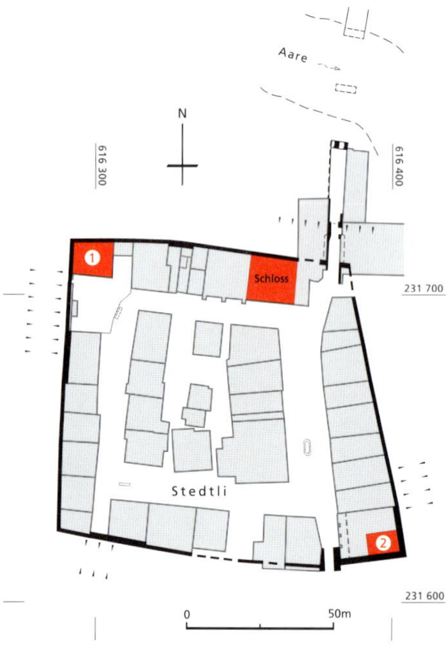

Abb. 257a

Zur Sozialtopographie

In Thun und Burgdorf (Abb. 257d) befanden sich auf dem Burgberg im Bereich der präurbanen Siedlung des 12. Jahrhunderts Sässhäuser der Ministerialen.[3] In Burgdorf wurden sie um 1200 als Teil der gründungszeitlichen Befestigung am alten Markt erbaut. Der zähringische Stadtgründer scheint seine Ministerialen bei der Stadtgründung um 1200 an prominente Plätze gesetzt und mit entscheidenden Aufgaben – wie der Befestigung – betraut zu haben. Auf ähnliche Weise sind später die Stadtklöster angelegt worden (→ S. 400).[4]

In Bern gab es keine mit Thun oder Burgdorf vergleichbare präurbane Siedlung. So ordneten sich die Steinhäuser der Oberschicht in der Gründungsstadt, und zwar an der Haupt- oder an der südlichen Seitengasse (Junkerngasse) an (Abb. 257c). An den nördlichen Seitengassen sind im frühen 13. Jahrhundert nur Holzbauten nachgewiesen.[5] Auf der Matte und in den ehemaligen Stadtgräben befanden sich Gewerbesiedlungen, deren Baugestalt uns allerdings nicht bekannt ist. In Bern wurden wie in Burgdorf Ministerialen mit der Befestigung betraut, so zum Beispiel die Bubenberger, die sich wahrscheinlich um das Tor zur Matte, das *Buebebergtürli*, kümmerten (Abb 259a).

Im Landstädtchen Wangen an der Aare war es im 14. Jahrhundert ähnlich (Abb. 257a): An der Hauptgasse standen neben dem Nordtor das stadtherrliche Schloss, neben dem Südtor ein steinernes Eckhaus – die spätere Landschreiberei – und in der Nordwestecke die Propstei, das spätere Pfarrhaus.[6] Am Hinterstädtli befanden sich sonst nur gewerbliche oder landwirtschaftliche Holzbauten.[7] Im 1279 gegründeten Unterseen standen die massiven Steinbauten neben den Toren, Holzbauten auf Keller- oder Sockelmauern befanden sich in der Häuserzeile daneben (Abb. 257b).[8] Die Steinbauten könnten die Häuser der stadtherrlichen Ministerialen gewesen sein, die Holzbauten auf Steinsockel die Häuser der einfachen Einwohner. Daneben waren vor allem Stadtbefestigung und Kirchen aus Stein erbaut.

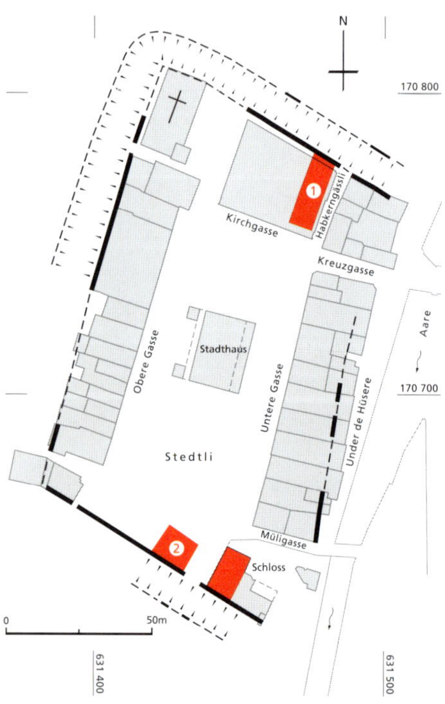

Abb. 257b

Zur Parzellenstruktur

Die Form der Parzelle und ihre funktionale Gliederung hängt mit bestimmten städtebaulichen Rahmenbedingungen zusammen. Der Stadtgründer gab die Gassenlinien und wohl auch den Verlauf der Ehgräben vor, das bedeutet also die Baulinien entlang der Gassen- und der Rückfront. Die Ehgräben verliefen

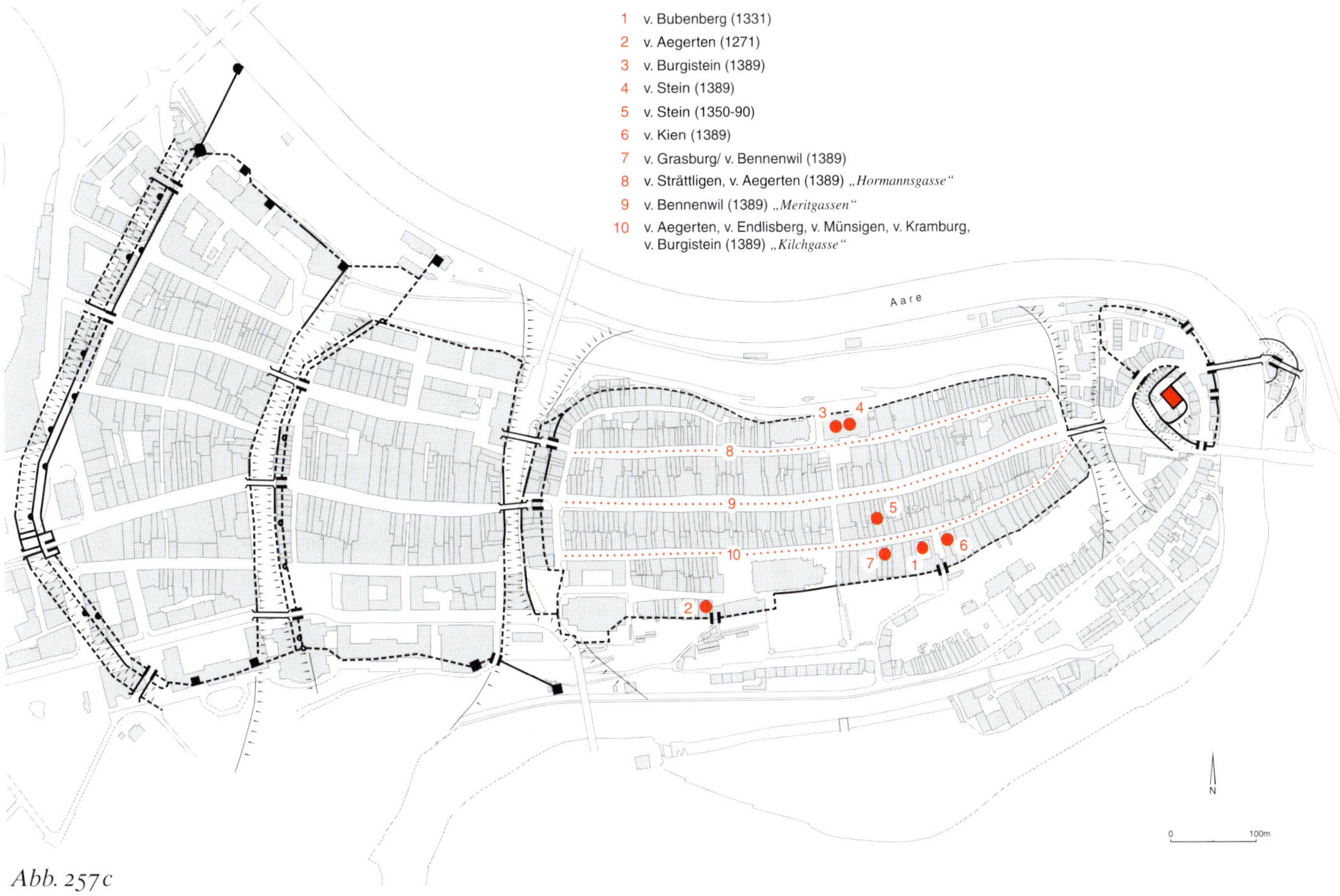

Abb. 257c

Abb. 257d

Abb. 257a bis d
Stadtgrundrisse mit der Lage der stadtherrlichen Niederlassung und der Sässhäuser des Stadtadels beziehungsweise der ältesten Steinhäuser:
a Stadt Wangen: In zwei gegenüberliegenden Ecken standen die Propstei (später Pfarrhaus) und das bislang älteste, archäologisch nachgewiesene Steinhaus des Städtchens (später Landschreiberei). Der Standort des Schlosses neben dem Nordtor weist wohl auf dessen Vergangenheit als stadtherrliche Niederlassung.
b Stadt Unterseen: Neben beiden Toren liessen sich frühe Steinhäuser (1, 2) archäologisch nachweisen. Das Schloss steht ebenfalls neben einem Tor und könnte auf die stadtherrliche Niederlassung zurückgehen.
c Stadt Bern: Die Zahl der bekannten Adelshöfe des 13./14. Jahrhunderts ist eher gering. Von zahlreichen Familien ist die Lage der Niederlassung noch unklar. Die Häuser der beiden wichtigen Ministerialenfamilien Egerdon und Bubenberg standen bezeichnenderweise neben den beiden Südtoren.
d Stadt Burgdorf: Die bekannten Adelshöfe standen entweder am Alten Markt oder an prominenten Punkten der Oberstadt, nahe der Tore oder am höchsten Eckpunkt.

Abb. 258
Parzellenstruktur in der Burgdorfer Unterstadt. Die meisten Parzellen sind 4,5 bis 6 m schmal und sehr tief. Die Kernbauten befinden sich an der Stadtmauer beziehungsweise an der Südseite der Gasse. Die grosse Parzelle mit zugehörigem Wehrturm in der Nordecke der Unterstadt gehört dem Kloster Selz.

in Bern spätestens seit dem 15. Jahrhundert in der Mitte zwischen den Gassen. Sie führten das Abwasser des Stadtbaches aus der Stadt. So standen auch die Abtritte zwischen den Gassen über den Ehgräben.

Es macht den Eindruck, dass die Berner Parzellen in der Regel schmale Streifen von 4,5 bis 6m Breite waren, was zum Beispiel auch für die Burgdorfer Unterstadt zutrifft (Abb. 258).[9] Unklar ist aber die Tiefe der Parzellen: Reichten sie in Bern von Gasse zu Gasse, wie an Gerechtigkeitsgasse 71/73 beziehungsweise der Junkerngasse 50, und waren damit – Lauben inklusive – 40 bis 45m lang? Dieses Mass würde auch für weite Teile der Südzeile zwischen Junkerngasse und Hangkantenbefestigung gelten, während an der Nordflanke nur eine Parzellentiefe von 30m möglich wäre. Oder endeten die meisten Parzellen wie im 15. Jahrhundert am Ehgraben und waren damit lediglich 20 bis 22m tief? Die Hofstätte (*area*) von 50 × 100 Fuss, welche die ältere Forschung als Gründungsraster angenommen hatte, konnte archäologisch bislang nicht nachgewiesen werden (→ S. 89).
Die Grösse der Parzelle entsprach im 13. Jahrhundert noch keineswegs der Hausgrösse. Der Steinbau bildete oft den «Kernbau», also das Wohnhaus an der Gassen- oder an der Rückseite der Parzelle.[10] Ausser dem Kernbau befanden sich auf der gleichen Parzelle ein gewerblicher oder landwirtschaftlicher Holzbau und eine offene Hoffläche.[11] Beispiele aus Berner Landstädten zeigen die vielfältigsten Ausbildungen der dreiteiligen Parzelle. In Nidau stand ein turmartiges Steinhaus des 14. Jahrhunderts direkt an der Gasse, während das benachbarte 13m hinter der Gassenlinie erbaut war.[12] Vergleichbare dreiteilige Strukturen mit Vorderhaus, Hoffläche und Hinterhaus zeigen auch Parzellen in der Zähringer-Stadt Freiburg im Breisgau.[13]

Adelshöfe
Die «festen Häuser» des Adels oder der städtischen Oberschicht waren häufig als kleine Wohntürme mit zugehöriger offener Hoffläche ausgebildet.[14] In Bern kennen wir dank der Ausgrabungen von 1978 das Sässhaus der Bubenberger etwas näher (Abb. 259). Es befand sich an der Stelle des heutigen Erlacherhofes und bestand im Kern aus einem im Grundriss quadratischen Steinbau (7×7m), der etwa 9m hinter die Gassenlinie zurückversetzt war.[15] Die zugehörige Parzelle scheint sehr gross gewesen zu sein, denn auch das *Buebebergtürli*, durch das der Weg in die Matte führt, könnte dazugehört haben. Rings um den Steinbau dürften die hölzernen Wirtschaftsbauten des Adelshofs angeordnet gewesen sein. Die Bubenberger gehörten zu den wichtigsten Ministerialien des

Abb. 259a und b
Grabungsfoto (1978) und Grabungsplan des Sässhauses der Familie von Bubenberg an der Stelle des heutigen Erlacherhofes. Zu beachten ist die Lage an der Stadtmauer beim Buebebergtürli zur Gewerbesiedlung Matte, die bis 1360 Lehen der Bubenberger war.

Stadtgründers und besassen bis 1360 die ganze Matte zum Lehen, das heisst das mittelalterliche «Industrieviertel» Berns.[16]
Ebenfalls an prominenter Stelle an der Stadtmauer stand im 14. Jahrhundert das Sässhaus des Ritters Konrad von Burgistein (Abb. 257c). Es befand sich an der Stelle des Rathauses, dort wo die Kreuzgasse in die nördliche Längsgasse mündet. Über seine Baugestalt wissen wir freilich nur wenig; die 1940 aufgedeckten Mauerzüge unter dem Rathaus lassen sich nur schwer einordnen.[17]
Die Liegenschaft Gerechtigkeitsgasse 71/73, beziehungsweise Junkerngasse 50, war 1350–90 im Besitz der Ministerialen von Schwarzenburg (Abb. 261).[18] Sie besassen damit eine Parzelle, die von Gasse zu Gasse reichte und doppelt so lang war, wie die im 15. Jahrhundert üblichen Liegenschaften. Nach 1265, spätestens im fortgeschrittenen 14. Jahrhundert, stand an der Gerechtigkeitsgasse 71 ein gassenständiges, dreigeschossiges Steinhaus mit Keller. Es war gut 12 m lang; dahinter folgte der offene Hinterhof.

Ähnliche Situationen mit adligem Sässhaus und zugehörigem Hof an der Stadtmauer kennen wir besser aus Burgdorf. Der turmartige Kernbau (Grundriss 8,5 × 8,5 m) des späteren Truberhauses am alten Markt in Burgdorf hatte einen Hocheingang und bildete mit seiner Nordmauer die Stadtmauer (Abb. 260).[19] Bei den 1981/82 ausgegrabenen Gebäuden an der Westflanke des Alten Marktes scheint es sich um ähnliche Bauten gehandelt zu haben.[20] Das mittlere Steinhaus (6 × 9 m) wurde um 1200 erbaut, stand etwa 4 m vom Burgweg zurückversetzt und bildete mit seiner Westfassade die Hangkantenbefestigung (Abb. 262). Es stand an der Stelle, wo spätestens seit der Stadterweiterung «Oberstadt Ost» – vielleicht 1224 – die Stadtmauer vom Burgberg abzweigte. An ähnlich prominenter Stelle stand seit dem frühen 13. Jahrhundert das Sässhaus der Ministerialen von Buchsee, nämlich an der Stelle des heutigen Pfarrhauses von Burgdorf (Abb. 257d).[21] Das grosse, im Grundriss annähernd quadratische Haus (12 × 12 m) war in die Nordwestecke der Oberstadt-Befestigung gestellt. Zum Buchsee-Haus scheint ein beachtlicher, ummauerter Hof mit Eingangstor gehört zu haben.[22] In der Nordwestecke der Burgdorfer Unterstadt – unter dem heutigen Kornhaus – stand ab 1250 das Sässhaus des Klosters Selz

Abb. 260a und b
a Das Truberhaus in Burgdorf vor dem Umbau 1986. Links hinter der Aussentreppe verbirgt sich im Kern ein Wohnturm, der im 13. Jahrhundert Teil der Stadtmauer am Alten Markt war.
b Originale Spitzbogenluzide im Keller des Kernbaus.

Abb. 261
Das Sässhaus der Ministerialen von Schwarzenburg an der Gerechtigkeitsgasse 71 im 14. Jahrhundert.
Rechts: Schnitt mit Kennzeichnung der ursprünglichen Wandflächen;
unten Mitte: westliche Brandmauer im Estrich (13. oder 14. Jahrhundert);
ganz unten: Blick in den Keller gegen Norden nach der Renovierung im Jahr 2000. Teile des Bestandes datieren in die Gründungszeit der Stadt. Bereits damals führte von der Gasse her eine Treppe in den Keller hinunter.

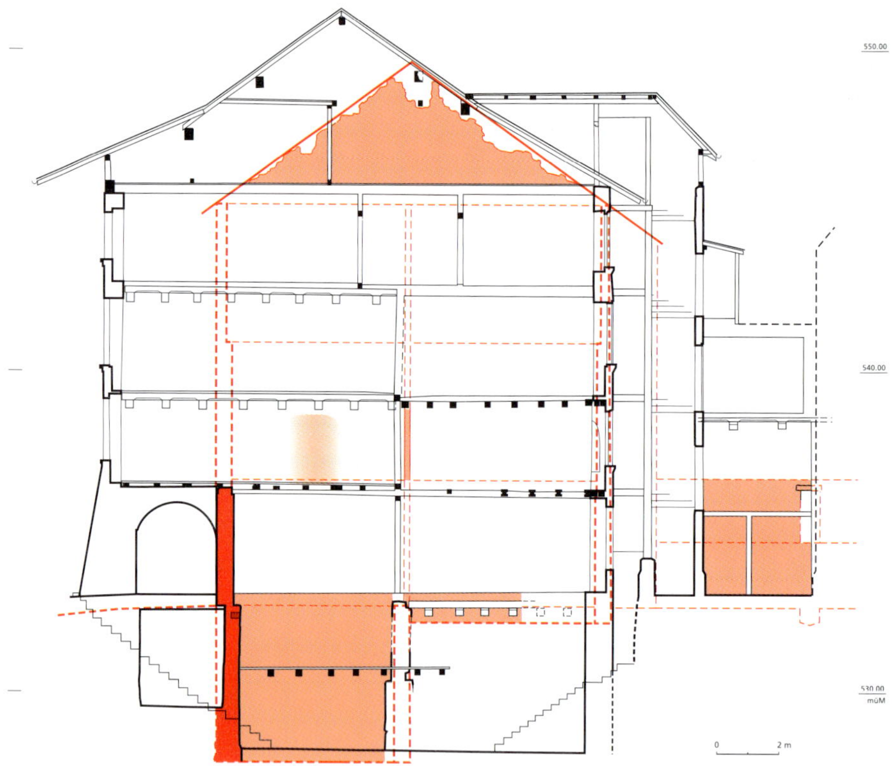

(Abb. 258). Es war als Eckturm in die Stadtmauer integriert.[23] Besonders interessant ist hier, dass wir die zugehörige offene Hoffläche von mindestens 15 auf 20 m Grösse etwas besser kennen. Sie bestand aus einem Platz und einem mindestens zweigeschossigen Holzschwellenhaus mit Lehmfussboden und ebenerdiger Feuerstelle. Das Holzhaus stand an der Stadtmauer; daneben könnten weitere Hütten gestanden sein.
Auch in Thun wurden westlich des Berntors Wohnhäuser in die Stadtmauer integriert.[24] Als die Kiburger in der Mitte des 13. Jahrhunderts die Befestigung der Stadterweiterung erbauten, liessen sie Stadthäuser hinter und auf die noch nicht fertig gestellte Stadtmauer bauen, bevor sie schliesslich die Stadtmauer zwischen den Häusern mit dem Zinnenkranz vollendeten (Abb. 155).
Die Bauten der Oberschicht zeichneten sich in Architektur und Ausstattung durch eine aufwendige Gestaltung (Abb. 263) und die Verwendung besonderer Baustoffe aus. Herausragendes Beispiel dafür ist der Wappenzyklus aus dem ehem. Bubenberghaus an der Stelle des Erlacherhofes (→ S. 251). Bauplastik aus Hau- und Backstein war ein beliebtes gestalterisches Element herausragender Bauten. Einzelne Funde aus Bern zeigen, dass seit etwa 1260 mit Modeln verzierte Backsteinwerkstücke aus St. Urban, Frienisberg oder Fraubrunnen für ausgewählte Fenstergewände oder als Bodenfliesen verwendet wurden (→ S. 313). Bodenfliesen aus Ton scheinen in vornehmeren Stadthäusern als Bodenbeläge verwendet worden zu sein[25] (Abb. 265). In Bern wurden aber im Gegensatz zu Burgdorf erst im Verlauf des 15. Jahrhunderts Backsteinmauern beim Wohnbau häufiger.[26]

Der städtische Adelshof mit seinen heraldischen Wandmalereien, den Kachelöfen mit Minnethemen (→ S. 293) und einer vornehmen Ausstattung zeigt deutlich die höfisch-ritterlichen Ansprüche der städtischen Führungsschicht im 14. Jahrhundert auf. Allerdings sind in Bern derartige Zeugnisse höfischer Gesinnung offensichtlich seltener als anderswo. Der Bestand höfisch-ritterlicher Zeugnisse aus Konstanz und Zürich – den seit der Antike gewachsenen Städte des «Manessekreises» – ist unvergleichlich grösser. Dies kann zum einen am verheerenden Berner Stadtbrand von 1405 und am ungleichen Forschungsstand des 20. Jahrhunderts liegen. Es macht aber auch den Anschein, als ob die damals erst etwa 100-jährige Berner Führungsschicht diese Gesinnung tatsächlich weniger gepflegt hätte als der etablierte Adel traditionsreicherer Städte (→ S. 438 und S. 460).

Abb. 262
Die ältesten Bauten am Alten Markt auf dem Burgdorfer Schlossberg stammen aus der Zeit um 1200. Flugaufnahme gegen Osten während der Grabungen 1981/82.

Abb. 263
Die Wendeltreppe im Keller von Kramgasse 2 in Bern lässt sich aufgrund der Ähnlichkeit mit derjenigen im 1262 erbauten Deutschordenshaus in Köniz ansatzweise datieren; Grabungsfoto von Paul Hofer aus dem Jahr 1963.

Abb. 264
Der Dachziegel war bis zur Restaurierung 1989 zusammen mit gleichartigen Ziegeln im Dachstuhl der ehemaligen Dominikanerkirche gestapelt. Die grosse Rechteckform ist typisch für die Zeit um 1300; ADB.

Das Bürgerhaus

Aus Wiedlisbach oder Biel kennen wir Steinbauten, die zwar nicht gerade mit den Adelshöfen vergleichbar sind, sich aber trotzdem bezüglich Grösse oder Bauweise von den üblichen Bauten unterscheiden. Dies trifft etwa für den Kernbau von Städtli 13 in Wiedlisbach zu, der einem vornehmeren Einwohner des Städtchens gehört haben dürfte (Grundriss 6,5 × 5,5 m, Abb. 266).[27] Am Obergässli in Biel stand ein 8,5 m langer und mindestens drei Geschosse hoher Steinbau des 13. Jahrhunderts 15 m von der Gassenflucht zurückversetzt, fast an der dahinter stehenden, schräg verlaufenden Stadtmauer (Abb. 268).[28] An diesen Kernbau setzte man Holzbauten mit ebenerdiger Feuerstelle an. Auf Grund der Dimensionen, die sich mit dem Haus an der Gerechtigkeitsgasse 71 in Bern vergleichen lassen, sind auch hier höher gestellte Eigentümer anzunehmen.

In Burgdorf gibt es zahlreiche Beispiele von kleineren Stein-, Misch- und Holzbauten, die wir Handwerkern der städtischen Mittelschicht zuweisen möchten (→ S. 176).[29] So waren etwa an der Kornhausgasse in der Burgdorfer Unterstadt kleine Bauten (Grundriss ca. 5 × 7 m) an die Stadtmauer angelehnt. Sie besassen ein gemauertes Sockelgeschoss, auf welchem ein möglicherweise hölzerner Aufbau sass (→ S. 176 und S. 292, Abb. 258).[30] Der Oberbau konnte – wie an der Kornhausgasse 6 – aber auch vollständig aus Stein erbaut sein. Das Sockelgeschoss war ebenerdig zugänglich, ins Obergeschoss führte eine Aussentreppe (→ S. 292). In Analogie zu jüngeren, besser bekannten Bauten aus Bern oder Biel, stellen wir uns vor, dass das Erdgeschoss des Kernbaus die Vorrats- oder Arbeitsräume beherbergte. In Nachahmung des adligen Turm- oder Saalgeschossbaus waren im ersten Obergeschoss die repräsentative und heizbare Stube und die Küche untergebracht. Im zweiten Obergeschoss befanden sich die Kammern. Werkstatt oder Stall waren in hölzernen Nebenbauten untergebracht. Auf der anderen Seite der Kornhausgasse in der Burgdorfer Unterstadt befanden sich Holzhäuser an der Gasse (Abb. 258). Die Werkhäuser oder Hofplätze mit in den Boden eingelassenen Gerberbottichen lagen auf der Rückseite der Parzelle am Stadtkanal.

Abb. 265
Der Tonplattenboden im Keller von Junkerngasse 59 (Beatrice von Wattenwyl-Haus) in Bern. 37 der Fliesen sind mit elf verschiedenen Stempelkombinationen verziert, die nach Paul Hofer aus dem 14. Jahrhundert stammen.

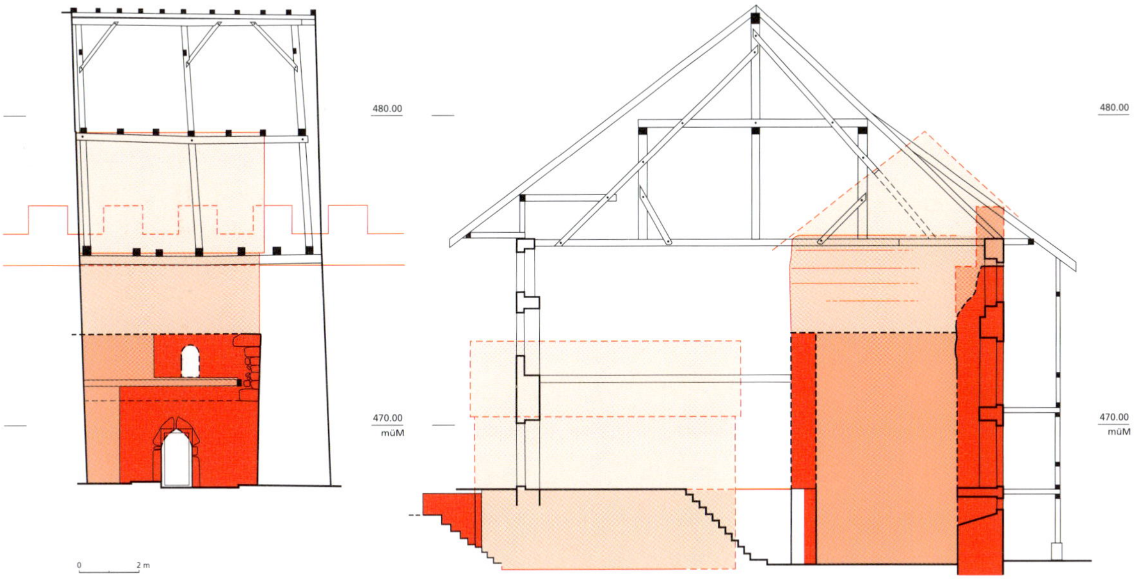

Die Stadt des 13. Jahrhunderts war vor allem eine hölzerne Stadt. Bauten, die nur aus Holz bestanden, sind aber auf Grund ihrer schlechten Erhaltung nur selten bekannt.[31] Oft sind sie späteren Erneuerungen in Stein gewichen. Während dem ganzen Mittelalter ist der Steinbau von der Stadtherrschaft gefördert worden, weil so die Gefahr von Stadtbränden vermindert werden konnte. Auch verdrängte die teurere Ziegelbedachung (Abb. 264) mit der Zeit die Schindelbedachung, besonders mit den Bauverordnungen nach dem Berner Stadtbrand von 1405.[32]

Als archäologischen Glücksfall können wir die Reste einer hölzernen Häuserzeile im – allerdings nicht mehr bernischen – Städtchen Laufen bezeichnen. Hier liess sich sogar die innere Struktur der Häuser bestimmen. Im Erdgeschoss

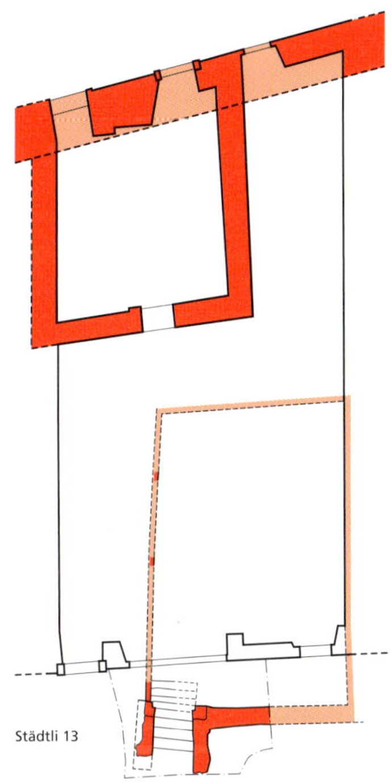

Abb. 266
Der Kernbau von Städtli 13 in Wiedlisbach ist an die Stadtmauer des 13. Jahrhunderts angelehnt und wahrscheinlich durch ein Hofareal von der Gasse getrennt. Im Gegensatz zum Truberhaus in Burgdorf hat dieses Haus einen ebenerdigen Zugang. Die Gewände und Eckverbände sind sehr sorgfältig gearbeitet. Der hölzerne Oberbau ist nachgewiesen.

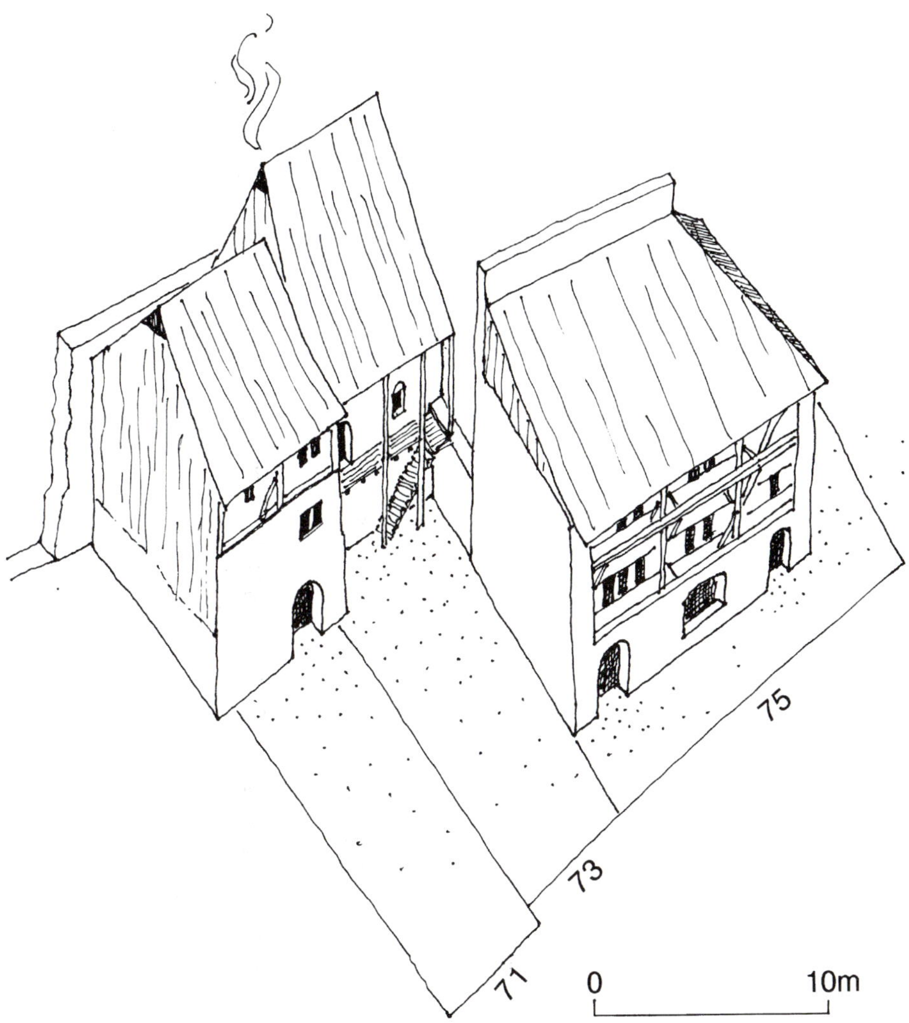

Abb. 267 (links)
Rekonstruktion der Kernbauten um 1300 an der Stelle der Häuser Bälliz 71–75 in Thun. Das Bälliz ist die der Altstadt gegenüberliegende Siedlung auf der Aareinsel und wurde um 1300 in die Stadt integriert.

Abb. 268
Die Bebauung der Parzelle Obergässli 3 in Biel im 13./14. Jahrhundert nach Ergebnissen der Untersuchungen 1993: Grundriss und Blick gegen Westen. Auf der Nordseite standen seit dem frühen 13. Jahrhundert die Stadtmauer und der Römerturm. Hinter ihm befand sich der 8,5 m breite und mindestens 9 m hohe Kernbau aus Stein. Auf der Parzelle Obergässli 7 stand ein weiterer Kernbau. Dazwischen konnten die Reste von Holzbauten erfasst werden. Auch die Fläche bis zur Gasse im Süden dürfte mit Holzbauten belegt gewesen sein.

befanden sich die mit Herd und Ofen heizbaren Räume.[33] Es stellt sich die Frage, ob es sich dabei um die Stube oder die heizbare Werkstatt oder gar um beides in einem Raum gehandelt hat.

Für den Holzbau waren verschiedene Konstruktionsweisen bekannt, die auch nebeneinander angewendet wurden. Aus Nidau, Wiedlisbach, Aarberg und Burgdorf kennen wir Schwellbauten (Abb. 271); in Aarberg, Burgdorf, Wangen und Bern sind die Reste von Pfostenbauten entdeckt worden (Abb. 270).[34] In Unterseen, der einzigen inneralpinen Stadt, war auch der Blockbau bekannt.

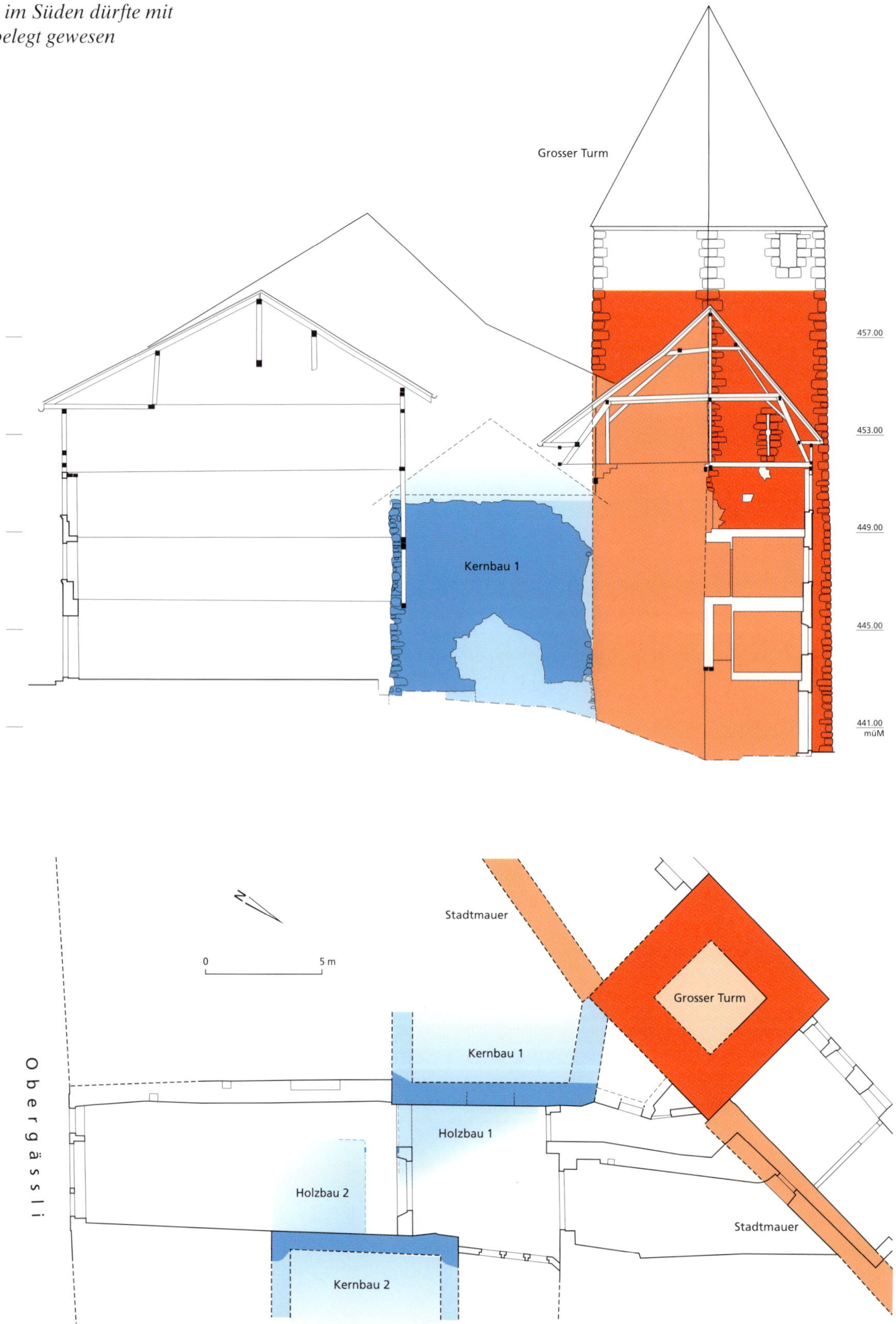

Abb. 269 (oben)
Keller des 13. Jahrhunderts auf dem Stadtplatz Aarberg, die Kellergrube ist in den anstehenden Sandsteinfelsen eingeschrotet. Das Mauerwerk ist sorgfältig gefügt, der Oberbau bestand wohl aus Holz. Das Haus dürfte beim Stadtbrand 1477 zerstört worden sein.

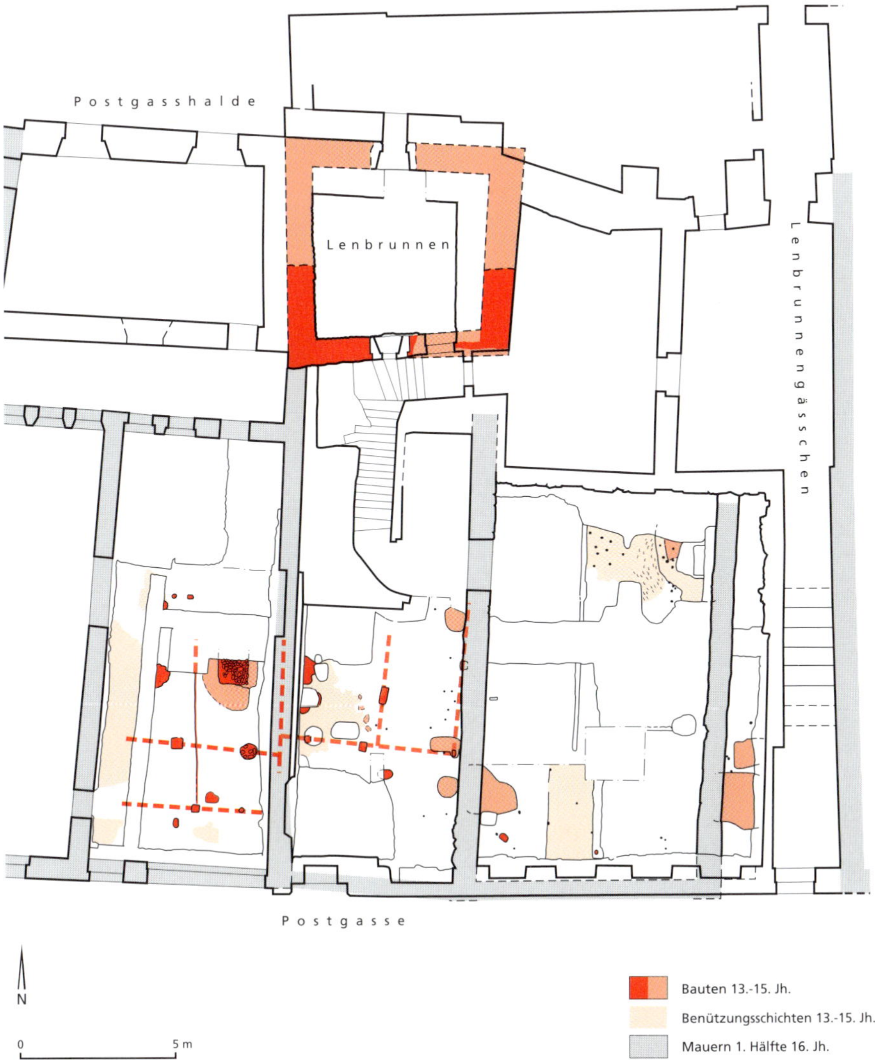

Abb. 270 (links)
Archäologische Untersuchungen zwischen 1992 und 1995 haben gezeigt, dass auf der Nordseite der Postgasse (Nr. 68 und 70) bis um 1530 keine Steinbauten standen. Die Gruben des 13. Jahrhunderts belegen aber, dass das Gelände als Werkplatz diente. Die Holzpfostenbauten orientierten sich bereits am Verlauf der Gassenlinie, und an der Stelle späterer Mauern standen bereits Wände. Einziger gemauerter Bau war der 1252 errichtete, öffentlich Lenbrunnen (→ S. 95 f.).

Abb. 271 (unten links)
Spuren eines Holz-Schwellenbaus unter dem Kronenplatz in der Burgdorfer Oberstadt. Zu erkennen sind das Negativ eines Eckpfostens und zwei rechtwinklig verlaufende Schwellbalken. Nach C14-Datierungen dürfte das Gebäude im späten 12. oder in der ersten Hälfte des 13. Jahrhunderts entstanden sein.

Adriano Boschetti

Ein Handwerkerhaus in der Burgdorfer Unterstadt – von den Spuren im Boden zur Rekonstruktion

Blick über die Grabungsfläche im Kornhaus Burgdorf nach Nordosten. Zu erkennen sind die Steinfundamente des Hinterhauses an der ehemaligen Stadtmauer und rechts vorne die Reste der Holzbauten, gestört durch jüngere Eingriffe.

In den Jahren 1988 bis 1991 wurde das Kornhaus in Burgdorf umgebaut. Weil das Gebäude unterkellert werden sollte, führte der Archäologische Dienst des Kantons Bern Rettungsgrabungen durch. Weitere Bauarbeiten zogen eine Untersuchung des bestehenden Mauerwerks nach sich. Die Ausgrabungen erbrachten wesentliche Resultate zur Burgdorfer Stadtgeschichte: Auf einer Breite von knapp 60m konnten die Archäologen eine Häuserzeile mit sieben Parzellen bis ins Detail erforschen. Schicht für Schicht gruben sie sich rückwärts in die Geschichte. Mauerfundamente, Pfostenlöcher, Unterlagssteine für Holzwände, Gehniveaus sowie Brand- und Schuttschichten bilden die Spuren zerstörter Gebäude. Münzen, weitere Funde und dendrochronologisch datierbare Hölzer geben Auskunft über das Alter der Spuren im Boden. Unter Umständen erlauben die Funde auch Aussagen zu Handelsbeziehungen, Alltagsgeschichte und sozialem Status der Einwohner.

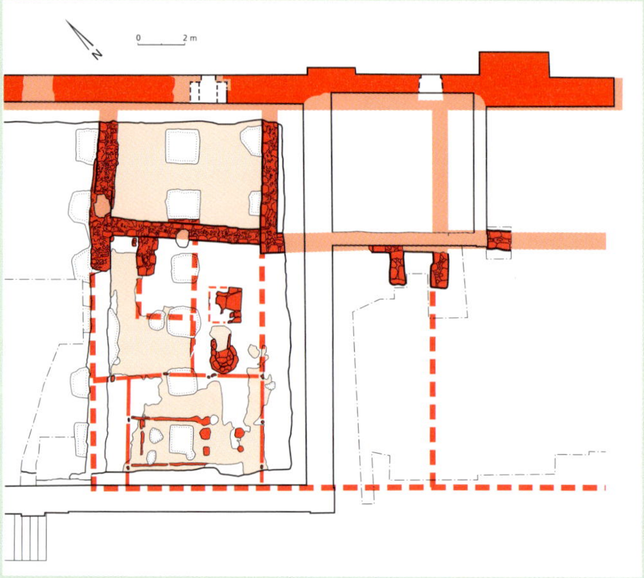

Grabungsplan mit den freigelegten und nachgewiesenen Bauresten. Eingetragen sind Mauerfundamente, Pfostenlöcher, Lehmböden, Feuerstellen und der vermutete Verlauf der Holzwände anhand der erhaltenen Unterlagsteinen. Zustand nach dem ersten Umbau im 14. Jahrhundert.

Die Spuren der Fensternische in der ehemaligen Stadtmauer. Da die Aussenschale der Stadtmauer später zurückgeschrotet wurde, ist nur noch der innere Teil erhalten. Die Nische war beidseits mit gemauerten Sitzen ausgestattet und schloss oben mit einem Stichbogen.

Die Stadtmauer aus der Zeit um 1270–1280 war der älteste Bauteil am Ort. Nach und nach belegten Handwerkerhäuser die Fläche zwischen Gasse und Stadtmauer. Die Steinbauten standen auf dem hinteren Teil der Parzelle an der Stadtmauer. Gegen die Gasse hin folgten eine freie Hoffläche und ein hölzernes Nebengebäude.

In der Häuserzeile befand sich auch das Haus eines Handwerkers. Das Gebäude wurde während seiner Benützungszeit bis zum Unterstadtbrand im Jahr 1715 mehrmals umgebaut. Der erste Umbau fand nach Auskunft dendrochronologischer Untersuchung frühestens um 1330 statt. Nach dem letzten Umbau im 17. Jahrhundert diente die Werkstatt als Hafnerei. Von Anfang an war die etwa 7×15m grosse Parzelle dreigeteilt: Hinterhaus (Wohnhaus an der Stadtmauer), nicht überdachter Innenhof (Werkplatz) und Vorderhaus (gassenständiges Werkstatt- und Ladenlokal). Keines der Häuser war unterkellert, so dass sich die Schichten im Boden erhalten konnten. Aus der Zeit vor dem ersten Umbau des 14. Jahrhundert wissen wir nur über die gassenseitigen Teile Näheres. Der Holzbau an der Gasse war 4,5m tief und wies einen seitlichen Eingangskorridor auf. Nach dem Umbau enthielt er in seinem Westteil einen Bretterfussboden.

Das Hinterhaus verfügte spätestens nach dem Umbau über ein steinernes Sockelgeschoss. Es wies den gleichen Grundriss von $7 \times 4{,}5$m wie sein möglicherweise hölzerner Vorgänger auf. Der spärlich belichtete Erdgeschossraum diente wahrscheinlich als Vorratsraum oder Stall. Er wurde durch eine ebenerdige Tür unter dem Treppenpodest betreten und war mit einem einfachen Naturboden versehen. Ins Obergeschoss gelangte man über eine Aussentreppe, deren Podest auf zwei Zungenmauern seitlich des Erdgeschosseinganges ruhten. Der Raum im Obergeschoss wurde von Norden durch eine mit gemauerten Sitzbänken ausgestattete Fensternische belichtet, deren Reste in der Stadtmauer, der heutigen Nordmauer des Kornhauses, erhalten blieben. Die aufwendige Form des Fensters weist darauf hin, dass es sich beim Obergeschoss um den repräsentativen Wohnraum handelte.

Im Mittelteil der Parzelle stand ein sorgfältig gebauter, kreisrunder Ofen von 70 bis 80cm Durchmesser. Im Bereich der Feuerfläche fanden sich starke Brandspuren. Zunächst stand der Ofen unter einem Schutzdach in der Mitte des Hofes. Nach dem Umbau verlegte man ihn in ein Gebäude an der Ostseite des Hofes und errichtete dort auch eine mit Steinplatten belegte Arbeitsfläche (Abb. 3273). Was die funktionale Deutung des Ofens betrifft, tappen wir im Dunkeln: Sowohl die Form des Ofens als auch das Fehlen von Produktionsabfällen oder Halbfabrikaten sprechen gegen die Interpretation als Hafnerei, Glasbläserei, Schmiede oder Bäckerei. Möglicherweise handelte es sich um die Werkstatt eines Goldschmiedes oder Bronzegiessers. Bunt- und Edelmetallhandwerker benötigten eine kleine Esse und hinterliessen kaum nachweisbare Abfälle.

Literatur: Baeriswyl/Gutscher, Burgdorf Kornhaus.

Rekonstruktion des Zustandes nach dem ersten Umbau, der frühestens um 1330 zu datieren ist. Die aufgehenden Teile sind mit Ausnahme der Stadtmauer weitgehend frei ergänzt. Das hinten angrenzende Haus stellt eine zweite Rekonstruktionsmöglichkeit dar. Max Stöckli ADB.

Eva Roth Heege

Wärme und Gemütlichkeit – die ältesten Berner Kachelöfen

Im Mittelalter gab es mehrere Möglichkeiten, das Haus oder zumindest einen Wohnraum zu erwärmen. Die einfachste Heizung war die offene Feuerstelle. Sie war multifunktional, denn sie diente als Herdstelle und wärmte gleichzeitig den Raum. Allerdings verteilten sich der beissende Rauch und die wohlige Wärme unregelmässig in der Küche bevor beide nach oben durch das Dach entwichen. Daher wurden schon früh andere Heizformen wie die seit der Spätantike bekannten Warmluftheizungen und Glutbecken verwendet. Ziel war, Wärme und Rauch zu trennen und dabei möglichst wenig Energie zu verlieren. Spätestens seit dem 11. beziehungsweise frühen 12. Jahrhundert baute man im adeligen Wohnbau Mitteleuropas einfache Kachelöfen, die im Wesentlichen aus Lehm (Ofenlehm) und gebrannten Keramikbechern (Kacheln) bestanden.[1] Die Öfen wurden meistens vom Nebenraum her befeuert, so dass der Wohnraum, die Stube, rauchfrei und angenehm warm war.[2] Obwohl der Ursprung des Kachelofens noch nicht geklärt ist, wird er in der Regel im Grossraum Alpen–Süddeutschland–Elsass lokalisiert.

Abb. 272 (rechts)
Würzburger Monatsdarstellung. Das Bild zeigt einen Mann vor einem Kachelofen der seinen nackten Fuss an einem Glutbecken wärmt. Der Ofen ist dreiteilig aufgebaut: Im untersten Bereich befindet sich ein Wärmefach. Darüber sind je durch ein Gesims abgestuft zwei zurückversetzte Ofenteile dargestellt. Diese weisen in regelmässigen Abständen Becherkacheln auf, die in Ofenlehm eingebettet sind; Bayerische Staatsbibliothek, Clm 3900 fol. 1v.

Abb. 273
Unglasierte Becherkacheln aus dem ehemaligen Bergfried von Schloss Nidau, mittleres 12. Jahrhundert (links), frühes 13. Jahrhundert (Mitte links) und 2. Hälfte 13. Jahrhundert (Mitte rechts und rechts). Die Kacheltiefen betragen ca. 11 cm, die Durchmesser 10–12 cm; ADB.

Abb. 274
Unglasierte Becherkachel aus dem Erlacherhof in Bern, frühes 13. Jahrhundert; ADB.

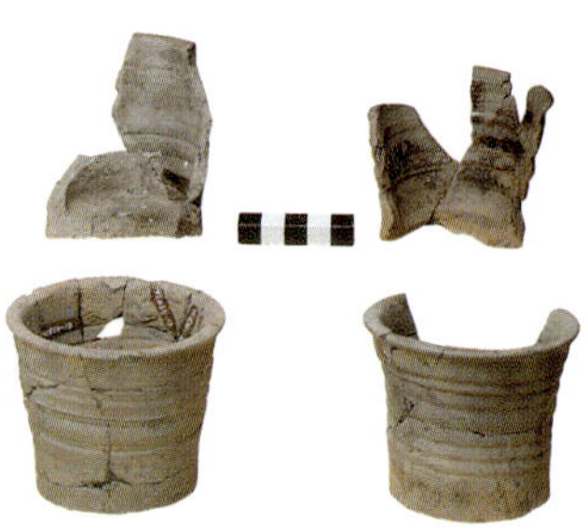

Abb. 275
Unglasierte Becherkacheln aus einem verfüllten Keller am Stadtplatz in Aarberg, frühes 13. Jahrhundert. Sie sind ca. 7,5 cm tief und haben einen Durchmesser von 8–9 cm. An ihren Rändern und an den Aussenseiten haften noch Reste des Ofenlehms, mit dem sie zu einem Kachelofen zusammengefügt worden waren; ADB.

Zur Zeit der Stadtgründung Berns kannte man den einfachen Kachelofen somit schon seit längerem. Man kann sich ihn ungefähr so vorstellen, wie er in der Mitte des 13. Jahrhunderts in der Würzburger Illustration des Monats Januar wiedergegeben wird (Abb. 272). Es handelt sich dabei um einen dreiteiligen Ofen aus Ofenlehm, der in regelmässigen Abständen Becherkacheln aufweist. Die gegen den Wohnraum offenen Kacheln aus Keramik leiten die Wärme schnell und effizient an die Umgebung ab.
Da die ältesten noch stehenden Öfen in Mitteleuropa nicht weiter als in die zweite Hälfte des 15. Jahrhunderts zurückreichen,[3] beleuchten hauptsächlich archäologische Funde und Befunde die Frühgeschichte des Kachelofens. Im schweizerischen Mittelland und in der Nordwestschweiz setzen Funde einfacher Becherkacheln in datierbaren Schichten des 12. Jahrhunderts ein. Sie sind weitgehend auf Burgen und ehemalige Adelssitze beschränkt.[4] Seit dem 13. Jahrhundert machen Fragmente von Becher- und Napfkacheln einen mengenmässig stetig steigenden Anteil archäologischen Fundgutes aus. Man kann daher schliessen, dass sich der Kachelofen zunehmender Popularität erfreute und in den Wohnhäusern der sozialen Oberschichten zur normalen Ausstattung gehörte. Nun sind die Kachelöfen nicht nur auf Adelssitzen und in städtischen Adelshöfen, sondern – wie etliche Befunde zeigen – auch in den normalen Bürgerhäusern in den Städten zu finden.[5]

Die archäologische Überlieferung von Ofenkacheln im Kanton Bern bestätigt dieses Bild: Auch hier darf der Einzug der Kachelofenheizung auf Burgen spätestens ins 12. und in Städten ins frühe 13. Jahrhundert gesetzt werden.[6] Die bisher ältesten, sicher datierbaren bernischen Ofenkacheln stammen aus der ehemaligen Burg Nidau bei Biel.[7] Es handelt sich um unglasierte Kacheln, die in den untersten Verfüllungsschichten des steinernen Bergfrieds zum Vorschein kamen (Abb. 273) und ins mittlere 12. Jahrhundert datiert werden können.[8]
Die frühesten Kacheln aus den Städten Bern, Burgdorf, Thun und Aarberg stammen, wie Vergleiche belegen, aus dem frühen 13. Jahrhundert.[9] So sind beispielsweise aus den Grabungen in der Burg Nydegg und im Erlacherhof in Bern

unglasierte Becherkacheln überliefert, die den um 1208 verbauten Kacheln aus Winterthur sehr ähnlich sind (Abb. 274).[10] Man kann also annehmen, dass nicht nur in der Burg des Stadtvogtes, sondern auch im Sässhaus der Bubenberger in der Junkerngasse (→ S. 282) ein einfacher Kachelofen stand. Ein ähnlicher Ofen ist auch aus der Frühzeit Aarbergs überliefert (Abb. 275): In einem verfüllten Keller kamen circa 15 einheitlich gefertigte Becherkacheln zum Vorschein, die vermutlich zu einer Ofenkuppel gehörten.[11]

Das Aussehen dieser einfachen Öfen war geprägt vom graubraunen Ofenkörper aus getrocknetem Lehm und den grau oder uneinheitlich gebrannten Becherkacheln. Man nimmt heute an, dass diese Öfen zwei- oder dreiteilig aufgebaut waren und in der Art der Würzburger Monatsdarstellung grosse Zonen mit Ofenlehmwandung und -gesimsen hatten. Dieses Bild und die damit verknüpfte Vorstellung eines schmucklosen Ofens im einzigen beheizbaren Raum des Hauses ist vor allem im Vergleich zum nachfolgenden Ofentyp mit Reliefkacheln bemerkenswert: Am Wandel der Kacheln kann man eine markante Zunahme des Repräsentationsbedürfnisses erkennen.

Seit dem mittleren 14. Jahrhundert werden im schweizerischen Mittelland und im nordalpinen Raum Öfen mit glasierten und reliefierten Blattkacheln üblich.[12] Die Blattkachel besteht aus einem so genannten Kachelblatt, das meistens ein glasiertes Reliefmotiv aufweist, und einer unglasierten Becher- oder Napfform, die an der Rückseite des Kachelblattes angebracht ist.[13] Mit der Verwendung dieser Neuerungen – der Blattkachel und der Glasur – ändert sich das Äussere des Kachelofens grundsätzlich: Von da an fallen vor allem die aneinander gereihten Reliefkacheln auf, die oft komplexe Bildinhalte wiedergeben oder höfische Geschichten erzählen.[14]

In der Stadt Bern sind frühe Reliefkachelöfen durch zahlreiche Kachelfragmente belegt:[15] Sie zeigen beispielsweise Turnierritter, Liebespaare, Fabelwesen, Drachen und heraldische Rosetten. Thematisch stellen die Bildinhalte oft verschiedene Aspekte des ritterlichen Lebens, so etwa christliche Tugenden, das ritterliche Abenteuer und die Minne dar. Hervorzuheben sind etwa zwei Kacheln aus der Kramgasse 2, die zwei Tiervergleiche nach dem im Spätmittelalter sehr beliebten zoologischen Lehrbuch des ‹Physiologus› wiedergeben (Abb. 276): Sowohl der Pelikan, der sich die Brust aufreisst und mit seinem Blut die Jungen nährt, als auch der Löwe, der mit seinem Atem die Jungen zum Leben erweckt, waren bekannte und oft dargestellte Sinnbilder für den Opfertod und die Auferstehung Christi. Im Weiteren werden höfische Geschichten und Lieder thematisiert, wie Schlüsselszenen aus ‹Vergil im Korb› (Abb. 277) oder ‹Tristan und Isolde› (Abb. 278). Aber auch der Frauendienst, die Minne, kam an bernischen Öfen nicht zu kurz: So gibt es etwa die Darstellungen der Rose als Minnesymbol und auch Liebespaare auf Kranzkacheln, die den oberen Abschluss des Ofens bildeten (Abb. 279).

Diese frühe Zeit des Reliefkachelofens ist geprägt von einer grossen Vielfalt an Kacheltypen, für die stellvertretend die Funde der Burg Auswil/Rohrberg genannt seien.[16] Besonders zu erwähnen ist die Sonderform des so genannten «Steckpfropfens», die praktisch nur im Raum Freiburg i. Ü.–Seeland–Bern–Berner Oberland verbreitet ist (Abb. 280).[17] Die Steckpfropfen bestehen meistens aus einem modelgepressten, menschlichen oder tierischen Gesicht und haben einen nagelförmigen und handgeformten Schaft zur Verankerung im Ofen. Sie waren wohl als Zwickelfüller zwischen den Kranzkacheln oder zwischen den runden Umrissen der Teller- und Pilzkacheln platziert. Die zumeist fratzenhaften Gesichter können als Abwehr des Bösen oder unter Umständen auch als Personifizierung der Winde interpretiert werden.

Da die angesprochenen frühen Reliefkacheln aus der Stadt und dem Kanton Bern überwiegend aus alten Beständen ohne gesicherte Befundzusammenhänge sowie aus grossen Auffüllungen der Stadtgräben stammen, wissen wir noch immer nicht genau, wie die Berner Kachelöfen im 14. Jahrhundert aussahen. Dank zweier Kachelkomplexe aus Aarberg und vom Thorberg besitzen wir jedoch die Möglichkeit, die Gestalt der Öfen aus der 2. Hälfte des 14. Jahrhunderts als Idealbilder zu erschliessen.[18]

Abb. 276
Honiggelb glasierte Blattkacheln mit reliefierten Tiermotiven aus der Kramgasse 2 in Bern, mittleres 14. Jahrhundert. Links: Der Pelikan reisst sich die Brust auf, um das Junge zu nähren – nach der mittelalterlichen Schrift ‹Physiologus› ein Sinnbild für den Opfertod Christi; rechts: Der Löwe belebt seine Jungen mit seinem Atem – nach ‹Physiologus› ein Sinnbild für die Auferstehung Christi; ADB.

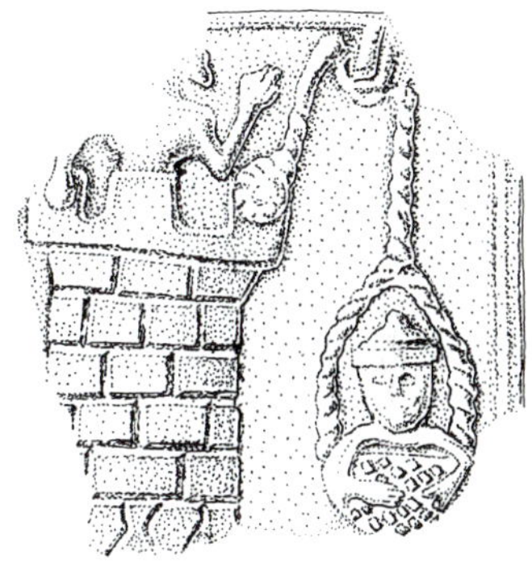

Abb. 277
Umzeichnung einer olivgrün glasierten Blattkachel vom Waisenhausplatz in Bern, mittleres 14. Jahrhundert. Die Burgdame auf dem Turm lässt den Liebhaber zum Gespött anderer am Seil im Korb sitzen. Das Thema geht auf eine französische Fabel ‹Vergil im Korb› aus dem 13. Jahrhundert zurück; Original BHM Inv. Nr. 34843.

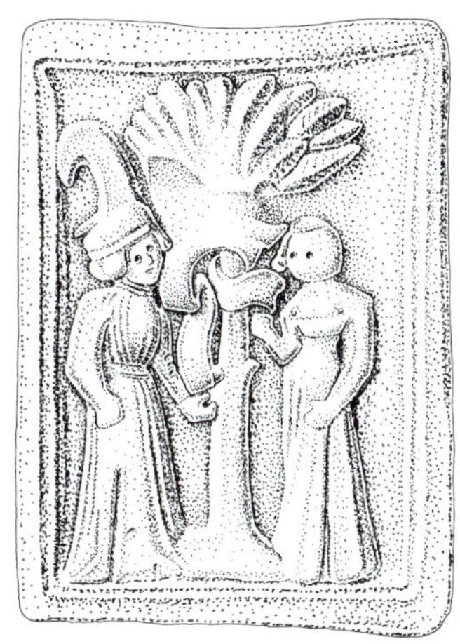

Abb. 278
Umzeichnung einer sattgrün glasierten Blattkachel von der Kramgasse 36/38 in Bern, Ende 14. Jahrhundert. Beidseitig eines Baumes steht ein höfisch gekleidetes Liebespaar. Es handelt sich möglicherweise um eine Schlüsselszene des Romans ‹Tristan und Isolde›; Original BHM Inv. Nr. 26667.

In Aarberg konnten aus insgesamt 5576 Ofenkachelfragmenten und mit Hilfe der Form der Ofenlehmstücke zwei mögliche Kachelöfen zeichnerisch rekonstruiert werden, von denen hier einer zur Sprache kommen soll (Abb. 282). Dieser hatte wohl eine polygonale Form, stand im unteren Teil an der Wand und wies oben einen achteckigen Turm auf. Die Bildmotive lassen sich, wie die Stücke aus Bern, ebenfalls als Abbild einer idealisierten höfischen Welt interpretieren.[19] Besonders interessant ist eine dreieckige Kranzkachel, die vermutlich drei Fabeln des Äsop darstellt: nämlich ‹Sperber und Nachtigall› (oben), ‹Fuchs und Adler› (Mitte) und ‹Löwe und Elefant› (unten). Die Fabeln thematisieren verschiedene Tugenden und Laster, die auch auf das ritterliche Ideal der höfischen Zeit zutreffen. Die Tiergesichter am topfförmigen Ofenaufsatz und an den Steckpfropfen werden als Panther, Sinnbild des auferstandenen Christus, interpretiert.

Die in Aarberg vorhandenen Kachelmotive sind in identischer oder sehr ähnlicher Form auch auf der ehemaligen Burg Thorberg bei Bern zum Vorschein gekommen (Abb. 281).[20] Offenbar gab es im 14. Jahrhundert – zumindest was das Aussehen der Kachelöfen betrifft – keine Unterschiede mehr zwischen adeliger und städtisch-bürgerlicher Wohnkultur. Es handelt sich vielmehr um weit

Abb. 279
Grün glasierte Kranzkachel vom Waisenhausplatz in Bern, 2. Hälfte 14. Jahrhundert. Das höfisch gekleidete Liebespaar sitzt auf einer Brüstung mit gotischem Masswerk; BHM Inv. Nr. 34878.

Abb. 280
Zwei Steckpfropfen aus der ehemaligen Burg Thorberg, Krauchthal, Mitte bis 2. Hälfte 14. Jahrhundert. Die Steckpfropfen waren wohl als Zwickelfüller zwischen den Kranzkacheln oder den runden Kacheln platziert (Abb. 282); ADB.

Abb. 281
Grün glasierte Ofenkacheln aus der ehemaligen Burg Thorberg, Krauchthal, 2. Hälfte 14. Jahrhundert. Unten rechts: Blattkachel mit drei Hasen, die drei gemeinsame Ohren haben – ein Symbol für die heilige Dreifaltigkeit; ADB.

Abb. 282 (rechts)
Idealbild eines polygonalen Kachelofens mit achteckigem Turm aus der 2. Hälfte des 14. Jahrhunderts nach Funden vom Stadtplatz Aarberg. Ecken und Übergangsgesimse waren aus Ofenlehm geformt, den Abschluss des Turms bildete ein Kranz aus fast frei stehenden, dreieckigen Kranzkacheln und dazwischenliegenden Steckpfropfen. Der Turm wurde mit einer Kuppel aus Ofenlehm überwölbt und mit einem Ofenaufsatz mit Tiergesichtern abgeschlossen.

verbreitete und phantasievolle Übernahmen beliebter Themen, die mehrheitlich das höfisch-ritterliche Leben idealisieren.
Die Frage der Lokalisierung der bernischen Hafnereien bleibt auf Grund fehlender archivalischer und archäologischer Hinweise weiterhin offen.[21] Allerdings kann auf Grund der Häufung identischer oder sehr ähnlicher Kachelmotive in der Region Bern auf eine Produktion in der Stadt Bern geschlossen werden. Auch muss in unserer Region schon in der 2. Hälfte des 14. Jahrhunderts ein funktionierender Handel mit Kachelmodeln (Negativen) bestanden haben.[22] Es ist anzunehmen, dass die Berner Hafner zumindest teilweise ihre Model im überregionalen Handel bezogen und daraus ihre Kacheln schufen.

Abb. 283
Die Ofenkachel- (links) und Gefässscherben (rechts), die bei einer Notgrabung 1987 an der Zytgloggelaube 4/6 in Bern geborgen worden sind, vermitteln einen Eindruck der Spärlichkeit an Bodenfunden aus der Stadt des 13./14. Jahrhunderts. Nicht abgebildet sind die Ziegel- und Backsteinfragmente; ADB.

Adriano Boschetti

Von Kochtöpfen und Spielzeug – der Hausrat

Fundstücke aus dem mittelalterlichen Berner Alltag sind vergleichsweise selten (Abb. 283).[1] In Winterthur, Konstanz, Basel oder Freiburg i. B. sind die mit Abfall gefüllten Latrinengruben zu Fundgruben der Alltagsgeschichte geworden. In der Westschweiz hat man aber, anders als in den Städten der Ostschweiz und Süddeutschlands, keine Latrinengruben angelegt. Fäkalien und Unrat wurden wie in Bern durch die Ehgräben aus der Stadt – hier in die Aare – geleitet. Kommt hinzu, dass die Gegenstände je nach Funktion oder Material in unterschiedlichem Masse erhalten bleiben. Wertvolle und wieder verwendbare Materialien, wie Edelmetall, Buntmetall oder Glas, werden nicht weggeworfen, sondern rezykliert. Sie finden sich folglich nur als verlorene Gegenstände. Holz oder Textilien können als Brennmaterial eingesetzt werden, und wenn sie in den Boden gelangen, erhalten sie sich nur unter besonderen Bedingungen. Deshalb wissen wir – bis auf einzelne Eisenteile (Beschläge oder Schlösser) – auch fast nichts über die Möbel jener Zeit (→ S. 494).
Die Küche muss im 13. Jahrhundert relativ spärlich ausgerüstet gewesen sein. Sie dürfte an Mobiliar nur etwa drei bis fünf einfache Kochtöpfe[2], einen steinernen Mörser, Messer und diverses Gerät aus Holz enthalten haben (Abb. 286 und 287). Becken oder Schalen aus Bronze oder Messing waren vornehmeren Küchen vorbehalten (Abb. 284 und 508).

Abb. 284
Pfanne aus dem Sodbrunnen der Burg Grünenberg bei Melchnau aus dem 14. Jahrhundert; ADB.

Zwischen 1200 und 1400 war die Gefässkeramik einem eingreifenden Wandel unterworfen. Einerseits wurden verschiedene Gefässtypen neu hergestellt und verwendet, andererseits veränderte sich mit dem Auftreten von Glasuren und einer konsequenteren Verwendung der Töpferscheibe die Herstellungstechnik. Drittens passten die Töpfer ihre Gefässformen ständig neuen Moden an.[3]
Noch um 1200 war der Topf fast die einzige keramische Gefässform,[4] die in der Regel sowohl zum Kochen als auch zum Auftragen der Mahlzeit verwendet worden sein dürfte; vielleicht setzte man ihn auch zur Vorratshaltung ein. Um die Mitte des 13. Jahrhunderts wurden neu die Dreibeinpfanne, der Krug und der Deckel ins Sortiment aufgenommen (Abb. 287). Damals begannen sich auch der so genannte Leistenrand und schlankere, höhere Topfformen durchzusetzen, hinter denen wir ein allgemein gotisches Stilempfinden erkennen möchten.[5] Wenig später wurden einzelne, besonders geschätzte Gefässe erstmals glasiert. Gegen Ende des 14. Jahrhunderts stellten die Töpfer erstmals im oberen Aareraum auch Schüsseln und Schalen her. Es scheint, dass sich diese Entwicklung von der Ostschweiz her ausgebreitet hat.[6] Bis zu diesem Zeitpunkt waren die niedrigen, breiten Gefässformen einem anderen Rohmaterial vorbehalten: Aus Holz wurden Näpfe gedrechselt und Daubengefässe hergestellt (Abb. 287).[7] Die Näpfe dürften zum Tischgeschirr gehört haben, was auch bildliche Darstellungen bestätigen. Der Wandel in der Herstellung zu Keramikschalen scheint mit einer veränderten Tischkultur verbunden zu sein, die das gepflegtere Auftragen verlangte.
Zu einem Haushalt mit höfischen Ambitionen gehörten auch aufwendig gestaltete Giessgefässe, Metallschalen und Glasbecher (Abb. 285 und 506). Bislang ist zwar nicht nachzuweisen, dass man in Bern und Umgebung im 13. oder 14. Jahrhundert Keramik importiert hat.[8] Nach Funden aus Konstanz, Winter-

Abb. 285
Umzeichnung einer blattförmigen Ofenkachel aus der Mitte des 14. Jahrhunderts, gefunden 1955/56 auf dem Waisenhausplatz in Bern. Die modisch gekleidete Dame reicht dem jungen Ritter einen Glasbecher, den sie mit Wein aus der Henkelkanne gefüllt hat. Wertvolle Gefässe, wie sie hier dargestellt sind, zählen zu den selteneren Bodenfunden; Original BHM Inv. Nr. 34833.

Abb. 286
Metallfunde: unten: Schlüssel einer Truhe oder Türe, gefunden auf der Burg Grünenberg bei Melchnau. Links: Die Eisenmesser können sowohl in der Küche als auch als Werkzeug oder Waffe verwendet worden sein. Funde von 1935 auf der Burg Oberwangen bei Köniz. Rechts: Esslöffel aus der Burg Grünenberg bei Melchnau, 14. Jahrhundert; ADB.

Abb. 287
Diverse Gefässe des 13. und 14. Jahrhunderts: 1 Kochtopf mit Leistenrand aus dem mittleren 13. Jahrhundert, Brunngasse 11 in Bern; 2 Krug aus der Grabung im Schloss Köniz, wahrscheinlich Teil des Hausrats der Deutschordens-Kommende aus der zweiten Hälfte des 13. Jahrhunderts; 3 Topfdeckel des Dominikanerklosters Bern aus der zweiten Hälfte des 13. Jahrhunderts; 4 Krugfragment aus Schloss Nidau, 13. Jahrhundert; 5 Mörser aus Tuffstein, gefunden im Haus Obergässli 5 in Biel; 6 Fragment eines gedrechselten Napfes vom Stadtplatz Aarberg (Unterseite) aus dem späten 13. Jahrhundert; 7 Daubengefäss aus Fichte, gefunden im Sodbrunnen der Ruine Grünenberg bei Melchnau; 8 Lichtschale (oder Tonlampe) aus Burg Ligerz (Fund um 1870). Das Schälchen enthielt einst Talg, in dem der Docht lag; Funde ADB.

Abb. 288
Spielen und Zeitvertreib: Links: Spielzeugpferd aus Keramik aus dem «Fueterhaus» an der Marktgasse 38 in Bern. Mitte: Im Sodbrunnen der Burg Mülenen bei Reichenbach wurde eine hölzerne, einst vergoldete Schachfigur gefunden. Sie lässt sich mit weiteren Burgenfunden aus Graubünden, der Zentral- und der Nordschweiz vergleichen und datiert ins 12. oder 13. Jahrhundert; Rechts: Trictrac-Stein des 12. Jahrhunderts, 1938 auf der Schwandiburg bei Stettlen ausgegraben. Es handelt sich um den südlichsten Vertreter dieser Fundgruppe. Trictrac ist dem heute bekannteren Backgammon verwandt.

thur und Sitten ist es durchaus wahrscheinlich, dass bereits damals Fayencekrüge aus Oberitalien ihren Weg an die Aare gefunden haben.[9]
Die häufigen Funde von flachen, unglasierten Tonschälchen stellen bei uns die einzigen Hinweise auf die Beleuchtung des mittelalterlichen Stadthauses dar. Diese Schälchen dienten als Talglichter (Abb. 287.8). Von den damals sicher verwendeten Kienspänen und Kerzen blieben keine Reste erhalten. Gläserne Hängelampen jedoch scheinen für den durchschnittlichen, städtischen Haushalt zu wertvoll gewesen zu sein.[10]
Quellen zum Schriftwesen sind in der Archäologie naturgemäss selten. Bedeutsam sind insbesondere Buchbeschläge, die oft aus Klöstern und seltener von Burgen stammen.[11] Ein interessantes Fundstück ist ein beinerner Schreibgriffel aus der Brunngasse in Bern (Abb. 289).[12] Er ist ein Hinweis darauf, das im jungen Bern nicht nur Kleriker, sondern auch Handwerker und Kaufleute lesen und schreiben konnten.
Kinderspielzeug findet sich selten; meistens handelt es sich um Tonmurmeln, selten um Tonfiguren (Abb. 288). Überhaupt sind wir über die Welt des Spiels sehr schlecht unterrichtet; Puppen, Winddrachen, Seile oder Bälle bestanden aus organischem Material und haben sich kaum erhalten.[13] Brettspiele für Erwachsene, wie Schach und Trictrac, scheinen eher der Oberschicht vorbehalten gewesen zu sein; die bekannten Spielsteine stammen jedenfalls ausnahmslos aus Burgen (Abb. 288).[14] Spielwürfel wurden für Trictrac oder auch für andere Glücksspiele verwendet. Letztere scheinen auch von einer einfacheren, städtischen oder ländlichen Bevölkerung gepflegt worden zu sein, denn Spielwürfel wurden beispielsweise in der Kirche Steffisburg ausgegraben (Abb. 290).[15]
Wir sind zwar darüber unterrichtet, dass im 13. und 14. Jahrhundert Trommeln, Tamburine, Schellen sowie verschiedenste Blas- und Saiteninstrumente bekannt waren. Abgesehen von den Kirchenglocken sind aber Musikinstrumente als archäologische Funde ausgesprochen selten. Mancherorts sind Knochenflöten gefunden worden, so auch in der Kirche Steffisburg (Abb. 291).[16]

Abb. 289
Beim abgebildeten Knochenartefakt von der Brunngasse 9/11 in Bern handelt es sich vermutlich um einen Schreibgriffel, der die Verwendung von hölzernen Wachstafeln voraussetzt. Die kleinen rechteckigen Tafeln, die oft zu kleinen Büchern zusammengefasst waren, dienten für kurze Notizen, Rechnungen, Mitteilungen und dergleichen; ADB.

Abb. 290
Links: Ofenkachel in Medaillonform (Tellerkachel), gefunden 1942 auf dem Münsterplatz in Bern. Die Kachel datiert in die zweite Hälfte des 14. Jahrhunderts und zeigt zwei mit Würfel und einem Tau (?) spielende Jünglinge. Die Deutung des Bildinhaltes ist unklar; Original BHM Inv. Nr. 28783.
Rechts: Mittelalterliche Spielwürfel aus Knochen, ausgegraben in der Kirche Steffisburg; ADB.

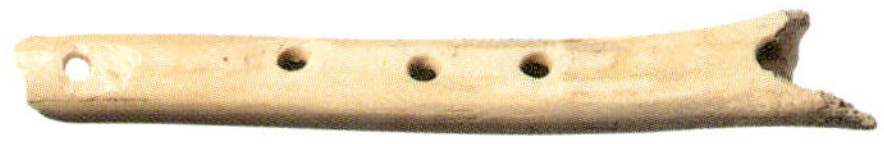

Abb. 291
Knochenflöte aus der Kirche Steffisburg. Ähnliche Knochenflöten, die aus der Tibia von Schafen oder Ziegen geschnitzt sind, waren seit dem 9. Jahrhundert bekannt; ADB.

Tybur

zu Rom

keiser ze Rom warent / uff der ~~Tiber~~ bruggy der

beste und begüb mit siner manlichen getat dem

keyser sin sach darumb jm der keyser begabett / dryer

bett / nach siner ger

wie der küng von Be

nach dem sy on gere

~~verschuldt~~ daß er deß

höptman sin ploß

wie er uff die mur

saß und mit den sporn

sinen geraptnett /

Bern – das Land

Die Stadt, der Adel und das Umland

Barbara Studer

Der Ritter auf der Mauer

Die Stadt Bern lebt seit ihrer Gründung in einem ständigen Abhängigkeitsverhältnis vom sie umgebenden Land. Dieses Verhältnis veränderte sich zwar im Laufe der Jahrhunderte, blieb aber bis heute bestehen.

Die ersten 100 Jahre nach der Gründung der Stadt Bern waren geprägt durch eine Bewegung vom Land in die neue Stadt. Bern war wie jede Stadt des Mittelalters nicht nur bei ihrer Gründung auf Zuzug vom Land angewiesen, sondern auch in den folgenden Jahrzehnten.[1] Da die Sterbeziffer die Geburtenziffer in den Städten überstieg, bedurfte die Stadt allein schon zur Erhaltung ihres Bevölkerungsbestandes der stetigen Ergänzung durch Zuwanderung. Diese zunächst erstaunliche Tatsache resultierte einerseits daraus, dass in den Städten ein höheres Heiratsalter eine geringere Kinderzahl zur Folge hatte. Andererseits waren aber auch die hygienischen Verhältnisse in den engen Gassen eines urbanen Umfeldes schlechter als auf dem Land, was eine höhere Sterberate zur Folge hatte. Die Stadt Bern war – wenn wir dem Chronisten Conrad Justinger Glauben schenken wollen – nach ihrer Gründung 1191 noch viel stärker von einer solchen Migration vom Land abhängig als andere Städte in dieser Zeit. Justinger berichtet nämlich,[2] dass der Herr von Bubenberg, welcher vom Herzog Berchtold von Zähringen mit der Gründung beauftragt worden sei, dessen Anweisungen nicht eingehalten habe und die erste Stadt bereits bis zum Zeitglockenturm gebaut habe, anstatt nur bis zur Kreuzgasse. Als der Herzog darauf «gar zornig» geworden sei, habe der von Bubenberg ihn beruhigt und ihm versprochen, die Stadt notfalls auf eigene Kosten zu *behusen*. Dies scheint dann jedoch nicht nötig gewesen zu sein, da *das land zu den ziten vol lüten*, also verhältnismässig dicht besiedelt gewesen sei.[3]

Nicht nur bei der einfachen Bevölkerung war der Stadtgründer jedoch auf Leute von aussen angewiesen, sondern auch zur Bildung einer Führungsschicht in Bern. Schon die erste Nennung des Kleinen Rates im Jahr 1226 zeigt, dass sich dieser aus Adeligen aus der näheren Umgebung der neuen Stadt zusammensetzte.[4] Dies trifft sowohl für C[uno] von Jegenstorf zu, der in diesem Jahr Schultheiss war, als auch für die Räte Arnold von Ried, Rudolf von Krauchthal, Werner von Konolfingen, Heinrich von Wabern, Konrad von Scheunen, Konrad von Wattenwil und Walter von Gisenstein. Sie alle entstammten adeligen Geschlechtern, die ihre Stammsitze im Umland von Bern hatten.

Dass sich dieses Einzugsgebiet in den folgenden Jahrzehnten vergleichsweise rasch ausdehnte, geht aus dem so genannten Batstuberbrief von 1294 hervor,[5] in dem die erstmals erwähnten zweihundert Grossräte dem Schultheissen, den Kleinräten und der Gemeinde von Bern einen Amtseid schwören. Aus den in der Urkunde genannten Ortsangaben kann geschlossen werden, dass etwa 70 der erwähnten Grossräte aus einer weiteren Umgebung von Bern stammten und knapp 10 sogar von ausserhalb der heutigen Kantonsgrenzen in die junge Stadt gezogen waren.[6] Die Hauptgrenzen dieses Einzugsgebiets bildeten im Norden eine Linie von Aarberg über Lyss bis Etzelkofen, im Westen die Saane, im Osten die Emme und im Süden der Thunersee und das Niedersimmental.

Für alle diese Landadeligen bot die Stadt nicht nur Schutz vor Fehden und

←*Abb. 292*
Der arme Ritter von Egerdon (Ägerten). Die Sage erzählt, dass der König von Böhmen den Ritter zum Anführer eines Zuges nach Frankreich bestimmte. Er war jedoch so arm, dass er kein eigenes Pferd besass. Als ihn die Boten des Königs zum Auszug aufforderten, setzte sich der Ritter auf die Burgmauer und gab den Steinen die Sporen. Der König verstand den Wink und liess ihm Geld schicken; Tschachtlans Bilderchronik, ZB Zürich Ms. A. 120, Abb. 5, S. 27, Kap. 28.

Krieg, sondern auch ein neues Tätigkeitsfeld – für sie trat die Stadt an die Stelle des mächtigen Fürsten, der in der Umgebung von Bern seit dem Aussterben der Zähringer fehlte.[7] Vor allem bot die Stadt aber einen willkommenen Ausweg aus der Finanznot, in der die Landadeligen oftmals steckten. So ging es gemäss Justinger auch dem armen Ritter von Ägerten, dessen Burg auf der Südseite des Gurtens stand.[8] Er soll vom deutschen König als Heerführer zu einem Feldzug gegen den König von Frankreich aufgeboten worden sein, habe aber nicht einmal mehr das Geld für ein eigenes Pferd aufbringen können. Deshalb sass er, als der königliche Bote ihn abholen wollte, *uf die mure ze egerden und huw mit den sporen in die mure*. Der König erfuhr davon, sandte ihm ein Pferd und genug Geld, so dass er schliesslich doch noch am Feldzug teilnehmen konnte. Auch wenn Justingers Geschichte bloss eine Anekdote ist, so ist doch bezeugt, dass ein Ritter Burkhard von Egerdon 1256/57 und 1265 Schultheiss in Bern war.[9] Der Ritter von Ägerten sass zwar wohl kaum je wegen eines fehlenden Pferdes auf der Mauer seiner Burg, aber der Wahrheit dürfte wahrscheinlich entsprechen, dass er einer der zahlreichen verarmten Landadeligen war, die dank der Stadt eine neue Aufgabe fanden und so neues Prestige erlangen konnten (Abb. 292, → S. 300).
Als gegen Ende des 13. Jahrhunderts das Gemeinwesen von Bern erstarkte, versuchte es, möglichst den gesamten Adel der Umgebung in den politischen Verband der Stadt einzubeziehen (→ S. 472). Wer sich nicht freiwillig mit der Stadt verband, wurde mit Gewalt dazu gezwungen.[10] Ein erster Erfolg konnte die Stadt in dieser Beziehung 1298, in der Schlacht von Oberwangen, verbuchen. Als in einem Streit um die Besetzung des deutschen Königsthrons Bern zu Adolf von Nassau hielt, ein Teil der Adeligen sich aber mit Freiburg verbündete, das sich für Albrecht I. von Habsburg einsetzte, kam es südwestlich der Aarestadt, in der Region von Oberwangen zu einer Schlacht, die Bern für sich entschied.[11] Indem Bern in der Folge die Burgen von Bremgarten, Geristein und Belp erobern und zerstören konnte, vermochte es das die Stadt umgebende Adelsdreieck zu sprengen. Dazu kam, dass der besiegte Ritter von Montenach, Herr zu Belp, ein für zwanzig Jahre unkündbares Burgrecht mit Bern eingehen und schwören musste, seine Burgen fünf Jahre lang nicht mehr aufzubauen.[12] Den entscheidenden Sieg gegen den Adel errang Bern jedoch knapp 40 Jahre später: Als die Stadt gegen alle Erwartungen am Abend des 21. Juni 1339 in Laupen gegen ein Ritterheer den Sieg erlangte, bedeutete dies nicht nur das Ende vieler gräflicher, freiherrlicher und ritterlicher Häuser aus der ganzen heutigen Westschweiz,[13] sondern brachte Bern auch grosse Achtung und viel Prestige, von dem es noch lange zehren konnte (→ S. 523).

Nach einem guten Jahrhundert Bewegung «vom Land in die Stadt» setzte um 1300 der umgekehrte Prozess ein, die Expansion der Stadt aufs Land: Die Stadt begann, sich ein Territorium jenseits ihrer Stadtmauern aufzubauen. Der erste Landerwerb der Stadt Bern kam im Zusammenhang mit dem erwähnten Sieg von Oberwangen zustande. Um 1300 liess sie sich vom genannten Ritter von Montenach die Dörfer Vechigen, Stettlen, Bolligen sowie Muri abtreten.[14] Die Grundlagen für einen Territorialerwerb im grösseren Stil bildeten jedoch das Ausbürgerwesen (→ S. 509) und die Burgrechte mit Territorialherren und Gemeinwesen der Umgebung (→ S. 469).[15] Die so genannten Ausbürger waren Landleute, die ihren Wohnsitz ausserhalb der Stadt beibehielten, gleichzeitig aber ein Bürgerrecht in der Stadt besassen.[16] Als Pfand und Sicherheit für die Stadt erwarben sie ein so genanntes Udel, also einen Anteil an einer städtischen Liegenschaft. Der Vorteil, den Ausbürger gegenüber «normalen» Landsässen genossen, war vor allem rechtlicher Natur. Die Ausbürger hatten nämlich das Recht, vor dem städtischen Gericht zu klagen und Recht zu suchen. Als Gegenleistung unterstanden sie der städtischen Heerfolge und mussten dort Steuern bezahlen. Da sich die Ausbürger mit dieser Regelung dem Zugriff ihrer Landesherren zu entziehen drohten, waren Konflikte unausweichlich. Bern versuchte, sie mit Verträgen zu lösen, welche die Adeligen – meistens unter starkem wirtschaftlichem Druck stehend – mit der Stadt eingingen. So anerkannten etwa die Gräfin Elisabeth von Kiburg und ihre beiden Söhne 1311 den Status aller

Ausbürger der Stadt Bern in ihrer Grafschaft an und versprachen, sie in zukunft unbehelligt zu lassen.[17] Durch diese Ausbürger, die oftmals einen Grossteil der Bevölkerung einer bestimmten Region ausmachten, «durchlöcherte» und untergrub Bern die bestehende Herrschaft und konnte so den endgültigen Übergang an die Stadt vorbereiten.

Das wohl wichtigste Instrument in der Phase vor dem eigentlichen Territorialerwerb waren jedoch die Burgrechte (→ S. 469). Bern ging solche Bündnisse mit Herren, Klöstern und anderen Gemeinwesen wie Städten oder Tal- und Landschaften ein. Sie hatten einerseits verteidigungspolitischen Charakter und waren gegen aussen gerichtet, dienten andererseits aber auch der Erhaltung des Landfriedens. War Bern der wirtschaftlich und politisch stärkere Partner, konnten die Burgrechte oft auch zur Grundlage einer Übernahme werden.[18] Dieser Prozess lässt sich in vielen der späteren Landvogteien nachvollziehen, nicht allerdings bei weiter entfernten und mächtigeren Bündnispartnern wie etwa den Städten Freiburg und Solothurn.

Je mehr Umland sich Bern so aneignen konnte, desto mächtiger wurde es. Mit jeder Herrschaft, die es neu unterworfen hatte, konnte es mehr Männer zu den Waffen rufen und für sich in den Krieg ziehen lassen. Diese militärische Abhängigkeit der Stadt von den Untertanenlanden wiederum gab den Landleuten auch eine gewisse Macht. Durch die althergebrachten Rechte, die Bern beim Erwerb eines neuen Territoriums seinen Untertanen jeweils beliess, konnten vor allem die Vogteien des Oberlandes viele Freiheiten auch unter bernischer Herrschaft bewahren. Zudem war die Selbstverwaltung der Vogteien im Mittelalter im Vergleich zu späteren Zeiten noch verhältnismässig gross. Ausser dem Landvogt, der aus der Stadt kam und im repräsentativen Amtssitz residierte, waren alle «Verwaltungsbeamten» Einheimische, was für die Landleute eine relativ grosse Autonomie bedeutete. Im Verlauf des 15. Jahrhunderts versuchte Bern zwar die Verwaltung zu straffen und einzelne Sonderrechte aufzuheben, doch gelang ihm dies im grösseren Rahmen erst zu Beginn des 16. Jahrhunderts, beschleunigt durch die Reformation.

Ein weiterer Teil der Bewegung «von der Stadt aufs Land» ist im Streben der Berner Patrizier zu erkennen, sich auf dem Land Twingherrschaften mit repräsentativen Landsitzen anzueignen. Vor allem in den vier Landgerichten in der Umgebung der Stadt konnten sich viele Patrizier Gerichtsherrschaften erwerben, in denen sie ein standesgemässes Leben als Adelige führen konnten. Sie sassen nun – sinnbildlich wie der oben erwähnte arme Ritter von Ägerten – in der Tat mit einem Bein in der Stadt und mit dem anderen auf dem Land. Je nach den anfallenden Aufgaben und Pflichten, der aktuellen politischen Situation und bestimmt auch der jeweiligen Jahreszeit konnten sie so zwischen dem Leben eines wohlhabenden Landadeligen und dem eines politisch einflussreichen, städtischen Ratsherrn wählen.

All dies macht deutlich, wie stark das Abhängigkeitsverhältnis von Stadt und Land in Bern war. Die Stadt wäre ohne das sie umgebende grosse Untertanengebiet nur ein kleines, relativ unbedeutendes städtisches Gebilde geblieben und das Land hätte – zumindest noch im 14. Jahrhundert – unter einem verarmenden, alteingesessenen Adel wahrscheinlich weniger Freiheiten und Selbstverwaltungsrechte genossen als dies unter bernischer Herrschaft der Fall war.

Klöster, Burgen, Kirchen

Kathrin Utz Tremp

Das Netz geistlicher Niederlassungen

In diesem Kapitel werden nur die Niederlassungen der «klassischen» Orden der Benediktiner, Cluniazenser, Zisterzienser und zusätzlich der Prämonstratenser im nachmaligen bernischen Gebiet vorgestellt.[1] Vorauszuschicken ist weiter, dass ein Herrschaftsgebiet – das zudem erst im Entstehen begriffen ist – immer ein sehr künstlicher Ausschnitt einer Klosterlandschaft darstellt. Ein geeignete-

Armand Baeriswyl

Ora et labora – Klosterarchitektur als Spiegel der Ordensregel

Die Regeln von klösterlichen Gemeinschaften nennen übereinstimmend Gebet, Arbeit, Besitzlosigkeit, Enthaltsamkeit, Stillschweigen, Demut und Gehorsam gegenüber dem Oberen als zentrale Punkte mönchischen Lebens, deswegen auch die berühmte Formel: *Ora et labora*! – Bete und arbeite! Diesen Geboten entspricht die Architektur eines Klosters, sie ist ein Spiegel der Ordensregel.

Daraus leitet sich ein Idealplan für ein Kloster ab. In dessen Zentrum steht die *Kirche*, in der sich die Konventualen (die Nonnen oder die Mönche) sieben Mal pro Tag zum Chorgebet versammeln. An sie schliesst der Klausurbereich um den Kreuzgang an. In seinem Osttrakt befindet sich der Kirche zunächst die *Sakristei* mit der *Bibliothek*, oft nur einer verschliessbaren Wandnische. Es folgt der *Kapitelsaal*, in dem sich die Konventualen zu Beratungen oder Wahlen versammeln. Der nächste Raum ist das *Parlatorium*, in dem der Klostervorsteher die täglichen Arbeiten verteilt, ein Durchgangsraum, der die Klausur mit dem Wirtschaftshof verbindet. Als letzter Raum schliesst die *Camera* an, die als Mehrzweckraum für Arbeiten dient, die im Trockenen erfolgen sollen. Zwischen dem Kapitelsaal und dem *Parlatorium* führt eine Treppe ins Obergeschoss, in das *Dormitorium*, den gemeinsamen Schlafsaal der Ordensangehörigen. Der Südflügel enthält das *Kalefaktorium*, ursprünglich neben der Küche der einzige beheizte Raum im Kloster, dann das *Refektorium*, den Speisesaal und daran anschliessend die *Küche*. Im Westtrakt befinden sich Vorratsräume, das *Cellarium*, im Obergeschoss die Räume des Vorstehers, Gästezimmer oder das *Noviziat*, die Unterkunft für angehende Mönche. Bei den Zisterziensern diente der Westtrakt als Unterkunft der in diesem Orden weit verbreiteten so genannten Konversen, Laienbrüdern und -Schwestern. Ausserhalb der Klausurgebäude liegen ein Hof mit Gärten, Ställen und Werkstätten sowie das *Infirmarium*, das Spital für die Konventualen und eine *Herberge* für Reisende. Nördlich und östlich der Klosterkirche befindet sich der *Friedhof*. Um das Kloster zieht sich eine Mauer mit einer Tag und Nacht besetzten Pforte.

Dieser Plan ist ein Idealschema, das viele Abweichungen und Abwandlungen kennt. Wie die Realität aussehen kann, zeigt der Grundriss des Zisterzienserinnenklosters Fraubrunnen (→ S. 126). Das Kloster hat ein Schicksal, das im Berner Raum typisch ist: Es wurde 1246 von den Grafen von Kiburg gegründet, 1528 aufgehoben und in eine Landvogtei umgewandelt; dabei brach man die Kirche und den Ostflügel ab. Die Restaurierung 1973–79 und spätere Baumassnahmen führten zu einigen Erkenntnissen über die Baugeschichte der Anlage, eine systematische Erforschung des Klosters hat aber bisher nicht stattgefunden. So ist auch die Zuweisung von klosterzeitlichen Funktionen zu bestimmten Räumen grossenteils hypothetisch.

A Kirche
- 1 Sanktuarium
- 2 Nonnenchor
- 3 Konversenchor

B Kreuzhof mit umlaufendem Kreuzgang; dort Bestattungen

C Osttrakt
- 4 Sakristei (und Bibliotheksschrank?)
- 5 Kapitelsaal
- 6 Parlatorium
- 7 Camera
- 8 Treppe in das Dormitorium im Obergeschoss

D Südtrakt
- 9 Kalefaktorium
- 10 Refektorium mit Brunnen am Kreuzgang

E Westtrakt
- 11 Küche
- 12 Cellarium?
- 13 Pforte
- 14 Refektorium der Konversen
- 15 Dormitorium der Konversen im Obergeschoss

F Friedhof

G Wirtschaftshof
- 16 Ökonomiegebäude oder Spital?
- 17 Immunitätsmauer

Literatur: Binding/Untermann, Kunstgeschichte; Gutscher/Ueltschi/Ulrich-Bochsler, St. Petersinsel; Gutscher, Trub; Sennhauser, Kirchen; Schweizer, Fraubrunnen.

res Gebiet für eine solche Untersuchung wäre eine Diözese – die mittelalterliche Stadt Bern aber wurde ganz am Rand der Diözese Lausanne gegründet und expandierte sowohl in das Gebiet der Diözese Lausanne als auch der Diözese Konstanz. Die Grenze zwischen den beiden Diözesen wird über weite Strecken vom Fluss Aare gebildet (Abb. 293). Diese Diözesangrenze bildet in gewisser Hinsicht auch eine «Ordensgrenze»: die Benediktiner der Sanblasianer Reformbewegung etwa (Erlach, Trub) vermochten nur wenig darüber hinaus gegen Westen vorzustossen, und umgekehrt gelang den Cluniazensern zwar der Vorstoss über die Aare, nicht aber über die Emme, nicht zuletzt weil ihre Exponenten der deutschen Sprache nur beschränkt mächtig waren.

Die meisten Klöster – zumindest der «klassischen» Orden – wurden im 11. Jahrhundert gegründet (→ S. 162), dann aber ergab sich, von Mitte des 12. bis Mitte des 13. Jahrhunderts, eine «Gründungspause», die erst in der zweiten Hälfte des 13. Jahrhunderts wieder überwunden wurde (Abb. 294). Erst in dieser späten Phase entstanden die ersten Frauenklöster, wenn man vom Benediktinerinnenkloster Rüegsau absieht, das wahrscheinlich bereits im 12. Jahrhundert gegründet wurde. Ausserdem kommen, zumindest im bernischen Gebiet, die Clunia-

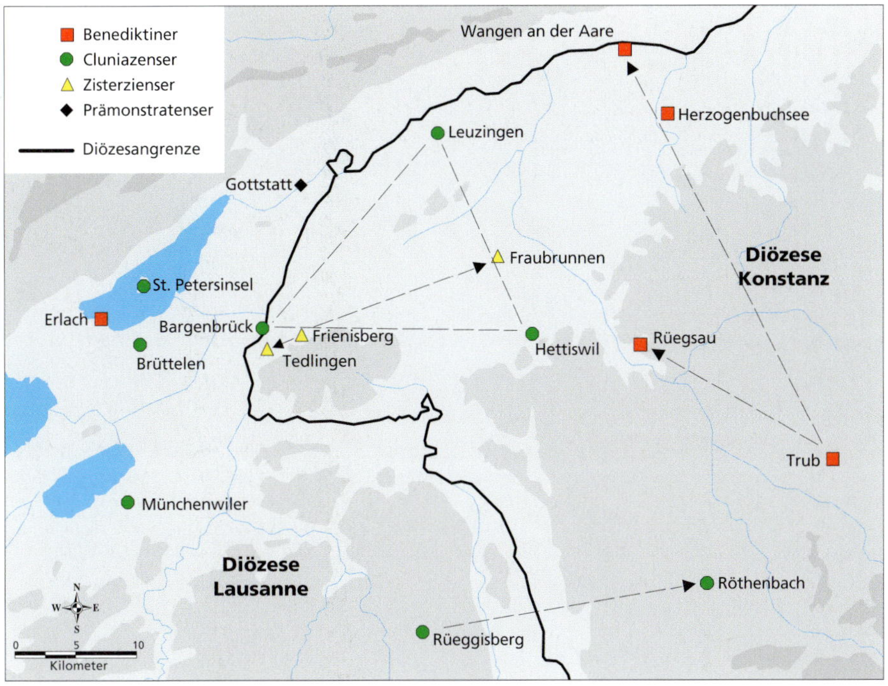

Abb. 293 (links)
Übersichtskarte zu den Niederlassungen der Benediktiner, Cluniazenser, Zisterzienser und Prämonstratenser im nachmaligen Kanton Bern.

zenser (die Priorate Rüeggisberg, Münchenwiler und vielleicht auch Leuzigen) vor den Benediktinern (Erlach), die «klassische» Abfolge Benediktiner–Cluniazenser–Zisterzienser ist also nicht eingehalten, vielleicht weil so alte Klöster wie St. Gallen und Einsiedeln fehlen.[2]

Dagegen lässt sich dem Ende der vorgegebenen Periode, dem Ende des 14. Jahrhunderts, durchaus ein Sinn abgewinnen, denn damals wurden die meisten Klostervogteien[3] von der Stadt Bern übernommen – ein Vorgang, der im Zusammenhang mit dem Erwerb der Landgrafschaften stand (→ S. 117). Die Klostervogtei der Cluniazenserpriorate Hettiswil–Leuzigen–Bargenbrück ging 1382 an die stadtnahe Familie von Erlach, die seit 1425 auch die Vogtei über das Priorat Rüeggisberg (ebenfalls Cluniazenser) innehatte. So vermochte die Stadt Bern bis Ende des 14. Jahrhunderts mit dem Mittel der Klostervogtei ihre Landesherrschaft auch über nicht wenige Klöster auszudehnen.[4] Einer der Gründe für diese Entwicklung mag beim wirtschaftlichen Niedergang des Adels und der Klöster in der zweiten Hälfte des 14. Jahrhunderts liegen, der durch den Guglereinfall 1375 noch beschleunigt wurde.

Benediktiner und Benediktinerinnen

Das älteste Benediktinerkloster auf nachmalig bernischem Gebiet war das Kloster St. Johannsen bei Erlach.[5] Es wurde zwischen 1093 und 1103 durch den Bischof von Lausanne, Cono von Fenis, gegründet, und zwar auf einer Zihlinsel aus Familienbesitz. Nach Conos Tod vollendete sein Bruder Burkhard – in jener Zeit Bischof von Basel – die Stiftung. Das Kloster war also eine Gründung zweier Brüder von Fenis, die fast gleichzeitig die Bischofssitze von Lausanne und Basel innehatten und im Investiturstreit auf der Seite Kaiser Heinrichs IV. standen.[6] Der Bischof von Basel war zugleich Vogt des Klosters St. Blasien im Schwarzwald, eines Reformzentrums, woher der erste Abt des Klosters Erlach auch stammte.[7] Im Jahr 1184 bestätigte Papst Lucius III. den bereits sehr beträchtlichen Klosterbesitz.[8]

Zu den Hauptwohltätern des Klosters Erlach gehörten die Grafen von Neuenburg-Nidau, denen als Nachfahren der Grafen von Fenis auch die Kastvogtei zustand, und zwar der deutschen und welschen Linie des Geschlechts gemeinsam. Die nidauische Hälfte gelangte 1386/1395 an Bern, das sich seit der Übernahme der Herrschaft Erlach 1474/1476 auch um die welschneuenburgische Hälfte bemühte. Seit der Mitte des 14. Jahrhunderts waren die Äbte französischer Zunge, meist Adelige aus der Freigrafschaft, dann aus dem Waadtland. Unter den Äbten Louis de Vuillafens (1365–1390) und Jean de Neuchâtel (1392–1412) wurden Kirche und Kloster im gotischen Stil fast vollständig neu erbaut.

Gründung	Kloster/ Priorat (Diözese)	Orden (Geschlecht) (Stellung, (Abhängigkeit)
um 1075	Rüeggisberg (Lausanne)	Cluniazenser (Priorat)
kurz nach 1080/81, gegen 1100	Münchenwiler (Lausanne)	Cluniazenser (Priorat)
11./12. Jh. (?)	Leuzigen (Konstanz)	Cluniazenser (Priorat, seit 1293 in Personalunion mit Hettiswil)
1093/1103	Erlach (Lausanne)	Benediktiner (Abtei, besiedelt von St. Blasien)
1107	Hettiswil (Konstanz)	Cluniazenser (Priorat)
nach 1107 in Bellmund, vor 1226/27 auf die St. Petersinsel verlegt	St. Petersinsel (Lausanne)	Cluniazenser (Priorat)
um 1108	Herzogen-buchsee (Konstanz)	Benediktiner (Propstei, abh. von St. Peter im Schwarzwald)
vor 1128/30	Trub (Konstanz)	Benediktiner (Zelle, abh. von St. Blasien, dann Abtei)
nach 1130 vor 11257, 12. Jh.	Wangen (Konstanz)	Benediktiner (Propstei, abh. von Trub)
1131–1138	Frienisberg (Konstanz)	Zisterzienser (abh. von Lützel)
1138/39	Bargenbrück (Konstanz)	Cluniazenser (Priorat, seit 1269/70 in Personalunion mit Leuzingen, seit 1293 mit Leuzingen-Hettiswil)
vor 1148	Röthenbach (Konstanz)	Cluniazenser (Priorat, abh. von Rüegggisberg)
1246	Fraubrunnen (Konstanz)	Zisterzienserinnen (abh. von Frienisberg)
1247/1255	Gottstatt (Lausanne)	Prämonstratenser (Lac de Joux (1279–1521)
nach 1280 wahrs. 12 Jh.	Rüegsau (Konstanz)	Benediktinerinnen (Nonnenkloster, abh. von Trub)
vor 1275	Brüttelen (Lausanne)	Cluniazenser (Priorat, abh. von Payerne)
1282–1286	Tedlingen (Konstanz)	Zisterzienserinnen (abh. von Frienisberg)

Abb. 294
Gründungen der Klöster und Priorate im nachmaligen bernischen Kanton in chronologischer Reihenfolge. Angaben nach Helvetia Sacra III/1.

Abb. 295
1883 zeichnete Ferdinand Corradi in einer Vogelschauperspektive den idealisierten mittelalterlichen Zustand des Klosters St. Johannsen bei Erlach um 1400. Die Kirche dürfte bis auf den Turmaufbau etwa so ausgesehen haben, korrekt ist auch die im Süden anschliessende Klosteranlage mit Kreuzgang und Konventsgebäuden. Nördlich und westlich der Kirche nimmt Corradi zahlreiche weitere Ökonomiegebäude an. 1960 befand sich die Kirche in statisch so bedenklichem Zustand, dass sie in den folgenden zwei Jahren steingerecht abgetragen wurde. 1970/72 erfolgte der Wiederaufbau, 1976 bis 1982 weitere Restaurierungen. Federzeichnung StAB AA III 1266.

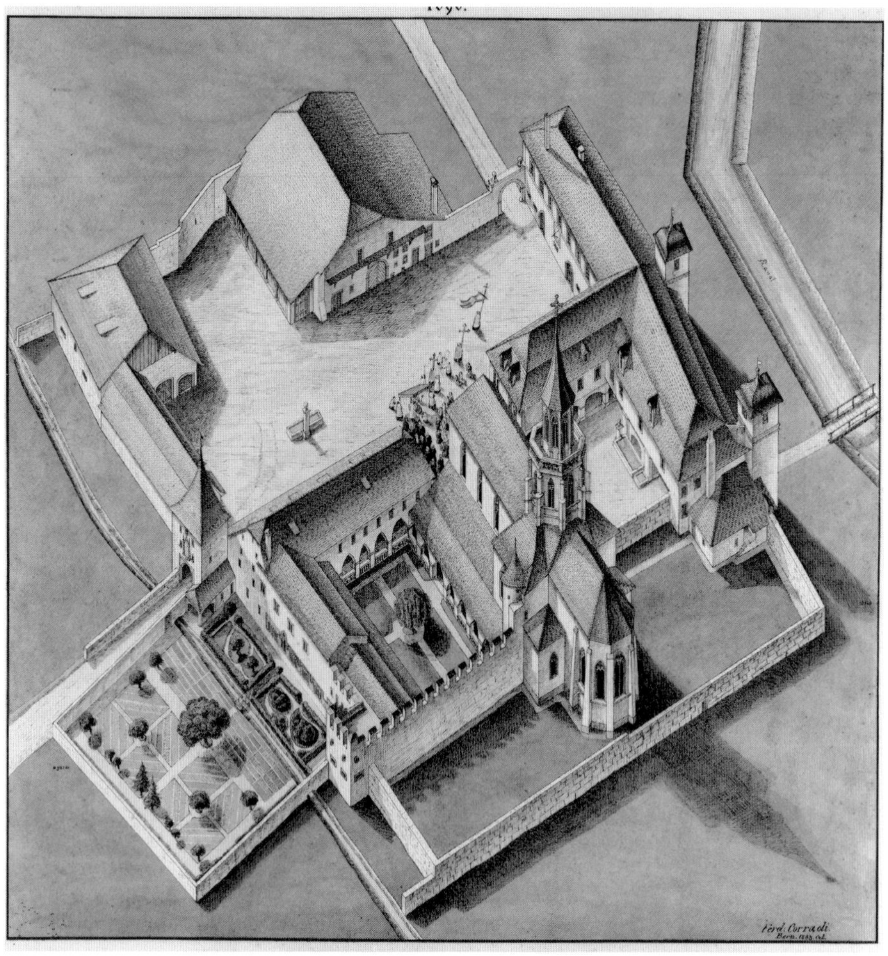

Die zweite Benediktinerniederlassung auf nachmalig bernischem Gebiet, die Propstei Herzogenbuchsee, war wesentlich kleiner als das Kloster Erlach und abhängig vom Kloster St. Peter im Schwarzwald, dem Hauskloster der Grafen von Zähringen.[9] Um 1093 hatte Herzogin Agnes von Rheinfelden, Gattin Berchtolds II. von Zähringen, dem Kloster St. Peter den Hof von Herzogenbuchsee und die Kirchensätze von Herzogenbuchsee, Seeberg und Huttwil geschenkt.[10] Die Kastvogtei wurde bis 1218 von den Zähringern ausgeübt, dann von den Kiburgern und seit 1406 von der Stadt Bern. Vor dem 15. Jahrhundert scheint die Propstei meist nur von einem Meier nebst dem Pfarrer von Herzogenbuchsee verwaltet worden zu sein. Von einem Konvent ist nie die Rede, hingegen bedingte die Grösse der Pfarrei schon früh die Anstellung eines Vikars.

Einige Jahre vor 1130 schenkte der Freie Thüring von Lützelflüh seinen Eigenbesitz in und um den Ort Trub im Oberemmental dem Reformkloster St. Blasien im Schwarzwald, dem gleichen Kloster, aus dem auch der erste Abt von Erlach stammte. Die Schenkung war an die Bedingung geknüpft, dass St. Blasien in Trub ein Priorat errichtete.[11] Das Reformkloster scheint zunächst auf diese Bedingung eingegangen zu sein und einen Prior und Mönche geschickt zu haben, die es jedoch nach einiger Zeit wieder abzog, wahrscheinlich um die Klostergüter direkt St. Blasien einzuverleiben und aus der Überlegung heraus, dass die fern vom Schwarzwald gelegene Zelle auf die Dauer nur schwer zu halten sei. Dabei hatte der Abt von St. Blasien die Rechnung jedoch ohne den Wirt beziehungsweise den Klostergründer gemacht, denn Thüring von Lützelflüh klagte zunächst beim Bischof von Konstanz, dann bei einem Gericht geistlicher Fürsten in Speyer und Mainz und schliesslich, als der Abt von St. Blasien den Spruch dieses Gerichts nicht anerkennen wollte, beim deutschen König Lothar persönlich. Dieser entschied, wahrscheinlich im Februar 1128 in Strassburg, dass der Abt sich an die Bedingungen halten oder das Priorat aufgeben müsse. Der Abt entschied sich für das Letztere, und der König nahm das recht unerwartet unabhängig gewordene Kloster in seinen Schutz, verlieh ihm die freie Abtwahl und regelte die im Stifterhaus erbliche Vogtei.

Im Jahr 1139 bestätigte Papst Innozenz II. den Besitz des Klosters Trub, der über ein weites Gebiet verstreut lag.[12] Auf eine wirtschaftliche Blüte- und Expansionszeit im 13. Jahrhundert folgte eine Stagnation, die erst im 15. Jahrhundert überwunden wurde. Im Laufe der Zeit erwarb das Kloster Trub eine ganze Reihe von Patronatskirchen,[13] die von den Mönchen selber versehen wurden. Die Kastvogtei ging um die Mitte des 13. Jahrhunderts von der Familie des Stifters, Thüring von Ringoltingen, in die Hände der Herren von Brandis, 1455 an den Berner Edlen Kaspar von Scharnachtal. Nach dessen Tod 1473 trat Bern, das sich in jahrzehntelangen Auseinandersetzungen mit Luzern die Hoheitsrechte über das Trubertal gesichert hatte, *de facto* die Nachfolge als Kastvogt an. Das Kloster Trub war nicht nur ein unabhängiges Kloster, sondern hatte auch zwei von ihm abhängige Klöster: die Propstei Wangen an der Aare und das Frauenkloster Rüegsau, beide mit dem gleichen Patrozinium (Hl. Kreuz) wie Trub.[14] Laut den archäologischen Befunden war die Propstei Wangen im 13. und 14. Jahrhundert nicht ein so unbedeutendes Landpriorat, wie die späteren Quellen vermuten lassen. Vielmehr entstand hier kurz nach 1200 nach dem Vorbild von Trub eine Klosterkirche, die mit einer gesamten Länge von knapp 40m und einer Breite von 14,5m diejenige des Mutterklosters deutlich übertraf. Diese Kirche wurde im Gugler- oder Burgdorferkrieg (1375, 1383) planmässig verwüstet und nachher nur mehr vereinfacht (ohne Mönchs-Chor) aufgebaut. Die Kastvogtei ging von den Zähringern auf die Kiburger und 1406 an die Stadt Bern über, ebenso wie diejenige von Herzogenbuchsee.
Ähnlich wie bei der Propstei Wangen öffnet sich auch beim Frauenkloster Rüegsau[15] eine weite Schere zwischen den erst 1280 einsetzenden schriftlichen Quellen und dem archäologisch-kunsthistorischen Befund: Schon im 12. Jahrhundert bestand in Rüegsau eine Kirche von so bedeutenden Ausmassen, dass sie nur als Klosterkirche gebaut worden sein kann. Sie stellt einen direkten Nachfolgebau der Klosterkirche von Trub dar, mit einem kreuzförmigen Sanktuarium, welches auf das von Trub übernommene Patrozinium Bezug nimmt, lange bevor dieses 1326 erstmals schriftlich bezeugt ist. Demnach ist nicht auszuschliessen, dass der Gründer von Trub gleichzeitig mit Trub oder jedenfalls in der ersten Hälfte des 12. Jahrhunderts auch ein Frauenkloster gegründet hat. Damit aber wäre Rüegsau das älteste Frauenkloster auf nachmalig bernischem Gebiet. Das Frauenkloster Rüegsau unterstand zunächst einem Propst (bezeugt 1256–1299), und erst seit 1320 einer Meisterin (seit 1508 Äbtissin). Mit dem Kloster Trub hatte Rüegsau auch den Kastvogt gemeinsam. Bis zur Mitte des 14. Jahrhunderts stammten die Nonnen aus den aussterbenden Ministerialengeschlechtern, dann aus der stadtbernischen Oberschicht. Während die Mönche von Trub Pfarrkirchen betreuten, widmeten die Nonnen von Rüegsau sich dem liturgischen Andenken bedeutender Emmentaler Adelsgeschlechter.
Festzuhalten ist, dass die Benediktinerklöster auf nachmaligem bernischem Gebiet praktisch alle Produkte der benediktinischen Reformbewegung des Hochmittelalters waren, die von Süddeutschland, von den Reformzentren Hirsau und St. Blasien, ausging. Dies gilt auch für Erlach, das als einziges in der Diözese Lausanne lag. Sowohl Erlach als auch Trub aber konnten sich relativ rasch aus ihren Abhängigkeiten lösen; nur das Priorat Herzogenbuchsee blieb dem zähringischen Hauskloster St. Peter im Schwarzwald unterstellt. Diese Situation ist typisch für eine Klosterreform, die «ihre Observanz nicht durch rechtliche Bindungen ihrer Filiationen an die Zentralen zu institutionalisieren und zu konsolidieren vermochte»,[16] die noch nicht ordensbildend wirkte. Andererseits bildete Trub nach der Loslösung von St. Blasien zusammen mit Wangen und Rüegsau einen eigenen kleinen Ordensverband (Abb. 293). Mit Rüegsau aber fassen wir das erste Frauenkloster auf nachmaligem bernischem Gebiet, zunächst in enger Abhängigkeit vom übergeordneten Männerkloster, das sich durch einen Propst vertreten liess, und dann, erst im 14. Jahrhundert, mit einer eigenen Meisterin und zunehmender Autonomie.[17]

Die Cluniazenser

Anders als die Benediktiner hatten die Cluniazenser im nachmalig bernischen Gebiet ihr Gravitationszentrum im Westen, in der burgundischen Abtei Cluny.

Abb. 296
In der mittelalterlichen Liturgie kamen neben den fest in der Kirche montierten auch zahlreiche bewegliche Ausstattungsstücke zur Anwendung. Dieses heute im Schweizerischen Landesmuseum Zürich aufbewahrte Lesepult stammt aus dem Kloster St. Johannsen bei Erlach und wurde wohl im späten 14. Jahrhundert hergestellt. Das an der rechten Seite erkennbare Datum MCC/XXI (1221) ist jedenfalls unecht und erst nachträglich eingeritzt worden; SLM Inv. Nr. 6476.

Abb. 297
Luftaufnahme des ehemaligen Cluniazenserklosters Münchenwiler in seinem heutigen Zustand. 1485 wurde das Kloster aufgehoben und in das Vinzenzenstift inkorporiert, nach der Reformation zum Herrensitz umgebaut, Privatbesitz der Familien von Wattenwyl (bis 1612) und von Graffenried (1638–1932).

Die grösseren Priorate, Rüeggisberg, Münchenwiler und St. Petersinsel, lagen denn auch in der Diözese Lausanne; die Grenze zur Diözese Konstanz wurde lediglich mit den kleinen Prioraten Röthenbach (abhängig von Rüeggisberg) sowie mit dem Dreierverband Hettiswil–Leuzigen–Bargenbrück überschritten (Abb. 293).[18] Die erste hiesige Niederlassung der Cluniazenser, Rüeggisberg,[19] wurde noch vor dem ältesten Benediktinerkloster Erlach gestiftet. Lütold von Rümlingen übergab vor dem 27. März 1076 die neu gebaute (?) und mit Allod ausgestattete Kirche von Rüeggisberg der Abtei Cluny.[20] Die Schenkung wurde vermittelt durch Herzog Rudolf von Rheinfelden und dessen Sohn Berchtold, und seitens der Abtei Cluny in Besitz genommen durch den heiligen Ulrich von Cluny, den späteren Gründer von St. Ulrich im Schwarzwald, wahrscheinlich ein Deutschsprachiger, denn Rüeggisberg war die erste cluniazensische Niederlassung in deutschsprachigem Gebiet.

Ganz erstaunlich ist das Interesse der Herzöge von Rheinfelden und ihrer Nachfolger, der Zähringer, sowie der deutschen Kaiser und Könige (Heinrichs IV., Heinrichs V., Konrads III.) für das hoch gelegene Rüeggisberg. Im Jahr 1148 bestätigte Papst Eugen III. dem Prior seinen umfangreichen Besitz.[21] In der zweiten Hälfte des 12. Jahrhunderts wurde das Priorat sowohl von den staufischen Kaisern als auch von den Herzögen von Zähringen begünstigt, die sich im burgundischen Raum einen harten Konkurrenzkampf lieferten. Nach dem Aussterben der Zähringer 1218 suchte das Kloster den Schutz der staufischen Könige und Kaiser und wurde während des Interregnums vorübergehend (1244–275) der Hochvogtei der Stadt Bern unterstellt. Die Klostervogtei (Niedervogtei) blieb bis 1326 in den Händen der Stifterfamilie von Rümlingen und wurde in der zweiten Hälfte des 14. Jahrhunderts von Peter und Petermann von Krauchthal (Vater und Sohn) wahrgenommen. Da sich die Vögte, die zugleich die Hochgerichtsbarkeit in der Gerichtsherrschaft Rüeggisberg ausübten, nicht selten Übergriffe auf die Klostergüter erlaubten, kam es im Verlauf des 14. Jahrhunderts regelmässig zum Abschluss von Verträgen zwischen den Vögten und Prioren, ja, der Prior Peter von Bussy (1377–1399) versuchte 1385 sogar, den Vogt Petermann von Krauchthal mittels einer mehr oder weniger raffinierten Fälschung zu entmachten.[22] Wie Peter von Bussy stammten nicht wenige der Prioren von Rüeggisberg aus der nachmaligen Westschweiz und beherrschten die deutsche Sprache wahrscheinlich nur gebrochen, doch scheint dies nicht weiter Anstoss erregt zu haben. Dagegen kamen für die von Rüeggisberg abhängige Zelle Röthenbach jenseits der Aare doch vor allem Rüeggisberger Mönche deutscher Zunge zum Einsatz.[23] Seit der Gründung ihres Priorats dürften also die Cluniazenser von Rüeggisberg in Röthenbach eine Zelle errichtet haben, der sie neben dem Besitz in Röthenbach und Würzbrunnen selbst auch einen Teil der Güter östlich der Aare überliessen. Röthenbach scheint von den cluniazensischen Visitatoren wesentlich seltener besucht worden zu sein als Rüeggisberg, und bei Röthenbach gelang es der Stadt Bern, schon 1399 in den Besitz der Vogtei zu kommen, als sie von den letzten Kiburgern die Herrschaft Signau erwarb. Im Winter 1484/1485 wurde Röthenbach zusammen mit Rüeggisberg dem bernischen Vinzenzenstift inkorporiert.

Als zweites cluniazensisches Priorat – heute in einer bernischen Enklave gelegen – wurde das Priorat Münchenwiler gegründet (Abb. 297).[24] Am 18. Februar 1080/1081 schenkten Gerald *(Giraldus)* von Vilar, und sein Bruder, der Kleriker Rudolf, dem Kloster Cluny ihr Allod im Dorf Vilar, namentlich die zu Ehren der Heiligen Dreifaltigkeit erbaute Kirche. Die Gründung des Priorats dürfte kurz nach der Schenkung erfolgt sein, ja die Vergabung geschah wohl schon im Hinblick auf sie. Die zugehörige Kirche wurde in der ersten Hälfte des 12. Jahrhunderts neu erbaut (→ S. 350). Die wichtigste Quelle für die Frühgeschichte des Priorats ist das Nekrologium von Münchenwiler, das mit rund 10 000 Namen das grösste Totenbuch des Mittelalters überhaupt darstellt. Es ist jedoch zum grössten Teil nicht in Münchenwiler zusammengestellt worden, sondern im Cluniazenserinnenkloster Marcigny-sur-Loire, das der Abtei Cluny in der Art eines Doppelklosters verbunden war. Um die Mitte des 12. Jahrhunderts muss das bereits fast vollgeschriebene Buch nach Münchenwiler gelangt sein, wo es vor allem in der zweiten Hälfte des 12. Jahrhunderts benutzt wurde.

Durch den Gebrauch des Nekrologiums von Marcigny erscheint das kleine Priorat Münchenwiler im 12. Jahrhundert in den grossen Verband des cluniazensischen Totengedächtnisses eingebunden. Die Kastvogtei soll im 14. Jahrhundert in die Hände der Schultheissen von Murten gelangt sein.
Spannend ist die Geschichte des Priorats St. Petersinsel (Abb. 298),[25] wo die Ausgrabungen von 1984–1986 bereits für das mittlere 10. Jahrhundert ein Holzkloster nachweisen konnten. Vielleicht handelt es sich also hier nicht um eine Neugründung, sondern um die Übergabe eines älteren Klosters an den Cluniazenserorden.[26] Im Jahr 1107 bestätigte Graf Wilhelm III. von Burgund und Mâcon alle Schenkungen, die seine Vorfahren der Abtei Cluny gemacht hatten. Er selbst vergabte ihr seinen ererbten Besitz in Bellmund und auf der nahe gelegenen «Insel der Grafen». Unter den Zeugen befand sich auch Peter von Glâne, der Vater des Gründers des Zisterzienserklosters Hauterive FR. In der Folge muss auf diesem Besitz ein Priorat entstanden sein, und zwar zunächst nicht auf der «Grafeninsel», sondern in Bellmund. Vor 1226/1227 muss das Priorat auf die Insel verlegt worden sein, denn hier wurden am 10. Februar dieses Jahres der junge Graf Wilhelm IV. von Burgund, der Sohn des Stifters, sowie Peter von Glâne und sein Sohn Ulrich beigesetzt, nachdem sie am Tag zuvor in Payerne ermordet worden waren.[27] Dadurch erhielt das Priorat auf der St. Petersinsel seine nicht vorhergesehene Bestimmung als Grablege des Sohnes des Gründers und seiner Getreuen. Es scheint, als hätten in den folgenden Jahrhunderten die Visitatoren und das Generalkapitel beim Priorat auf der St. Petersinsel am meisten Wert auf den Gottesdienst und eine entsprechende Zahl von Mönchen gelegt: Hier wurde ganz konkretes cluniazensisches Totengedächtnis geübt, konkreter noch als in Münchenwiler. Dieser Funktion entsprach die Lage des Priorats auf einer damals nur zu Schiff erreichbaren Insel.
Nach dem Aussterben der Grafen von Hochburgund scheint die Kastvogtei über das Priorat St. Petersinsel an ihre siegreichen Gegner, die Zähringer, gekommen zu sein, und nach deren Aussterben 1218 an die Kiburger. Nachdem die Vogtei in der ersten Hälfte des 14. Jahrhunderts an die Grafen von Neuenburg-Nidau verpfändet war, kam sie Ende des 14. Jahrhunderts an die Stadt Bern, zusammen mit dem ganzen Inselgau.[28] Damit war St. Petersinsel das einzige Cluniazenserpriorat auf bernischem Gebiet, dessen Vogtei von Bern direkt ausgeübt wurde. Das Priorat aber wurde in den letzten fünfzig Jahren seines Bestehens über die Ordensgrenzen hinweg von Mönchen aus der benachbarten Benediktinerabtei Erlach verwaltet, mit der St. Petersinsel seit der zweiten Hälfte des 14. Jahrhunderts in Gebetsverbrüderung stand (Abb. 299).
Die Cluniazenserpriorate Rüeggisberg, Münchenwiler und St. Petersinsel waren zwar nicht im entferntesten so gross und reich wie die grossen waadtländischen Cluniazenserabteien Romainmôtier und Payerne, aber doch gross genug, um im 15. Jahrhundert den Appetit der so genannten Pfründenjäger zu wecken und im Winter 1484/1485 dem stadtbernischen Vinzenzenstift einverleibt zu werden.[29] Dagegen wurden die kleinen Priorate Leuzigen, Hettiswil und Bargenbrück noch vor Ende des 13. Jahrhunderts zu einem Verband zusammengeschlossen, weil sie einzeln nicht lebensfähig waren.
Das Priorat Leuzigen ist erstmals 1269 bezeugt,[30] damals bereits in Personalunion mit demjenigen von Bargenbrück. Einen Hinweis auf die Entstehung von Leuzigen gibt einzig die Bezeichnung als *hospitale* oder *spital* in den Jahren 1275 und 1343: Man könnte sich vorstellen, dass das Priorat im 12. Jahrhundert als Hospiz gegründet worden ist, ähnlich wie Bargenbrück und an der gleichen Strasse, die vom Genfersee über Moudon–Payerne–Murten (Münchenwiler)–Kerzers–Aarberg (Bargenbrück)–Büren–Leuzigen–Solothurn an den Rhein führte. Die dem Priorat zuzuordnende Johanneskirche wurde wahrscheinlich von Anfang an als Klosterkirche errichtet. Vielleicht hat Leuzigen durch die Stadtgründung von Büren im zweiten Drittel des 13. Jahrhunderts seine Funktion verloren, wie Bargenbrück durch jene Aarbergs, und ist dadurch in Verfall geraten; jedenfalls erscheint das Priorat im Visitationsbericht von 1269/1270 ebenso wie Bargenbrück als baufällig. Die Verbindung der beiden Priorate scheint zunächst die Form einer Personalunion unter dem Prior Jakob gehabt zu haben, spätestens im Jahr 1293 erfolgte der Zusammenschluss mit

Abb. 298
Die heutige Gebäudegruppe auf der St. Petersinsel zeigt trotz zahlreicher Umgestaltungen noch gewisse Züge des ehemaligen Cluniazensterpriorates. Nach der Säkularisation übergab die Regierung Berns die Insel 1530 dem Niederen Spital, einem Vorgängerinstitut des Burgerspitals der Stadt Bern, dem sie heute noch gehört. Die Kirche wurde 1557 abgebrochen.

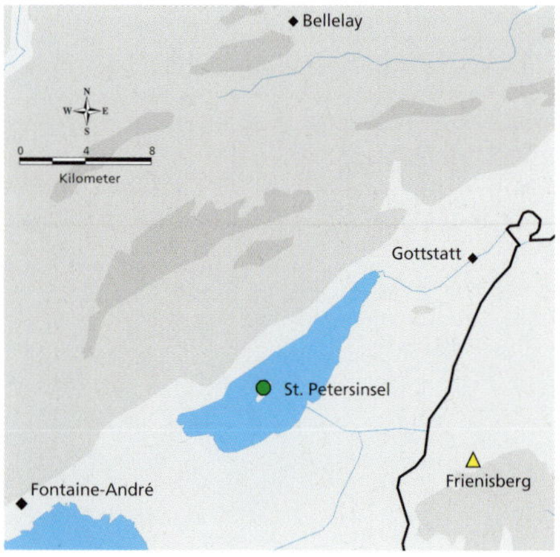

Abb. 299
Die Gebetsbruderschaft von 1362.

- Cluniazenser
- Zisterzenser
- Prämonstratenser
- Diözesangrenze

dem Priorat Hettiswil. Die Gebäude des Priorats Leuzigen aber wurden wahrscheinlich im Guglerkrieg 1375 zerstört und nicht mehr wiederaufgebaut.
Das Priorat Hettiswil[31] hatte das gleiche Heilig-Kreuz-Patrozinium wie die Benediktinerklöster Trub, Wangen und Rüegsau, ein Nebenaltar war den Aposteln Peter und Paul geweiht. Die Stiftung bestand im Bau einer Kapelle und in deren Ausstattung mit Gütern in der näheren und weiteren Umgebung. Dazu trug eine Gruppe von Leuten eher niederen Standes unter Führung eines Priesters aus ihrer Mitte bei. Das Nebenpatrozinium deutet auf einen Anschluss an Cluny hin, dessen Zeitpunkt und Form unbekannt bleiben.[32]
Nach dem Gründungsbericht versiegt die Überlieferung für etwa hundertfünfzig Jahre, bis in einem cluniazensischen Visitationsprotokoll von einem Prior die Rede ist, der die deutsche Sprache nicht beherrschte und deshalb bei der deutschsprachigen Bevölkerung nicht beliebt war. Eine gleiche Klage erscheint später nie mehr in den Quellen, obwohl noch mehrere Prioren und wohl auch Mönche von Hettiswil französischer Zunge waren. Von einem gewissen Ansehen des Orts zeugt ein Kreuzwunder, das am 18. April 1281 von Graf Eberhard von Habsburg, dem Begründer des Hauses Neu-Kiburg und möglicherweise Vogt des Priorats Hettiswil, beurkundet wurde. Das durch Brand und Krieg beschädigte Priorat wurde am 15. August 1291 durch Bischof Rudolf von Konstanz neu geweiht. Am 27. Januar 1382 verkauften die Grafen Berchtold und Rudolf von Kiburg, die letzten ihres Geschlechts, die Vogtei von Hettiswil an ihren Ministerialen Walter von Erlach; dies bedeutete letztlich eine Bindung des Priorats an die neue Landesherrschaft der Stadt Bern, und dies umso mehr, als Bern 1406 von den letzten Kiburgern die Landgrafschaft Burgund erwarb.[33]
Das Hospiz und die Kirche von Bargenbrück waren am 18. März 1139 in einem an die Vorsteher und ihre Mitbrüder gerichteten Privileg von Papst Innozenz II. in das Eigentum und den Schutz des heiligen Peter aufgenommen worden.[34] Im folgenden Jahr übergab Berchtold von Twann, wahrscheinlich der 1139 genannte Vorsteher, der mit andern adeligen Männern bei der Brücke von Bargen zum Dienst an den Armen ein Hospiz erbaut hatte und Mönch geworden war, persönlich im Kapitel von Cluny das Hospiz der burgundischen Abtei. Berchtold stammte aus der Familie der Freiherren von Twann und ist auch als Wohltäter des Zisterzienserklosters Lützel bekannt. Bei den Gründern handelte es sich um eine Art Spitalbruderschaft, wie wir sie auch bei den Stiftern der Priorate Münchenwiler und Hettiswil vermuten dürfen. Die Bemühungen der Gründer von Bargenbrück galten gemäss der beiden zitierten Urkunden den «Armen (Gottes)», doch ist es nicht abwegig, angesichts des Standorts des Hospizes an einer Brücke,[35] darunter auch Reisende, Pilger und Fremde zu verstehen; diese konnten, wenn sie im Hospiz verstarben, auf dem eigenen, vom päpstlichen Legaten eingesegneten Friedhof auch beerdigt werden. Gastfreundschaft (*hospitalitas*) war neben Gottesdienst und Wohltätigkeit (*elemosina*) einer der drei Hauptpunkte, auf welche die cluniazensischen Visitatoren und Generalkapitel bei jedem Priorat besonders achteten. Bargenbrück scheint durch die Gründung der Stadt Aarberg (zwischen 1220 und 1225) seine Funktion und in der Folge seine Selbständigkeit verloren zu haben und zu einem Pfründnerinstitut geworden zu sein. 1293 erfolgte dann, zusammen mit Leuzigen, der Anschluss an das Priorat Hettiswil.
Als letztes Clunziazenserpriorat auf nachmaligem bernischem Gebiet erscheint im 13. Jahrhundert (vor 1275) das Priorat Brüttelen, das als einziges der «bernischen» Cluniazenserpriorate einem der grossen westschweizerischen Verbände angehörte, und zwar demjenigen von Payerne. Am Ende des 14. Jahrhunderts scheint Brüttelen vorübergehend unter die Kontrolle des Benediktinerklosters Erlach geraten zu sein, ähnlich wie wenig später dasjenige auf der St. Petersinsel, doch wurde die Zugehörigkeit zu Payerne 1408 bestätigt. Die anderen «bernischen» Cluniazenserpriorate standen interessanterweise ausserhalb der grossen Verbände und hatten alle, bei selbstverständlich unterschiedlichem Gewicht, nur den Status von einfachen Prioraten. Bei ihnen handelte es sich gewissermassen um Randerscheinungen des Cluniazenserordens, der, von Westen kommend, zwar noch die Aare-, nicht aber mehr die Emmegrenze überwinden konnte.[36]

Daniel Gutscher

Fluchtgeld unter dem Chorgestühl – der Hortfund auf der St. Petersinsel

Die Frage «Habt ihr Gold gefunden?» gehört zu den häufigsten, die Archäologen gestellt werden, dass tatsächlich Gold gefunden wird, zu den seltensten Ereignissen archäologischen Alltags. Im Winter 1893 stiessen Bauarbeiter im Friedhof von Lenk auf 19 Goldmünzen des 14. Jahrhunderts, von denen heute noch neun Stücke bekannt sind. Anlässlich der Grabungen in der Kirche des ehemaligen Cluniazenserpriorates auf der St. Petersinsel im Bielersee kamen am 25. Februar 1986 fünf beieinander liegende Goldmünzen zum Vorschein. Sie lagen als Depot unter dem westlichen Flügel des Chorgestühls, genau in dessen Mitte, wo sich der Platz des Priors befand (Abb. unten). Dort müssen sie von jemandem absichtlich unter die Tonplatten in eine kleine Delle gelegt worden sein. Ein Beutel fand sich nicht, was bedeutet, dass die Goldmünzen lose oder in einem Stoff, der völlig vergangen ist, deponiert wurden. Es handelt sich um (Abb. rechts):

1. einen sog. «Genovino» aus Genua, ein unter dem Dogen Simone Bogganegra zwischen 1356 und 1363 geprägtes Stück,
2. einen provenzalischen Goldgulden, der unter Johanna I. von Anjou um 1372 geprägt wurde,
3. einen Goldgulden des Kirchenstaates von Avignon, der wohl unter Urban V. zwischen 1362 und 1370 geprägt wurde,
4. einen kölnischen Goldgulden, der unter Friedrich III. von Saarwerden wohl 1377 in Riehl geprägt wurde und schliesslich
5. einen holländischen Goldgulden, um 1387–89 unter Wilhelm V. von Bayern in Dordrecht geprägt .

Der Münzhort bezeugt die internationale Vernetzung des Priorates. Er stellt für damalige Verhältnisse einen nicht unwesentlichen Betrag dar. Seine Kaufkraft dürfte ungefähr dem Preis von 25 Arbeitstagen eines Handwerkers entsprochen haben.

Wann mag der Fund in den Boden gelangt sein? Die Prägedaten lassen ein Datum um 1380 vermuten. Damals waren die Zeiten in der Region schlecht, besonders auf der Insel. So rapportieren die Mönche am Generalkapitel von 1361 in Cluny, ihnen mangle es am nötigen Essen und der vorgeschriebenen Bekleidung und am nächsten Kapitel 1365 berichten sie, dass sie wegen allgemeinen Mangels auf der Suche nach zusätzlichem Verdienst umherstrichen und dem Gottesdienste fernblieben. Wir vernehmen, dass wegen der Guglerkriege im Jahr 1376 Mönche und Prior ihrer Residenzpflicht auf der Insel nicht mehr nachkommen konnten:. Hatte ein Mönch – oder gar der Prior selber – die Münzen vor dem vorübergehenden Wegzug sicherstellen wollen? Warum aber hat er sie nach der Rückkehr nicht wieder ausgegraben? Vielleicht gibt sich eine Antwort aus der Tatsache, dass erst im Jahr 1389 wieder ein Prior, Niklaus von Servion, schriftlich überliefert ist?

Literatur: Gutscher, St. Petersinsel S. 19 f., 118 f., 165 f. und 251–259.

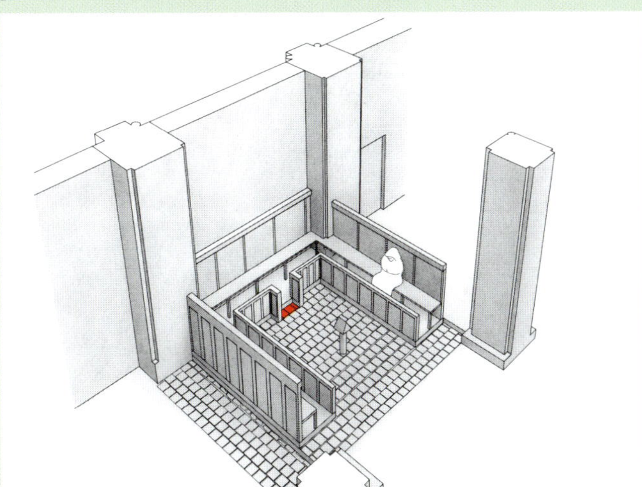

Lage des Münzhortes (rot) unter dem Chorgestühl des Priorates der St. Petersinsel. Die fünf Goldmünzen des Hortfundes. Links jeweils die Vorder-, rechts die Rückseite der Münzen in doppelter Grösse.

Abb. 300
Muscheln waren seit dem 11. Jahrhundert als Zeichen für die Pilgerfahrt nach Santiago de Compostela oder zum Mont Saint-Michel bekannt. Diese Muschel wurde im Chor der ehem. Dominkanerkirche in Bern gefunden und stammt vermutlich aus einem mittelalterlichen Grab. Sie war durch die Durchbohrungen an Hut, Tasche oder Kleid befestigt. Bemerkenswert ist, dass es sich um die flache, obere Muschelhälfte handelt; ADB.

Zisterzienser und Zisterzienserinnen

Auch die Zisterzienser hatten ihr Zentrum im Westen: in den Abteien Cîteaux und Clairvaux in Burgund. Den Zisterzienserorden zeichnete aus, dass er vom *ora et labora* der Benediktsregel das *labora* wieder ernster nahm als etwa die Cluniazenser, die sich vor allem dem Gottesdienst widmeten, und dass die Mönche sich von ihrer eigenen Hände Arbeit ernähren sollten. In der Praxis wurde die Handarbeit dann allerdings vor allem von den Laienbrüdern (Konversen) geleistet, die das Land bebauten, das in agrarischen Grossbetrieben organisiert war.[37] Die Basis der Zisterzienserorganisation bildeten die an sich autonomen Einzelabteien, die durch die Institutionen der Filiation und des Generalkapitels miteinander verbunden waren, ein Mittelding zwischen dem cluniazensischen System der Zentralisation und der absoluten Autonomie der Klosterobern, wie der Benediktinerorden sie kannte.[38]

Die zisterziensische Reformbewegung erreichte von Westen her die Westschweiz.[39] Dennoch wurde das Kloster Frienisberg als einziges zisterziensisches Männerkloster im bernischen Gebiet nicht von den westschweizerischen Zisterzienserklöstern aus besiedelt, sondern von der Abtei Lützel im Oberelsass (nahe der heutigen Schweizer Grenze), die das wichtigste Bindeglied zwischen Cîteaux und dem deutschsprachigen Raum bildete. Lützel war eine der blühendsten Abteien des Ordens, mit einem Bestand von rund 200 Mitgliedern um 1200. Von hier aus sollen über 60 Zisterzen gegründet worden sein.[40]

Das Kloster Frienisberg (Abb. 301) verdankt sein Entstehen dem Grafen Udelhard von Saugern, der sein Eigentum am Frienisberg in Seedorf im Jahr 1131 dem Abt Christian von Lützel zur Gründung eines Zisterzienserklosters übertrug.[41] Nach anfänglichen Schwierigkeiten verbesserten sich die wirtschaftlichen Verhältnisse im 13. Jahrhundert durch Schenkungen des benachbarten Adels.[42] In der zweiten Hälfte des 14. Jahrhunderts erlitt die wirtschaftliche Entwicklung, wohl infolge schlechter Verwaltung und Misswirtschaft, einen Rükkschlag. 1375 ist von einer starken Verarmung des Klosters die Rede, die den Konvent zehn Jahre später zwang, zehn Dörfer und drei Höfe mit Twing und Bann samt 42 Eigenleuten und zwei Häusern in der Stadt zum Preis von 1500 Gulden an die Stadt Bern zu verkaufen, die das Kloster 1386 in ihren Schutz und Schirm nahm. Seit dem Erwerb der Landgrafschaften betrachtete sich Bern vollends als «echten und richtigen Kastvogt» des Klosters.[43]

Das Kloster Frienisberg war seinerseits Vaterabt von zwei zisterziensischen Frauenklöstern: Fraubrunnen (gegründet 1246, → S. 126) und Tedlingen (gegründet 1282–1288). Zwischen der Gründung von Frienisberg und derjenigen der Frauenklöster verstrichen mehr als hundert Jahre, nun aber bestand ein riesiger Nachholbedarf nicht nur im bernischen Gebiet, sondern in der ganzen deutschsprachigen Schweiz. Da der Zisterzienserorden durch den «Ansturm» der Frauen überfordert war, stellte er im Lauf des 13. Jahrhunderts immer strengere Aufnahmebedingungen. Aufgenommen wurden nur Frauenklöster, die es sich wirtschaftlich und disziplinarisch leisten konnten, die Klausur einzuhalten. Andere mussten auf die neu entstehenden Bettelorden ausweichen oder sich mit dem Status einer Beginensamnung begnügen.[44]

Das im Sommer 1246 durch eine Kiburger Schenkung begründete Kloster Fraubrunnen wurde 1249 der Abtei Frienisberg unterstellt und 1268 von Papst Clemens IV. bestätigt.[45] Noch im gleichen Jahr hatte sich das Generalkapitel in Cîteaux erstmals mit Klagen über rebellierende Nonnen in Fraubrunnen zu befassen. Diese verweigerten dem Vaterabt den Gehorsam, verwehrten den von der Äbteversammlung zur Abklärung entsandten Visitatoren den Eintritt ins Kloster und vertrieben die gehorsam gebliebenen Schwestern. Darauf wurden die Äbtissin und die weiteren Offizialinnen exkommuniziert, ihrer Ämter enthoben und 1271 mit ihrem Anhang in ein anderes Kloster versetzt. Die gehorsamen Schwestern, die vorübergehend in andere Klöster aufgenommen worden waren, kehrten nach Fraubrunnen zurück und wählten aus ihrer Mitte eine neue Äbtissin. Diese Auseinandersetzungen scheinen die wirtschaftliche Lage in Mitleidenschaft gezogen zu haben,[46] 1280 vernichtete zudem ein Brand die Klostergebäude und zwang die Nonnen zur Veräusserung von Gütern und Rechten.

Adriano Boschetti

Die Backsteinproduktion der Zisterzienserklöster St. Urban, Frienisberg und Fraubrunnen

Von etwa 1240 bis um 1310 produzierte das Zisterzienserkloster St. Urban Backsteinwerkstücke, die auf Bauplätzen der Umgebung Verwendung fanden. Als Backsteinwerkstücke gelten massive gebrannte Lehmquader, die oft mit einem oder mehreren Modeln verziert und zum Teil individuell nachbearbeitet sind. St. Urban stellte in seiner Ziegelei zum Teil sehr grosse Backsteine her, die zugehauenen Steinquadern entsprechen konnten; es wurden auch Spezialstücke wie Kapitelle oder Tür- und Fenstergewände gebrannt.
Durch ihre vielfältigen Dekors vermögen die Werkstücke aus St. Urban bis heute als Zeugen mittelalterlicher Bauplastik zu faszinieren (Abb.).
Abgesehen von Backsteinen fertigte die Klosterziegelei auch Grabplatten, Bodenfliesen und Dachziegel an. In der Tradition von St. Urban arbeiteten nach Auskunft stilistischer und naturwissenschaftlicher Untersuchungen um 1270 bis 1300 das Zisterzienserinnenkloster Fraubrunnen und das Zisterzienserkloster Frienisberg, wo auch für die Stadt Bern produziert wurde (Abb. links). Weitere Tochterwerkstätten etablierten sich ausserdem in Wettingen und vielleicht in der Region Aarau-Solothurn und bei Basel.
Die Kenntnis der Backsteinherstellung ist vielleicht durch wandernde Bautrupps oder von einer älteren Ziegelei bei Burgdorf nach St. Urban gelangt. In Burgdorf liessen nämlich die Zähringer bereits um 1200 ihre Burg zum Teil aus Backstein erbauen und setzten erstmals seit römischer Zeit in unserem Gebiet dieses Baumaterial wieder ein. Freilich handelte es sich dabei um unverzierte Backsteine kleineren Formats. Die Verwendung von Dachziegeln, deren Herstellung sich technisch nicht grundsätzlich von der Backsteinproduktion unterscheidet, war in Klöstern aber bereits im 9. und 11. Jahrhundert geläufig.
Die Fundorte der Backsteinwerkstücke sind im Umkreis von rund 15 km rund um St. Urban dicht gestreut (vgl. Karte). Die meisten Fundstellen sind Kirchen oder Burgen – darunter oft Burgkapellen. Rund um Fraubrunnen und Frienisberg sind Backsteinwerkstücke seltener, was wahrscheinlich auf die geringere und vor allem kürzere Zeit andauernde Produktion jener Ziegeleien zurückzuführen ist. Das Verbreitungsbild zeigt die Absatzgebiete der drei Zisterzienserklöster St. Urban, Fraubrunnen und Frienisberg. Es handelt sich um das eindrücklichste Beispiel der Wirtschaftskraft der Zisterzienserklöster zur Zeit, als die Städte unserer Region erst im Wachsen begriffen waren.
Die Verbreitung der typischen Architekturstücke der 2. Hälfte des 13. Jahrhunderts weist aber auch auf eine zusammenhängende Kulturlandschaft des Aareraumes zwischen Bern und Aarau. Die drei Klosterziegeleien legten die Basis für eine Tradition, die spätestens seit dem 15. Jahrhundert in vielen Ziegeleien weitergeführt worden ist, zum Beispiel in der Prämonstratenserabtei Gottstatt bei Orpund.

Modelverziertes Backsteinwerkstück aus der Zeit 1270/80, gefunden an der Rathaushalde in Bern.

Fenster aus der Ostfassade des Osttraktes im ehemaligen Zisterzienserinnenkloster Fraubrunnen (1. Stock). Backsteinwerkstücke auf Sandsteinbank; das linke Gewände ist rekonstruiert.

Literatur: Eggenberger/Ulrich-Bochsler/Keck, Frühmesskapelle, S. 55–63; Goll u. a., Klosterziegelei; Maurer, Backsteinwerkstücke; Roth, Bodenplatten; Schnyder, Baukeramik; Wolf, Bricks; Zemp, Backsteine.

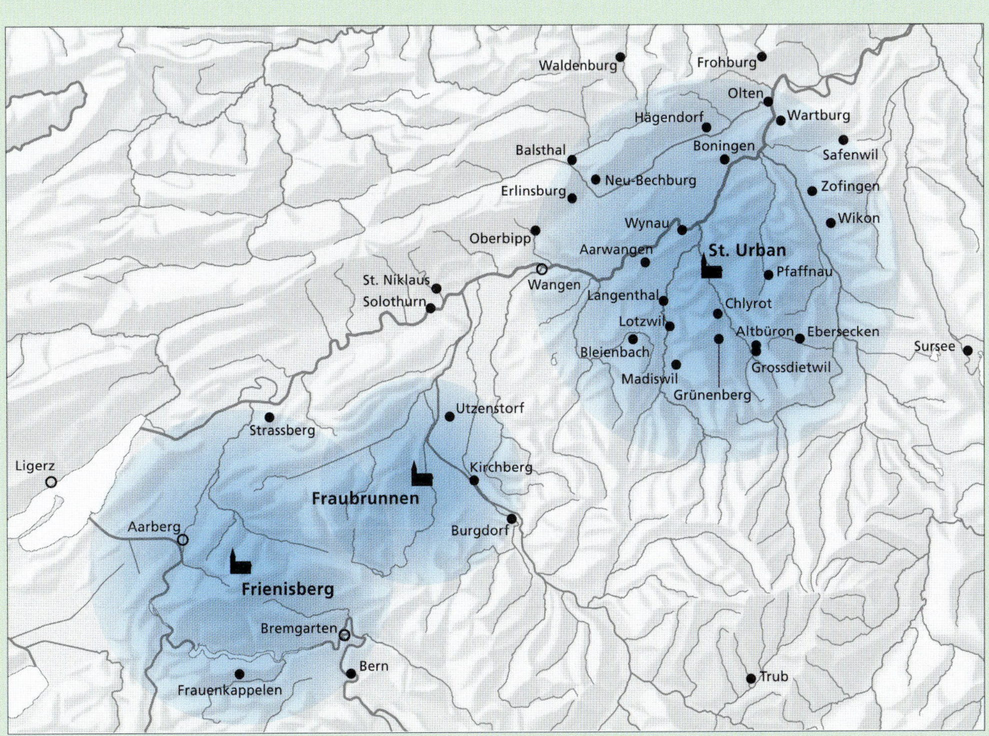

Produktions- und Fundorte von Backsteinen. Die Punkte markieren Funde von Steinen aus St. Urban, Fraubrunnen oder Frienisberg, die Kreise diejenigen Stücke, deren Herstellungsort nicht mit Sicherheit bestimmt werden konnte. Weitere Fundorte (z. B. Zürich, Wettingen, Schnabelburg) liegen ausserhalb des Kartenausschnittes.

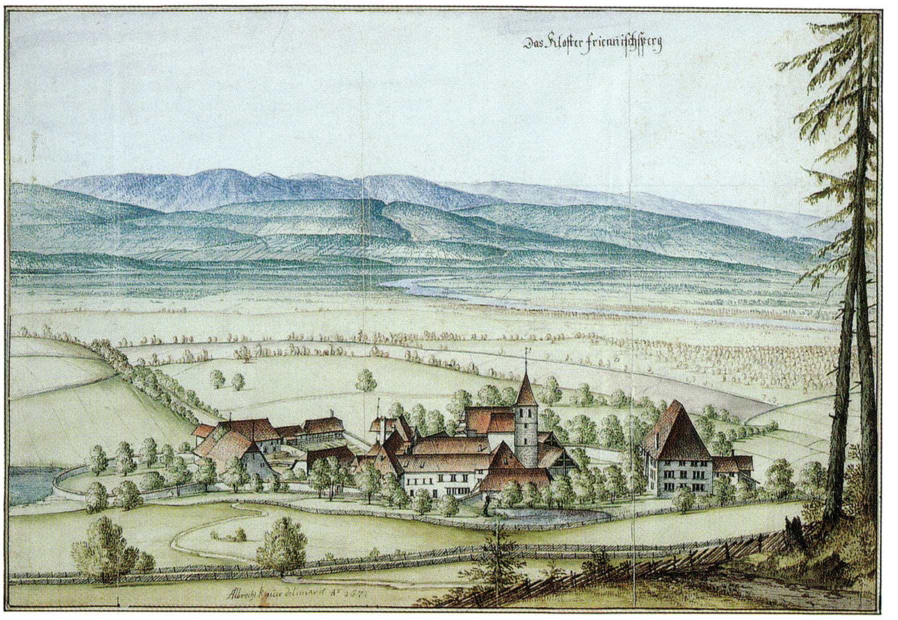

Abb. 301
Das ehemalige Zisterzienserkloster Frienisberg nach einer Ansicht Albrecht Kauws von Südosten Richtung Aareebene und Jura, 1671. Nach der Aufhebung 1528 wurde ein bernischer Landvogteisitz eingerichtet. Schon im 17. Jahrhundert hatte die Anlage viele Umbauten erfahren, die Substanzverluste dauerten bis in die neueste Zeit an; BBB, Inv. Nr. 26077.

Rund hundert Jahre später, 1375, nisteten sich die Gugler in den Gebäuden des Klosters ein und noch einmal wurde das Kloster ein Raub der Flammen. Für den Wiederaufbau mussten die Nonnen wiederum betteln gehen. Im Jahr 1406 kamen die hoheitlichen Rechte über das Kloster Fraubrunnen zusammen mit den bis anhin den Grafen von Kiburg zustehenden landgräflichen Rechten in Burgund an Bern (→ S. 126). Nebst Königsfelden, das 1415 bei der Eroberung des Aargaus an Bern gekommen war, galt Fraubrunnen als das reichste und vornehmste Nonnenkloster im ehemaligen Herrschaftsgebiet der Stadt Bern.
Beim Zisterzienserinnenkloster Tedlingen dürfte es sich ursprünglich um eine Beginensamnung gehandelt haben, die sich wahrscheinlich auf der 1233 urkundlich erwähnten Besitzung des Klosters Frienisberg in Tedlingen (Detligen, Gemeinde Radelfingen) niedergelassen hatte.[47] Im Sommer 1284 überliess Frienisberg Tedlingen mit seinen Gütern der Witwe Mechthild von Seedorf, deren Mann Heinrich als Laienbruder von Frienisberg kinderlos gestorben war, zur Errichtung eines geschlossenen Frauenkonventes und versprach, sich um die Aufnahme Tedlingens in den Orden zu bemühen.
Die geplante Eingliederung scheint beiden Seiten Schwierigkeiten bereitet zu haben. Einerseits wollte sich der Orden nicht allzu sehr mit der Seelsorge von Frauenkonventen belasten; andererseits sagten die Zisterziensergewohnheiten, vor allem die Klausur, nicht allen Schwestern zu. Am 10. März 1285 gestattete der Bischof von Konstanz der Äbtissin und dem Konvent, nach Brunnadern bei Bern zu übersiedeln. Der geplanten Verlegung widersetzten sich ein Grossteil der Nonnen. Daraufhin entliessen am 20. Mai 1285 die Mönche von Frienisberg die Stifterin Mechthild aus ihren vertraglichen Verpflichtungen gegenüber Tedlingen und Frienisberg und verwiesen sie an die Dominikaner von Bern, die ihr zu einer geplanten Klosterneugründung besser behilflich sein könnten (→ S. 400). Die Gründung in Brunnadern scheint sich rasch entfaltet zu haben, denn schon zu Beginn des Jahres 1286 wurde die dortige Niederlassung auf Veranlassung der Mönche von Frienisberg in einem nächtlichen Überfall besetzt und den Nonnen von Tedlingen übergeben, während der Abt von Frienisberg (ein anderer als derjenige, der Mechthild aus ihren Verpflichtungen entlassen hatte) alle Einkünfte des Hauses von Brunnadern für sich beschlagnahmte. Diese Gewalttat führte nach langwierigen Verhandlungen zu einem Vergleich: Mechthild von Seedorf wurde aller Gelübde und Verpflichtungen gegenüber Tedlingen entbunden; die 14 Tedlinger Schwestern, die nicht in den Dominikanerorden eintreten wollten, kehrten nach Tedlingen zurück; die Berner Prediger kauften der Abtei Frienisberg die Stiftung Brunnadern ab.
Die dramatische Gründungsgeschichte des Klosters Tedlingen wirft ein grelles Licht auf die damalige Situation der Frauenklöster: Es genügte nicht, einen Stifter zu finden, es galt auch, Anschluss an einen der bestehenden Männerorden zu erlangen, die mit der Zeit nur mehr gut dotierte Frauenklöster akzeptierten.

Jürg Leuzinger

Das Jahrzeitbuch des Klosters Fraubrunnen

Jahrzeitbücher dienten der schriftlichen Erfassung der Namen der Verstorbenen, damit Kleriker wussten, wann und für wessen Seelenheil sie zu beten hatten. Der Begriff Jahrzeit steht für dieses Gedenken am jährlich wiederkehrenden Todes- oder Begräbnistag. Aufgebaut waren die Jahrzeitbücher wie ein ewiger Kalender, der – aufgeteilt in 365 Abschnitte – die entsprechenden Namen am jeweiligen Tag der Jahrzeit aufführte und so jedes Jahr wieder verwendet werden konnte (→ S. 499). Die Jahrzeit wurde entweder durch den Verstorbenen selber im voraus oder durch dessen Verwandte oder Bekannte mit einem so genannten Seelgerät auf ewige Zeiten angelegt. Diese Seelgeräte bildeten die materielle Grundlage einer Jahrzeit und konnten aus einer einmaligen Schenkung oder häufig auch aus jährlichen Zinsen bestehen, die von einem bestimmten Hof, einem Acker oder Weinberg als Naturalertrag oder Geldleistung zu entrichten waren.

Das Jahrzeitbuch von Fraubrunnen befindet sich in der Burgerbibliothek Bern (Abb. unten). Es entstand 1507 und stellt eine Abschrift dar. Johann Riser, der Schreiber des Buches, stammte aus dem Karthäuserkloster Torberg und notierte über seine Beweggründe folgendes: *... Wann von sunderlicher früntschafft und lieby die er zuo disem loblichen gotzhus* (Fraubrunnen) *alwegen gehan, er das willig und gern hat geschriben und usz dem alten buoch mit müg und arbeit gezogen. Anno dni M v vij.* Das ältere Jahrzeitbuch befand sich damals wohl in einem so schlechten Zustand, dass es kaum noch benutzbar war. Denn die jeweils neu gestifteten Jahrzeiten mussten laufend am entsprechenden Tag des Kalenders eingetragen werden, auch wenn sich an gewissen Tagen die Einträge derart häuften, dass keine freien Zeilen für einen sauberen Eintrag vorhanden waren. Eine neue Fassung muss sich daher zu Beginn des 16. Jahrhunderts aufgedrängt haben.

Sofern dem Schreiber keine grösseren Übertragungsfehler unterlaufen sind, liegt mit dieser Abschrift das vollständige Jahrzeitbuch des Klosters Fraubrunnen vor, das nach der Klostergründung 1246 angelegt worden ist und bis zur Reformation 1528 nachgeführt wurde. Das Buch besteht aus insgesamt 76 beidseitig beschriebenen Blättern aus fein verarbeitetem Pergament, die zwischen zwei ebenfalls mit Pergament überzogenen, mit Knöpfen und Ecken aus Messing verzierten und verstärkten Holzdeckel eingebunden sind. Pro Seite findet sich jeweils Raum für Eintragungen für drei, selten zwei oder vier Tage. Insgesamt sind so beinahe 2500 Namen aufgeführt, was bedeutet, dass die Fraubrunner Nonnen kurz vor 1528 durchschnittlich beinahe sieben Jahrzeiten pro Tag begehen mussten.

Stiftungsurkunde der Katharina von Deitingen vom 24. März 1348. Die Gültigkeit des Dokuments wird durch die Siegel von Peter von Mattstetten, Schultheiss zu Burgdorf (links) und Graf Eberhard von Neu-Kiburg (rechts) bestätigt; StAB, Fach Fraubrunnen.

Der Zusammenhang zwischen Stiftung, Memoria und Jahrzeitbuch lässt sich anhand des folgenden Beispiels darstellen: Am 24. März 1348 stiftete Katharina von Deitingen, die Witwe des Konrad, den Zins von zwei Schupposen zu Dornegg dem Kloster Fraubrunnen, damit dieses nach ihrem Tode für ihr und ihres Ehemannes Seelenheil eine Jahrzeit begehen sollte (Abb. oben). Im Jahrzeitbuch steht nun am 17. Februar, dem Todestag der Katharina, *Item frouw Kathrina von Teitingen.* Am 26. März, dem Todestag Konrads, findet sich zudem der Eintrag *Her Cuonraden von Teitingen.* Die Fraubrunner Nonnen mussten nun gemäss diesen Eintragungen an den entsprechenden Tagen für Katharina und Konrad von Deitingen beten. Dafür wurden sie mit den Zinsen der beiden Schupposen jährlich entschädigt.

Der besondere Wert des Jahrzeitbuches besteht nun darin, dass für die gesamte Fraubrunner Klosterzeit ein Verzeichnis der Stifter und Nonnen überliefert ist. Damit können Fragen bezüglich der Ordensgeschichte, der Anzahl und der geographischen und sozialen Herkunft der Stifter und Nonnen, der wirtschaftlichen und politischen Veränderungen, der liturgischen Abläufe oder der Geschichte einzelner Familien beantwortet werden.

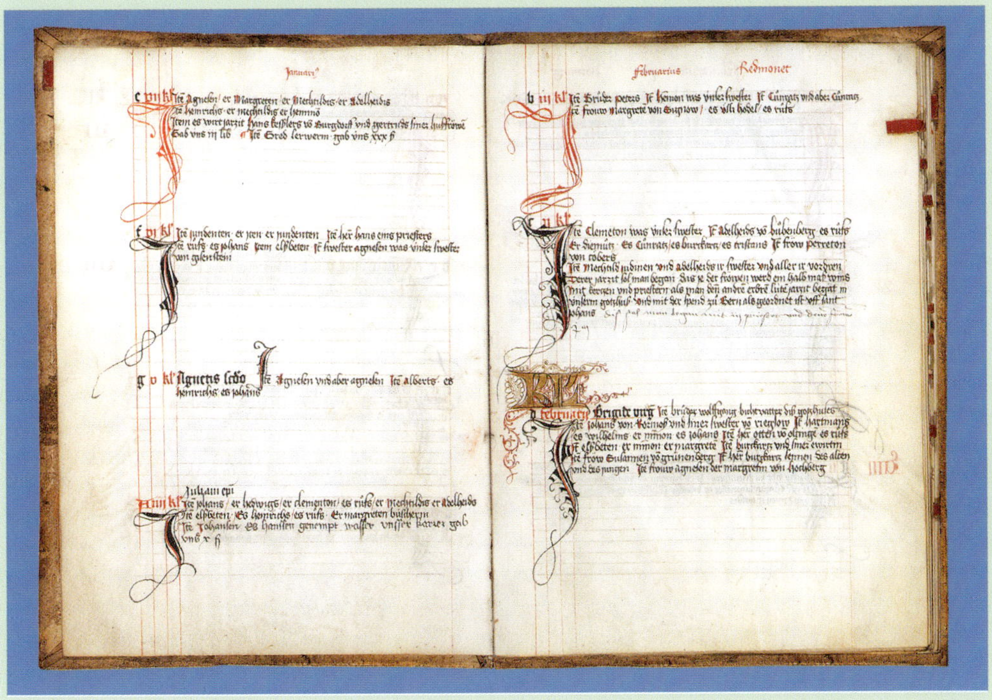

Jahrzeitbuch des Klosters Fraubrunnen. Aufgeführt sind der 26. bis 31. Januar sowie der 1. Februar, wobei die Datierung nach der römischen Einteilung in Nonen, Iden und Kalenden sowie durch ortsübliche Heiligenfeste durchgeführt worden ist. Für den 1. Februar steht somit: Kl februarii Brigide virginis. Der Monatsanfang ist jeweils in grossen goldenen oder roten Buchstaben gehalten, die weitere Kalendereinteilung in rot. Die Namen der Verstorbenen sind in schwarz aufgelistet und zum Teil rot ausgeschmückt;
BBB Mss. h. h. I. 35, f. 5v/6r.

Abb. 302
Die ehemalige Prämonstratenserabtei Gottstatt in Orpund gehört zu den besterhaltenen Klosteranlagen im Kanton Bern. Nach der Säkularisierung 1528 wurde die Klosterkirche zur reformierten Kirche, die Konventsgebäude dienten als Sitz eines bernischen Schaffners, später Landvogts, seit 1798 Privatbesitz.

Die restliche Geschichte des Klosters Tedlingen verlief wesentlich weniger spektakulär. Seit dem Übergang der landgräflichen Rechte in Burgund vom Haus Kiburg an die Stadt Bern (1406) betrachtete sich diese auch als Schutzvogt Tedlingens, obwohl bis dahin kein solcher erwähnt wird.

Prämonstratenser

Bei der einzigen Prämonstratenserniederlassung auf nachmalig bernischem Gebiet, handelt es sich um eine sehr späte Gründung. Das Kloster Gottstatt (Abb. 302)[48] ist rund hundert Jahre jünger als die westschweizerischen Gründungen[49] und konnte sich nur schwer festigen.
Im Jahr 1247 übertrug Graf Rudolf I. von Neuenburg-Nidau dem Prämonstratenserorden den «Ort Gottes» (*Locus Dei*), um dort unter der «Vaterschaft» des Prämonstratenserklosters Weissenau (Stadt Ravensburg) eine Abtei zu gründen. Das zu gründende Kloster wurde mit den Patronatsrechten der Kirche von Kappelen und von Bürglen ausgestattet. Diese Gründung scheint ohne Wirkung geblieben zu sein, denn 1255 musste sie wiederholt werden. Diesmal übertrug der Graf den Ort dem Prämonstratenserkloster Bellelay, da Weissenau wohl zu weit weg lag, um die Gründung in die Wege zu leiten. Das Kloster wurde besser ausgestattet und 1258 wurde der Graf Rudolf I. von Neuenburg-Nidau hier begraben. Seit 1279 scheint das Kloster Lac de Joux an die Stelle von Bellelay als Vaterabt getreten zu sein.
Das Kloster war also zur Grablege der Grafen von Neuenburg- Nidau bestimmt, die selbstverständlich auch die Kastvogtei innehatten (→ S. 132). Dennoch scheint es mit dem Bau von Kirche und Konventgebäuden nur schleppend vorwärtsgegangen zu sein. Die Kirche war wahrscheinlich noch nicht beendet, als Graf Rudolf II. im Jahr 1309 hier seine letzte Ruhestätte fand, und wahrscheinlich auch noch 1339 nicht, als Rudolf III. in der Schlacht von Laupen fiel, denn sie wurde erst 1345 geweiht. Im Jahr 1362 gingen die Prämonstratenserklöster Bellelay, Fontaine-André und Gottstatt über die Ordensgrenzen hinaus eine Gebetsverbrüderung mit dem Benediktinerkloster Erlach, dem Zisterzienserkloster Frienisberg und dem Cluniazenserpriorat auf der St. Petersinsel ein (Abb. 299). Als Graf Rudolf IV. von Neuenburg-Nidau 1368 sein Testament machte, schenkte er dem Kloster Gottstatt zwei weitere Kirchensätze und verfügte, dass Gottstatt in Zukunft zwölf Priester umfassen sollte, die für sein Seelenheil eine tägliche gesungene Messe halten sollten.
Den Zukunftsplänen, die Graf Rudolf IV. von Neuenburg-Nidau für die Grablege seiner Familie hegte, wurde durch den Guglerkrieg 1375 ein jähes Ende gesetzt. Am 8. Dezember 1375 wurde der Graf bei der Verteidigung des Städtchens Büren erschossen. Ein Teil der Gugler lagerte im Kloster Gottstatt, ein anderer im Kloster Fraubrunnen. Um Weihnachten 1375 wurden die Gugler in Ins und Fraubrunnen vernichtend geschlagen, doch könnten ihre Präsenz und

die von ihnen angerichteten Verwüstungen bewirkt haben, dass der letzte Graf von Neuenburg-Nidau nicht in Gottstatt, sondern in der Kollegiatkirche von Neuenburg, im erst 1372 angelegten Familiengrab der Grafen von Neuenburg beigesetzt wurde (→ S. 135). Gottstatt verlor seine Funktion als gräfliche Grablege. Die Kastvogtei aber ging 1388 an die Stadt Bern über, zusammen mit dem Städtchen Nidau, das nach längerer Belagerung gefallen war. Im 15. Jahrhundert widmeten die Mönche sich vor allem der Seelsorge, sie versorgten die zahlreichen Patronatskirchen des Klosters selber, ganz ähnlich wie dies für die Mönche des Klosters Trub aufgezeigt wurde.

Armand Baeriswyl

Die Ritterorden – Gemeinschaften zwischen Mönchtum und Ritteradel

Mittelalterliche Ritterorden waren geistlich geprägte und nach einer Regel lebende religiöse Gemeinschaften genannt, die karitative Aufgaben mit dem Schutz der Pilger und dem militärischen Kampf als «Streiter Christi» gegen Glaubensfeinde («Heiden» wie «Ketzer») verbanden.[1] Sie waren im Gefolge der Kreuzzüge entstanden und galten damals als im Vergleich zu den klassischen Mönchsorden völlig neuartig. Die fast ausschliesslich dem Adel angehörenden Ordensritter verstanden sich als Vasallen Christi, welche die Stammburg ihres Lehnsherrn, die Grabeskirche von Jerusalem verteidigten. Wie es der Begriff «Ritterorden» ausdrückt, standen seine Angehörigen zwischen dem Mönchtum und dem Rittertum; dem Mönchtum entlehnt waren die Gelübde Armut, Keuschheit und Gehorsam, die *vita communis* – unter anderem mit gemeinsamem Chorgebet – und die straffe hierarchisch-zentralistische Organisation, während der militärische Kampf und die adlige Lebensweise ritterlicher Kultur entsprachen. Wie die Zisterzienser waren die Ritterorden nicht der bischöflichen Gewalt unterworfen, unterstanden also nur dem König.[2] Neben den Rittern gab es in jedem der Orden auch Kleriker und Laienbrüder.

Von gesamteuropäischer Bedeutung waren der Templerorden, der Johanniterorden und der Deutsche Orden. In der Schweiz waren vor allem die beiden Letzteren tätig. Sie wurden als Bruderschaften an Hospitälern im Heiligen Land gegründet. Dabei sorgten die Laienbrüder und die Priester für Pilger und Kreuzfahrer, während die Ritterbrüder bewaffneten Geleitschutz leisteten, der sehr bald aber auch Grenzschutz und schliesslich den aktiven Kampf gegen die Nichtchristen umfasste. Die Ritter dominierten die Bruderschaften mehr und mehr, bis diese in Ritterorden umgewandelt wurden.

Die Orden waren sehr rasch nicht mehr nur im Heiligen Land präsent; vor allem durch Schenkungen von Königtum und Adel wurden sie zu grossen weltlichen Grundherren im christlichen Abendland. Die umfangreichen landwirtschaftlichen Güter wurden von klosterartigen Niederlassungen, den so genannten Kommenden, aus bewirtschaftet. Sie waren zentral für das Gedeihen der Orden, denn sie dienten nicht nur der Eigenversorgung der einzelnen Kommenden, sondern lieferten die materielle Basis für den Kampf gegen die Ungläubigen und dienten als Rekrutierungsstellen.

Die Entwicklung der beiden Ritterorden in der Schweiz spiegelt in grossen Zügen die Geschichte der Gesamtorden wider.[3] Die Johanniter besassen hier im Mittelalter insgesamt 19 Kommenden, die zu den Grossprioraten Auvergne, Lombardei und Deutschland gehörten. Beim Deutschen Orden bildete das Gebiet der heutigen Schweiz zusammen mit dem Elsass und Süddeutschland die Ballei Elsass-Burgund, die im 13. Jahrhundert 16 Kommenden umfasste. Auf Schweizer Boden lagen fünf Kommenden (Abb. 303).

Die Ritterorden kamen auch in der Schweiz durch Schenkungen zu ihrem Besitz. Davon stammte der überwiegende Teil aus den Händen des ländlichen Frei- und Ministerialadels. Hatte dieser früher die Benediktiner, später die Cluniazenser und dann die Zisterzienser beschenkt, so waren im 13. Jahrhundert die Ritterorden «in Mode», parallel zu den Stiftungen an die Bettelorden in den Städten. Diese Schenkungen erfolgten aus sehr unterschiedlichen Motiven.

Abb. 303
Niederlassungen des Johanniterordens und des Deutschen Ordens im Gebiet der heutigen Schweiz im Mittelalter.

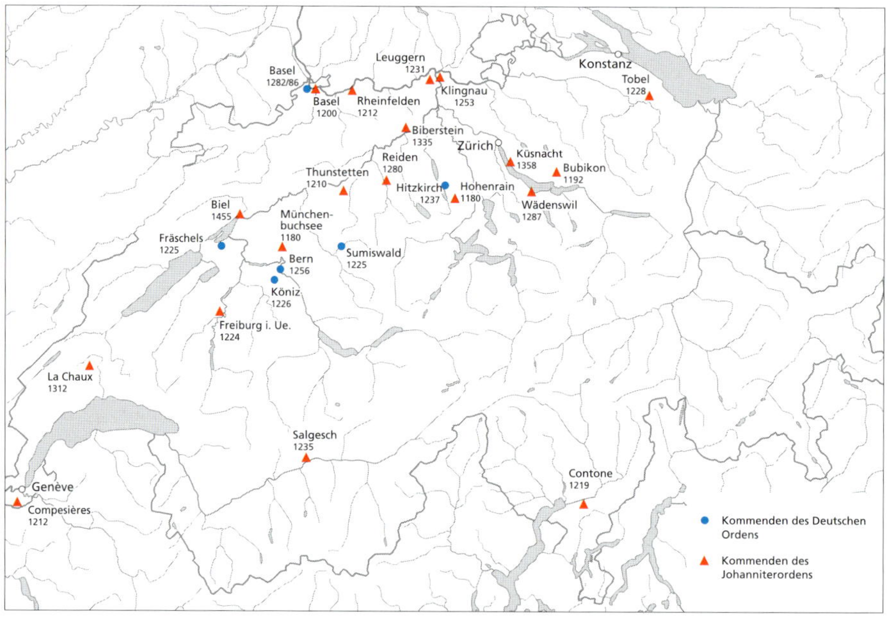

Genannt wurde zwar meistens die Sorge um das eigene Seelenheil oder Dankbarkeit nach einem heil überstandenen Kreuzzug oder einer Pilgerfahrt; meist können aber zusätzlich handfeste Gründe vermutet werden. So war die Schenkung an eine geistliche Institution eine Möglichkeit, zwischen verschiedenen Adligen umstrittene Güter «aus dem Verkehr» zu ziehen, ohne dass eine Partei ihr Gesicht verlor. Meist ging mit der Vergabung die Verpflichtung einher, die Seelsorge über die geschenkten Pfarrkirchen zu übernehmen, oder es war ein Hospital zu führen. Eine Stiftung war ausserdem eine kirchlich akzeptierte Busse für die Sünde der unterlassenen Teilnahme an einem Kreuzzug. Auch dynastische Bedürfnisse konnten damit verbunden sein: Der nicht erbberechtigte Nachwuchs trat in den Orden ein, machte dort Karriere und konnte dort für seine Familie Vorteile erwirken.[4] In den Städten wurden die Ritterorden gezielt zum Zweck der Verstärkung der Verteidigung an den Stadtmauern angesiedelt.[5] Ausserdem waren die Hospitäler der Johanniter im 13. Jahrhundert wichtige Bestandteile der noch wenig ausgebauten städtischen Infrastruktur.[6] Später entstanden städtische Niederlassungen der Ritterorden auch aus eigenem Antrieb, durch den gezielten Kauf einer Hofstätte oder eines Hauses.[7]

Niederlassungen des Johanniterordens

Der Johanniterorden war 1099 in Jerusalem ins Leben gerufen worden.[8] Äusseres Kennzeichen war der im Krieg rote, in Friedenszeiten schwarze Mantel mit dem weissen Kreuz. Der Orden wurde von Anfang an von Jerusalemfahrern, die im dortigen Hospital beherbergt oder gepflegt worden waren, mit Gütern, Rechten, Burgen und Kirchensätzen reich beschenkt. Hinzu kam eine schon bald nach der Gründung einsetzende intensive Sammeltätigkeit in ganz Europa. Die Gemeinschaft breitete sich sehr rasch in Südfrankreich und in Nordspanien aus und fasste bald nördlich der Alpen Fuss.

Der Orden, an dessen Spitze ein Grossmeister stand, hatte Mitglieder in ganz Europa und wurde deshalb schon im 12. Jahrhundert in «Zungen» eingeteilt, in sprachlich definierte Provinzen. Diese waren teilweise in von Rittern geleitete Balleien, teilweise in von Priestern geführte Grosspriorate unterteilt. In diesen waren die einzelnen Kommenden zusammengefasst. Ihnen stand ein Komtur oder Präzeptor vor, der ein Priester sein konnte, meist aber Ritter war. Da es in Mitteleuropa keine Heiden zu bekämpfen galt, widmete sich der Orden hier dem Schutz der *pauperes*, der Armen und Hilflosen und war in der Folge vor allem in der Seelsorge tätig. Allen Niederlassungen gemeinsam war die Pflicht zur Aufnahme von Pilgern und Armen, später auch von Alten als Pfründnern.[9] In den Städten nahmen sie den Bettelorden ähnliche Aufgaben wahr. Seelsorge betrieben die Johanniter auch in den vielen ländlichen Pfarrkirchen, die zu den Kommenden gehörten, indem Ordenspriester als Leutpriester amteten.

Roland Böhmer

Ein ausgemalter Saal in der ehemaligen Johanniterkommende Münchenbuchsee

Nicht nur Kirchen, sondern auch profane Räume wurden im Mittelalter oft mit Malereien ausgeschmückt. Im Kanton Bern hat sich davon jedoch kaum etwas erhalten. Umso bedeutungsvoller sind die Reste eines ausgemalten Saales aus dem frühen 14. Jahrhundert, die 1943 und 1962 in der ehemaligen Johanniterkommende von Münchenbuchsee zum Vorschein gekommen sind (Abb. unten: Rekonstruktionszeichnung von Paul Riesen, 1943, Ausschnitt). Der rund 140 m² grosse Raum befindet sich im ersten Obergeschoss des ins 13. Jahrhundert zurükreichenden Konventshauses. Verschiedene Umbauten seit dem Spätmittelalter führten zur weitgehenden Zerstörung des Bilderschmucks. Die schlecht erhaltenen Fragmente geben einige Rätsel auf. In der Nordwestecke war die Belagerung einer Stadt dargestellt (1944 abgelöst und seither im Bernischen Historischen Museum magaziniert, Abb.). Hinter einer Zinnenmauer erheben sich mehrere Türme, auf denen die kaum mehr erkennbaren Verteidiger ihre Plätze eingenommen haben. Die Belagerer haben eine Leiter an die Mauer gelehnt und sind im Begriff, sie zu erklimmen. Weitere Angreifer haben am rechten Bildrand neben einer Wurfmaschine (Blide) Position bezogen. Der Blidenmeister holt eben mit dem Beil aus, um den Bolzen, der den gespannten Hebelmechanismus arretiert, wegzuschlagen. Durch die Wirkung der Schwerkraft wird der hochragende kürzere Arm des Hebels mit dem Gewicht nach unten fallen, wodurch das am längeren Arm an einer Schlaufe befestigte Geschoss in hohem Bogen gegen die Stadtmauer geschleudert wird. Eine ähnliche Blide ist auch in der Manessischen Liederhandschrift dargestellt (vgl.: Rathgen, Geschütz, S. 610–625). Die anschliessenden Szenen sind an Ort und Stelle erhalten. Über einem gemalten Vorhang ist ein schmales Bildfeld mit einer Kelterszene angeordnet. Darüber befinden sich zwei grössere Bildfelder. Das eine stellt ein Thema dar, das vor allem in der Buchmalerei verbreitet war: das Glücksrad der Fortuna. Dieses symbolisiert die Unbeständigkeit des irdischen Glücks. Dreht die Schicksalsgöttin am Rad, so fallen die darauf sitzenden Könige zu Boden, während andern durch die Drehbewegung der Aufstieg ermöglicht wird. Auf dem dritten Bildfeld sitzen vier Personen einem langen, festlich gedeckten Tisch; eine von ihnen trägt eine Krone. Links warten drei Diener der Festgesellschaft auf. Die Deutung des Bildes ist noch nicht abschliessend geklärt.

Literatur:
Petitmermet, Konventsaal; Von Fischer, Tätigkeitsbericht, S. 76; Petitmermet, Johanniterhaus.

Im Lauf des Spätmittelalters wurde der seelsorgerische Bereich und der geistliche Einfluss ordensintern sukzessive zurückgedrängt und man ersetzte die Ordenspriester durch «angestellte» Weltgeistliche zur Betreuung der inkorporierten Pfarreien. Bereits im 14. Jahrhundert wurde Privatbesitz erlaubt und in der Folge die *vita communis* aufgegeben; schrittweise wandelten sich die Kommenden zu reinen Versorgungsanstalten der adligen Komture.[10] Trotzdem verlor der Orden seine Attraktivität bis ins 15. Jahrhundert nicht, und zwischen 1250 und 1500 entstanden noch über neue 50 Niederlassungen.[11]

Die älteste Johanniterkommende auf Schweizer Boden ist Münchenbuchsee (Abb. 305 und 306). Ihre materielle Grundlage war eine Stiftung des kinderlosen Freiherrn Kuno von Buchsee, der den Orden nach eigenem Bekunden auf drei Kreuzzügen in Palästina kennen und schätzen gelernt hatte. Er vermachte den Johannitern seinen gesamten Besitz und trat selber in den Orden ein. Die Schenkung umfasste das Dorf Buchsee, die Weiler Wankdorf und Worblaufen sowie Weinberge bei Nugerol, Muntelier und wahrscheinlich Le Landeron.[12]

Abb. 304
Die Johanniterkommende Thunstetten im frühen 19. Jahrhundert, Blick von Norden mit Kirche und Konventhaus. Aquatinta von Jakob Samuel Weibel, um 1825; BBB N Hofer 14.4.

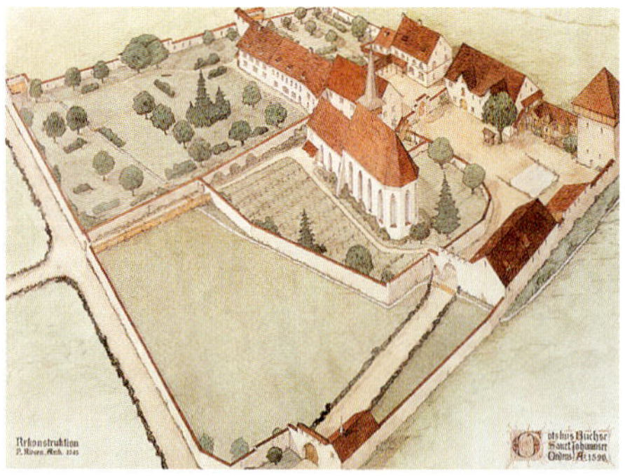

Abb. 305
Die Johanniterkommende Münchenbuchsee im Spätmittelalter, Blick von Südosten. Im Vordergrund die Kirche, dahinter die aus dem 13. und 14. Jahrhundert stammenden Gebäude der Kommende. Rekonstruktionszeichnung des Architekten Paul Riesen von 1943; Sammlung Alt-Buchsee, Münchenbuchsee.

Die Johanniter errichteten ihre Kommende neben der Pfarrkirche Buchsee, die von da an auch als Gotteshaus des Konvents diente. Sie hatte drei Schwerpunkte: die Verwaltung des umfangreichen Gutsbesitzes, den Betrieb einer Herberge und die seelsorgerische Versorgung der Bevölkerung, waren ihr doch neben Buchsee sechs weitere Pfarrkirchen inkorporiert.[13] Die Kommende besass ferner Stadthöfe in Biel, Bern und Solothurn.[14]
Stifter und Gründungszeitpunkt der Kommende Thunstetten sind nicht bekannt (Abb. 304). Spätere Schenkungen an die 1210 bestehende Niederlassung lassen aber eine Initiative einheimischer Adliger vermuten, vielleicht in Konkurrenz zu der nahe gelegenen, von den Herren von Grünenberg 1194 gestifteten Zisterze St. Urban.[15] Eingerichtet wurde die Niederlassung auch hier an der bestehenden Pfarrkirche.[16] Sie betreute mit Thunstetten, Schoren, Langenthal, Lotzwil, Ursenbach, Egerkingen, Aetigen, Rohrbach und Waldkirchen eine ganze Reihe von Pfarrkirchen.[17]
In der Stadt Biel lag die dritte Niederlassung auf Berner Boden. Sie entstand erst im 15. Jahrhundert und geht wohl auf einen älteren Stadthof der Kommende Münchenbuchsee zurück. Gegründet wurde sie von Küsnacht ZH aus,[18] die Initiative dazu ging jedoch vom städtischen Rat aus, der für die ab 1441 entstehende Äussere Neuenstadt eine bessere geistliche Versorgung anstrebte und die Ansiedlung deshalb finanziell unterstützte.

Die Rolle des Deutschen Ordens

Den Anfang der Ordensgeschichte bildet ein 1190 von Bremer und Lübecker Bürgern in Akkon gegründetes Hospital. Der Übergang zu einem Ritterorden nach dem Vorbild der Johanniter und Templer ist im Jahr 1198 fassbar.[19] Der Orden, dessen Kennzeichen das schwarze Kreuz auf weissem Mantel war, breitete sich vor allem in seiner Anfangszeit schnell aus. Basis seiner Expansion waren Schenkungen vieler Adliger im Reich und vor allem des staufischen Königshauses, welches den Orden als politisches und militärisches Instrument für seine eigenen Zwecke massiv förderte.[20] Der Orden war im Gegensatz zu den Johannitern immer von deutschen Mitgliedern dominiert. Die Kommenden waren in Balleien (Ordensprovinzen) zusammengefasst. An der Spitze der Organisation stand der Hochmeister.
Nachdem der Deutsche Orden sich anfangs auf Palästina konzentriert hatte, begann er 1231 in Preussen auf Einladung des polnischen Herzogs Konrad von Masowien die heidnischen Pruzzen zu unterwerfen, mit der Absicht, dort ein eigenes geschlossenes Herrschaftsgebiet zu errichten. Die arabische Rückeroberung des Heiligen Lands im Jahr 1291 führte zur endgültigen Verlagerung des Operationsgebietes und zur Verlegung des Hochmeistersitzes nach Marienburg (heute Malbork, Polen) im Jahr 1309 (Abb. 310 und 311).
Der Deutsche Orden engagierte sich viel ausschliesslicher als die Johanniter im «Heidenkampf» und betrieb nur wenige Hospitäler. Im Gegensatz zum Johanniterorden sank seine Attraktivität schon im Laufe des 13. Jahrhunderts so mas-

Abb. 306
Die Johanniterkommende Münchenbuchsee im Spätmittelalter, Blick von Nordwesten. Rekonstruktionszeichnung des Architekten Paul Riesen von 1943; Sammlung Alt-Buchsee, Münchenbuchsee.

siv, dass nach 1250 kaum mehr neue Kommenden entstanden. Die reichen Schenkungen liessen das Armutsgelübde des Einzelnen mehr und mehr in den Hintergrund treten. Parallel dazu ist auch beim Deutschen Orden eine Verdrängung der – allerdings im Gegensatz zu den Johannitern von Anfang an schwächeren – geistlichen Elemente und eine Veränderung der Kommenden hin zu Versorgungsanstalten des Niederadels festzustellen.

Abb. 307
Die Deutschordenskommende Köniz heute. Blick von Süden, im Vordergrund die Kirche, rechts davon ein Blick auf das Hauptgebäude der ehemaligen Kommende.

Im heute bernischen Gebiet beginnt die Geschichte der Deutschordenspräsenz mit einem Coup: Im Jahr 1226 übergab der staufische König Heinrich VII. seine Kirche in Köniz an den Deutschen Orden (Abb. 307).[21] Ein dort angesiedeltes Augustiner-Chorherrenstift wehrte sich mit Unterstützung des Bischofs von Lausanne und eines Teils der Bürger von Bern hartnäckig gegen die Vertreibung; erst ein Vergleich im Jahr 1243 setzte den Deutschen Orden unangefochten in den Besitz von Köniz (→ S. 385). Er errichtete an der bestehenden Pfarrkirche eine Kommende. Neben Köniz waren ihr die Pfarrkirchen von Bümpliz, Neuenegg, Mühleberg und Ueberstorf unterstellt, zu denen später Wahlern, Oberbalm, Laupen und Bösingen traten.
Zwar wurde dem Orden die Kirche von Köniz übertragen, die Schenkung ist aber im Zusammenhang mit der herrschaftspolitischen Situation der Stadt Bern zu sehen. Bern war nach dem Tod des letzten Zähringers im Jahr 1218 zu einem der äussersten westlichen Vorposten der staufischen Königsmacht geworden.[22] Da die Stadt kirchenrechtlich der Pfarrkirche von Köniz unterstand, sollte mit der Donation wahrscheinlich der königlich-staufische Einfluss über den Deutschen Orden als Mittler sichergestellt werden. Aus diesem Grund dürfte es auch von Anfang an eine Stadtniederlassung in Bern gegeben haben. Als das Stadtgebiet 1276 zu einer eigenständigen Pfarrei erhoben wurde, wandelte man auch die Berner Niederlassung in eine eigenständige Kommende um, die allerdings nur mit Priestern besetzt war.[23]
Die dritte Kommende auf bernischem Boden geht auf eine Stiftung des kinderlosen Freiherrn Lütolf von Sumiswald zurück (Abb. 308).[24] Er übergab dem Orden 1225 die Dörfer und die Kirchen von Sumiswald und Escholzmatt mit der Auflage, eine ständig mit zwei Priestern besetzte Herberge zu errichten. Neben den beiden erwähnten Kirchen betreute der Deutsche Orden auch die von Affoltern und Trachselwald. Zum Grundbesitz gehörten ferner Hochwälder und Alpweiden.

Abb. 308
Die Deutschordenskommende Sumiswald im 17. Jahrhundert. Vedute von Albert Kauw, nicht datiert (wohl um 1670); BHM Inv. Nr. 26083.

Abb. 309
Niederweisel, Hessen. Johanniterkommende. Doppelgeschossige Kirche des 12. Jahrhunderts mit Hospital im Obergeschoss.

Die Niederlassungen der Ritterorden – ein wenig erforschter Bautyp

Während die imposanten, von den Ritterorden in Preussen, in Palästina, auf Rhodos und auf Malta errichteten Festungen ein gewisses Interesse der Mittelalterforschung erfuhren, hat man sich bisher nur wenige Gedanken über die Bauformen der normalen Ritterordenskommenden im Römischen Reich gemacht. Dies ist umso erstaunlicher, als allein ihre Anzahl sie zu einem wichtigen Studienobjekt machen würde und die Frage nach einer allfälligen ordensspezifischen Baukunst interessant wäre.[25]

Eine Kommende enthielt grundsätzlich drei nach ihrer Nutzung unterschiedliche architektonische Bereiche: eine Kirche, einen Wohn- und einen Wirtschaftsbereich. Bei den Johannitern kam wegen ihrer karitativen Tätigkeit ein Hospital dazu. Diese Funktionsbereiche konnten völlig unterschiedliche bauliche Ausprägungen annehmen. Für die grossen Anlagen des Deutschen Ordens in Ostpreussen etwa ist die enge Beziehung von Kloster und Burg bezeichnend: Ein Konvent mit Kirche, Kreuzgang und dreiflügligem Klausurtrakt liegt inmitten einer Burg mit Türmen, Mauern, Wehrgängen und Gräben (Abb. 310 und 311).[26] Für die Johanniter typisch ist die enge Verbindung von Kirche und Hospital; dieses konnte mit Sichtverbindung zum Hochaltar entweder in einem Obergeschoss direkt über oder westlich unmittelbar anschliessend an die Kirche liegen (Abb. 309).[27] Ferner ist zu beachten, dass die Gründung einer Kommende nicht immer Neubauten erforderte: So verrichteten die Ritterbrüder ihr Chorgebet fast immer in bereits bestehenden Pfarrkirchen, auch wenn das wie im Fall von Sumiswald bedeuten konnte, dass diese rund 1,5 km von der Kommende entfernt lag. Wurde dem Orden eine Burg oder ein Kloster gestiftet, richteten sich die Ordensangehörigen manchmal im existierenden Gebäude ein, so etwa in Sumiswald oder in Hitzkirch LU.[28]

Eine «normale» Kommende – das Beispiel Köniz

Die Deutschordenskommende Köniz unterscheidet sich auf den ersten Blick wesentlich von den Ordensniederlassungen in Preussen. Die heutige Anlage ist allerdings ein durch die Jahrhunderte gewachsenes Konglomerat. Sie besteht aus der Kirche mit frühromanischem Schiff und gotischem Hochchor, dem eigentlichen Schloss, einem barock überformten Komplex aus verschiedensten Jahrhunderten, und dem Wirtschaftshof mit verschiedenen Ökonomiebauten, die grossenteils aus dem 18. und 20. Jahrhundert stammen (Abb. 312). Seit 1996 laufende archäologische und bauanalytische Forschungen erlauben allmählich, den mittelalterlichen Baubestand aus späteren Veränderungen herauszuschälen.[29] Klar erkennbar wird dabei von Anfang an die genannte Dreiteilung der Funktionsbereiche.

Viel älter als die Kommende ist die Pfarrkirche. Der älteste heute bekannte Bau entstand um 1100; anzunehmen sind aber frühmittelalterliche Vorgängerbauten, von denen archäologisch bisher nur zugehörige Bestattungen bekannt sind.[30] Unmittelbar nördlich davon erhebt sich das eigentliche Schloss. Sein älte-

Abb. 310 (unten rechts)
Malbork, Polen. Deutschordenskommende Marienburg 1999. Blick nach Nordosten. Im Vordergrund rechts hochragend die Konventsgebäude inmitten der weitläufigen Burganlage.

Abb. 311
Malbork, Polen. Deutschordenskommende Marienburg. Grundriss der Gesamtanlage. Grau unterlegt die Konventsgebäude.
1 Kirche
2 Kreuzgang
3 Kapitelsaal
4 Refektorium ?
5 Dormitorium
6 Aborttturm (sog. Dansker)

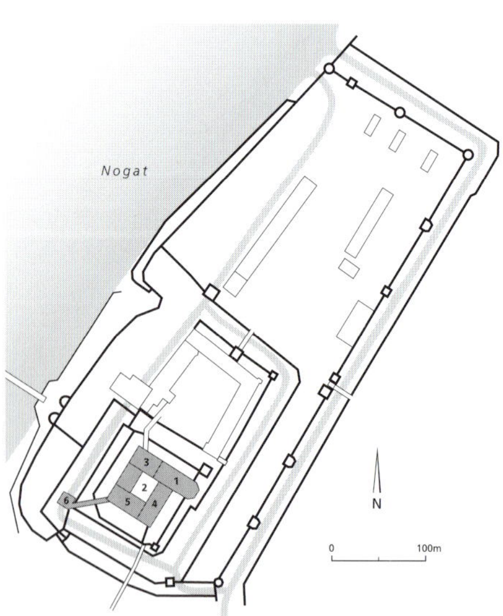

Abb.312
Deutschordenskommende Köniz. Die Anlage im Jahr 1669, Blick von Nordwesten. Sichtbar ist westseitig die Kirche, ostseitig das Schloss. Das Saalgeschosshaus ist nur als mächtiges Vollwalmdach zu erkennen. Vedute von Albert Kauw; BHM Inv. Nr. 26065.

ster Teil ist ein von der Kirche deutlich abgerücktes, mehrgeschossiges Steingebäude (Abb. 313). Es könnte im Sockelgeschoss von Anfang an mit einer Küche ausgestattet gewesen sein. Das oder die Obergeschosse dienten, wie die Reste eines an der Nordfassade angebauten Aborttturms belegen, Wohnzwecken; das Steinhaus ist damit als Wohnhaus zu interpretieren. Es war mit einer Ringmauer umgeben, die man südseitig mit einem Graben verstärkt hatte. Diese Anlage ist vorderhand nicht präzise zu datieren; sie dürfte auf Grund des Mauercharakters irgendwann zwischen der zweiten Hälfte des 12. und der ersten Hälfte des 13. Jahrhunderts entstanden sein. Das lässt die Frage offen, ob es sich dabei um das Konventsgebäude des bis 1226 in Köniz bestehenden Augustiner-Chorherrenstifts handelt oder um den Gründungsbau der zwischen 1226 und 1243 entstandenen Deutschordensniederlassung. Die deutliche Distanz zur Kirche und die abweichende Flucht des Gebäudegrundrisses sind aber auffällig und machen Letzteres wahrscheinlicher.
Damals längst bestanden haben dürfte der Wirtschaftshof (Abb. 314). Sein Alter ist unbekannt, doch muss ein solcher schon mit dem Augustiner-Chorherrenstift existiert haben, und bei Sondagen aufgedecktes mittelalterliches Mauerwerk lässt die Vermutung zu, er habe seinen Standort nie gewechselt. Er war von einer Ringmauer umgeben, die west- und nordseitig an den ummauerten

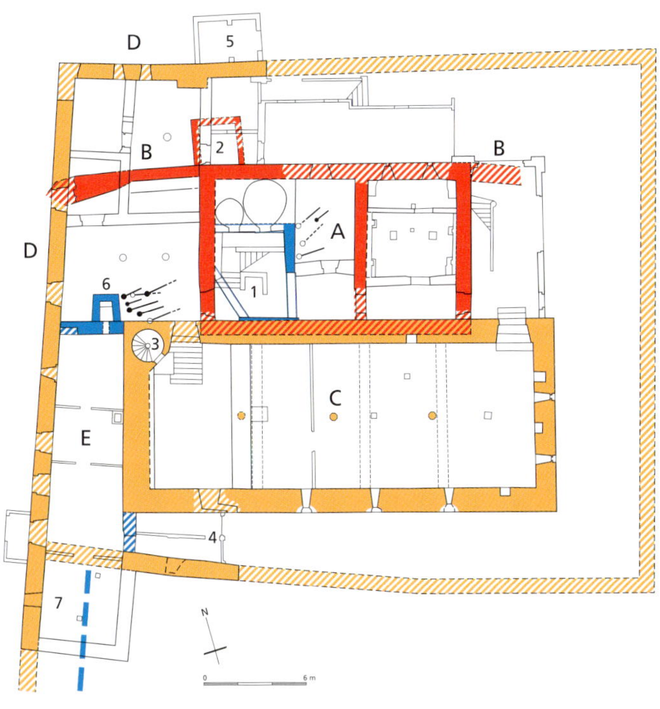

Abb. 313 (unten links)
Deutschordenskommende Köniz. Grundriss, Kellergeschoss. Stecknadelsymbol: Bestattungen des 11./12. Jahrhunderts. Rot: bald nach 1226. Orange: um 1265. Blau: 14. Jahrhundert. Weiss: 15.–20. Jahrhundert. Schraffiert: nicht (aufgehend) erhalten. A: Steinhaus Phase 1 mit Küchenkamin (1) und Aborttturm (2). B: zugehörige Ringmauer. C: Saalgeschosshaus Phase 2 mit Wendeltreppe (3) und Aussenaufgang (4). D: Zugehörige Ringmauer mit Aborttturm (5). E: Gebäude mit Praefurniumsgrube einer Warmluftheizung (6) und mutmasslichem Verbindungsgang zur Kirche (7).

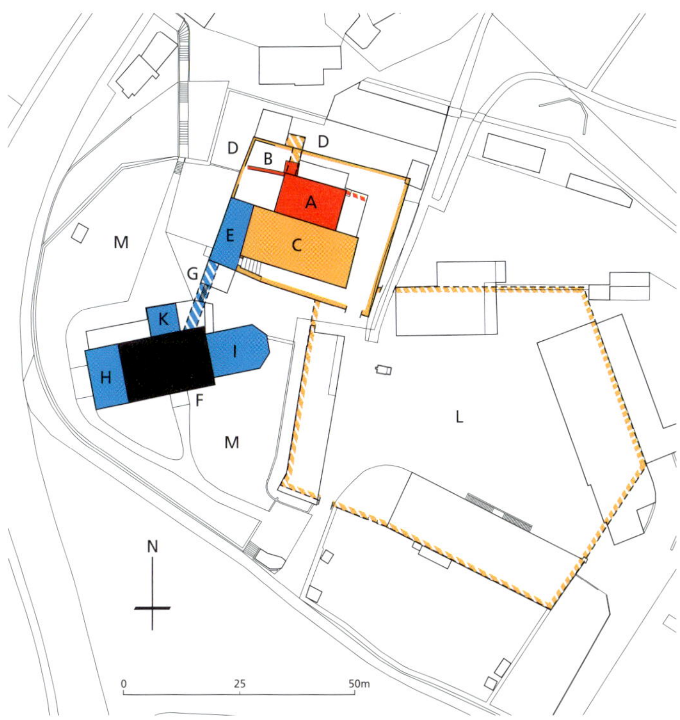

Abb. 314 (unten rechts)
Überblick über den Baubestand im 14. Jahrhundert (Farben entsprechend Abb. 313). Schraffiert bzw. gestrichelt: nicht erhalten. Weiss: heutige Bebauung. A: Steinhaus Phase 1 mit Aborttturm. B: zugehörige Ringmauer. C: Saalgeschosshaus Phase 2. D: zugehörige Ringmauer mit Aborttturm. E: Gebäude Phase 3 mit Warmluftheizung F: romanisches Kirchenschiff. G: Verbindungsgang zur Kirche. H spätromanische Verlängerung des Kirchenschiffs. I: Hochchor des 14. Jahrhunderts. K: Kirchturm. L: Wirtschaftshof mit Ringmauer und Toren. M: mittelalterlicher Pfarrfriedhof.

Abb. 315
Der Keller des Saalgeschosshauses. Sichtbar ist die originale Geschossbalkenlage mit zugehörigem Unterzug im Vordergrund. Nachträglich sind ein Teil der weiteren Stützen sowie die Schwibbögen aus Backstein.

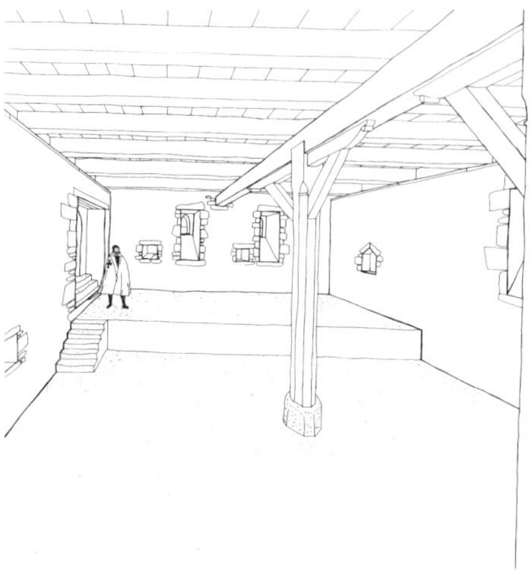

Abb. 316
Rekonstruktionsskizze des Kellers in seinem ursprünglichen Zustand um 1260/70.

Wohnbereich stiess. Die beiden Tore waren bis ins späte 19. Jahrhundert von spätmittelalterlichen Tortürmen gesichert. Die heutigen Ökonomiebauten stammen aus dem 18. und 19. Jahrhundert, hatten aber sicherlich mittelalterliche Vorgänger, die sich innenseitig an die Ringmauer anlehnten.

In einer zweiten Phase fand um 1265 ein tief greifender Umbau des Wohnbaus statt. An die Südseite des bestehenden Gebäudes fügte man einen zweiten Steinbau an, dem die bestehende Südmauer weichen musste. Das neue Gebäude mit starken Mauern und einem Grundriss von 25 × 11 m hatte mindestens drei Geschosse, das unterste war ein gegenüber dem Aussenniveau halb eingetiefter Keller. Der Hauptzugang ins erhöhte Hauptgeschoss ist im Bereich des heutigen barocken Treppenhauses in der Südwestecke zu vermuten. Wichtiger Bestandteil der originalen Konstruktion ist die als innere Erschliessungsachse dienende Wendeltreppe in der Mauerdicke der Nordwestecke.

Das Kellergeschoss wurde durch zwei Rundbogenportale in der Nordwand betreten (Abb. 313, 315 und 316). Die Geschossdecke ist eine Balkenlage aus eng verlegten Eichenbalken. Gestützt wird sie von einem längs laufenden Mittelunterzug, der von Eichenständern auf achteckigen Tuffsockeln getragen wird. Der Raum erstreckte sich ursprünglich über den gesamten Gebäudegrundriss, den die genannten Ständer in der Raummittelachse in vier Joche teilten. Zwei Fensternischen in der Ostwand mit original erhaltenen Spitzbogenöffnungen und vier weitere in der Südwand brachten spärliches Licht ins Kellergeschoss.

Vom Erdgeschoss sind vorderhand nicht viel mehr als die Aussenmauern, die Wendeltreppe und die Bodenbalkenlage sicher der Entstehungszeit zuweisbar, während die Fenster, die Raumeinteilung und die Decke jüngere Zutaten sind. Es ist zu vermuten, dass es als Hauptgeschoss, als «Piano nobile» aus einem, den gesamten Geschossgrundriss umfassenden Saal bestand. Das Gleiche gilt im Wesentlichen für das erste Obergeschoss, von dem beim heutigen Forschungsstand jedoch noch weniger bekannt ist.

Gleichzeitig mit dem Bau des neuen Wohnhauses brach man die ursprüngliche Ringmauer ab und errichtete eine zweite in grösserem Abstand, so dass um die beiden Häuser, das alte und das neue, ein geräumiges Hofareal entstand, das durch ein Tor im Südwesten betreten werden konnte. Mindestens südseitig war die Ringmauer von einem Graben begleitet und das Tor mit einer Zugbrücke ausgestattet. Der alte Aborttturm wurde ebenfalls abgebrochen und als über die Flucht der Ringmauer vorspringender Anbau nach Norden verlegt. Damit hatte er die Form erreicht, die typisch ist für Deutschordenskommenden in Ost-

Abb. 317
Auch in der Johanniterkommende Münchenbuchsee war im 13. Jahrhundert ein Saalgeschosshaus, das so genannte Konventshaus, das bauliche Zentrum. Der im 1. OG noch teilweise erhaltene Saal war mit Wandmalereien aus dieser Epoche ausgestattet (→ S. 319). Die Rekonstruktion des Saals stammt vom Architekten Paul Riesen; Sammlung Alt-Buchsee, Münchenbuchsee.

preussen, die eines «Danskers», eines von den Wohnbauten abgerückten, aussen an die Ringmauer angefügten und über einen Laubengang zu erreichenden Aborttturms.

Die Datierung dieser Bauphase ergibt sich aus dem hölzernen Ensemble im Kellergeschoss, das dendrochronologisch auf Herbst/Winter 1261/62 bzw. 1265 datiert werden konnte. Um 1265 wurde also die bestehende Anlage stark erweitert. Da eine erste Erwähnung eines Hauskomturs ins Jahr 1268 fällt, hängt die bauliche Erweiterung wohl mit der Erhebung der Niederlassung Köniz zu einer Kommende zusammen.[31] Damals war der Wohnbereich separat ummauert und bestand aus dem neu errichteten Saalgeschosshaus und dem nordseitigen, älteren Steinbau, welcher vielleicht zum Küchenanbau degradiert wurde.

Zwei spätere Um- und Ausbauten verstärken den Charakter der Funktionsbereiche. So wurde um 1300 die bestehende Apsis der frühromanischen Kirche durch den heutigen Polygonalchor ersetzt, eine für eine Landpfarrkirche ungewöhnlich frühe gotische Konstruktion (→ S. 350). Sie sorgte für eine schärfere Trennung der beiden Funktionen der Kirche: Das Schiff diente nur noch als Pfarrkirche, während im Chor das Gestühl des Konvents stand.

Verschiedene Bauspuren lassen vermuten, dass ebenfalls im 14. Jahrhundert in der Südwestecke des Wohnbereichs ein weiteres mehrgeschossiges Gebäude errichtet wurde. Dem Fund einer Warmluftheizung im Kellergeschoss zufolge war es heizbar. Ein derartiger Heizungstyp ist typisch für die Bauherren (Abb. 318 und 319): Während er an der Ostsee weit verbreitet war und sich dort in jeder Kommende, aber auch in vielen Bürgerhäusern und Ratsstuben fand, trat er in der Schweiz und im gesamten Süden des Reiches aber nur sehr selten auf,[32] da sich hier im adligen und stadtbürgerlichen Milieu der Kachelofen durchgesetzt hatte (→ S. 293).[33] Das Gebäude war südseitig vermutlich über eine Galerie oder einen Gang mit dem Kirchenchor verbunden. Es kann vielleicht als Kapitelhaus interpretiert werden, von dem aus die Ritterbrüder von der Witterung geschützt den Chor zur Ausübung des Stundengebets aufsuchen konnten.

Was kann aus den Erkenntnissen und Hypothesen im Schloss Köniz für den Bautypus der Kommende gezogen werden? Gemeinsam ist allen Ritterordensniederlassungen, dass sie in Form und Funktion zwischen dem Klosterbau und dem adligen Wohn- beziehungsweise Wehrbau stehen und Elemente beider Bau- und Funktionstypen enthalten. Die Anlage von Köniz kann deshalb zum einen als *Kloster* verstanden werden. Viele kleinere Klöster besassen kein architektonisches «Vollprogramm» mit Kirche und dreiflügligem Konventstrakt um einen Kreuzgang, sondern hatten nur Kirche und zugehöriges Mönchshaus.[34] Dieses vereinte die zentralen Elemente, die notwendig waren für das «Funktionieren» eines Konvents, nämlich einen Schlafraum und einen Gemeinschaftsraum für das Essen, die Versammlung und die Handarbeit. Küche, Vorrats- und Lagerräum konnten abseits liegen. In diesem Sinn könnte das Saalgeschosshaus

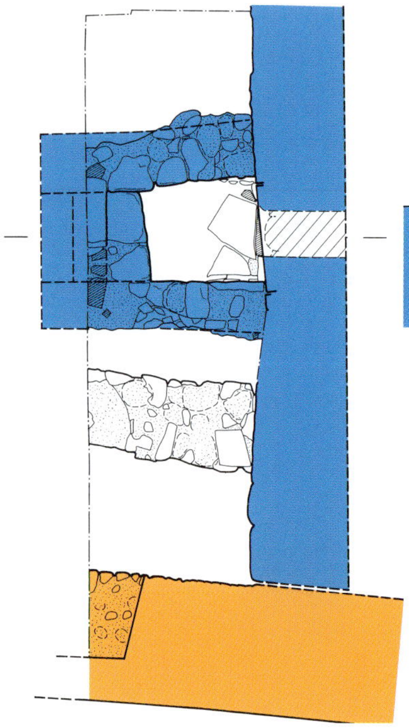

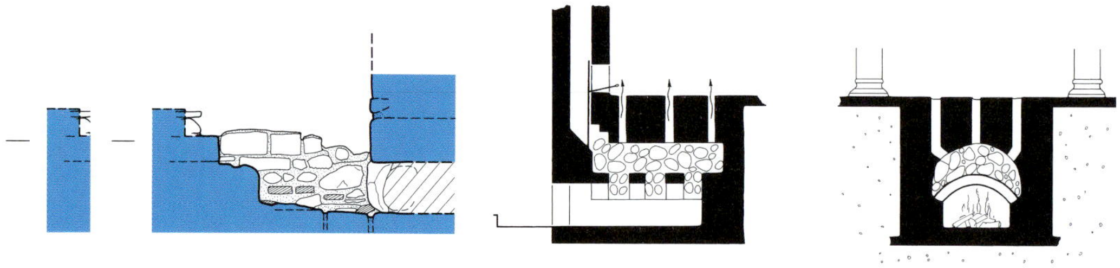

Abb. 318
Die Warmluftheizung. Rechts: Rekonstruktionszeichnung mit dem Funktionsschema einer Warmluftheizung (nach Scholkmann 1987). Links: der steingerechte Grundriss der Praefurniumsgrube und ein Schnitt.

von 1265 als Mönchshaus interpretiert werden. Es würde diesen Anforderungen durchaus gerecht werden: das Hauptgeschoss könnte als Gemeinschaftsraum, als *Refektorium* (Speisesaal) und *Kapitelsaal* (Versammlungsraum), das Obergeschoss als *Dormitorium* (Schlafsaal) gedient haben. Im 14. Jahrhundert wurde mit dem heizbaren Gebäude ein neues Raumangebot geschaffen, das als Kapitelsaal und *Kalefaktorium* (Wärmeraum) gedient haben könnte. Der Keller des Kernbaus fasste die Vorräte, war also das *Cellarium*. Die Küche mit dem mächtigen Kamin steht in der Tradition der mittelalterlichen Klosterküchen, und Abortanlagen gehören seit dem St.-Galler-Klosterplan zu den klösterlichen Bauelementen, denen Mönche besondere Beachtung schenkten.[35] Und schliesslich kann die umgebende Mauer als Immunitätsmauer verstanden werden.
Die Anlage in Köniz kann aber auch als *Burg* begriffen werden, nicht nur im Sinn einer Wehranlage, sondern auch als repräsentativ-luxuriöser Adelswohnsitz.[36] Das Steingebäude von 1265 ist architekturtypologisch als Saalgeschosshaus zu interpretieren. Man kann dieses von einer Ringmauer umgebene und nur über ein Portal mit Zugbrücke zu erreichende Gebäude also durchaus als *Palas* einer Burg sehen. Dieser besteht üblicherweise aus einem Sockelgeschoss mit Keller, über dem sich das im Obergeschoss liegende Piano nobile befindet mit einem sich über das ganze Geschoss erstreckenden Saal; dieser wurde über eine Aussentreppe und einen Hocheingang erreicht. Die Binnenerschliessung besorgte eine Wendeltreppe. Die Heizung gehört ebenso wie die grosse Küche und die Abortanlagen zur Ausstattung hochadliger Burganlagen.[37]
Der Wirtschaftshof schliesslich, separat ummauert und mit zwei Tortürmen gesichert, passt als Vorburg zu einer Adelsburg ebenso wie als Wirtschaftshof zu einer ummauerten Klosteranlage (Abb. 320).
Zusammenfassend soll die Hypothese formuliert werden, dass die für die Ritterorden so typische Verknüpfung der Lebensordnung von im Kloster lebenden Mönchen mit derjenigen des ritterlichen Adels architektonisch und funktional

Abb. 319
Die Überreste der Warmluftheizung: Praefurniumsgrube mit Stufe; in der Mauer die Feuerungsöffnung, die bei Aufgabe der Heizung mit einem grossen Kiesel verschlossen wurde.

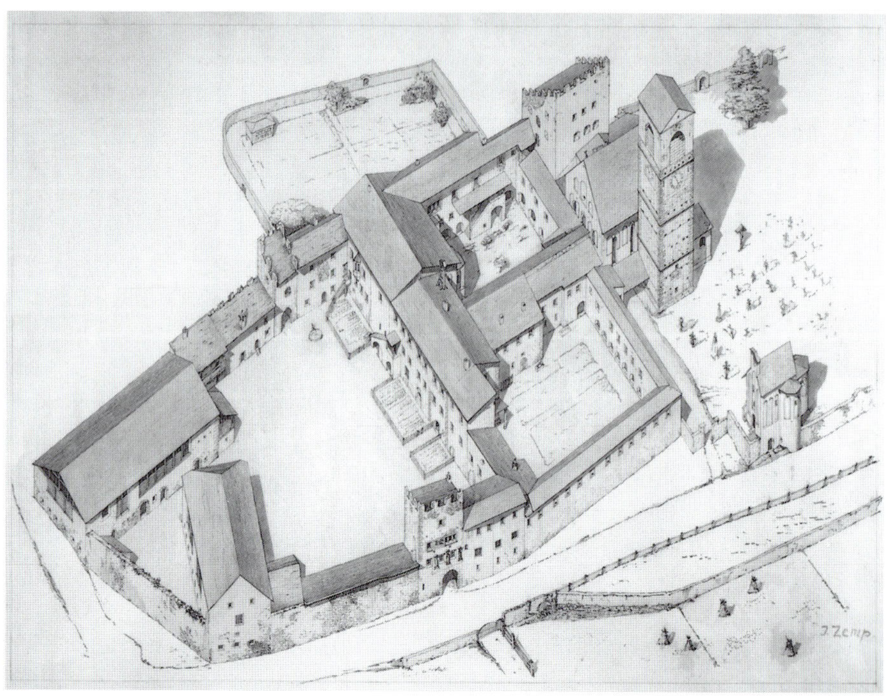

Abb. 320
Müstair GR. Zeichnung des über Jahrhunderte gewachsenen Klosterkomplexes im Zustand kurz vor 1878 von Josef Zemp. Deutlich ist der westlich an den doppelten Klausurtrakt anschliessende Wirtschaftshof erkennbar: verschiedene Ökonomiebauten reihen sich entlang der Ringmauer; zwei Tortürme sichern die Eingänge.

nicht nur in den Burgen in Preussen oder im Heiligen Land zum Ausdruck kommen, sondern auch in den Kommenden im Reich. Das ganz andere machtpolitische und militärische Umfeld könnte aber bedingt haben, dass weniger Kloster und Burg als Wehranlage, sondern eher Kloster und Burg als luxuriös-repräsentativer Adelswohnsitz in einer architektonischen Einheit verschmolzen.

Jürg Schweizer

Burgen im bernischen Raum

Die Stadtwerdung Berns um 1200 und der langsame, oft bedrohte Aufstieg der Stadt im Laufe der ersten 150 Jahre ihres Bestehens aus der Konkurrenzsituation mit zahlreichen anderen Stadtneugründungen oder Stadterweiterungen zur unbestrittenen, gesicherten Existenz geschah nicht im offenen, unbesetzten Raum. Vielmehr überlagerten sich im Aareraum die Interessen grosser Dynasten. Zudem ermöglichte die chronische Schwäche der Zentralgewalt dem Adel die Aufrichtung von burgengestützen Herrschaften auf Eigengut und entfremdetem Reichsgut. Der Landesausbau wurde unter Förderung der Rodungstätigkeit vorangetrieben.

Bei seiner Gründung war Bern einbezogen in den mit allen Mitteln des Landesausbaus betriebenen Versuch zur Territorienbildung der Zähringer (→ S. 28 und S. 61). Zusammen mit den Stadtgründungen und -erweiterungen bedeuten die hiernach erwähnten Burgenbaustellen eine enorme Anstrengung der Zeit um 1200. Zum Wirken des Dynastenhauses stösst jenes der abhängigen Adeligen (→ S. 151). Gerade ihre Tätigkeit wollte dieses jedoch in Schranken halten, durch die Verleihung von Burglehen suchte das Dynastenhaus sie vielmehr straff an sich zu binden. Es ist allerdings vermessen zu glauben, 1218 sei der zähringische Territorialstaat weitgehend aufgebaut gewesen. Die heterogene Struktur des mittelalterlichen Rechtswesens stand diesen Bestrebungen hindernd entgegen. Zahlreiche lokale Adelige waren keineswegs oder nur vorübergehend in den zähringischen Organismus eingebunden und leisteten aktiveren oder passiveren Widerstand gegen die zentralisierenden Bestrebungen. Das änderte sich auch nicht mit dem Untergang des Hauses Zähringen. Die Stadt sah sich von verschiedenen Dynasten umgeben – Kiburg, später Habsburg einerseits, Savoyen anderseits – je mit ihrem Netzwerk von Lehensabhängigen und von Bündnissen, oft in raschem Wechsel (→ S. 119). Diese Mächte waren an einem selbständigen Aufstieg Berns nicht interessiert und sahen in dieser reichsfreien Stadt nach 1300 – mit allem Recht – einen unerwünschten, bald gefährlichen Rivalen. Die Auseinandersetzung mit dem umgebenden Adel, erst in zweiter Linie mit den von diesem gegründeten, mit ihm verbündeten oder von ihm abhängigen Städten, kennzeichnet die bernische Geschichte der ersten 200 Jahre nach der Stadtgründung.

Der Bern umgebende Adel war natürlich kein abstrakter Begriff, sondern wurde durch Gestalten verkörpert, die freilich bei weitem nicht die Präsenz moderner Politiker hatten. Weit handgreiflicher und eindrücklicher erschien der Adel im Alltagsleben durch sein oft landschaftsdominierendes Symbol, durch seine Burgen (Abb. 321). Nie vorher und nie nachher identifizierte sich eine sozial heterogene und ständisch gestufte Gesellschaftsschicht mit einer ebenso heterogenen, aber doch klar erkennbaren und klar nach aussen gerichteten zeichenhaften Architekturgattung, wie der «Adel» des 12. und 13. Jahrhunderts mit der «Burg». Die auch heute noch wahrzeichenhafte Wirkung vieler Burgen (oder jetziger Burgruinen) war im ausgehenden Hochmittelalter vor dem erst im 19. und 20. Jahrhundert allgemein üblicher werdenden Steinbau in unserer Gegend und vor der Bauflut des 20. Jahrhunderts noch weit ausgeprägter.
Die ersten 100 Jahre der Stadtexistenz stellen gleichzeitig das Blütejahrhundert des monumentalisierten Burgenbaus dar: Bern sah gleichsam in der ersten Zeit seiner Existenz in seinem weiteren Umfeld Burgen emporwachsen, sei es als

Abb. 321
Oberbipp, Ruine und neues Schloss Bipp. Mächtiges schiffförmiges Bossenquadermassiv über terrassierender Plattform auf Felsgrat aufgesetzt, im späteren 13. Jahrhundert mit Rundturm bekrönt. Obwohl nach 1798 zur Ruine geworden, beeindruckt die wahrzeichenhafte Situation. Rechts das landsitzartige neue Schloss, erbaut ab 1852. Im Vordergrund das Burggut, der zur Versorgung jeder Burg vorauszusetzende Bauernhof.

Neugründungen, sei es als steinerner, oft demonstrativer Ausbau älterer, einfacherer und wenig spektakulärer Anlagen.
Wie nichts anderes verkörperte also die Burg den Adel und war für ihn kennzeichnendes Standessymbol. Die signifikative Bedeutung der Burg wurde zudem durch ihre oft besondere Lage unterstrichen: Durch das Aufsuchen von beherrschenden, nicht selten wenig zugänglichen Anhöhen oder inselartigen Situationen entstand der Eindruck, die Erbauer und Bewohner einer Burg wollten sich vor der übrigen Bevölkerung abschliessen. Dieser Zug wurde durch bezeichnende Merkmale der Burg, wie den Turm und die Ringmauer, noch verstärkt. Diese Ausschliesslichkeit gehörte zur Aura des Adels.
Nach hundert Jahren sah sich die Stadt in ihrem weiteren Bezugsfeld umgeben von Burgen; und selbst an ihrem Fussgelenk hing bis ins 3. Viertel des 13. Jahrhunderts in Form der Stadtburg Nydegg eine mächtige Fessel. Der Blick auf die Burgenkarte erhellt, welche Dichte der Burgenbestand im früheren 14. Jahrhundert, oft in Zusammenhang mit Kleinstädten, längs der für die Stadt lebenswichtigen Verbindungsachsen und längs der Gewässer aufwies.[1]

Zähringischer Burgenbau
Den Stadtbewohnern Berns begegnete die abweisende Haltung der Burg täglich in Form der Reichsburg Nydegg (→ S. 87). Diese Burg ist nach der Hypothese von Hans Jakob Meyer von Berchtold IV. eine halbe Generation vor der Stadtgründung als gegen Westen gerichteter Vorposten am günstigen Flussübergang, etwa in der Mitte zwischen der zähringischen Hauptresidenz Burgdorf und der neuen Stadtgründung Freiburg, wohl im dritten Viertel des 12. Jahrhunderts errichtet worden.[2] Meyer nimmt an, die neu gegründete Stadt Bern habe mit ihrer Anlage die Funktion der Burg abgelöst und überflüssig gemacht. Nach anderen Hypothesen allerdings ist die Nydegg gleichzeitig wie die Stadt entstanden, als Stadtburg mit der Aufgabe, diese und den Aareübergang zu beschützen und zu kontrollieren.
Wie dem auch sei, nach 1218 wurde die Burg entbehrlich – andere geopolitische Lage, andere wehrtechnische Situation von Burg und Stadt sowie auf Autonomie ausgerichtete Stadtpolitik –, ja, die Nydegg hätte letztlich für die Stadt zur Bedrohung werden können. Ihre Niederlegung in der Reichsvakanz zwischen 1254 und 1271 war deshalb nur konsequent und zeigt, dass Burg und Stadt damals kein Ganzes mehr bildeten.
Die Gestalt der Nydegg, wie sie auf Grund der Grabungen zwischen 1951 und 1962 und der 1991 publizierten Befunde hervorgeht,[3] war eindrücklich, aber elementar (→ Abb. 58): ein Wohnturm im Längen-Breiten-Verhältnis von etwa 1:1,4 mit den Dimensionen von 22,5 m Länge auf 16,2 m Breite. An der forti-

fikatorisch exponierten Situation gegen Norden und Westen wurde der Turm eingefasst vom 15m breiten, mauergesäumten Graben und von der aus dem Graben aufsteigenden Ringmauer. Damit ist die Berner Burg eng verwandt mit der Reihe der nachweisbar zähringischen Donjons Breisach, Moudon und Thun.[4] Mit den zwei ersten verbindet die Nydegg aufs engste auch die Gesamtproportion, ja sogar das absolute Mass. Es handelt sich offensichtlich um den gleichen Typus, von welchem mindestens Breisach inschriftlich für Berchtold V. gesichert ist (Abb. 322 und 323):[5] Querrechteckiger Donjon, knapp bemessener Burghof, starke Ringmauer, breiter und tiefer Graben, äussere Grabenmauer; alle Annäherungshindernisse konzentrisch um den Kern der Burg umgeführt. Die zähringischen Donjons sind ein elementares, konservatives Burgenmuster von erdrückender Wucht. Soweit der Überlieferungszustand eine Beurteilung erlaubt,[6] dürften die Donjons in der Höhe das Mass der Gesamtbreite nur undeutlich überschritten[7] und weitgehend geschlossene Mauern gezeigt haben; der prismatische dreidimensionale Charakter der Mauerklötze sprach damit umso direkter.

Folgt man der Hypothese, die Nydegg sei älter als die Stadtgründung, dann wäre sie für die drei Burgen der typenbildende Bau, können doch Breisach und Moudon präziser datiert werden[8]; folgt man derjenigen der Gleichzeitigkeit, dann hätten die Burgen den gleichen Bauherrn und vielleicht gar den gleichen Baumeister.

In prachtvollem Erhaltungszustand ist der vierte querrechteckige Donjon der Zähringerzeit, jener in Thun erhalten (Abb. 324).[9] Zwar gehen der heutige Vollwalmdachstuhl und die aus Haustein gefügten, polygonal endigenden Aufsätze der Ecktürmchen auf eine bernische Grossrestaurierung um 1430–36 zurück, die aber, wie das seit 1250 nachweisbare Siegelbild der Stadt Thun beweist (Abb. 325), eng einem vorgefundenen, offenbar schadhaften Bestand folgt. Die Grundform des Hauptbaukörpers vertritt damit einen einheitlichen, einmal gefassten Baugedanken: Nach der Unterwerfung des oberländischen Adels um 1191 durch Berchtold V. liess dieser eine bestehende Burg wohl der Freiherren von Thun abbrechen[10] und an deren Stelle den riesigen Donjon errichten, eine repräsentative Machtdarstellung, die den Anspruch auf Thun und das Berner Oberland an dessen Pforte unverhüllt demonstriert. Der Turm auf Grundriss von 27 × 21m erhebt sich heute rund 28m hoch, der Dachfirst liegt 48m über dem Hofniveau. Der offensichtlich in zügiger Art hochgeführte Bau aus dem Jahrzehnt nach 1191 ist ein spätromanischer Massenbau, entsprechend der Hausteinarmut in Thun aus rohem Alpenkalk, Findlingsgestein und Kieseln, eine ungeheure Mauermasse, betragen die Mauerstärken doch bis zum Saalgeschoss fast 4m. Die Ecktürmchen sind voll gemauert, es sind eigentlich gerundete Eckpfeiler; ein einziges nimmt eine Wendeltreppe auf, jedoch nur vom Saalgeschoss zum darüber liegenden Stockwerk.
Die Türmchen haben angesichts der enormen Mauerstärke nur eine untergeordnete statische Funktion, immerhin vermied man damit, rechtwinklige Eckverbände mit entsprechenden präzisen Werkstücken herstellen zu müssen. Ihre Aufgabe ist vor allem ästhetischer Natur: Wie das Thuner Stadtsiegel (Abb. 325) mit der starken Übertreibung ihrer Grösse zeigt, wurden sie rasch zum identifizierenden Hauptmerkmal des Burgturms: Sie ergeben eine reiche, bis auf den heutigen Tag einprägsame und geschlossene Gesamterscheinung und formen den ungefügen «Klotz» des Donjons zur spannungs- und kunstvollen, plastisch wirkenden Architektur um.

Die Grunddisposition des Bauwerks ist einfach(Abb. 326): Das Hauptgeschoss enthält einen einzigen Raum, den heute Rittersaal genannten Repräsentationssaal. Erschlossen ist er durch eine wohl seit dem Spätmittelalter gemauerte Aussentreppe, die zum romanischen Hocheinstieg, einem profilierten Rundbogenportal, führt. Unter dem Saal lag ursprünglich nur hohler Raum («Verlies»); erst durch den Ausbau zum grossen Kornlager 1616–1618 wurde dieser durch eine Wendeltreppe erschlossen und durch zwei Zwischenböden in drei belich-

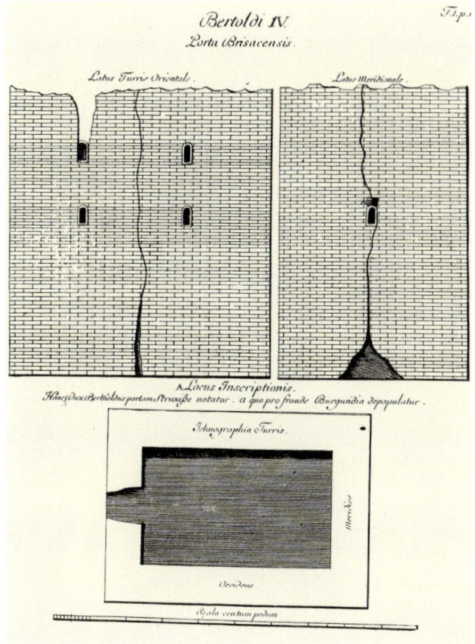

Abb. 322
Breisach, Donjon, Grundriss, Längs- und Seitenansicht vor der Abtragung 1770, Kupferstich in J.D. Schöpflin, Historia Zaringo-Badensis I, 1763, S.197.

Abb. 323
Breisach, Donjon, 1991 aufgefundenes, 57cm hohes Fragment der Bauinschrift Berchtolds V., aufs engste mit jener von Burgdorf verwandt: HANC DUX BERCHTOLDUS PORTAM STRUXISSE NOTATUR / PERQUAM PRO FRAUDE BURGUNDIE GENS DEPOPULATUR (= Kund sei getan, dass Herzog Berchtold dieses Tor errichtet hat, durch den das Volk von Burgund seiner Untreue wegen heimgesucht wurde), Stadtgeschichtliches Museum Breisach.

Abb. 324
Thun, Flugbild des Schlossbergs, oben der gegen 1200 erbaute Donjon, angelehnt an die Ringmauer das seit dem Spätmittelalter in zahllosen Etappen umgebaute Landvogteischloss.

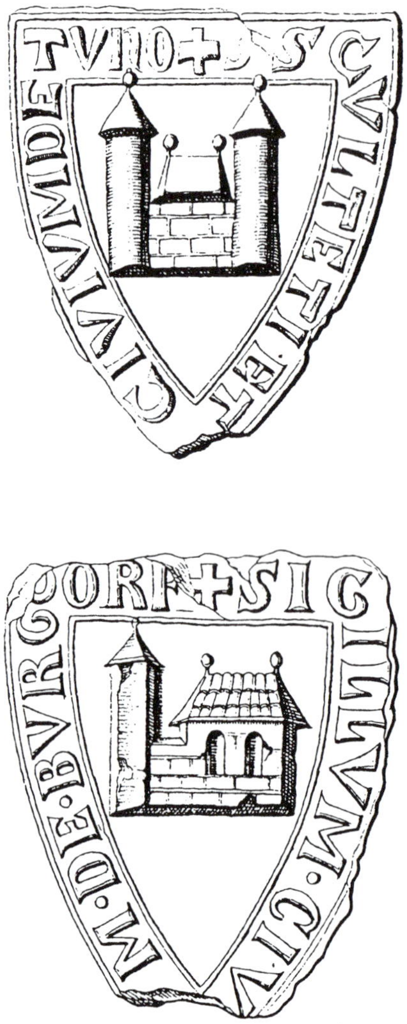

Abb. 325
Die nah verwandten ältesten Stadtsiegel von Thun (oben) und Burgdorf (unten), 1250 beziehungsweise 1257 erstmals nachweisbar, zeigen beide klar erkenntliche Ideogramme der zwei Burgen, des Donjons mit Walmdach und Ecktürmchen von Thun und des Turmpaars Palas-Bergfried von Burgdorf. Die Bilddarstellungen sind eine wichtige baugeschichtliche Quelle für die zwei Burgen.

tete und belüftete Untergeschosse eingeteilt. Über dem Saal liegt die ehemalige Wehrplatte, erkenntlich an der dichten Reihe der Wandöffnungen. Zu ihr führt vom Saal her die bereits genannte Wendeltreppe.

Das Hauptaugenmerk gilt dem Saal (Abb. 327 und 328). Es ist ein beeindruckender Raum mit den Ausmassen von 19,2 × 12,6 × 7,3 m, einer der grössten und am besten erhaltenen Repräsentationssäle des Mittelalters in der Schweiz. In dichter und regelmässiger Folge überspannen ihn wuchtige, hochkant gestellte Tannenbalken vom Querschnitt 26 × 57 cm, deren jüngster im Winter 1199/1200 gefällt worden ist; ihre heutige starke Verrussung geht auf spätere Räuchertätigkeit zurück, ursprünglich waren die Balken mit Ochsenblut braunrot gefärbt. Die Raumorganisation ist so übersichtlich und elementar wie der Baukörper des Donjons selbst: Hauptrichtung des Saals ist die kurze, zum Kamin in der Mitte der südlichen Längswand führende Achse Nord–Süd. Der auf Grund der Spuren an Decke und Wänden auf den alten frühgotischen[11] Säulen im Jahr 2000 rekonstruierte, bis zur Decke reichende Kamin wird flankiert von zwei schön gewölbten, tief in das Mauerwerk gehöhlten Nischen der ursprünglich zwei einzigen Fenster, deren gemauerte Sitzbänke ebenso wie die romanischen Aussengewände im 17. Jahrhundert allerdings ausgebrochen worden sind. Auf der Nordseite gab es ursprünglich bloss eine desaxierte Tür, die auf einen äusseren, längs der ganzen Nordflanke von Eckturm zu Eckturm reichenden laubenartigen Wehrgang führte. Geschickt angeordnet war auch die Disposition von Saalzugang und der (originalen) Wendeltreppe zur Wehrplatte, liegen beide Türen doch nebeneinander im Bereich der Südostecke: Wer das oberste Geschoss aufsuchen wollte, hatte nicht den Saal zu durchqueren, sondern fand die Fortsetzung des Aufstiegs unmittelbar neben seinem Eintritt in den Saal.

Zur Gesamtwirkung des Saals gehört die Oberflächenbeschaffenheit der ja zum grössten Teil geschlossenen Mauerflächen. Im ersten, um 1200 geschaffenen Zustand, wurde das Mauerwerk, wie es im Nordostwinkel wieder sichtbar ist (Abb. 328), sorgfältig in der vom Kirchenbau in der Gegend bekannten *Pietrarasa*-Technik ausgefugt, was seine urtümliche Wucht zur Geltung bringt. Erst im späteren 13. oder frühen 14. Jahrhundert überzog man die Mauern mit einem dicken ockerfarbenen Deckputz, der den höfischen, gewissermassen «verfeinerten» Repräsentationsvorstellungen der gotischen Zeit entsprach.

Der Saal war zum Wohnen ungeeignet. Er wurde, wie alle grossen «Rittersäle», nur temporär genutzt und war Zeremonien-, Prunk- und Festsaal, Ort von Verhandlungen, Empfängen, Gerichtsentscheiden, Verleihungen, aber auch Bankett- und Zechhalle.

Der Thuner Burgturm war in erster Linie Repräsentationsbau und Wehranlage. Als Bautypus vertritt er den vor allem in Westfrankreich und England verbreiteten, oft als normannisch bezeichneten *Donjon* oder *Keep*.[12] Er wurde zum

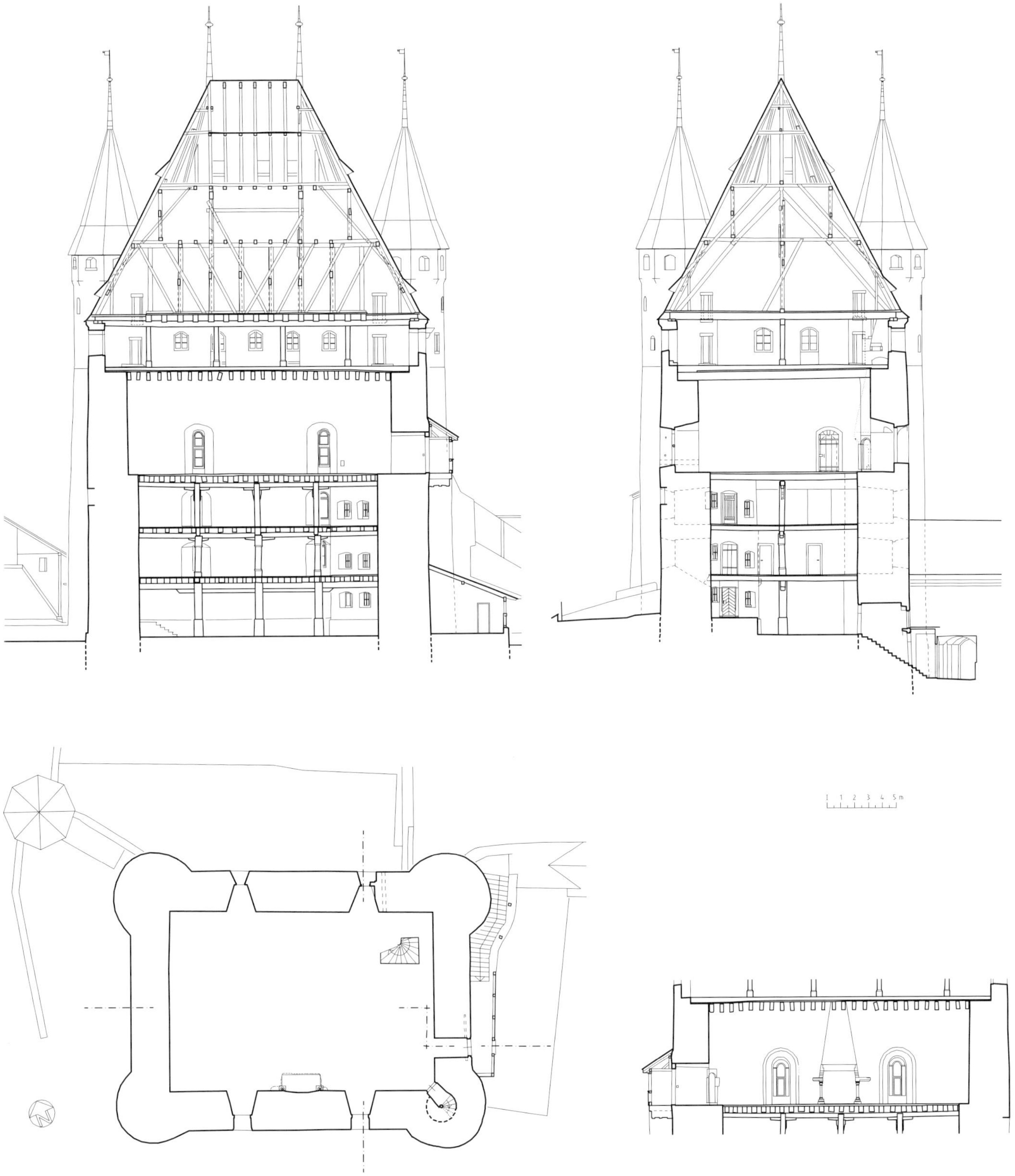

Abb. 326
Thun, Donjon, oben links: Längsschnitt gegen Norden, rechts: Querschnitt gegen Osten, unten: Grundriss und Schnitt des Saalgeschosses, Massstab 1:400, heutiger Zustand.

Wohnen und Wirtschaften ergänzt durch entsprechende Gebäudetrakte und Einzelbauten. Sie sind an die den Schlosshof einfassende, annährend rechtwinklig geführten Wehrmauer angebaut (heutiges Schloss Süd). Über ihr Aussehen können wir nach den zahllosen Umbauten aus bernischer Zeit im heutigen Zeitpunkt kaum mehr Aussagen machen.

Hauptsitz der Zähringer diesseits des Rheins war aber nicht Thun, sondern Burgdorf, im Zentrum des zähringischen Eigengutes im burgundischen Raum (→ S. 176). Im Unterschied zu den geschilderten Donjons in ihrer beeindruckenden Konzentration auf einen kompakten Baukörper, stellt Burgdorf eine mehrteilige Burg dar, eine Bautengruppe.[13] Der letzte Zähringer begann mit einer tief greifenden Erneuerung einer ausgedehnten älteren Burganlage, die er zwar völlig neu formte, von der er aber doch gewisse, namentlich topographisch bedingte Züge übernahm, in erster Linie die Lage und wohl auch Teile der Sub-

Abb. 327
Thun, Donjon, Hauptsaal nach der Restaurierung 1999/2000. Blick nach Südosten. Zwischen den zwei Fenstern das rekonstruierte Kamin, links Eintrittstür in den Saal und in die Wendeltreppe zur Wehrplatte.

Abb. 328
Thun, Donjon, Blick in die Nordostecke desselben Saals, die den ersten Zustand der Maueroberflächen in Pietra-rasa-Technik zeigt.

stanz der von Felsabsturz zu Felsabsturz reichenden Befestigung der Nordflanke. Die nachfolgenden Bauphasen bis auf den heutigen Tag vermochten die um 1200 angelegte Grundidee nicht mehr zu durchkreuzen oder ernsthaft zu gefährden, so dass Burgdorf im Wesentlichen die spätzähringische Bauidee wiedergibt. Die ausgedehnte Bautätigkeit Berchtolds V. fand ihren Niederschlag in einer berühmten, bereits von Justinger um 1420 überlieferten Inschrift am untersten Schlosstor: *Berchtoldus dux zeringie qui vicit burgundiones fecit hanc portam* = Berchtold, Herzog von Zähringen, der die Burgunder (= Adelige im Aare/Senseraum) besiegt hat, hat dieses Tor erbaut. *Porta* meint stellvertretend die ganze Burg.[14]

Das eigentliche Burgareal auf dem höchsten Punkt des Schlossfelsens hat die Form eines stumpfwinkligen Dreiecks von 130m Länge und 50m Breite, das durch eine Abschnittsmauer in der grössten Breite etwa im Verhältnis 1:2 in Vorburg und Hauptburg geteilt wird (Abb. 330). In der Vorburg stehen der Torturm, der erst im 16. Jahrhundert einen im Grundriss stark verzogenen monumentalen Vorgänger wohl des 13. Jahrhunderts ersetzt hat, Sodbrunnen und Nebenbauten; in der Hauptburg stehen die drei grossen zähringischen Hauptbauten, nämlich das Turmpaar Bergfried und Palas und die rechtwinklig an Letzteren anstossende Halle. Während der Bergfried ein reiner unbewohnbarer Wehrturm ist, der sowohl das fortifikatorische Rückgrat der Nordmauer wie die Abschnittsmauer zu schützen hat, ist dem Bautenpaar Palas–Halle in der bevorzugten Südlage die Wohn- und Repräsentationsfunktion vorbehalten. Als eng miteinander verzahntes Doppelvolumen hat es die Form eines stehenden und eines liegenden Prismas (Abb. 330 und 332). Gab es im vierstöckigen Palas zwei überhohe Repräsentationsgeschosse je mit einem Saal, eingefasst vom niedrigeren Erdgeschoss und vom niedrigeren obersten Geschoss, so enthielt die Halle einen einzigen Raum zu ebener Erde, der im Raumvolumen ungefähr dem Thuner Saal entsprach.[15] Von den Sälen im Palas nahm jener im 1. Obergeschoss den ganzen Grundriss ein, während der gut erhaltene Saal im 2. Stock (Abb. 334) nur knapp zwei Drittel des Grundrisses beansprucht (Abb. 333), da vom Gesamtgrundriss mittels Querkorridor die obere Schlosskapelle St. Johann abgetrennt ist. Dies ist als fortschrittlicher Zug zu werten, weil die traditionelle vertikale Gliederung der Räume in Stockwerken übereinander mit

Abb. 329
Burgdorf, Schloss, Gesamtansicht von Süden, Zustand 1974.

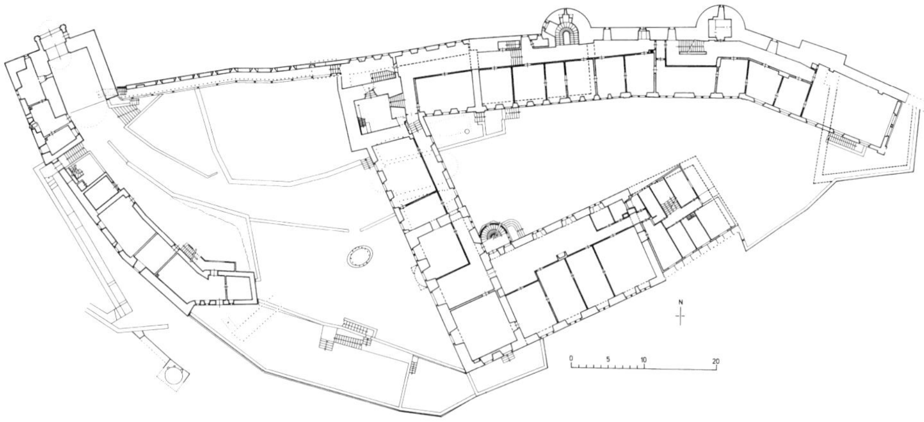

Abb. 330
Burgdorf, Schloss, Gesamtgrundriss 1:1000 im heutigen Zustand, Hauptburg auf Niveau des 1. Stocks.

einer horizontalen Raumgliederung ergänzt wurde. Auf Burgdorf gab es folglich drei unterschiedlich grosse Säle, die ein differenziertes, repräsentatives Bau- und Raumangebot darstellen, wie es am ehesten auf Königs- und Herzogspfalzen zu finden ist. Eine Vorstellung vom Rang der Säle geben die gegen Süden geöffneten spätromanischen Fensterreihen und -gruppen aus Sandstein (Abb. 332), ein präzis geschnittenes spätromanisches Würfelkapitell (Abb. 335) und die Kaminsäulen des heute Rittersaal genannten Raums im 2. Obergeschoss, wo von Neuenburg und Lausanne geholte kostbare Werkstücke vom Anspruch und den Beziehungen der Bauherrschaft künden (Abb. 336). Zu den besonderen Eigenschaften zählt ferner die der heiligen Margaretha geweihte, etwa drei Mal grössere zweite Schlosskapelle im Hof, was darauf hinweist, dass die obere, wie wohl wie auch der kleinste Saal, primär dem privaten Gebrauch vorbehalten, also eine Art privates Oratorium war.

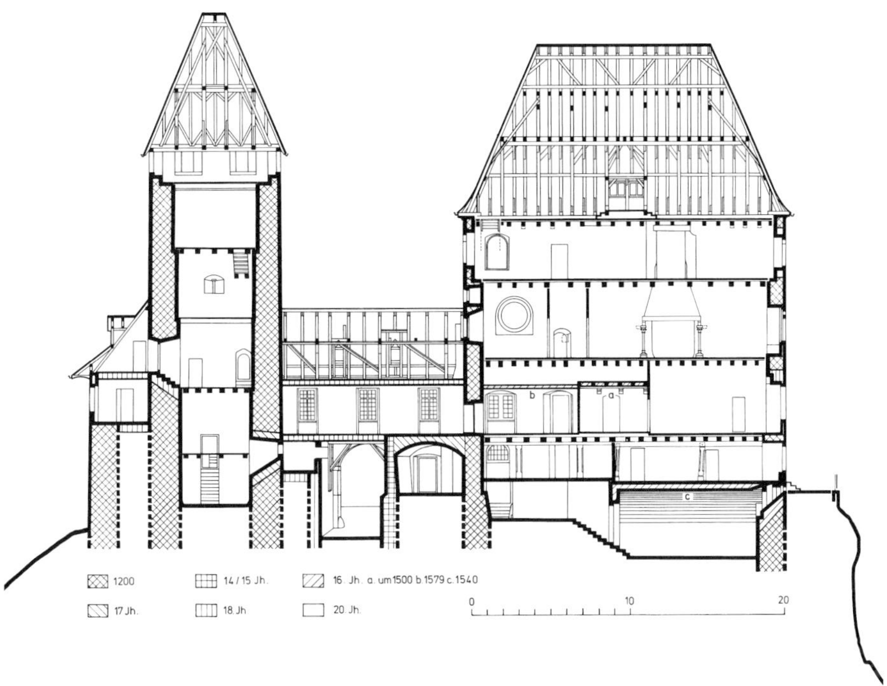

Abb. 331
Burgdorf, Schloss, Schnitt Nord–Süd durch Schlossgraben, Nordmauer, Bergfried, Verbindungsbau und Palas im heutigen Zustand.

Abb. 332 (rechts)
Burgdorf, Schloss, Südfassade von Palas und Halle, Rekonstruktionszeichnung auf Grund der Befunde von 1971–79. Die romanischen Fensterreihe wurde im letzten Drittel des 13. Jahrhunderts durch drei frühgotische Fenster ergänzt.

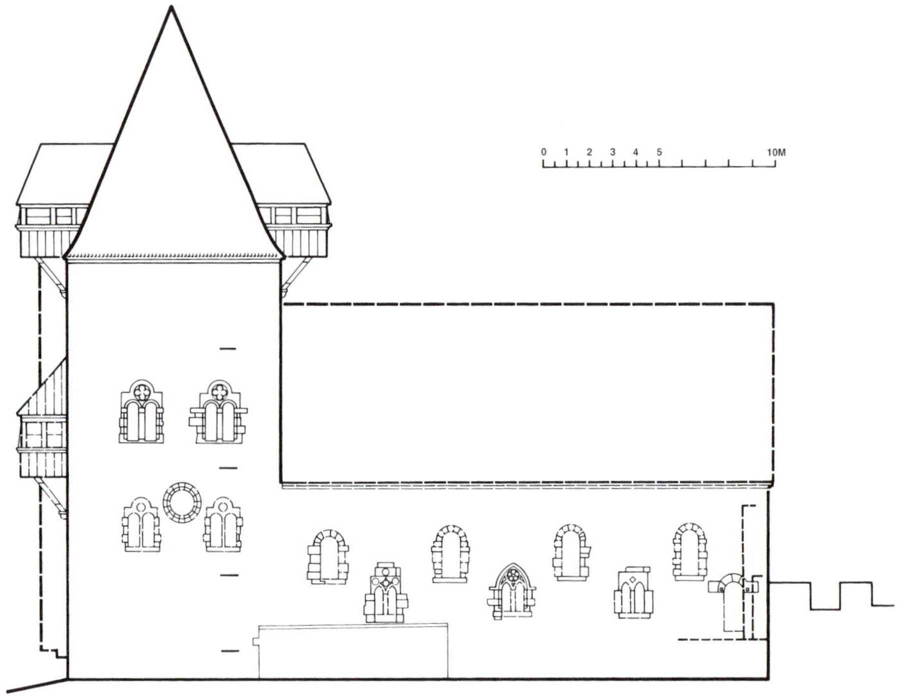

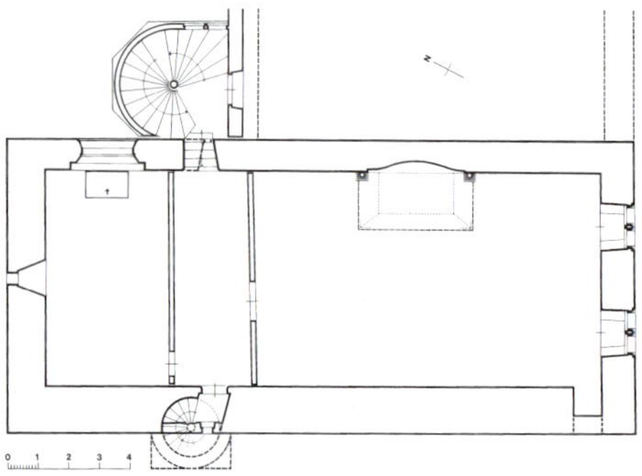

Abb. 333
Burgdorf, Schloss, Grundriss des Rittersaals im heutigen Zustand. Im linken Teil die Schlosskapelle St. Johann, unten die ursprüngliche Vertikalerschliessung des Turms.

Die beiden Grossbauten Thun und Burgdorf fordern nicht nur in Bezug auf Volumetrie und Grundkonzept, sondern in vielen weiteren Belangen zum Quervergleich heraus, handelt es sich doch um die zwei einzigen weitgehend erhaltenen zähringischen Burgen diesseits und jenseits des Rheins. Zu vergleichen wären etwa Befestigungsdispositiv, Annäherungshindernisse, Wasserversorgung, Grösse, Rechtssituation und Bebauung des Burgbergs, Verhältnis zur gleichzeitig erweiterten oder angelegten Stadt, Verhältnis zu den Sakralbauten, die Dependenzen und Schlossgüter. Besprochen sei hier wenigstens die Frage der Bauorganisation und des Baumaterials. Die annährende Gleichzeitigkeit grosser Baustellen in Burgdorf, Thun und anderswo lässt die Frage aufkommen, ob Gemeinsamkeiten erkenntlich sind. Die typologische Differenz ist bereits erwähnt worden. Auch im Mauercharakter und in der Ausgestaltung der Einzelteile gibt es kaum Verbindendes, vielmehr erscheint Thun als regionaltypischer, dicker Massenbau aus Bruchstein, wie er noch 130 Jahre später etwa im Turm und im Chor der Augustinerchorherrenkirche Interlaken greifbar ist, auch wenn die stilistischen Vorgaben sich gewandelt haben. In Burgdorf wird nicht

Abb. 334
Burgdorf, Schloss, Palas, 2. Stock, so genannter Rittersaal, heutiger Zustand nach der Wiederfreilegung des nachweislich im 13. Jahrhundert offenen Backsteinmauerwerks. Blick auf Kamin und spätromanische Fenstergruppe.

nur mit weit differenzierteren und reicheren Formen mit dem hier anstehenden Sandstein gearbeitet, der aber nur für formierte Teile gebraucht wird (Abb. 337), sondern bringt mit dem Baustein für die Mauerschalen – dem Backstein – einen bisher in der mittelalterlichen Architektur der Schweiz unbekannten Werkstoff, der in hervorragender Qualität lokal hergestellt wurde. Der Exklusivität des Materials war man sich bewusst, da es in den zwei Sälen im Palas offen, das heisst unverputzt, gezeigt wurde, und da möglicherweise auch der Bergfried aussen unverputztes oder bloss gekalktes Mauerwerk aufwies.[16]
Die regionale Bauweise mit Verwendung von lokalem Sandstein, lokalem Tuff, Flusskieseln sowie Findlingsgestein, namentlich in den Sockelpartien, Eckverbänden und im Mauerkern, wurde ergänzt durch den Import von Kalkstein aus der Gegend von Solothurn, vor allem für Sockelmauerwerk der grossen Türme, und eben durch künstliche Herstellung des Massensteins aus Ton. Eines der Ziele dieser ungewöhnlichen Materialwahl war ohne Zweifel die Beschleunigung der Bauweise, die mit angelerntem Personal betrieben werden konnte und nicht auf ausgelernte Steinhauer angewiesen war, die in unserer Gegend in genügender Zahl innert nützlicher Frist nicht zu finden waren. In dieser Beziehung dürften der Thuner Baustelle, auf welcher nur relativ wenige Hausteinpartien hergestellt wurden, ähnliche Überlegungen zugrunde liegen, war doch hier vor allem die Bereitstellung und Heranschaffung der riesigen Baumaterialienmenge ein logistisches Problem: Benötigt wurden nicht weniger als 6300 Kubikmeter grobes Baumaterial, was mit Ungelernten zu bewerkstelligen war.

Eine ältere Burgenform: die Holz-Erde-Burg

Berns Gründung und Aufwachsen im 13. Jahrhundert war nicht nur von den anfänglich dem gleichen Herrschaftsbereich zugehörigen neuen Grossburgen der Zähringer begleitet, sondern der Raum war von zahlreichen anderen, zum Teil weit älteren Anlagen besetzt (→ S. 61). Viele von ihnen waren im Vergleich zu den späteren Steinhochbauten ausgesprochen unmonumental. Es handelt sich um so genannte Holz-Erde-Burgen. Es ist gerade unsere waldreiche Gegend mit der im Früh- und Hochmittelalter fast ausschliesslich vorherrschenden Holzbauweise, die eine grosse Zahl derartiger Anlagen aufwies. Ihre Befestigungs-, Wohn- und Wirtschaftsanlagen kamen mit Tiefbauarbeiten – Grabenaushub, Terrassierung und Aufschüttung eines Hügels (Motte) – mit Palisaden und mit meist eingeschossigen hölzernen Gebäuden aus. Nachweisbar sind aus dem 12. Jahrhundert allerdings auch Holztürme. Allein im weiteren Umkreis des Emmentals sind Dutzende Holzburgen bekannt, gegen 200 im übrigen Kantonsgebiet. Nicht wenige der heutigen Steinburgen dürften überdies Holzburgen als Vorgänger gehabt haben. Nur wenige dieser Anlagen sind bisher untersucht worden. Erhoben sind die wichtigen Befunde des weit vor die Zeit der Stadtgründung zurückgehenden Königshofes Bümpliz (*curtis imperii de Bimplitz*, → S. 123)[17] sowie der Burg bei Aarberg (→ S. 337).
Bümpliz und Aarberg zeigen aufschlussreich den Typus, zwar je nach Lage als Niederungsburg oder Hügelburg verschieden disponiert, aber in den einzelnen Elementen verwandt. Freilich reichen sie wie wohl einige der im bernischen Rahmen verbreiteten Anlagen in die Jahrtausendwende zurück, doch veränderten sie ihren Habitus erst im mittleren 13. Jahrhundert oder wurden damals aufgegeben, als Holzburgen definitiv veraltet waren und einem standesgemässen Auftritt nicht mehr entsprachen. Neben diesen kleineren Anlagen gab es auch grosse mehrteilige Burgen wie die so genannte Hasenburg, Fenis, Sitz der Grafen von Fenis (Gemeinde Ins) mit einer Längenausdehnung von über 300 m. Die weitgehend unerforschte Anlage ist um 1200 mit Steinbauten versehen worden.[18]

Hochblüte: die Burg aus Stein wird zum Monument

Die anderthalb Jahrhunderte nach der Stadtgründung Berns sind auch die Jahrhunderte, in denen das keineswegs regionale Phänomen der Versteinerung und Monumentalisierung der Burgen zu beobachten ist: Der Adel in Mitteleuropa war erfüllt von einem schier unglaublichen Baudrang. Alte, eher an ein Barackenlager erinnernde Holzbauten wurden dabei in Stein erneuert und in der

Abb. 335
Burgdorf, Schloss. Das spätromanische Würfelkapitell stammt wohl von den Kaminsäulen in der Halle, es wurde als Spolie zur Vermauerung der frühgotischen Fenster 1546 wiederverwendet, geborgen 1979.

Abb. 336
Burgdorf, Schloss, frühgotische Kaminsäule im Rittersaal. Der Schaft ist aus Hauterivestein von Neuenburg, das Kapitell aus Sandstein. Es ist wohl in der Kathedralbauhütte von Lausanne, um 1190–1210/20 gehauen worden.

Abb. 337
Burgdorf, Schloss, Kämpferstein des Südfensters im 1. Stock des Palas. Eine von illusionistischem Randschlag eingefasste Ritzlinie zeichnet den Stichbogen des Fensters nach. Entsprechend sind die Hieblagen der Steinbearbeitung differenziert: konzentrisch innerhalb des Bogens, ausserhalb und im Gewände senkrecht.

Regel mit einem Turm weithin sichtbar zu eigentlichen Wahrzeichen ausgebaut. Anderswo gab man offenbar ältere Holzburgen auf und errichtete an geeigneterer Stelle neue Steinburgen. So nimmt man traditionell an, die Burg Erlach habe die ältere Holzburg Fenis abgelöst, doch ist unklar, ob noch Teile in die Zeit um 1100 zurückreichen. Die heutige Grundform der Burg, mit den zwei divergierenden Saalgeschossbauten Nord und Süd, die mit dem jüngeren Festungsturm des späten 15. Jahrhunderts und der den obersten Abschnitt gürtenden Ringmauer den inneren Hof bilden (Abb. 338), geht auf das 13. Jahrhundert zurück. Damals scheint der Nordbau als Wohnung der Grafen von Neuenburg-Nidau, der Südbau als Kastlanei gedient zu haben. Es stellt sich die Frage, ob der genannte Festungsturm einen Bergfried ersetzt hat, der an dieser Stelle der Hauptangriffsrichtung Sinn machen würde. Von den Inneneinrichtungen hat sich eine Reihe urtümlicher Holzpfosten aus der Zeit um 1333/34 mit Sattelhölzern, welche die Balkenlage des Nordtraktes tragen, erhalten.[19]

Bescheidenere steinerne Anlagen wurden erweitert und mit Grossbauten ausgezeichnet, die Dimensionen der Wohn- und Repräsentationsbauten nahm generell zu. Dieser über längere Zeit sich abspielende Prozess schuf für die meisten ins Mittelalter zurückgehenden Schlösser im Kanton die wesentlichen konstitutiven Formen; spätere Veränderungen haben in der Regel dabei die vorhandene Disposition berücksichtigt. Dies auch deshalb, weil mit der Erneuerung in der Steinbauweise oft auch eine räumliche Ordnung und Systematisierung einherging, nicht zuletzt verursacht durch die weit dauerhaftere Bauweise, die zu sorgsamerer Planung nötigte und mit der Ringmauer ein rückwärtiges Alignement bot, das für Anbauten geradezu prädestiniert war, dies im Unterschied zu den hölzernen Palisaden. Freilich spielte der Holzbau auch in Steinburgen eine sehr wichtige Rolle, sei es für die Balkenlagen, für die Dachstühle oder den Innenausbau, sei es für Wehreinrichtungen wie Laufgänge und Wehrerker, sei es für oft an die Ringmauer angelehnte Nebenbauten aller Art. Nicht zu vergessen sind die zahlreichen äusseren Treppen, Lauben und Brücken, die der Verwitterung besonders ausgesetzt waren (Abb. 339). In Kriegszeiten wurden die Wehreinrichtungen durch hölzerne Verstärkungen wie Vorwerke, aussen angebaute Kampfhäuser und Verbindungslauben ergänzt. Hölzern waren offensichtlich auch bis ins 14./15. Jahrhundert die Dachbeläge. In der Regel wurden Schindeln, und zwar genagelte, verwendet.

Neben dem Hochbau und dem Holzbau spielte bei der Errichtung von Burgen der Tiefbau in allen Phasen dieses so typisch mittelalterlichen Phänomens eine zentrale Rolle, war doch nicht nur der oft fast abenteuerlich gewählte Burgenbauplatz zu erschliessen, nicht selten mit mehreren Wegen oder Felspfaden, und zur Aufnahme der Gebäude zu planieren, sondern es waren auch Annäherungshindernisse, namentlich Gräben, auszuheben und zu stabilisieren, Steinbrüche und Kiesgruben zu eröffnen und die Wasserversorgung sicherzustellen. Bei Letzter setzte man in der Regel nicht auf eine Vorrichtung, sondern wählte

Abb. 338
Erlach, Altstadt und Schloss, Flugbild von Norden im heutigen Zustand.

Daniel Gutscher

Die Holzburg von Aarberg

Holzburgen waren in unserer Gegend weit verbreitet. Hochmittelalterliche Anlagen sind bekannt aus Pieterlen (Wingarten), Aegerten (Guldhubel), Nidau (Schloss), Bümpliz (altes Schloss) oder Köniz (Sternenberg), um nur einige wenige zu nennen, deren Platz auf künstlich geformter Terrasse wenigstens noch sichtbar ist. Selbstverständlich waren die hölzernen Anlagen nicht von grosser Dauerhaftigkeit. Diejenigen, deren Besitzer die herrschaftlichen Umstrukturierungen überstanden hatten, wichen im ausgehenden 12. und vor allem während des 13. Jahrhunderts massiveren Steinbauten. Ein herausragendes Beispiel dieser Holz-Erde-Burgen, welche keine Phase der «Versteinerung» mehr erlebten, ist die im Verlauf des 13. Jahrhunderts verschwundene Holzburg von Aarberg. Bis zur Gründung des Städtchens durch die Grafen von Neuenburg (→ S. 186) bildete die beim Hof Tiergarten rund einen Kilometer ausserhalb gelegene Anlage auf künstlichem Hügel das Zentrum eines ausgedehnten Herrschaftsbezirkes, vielleicht der burgundischen Provinz Bargen. Neben dem Geländedenkmal erinnert noch der heutige Flurname «Tiergarten» an ein Tiergehege, beziehungsweise einen Jagdbannbezirk, wie dies zur Grundausstattung von Königshöfen und Pfalzen gehörte.

Rekonstruktion eines Turmberges mit Holzturm in Saint-Sylvain d'Anjou, Frankreich.

Mit Ausnahme von Sondierungen erfolgten bislang keine archäologischen Untersuchungen. Trotzdem lassen die heute noch sichtbaren Oberflächenformen ein Bild der hochmittelalterlichen Burg nachzeichnen (vgl. Plan).

In der letzten Benutzungsphase bestand die Holz-Erde-Burg aus den üblichen Elementen Vorwerk (A) und Kernburg mit Turmberg (B). Hingegen verfügte sie auch über Elemente, welche sich nicht leicht in die hiesige Holzburgenlandschaft einordnen lassen: Da ist einmal die um die Hauptburg angelegte, bis zu 15 m breite Terrasse ①, welche mit dem 7 m tiefen Halsgraben ② einen Rundhof bildete und wohl als Ökonomieteil mit planierten Flächen für Gebäude im Ost- und Westteil genutzt wurde – vielleicht eine Frühform des auf jüngeren Steinburgen auftretenden Zwingers? Sie war aussen am Terrassenrand, indessen wohl auch innen am Fuss der Kernburg, mit einer Palisade bewehrt, die hier gleichzeitig mit den Zweck hatte, die künstliche Schüttung zu stabilisieren. Der das Burgplateau ③ von 48 m Länge und 16–23 m Breite etwa 2 m überragende Turmberg ④ am inneren Rand des Halsgrabens markiert schliesslich den Standort des durch einen weiteren Palisadenzaun gesicherten, mehrstöckigen Holzturms. Die übrige Fläche stand für Wohn- oder Lagerbauten der Burgherrschaft zur Verfügung.

Nicht dem geläufigen Holzburgenschema entspricht das brückenkopfartige Vorwerk. Es bestand aus Wall ⑤ mit Tordurchlass ⑥ und vorgelegtem Graben ⑦. Den Abschluss bildete ein nach Westen laufender, wohl ebenfalls palisadenverstärkter Wall ⑧, wodurch der Torweg geschickt vom in die Aareebene führenden Hohlweg ⑨ abgezweigt wurde. Es mag sein, dass die Toranlage vor dem Graben sogar noch über einen Torschirm ⑩ aus je einer Palisadenreihe auf der ausgebildeten Terrasse und überhöht auf der schmalen Geländerippe verfügte. Im Weiteren ist der erforderliche Brückenschlag ⑪ über den 40 m weiten Halsgraben für Holzburganlagen schlechthin ungewöhnlich. Es darf davon ausgegangen werden, dass hier weitabliegende Baumuster umgesetzt wurden.

So könnte die Holzburg ausgesehen haben. Vogelschaubild von Süden zur Spätzeit der Burg.

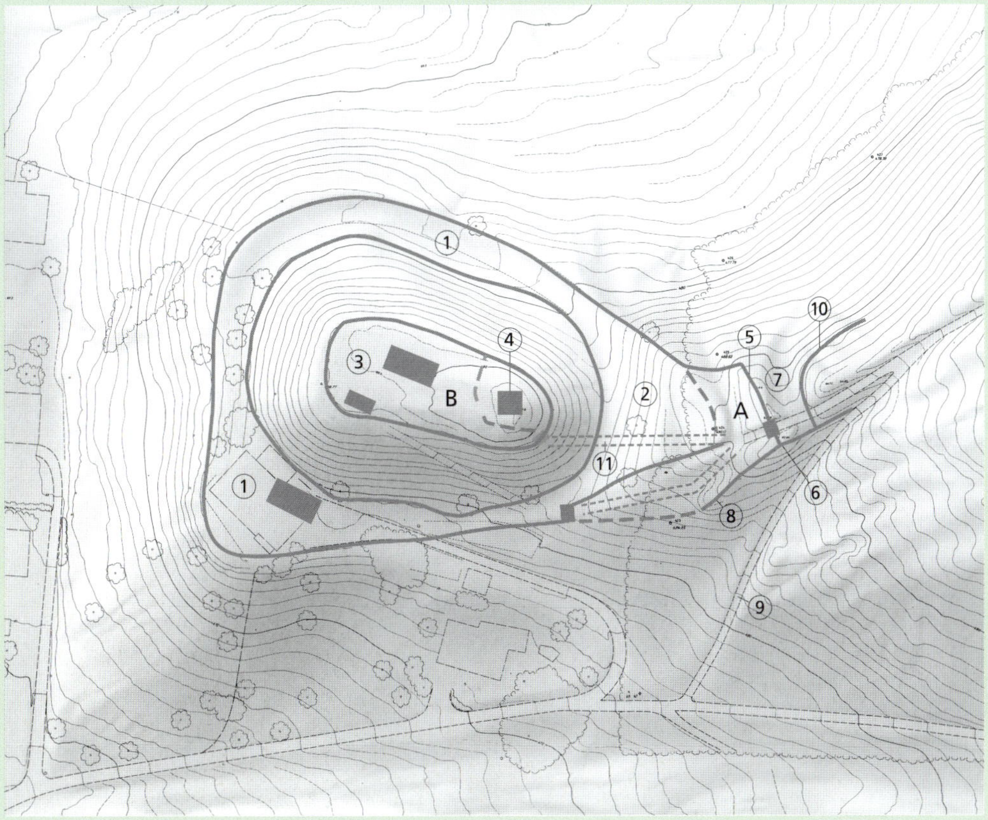

Situationsplan der Holz-Erde-Burg. Massstab 1:1000.

Weiterführende Literatur:
Tschumi, Aarberg, S. 52 f. – Gutscher, Aarberg, S. 72–75.

Abb. 339
Amtliche Berner Chronik des Diebold Schilling, Darstellung des eidgenössischen Auszugs nach Burgdorf 1383. In der nicht völlig von der Realität entfernten Wiedergabe des Schlosses fallen neben den Steinbauten die gezimmerten Kampfhäuser auf; BBB Mss. hist. helv. I. 1, S. 229.

verschiedene Mittel, vom Dachwassersammler in Form simpler Bottiche über sinnreiche Zisternen, ins Grundwasser führende Ziehbrunnen von oft erstaunlicher Tiefe bis zu Laufbrunnen mit Dünkelleitungen, was natürlich wegen der Topographie nicht überall möglich war, in der Grasburg aber nachgewiesen ist. In Burgdorf gibt es zwei gleichzeitig funktionierende Ziehbrunnen von 25 und 48m Tiefe, die in die gleiche Wasser führende Schicht hinabreichen, wenn auch der eine Brunnen exzentrisch auf halber Höhe des Felsens platziert ist.

Unmittelbar vor den Toren Berns war in Bümpliz in der Mitte des 13. Jahrhunderts der augenfällige Wechsel zum Monumentalbau zu beobachten, als im alten Königshof die kaum geordnete Gruppe der Holzbauten verschwand und in der Mitte des umgürteten Runds ein mächtiger savoyischer Rundturm von 9,3m Durchmesser und 10–15m Höhe entstand (→ S. 123). Ein Holzbaudörfchen wandelte sich in einen Monumentalbau; der Vorgang wird vom Ausgräber zu Recht als Platzbesetzung durch Graf Peter II. von Savoyen, dessen Schutz die Stadt in der Auseinandersetzung mit dem Hause Kiburg gesucht hatte, interpretiert. Fortifikatorisch war der Turm ohne eigentlichen Raum für eine Besatzung im recht engen Bering wenig wertvoll, umso bedeutender seine psychologische und zeichenhafte Aussage. Der Turm war für Freund und Feind greifbares und demonstratives Symbol für den Schutz, den der Savoyer Graf der Stadt gewährte.

Schon kurze Zeit später brach Savoyen den Rundturm ab, wohl um nun eine Art Kastellburg zu errichten, die einer Besatzung Platz geboten hätte. Freilich blieb diese Burg Fragment, wohl weil Bern den Schirmvertrag mit Savoyen nicht erneuerte, 1274 wieder reichsfrei wurde und Savoyen seine Machtbasis im bernischen Raum verlor (→ S. 101 und S. 119).[20]

Dieser Versteinerungsvorgang muss sich auf zahlreichen Burgplätzen vollzogen haben: So ist bekannt, dass die als *Castrum* bezeichnete Burg Nidau noch um 1180 einen Holzturm erhalten hatte. Erst in der ersten Hälfte des 13. Jahrhunderts ummantelten ihn die Grafen von Neuenburg mit dem heutigen, im Sockelbereich aus Buckelquadern gefügten Hauptturm.[21]

Abb. 340
Laupen, Schloss, Grundriss im heutigen Zustand. Dunkel: Bergfried als Kern der Steinburg, vor 1200.
Mittelhell: Ringmauer und Palas des 13. und frühen 14. Jahrhunderts.
Hell: Ausbauphasen 14.–17. Jahrhundert.
Gestrichelt: Rekonstruktionen.
Punktiert: Projektionen. Im Schlosshof ist der 1983 festgestellte Binnengraben der älteren Burganlage eingezeichnet.
Pfeile: ursprünglicher Zugang.

Eine schicksalshafte Grossburg entsteht: Laupen

Besser in seiner Entwicklung in zahlreichen Etappen nachvollziehbar als Nidau sind Baugeschichte und Baugestalt des Schlosses Laupen.[22] Zwar hat die intensive Bautätigkeit seit dem 12. Jahrhundert zahlreiche Spuren der älteren Anlage verwischt, dennoch ist der 1985 aufgedeckte Graben, der das spornförmige

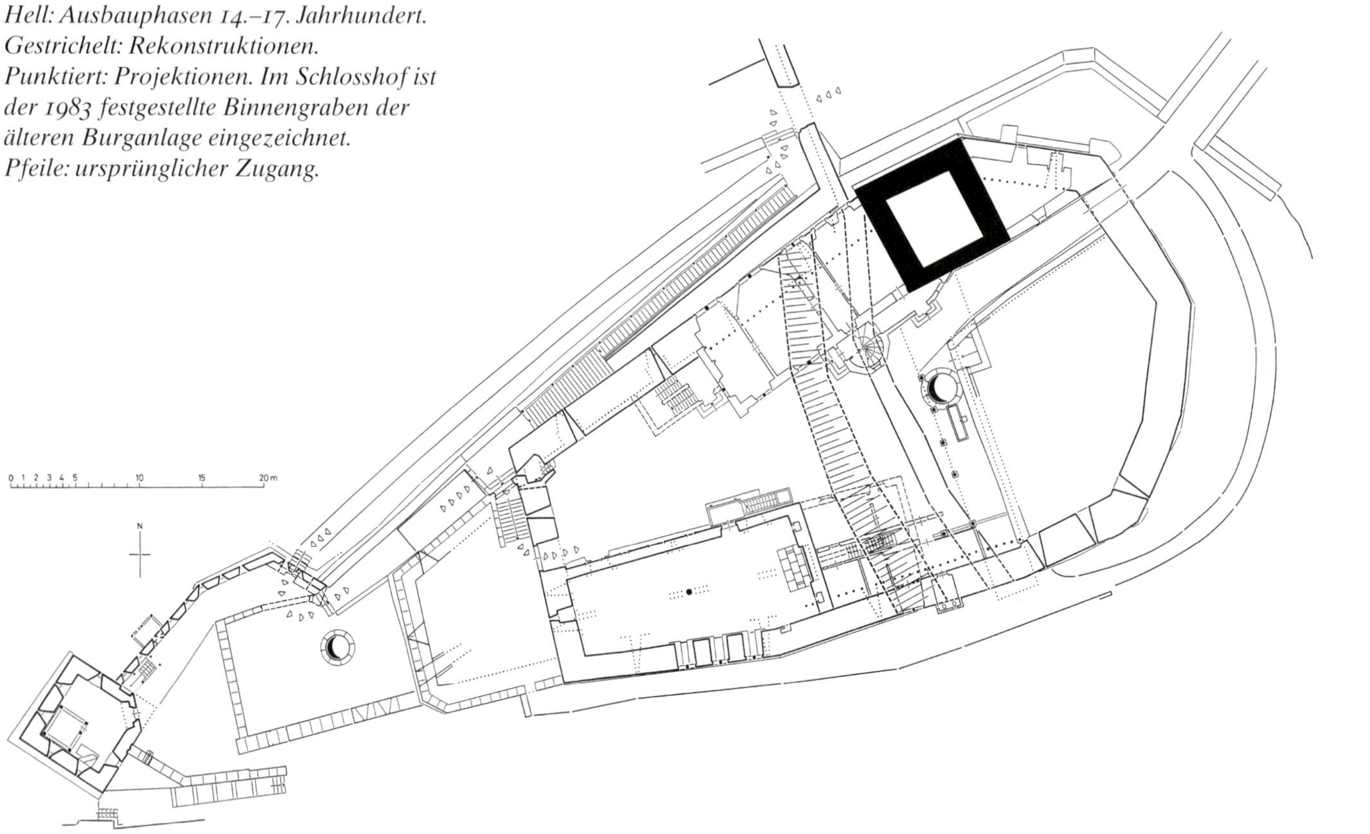

Burgplateau in einen westlichen und einen höheren östlichen Abschnitt teilt, Beleg für die ältere Holzburg. Freilich wurde der Graben im Laufe der steinernen Gesamterneuerung im 13. Jahrhundert zugeschüttet und damit der Schlosshof bedeutend vergrössert. Vorerst berücksichtigte die Versteinerung den Schlossgraben (Abb. 340): An seiner aus dem Felsen gehauenen Wandung entstanden eine erste steinerne Wehrmauer, die das Ostplateau gürtete, und der Bergfried am Nordrand (Abb. 341). Der Bergfried – leider im 18. Jahrhundert zum Teil abgetragen und in das Landvogteischloss von 1648–51 integriert – war ein wuchtiger gevierter Turm mit 1,8 m dicken Mauern aus Kieseln und Tuffhandquadern, sorgfältig schichtenweise aufgemauert und streifenartig ausgefugt (Abb. 342). Im Quervergleich mit anderen Haupttürmen ist der Bergfried von Laupen auf Grund dieses Mauercharakters noch ins 12. Jahrhundert zu datieren. In Etappen wurde dann zwischen 1200 und 1300 die Hauptwehreinrichtung des Schlosses errichtet, die gewaltige ellipsenförmige Ringmauer. Ihre Aussenschale besteht aus sorgfältig geformten Buckelquadern aus Tuff; süd- und nordseits beträgt die Mauerstärke 2,4–2,6 m, die der Hauptangriffsrichtung ausgesetzte Ostmauer war ein mit Buckeln übersäter Schild, 3 m dick und 10–12 m hoch[23]. Eine andere, immer noch in spätromanischen Formen bauende Equipe ersetzte die alte Westbefestigung und schloss die massive steinerne Wehrmauer zum Ring. Nach 1300 erhöhte eine gotisch bauende Werkhütte die Nord- und Südmauer und errichtete gleichzeitig den prächtigen Palas (Abb. 345), der über einem Untergeschoss einen den ganzen Grundriss beanspruchenden Saal von 18 auf 7,5 m bei gut 5 m Höhe birgt. Darüber zimmerte man ein hölzernes, allseitig vorkragendes Wohngeschoss. Dieser auch im Aussenbau sehr sprechende Palas ersetzte hölzerne Wohnbauten; auch sein hölzernes Obergeschoss wurde im 14. und frühen 15. Jahrhundert in Stein erneuert; gleichzeitig entstand der heutige mächtige Walmdachstuhl neu (um 1395/96). Die Versteinerung wurde also auch innerhalb der Steinbauphase weitergeführt.

Der Saal von Laupen ist nach der sorgfältigen Wiederherstellung zwischen 1985 und 1989 ein Muster ritterlicher Repräsentationsräume (Abb. 344), ist doch das Kamin an der Schmalseite zu guten Teilen im Original erhalten, ebenso wie die gequaderte Maueroberfläche und die frühgotischen Fenster mit ihren Nischenbänken (Abb. 345).

Auch in einer weiteren Beziehung hat das Schloss Laupen Modellcharakter: Dank dem Umstand, dass um 1760/70 eine fahrtüchtige Neuerschliessung von Osten eingerichtet wurde, blieb die alte, schmale Zugangssituation weitgehend erhalten. Sie führte längs der nördlichen Ringmauer über die Vorburg im Westen auf einer steilen Rampe auf die Westterrasse und von dort in den Schlosshof und vollzog dabei mehrere 90–180°-Drehungen, passierte zwei Zugbrücken und mehrere Tore (Abb. 340)! Erst wer diesen Parcours, immer möglichen Angriffen von der Ringmauer ausgesetzt, absolviert hatte, stand im Schlosshof. Überdies gab es im Schloss zwei zeitlich wohl sich ablösende Sodbrunnen, einen gemauerten Backofen, Gefängniszellen; in der Vorburg Remi-

Abb. 341
Laupen, Schloss und Städtchen, Kachelmalerei um 1770/78 nach einer Vorlage des frühen 18. Jahrhunderts. Das Schloss gibt exemplarisch eine Vorstellung einer mittelalterlichen Burg.
1 Hauptburg.
2 Bergfried mit Zinnenkranz auf der Wehrplatte.
3 Palas mit grossem Saal und darüberliegendem Wohngeschoss.
4 Landvogteischloss, neues Wohnhaus, Mitte 17. Jahrhundert.
5 Ringmauer.
6 Ringmauer mit Wehrgang und vorkragendem Kampfhaus als Schutz des Burgzugangs.
7 Zwinger.
8 Vorburg mit Wehrgang und Flankierungsturm.
9 drittes Tor des in Form eines komplizierten «Wehrparcours» mit vier Toren angelegten Zugangs.
10 Der Halsgraben trennt Burg und Berg.

Abb. 342
Laupen, Schloss, Ostfront des ehem. Bergfrieds, seit 1770 vom Anbau verdeckt. Die Foto zeigt die Situation unmittelbar nach der Freilegung 1984. Über dem Tuffsockel ist die kleinsteinige, streifenförmige Mauerstruktur des 12. Jahrhunderst zu erkennen.

Abb. 343
Laupen, Schloss, Blick von Südwesten auf den Palas; im Vordergrund der um 1660 anstelle eines Vorgängerbaus errichtete Käfigturm.

sen- und Stallgebäude sowie einen weiteren Sodbrunnen. Sieht man vom volumetrisch nicht mehr in Erscheinung tretenden Bergfried ab, so hat Laupen die wesentlichen Bauteile einer mittelalterlichen Burg in anschaulicher und einprägsamer Form bewahrt.

Die zersplitterte Baugeschichte des Schlosses Laupen vom 12. Jahrhundert bis gegen 1315 ist Abbild seiner Geschichte: Als Feste an der Grenze zwischen dem kiburgisch-habsburgischen und dem savoyischen Einflussbereich war die Burg einbezogen in die jahrzehntelange Ost-West-Auseinandersetzung und erlebte innert kürzester Zeit ab 1250 mehrere Frontwechsel bis 1308 die Stadt Bern Schloss und Städtchen Laupen besetzte. König Heinrich VII. verpfändete jedoch Laupen. Pfandnehmer war zuerst Otto von Grandson, der das Pfand kurz darauf den Herren von Thurn weitergab, die folglich als Bauherren des Palas gelten dürfen. Finanzielle Engpässe nötigten sie freilich 1324, Burg und Stadt Laupen an Bern zu verkaufen, welches dort seine erste Landvogtei errichtete (→ S. 341). Nach Jahrzehnten des Wandels folgten Jahrhunderte der Kon-

Abb. 344
Laupen, Schloss, Rittersaal, Gesamtansicht nach der Wiederherstellung 1981–89 mit Blick auf die Kaminwand.
Die Balkendecke samt Pfosten wurde um 1453 erneuert.

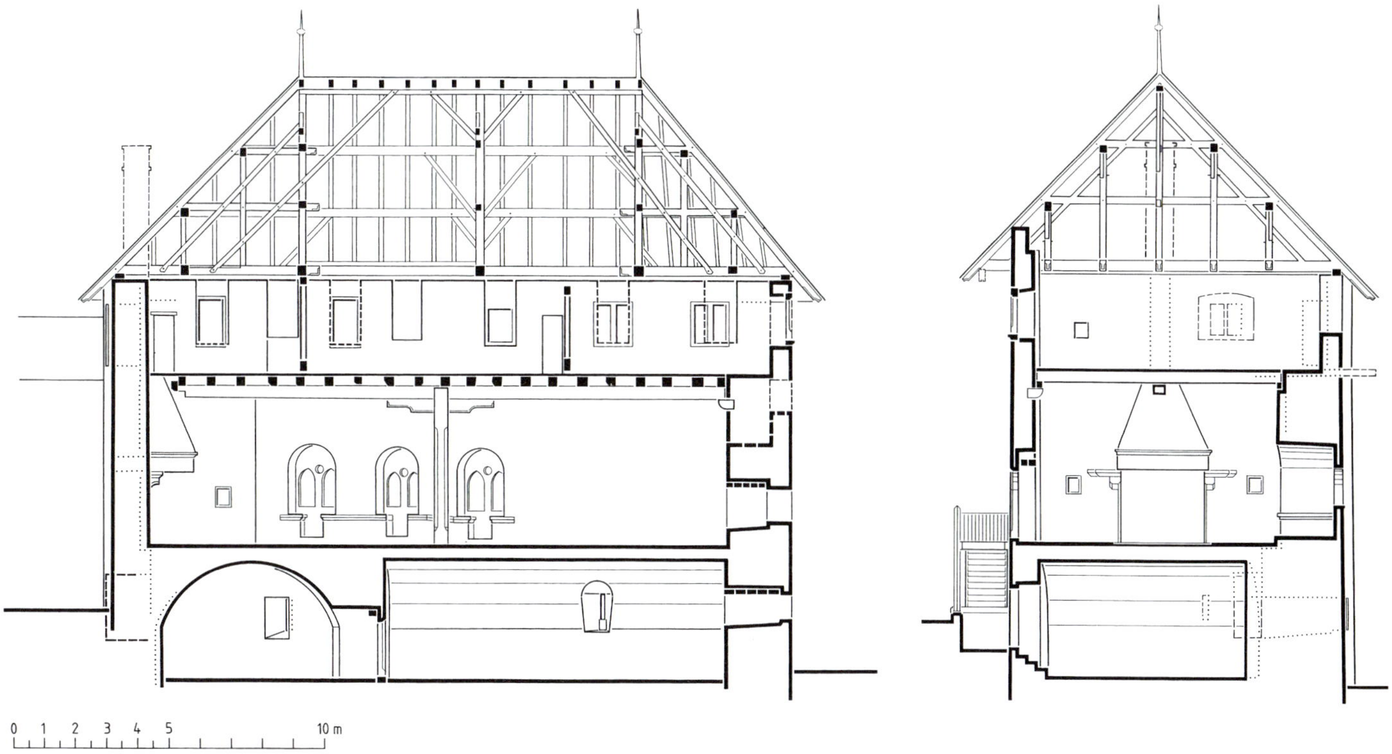

Abb. 345
Laupen, Schloss, Längsschnitt gegen Süden und Querschnitt gegen Osten durch den Palas des frühen 14. Jahrhunderts, heutiger Zustand.

tinuität, nachdem Bern seinen neuen Besitz durch den Sieg im Laupenkrieg 1339 erfolgreich behauptet hatte.
Der Abschluss des Burgausbaus ein Jahrzehnt vor dem Übergang an Bern durch die Errichtung des Palas stellt nicht nur für Laupen einen Endpunkt dar, sondern für den Burgenbau in unserem Land generell: Nach 1300 erlahmt die Bautätigkeit weitgehend; zu Neuanlagen und grossen Volumenveränderungen kommt es nicht mehr.

Eine verwandte Situation und eine ähnliche Geschichte kennzeichnet die Grasburg,[24] ebenfalls mit wechselnden Besitzern. König Heinrich VII. verkaufte 1310 die Burg an die Grafen von Savoyen. Auch hier wurde Bern, diesmal mit Frei-

Roland Gerber

Landvogteisitze

Herrschaftsmittelpunkt und Verwaltungszentrum der Landvogteien waren die ehemaligen Adelsburgen (→ S. 327), deren Besitzer ihre Gerichtsherrschaften seit dem 14. Jahrhundert an Bern verkauft hatten. Die Landvogteischlösser dienten den Landvögten und ihren Familien sowohl als Amtsitz als auch als Residenz. Die Vögte erledigten in den einstigen Wohn- und Repräsentationsräumen von Grafen und Freiherren ihre täglichen Amtsgeschäfte und empfingen die zur Landvogtei gehörigen Einkünfte an Korn- und Geldzinsen. Im Bereich der Burgen befanden sich häufig auch die Richtstätten, wo die städtischen Amtsleute im Namen des Berner Rates die Gerichtsbarkeit in ihren Herrschaften ausübten. Sowohl bei der Durchführung ihrer täglichen Amtsgeschäfte als auch beim Einziehen der Geld- und Naturalabgaben waren die Vögte dabei auf die Hilfe verschiedener in ihren Vogteien ansässiger Dienstleute angewiesen. Die Rechnungsbücher nennen neben Knechten und Mägden, die den Haushalt der Landvögte führten, auch Tag- und Nachtwächter, Kellermeister, Kornmüller, Bannwarte und Zöllner sowie gelegentlich einzelne Pfarrer, die vom Berner Rat eingesetzt wurden. Die Besoldung dieser Amtsleute geschah in der Regel durch die Geld- und Getreideeinkünfte in den Vogteien, deren Erträge der Rat in Form von Lohnzahlungen zu einem Teil direkt an die verschiedenen Amts- und Dienstleute ausgab.
Die weitaus vornehmsten bernischen Landvogteien des 14. Jahrhunderts waren die am 5. April 1384 für 37 800 Gulden erworbenen kiburgischen Herrschaften Burgdorf und Thun. Obwohl beide Vogteien nur mit sehr bescheidenen Einkünften ausgestattet
waren, finden sich unter den Namen der dort residierenden Vögte durchwegs Angehörige der führenden Berner Ratsgeschlechter. Das hohe soziale Ansehen dieser beiden Landvogteien erklärt sich deshalb auch weniger aus deren Geld- und Naturaleinkünften als vielmehr aus der wichtigen politischen und militärischen Bedeutung, die die beiden Vogteien im 14. und 15. Jahrhundert für die Stadt Bern besessen haben.
Thun und Burgdorf bildeten seit zähringischer Zeit die traditionellen Mittelpunkte grösserer Adelsherrschaften (→ S. 176). Die beiden Burgstädte waren gut befestigt und lagen an strategisch wichtigen Flussübergängen. Wer die beiden Städte besass, beherrschte die Verkehrswege in Richtung Oberland, Emmental und Oberaargau. Zugleich ermöglichten die von den Zähringer Herzögen erbauten Burganlagen, dass die in Burgdorf und Thun residierenden Berner Bürger einen ritterlich-adligen Lebensstil pflegen und repräsentative Amtsgebäude bewohnen konnten. Es erstaunt deshalb auch nicht weiter, dass Schultheiss und Rat immer wieder grössere Geldbeträge in die bauliche Ausstattung der beiden Landvogteisitze am Eingang zum Emmental und zum Oberland investierten. Denn nur auf diese Weise konnten sie den wachsenden Ansprüchen der führenden Ratsgeschlechter an Repräsentation, Luxus und Herrschaftsausübung gerecht werden.

Abb. 346
Wahlern, Grasburg, Gesamtansicht des Burgfelsens mit dem Palas der Hauptburg.

burg zusammen, Nachfolgerin, freilich erst 1423. Auch die Grasburg verdankt ihre Gestalt der ersten Hälfte des 13. Jahrhunderts, als man eine Holzburg in mehreren, rasch aufeinander folgenden Phasen durch Steinbauten ersetzte. Die Doppelburg mit mehreren Türmen, Wohnbauten und einem repräsentativen viergeschossigen Palas ist zwar seit 1576, als Bern und Freiburg ein neues Schloss in Schwarzenburg bezogen, zur imposanten Ruine geworden (Abb. 346). Anlässlich der Teilrestaurierung der Ruine ist im untersten Geschoss des Hauptburgpalas ein liegen gebliebener Kelleraushub freigelegt worden, der als Steinbruch zur Quadergewinnung aus dem anstehenden Felsen betrieben worden war (Abb. 347), ein Vorgang, wie er auf vielen Burgen zu vermuten ist. Die savoyische Verwaltung des 14. Jahrhunderts, als die Burg ausgebaut war, hat hervorragende Burgrechnungen überliefert, eine Schriftquelle, wie sie in dieser Zeit für keine andere bernische Burg existiert. Aus ihr erhellt einmal die Last des ständigen Unterhalts einer weitläufigen Anlage, die Wind und Wetter ausgesetzt war. In erster Linie fällt die kontinuierliche Arbeit an den Dächern auf. Schindeldächer halten heute 25 bis bestenfalls 40 Jahre, das wird früher nicht anders gewesen sein. Auf der Grasburg sind im 14. Jahrhundert Hunderttausende von Schindeln, je mit zugehörigem Eisennagel, verbaut worden. Wird der Dachunterhalt vernachlässigt, so sind schwere Bauschäden die Folge, auf der Grasburg gingen sie so weit, dass die gewölbte Balkendecke der «oberen Aula», des grossen Saals im genannten Palas der hinteren Burg, verfaulte und einstürzte, so dass sie um 1370 völlig erneuert werden musste. Derartige Vernachlässigungsphasen kamen auf der Grasburg regelmässig vor und dürften auch anderswo vorausgesetzt werden. Sie sind wohl auch Grund für grosse Erneuerungsarbeiten am Palas in Laupen. Gut nachzuvollziehen sind die ständig notwendigen Holzbauarbeiten, der Unterhalt der Wasserversorgung und die Räumungsarbeiten an Fels und Böschungen. Die Rechnungen erlauben auch, die Vielzahl der auf einer Burg ausser den eigentlichen Wehr- und Wohnbauten notwendigen Einrichtungen und ihre Ausgestaltung zu kennen. Wir nennen Küchen mit Schüttstein, Backofen, Ofen- und Waschhaus, Keller, Speckkammer, mehrere Speicher, Mühle mit Mahlwerk wohl für tierischen Antrieb, Zisterne, Laufbrunnen mit Dünkelleitung, Säle (*Aulae*), Kamine, mit Kachelofen heizbare Stuben, Krankenstuben, kleine Stube mit Schlafkammer, Latrine, Gefängnis, Stallungen, Krautgarten, aber auch die Georgskapelle. Auffallend sind die Erwähnungen der vielen, teilweise überdachten Holzbrücken und Holztreppen, so jene zum grossen Turm. Es gab ein Pförtnerhaus und ausserhalb der Burg eine mit Palisade geschützte Scheune. Mit Pfahlwerken und Palisaden verstärkte oder reparierte man Teile der Wehrmauern, namentlich eine grosse Bresche. Von den Schwierigkeiten, die sich den Handwerkern und der Bauherrschaft durch die «unmögliche» Topographie boten, gewinnt man einen Eindruck, wenn man vernimmt, dass 1365 das Bauholz mit 130 Wagen aus den Wäldern vor die Grasburg geführt, dort aber von 200 Trägern in die Burg geschleppt wurde, da den Wagen eine weitere Annäherung nicht möglich war.

Abb. 347
Wahlern, Grasburg, Blick in den Palas während der Teilrestaurierung und -ausgrabung 1981. Als man im 13. Jahrhundert das Gebäude errichtete, von dem auf der Foto ein spärlich belichtetes Erdgeschoss und ein mit Fenstersitznischen ausgestattetes Obergeschoss erkenntlich sind, wurde im anstehenden Felsen ein Untergeschoss in Form eines Steinbruches abgetieft. Die Baustelle blieb jedoch unfertig liegen und wurde noch im 13. Jahrhundert aufgegeben.

Megalithmauer und Buckelquaderwerk
Im späten 12. und im 13. Jahrhundert wurden nicht nur ältere Burgen erneuert, sondern es entstanden zahlreiche Burgen als Neugründungen. Einerseits waren sie Teil des siedlungsgeschichtlichen Vorgangs der Kolonisation, des Landesausbaus in bisher kaum urbarisierten Gebieten, der auch von Burgen getragen wurde. Für diese spezielle Burgengattung hat Werner Meyer den Begriff der Rodungsburg vorgeschlagen. Anderswo dienten die neuen Burgen dem Sozialaufstieg; mit dem Bau und dem Bezug einer Burg konnte die Zugehörigkeit zum ritterlichen Stand erreicht und demonstriert werden.[25] Es ist kennzeichnend, dass der bernische Raum – sieht man von den zähringischen Grossbauten Burgdorf und Thun, und den grossen Reichsburgen Laupen und Grasburg ab – vor allem kleinere Burgen aufweist. Nach dem Niedergang der Zähringer war der Aare-Sense-Raum Streitgegenstand zwischen Kiburg/Habsburg einerseits und Savoyen anderseits. Zur Bildung einer geschlossenen Territorialherrschaft kam es nicht, vielmehr entstand eine Vielzahl von kleinen Adelsherrschaften, teils selbständige, teils unter wechselndem Einfluss und in wechselnder Abhängigkeit stehende. Dabei berührten sich in unserer Gegend als Grenzgebiet grosser Einflussbereiche die östlichsten Ausläufer savoyischer Burgenbautätigkeit – die zwei aufeinander folgenden Anlagen von Bümpliz sind genannt worden, anzuschliessen wäre etwa noch Geristein – mit den westlichsten Beispielen der Burgenformen der Kiburger.
Eine Eigenheit der Bauten dieses Adelsgeschlechtes und ihrer Abhängigen scheint die Verwendung von Findlingsgestein zu sein, das in grossen Dimensionen an ungewöhnlich starkem Mauerwerk verbaut wurde. Gesucht war offensichtlich ein geradezu grobschlächtiges, abweisendes Bild der äusseren Mauerschale. Der ungefüge Turm von Schlosswil (Abb. 448) und der 7m hohe Stumpf des später überbauten Burgturms von Münsingen, im Zentrum der kreisförmigen Ringmauer (Abb. 449), besitzen ihre nächsten Verwandten östlich der Reuss und östlich des Zürichsees.[26]

Abb. 348
Schlosswil, Burgturm, Megalithmauerwerk wohl aus der 1. Hälfte des 13. Jahrhunderts, Zustand 2001. Der Eingang im Erdgeschoss ist im 18. Jahrhundert durch die 4m starke Mauer ausgebrochen worden.

Der 24m hohe, aus einem Guss bestehende Burgturm von Schlosswil – Mauerstärke 4m – zeigt die nicht seltene Eigenheit gegen oben abnehmender Steindimensionen.[27] Die Roheit des Mauerwerks (Abb. 348) veranlasste den Chronisten Schellhammer – an barocke Egalität gewöhnt – zur Feststellung, der Turm sei *sehr scheützlich anzusehen; dann weil die entsetzlich grossen Geissberger-* [Findlings-] *und Kiselsteine um ein namhafftes herausstehen, und das Pflaster* [= Mörtel] *zwüschen denselben so hart, als die Steine selbsten ist. ...*[28] Freilich kennen wir weder den Erbauer – die Freiherren von Wiler sind Gefolgsleute der Zähringer – noch die Form der zugehörigen Ringmauern, noch das Baudatum. Die häufig bemühte Altertümlichkeit des in der Burgenforschung Megalithmauerwerk genannten Verbandes – er wurde noch im 19. Jahrhundert oft der Römerzeit zugeschrieben – ist bloss eine scheinbare: Es handelt sich offenbar um eine bautechnisch aufwendige Mode, wohl der ersten Hälfte des 13. Jahrhunderts, die altertümlich aussehen wollte und eine Gegenposition bezog zum sorgfältig ausgefugten kleinsteinigen Handquaderverband des 12. Jahrhunderts, wie wir ihn am Bergfried von Laupen finden oder zum verfeinerten romanischen Quaderwerk, wie wir es gerade aus der Zeit um 1200 kennen.[29] Es waren denn auch nicht nur die Kiburger, welche solche Burgtürme erbauten.

Die offenbar relativ kurzlebige Phase des Megalithmauerwerks wurde bei uns in der Jahrhundertmitte abgelöst durch ausgesprochen sorgfältig gefertigtes, viel homogener wirkendes Buckelquadermauerwerk. Hauptmonumente auch im schweizerischen Rahmen sind vom Erhaltungszustand und der Qualität her gesehen die eng verwandten Burgtürme von Trachselwald und Aarwangen (Abb. 350 und 352), datiert 1251 bzw. 1265,[30] beide mit Wendeltreppe, die, in der Mauerdicke ausgespart, vom Eingangsgeschoss auf die Wehrplatte führt. Im Unterschied zu Aarwangen gab es im Turm von Trachselwald zwei heizbare Wohngeschosse, wovon das eine durch ein schmuckreiches spätromanisches Doppelfenster *(Bifore)* belichtet wurde (Abb. 357). Insgesamt vermittelt Trachselwald ein ausgezeichnetes Bild einer kleineren Burg

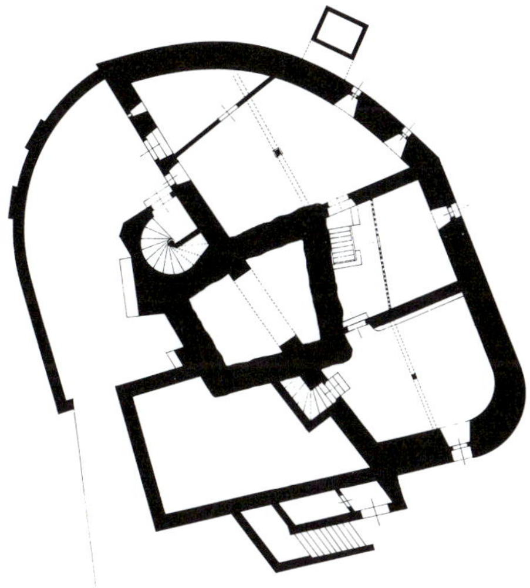

Abb. 349
Münsingen, Schloss, Grundrissaufnahme des Erdgeschosses um 1910: im Zentrum der Ringmauer der Stumpf des Megalithturms aus dem 13. Jahrhundert, daran angefügt die Wendeltreppe von 1550.

Abb. 350
Trachselwald, Schloss, Flugbild von Norden. Der Buckelquaderturm und der Palas sind um 1251 entstanden, jünger sind die an die Ringmauer angefügten Bauten.

(Abb. 351), hat es doch Ringmauer und Palas bewahrt und steht in landschaftlich intakter Situation.[31]

Die im deutschsprachigen Raum bis ins Elsass vor allem am Wehrbau weitverbreitete Eigenheit des Buckelquaderverbandes hat zu zahlreichen Überlegungen Anlass gegeben.[32] Zweck der Ausbildung des Buckelquaderwerkes war nicht Zeitersparnis in der Werksteinverfertigung, sondern die Absicht, wehrhafte, abweisende Mauern darzustellen, deren Stärke und Robustheit auch im einzelnen Quader zum Ausdruck kommen sollte (Abb. 353). Dies wird besonders deutlich an der in der Mitte oder im 3. Viertel des 13. Jahrhunderts durch das kiburgische Haus erneuerten und verstärkten Nordmauer des Schlosses Burgdorf mit ihrem Torturm und den zwei Flankierungstürmen, wo am profilierten Portalbogen und an den Gurtgesimsen auch kleine Buckel ausgeformt wurden, um die dichte Textur der Buckelquaderkruste nicht zu unterbrechen (Abb. 354). Wer sich dem Schloss näherte und die auf der hohen Böschung stehenden Buckelquadermauern erblickte – geplant war, den Schlosszugang hierher zu verlegen –, der sollte bereits durch die Oberfläche des Mauerwerks beeindruckt werden. Noch in einer weiteren Hinsicht ist die kiburgische Nordmauer von Burgdorf zu erwähnen: Mit dem Vortreten der drei Türme aus dem Mauerverlauf, im Unterschied zum zähringischen Bergfried oder zum Turm von Trachselwald, die hinter die Mauerfluchten zurücktreten, führte die Nordmauer von Burgdorf die Technik des Flankierungsschutzes ein: Durch sinnreiche Verteilung von Scharten und aussen aufgesetzten Wehrgängen aus Holz ermöglichten die gegen innen offenen Türme, die Ringmauer auch von der Seite, nicht nur von oben herab, zu verteidigen. Dieses Prinzip hat in zahlreichen späteren Befestigungsanlagen und Stadtmauern Eingang gefunden und ist wohl aus Frankreich in unseren Raum gekommen.[33]

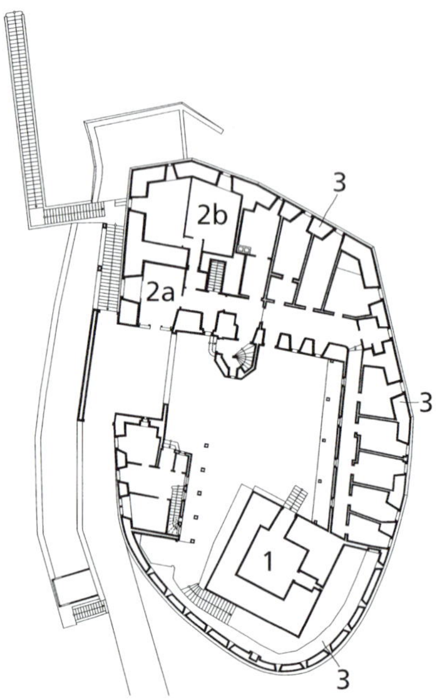

Abb. 351
Trachselwald, Schloss, Erdgeschossgrundriss im heutigen Zustand.
1 Turm (Bergfried).
2 Wohl in zwei Etappen entstandener Palas.
3 Ringmauer.
Die übrigen Trakte sind im 16.–20. Jahrhundert entstanden, der Schlosszugang als Neuanlage für Kutschen und Fussgänger 1749/52.

Der Innenausbau
Über die Wohn- und Lebensverhältnisse in Holzburgen kann man sich höchstens auf Grund einiger weniger archäologischer Befunde und Funde annähernd eine Vorstellung machen. Die Räume präsentierten sich weitgehend im Rohbau, mit Lehm verstrichenes Flechtwerk, wie wir es etwa noch in wenig berührten spätmittelalterlichen Stadthäusern finden, bildete allenfalls eine bescheidene Isolation. Die Böden bestanden aus gestampftem Lehm oder höchstens Brettern. Angesichts der bescheidenen Lebenserwartung der Häuser verbot sich eigentlich, baulichen Aufwand zu betreiben. Als Wärmespender und Kochgelegenheit, oft auch als Lichtquellen, dienten offene Feuerstellen ohne Rauchabzug, ähnlich wie die Feuertische in den Rauchküchen der Bauernhäuser. Auch die bewegliche Innenausstattung war von grösster Bescheidenheit,

neben einfacher, unglasierter Keramik gab es vielfältige Gefässe aus Holz, Schalen, Becher, Schüsseln, Fässchen, häufig in Daubentechnik oder auch Korbwaren zur Vorratshaltung (→ S. 297).[34]
In der Spätzeit dieser Burgengattung, im 12. und 13. Jahrhundert, bedeutete es eine erhebliche Komfortsteigerung, als der Kachelofen Einzug hielt, der Rauch und Wärme trennen konnte, eine weit effizientere Heizung darstellte und damit eine Heizung schuf, wie sie in Bauernhäusern bis weit ins 20. Jahrhundert üblich war (→ S. 293).[35]
Unsere Kenntnisse über die Situation in den Steinburgen ist erwartungsgemäss natürlich besser. Ein wichtiger Unterschied zu den älteren Anlagen bildet die vermehrte Funktionstrennung der Räume und ihre differenziertere Ausgestaltung. Freilich sind nur wenige Anlagen nach heutigem Kenntnisstand klarer fassbar. Erschliessung und Raumtrennung in den Rittersälen von Thun und Burgdorf sind bemerkenswerte organisatorische Leistungen; die Trennungen in Saal, Korridor und Kapelle im 2. Obergeschoss des Burgdorfer Palas bestanden aus dünnen, wohl holzarmierten Putzwänden. Genannt worden sind die Eigenheiten der Mauerbehandlung in den Sälen, die, wie die Kombination von Kalksteinsäulen mit sandsteinernen Kapitellen am Burgdorfer Kamin zusammen mit dem sorgfältig verfugten Sichtbacksteinmauerwerk (Abb. 334), den verfeinerten spätromanischen Materialsinn verraten. Die Sprache der Steine und ihre Behandlung ist gerade in Burgdorf überaus kultiviert worden (Abb. 337). Gequaderte Mauern besitzt der Saal in Laupen, wenn auch die Qualität von Stein, Bearbeitung und Versetzung unvergleichlich weniger sorgfältig sind als Hausteinteile in Burgdorf oder auf der Grasburg. Allerdings ist die Ausfugung gepflegt. Es äussert sich darin aber auch der zeitliche Abstand.

Dekorationen in Form von Malereien sind in diesen ja eigentlich nur der Temporärnutzung dienenden Räumen nur in Thun nachgewiesen, wo in den Fensternischen im zweiten um 1300 geschaffenen Zustand grüne Dekorationsmalereien in geringen Resten zu sehen sind. Auf den grossen Putzflächen, die hier weitgehend erhalten sind, gibt es keine Spuren. Das Gleiche gilt für Laupen und Burgdorf, obwohl in anderen Gegenden durchaus Malereien nachzuweisen sind. Wir dürfen davon ausgehen, dass bei festlichen Anlässen die Räume zum Teil mittels Wandbehängen bekleidet wurden. Dafür liefert die Johanneskapelle in Burgdorf einen besonders schönen Beleg (Abb. 355). Der Raum ist ringsum mit 1,5 m hohen gemalten Medaillonteppichen mit Blumenmotiven eingefasst, die an illusionistisch gemalten Nägeln hängen. Graffitis, die in den Putz eingeritzt sind, gehören eher, wie die häufig in Burgen gefundenen Maultrommeln oder Spielsteine, zum Thema Zeitvertreib, da es auf Burgen nicht selten auch langweilig war. Zu den seit langem publizierten, in den harten Putz eingeritzten Kampfspieldarstellungen im Turm von Spiez aus dem späteren 13. Jahrhundert[36] (Abb. 83, S. 100) sind 1999 jene Kritzeleien in den Fensternischen von Thun dazugekommen, die von der Zeit um 1300 bis ins 16. Jahrhundert reichen und neben Fabelwesen und kruden Zeichen auch Tiere und Wappen darstellen.

Gegenüber der Qualität des Steinwerks fallen in Burgdorf die Decken des Palas im Vergleich mit der wuchtigen Balkenlage von Thun ab, die überdies mit Ochsenblut bald nach dem Verbau kastanienbraun eingefärbt wurde. Allerdings besass die anschliessende Johanneskapelle in Burgdorf im Unterschied zum Saal eine Bretterdecke mit Leisten, deren Abdruck der um 1330 aufgebrachte Verputz überliefert. Steingewölbe, freilich in grosser Vielfalt und hoher Kunstfertigkeit scheint es nur als Überdeckung von Maueröffnungen gegeben zu haben (Abb. 356). Balkendecken waren allgemein üblich,[37] die «gewölbte» Holzdecke in der Aula der Grasburg zeigt aber, dass es auch kunstvolle Lösungen gab. Ebendort wurde der Fussboden um 1370 aus Bohlen verfertigt, während für den Thuner Saal und das Geschoss darüber Mörtelgussböden nachgewiesen sind. Einzigartig ist derjenige der Kapelle und des Rittersaals in Burgdorf: Der dicke Mörtelgussboden ist mit Beimengung von reichlichem Backsteinsplitt dunkelrot gefärbt. Zu den unverzichtbaren Ausstattungsstücken

Abb. 352
Aarwangen, Schloss, Buckelquaderturm, entstanden um 1265. Das Zinnengeschoss wurde 1624/25 als Geschützplattform samt Schweifgiebeln erneuert.

Abb. 353
Wahlern, Grasburg, Buckelquaderverband des 13. Jahrhunderts am Bergfried der Vorderburg.

Abb. 354
Burgdorf, Schloss, nördliche Wehrmauer, Mitte oder 3. Viertel des 13. Jahrhunderts, Zustand 1961. Buckelquaderverband an Kurtine, Flankierungstürmen und dem kurze Zeit später wieder vermauerten neuen Torturm, der rechteckig aus der Mauerflucht vortritt. Die Spitzbogenöffnung darüber gehört zu einem 1885 geöffneten Entlastungsbogen.

repräsentativer Räume und Säle gehörte das offene Kamin. In monumentaler Form sind die Feuerstellen auf Grund der erhaltenen Teile und der gesicherten Spuren in Burgdorf, Thun und Laupen wiederhergestellt worden. Auffallend, dass die Rückwände aller drei Anlagen aus Sandsteinquadern gefügt sind: Offensichtlich kannte man die gute Hitzebeständigkeit und -speicherfähigkeit des Sandsteins. Die unglaublichen Querschnitte der Rauchabzüge legen den Gedanken nahe, dass nicht in erster Linie das prasselnde Feuer wärmte, sondern nach reichlicher Vorheizzeit diese Rückwände. Die formale Vielfalt der Kamine reicht von der einfachen in der Mauerdicke ausgesparten Nische wie in Spiez über Kaminhauben auf Eichenträgern und darauf aufruhenden Steingesimsen bis zu den kunstreicheren Lösungen mit voll ausgebildeten Säulen als Träger des Rauchfangs. Vom Kamin der ebenerdigen Halle in Burgdorf ist lediglich ein grosses spätromanisches Würfelkapitell (Abb. 335) erhalten geblieben. Die Lage der Kamine kennt ebenfalls keine festen Regeln. Während sie in Thun und Burgdorf an den Längswänden disponiert sind, steht das Kamin in Laupen an der Schmalseite (Abb. 358), in den zwei Sälen im Palas von Wimmis gibt es Längsstellung und Übereckstellung, im heizbaren Gemach von Spiez ist das Kamin an eine Ecke gerückt. Von den viel effizienteren Kachelöfen der eigentlichen Wohnräume künden Bodenfunde aus vielen Burgstellen (→ S. 293).

Für die Raumwirkung wie für die Gesamterscheinung der Palasse, Türme und Wohnbauten der Burgen ist die Befensterung ausschlaggebend. Offensichtlich wiesen ältere Burgen nur kleine und wenige Fensteröffnungen auf, während im Laufe des 13. Jahrhunderts Zahl und Grösse zunahm. Bezeichnend in dieser Hinsicht ist die Südseite der Halle in Burgdorf, deren vier spätromanische Hochfenster im letzten Drittel des 13. Jahrhunderts mit drei vielgestaltigen zweilanzettigen Masswerkfenstern ergänzt wurden (Abb. 332). Geradezu im Widerspruch mit dem wehrhaften Charakter des Bergfrieds von Trachselwald steht ein schmuckreiches Biforenfenster des zweitobersten Geschosses (Abb. 357). Der Hauptturm in Spiez – er enthält ähnlich wie jener in Trachselwald zwei bewohnbare Geschosse – besitzt im Stockwerk unter der Wehrplatte, auch hierin der eben genannten Burg verwandt, ein luftiges, nicht heizbares Gemach mit regelmässiger spätromanischer Fensterverteilung: grosses rundbogiges Mittelfenster, beidseits flankiert von niedrigeren Wandöffnungen, und das auf allen vier Seiten, so dass der Turm sich nach oben zur Wehrplatte sukzessive und regelmässig auflockerte. Die oft geringeren Fenstergrössen der heizbaren Gemache erklären sich durch den Mangel an geeigneten Fensterverschlüssen, in der Regel Holzläden. Mobiliar ist in unserer Gegend nicht erhalten geblieben, hingegen sind beispielsweise in Laupen und Spiez Wandnischen mit

Spuren von Tablaren feststellbar. Der Mangel einer grossen Burgengrabung zeigt sich in der relativ bescheidenen Ausbeute an bernischem Burgeninventar. Immerhin bringt der Fundkatalog von Bümpliz mit Trinkgläsern, Aquamanile aus Bronze, reichhaltiger Gebrauchskeramik, Öllämpchen und Ofenkeramik einen gewissen systematischeren Überblick als die Streufunde von anderen Burgplätzen.

Zu den besonderen Einrichtungen gehören die lange nicht in jeder Burg vorkommenden Kapellen, nachgewiesen sind sie in Erlach, auf der Schwandiburg oder auf der Grasburg. Auf Grünenberg ist das Geviert des Reckteсksaals gut ablesbar und namentlich hat sich hier als absolutes Unikat der Fussboden aus ornamental gestempelten Tonfliesen erhalten, die als Produkt der nahen Klosterziegelei von St. Urban um 1275 entstanden sind (→ S. 313).[38] Wohl aus der nur in Resten erhaltenen, jedoch rekonstruierbaren Margarethenkapelle auf Schloss Burgdorf stammen ähnliche Fliesen (um 1280), zudem der Schlussstein eines Rippengewölbes aus der Zeit um 1330 und Reste von Wandmalereien des 13. Jahrhunderts. Bis auf die eine Längswand intakt ist hingegen die obere Schlosskapelle St. Johann. Das bloss 4 auf knapp 7 m messende und im Grundriss rechteckige, wohl weitgehend private Oratorium (Abb. 333) entstand zusammen mit dem Palas und erhält seine klare Ausrichtung nach Osten durch das dominierende Kreisfenster, dessen masswerkartige Steinfüllung heute verloren ist. Unter ihm stand der Altar. Hingegen sind an den drei erhaltenen Seiten kostbare Wandmalerein erhalten geblieben (→ S. 420). Die in hochgotischer Tradition stehenden, höfisch anmutenden Malereien entstanden im zweiten Viertel des 14. Jahrhunderts und belegen zusammen mit den anderen genannten Ausstattungsstücken den stark gestiegenen Luxus und Anspruch der Spätzeit des Rittertums.

Abb. 355
Burgdorf, Schloss. Die Johanneskapelle im 2. Stock des Palas wurde im 2. Viertel des 14. Jahrhunderts vollständig ausgemalt (→ S. 420). Die Sockelmalerei imitiert einen an Nägeln aufgehängten Wandteppich mit Blumenmedaillons.

Da man die burg ... in nam – Berns Umgang mit den Burgen
Die vorstehende Schilderung versuchte, anhand von Beispielen einige Eigenheiten der bernischen Burgenlandschaft aufzuzeigen. Andere Züge wurden nicht gestreift, so etwa die bei uns seltene Sonderform der bergfriedlosen Schildmauerburg, wie sie in der Ruine Ringgenberg zu finden ist. Die Problematik der typologischen Gruppierung wurde dabei bewusst gemieden. Auf die Schwierigkeiten derartiger Kategorisierungen ist oft aufmerksam gemacht worden. Ins Bewusstsein zu rücken war in unserem Zusammenhang vielmehr, welchem mächtigen und monumentalen Burgenbau die Stadtwerdung Berns in den ersten zwei Jahrhunderten ihrer Existenz begegnete. Im Vergleich zu den fast durchwegs bescheidenen Stadthäusern und einfachen Befestigungsanlagen stellten die grossen Dynasten- und Reichsburgen wie Burgdorf, Laupen oder Grasburg eine erdrückende Macht dar.
Die Burgenpolitik Berns war daher klar geprägt durch den Burgenbruch. Allerdings waren diese Zerstörungen nicht flächendeckend, richteten sich also nicht gegen den Adel an sich. Gezielt zerstört wurden in Kriegszeiten die Burgen derjenigen Adligen, die Bern feindlich gesinnt waren, so etwa in der Auseinandersetzung mit Freiburg und dem Adel 1298, in welcher Bremgarten, Geristein, Oberwangen, Hohburg-Belp und wohl auch die Schwandiburg bei Stettlen gebrochen wurden, alles stadtnahe Anlagen (Abb. 359). Bern schuf sich damit gewissermassen Luft, verbunden mit dem Erwerb des ersten Territoriums, der vier Kirchspiele. Justinger schrieb zur Zerstörung von Bremgarten bezeichnenderweise *ducht die von Bern, daz inen ir vigende ze nach sessen, und zugen uss und zerstorten daz stettli ze grund.*
Weitere Burgenbruchwellen folgten dem Gümmenenkrieg 1332 (zum Beispiel Landshut), dem Laupenkrieg (Burgistein) oder dem Burgdorferkrieg 1384 (Friesenberg, Wartenstein, Grünenberg) und dem Sempacherkrieg 1386 (Koppigen). Dabei ist darauf hinzuweisen, dass diese Burgenbruchpolitik eine bernische Eigenheit ist, kein allgemeines Phänomen.[39]

Abb. 356
Burgdorf, Schloss, Rittersaal. Die Austrittstür auf den äusseren Wehrgang hat die Form eines Giebelbogens mit sandsteinerem Kämpfer und Schlusstein aus Tuff, um 1200.

Schon früh verfolgte Bern das Ziel, Adelige in der Stadt gewissermassen einzubürgern, so bereits 1298 mit den Herren von Montenach-Belp (→ S. 507). Acht

Abb. 357
Trachselwald, Schloss. Am Bergfried ist das Biforenfenster eines heizbaren Gemachs zu sehen. Das Original wurde 1956 durch eine von der Münsterbauhütte Bern gefertigte Kopie ersetzt. Der Konsolstein und die Eckabschrägung des Zinnengeschosses darüber gehören zu einem der vier ursprünglichen Wehrerkern.

Jahre später verspricht Ulrich von Montenach, seine Burg in Belp in den nächsten fünf Jahren ohne Zustimmung von Bern nicht wieder aufzubauen und falls er dies mit Einwilligung Berns tun sollte, dann der Stadt mit der Burg zu helfen. Die Quelle belegt, dass die Wiederherstellung gebrochener Burgen leicht möglich war und auch praktiziert wurde: Bern zerstörte Rorberg 1318 und 1323 erneut! In der Regel wurden Burgen durch Plünderung und Brandstiftung ja bloss beschädigt, ein eigentlicher Abbruch der Mauern kam kaum vor. Die oft geringen Mauerreste auf mittelalterlichen Burgplätzen beruhen vielmehr auf der bis ins 20. Jahrhundert praktizierten Baumaterialgewinnung, der Verwendung der Ruinen als Steinbruch.

Die Form der Zwangseinbürgerung, wie sie am Beispiel Montenach erwähnt wurde, spülte bedeutende Geschlechter in die Stadt, die neben den seit der Stadtgründung dort lebenden Adelsfamilien rasch bevorzugte Stellungen erreichten. Ein wichtiger Grund war auch die wirtschaftliche Situation der Landadeligen, die sich nach 1300 verschlechterte und den Unterhalt der Burgen zusammen mit dem standesgemässen Auftreten für manchen zur Last machte. Beispielhaft kann der wirtschaftliche Ruin der Familie von Sumiswald, Ministerialen des Hauses Kiburg und Herrschaftsherren zu Trachselwald, im Lauf des 13. Jahrhunderts Schritt für Schritt verfolgt werden,[40] bis schliesslich der letzte Herr von Trachselwald, Burkart, 1408 Burg und Herrschaft Trachselwald und weitere Rechtstitel der Stadt Bern verkaufte, um *grossen verderbenlichen schaden, so teglichs uff uns swerlichs wachsende waz ze wenden und den wir in enkeinen weg gewendet konden noch mochten.* Das Verlassen der Burgen und die damit verbundene Preisgabe sind wohl die wichtigste Form ihres Untergangs.

Dem Sog der Stadt konnten sich die adeligen Herrschaften oft nicht entziehen. Auffallend ist, dass weder die freiwillige noch die zwangsweise Einbürgerung in Bern zum Bau von eigentlichen Wohntürmen oder Stadtburgen führte – ein Phämonen, das recht krass zu den Verhältnissen in den allerdings wesentlich älteren und topografisch wie herrschaftsrechtlich komplexeren Städten Zürich oder Basel kontrastiert, wo derartige Stadtburgen nicht selten sind.

Mit dem Erwerb von Laupen 1324 wurde Bern erstmals Besitzer einer bedeutenden Burg. Im Laufe der folgenden Jahrhunderte erwarb oder eroberte Bern im heutigen Kantonsgebiet, aber auch im Aargau und in der Waadt Dutzende von Burgen, sei es dass der Stadtstaat selbst die Nachfolge adeliger Vorbesitzer

Abb. 358
Laupen, Schloss, Palas. Der Kamin an der östlichen Schmalseite zwischen zwei Wandschränkchen wurde 1988/89 unter Verwendung aufgefundener Teile (Balken, Gesimse) anhand der Abdrücke wiederhergestellt.

Abb. 359
Amtliche Berner Chronik des Diebold Schilling, Darstellung der Belagerung und Einnahme der Burg Geristein 1298 durch Bern. Neben denkbaren Vorrichtungen bildet Schilling mit Geschützen und Zeltformen Dinge ab, die erst seiner Zeit angehörten. Angenehmere Seiten des Belagerungslebens fehlen in der Darstellung nicht; BBB Mss. hist. helv. I. 1, S. 61.

antrat und die Burg nun Sitz neuer Verwaltungsämter wurde, sei es dass Bürger von Bern kleinere Grundherrschaften mit den zugehörigen Herrschaftssitzen übernahmen, gewissermassen als verlängerter Arm Berns. Es kam in der Folge zur Identifizierung obrigkeitlichen bernischen Wirkens mit der Baugattung «Burg» oder «Schloss», sie blieb bis ins 19. Jahrhundert wach. 1798 entlud sich die Wut der Bevölkerung, die Obrigkeit habe sie verraten, an verschiedenen Schlössern, die geplündert wurden, so an Signau, Trachselwald, Bipp und Landshut. Noch im frühen 19. Jahrhundert erwarb Bern die ehemaligen Privatschlösser Schlosswil und Belp als Sitze der neu geschaffenen Amtsbezirke Konolfingen und Seftigen.

Des demonstrativen Symbolgehalts der Burgen, wie ihn der Adel im 13. Jahrhundert aufgebaut hatte, war sich die bernische Obrigkeit durchaus bewusst. Mit grosser Regelmässigkeit lassen sich die Erneuerungen der grossen gemalten Standeswappen, die weithin sichtbar angebracht wurden, zurückverfolgen, allerdings nicht weiter als ins 16. Jahrhundert, weil die älteren Schriftquellen dürftig sind. Wo sie – wie die nur für wenige Jahre erhaltenen Stadtrechnungen des 14. und 15. Jahrhunderts – sprudeln,[41] erhellt sich auch der sorgsame Umgang mit den bernisch gewordenen Burgen. Noch vor Laupen hatte Bern in der Folge des kiburgischen Brudermordes Stadt und Herrschaft Thun 1323 von Eberhard von Kiburg gekauft, beides diesem aber wenige Wochen später als Erblehen übertragen. Bern behielt sich einen geringen Zins und das Obereigentum vor. Erst als die Stadt am 15. Juli 1375 das Erblehensrecht der Kiburger ablöste, wurde Bern eigentlich Herr über Thun und damit über die Burg. Die Inbesitznahme Thuns geschah feierlich und symbolisch mit der Besetzung der Burg: Man entschädigte die Stadtpfeifer für ihren Auftritt *da man die burg ze Thun in nam*. Sofort erfolgten 1375 auch ganz erhebliche, leider nicht spezifizierte Bauinvestitionen, da die in Geldnöten steckenden Kiburger offensichtlich den Unterhalt vernachlässigt hatten. Die Bauausgaben für Thun sind in den nächsten Jahren regelmässig ausgewiesen, so waren Treppen zu reparieren, der Sodbrunnen zu reinigen und in Betrieb zu nehmen, das Horn, wohl ein Alarmhorn, zu flicken, die Wehreinrichtungen zu ergänzen, der Wehrgang (*umlouf*) in Stand zu setzen. Auffallend die Aufmerksamkeit, die man Erkern (*ergel*) schenkte, einzelne wurden bereits 1376 gedeckt, 1382 wurde einer neu gebaut, andere repariert, und zwar durch den Zimmermann (*umb laden zu dien erggern*). Man geht wohl nicht fehl in der Annahme, dass es sich um die Wiederherstellung der Türmchenaufsätze handelt, die wohl bis zur nachgewiesenen, durch Bern vollzogenen Erneuerung in Steinbauweise um 1430–36 aus Holz gefertigt waren. Zu diesem bereits 1250 im Stadtsiegel von Thun demonstrativ

hervorgehobenen Markenzeichen trugen die neuen Eigentümer offensichtlich grosse Sorge.
Ausbauarbeiten und Unterhaltsinvestitionen sind auch für andere Burgen im Spätmittelalter nachzuweisen, soweit die wenigen erhaltenen Stadtrechnungen einen Einblick erlauben, so für Schloss Laupen und das seit 1384 bernische Burgdorf. Diese Arbeiten stehen für den nun folgenden jahrhundertelangen, durch Bern getragenen Bauunterhalt von zahlreichen als Amtssitz dienenden Schlössern. Zu eigentlichen Abbrüchen übernommener mittelalterlicher Burgen kam es auch in der Neuzeit nur ausnahmsweise bei geringeren Stadtburgen (Aarberg, Büren). Eigentliche Landvogteischlösser entstanden erst im 17. Jahrhundert als Ergänzung der mittelalterlichen Repräsentationsbauten. Die bernischen Amtsleute fanden im Spätmittelalter in den Burgvogtwohnungen einstweilen adäquate Unterkünfte. Die repräsentativen Säle der Burgen sind in bernischer Zeit in gleicher Funktion weiterverwendet und zum Teil mit grossem Aufwand instand gestellt worden, wie im 15. Jahrhundert in Laupen.[42] Erst nach 1500 ersetzte man sie durch die kleineren Wappensäle (Schiltensäle) und unterteilte sie durch den Einbau von Zwischendecken, so im 16. Jahrhundert in der zähringischen Halle von Burgdorf und im 17. Jahrhundert im Schloss Thun.

Peter Eggenberger

Der Kirchenbau auf dem Land

Stiftungen als Grundlage der kirchlichen Topographie
Herr Hugo, ein graf von Buochegg, hat disem gotzhusz geben die kilchen zuo Ried und was darzuo gehört. Und soll man sin jarzit began mit dryen priestern.[1]
Dieser Eintrag vom 20. Mai 1347 im Jahrzeitenbuch des Zisterzienserinnenklosters Fraubrunnen (→ S. 315) betrifft die Pfarrkirche Grafenried im Amt Fraubrunnen (Abb. 360). Er bildet eines der Beispiele für die vielen Stiftungen, die der Adel an den kirchlichen Institutionen wie Klöstern, Stiften und Pfarrkirchen errichtete. Vom Frühmittelalter an förderten die adligen Familien in unserem Gebiet den Bau von Pfarrkirchen, die sie mit Gütern ausstatteten. Nachdem die Pfarrkreise gefestigt waren, trat die Gründung von Klöstern und Chorherrenstiften in den Vordergrund. Vielfach dienten sie den adligen Familien als dynastische Grabstätte. Weitere grosszügige Gaben verbanden sich mit dem Eintritt eines der Kinder ins klösterliche Leben. Gewiss erbrachten auch die einfachen Leute ihren Möglichkeiten gemäss kirchliche Opfer, getragen wurde die Spendetätigkeit jedoch vom Adel. Bis ins 13. Jahrhundert beruhte die wirtschaftliche Grundlage der religiösen Institute ausschliesslich auf dessen Schenkungen.
Im Hochmittelalter bevorzugte der Adel die Orden und Kongregationen der Benediktiner, Cluniazenser, dann der Zisterzienser und Kartäuser (→ S. 303). Im Spätmittelalter begann sich in der Wahl allmählich ein Umschwung zugunsten der Bettelorden abzuzeichnen. Ein Beispiel dafür geben die Grafen von Kiburg, die ihren Stammsitz zwar bei Winterthur hatten, im beginnenden 13. Jahrhundert jedoch die Nachfolge am burgundischen Eigengut der Zähringer antraten. Ein Zweig residierte von diesem Zeitpunkt an in Burgdorf. Einerseits gründeten und förderten die Kiburger mit den Chorherrenstiften Heiligenberg bei Winterthur und Beromünster, dem Zisterzienserkloster im aargauischen Wettingen sowie den Zisterzienserinnen in Fraubrunnen und in der freiburgischen Maigrauge die «traditionellen» Orden. Anderseits unterstützten sie mit den Konventen der Dominikanerinnen in Töss bei Winterthur und St. Katharinental im Thurgau sowie der Klarissen in Paradies bei Schaffhausen ebenfalls die im 13. Jahrhundert aufkommenden Bettelorden. Auch die Habsburger begünstigten ebenso die «alten» Institutionen,[2] wie mit den Franziskanern und Franziskanerinnen in Königsfelden auch ein Kloster der Bettelorden.
Obschon also der Adel an Niederlassungen der Mendikanten beteiligt war, sollte deren Förderung schliesslich zur bevorzugten Domäne des Bürgertums und zu einer spezifisch städtischen Erscheinung werden.[3] Die von den Adligen

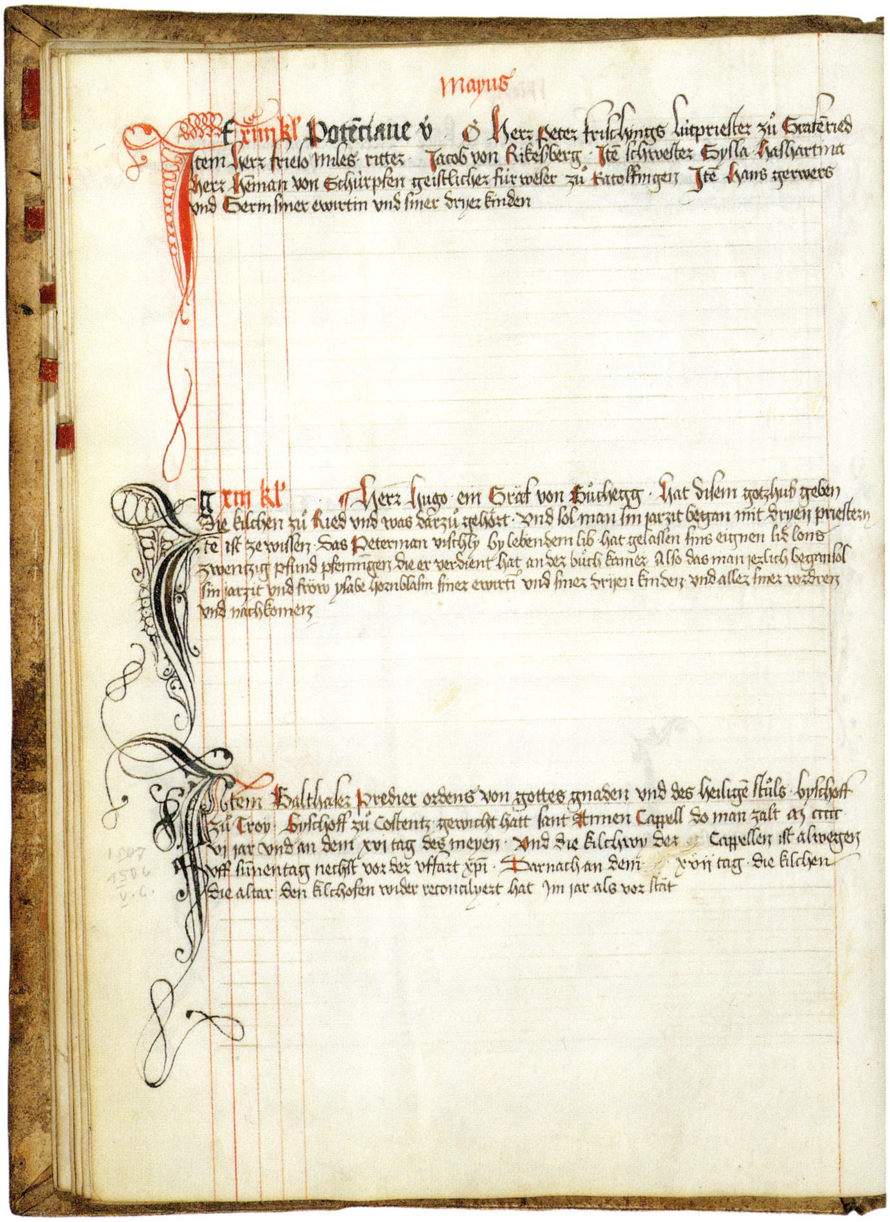

Abb. 360
Jahrzeitenbuch des Klosters Fraubrunnen mit dem Eintrag der Jahrzeit von Hugo von Buchegg in der Mitte der Seite, BBB Mss. h. h. I. 35, fol. 24v.

gegründeten Städte entwickelten sich nicht nur in wirtschaftlicher und politischer, sondern auch in kirchlicher Hinsicht zu einem ernsthaften Konkurrenten ihrer Gründer. Der Wandel, der den Einfluss auf die kirchlichen Belange betraf, bildete eine der Facetten der Entwicklung, welche im 13. Jahrhundert die im Hochmittelalter etablierte soziale Struktur durcheinander zu wirbeln begann.
Am Ende der Zeitspanne, die uns hier beschäftigt, war in den eidgenössischen Städteorten der Übergang des kirchlichen Mäzenatentums vom Adel an das Bürgertum vollzogen. Bis ins 14. Jahrhundert hinein erlaubten die ökonomischen Ressourcen den Adligen jedoch, die religiösen Gemeinschaften reichlich auszustatten. Derart reichlich, dass die damit verbundenen Handänderungen schon vor der bürgerlichen Ablösung zu einer tief greifenden Umwälzung des Besitzes führten: Ein überwältigender Anteil ging vom Adel an die religiösen Institutionen über (→ S. 352). Nur bedeutete dies insofern keinen gesellschaftlichen Umschwung, als sich der Besitz sozusagen auf gleichem sozialem Niveau verschob. Beinahe jedes Adelshaus war nämlich in einem der zahlreichen Klöster oder Stifte vertreten, zumeist in leitender Stellung. So stand dem Kloster Fraubrunnen, das von Hugo von Buchegg die Kirche Grafenried erhielt, dessen Schwester als Äbtissin vor (→ S. 126). Trotzdem sollte diese Spendefreudigkeit Einfluss auf die Änderung der sozialen Struktur ausüben. Sie trug unter anderem dazu bei, die wirtschaftliche Grundlage des Adels derart auszuhöhlen, dass dieser der Offensive der Städte auf die Dauer keinen wirksamen Widerstand entgegenzusetzen vermochte.
Diesem Vorgang, der die feudalen Besitzverhältnisse allmählich veränderte, wollen wir vorerst nachgehen, um anschliessend seinen Einfluss hinsichtlich der

Abb. 361
Darstellung des Jüngsten Gerichtes im Chor der Kirche von Kirchlindach, 2. Hälfte 14. Jahrhundert. Engel blasen die Trompete des Jüngsten Gerichts, die Erweckten steigen aus ihren Särgen.

kirchlichen Bautätigkeit auf der bernischen Landschaft auszuloten. Selbstverständlich handelte es sich nicht um ein Geschehen, das nur unser Gebiet betraf, ganz im Gegenteil! Andernorts umfassten die Vergabungen des hohen Adels, der Grafen, Herzöge, Könige und Kaiser noch weit bedeutendere Besitztümer als dies bei uns der Fall war, wo die kleinräumigen Verhältnisse des hügligen Alpenvorraums zu stark parzelliertem Eigen- und Lehnsgut geführt hatten.

Neue Glaubensvorstellungen als Grundlage kirchlicher Stiftungen
Die Gründe, die den Adel zu derart aufwendigen Opfern zugunsten der Kirche bewogen, müssen gewichtige gewesen sein. Unterstützt wurde die Freigiebigkeit sicherlich durch die zeitlose Anforderung an die Potentaten, sich grosszügig zu zeigen. Massvoll und freigebig zu sein, war der ideale Anspruch, den schon die

Peter Eggenberger

Der Wechsel von Patronatsrechten

Das Diagramm gibt das Verhältnis der Stände wieder, denen die Inhaber von Kirchensätzen angehörten (Adel, kirchliche Institutionen, Bürgertum, innerhalb dem wir die «öffentliche» Hand Bern von den «privaten» Patronatsherren unterscheiden). Unsere Auswahl bildet insofern eine willkürliche Grundlage, als die Patronatsherren zumeist nicht über die ganze erfasste Zeitspanne überliefert sind. Die Wahl fiel daher auf Beispiele, die im Zeitraum des 11. bis 16. Jahrhunderts verbürgt oder einsichtig bis auf einen adligen Patronatsherrn zurückzuführen sind. Ein Patronatsrecht, das sich zu einem späteren Zeitpunkt in adliger Hand befand, hatte vorher kaum vollständig den Besitzerstand gewechselt, sondern war innerhalb adliger Familien vererbt worden.
Am Diagramm kommen die beiden Phasen der Umverteilung der Patronatsrechte, die sich im Hoch- und Spätmittelalter innerhalb des bernischen Herrschaftsgebietes abspielten, deutlich zum Ausdruck. Die erste betrifft die Ablösung des Adels durch die beschenkten religiösen Institute, die zweite diejenige der religiösen Institute durch das Bürgertum. Als ab 1484 verschiedene marode Klöster und Stifte in das neu gegründete St. Vinzenzenstift am Münster überführt wurden, bescherte dies Bern die Kontrolle über weitere Landkirchen (Helvetia Sacra II/2, S. 151–161). Einzelne Bürger als Inhaber von Kirchensätzen sind erstmals im 15. Jahrhundert festzustellen, blieben aber letztlich wenig zahlreich. Allerdings sind ab dem 14. Jahrhundert viele Adlige als Bürger der Stadt Bern anzusehen. Als die Patronate der kirchlichen Institute mit der Reformation von 1528 von Bern übernommen wurden, gelang es gewissen Komtureien sowie «ausländischen» Klöstern, ihre Rechte *de jure* zu bewahren. Diese wurden erst zu einem späteren Zeitpunkt abgelöst.

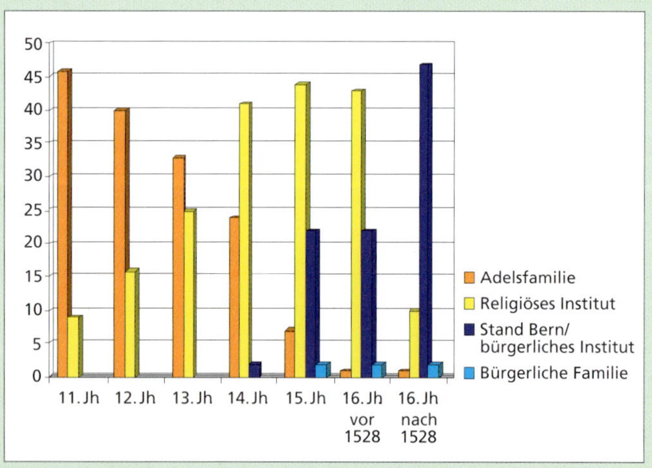

Ergänzter Bestand der Patronate an im Frühmittelalter entstandenen ländlichen Pfarrkirchen (und Kirchen mit ähnlicher Aufgabe).

Als Grundlagen für das Diagramm dienten: Moser, Patrozinien; KFS; Jacobsen/Schaefer/Sennhauser, Vorromanische Kirchenbauten; Oswald/Schaefer/Sennhauser, Vorromanische Kirchenbauten. Folgende Kirchen wurden berücksichtigt: Aeschi (Pfarrkirche; ehem. St. Petrus), Aetingen SO (Pfarrkirche; ehem. St. Gallus), Amsoldingen (Pfarr- u. Stiftskirche Augustiner; ehem. St. Mauritius), Belp (Pfarrkirche; ehem. St. Peter u. Paul), Biglen (Pfarrkirche; ehem. ?), Bleienbach (Pfarrkirche; ehem. ?), Därstetten (Pfarr- u. Stiftskirche Augustiner; ehem. St. Maria), Diemtigen (Filiale Erlenbach; Pfarrkirche 1527; ehem. St. Niklaus u. Katharina), Diessbach b. Büren a.A. (Pfarrkirche; ehem. St. Johannes d. T.), Dürrenroth (Pfarrkirche, ehem. St. Laurentius), Erlenbach (Pfarrkirche; ehem. St. Michael), Grafenried (Pfarrkirche; ehem. St. Peter), Gsteig b. Interlaken (Pfarrkirche; ehem. St. Michael), Guggisberg (Pfarrkirche; ehem. St. Mauritius), Herzogenbuchsee (Pfarrkirche; ehem. St. Martin), Huttwil (Pfarrkirche; ehem. ?), Köniz (Pfarrkirche/Stiftskirche, Augustiner/Konventskirche Deutschritter; ehem. St. Peter u. Paul), Koppigen (Pfarrkirche; ehem. ?), Krauchthal (Pfarrkirche; ehem. St. Mauritius), Langnau (Pfarrkirche; ehem. St. Martin), Leissigen (Pfarrkirche; ehem. St. Johannes d. T.), Madiswil (Pfarrkirche; ehem. St. Blasius), Meikirch (Pfarrkirche; ehem. St. Maria), Meiringen (Pfarrkirche; ehem. St. Michael), Messen SO (Pfarrkirche; ehem. St. Mauritius), Moosseedorf (Pfarrkirche; ehem. ?), Münchenwiler (Prioratskirche, Cluniazenser, pfarrechtliche Funktion, Filiale Muntelier/Murten;, ehem. Hl. Dreifaltigkeit), Neuenegg (Pfarrkirche; ehem. St. Johann d. Täufer), Oberbalm (Pfarrkirche; ehem. St. Sulpitius), Oberburg (Pfarrkirche; ehem. St. Georg), Oberwil b. Büren a.d.A. (Pfarrkirche; ehem. St. Maria), Rohrbach (Pfarrkirche; ehem. St. Martin), Rüeggisberg (Pfarrkirche; ehem. St. Martin), Scherzligen (Pfarrkirche; ehem. St. Maria), Seeberg (Pfarrkirche; ehem. St. Martin), Spiez (Pfarrkirche; ehem. St. Laurentius), Steffisburg (Pfarrkirche; ehem. St. Stephan), Sumiswald (Pfarr- u. Konventskirche Deutschritter; ehem. St. Maria), Thun (Pfarrkirche; ehem. St. Mauritius), Trub (Pfarr- u. Klosterkirche, Benediktiner; ehem. Heiliges Kreuz), Twann (Pfarrkirche; ehem. St. Martin), Wahlern (Pfarrkirche, ehem. St. Maria Magdalena u. Jakobus Ä.), Walkringen (Pfarrkirche; ehem. St. Michael), Wimmis (Pfarrkirche; ehem. St. Martin), Wohlen (Pfarrkirche; ehem. ?), Worb (Pfarrkirche; ehem. St. Mauritius), Wynau (Pfarrkirche; ehem. St. Mauritius), Zweisimmen (Pfarrkirche; ehem. St. Maria), Zweisimmen (Filiale Zweisimmen/Pfarrkirche 1525; ehem. St. Stephan).

griechischen Philosophen an den Herrschenden stellten. Getragen aber wurde die Spendefreudigkeit vom Glaubensverständnis, das sich im 12. Jahrhundert zu ändern begann.[4] Die Vorstellung des Lebens nach dem Tod wurde individualistischer. Das Bild, die Erlösung sei einzig von der Gnade Gottes abhängig, wurde zwar nicht angetastet, doch seine Ausschliesslichkeit in Frage gestellt. Der Gläubige wollte sein Schicksal vermehrt selber in die Hand nehmen und drängte darauf, massgeblicher zu seinem Seelenheil beitragen zu können. Gefördert wurde dieses Anliegen durch seine alltäglichen Erfahrungen. Häufiger denn je konfrontierten ihn Kriege, Hungersnöte und Seuchenzüge mit dem allgegenwärtigen Tod. Er sah sein mühseliges Leben vor allem in der Passion Christi verkörpert, dessen Bild sich allmählich zu wandeln begann. Hatte der Gekreuzigte im 12. Jahrhundert die Merkmale des über den Tod triumphierenden Herrschers, begannen leidende Züge im 13. Jahrhundert überhand zu nehmen. In ähnlicher Weise änderte sich auch das Marienbild. Das Leiden Christi und der heiligen Märtyrer stand dem Gläubigen im Kirchenraum als «erzählende» Wandmalereien unmittelbar vor Augen (→ S. 420). Ebenso erinnerte ihn die einerseits beängstigende, anderseits hoffnungsvolle Vision des Jüngsten Gerichtes an sein irdisches Ende (Abb. 361).[5]
Dem Gläubigen war nun ein grösserer Einfluss auf sein Schicksal überlassen. Wohltätige Werke am Mitmenschen liessen ihn auf eine Kürzung der Strafe im Fegefeuer hoffen, das als Brücke zwischen Diesseits und Jenseits eingeführt worden war. Dort hatte er seine verzeihlichen Sünden abzubüssen. Mehr denn je kam daher der Unterstützung der Armen und Kranken eine zentrale Rolle zu. Im Weiteren trugen zur persönlichen Fürsorge auch Wallfahrten, darunter vorzüglich diejenigen zum Heiligen Grab in Jerusalem, zu den Grabstätten der Apostelfürsten Petrus und Paulus in Rom und zum Grab des Apostels Jakobus des Älteren im spanischen Santiago de Compostela, bei wie die Prozessionen anlässlich der zahlreichen Kirchweih-, Patronats- und Heiligenfeste des Kirchenkalenders (→ S. 449).
Eine bedeutende Rolle in der Vorsorge spielte das jährliche Gedächtnis des Todestages, die «Jahrzeit». Grosszügige Spenden an eine Kirche oder ein Kloster, beispielsweise für die Errichtung von Altären und Kapellen, unterstrichen die Ernsthaftigkeit des Heilssuchenden. Sie gaben ihm die Garantie, dass seinem Anliegen auch über seinen Tod hinaus entsprochen wurde. Zur Erinnerung an die damit verbundenen Auflagen wurden Jahrzeitbücher angelegt (Abb. 360). Bezüglich der Spende des eingangs erwähnten Hugo von Buchegg wird festgehalten: *Und soll man sin jarzit began mit dryen priestern*, was bedeutet, dass an seinem Todestag jeweils drei Geistliche eine Messe zu lesen hatten. In Klöstern und Stiften konnten entsprechende Verzeichnisse gewaltigen Umfang annehmen, da man darin oft auch die Wohltäter befreundeter Konvente aufnahm.[6] Diesbezüglich berühmt ist das so genannte Münchenwiler Nekrologium, das mit rund 10 000 Eintragungen das umfangreichste erhaltene Totenregister des Mittelalters bildet.[7]
Es war dieses Ziel, die Fürsorge für sein Seelenheil auch nach dem Tod sicherzustellen, das Graf Hugo von Buchegg nicht nur zur Schenkung der Grafenrieder Kirche bewog, sondern das er auch durch weitere Stiftungen an das Kloster Fraubrunnen verdeutlichte. So sorgte er für zusätzliche Seelenmessen vor, die durch die Einkünfte aus Gütern sowie aus dem Verkaufserlös eines wertvollen und vom Grafen bestimmt geschätzten Schmuckstücks, einer goldenen Rose, abgesichert wurden.[8] Derartige Gegenstände, die den Kirchenraum schmückten oder die für die Liturgie gebraucht wurden, zählten zu den häufigen kirchlichen Gaben der Gläubigen (→ S. 454).

Die Sitte der Bestattung im Kirchenraum lebt wieder auf

Nachdem seit dem ausgehenden 8. Jahrhundert die Bestattung im Kirchenraum der Landkirchen allmählich aufgehört hatte,[9] nahm diese Sitte im 12. und 13. Jahrhundert wieder zu. Dem Seelenheil des Stifters kamen nicht nur die Gebete und Segenssprüche der Hinterbliebenen, sondern auch diejenigen aller Gläubigen zugute – besonders wenn sie in der Nähe seiner Grabstätte erfolgten. Dem Wunsch nach einer Bestattung im Kirchengebäude kam die politische

Abb. 362
Dem Bestatteten im Innern der Kirche von Bleienbach ist ein Kurzschwert des 14. Jahrhunderts beigegeben, was den verstorbenen als Adligen bezeichnet. Es dürfte sich um ein Mitglied der Familie der Freiherren von Grünenberg handeln, die damals an der Kirche das Patronatsrecht besassen.

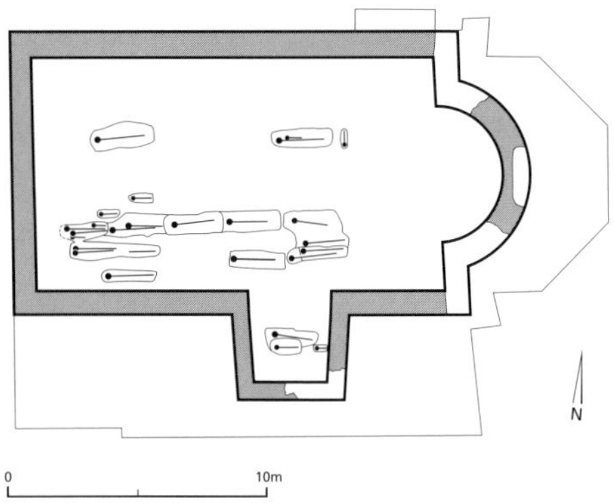

Abb. 363
Die Bestattungen des 14./15. Jahrhunderts im Schiff und in der südseitigen Kapelle der Kirche von Oberwil bei Büren a. d. A.

Situation insofern entgegen, als der Einfluss der Kirche zu schwinden begann (Umzug nach Avignon und Schisma), die bisher die Grablege im Kirchenraum bekämpft und das seit karolingischer Zeit wirksame Verbot zusammen mit den weltlichen Potentaten auch durchgesetzt hatte.

Grossen Anteil an der Öffnung des Kirchenraums für die Bestattung hatten auch die Bettelorden, die sich vorzugsweise in den Städten niederliessen. Erst nach Konflikten mit dem Pfarrklerus, dem die diesbezüglichen Spenden bis dahin alleine zugekommen waren, erhielten sie – und mit ihnen die Klöster und Stifte allgemein – die Erlaubnis zur Bestattung in ihren Kirchen. Nun war der Damm gebrochen. Nicht nur die Konventskirchen, sondern auch die städtischen Pfarrkirchen und Kapellen begannen sich mit Gräbern zu füllen. Bald waren die Böden von Grabplatten übersät, die Wände durch Grabnischen und Kapellenräume aufgebrochen (→ S. 426). Die Bestattungssitten verblieben in christlicher Einfachheit; mit Ausnahme kleinerer Gegenstände verzichtete man in der Regel auf Beigaben.[10]

Auf dem Land blieb man gegenüber der neuen Mode der Bestattung im Kirchenraum zurückhaltend. Bei den wenigen spätmittelalterlichen Gräbern, die bisher in archäologischen Grabungen in Landpfarrkirchen zum Vorschein gekommen sind, dürfte es sich um Personen höheren Ranges handeln. Beispielsweise betrifft dies in Bleienbach einen Adligen, der wohl ein Angehöriger der Patronatsfamilie war, damals der Freiherren von Grünenberg (Abb. 362a und 362b).[11] Die Gelegenheit zu einer exklusiven Grabstätte wurde jedoch dort vermehrt wahrgenommen, wo die Bevölkerung einer Stadt an einer dörflichen Kirche pfarrgenössig war. Zum Beispiel in Oberwil bei Büren an der Aare erhielt das Schiff und die angeschlossene, erst kleinere, dann erweiterte Kapelle im Spätmittelalter eine grössere Zahl von Gräbern (Abb. 363).[12] Dort fanden wohl hauptsächlich Bürger des Städtchens Büren an der Aare, das damals in der Pfarrei lag, ihre letzte Ruhestätte. Dieses lag zwar recht weit vom Dorf entfernt, gehörte jedoch längere Zeit noch zur Pfarrei Oberwil.

Eine Kirche schenken

Graf Hugo übergab dem Kloster Fraubrunnen die *kilchen zuo Ried und was darzuo gehört*. Obschon die Kirche als Eigengut des Wohltäters galt, über das er

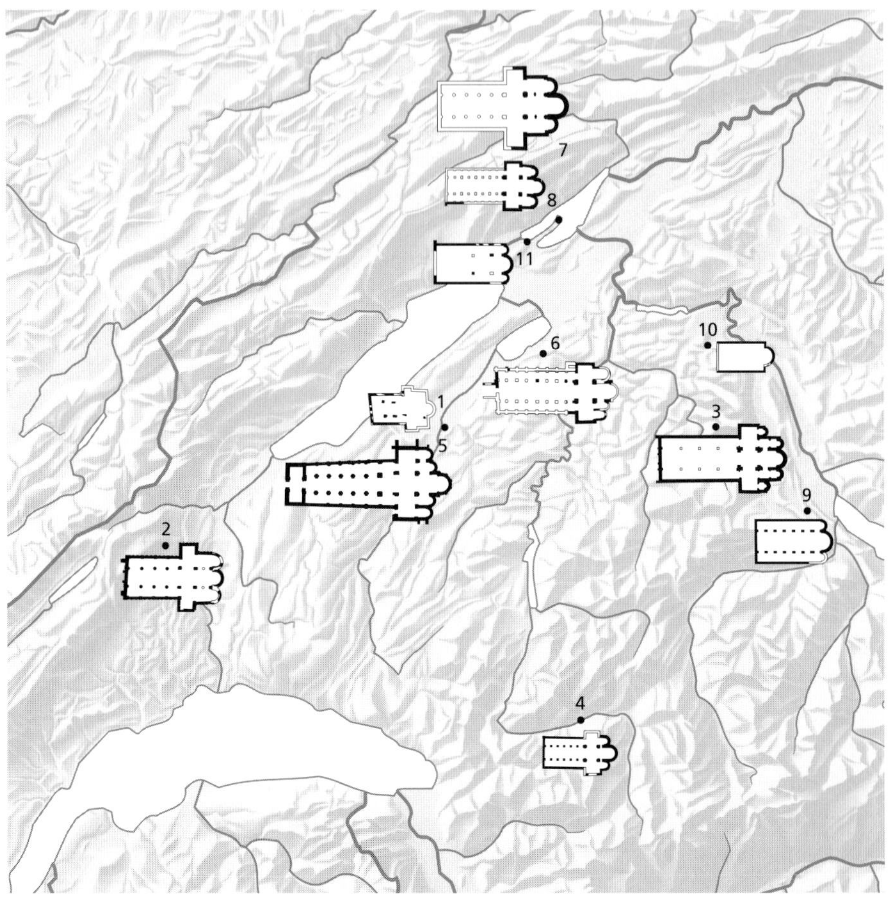

Abb. 364
Grundrisse romanischer Kloster- und Stiftskirchen mit Apsiden. Grundrisse Massstab 1:3000.
Cluniazenser:
1 Payerne I, 2. Hälfte 10. Jh.;
2 Romainmôtier, 1. Viertel 11. Jh.;
3 Rüeggisberg, letztes Viertel 11. Jh.;
4 Rougemont, letztes Viertel 11. Jh.;
5 Payerne II, 2. Hälfte 11. Jh.;
6 Münchenwiler, ausgehendes 11./frühes 12. Jh.;
7 St. Petersinsel (Basilika I), 2. Hälfte 11. Jh.;
8 St. Petersinsel (Basilika II), frühes 12. Jh.;
Augustinerchorherren:
9 Amsoldingen, erbaut 11. Jh.;
10 Köniz (ab 1226 bzw. 1243 Komturei des Deutschen Ordens), 12. Jh.?;
Benediktiner:
11 St. Johannsen bei Erlach, begonnen zwischen 1093 und 1103.

Peter Eggenberger

Die so genannten Thunerseekirchen

Die Gruppe der Thunerseekirchen ist mit einer Legende verbunden, die heute noch in weiten Kreisen bekannt ist. Auf Grund eines Traumes soll König Rudolf II. von (Hoch-)Burgund im 9./10. Jahrhundert zwölf Kirchen gestiftet haben, die als Filialen an die Kirche von Einigen gebunden gewesen seien. Dazu zählten Aeschi, Amsoldingen, Frutigen, Hilterfingen, Leissigen, Scherzligen, Sigriswil, Spiez (Abb.), Thierachern, Thun, Uttigen und Wimmis. Die Legende wurde im 15. Jahrhundert von Elogius Kiburger festgehalten, der Pfarrer in Einigen war. Jüngste archäologische Grabungen zeigen jedoch, dass viele dieser Kirchen auf Gründungen beruhen, die weiter in das Frühmittelalter zurückreichen. Anscheinend bediente sich Kiburger einer Tradition, die auch in der Westschweiz verbreitet ist: Rudolf und vor allem seine Gemahlin Berta, die *Reine Berthe*, gelten als Gründer vieler Kirchen. Bewusst scheint er die Tradierung derart umgestaltet zu haben, dass seine Pfarrkirche Einigen – und damit natürlich seine eigene Stellung – zum Mittelpunkt des Thunerseeraums erhoben wurde.
In einem Punkt hatte Elogius Kiburger jedoch Recht: Die auf der lombardischen Romanik beruhende Baugestalt all dieser im 10./11. Jahrhundert erneuerten Kirchen war tatsächlich ähnlich und stand der These eines gemeinsamen Ursprungs nicht im Wege. Dies gilt allerdings auch für andere Kirchen im weiteren Umfeld, wie Steffisburg, Kleinhöchstetten, Worb, Köniz und in gewisser Hinsicht auch für die cluniazensischen Priorate Rüeggisberg und Rougemont. Nur dürfte der wahre Grund dieser Gemeinsamkeit ein anderer sein, nämlich der seit dem Frühmittelalter bestehende Einfluss sowohl des hohen deutschen Adels als auch kirchlicher Würdenträger. So vermachte Bischof Heddo von Strassburg 761/62 dem elsässischen Kloster Ettenheim eine grössere Anzahl von Besitzungen im Aargau, darunter die Kirchen und Zehnten von Spiez, Scherzligen und Biberist SO (FRB II, S. 213).
Gegen die Jahrtausendwende beschenkte Adelheid – die Tochter des burgundischen Königs Rudolf II. und Gattin des italienischen Königs Lothar sowie in zweiter Ehe des deutschen Kaisers Otto I. (des Grossen) – das elsässische Kloster Selz mit Gütern im Thunerseeraum (Stettler, Studien, S. 61–89).
Noch im 13. Jahrhundert lagen

in der weiteren Umgebung verschiedene Besitztümer in den Händen des deutschen Königs Heinrich VII. Dieser Einfluss war entscheidend für die Bautätigkeit im 11. Jahrhundert und die Verbreitung des gemeinsamen Baustils.

frei verfügen konnte, gestalteten sich die Dinge im Grunde genommen kompliziert. Die Schenkung umfasste die Verwaltung des Kirchengutes, den so genannten Kirchensatz (*ius patronatus*, Patronatsrecht, Kollatur, Kirchenvogtei).[13] Dieses Recht wurde vom Bischof, dem Vertreter der Kirche, einst zu Lehen gegeben, im heutigen deutschschweizerischen Raum ursprünglich dem Adel. Der Ertrag des Kirchengutes war für den Unterhalt des Gebäudes, die Spende an die Bedürftigen, die Entlöhnung der Priesterschaft sowie die Abgaben an den Bischof bestimmt. Die Lehnsträger beanspruchten jedoch das verliehene Recht mit der Zeit als Eigengut, über das sie weitgehend ohne die Zustimmung des Lehnsherrn verfügten. Es wurde vererbt sowie an kirchliche Institute verschenkt oder gegen anderen Besitz eingetauscht.

Es erstaunt unter diesen Voraussetzungen nicht, dass sich auch die Nutzung des Kirchengutes selbst recht schnell zugunsten des weltlichen Verwalters zu verschieben begann. Natürlich war es zu seinem Vorteil, wenn er seinen Verpflichtungen nur nachlässig nachkam, da er den Überschuss in die eigene Tasche stecken konnte. Dadurch wurde der finanzielle Rückhalt mancher Pfarrkirche arg in Mitleidenschaft gezogen, und Bern musste die Pfarrer öfter gegen säumige Patronatsherren in Schutz nehmen. Vergeblich versuchte die Kirche, die ihr zukommenden Einkünfte zu bewahren. Es blieb ihr nicht erspart, ihre Bedürfnisse vorwiegend durch gelegentliche Steuern decken zu müssen. Darunter besonders bekannt ist die Abgabe zugunsten eines Kreuzzuges ins Heilige Land, die 1275 jeder Pfarrei auferlegt worden ist, da manche Kirche in dieser Steuerliste erstmals erwähnt wird.[14] Anders gestaltete sich hingegen die Lage an

Abb. 365
Kirche von Romainmôtier (Abb. 364, Nr. 2). Der Ostabschluss mit drei Apsiden wurde später durch einen Rechteckchor ersetzt. Enge Blendarkaden, in denen sich kleinere, rundbogige Fenster öffneten, überziehen die Fassadenflächen. Unregelmässig zugebrochenes, vollständig verputztes Steinmaterial bildet das Mauerwerk. Über der Kreuzung zwischen Mittel- und Querschiff, der Vierung, erhebt sich ein gedrungener Turm.

Abb. 366
Die Gestalt der im ausgehenden 11./beginnenden 12. Jahrhundert errichteten Kirchen von Payerne (Abb.), Münchenwiler sowie des Klosters auf der St. Petersinsel im Bielersee war weitgehend gleich (Abb. 364, Nr. 5, 6 und 7). Die Bauplastik, wie Pfeiler, Bogen, Gesimse und Kapitelle, setzt sich aus Steinen unterschiedlicher Farbe zusammen. Die drei Schiffe, die Querschiffarme, die Vierung und die Vorjoche der Apsiden sind mit Kreuzgrat- und Kreuzrippengewölbe bedeckt, die den Raum in getrennte Joche gliedern. Die Kirche auf der St. Petersinsel blieb wohl mangels finanzieller Mittel unvollendet; nur der Chor wurde fertig gestellt.

der Mehrheit der Kloster- und Stiftskirchen, die vollständig in Besitz und Verwaltung der religiösen Gemeinschaft waren.

Der wirtschaftliche Zerfall, mit der sich die Adligen und viele der mit ihnen eng verbundenen religiösen Institute im Spätmittelalter konfrontiert sahen, verstärkte diese Tendenz. Dies trug nicht unbedeutend dazu bei, dass sich die gesellschaftliche Struktur weiter zugunsten der Städte verschob (→ S. 352). In der Not wurde nämlich der Kapitalwert des Kirchengutes für viele adlige Patronatsherren wichtiger als die Sorge für das Gedeihen der anvertrauten Gotteshäuser. Sie begannen den Kirchensatz zu verkaufen und zu verpfänden. Dadurch kam die Stadt Bern an Pfarrkirchen auf dem Land zu Patronatsrechten. Eine gewisse Übung hatten die Bürger ja darin, da sie an ihrer Leutkirche zunehmenden Einfluss ausübten (→ S. 389). Auch einzelne Bürger reihten sich durch Erbschaft oder Kauf in die Nachfolge adliger Kirchensätze ein, sozial sozusagen in die Fussstapfen des Adels tretend.[15] Mögen einerseits rein finanzielle Überlegungen das Vorgehen der adligen Patronatsherren beeinflusst haben, war anderseits für eine pflichtbewusste Amtsführung bisweilen einfach der Ertrag zu gering. Dies betraf auch viele der Klöster und Stifte, die in den Besitz von Kirchensätzen gekommen waren.
All diese Einschränkungen der kirchlichen Verwaltungsorganisation wirkten sich auf den Lebensunterhalt des Pfarrklerus nachteilig aus. Sie machten diesen vermehrt von den Abgaben abhängig, welche die Gläubigen für die Sakramente, wie Taufe, Firmung, Beichte und Heirat, sowie andere seelsorgerische Handlungen, wie die Bestattung, entrichteten. Damit knüpfen wir an den Beginn unserer Betrachtungen an: Die Spenden für die persönliche Fürsorge nach dem Tod spielten für die religiösen Gemeinschaften und die Priesterschaft an den Pfarrkirchen eine grundlegende Rolle. Deren wirtschaftliches Anliegen vereinigte sich folglich bestens mit dem Glaubensverständnis des einzelnen Gläubigen.

Klöster und Stifte als Wegbereiter des Kirchenbaus
Wir beschäftigen uns im Folgenden mit den Kirchenbauten der Berner Landschaft, wie sie sich im 13. und 14. Jahrhundert ausgebildet hat. Die Gestalt der Landkirchen erlebte in diesen beiden Jahrhunderten nicht nur den Wandel vom romanischen zum gotischen Baustil, sondern auch Änderungen innerhalb der beiden Stilrichtungen selbst.
Die erste betraf die Abkehr vom rein burgundisch geprägten Bautyp, als 1033 Burgund durch Erbschaft an das Deutsche Reich überging. Am eindrücklichsten spiegelt sich diese Veränderung an den Kirchen der Klöster und Stifte, die an der Spitze dieser Entwicklung standen. Darunter hinterliessen die Cluniazenser die bedeutendsten Spuren (→ S. 303). Verständlicherweise waren ihre Bauten durch Vorbilder aus dem burgundischen Raum geprägt, allen voran durch die sogenannte zweite, im 10. Jahrhundert entstandene Kirche sowie durch die im ausgehenden 11. Jahrhundert begonnene dritte Kirche von Cluny selbst (Abb. 364). Diese sollte bis ins 16. Jahrhundert, als der Neubau des Petersdoms in Rom in Angriff genommen wurde, die grösste Kirche der Christenheit bilden.
Der Kirchenbau umfasste seit der frühmittelalterlichen Zeit zwei Grundtypen. An ein viereckiges Schiff schloss entweder ein viereckiges Altarhaus, ein Rechteckchor, oder ein halbrundes Altarhaus, eine Apsis, an. Das Schiff konnte als einfacher Saal eingerichtet oder – wie es für Konventskirchen vielfach der Fall war – dreigeteilt als Basilika ausgebildet sein. Oft gab zusätzlich ein Querschiff dem Grundriss die Form eines lateinischen Kreuzes. Für die meisten Niederlassungen der Cluniazenser bevorzugte man den basilikalen Typ mit Querschiff und nach burgundischem Vorbild die Apsis (Abb. 364).
Auch die Gestaltung des Baukörpers stand vorerst ganz unter westlichem Einfluss, wie es die im ersten Viertel des 11. Jahrhunderts erbaute dreischiffige Kirche von Romainmôtier zeigt (Abb. 365). An den Anlagen von Payerne, Münchenwiler und auf der St. Petersinsel, die ab dem letzten Viertel des 11. Jahrhunderts entstanden sind, bestehen bezüglich Romainmôtier deutliche Unterschiede. Grundriss und Baukörper ordnen sich zwar weiterhin in den von

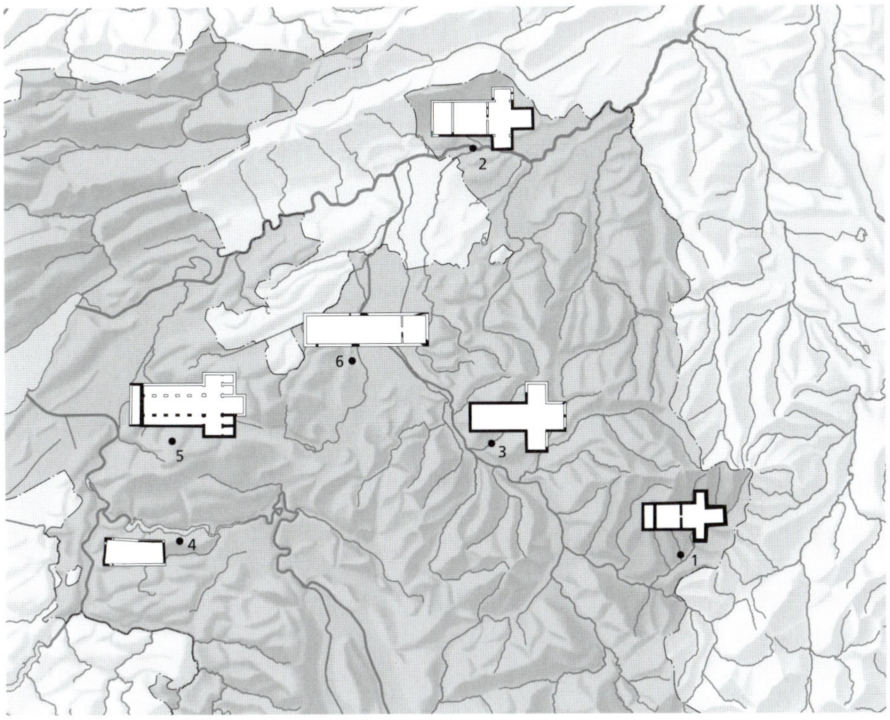

Abb. 367 (oben)
Die nur als Ruine erhaltene, im letzten Viertel des 11. Jahrhunderts erbaute Kirche von Rüeggisberg. Das dreiteilige Langhaus, das eine ungewöhnlich enge Stellung der viereckigen Stützen aufweist, war nicht gewölbt, sondern mit flachen Holzdecken oder offenen Dachstühlen versehen. Einzig die Vorjoche der Apsiden besitzen Kreuzgratgewölbe, die Querschiffarme Rundtonnen.

Abb. 368 (links)
Grundrisse romanischer und gotischer Kloster- und Stiftskirchen mit Rechteckchor. Grundrisse Massstab 1:3000.
Benediktiner und Benediktinerinnen:
1 Trub, 1. Hälfte 12. Jh.;
2 Wangen a. d. A., ausgehendes 12./frühes 13. Jh.;
3 Rüegsau, 1. Hälfte 13. Jh.;
Augustinerinnen:
4 Frauenkappelen, 1296/97;
Zisterzienser und Zisterzienserinnen:
5 Frienisberg, 12. Jh.;
6 Fraubrunnen, 13. Jh.

Cluny repräsentierten Kirchenbau ein, doch ändert die Gestalt im Einzelnen merklich (Abb. 366). Noch deutlicher wird der Unterschied zu Romainmôtier an der vor 1075 gegründeten Prioratskirche von Rüeggisberg (Abb. 367) sowie an der etwas jüngeren Anlage von Rougemont. Die enge Stellung der viereckigen Stützen des Schiffes erinnert an einen anderen Kreis von Kirchenbauten, der im 11. Jahrhundert am Thunersee entstanden ist und mit Amsoldingen auch eine Stiftskirche umfasste. Diese zählt zusammen mit den Pfarrkirchen von Spiez, Wimmis und Steffisburg zur Gruppe der querschifflosen Pfeilerbasiliken (→ S. 355).[16] Die gestalterische Verbindung der beiden Konventskirchen von Rüeggisberg und Rougemont mit dieser Thunerseegruppe wird aus der geographischen Lage verständlich: Beide lagen an Verkehrswegen, die vom Thunersee

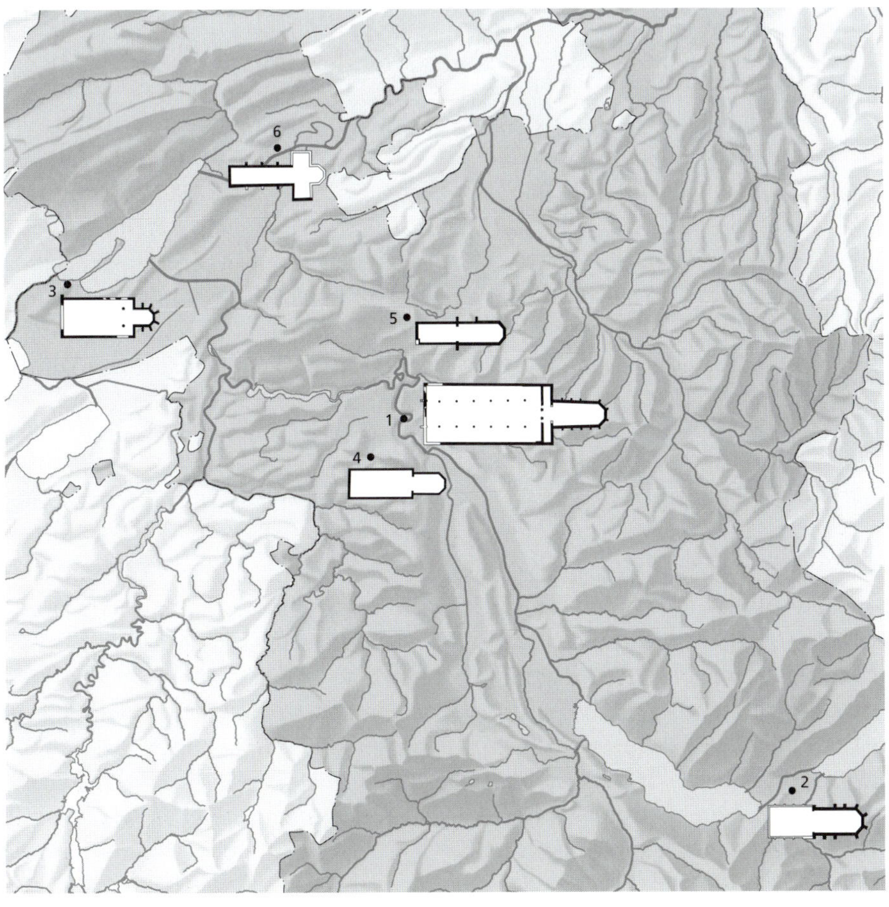

Abb. 369
Grundrisse gotischer Kloster- und Stiftskirchen mit polygonal geschlossenem Chor. Grundrisse Massstab 1:3000.
Dominikaner:
1 Bern (Französische Kirche), zwischen 1276 und 1310;
Augustinerchorherren und Augustinerinnen:
2 Interlaken, um 1300/1. Viertel 14. Jh.;
Benediktiner:
3 St. Johannes bei Erlach, ausgehendes 14./frühes 15. Jh.;
Komtureien:
4 Köniz (Deutschen Orden), um 1300/1. Viertel 14. Jh.;
5 Münchenbuchsee (Johanniter), kurz vor 1300;
Prämonstratenser:
6 Gottstatt bei Orpund, Datierung der Kirche offen, vor oder nach 1375?

Abb. 370
Die Unterschiede zwischen den cluniazensischen Kirchen der ersten und zweiten Hälfte des 11. Jahrhunderts beziehen sich nicht nur auf den Baukörper, sondern auch auf die Bauplastik. Beispielsweise in Münchenwiler, das im ausgehenden 11./beginnenden 12. Jahrhundert erbaut worden ist, erscheinen neben den Kapitellen in der Kirche, die durch die dritte Kirche von Cluny beeinflusst sind, an den Fenstern des Kapitelsaals Würfelkapitelle und Sattelkämpfer wie sie in Deutschland und im Elsass gebräuchlich waren.

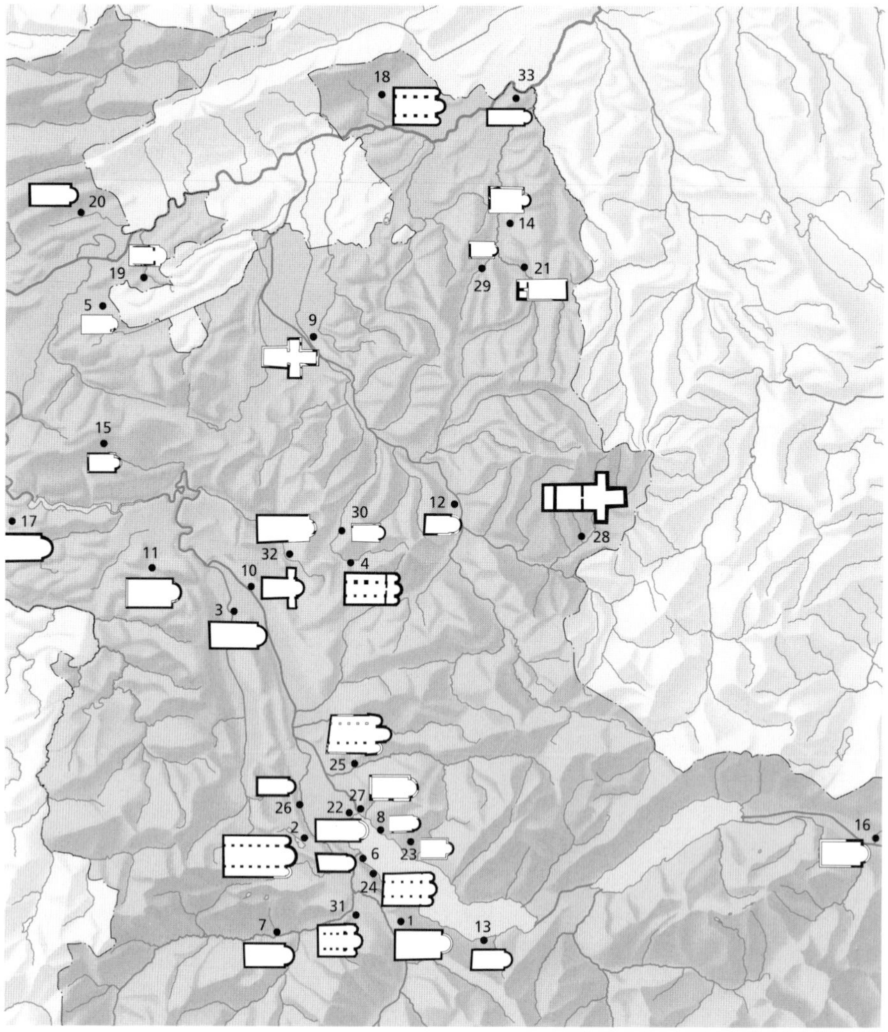

Abb. 371 (oben rechts)
Eine Auswahl von erforschten oder bestehenden romanischen Pfarrkirchen und Filialen des 10. bis 12. Jahrhunderts. Grundrisse Massstab 1:3000.
1 Aeschi, romanisch 2 Amsoldingen, 11. Jh 3 Belp, romanisch 4 Biglen, 11. Jh. 5 Diessbach b. Büren a.A., 11. Jh. 6 Einigen, 10./11. Jh. 7 Erlenbach, romanisch 8 Hilterfingen, 10./11. Jh. 9 Kirchberg, 11./12. Jh.? 10 Kleinhöchstetten, 10./11. Jh. 11 Köniz, 11./12. Jh. 12 Lauperswil, romanisch 13 Leissigen, 11. Jh. 14 Madiswil, 11./12. Jh. 15 Meikirch, 11. Jh.? 16 Meiringen, 11. Jh. 17 Mühleberg, 11. Jh.? 18 Oberbipp, um 1100 19 Oberwil b. Büren a.A., 11. Jh. 20 Pieterlen, 10./11. Jh.? 21 Rohrbach, 10./11. Jh.? 22 Scherzligen, 12. Jh. 23 Sigriswil, romanisch 24 Spiez, 11. Jh 25 Steffisburg, 11. Jh. 26 Thierachern, romanisch 27 Thun, 10./11. Jh. 28 Trub, 1. Hälfte 12. Jh. 29 Ursenbach, 10./11. Jh. 30 Walkringen, 11. Jh. 31 Wimmis, 11. Jh. 32 Worb, 11. Jh. 33 Wynau, 11./12. Jh.

über das Simmental und das Pays d'Enhaut ins Rhonetal führten. Allen gemeinsam ist, dass sie sich nicht mehr ausschliesslich nach burgundischen, sondern nach lombardischen Beispielen richteten.

Lombardischer Einfluss am Thunersee, im Bernbiet? Der Baustil, die Bauskulptur und die plastische Gestaltung der Fassaden – an den Thunerseekirchen auch der Grundriss – sind tatsächlich durch den Einfluss Italiens bestimmt, das damals grossenteils zum Deutschen Reich gehörte. Aus Oberitalien kamen ganze Gruppen von Fachleuten, die Erfahrung im Bau von gemauerten Gebäuden besassen, in die Teile des Reiches nördlich der Alpen und wirkten auf den Bauplätzen in führender Rolle mit. Dadurch verbreitete sich der ihnen eigene romanische Baustil auch in unserer Gegend, wo sie den westlichen Einfluss allmählich ablösten. Deshalb lassen sich nicht nur in Rüeggisberg und Rougemont, sondern auch an anderen Kirchen der Cluniazenser, die ab dem letzten Viertel des 11. Jahrhunderts entstanden sind, bezüglich der burgundischen Tradition auffallende Abweichungen feststellen (Abb. 370). Der Thunerseeraum, dessen Basiliken überhaupt nichts mehr mit dem burgundischen Kirchenbau zu tun haben, stand mit dem Reich zudem in besonders enger Beziehung. Der hohe Adel verfügte dort über ausgedehntes Grundeigentum, aus dem er grosszügig an Kirchen vergabte (→ S. 355).
In der Folge richtete sich der Kirchenbau unseres Gebietes immer mehr nach demjenigen des Deutschen Reiches aus. Hatten die Cluniazenserpriorate in der Regel mindestens noch den traditionellen Grundriss ihrer Kirchen bewahrt, so änderte sich dies im 12. Jahrhundert an den neu gegründeten Niederlassungen anderer Gemeinschaften (→ S. 317). Wenn die um 1100 begonnene benediktinische Abteikirche St. Johannsen bei Erlach noch Apsiden erhalten hatte,[17] entstand am Benediktinerkloster Trub im Emmental um 1130 eine Kirche mit rechteckigem Altarhaus. Trub betreute in Wangen an der Aare ein Priorat und in Rüegsau ein Frauenkloster, denen es der Rechteckchor weitergab

(Abb. 368 und Abb. 372).[18] Die Gründung dieses Klosters unterlag denn auch nicht mehr westlichem Einfluss, sondern war der süddeutschen Abtei St. Blasien im Schwarzwald anvertraut. Nicht nur dieses deutsche Reformkloster bevorzugte – wie auch die Reformabtei Hirsau – rechteckige Altarhäuser, sondern auch die Chöre der Bischofskirche in Konstanz und vieler anderer romanischer Kirchenbauten, wie beispielsweise des Grossmünsters in Zürich, wiesen diese Gestalt auf.[19] Der gegen das Ende des 11. Jahrhunderts gegründete Orden der Zisterzienser akzeptierte diesen Chortypus zwar ebenfalls, allerdings nicht auf Grund desselben Einflusses, sondern als bildhaften Ausdruck seiner Opposition gegen das «reiche» Cluny.

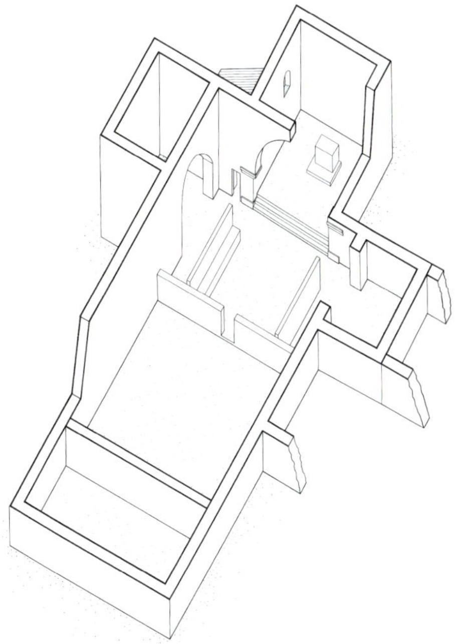

Abb. 372
Rekonstruktion der im ausgehenden 12./frühen 13. Jahrhundert erbauten benediktinischen Prioratskirche von Wangen a.d.A.

Vom romanischen zum gotischen Baustil
Die Beispiele des 13. und 14. Jahrhunderts

Während der romanische Kirchenbau im 12. Jahrhundert seinen Höhepunkt erlebte, entwickelte sich in Frankreich parallel schon ein neuer Baustil: die Gotik. Das Massenmauerwerk der Romanik wurde durch den Skelettbau abgelöst, der die statisch belasteten Punkte mit Strebebogen und Strebepfeilern verstärkte. Dies liess filigrane, hoch ragende Gebäude zu, deren Wandflächen mit weiten, spitzbogigen Fenstern aufgelöst und deren hohen Räume mit eleganten Rippengewölben überdeckt werden konnten.

Hierzulande setzte sich die neue Richtung erst in der zweiten Hälfte des 13. Jahrhunderts durch; es handelte sich eigentlich schon um die Spätgotik. Sie verdankte ihren Durchbruch vor allem den religiösen Instituten. Baute man vorerst weiterhin Rechteckchöre, so wandte man sich schliesslich der Form des Altarhauses zu, die den gotischen Kirchenbau gemeinhin verkörpert, nämlich dem Polygonalchor (Abb. 369). Wegbereiter waren bei uns die Kirchen der in der Stadt Bern eingerichteten Konvente der Bettelorden (→ S. 400) sowie die nach 1276 errichtete so genannte zweite Leutkirche (→ S. 389). Auch die Kirchen der Ritterorden, folgten bei Neubauten der gotischen Richtung (→ S. 317). Ob die Kirche der Prämonstratenser in Gottstatt (Gemeinde Orpund), deren Kloster gegen die Mitte des 13. Jahrhunderts gegründet worden war, ursprünglich – ihrem Vorbild Bellelay gemäss – mit einem rechteckigen Altarhaus ausgerüstet war, bleibt uns vorderhand verborgen. Verbürgt ist, dass nach der Reformation ein polygonaler Chor abgebrochen worden ist.[20] Einige der alten religiösen Institutionen auf dem Lande passten sich dem neuen Stil an. Alle diese Anlagen blieben aber deutlich massiger und mehr der romanischen Bautechnik verhaftet als ihre Vorbilder, die französischen Kathedralen.

Die früh- und hochromanischen Pfarrkirchen und ihre Filialen,
Beispiele des 10. bis 12. Jahrhunderts

Die Zugehörigkeit des heute bernischen Gebietes zum Burgundischen Reich wirkte sich auch auf den Bau der Pfarrkirchen und ihrer Filialen aus. Diese richteten sich seit dem Frühmittelalter nach der einfachen Gestalt des viereckigen Saales, an den entweder eine Apsis oder ein Rechteckchor anschloss. Im alemannischen Raum wurde das rechteckige Altarhaus bevorzugt. Mit dem Aufkommen des romanischen Baustils im Lauf des 10. Jahrhunderts änderte sich die Situation jedoch grundlegend: Der Anteil an Apsiden nahm unter dem Eindruck der westlich beeinflussten romanischen Kloster- und Stiftskirchen auch im Bernbiet beträchtlich zu (Abb. 373).[21]

Aus dem 10. und 11. Jahrhundert haben sich unter den Pfarrkirchen nur wenige weitgehend vollständig gebliebene Zeugen erhalten. Einige Kirchen weisen – vor allem am Schiff – Teile ihrer romanischen Vorgänger auf, viele lassen sich einzig durch archäologische Grabungen nachweisen (Abb. 371). Die Kirche von Einigen am Thunersee zeigt noch die einfache Gestalt romanischer Kirchenbauten, wie sie bis ins 13. Jahrhundert auf dem Land dominierte.[22] Diejenige von Kleinhöchstetten richtet sich nach einer selten gebliebenen Form, die bis in die früheste Zeit des Kirchenbaus zurückreicht (Abb. 377). Sie besitzt beidseitig des Schiffes zwei Seitenräume und somit einen kreuzförmigen Grundriss.[23] Einigen gehört wie die erwähnten Basiliken von Amsoldingen, Spiez und Wimmis zu den so genannten «Thunerseekirchen» (→ S. 355).[24]

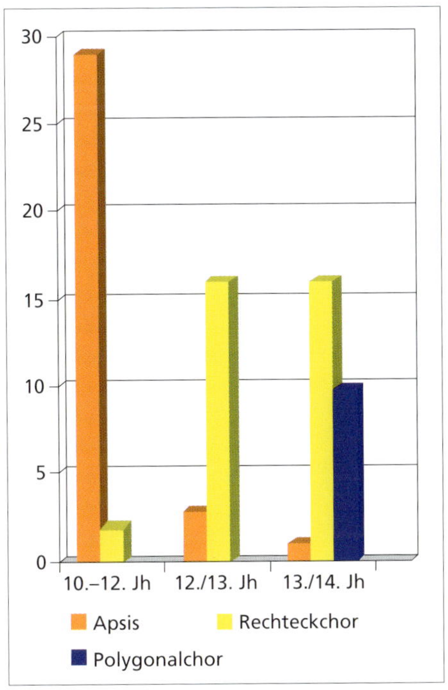

Abb. 373
Der Wechsel der Gestalt des Chores anhand einer Auswahl von erforschten oder bestehenden Pfarrkirchen und Filialen (11./12. Jahrhundert: 31 Beispiele; 12./13. Jahrhundert: 19 Beispiele; 13./14. Jahrhundert: 27 Beispiele).

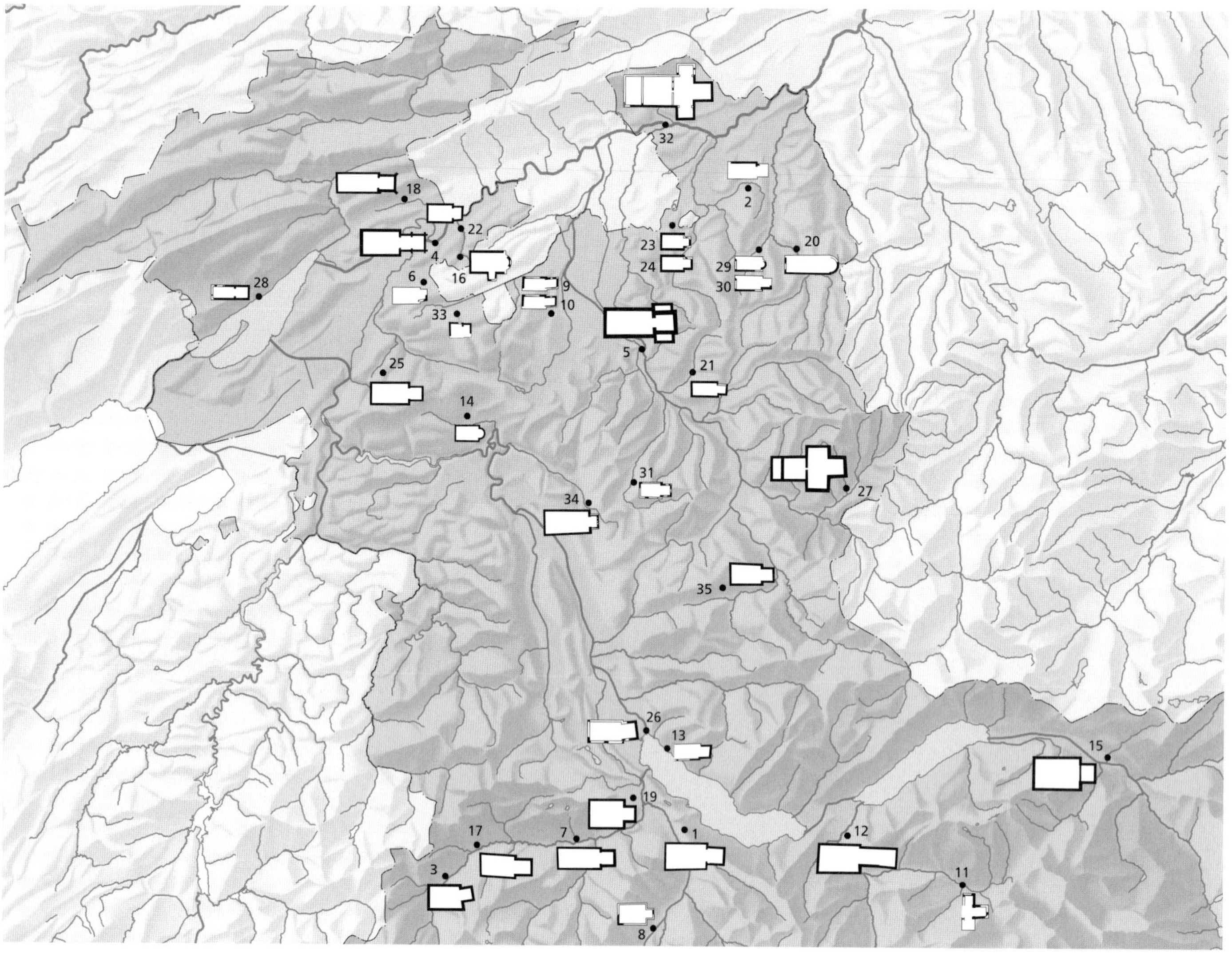

Abb. 374
Eine Auswahl von erforschten oder bestehenden Pfarrkirchen und Filialen im Übergang von der romanischen zur gotischen Zeit, von der 1. Hälfte des 13. bis ins 14. Jahrhundert. Grundrisse Massstab 1:3000. 1 Aeschi, 13./14. Jh. 2 Bleienbach, 13./14. Jh. 3 Boltigen, 13./14. Jh. 4 Büren a.A., 2. H. 13. Jh. 5 Burgdorf, 12./13. Jh. 6 Diessbach b. Büren a.A., 12./13. Jh. 7 Erlenbach, 13. Jh. 8 Frutigen, spätes 13. Jh. 9 Grafenried, 12./13. Jh. 10 Grafenried, 14. Jh. 11 Grindelwald, nach 1180 12 Gsteig b. Interlaken, 13./14. Jh. 13 Hilterfingen, 14. Jh. 14 Kirchlindach, 12./13. Jh. 15 Meiringen, 12./13. Jh.? 16 Oberwil b. Büren a.A., 12./13. Jh. 17 Oberwil im Simmental, 13. Jh. 18 Pieterlen, 13./14. Jh., 19 Reutigen, 12./13. Jh. 20 Rohrbach, 13./14. Jh.? 21 Rüegsbach, 12./13. Jh. 22 Rüti b. Büren a.A., 13./14. Jh. 23 Seeberg, romanisch, 12./13. Jh.? 24 Seeberg, 13./14. Jh., 25 Seedorf, 12./13. Jh. 26 Thun, 12./13. Jh.? 27 Trub, umgebaut 13. Jh. 28 Twann, gegen 1299 29 Ursenbach, 12./13. Jh. 30 Ursenbach, 13./14. Jh. 31 Walkringen, 14. Jh. 32 Wangen a.A., erbaut ausgehendes 12./frühes 13. Jh. 33 Wengi bei Büren a.A., 2. Viertel 13. Jh. 34 Worb, 13. Jh. 35 Würzbrunnen bei Röthenbach, 13./14. Jh.

Abb. 375
Blick gegen das Schiff in der Kirche von Pieterlen, wo sich das viereckige Altarhaus des 13./14. Jahrhunderts erhalten hat.

Diese Anlagen bilden zusammen mit Oberbipp und Biglen eine kleine Gruppe von Pfarrkirchen, die als Pfeilerbasiliken eine reichere Baugestalt aufweisen (Amsoldingen diente ebenfalls als Pfarrkirche).[25] Türme fehlten vorerst allgemein. Glocken in Dachreitern werden die Aufgabe übernommen haben, die Gläubigen zur Messe zu rufen und den Daheimgebliebenen durch Läutezeichen den Fortgang der Messe zu vermitteln.
Wenn die Frühromanik besonders im 11. Jahrhundert in den Thunerseekirchen zu einer repräsentativen Form fand, entstanden in der Hochromanik des 12. und des beginnenden 13. Jahrhunderts nur einfachere Beispiele. Sie sind uns vorwiegend als einzelne Bauteile erhalten geblieben (Abb. 378).[26] Gleichartig könnte die bis ins 13. Jahrhundert bestehende erste Leutkirche von Bern ausgesehen haben (→ S. 389).[27] Zumeist brachte die Erneuerung bezüglich den frühen romanischen Bauten vor allem eine Vergrösserung des Schiffes. Grund dafür war die Zunahme der Bevölkerung.

Vom romanischen zum gotischen Baustil
Die Pfarrkirchen des 13. und 14. Jahrhunderts

Den Konventskirchen gemäss unterstand die romanische Gestalt vieler Landkirchen ab dem 12. Jahrhundert vermehrt dem nördlichen Einfluss. Die Neubauten der ersten Hälfte des 13. Jahrhunderts wurden zumeist nicht mehr mit Apsiden, sondern mit rechteckigen Chören ausgestattet, bisweilen mit querrechteckiger Tendenz. Diese Form wurde weiterhin verwendet, als sich der gotische Baustil an den Landkirchen in der zweiten Hälfte des 13. Jahrhunderts durchzusetzen begann (Abb. 373 und 374). Das Ausmass dieses Wandels lässt sich allerdings weitgehend nur noch in archäologischen Grabungen nachweisen. Nun wurde ein grosser Teil der engen romanischen Altarhäuser durch geräumigere Rechteckchöre ersetzt, die einen quadratischen Grundriss besassen. Bedingt war dies nicht nur durch die Absicht, das Allerheiligste durch einen grösseren Altarraum repräsentativer auszuzeichnen, sondern ebenso durch ein liturgisches Bedürfnis. Die Zahl der Priester vergrösserte sich nämlich vor allem durch die individuellen Altar- und Kapellenstiftungen. Für deren Betreuung

Abb. 377
Beispiele von kleineren romanischen Landkirchen des 10./11. Jahrhunderts bestehen noch in Einigen (Abb., der Turm wurde später angebaut) und in Kleinhöchstetten.

Abb.376
Ein eindrücklich erhaltener Rechteckchor wurde unter der bestehenden Kirche von Meiringen ausgegraben. (Meiringen: KFS III, S. 449). Bauplastik aus dieser Zeit ist nur selten vorhanden, so am Chor der Kirche von Büren a.A. aus der zweiten Hälfte des 13. Jahrhunderts (Abb. 383 bis 388).

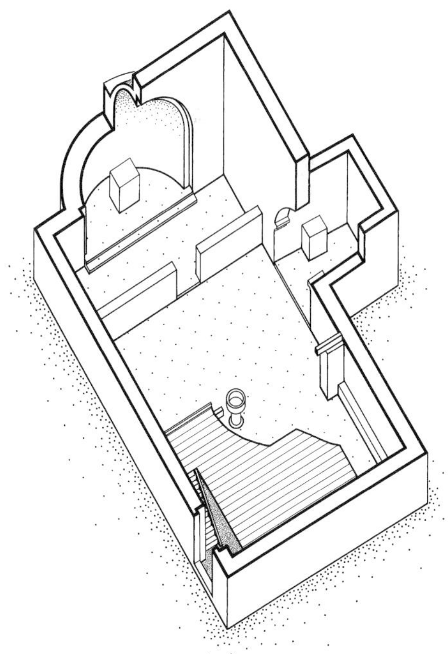

Abb. 378
Rekonstruktion der romanischen Kirche in Oberwil bei Büren a.d.A.: Eine Schranke trennte den Chor vom Laienbereich ab. Da die Taufe nicht Teil des Gemeindegottesdienstes war, stand der Taufstein im Schiff. Die Empore diente wohl als Ehrenplatz für die Grafen von Strassberg, die das Patronatsrecht innehatten. Wahrscheinlich stand dieser Familie auch die Kapelle an der Südseite als Grabstätte zu.

Abb. 379
Eine Auswahl von erforschten oder bestehenden gotischen Pfarrkirchen und Filialen mit polygonalem Altarhaus des 14. Jahrhunderts. Grundrisse Massstab 1:3000.
1 Blumenstein, 14. Jh.; 2 Bremgarten, 14. Jh. (kurz nach 1306?); 3 Kirchlindach, 2. H. 14. Jh.; 4 Köniz, 14. Jh.; 5 Lauperswil, 2. H. 14. Jh.; 6 Münchenbuchsee, 14. Jh.; 7 Scherzligen, um 1370/80; 8 Thierachern, 14. Jh.; 9 Thun, 14. Jh.; 10 Wynau, 14. Jh. (?).

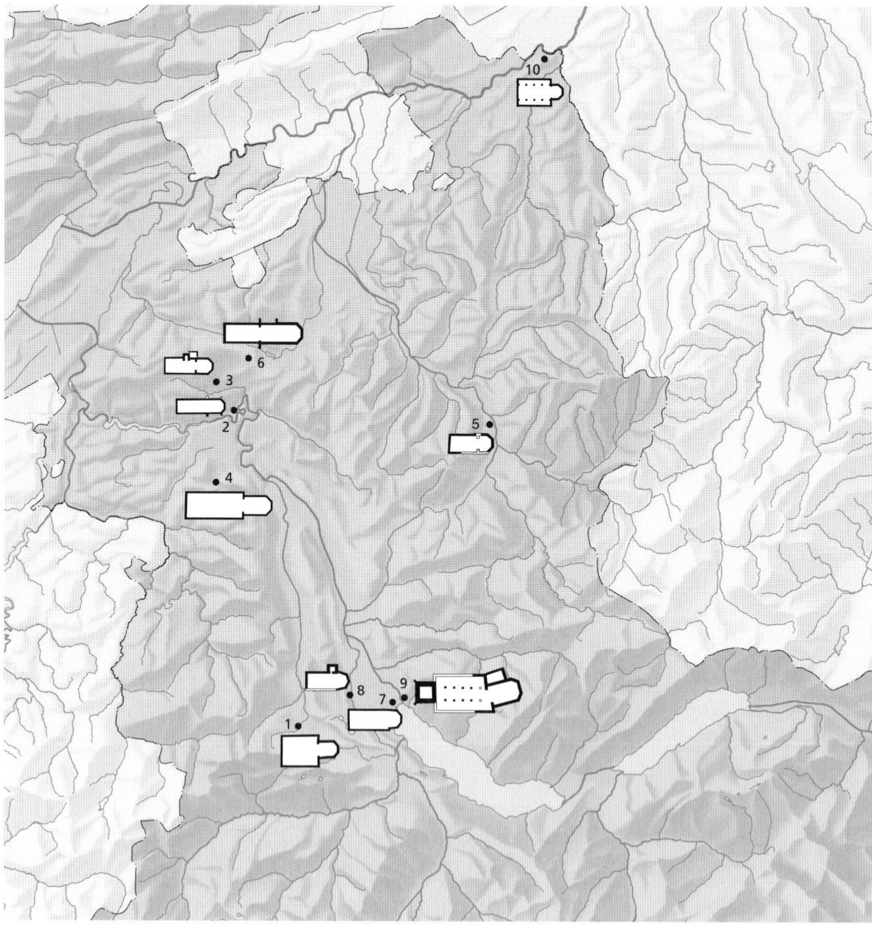

Abb. 380
Der 1318/19 über der Apsis des südlichen Seitenschiffes erbaute Turm der Kirche von Steffisburg.

berief man Kapläne, die aber auch an sonn- und feiertäglichen Gottesdiensten ihrer Pfarrkirche teilzunehmen hatten. Zwangsläufig benötigte man um den Altar und damit im Chor entsprechend mehr Platz.[28]
Reicher ausgestattete Beispiele sind noch in Pieterlen (Abb. 375) und der Stadt Büren an der Aare erhalten, wo der Chor gewölbt ist.[29] In beiden sind Bauskulpturen von einer Qualität vorhanden, die auf dem Land eher selten gewesen sein dürfte (→ S. 194). Wie die Anlagen der Klöster und Stifte blieben nämlich auch die gotischen Landkirchen weiterhin der massigen Bautechnik verhaftet (Abb. 376).[30] Oft wurden die Fenster nicht einmal mit Masswerken gegliedert, an und für sich dem hiesigen Markenzeichen der Gotik. In dieser Zeit kamen auch die gestempelten Formbacksteine und Tonplatten auf, die als architektonische Zierelemente, für kunstvoll gefügte, allerdings kleinere Fenster sowie von Böden dienten (→ S. 313).[31]

Im 13./14. Jahrhundert wurden Türme allgemein gebräuchlicher. Sie bewahrten freilich lange die romanische Gestalt, als ob man sich an diesem weither sichtbaren, repräsentativen Bauelement auf Vertrautes stützen wollte. Zum Beispiel entstand der Turm an der Kirche von Steffisburg, der für den «typisch romanischen» Baustil als «Vorzeigebeispiel» herhalten könnte, nachweislich erst um 1318/19 und damit in gotischer Zeit (Abb. 380).[32] Älter sind wohl der einst frei stehende Turm der Kirche Scherzligen bei Thun sowie der mit ihm verwandte von Spiez.[33] Die beiden Kirchtürme bilden wohl mit dem schönsten erhaltenen Beispiel, dem Campanile von Ringgenberg-Goldswil, eine direkt von Oberitalien beeinflusste eigene Gruppe, die jedoch in ihrer Zeit wenige direkte Nachfolger fand. Kirchtürme mit gotischen Stilelementen sollten erst vom 15. Jahrhundert an vermehrt aufkommen. Vielfach wurden sie von der Dorfgemeinschaft unterhalten; ihre Glocken dienten für den Alarm im Fall von Bränden und Landsturm sowie zur Wacht, wenn die Wetterlage Feuersbrünste befürchten liess.
Zeichnete sich in der Stadt Bern der Wandel zum polygonalen Altarhaus in der zweiten Hälfte des 13. Jahrhunderts ab, so lässt sich dieser auf dem Land erst in der zweite Hälfte des 14. Jahrhunderts feststellen (Abb. 379). Richtig durch-

setzen sollte er sich dort sogar erst um hundert Jahre später. In Kirchlindach entstand ein frühes Beispiel mit dreiseitigem Chorschluss (Abb. 382).[34] Der Altarraum ist flach gedeckt und von schlanken, mit Masswerk gegliederten Fenstern erhellt. Da das Schiff – wie in vielen Fällen – in seiner alten, wenig befensterten romanischen Gestalt weiterbestand, bildete er den lichtbetonten Mittelpunkt der Kirche. Reiche Wandmalereien zieren die Wände (→ S. 420). Anderorts waren auch bemalte Glasfenster vorhanden (→ S. 72). Im Berner Oberland führte der Einfluss des Stiftes Interlaken, das im 14. Jahrhundert ein polygonales Altarhaus erhalten hatte, zu einer eindrücklichen Verbreitung dieses Chortypus. Überhaupt trugen die religiösen Institute in ihrer Rolle als Inhaber von Kirchensätzen entscheidend zur Ausbildung der ihnen zugewandten Gotteshäuser bei. Sie förderten den Bau grösserer Altarhäuser im Hinblick auf den erwähnten Wandel, den die Liturgie erfahren hatte. Daneben boten die Stiftungen für den Kirchenbau begüterten Religiosen auch Gelegenheit, wie die weltlichen Gläubigen mit persönlichen Gaben für ihr Seelenheil zu sorgen.

Ausblick

In der Zeit des 13. und 14. Jahrhunderts vollzogen sich im Umfeld der Stadt Bern tief greifende soziale Umwälzungen, in die auch das kirchliche Leben einbezogen war. Vorerst entwickelten sich die religiösen Gemeinschaften über die adligen Schenkungen zur einflussreichsten Schicht von Patronatsherren. Sie lösten den Adel diesbezüglich weitgehend ab. Die romanischen, dann die gotischen Bauformen ihrer Kirchen wurden für viele ländliche Kirchenbauten zum Vorbild. Im 14. Jahrhundert erwuchs ihnen jedoch eine zahlungskräftige Konkurrenz: Mit dem Burgrecht, das Bern mit vielen Adligen schloss, begannen sich diese mit reichen Bürgern zu einer neuen städtischen Oberschicht zu verschmelzen. Dadurch fanden auch die vom Adel getragenen Frömmigkeitsformen eine breite gesellschaftliche Abstützung. Die Berner Bürger zeigten sich nicht nur aus wirtschaftlichen, sondern auch aus politischen, sozialen und prestigeträchtigen Gründen vermehrt an den Patronatsrechten ländlicher Kirchen interessiert. So gelang es ihnen, allmählich auch in kirchlichen Belangen die Initiative an sich zu ziehen. Im 13. Jahrhundert drückte sich dies in der Berufung der Bettelorden, vom 14. Jahrhundert an in der Übernahme von Patronatsrechten an Landkirchen aus. Durch Kauf oder Erbschaft erworben, sollten sie schliesslich eine grössere Anzahl der Kirchen, die im Zeitraum zwischen dem 11. und 14. Jahrhundert errichtet worden waren, durch neue Kirchenbauten ersetzen lassen: Am Ende der Zeitspanne, die uns hier beschäftigt, stand der «Bauboom» des 15./16. Jahrhunderts vor der Tür. Erst jetzt erreichte der gotische Baustil seinen vollen Durchbruch und Höhepunkt. Das polygonale, dreiseitig geschlossene Altarhaus wurde allgemein gebräuchlich, um schliesslich den Kirchenbau bis weit in die Neuzeit hinein zu prägen. In Bern entstand das Münster, in Burgdorf eine weitere bedeutende Anlage, die den einfachen Rahmen, dem sich der Kirchenbau bis dahin unterzogen hatte, bei weitem sprengten: «Berns grosse Zeit» war angebrochen.[35]

Abb. 381
Im deutschsprachigen Teil des Kantons Bern haben sich noch ungefähr 25 Glocken des 13. oder 14. Jahrhunderts erhalten. Sie lassen sich durch ihre Form und die Inschrift mit Grossbuchstaben (Unzialschrift) zeitlich ungefähr einordnen. Wenige sind datiert, so eine Glocke aus Meiringen von 1365.

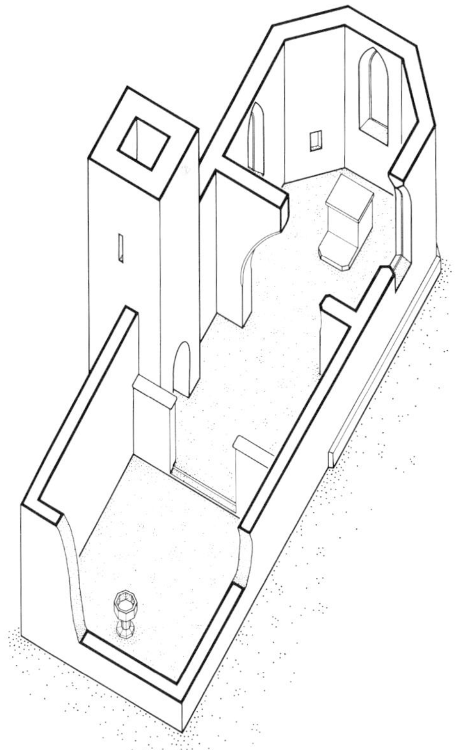

Abb. 382
Die Kirche von Kirchlindach mit dreiseitig geschlossenem Altarhaus aus der zweiten Hälfte des 14. Jahrhunderts. Rekonstruktion des Raumes.

Dorfleben

Barbara Studer

Bauernalltag

Wie in anderen Regionen Europas wohnte im 13. und 14. Jahrhundert auch im Gebiet des heutigen Kantons Bern die Mehrheit der Bevölkerung auf dem Land. Anders als die antike Stadtkultur oder die moderne Industriegesellschaft war die mittelalterliche Welt von der Landwirtschaft geprägt.[1] Obwohl genaue Zahlen fehlen, kann davon ausgegangen werden, dass im Frühmittelalter 90 Prozent der Gesamtbevölkerung als Bauern auf dem Land lebten – ein Anteil, der auch im 13. und 14. Jahrhundert nur unmerklich sank.[2]

Abb. 383
Der Alltag der ländlichen Bevölkerung war im Mittelalter nicht darstellungswürdig. Ein wenig kommt das Weltbild des einfachen Menschen aber auch in sakralen Darstellungen zum Ausdruck. So wird etwa am Chorbogen der Kirche von Büren an der Aare alltäglichen Motiven eine symbolische Bedeutung verliehen. Damit weisen sie über sich hinaus auf eine jenseitige – eigentlich nicht darstellbare – Welt, die sich der Mensch behelfsmässig in ihm bekannten Formen vorstellt. Linke Hälfte des Bogens, Blick vom Kirchenschiff.

Abb. 384
Kirche Büren a. d. A. Fabel vom Wolf in der Klosterschule. Der Mönch mit aufgesetzter Kapuze sitzt vor einem Lesepult, mit der Linken die Linie der Schrift verfolgend. Rechts hält er die Rute, die als Mittel eingesetzt wird, um den darunter dargestellten Wolf zu erziehen. Dieser zeigt sich wenig an der göttlichen Wahrheit interessiert, sondern blickt hungrig auf das hinter ihm stehende Schaf.

Das Leben der mittelalterlichen Berner Landbevölkerung ist allerdings nur sehr schlecht fassbar. Einerseits fehlen für viele Bereiche archäologische Ausgrabungen, andererseits fanden in einer Zeit, in der in ländlichen Gebieten ohnehin fast nur die Geistlichen Lesen und Schreiben konnten, die alltäglichen Sorgen und Probleme der Bauern oder Knechte nur selten einen Niederschlag in Urkunden oder Chroniken. Vieles, was für uns heute selbstverständlich schriftlich festgehalten wird, wurde damals mündlich geregelt. Verträge wurden per Handschlag abgeschlossen und sogar Gerichtsurteile mussten nicht niedergeschrieben werden, um Gültigkeit zu erlangen. Da sich jedoch die Bevölkerung hier nicht grundsätzlich von derjenigen anderer Regionen unterschied, kann davon ausgegangen werden, dass die Mehrheit der Bauern wie anderswo in vergleichsweise ärmlichen Verhältnissen gewohnt hat und das Leben hart und kurz war. Man lebte mehrheitlich von der Hand in den Mund.
Eines der grossen Probleme bestand darin, dass die Bauern mit den einfachen Mitteln, die ihnen zur Verfügung standen, einen genügend grossen Ertrag

erwirtschaften mussten, um nicht nur sich, sondern auch ihre adeligen Herren, den geistlichen Stand sowie einen grossen Teil der Stadtbewohner zu ernähren. Da die Erträge der Felder viel geringer und auch die Nutztiere viel kleiner waren als heute, brauchte es grosse Grundstücke, um den Lebensunterhalt einer Familie zu sichern. Entsprechend dünn war denn auch das Land besiedelt. Die Dörfer bestanden nur aus wenigen Höfen, die zum Teil weit von einander entfernt lagen. Der Weg in die Kirche, die zusammen mit dem Friedhof und dem Platz das Zentrum des Dorfes bildete, war oftmals lang und beschwerlich.

Die Häuser der mittelalterlichen Dorfbewohner waren relativ klein und bestanden aus Stroh und Lehm oder Holz (→ S. 371). Höchstens die Fundamente waren aus Stein. Gedeckt waren die Häuser mit Stroh, Schilf oder Schindeln. Der Innenraum des einfachen Bauernhauses bestand nur aus wenigen Räumen. Vor allem bei ärmeren Landbewohnern teilte man sich diese nicht selten auch mit den Tieren, die dafür mithalfen die Wohnräume warm zu halten. Ansonsten war der Kochherd mit seinem offenen Kamin die einzige Wärme- und Lichtquelle im Haus. Da Glasscheiben Kirchenbauten oder allenfalls adeligen Herren vorbehalten waren, wurden die Fensteröffnungen nur notdürftig mit Hilfe von Holzgittern oder Schweineblasen verschlossen. Aus diesem Grund dürfte man es vorgezogen haben, die Fensterläden meistens geschlossen zu halten, so dass die Räume nicht nur eng, sondern wohl auch recht düster und stickig waren. Mobiliar gab es in den meisten Bauernhäusern nur wenig: Einfache Betten, einen Tisch sowie Bänke und Truhen, um die Kleidung und andere Habseligkeiten zu verstauen, stellten den grössten Teil der Inneneinrichtung dar. Selbstverständlich gab es auch weder fliessendes Wasser noch eine Möglichkeit, die Notdurft im Haus zu verrichten.

Hält man sich die beschriebenen Lebensumstände vor Augen, versteht es sich von selbst, dass die einfachen Landbewohner im 13. und 14. Jahrhundert in einer grossen Abhängigkeit von der Natur lebten. War das Wetter gut und fiel die Ernte reichhaltig aus, war das Überleben möglich. Wurde man hingegen von Unwettern, langen Dürren oder schrecklichen Seuchen heimgesucht, wurde das Leben härter und der Tod lag noch näher als gewöhnlich.

Der grösste Teil der bäuerlichen Bevölkerung Europas war im 13. und 14. Jahrhundert unfrei oder leibeigen. Im Gegensatz etwa zum Bürger, der höchstens von einer allgemeinen Untertänigkeit unter einen Landesherrn betroffen war, wurde beim Bauern eine Grund-, Leib- und Gerichtsherrschaft über seine Person ausgeübt.[3] Er war an die Scholle gebunden und durfte diese nur mit Einwilligung seines Herrn verlassen. Das bedeutete, dass er sich einerseits selber keinen ertragreicheren Hof suchen konnte, andererseits aber auch damit rechnen musste, dass er auf Befehl seines Herrn den angestammten Boden zu verlassen hatte. Eigenleute konnten nämlich ohne das Gut auf dem sie sassen verkauft oder verschenkt werden und dieses ohne sie.[4] So vergabte etwa der Freiherr Rudolf von Strättligen 1263 dem Kloster Interlaken neben dem Kirchensatz und der Kirchenvogtei von Ober-Gurzelen auch eine leibeigene Frau.[5] Warum gerade die Witwe Willeburga ausgewählt wurde und mit dem wertvollen Gut des Kirchensatzes in einem Atemzug als Geschenk genannt wird, geht aus der Quelle leider nicht hervor. Wenn sich diese nicht durch spezielle Fähigkeiten auszeichneten, war der Wert von Leibeigenen sehr gering. Während ein Kriegspferd bis zu 100 Pfund kosten konnte,[6] bezahlte beispielsweise die Kirche Zofingen dem Freiherrn Arnold von Wädiswil für eine Frau mit ihren vier Söhnen und einer Tochter nur gerade 10 Pfund.[7]

Ebenfalls sehr grossen Einfluss auf die persönliche Handlungsfreiheit eines leibeigenen Bauern hatte die so genannte Ungenossame. Sie legte fest, dass sich eine unfreie Person nur innerhalb der Eigenleute seines Besitzers verheiraten durfte.[8] Da geschlossene Herrschaften jedoch selten waren und die Eigenleute verschiedener Herren in der Regel durcheinander wohnten, konnte dieses Verbot sehr einschränkend wirken und wurde entsprechend oft auch umgangen. Gehörten zwei Eheleute nicht demselben Stand an, so folgten die Kinder auf dem Land automatisch der so genannt ärgeren Hand. In der Stadt Bern war dies genau umgekehrt. Hier besagte die Stadtsatzung, dass Kinder, die einen unfreien und einen freien Elternteil hatten, in jedem Fall frei sein sollten.[9] Starb

Abb. 385
Kirche Büren a.d.A. Fortsetzung des Chorbogens links. Auch die einander zugewandten Fische symbolisieren das gottgefällige Leben eines Christen. Die darüber kniende Gestalt – wohl Abel – bringt Gott eine brennende Opfergabe dar.

Abb. 386
Kirche Büren a.d.A. Hasenjagd. Der Jäger stösst in sein Horn, der schlanke aber mächtige Jagdhund ist dem ebenfalls gross dargestellten Hasen direkt auf den Fersen. Der Hase gilt als Symbol der menschlichen Seele, da er in der Not immer nach oben fliehe. Gleicherart soll sich die bedrängte Seele nach dem Jenseits ausrichten.

Abb. 387
Kirche Büren a.d.A. Mischwesen. Am Rande der Welt sollten der mittelalterlichen Vorstellung gemäss Tiere hausen, welche die Kennzeichen verschiedenster Arten verbinden: Fischschwanz, Flügel, Hufe oder Krallen, Affen- oder Vogelkopf. Der Glaube an die Existenz dieser Wesen war so stark, dass auch Reisende ihnen tatsächlich «begegneten».

eine unfreie Person auf dem Lande, so profitierte ihr Herr davon, indem ihm das so genannte Besthaupt, also das beste Stück Vieh im Stall zustand.[10] Noch 1342 liess sich das Kloster Rüeggisberg unter anderen Herrschaftsrechten bestätigen, dass es beim Tod eines Hörigen Anspruch auf dessen zweitbestes Tier hätte.[11]
Ebenfalls einschränkend wirkte für den unfreien Landbewohner, dass er an den Gerichtsstand seines Herrn gebunden war. Im Gegensatz zu den Stadtbewohnern, die sich an ein mehr oder weniger unabhängiges Stadtgericht wenden konnten, aber auch zu den Ausburgern, die an den Rat in Bern appellieren konnten, wenn sie sich unfair behandelt sahen, hatte der Leibeigene diese Möglichkeit nicht. Ihm blieb keine andere Möglichkeit als den Entscheid zu akzeptieren und sich seinem Herrn zu fügen. Somit beeinträchtigte die persönliche Leibeigenschaft nicht nur den Handlungsspielraum einer Person, sondern schmälerte auch sein soziales Ansehen und steigerte seine ökonomische Belastung.[12]
Dass sich die Situation der Bauern seit dem 12. Jahrhundert jedoch allmählich verbesserte, verdankten sie in erster Linie der einsetzenden Städtebauwelle.[13]
Da die Bauern, wenn sie in die Stadt zogen, hier nach Jahr und Tag frei wurden, mussten sich die Grundherren der veränderten Situation anpassen, wenn sie vor der Konkurrenz der Städte bestehen wollten. Vielfach wurden deshalb einfache, jederzeit kündbare Pachtverträge in eine Erbpacht umgewandelt. Die Unfreien erhielten damit ein Recht und wurden geschäftsfähig.[14] Sie konnten ihre Erbpacht verkaufen oder eine andere erwerben, wie dies Heinrich, genannt Walesch, ein Eigenmann des Klosters Interlaken, tat, als er am 7. Januar 1291 von diesem für 20 Pfund ein Gut in der Nähe von Interlaken zu Erblehen erwarb.[15] Eine weitere Verbesserung ihrer Situation bestand darin, dass es möglich wurde, einzelne Lasten durch Geldbeträge abzulösen oder Natural- in Geldabgaben umzuwandeln. Dies war für die Bauern ein grosser Vorteil, da das Geld einer ständigen Entwertung ausgesetzt war und die Abgaben damit sanken, während die Naturalabgaben über Jahrhunderte konstant geblieben waren. Diese etwas verbesserte Situation am Ende des Mittelalters galt allerdings nur für Männer mit Grundbesitz. Sowohl Knechte als auch sämtliche Frauen waren vollständig vom Hausvorsteher abhängig. Da die Frauen neben der Feldarbeit auch noch Kinder in die Welt setzen, diese erziehen mussten und für den Haushalt verantwortlich waren, war ihr Arbeitsalltag noch viel härter als derjenige der Männer.[16] Aus heutiger Sicht die grösste Einschränkung war jedoch, dass sie selber weder rechts- noch gerichtsfähig waren. Im Gegensatz zur Städterin, die vielerorts während des Mittelalters von der Geschlechtsvormundschaft befreit war, blieb diese auf dem Land bis ins 19. Jahrhundert hinein bestehen. Sowohl um Handel zu betreiben als auch um vor Gericht aufzutreten, waren Frauen immer auf ihre Väter, Ehemänner oder Söhne angewiesen.
Abgesehen von diesen grundsätzlichen Aspekten zeigen sich jedoch in der konkreten Ausgestaltung der Agrarverfassung erhebliche räumliche und zeitliche Unterschiede. So ist denn auch die rechtliche und soziale Stellung der Bauern im Berner Mittelland deutlich anders als diejenige im Oberland. Nicht nur gelang es den Bauern in der Alpenregion viel früher, sich in eigenständigen Gemeinden zu organisieren und damit mehr Einflussmöglichkeiten zu erlan-

Abb. 388
Kirche Büren a.d.A. das Opfer Kains. Der Mann in Schrittstellung hält mit bedeckten Händen und emporgerichtetem Blick seine von Gott verschmähte Gabe hoch. Die Geschichte ist als Fortsetzung der an den benachbarten Kapitellen dargestellten Schöpfung zu verstehen.

gen, sondern konnten sie auch viel früher persönlich frei und unabhängig werden. Diejenigen Bauern, die nicht ohnehin bereits frei waren, erwarben schon im 14. Jahrhundert ihre persönliche Freiheit.[17] In anderen Gegenden des Kantons Bern dauerte es hingegen teilweise bis ins 16. Jahrhundert, bis sich die letzten Unfreien – meist auf Drängen Berns – freikaufen konnten.

Susi Ulrich-Bochsler

Menschen auf dem Lande: anthropologische Befunde

Aus der Stadt Bern gibt es bisher kaum Gräberfunde aus der hier interessierenden Zeitspanne (→ S. 210). Günstiger ist die Ausgangslage in der Berner Landschaft: Bei den zahlreichen archäologischen Untersuchungen von Pfarrkirchen wurden in den letzten Jahren Hunderte von mittelalterlichen Skeletten ausgegraben. Zum einen sind es Gebeine aus Kirchenfriedhöfen, zum andern Bestattungen aus den Innenräumen von Kirchen.[1]
Da Beerdigungen und der Verkauf von Gräbern eine wichtige Einnahmequelle für die Kirche darstellten, war Sterben im Mittelalter eine teure Angelegenheit. Zu den Kriterien, wer ein Grab in der Kirche bekam, zählten das Ansehen der Verstorbenen und die Höhe der Spenden. Die Innenbestattungen repräsentieren daher eine Auswahl von Personen aus der mittleren und oberen Sozialschicht: Persönlichkeiten des öffentlichen Lebens, Inhaber von Patronatsrechten, Patrizier und Pfarrer, denen die auserwählte Lage zum Beispiel vor den Altären die Gewissheit gab, von den Gebeten der Gläubigen zu profitieren und dadurch ihre Busszeit im Fegefeuer abzukürzen. Demgegenüber werden die im Kirchenfriedhof Begrabenen als Vertreter des durchschnittlichen Volkes angesehen. Allerdings galt auch im Friedhof nicht jeder Grabplatz als gleich heilsfördernd – den Unterschieden in Bezug auf die Lage und Nähe zur Kirche trug der mittelalterliche Mensch durchaus Rechnung.
Geht man davon aus, dass die Gräber im Kircheninnern und im Friedhof eine soziale Triage der Verstorbenen widerspiegeln, können an die Untersuchung der Skelette gleich zwei Fragen gestellt werden. So zunächst diejenige nach der anthropologischen Kennzeichnung der Menschen in Bezug auf ihre Skelett- und damit Körpermerkmale und die Sterblichkeitsstrukturen sowie die Gebresten und Krankheiten. Andrerseits interessieren jedoch auch mögliche sozialbedingte Unterschiede zwischen Innen- und Aussenbestattungen.

Was wissen wir vom körperlichen Erscheinungsbild des mittelalterlichen Menschen der Berner Landschaft?

Nach den Messdaten an rund 500 Skeletten[2] lag die mittlere Körperhöhe der Männer bei 169,4 cm, womit sie sich kaum vom schweizerischen Durchschnittswert unterschieden (169,6 cm). Auch die «Berner» Frauen waren mit 160 cm gleich gross wie das Schweizer Mittel. Zwischen Männern und Frauen bestand eine normale Geschlechterdifferenz von knapp 10 cm. Aus der anthropologischen Grundlagenforschung weiss man, dass Angehörige der sozialen Oberschichten in der Regel hochwüchsiger sind als jene der niedrigen Sozialschichten. An den Innen- und Aussenbestattungen unseres Materials ist jedoch eine solche Differenzierung nicht nachweisbar, und es ist fraglich, ob sich diese beiden Sozialschichten – zumindest auf dem Land – tatsächlich in der angenommenen Dimension unterschieden. Hingegen gab es soziokulturell zusammengehörende Gruppen, die im Körperbau etwas vom Durchschnitt abweichen: Die Cluniazensermönche der St. Petersinsel waren – neben einigen kleinen und grazilen Männern – robust gebaut und hochwüchsiger als ihre Zeitgenossen (→ S. 369).

In der Schädelform zeichnen sich keine wesentlichen Unterschiede gegenüber den Schweizer Vergleichsdaten ab, jedoch scheint die Schädelverrundung in unserer Region fortgeschrittener zu sein als etwa in der Innerschweiz; die kurzbreitförmigen Schädel überwiegen bei Männern und Frauen. Zwischen Innen- und Aussenbestattungen werden im Gegensatz zur Körperhöhe geringfügige

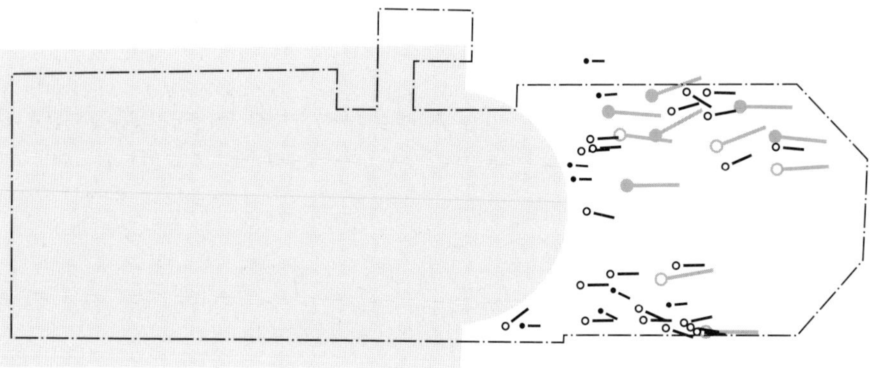

Abb. 389
Im Osten der Pfarrkirche Kirchlindach wurde ein Teil des Friedhofs ausgegraben. Hier eingezeichnet sind die Gräber der jüngeren Bestattungsschicht aus dem 10.–14. Jh..
Männer: grau gefüllt.
Frauen: grau ungefüllt.
Kinderskelette sind mit kleineren schwarzen Symbolen gekennzeichnet, unter einjährige Kinder: gefüllt, über einjährige: ungefüllt.

Differenzen erkennbar, indem die Bestattungen in der Kirche etwas längere Schädel aufweisen als jene im Friedhof. In der Regel sind Vertreter der Oberschichten langschädeliger und schmalgesichtiger als die der Unterschichten.

Bevökerungsaufbau
Über den Bevölkerungsaufbau in der Berner Landschaft orientieren in erster Linie die Skelette aus den Aussengräbern (Abb. 389).[3] Allerdings ist kein Friedhof so umfassend ausgegraben, dass diese Toten einen reellen Spiegel der Dorfgemeinschaft darstellen könnten. Wurde ein Kirchenfriedhof beispielsweise nur im Chorbereich freigelegt, finden wir eine andere Bevölkerungszusammensetzung als in abseitigeren Friedhofsbereichen.

Bestimmte Tote bestattete man gerne an bevorzugten Plätzen, Kleinstkinder und Säuglinge zum Beispiel aussen am Chor. Für Neugeborene, speziell für Ungetaufte, wählte man ab dem 13./14. Jahrhundert mit Vorliebe auch Grabplätze im Kircheninnern.[4] Dahinter stand die Absicht, diese Kinder vor dem Zugriff des Bösen zu schützen. Trotz nicht immer gegebener Repräsentativität dieser Friedhofsteile wird eines klar: Die Kindersterblichkeit war damals hoch. Nach der kritischen perinatalen Phase waren auch die Kleinkinder gefährdet. Erst mit dem Alter ab sieben Jahren sank die Mortalität und blieb anschliessend auf einem tiefen Niveau bis zum Ende der Jugendzeit (Abb. 390).

Bei den Erwachsenen ist in vielen ländlichen Orten eine hohe Sterblichkeit der Frauen im jungen Alter festzustellen. Ein solch früher Tod dürfte in vielen Fällen auf Geburts- und Wochenbettkomplikationen zurückgehen. Ansonst waren das fünfte und sechste Lebensjahrzehnt die Altersspannen mit der grössten Anzahl von Todesfällen (Abb. 391). Ein über 60-jähriges Alter erreichten nur wenige Männer und Frauen, noch weniger überlebten das 70. Lebensjahr. Allerdings gibt es auch in Bezug auf die Mortalitätsmuster abweichende Menschengruppen. Wiederum seien die Cluniazensermönche der St. Petersinsel erwähnt, die eine höhere Lebenserwartung im jungerwachsenen Alter hatten als ihre nichtklerikalen Zeitgenossen.

Ein weiteres demographisches Kennzeichen stellt der Geschlechteraufbau einer Bestattungsgruppe dar. Im Kircheninnern gibt es für das 12./13. Jahrhundert nur wenige Gräber, bei denen es sich oft um Patronatsgräber des Adels – Frauen und Männer – handelt. Ab dem 14. Jahrhundert kommt es zu einer eigentlichen Bestattungswelle in den Kirchen. Jetzt dominieren die Männergräber; mancherorts wurden sogar ausschliesslich Männer im Kircheninnern bestattet. In den Friedhöfen zeichnet sich jedoch ebenfalls ein hoher Männerüberschuss ab, was wohl darauf zurückzuführen ist, dass Männer in den kirchennahen und damit heilsfördernden Teilen der Friedhöfe eher ein Grab bekamen als Frauen. Dieses unausgewogene Geschlechterverhältnis ruft nicht eben ein positives Bild der soziokulturellen Stellung der Frau in dieser Zeit hervor. In den Städten, von denen wir aus Schaffhausen und Basel Skelettstichproben haben, scheint dagegen ein leichter Frauenüberschuss bestanden zu haben. Änderungen in der Geschlechterrelation sind jedoch nicht allein mit unterschiedlicher Sterblichkeit zu erklären, sondern können auch mit Bevölkerungsbewegungen wie Zu- und Abwanderungen zusammenhängen. So ist etwa zu fragen, ob wohl zahlreiche Frauen aus ländlichen Gegenden als Dienstmägde in die Städte zogen. Wie erwähnt fehlen jedoch die Grundlagen für eine solche Unter-

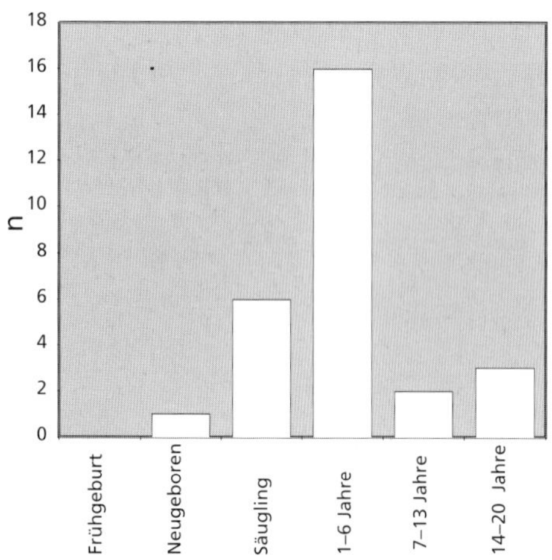

Abb. 390
Altersverteilung der Kinder von Kirchlindach.

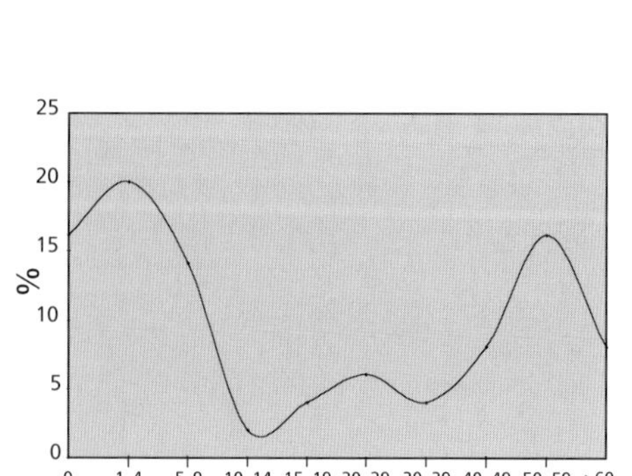

Abb. 391
Sterblichkeit der Kirchlindacher Bevölkerungsgruppe mit Gipfel bei den Kleinkindern und im 6. Lebensjahrzehnt.

Susi Ulrich-Bochsler

Der Gesundheitszustand der Cluniazensermönche auf der St. Petersinsel

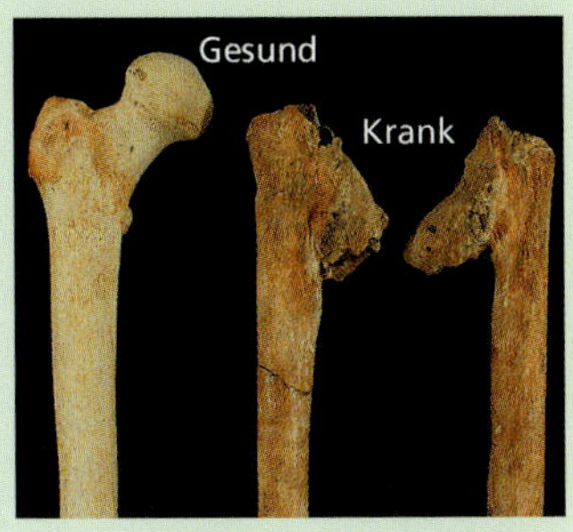

Portrait 2: behinderter Mann, 50–60 Jahre alt, Körperhöhe unbestimmbar. Bestattet in Grab 74 im Friedhof Ost des ehemaligen Cluniazenserpriorats auf der St. Petersinsel.
Besondere Kennzeichen: beidseitig schwerstdeformierte Hüftgelenke, vermutlich angeborener Defekt mit Zunahme arthrotischer Beschwerden im Alter. Stark gehbehindert. Wurde eventuell wegen seiner Behinderung schon jung ins Kloster gebracht.

Portrait 1: amputierter Mann, 60–80 Jahre alt, Körperhöhe 166 cm, kräftiger Körperbau. Bestattet in Grab 72 im Friedhof Ost des ehemaligen Cluniazenserpriorats auf der St. Petersinsel.
Besondere Kenzeichen: linker Fuss amputiert (nach Verletzung, Unfall oder Abfaulen des Fusses durch Mutterkornvergiftung [Ergotismus oder Antoniusfeuer]), Beinstumpf gut geheilt. Leicht hinkender Gang, benutzte eventuell Krücke oder Stock.

Klosterfriedhöfe repräsentieren eine Palette verschiedenartigster Menschen, die durch ihre Glaubenszugehörigkeit während kürzerer oder längerer Zeit eine Lebensgemeinschaft bildeten. Der archäologisch und anthropologisch untersuchte Friedhof Ost zum ehemaligen Cluniazenserkloster auf der St. Petersinsel enthielt – erwartungsgemäss – fast nur Männer. Kinder gehörten nicht zur Gemeinschaft.
Abgesehen vom charakteristischen Geschlechteraufbau zeigt sich die Sonderstellung dieser Menschengruppe auch in einer günstigeren Lebenserwartung im Vergleich zu normalen Dorfbevölkerungen. Betrug die Alterserwartung eines zwanzigjährigen Zeitgenossen, der also die «Klippe» der Kindersterblichkeit überwunden hatte, rund 47 Jahre, lag sie bei den Mönchen weit höher, nämlich bei 54 Jahren.
Auch aus dem Bereich der krankhaften Knochenveränderungen ist von den Mönchen Überraschendes zu berichten. Diese Männer wiesen überdurchschnittlich starke Abnutzungserscheinungen an der Halswirbelsäule auf, zudem fortgeschrittene arthrotische Veränderungen am Schultergürtel und an den Füssen. Handelt es sich dabei um die Folgen bestimmter Körperhaltungen oder Fehlbelastungen – bedingt etwa durch langes Stehen beim Chorgebet? Mangelerscheinungen und Stresssymptome waren dagegen selten, was mit der Herkunft der Mönche aus dem Adel und dem oberen Sozialstand zusammenhängen könnte. Zu den weiteren Kennzeichen zählen eine niedrige Kariesfrequenz und ein hoher Abkauungsgrad der Zähne, vereinbar mit einer kargen, faserreichen Ernährung, welche für die Mönche ja vorgeschrieben war.
Interpretativ bedeutungsvoll sind die vielen Verletzungen. Mehrere Männer wiesen verheilte oder wenigstens kurz überlebte Schädelverletzungen auf. Ebenso gehäuft wurden Frakturen an Rippen, Unterarm- und Unterschenkelknochen beobachtet. Unter den Mönchen befanden sich auch zwei Fussamputierte. Mindestens 14 Prozent der im Friedhof Ost bestatteten Männer waren somit invalid oder teilinvalid. Einige der Behinderten kamen wohl erst nach ihrer Verletzung ins Kloster und wurden hier gesund gepflegt. Andere, die ihre Gebresten von Kindheit an trugen, wurden vielleicht deretwegen dem Klosterleben verpflichtet. Die Tatsache, dass die Cluniazensermönche der St. Petersinsel trotz der vielfältigen Gebresten ein hohes Lebensalter erreichten, lässt vermuten, dass die Klosterbrüder die Heilkunst recht gut beherrschten.

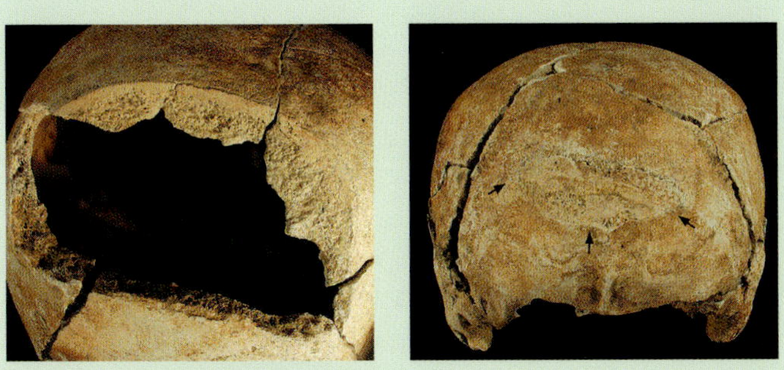

Portrait 3: Kriegsversehrter (Grab 70)
Mann, 49–57 Jahre alt, Körperhöhe 171,5 cm, robuster Körperbau. Bestattet in Grab 70 im Friedhof Ost des ehemaligen Cluniazenserpriorats auf der St. Petersinsel.
Besondere Kennzeichen: diverse, z.T. überlebte Hiebverletzungen am Schädel. Trat möglicherweise erst im höheren Alter dem Orden bei und übte vor seinem Klostereintritt als Adliger vielleicht das Kriegshandwerk aus.

Literatur: Gutscher/Ueltschi/Ulrich-Bochsler (St. Petersinsel), S. 261–336.

suchung in der Stadt Bern. Auch eine mögliche Bevölkerungszunahme, wie sie in Europa bis gegen 1300 anhielt, lässt sich an unserem ländlichen bernischen Material vorerst nicht nachzeichnen.

Krankheiten und Gebresten
Die Mehrzahl der krankhaften Skelettveränderungen bei Kindern hängen mit Mangelerscheinungen zusammen. Während der zu einer Rachitis führende Vitamin-D-Mangel selten beobachtet wird – wohl weil die Kleinstkinder genügend Licht und Sonne bekamen – treten Vitamin-C-Mangelerscheinungen häufiger auf. Skorbut ist wohl diejenige Erkrankung, die am deutlichsten auf eine

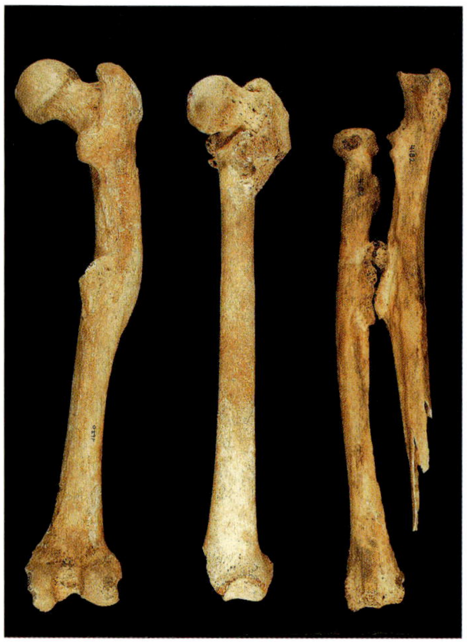

Abb. 392
Zusammenstellung verschiedener Knochenbrüche und ihrer Ausheilungsformen: Die Brüche an Oberschenkeln (1. und 2. Beispiel von links) sind verheilt, ebenso die Fraktur am Unterarmknochen, wo sich jedoch ein Pseudogelenk ausgebildet hat (rechts).

Abb. 393
Rippenfrakturen. Die Bruchenden sind an mehreren Rippen nicht mehr zusammengewachsen.

Mangelernährung und auf eine herabgesetzte Resistenz gegenüber Krankheitserregern hinweist. Skorbut äussert sich in Infektneigung, Anämie und Blutungen unter der Knochenhaut. Vitamin-C-Mangel kam früher überall vor, besonders bei Hungersnöten und in Zeiten nahrungsbedingter Engpässe – zum Beispiel in den Wintermonaten, in denen frisches Obst und Gemüse rar waren. Gestorben ist man nicht an der Krankheit selber, sondern an Infektionen, die infolge der offenen Wunden hervorgerufen wurden und die eine Langzeitfolge der C-Avitaminose sind.

Am verbreitetsten waren jedoch Anämien, darunter die Eisenmangelanämie, hervorgerufen durch eine ernährungsbedingte unzureichende Eiseneinnahme oder durch einseitige Ernährung (etwa folsäurearme Nahrung wie beispielsweise Ziegenmilch), allenfalls auch durch Parasitenbefall. Hinweise auf Eiweissmangelernährung und auf Störungen des Kalziumstoffwechsels sind in der Ausbildung von Defekten im Zahnschmelz zu finden. Allgemein sieht man sie als Stressindikatoren der ersten sieben Lebensjahre an. Besonders betroffen waren die zwei- bis fünfjährigen Kinder (Entwöhnungsphase und qualitative/quantitative Änderung der Nahrung). Im Gegensatz zu diesen Mangelkrankheiten treten Verletzungen oder infektiös bedingte Knochenerkrankungen bei den Kindern kaum oder nur als Einzelfälle in Erscheinung.

Wie sieht der Gesundheitszustand der Erwachsenen aus? Bei ihnen überwiegen die degenerativen Veränderungen im Bereich der Wirbelsäule und der Gelenke. Manch älterer Mensch war durch eine fortgeschrittene Arthrose gezeichnet und dadurch eventuell auch in seinem Alltagsleben eingeschränkt, geht man davon aus, dass die Mehrheit der ländlichen Bevölkerung in der Landwirtschaft tätig war. Verletzungen kommen relativ häufig vor, in unterschiedlicher Ausheilungsform, an unterschiedlichen Skelettregionen und aus unterschiedlichster Ursache (Abb. 392 und 393). Zum normalen Bild der auf dem Land – und gleichermassen wohl in der Stadt – lebenden Menschen gehörten sicher Zahnprobleme: Karies, Zahnstein, Zahnbetterkrankungen, Abszesse und Granulome.

Auf das Vorkommen von Karies (Zahnfäule) sei hier ein detaillierterer Blick geworfen. Zum einen lehren die Daten, dass in den einzelnen ländlichen Bevölkerungen des Berner Raums eine beachtliche Variabilität besteht – die allerdings zum Teil auf die unterschiedliche Repräsentativität der Gruppen zurückzuführen ist. Die Durchschnittswerte reichen von einem Kariesbefall von 10,7 Prozent bis 45,2 Prozent. Interessanterweise tritt kein eklatanter Unterschied zwischen Innen- und Aussenbestattungen auf: Bei den Innengräbern sind 26,6 Prozent aller Zähne kariös, im Friedhof sind es 24 Prozent. Nur wenn diese kleine Differenz mindestens signifikant wäre, könnte man eine unterschiedliche Ernährung postulieren. Wie bei den Merkmalen des Körperbaus und der Demographie sind die Unterschiede zwischen den einzelnen Dörfern offensichtlicher als zwischen Innen- und Aussengräbern. Zumindest deuten die anthropologischen Unterschiede zwischen den beiden Sozialgruppen nicht auf grundsätzlich verschiedene Lebensumstände hin. Oder ist es vielleicht so, dass die beiden Bestattungsgruppen gar nicht die beiden Extreme «reich» (Adel) und «arm» (Taglöhner), sondern eher Stufen innerhalb einer breiten Mittelschicht darstellen?

In Bezug auf das 13./14. Jahrhundert interessiert der Nachweis der in dieser Zeit verbreiteten Seuchen Pest und Lepra. Pest lässt sich am Skelett nicht diagnostizieren, kann aber anthropologisch in denjenigen Fällen erkannt werden, wo Massengräber mit entsprechenden Skelettlagen vorkommen. Lepra als weitere Geissel der damaligen Zeit ist durch die verursachten spezifischen Knochenveränderungen gut nachweisbar. Die Leprösen, sowohl im Leben wie auch im Tod von den Gesunden abgesondert, finden wir aber – mit wenigen Ausnahmen – nur auf Friedhöfen zu Siechenhäusern, von denen in der Berner Landschaft keiner ausgegraben ist.

Ländliche Siedlungen: archäologische Spuren

Der Blick auf das die Stadt Bern im 13. und 14. Jahrhundert umgebende Land (→ S. 59) hat klar gemacht, dass die Stadtgründung nicht zu einem Verschwinden umliegender präurbaner Siedlungen geführt hat. Es setzte kein Wüstlegungsprozess ein. Wir dürfen davon ausgehen, dass einzelne Familien in die Stadt zogen, jedoch keine gesamten Dorfschaften inkorporiert wurden.[1] Dies bedeutet, dass wir im Umfeld Berns von einer ungebrochenen Siedlungskontinuität seit der hier zur Diskussion stehenden Zeit auszugehen haben. Für die substantielle Überlieferung baulicher Reste sind dies keine guten Voraussetzungen.

Da die Bauten jener Zeit meistens aus Holz bestanden, haben sich keinerlei Gebäude erhalten. Ihre hölzernen Rahmenwerke der Wände standen meist ebenerdig auf wenigen Unterlagsteinen, kaum auf tiefer greifenden Fundamenten.[2] Nur ganz wenige Bauten waren unterkellert, da einfache Erdgruben für die Vorratshaltung genügten. Ersatzbauten entstanden in aller Regel direkt über oder an Stelle ihrer Vorgänger. Daher findet man heute bei Bautätigkeiten in ländlichen Siedlungen nur selten Befunde, welche in der Lage wären, wesentlich mehr auszusagen, als dass zu der betreffenden Zeit hier bereits gesiedelt wurde, eine Information, die uns überdies zumeist – und erst noch bequemer – längst aus den Schriftquellen bekannt ist. Dies hat vielerorts zu einer Mauerblümchenstellung der ländlichen Siedlungsarchäologie geführt. Im Wissen, dass genauso wie im städtischen Raum in Baulücken, Hinterhöfen und nicht unterkellerten Bauten sich Zeugen längst abgegangener Siedlungsperioden finden lassen, begleitet der Archäologische Dienst des Kantons Bern seit vielen Jahren nach Möglichkeit auch die Bautätigkeit im ländlichen Raum, so dass wir von einigen dörflichen Siedlungen des 13. und 14. Jahrhunderts eine Vorstellung haben (Abb. 394). Die umfangreichsten Beobachtungen betreffen die Dörfer von Oberbüren, Niederwangen[3], Münchenwiler[4], Sonceboz[5] und Court (→ S. 383) sowie das vorstädtische Dorf von Aarberg. Trotz der Beschränktheit ihrer Überlieferung erlauben sie uns einen Einblick in die Siedlungsform und deren Bautypen sowie den Alltag des zumeist bäuerlichen Landlebens und die Wohnverhältnisse der Bevölkerung. Dabei ist grundsätzlich festzustellen, dass sich die Häuser der Bauern im 13. und 14. Jahrhundert – abgesehen vom Fehlen der Grubenhäuser – wenig von den frühmittelalterlichen Siedlungs- und Wohnformen unterschieden. Der grundlegende Wandel zum repräsentativen Bauernhaus vollzog sich erst in der frühen Neuzeit – etwa im Emmental haben sich Bauten dieser Epoche auch erhalten.

Das präurbane Dorf Aarberg

In Aarberg konnten 1993 aussagekräftige Teile des hochmittelalterlichen Dorfes des 12./13. Jahrhunderts grossflächig archäologisch untersucht werden, weil

Abb. 394
Aarberg, Rekonstruktion des präurbanen Dorfes, wie es sich seit dem 12. Jahrhundert und bis zur Stadtgründung im dritten Jahrzehnt des 13. Jahrhunderts präsentierte.
1 Stadtburg.
2 ländliches Dorf.
3 Hospital und Kapelle.
4 Brücke.

Abb. 395
Ansicht von Süden auf die Grabungen anlässlich der Neupflästerung des Aarberger Stadtplatzes 1992/93. Im Bild Pfostenstellungen des präurbanen Dorfes.

sie bei der Stadtgründung um 1220/25 ebenerdig abgebrochen worden waren und an ihrer Stelle nicht mehr gebaut wurde, sondern der heutige weite Stadtplatz entstand.[6] Anlässlich der erneuten Auskofferung des Platzes wurden 1992 ihre Spuren entdeckt. Sie zeichneten sich im gewachsenen natürlichen Boden als dunkle Verfärbungen vermoderter Hölzer ab (Abb. 395). Auf Grund der naturwissenschaftlich erhobenen Datierungen (C-14- und dendrochronologische Methode) bestanden diese Bauten bereits im 12. Jahrhundert.[7] Die Siedlungstätigkeit lässt sich bis direkt zur Stadtgründung belegen, ja vielleicht bedeuten die jüngsten Daten, welche nach dem Stadtgründungsdatum liegen, dass die Gründung als Prozess in mehreren Schüben erfolgte und einzelne dörfliche Bauteile durchaus bis in die frühstädtische Zeit bestehen bleiben konnten.

Spuren der Umzäunung
Das Dorf belegte den östlichen Teil des heutigen Platzes und war stellenweise mit einem seichten Wassergraben umgeben. An anderen Stellen dürfen wir uns einen hölzernen Zaun vorstellen. Da der gesamte spätere Stadtplatz jedoch durch Abschürfen ausgeebnet wurde, erhielten sich nur grössere Vertiefungen, das heisst die Sohle des Grabens sowie die tiefer reichenden Gruben stärkerer Pfosten. Zahlreiche Pföstchen steckten im Terrain und auch in der Grabenfüllung. Sie gehörten wohl zu Pferchen und Zäunen zur Haltung von Federvieh und Kleintieren inner- und ausserhalb der Holzhäuser. Die Zickzackstellung der Pfostenreste und -abdrücke lässt erkennen, dass es sich um hölzerne Flechtzäune handelte.

Die Gebäude
Im Norden des Platzes senkt sich das Terrain unmerklich, was dazu führte, dass sich hier ebenfalls Spuren von Holzhäusern erhalten konnten. Im Pulk der rund 250 entdeckten und dokumentierten Pfostengruben und -verfärbungen fielen 36 markant grössere Gruben auf, die zum Teil Reste von rechteckigen Pfosten und Keilsteinen aus Sandstein aufwiesen. Ihre Lage ordnete sich in klare, rechtwinklig zueinander verlaufende Linien, so dass ihre Bedeutung als konstruktive Stützen von massiven Holzbauten deutlich wurde. An den Grubensohlen erhielten sich teilweise noch verkohlte Reste der senkrechten Stützen oder Ständer von Vierkant- oder Rundhölzern unterschiedlicher Dimension. Die Durchmesser schwanken – soweit überhaupt feststellbar – zwischen 24 und 30cm.
Leider haben sich zwischen den Pfosten keinerlei Kulturschichten wie Lehmfussböden oder dergleichen erhalten. Als Folge weisen einerseits die meisten Pfostengruben nur mehr eine Tiefe von 5 bis 40 cm auf, was für die Verankerung eines tragenden Pfostens nicht ausreicht. Demselben Umstand ist das Fehlen von datierbaren Kleinfunden wie Geschirr und anderem Alltagsgerät zuzuschreiben. Einzig die Einfüllung des um 1200 aufgegebenen Wassergrabens entschädigt uns und gibt einen zufälligen Einblick in die Alltagskultur.
Die Abstände der grossen Pfosten, welche zu Ständern der Hauskonstruktion gehörten, schwanken zwischen 1,1 m und 2 m. Daraus lässt sich schliessen, dass die Pfosten mit eingezapften Schwellen verbunden waren und die Wandkonstruktion darüber als Bohlenwand oder als lehmverstrichene Flechtwerkwand zu denken ist. Der enge Abstand der einzelnen Wandpfosten sowie ihr schlanker Durchmesser erlauben kaum eine Rekonstruktion zweier Geschosse. Wir nehmen vielmehr eingeschossige ebenerdige Pfostenständerbauten an. Diese lagerten wohl unter grossen Walmdächern, weil diese Dachform eine regelmässige Last auf die Wand abgibt, wogegen ein Satteldach eher kräftigere Firstpfosten erfordern würde.

Obschon die Aarberger Grabung einen der flächenmässig grössten Aufschlüsse erbracht hat, reicht der Ausschnitt der beobachtbaren Fläche kaum aus, klare Grundrisse zu definieren, und das Fehlen von Kulturschichten verhindert die eindeutige Definition von Innen- und Aussenraum. Das bedeutet, dass die Verbindungen der Pfosten zu Hausgrundrissen, wie wir sie hier versuchen (Abb. 396), nur als eine aus zahlreichen Möglichkeiten gesehen werden darf. Die dazwischenliegenden zahllosen kleineren Pfostenstellungen lassen sich als

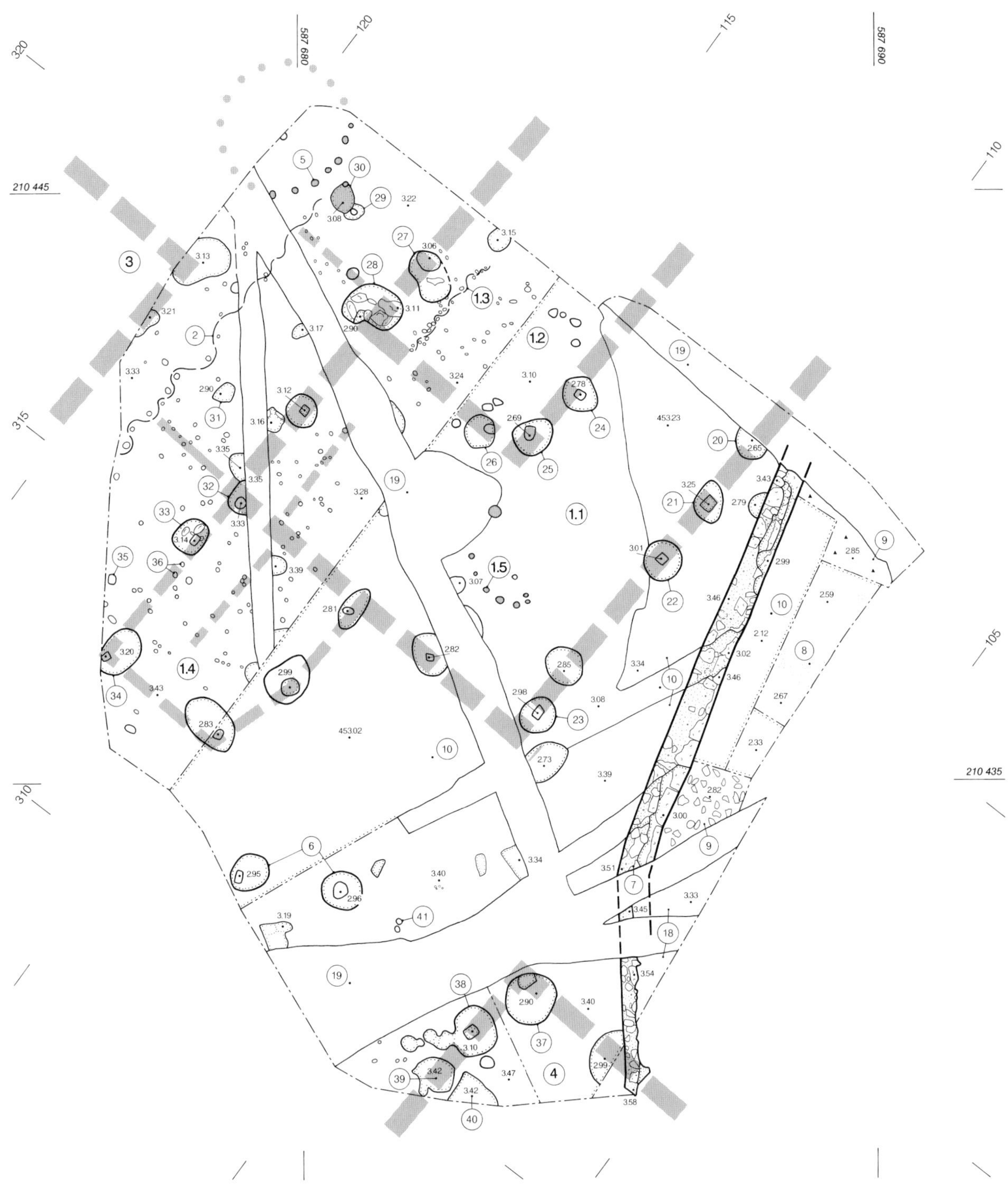

Staketen von Flechtwänden und Zäunen zu Pferchen oder als Einstecklöcher von leider nicht mehr bestimmbaren gewerblichen Geräten deuten.
Immerhin vermögen die Befunde von Aarberg deutlich zu machen, dass wir es hier mit einer offenen Bebauung von grösseren Haupt- und kleineren Nebenbauten zu tun haben: Wohnbau und Pferch können in ein und demselben Baukörper zusammengefasst oder in separaten Gebäuden untergebracht worden sein.

Hinweise auf die landwirtschaftliche Nutzung

Direkt nördlich unserer dörflichen Baureste lagen die ersten zur Siedlung gehörigen Ackerflächen. Über dem Sandsteinfelsen lag dort der sterile Unterboden, ein hellgelber, siltiger Verwitterungshorizont der Molasse, der fliessend in eine stark humöse, fettige, mit viel Holzkohlepartikeln und vereinzelten Keramikfragmenten durchmischte braune Erdschicht übergeht. Auf der unebenen Schichtoberfläche konnten Hufabdrücke und auf der Unterseite dieser Schicht im gewachsenen Boden Pflugspuren nachgewiesen werden. In der Ackererde hatten sich nur verkohlte Körner und Samen erhalten; anderes organisches

Abb. 396
Aarberg, Stadtplatz. Befunde von Pfostenhäusern des präurbanen Dorfes. Die Verbindung der Pfosten zu Hausgrundrissen ist nicht eindeutig, da Innenraumschichten fehlen. Unser Plan zeigt eine der möglichen Varianten (vgl. Abb. 397):
1 Haus mit Räumen 1.1 und 1.2, einer Flechtwerkwand 1.3, einem Annex 1.4 sowie einem halbkreisförmigen Holzeinbaus 1.5.
2 Flechtwerkwand eines Anbaus.
3 Pfosten eines Nachbarhauses im Norden.
4 Pfosten eines Nachbarhauses im Süden.
5 kreisrunder Pferch (Hühnerhaus?).
6 ungedeutete Pfostenlöcher.
7 spätere Stadtmauer (setzt Abbruch der Holzbauten voraus).

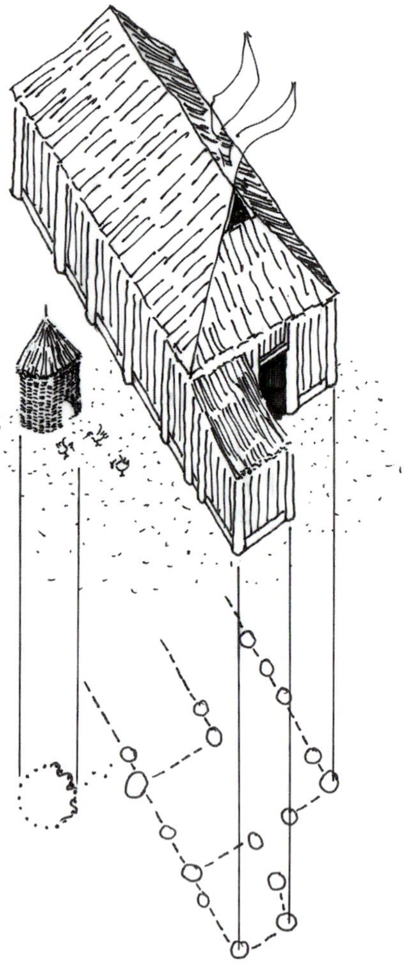

Abb. 397
Aarberg, Stadtplatz. Rekonstruktion des präurbanen Hauses 1 mit dem runden Hühnerhaus (vgl. Abb. 396).

Material war längst verfault. Die botanische Analyse der Makroreste erlaubte dennoch den Nachweis von Hafer, Dinkel und Gerste sowie von Gestrüpp, Unkräutern und Giftkraut (Holunder, Himbeere und Bilsenkraut; → Diagramm Abb. 399 oben).[8] Die relativ hohe Korndichte und deren Bestimmung lassen den Schluss zu, dass am Ort und in dessen nächster Umgebung Flurwirtschaft betrieben worden ist. Die schon als kriminalistisch zu bezeichnende Spurensicherung und Auswertung hat zum klaren Beweis geführt, dass in nächster Umgebung der Siedlung, das heisst auf der zukünftigen Stadtterrasse, Landwirtschaft betrieben wurde.
In der Ackererde fanden sich viele Partikelchen von verkohltem Holz. Dessen Bestimmung gibt uns einen Hinweis auf das Aussehen der Umgebung. Der Verdacht lag nahe, dass die Partikel im Zuge der wiederholten Pflügung in den Boden gelangten und letzte Hinweise auf eine durch die ersten Siedler erfolgte Brandrodung sein könnten. Aus der analysierten Bodenprobe konnten über 100 Holzkohlepartikel entnommen und bestimmt werden. Vom Artenspektrum her dominiert die Eiche mit 78 Prozent. Es folgt die Rotbuche mit 6 Prozent sowie mit je 3 Prozent die Weisstanne und der Hasel (→ Diagramm Abb. 399 unten). Waldpflanzenreste indessen fehlen vollständig. Diese Tatsache sowie der hohe Eichenanteil entsprechen nicht einer üblichen Baumartenzusammensetzung im Wald. Dies gibt uns einen Hinweis, dass es sich bei den Holzkohlestückchen in unserer Ackerschicht um Überreste von Nutzholz handelt, zum Beispiel Holzkohleabfall vom häuslichen Herd und Ofen. Daraus lässt sich folgern: Eine Brandrodung am vorliegenden Standort ist absolut unwahrscheinlich. Wir dürfen heute davon ausgehen, dass die für das 12. und frühe 13. Jahrhundert nachgewiesenen Bewohner mit ihren Holzbauten nicht als «erste Siedler» bezeichnet werden dürfen. Offenbar war das Stadtplateau nicht nur längst vor der Stadtgründung, sondern auch schon vor der beschriebenen Dorfsiedlung offene Ackerfläche, wo Brandabfall vom häuslichen Herd durch den Pflug in den Boden gearbeitet wurde.
Wurde in der Siedlung ausschliesslich Landwirtschaft betrieben? Leider gibt es so wenig Funde, dass diese Frage vorderhand offen bleiben muss. Es ist jedoch wahrscheinlich, dass in der dörflichen Siedlung neben Landwirtschaft auch Gewerbe betrieben wurde, wie uns dies die Befunde und Funde von Oberbüren belegen.

Das Bauerndorf Oberbüren

Die 1992–97 oberhalb des Städtchens Büren an der Aare durchgeführten archäologischen Grabungen galten in erster Linie dem in der Reformationszeit verschwundenen Wallfahrsort mit Marienkirche, Wallfahrtshof und *Pfaffenhaus*, der Wohnstätte der Geistlichkeit. Von einer Kapelle ist 1302 erstmals die Rede, das darin aufgestellte Marienstandbild galt als wundertätig. Kirche und Wallfahrtsbezirk entstanden jedoch am Ort einer bis ins Hochmittelalter zurückgehenden ländlichen Siedlung, welche ihrerseits ausserhalb der Ruinen eines römischen Gutshofes, in welchem Bestattungen des Frühmittelalters lagen, begann. Wir gehen davon aus, dass das hochmittelalterliche Dorf durch das Aufblühen der Wallfahrt verdrängt wurde und den unmittelbaren Vorgänger des heutigen, rund 200 Meter weiter südlich liegenden Weilers *Oberbüren* bildete.[9]
Der archäologische Nachweis der Siedlung war ähnlich schwierig wie in Aarberg. Was dort die Planierung zum flachen innerstädtischen Marktplatz an Siedlungsschichten zerstörte, fiel hier der systematischen Zerstörung nach der Reformation anheim, sollte damals doch der Wallfahrtsort *bis an die Wurzen* ausgerottet werden. Was die Reformatoren nicht schafften, leistete der Pflug in den folgenden Jahrhunderten. So überlieferten sich nur tief greifende Pfostengruben, zahlreiche ins Erdreich eingetiefte Vorrats- und Feuergruben sowie der Sodbrunnen. Weil die zu den Bauten gehörenden Laufhorizonte, die Böden im Hausinnern, fehlen, ist wie in Aarberg auch hier nicht mit Sicherheit zwischen Innen- und Aussenraum zu unterscheiden und geschieht die Verbindung von Gruben und Pfosten zu Hausgrundrissen mit vielen Unsicherheiten. Trotzdem lassen sich aus der Überschneidung von Gruben und Pfostengruppen sowie der Abdrehung von Richtungen mehrere Bauphasen innerhalb der Siedlung able-

Abb. 398
Aarberg, Stadtplatz. Pflugspuren im Norden des Dorfes.

sen. Hier wurde eine kleinere Vorratsgrube durch einen grösseren Pfostenspeicher abgelöst, da ersetzte ein mehrteiliges Holzhaus seinen kleineren Vorgänger, wobei für den Neubau eine markant abgedrehte Stellung gewählt wurde. Wo keine direkte Überschneidung nachweisbar ist, können wir höchstens auf Grund der in Grubenfüllungen enthaltenen Funde sowie der enormen Dichte der Vorratsgruben auf ein Nacheinander statt auf Gleichzeitigkeit aller Befunde schliessen. So lässt sich trotz dieser Unsicherheit eine Vorstellung über den Weiler gewinnen (Abb. 401).

Ein Sodbrunnen im Dorfzentrum

Im Zeitabschnitt des 13. und 14. Jahrhunderts, der uns hier interessiert, lagen nördlich unserer dörflichen Siedlung ein Bestattungsareal und die Kapelle, welche die Kuppe im leicht erhöhten Terrain besetzte. Von hier neigt sich das Gelände sanft nach Süden bis zum (heute eingedohlten) Bach. Die Lage des Sodbrunnens (Abb. 402, und 406) lässt den Dorfmittelpunkt erkennen. Sein kreisrunder Schacht war mit mörtellos vermauerten Kieseln gefügt. Über ein Haspelwerk konnte mit einem hölzernen Bottich Wasser geschöpft werden. Dieser fand sich – dank der nassen Umgebung – in gutem Zustand in 4,5 m Tiefe auf der Schachtsohle (Abb. 408).

Bauten von drei Höfen mit zahlreichen Speichern?

Als mehrteilige Wohnhäuser lesen wir die Grundrisse A, B und C. Haus A liegt in unmittelbarer Nachbarschaft zum Sodbrunnen. Dies macht Sinn: In seinem Innern befindet sich nämlich die vertiefte ausgemauerte Feuergrube einer Esse. Der Bewohner des Hauses betrieb hier offensichtlich eine Schmiedewerkstatt. Zum Abkühlen des geschmiedeten Eisens war die Nähe des kalten Wassers genauso nützlich wie für die Verhütung von Bränden. Ob die Vorratsgrube (1) im Hausinnern lag oder älter ist als Bau A und damit im Freien zu sehen ist, kann nicht mehr beantwortet werden. Nördlich lag ein kleinerer Nebenbau (2), direkt mit dem Haus verbunden ein Annex (3).

Der grösste Bau mit fast repräsentativen Ausmassen von etwa 9 × 16 m war das wohl zweischiffige Wohnhaus B. Es war an der Stelle eines kleineren Vorgängers – eines Pfostenbaus – als ebenerdiger Schwellenbau entstanden. Nördlich folgte, getrennt durch einen Entwässerungsgraben, ein Stall- und Kellergebäude (4), dessen Boden mit einer aufwendigen Kieselpflästerung belegt war – der einzige Befund einer Oberfläche in einem Innenraum! Er hatte sich erhalten können, weil dieser Bauteil leicht ins Terrain abgesenkt war. Er lässt sich mit den Kellern von Unterseen[10] oder Zäziwil[11] vergleichen und gehört typologisch zu

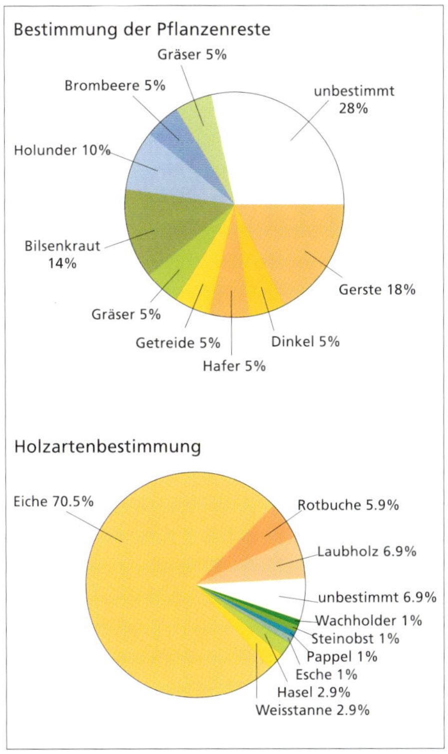

Abb. 399
Aarberg, Stadtplatz. Das botanische Material in den Pflugspuren lässt auf das mittelalterliche Pflanzenspektrum (oben) und die Holzarten (unten) schliessen.

Abb. 400
Oberbüren, Chilchmatt. Flugbild der Ausgrabungen. Oben das heutige Städtchen Büren a. d. A., unten der heutige Weiler Oberbüren, Nachfolger des mittelalterlichen Dorfes.

Abb. 401 (oben)
Oberbüren, Chilchmatt. Übersicht der Grabungsbefunde.

Abb. 402 (oben rechts)
Oberbüren, Chilchmatt. Plan der Befunde zum mittelalterlichen Dorf. Gelb: ältere Baureste, rot: jüngere Baureste.
A, B und C Hauptbauten (Wohnhäuser), 1–28 Vorratsgruben und Kleinspeicher.

Abb. 403 (unten rechts)
Oberbüren, Chilchmatt. Gepflästerter Keller in Raum 4 (vgl. Abb. 402).

Abb. 404
Oberbüren, Chilchmatt. Völlig verkohlt sind die Hölzer des Getreidespeichers 26 (vgl. Abb. 402).

Abb. 405 (oben)
Oberbüren, Chilchmatt. Einblick in den Sodbrunnen.

Abb. 406 (oben links)
Oberbüren, Chilchmatt. Dorfzentrum mit Esse (im Bild rechts angeschnitten) und Sodbrunnen.

Abb. 407 (unten links)
Oberbüren, Chilchmatt. Die erhaltenen Reste der Esse. Die Rotfärbung des Lehms zeigt die hohen Feuerungstemperaturen an.

Abb. 408
Oberbüren, Chilchmatt. Auf der Sohle des Brunnens lag der Bottich. Dank dem feuchten Milieu unter Luftabschluss erhielt sich das Holz ausgezeichnet; ADB.

Abb. 409
Oberbüren, Chilchmatt. Blick in die mit Kieseln ausgemauerte Vorratsgrube 1 (vgl. Abb. 402).

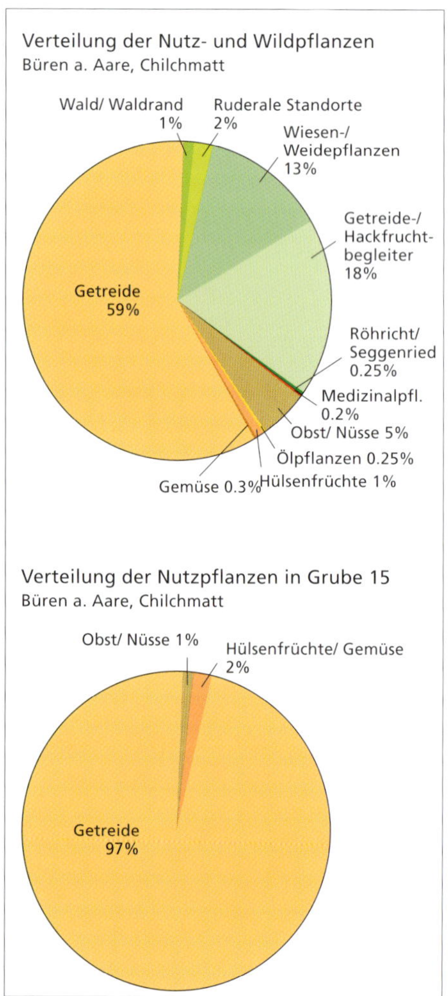

Abb. 410
Oberbüren, Chilchmatt. Nutz- und Wildpflanzendiagramm.

den leicht eingetieften kieselgepflästerten Kellerbauten mit Zugangsrampe. Die Grundmasse des Hauses (4) von 5×8m könnten dieses durchaus als weiteren Wohnbau interpretieren lassen.
Sicher zu Vorratsgruben oder Kleinviehpferchen gehören die Pfostengruppen (5 und 6) sowie die Gruben (7, 8 und 9). Von besonderem Interesse sind die ausgezeichnet erhaltenen Befunde der Vorratsgrube (8), auf deren zum Rund tendierendem rechteckigem Grubenboden sich ein Pföstchenkranz mit den Abdrücken einer Flechtwand erhalten hat. Wir dürfen uns hier ein aus Stäben und Weidenruten «geflochtenes» Speichergebilde vorstellen, dessen Aussehen wohl einem Bienenkorb glich. Weitere rechteckige und ovale Gruben (10–13, 14) lagen im Osten und Süden des Hauses B. Auch sie dürften – wie alle ausserhalb der Gebäude liegenden Gruben – überdeckt gewesen sein. Da jedoch die oberen Grubenränder allesamt abgeschürft sind, kann über die Form der Deckung keine Aussage mehr gemacht werden. In Frage kommen Bretterhütten auf Schwellenkranz; sie hinterlassen nach ihrer Entfernung keine Spuren. Es ist jedoch auch an die einfachste Form, an eine Überdeckung mit bodeneben verlegten Brettern zu denken. Eine Bretterabdeckung kann für im Gebäudeinnern gelegene Gruben (15, 16, 21) vermutet werden; sie dürften mit einer beweglichen Klappe im hölzernen (Küchen-)Boden zugänglich gewesen sein.
Wir erhofften uns Aufschlüsse aus der botanischen Analyse der Grubeninhalte. Die Resultate zeigen jedoch, dass fast alle vor ihrer Preisgabe säuberlich gereinigt worden sind, so dass die in der Füllung enthaltenen Pflanzenreste nur Aussagen zur Flora der Siedlung als Ganzem liefern.

Ein kleineres, aber über längere Zeit bestehendes und zumindest ein Mal in seiner Gesamtheit erneuertes (Wohn-)Haus stellt der ebenfalls mehrräumige Bau C dar. Er schloss wohl ursprünglich den Weiler nach Süden hin ab. Im Osten lag eine grosse Grube, in welcher Sand gewonnen wurde. Dieser diente wohl zur Herstellung von Kalkmörtel zum Bau der kirchlichen Gebäude auf der Hügelkuppe oder für die Ausfachungen der teilweise als Ständerbauten konstruierten dörflichen Bauten. Westlich von Haus C standen mehrere annähernd quadratische Speicher, als Flechtwerkkonstruktionen oder als Pfostenbauten von 3×3 bis 4×4m Grundmass. Wenigstens von einem einzigen können wir mit Sicherheit seine Zweckbestimmung wiedererkennen: Der Speicher (26) bestand aus einem rund einen Meter ins Erdreich abgetieften hölzernen Kasten, dessen Bohlenwände mit Pfosten gegen das Einbrechen gesichert worden waren. Er war offenbar während der Benützungszeit durch ein Feuer zerstört worden. So verkohlten – und konservierten sich dabei gegen Fäulnis im feuchten Boden – nicht nur die Kastenwände und Pföstchen, sondern auch die darin gelagerten Getreidekörner mitsamt der hölzernen Schöpfkelle (Abb. 404 und 411). Sie beweisen, dass wir hier einen Getreidespeicher vor uns haben.

Hinweise auf die landwirtschaftliche Produktion

Konnten wir mit der Esse im Haus A einen Schmied nachweisen, so belegt uns der hölzerne Speicherkasten (26) die landwirtschaftliche Produktion und Vorratshaltung. Letztere darf sicher auch für die Grube (15) in Anspruch genommen werden. Hier fanden sich sehr viele Getreidekörner, aber auch grosse Mengen von Lauch (*Allium spec.*), so dass wir vermuten dürfen, die Grube hätte je nach dem für die Aufbewahrung verschiedener Nahrungsmittel gedient. Die Auswertung der zahlreichen in der Siedlung gefundenen verkohlten Samen und Holzkohlen aus den unzähligen Gruben und Vertiefungen ist noch nicht abgeschlossen, präzisiert jedoch den archäologischen Befund.[12] Die botanischen Funde beinhalten zum Grossteil Getreide, deren Begleiter (Unkräuter) sowie Wiesen- und Weidepflanzen. Bei den Getreiden sind nach ihrer Häufigkeit Roggen (*Secale cereale*), Hafer (*Avena fatua/sativa*), Dinkel (*Triticum spelta*), Nacktweizen (*Triticum aestivum/durum/turgidum*), Rispenhirse (*Panicum miliaceum*), Gerste (*Herdeum vulgare*) und Einkorn (*Triticum monococcum*) nachgewiesen. Sehr selten sind Nachweise von Gemüsepflanzen und Obst. Apfel, Birne, Hasel- und Walnuss sind kultiviert worden, jedoch in bescheidenem Umfang, wie die Funde nahe legen. Auch die Hinweise auf Sammelpflanzen sind spärlich. Die statistische Auswertung der ersten Stichproben (Diagramm Abb. 410) zeigen bei den Nutzpflanzen eine absolute Dominanz von Getreide, während das Diagramm der Wildpflanzen auch auf beträchtliche Wiesen- und Weideflächen in der nahen Umgebung hinweist. Die Nähe des Baches lässt sich ebenso wie die Nähe zum Waldrand aus den analysierten Samen herauslesen. Für die Bewohner des Weilers Oberbüren dürfte der Getreideanbau eine wichtige Tätigkeit dargestellt haben. Darauf deuteten ja auch die archäologischen Befunde der vielen Vorratsgruben hin. Ob jedoch bereits auf eine gewisse Spezialisierung geschlossen werden darf, kann erst die Auswertung des Gesamtbestandes zeigen; die Stichproben könnten das Bild verzerren.

Ergebnisse

Im Dorf Oberbüren lässt sich die Anordnung der Bauten einigermassen erkennen, auch wenn es sich wie in Aarberg nur um einen Ausschnitt des gesamten Weilers handelt. Schwieriger ist die Vorstellung der dritten Dimension. Immerhin wird deutlich, was auch aus anderen Siedlungen bekannt ist: Als Hauptgebäude können gleichzeitig reine Pfostenbauten (A/C) neben Schwellenbauten mit Unterlegsteinen als «Fundament» (B jüngere Phase) vorkommen, während für Speicherbauten grundsätzlich Pfostenbauten – Vier-, Sechs- und Achtpfostengrundrisse – zur Anwendung gelangten. Das Mehrzweckbauernhaus, das unter einem gemeinsamen Dach alle für den bäuerlichen Betrieb nötigen Elemente vereint, wird sich erst im 16. Jahrhundert verbreiten. Im 13./14. Jahrhundert dürfen wir für jede Funktion noch ihren Einzelbau annehmen: Wohnhaus, Latrinengrube, Getreidespeicher, Heuschober, Werkstatthütte, Fruchtspeicher, Kleinviehpferch. Das Grossvieh wurde frei in der Siedlung gehalten. Zahlreiche Zäune trennten innerdörfliche Räume ab und umgaben als Dorfetter die Siedlung als Ganzes. Auf Grund der ähnlichen Siedlungsanordnung und Grundrisstypologie dürfen unsere Befunde mit jenen beispielsweise der salischen Siedlung Holzheim bei Fritzlar (Hessen D)[13], der Dorfwüstung des frühen 12. Jahrhunderts von Wülfingen (Württemberg D)[14] oder mit der ins 12. Jahrhundert zu datierenden späten Phase von Berslingen SH[15] und schliesslich mit den ins 12.–14. Jahrhundert datierten Befunden von Königshagen (Südharz D)[16] verglichen werden.

Abb. 411
Oberbüren, Chilchmatt. Von der Brandkatastrophe zeugt die ebenfalls verkohle Schöpfkelle für Getreide: Sie konnte offenbar bei Ausbruch des Feuers nicht mehr gerettet werden.

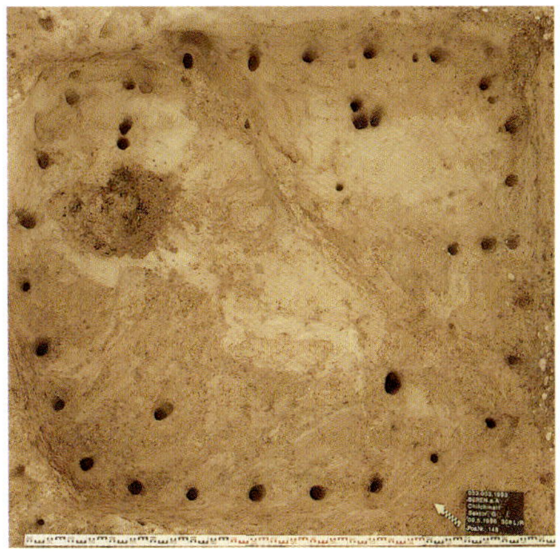

Abb. 412
Oberbüren, Chilchmatt. Von den mit Flechtwänden ausgekleideten Gruben erhielten sich am Rand der Vertiefung die Löcher der Staketen.

Abb. 413
In eine kleine Grube war dieser Kochtopf gelegt worden; offenbar diente er in Zweitverwendung als Vorratstopf.

Abb. 414
Villiers-le-Sec/Frankreich. Die Rekonstruktion eines ländlichen Hauses zeigt eine Vorratsgrube im Vordergrund. Ähnlich dürfen wir uns die Situation in Oberbüren vorstellen.

Die Wände der Häuser bestanden aus lehmverputztem Fachwerk oder aus Bohlen, aus dicken Brettern. Auch Blockbauweise ist bei den Speicherbauten denkbar. Steinbau finden wir einzig beim leicht eingetieften Keller des Hauses B in Oberbüren. Keines der Häuser dürfte ein Obergeschoss besessen haben, obschon in der fraglichen Zeit doppelgeschossige ländliche Bauten bereits bekannt, jedoch wenig verbreitet waren.[17] Im kaum mehr als vom Herdfeuer belichteten Innern waren mehrere Räume durch Holzwände abgetrennt. Über den Brettern der Erdgeschossdecke lag der steile Dachraum. Er diente der Vorratshaltung sowie wohl vielerorts als Schlafraum.
Da, wo sich an der Schmalseite ein Mittelpfosten findet, darf auf ein Satteldach geschlossen werden, dort wo der mittlere Pfosten hauseinwärts versetzt ist, handelte es sich um ein Walmdach. Beide Formen können für Oberbüren nachgewiesen werden. Die Dächer waren mit Schilf, Stroh oder Schindeln bedeckt.
Die Wohnräume waren bescheiden. Der Grossteil des bäuerlichen Alltags fand im Freien oder dann am Herdfeuer statt. Feuerstellen lagen hausmittig, ebenerdig als Lehmschichten angeordnet – oder allenfalls auf einem wenig über das

Abb. 415 (rechts)
Übersicht auf das Rekonstruktionsmodell des hochmittelalterlichen Dorfes Villiers-le-Sec, das sich in vielen Punkten mit Oberbüren vergleichen lässt.

Abb. 416
Da vom mittelalterlichen Alltag so wenig bekannt ist, bleibt der doppelreihige Beinkamm einsamer Zeuge gepflegter Haartrachten; ADB.

Fussbodenniveau hochgemauerten Sockel; wir haben sie wegen dem Erdabtrag weder in Aarberg noch in Oberbüren gefunden. Sie dienten auch als Wärmequelle. Kachelöfen kannte man zwar im 13. und 14. Jahrhundert auch in unserem Gebiet (→ S. 293); sie standen damals jedoch in der guten Stube ländlicher Herrensitze und Burgen und gehörten in der Stadt bereits zur Normausstattung; in bäuerlich-ländlichen Siedlungen des Kantons Bern fehlen jedoch Funde von Becher- und frühen Blattkacheln bislang. Nun sollte man sich die Wohnräume aber nicht als windige Bretterverschläge vorstellen. Die Zimmermannstechnik war in unseren Gegenden bereits seit dem Frühmittelalter hoch entwickelt und durchaus in der Lage, saubere und damit winddichte Kammern zu fügen, welche zudem im Winter gemütliche Wärme boten.[18]

Daniel Gutscher

Gewerbesiedlungen

Wir haben im vorangehenden Kapitel unsere Betrachtung auf die ländlichen Siedlungen ausgeweitet. Es könnte der falsche Eindruck entstehen, dass diese insgesamt als Weiler von Bauern anzusehen wären. Selbstverständlich sind wohl alle, die ausserhalb der Stadt wohnen, auf Selbstversorgung eingerichtet, die Spezialisierung ist indessen längst nicht auf die Stadt beschränkt. Es gibt dörfliche Siedlungen, die als eigentliche Industriezentren «avant la lettre» zu bezeichnen sind. Sie widmen sich insbesondere jenen Gewerbezweigen, welche auf eine intensive Nutzung von Wasser oder Holz angewiesen waren. Während Mühlen, Knochenstampfen, Schmieden, Sägewerke eher in Einzelbauten zu suchen sind, benötigen Eisenschmelzhütten, Glashütten oder Töpfereien einen ganzen Pulk von Bauten. Grundsätzlich hat die archäologische Forschung in den letzten Jahrzehnten feststellen können, dass für die Ansiedlung einer präindustriellen Produktionsstätte das Vorhandensein von Energielieferanten – in erster Linie Brennholz – wichtiger ist als die Distanz zu den zu bearbeitenden Rohstoffen. Ein Beispiel mag zur Begründung genügen: zum Brennen von einer Tonne Kalksteinen für die Herstellung von Kalk wurden drei Kubikmeter

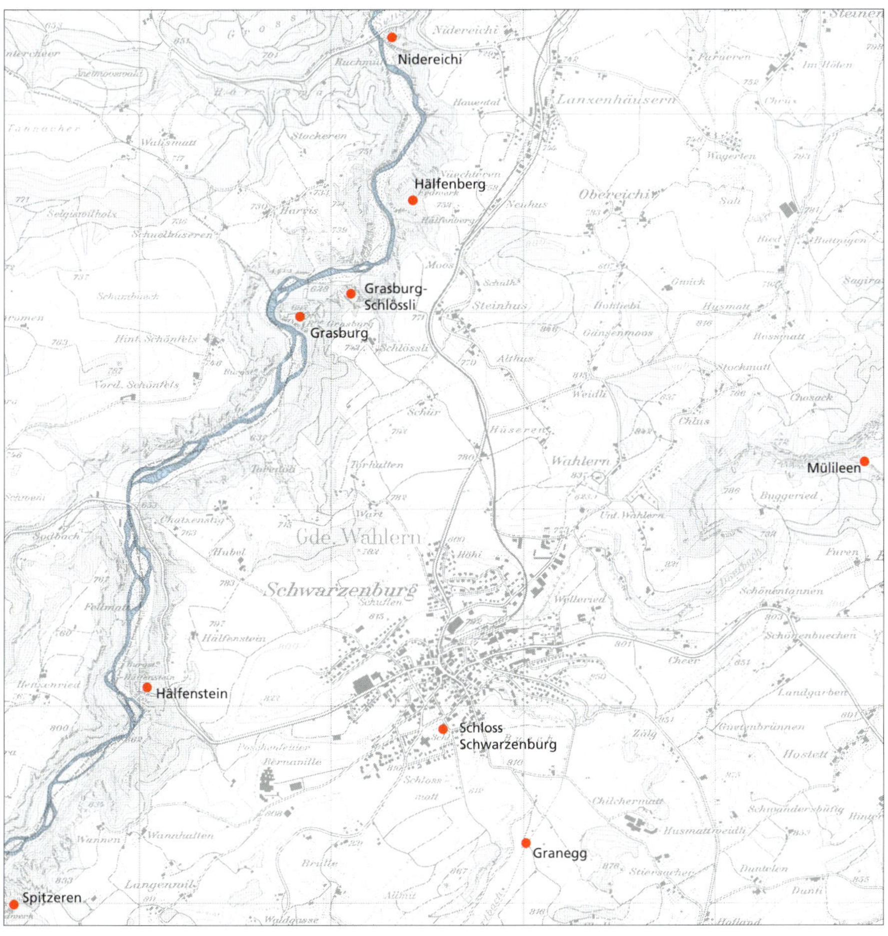

Abb. 417
Karte des Schwarzenburgerlandes mit eingezeichneten Burgen und Handelswegen sowie ländlichen Produktionsstätten.

Brennholz gebraucht. Für eine einzelne Füllung eines mittelalterlichen Kalkbrennofens wurden 25 Tonnen Steine im Brennraum aufgeschichtet und für deren Brand rund 80 Ster Brennholz gebraucht. Diese Menge entspricht einer Waldfläche von rund 2000 m², welche für diesen einzigen Brand gerodet werden musste. Ähnliches gilt für die Glasproduktion, wo Holz nicht nur zum Feuern der Öfen, sondern auch zum Herstellen der Pottasche verwendet wurde. Pottasche bildet zusammen mit Quarzsand den Hauptbestandteil von Glas.[1]
Es ist nahe liegend, dass man für die Herstellung lieber das Rohmaterial zum Holzvorrat transportierte als Holz zu den Rohstoffen. So haben wir frühe Gewerbesiedlungen im Schwarzenburgerland, im Emmental, im Berner Oberland und im Jura zu suchen (→ S. 383 und 384). Während für die gewerbliche Erschliessung und Nutzung der Juratäler der Einfluss des Basler Bischofs geltend gemacht werden kann, der insbesondere in der zweiten Hälfte des 13. Jahrhunderts mit der Gründung der Stadt Laufen BL[2] und der Errichtung der Burgen von Angenstein in Duggingen BL[3] und Erguël in Sonvilier[4] seine Hand nach den wirtschaftlichen Ressourcen Glas, Eisen, Holzkohle, Kalk usw. ausstreckte, so beobachten wir für die Regionen Emmental und Sense-Schwarzwasser eher die Klöster (Rüeggisberg und Trub) und Burgen als herrschaftsbildende und wirtschaftliche Zentren und als die Förderer und Betreiber gewerblicher Siedlungen.[5] Ein Blick auf die Kartierung der Holz- und Steinburgenplätze im Amt Schwarzenburg (Abb. 417) lässt unvermittelt die Frage stellen, welches denn die Beweggründe für die so hohe Dichte an Burgengründungen gewesen sein könnten. Ausser den Tälern an der Verbindungsroute vom Thunersee Richtung Freiburger Landschaft müssen weite Teile des Gebietes im 13. und 14. Jahrhundert als unwegsam gelten. Die hohe Burgendichte kann nicht allein mit dem Handelsweg erklärt werden. Wir meinen deshalb, dass sie mit der Gewinnung von Rohstoffen und der spezialisierten Produktion von Gütern im Zusammenhang steht.
Im 13. bis 14. Jahrhundert ist beispielsweise eine der frühesten Glasproduktionstätten in Gfell bei Guggisberg nachgewiesen (→ S. 384). Die Produktion wurde von den Kastlanen der Grasburg überwacht. Diese wiederum standen abwechslungsweise unter dem Einfluss der savoyischen Grafen oder Freiburgs, während Bern seltener in Erscheinung trat. Das zumeist von westschweizerischen Kaufleuten unterhaltene Glasergewerbe zeigt deutlich eine politische wie auch wirtschaftliche Orientierung nach Westen hauptsächlich zur näher liegenden Stadt Freiburg, zu der rege Handelsbeziehungen bestanden. Eher auf Grund von Absatzschwierigkeiten aus dem abgelegenen Gebiet als auf Grund von fehlenden Holzbeständen dürfte im Laufe des 15. Jahrhunderts die Glasproduktion eingestellt worden sein. Möglicherweise geht die Glashütte von La Heutte im Berner Jura noch ins 14. Jahrhundert zurück.[6]
Von der Glasproduktion im Emmental wissen wir äusserst wenig. Die Erwähnung eines Glasers von Röthenbach im Berner Zinsbuch ist der einzige archivalische Hinweis auf eine lokale Produktion.[7]
Im Oberland werden einzelne Orte im Zusammenhang mit Bergbau genannt, so das Gebiet von Trachsellauenen[8], das 1346 als Silberabbaugebiet erstmals erwähnt wird. Die Spuren sind spärlich und lassen keine Schlüsse auf politische Zugehörigkeiten und Kontrollen zu.
Bislang nicht erforscht ist das Verhältnis der jungen Stadt Bern zu diesen Produktionsgebieten und Rohstoffregionen. Mit dem Eintritt in die Reichsunmittelbarkeit erlangte Bern die Hoheit über die sonst in die Kompetenz des Königs fallenden Rohstoffe, die so genannten *Regalia*. Die Gewinnung von Rohstoffen wie Erz und Silber lag damit bei der Stadt Bern. Die nur spärlich vorhandenen Hinweise in den Schriftquellen deuten darauf hin, dass die junge Stadt nur ein sehr geringes Interesse an einer Förderung oder Kontrolle des ländlichen Gewerbes hatte. Die Bedeutung der ländlichen Siedlungen im Umfeld der Stadt scheint in erster Linie der Versorgung mit Lebensmitteln gegolten zu haben. Erst ab dem 15. Jahrhundert lässt sich eine gewisse Änderung der Praxis feststellen, wie die Verleihung von Schürfrechten, das heisst Abbaubewilligungen, deutlich macht. So werden im Berner Oberland nun Bergrechte verliehen und die dem Staat abzuliefernden Steuern geregelt. Etwas später werden auch

Christiane Kissling

Holzhütten und ein Wohnturm – ein «Industriedorf» in Court-Mévilier

Auf alten Karten ist Mévilier verschiedentlich als verlassene Siedlung eingezeichnet. Der Flurname *Mévilie*r (oder *Minvilier*) wurde noch weiterhin verwendet. Das Wachsen des Baugebietes der heutigen Gemeinde Court nach Westen führte 1996 zur Wiederentdeckung des verschwundenen Dorfes und bis 2001 zur etappenweisen Freilegung gemäss Baufortschritt. Auf Grund der Keramikfunde dürfte die Siedlung im 11. Jahrhundert entstanden sein. In der Bulle vom 27. Februar 1179, erstellt von Papst Alexander III., erscheint das Dorf als Besitz des Klosters von Moutier-Grandval. Das älteste dendrochronologisch ermittelte Datum aus dem Jahr 1174 stammt von einem Prügelweg, der zwischen einzelnen Häusern durchzieht. Weitere Dendrodaten reichen bis ins 15. Jahrhundert und zeigen, dass das Dorf mehrere Jahrhunderte lang existierte.

Der Weiler besteht aus mindestens vier Holzhäusern, welche sich um einen gemauerten Wohnturm gruppieren (Abb. unten). Von den Holzhäusern sind bloss noch Reste von Sockelfundamenten, Schwellenunterlagen und Gräben der Schwellbalken vorhanden. Die meisten Gebäude weisen Kachelöfen auf, was zeigt, dass sie das ganze Jahr hindurch bewohnt waren.

Schon seine Lage weist das Dorf als Gewerbesiedlung aus. Die Talsohle, durch welche ein Bach seine Windungen zieht, ist in ihrer Unwirtlichkeit wohl kaum zu übertreffen. Ein sumpfiger, torfiger Boden, ein sehr hoher Grundwasserspiegel und ein Bach, der nach jedem starken Regen die Talsohle überschwemmt, widersetzen sich ertragreicher Siedlungstätigkeit. Massive Schlacken-, Kies- und Steinplanien, welche unter den Häusern und Hütten lagen, bezeugen die Entfeuchtungsbemühungen der mittelalterlichen Bewohner. So dürften die Nähe des Baches als Energiequelle und die Nähe von Rohstoffen (Holz, Erze) ausschlaggebend gewesen sein, auf einem solchen marginalen Boden dauerhaft zu siedeln.

Zwischen und in den Häusern fanden sich enorme Mengen von Eisenverhüttungsschlacken. Obschon bislang der Ofen selber nicht gefunden werden konnte, lässt sich der Zusammenhang unserer Siedlung mit der Erzverarbeitung nicht von der Hand weisen. Der Name des Baches *Les Chauffours* (Kalkbrennöfen) und der nördlich von Mévilier bezeichnete Flur *Champ Chalmé* wiederum weisen auf die Produktion von Kalk hin. Wann diese Bezeichnungen entstanden sind, bleibt jedoch dahingestellt.

Die Wichtigkeit des Ortes wird vor allem durch den 9×9,5 m messenden Steinbau in der Dorfmitte hervorgehoben. Er ist im 13. Jahrhundert in der bestehenden Siedlung errichtet worden. Die Mauerstärke von 1,3 m sowie die sorgfältige Mauerung lassen auf einen turmartigen Bau schliessen. In dessen Innerem lag ein aufwendiger Mörtelgussboden auf Steinkofferung. Der Steinbau nimmt im Dorf eine absolut herausragende Stellung ein, vergleichbar etwa mit der Siedlung Holzheim bei Fritzlar in Hessen. Da die Bauform und Bauqualität an jene von Burgen- oder Kirchenbauten erinnern, darf man vermuten, der in dieser Zeit in den Juratälern aktiv werdende Bischof von Basel habe hier einen seiner Ministerialen zur Bewirtschaftung eingesetzt und die Wirtschaftskraft von Mévilier in Anspruch genommen. Die zentralörtliche Bedeutung Méviliers wird auch durch das Vorhandensein einer heute verschwundenen Kirche belegt, die auf einer südlich der Grabung erhöht liegenden Terrasse vermutet wird und sowohl für Mévilier als auch für die umliegenden Orte als Pfarrkirche gedient hat.

Der Grund für die Aufgabe des Dorfes lag auf Grund der archäologischen Befunde nicht in einer Katastrophe. Vielmehr dürften sozio-ökonomische Belange – zum Beispiel das Versiegen der Rohstoffquelle oder der Verlust der Rodungsbewilligung – ausschlaggebend gewesen sein. Auffallend ist, dass mit Chavané etwa zur gleichen Zeit ein weiteres Dorf östlich von Court aufgegeben wurde. Es ist wohl kein Zufall, dass die am Verkehrsweg gelegenen Bauerndörfer Court und Sorvilier überlebten.

Court-Mévilier: Die mächtigen Fundamente des Steinbaus des 13. Jahrhunderts zeugen eindrücklich von dessen zentraler Bedeutung. Im Inneren fand sich ein Mörtelgussboden über sorgfältig verlegter Rollierung.

Court-Mévilier: Die Hölzer des Prügel- oder Brettersteges waren im nassen Boden derart gut konserviert, dass eine Altersbestimmung über die Dendrochronologie möglich war: Der Steg entstand bereits um 1174.

Literatur: Bessire, Moutier-Grandval; Kissling/Gutscher, Mévilier; Wand, Holzheim.

Court-Mévilier: Übersichtsplan der Siedlungsbefunde beidseits des heute begradigten Baches. Massstab 1:500.
Rot: Gebäude.
Olivgrün: Wasserfassungen, Brunnen.
Ocker: Prügelweg.
Hellblau: alter Bachlauf.
Punktiert: Strasse.

Adriano Boschetti

Böhmische Glaser im Schwarzenburgerland

Die Glasherstellung war bis in die Zeit der Industrialisierung ein äusserst rohstoffintensives und aufwendiges Handwerk. Der intensive Holzverbrauch zwang die Glasbläser dazu, regelmässig den Standort zu wechseln. Sie liessen sich deshalb kaum in der Nähe der Städte und Verkehrswege nieder, sondern in wald- und sandreichen Gebieten.

Im späten 14. Jahrhundert erhalten wir erstmals Nachricht über Glashütten im Gebiet rund um Bern. Besonders interessant ist der Umstand, dass während der Jahre 1396 bis 1407 in den Quellen ein Glasermeister *Franciscus* aus Glattovia/Glatow (= Klatovy) in Böhmen erscheint. Es scheint, dass er seine Hütte – vermutlich in Äugsten bei Rüschegg – im Auftrag von Freiburger Bürgern betrieb. Sie erwarben die Konzession bei den Grafen von Savoyen. In den Jahren nach 1374 sind in der Herrschaft Grasburg mindestens drei Konzessionen zum Glasen erteilt worden.

Meister Franciscus kam aus der damaligen «Hochburg» für kunstvoll gefertigtes Glas, aus Böhmen, und produzierte auch Fensterglas. Er ist vielleicht mit der Aussicht auf bessere Einkünfte ausgewandert, die Freiburger Bürger erhofften sich Gewinn durch den Verkauf eines Qualitätsproduktes, das von einem Fachmann hergestellt worden ist, und die Grundherren kamen so zu Einkünften aus schlecht genutzten Land.

Es ist deshalb nicht erstaunlich, dass auch die Stadt Bern an der Glasproduktion im Schwarzenburgerland interessiert war. Der Grasburger Vogt Petermann Velga erteilte zwischen 1399 und 1407 Konzessionen für eine Glashütte auf der Gibelegg. Im darauf folgenden Rechtsstreit konnte die Stadt Bern ihre Ansprüche durchsetzen, denn das Schwarzwasser bildete die Grenze der Herrschaft Grasburg, und die Gibelegg liegt östlich des Grenzflusses. Allerdings stand die Glashütte nicht lange im Betrieb. Im Zinsbuch ist der Nachtrag eingefügt, dass sie jetzt öde sei und niemand mehr dort lebe.

Rüschegg-Äugsten, der Standort einer der Glashütten aus der Zeit um 1400.

Literatur: Burri, Grasburg; Glatz, Hohlglasfunde; Horat, Flühli-Glas.

Eigentumsverhältnisse der Wälder festgelegt sowie Forstgesetzgebungen und Rodungsverordnungen aufgestellt, die zeigen, dass Bern nun die Rolle des Landesherrn eingenommen und auch das ländliche Gewerbe als Einnahmequelle entdeckt hatte.[9]

Leider hinkt die archäologische Erforschung dieser auf bestimmte Produktionszweige spezialisierten Siedlungsplätze nicht nur im Kanton Bern hinter jener anderer Bereiche, wie der Kirchen-, Gräber- oder Stadtarchäologie nach.[10] Vieles muss deshalb vorläufig aus dem Vergleich mit weitabliegenden Siedlungen erschlossen werden. Eine Ausnahme bilden unsere Forschungen von Court-Mévilier (→ S. 383) oder für jüngere Epochen die Grabungen von Court-Chaluet[11] und Moutier-Combe Tenon[12].

Peter Lüps

Die Jagd: ökonomische Randerscheinung mit hohem Sozialprestige

Die ökonomische und ökologische Bedeutung der Jagd im 13. und 14. Jahrhundert lässt sich für das bernische Staatsgebiet nur auf Grund einer recht schmalen Basis von Resultaten rekonstruieren. Sie stammen von den wenigen Ausgrabungen und nicht sehr zahlreichen Dokumenten. Geographische und zeitliche Vergleiche sind daher unumgänglich. Sie dürfen aber nie zu falschen Schlüssen und Verallgemeinerung verleiten.

Generell kann davon ausgegangen werden, dass die Jagd zur Nahrungsversorgung der Bevölkerung mit tierischem Eiweiss und Fett nur einen untergeordneten Beitrag geleistet hat. Das Verhältnis des genutzten Fleisches von Haus- und Wildtieren blieb erstaunlicherweise seit der Jungsteinzeit – also über 5000 Jahre – relativ stabil.[1] Nur in Hungerzeiten oder für Not leidende Teile der Bevölkerung bildete das Fleisch von Wildtieren eine lebenswichtige Alternative zu demjenigen von Haustieren. Dass das Fleisch erlegter Tiere gegessen wurde und auch Häute, Bein und Sehnen als Ausgangsbasis zur Herstellung von Kleidern und Werkzeugen genutzt worden sind, ist aber unbestritten.

Abb. 418 und 419
Basel, Heuberg 20, Nordwand Erdgeschoss. Die Wände des repräsentativ gestalteten Raumes an bester Wohnlage sind im frühen 14. Jahrhundert mit sogenannter Opus-sectile-Malerei überzogen worden. Die Tradition leitet sich von antiken Marmorwandverkleidungen ab, statt der Steinmusterung wurden im Mittelalter Darstellungen von Mischwesen aus dem Rande der Welt eingestreut: Hasen mit Drachenleib wechseln ab mit Hundsdrachen oder löwengestaltigen Kentauren. In diesem Falle dient die Quadrierung zusätzlich als Bildfeld für eine von rechts nach links entwickelte Jagdszene. Der Jäger, der zwei Register einnimmt, auf dem einen waagrechten Band steht und sich am mittleren wie an einem Geländer festhält, ist höfisch gekleidet. Er stösst in ein Jagdhorn als Zeichen zum Aufbruch. Mehrere Hunde verschiedener Schläge verfolgen einen Hirschen, der links im mittleren Register des anschliessenden Wandstücks dargestellt ist.

Schon im Mittelalter lebte das Wild in einer vom Menschen stark geprägten Kulturlandschaft, in der einzelne Faunenelemente bereits fehlten (→ S. 56). Unter dem Begriff der Bejagung gilt es zu unterscheiden zwischen der legalen Jagd, die sich also im Rahmen der gegebenen obrigkeitlichen Bestimmungen bewegte, und dem illegalen Erlegen und Erbeuten von Tieren, was unter den Begriff «Wilderei» fällt.
Bei Tierknochenfunden lässt sich eine Trennung zwischen Jagd und Wilderei allerdings nicht vollziehen. Wer welche Tierarten bejagen durfte war gesetzlich festgelegt – die Kontrolle dürfte aber schwierig gewesen sein.
Die sicher nicht unbedeutende Rolle, welche anderen Tiergruppen als Vögeln und Säugetieren zugekommen ist, steht hier nicht zur Diskussion. Erwähnt seien lediglich der Fischfang und in geringerem Mass das Sammeln und der Verzehr von anderen kleinen Wirbeltieren (so etwa von Fröschen) und von Wirbellosen (beispielsweise Krebsen und Schnecken).

Aufgaben und Ausübung der Jagd
Eine wesentliche Aufgabe der Bejagung von Wildtieren war, zumindest vordergründig, die Bekämpfung von denjenigen Tierarten, die der Mensch als gefährlich oder schädlich betrachtete. Zu deren möglichst gründlichen Dezimierung waren weite Bevölkerungskreise nicht nur berechtigt, sondern konnten sogar dazu verpflichtet und mit Fangprämien belohnt werden.
Für Jäger jedoch, welche die Jagd unabhängig von obrigkeitlichen Einschränkungen und von wirtschaftlichen Überlegungen (Schutzjagd) ausüben konnten und durften, bildeten letztlich andere Gründe die Haupttriebfeder für die Tätigkeit in Wald und Flur. Es waren dies die Herausforderung, die Ertüchtigung und Erprobung für das Kriegshandwerk, das Vergnügen und das bei erfolgreichem Abschluss zu gewinnende Ansehen. Die Auswertung der auf archäologischen Ausgrabungen in Schlössern gefundenen Tierknochenreste lässt erkennen, dass auch für die Privilegien geniessenden Gesellschaftsschichten die ökonomische Bedeutung des Wildbrets in der Küche gering war. So dominierten in den Burgen und Schlössern von Grenchen SO, Nidau und Bümpliz die Essensabfälle von Haustieren deutlich.[2] Bei den Ausgrabungen in mittelalterlichen Burgen im Alpenraum (vor allem in Graubünden) fanden sich ebenfalls sehr geringe Zahlen von Wildtierknochen.[3] Dasselbe gilt weitgehend auch für die Städte: Obwohl auf den Märkten Wildvögel und Fleisch von Wildsäugetieren angeboten worden sind, tragen diese auch hier einen nur sehr geringen Teil zum Fundgut bei.[4]
Wieder ist jedoch auf die Lückenhaftigkeit der Befunde hinzuweisen. Obwohl das auf angeordneten Jagden oder «Vernichtungsfeldzügen» durch die aufgebotene Landbevölkerung gefangene oder erlegte Wild bestimmt in der Küche landete, sind solche ländlichen Herdplätze für die Archäologen und die Archäozoologen höchstens zufällig zu fassen. Mitunter durch die Obrigkeit beansprucht wurden erlegte Bären und Wildschweine. Kleine Beutegreifer wie Fuchs, Dachs und Otter wurden jedoch sicher durch die Jäger verzehrt.
Ein Vergleich zahlreicher Tierartenlisten aus mittelalterlichen Fundensembles aus der ganzen Schweiz und dem angrenzenden Ausland zeigt Unterschiede im

Fleischkonsum von Arm und Reich: Die Oberschicht hat vermehrt Fleisch von Hausschwein und Geflügel, in geringen Mengen auch Wildbret konsumiert. In den Siedlungsresten weniger privilegierter Bevölkerungsschichten dagegen fanden sich eher Knochen älterer Rinder (Kühe, Ochsen), von Ziegen, Schafen, Pferden und Haushunden.[5] Abweichend – aber kaum nachweisbar – war die Menge des pro Bewohner verzehrten Fleisches.

Grundsätzlich war die Jagdausübung mit der Grundherrschaft gekoppelt: Der Inhaber einer Herrschaft besass auch das Jagdrecht (*wildpennen*). Eine wesentliche Rolle kam daher dem Adel und dem Klerus zu, welche darum zu kämpfen wussten (Abb. 418 und 419).[6] Bei einem Handwechsel ging das Jagdrecht in der Regel an den neuen Grundeigentümer über. So bildeten zwischen 1323 und 1384 *wiltpenne, federspil, vischenzen* für die Gebiete von Röthenbach und Sigriswil mehrmals Gegenstand von Vereinbarungen zwischen Bern und den Kiburgern.[7] Ebenfalls aus kiburgischem Besitz ging Signau 1399 *mit wiltpan, mit vederspil, mit wasser* an Bern über.[8] Die ersten Versuche, das Jagdrecht zu einem obrigkeitlichen Regal umzugestalten, fallen erst ins 15. Jahrhundert.

Die Bejagung der einzelnen Wildarten war gesetzlich geregelt. Diese Bestimmungen umfassten ebenso die erwähnte, für jedermann verpflichtende Bekämpfung von *schedlich gewilt*, wie auch die Rechte auf Nieder- oder Hochjagd. Unter *hochgewilt* verstand man Bär, Rothirsch und andere Hufwildtiere (Schalenwild). Am höchsten eingestuft war die Beizjagd, die Jagd mit dem Greifvogel auf Flugwild, möglicherweise auch auf Hasen (→ S. 227).

Abb. 420
In die Bekämpfung Schaden stiftender Grossraubtiere wurde viel Zeit investiert in Form aktiver Arbeit bei deren Auftreten und viel Material als jagdliche Hilfsmittel. Ausschnitt aus einem Wolfsnetz von rund 80 m Länge und bei Gebrauch ca. 1,5 m Höhe; Schweizer Museum für Wild und Jagd, Schloss Landshut, Utzenstorf BE.

Als Konkurrenten des Mensch empfand man in erster Linie den Wolf, der vor allem für das kleine Weidevieh (Kälber, Ziegen und Schafe) eine Gefahr darstellte, der aber auch als direkte Bedrohung wahrgenommen wurde (Abb. 420). Später wurde ebenso der Bär, der ursprünglich ein Element der Hochjagd gewesen war, mehr und mehr zum Objekt der allgemeinen Verfolgung heruntergestuft. Auch zur Dezimierung der kleineren Beutegreifer wurde aufgefordert. Dem Dachs wurden Schäden an landwirtschaftlichen Kulturen, dem Fuchs der Diebstahl von Geflügel, dem Otter der Fang von Fischen zur Last gelegt. Auch das Wildschwein galt als *schadgewilt* für den Bauern. Demzufolge konnten die meisten dieser Tiere, wo und wann auch immer sie auftauchten, erlegt oder gefangen werden, wobei mitunter Prämien ausbezahlt wurden. Dies dürfte auch der Grund gewesen sein, weshalb von einem auf dem Tessenberg gefangenen Bären oder Wildschwein gemäss Vertrag von 1352 das Haupt nach Nidau, die Vorderläufe nach Biel gesandt werden mussten.[9] Bemerkenswert ist die Feststellung, dass der Luchs, welcher die Gemüter unserer Zeit sehr erhitzt, selten bei den Schaden stiftenden Arten aufgeführt wurde, obwohl er das bernische Gebiet im Mittelalter mit Sicherheit besiedelt hat. Trotz in der Neuzeit einsetzender rigoroser Bekämpfung hat sich der Luchs im Alpenraum hier bis gegen Ende des 19. Jahrhunderts halten können.[10]

Beim *hochgewilt* spielte der Rothirsch eine herausragende Rolle, wie dies sowohl aus dem Fundgut, wie aus historischen Quellen hervorgeht. Diese Stellung hatte er grundsätzlich seit dem Auftreten des Menschen im Mittelland inne und behauptete sie bis ins ausgehende 18. Jahrhundert. Ein Vergleich von Hirschjagden auf bernischem Gebiet mit Parforcejagden an Fürstenhöfen lässt sich jedoch kaum ziehen. Ein 1411 anlässlich der Übergabe an Bern erstelltes Inventar von Schloss Neu-Bechburg SO erwähnt einen aus dem Geweih des Rothirsches gearbeiteten Kerzenleuchter, ein so genanntes Leuchterweiblein: *hirtzhorn mit dem frouwenbild, dz im sumerhus hangt.*[11]

Eine deutlich geringere Rolle als dem Rothirsch kam, von lokalen Ausnahmen abgesehen, dem Reh zu. Die unterschiedlichen Jagdstrecken von Rothirsch und Reh bleiben während Jahrtausende weitgehend unverändert und haben sich bis zur weiträumigen Ausrottung beider Arten im 19. Jahrhundert gehalten.[12]

Die Niederjagd galt kleinen Wildtieren wie dem Feldhasen oder dem Eichhörnchen. Der quantitative Beitrag dieser Tiere zur Ernährungssituation ist schwer abzuschätzen.[13]

Auf die Vogeljagd beziehen sich nur spärliche Hinweise. Bejagt wurden und archäozoologisch nachgewiesen sind in erster Linie Wasservögel, Wildhühner und Singvögel. Im Zusammenhang mit der Beizjagd fallen erste «Vogelschutzmassnahmen» auf (→ S. 227). Einem zeitlichen oder lokalen Schutz einzelner Arten oder Gruppen (z.B. Wildhühner) wurde jedoch erst ab Beginn des 15. Jahrhunderts eine, nicht ethisch begründete, Beachtung geschenkt.[14]

Jagdmethoden

Auskünfte über Jagdwaffen und Jagdmethoden zu erhalten ist deshalb nicht einfach, weil bei den erhaltenen Waffen nicht immer ersichtlich ist, ob sie für die Jagd oder für das Kriegshandwerk hergestellt und eingesetzt worden sind. Das überlieferte Bild der Bärenjagd (→ S. 25) wirkt zwar idealisiert, liefert aber einen der wenigen Hinweise auf die auf der Jagd verwendeten Waffen und die Ausrüstung des Jägers im 13. bis 15. Jahrhundert.

Beim abgebildeten Bärenfangeisen handelt es sich um eine herkömmliche Blankwaffe, die in etwas leichterer Ausführung als *Saufeder* bezeichnet wurde (Abb. 421).[15] Typisch sind der durch eine Nagel/Leder-Beriemung rutschfest gemachte Holzschaft, das breite geschmiedete Blatt und der wenige Zentimeter dahinter angebrachte Querknebel aus Eisen oder einer Geweihsprosse. Für den Jäger ging es vor dem Aufkommen der im 13. und 14. Jahrhundert noch fehlenden Feuerwaffen um den hautnahen Kampf Mann gegen Wildtier. Ebenfalls im Bild dargestellt, aber ohne im Zeitpunkt des Geschehens eingesetzt zu werden, ist ein Schwert. Solche Jagdschwerter haben später als «Hirschfänger» bei der Parforcejagd und dem Eingestellten Jagen eine bedeutende Rolle gespielt. Die in der Chronik ebenfalls dargestellten Rüdenhörner dienten in erster Linie als Verständigungsmittel zwischen den oft weit voneinander entfernt den Wald durchkämmenden Jägern. Pfeil und Bogen haben vor allem bei der Jagd auf Federwild und bei der Wilderei eine Rolle gespielt, seltener die Armbrust. Möglicherweise gelangten auch *Schnäpper* und *Balläster* zum Einsatz, einer Armbrust ähnliche Waffen, mit der aber nicht Pfeile und Bolzen, sondern Kugeln abgeschossen wurden.

Das von der Jagdausübung gewonnene Bild wäre unvollständig, würden nicht drei sehr unterschiedliche Helfer erwähnt: die Haustiere Pferd und Hund sowie verschiedene Greifvogelarten als Wildtiere in Menschenhand. Das Pferd diente der raschen Fortbewegung. Der Hund spürte das Wild auf, hetzte und stellte es, trieb es den Jägern zu, suchte nach, stand vor, fuhr in den Bau und holte beschossenes Flugwild aus dem Wasser. Bei Treib- und Hetzjagden gelangten nicht einzelne Hunde, sondern ganze Hundemeuten zum Einsatz (→ S. 25). Die wenigen Abbildungen lassen schliessen, dass es sich bei diesen Jagdhelfern um den heutigen Laufhunden nicht unähnliche Schläge gehandelt hat (Abb. 418 und 419). *Abgetragene* Greifvögel (Habichte, Sperber oder Wanderfalken)[16] wurden hauptsächlich bei der Jagd auf Flugwild, möglicherweise auch auf Hasen eingesetzt.[17]

Letztlich darf aber nicht das Bild entstehen, im Mittelalter sei das Erlegen von Wildtieren grundsätzlich auf Hetzjagden zu Pferd und zu Fuss oder auf Suchjagden mit Hunden erfolgt. Viel häufiger ging es bei der Beschaffung von Fleisch und der Beseitigung von «Schadwild» nicht um das direkte Aufsuchen, Auflauern oder Zutreiben von Wild, sondern um das Fangen von Tieren – lebend oder tot. Sowohl für Säugetiere, wie für Vögel gelangten beköderte Angelhaken und verschiedene Fallen zum Einsatz. Für Wölfe, Bären und Wildschweine wurden Fallgruben ausgehoben. Flurnamen wie Wolfsgrube oder Bärenfalle erinnern noch an diesen Kampf gegen das «Raubtier».[18] Wölfe und Wildschweine, aber auch Hirsche wurden bei aufwendigen, viele Helfer erfordernden Jagden in lange Netze getrieben.[19] Vögel fingen sich in Schlingen (*«Böglinen, Lätschen»*) und in Netzen (*Garne*)[20] und Reusen, blieben auf Leimruten kleben oder wurden auf der Beizjagd erlegt. Von zahlreichen Arten wurden die Eier aus den Nestern genommen.

Abb. 421
Als Jagdwaffe, das abgebildete Beispiel allerdings aus späterer Zeit (um 1600), diente die so genannte «Saufeder». Sie besteht aus einem lanzettförmigen, 40 cm langen Schwert, einem S-förmigen Eisenknebel und einem 155 cm langen Schaft aus Eschenholz. Die Waffe ist kreuzweise beledert und benagelt sowie an der Tülle mit einer Manschette aus geflochtenen Riemen versehen. Der Übergang zum schweren «Bärenfangeisen» ist fliessend[15]. Jagdhistorische Sammlung Dr. René La Roche, Schweizer Museum für Wild und Jagd, Schloss Landshut, Utzenstorf BE.

Geistliches und geistiges Leben

Andacht und Seelsorge

Kathrin Utz Tremp und Daniel Gutscher

Die Pfarrkirche St. Vinzenz und das Deutschordenshaus in Bern
Laut der Berner Chronik des Konrad Justinger wurde die Stadt Bern *in dem kilchspel* [Pfarrei] *ze Kunitz,* gegründet, *dahin man do als zu der rechten lütkilchen* [Pfarrkirche] *ze kilchen gieng; und won es dien lüten ze verre* [weit] *und unkomlich waz, do buwte man ze stunde ein kilchen in die stat, dozemale gross genug; und do man die wichete* [weihte], *do nam man ze husherren und patron den heiligen herren sant Vincencien, der da alle note hilfet uberwinden.*[1] Dieser Aussage Justingers ist eigentlich nicht viel beizufügen: Die Kirche von Bern ist urkundlich erstmals 1224 belegt und das Vinzenz–Patrozinium 1255.[2] Die Kirche von Köniz samt der Filialkirche von Bern gehörten zunächst dem Orden der Augustinerchorherren, wurde diesem indessen 1226/1227 weggenommen und dem Deutschen Orden übertragen. Die Stadt Bern und der Bischof von Lausanne wehrten sich lange gegen diese «unfreundliche Übernahme», mussten sie jedoch schliesslich hinnehmen und den Deutschen Orden akzeptieren, zunächst in Köniz und dann auch in einer eigenen Niederlassung in Bern. Im Jahr 1276 wurde die Kirche von Bern zu einer eigenen Pfarrkirche erhoben und von Köniz abgetrennt, blieb aber weiterhin dem Deutschen Orden unterstellt. Dieser übte insbesondere das Patronatsrecht aus und stellte den Leutpriester. Erst fast am Ende des Mittelalters, im Winter 1484/1485, gelang es der Stadt, sich des Ordens zu entledigen, indem sie ein weltliches Kollegiatstift an seine Stelle setzte und das Amt des Leutpriesters in dasjenige des Kustos aufgehen liess, dessen Ernennung sie sich – ebenso wie diejenige aller anderen Stiftsämter – selber sicherte.[3]

Der erste Bau am Ort des heutigen Münsters
Obwohl also Bern als Gründungsstadt nicht im Besitz einer alten Pfarrkirche ist, kann nicht von vornherein ausgeschlossen werden, dass bereits zur Stadtgründungszeit ein Areal für eine Kapelle oder Kirche ausgeschieden und mit einem Kirchengebäude besetzt wurde. Dies liess sich für Burgdorf nachweisen, dessen Stadtkirche zwar erst 1401 zur Pfarrkirche wurde, aber als mächtiger romanischer Bau von 470 m^2 Grundfläche – eine Saalkirche mit eingezogenem, von seitlichen Annexen flankierten Rechteckchor – wohl bereits um 1200 bestand, von Anfang wohl dazu angelegt, Pfarrkirche zu sein.[4] Der Grundrisstyp liesse spontan gar auf eine Stiftskirche schliessen.[5] Einen kirchlichen Bau zur Stadtgründungszeit auch für Bern zu vermuten, ist daher nahe liegend.
Antwort kann nur die Archäologie geben. Beim Einbau der Heizung stiess man 1871 auf Mauerreste von Vorgängerbauten des heutigen Münsters, dessen Baubeginn durch die Grundsteinlegung von 1421 unbestritten ist.[6] Karl Howald hat diese Mauern selber gesehen und 1872 publiziert, schränkt aber ein, dass bedauerlicherweise keine Untersuchung durch Sachverständige stattgefunden habe und durch die Ausgrabungen «eine höchst unvollständige und unklare Einsicht in die frühen Verhältnisse geboten worden» sei.[7]
Tatsächlich erweist sich die Dokumentation der Untersuchungen von 1871 als äusserst mager (Abb. 423). Daran haben auch spätere Aufschlüsse wenig zu verändern vermocht.[8] Aufgedeckt wurden im heutigen Chor zwei mit einem Abstand von sechs Metern westost verlaufende Mauerzüge aus Kieseln und

← Abb. 422
Rekonstruierter Blick in die Bibliothek der Berner Dominikaner: Die wertvollen Bücher sind an den Stehpulten angekettet, rechts des Einganges hängt der überlieferte Katalog von 1326 (→ S. 445).

Bruchsteinen, die als die Nord- und die Südmauer der ersten Kirche gedeutet wurden.[9] Die Mauerstärke wird mit 1,2 m angegeben, was entweder falsch gemessen ist, oder die Mauern als Teile eines gewölbten Rechteck-Chors des 13. Jahrhunderts interpretieren lässt. Die Westwand sei da gefunden worden, «wo sich heute der Taufstein befindet»[10]; im heutigen Bau ist dies vor den Stufen westlich des Abendmahlstisches. Über einen Ostabschluss sind keinerlei Angaben zu machen; die seit 1872 in allen Publikationen erscheinende Apsis entbehrt jeder Grundlage. Die Länge der Kirche gibt Howald mit 16,5 m an, was eine Innenfläche von rund 100 m² ergäbe.
Zu diesem Bau gehörte ein Friedhof. Welche der Bestattungen – Howald spricht von drei Schichten – zum Bau I zu rechnen sind, bleibt offen. Howalds Beobachtung, dass Fundamente von Bau II ältere Bestattungen durchschneiden, belegt jedoch klar den älteren Kirchenbau und zu diesem gehörige Begräbnisse. Unter diesen nannte Howald einen Sarg, «der aus einem ausgehölten Baumstamme bestand und auf eine sehr primitive Beerdigungsart schliessen lässt».[11] Karl Zimmermann hat sich der Mühe unterzogen, der Sitte der Bestattung in ausgehöhlten Baumstämmen quer durch Europa nachzugehen und die Befunde zusammenzustellen.[12] Er kommt dabei zum Schluss, dass diese Bestattung zeitlich durchaus zum Bau I gehören kann – wenn es sich denn tatsächlich um eine Bestattung in einem Baumstamm gehandelt hat, was wir bezweifeln.[13] Es verbleibt demnach weder ein schriftlicher noch ein archäologischer Befund, welcher gegen eine Datierung der ersten kirchlichen Spuren in die Zeit nach der Stadtgründung, das heisst um 1200 sprechen würde.[14]

Eine «unfreundliche Übernahme» (1226/1227–1269)

Am 15. August 1226 (oder 1227) übertrug König Heinrich VI. dem Deutschen Orden das Patronatsrecht der Kirche von Köniz sowie deren Rechte über die Kirche von Bern und die Kapelle von Ueberstorf.[15] Diese Übertragung, die kurz hintereinander mehrfach bestätigt wurde,[16] war keineswegs unbestritten, und es dauerte Jahrzehnte, bis sie durchgesetzt werden konnte. Heftig wehrten sich etwa die Augustinerchorherren, in deren Besitz die Kirche von Köniz und die davon abhängigen Kirchen und Kapellen bis zur Schenkung an den Deutschen Orden gewesen waren. So musste zu Beginn des Jahres 1229 (oder 1230) sich der König Heinrich an die Stadt Bern wenden und ihr befehlen, den Deutschen Orden in der Ausübung des Patronatsrechtes gegen die Augustinerchorherren zu schützen.[17] Die Augustiner wurden in ihrem Widerstand vom Bischof von Lausanne, dem Dominikaner Bonifatius (1231–1239), unterstützt.[18]
Auch die Berner widersetzten sich dem Deutschen Orden, ja, sie scheinen einen regelrechten Kirchenstreik durchgeführt zu haben, denn 1238 (und 1253?) mussten sie vom Kaiser persönlich angewiesen werden, in Zukunft in die Kirche von Bern zu gehen und dort den Gottesdienst der Deutschordensbrüder zu besuchen.[19] Im Jahr 1243 kam es schliesslich zu einem Vergleich zwischen dem neuen Bischof von Lausanne, Johannes von Cossonay (1240–1273), und dem Deutschen Orden: Dieser konnte die Kirche von Köniz und die von ihr abhängigen Kapellen behalten, musste aber dem Bischof für die Zehntquart jährlich 21 Mark Silber entrichten.[20] Die Tatsache, dass der Deutsche Orden der Stadt Bern solchermassen aufgezwungen worden war, mag dazu beigetragen haben, dass sie die Bettelorden mit offenen Armen empfing (→ S. 400).[21]

Die Entstehung des Deutschordenshauses Bern und der Pfarrei Bern (circa 1270–1300)

Während der beschriebenen Zeitspanne blieb die Leutkirche von Bern Filialkirche von Köniz. Entsprechend gab es auch noch kein Deutschordenshaus in Bern, sondern nur eines in Köniz, auch wenn zunehmend von Deutschordensbrüdern «von Köniz und von Bern» (1257, 1263, 1270) oder von «Brüdern des deutschen Hauses in Köniz und in Bern» (1267) die Rede ist.[22] Im Jahr 1272 (oder 1273) werden erstmals die «Brüder des Hauses der heiligen Maria der Deutschen in Bern» *(fratres domus sancte Marie Theotunicorum in Berno)* genannt,[23] was sich wohl als Anfang eines eigenen Deutschordenshauses in Bern interpretieren lässt. Im Jahr 1273 erscheinen mehrmals nebeneinander Bruder

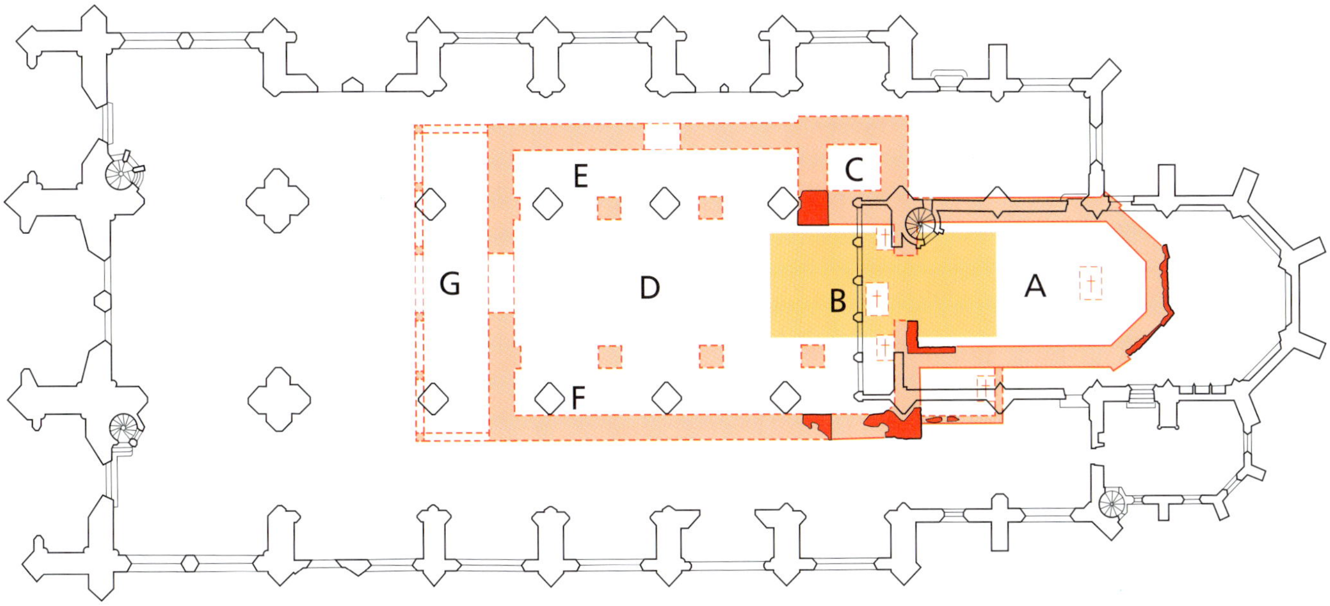

Volpert, Pfarrer von Bern, und Bruder Konrad von Vischerbach, Komtur in Köniz.[24]

Parallel zur Entstehung eines Deutschordenshauses in Bern verlief die Ablösung der Pfarrei Bern von derjenigen in Köniz. Am 9. August 1276 wurde der Pfarrer von Köniz bei Bischof Wilhelm von Lausanne vorstellig und erklärte, dass die Pfarrei Köniz zu gross und zu dicht bevölkert sei, als dass er allein die anfallenden Aufgaben erfüllen könne. Er bat ihn deshalb, Köniz in zwei Pfarrkirchen aufzuteilen. Der Bischof gestattete die Abtrennung der Pfarrei Bern, welche im Wesentlichen das Gebiet der Aareschleife bis zum Graben hinter dem Heiliggeistspital umfasste. Dies geschah jedoch unter der Bedingung, dass die beiden Kirchen den Zins von 21 Mark Silber, der dem Lausanner Bischof seit dem Vergleich von 1243 geschuldet wurde, gemeinsam tragen müssten. In den Schriftquellen wird ein Bruder Vol(pert) als Pfarrer von Köniz genannt,[25] wahrscheinlich derselbe, der 1273 und wieder Anfang 1277 als Pfarrer von Bern belegt ist.[26] Man darf also vermuten, dass er sich beim Bischof ordnungsgemäss als Pfarrer von Köniz vorgestellt hat, da es einen Pfarrer von Bern nominell ja noch gar nicht gab. Im Herbst 1277 erscheint Bruder Volpert zugleich als Pfarrer von Bern und Komtur von Köniz. In dieser doppelten Funktion ist im Frühling 1279 auch sein Nachfolger, Heinrich von Blansingen belegt,[27] dann aber scheint auch diese Personalunion aufgegeben worden zu sein. In der Folge stand an der Spitze des Deutschordenshauses Bern ein Pfarrer *(plebanus)* und an derjenigen des Hauses von Köniz ein Komtur *(commendator)*.

Abb. 423
Grundriss der Vorgängerbauten unter dem heutigen Berner Münster. Massstab 1:400.
Bau I. In diesem Bereich lagen Reste des ersten, nicht genau definierbaren Kirchenbaus, Ende 12. Jahrhundert.
Bau II. Gesicherte und ergänzte Befunde zur Leutkirche (1277/80) mit Eintragung der Altarstandorte.
A Chor,
B Lettner,
C Turm,
D Mittelschiff,
E nördliches Seitenschiff,
F südliches Seitenschiff,
G Vorhalle.

Bau II – die Leutkirche

Während zum ersten Kirchenbau zahlreiche Fragen offen bleiben müssen, betreten wir mit dem direkten Vorgängerbau des heutigen Münsters sicheren Boden. Aufschlüsse dazu ergaben sich aus den ersten Aufdeckungen von 1871, den örtlich begrenzten Nachgrabungen 1897[28] und 1922[29], besonders aber durch die Grabungen im Chor und Vorchor unter Luc Mojon 1960[30]. Auf Grund seiner bisher nicht publizierten Plangrundlagen gelingt es, den Grundriss in einigen Details zu präzisieren (Abb. 425).

Die Erbauung der (zweiten?) Kirche fällt in die Jahre nach der 1276 erfolgten Abtrennung Berns von Köniz. In den 1280er Jahren scheint der Bau noch nicht vollendet. Ein vierzigtägiger Ablass, den Bischof Benvenutus von Eugubio erteilte, nennt die Kirche im Jahr 1289 *de novo inchohata,* neu angefangen.[31] Eine Fertigstellung des Gotteshauses darf also um 1300, das heisst etwa gleichzeitig wie der Könizer Chor, angenommen werden.

Gesichert sind ein polygonal schliessender Chor von 15 m Länge und 9 m Breite. Sein Äusseres war mit Strebepfeilern gegliedert, was zusammen mit der Fundamentmauerstärke von ca. 1,4 m auf Gewölbe schliessen lässt. Westlich des eingezogenen Chorbogens weitete sich der Raum zu einer dreischiffigen Basilika

Abb. 424
Die so genannte Silberglocke im heutigen Münster stammt noch aus der Berner Leutkirche und muss um 1300 gegossen worden sein. Die Glockeninschrift beginnt mit einem Vers, der die wichtigsten Funktionen der Glocke aufzählt: + EXCITO · TORPENTEM · TONITRVM · FVGO · LAVDO · TONANTEM · (Ich erwecke den Erstarrten, vertreibe das Gewitter und preise Gott.) Die Bezeichnung Silber- oder Hugoglocke geht auf den hellen Glanz auf Grund einer zinnreichen Bronzelegierung zurück, beziehungsweise auf eine falsche Lesung der Glockeninschrift (HVGO statt FVGO).

von 19,5 m Gesamtbreite, gesichert durch die Aufdeckung der Südostecke und einiger Mauerpartien des die Nordostecke des Schiffs einnehmenden Turmes von 7×7 Meter Grundfläche. Damit fällt die bislang publizierte Rekonstruktion einer Basilika von insgesamt 24,5 m Breite dahin. Howald beobachtete Fundamente, die er als Westwand der Basilika bezeichnete, zwischen den westlichen Pfeilern.[32] Davor bestand laut Schriftquellen eine Vorhalle. Die Stadtsatzung aus der Mitte des 15. Jahrhunderts erwähnt beispielsweise: *Unter der Kirche Vorschopf ... soll Niemand etwas legen noch werfen, weder Läden, Wägen, Holz, Stein, noch ander Dinge.*[33] Die auf Grund der Aufdeckungen von 1871 angenommene Vorhalle ist auch von Mojon in seine Rekonstruktion übernommen worden. Dabei hätte ihm bereits ein Widerspruch auffallen müssen: Die Südwestecke der Vorhalle und die Nordostecke des Deutschordenshauses überschneiden sich.

Auf Grund der heute gesicherten geringeren Breite der Anlage II dürfte auch deren Länge zu reduzieren sein. Wir gehen davon aus, dass Howald tatsächlich zwischen den westlichen Pfeilern ein Fundament beobachtete. Die Fundamentreste, die er nochmals 6,45 m weiter westlich angetroffen haben will und die er als Stützenfundament der Vorhalle deutet, ergäben – sollten sie wirklich zu Bau II gehören – einen unwahrscheinlich tiefen Bauteil. Tatsächlich sind an dieser Stelle des Münsters Fundamente zu erwarten, nämlich jene der östlichen Säulenreihe des Orgellettners von 1727/28, der bereits 1749 wieder verschwand, jedoch aus Plan- und Bildquellen präzise überliefert ist,[34] also just da, wo seit Howald die Vorhalle ihre westlichen Stützen haben sollte. Dass der barocke Architekt nach Jahrhunderten die Ausdehnung seiner Empore nach einem zufällig wiederentdeckten Fundament des 13. Jahrhunderts richtete, um die Stützen darauf stellen zu können, ist doch sehr unwahrscheinlich. Es scheint also, dass Howald die Fundamente zwar gesehen, aber falsch zugewiesen hat. Damit ist der Weg frei für die Rekonstruktion einer etwas kürzeren Kirche, welche einen architektonisch organischen Zusammenhang zum wahrscheinlich kurz vor der neuen Leutkirche entstandenen Deutschordenshaus erhält. Howalds schmale Westmauer könnte das Streifenfundament der Westvorhalle sein.

Nach seinem Grundriss passt der Bau II somit gut in die Landschaft (→ S. 350). Auffällig ist der verhältnismässig grosse Chor. Bau II ist eben auch Ordenskirche, wenngleich das Kapitel der Deutschordensherren nicht sehr gross gewesen sein dürfte. Im Vergleich zur nahe liegenden Dominikanerkirche, die damals noch im Bau war und deren Chor 21 m lang und deren Kirche 23 m breit war,

Abb. 425
Unter dem heutigen Chorboden des Berner Münsters wurde 1960 eine Mauer gefunden. Es handelt sich dabei um das Fundament von Bau II, der so genannten Leutkirche des 13. Jahrhunderts.

muss die Leutkirche allerdings wesentlich bescheidener gewirkt haben. Immerhin übertraf sie als Nachfolgebau ihre Könizer Mutterkirche beträchtlich, die ebenfalls um 1300 einen neuen Chor, den heutigen Polygonalchor, erhielt.
Weiss man etwas über das Aussehen dieser Kirche, welche nach 1421 etappenweise zugunsten des heutigen Münsters abgebrochen wurde? Das angetroffene Mischmauerwerk aus Kieseln, Bruchsteinen und Tuffen belegt, dass wir uns das Mauerwerk verputzt vorstellen müssen. Eine feinere Gliederung wies der Chor mit seinen Strebepfeilern auf. Über einem Hausteinsockel aus Tuffquadern folgte nach einer abgeschrägten Sandsteindeckplatte ebenfalls verputztes Mischmauerwerk.
Im Turm hingen fünf Glocken. Die um 1290/1310 gegossene sogenannte Silberglocke ist noch heute zu hören,[35] sie hängt im oberen Viereck des Turmes, ebenso die im oberen Achteck hängende so genannte Westliche Feuerglocke aus der 1. Hälfte des 14. Jahrhunderts (Abb. 424).[36] Es gehört zu den grossen Besonderheiten, dass wir heute noch die Möglichkeit besitzen, Originalklänge des frühen 14. Jahrhunderts zu hören! Im Basler Erdbeben vom 18. Oktober 1356 stürzten zwar weder Leutkirche noch Turm ein, doch wurde der Letztere derart in Mitleidenschaft gezogen, dass die Glocken aus Sicherheitsgründen entfernt und auf dem Kirchhof in ein ebenerdiges hölzernes Provisorium gehängt wurden, so nahe am Boden, dass man 1367 bei einem Brand in der Matte das Sturmläuten kaum hörte.[37]

Betreten wir nun das Innere. Das konnte man im 14. Jahrhundert durch mindestens drei Portale tun: zu beiden Längsseiten sowie durch ein grosses Westportal. Es ist jedoch anzunehmen, dass neben diesem auch kleinere Türen direkt in die Seitenschiffe führten, weil nach mittelalterlicher liturgischer Gewohnheit das Mittelportal nur an Hauptfesten sowie für prozessionale Einzüge wichtiger Personen wie Bischöfe und Könige geöffnet wurde. Alle drei Kirchenschiffe dürften mit hölzernen Flachdecken geschlossen gewesen sein. Der Fussboden, von dem Howald noch Reste sah,[38] bestand aus Sandsteinplatten und stieg gegen Osten sanft an. Vor dem Choreingang befand sich ein brückenartiger Einbau, ein Lettner, wie ihn die Dominikanerkirche (Französische Kirche, → S. 239) noch heute besitzt. An ihm sollen Figuren der zwölf Apostel zu sehen gewesen sein. Zumindest im Chor dürften Glasmalereien die schlanken hohen Fenster geziert haben. Sie enthielten Szenen aus dem Leben Mariä und der heiligen Elisabeth von Ungarn. Die erhaltenen Beispiele von Münchenbuchsee und Köniz vermitteln einen Eindruck der einstigen Farbenpracht (→ S. 433). 1347 malte der Basler Johann Muttenzer Teile der Kirche aus (→ S. 398).[39] Überliefert sind ferner ein plastisches Kruzifix, der im Triumphbogen hing. Um 1350 bestanden fünf Altäre: der Hochaltar im Chorpolygon war Vinzentius geweiht, vor den Chorstufen stand der Volksaltar, Elisabeth von Ungarn, Katharina und den 11 000 Jungfrauen geweiht, rechts daneben der Kreuzaltar, links vom Volksaltar stand der Nikolausaltar. In einem an die Chorschulter anschliessenden Kapellenbau stand schliesslich der bereits erwähnte Marienaltar. Vor dem Triumphbogen hing eine «Ampel», das heisst wohl ein Radleuchter mit 15 Lichtern; er soll eine Hauptsehenswürdigkeit der Stadt dargestellt haben (→ S. 399).[40]

Ein bescheidener Aufschwung (circa 1300–1330)
An die Errichtung der zweiten Leutkirche von Bern schlossen sich nach der Wende vom 13. zum 14. Jahrhundert weitere Baumassnahmen an. Im Sommer 1310 bewilligte Bischof Otto von Lausanne die Einweihung einer Kapelle, die bei der Pfarrkirche von Bern gebaut worden war sowie die Erweiterung des Friedhofes. Mit der Kapelle ist wohl die dem heiligen Michael geweihte Beinhauskapelle südöstlich vom Chor der zweiten Leutkirche gemeint, und mit dem Friedhof die Plattform, die man damals aufzuschütten begann. Die Bewilligung wurde nicht nur dem Leutpriester und den Deutschordensbrüdern, sondern auch Schultheiss, Rat und Gemeinde von Bern erteilt.[41] Die städtischen Behörden hatten auch ihre Hand im Spiel, als zu Beginn des Jahres 1312 eine «ehrbare Matrone» namens Hemma Bernerin mit 300 Pfund eine Frühmesse in die Pfarr-

Abb. 426
An einer Urkunde von 1310 hängen die Siegel des Deutschordenshauses Bern (oben) und des Deutschordenspriesters Rudolf (unten); StAB Fach Interlaken 1310 April 2.

Abb. 427
Allianzwappen der Familien von Krauchthal und von Lindenach: Schultheiss Peter von Krauchtal hatte in zweiter Ehe Anna von Lindenach geheiratet. Die nach 1376 entstandene Grabplatte aus dem Vorgängerbau ist 1960 aussen am Polygonalchor des Münsters wiederentdeckt worden.

kirche stiftete. Diese wurde nämlich kurz darauf auf Lebenszeit von allen städtischen Steuern befreit und die Stiftung in einem Vertrag zwischen den Deutschordenshäusern Bern und Köniz einerseits und der Stadtgemeinde Bern andererseits festgehalten. Die 300 Pfund der Hemma Bernerin wurden an den Kauf der Burg Aegerten und des Bergs Gurten gewendet.[42]
Nur wenig später wurde auch eine erste Spende eingerichtet, die in oder bei der Leutkirche ausgeteilt werden sollte. Dieser Stiftung folgten bis ans Ende des 14. Jahrhunderts eine ganze Reihe von regelmässigen Spenden, die auf das ganze Jahr verteilt an der Pfarrkirche gereicht wurden (→ S. 395).[43] Seit 1320(?) war es zudem die Aufgabe der Leutpriester und Deutschordensbrüder von Bern, im Auftrag von Schultheiss, Rat und Gemeinde, die Messe im Niederen Spital zu halten (→ S. 410).[44]

In jenen Jahren wurde das Deutschordenshaus zunehmend zu einem kulturellen Zentrum mit eigener Bibliothek und eigener Geschichtsschreibung. Am 4. August 1324 verfügte Wolfram von Nellenburg, Hochmeister des Deutschen Ordens, dass die Bücher aus dem Nachlass von Priestern auch gegen den Willen des Landkommendurs in Zukunft im Haus und in der Pfarrei von Bern bleiben und dort vom Leutpriester in einer Bibliothek «angekettet» werden sollten.[45] Dies geschah übrigens anderthalb Jahre, bevor auch im Dominikanerkonvent die Bücher «an Ketten gelegt» wurden (→ S. 445).
1325 liess der Deutschordensbruder Ulrich Pfunt in seiner Eigenschaft als Küster der Kirche von Bern ein neues Jahrzeitbuch anlegen, in dem nicht nur Jahrzeiten, sondern – am Rand und am Schluss – auch chronikalische Notizen eingetragen wurden. Diese *Cronica de Berno* ist die erste Berner Chronik (Abb. 427, → S. 210). Hier wurden wichtige Daten festgehalten, die ebenso für die Geschichte Berns wie auch für den Deutschen Orden erinnerungswürdig waren.[46]
Im Jahr 1326 wird die erste Stiftung eines Lichtes in der Leutkirche – beziehungsweise ein Beitrag an deren Beleuchtung – aktenkundig: Rudolf von Burgdorf, Bürger von Bern, dessen verstorbene Frau Ita dem Leutpriester und den Deutschordensbrüdern von Bern einen Garten geschenkt hatte, erhielt diesen gegen einen Rekognitionszins von einem Mass Öl zurück, das an das Licht der Kirche von Bern *(lumen eclesie Bernensis)* gewendet werden sollte.[47] In den Jahren 1327–1329 mussten eine ganze Reihe von Leuten Stiftungen bestätigen, die ihre Verwandten oder frühere Bewohner ihrer Häuser gegenüber der Pfarrkirche oder dem Deutschordenshaus Bern gemacht hatten, zumeist Wachszinsen.[48] Es ist anzunehmen, dass diese «Anerkennungsleistungen» im Zusammenhang mit der Neuredaktion des Jahrzeitbuches stehen, die seit 1325 in Gang war. Auffällig ist nun aber, dass bei einigen dieser *recognitiones* die Rede ist von einer Bruderschaft *(confraternitas)* des deutschen Ordens, in welche die Stifter der Wachszinsen aufgenommen worden waren. Es muss sich um die gleiche Bruderschaft handeln, die auch im Jahrzeitbuch belegt ist.[49] Man darf vermuten, dass der Deutsche Orden diese Bruderschaft ins Leben gerufen hat, um den Franziskanern mit ihrem erfolgreichen Dritten Orden die Stirn zu bieten. Dabei konnten auch Verstorbene – gewissermassen posthum – in die Bruderschaft aufgenommen werden: wenn die Verwandten oder Nachbesitzer ihrer Häuser die *recognitiones* entrichteten.

Abb. 428
Die Stiftung von Messen in und um die Leutkirche von Bern im 14. Jahrhundert.

Datum	Messe	Stifterin	Zeitpunkt	Beleg
1312, Jan. 13	Frühmesse	Hemma Bernerin	Frühmesse	FRB 4, S. 483 f. Nr. 458
1339, Feb. 23	Heiligkreuzaltar	Johannes von Habstetten	während oder kurz nach der Frühmesse	FRB 6, S. 466 f. Nr. 480
1342, Mai 8	Beinhauskapelle	Übertragung vom Niedern Spital	kurz nach der Hauptmesse	FRB 6, S. 662 f. Nr. 679
1350, März 22	Niklausaltar	Mechthild Münzer	Wochenmesse, während der Hauptmesse	FRB 7, S. 499 f. Nr. 521
1377, April 2	Katharinenaltar	Dyemi Grossen	Frühmesse, nach Frühmesse Heiliggkreuzaltar	FRB 9, S. 535 f. Nr. 1108
1385, Jan. 12	Beinhauskapelle	Margarethe Schererin	vor der Messe Franziskaner	FRB 10, S. 293–296 Nr. 608

Kathrin Utz Tremp

Die Stiftung und Verteilung von Spenden an der Leutkirche

In der Leutkirche der Stadt Bern wurden nicht nur je länger je mehr Messen gefeiert, sondern auch je länger je mehr Armenspenden verteilt. Die beiden Stiftungsformen standen nicht im Widerspruch zueinander, sondern ergänzten sich auf das glücklichste, indem den Spenden für die Armen kein geringerer Wert für das Seelenheil beigemessen wurde als Jahrzeiten. Jahrzeiten und Spenden wurden denn auch häufig in ein und demselben Testament gestiftet und die Spenden nicht selten auf den Jahrzeittag festgesetzt. So schenkte im Jahr 1318 der Berner Bürger Niklaus von Lindnach dem Leutpriester und den übrigen Brüdern des Deutschordenshauses Bern vier Schupposen im Dorf Niederhäusern (Pfarrei Belp), damit sie so lange die Welt bestehe an Fronleichnam seine Jahrzeit und die seiner Frau und Vorfahren begingen und am gleichen Tag von 10 Mütt Spelz den herbeiströmenden Armen eine Spende reichten. Diese musste am Sonntag zuvor von der Kanzel der Leutkirche öffentlich angekündigt werden. Wenn der Ertrag der Schupposen wegen Krieg oder Unwetter einmal kleiner ausfallen würde, durfte auch die Spende kleiner ausfallen (FRB V, S. 87–89 Nr. 36, 1318, Aug. 16).

Auch die Stadt Bern selbst stiftete Spenden, so etwa 1339 nach der siegreichen Schlacht von Laupen eine ewige Spende, die nach dem Bericht des Chronisten Konrad Justinger jedes Jahr am Zehntausendrittertag (22. Juni) an alle Armen verteilt werden sollte (Justinger, S. 93 Kap. 134).

In den 1340er und 1350er Jahren kam es nicht selten vor, dass der Empfänger der Stiftungen das Niedere Spital war, welches jedoch ein «gemeines Almosen und Spende» ausrichten musste, das immer an die Leutkirche geknüpft war und von deren Kanzel ausgerufen werden musste. Die Spenden bei der Leutkirche bestanden immer aus Brot, das aus den gestifteten Dinkelzinsen gebacken wurde, während die Armen im Spital auch Fleisch erhielten (FRB VI, S. 552–555 Nr. 566; VII, S. 58–61 Nr. 65, S. 179–181 Nr. 181, S. 644 f. Nr. 671; VIII, S. 106–108 Nr. 269.)

Im letzten Viertel des 14. Jahrhunderts zeichnet sich eine Veränderung ab. So stiftete am 21. Juli 1374 Johann Wala von Greyerz der Ältere eine Spende, für deren Austeilung neu Schultheiss, Rat und Burger von Bern verantwortlich sein sollten (FRB IX, S. 402 Nr. 864 und S. 402 f. Nr. 865). Im folgenden Jahr stiftete nochmals die Stadt selber eine Spende, die am 27. Dezember, am Tag des Sieges über die Gugler, zu reichen war (FRB IX, S. 479 Nr. 992). Sie wurde im Jahr 1378 durch eine am selben Tag zu verteilende Stiftung der Diemut, Witwe des Heinrich Blangken, gezielt ergänzt (FRB IX, S. 614 f. Nr. 1259).

Zwei Jahre später machte Anna, die Witwe des Peter von Seedorf, ihr Testament vor allem zugunsten des Niederen Spitals, *umbe daz in dem selben spitale ewiclichen dester fúrbazer die sechs werke der erbarmherzigkeit gewúrket und volebracht werden an siechen, hungrigen, nakenden und allen ungetrösten lúten* (siehe Matth. 25, 35–36). Das Spital sollte nach ihrem Tod alljährlich am Jahrzeittag ihres Mannes, am Montag nach Walpurgis (1. Mai), der auch der ihre sein sollte, eine Spende von 15 Mütt Dinkel ausrichten, und zwar nur an die Armen der Stadt Bern, nicht aber an Fremde, die an diesem Tag – angelockt durch die Spende – in die Stadt kommen würden (FRB X, S. 114–118 Nr. 210).

Die Spende sollte ausserdem *an der burger spendebůche geschriben* werden, ein Buch, das hier erstmals erwähnt wird und das beweist, wie sehr die Verteilung von Spenden von einer geistlichen zu einer städtischen Angelegenheit geworden war. Das Buch selber ist auch erhalten; es handelt sich um einen Papierrodel von zehn Seiten, der im Stadtarchiv Bern aufbewahrt wird (FRB X, S. 506–511 Nr. 1079, Abb.). Hier sind bis 1388 insgesamt 43 Spenden aufgezeichnet, die sich – vielleicht gesteuert durch die Stadt – ziemlich regelmässig über das ganze Jahr verteilen. Für 1 Spende scheinen jeweils durchschnittlich 12 Mütt Dinkel zu Brot verbacken worden zu sein.

Die Spenden wurden in der Regel von Privatpersonen gestiftet und nach ihrem Tod von verschiedenen geistlichen Institutionen ausgerichtet, doch kommt auch vor, dass Privatpersonen schon zu ihren Lebzeiten Spenden ausrichteten und dann deren Fortbestand über ihren Tod hinaus sicherten, indem sie diese ihren Erben oder geistlichen Institutionen übertrugen. Wie gezeigt wurde, traten zunehmend als Ausrichter und Stifter auch «die Burger» auf. Die Aufsicht über die Spenden wurde noch vor 1400 den gleichen Kirchmeiern übertragen, die sich auch um die ewigen Lichter in der Leutkirche kümmerten – auch dies ein Bereich, den die Stadt den geistlichen Institutionen entzogen und sich selber untergeordnet hatte (→ S. 389).

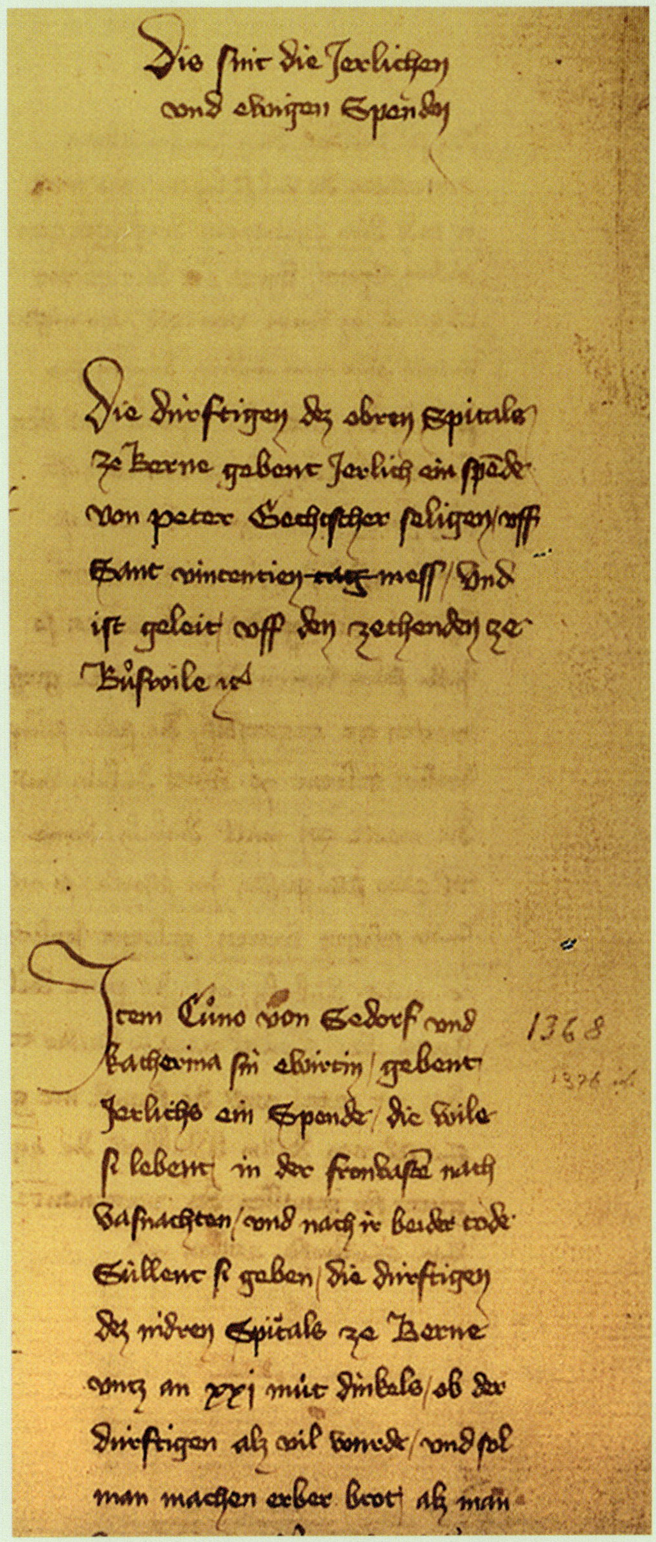

Das Spendenbuch der Stadt Bern hält auf zehn Seiten fest, welche 43 Spenden über das ganze Jahr verteilt abgegeben werden. Der hier wiedergegebene Anfang des Rodels verzeichnet unten eine Spende Kunos von Seedorf im Jahr 1368; Stadtarchiv Bern, U 1388.

Abb. 429 und 430
Die Kasel aus weisser Seide mit Gold- und Silberdraht (oben) und die ursprünglich rote Dalmatik (unten) stammen wahrscheinlich aus dem Berner Münsterschatz. Die Dalmatik ist zu einem unbestimmten Zeitpunkt vor 1865 aus mindestens zwei Stücken zusammengenäht worden. Im Inventar des Münsterschatzes von 1379 ist die Rede von «ein messachel mit guldin Löwen und 2 röck, sint im nüt gelich»; BHM Inv. Nr. 35 und 36.

Die Pfarrkirche und das Deutschordenshaus unter Diebold Baselwind (1329–1360)

Die rund dreissig Jahre zwischen 1329 und 1360 wurden entscheidend durch Diebold Baselwind geprägt, der in dieser Zeitspanne dem Deutschordenshaus und der Leutkirche von Bern vorstand (→ S. 397). Wichtig war an seiner Seite auch Bruder Ulrich Bröwo, der 1331 mit Erlaubnis seines Obern ein dem Deutschen Orden unterstelltes Beginenhaus stiftete, das so genannte Bröwenhaus (→ S. 410).

Wie der *Cronica de Berno* zu entnehmen ist, trat der Leutpriester Diebold Baselwind prominent hervor, als er am 21. Juli 1334 den ersten Stein zum Bau der Friedhofsmauer legte.[50] In der *Cronica* steht hingegen nicht, dass Diebold Baselwind die Berner im Sommer 1339 in die Schlacht von Laupen begleitet, dabei auch das Sakrament mitgenommen habe und damit beinahe in Gefangenschaft geraten sei. Diese Angaben sind seltsamerweise erst der Chronik des Konrad Justinger zu entnehmen, die 1420 von der Stadt in Auftrag gegeben wurde. Bei Justinger ist auch nachzulesen, dass die Berner nach der Heimkehr von der geschlagenen und gewonnenen Schlacht beschlossen, den Zehntausendrittertag künftig mit einer Prozession um die Kirche und einer ewigen Spende für alle armen Leute zu begehen.[51]

Angesichts der starken Persönlichkeit von Diebold Baselwind erstaunt es nicht, dass nur kurz nach der Schlacht von Laupen auch der alte Konflikt mit den Bettelorden wieder aufbrach (→ S. 400). Dabei ging es – recht makaber – um die Leiche einer Frau, Greda von Toffen, von der man nicht wusste, wo man sie begraben sollte. Der Leutpriester, Diebold Baselwind, und der Beichtvater der Frau – Johannes Mösching, wahrscheinlich ein Deutschordensbruder – behaupteten, Greda von Toffen habe auf ihrem Totenbett gewünscht, bei der Pfarrkirche begraben zu werden. Der Guardian der Franziskaner wandte dagegen ein, dass es ihr letzter Wille gewesen sei, bei den Franziskanern beerdigt zu werden. Der Streit scheint vor den Toren der Pfarrkirche ausgebrochen zu sein, wo die Leiche unbeerdigt stehen blieb. Die Verwandten wandten sich an Schultheiss und Rat der Stadt, die den Vizedekan mit der Abklärung betrauten. Ein Verhör der Frauen, die bei der Sterbenden gewesen waren, ergab, dass die Verstorbene den Wunsch geäussert hatte, wenn möglich im Grab der Grossmutter bei der Pfarrkirche beerdigt zu werden, sonst bei den Franziskanern. Da die erste Variante aber nicht realisiert werden konnte, entschied der Vizedekan zugunsten der Franziskaner.[52]

Offenbar hat Diebold Baselwind jedoch die Sache nicht auf sich beruhen lassen. Zu Beginn des Jahres 1342 musste ein ganzes Schiedsgericht zwischen ihm und dem Guardian der Franziskaner, Johannes, vermitteln. Dabei ging es um Beleidigungen, die von den Kanzeln zu widerrufen waren, um unterschlagene Urkunden und vor allem um die Bezahlung der Quart – des vierten Teils aller Einnahmen von einem Begräbnis –, die dem Pfarrer zustand, auch wenn ein Begräbnis nicht in der Pfarrkirche stattfand. Um die Mitte der 1440er Jahre scheint es in dieser Sache zu einer Verständigung zwischen Baselwind und den Dominikanern – und wahrscheinlich ähnlich auch mit den Franziskanern – gekommen zu sein: Die Bettelorden mussten dem Leutpriester für die Quart jährlich eine Pauschale von 3 Pfund bezahlen – eine Regelung, die bis Ende des 15. Jahrhunderts immer wieder erneuert wurde.[53] Am 6. Mai 1342 erhielt Baselwind von seinen Ordensobern auch die Vollmacht, die Schwestern am Pfarrkirchof in den Deutschen Orden aufzunehmen und die Beginensamnung, die seit 1301 belegt ist, in ein geschlossenes Kloster umzuwandeln (→ S. 410).[54]

In der Zeit des Leutpriesters Diebold Baselwind wurden mehrere Messen auf Altäre in der Pfarrkirche gestiftet.[55] Diebold Baselwind bemühte sich aber auch um die Ausstattung «seiner» Kirche mit Reliquien. Am 16. Februar 1343 schenkten Abt und Konvent des Benediktinerklosters Reichenau (im Bodensee) Primärreliquien von 75 männlichen und 14 weiblichen Heiligen und dazu ein Stück vom Rock der heiligen Jungfrau Marie, Haare der seligen Maria Magdalena, von den Kleidern der heiligen Katharina und Niklaus sowie der Jungfrau Maria, von den Sandalen des heiligen Ulrich und vom Chormantel des heiligen Pirmin (?)

und schliesslich von den Kohlen, auf denen der heilige Laurentius verbrannt worden war. Von Anfang Juni bis Ende Oktober des gleichen Jahres traf noch einmal mehr als das Doppelte von Reliquien ein – geschenkt von Klöstern des Elsass, aus dem Baselwind stammte – und schliesslich im Sommer 1344 noch einmal eine ganze Ladung, geschenkt vom Benediktinerkloster Petershausen (bei Konstanz), dessen Abt mit dem Deutschordensleutpriester von Köniz befreundet war.[56]

Die Schenkungen aus dem Elsass waren an die Bedingung geknüpft, dass die Reliquien der einzelnen Heiligen in der Kirche von Bern mit Bildern *(ymagines)* und diese wiederum mit ewigen Lichtern versehen würden. In der Folge scheinen denn auch *bilde* (Statuen?) in Auftrag gegeben worden zu sein,

Kathrin Utz Tremp

Der Berner Deutschordensleutpriester Diebold Baselwind im Kampf gegen den Wucher

Der Berner Leutpriester Diebold Baselwind ist bekannter und populärer als mancher Berner, obwohl er nicht aus Bern stammte, sondern aus Gebweiler im Elsass (wo er andererseits als «vergessener Sohn» gilt, siehe: Sammlung Bernischer Biographien I, S. 241–244; Wetterwald, Vergessener Sohn). Nach Bern kam er als Deutschordensbruder. Bereits bei seinem ersten Erscheinen in Bern, am 19. März 1329, hatte er das Amt des Leutpriesters oder Pfarrers inne (FRB V, S. 682 f. Nr. 652.); er könnte also hierhin berufen worden sein. Dieses Amt machte ihn automatisch zum höchsten Berner *in spiritualibus*, denn in Bern gab es keinen Bischof oder Propst, der über dem Stadtpfarrer gestanden hätte. Diebold Baselwind blieb rund dreissig Jahre Leutpriester – bis zu seinem Tod am 2. Mai 1360 (FRB VIII, S. 335 Nr. 896) – was eine Einheit von Amt und Person bewirkt, die in der ganzen mittelalterlichen Geschichte Berns und darüber hinaus einmalig ist.

Bekannt ist, dass Diebold Baselwind am 21. Juli 1334 den ersten Stein zum Bau der Kirchhofmauer legte und dass er *als ein getrüwer hirt, der si leben geben wil für sine schaf* (Justinger, S. 87), die Berner 1339 in die Schlacht von Laupen begleitete und dabei auch das Sakrament mitführte. In den Jahren 1343 und 1344 beschaffte er für die bernische Pfarrkirche Reliquien in rauhen Mengen, darunter auch aus dem Elsass, wo er selber herstammte. Weil diese Reliquien mit der Auflage verbunden waren, dass sie in Bern mit «Bildern» und ewigen Lichtern versehen würden, verknurrte er den nächsten Missetäter, der ihm in die Hände, beziehungsweise in den Beichtstuhl lief, dazu, zur Sühne ein ewiges Licht in die Leuchtkirche zu stiften (→ S. 389). Im Jahr 1346 schaffte er als Visitator und Inquisitor(!) des Bischofs von Lausanne im Männer- und Frauenkloster Interlaken mit harter Hand Ordnung (FRB VII, S. 51 f. Nr. 55 und S. 209–211 Nr. 211). In den 1350er Jahren stellte Baselwind auch mehrfach beglaubigte Abschriften von wichtigen Urkunden her (FRB VII, S. 708 Nr. 734; FRB VIII S. 21 Nr. 58, S. 58 Nr. 137, S. 233 Nr. 621). Am 26. April 1359 war er schliesslich federführend an einem Abkommen zwischen der Stadt und dem Deutschordenshaus Bern über den Wiederaufbau des vom Erdbeben von 1356 zerstörten Chores der Pfarrkirche von Bern beteiligt. Dies alles tat er gewissermassen in offizieller Mission, als Stadtpfarrer von Bern, und trotzdem verstand er es, diesen Missionen einen eigenen Stempel aufzudrücken.

Die letzte Predigt des Leutpriesters Diebold Baselwind vor der Schlacht bei Laupen. Spiezer Chronik des Diebold Schilling, BBB, Mss. hist. helv. I.16, S. 270.

Ganz unbekannt ist die Rolle von Diebold Baselwind als Kämpfer gegen den Wucher, einen Kampf, den er während seiner ganzen Amtszeit führte. Als am 1. Oktober 1331 Johannes von Münsingen im Sterben lag, noch vor dem Empfang des heiligen Sakraments, beauftragte er den Leutpriester Baselwind, all jene zu entschädigen, die er durch Wucher oder sonst unrecht erworbene Dinge geschädigt habe (FRB VI, S. 22 f. Nr. 26). Es ist anzunehmen, dass Baselwind der Beichtvater des Sterbenden gewesen ist und ihm das Geständnis und den Auftrag abverlangt hat, bevor er ihm die Sterbesakramente reichte.

Ein ganz bekannter Wucherer – beziehungsweise wohl Kreditgeber – scheint Niklaus Wül gewesen zu sein (siehe Helvetia Sacra IV/4, S. 279). Jedenfalls versöhnte ihn Diebold Baselwind gegen angemessene Entschädigung sukzessive mit seinen Opfern: 1340 mit Rudolf Isenbolt von Wimmis, 1342 mit dem Freiherr Rudolf von Weissenburg sowie Vinzenz Fries, Gerhard von Krauchthal und Heinrich Kumi von Bern und schliesslich zu Beginn des Jahres 1343 mit dem Schuster Johannes an der Brücke, ebenfalls von Bern.

Ein weiterer und letzter Fall datiert vom April 1355. Damals vertrugen sich Junker Hartmann von Belp und seine Frau Nicola auf den Rat von Diebold Baselwind mit Ulrich zem Sper, Bürger von Bern, wegen des Gewinnes, den dieser unerlaubt und gegen sein Seelenheil von ihnen gemacht hatte, indem er von ihnen Gütern kaufte und ihnen ein Rückkaufsrecht vorgaukelte, und zwar gegen eine Busse von 7 Pfund (FRB VIII, S. 91 f. Nr. 218).

Gerade der letzte Fall könnte typisch sein für die zweite Hälfte des 14. Jahrhunderts, als der verarmende Adel Grundbesitz verkaufen musste, um zu Geld zu kommen, und dabei in die Hände von reichen, aber skrupellosen Bürgern geriet. In dieser Situation griff Diebold Baselwind ein und erwies sich damit als früher Kämpfer gegen den Wucher, in einer Stadt, die wesentlich weniger Handelsstadt war als etwa Basel oder Freiburg, wo der Wucher erst zu Beginn des 15. Jahrhunderts denunziert wurde: in Basel von einem observanten Dominikaner Johannes Mulberg (siehe Gilomen, Kirchliche Theorie), und in Freiburg von einem spanischen Wanderprediger, Vinzenz Ferrer (Utz Tremp, Vinzenz Ferrer).

Abb. 431
Der Seidenstoff der bernischen Kasel (Abb. 429) ist wohl um 1300 in Lucca hergestellt worden. Damals war Lucca zusammen mit Venedig die bedeutendste Seidenweberstadt Europas.

denn am 15. März 1347 erklärte Johannes Muttenzer, ein Maler aus Basel, dass er bezahlt worden sei für die Arbeit, die er an die «Bilder» in der Leutkirche und das dazugehörende *Gemelde* gewendet hatte (→ unten).[57]
Bemerkenswert ist, dass die Bilder von den Bürgern der Stadt Bern und nicht vom Deutschordenshaus bezahlt wurden; der Deutschordensleutpriester Diebold Baselwind lieferte lediglich das Siegel an die Quittung. Daraus lässt sich vielleicht ableiten, dass die gefassten Reliquien Altäre des Kirchenschiffes zierten, denn normalerweise zahlte der Patronatsherr den Unterhalt des Chores und die Pfarreiangehörigen denjenigen des Schiffes.[58]
Einige Jahre später, 1356, entzündete sich wegen dieser Verteilung der Lasten ein Streit zwischen der Stadt Bern und dem Deutschordenshaus.[59] Ursache waren die Beschädigungen der Leutkirche als Folge des oben genannten Basler Erdbebens von 1356. Zu einer Einigung kam es erst am 26. April 1359, als die beiden Parteien beschlossen, den Wiederaufbau von Chor und Schiff gemeinsam zu bestreiten. Zu diesem Zweck sollten je ein Vertreter der Deutschordensbrüder und der Bürgerschaft zusammen in und ausserhalb der Kirche Almosen sammeln sooft dies erforderlich sei. Die gemeinsame Bettelaktion sollte jedoch kein Präjudiz für die Rechte der beiden Parteien bilden.[60] Es lässt sich nicht entscheiden, welche Seite hier mehr Konzessionen gemacht hat. Man könnte sich jedoch durchaus vorstellen, dass es die Stadt war, die ihren Einfluss auf die einzige Pfarrkirche stärken wollte, deren Patronatsrecht ihr nach wie vor vorenthalten blieb.
Am 29. Februar 1360 wurde die Pfarrkirche von Bern von den Visitatoren des Deutschen Ordens inspiziert. Diese bestätigten dem Deutschordenshaus Bern auf Bitte Diebold Baselwinds den Besitz der Kirchensätze von (Ober-)Balm, Ueberstorf, Bösingen, Rüderswil und Rüti bei Burgdorf und deren Zuordnung zu den Messen der einzelnen Altäre.[61] Eine vergleichbare Liste der Altäre und

Charlotte Gutscher

Johannes Muttenzer, der Maler von Basel

Im Jahr 1343 erhielten die Berner zahlreiche Reliquien aus dem Elsass mit der Auflage, dass diese in einer ihrer Bedeutung angemessenen Form in der Leutkirche zu präsentieren seien. Vier Jahre später bestätigte der Maler Johannes Muttenzer, dass er für seine im Auftrag der Berner Bürgerschaft geleistete Arbeit hinreichend entschädigt worden sei (→ oben).
Der Maler Johannes, wohl Hans gerufen, mag in Muttenz geboren sein. In Basel könnte er zur Unterscheidung von anderen Malern gleichen Namens nach seinem Herkunftsort bezeichnet worden sein. Hat er vielleicht in der Muttenzer Pfarrkirche Sankt Arbogast einen zwei Wände des Chores umfassenden Heiligenzyklus gemalt? Unter der bedeutenden Ausmalung des 15. Jahrhunderts liegt jedenfalls eine Malschicht aus der Lebenszeit des in Bern tätigen Malers Johannes (Kdm Basel Land I, S. 341).
Wozu hatten die Berner den Basler Maler berufen? Er selbst nennt *daz werch, so ich an dú bilde, dú da stant in ir lútkilchen ze Berne umbe und umbe, und an daz gemelde so dar zůhőret* (FRB VII, S. 244 f., Nr. 248). Während mit *werch* wohl ganz allgemein die auftragsmässig ausgeführte Arbeit gemeint ist, wird zwischen *bilde* und zugehörigem Gemälde unterschieden. Mit den Bildern dürfte deshalb eine dreidimensionale Gestaltung gemeint sein, wohl geschnitzte und gefasste Heiligenfiguren. Die Bezeichung *umbe und umbe* lässt darauf schliessen, dass es sich um einen umfangreichen Auftrag gehandelt haben muss, dessen einzelne Teile – möglicherweise in ähnlicher Art wie hundert Jahre später im Zusammenhang mit dem Münsterbau – von einzelnen Bürgern gestiftet worden waren. Während die Bilder in der Mehrzahl auftreten, ist nur von einem zugehörigen Gemälde die Rede. Möglicherweise handelte es sich dabei um ein Wandgemälde, welches einen Altarplatz besonders auszeichnete. Welcher der fünf im Jahrzeitbuch erwähnten Altäre gemeint sein könnte, ist nicht mehr zu entscheiden (Kdm Bern Stadt IV, S. 12).
Es fällt schwer sich vorzustellen, wie Muttenzer gemalt haben mag. Vergleichsbeispiele aus der oberrheinischen – beziehungsweise baslerischen – Tradition des mittleren 14. Jahrhunderts fehlen nämlich weitgehend. Die Basler Maltradition tritt uns jedoch um 1350 unvermittelt auf einem Höhepunkt entgegen (Abb.): In einer Nischenbemalung der St. Peterskirche, welche durch das Wappen der Familie Efringer als deren Grabplatz ausgezeichnet ist (Kdm Basel Stadt V, S. 113–118). «Die Malerei spannt einen stilistischen Bogen von Siena über Avignon über den Oberrhein nach Prag, wo die nächsten Parallelen zu

Ausschnitt eines Wandgemäldes in einer Grabnische des südlichen Seitenschiffes der St. Peterskirche in Basel, um 1350/60. Zwei Frauen beweinen den Leichnam Christi.

finden sind» (Eggenberger, Malerei des Mittelalters, S. 222). Selbst wenn die Basler Nischenbemalung von einem auswärtigen Meister stammen sollte: Solche internationalen Kontakte und Einflüsse dürfen für die Basler Maler – auch für Johannes Muttenzer – vorausgesetzt werden.
Es kann deshalb nicht erstaunen, dass die Berner sich nach Basel wandten, als sie einen fähigen Maler benötigten. In der Rheinstadt war es schon lange üblich, dass sich die städtische Oberschicht durch Kunstaufträge in die Nachfolge der zu Ende gehenden höfisch-ritterlichen Kultur stellte. Dieses bürgerliche Anknüpfen an Gewohnheiten, die eigentlich von der Adelsschicht gepflegt wurden, lässt sich besonders klar auch in Zürich fassen. Einen solchen Ehrgeiz hatten jedoch – so scheint es – die bodenständigen Berner des 14. Jahrhunderts kaum. Noch während weiteren hundert Jahren finden sich nur vereinzelte Erwähnungen von in Bern ansässigen Malern und bestanden deren Aufträge mehrheitlich aus Flachmalerarbeiten (Rott, Quellen, S. 231).

ihrer Weihefeste findet sich schon im 1325 neu angelegten Jahrzeitbuch der Berner Pfarrkirche; hier kommen zu den aufgezählten Altären noch der dem heiligen Vinzenz geweihte Hauptaltar sowie zwei weitere Altäre hinzu – einer der Jungfrau Maria und der andere der heiligen Elisabeth (später der heiligen Katharina) geweiht. Im Jahrzeitbuch ist auch der Tod des Leutpriesters Diebold Baselwind verzeichnet, der am 2. Mai 1360 erfolgte. Sein Gefährte, Ulrich Bröwo, war ihm am 15. April 1359 im Tod vorausgegangen.[62]

Die 15 Lichter und die Anfänge einer städtischen Kirchenpflege (circa 1360–1390)

Die Entwicklung, die in diesem letzten Abschnitt aufgezeigt werden soll, setzte bereits vor der Zeit Diebold Baselwinds ein: mit der Stiftung einzelner Lichter in den Jahren 1326 und 1327 (Abb. 432). Ein zweiter Schub von Lichtstiftungen ist in den 1340er Jahren zu verzeichnen, da die Schenkung der Reliquien aus dem Elsass mit dieser Auflage verbunden war. Im Jahr 1348 werden *die liechter, die da tages und nachtes in der lútkilchon von Berne brúnnent*, erstmals im Plural genannt, und ein Jahr später erfolgte eine Schenkung an den «Bau» *(fabrica)* der Leutkirche von Bern und wird ein Pfleger, Niklaus von Ried, genannt.[63] Seit dem Sommer 1349 ist dann ganz regelmässig (1354, 1357, 1358, 1360, 1362, 1365, 1373, 1382) von 15 Lichtern die Rede, *die da hangent in der lútkilchen ze Berne vor dem grôssen krúze* (so 1349, 1358, 1360).[64] In den Jahren 1357 und 1358 werden die 15 Lichter eindeutig in Beziehung gesetzt zu den Kirchenpflegern:

Abb. 432
Die Stiftung von Lichtern in der Leutkirche von Bern im 14. Jahrhundert.

Datum	Licht	Stifterin	Zins	Beleg
1326, Jan. 28	lumen	Rudolf von Burgdorf	1 Mass Öl	FRB 5, S. 491 f. Nr. 448
1327, Dez. 5	Licht vor dem grossen Kreuz	Johannes von Kräyngen	11 Schilling	FRB 5, S. 591 Nr. 554
1344, Aug. 14	ewiges Licht vor dem Bild des Tagesheiligen	Ulrich von Bollingen, Sühneleistung	3 Mütt Nüsse	FRB 7, S. 51 f. Nr. 55
1344, Okt. 15	ewiges Licht vor dem grossen Bild unseres Herrn	Rudolf von Lindnach	12 Mütt Dinkel, 2 Pfund (zugl. Spende)	FRB 7, S. 58–61 Nr. 65
1347, Mai 2	ewiges Licht vor Katharinenaltar	Anna Huter	30 Schilling	FRB 7, S. 260 Nr. 264
1348, März 28	Lichter Leutkirche, Kerzen bei der Elevation	Ulrich Füri, Wollschläger	2 Mütt Dinkel	FRB 7, S. 330 Nr. 349
1349, Apr. 22	ewiges Licht über Taufstein	Mechthild Münzer	15 Mütt Dinkel, 1 lb 4 Schilling (zugl. Spende)	FRB 7, S. 424–426 Nr. 439
1349, Juli 3	15 Lichter vor dem grossen Kreuz	Johannes Bindo	5 Schilling	FRB 7, S. 443 Nr. 459
1353, Nov. 9/10	Licht hinter Hauptaltar	Greda und Anna von Steimphen		FRB 8, S. 25 Nr. 66
1354, Sept. 13	15 Lichter Leutkirche	Nicl. Wegger		FRB 8, S. 66 Nr. 157
1357, Nov. 24	15 Lichter Leutkirche	Johann Huber	2 Schilling	FRB 8, S. 224 Nr. 596
1358, April 21	15 Lichter vor dem grossen Kreuz	Ita Burk (?)	7 (?) Schilling	FRB 8, S. 251 Nr. 677
1358, Sept. 12	Licht vor Unsers Herren Fronleichnam	Heinrich der Vriie	Gut Wattenwil	FRB 8, S. 268 Nr. 722
1360, Jan. 4	Licht Leutkirche	Bescha von Gasel	10 Schilling	FRB 8, S. 315 Nr. 850
1360, Juli 16	15 Lichter vor dem grossen Kreuz	Niklaus Ungehando	13 Schilling, 1½ Huhn (Drittel)	FRB 8, S. 348 Nr. 934
1360, Nov. 24	15 Lichter Leutkirche	Bela Flogerzin von Thun	1 Mass Öl	FRB 8, S. 373 Nr. 992
1361, Juni 1	Licht Leutkirche	Johann Selhofen	½ Pfund Wachs	FRB 8, S. 403 Nr. 1069
1361, Aug. 23	ewiges Licht hinter dem Hauptaltar vor dem Sakrament	Greda und Anna von Stenpfen	Gut Wattenwil	FRB 8, S. 419 f. Nr. 1102
1362, Juli 2/3	15 Lichter Leutkirche	Ulrich Wishano, Niklaus Graf	2 Schilling	FRB 8, S. 462 f. Nr. 1206
1362, Aug. 16	15 Lichter Leutkirche	Ellina Kleinmann	2 Schilling	FRB 8, S. 467 Nr. 1219
1365, Dez. 13	15 Lichter Leutkirche	Elisabeth von Grafenried	4 Schilling	FRB 8, S. 646 Nr. 1620
1369, Juni 23	Licht vor Niklausaltar	Niklaus Niesso	Gut Oberwichtrach	FRB 9, S. 176 Nr. 319
1373, Jan. 8	15 Lichter Leutkirche	Ruf von Hindelbank	3 Schilling	FRB 9, S. 317 Nr. 678
1382, Okt. 22	ewiges Licht vor dem Kreuz des Niklausaltar; 15 Lichter Leutkirche; ewiges Licht Beinhauskapelle	Peter Niesso	2½ Gulden	FRB 10, S. 198–200 Nr. 392

Abb. 433
Die mit vielen Beschlägen verstärkte Truhe des 14. Jahrhunderts war zugleich Bestandteil und Aufbewahrungsort des Berner Münsterschatzes; BHM Inv. Nr. 5987, Depositum der Münstergemeinde.

Offenbar waren es die Kirchenpfleger, welche die entsprechenden Zinsen zuhanden der 15 Lichter einzogen; im Jahr 1361 werden sie als «Pfleger der Kerzen und des Lichtes» bezeichnet.[65]
Die Institution der Kirchenpflegschaft war also zur Zeit des Erdbebenschadens 1359 durchaus schon vorhanden. Diese Entwicklung, die darauf hinaus lief, den Besitz der Pfarrkirche (Kirchenfabrik) von demjenigen des Deutschordenshauses zu trennen und einer städtischen Pflegschaft zu unterstellen, gipfelte in einer testamentarischen Bestimmung vom Jahr 1383, wonach die Hälfte eines Hauses und einer Hofstatt *an sant Vincencyen buw der lútkilchen ze Berne, und nit den Tútschenherren* fallen sollte.[66] Da diese Einschränkung vor dem Schultheissengericht von Bern gemacht wurde, ist anzunehmen, dass sie nicht dem Kopf der testierenden Frau, sondern des protokollierenden Schreibers, wenn nicht gar des Schultheissen selbst entsprungen ist.
Dementsprechend war auch der Kirchenschatz, der vor 1379 erstmals aufgezeichnet wurde (→ S. 438), Besitz des heiligen Vinzenz und der Leutkirche – und diese wiederum Eigentum der Burger von Bern! Dies bedeutet, dass die Heiligtümer dem Leutpriester, dem Küster und den Deutschordensbrüdern lediglich anvertraut waren, und zwar von den Kirchenpflegern, die das Inventar in den Händen behielten.[67]
Die Kirchmeier hatten aber nicht nur die Aufsicht über die ewigen Lichter, sondern auch über die ewigen Spenden. Dies geht aus einer undatierten Satzung hervor, die aber wohl vor 1400 entstanden ist.[68] Entsprechend gab es nicht nur ein «Burgerbuch um das Wachs», sondern auch ein «Burgerbuch um die Spenden», das ebenfalls um 1380 erstmals erwähnt und von 1388 überliefert ist.[69]
Mehr und mehr Kompetenzen wurden also dem Deutschordenshaus entzogen und einer städtischen Pflegschaft – in der Gestalt der Kirchmeiern – unterstellt (→ S. 395).

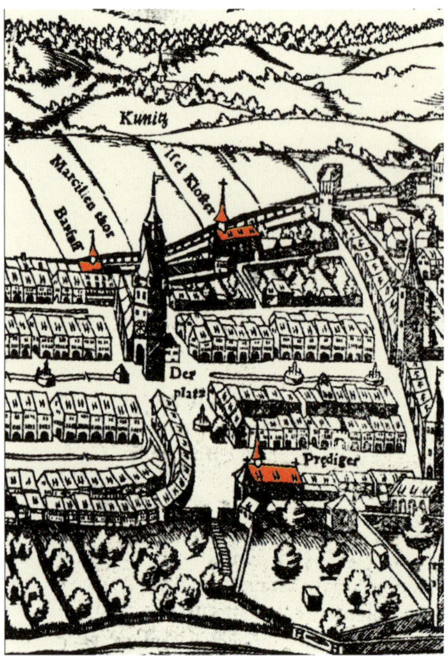

Abb. 434
Ausschnitt aus dem Plan der Stadt Bern von Hans Rudolf Manuel, 1549: Franziskanerkloster (Barfüsser, links), Dominikanerinnenkloster (Inselkloster, Mitte oben), Dominikanerkloster (Prediger, unten). Für die ältere Niederlassung der Dominikanerinnen gibt es keinen bildlichen Beleg, am hier angegebenen Ort ist der Frauenkonvent seit 1323 zu belegen, der Neubau der Kirche wurde allerdings erst 1401 geweiht.

Claudia Engler

Die Bettelordensklöster

Im Jahre 1255 errichtete der Franziskanerorden in Bern eine Niederlassung am westlichen Rande der zähringischen Gründungsstadt,[1] nur vierzehn Jahre später siedelten sich die Dominikaner am nördlichen Aarehang der Neustadt an.[2] Die Nähe der Stadt suchten 1294 auch die Dominikanerinnen, als sie ihr seit 1286 bewohntes Areal in Brunnadern aufgaben und mit einem Klosterbau auf der Aareinsel in Mariental beim heutigen Altenberg begannen (Abb. 434).[3] Nach Burgdorf kamen die Franziskaner um 1280 und bauten ihren Konvent am Stalden ausserhalb der Stadt.[4] Spätestens im Spätmittelalter überragten in Bern und Burgdorf die ihrem Ordensideal entsprechend schlichten, grossräumigen, an Dachreiter und langgestrecktem Chorbau leicht erkennbaren Kirchen und Klosteranlagen der beiden Orden ihre bauliche Umgebung und prägten nicht nur markant das äusserliche Erscheinungsbild der Städte, sondern bestimmten ebenso wesentlich auch deren religiöses Leben.

Die Bettelorden: eine neue Form des Ordenslebens

Mit den Franziskanern (Barfüssern) und den Dominikanern (Predigern) kam eine neue Form des Ordenslebens in die Städte, die sich deutlich vom älteren Mönch- und Kanonikertum unterschied. Die Entstehung der Bettelorden geht zurück auf die religiösen Reformbewegungen des 11. Jahrhunderts, die einer sich verhärtenden und auf sich selbst zurückziehenden kirchlichen Hierarchie das an den Evangelien und dem Wirken der Apostel orientierte Ideal einer armen und wandernden Kirche entgegensetzten.[5] 1215 gründete der spanische Kleriker Dominikus in Südfrankreich eine Gemeinschaft gut geschulter Wanderprediger, um gegen die dort stark verbreitete Häresie zu kämpfen.[6] Praktisch gleichzeitig entschied sich der reiche Kaufmannssohn Franz von Assisi zum freiwilligen Büsserleben.[7] Trotz ursprünglich grossen Unterschieden wiesen die Bettelorden viele Gemeinsamkeiten auf: den Verzicht des einzelnen Mitgliedes wie der Klostergemeinschaft auf Besitz und feste Einkünfte und einen Lebensunterhalt allein durch Bettel und Almosen, den missionarischen Predigtauftrag und damit verbunden die fundierte methodisch-wissenschaftliche Ausbildung ihrer Mitglieder, eine neue Ordensstruktur und Verfassung, wie sie die hohe Mobilität und die neuen Aufgaben verlangten. Päpstliche Privilegien erlaubten ihnen zudem eine intensive Seelsorgetätigkeit mit Sakramentenspendung neben der regulären Pfarrseelsorge. Nach ihrer kirchlichen Anerkennung erlebten die Ordensgemeinschaften von Franziskus und Dominikus eine gewaltige Expansion. Innerhalb weniger Jahrzehnte legten sie ein Netz von Niederlassungen über ganz Europa. Ihr Erfolg ist jedoch ohne den sich im 12. und 13. Jahrhundert vollziehenden wirtschaftlichen, sozialen und gesellschaftlichen Strukturwandel, insbesondere dem einsetzenden Urbanisierungsprozess, nicht zu erklären. Charakteristisch für die Bettelorden war denn auch die Wahl des bisher klösterlich kaum erschlossenen städtischen Lebensraumes als Wirkungsfeld. Hier trafen ihr Angebot an Predigt und Seelsorge auf neue religiöse Bedürfnisse, die durch die ordentliche Seelsorge nicht mehr befriedigt werden konnten: Sie füllten das Defizit sakramentaler Versorgung, ihre Frömmigkeitsformen kamen den zunehmend auf das individuelle Heil hin orientierten Gläubigen entgegen und die Stadtbewohner fanden in ihnen wertvolle und nützliche Verbündete bei der Durchsetzung ihrer kirchlichen, politischen und wirtschaftlichen Interessen.[8]

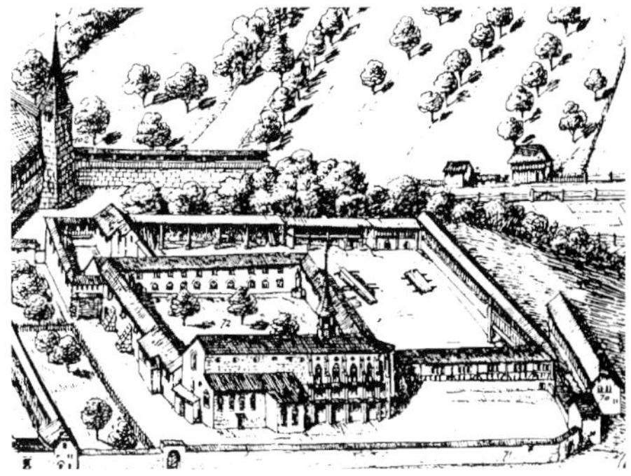

Abb. 435
Dominikanerkonvent Bern: im Vordergrund die Kirche mit Dachreiter, Langchor für die Mönche und basilikalem Langhaus für die Laien. Im Norden schlossen die Konventsbauten an. Der Westflügel scheint erst im 15. Jahrhundert angelegt worden zu sein, ein Neubau des Kreuzganges erfolgte erst kurz vor der Reformation.

Bettelorden und Stadtentwicklung
Nicht von ungefähr erfolgte die Ansiedlung der beiden Gemeinschaften in Bern auf ausdrücklichen Wunsch von Rat und Bevölkerung der sich damals in dynamischer Entwicklung befindlichen Stadt. Ausschlaggebend für die Berufung der Franziskaner wie der Dominikaner dürfte der Konflikt der jungen Stadtgemeinde mit dem Deutschen Orden gewesen sein, dem sie seit 1226 (oder 1227) gegen ihren Willen als Filiale der Pfarrkirche von Köniz unterstellt war (→ S. 389).[9] Darauf deuten nicht nur der Burgrechtsvertrag mit der Kilchhöre Köniz hin, der erst nach der Einwilligung des Deutschen Ordens zur Aufnahme der Franziskaner in Bern abgeschlossen worden war, sondern auch die Auflage der Stadt für die Dominikaner, den Hochaltar der künftigen Klosterkirche den Aposteln Peter und Paul zu weihen, dem Hauptpatrozinium der Pfarrkirche in Köniz. Der neuen Konventskirche waren damit ganz offensichtlich pfarrkirchliche Funktionen zugedacht. Tatsächlich stellten die Dominikaner die pastorale Versorgung in der unter Graf Peter II. von Savoyen entstandenen Neustadt sicher, die 1256 ummauert, aber noch kaum bebaut war, und leiteten so deren Besiedlung erst ein (Abb. 435).[10] Mit der 1280 von den Dominikanern gebauten steinernen Brücke über den ehemaligen Badergraben (heute Kornhausplatz) verbanden sich der ältere Stadtbereich und die neue Vorstadt noch enger.[11] Die Lage an der Stadtmauer schloss für das Kloster möglicherweise auch fortifikatorische Aufgaben mit ein.[12] Dasselbe gilt für den Franziskanerkonvent Bern, der innerhalb der zähringischen Gründungsstadt einen dünn besiedelten, peripheren Bereich neu besetzte (Abb. 436).

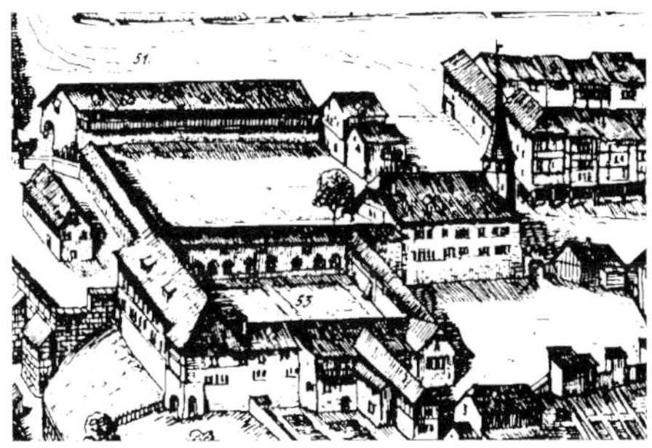

Abb. 436
Die spätmittelalterliche Anlage des ehemaligen Franziskanerkonvents Bern ist vor den Umbauten des 17. Jahrhunderts noch gut zu erkennen: An der Stelle der Klosterkirche steht die 1577 erbaute Lateinschule (Gebäude rechts mit Türmchen). Noch erhalten sind der Kreuzgang mit Garten und das dem Gerberngraben zugewandte Konventsgebäude. Das Konglomerat von Gebäuden mit Nutzgarten Richtung Aarehang diente wahrscheinlich wirtschaftlichen Zwecken. Der umschlossene Garten nördlich des Kreuzganges wurde als Friedhof benutzt. 1905 wurden die letzten Gebäude des einstigen Konventes abgerissen und durch den Casinoneubau ersetzt. Ausschnitt aus der Planvedute von Gregorius Sickinger, 1603–07 (Original verschollen, Kopie von Johann Ludwig Aberli, 1753, umgezeichnet von Eduard von Rodt, 1915, BHM).

Für die Förderung der Bettelorden durch die Stadt waren also nicht allein religiöse Motive und eine Verbesserung der kirchenorganisatorischen Struktur ausschlaggebend. Mit der gezielten Zuteilung der Bauplätze wiesen die städtischen Instanzen den Konventen von Anfang an weitergehende Funktionen im Verstädterungsprozess zu.
Ebenfalls in der pfarrkirchlichen Abhängigkeit von Oberburg und der Entwicklung der Unterstadt sind die Hintergründe der Burgdorfer Franziskanerklostergründung von 1280 zu suchen (Abb. 445).[13] Urkundlich nicht zu belegen ist eine mögliche Stiftung durch die Gräfin Anna von Kiburg-Habsburg. Gerade die Franziskaner genossen jedoch eine besondere Förderung sowohl durch die Kiburger als auch die Habsburger, welche den Orden erfolgreich für ihre Territorialpolitik einsetzten. Die Auseinandersetzungen zwischen Bern und König Rudolf von Habsburg in den Achtzigerjahren des 13. Jahrhunderts brachte die Berner Bettelorden deshalb in eine zeitweise schwierige Situation (→ S. 132).[14]

Charlotte und Daniel Gutscher

Ein hochgotischer Bau in barockem Kleid – die ehemalige Dominikanerkirche (Französische Kirche)

Von der Zeughausgasse her präsentiert sich die dreischiffige Basilika als barocker Baukörper, einzig der langgestreckte Chor verrät noch den hochgotischen Ursprung der ehemaligen Klosterkirche. In der Substanz ist jedoch die Französische Kirche noch heute ein Bau der Hochgotik.

Dies verrät ein Vergleich der heutigen Innenansicht gegen Osten mit der gleichgerichteten Rekonstruktion des ursprünglichen Zustandes (Abb. rechts): Dominant ist bis heute die nur durch kleine Öffnungen aufgebrochene Wandfläche des Obergadens, die ohne Kapitellzone in die Rundsäulen der mächtigen Pfeiler übergeht und in welche die Spitzbogen der Seitenschiffe gleichsam eingeschnitten erscheinen. In der ursprünglichen Anlage war der Einblick in den Dachstuhl über dem Mittelschiff offen. Dieses muss deshalb für den mittelalterlichen Menschen schier unendlich hoch gewirkt haben. Einer Brücke gleich durchzieht der Lettner als ältestes Bauelement das Kircheninnere. Er bildet gleichzeitig den Abschluss des Mittelschiffes als ehemaligen Aufenthaltsorts der Laien und ist Verbindungsglied zum Chor, der damals als Klausurbereich den Geistlichen vorbehalten war. Er war einst ebenso zum Schiff, wie zum Chor hin offen und diente den Dominikanern zur Lesung und Predigt. Im grösseren Mitteljoch des Lettners befand sich im Mittelalter der Hauptaltar für die Laien. Ein Masswerkfenster ermöglichte hier den Blick auf das am Hauptaltar im Chor stattfindende Messwunder.

Der darüber sich erhebende, zum Chor hin offene Triumphbogen bot Einsicht in die höheren Partien des lichtdurchfluteten Chores: in das feingliedrige Gewölbe, dessen blutrot gefasste Rippen an den Längswänden in eleganten, ebenfalls farbigen Konsolen enden, nur im Chorpolygon über zierliche Dienste bis zum Boden hinab geführt sind. Den seitlichen Wänden entlang sassen die Bettelmönche in ihren Chorstühlen, die sich erhalten haben und an der Nordwand des Schiffes aufgestellt sind (S. 405). Die Bettelordenskirchen zeichneten sich in der ersten Hälfte des 14. Jahrhunderts – bedingt durch die geforderte Besitzlosigkeit der Klöster – durch ihre Kargheit in der Ausstattung aus, ebenso aber durch die Grösse des Laienraumes. Diese war durch die neue Aufgabe der Volkspredigt bedingt, hatte aber zur Folge, dass die Dominikanerkirche als damals grösster Versammlungsraum der Stadt auch für profane Zwecke genutzt wurde (→ S. 246). Seit der zweiten Hälfte des 14. Jahrhunderts vermehrten sich die Stiftungen an die Gemeinschaft, der kollektiver Besitz nun erlaubt war (→ S. 400). Obwohl wir darüber nicht informiert sind, ist doch anzunehmen, dass die Kirche in deren Folge ihren ersten malerischen Schmuck erhielt. Die heute sichtbaren Reste von Wandmalerei – mit Ausnahme eines geringen Restes einer ornamentalen Fassung im nördlichen Seitenschiff – stammen jedoch von 1495 (Lettner) und dem späten 16. Jahrhundert (Schiff).

Rekonstruierte Innenansicht der Predigerkirche gegen Osten (nach Georges Descœudres).

Mittelschiffdachstuhl gegen Westen. Beim ursprünglichen Dachwerk handelt es sich um die Kombination von kreuzverstrebten Kehlbalken- mit einfachen Sattelbalkengebinden. Der ursprünglich sehr grosse Abstand der Dachbalken (4,5 bis 4,8 m) beweist, dass der Dachstuhl zum Schiff hin offen war. Erst um 1400 wurden zusätzliche Balken eingezogen und eine Flachdecke erbaut.

Wenig bekannt ist die Tatsache, dass der Dachstock über dem Mittelschiff eines der wenigen erhaltenen Beispiele eines auf Sicht angelegten offenen Sparrendachstuhls aus der Zeit um 1300 darstellt (Abb. links). Dies beweisen dendrochronologische Untersuchungen der Hölzer, die ein Fälldatum zwischen 1243 und 1305 aufweisen. Die Stämme, die von verschiedenen Standorten stammen, müssen – wie der stellenweise Befall von Borkenkäferfrass belegt – also mehrere Jahrzehnte gelagert worden sein, bevor die Dominikaner sie verbauten. Sie dürften als Legate in Form von Bauholz an die Prediger gelangt sein. Als Stifterin trat wohl einerseits die Stadt selbst auf, deren Bauholzlager sich beim Predigerkloster befand, andere Balken waren Gaben von Privaten. (Descœudres/Utz, Französische Kirche, S. 79–85). Das Sparrendach der Gründungszeit wurde rund hundert Jahre nach der Errichtung verstärkt – gleichzeitig verschwand der offene Dachstuhl über einer im Schiff eingezogenen Flachdecke. Wohl 1397 oder kurz danach wurde der gesamte Chor-Dachstuhl erneuert. Interessant ist dabei die Feststellung, dass die Bauhölzer allesamt im Winter 1396/97 an einem einheitlichen Standort geschlagen wurden. Dass zeigt, dass die Dominikaner mittlerweilen nicht mehr auf Einzelspenden angewiesen waren, sondern in einem einzigen Kahlschlag das nötige Bauholz beschaffen konnten.

Abb. 437 (oben)
Bern, Französische Kirche, Masswerk am Nordende der vorderen Lettnerbrüstung. Der Lettner im Grenzbereich zwischen Laienbereich und Chor diente als Ort der Lesung und der Predigt und hatte damit in der neuen Form des Gottesdienstes der Bettelorden eine zentrale Bedeutung.

Abb. 438 (oben links)
Bern, Französische Kirche (ehemalige Dominikanerkirche), Haupt Christi am Choreingang. Das Flachrelief ist die einzige figürliche Bauplastik aus der Erbauungszeit (um 1300), die sich nicht am Lettner befindet. Der Bildtyp des vera icon, das wahre Abbild Christi, geht auf die Geschichte zurück, dass sich bei der Kreuztragung das Bild Jesu auf dem Tuch abzeichnete, mit dem ihm eine Frau den Schweiss abwischte.

Abb. 439
Bern, Französische Kirche, Schlussstein im Lettnermitteljoch, Christus als Weltenrichter. Alle sieben Lettnergewölbe tragen je einen Schlussstein, der mit einem Relief geschmückt ist. Leider ist die Bauplastik mit einer neuzeitlichen Ölfarbschicht überzogen, was die Wirkung des Werkes aus der Zeit um 1300 beeinträchtigt.

Klosterbau und wirtschaftliche Lage

Die Jahrzahl der Niederlassung der beiden Orden in Bern bedeutet keineswegs, dass sogleich mit dem Bau von Kirche und Kloster begonnen wurde. Die damals noch zur Besitzlosigkeit verpflichteten Orden konnten die enormen Kosten, die für einen Grossbau wie ein Kloster nötig waren, auf keinen Fall selber tragen. Die Einnahmen aus der Seelsorge und dem Almosensammeln in den Terminierbezirken – den ihnen zugewiesenen ländlichen Predigt- und Bettelgebieten – genügten nicht.[15] Die Bettelorden waren auf die nachhaltige Förderung und direkte finanzielle Hilfe der Stadt und ihrer Bürger angewiesen. Mit der Geldnot ist auch die immer wieder unterbrochene und sich schliesslich über Jahrhunderte hinziehende Bautätigkeit zu erklären.[16]

Die Stadt Bern stellte beiden Orden den jeweiligen Bauplatz zur Verfügung und förderte das Voranschreiten des Baues mit vielen kleinen Vergünstigungen.[17] Obwohl urkundlich nicht fassbar, scheinen «recht grosse Schenkungen in Form von Bargeld» von Seiten der Bürger geflossen zu sein (→ S. 402).[18] Am Anfang der Bautätigkeit stand sowohl bei den Franziskanern wie den Dominikanern die Errichtung eines Oratoriums für die Brüder, der wichtigsten Konventsgebäude und Mauern, welche klösterliche Stille und Ruhe mitten in der Stadt und damit ein geordnetes Gemeinschaftsleben garantierten (→ S. 211).[19] Erst später erfolgte der Bau von gedeckten Predigträumen. Die Predigt unter freiem Himmel oder als Gäste in einem andern Gotteshaus der Stadt entsprach dem apostolischen Ideal und wurde besonders in den ländlichen Terminierbezirken noch länger beibehalten.

Die ersten Gebäude bestanden vermutlich noch weitgehend aus Holz.[20] So war etwa den Berner Franziskanern die Errichtung eines steinernen Chores erst 70 Jahre nach der Niederlassung möglich. Um 1400 war ein grosser Neubau von

Abb. 440
Dominikanerkloster Bern, Ostflügel des ehemaligen Konventgebäudes in einer Aufnahme von 1898, ein Jahr vor dem Abbruch. Im oberen Stock befand sich das so genannte Sommerrefektorium, das möglicherweise für den Besuch König Sigismunds in Bern 1414 eingerichtet worden war.

Kloster und Kirche geplant, der kaum begonnen, ein Opfer des Stadtbrandes von 1405 wurde. Erst in den Jahren 1479–1483 konnte der Konvent umfassend ausgebaut und erneuert werden (Abb. 435).[21] Über die Gebäulichkeiten der Burgdorfer Franziskaner ist nichts bekannt. Die wenigen Nachrichten betreffen erst das 15. und vor allem das 16. Jahrhundert.[22]
Die Berner Dominikaner verfügten Anfang des 14. Jahrhunderts über den Chor und die wichtigsten Konventsgebäude mit Kreuzgang, vermutlich auch über ein Kirchenschiff für die Laien.[23] Doch trotz reichlich fliessenden Geldern für den Konvents- und Kirchenbau lebten die Brüder «von der Hand in den Mund», worauf Zweckbestimmungen von Jahrzeitstiftungen, die eine Verbesserung der Mahlzeiten festhielten, und die Verpfändung von Büchern und Chorgestühl schliessen lassen.[24]
Die wirtschaftliche Lage der Konvente verbesserte sich, als sie Mitte des 14. Jahrhunderts die Besitzlosigkeit der Gemeinschaft aufgaben und regelmäs-

Abb. 441 und 442
Bern, Französische Kirche. Erst seit der Restaurierung 1988–90 ist der Chor wieder als Einheitsraum zu erleben. Die farbig gefasste ornamentale Bauplastik (Kapitell des Altarhauses mit Eichenlaub) bildet den einzigen Schmuck des dem Ordensideal entsprechend karg gestalteten Sakralraumes.

sige, vertraglich abgesicherte Einkünfte aus Grund- oder Zinsrechten für das Begehen von Jahrzeiten direkt akzeptierten. Schon vorher hatten sie vereinzelt erste Jahrzeiten angenommen, doch waren ihnen deren Erträge durch andere, nicht zur Armut verpflichtete Institutionen ausgerichtet worden, wodurch formalrechtlich die Besitzlosigkeit gewahrt blieb.[25] Mit der veränderten Haltung in der Besitzfrage flossen den Bettelorden jetzt direkt grosse Mess- und Jahrzeitstiftungen zu. So umfasste etwa die Stiftung des Juristen Werner Stettler und weiterer Familienmitglieder für die Dominikaner nicht nur Jahrzeiten und tägliche Messen, sondern auch Anteile an Häusern und Hofstätten, eine Bibliothek von über 40 Büchern (→ S. 445), Silbergeschirr und diverse Kleinodien.[26] Stif-

Gabriele Keck

Das Chorgestühl der Berner Dominikanerkirche – ein frühes Beispiel seiner Art

Das Chorgestühl als eines der wichtigsten Elemente der liturgischen Kirchenausstattung stand, wie der Begriff schon andeutet, normalerweise im Chorraum der Kirche. Hier versammelten sich die Mitglieder einer Ordens- oder Stiftsgemeinschaft mehrmals am Tag zum gemeinschaftlichen Gottesdienst.

Das zu Beginn des 14. Jahrhunderts entstandene Chorgestühl der Berner Dominikanerkirche ist trotz seiner zurückhaltenden Schmuckformen insofern bedeutend, als es nicht nur zu den ältesten Gestühlen der Schweiz zählt, sondern darüber hinaus das erste ist, über dessen Bestellung und Ausführung die Schriftquellen eine Reihe von Einzelheiten überliefern. Der während der Amtszeit des Schultheissen Lorenz Münzer (1302–1319) zwischen den Konventsbrüdern und dem später als Stadtwerkmeister tätigen Zimmermann Rudolf Rieder geschlossene Vertrag verlangte ausdrücklich eine Nachbildung des Chorgestühls der Dominikaner von Freiburg im Breisgau. Schriftlich geregelt wurden die Herkunft des vorab von zwei Fachkräften zu sägenden Eichenholzes von der Hofstatt des Klosters, die Lieferzeit des Gestühls innerhalb von vier Jahren samt der Lohnsumme sowie die Verköstigung der Zimmerleute, für deren leibliches Wohl der Konvent aufzukommen hatte.

Dass dieses Chorgestühl bereits beim Bau des Chores in die Planung einbezogen und ursprünglich entlang der Chorseitenwände symmetrisch aufgestellt war, wird durch den Befund der archäologischen Ausgrabungen gestützt. Auf Grund der Anordnung und Beschaffenheit der steinernen Fundamente ist zudem eine recht genaue Vorstellung von der hölzernen Unterkonstruktion und deren die Länge des Gestühls bestimmenden Massen zu gewinnen. Demnach ist auf ein etwa 11,50 m langes Chorgestühl mit 15 Sitzen *(Stallen)* auf jeder Chorseite zu schliessen. Unklar bleibt indes-

sen, ob die im Vertrag als *zwifaltig stuol* bezeichnete Arbeit ein- oder zweireihig angelegt war, so dass den Dominikanerbrüdern entweder 30 oder 60 Plätze zur Verfügung gestanden hätten; davon erhalten sind 21 Stallen in sekundärer Zusammensetzung und mit jüngeren Ergänzungen.

Stilistisch folgt das Chorgestühl der Berner Dominikanerkirche einer in der ersten Hälfte des 13. Jahrhunderts ausgebildeten und weit verbreiteten Form, die aus zusammenhängenden Stallen mit geschnitzten Rückwänden *(Dorsale)*, die Sitze trennenden Zwischenwangen und Hochwangen als seitlichem Abschluss bestand.

Zeittypisch sind die aus einer Doppelvolute entwickelten Schnitzereien der Abschlusswangen. Während einmal eine Volute in einer rosettenbesetzten Spirale endet, bereichert auf der anderen Seite ein Drache, ein in der mittelalterlichen Skulptur häufig dargestelltes

Fabeltier, die insgesamt schlichte, dem Ideal der Bettelorden entsprechende Gestalt.

Literatur: Descœudres/Utz Tremp, Französische Kirche, S. 37–38, 124; Kdm Bern Stadt V, S. 150–152; Ganz/Seeger, Chorgestühl, S. 34, 39, 97; Urban, Chorgestühl.

Abb. 443
Siegelstempel (Typar) des Barfüsserklosters Burgdorf. Das von der Gründung bis zur Aufhebung des Konventes verwendete Siegel zeigt Abraham, der eben im Begriff steht, seinen Sohn Isaak zu opfern. Aus der Siegelumschrift greift Gott in die Handlung ein und hält das zum Stoss erhobene Schwert zurück. Hinter Abraham erscheint der anstelle des Sohnes geopferte Widder. Das Opfer Abrahams wird als Vorbild für das Kreuzesopfer gedeutet und steht in Beziehung zum Heilig-Kreuz-Patrozinium der Konventskirche; Schlossmuseum Burgdorf.

Abb. 444
Stadtsilhouette Burgdorfs in der Chronikillustration. Deutlich zu erkennen sind von rechts das Schloss, die Stadtkirche, Torturm und ganz links die Franziskanerkirche mit dem für die Bettelordenskirchen typischen Dachreiter. Diebold Schilling, Amtliche Berner Chronik, BBB Mss. hist. helv. I. 1, S. 229 (Ausschnitt).

Abb. 445
Burgdorf, Ansicht von Norden mit dem Franziskanerkonvent an der Stadtmauer zwischen Ober- und Unterstadt. Der Konvent lag bei seiner Gründung 1280 noch ausserhalb der Stadtmauer und wurde erst zwischen 1287 und 1300 einbezogen. Über die erste Klosteranlage ist nichts bekannt. Johannes Stumpf, Gemeiner loblicher Eydgnoschafft Stetten, Landen und Völckeren Chronick, Zürich, Froschauer, 1548, S. 229r

tungen bei den Franziskanern und Dominikanern waren sehr beliebt und «zugleich ein Busswerk, nämlich eine Spende an die Armen».[27] Die Orden selber verstanden diese Zuwendungen als «Ewige Almosen». Mit der im Laufe des Mittelalters wichtiger werdenden Vorsorge für den Tod und das Jenseits hängt zusammen, dass die Bettelordenskonvente mit ihren Friedhöfen gerne als Begräbnisplätze gewählt wurden, denn sie garantierten das ständige Gebet der Mönche und im Falle von Interdikten die Weiterführung der Gottesdienste. Damit erschloss sich ihnen eine weitere lukrative Einnahmequelle.[28]

Kooperation mit den Bürgern – Konflikte mit dem Pfarrklerus

Die weitgehende Finanzierung des Konventbaues durch die Bürger, der Reichtum der Stiftungen und Schenkungen, die Wahl der Bettelordensfriedhöfe als Grablege und die Eintritte von Bürgersöhnen in die Konvente verdeutlichen den Erfolg und das Ansehen der Bettelorden in allen sozialen Schichten der Stadt. Als Zeichen für den hohen Integrationsgrad ins städtische Gefüge ist auch ihre Funktion als Berater, Vermittler und Schlichter bei Konflikten zu verstehen. In vielen Rechtsgeschäften treten Brüder als Siegelnde oder Zeugen auf (Abb. 443). Die Räumlichkeiten der Konvente – vor der Errichtung des Rathauses 1406 die repräsentativsten und grössten Bauten der Stadt – wurden regelmässig für Anlässe des öffentlichen Lebens beansprucht (→ S. 249 und 255): als Versammlung- und Tagungsstätte, als Ort für den Abschluss von Rechtsgeschäften, die durch die klösterliche Umgebung gewissermassen noch religiös legitimiert wurden, als Absteigquartier für hohe Gäste wie Kaiser, Papst und König und als Festplatz für städtische Feierlichkeiten (Abb. 440).[29] Ein gutes Verhältnis zur Stadt war für die Konvente überlebenswichtig.

Umgekehrt profitierte die Stadt von den Diensten der Orden und fand in ihnen nützliche Verbündete bei der Durchsetzung ihrer Interessen.[30] Ein Bettelkonvent, der mit ihr in Konflikt lebte, brachte ihr keinen Vorteil mehr und wäre längerfristig vertrieben worden.[31] Im Laufe der Zeit unterwarf die Stadt die Konvente immer mehr ihrer Kontrolle und beanspruchte weitgehende Mitspracherechte. Die Bettelsordenkonvente in Bern und Burgdorf standen seit der Mitte des 14. Jahrhunderts unter der Vermögensaufsicht eines weltlichen Schaffners.[32] Die Aufsicht der Behörden erstreckte sich auch auf das innere Leben der Konvente: So verlangte der Berner Rat etwa vom Provinzial der Franziskaner die Abberufung missliebiger Brüder oder wies sie kurzerhand gar selber weg.[33] Die Annahme der Reform der Observanz im Jahre 1419 durch das Dominikanerkloster erfolgte auf Initiative der Stadt, da die Brüder angeblich den Klosterbesitz verschleuderten.[34]

Von Anfang an schwierig gestaltete sich das Verhältnis von Bettelorden und städtischem Pfarrklerus. Mit ihrer Seelsorgetätigkeit drangen die Bettelorden in Bereiche ein, die dem Pfarrklerus bisher allein vorbehalten waren. Der Pfarrklerus musste sich gegen eine aufgezwungene, besser ausgebildete Konkurrenz wehren, die hohes Ansehen und grosse Anziehungskraft unter der Bevölkerung

Abb. 446
Franziskanerkloster Burgdorf, Reste des einstigen Konventsgebäudes von Nordosten vor dem Abbruch 1823/25, im Erdgeschoss sind die Reste des einstigen Kreuzganges zu erkennen. Ausschnitt aus dem Plan der Stalden-Correktion aus dem Jahr 1929/30; Rittersaalgesellschaft Burgdorf.

genoss und durch die ihnen die Schmälerung von Einfluss und Rechten und der Verlust von Privilegien und Einkünften drohte.[35]

Konfliktträchtig war bereits die Ansiedlung der beiden Bettelorden in Bern, mit deren Hilfe sich die Stadtgemeinde mehr kirchlichen Einfluss und Unabhängigkeit vom Deutschen Orden in Köniz und ihrem Leutpriester erhoffte. Ein offener Streit brach im letzten Jahrzehnt des 13. Jahrhunderts aus. Anlass waren die Angehörigen der Dritten Regel des heiligen Franziskus, die ausserhalb der Osterzeit die Sakramente bei den Franziskanern empfingen. Der Leutpriester verklagte sie beim Bischof, worauf der Dominikaner Rudolf mit dem Titel eines päpstlichen Inquisitors den Leutpriester mit der Exkommunikation und seine Kirche mit dem Interdikt bestrafte. Daraufhin liess der Leutpriester die Drittordensleute aus der Stadt verbannen und exkommunizieren, die Franziskanerbrüder bedrohte er mit Todesdrohungen (→ S. 389).[36] Die Betreuung von Drittordensleuten und Beginen führte bis ins 15. Jahrhundert immer wieder zu vergleichbaren Auseinandersetzungen.[37] Ständige Differenzen provozierten auch die Einkünfte aus Bestattungen, die Annahme von Erbschaften und die Predigtrechte und -zeiten an Festtagen.[38] Beigelegt wurden die Konflikte meist durch die Schlichtungsbemühungen der städtischen Obrigkeit. In der Regel unterstützten sich die Berner Bettelorden bei Konflikten gegenseitig. Zu Feinden wurden sie erst im Jetzerhandel (1507–1509), wo nicht zuletzt die materielle Konkurrenz den theologisch geführten Streit bestimmte.[39]

Der weibliche Ordenszweig: das Berner Inselkloster

Am Ende des 13. Jahrhunderts war es auch zur Gründung eines Dominikanerinnenklosters bei Bern gekommen (Abb. 448).[40] Eine wechselvolle und von vielen Schwierigkeiten begleitete Geschichte verhinderte jedoch bis in die Mitte des 15. Jahrhunderts die Einrichtung eines geschlossenen Klosters. 1286 hatte die Witwe Mechthild von Seedorf den Berner Dominikanern eine reiche Stiftung übertragen, nachdem ihr erster Versuch, ein Frauenkloster unter Leitung der Zisterzienser der Abtei Frienisberg zu gründen, gescheitert war. Die Dominikaner, die erst seit der Mitte des 13. Jahrhunderts die Aufnahme weiblicher Ordensangehöriger vorsahen, begannen unverzüglich mit dem Aufbau des Klosters auf dem Stiftungsgut Brunnadern (St. Bernhardbrunn). Doch die wiederholten Belagerungen der Stadt Bern durch König Rudolf von Habsburg behinderten die Bautätigkeit.[41] 1294 verlegte man das Kloster in die Nähe der Stadt auf eine Aareinsel unterhalb des Predigerklosters (St. Marienthal), wo es noch im gleichen Jahr die Inkorporation in den Predigerorden erreichte und der geistlichen Leitung der Berner Dominikaner unterstellt wurde.[42] Der begonnene Neubau und die Einführung der monastischen Lebensweise, zu der man eigens erfahrene Schwestern und eine neue Priorin aus dem Kloster Oetenbach

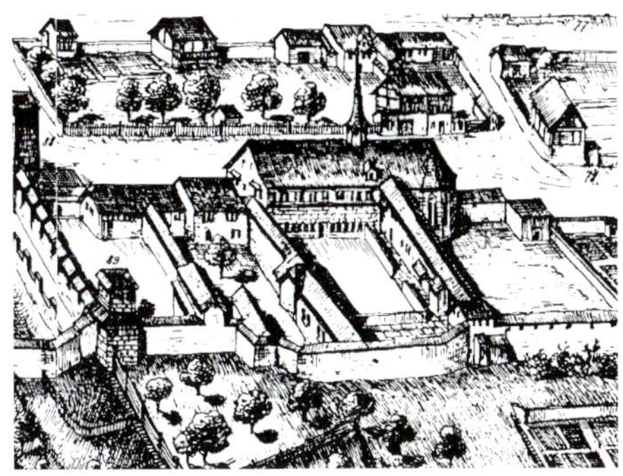

Abb. 447
Das Berner Dominikanerinnenkloster St. Michael in der Insel auf dem Areal des ehemaligen Judenfriedhofs (heute Bundeshaus Ost). Die Klosterkirche war seit 1401 dem Erzengel Michael geweiht. Zum Klostergelände gehörte neben den anschliessenden Häusern mit Gärten auch der Turm in der Ringmauer, ein Geschenk der Stadt an das Kloster. Eines der Häuser diente den Beichtvätern und Kaplänen der Schwestern als Unterkunft. Die Bezeichnung «Inselschwestern» blieb mit der Gemeinschaft seit ihrer kurzen Niederlassung auf der Aareinsel unterhalb des Dominikanerkonvents in den Jahren 1294/95 verbunden und verlor sich auch nach der Auflösung des Klosters 1528 nicht. 1531 verlegte man das Seilerinspital in die ehemaligen Klostergebäude (seither Inselspital), die Klosterkirche wurde fortan als Kornhaus genutzt. Im Jahre 1718 brach man Kirche und mittelalterliche Gebäude zugunsten eines Spitalneubaus ab, der seinerseits 1888 dem Bau des Bundeshauses Ost zum Opfer fiel. Ausschnitt aus der Planvedute von Gregorius Sickinger, 1603–07 (Original verschollen, Kopie von Johann Ludwig Aberli, 1753, umgezeichnet von Eduard von Rodt, 1915, BHM).

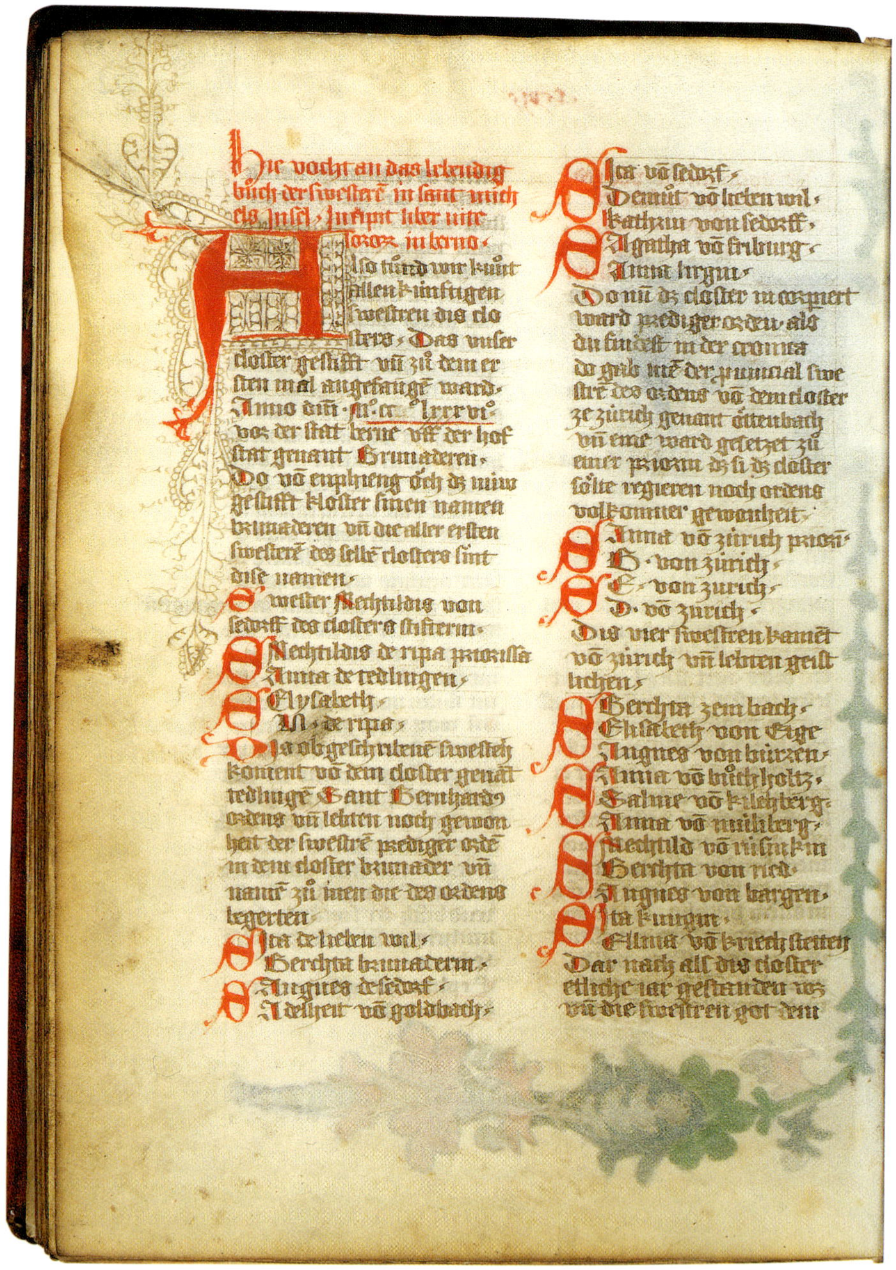

Abb. 448
Anfang des Liber vitae sororum insulae sancti Michaelis, oder Lebendig buch der swestren in sant Michels insel, in dem die Stiftung des Dominikanerinnenklosters 1286 und die Namen der ersten Schwestern festgehalten werden, darunter möglicherweise die berühmte Zürcher Mystikerin Elsbeth von Oye (rechte Spalte). Das Buch schrieb die Priorin des Klosters, Anna von Sissach, in der Mitte des 15. Jahrhunderts nach den Vorgaben ihres Beichtvaters Johannes Meyer; BBB Codex A 53, fol. 72v.

bei Zürich geholt hatte, endete abrupt mit einer nicht näher geklärten Brandstiftung im Jahre 1295.[43] Damit war die Einrichtung eines Dominikanerinnenklosters vorläufig gescheitert, die Mehrheit der Frauen verliess die Gemeinschaft. Die übrigen Schwestern fanden Zuflucht in einem Hause der Dominikaner in der Neustadt, wo sie weitgehend die Lebensform einer Beginensamnung übernahmen, rechtlich jedoch dem Orden inkorporiert blieben. Ihr nicht geklärter Status führte mehrfach zu Kompetenzstreitigkeiten zwischen Pfarrklerus und dem Orden (→ S. 410).

Mitte des 14. Jahrhunderts unternahmen die Frauen erneut einen Versuch, ein ordentliches Kloster einzurichten, nachdem sie auf dem Areal des ehemaligen Judenfriedhofs sukzessive Bauplatz erworben und 1327 ihren Wohnsitz dorthin verlegt hatten. Doch der Wiederaufbau zog sich dahin, erst 1401 konnte die erste Klosterkirche geweiht werden, die 1405 wiederum dem grossen Stadtbrand zum Opfer fiel. Damit schien das verarmte und seit Jahrzehnten mitgliederschwache Kloster am Ende. Der Berner Rat drängte und unterstützte jedoch im Konsens mit der Ordensleitung auf eine Weiterführung als observantes Reformkloster.[44] Seine Weiterführung lag im Interesse derjenigen Familien, die durch Handel und Gewerbe zu Reichtum gekommen waren und nun den Aufstieg in die politisch führende Schicht suchten. Ihnen bot das Inselkloster die Möglichkeit, ihre Töchter standesgemäss zu versorgen. 1439 war das Kloster soweit aufgebaut, dass erstmals ein klausuriertes Leben möglich war (Abb. 447). Zwischen 1450 bis zur Auflösung im Jahre 1528 erlebte es eine bescheidene Blütezeit.

Barbara Studer

Silberschalen, Ohrlöffel und Pferde: Alltagsgegenstände in Testamenten

Als Petermann Buwli, Ratsherr und Säckelmeister der Stadt Bern, am 18. Februar 1407 in Anbetracht der Tatsache, *daz nichtz gewisser ist denne der tode und nichtz ungewisser denne die stunde des todes*, sein Testament machte (Testamentenbuch, Bd. 1, S. 14r–17v.; StAB, A I, 835), zählte er nicht nur die Häuser, Gärten und Ländereien auf, die bei seinem Tod den Besitzer wechseln würden, sondern erwähnte als einer der wenigen Testatoren des 14. Jahrhunderts auch Gegenstände aus seinem täglichen Leben. Entsprechend seiner Stellung als angesehener Politiker und Angehöriger des Patriziats handelt es sich bei den Objekten, die er als wichtig genug erachtete, sie in seinen letzten Willen aufzunehmen, in erster Linie um Silbergeschirr und Harnisch-Zubehör. Auch seine vier Pferde waren ihm aber wertvoll genug, dass er sie einzeln erwähnte und ihre neuen Besitzer bestimmte. Während diese in der engsten Familie bleiben sollten, begünstigte er beim Silbergeschirr an erster Stelle Aussenstehende. So erhielt seine Zunft eine der wertvollsten und neusten Schalen – allerdings mit der Auflage, gleich nach seinem Tod, sein Wappen darin eingravieren zu lassen. An zweiter Stelle wird Conrad Justinger, der berühmte Chronist der Stadt Bern, genannt, der sogar zwei Silberschalen zugesprochen erhält. Buwli beschreibt sie nicht näher, da sein Sohn wisse, um welche es sich dabei handle. Seine militärische Ausrüstung schliesslich vermacht Petermann entfernteren Verwandten. Genau beschreibt er hier, wer was erhalten soll. Sein Sohn Oswalt wird insofern bevorzugt, als er den speziellen offenen Panzer erhält, den sein Vater einmal von einer Reise nach Preussen in seine Heimatstadt gebracht hat.

In gottes namen. Ich Peterman Buwli, Burger und gesessen ze Berne, Tun kunt allen den die disen brief an sehent oder hörent lesen, das Ich wissent und wolbedacht mit guter vorbetrachtunge als ein fryer Burger des heiligen Römschen Richs und der Statt von Berne ... alles min gut, eigen und lechen, geben, ordnen und beschriben mag wenne war und In welen gedingen Ich wil .... (S. 14r.)

Denne ordenen ich Oswalt minem sun min graw veltpferit mit dem swartzen fülin, denne ordenen ich miner hussfröwen mine zwey pferit, den brunen und den zeltner (= asturische Pferdeart) *und alles unser halbvech* (nicht ganz eigenes, bei einem Bauern eingestelltes Vieh).

Denne ordenen ich minen Tringkgesellen zem Tistelzwey eine min der nüwen schalen also das si ze stund mine schilt (Wappen) *dar In machen; denne ordenen ich Conrat Justinger miner genanten miner nüwen schalen zwo der grösten, weis min Sun Oswalt; denne ordenen ich Peterman von Krouchtal dem eltern min liepste Ruggpantzer* (Rückenpanzer)*; denne Sefriden Ringgolt ein Silberin köpflin* (Silberbecher) *so mir von Benyamin dem Juden wart; denne Oswalt minem sun min offen pantzer so ich von Prüsen* (Preussen) *bracht, min huben* (Haube, die unter dem Helm getragen wird) *mit dem besten behengk, ein brustblech, weders er wil; zwey cleini armleder und die schilen* (Schilde?) *damit; denne ordenen ich dem Jungen Peterman von Krouchtal ein huben ane nasbant; denne Niclaus Ridellon minen nüwen armtzüg; denne Hensli Ridellen ein brustblech; denne den ubrigen harnasch ordenen ich minem wibe, also das si ein hube wedre si wil gebe Jacob von Rümlingen.....* (S. 16v.)

Wie aus einer Aufzählung des Hausrats von Werner Stettler hervorgeht, setzten sich die Habseligkeiten eines Geistlichen im 14. Jahrhundert anders zusammen als die eines Berner Patriziers. Als Kirchherr von Wynigen, Jurist und Burger von Bern war er ein angesehener und wohlhabender Mann. In seinem Testament vom 20. Dezember 1379 (FRB X, S. 47 f., Nr. 103), in dem er seinen ganzen Besitz dem Predigerkloster in Bern vermacht, erwähnt er keine einzelnen Gegenstände, sondern fasst seinen Besitz mit der Formel *alle andrü mine gütere, ligendü und varendü, usse und inne, kleis und grosses*, zusammen. Glücklicherweise hat sich jedoch ein Papierblatt erhalten, auf dem Stettler seinen Hausrat minutiös aufzählt und genau festlegt, wer was erhalten soll (vgl. die nahezu vollständige Edition dieser Liste in: AHVB VII [1871], S. 415–419). Neben einer grossen Menge von Silbergeschirr und Schmuck vergabt er in erster Linie Haushaltsgegenstände. So erhalten etwa seine Haupterben, die Dominikaner in Bern, zwei Betten mit Kissen und zehn Laken, Tischdecken, mehrere Pfannen, Becken, Kannen sowie die grössten Kisten und eine beschlagene Truhe. An zweiter Stelle der testamentarischen Verfügungen Werner Stettlers wird seine «Jungfrau», Grede Koler, erwähnt. Auch sie wird mit einem Bett, Kissen, Laken, Tüchern und Küchengeschirr ausgestattet. Zusätzlich erhält sie jedoch auch mehrere Schmuckstücke mit wertvollen Edelsteinen. Dass er ihr sogar seinen Ring, den er immer trägt, vermacht, zeugt von einer besonderen Wertschätzung. Möglicherweise wollte er ihr durch die reiche Ausstattung zu einer Aussteuer verhelfen, die ihr eine Heirat ermöglichen sollte. Auch seine Verwandten bedenkt Werner Stettler aber grosszügig: Er schenkt ihnen insgesamt 13 weitere Ringe, zwölf Silberschalen und -becher sowie vier, zum Teil sehr wertvolle Rosenkränze.

Diz ist der Husrat

Primo, den Prediern das gröste bette, das ich lass und darnach aber der grösten eins; item daz gröste küssi und den lengsten houptpfulwen und aber ein küssi; item 10 linlachen, dero sechsi von flachs sint; item die besten wissen güter; item was man unversnitten zu tischlachen oder twehellen (Tischdecken) *vindet; item den grösten hafen, den ich hab; item daz gröste kessi; item daz gröst beki; item die grösten kuppfrin pfannen; item ein prantreiter* (eisernes Gestell zum Auflegen des Holzes im Herd)*; item die grössten helen* (eiserne Bogen oder Ketten, um einen Topf über das Feuer zu hängen)*; item die grösten kannen; item die grösten kisten; item den beslagen troge.*

Item Greden Koler miner mindren betten eines, der glichen so ich hab; item zwein halbbettig pfulwen; item einen hoptpfulwen; item zwei hobtküssi; item ein wisse kuther (Bettdecke, Bettüberwurf)*; item acht linlachen, under den kuchilinlachen sol si weli nemen; item der tüchen, si sien rot oder grawe, drü tüche; item ein grün tüche, weles si haben will; item zwein hefen, wele si wil, usgenomen die eiren* (ehernen) *hefen; item ein möschin* (kupferne) *pfanen die si wil und zwei minderi möschin pfannen; item ein messig und zwei halbmessigi kanen; item min kisten mit den kettenen; item Greden ein lidrin* (lederne) *fleschen; item dz minst rot krallin paternoster* (Rosenkranz aus Korallen) *mit zwei krützlin und ein fingerli* (Fingerring) *mit eim smaragten un klein berla* (Perle)*; item ein fingerli mit einem granat und eis mit eim saffirlin; item min ring , den ich an der hand hab. ... Von minem Silbergeschir…*

Item den besten fiechtin (aus Fichtenholz) *beslagen hohen köpff* (Becher) *und einen vergulten rosen Ludwigen von Söftigen, ob er mich überlebt; sinem wip, miner gefatren* (Patentante)*, den gefierten gulden ring und ein perillin* (perlenes) *paternoster miner gotten* (seinem Patenkind)*, ir tochter. ...*

Item Johann Schenken, so er mich überlebt, min beslagen kisten, die nüwe, und ein fladrin (von maserigem Holz) *köpff* (Becher)*, den mindren und ein silbrin schalen mit einem kleblat; item ein örgrübel; item ein swartz wolbeslagen ledeli* (kleine Lade)*, 1 silberin löffel. ...*

Agnes von Seedorf, Werner Stettlers Nichte, die ebenfalls recht wohlhabend war, wie aus ihrem Testament hervorgeht (FRB X, S. 635–637; Nr. 1411), besass weniger weltliche Güter als ihr Onkel. Auch sie erwähnt in ihrem Testament keine einzelnen Haushaltsgegenstände, sondern begünstigt in erster Linie ihre Nichte Clara von Murtzendon und deren zwei Söhne. Aus einem Verzeichnis ihres Hausrats (vgl. AHVB VII [1871], S. 419–421), das von der gleichen Hand verfasst wurde wie dasjenige ihres Onkels und ebenfalls auf einem Papierblatt überliefert ist, geht jedoch hervor, dass sie ihren Begünstigten vor allem Kleider, Stoffe und Leder vermachte. Auch ihr sind ein einfaches Spannbett, ein Stuhlkissen oder Getreide wertvoll genug, um sie in der Liste mit ihren letztwilligen Verfügungen zu erwähnen.

... Item Wisshaninen und ir tochter Perisen den mantel, den si teglich treit und den mülirock und daz tuch, so darzu hört; item ein sechsfelhig tuch mit kleinen enden; item aber ein vierfechig tuch; item der liechsten stürzen einen, ein jewedern; item 2 mütt dinkel. ...

Item mini götin der Schenk, ein spanbette ...

Item zwei hübschi kennli, eis Beatricen von Ringenberg und eis des von Söftigen tochter, miner gotten.

Item daz leder, so uf der hürde lit, den Prediern, und die übrigen sek und mis küsszieh in der kisten;...

Spitäler und Beginenhäuser

In der Stadt Bern entstanden im 13. und 14. Jahrhundert drei grössere Spitäler: das Heiliggeistspital 1228/1233, das Niedere Spital 1307 und das Anna-Seilerin-Spital 1354.[1] Von ihnen waren zwei, das Niedere Spital und das Anna-Seilerin-Spital, von allem Anfang an städtische Spitäler und geriet das dritte, das Heiliggeistspital, bereits seit Anfang des 14. Jahrhunderts unter städtische Kontrolle. Dieser Vorgang, der als Kommunalisierung bezeichnet wird, setzte in Bern, wo die städtischen Organe sich früh zur Obrigkeit entwickelten, relativ früh ein, früh jedenfalls im Vergleich zu anderen grösseren Städten mit geistlichen Stadtherren wie Basel, Zürich, Lausanne und Genf.[2] Da in Bern das Beginenwesen zumindest im 14. Jahrhundert ausserordentlich stark mit dem Spitalwesen verquickt war, dehnte sich die Kommunalisierung auch auf die Beginenhäuser aus.
Unter Beginen sind Frauen zu verstehen, die einzeln, zu zweien oder in Gruppen ein frommes, gottgefälliges Leben führten, ohne einem der regulären, institutionalisierten Orden anzugehören.[3] Sie tauchten in der ersten Hälfte des 13. Jahrhunderts in den belgischen Niederlanden – wo noch heute die Beginenhöfe zu besichtigen sind – und am Niederrhein auf und sind um 1240 in Strassburg sowie um 1270 in Basel nachweisbar. Dass sie sich keinem anerkannten Orden anschlossen, hängt einerseits damit zusammen, dass die klassischen Orden der Prämonstratenser und Zisterzienser dem grossen Ansturm von Frauen nicht gewachsen waren und dass die Frauen andererseits – ähnlich wie Franziskus von Assisi – den etablierten Orden misstrauten und ein Leben in wirklicher Armut leben wollten. Dabei kamen ihnen die ebenfalls erst neu entstandenen Bettelorden entgegen, die neben der Armut grosses Gewicht auf die Seelsorge legten. Der Anschluss an die Bettelorden vollzog sich allerdings häufig nicht mehr in Form von geschlossenen Frauenklöstern, sondern unter eigenen Regeln, welche insbesondere die Franziskaner für die sich ihrem Schutz und insbesondere ihrer Pastoration anvertrauenden Laien, Frauen und Männer, bereitstellten: die so genannte franziskanische Drittordensregel. Diese bot auch Schutz vor Verfolgungen, denn auf dem Konzil von Vienne (1311/1312) war der Beginenstand als häretisch verboten und davon nur die Beginen mit der franziskanischen Drittordensregel ausgenommen worden.
In Bern galt allerdings – wie im Folgenden gezeigt werden soll – bis nach der Mitte des 14. Jahrhunderts auch die franziskanische Drittordensregel als häretisch.[4] Dies erklärt sich primär durch die Interessen des Deutschen Ordens, der die Pfarrkirche von Bern innehatte. Da auch der städtische Rat allergrössten Einfluss auf die Gründungen und Stiftungen nahm, gehen die einzelnen Häuser sozusagen auseinander hervor, indem man bei jeder Neugründung Konsequenzen aus den Erfolgen und Fehlern der vorangegangenen zog. Die Absichtserklärungen in den Gründungsurkunden der verschiedenen Beginenhäuser lesen sich denn auch wie ein Fortsetzungsroman.

Das Obere Spital und die ersten Beginenhäuser (1228–1342)

Das älteste Spital der Stadt Bern war das Heiliggeistspital,[5] das erstmals im Kirchen- und Klosterverzeichnis der Diözese Lausanne von 1228 erwähnt wird und bis 1345 ausserhalb der Stadt lag (→ S. 93). Es gehörte dem Spitalorden vom Heiligen Geist an, der 1198 von Guido von Montpellier in Montpellier gegründet worden war.
Als ältestes Beginenhaus der Stadt Bern ist wohl das Haus an der Brügg[6] anzusprechen, das 1264 (?) bei der nur kurz zuvor (1255–1256) erbauten Untertorbrücke belegt ist. Laut dem Chronisten Konrad Justinger wurde dieses Haus im Herbst 1288, als Bern zum zweiten Mal von König Rudolf von Habsburg belagert wurde, in die Stadt hineinverlegt, an die Herrengasse (Nr. 9). Dabei nahmen die Beginen ihren Namen mit, denn das Haus behielt auch an seinem neuen Standort den Namen «an der Brügg». Damit rückten sie den Franziskanern näher, die ihr Kloster oben an der Herrengasse hatten, und es kann nicht ganz ausgeschlossen werden, dass sie bereits vor 1300 die franziskanische Drittordensregel annahmen.[7]

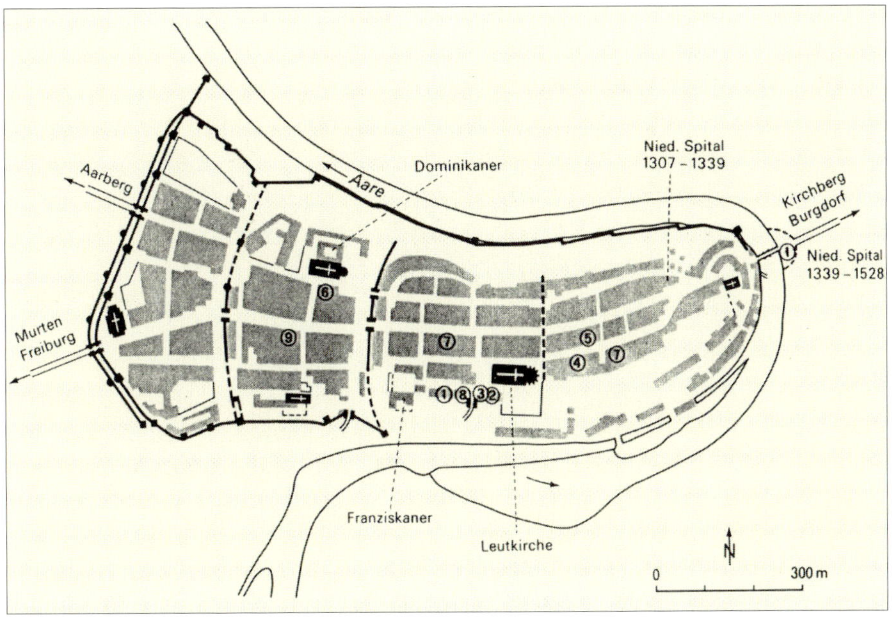

Abb. 449
Spitäler und Beginenhäuser in Bern.
1 Schwestern an der Brügg oder Graue Schwestern (1288 [1264?]–1528) an der Untertorbrücke, Herrengasse Nr. 9;
2 Schwestern am Pfarrkirchhof (1301–1331) an der Stelle des Westflügels des heutigen Stiftsgebäudes;
3 Obere Samnung (1322–1342), Herrengasse schattenhalb (?);
4 Schwestern im Bröwenhaus oder Weisse Schwestern (1331–1528/1562), Junkerngasse Nr. 49;
5 Jordanhaus (1331–1438/1458), Junkerngasse Nr. 48;
6 Die Willigen Armen vor den Predigern (1337-1528), Zeughausgasse Nr. 25;
7 Isenhuthaus (1340-1528), Kramgasse (?) – Junkenrgasse Nr. 37;
8 Krattingerhaus (1356–1459/1467 [1471?]), Herrengasse Nr. 3;
9 Dietrichhaus (1389–1420/1435), Marktgasse Nr. 21.

Das nächste Beginenhaus, das in den Quellen erscheint, ist die Samnung der Schwestern am Pfarrkirchhof (an der Südwestecke des heutigen Münsterplatzes),[8] erstmals 1301 bezeugt. Um 1320 scheinen einige Beginen ausgezogen zu sein und weiter oben an der Herrengasse die so genannte Obere Samnung gegründet zu haben.[9] Diese hatte indessen keinen Bestand, sondern scheint sich zwischen 1330 und 1333 wieder aufgelöst zu haben, denn in dieser Zeit kehrte die Niedere Samnung wieder zum alten Namen «am Pfarrkirchhof» zurück. Einer der abtrünnigen Schwestern, Katharina Huber, wurde vom Deutschordensleutpriester Diebold Baselwind eine Busse für das Gelübde auferlegt, das sie in der Obern Samnung getan hatte, das so genannte Mandat: Ihr Leben lang musste sie alle vier Wochen zwölf arme Kinder oder Dürftige speisen und ihnen die Füsse waschen. Die Samnung am Pfarrkirchhof entwickelte sich unter dem Einfluss von Diebold Baselwind immer stärker in Richtung eines geschlossenen Frauenklosters.

Das Niedere Spital und die ihm unterstellten Beginenhäuser (1307–1340)
Laut der *Cronica de Berno* und dem ergänzenden Bericht des Chronisten Konrad Justinger wurde im Jahr 1307 mit dem Bau des Niederen Spitals *(hospitale inferius)* begonnen.[10] Der Name erklärt sich daraus, dass das neue Spital unten in der Stadt zu stehen kam, zuunterst an der Nordseite der Gerechtigkeitsgasse (heutige Nrn. 2–8). Das Heiliggeistspital westlich ausserhalb der Stadt wurde in Unterscheidung davon nun Oberes Spital genannt. Sowohl die *Cronica de Berno* als auch Justinger betonen, dass der Bau von den Bürgern der Stadt unternommen wurde, dass das Niedere Spital also von allem Anfang an eine weltliche, städtische und bürgerliche Stiftung war. Die Messe im Niedern Spital wurde zunächst noch von den Deutschordensbrüdern gelesen, doch brach diese Verbindung ab, als das Spital – wahrscheinlich aus Platzgründen – 1335/1336 vor das Niedere Tor hinaus verlegt wurde und einen eigenen Friedhof und Leutpriester erhielt.[11]
Der städtische Rat begnügte sich jedoch nicht damit, im Niedern Spital ein eigenes, städtische Spital zu haben, sondern versuchte auch das Obere Spital besser in den Griff zu bekommen.[12] Zu diesem Zweck begann man zwischen dem Vermögen des Heiliggeistordens und demjenigen der Spitalinsassen zu unterscheiden. Im Jahr 1320 waren Spital und Konvent sowohl vermögensrechtlich als auch räumlich getrennt in die *usseren dürftigen undren* (die Insassen im Erdgeschoss) und die *Herren oben* (die Angehörigen des Heiliggeistordens im ersten Stock). Diese Entwicklung fand ihren Höhepunkt im Jahr 1328, als beide Spitäler als Eigentum «der Bürger von Bern» bezeichnet wurden und zum ersten Mal ein städtischer Meister (Prokurator) der Insassen des Heiliggeistspitals, Peter von Gisenstein, fassbar wird. Am 24. Mai 1340 erhielt das Obere Spital schliesslich die genau gleichen Freiheiten wie wenige Tage zuvor das

Abb. 450
Der Tod und die Begine, Ausschnitt aus dem Totentanz von Niklaus Manuel (1516/17–1519/20), der um 1660 zerstört wurde und nur in einer Kopie des Malers Albert Kauw (1649) überliefert ist. Die Begine wurde möglicherweise nach der Reformation zu einem Mann verunstaltet; BHM, Inv. Nr. 820.9.

Niedere Spital und wurde 1345 – nach rund hundertjähriger Existenz – auch in die Stadtummauerung einbezogen.
Im Jahr 1331 schenkte der Deutschordensbruder Ulrich Bröwo mit besonderer Erlaubnis seines Obern, des bernischen Leutpriesters Diebold Baselwind, dem Niedern Spital zwei Häuser an der Kirchgasse (heute Junkerngasse), die ihm vorgängig zum Zweck einer frommen Stiftung übertragen worden waren. Das Spital sollte in jedes der beiden Häuser höchstens dreizehn – nach der Zahl Christi und seiner Jünger – und mindestens zehn Frauen aufnehmen. Das eine der beiden 1331 gegründeten Beginenhäuser trug denn auch Bröwos Namen, Bröwenhaus, das andere denjenigen seines Vorbesitzer, des Arztes Meister Jordan, Jordanhaus.[13]
Das Besondere an den beiden Häusern war, dass das Eigentumsrecht zwar dem Deutschordenshaus Bern zustand, das Nutzungsrecht aber dem Niedern Spital. Dies aber bedeutete, dass die Beginen des Bröwen- und Jordanhauses im Spital Krankenpflegedienste leisten sollten. Ulrich Bröwo übergab 1334 das nach ihm benannte Haus elf Schwestern unter den Bedingungen, dass sie sich einen gemeinsamen Beichtvater aus dem Deutschordenshaus erwählen und der Bruderschaft des Deutschen Ordens angehören, aber auf keinen Fall die franziskanische Drittordensregel annehmen sollten, die in Bern als suspekt galt und verpönt war.[14] Und schliesslich sollte das Bröwenhaus das Mandat fortführen, das der Begine Katharina Huber 1333 als Busse für ihr Gelübde in der Obern Samnung auferlegt worden war, die Speisung und Waschung von armen Leuten, und zwar jeden Donnerstag – nicht nur jeden vierten Donnerstag.
Sechs Jahre nach der Gründung des Bröwen- und Jordanhauses wird im April 1337 ein Beginenhaus erwähnt, über das wir nur sehr wenig wissen, das Haus der Willigen Armen vor den Predigern.[15] Anders als der Standort vermuten lässt, wurden die Willigen Armen nicht von den Dominikanern betreut, sondern wahrscheinlich ebenfalls von den Franziskanern. Bei den Willigen Armen aber könnte es sich – anders als der Name suggeriert – um wirkliche Arme gehandelt haben, wie Martina Wehrli-Johns sie für Zürich beschrieben hat.[16]
Dies gilt jedenfalls für die Frauen des Isenhuthauses, das 1340 von einer reichen Witwe, Ita Isenhut, gestiftet wurde.[17] Die Schenkung ihres Hauses an der Marktgasse geschah im Einverständnis mit ihrem Beichtvater, dem Deutschordensbruder Ulrich Bröwo. Wenn eine von den dreizehn Frauen sterben oder das Haus verlassen würde, sollte sie innerhalb von vierzehn Tagen ersetzt werden, und zwar nach den Kriterien der Bedürftigkeit, Armut, Krankheit und des Alters. Die aufgenommenen Frauen sollten ein keusches Leben führen und ausser dem Wohnrecht kein Recht an dem Haus haben. Sie sollten allfälligen eigenen Besitz dem Haus und dem Mandat hinterlassen, das hier ebenfalls ausgeführt wurde. Das Haus sollte dem Meister des Niedern Spitals und einem eigenen Vogt unterstellt sein, die im Einverständnis mit den Frauen über Aufnahme, Ausweisungen und allfällige interne Streitigkeiten entschieden. Wenn eine reiche Frau ihren Besitz oder einen Teil davon dem Haus geben wollte, sollte ihrer Aufnahme nichts im Wege stehen, unter der Bedingung, dass sie sich mit der gleichen bescheidenen Unterkunft wie die anderen armen Frauen begnügte. Zum Schluss drückte Ita Isenhut – oder ihr Beichtvater Ulrich Bröwo? – unmissverständlich ihre Abneigung gegen jegliche Häresie aus.
Bei diesem Gründungsakt findet sich manches zusammengefasst, was im Fall des Bröwenhauses in mehreren Schritten geschehen war. Offenbar wurden beim Isenhuthaus Erfahrungen verwertet, die man inzwischen bei der Gründung solcher Häuser gemacht hatte. Dazu gehört, dass man mit dem Isenhuthaus eine Stufe tiefer griff und Frauen aufnehmen wollte, die bedürftig waren. Es scheint nämlich, dass in Bern für besser gestellte Frauen bereits ein Überangebot bestand, denn Bröwen- und Jordanhaus zählten zu keinem Zeitpunkt dreizehn Schwestern und Letzteres siechte neben dem Ersteren sichtlich dahin. Im Unterschied zu den Schwestern im Bröwen- und Jordanhaus gehörten diejenigen im Isenhuthaus nicht mehr der Bruderschaft des Deutschordenshauses an, sondern waren nun strikte der von diesen verwalteten Pfarrkirche unterstellt. Darin äussert sich ein Rückgang des Einflusses der Deutschordensbrüder, der sich nach der Mitte des 14. Jahrhunderts auch andernorts zeigte (→ S. 389).

Abb. 451
Rekonstruktionszeichnung der Raumverhältnisse im ehemaligen Niederspital Burgdorf. Die mittelalterliche Anlage bestand aus Kapelle mit Chor und Schiff und achsengleich vorgelagertem, zweigeschossigem Hospitalbau. Der Westabschnitt bis zur starken Quermauer bot im unteren Stockwerk ursprünglich wohl Pilgern und Kranken Platz, die vorübergehend im Spital Aufnahme fanden. Der obere Stock enthielt zweifellos den eigentlichen Kranken- oder Bettensaal, an dessen Ostseite ein Nikolausaltar stand. Dieser Saal war zu Seiten des Altars emporenartig gegen die Kapelle hin geöffnet.

Anna-Seilerin-Spital und Krattingerhaus (1354 und 1356)

Ähnlich wie Ita Isenhut war auch Anna Seiler eine reiche Witwe. Ihr verstorbener Mann Heinrich Seiler war in den Jahren 1322–1328 Spitalmeister und 1331–1334 Vogt des Niederen Spitals gewesen.[18] Anna Seiler kannte also das Spitalwesen (→ S. 415). Zunächst gründete sie jedoch eine Kapelle, welche seitlich des Chores der Franziskanerkirche lag. Im Sommer 1348 verpflichteten sich Guardian und Konvent der Franziskaner, in dieser Kapelle täglich eine Messe zu lesen.[19] Das Spital muss in den folgenden Jahren – vielleicht in der Zeit der Grossen Pest 1348 – eingerichtet und von Anna Seiler selber geführt worden sein.

Der eigentliche Stiftungsbrief des Anna-Seilerin-Spitals datiert vom 29. November 1354.[20] Das Spital hatte Platz für dreizehn Bettlägerige und Bedürftige sowie für drei «ehrbare Personen» zur Pflege der Bettlägerigen. Schultheiss, Rat und Zweihundert – oder ein von ihnen gesetzter Vogt – sollten über Aufnahmen und Entlassungen von Patienten oder Pflegepersonal entscheiden.[21] Als Spital dienten die Häuser, welche Anna Seiler vor dem Dominikanerkloster besass, wovon eines ihr Wohnhaus war. Das Spital wurde mit beträchtlichem Grundbesitz ausgestattet, von welchem Geld- und Naturalzinsen (Ziger, Butter, Erbsen, Gersten, Schweine, Brot, Licht) flossen. Das Spital war mit sechzehn Betten und entsprechendem Bettzeug (je 16 Bettdecken, Kissen und Steppdecken sowie 34 Leintücher) ausgerüstet. Anna Seiler scheint vor dem 14. August 1360 gestorben zu sein, denn damals wurde ihr Testament in Kraft gesetzt.[22]

Die Stiftung der Anna Seiler zeigt ganz deutlich, dass in Bern vielleicht mehr als anderswo die Übergänge zwischen Beginen- und Spitalwesen fliessend waren. Das Isenhuthaus war für bedürftige Frauen gegründet worden, das Seilerin-Spital für dreizehn Bettlägerige und Bedürftige, deren Geschlecht nicht mehr vorgeschrieben war und die das Spital verlassen sollten, wenn sie wieder zu Kräften gekommen waren. Die dreizehn Insassen wurden von drei «ehrbaren Personen» betreut, die wahrscheinlich Laien waren, nicht Angehörige eines Spitalordens wie anfänglich beim Heiliggeistspital oder Beginen aus dem Bröwen- und Jordanhaus wie beim Niedern Spital. Das Isenhuthaus war dem städtischen Niedern Spital unterstellt, das Seilerin-Spital der Stadt selbst, eine weitere Zwischenstufe war ausgeschaltet, die «Laiisierung und Kommunalisierung» noch weiter fortgeschritten als beim Isenhuthaus. Andererseits bestand zumindest bei Anna Seiler persönlich unzweifelhaft eine Bindung an die Franziskaner, wie sie seit dem Untergang der Obern Samnung (um 1330) und der Gründung des Bröwenhauses (1331) bei keinem der bernischen Beginenhäuser mehr geduldet worden war. Im Jahr 1357 erlangten die bernischen Franziskaner-Terziarinnen beim Papst ein Privileg, wonach sie das Sakrament mit Ausnahme von Weihnachten, Ostern und Pfingsten in der genannten Kapelle der Anna Seiler empfangen durften.[23] Dieses überraschende Privileg erklärt sich nicht zuletzt daraus, dass ein Jahr zuvor ein Beginenhaus für sechs «Regelschwestern vom Dritten Orden des Barfüsserordens» gestiftet worden war, das Krattingerhaus.[24]

Zunächst hatte es freilich so ausgesehen, wie wenn es in Bern nie mehr zur Gründung eines Beginenhauses kommen würde, denn am 1. Mai 1356 hatten Schultheiss, Kleiner und Grosser Rat eine Satzung verabschiedet, wonach in Zukunft *nieman in unser statt sin hus und sin hofstat geben, ordenen noch machen sol ze deheinem convent noch samnung ... âne unser oder der merteile under uns willen oder gehellung*. Damit bekundete die Stadtführung ihren Willen, nach überstandener Pest die Flut der frommen Stiftungen einzudämmen und den Besitz der Toten Hand nicht ins Unendliche wachsen zu lassen. Es kann deshalb nur mit ihrer Zustimmung geschehen sein, wenn zwei Wochen später Peter Krattinger, selber Mitglied des Rats, sein Haus an der Herrengasse sechs «Regelschwestern vom Dritten Orden des Barfüsserordens» vermachte. Offenbar war der Rat seiner Sache inzwischen so sicher geworden, dass er es sich leisten konnte, selbst die bisher so verpönte franziskanische Drittordensregel wieder zuzulassen.[25]

Die Bestimmungen bezüglich eines gemeinsamen Lebens und persönlicher Armut waren beim Krattingerhaus strenger als bei irgendeinem der anderen bernischen Beginenhäuser. Entsprechend wurde es wahrscheinlich mit einem grösseren Startkapital ausgestattet als etwa das Isenhuthaus. Die Zahl von nur einem halben Dutzend Schwestern trug der Tatsache Rechnung, dass es mittlerweile in Bern bereits 42 Plätze für arme und weniger arme Beginen gab. Die Bestimmungen, dass die Auswahl der Schwestern dem Vogt und dem Meister des Niedern Spitals oblag und dass kranke Frauen vom gemeinsamen Schlafsaal und den jahrzeitlichen Gängen über die Gräber dispensiert waren, lassen vermuten, dass im Krattingerhaus – in gewisser Komplementarität zum Anna-Seilerin-Spital – chronisch Kranke Aufnahme fanden, denen man die franziskanische Drittordensregel zumuten konnte. Entsprechend war das Krattingerhaus auch dem Niedern Spital unterstellt und damit der Einfluss der Franziskaner unter Kontrolle gehalten. Andererseits hatte sich das Gewicht etwa gegenüber dem Bröwenhaus von der aktiven Krankenpflege auf die liturgische Pflege des Gedächtnisses der Stifterfamilie verlagert. So sollte jede Schwester täglich je sieben Paternoster und Ave Maria für die Familie des Stifters sprechen; den Jahrzeittag sollten sie mit je fünfzig Gebeten und mehreren Gängen über das Grab begehen.
Nach dem Willen des Rats hätte das Krattingerhaus sicher das letzte bernische Beginenhaus bleiben sollen, doch scheint es in der Folge noch ein Mal zu einer Stiftung gekommen zu sein, zur Gründung des Dietrichhauses, das erstmals im Tellbuch von 1389 belegt ist, und zwar in der Neuenstadt schattenhalb (heutige Marktgasse Nr. 21).[26] Dabei könnte es sich gewissermassen um eine «wilde» Gründung gehandelt haben, ähnlich wie seinerzeit bei der Abspaltung von der Samnung am Pfarrkirchhof und bei den Willigen Armen vor den Predigern, mit denen das Dietrichhaus auch gemeinsam hatte, dass es mit den Franziskanern assoziiert war. Dem Rat scheint dieses letzte Beginenhaus von allem Anfang an ein Dorn im Auge gewesen zu sein, denn es wurde bereits um 1400 auf Aussterbeetat gesetzt und vor 1435 mit den Willigen Armen vor den Predigern zusammengelegt.

Ausblick
Von den Verfolgungen, von denen die Beginen in den oberdeutschen Städten und insbesondere diejenigen in Basel zu Beginn des 15. Jahrhunderts betroffen waren, blieben, die Berner Beginen weitgehend verschont,[27] wahrscheinlich weil sie bereits seit spätestens 1330 unter strengster Aufsicht und Kontrolle des Berner Rats standen. Vom Stadtbrand von 1405 waren drei Beginenhäuser betroffen: das Haus an der Brügg, das Krattingerhaus und ein drittes, das sich nicht ausmachen lässt.[28] Die Schwestern an der Brügg und im Krattingerhaus erhielten die städtische Erlaubnis zum Wiederaufbau 1409 nur gegen das Versprechen, das Sakrament in Zukunft nur mehr in der Pfarrkirche zu empfangen, mussten aber der franziskanischen Drittordensregel nicht abschwören. Die Schwestern im Bröwen- und Jordanhaus erlangten eine Bestätigung ihrer Gründungsurkunde 1415 auf dem Konzil von Konstanz. Im Verlauf des 15. Jahrhun-

derts wurde das Bröwenhaus zu einem Haus «Deutschen Ordens», ohne dem Orden nachweisbar inkorporiert gewesen zu, und nahm einen grossen Aufschwung. Es trat gewissermassen die Nachfolge des Klosters der Deutschordensschwestern an, das 1426/1427 dem Neubau des Münsters weichen musste.[29] Im Lauf des 15. Jahrhunderts wurden die sieben Beginenhäuser auf vier reduziert: das Haus an der Brügg, das Bröwen- und das Isenhuthaus sowie das Haus der Willigen Armen vor den Predigern.[30] Diese Zahl war wahrscheinlich das Ergebnis einer geschickten Politik des städtischen Rats, die darauf zielte, durch

Kathrin Utz Tremp

Anna Seiler, eine Franziskanerbegine?

Bei ihrer ersten Erwähnung am 8. Juli 1348 wird Anna Seiler, die Stifterin des Seilerin-Spitals, als Witwe des Heinrich Seiler und Tochter des verstorbenen Peter ab Berg vorgestellt (FRB VII, S. 356 f. Nr. 374). Ihr Vater ist in den Quellen seit 1313 belegt, scheint sehr wohlhabend gewesen zu sein und sass mehrfach im Kleinen Rat der Stadt Bern. Er lebte bis mindestens 1344, hat also wahrscheinlich seinen Schwiegersohn überlebt, Heinrich Seiler, welcher letztmals am 21. Januar 1338 belegt ist (FRB VI, S. 383 Nr. 396). Es ist anzunehmen, dass Heinrich Seiler, der 1322–1328 als Spitalmeister und 1331–1334 als Vogt des niederen Spitalsamtete, spätestens Anfang der 1330er Jahre Anna ab Berg heiratete und dass ihre Ehe kinderlos geblieben ist. Erst zehn Jahre nach dem Tod ihres Mannes wird Anna erstmals erwähnt, als sie in Vollzug einer Verfügung und Absicht ihres verstorbenen Vaters und zu ihrem und dem Seelenheil ihrer Eltern und ihres Mannes eine Kapelle seitlich des Chores der Franziskanerkirche stiftete. Der Stiftungsbrief ist nicht erhalten, wohl aber der Revers, womit Guardian und Konvent der Franziskaner sich verpflichteten, die ihnen auferlegten Bedingungen zu erfüllen oder andernfalls solange keinen Wein zu trinken, bis sie die Sache wieder in Ordnung gebracht hätten. Dies ist in der Tat eine ungewöhnliche Poenformel, die es aber noch nicht erlaubt, Anna Seilerin zu einer Abstinenzlerin zu machen (FRB VII, S. 356 f. Nr. 374, vgl. Rennefahrt/Hintzsche, Inselspital, S. 30, 39). Anna Seiler bedachte die verschiedensten Leute mit Teilen ihres umfangreichen Besitzes, der wahrscheinlich sowohl von ihrem Vater als auch von ihrem Mann stammte, doch sollten die Schenkungen nach dem Tod der Beschenkten fast immer an das 1354 von ihr gestiftete Spital fallen (FRB VIII, S. 73–76 Nr. 181 und 182). Dieses lag ihr offenbar am Herzen, es wurde reich ausgestattet und klar strukturiert: Schultheiss, Kleiner und Grosser Rat standen ihm vor, sie sollten über Neuaufnahmen und Entlassungen befinden und auch einen Vogt bestimmen. Bei Annas Tod vor dem 14. August 1360 war das Spital schon seit längerem in Betrieb und auch die Kapelle bei den Franziskanern muss damals fertig gestellt gewesen sein (→ S. 410).

Es geht also nicht an, Anna Seiler aus all diesen geistlichen Zusammenhängen herauszulösen und zu behaupten, sie habe keinen Wert auf den eigentlichen Gottesdienst gelegt, wie Rennefahrt und Hintzsche dies in ihrem grundlegenden Werk über das Inselspital tun (S. 36 f.). Es trifft zwar zu, dass Anna Seiler in ihrem Testament keine Jahrzeiten stiftete, doch ist nicht auszuschliessen, dass diese in ihren Legaten an die zahlreichen geistlichen Institutionen stillschweigend inbegriffen waren. Noch weniger zu verkennen aber sind die vielen persönlichen Beziehungen, die sie – immer laut ihrem Testament – zu einer ganzen Reihe von geistlichen Leuten unterhielt: zu Schwester Elsa Reber, möglicherweise eine Begine, die sie in ihrem Haus wohnen liess; zu Schwester Anna von Kiental, Nonne in Fraubrunnen; zu Bruder Konrad, einem Franziskaner; zu Bruder Peter vom Obern Spital; zum nachmaligen Deutschordensleutpriester Rieder; zu Bruder Franz, Mönch in Frienisberg, und wahrscheinlich auch zum Lesemeister der Dominikaner. Demnach kann nicht ausgeschlossen werden, dass Anna Seiler – weit entfernt davon, eine Reformierte avant la lettre zu sein – selber der franziskanischen Drittordensregel angehört hat.

In der zweiten Hälfte des 14. Jahrhunderts wird das von Anna Seiler gestiftete Spital nur selten erwähnt (1365, 1388, Ende 1390). Der Name «Inselspital» stammt vom Kloster der Dominikanerinnen (an der Stelle des Ostflügels des heutigen Bundeshauses), in welches das Anna-Seilerin-Spital nach der Reformation verlegt wurde (→ S. 400). Über dem Namen «Inselspital» geriet der ursprüngliche Name «Seilerin-Spital» zeitweise so in Vergessenheit, dass er im 18. Jahrhundert gelegentlich als «Spital der Seileren oder Cordeliers» missverstanden wurde (Rennefahrt/Hintzsche, Inselspital, S. 54–56, Kdm Bern Stadt 1, S. 399–41). In den Jahren 1718–1724 wurde, immer noch an der Stelle des ehemaligen Dominikanerinnenklosters, ein Neubau errichtet, der indessen nur für ein gutes Jahrhundert ausreichte, bis zum Neubau auf der Kreuzmatte, der in den Jahren 1881–1884 entstand. Der Name der ursprünglichen Stifterin aber lebt in einem der Häuser des Inselspitals an seinem neuen Standort weiter, in dem auf das Jubiläumsjahr 1954 hin neu erstellten Anna-Seiler-Haus (Rennefahrt/Hintzsche, Inselspital, S. 488, 517 f.).

Anders als man denken könnte, bewahrt der Anna-Seiler-Brunnen (Abb. K3181) an der Marktgasse das Andenken an die Stifterin des Seilerin-Spitals nicht schon seit dem Ende des Mittelalters (Kdm Bern Stadt 1, S. 229–31, 263–65). Der Brunnen gehört zwar zu den Mitte des 16. Jahrhunderts vom Freiburger Bildhauer Hans Gieng geschaffenen Figurenbrunnen, er korrespondiert auch mit dem 1552 in Freiburg geschaffenen Samariterinnenbrunnen, doch trug er zunächst einmal für lange Jahrhunderte den Namen «Käfigbrunnen», nach dem Käfigturm, vor dem er steht. Erst Karl Howald wollte 1847 in der dargestellten weiblichen Figur in der Bürgerinnentracht des 16. Jahrhunderts mit Sicherheit Anna Seiler erkennen, und sein Vorschlag setzte sich in der zweiten Hälfte des 19. Jahrhunderts gegen viele andere durch. Ursprünglich könnte es sich um eine «Temperantia» handeln, eine der vier Kardinaltugenden, die hier möglicherweise Wein mit Wasser mischt. So scheint die Erinnerung an Anna Seiler erst in der zweiten Hälfte des historisierenden 19. Jahrhunderts wieder erwacht zu sein, als auch das Inselspital auf der Kreuzmatte neu erbaut wurde.

Literatur zu Anna Seiler: Sammlung Bernischer Biographien I, S. 554–558 (J. Sterchi).

Noch heute erinnert in Bern ein Brunnen an Anna Seiler, die wohltätige reiche Witwe des 14. Jahrhunderts. Die Skulptur stammt aus der Mitte des 16. Jahrhunderts, möglicherweise nicht vom berühmten Freiburger Bildhauer Hans Gieng persönlich, sondern von einem Berner Werkstattmitarbeiter.

Zusammenlegung derjenigen Häuser, welche der gleichen Regel unterstanden, zwei Zentren zu schaffen: An der Junkerngasse wohnten diejenigen Schwestern, die dem Niedern Spital und dem Deutschordenshaus (oder zumindest dem Leutpriester) unterstellt waren und die alle ein dem weissen Ordenskleid der Deutschordensschwestern angeglichenes weisses Gewand trugen und deshalb «Weisse» Schwestern genannt wurden. Ein zweites Zentrum entstand an der Herrengasse, das dem Franziskanerkloster und seit 1409 ausdrücklich der Pfarrkirche unterstellt war und deren Bewohnerinnen auf Grund ihrer Kleidung «Graue» Schwestern hiessen.
Weiter lässt sich bei den bernischen Beginen im 15. Jahrhundert eine Tendenz zur «Verklösterlichung» beobachten. Die Krankenpflege trat in den Hintergrund, und entsprechend lösten sich die Verbindungen zu den Spitälern, die im 15. Jahrhundert, wenigstens tendenziell, zu Pfründenanstalten wurden.[31]

Kathrin Utz Tremp

Ketzertum

Die Häresie ist in Bern im 13. und 14. Jahrhundert nur punktuell zu fassen, da sie nur dann bezeugt, ist, wenn sie bekämpft wird. Mit anderen Worten: Es gibt keine Häresie ohne Inquisition. Eine ständige Inquisition aber, die auch entsprechende Quellen produzierte – Urteile mit mehr oder weniger ausführlichen Begründungen und Prozessakten –, gab es in der Westschweiz mit Sitz im Lausanner Dominikanerkonvent frühestens seit dem Freiburger Waldenserprozess von 1399.[1] Für die frühere Zeit sind wir auf chronikalische Quellen angewiesen, im Fall von Bern auf die *Cronica de Berno* und die Berner Chronik des Konrad Justinger (gest. 1438).
In der *Cronica de Berno* ist zum Jahr 1277 zu lesen, dass «nach Ostern Ketzer in Schwarzenburg verbrannt wurden» (Abb. 452).[2] Laut Justinger wurden diese Ketzer vom Dominikaner Humbert, Angehöriger des Konvents von Bern, im Auftrag des Bischofs von Lausanne, zur Rechenschaft gezogen,[3] doch bleibt unklar, woher der Chronist diese ausführlichen Informationen hat. Es ist nicht ganz auszuschliessen, dass er dabei Dinge, die in der ersten Hälfte des 15. Jahrhundert mehr oder weniger selbstverständlich waren – dass die Inquisition in

Abb. 452
1277 sollen in Schwarzenburg Ketzer verbrannt worden sein. Ob – wie vom Chronisten Konrad Justinger beschrieben – die Berner Dominikaner tatsächlich als Inquisitoren aufgetreten sind, ist jedoch unsicher. Diebold Schillings Spiezer Chronik, BBB Mss. hist. helv. I. 16, S. 107.

den Händen der Dominikaner lag, aber abhängig war von einem bischöflichen Auftrag –, in die Vergangenheit zurückprojiziert hat.[4] Wir werden deshalb nie wissen, welcher häretischen Sekte die Ketzer angehört haben, die da in Schwarzenburg verbrannt wurden; bekannt ist lediglich, dass Schwarzenburg noch im 15. Jahrhundert den Ruf eines «Ketzernestes» hatte.[5]

Beginen und Freigeister

In der ersten Hälfte des 14. Jahrhunderts galt in Bern sogar die franziskanische Drittordensregel als häretisch und wurde den hier wohnenden Beginen mehr oder weniger ausdrücklich untersagt. Diese antihäretische Sensibilität erklärt sich wohl aus der Rivalität zwischen dem Deutschen Orden, der in Bern die Pfarrkirche innehatte und eifersüchtig über seine Pfarrrechte wachte, und den Franziskanern, die in Bern nie sehr stark waren. So entwickelte sich in Bern anstelle eines franziskanisch geprägten Beginentums (wie etwa in Basel) ein stark am Spitalwesen orientiertes und angebundenes Beginentum (→ S. 410).

In der zweiten Hälfte des 14. Jahrhunderts wurde in Bern ein Fall von freigeistiger Häresie entdeckt, wie dies nur Justinger berichtet, nicht aber die *Cronica de Berno*, die ohnehin aus der zweiten Hälfte des 14. Jahrhunderts nur mehr spärliche Nachrichten bringt. Danach soll im Jahr 1375 (1371?) in Bern ein Mann namens Löffler gefangen genommen worden sein, der von Bremgarten stammte und in Bern wohnhaft war. Er wurde gefunden und überführt «in dem bösen ketzerischen Glauben, den die halten, die man vom Freien Geist nennt», und er wurde vom Offizial von Lausanne und anderen gelehrten Leuten an der Kreuzgasse in Bern zum Tod auf dem Scheiterhaufen verurteilt (Abb. 453). Als man ihn aus der Stadt führte und er zum Scheiterhaufen kam, da sagte er: «Ich sehe nicht genug Holz, um diesen Zufall zu verbrennen». Der Henker antwortete: «Sorge dich nicht um das Holz, der Bremgarten ist nahe, ich will dir recht einheizen», und verbrannte ihn, so dass nichts mehr von ihm übrig blieb.[6]

Auffallend ist zunächst, dass hier ein Mann Opfer der Ketzerei wurde, wo doch früher vor allem Frauen, Beginen, verdächtigt worden waren. Bemerkenswert ist zweitens die Anklage, die Häresie vom Freien Geist, denn diese war auf dem Konzil von Vienne (1311/1312) als Irrglauben der deutschen Beginen und Begarden verurteilt worden, ganz ähnlich wie der Beginenstand überhaupt. Man sagte, nach ihrem Glauben könne der Mensch einen solchen Grad der Vollkommenheit erreichen, dass er zur Sünde unfähig sei. Ein solcher Mensch hatte es nicht mehr nötig, zu fasten oder zu beten, und er war auch der Kirche und ihren Geboten nicht mehr unterworfen, denn «wo der Geist des Herrn ist, da ist Freiheit» (2. Kor. 3, 17).[7] Die Tatsache, dass Löffler sich angesichts des Scheiterhaufens selber als «Zufall» bezeichnete, könnte darauf hindeuten, dass er (oder der Chronist) tatsächlich etwas von dieser Häresie wusste. Erwähnenswert ist schliesslich, dass Löffler vom Offizial von Lausanne zur Rechenschaft gezogen und verurteilt wurde, was vermuten lässt, dass die Stadt Bern sich in diesem ersten(?) Fall von Ketzerei an den Bischof von Lausanne gewendet und damit implizit dessen Zuständigkeit in Glaubenssachen anerkannt hat – was später nicht immer der Fall war.

Anstelle des Offizials hätte der Bischof allerdings auch einen Inquisitor schicken können, denn im gleichen Jahr 1375 wurde ein erster Inquisitor aus dem Lausanner Dominikanerkonvent, François von Moudon, in Freiburg aktiv, und zwar gegen ein Beginenhaus, das sich vom Freien Geist nannte, also scheinbar der gleichen Häresie anhing, die auch dem Berner Löffler vorgeworfen wurde.[8] Es ist jedoch möglich, dass die Freiburger Beginen vom Freien Geist trotz ihres Namens längst die franziskanische Drittordensregel angenommen hatten, denn sie wurden vom Franziskaner Heinrich Ratz verteidigt. Der Inquisitor musste sich einem Kompromiss fügen, der am 15. November 1375 in der Kathedrale von Lausanne beurkundet wurde und der wahrscheinlich beinhaltete, dass er von weiteren Verfolgungen absehen musste. Man darf vermuten, dass François von Moudon auf eigene Faust gehandelt hatte, ohne Auftrag der weltlichen und geistlichen Autoritäten – des Rats von Freiburg und des Bischofs von Freiburg – und dass er deshalb den Kürzeren zog. Der Kompromiss aber wurde von einem Vertreter des Bischofs von Lausanne, Jean de Vautravers, Prior des

Abb. 453
Der in Bremgarten geborene und in Bern wohnhafte Mann namens Löffler wird als Anhänger der Häresie vom Freien Geist durch den Offizial des Bistums Lausanne zum Tod auf dem Scheiterhaufen verurteilt. Diebold Schillings Spiezer Chronik, BBB Mss. hist. helv. I. 16, S. 416.

Augustinerstifts St-Maire in Lausanne, vermittelt, der mit dem Offizial identisch sein könnte, der in Bern den Ketzer Löffler verurteilt hatte.

Die Waldenserprozesse von 1399 in Bern und Freiburg
Sowohl in Bern als auch in Freiburg wurden also Häretiker verfolgt, die zumindest in den Augen der Kirchenvertreter der Häresie vom Freien Geist anhingen. Ebenso wurden 1399 in beiden Städten Waldenser verfolgt, zuerst in Bern und dann, von hier ausgehend, auch in Freiburg. Für Bern müssen wir uns wieder auf Konrad Justinger stützen, der berichtet, dass damals in der Stadt und auf dem Land, mehr als 130 Leute, Frauen und Männer, mächtige, reiche und arme, «in Unglauben» gefunden und durch den Dominikaner Hans (eigentlich Niklaus) von Landau zur Rechenschaft gezogen wurden und den «Unglauben» abschworen. Da es das erste Mal war, dass sie überführt wurden, kam es zu keinen Körperstrafen, wohl aber wurden sie je nach Vermögen gebüsst, so dass mehr als 3000 Gulden zusammenkamen.[9]
Justinger nennt den «Unglauben» nicht bei seinem Namen und weiss auch sonst nichts darüber zu berichten.[10] Aus dem Eintrag geht auch nicht hervor, dass der Dominikaner Niklaus von Landau, damals Prior des Dominikanerkonvents von Bern, eigentlich nicht der richtige Mann für die Inquisition gegen die Berner Waldenser war. Zuständig gewesen wäre vielmehr der nunmehr ordentliche Inquisitor der Diözese Lausanne, ein Angehöriger des Lausanner Dominikanerkonvents, der gleiche Mann, der wenig später in Freiburg zum Zug kam. Niklaus von Landau ist allerdings nur gerade ein einziges Mal – am 25. Juni 1399 – als Vorsteher des bernischen Dominikanerkonvents nachzuweisen und hielt sich vorher und nachher vorwiegend in Basel auf. So ist also der Verdacht nicht von der Hand zu weisen, dass der bernische Rat ihn eigens für den Prozess gegen die Waldenser nach Bern kommen liess; wahrscheinlich, um nicht auf den ordentlichen Inquisitor der Diözese Lausanne angewiesen zu sein.[11]
Konrad Justinger weiss nicht oder verschweigt, dass die verurteilten Waldenser mit Tuchkreuzen gekennzeichnet wurden, die sie auf ihrer Kleidung tragen mussten, und dass sie auf Lebenszeit vom Kleinen und Grossen Rat sowie von allen städtischen Ämtern ausgeschlossen wurden. Dies geht aus einer Satzung vom 4. Oktober 1400 hervor, mit dem Titel *Daz die, so daz crůtze getragen hant, an keinen gewalt me komen sœllent.*[12] Hier wird der «Unglaube» auch bei seinem Namen genannt: *alz leider dis verluiffnen jars grosser kumer ufgestanden ist von ungloubens wegen der secte Waldensiner (Waldensium?).* Wenn die Waldenser zusätzlich noch vom Kleinen und Grossen Rat ausgeschlossen wurden, so können wir annehmen, dass einige von ihnen tatsächlich zuvor in einem der beiden Räte gesessen oder ein städtisches Amt innegehabt haben.
Die Waldenser wurden 1399 in Bern aber nicht nur mit Geldbussen belegt, von den Räten und allen öffentlichen Ämtern ausgeschlossen, sondern es wurden ihnen auch ihre Häuser zerstört. Eine Urkunde im Staatsarchiv Bern berichtet, dass Petermann von Krauchthal am 25. November 1401 eine Hofstätte an der Kirchgasse schattenhalb kaufte, wo zwei Jahre zuvor ein Haus wegen Häresie («Unglauben») zerstört worden war.[13] Durch die Anwendung dieser Strafe, die zwar bei der Bekämpfung der Häresie nicht unüblich, aber wahrscheinlich doch etwas aus der Mode gekommen war, erhält die Verfolgung der Berner Waldenser einen gewalttätigen Zug, den man bisher noch nicht gesehen hat. Vielleicht war die ganze Angelegenheit doch nicht so harmlos, wie der in offiziellem Auftrag schreibende Chronist Konrad Justinger und die Satzung von 1400 uns aus obrigkeitlicher, sich überlegen gebender Warte glauben machen wollen.
Weitere Informationen zum Berner Waldenserprozess von 1399 lassen sich dem Freiburger Prozess vom gleichen Jahr abgewinnen.[14] Zwar sind auch hier die Prozessakten nicht überliefert, wohl aber eine umfangreiche Urkunde, welche den Prozessverlauf zusammenfasst und das Urteil festhält.[15] Ihre Aussteller sind der Dominikaner Humbert Franconis, Inquisitor der Diözese Lausanne, und der Franziskaner Wilhelm von Vufflens, Guardian des Franziskanerkonvents in Lausanne, die am 28. November 1399 vom Bischof von Lausanne, Wilhelm von Menthonay (1394–1406), mit der Untersuchung, der «Inquisition», betraut worden waren. Aus dem an erster Stelle in die Urkunde inserierten Auftragsschrei-

ben geht hervor, dass dem Bischof seinerseits von Schultheiss, Räten und der Gemeinde von Freiburg mitgeteilt worden sei, «dass einige ihrer Mitbürger von mehreren ihrer Nachbarn der Häresie bezichtigt worden seien». Anders als die Berner hatten die Freiburger sich also 1399 an den Instanzenweg gehalten: Sie hatten den Bischof benachrichtigt, der seinerseits dem zuständigen Inquisitor einen entsprechenden Auftrag erteilte.

Am 3. Dezember 1399 nahmen der Inquisitor Humbert Franconis und sein Gehilfe, Wilhelm von Vufflens, in Freiburg ihre Arbeit auf. Hier warteten bereits zwei vollständige Listen auf sie: eine mit den Angeklagten, 54 an der Zahl, und eine mit 15 Anklagepunkten. Diese Listen waren einer gewichtigen freiburgischen Abordnung im Dorf Wünnewil (an der Grenze zwischen Bern und Freiburg) von einer ebenso gewichtigen bernischen Delegation übergeben worden und enthielten die Namen von Freiburgern, «die sowohl von mehreren in Bern als häretisch befunden als auch von einem bekehrten Prediger der Häresie beschuldigt worden waren». Die Begegnung in Wünnewil muss vor dem 28. November 1399 stattgefunden haben, als der bischöfliche Auftrag zur Inquisition in Freiburg erging. Wir wissen nicht, ob das bernische Verfahren damals bereits abgeschlossen war; dafür könnte sprechen, dass der in Bern waltende Inquisitor, Niklaus von Landau, nur im Sommer 1399 hier nachweisbar ist. Andererseits beweist die Satzung vom 4. Oktober 1400, dass die Sache im Spätherbst 1399 in Bern noch lange nicht ausgestanden war.

Was die Anklageartikel betrifft, so weisen sie die freiburgischen Häretiker – und damit wohl auch diejenigen von Bern – eindeutig als Waldenser aus. Andererseits muss man sich davor hüten, diese Artikel als unverstellte Ansichten der Berner und Freiburger Waldenser zu nehmen; vielmehr entsprachen sie wohl weitgehend den Vorstellungen, welche sich die Inquisitoren – in diesem Fall Niklaus von Landau – von den Waldensern machten und welche sie vielleicht irgendeinem Handbuch für Inquisitoren entnommen hatten. Jedenfalls wiesen die Freiburger Waldenser, als sie nun einer nach dem andern damit konfrontiert wurden, jede Kenntnis dieser Artikel weit von sich. Die Inquisition lief Gefahr, im Sand zu verlaufen.

In dieser Not wandte sich der Inquisitor Humbert Franconis am 5. Dezember 1399 – also nur zwei Tage nach Beginn der Untersuchung – an Schultheiss und Rat von Bern und bat um eine vollständige und beglaubigte Kopie der Akten des durch sie in Bern durchgeführten Prozesses samt den die denunzierten Freiburger Waldenser betreffenden Zeugenaussagen, und um umgehende, zustimmende Antwort. Die Antwort war zwar umgehend, sie datiert vom 7. Dezember 1399, aber abschlägig. Der bernische Rat war nicht gewillt, irgend jemandem Einblick in die Akten zu gestatten, und schon gar nicht jenem Inquisitor, den er wahrscheinlich mit voller Absicht aus dem bernischen Prozess herausgehalten hatte. Und so kommt es, dass seither niemand mehr die Akten des bernischen Waldenserprozesses von 1399 zu Gesicht bekommen hat.[16] Aber auch die Freiburger scheinen dem immerhin von ihnen selbst angeforderten Inquisitor nicht mehr an die Hand gegangen zu sein. So blieb diesem schliesslich nichts anderes übrig, als am 23. Dezember 1399 sämtliche Angeklagten freizusprechen. Dass dieses Urteil kaum gerechtfertigt war, geht aus dem Freiburger Waldenserprozess von 1430[17] hervor, in den rund zwanzig der hier freigesprochenen Personen wiederum verwickelt waren.[18]

Der Berner und der Freiburger Waldenserprozess von 1399 gehören zur grossen Verfolgungswelle, von welcher Ende des 14. Jahrhunderts vor allem die deutschen Waldenser heimgesucht wurden. Dabei war es absolut normal, dass Listen mit Namen von Stadt zu Stadt und von Land zu Land weitergereicht wurden.[19] Die Waldenserbastionen fielen denn auch wie Dominosteine, eine auf die andere, zunächst von Osten nach Westen, von der Mark Brandenburg an den Rhein, und dann von Norden nach Süden, rheinaufwärts. Mit Bern fiel die zweitletzte, sie fiel auf die freiburgische, die indessen 1399 noch widerstand, um dann erst 1430 zu fallen.[20]

Zusammenfassend kann festgehalten werden, dass der Berner Prozess, den wir lediglich durch das Kapitel in der Chronik des Konrad Justinger, die Satzung

Abb. 454
Wer einer Glaubenslehre anhing, die nicht mit derjenigen der herrschenden der Kirche übereinstimmte, wurde als Vertreter des Satans angesehen. Die Vernichtung der Ketzer erfolgte wie in Bern meist durch Verbrennung. So geschah es auch mit Jan Hus in Konstanz 1415. Holzschnitt in: Ulrich von Richenthal, Concilim zu Constanz, Augsburg 1536; BHM Inv. 37250, Blatt 26r.

vom 4. Oktober 1400 und die Urkunde vom 25. November 1401 kennen, den urkundlich besser dokumentierten freiburgischen an Ausmass und Intensität übertroffen haben muss. Es ist nicht auszuschliessen, dass der bernische Prozess von 1399 die Ausmasse des freiburgischen von 1430 erreicht hat. Dann aber liesse sich wahrscheinlich auch vom Sozialprofil der Freiburger Waldenser von 1430 auf dasjenige der Berner Waldenser von 1399 zurückschliessen: ein guter Querschnitt durch die ganze städtische Bevölkerung, von recht Armen bis zu ganz Reichen,[21] der uns im Grund zu Justingers Formel «gewaltig, rich und arm» zurückführt.
Die Freiburger Waldenserprozesse von 1399 und 1430 haben nicht wenig zur Ausbildung einer ständigen Inquisition in der Westschweiz, in den Diözesen Lausanne, Genf und Sitten beigetragen.[22] Dagegen haben die Berner sich die Lausanner Inquisition stets vom Leib gehalten, obwohl die Stadt und das Gebiet westlich davon durchaus zur Diözese Lausanne gehörten. Dies aber mag dazu beigetragen haben, dass die Hexenprozesse im bernischen Herrschaftsgebiet im 15. Jahrhundert wesentlich weniger häufig und umfangreich waren als die gleichzeitigen im Waadtland.[23]

Schreiben und Lesen, Musizieren und Malen

Roland Böhmer

Ein Blick ins Jenseits: bemalte Kirchenräume

Die meisten Berner Landkirchen waren schlichte Bauwerke, deren verputzte Wände nur von wenigen Fenstern durchbrochen waren. Bauskulptur war selten (→ S. 350). Einen umso grösseren Stellenwert nahm die Monumentalmalerei ein, die sich auf den Wand- und Gewölbeflächen ungehindert ausbreiten konnte. Die Bilder lieferten einen würdigen Rahmen für die Liturgie, die im Kirchenraum stattfand. Zugleich führten sie den Kirchenbesuchern die christlichen Glaubensinhalte anschaulich vor Augen. Nicht zu vergessen ist auch die repräsentative Funktion von Wandbildern, wovon zahlreiche Stifterdarstellungen zeugen.
Heute bewundern wir das hohe Alter der Bilder, die Jahrhunderte überdauert haben. Zur Zeit ihrer Entstehung waren sie jedoch keineswegs für die Ewigkeit gedacht, sondern wurden oft bereits nach einigen Jahrzehnten mit neuen, zeitgemässeren Darstellungen überdeckt. Nach der Reformation verschwand die ganze Bilderherrlichkeit unter Tünchen und Verputzen. Im Gegensatz zur beweglichen Ausstattung überdauerten die Wandbilder unter dieser Schutzschicht die folgenden Jahrhunderte recht gut, so dass manche von ihnen im 20. Jahrhundert wieder freigelegt werden konnten.[1] Die heute wieder sichtbaren Wandbilder stellen allerdings nur einen verschwindend kleinen Rest des einst Vorhandenen dar. Es gibt keine einzige Kirche mehr, deren gesamtes Bildprogramm überliefert ist. Das Erhaltene verteilt sich überdies sehr ungleichmässig über das Kantonsgebiet; Schwerpunkte bilden die Umgebung der Stadt Bern sowie das Gebiet des Thunersees und des Niedersimmentals.

Spätromanische Wandmalerei

Die ältesten mittelalterlichen Wandmalereien im alten Kantonsteil stammen aus dem 13. Jahrhundert. Dies bedeutet zwar nicht, dass es vorher keine kirchliche Wandmalerei gegeben hat; im 11. und 12. Jahrhundert scheint aber längst nicht jeder Sakralbau ausgemalt gewesen zu sein. Die dreischiffige, im 11. Jahrhundert erbaute Pfeilerbasilika von Spiez[2] beispielsweise wies im Innern ursprünglich keinen deckenden Wandverputz auf, sondern die Köpfe der Mauersteine blieben vom Verputz ausgespart (so genannte *Pietra rasa*). Erst nachträglich wurden die Wände deckend verputzt und getüncht. Nochmals später, im ersten Viertel des 13. Jahrhunderts, erhielt die Kirche eine reiche Ausschmückung mit Wand- und Gewölbebildern. Während im Langhaus davon nur wenige Farbspuren übrig geblieben sind, ist die Ausmalung des Chorjochs und

Abb. 455
Schlosskirche Spiez, Tonnengewölbe des Chorjochs, 1. Viertel des 13. Jahrhunderts. Die sechs Apostel sind noch ganz in der Formensprache der Spätromanik gehalten, während zur gleichen Zeit in Frankreich bereits die hochgotischen Buch- und Glasmalerei blühte.

der Mittelapsis weitgehend erhalten. Wände und Gewölbe sind durch romanische Ornamentfriese in verschiedene Bildregister unterteilt. Im Tonnengewölbe des Chorjochs wird der thronende Christus im Beisein der Apostel (Abb. 455) von Engeln in den Himmel getragen. In der Apsiskalotte thront die Muttergottes mit dem Jesuskind, umgeben von den Evangelistensymbolen und zwei Engeln. An den Wänden des Chorjochs und der Apsis stehen zehn Propheten und die vier Kirchenväter. Die unterste Wandzone der Apsis wird von szenischen Darstellungen eingenommen, deren Inhalt nicht mehr zu eruieren ist. Die Komposition stellt die himmlische Ordnung dar: zuoberst Christus und die Muttergottes, darunter die Apostel als Zeugen der Verkündigung Christi, die Propheten als Künder Christi und die Kirchenväter als Sinnbild der Kirche. In seinen Grundzügen, nicht jedoch in den Details, geht das Bildprogramm auf byzantinische Kirchenausmalungen zurück. Im Laufe des 12. Jahrhunderts waren als Folge der Kreuzzüge die Beziehungen zwischen dem Westen und Byzanz zunehmend enger geworden, und die westliche Kunst machte manche fruchtbare Anleihe beim christlichen Osten. Auf welchen Wegen und über welche Zwischenstufen das byzantinische Bildprogramm an den Thunersee gelangte, ist nicht mehr zu eruieren. Die Ausmalung mit ihrem wenig anschaulichen Bildinhalt dürfte ursprünglich nicht für eine Pfarrgemeinde bestimmt gewesen sein, sondern für eine Klerikergemeinschaft. Dadurch gewinnt die spätmittelalterliche Überlieferung, die Kirche von Spiez sei anfänglich eine Stiftskirche gewesen, an Wahrscheinlichkeit. Obschon Spiez im Mittelalter zum Bistum Lausanne gehörte, weist der Malstil nicht nach Westen, sondern in die Ostschweiz, wo vergleichbare Malereien beispielsweise in der Kapelle der Johanniterkommende Bubikon ZH überliefert sind. Die mageren, gelängten Figuren sind mit wenigen Strichen gestaltet, aber überaus treffend charakterisiert. Die klar aufgebaute, monumentale Bildkomposition atmet noch den strengen Geist der Romanik.

Einige Jahrzehnte später wurde die Apsis der Pfarrkirche von Belp[3] ausgemalt. Apostelfiguren unter Arkaden zierten die Wandzone, doch ist davon kaum etwas übrig geblieben. In der Gewölbekalotte ist eine Darstellung des thronenden Christus in der Mandorla (*Majestas Domini*) anzunehmen. Dieses Bildprogramm, das im ganzen christlichen Abendland ausserordentlich verbreitet war, dürfte einst in mancher Berner Landkirche zu sehen gewesen sein.

Abb. 456
Kirche Scherzligen, Ostseite der Triumphbogenwand, 3. Viertel des 13. Jahrhunderts. Drei Szenen aus dem Leben der heiligen Katharina von Alexandrien: Die Heilige wird enthauptet, Engel tragen den einbandagierten Leichnam zum Berg Sinai, wo er in Anwesenheit Christi beigesetzt wird.

Abb. 457
Pfarrkirche Meiringen, Westwand, 4. Viertel des 13. Jahrhunderts. Dargestellt ist die so genannte Weinprobe Noahs: Der Stammvater kostet vor versammelter Familie den Wein. Mit der linken Hand greift er nach einer Traube, mit der rechten führt er den Kelch an den Mund.

Eine dritte Bilderfolge, wohl aus dem dritten Viertel des 13. Jahrhunderts, ist in der Kirche von Scherzligen[4] erhalten. Die Triumphbogenwand des Apsidensaals ist auf beiden Seiten mit Malereien versehen. Gegen das Schiff hin ist unter anderem die Thebäische Legion mit dem heiligen Mauritius dargestellt; die Seite gegen die Apsis schmücken Szenen aus dem Leben der heiligen Katharina (Abb. 456) und des heiligen Nikolaus. Der Bilderzyklus erstreckte sich auch auf die später abgebrochene Apsis. Die Figuren sind mit schwarzen Linien auf die kalkweisse Wand gezeichnet; rote, gelbe und braune Farbflächen setzen einige wenige farbige Akzente. Alles Monumentale ist den kleinformatigen Bildfeldern fremd. Das Ganze erinnert an kolorierte Federzeichnungen.
Einziges Beispiel für ein ausgemaltes Kirchenschiff ist dasjenige der Pfarrkirche von Meiringen,[5] deren Wandbilder im letzten Viertel des 13. Jahrhunderts entstanden sein dürften. Das oberste Bildregister zeigt Szenen aus dem ersten Buch Moses. Der Anfang des Zyklus ist nicht erhalten. Im heutigen Zustand beginnt er mit der Geschichte der Stammeltern und Noahs (Abb. 457). Anschliessend folgen die Opferung Isaaks und die Segnung Jakobs; die Fortsetzung ist zerstört. In den unteren Bildregistern könnten Szenen aus dem Leben Christi dargestellt gewesen sein, ähnlich wie in der Galluskapelle in Oberstammheim ZH. Die Bildfolge ist von einer beeindruckenden künstlerischen Qualität. Im Gesamthabitus ist sie noch romanisch, wie sich an der Fältelung der Gewänder, an den Architekturformen der Arche und an einzelnen Ornamenten zeigt. In den lockigen, blonden Haaren und den schon recht geschmeidigen Körpern kündet sich aber bereits die Gotik an. Der Künstler, der in Meiringen tätig war, lässt sich sonst nirgends nachweisen. Möglicherweise wurde er von auswärts zugezogen.

Gotische Malereien bis zur Mitte des 14. Jahrhunderts

Um die Jahrhundertwende vollzog sich der Stilwandel zur Gotik endgültig. Gleichzeitig scheint die Wandmalerei einen Aufschwung genommen zu haben; die Tatsache, dass Wandbilder aus der ersten Hälfte des 14. Jahrhunderts in weitaus grösserer Zahl überliefert sind als solche aus den Jahrzehnten davor und danach, dürfte kaum auf einem Zufall beruhen.
Wohl den besten Eindruck von einer ausgemalten Pfarrkirche aus der ersten Hälfte des 14. Jahrhunderts vermittelt diejenige in Vinelz,[6] deren Chor allerdings in der Barockzeit neu erbaut wurde. Wer die Kirche durch den romanischen Südeingang betritt, wird sogleich von einer riesigen Christophorusfigur an der Nordwand in Bann gezogen. Ihr Standort wurde mit Bedacht gewählt, denn der mittelalterliche Mensch glaubte, der Anblick des Christophorusbildes bewahre ihn vor einem unvorhergesehenen Tod ohne das Sakrament der letz-

Abb. 458
Nordwand der Pfarrkirche Vinelz, 1. Drittel des 14. Jahrhunderts. Am Ostermorgen begegnen die drei Frauen (links, nur teilweise erhalten) am offenen Grab Christi einem Engel. Die Grabwächter – ein Soldat liegt rechts vor dem Sarkophag – haben das Auferstehungswunder verschlafen.

ten Ölung. Die Wandzone links davon ist dem Thema des Jüngsten Gerichts gewidmet: Abraham mit Seligen im Schoss symbolisiert das Paradies; neben ihm wägt Michael eine Seele und weiter links, auf die Westwand übergreifend, ist die Hölle dargestellt. Rechts von Christophorus ist die Wand über der gequaderten Sockelzone in vier Bildregister eingeteilt, die Szenen aus dem Leben Christi (Abb. 458) und Mariä zeigen. Von der Bemalung der Südwand hat sich nur ein Bildfeld mit der Mantelspende des heiligen Martin erhalten.

Abb. 459
Auf einem abgelösten Wandbild, das sich einst an der Südwand der Pfarrkirche Wohlen befand, wird mit Bild und Text eindrücklich vor dem Geiz gewarnt, 2. Viertel des 14. Jahrhunderts.

Die Bildthemen von Vinelz – Christophorus, Jüngstes Gericht, Szenen aus dem Leben Christi und aus Heiligenviten – waren allgemein verbreitet und sind in manchen anderen Berner Kirchen ebenfalls freigelegt worden.[7] Die Angst vor dem allgegenwärtigen Tod und dem Weltgericht ist in Wohlen bei Bern[8] besonders eindrücklich dargestellt. Ein heute abgelöstes Wandbild, das sich an der Südwand, rechts von einer Christophorus-Figur, befand, zeigt einen Toten in einer Sargkiste (Abb. 459). Sein Leib wird von Würmern zernagt, und auf seiner Brust hockt eine widerliche Kröte. Vor dem Mund des Leichnams scheint ein nackter Körper zu schweben, wohl die Seele. Rechts anschliessend sind Reste zweier stehender Figuren vor einer Truhe zu erkennen. Aus dem Vergleich mit einer süddeutschen Handschrift des frühen 15. Jahrhunderts geht hervor, dass es sich hier um die Erben handelt, welche die in der Schatztruhe des Verstorbenen aufbewahrten Geldsäcke an sich reissen.[9] Der Text unter den beiden Bildfeldern stellt eine Warnung vor dem Geiz dar: *(NEMM)T WAR FRO^{v}WEN VND O^{v}CH MAN WIE ES GITIKEIT MV^{o}S ERGAN.* Anschliessend folgt eine Reihe von Heiligen, von denen sich der Kirchenbesucher Fürbitte erhofft haben mag. Darüber war das Jüngste Gericht dargestellt.

Im Gegensatz zu Vinelz und Wohlen ist in der Pfarrkirche von Aeschi bei Spiez[10] die Ausmalung des Chores erhalten geblieben (Abb. 460). Wie in der Apsis von Belp sind an den Wänden die Apostel dargestellt. Das alte Bildthema der *Majestas Domini* wurde jedoch umgeformt. Anstelle des unnahbar thronenden Christus ist die Verkündigung Mariens ins Zentrum der Bildkomposition gerückt: Gabriel und Maria stehen beidseits des Mittelfensters an der Ostwand. Die Apostel sind seitlich davon angeordnet. Mitten unter ihnen an der Nordwand übergibt Christus dem Johannes das Buch und dem Petrus die Schlüssel. An der Westwand huldigen zwei Rauchfässer schwingende Engel Christus, der über dem Triumphbogen ein zweites Mal als Brustbild erscheint.

Als Beispiel für eine ausgemalte ländliche Stiftskirche ist diejenige des ehemaligen Augustiner-Chorherrenstifts Därstetten[11] zu nennen. Im Laienschiff, das mittels einer Chorschranke vom Mönchs-Chor abgetrennt war, befindet sich an der Nordwand wiederum eine Christophorusdarstellung. Die übrigen Wandflächen waren möglicherweise nur mit einer Quadermalerei überzogen, von der

Abb. 460
Den Chor der Pfarrkirche Aeschi schmückt ein Apostelzyklus aus dem 2. Viertel des 14. Jahrhunderts.

Abb. 461
Auch an der Westwand der Johanneskapelle im Palas des Schlosses Burgdorf erscheint das Thema der Frauen am Grabe. Ein Vergleich mit der Darstellung derselben Szene in der Pfarrkirche von Vinelz (Abb. 458) zeigt deutlich die unterschiedliche Qualität der beiden Bilder, 2. Viertel des 14. Jahrhunderts.

Reste erhalten sind.[12] Im einstigen Chor schmückt ein dreiteiliges Bildfeld die Nordwand. Zwischen zwei unter einer Wimperg-Arkade stehenden Bischöfen thront die Muttergottes mit dem Kind. Vor ihr kniet ein Stifter, den eine Inschrift als *VLRICVS P(rae)POSITVS* bezeichnet. Die Figur stellt entweder Ulrich von Thun (Propst von 1309–23) oder Ulrich von Rümligen (1323–38) dar. Von der Ausmalung der im Spätmittelalter durch einen Rechteckchor ersetzten Apsis ist an der Südwand eine stehende Figur mit einem Buch in der Hand erhalten geblieben. Eine heute zerstörte Inschrift bezeichnete sie als (Zach)*ARHIAS*.[13] Es ist somit anzunehmen, dass in der Apsis noch weitere Propheten dargestellt waren.

Während die Wandmalereien des 13. Jahrhunderts in stilistischer Hinsicht grosse Unterschiede aufweisen und nicht direkt miteinander verglichen werden können, ist nun eine grössere stilistische Einheitlichkeit festzustellen. Ansatzweise wird auch eine Stilentwicklung fassbar. Der betont zeichnerische Stil von Scherzligen, der sich auf einige wenige Farben beschränkte, entwickelt sich weiter. In ganz ähnlicher Weise findet er sich in der Ausmalung des Saals in der Johanniterkommende Münchenbuchsee (→ S. 319) wieder. Die Figuren sind hier jedoch überlängt, und die Komposition ist weniger spannungsvoll aufgebaut. Zwischen den beiden Ausmalungen mögen einige Jahrzehnte liegen. Später kommen mehr und mehr gotische Formelemente auf, wie die blonden Haarlocken und die mandelförmigen Augen. Die Christophorusdarstellungen von Amsoldingen und Sigriswil[14] zeigen derart grosse Ähnlichkeiten bezüglich Körperhaltung, Gewandmusterung und -farbe, dass die Vermutung nahe liegt, sie seien von derselben Werkstatt geschaffen worden. Die meisten dieser Wandbilder sind nicht von herausragender künstlerischer Qualität. Sie sind Arbeiten von Malern mit durchschnittlichem Können, die offenbar in der Gegend beheimatet waren. Die Malereien dieser Meister halten einem Vergleich mit den Ostschweizer Ausmalungen von Landschlacht TG, Oberwinterthur ZH, Dättlikon ZH oder Nussbaumen TG sowie mit den Werken des in Graubünden tätigen Meisters von Waltensburg nicht stand. Obschon die Figuren bereits von der Gotik erfasst sind, erreichen sie doch nicht jenes Mass an höfischer Anmut und jugendlicher Lieblichkeit, die so typisch ist für die von Frankreich her beeinflusste Kunst im Gebiet zwischen Zürich- und Bodensee. Offensichtlich fehlte im Bernbiet ein überragendes künstlerisches Zentrum, dessen Ausstrahlungskraft mit derjenigen von Zürich oder Konstanz vergleichbar gewesen wäre.

Neben einheimischen Meistern wirkten vereinzelt solche fremder Herkunft:

Abb. 462
Chor der ehemaligen Deutschordenskirche Köniz, Wandbild von 1398. Links der heilige Paulus – zusammen mit Petrus der Patron der Kirche. Rechts wird Maria Magdalena von Engeln in den Himmel emporgetragen, darunter das Bild des Stifters, Franz Senn von Münsingen.

Der Maler von Aeschi war mit der Kunst des Bodenseegebietes bestens vertraut. Seine anmutigen Apostelfiguren und die Ornamentfriese erinnern an Wandmalereien in der Ostschweiz. Sie lassen sich aber auch mit den Glasmalereien von Köniz und Blumenstein vergleichen, die ebenfalls von der Bodenseekunst beeinflusst sind. Ein anderer Maler mit einem ähnlichen künstlerischen Hintergrund wurde im zweiten Viertel des Jahrhunderts von den Grafen von Kiburg mit der Ausmalung der Johanneskapelle im Schloss Burgdorf (Abb. 461) betraut.[15] Bezüglich ihrer künstlerischen Qualität übertreffen die Bilder von Aeschi und Burgdorf die Werke einheimischer Künstler deutlich.

Wandmalerei aus der zweiten Hälfte des 14. Jahrhunderts

Aus der zweiten Jahrhunderthälfte sind nur wenige Wandmalereien überliefert. Sie weisen stilistisch und qualitativ grosse Unterschiede auf. In der Pfarrkirche von Kirchlindach[16] wurde im 3. Jahrhundertviertel das Thema des Jüngsten Gerichts, das man sonst im Schiff findet, auf die Wände des Polygonalchors übertragen. Zusammen mit zwei Einzeldarstellungen des heiligen Eligius und der heiligen Apollonia nimmt es die beiden oberen Bildregister ein. Zuunterst knien zwei Stifter vor je einer Heiligenfigur. Die künstlerische Qualität der Ausmalung mit ihren überlängten, fast körperlosen Figuren ist bescheiden.

In der Pfarrkirche von Reutigen[17] war ebenfalls ein unbedeutender, dafür aber umso originellerer, volkstümlicher Maler am Werk. Seine naiven Schilderungen des Jüngsten Gerichts an der Triumphbogenwand (Abb. 463) und des Lebens Christi an der Südwand vermögen auch den heutigen Betrachter zu faszinieren. Verglichen mit diesen beiden ländlichen Ausmalungen stehen die Wandbilder im Polygonalchor der Deutschordenskirche von Köniz[18] sowohl künstlerisch wie kompositorisch auf einer ungleich höheren Stufe. Laut der Inschrift am oberen Bildrand entstanden sie im Jahre 1398. Sie ergänzen die Ausstattung des Chors, der bereits um 1330 mit kostbaren Glasmalereien versehen worden war. Die vier erhaltenen Felder zeigen einzelne Heilige: links die heilige Elisabeth von Thüringen (die zweite Patronin des Deutschen Ordens), zu Seiten des Mittelfensters die beiden Kirchenpatrone Petrus und Paulus unter Arkaden und

Abb. 463
Pfarrkirche Reutigen. Jüngstes Gericht an der Ostwand des Schiffs aus dem späten 14. Jahrhundert. Ein Teufel mit einem gedrehten Horn am Hinterkopf beaufsichtigt die Verdammten im Höllenrachen. Um zu verhindern, dass das riesige Maul zuklappt, hat er die beiden Kiefer mit einem Stab arretiert. Gleichzeitig macht er sich an einem grossen Kessel zu schaffen, der an einer Kette aufgehängt ist. Ein kleineres Teufelchen steht auf seinem rechten Arm und stochert eifrig mit einer Gabel im Kessel herum, in dem Verdammte köcheln.

rechts eine mehrfigurige, raffiniert gestaltete Bildkomposition (Abb. 462). Inmitten einer Wildnis, die von Tieren bevölkert ist, steht, versteckt in der Fensterlaibung, der heilige Blasius neben seiner Höhle. In der oberen Bildhälfte heben sechs Engel die heilige Maria Magdalena in die Lüfte empor, damit sie den Gesang der himmlischen Heerscharen höre. Dieses Wunder ereignete sich laut der Legende täglich zu den sieben Gebetszeiten. Einst wurde es einem Priester, der als Eremit in der Nähe lebte, in einer Vision offenbart. Auf dem Bilde ist jedoch nicht der Eremit, sondern ein Deutschordensritter Zeuge des Geschehens. Er kniet betend unter einer Arkade. Sein Wappen weist ihn als den Könizer Komtur Franz Senn von Münsingen aus. Dieser stand der Komturei 1364 und nochmals 1393–98 vor. Der Komtur scheute am Ende seiner Amtszeit offenbar keine Kosten, um das Kircheninnere zu seinem Seelenheil auszuschmücken. Zugleich benutzte er selbstbewusst die Gelegenheit, sich an gut sichtbarer Stelle, in einer Bildszene integriert, zu verewigen.[19]

Abb. 464
Im Zuge der aufblühenden Marienverehrung seit dem Beginn des 13. Jahrhunderts gewannen plastische Darstellungen der thronenden Muttergottes als Kult- und Andachtsbilder zunehmend an Bedeutung. Die Muttergottes aus Habschwanden (Gemeinde Hasle) aus der Zeit um 1200 ist ein typisches Beispiel eines Marienbildes, wie es in bernischen Kirchen auf dem Altar gestanden haben dürfte; BHM, Inv. 8363.

Gabriele Keck

Spurensuche: Skulpturen aus Holz und Stein

Mit der sensationellen Entdeckung von spätgotischen Skulpturen unter der Berner Münsterplattform 1986 – alles Bildwerke, die dem reformatorischen Bildersturm zum Opfer gefallen waren –, ist angesichts der hohen bildhauerischen Qualität dieser Steinfiguren zweifelsfrei bewusst geworden: In der Stadt Bern, kunstgeographisch an der Peripherie des oberrheinischen Einflussgebiets gelegen, stand in der zweiten Hälfte des 15. und im ersten Viertel des 16. Jahrhunderts ein den Städten Basel und Strassburg gleichwertiges Bildhauergewerbe in Blüte.[1] Treibende Kraft für die Niederlassung zugewanderter Steinbildhauer und Holzschnitzer bildete wohl die Grossbaustelle des 1421 begonnenen Münsters und die mit diesem Projekt verbundene Nachfrage nach schmückenden Bildwerken für den Kirchenraum und die Friedhofsausstattung. Erst in dieser Zeit scheinen die Voraussetzungen für die Ausübung dieses Gewerbes in Bern günstig gewesen zu sein, jedenfalls lässt sich seine Entwicklung am erhaltenen Skulpturenbestand nicht schrittweise ins 14. Jahrhundert zurückverfolgen. Bezeichnenderweise fehlen denn auch plastische Bildwerke des 13. und 14. Jahrhunderts, um die es im Folgenden geht, nicht nur im Fundkomplex von der Münsterplattform. Auch die Klöster auf dem Land, etwa die seit dem Hochmittelalter im Emmental in eindrücklicher Zahl gegründeten Niederlassungen (→ S. 303), haben in dieser Hinsicht keine Spuren hinterlassen.[2]
Ohnegleichen, wie ein Schlüsselwerk zwischen Berns mutiger und Berns grosser Zeit, steht der 1410–1414 von Meister Hariman aus dem Umkreis der Prager Parler-Werkstatt geschaffene Skulpturenschmuck für die Gerichtshalle des Berner Rathauses, dessen Neubau begonnen wurde, als gerade zwei kurz aufeinander folgende Brandkatastrophen die Hälfte der grösstenteils noch aus Holzbauten bestehenden Stadt in Schutt und Asche gelegt hatten.[3]

Aufschlussreich ist ein Blick auf die von Ilse Futterer für den Zeitraum von 1220–1440 zusammengestellte Verbreitungskarte mit der Angabe der Herkunftsorte gotischer Skulpturen in der deutschsprachigen Schweiz. Im Gebiet des heutigen Kantons Bern findet sich kein einziger Vermerk, während in den angrenzenden Gebieten Skulpturen aus Holz und Stein zahlreich erhalten sind.[4] Der Grund dafür ist kaum in den lokal andersartigen Entstehungsbedingungen oder Einsatzmöglichkeiten der gotischen Plastik zu suchen. Vielmehr liegt es am Geschichtsverlauf, der hier die Reformation und als Folge davon die Beseitigung der Bilder aus den Kirchen brachte, während die Zentralschweiz und die Kantone Freiburg und Wallis katholisch blieben und am Bilderkult festhielten.[5] Es kommt hinzu, dass viele bernische Kirchen und Kapellen, Klöster und Stifte im 15. Jahrhundert neu- oder umgebaut wurden. Bekanntester Fall ist der Bau des Berner Münsters an der Stelle der alten Leutkirche St. Vinzenz aus dem 13. Jahrhundert (→ S. 389).[6] Es liegt auf der Hand, dass im Zuge dieser Modernisierungswelle nicht nur der zur Architektur gehörende Schmuck wie Bau-

skulpturen, Wand- und Glasmalereien, sondern auch die übrige Kirchenausstattung, vor allem die Altäre, ersetzt wurden.
Plastische Darstellungen des gekreuzigten Christus und der thronenden Muttergottes mit Kind als die beiden Hauptthemen der christlichen Kunst waren spätestens seit dem Hochmittelalter auch die wichtigsten Bilder im Kirchenraum. Eine Skulptur aus dem Entlebuch, die um 1200 geschnitzte, ursprünglich farbig bemalte Muttergottes mit Kind aus Habschwanden, Gemeinde Hasle (Abb. 464),[7] mag stellvertretend eine Vorstellung vom Aussehen dieser romanischen Madonnen geben. Es handelt sich dabei um ein typisches Beispiel eines Marienbildes, wie es selbst in einfachst ausgestatteten Kirchen auf dem Altar gestanden haben dürfte. Die Vertiefung in der Brust enthielt vielleicht einen Edelstein oder wahrscheinlicher eine durch einen Kristall geschützte Reliquie. Solche ziemlich kleinen Holzfiguren hatten auf Grund ihres geringen Gewichts zudem den Vorteil, dass sie bei Prozessionen mitgeführt werden konnten.
Mit der Zunahme der Marienverehrung seit dem Beginn des 13. Jahrhunderts erhielten Darstellungen der Gottesmutter immer grössere Bedeutung. Manche dieser Madonnen wurden zum Ziel von Wallfahrten, genossen als wundertätige Gnadenbilder hohe Verehrung, besassen eine textile Garderobe und wurden mit Kleiderspenden und Schmuckstücken bedacht. So ist eine urkundliche Nachricht aus dem Berner Predigerkloster über zwei silberne Gürtel, welche der Jurist Werner Stettler, Pfarrer von Wynigen, 1388 *Unser Frauen zu den Predigern* testamentarisch vermachte, wohl insofern zu interpretieren, als es in der Dominikanerkirche eine mit Votivgaben behängte Marienskulptur gab.[8]

Plastische Darstellungen von Christus am Kreuz – rund ein Dutzend aus dem 11.–14. Jahrhundert ist allein aus freiburgischen Kirchen überliefert[9] – erfüllten verschiedene Funktionen. Im Bistum Lausanne sollte laut den bischöflichen Visitationsprotokollen von 1416/17 nach alter Gepflogenheit eine Kreuzigungsgruppe mit Maria und Johannes, im Triumphbogen auf einen Balken montiert, die Situation zwischen Chor und Schiff markieren. Die urkundliche Nachricht über ein *grosses Crucifix*, welches 1422 in der Klosterkirche des Cluniazenserpriorates Münchenwiler im Zusammenhang mit der Unterhaltspflicht des Kirchendaches erwähnt wird, verweist möglicherweise auf die Existenz eines solchen Triumphbogenkreuzes.[10] Im Weiteren wird in den oben beigezogenen Visitationsprotokollen ein Kreuz *(crux)* gefordert. Auf Grund des gelegentlich genannten Standorts dürften damit die etwa einen Meter hohen hölzernen Altarkreuze gemeint sein, von denen sich vielerorts Beispiele erhalten haben.[11]
Wurde Christus am Kreuz in ottonischer und romanischer Zeit lebend, ohne Ausdruck des Schmerzes und oft mit einer Königs- anstatt einer Dornenkrone als majestätische, über den Tod triumphierende Gestalt dargestellt, neigte die Gotik unter dem Einfluss der von Mönchen und Nonnen in Passionsvisionen entwickelten Leidensmystik zur Vermenschlichung des Göttlichen. Skulpturen wie das Kruzifix aus Escholzmatt (Entlebuch), um 1340 (Abb. 465),[12] zeigen den Gekreuzigten tot oder sterbend, mit Dornenkrone und blutüberströmtem Körper. Bilder dieser Art weckten seelische Anteilnahme und forderten den Betrachter zum Mitleiden auf. Ikonographische Neuschöpfungen, wie beispielsweise Christus als Schmerzensmann und Maria als Schmerzensmutter, Christus an der Geisselsäule oder das Vesperbild *(Pietà)*, kamen den veränderten Stimmungen im Spätmittelalter und dem neu gesuchten, persönlicheren Zugang der Gläubigen zu Gott entgegen. Als Einzelbildwerke auf Seitenaltären oder in Nischen aufgestellt, eigneten sie sich für den Aufbau einer engen, persönlichen Beziehung zwischen Bildthema und Betrachter. Weit verbreitet war das Motiv des Vesperbilds,[13] welches um 1300 aus einer Verdichtung der Szenenfolge von Kreuzabnahme, Beweinung und Grablegung entstand und den vom Kreuz genommenen Christus im Schoss der Gottesmutter zeigt. Angeblich aus dem Cluniazenserkloster Rüeggisberg stammt die im vergangenen Jahrhundert in Rechthalten FR nachweisbare und in einer Kunstsammlung erhaltene Pietà (Abb. 466),[14] welche möglicherweise nur deshalb dem Bildersturm der Reformation entging, weil sie rechtzeitig von Altgläubigen in katholisches Gebiet gerettet wurde.

Abb. 465
Christus am Kreuz, in romanischer Zeit noch mit der Königskrone als Triumphator über den Tod dargestellt, ist seit der Gotik von den Merkmalen der während der Passion erlittenen Qualen gezeichnet. Kruzifix aus Escholzmatt (Entlebuch), Lindenholz, um 1340; BHM, Inv. 8239.

Abb. 466
Das Vesperbild (Pietà) verbindet Motive der Passionsikonographie mit der repräsentativen Form der thronenden Muttergottes und entstand als Bildmotiv erst um 1300, fand aber rasch grosse Verbreitung. Die angeblich aus Rüeggisberg stammende Skulptur aus dem zweiten Viertel des 14. Jahrhunderts wurde möglicherweise rechtzeitig vor Ausbruch des Bildersturms in katholisches Gebiet gerettet; Kunsthaus Zürich, Sammlung Bührle.

Abb. 467
Die wohl um 1300 entstandene Hängekonsole hoch oben am Gewölbeansatz der südlichen Chorwand in der Kirche des ehemaligen Augustiner-Chorherrenstifts Interlaken war dem Auge des Betrachters weitgehend entzogen. Das anmutige Antlitz der weiblichen Büste mit Schleier und Krone (Maria ?) – hier übrigens die einzige (erhaltene ?) figürliche Konsole – illustriert das Schönheitsideal dieser Zeit.

Abb. 468
Im heutigen Kanton Bern ist noch eine stattliche Zahl von hochmittelalterlichen Taufbecken nachweisbar. Ihre meist schlichte und wuchtige Gestalt folgt der in der Romanik aufgekommenen Kelchform mit Schale und gedrungenem Schaft. Als im 15. Jahrhundert viele Kirchen um- oder neugebaut wurden, scheint das Taufbecken vielerorts als einziges altes Element der liturgischen Kirchenausstattung in den Neubau überführt worden zu sein; Kirche Vinelz, 2. Hälfte 13. Jahrhundert.

Über die Anzahl und ikonographische Zusammensetzung der im 13. und 14. Jahrhundert jeweils als Grundausstattung in einer Kirche vorhandenen Bildwerke sind kaum zuverlässige Angaben zu machen.[15] Gestützt auf die Aussagen der bischöflichen Visitationsprotokolle von 1416/17 und 1453 im Bistum Lausanne, die erstmals eine vage Vorstellung vom Bilderschmuck in den mittelalterlichen Landkirchen des Kantons Freiburg vermitteln, scheint es hier ausser einer figürlichen Darstellung des Kirchenpatrons nur wenige rundplastische Figuren gegeben zu haben.[16] Dass sich jedoch selbst in bescheideneren Kirchen bereits im 13./14. Jahrhundert allerhand Skulpturen angesammelt haben konnten, führen die Skulpturenfunde von Naters oder Leuk im Wallis deutlich vor Augen.[17] 1982 beziehungsweise 1985, waren hier jeweils im Beinhaus zwischen aufgeschichteten Gebeinen «ausgediente» mittelalterliche Skulpturen entdeckt worden, die offenbar im Zuge der Kirchenrenovierungen von ihrem ursprünglichen Standort entfernt – und nicht verbrannt –, sondern pietätvoll aufbewahrt wurden. Unter den Fundstücken befinden sich ein Chorbogenkruzifix, zwei thronende Madonnen, zwei Vesperbilder, hölzerne Skulpturen der Heiligen Margaretha, Barbara, Michael, Sebastian, Mauritius und von weiteren männlichen Heiligen, eine Figur Gottvaters von einem Gnadenstuhl, ein Schächer von einer Kreuzigungsgruppe, ein Ölberg-Christus, eine Ritterstatuette. Vergleichbares ist aus keiner bernischen Kirche bekannt.
Eine das heutige Kantonsgebiet betreffende Durchsicht des «Kunstführers durch die Schweiz»[18] liefert denn auch ein ernüchterndes Ergebnis: An rundplastischen Skulpturen des 13. und 14. Jahrhunderts scheint sich an Ort und

Abb. 469
Kopffragment einer Grabfigur aus der ehemaligen Benediktinerabtei St. Johannsen bei Erlach. Die Gestalt trägt eine Mitra, die Kopfbedeckung eines Bischofs oder Abtes. Es könnte sich um das Grabmal eines Abtes von St. Johannsen aus der 1. Hälfte des 13. Jahrhunderts handeln; Gals, Museum im Ostflügel der einstigen Konventbauten.

Stelle nichts erhalten zu haben. Der überlieferte Bestand beschränkt sich auf einige Taufsteine, Grabplatten und bauplastische Elemente wie Ziersteine, Kapitelle und Kämpfer oder Schlusssteine von Kreuzrippengewölben. Auffällig ist dabei insbesondere die vergleichsweise stattliche Zahl der hochmittelalterlichen Taufbecken aus Sandstein oder Jurakalk, welche offenbar vielerorts jeweils als einziges Ausstattungselement einer Kirche die Zeiten überdauert haben. Entwicklungsgeschichtlich ersetzten diese Taufbecken die älteren Taufbrunnen, die noch für das Eintauchen des ganzen Körpers gebaut worden waren. Ihre meist schlichte und wuchtige Gestalt folgt der in der Romanik aufgekommenen Kelchform mit Schale *(Kuppa)* und gedrungenem, kräftigem Schaft. Taufbecken sind erhalten aus dem Vorgängerbau der Burgdorfer Stadtkirche,[19] in Leissigen,[20] Moosseedorf,[21] Seedorf,[22] Aeschi,[23] Röthenbach,[24] Meiringen,[25] Ins,[26] Orpund,[27] Pieterlen,[28] Vinelz (Abb. 468)[29] und Vauffelin.[30] Während die meisten Taufsteine ohne Reliefdekor auskommen, unterscheidet sich jener aus dem ersten Viertel des 14. Jahrhunderts in der ehemaligen Stiftskirche Amsoldingen durch die Sorgfalt der Formgebung und seinen flächenfüllenden Reliefdekor auf Kuppa und Schaft (Abb. 471). Alle Beckenseiten sind mit stilistisch in spätromanischer Tradition wurzelnden Tierdarstellungen (Lamm, Adler, Löwe, Bär, Hirsch, Einhorn, Hund und Hase) in Medaillons verziert und von einem Rosetten- und Blätterfries gerahmt.[31]

Als im 12. und 13. Jahrhundert der Brauch wieder auflebte, Verstorbene im Kirchenraum zu bestatten, waren freie Bodenflächen bald mit Grabplatten zur Kennzeichnung der Grabstätten übersät (→ S. 350). Stand später ein Neubau an, wurden die alten, mitunter schon stark abgeriebenen Grabplatten entfernt. Manche erhielten losgelöst von der Grabstätte vielleicht zunächst in vertikaler Aufstellung einen neuen Standort, andere gelangten als Bauschutt in den Boden oder wurden in Stücke zerschlagen als Baumaterial zweitverwendet. So sind

Abb. 470
Grabplatte mit dem Allianzwappen Weissenburg-Thierstein in der Kirche Därstetten, Ende 13., frühes 14. Jahrhundert.

Abb. 471
Die Steinmetzarbeit am Taufstein der ehemaligen Stiftskirche Amsoldingen aus dem ersten Drittel des 14. Jahrhunderts besticht durch die Sorgfalt der Formgebung und den an frühmittelalterliche Kirchenausstattungen erinnernden flächenfüllenden Reliefdekor. Die Beckenseiten sind mit Tierdarstellungen (Lamm, Adler, Löwe, Bär, Hirsch, Einhorn, Hund und Hase) in Medaillons verziert.

Abb. 472
Die Grabplatte des 1324 in Bern enthaupteten Walter Senn von Münsingen wurde im 19. Jahrhundert auf der nördlichen Chorseite des ehemaligen Dominikanerkirche Bern geborgen. Die Reliefdarstellung hebt die rangschaffende Bedeutung des Wappenschildes als ritterliches Standeskennzeichen hervor.

denn auch die meisten bekannten Grabplatten der hier interessierenden Epoche im Zuge von archäologischen Ausgrabungen zum Vorschein gekommen. Es handelt sich dabei um hochrechteckige Platten aus lokalem Steinmaterial, deren Ornamentik die nicht nur auf diese Kunstdenkmälergattung beschränkte Vorliebe der Zeit für heraldische Motive zum Ausdruck bringt. Eine Ausnahme bildet das möglicherweise von einem Tischgrab mit plastischer Liegefigur stammende Kopffragment eines Abtes mit Mitra im ehemaligen Benediktinerkloster St. Johannsen, welches auf Grund stilistischer Parallelen zu Figuren am *Portail peint* der Kathedrale Lausanne in die erste Hälfte des 13. Jahrhunderts datiert wird (Abb. 469).[32]
Die Grabplatte des 1324 in Bern enthaupteten Walter Senn von Münsingen wurde bereits im 19. Jahrhundert auf der nördlichen Chorseite der Berner Dominikanerkirche geborgen (Abb. 472).[33] Ihre Reliefdarstellung hebt die rangschaffende Bedeutung des Wappenschildes als ritterliches Standeskennzeichen hervor: über dem Dreieckschild mit dem Wappen der Familie Senn von Münsingen eine hohe Helmzier in Form eines Kübelhelms mit schmalrechteckigen Sehschlitzen und darüber eine weibliche Figur mit Blätterkrone als Helmbekrönung.
Weitere Grabplatten des 13. und 14. Jahrhunderts kamen 1960 bei der Münstergrabung ans Tageslicht.[34] Ihre Anordnung in mehreren Reihen um das Chorhaupt der dem Münster vorangehenden Leutkirche deutet darauf hin, dass hier von bernischen Geschlechtern bevorzugte Bestattungsplätze des Friedhofs lagen. Allen diesen Grabplatten gemeinsam ist ein heraldischer Dekor mit dem oder den Familienwappen jeweils in einem Dreieckschild, der anstelle einer Inschrift anzeigt, um wessen Grabstätte es sich handelt. Wie sehr die Gestaltung des Wappenschildes innerhalb weniger Jahrzehnte formalen Veränderungen unterworfen war, zeigen etwa die beiden übereinander stehenden Schilde mit

Abb. 473a und 473b
Das Tischgrab mit dem Wappen der Herren von Eptingen-Wildenstein in der Kirche Pieterlen aus dem zweiten Viertel des 14. Jahrhunderts ist wohl direkt über der Grabstätte des Verstorbenen errichtet. Der markante Standort im Chor, zudem in Altarnähe, lässt vermuten, dass sich das Geschlecht um Bau und Ausstattung der Kirche besonders verdient gemacht hat.

den Wappen der Freiherren von Weissenburg und der Grafen von Thierstein – eine zinnenbewehrte Burg mit zwei mächtigen Türmen und eine Hirschkuh auf einem Dreiberg – in der Kirche Därstetten (Abb. 470).[35] Während diese Schilde noch auf die im 13. Jahrhundert übliche längliche, unten spitzer zulaufende Form mit geraden Seiten zurückgreifen, lässt jener auf der Grabplatte des Walter Senn von Münsingen bereits die Tendenz zu geschweiften Seiten erkennen.
Weitere Bodenfunde von Grabplatten, beispielsweise Fragmente aus der Berner Dominikanerkirche[36] und aus dem ehemaligen Cluniazenserpriorat Münchenwiler[37] belegen, dass es neben den heraldisch gestalteten auch Grabplatten mit einer dem Rand entlang eingemeisselten Inschrift gab, die – wie in Münchenwiler – durch eine Datierung ergänzt sein konnte.
Ein Tischgrab aus dem zweiten Viertel des 14. Jahrhunderts in der Kirche von Pieterlen ist wohl direkt über der Grabstätte des Verstorbenen aufgestellt und durch eine Wandnische mit der gemalten Darstellung der Beweinung Christi und Stifterfiguren in seiner Bedeutung gesteigert (Abb. 473a und 473b).[38] Auf der Grabplatte selbst ist das mit einem liegenden Adler verzierte Wappenrelief der Herren von Eptingen-Wildenstein mit hoher Helmzier und -bekrönung grossflächig ausgebreitet. Grabmäler mit vollplastischen Liegefiguren in zeittypischer Ritterrüstung, für die es in den Nachbarregionen einige Belege gibt, sind nicht mehr nachweisbar.[39]

Beim Stichwort Bauskulptur im heutigen Kantonsgebiet kommen einem zunächst die überregional bedeutenden Kämpferreliefs und Figurenkapitelle der Cluniazenserpriorate in Rüeggisberg, Münchenwiler und auf der St. Petersinsel aus der Zeit um 1100 in den Sinn. Weniger bekannt ist das annähernd zwei Jahrhunderte jüngere umfangreiche Ensemble von Bauskulpturen im Chor der Kirche von Büren an der Aare (Abb. 383 bis 388).[40] Waren im Hochmittelalter die Klöster die grössten Auftraggeber von anspruchsvollen Bauvorhaben, übernahm seit dem ausgehenden 13. Jahrhundert die städtische Bürgerschaft diese Rolle. Planung und Ausführung der Bauten sowie die Organisation des Baustellenbetriebs stellten hohe Anforderungen an die Werkmeister, die sich wie jener der Berner Dominikanerkirche (→ S. 211) manchmal mit ihrem Bildnis stolz am Bau verewigten.[41] Gefragt waren bautechnisch erfahrene und mit der Steinbearbeitung vertraute Handwerker, die mangels einheimischer Arbeits-

Abb. 474
Die Masswerknische im Chor der Kirche Büren an der Aare aus dem 3. Viertel des 13. Jahrhunderts diente einst als doppelter Zelebrantensitz. Sie wurde 1906 rekonstruiert.

Abb. 475
Für die gotische Baukunst typisch ist das Kreuzrippengewölbe, dessen medaillonförmiger Schlussstein im Gewölbescheitel für die Anbringung von plastischem Dekor ideal geeignet war. Unter der grossen Vielfalt an Bildmotiven des 14. Jahrhunderts besonders beliebt war die heraldische Rose.
Schlussstein, Pieterlen, Kirche, Chor, zweites Viertel 14. Jahrhundert.

kräfte von auswärts kamen und nur für die Zeit der Bautätigkeit blieben. Noch nicht in der Werkstatt eines Steinmetzen oder Bildhauers, sondern in der an Ort und Stelle eingerichteten Bauhütte wurden auch sämtliche Bauskulpturen gemeisselt. Als einzelne Werksteine vorfabriziert und später im Bauablauf an vorgesehener Stelle versetzt, sind diese Bestandteil der dekorativen unbeweglichen Kirchenausstattung und dienen der Hervorhebung besonders zu betonender Architekturelemente. Das mit bildhauerischem Schmuck ausgezeichnete Bürener Ensemble umfasst Kämpfer, Kapitelle, Gurtbogen und Basen.

Abb. 476
Obwohl die grosse Zeit der Kapitelle im 14. Jahrhundert längst vorüber war, folgen die aus Abakus, Körper und Halsring zusammengesetzten Kapitelle in der Kirche Pieterlen noch dem in romanischer Zeit geläufigen Aufbau.

Dargestellt sind Szenen aus der Genesis und dem Weltgericht, der heilige Michael als Seelenwäger und Teufelsbezwinger in einer die romanische Formensprache weiterführenden figürlichen Gestaltung (Abb. 383 bis 388). Symbolische Tierdarstellungen, wie Löwen, Fische, Vögel, geflügelte Drachen, Schlangen und Pfauen, widerspiegeln das zähe Fortleben der hochmittelalterlichen Bildwelt im ausgehenden 13. Jahrhundert.
Die Bauskulpturen aus dem zweiten Viertel des 14. Jahrhunderts im Chor der Kirche Pieterlen gehen schon einen Schritt weiter. Der die Kapitelle im Flachrelief überziehende Eichenlaubdekor ist zwar etwas ungelenk ausgeführt, zeigt jedoch bereits die Vorliebe der Gotik für pflanzliche Motive (Abb. 476). Hohes Können eines in einem ganz anderen Umfeld geschulten Steinmetzen verraten die plastisch vorkragenden Formen an den ausgewogen proportionierten Knospenkapitellen der Kaminsäulen im so genannten Rittersaal des Burgdorfer Schlosses (Abb. 334). Hierzulande zu den Meisterstücken gotischer Bauskulptur zählend, ist ihre Herstellung auf Grund stilistischer Vergleiche in der Bauhütte der Kathedrale Lausanne zu lokalisieren und dementsprechend im frühen 13. Jahrhundert erfolgt.[42]

Mit dem Aufkommen des Kreuzrippengewölbes in der gotischen Architektur wurden die an den Rippenkreuzen eingefügten medaillonförmigen Schlusssteine häufig mit plastischem Dekor verziert. Das beispielsweise in der Kirche des ehemaligen Prämonstratenserstifts Gottstatt bis heute erhaltene Ensemble weist Rosetten, eine heraldische Rose und den Wappenschild des Klostergründers Graf Rudolf I. von Nidau jeweils als zentrales Motiv auf (Abb. 107).[43] In Pieterlen sind es drei menschliche Schenkel als Trinitätssymbol auf dem einen und eine heraldische Rose auf dem anderen Schlussstein (Abb. 107). Die Rose, die edelste aller Blumen, ist in der heraldischen Stilisierung als repräsentatives Symbol in der darstellenden Kunst des 14. Jahrhunderts weit verbreitet.[44]

Brigitte Kurmann-Schwarz

Die Glasmalereien in Münchenbuchsee, Blumenstein und Köniz

Neben dem 1803 geschaffenen Kanton Aargau ist die Region Bern innerhalb der Schweiz am reichsten an mittelalterlichen Glasmalereien.[1] Ihre Geschichte lässt sich hier vom letzten Jahrzehnt des 13. Jahrhunderts bis zur Schwelle der Neuzeit und darüber hinaus verfolgen. Obwohl das Spätmittelalter den Schwerpunkt des bernischen Bestands bildet, blieben doch drei Ensembles von einigem Umfang aus dem 13. und 14. Jahrhundert erhalten. Nähme man ausserdem einst bernisches Gebiet hinzu, könnte man auch noch die Rose der Kathedrale von Lausanne (1200/1210)[2] und die Glasmalerei von Königsfelden (um 1330 bis um 1360) dazuzählen. Im Hinblick auf Lausanne und Königsfelden belegen die Quellen aus dem Ancien Régime zahlreiche Bemühungen der bernischen Behörden um die Erhaltung und die Reparatur der Glasmalereien.[3]
Der Jerusalempilger Freiherr Cuno von Buchsee (Abb. 477), stiftete 1180 dem Johanniterorden seinen Besitz samt der Eigenkirche, die Johannes dem Täufer geweiht war (→ S. 317). Die Annahme, die Kirche von Münchenbuchsee sei um die Mitte des 13. Jahrhunderts errichtet worden, ist nicht stichhaltig.[4] Der dreiseitig geschlossene Chor mit ursprünglich elf hohen, zweibahnigen Masswerkfenstern ist erst gegen Ende des 13. Jahrhunderts entstanden. Die Glasmalereien verdanken wir der Zeit um 1300. Die heutige Anordnung der Scheiben in den drei Chorschlussfenstern und einer Öffnung auf der Südseite geht auf die Restaurierung von 1901 zurück, die Emil Gerster aus Lyss durchführte.[5] Er vereinigte damals Bruchstücke aus mindestens sechs verschiedenen Fenstern. Ausser im Achsfenster, das einen Passionszyklus enthält, und zwei weiteren Fenstern, die ausschliesslich ornamental verglast waren, befanden sich in den anderen Öffnungen ursprünglich je zwei Figuren, von denen jede in einem architektonischen Rahmen stand.[6] Darüber waren die Lanzetten mit Ornamentscheiben gefüllt.

Abb. 477
Münchenbuchsee, ehemalige Johanniterkommende, Kirche, Chor, Fenster s II, 1290/1300, Cuno von Buchsee und 3 Heilige.

Abb. 478
Münchenbuchsee, ehemalige Johanniterkommende, Kirche, Chor, Fenster I, thronende Maria und heilige Katharina, um 1300.

Offensichtlich haben wir es in Münchenbuchsee mit zwei künstlerisch verschiedenen Scheibengruppen zu tun.[7] Die in Tabernakeln eingestellten, schlanken Standfiguren, unter denen sich auch der Fundator Cuno von Buchsee befindet (heute Fenster s II), sind in weite feinfaltige Gewänder gehüllt. Die Formen der Faltenwürfe und die Kopftypen stehen in der direkten Nachfolge der Langhausverglasung des Strassburger Münsters (um 1250–1275).[8] Aus der Werkstatt der elsässischen Münsterverglasung gingen mehrere Ateliers hervor, welche Glasmalereien in Niederhaslach (Chor, um 1275/80),[9] in Ostwald (1280/90)[10] und in Schlettstadt (1290)[11] schufen. Auch die Wettinger Kreuzgangsverglasung aus der Zeit um 1285 gehört dazu; sie gilt als das älteste Werk dieser Gruppe in der Schweiz.[12] Die beiden Johannesfiguren, die in Münchenbuchsee in den Tabernakeln der unteren Figurenreihe des südlichen Chorfensters stehen, kopieren das im Fenster n VII des Wettinger Kreuzgangs (Abb. 479) vorhandene Haupt Christi. Die Marienbüste im Wettinger Kreuzgang lieferte das Vorbild für die heilige Maria Magdalena über dem Bild des Cuno von Buchsee.
Vom Stil der Glasmalereien im südlichen Chorfenster unterscheidet sich die künstlerische Gestaltung der thronenden Maria, der heiligen Katharina (beide Chorfenster I, Abb. 478), Johannes des Täufers (Chorfenster s IV) und des Passionszyklus (I, Abb. 480). Während die Figuren in den Scheiben des südlichen Chorfensters noch die für die oberrheinische Kunst des mittleren 13. Jahrhunderts typischen Formen des Übergangs zur Hochgotik zeigen, beherrschen die Glasmaler der jüngeren Scheibengruppe die Formensprache französischen Ursprungs und integrierten sie ihrem eigenen künstlerischen Ausdruck. Ihre Figuren zeigen eindeutige Parallelen mit der Chorverglasung von Sankt Dionys in Esslingen, die über eine längere Periode vor und nach 1300 geschaffen wurde.[13] Dennoch muss nicht unbedingt ein Glasmaler aus Esslingen die Münchenbuchseer Scheiben ausgeführt haben. Vielmehr dürfte die Werkstatt der jüngeren Scheibengruppe des bernischen Zyklus wie das Esslinger Atelier gleichartige Vorlagen strassburgischen Ursprungs verwendet haben.
Der stilistische Unterschied der beiden Scheibengruppen in Münchenbuchsee, lässt sich nicht nur anhand der Figuren, sondern auch der Architekturrahmen und der Ornamentfelder feststellen. Die Tabernakel des Fensters mit dem Bild des Cuno von Buchsee lassen sich dank ihrer hohen Helme und flankierenden Fialen mit der Chorverglasung von Niederhaslach vergleichen. Zu dieser Gruppe gehören in Münchenbuchsee auch die Ornamentscheiben mit dem Sonnengesicht, dem Stern und den Blattmotiven auf schraffiertem Grund. Die Scheiben im Mittelfenster sind hingegen deutlich moderner, was nicht nur die Form der gemalten Architekturen, sondern auch der Verzicht auf Randbordüren belegt. Rüdiger Becksmann bezeichnete den geraden oberen Abschluss des Tabernakels auf der Höhe der Wimpergspitze als eine Form, die für Konstanzer Glasmalereien dieser Zeit typisch ist. Im Gegensatz zu den älteren Scheiben verzichten damit die jüngeren auf eine Bekrönung des Rahmens. Im linken Chorfenster blieben Ornamentscheiben erhalten, die einen jüngeren Typus zeigen als diejenigen mit dem Sonnengesicht. Ihrer Komposition liegen nicht geometrische Muster zu Grunde, vielmehr wird sie von einer mit Papageien besetzten Weinranke bestimmt (Abb. 481).[14] Zwar weist man diese Ornamentscheiben der jüngeren Gruppe zu, aber ihre Randbordüre ist noch dem älteren System des Meisters des Cuno von Buchsee verwandt.
Hinweise auf die Herkunft der Glasmaler, die für die Johanniter von Münchenbuchsee tätig waren, fehlen völlig. Geht man davon aus, dass Glasmalereien vor allem in den Städten hergestellt wurden,[15] in denen die von zahlreichen religiösen Institutionen unternommenen Neubauten eine grosse Nachfrage schufen und wo das zur Herstellung der Scheiben nötige Material auf den Märkten eingekauft werden konnte, so kommt als Herstellungsort der Münchenbuchseer Scheiben Bern in Frage.[16] Glasmalerwerkstätten waren hier um 1300 zweifellos vorhanden. Damals wurde nicht nur die Pfarrkirche, sondern auch die Dominikanerkirche neu errichtet, und beide bedurften einer aufwendigen Verglasung. Die Glasmalereien von Münchenbuchsee entstanden in zwei kurz aufeinander folgenden Etappen um 1290 und um 1300. Möglicherweise war der Meister des Cuno von Buchsee schon ein alter Mann, als er den Auftrag über-

Abb. 479
Wettingen, ehemaliges Zisterzienserkloster, Kreuzgang, Marienbüste, Fenster N VII, um 1285.

Abb. 480
Münchenbuchsee, ehemalige Johanniterkommende, Kirche, Chor, Fenster I, Kreuztragung Christi, um 1300.

nahm, vielleicht starb er während der Arbeit und wurde anschliessend von einer jüngeren Kraft abgelöst.

Der dreiseitig geschlossene Chor der Pfarrkirche von Sankt Nikolaus in Blumenstein besitzt fünf zweibahnige Masswerkfenster mit Glasmalereien aus dem 14. Jahrhundert.[17] Am besten erhalten ist der mittelalterliche Bestand in den beiden Öffnungen, die das Achsfenster einrahmen. Die Glasmalereien des Letzteren sind sehr weitgehend ergänzt und befanden sich ursprünglich in n III. In den beiden Fenstern n/s III weisen heute nur noch die Masswerkscheiben mittelalterliches Glas auf. Das Christushaupt aus dem Masswerk des Mittelfensters wanderte in das Bernische Historische Museum ab und wird an seinem ursprünglichen Standort von einer Kopie vertreten. Die heutige Anordnung der Glasmalereien geht auf die Restaurierung von 1879 zurück, die dem Berner Glasmaler Johann Heinrich Müller anvertraut wurde. Trotz zahlreicher Veränderungen und Ergänzungen behielten die Werke aber ihre ursprüngliche Komposition, denn Müller brachte in jedem Fenster zwei grosse Figuren mit Archi-

Abb. 481 (links)
Münchenbuchsee, ehemalige Johanniterkommende, Kirche, Chor, Fenster n II, Ornamentfenster, um 1300.

Abb. 482 (Mitte)
Köniz, ehemalige Deutschordenskommende, Kirche, Chor, Fenster s II, Ornament, um 1320/30.

Abb. 483 (rechts)
Königsfelden, ehemaliges Kloster, Kirche, Langhaus, Fenster n IX, 1a, Ornamentscheibe G, um 1314/16.

tekturrahmen über Wappen oder einem betenden Kleriker an. So wie dies ursprünglich auch in Münchenbuchsee der Fall war, ist in Blumenstein die obere Hälfte der Lanzetten jeweils mit Ornamentscheiben gefüllt (Abb. 487). Letztere enthalten Elemente, die mit der Langhausverglasung in Königsfelden übereinstimmen. Das Ornament des Mittelfensters kopiert weitgehend die Grundstruktur von Muster O in Königsfelden,[18] fügt darin aber Blattmotive ein, wie sie im Königsfeldener Muster K vorkommen.[19] Auch die Blumensteiner Masswerkfüllungen zeigen Motive und Kompositionen, die man in Königsfelden wiederfindet, allerdings nicht im Langhaus, sondern in den Masswerken der Chorfenster. Die dreiteiligen Eichblattzweige, die um ein zentrales Motiv angeordnet sind, zieren auch die Dreipässe des Königsfeldener Johannes-Katharina- und des Paulus-Maria-Fensters (n/s III).[20] Einiges indessen, was in Blumenstein eine besondere Nähe zu Königsfelden aufweist, geht jedoch auf Müller zurück, der 1871/72 auch die Chorverglasung der aargauischen Klosterkirche restauriert hatte.

Die beeindruckend monumentalen Figuren im Blumensteiner Chor sind in weite, faltige Gewänder gekleidet, die von Vertikalen beherrscht werden. Im linken Fenster stehen sich Christophorus und Maria Magdalena gegenüber. Zu Füssen der Büsserin ist der Schild der Familie Strättliger angebracht. Es handelt sich um ein Original, während der Schild unter Christophorus sich heute im Bernischen Historischen Museum befindet. Beide Heilige werden von einer Kielbogenarkade mit horizontal geschlossenem Aufbau gerahmt. Im gegenüberliegenden Fenster auf der Südseite ist Nikolaus, der Patron der Kirche dargestellt, neben ihm sieht man die heilige Margarete. Die Gewänder des Bischofs und der Märtyrerin schwingen elegant nach der Seite und geben den Gestalten einen preziösen Schwung, der sich durch den ganzen Körper fortsetzt. Zu den Füssen des Kirchenpatrons erscheint das Wappen der Weissenburgs, während unter dem Drachen der Margarete ein Geistlicher kniet, in dessen gefalteten Händen ein Band mit der Inschrift *Joha(nne)s fundator hui(us) ecclesie* endet (Abb. 485). Es wurde viel über die Identität dieses frommen Beters gestritten.[21] Sofern der Schild immer an dieser Stelle sass, gibt die Figur zweifellos den Kirchengründer aus der Familie der Weissenburgs wieder.

Ellen J. Beer hob die hervorragende künstlerische Qualität der Blumensteiner Glasmalereien hervor und betonte auch die hoch stehende Technik des Ateliers,

aus dem die Scheiben hervorgingen. Seine Glasmaler beherrschen die um 1300 in Paris erfundene und in unseren Gegenden seit den 1320er Jahren auftretende Technik der Silbergelbmalerei. Beer verzichtete darauf, die Werkstatt der Blumensteiner Glasmalereien zu lokalisieren und sie in stilistische Zusammenhänge einzuordnen, denn sie stehen künstlerisch völlig isoliert da. Unsicher ist jedoch auch ihre Datierung. Die Beziehung zur Ornamentik der Chorverglasung von Königsfelden und die virtuose Handhabung des Silbergelbs legen ein Datum um 1330 oder später nahe. Dafür spricht auch ein Detail am Gewand des Stifters. Über seinen Rock hat er eine Kapuze oder Gugel mit Schulterkragen gestreift. Dieses Kleidungsstück verbreitete sich im süddeutschen Raum erst seit der Zeit um 1330.[22]

Der Langchor der ehemaligen Deutschordenskirche von Köniz besass ursprünglich sieben zweibahnige Masswerkfenster, von denen zwei (n/s II) noch mittelalterliche Glasmalereien enthalten.[23] Ein Architekturfeld, das anstelle einer Figur in der linken Bahn des nördlichen Fensters eingelassen war, gelangte 1895 in das Bernische Historische Museum. Damals schuf Rudolf Münger den heiligen Petrus als Gegenüber des heiligen Johannes Evangelist. Unter den beiden Figuren sind die Schilde der Helfenstein (1a) und der Urburg (1b) eingelassen.[24] Im entsprechenden Fenster auf der Südseite wenden sich Bartholomäus und Jakobus der Ältere einander zu. Die Figuren erscheinen in Köniz als horizontales Band in einer reichen, farbigen Ornamentverglasung. Ursprünglich fand sich diese Anordnung wahrscheinlich auch in Münchenbuchsee.

Wie in Blumenstein sind auch die Ornamente in Köniz denjenigen im Langhaus von Königsfelden aus dem zweiten Jahrzehnt des 14. Jahrhunderts nahe verwandt. Das Ornament im Könizer Fenster mit Bartholomäus und Jakobus wiederholt fast wörtlich, sieht man von einer kleinen Abweichung ab, das Königsfeldener Ornament G (Abb. 482 und 483).[25] Auch das Teppichmuster des nördlichen Fensters folgt in der Grundstruktur einem Königsfeldener Vorbild (Ornament F[26]), doch werden die Vierpässe in Köniz mit einem durchgehenden, vertikalen Stengel und mit dreiteiligen Blattbüscheln verbunden, während in Königsfelden die Vierpässe ohne Verbindung übereinander aufgereiht sind. Die Könizer Apostelfiguren lassen sich hingegen nicht mit Königsfelden verbinden, genauso wenig wie die Heiligen von Blumenstein. Das Vorbild der Könizer Jünger ist in den Heiligengestalten des östlichen Chorfensters der

Abb. 484 (links und Mitte links)
Köniz, ehemalige Deutschordenskommende, Kirche, Chor, Fenster s II, Apostel Bartholomäus und Jakobus, um 1320/30.

Abb. 485 (Mitte rechts)
Köniz, ehemalige Deutschordenskommende, Kirche, Chor, Fenster n II, heiliger Johannes Evangelist, um 1320/30.

Abb. 486 (rechts)
Heiligkreuztal, ehemaliges Zisterzienserkloster, Kirche Chor, Fenster I, 6/7c, Johannes Evangelist, nach 1320.

Abb. 487
Blumenstein, Pfarrkirche Sankt Nikolaus, Fenster s II, heiliger Nikolaus und heilige Margarete, nach 1330.

Zisterzienserinnenkirche von Heiligkreuztal zu suchen (Abb. 486).[27] Der Faltenwurf der schurzartig gerafften Mäntel der Könizer Apostel Bartholomäus und Jakobus entspricht demjenigen der Madonna und der heiligen Agnes in der ersten Figurenzeile des Heiligkreuztaler Fensters. Der heilige Johannes in Köniz stellt sich als vergröberte Kopie des trauernden Jüngers in der schwäbischen Klosterkirche dar. Die von Ellen J. Beer vermuteten Beziehungen der Könizer Glasmalereien zu Konstanz bestätigen sich, denn das Ensemble von Heiligkreuztal wird allgemein einer in der Bischofsstadt am Bodensee beheimateten Werkstatt zugeschrieben.[28]
Die Datierung der Könizer Glasmalereien schwankt zwischen 1300 und 1330. Die Glasmalereien von Heiligkreuztal lassen sich durch eine Urkunde in die 1320er Jahre datieren.[29] Für eine Entstehung der Könizer Apostel in dieser Zeit spricht neben der formalen Verwandtschaft mit Heiligkreuztal auch die Tatsache, dass das Atelier die Silbergelbmalerei noch nicht kennt. Wiederum stellt sich die Frage nach dem Standort der Werkstatt. Bern wäre auch in diesem Zusammenhang die naheliegendste Hypothese, doch lässt sie sich nicht durch Vergleiche mit erhaltenen Werken erhärten.
Die grosse künstlerische Variationsbreite der in der Region Bern erhaltenen Glasmalereien aus der Zeit zwischen ca. 1290 und 1330/40 deutet darauf hin, dass es hier genügend Aufträge gab, um mehrere Werkstätten am Leben zu erhalten. Deren Standort lässt sich am ehesten in der Stadt Bern selbst vermuten, obwohl bis jetzt die schriftlichen Quellen keine Nachweise von Glasmalereiwerkstätten geliefert haben. Die stilgeschichtlichen Zusammenhänge mit Werkzyklen in den benachbarten Regionen sind ebenso vielfältig wie der künstlerische Ausdruck der Berner Glasmalereien. Dies belegten die Vergleiche mit verschiedenen Ensembles im Elsass, im Konstanzer Raum und in Esslingen. Die kunsthistorischen Vergleiche spiegeln die politischen und wirtschaftlichen Aussenbeziehungen der Region Bern im späten 13. und 14. Jahrhundert wider. Diese waren wie in späteren Jahrhunderten zur Hauptsache auf den Oberrhein und Süddeutschland ausgerichtet.

Susan Marti

Finitus est liber iste berne...: Buchschmuck in Handschriften aus Stadt und Landschaft Bern

Am Abend des 24. November 1396, zwischen neun und zehn Uhr, vollendete Johannes Stephani in Bern eine 150 Papierblätter umfassende Abschrift[1] eines pastoraltheologischen Kommentarwerkes. Das Buch als solches ist keineswegs ungewöhnlich. Es enthält einen lateinischen Kommentar von Johannes Müntzinger,[2] dem 1417 verstorbenen Leiter der städtischen Schulen von Ulm und Rottweil, zu einem damals beliebten Hand- und Lehrbuch der praktischen Seelsorge, dem *Pastorale novellum* von Rudolph von Liebegg.[3] In grossen, in schwarzer Tinte kalligraphisch sorgfältig geschriebenen Buchstaben, rot unterstrichen und von grüner Farbe hinterlegt, hielt Johannes Stephani den Zeitpunkt der Vollendung seiner Abschrift auf der letzten Seite der Handschrift fest.[4] Wenn er auch sein Schreiberkolophon genauso säuberlich und gross auf die Seiten setzte wie die Zwischentitel des Buches und wenn er auch das Datum der Fertigstellung exakt festhielt, so dürfte er denn doch nie mit der Bedeutung gerechnet haben, die seiner mit wenigen Federzeichnungen flüchtig illustrierten Abschrift heute zukommt: Sie ist das bisher einzige sicher in die Stadt Bern zu lokalisierende Zeugnis von Buchschmuck aus dem 13. und 14. Jahrhundert.
Dies ist bemerkenswert. Aus den südlichen Teilen der mittelalterlichen Diözese Konstanz und aus der Diözese Basel sind im 13. und 14. Jahrhundert verschiedene bedeutende Buchmalereien überliefert, sowohl in sakralen wie in profanen Handschriften. Wenn auch deren Entstehungsorte nicht alle zweifelsfrei ermittelt sind, so wissen wir doch von produktiven Werkstätten in den Städten Zürich, Konstanz und Basel sowie in einzelnen Klöstern. In Zürich entstanden beispielsweise – in weltlichen oder in klösterlichen Werkstätten beziehungsweise zuweilen in Kooperation – neben der berühmten Manessischen Lieder-

handschrift[5] mehrere illuminierte Weltchroniken[6] (Abb. 488). Auch Basel war damals ein bedeutendes künstlerisches Zentrum, in dem auch Buchmaler tätig gewesen sein dürften.[7] Über bernische Buchmalereien ist aus dieser Epoche jedoch nichts bekannt.
Ob hier einst, wie beispielsweise in Zürich, einzelne illuminierte Handschriften mit profanem oder erbaulichem Inhalt – vielleicht in der Volkssprache – vorhanden gewesen waren, ist nicht zu belegen. Der Besitz solcher Werke geht meist auf die Initiative und das Interesse einer vermögenden Einzelperson zurück; die Überlieferungschancen für solchen vereinzelten Buchbesitz sind schlecht. Prinzipiell ist denkbar, dass einzelne Berner Adlige oder städtische Patrizier eigene repräsentative Handschriften besassen. Es scheint aber sehr unwahrscheinlich, dass in Bern damals eine grosse Nachfrage nach illuminierten Handschriften bestand und entsprechend spezialisierte Werkstätten hier ansässig waren. Es sind keine solchen Handschriften, keinerlei Fragmente oder schriftliche Belege überliefert. Zwar ist nicht auszuschliessen, dass man einzelne Werke aus den benachbarten Städten im Norden oder Westen importierte, doch scheint die städtische Führungsschicht im Bereich der Buchkultur nicht dieselben Ambitionen gehabt zu haben wie diejenige von Zürich oder Konstanz.

Abb. 488
In Zürich wurden im 14. Jahrhundert liturgische wie profane Handschriften reich illustriert. Aus Bern ist nichts derartiges erhalten geblieben. Miniatur aus der Weltchronik des Rudolf von Ems, Zürich, vor 1350, ZB Zürich, Ms. Rh. 15, fol. 218v: König David mit Musikern.

Bezüglich der sakralen Handschriften der kirchlichen Institutionen auf dem Stadtgebiet sind etwas präzisere Aussagen möglich.[8] Natürlich benötigte man sowohl in der Leutkirche wie im Franziskaner-, Dominikaner- und dem Dominikanerinnenkloster für den geregelten Ablauf der Liturgie eine ganze Reihe von Büchern, doch besass man offenbar keine dekorativ ausgeschmückten Handschriften.[9] Entgegen dem Zürcher Dominikanerinnenkloster Oetenbach, das speziell im ausgehenden 13. und im 14. Jahrhundert enge Kontakte zu hochadligen Geschlechtern pflegte, reiche Stiftungen erhielt[10] und illuminierte Handschriften herstellte,[11] hatte das Berner St. Michaelskloster in der Insel von seiner Stiftung 1286 bis zum Neubeginn im Zeichen der Ordensreform eine so schwierige, von Ortswechseln, Armut und fehlender Klausur geprägte Geschichte (→ S. 400),[12] dass die Herstellung und wohl auch der Besitz wertvoller *Liturgica* oder anderer illuminierter Handschriften auszuschliessen ist.
Ebenso wenig wissen wir von entsprechenden Handschriften der Franziskaner und der Dominikaner. Zwar ist der Buchbesitz der Dominikaner im frühen 14. Jahrhundert gut dokumentiert (→ S. 445), doch dem Verzeichnis ist kein Hinweis auf verzierte Bücher zu entnehmen. Die eingangs erwähnte Papierhandschrift aus der Universitätsbibliothek Basel dürfte ursprünglich für das Berner Dominikanerkloster, beziehungsweise für einen einzelnen Konventualen bestimmt gewesen sein. Sie gelangte – wie es für alle im Berner Kloster nicht mehr benötigten Bücher vorgeschrieben war – später in die Bibliothek des Dominikanerklosters in Basel. Ob der Schreiber Johannes Stephani mit Johannes Stephani de Thurego identisch ist, der von 1404–1438 unter anderem als Notar der Konstanzer Kurie und später als Chorherr am Grossmünster in Zürich bezeugt ist,[13] wissen wir nicht. Am Anfang der Handschrift fehlt ein Stück, und somit ist hier möglicherweise neben einer Zeichnung der einstige Besitzeintrag verloren gegangen.[14] Die drei figürlichen, teilweise kolorierten Federzeichnungen und die zwei ornamentalen Initialen dieser Handschrift markieren wichtige Textabschnitte.[15] Sie zeugen aber mehr von der Freude des Schreibers am Zeichnen und am Austesten verschiedener Illustrationsweisen als von einer durchdachten und künstlerisch gewandten Bebilderung eines Textes (Abb. 489). Das einzige erhaltene, sicher in Bern entstandene Werk mit Buchschmuck ist daher als Gelegenheitsarbeit eines Schreibers einzustufen, der kaum in Bern geschult worden ist.

Abb. 489
Die Federzeichnungen dieser Abschrift eines pastoraltheologischen Kommentarwerkes sind die einzigen Buchmalereien des 13. und 14. Jahrhunderts, die nachweislich in der Stadt Bern entstanden sind. Pastorale des Johannes Müntzinger, 1396, Universitätsbibliothek Basel, Cod. A XI 8, fol. 51ra: Hl. Nikolaus.

Während über die Bibliothek des Chorherrenstifts St. Vinzenz, die unter anderem reich illuminierte Antiphonare aus dem ausgehenden 15. Jahrhundert enthielt,[16] einiges bekannt ist, enthalten die dürftigen Nachrichten zu den Büchern der Leutkirche nur einen Hinweis auf offenbar kostbaren älteren Buchbesitz. In einer französischen Übersetzung aus dem beginnenden 18. Jahrhundert und in einer lateinischen Übersetzung von 1651 ist eine ursprünglich deutsche, um 1528

Abb. 490
Das zisterziensische Antiphonar wurde laut Inschrift von Konrad von Neuenburg, Abt des Zisterzienserklosters Frienisberg, in Auftrag gegeben. Es ist in einem Skriptorium dieses Ordens zwischen 1307 und 1316 entstanden und mit dekorativen Zierinitialen ausgeschmückt worden; Luzern, Zentralbibliothek, KB P. 18.fol., 31.075v: Initiale Q(uem dicunt homines esse...).

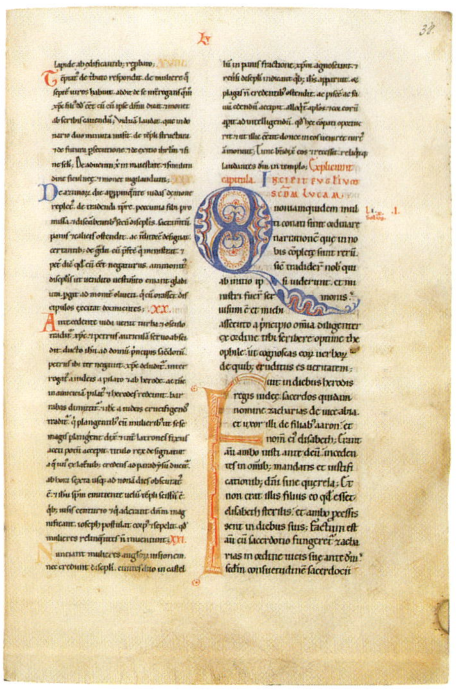

Abb. 491
Das Neue Testament aus der ersten Hälfte des 13. Jahrhunderts stammt wohl aus dem Zisterzienserkloster Frienisberg. Die wenigen, kalligraphisch sorgfältig gemalten Initialen in ungebrochenen Farbtönen entsprechen dem auf Klarheit, Einfachheit und Nüchternheit bedachten Stilideal der Zisterzienser; Freiburg i. Ü., Kantons- und Universitätsbibliothek, L 73, fol. 38r.

entstandene Liste des Kirchenschatzes von St. Vinzenz überliefert.[17] Drei von den dort aufgeführten und heute verschollenen liturgischen Handschriften scheinen künstlerisch bedeutend gewesen zu sein. Das Inventar nennt ein Epistolar und ein Evangelienbuch, die beide Elfenbeineinbände, Silberbeschläge und silberne Schliessen gehabt haben sollen – vermutlich also ältere, wohl von auswärts als Geschenke hierher gekommene Bücher. Vielleicht enthielten sie auch Bilderschmuck, doch davon sagt der knappe Inventareintrag nichts. Etwas ausführlicher, aber schwierig zu deuten ist der dritte Eintrag, Nr. 16 der Liste. Ein Missale aus Pergament *(missale unum ex pergameno)* wird erwähnt, das durchwegs mit goldenen Buchstaben *(aureis literis per totum conscriptum)* geschrieben und mit zahlreichen hervorragenden Bildern dekoriert gewesen sein soll *(figuris exquisitissimus ad unguem ac totaliter condecoratum)*, angeblich ein Geschenk des Herzogs von Zähringen. Welchen Handschriftentyp man sich vorzustellen hat, ist unklar, denn die beiden Aussagen über dieses Buch passen nicht richtig zusammen.[18] Das Missale als liturgisches Buch mit sämtlichen Texten und Gebeten für die Messfeier hat sich erst im Laufe des 13. Jahrhunderts herausgebildet. Damals aber hat man keine gänzlich oder mehrheitlich in Gold geschriebenen Handschriften mehr hergestellt, wie es in frühmittelalterlicher Zeit für hochrangige Auftraggeber bei Bibeln und Psalterhandschriften gelegentlich vorgekommen war. Es ist wohl anzunehmen, dass der Schreiber des Inventars – beziehungsweise der *venerable prestre Catholique* – der diesen bezüglich des Wertes des Kirchenschatzes beraten hat, die einzelnen liturgischen Buchtypen voneinander unterscheiden konnte und das Missale daher

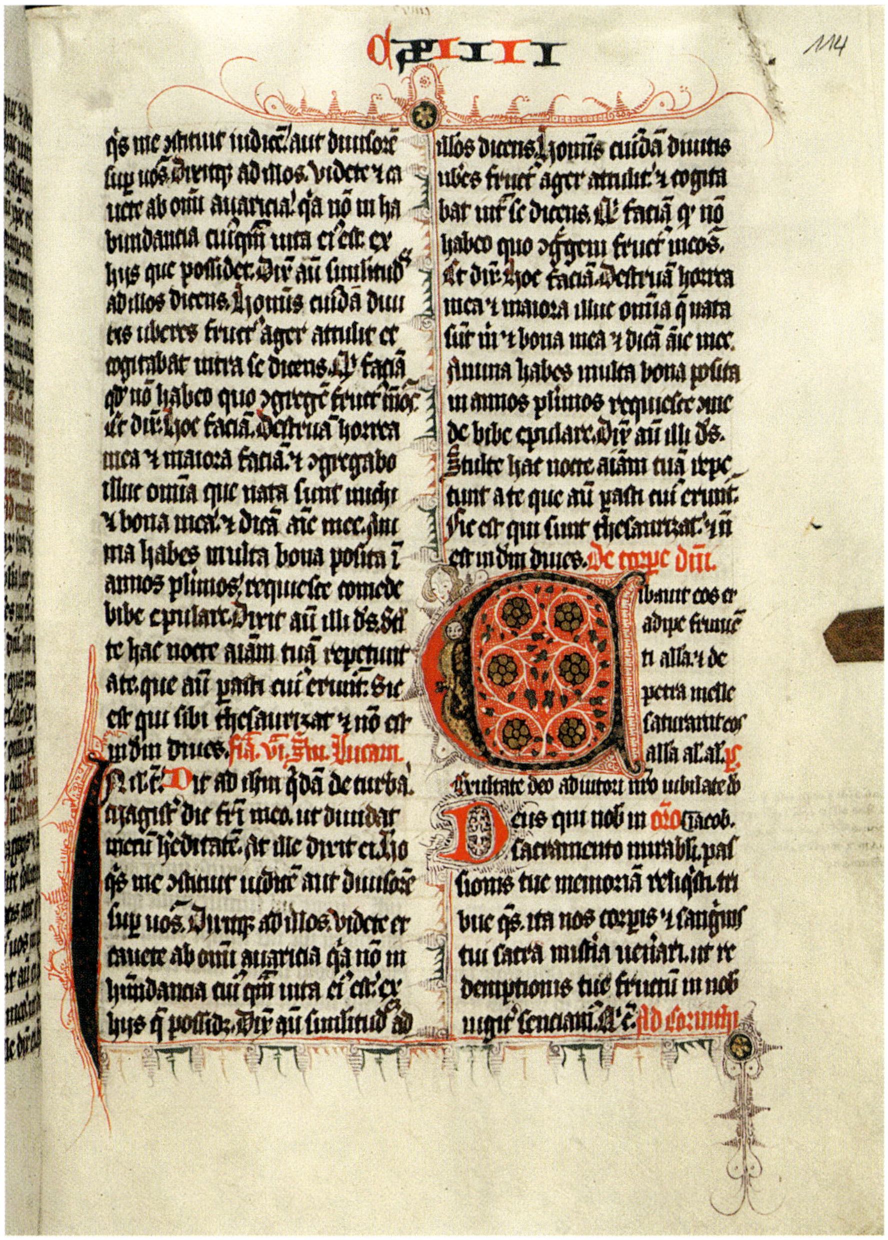

Abb. 492
Das heute im Kapitelsarchiv Sitten aufbewahrte Messbuch wurde vermutlich von den Augustiner-Chorfrauen in Interlaken geschrieben und mit reichen Zierinitialen, Fleuronnéschmuck und farbig gestickten Nähten geschmückt, vor 1395; Ms. 18, fol. 114r.

wirklich ein Messbuch war. Somit dürfte es sich nicht um eine durchgehend in Gold geschriebene Handschrift gehandelt haben, sondern vielmehr um eine, die in regelmässigen Abständen mit kostbaren Goldinitialen und figürlichen Miniaturen verziert gewesen war. Es wird gleichwohl ein prunkvolles und aussergewöhnliches Buch gewesen sein, das würde die Legende einer herzoglichen Herkunft erklären. Was aus diesen wertvollen Büchern bei den reformatorischen Tumulten geworden ist, erfahren wir vom Schreiber des Inventars nicht. Nur bei einigen Goldschmiedearbeiten oder den Orgeln vermerkte er, dass sie zerstört und teils in die Aare, teils auf den Friedhof geworfen oder weiterverkauft worden waren.
Aus diesen fragmentarischen Nachrichten lässt sich kein zusammenhängendes Bild rekonstruieren. Einzelne illuminierte Handschriften mögen zwar spurlos verschwunden oder (noch) nicht als bernisch erkannt worden sein, doch müssten sich wenigstens kleine Spuren erhalten haben, wäre Bern für die Buchmalerei dieser Epoche von Bedeutung gewesen. Es ist daher davon auszugehen, dass in diesem Zeitraum bebilderte Handschriften, so sie denn von geistlichen Institutionen oder weltlichen Einzelpersonen in Bern gebraucht wurden, von auswärts importiert wurden (Abb. 495).[19]

Das Bild verändert sich etwas, aber nicht grundlegend, berücksichtigt man die Klöster in der bernischen Landschaft. Diese benötigten für einen geregelten Ablauf der Liturgie eine Reihe von Handschriften, und einige von ihnen scheinen, nach Ausweis des Erhaltenen, farbig verziert gewesen zu sein. Welche

Handschriften in den verschiedenen Cluniazenserprioraten der bernischen Umlande vorhanden gewesen waren und ob einige von ihnen möglicherweise geschmückt waren, wissen wir nicht – erhalten geblieben ist nichts.

Etwas besser informiert sind wir über die Buchkultur im Zisterzienserkloster Frienisberg (→ S. 303). Zwei Bibelhandschriften aus der ersten Hälfte des 13. Jahrhunderts, heute in der Kantons- und Universitätsbibliothek Freiburg i. Ü., – ein vollständiges Neues Testament (L 73) und die prophetischen Bücher des Alten Testamentes (L 84) –, gelangten nach Hauterive, vermutlich im Gepäck des letzten Abtes von Frienisberg, der 1528 hierher flüchtete.[20] Sie dokumentieren mit ihren wenigen Silhouetteninitialen in den Farben Rot, Blau, Ocker und Grün das strenge, klare und einfache Stilideal zisterziensischer Buchkunst (Abb. 491): «Buchstaben sollen von einer Farbe sein und ohne figürliche Darstellung» (*Litterae unius coloris fiant, et non depictae*), war in den für alle Klöster des Ordens verbindlichen Generalstatuten seit 1134 immer wieder, wenn auch mit unterschiedlichem Erfolg, gefordert worden.[21] Die Seitengestaltung der beiden Handschriften ist ausgewogen, die Buchstaben kalligraphisch sorgfältig geschrieben beziehungsweise gemalt. Beide Bücher tragen einen Frienisberger Besitzeintrag und sind sicher in einem zisterziensischen Skriptorium hergestellt worden. Die dritte Handschrift, ein Antiphonar mit den Gesängen zum Stundengebet in der Zentralbibliothek Luzern (KB P 18.fol.), wurde vom Frienisberger Abt Konrad von Neuenburg (1307–1316) in Auftrag gegeben, ent-

Abb. 493 und 494
Der Schmuck dieses lateinischen Breviers für den Gebrauch von Interlaken ist mit demjenigen des Messbuches (Abb. 492) eng verwandt, sowohl bei der gesamten Seitengliederung und der Buchstabengestaltung wie bei Einzelheiten der filigranen Federzeichnungsornamentik. Es stammt deshalb ebenfalls aus dem letzten Drittel des 14. Jahrhunderts. Die Anbetung der Drei Könige in der O-Initiale (rechts) bildet die einzige figürliche Szene dieses Buches; BBB Cod. 524A, fol. 164r und fol. 299v.

weder im Skriptorium des eigenen Klosters oder bei einer befreundeten Ordensniederlassung. Das Buch gelangte später ins luzernische Zisterzienserkloster St. Urban.[22] Grosse Initialen in Rot, Blau und auf hellem Pergamentgrund heben wichtige Feste des liturgischen Jahreszyklus hervor (Abb. 490). Sie sind hinterfangen von einem äusserst feingliedrigen Ornamentgeflecht aus stark stilisierten Blüten- und Blattformen, teils von kleinen, mehrfarbigen Kreismedaillons geschmückt. Diese ornamentale Schmuckform war in der ersten Hälfte des 14. Jahrhunderts im oberrheinischen Gebiet sehr beliebt und wurde, wie zwei Handschriften aus Interlaken zeigen, noch in der zweiten Jahrhunderthälfte gepflegt.

Das Missale in Sitten (Kapitelsarchiv, Ms. 18, Abb. 492 und 498) ist gemäss einem Eintrag 1399 vom Leutpriester Heinrich von Kiesen testamentarisch der Beinhauskapelle in Thun geschenkt worden. Aus liturgischen, inhaltlichen und besitzgeschichtlichen Gründen entstand es im Augustinerchorherren- und -chorfrauenkloster Interlaken (→ S. 165).[23] Hier dürften im 13. und 14. Jahrhundert verschiedentlich Handschriften geschrieben und ornamental dekoriert worden sein, vermutlich vor allem in der Frauengemeinschaft des Doppelklosters. Die wohl einst beachtliche Bibliothek des im Berner Oberland begüterten Klosters ist jedoch fast gänzlich verloren. In der Reformation wurden besonders die *Liturgica* zerstört, derjenige Handschriftentyp also, bei dem am ehesten mit reichem Schmuck gerechnet werden darf. Im Unterschied dazu wurden

Abb. 495
Für dieses in der ersten Hälfte des 17. Jahrhunderts in der Stadt Bern eingebundene Büchlein verwendete man ein Pergamentblatt aus einer um 1400 in Frankreich illuminierten Abschrift von Augustins ‹Cité de Dieu›; BHM Inv. Nr. 11419.

Urkunden und Verwaltungsschrifttum durch die Berner archiviert. Als Rechtsnachfolger des aufgelösten Klosters hatten sie daran grösseres Interesse.

Dass die Augustiner-Chorfrauen im 15. Jahrhundert sorgfältig schrieben und kunstvoll dekorierte Bücher herstellten, ist bisher auf Grund von zwei lateinischen Brevierhandschriften in der Berner Burgerbibliothek vermutet worden, von denen eine (Cod. 524B) in der Mitte des 15. Jahrhunderts geschaffen wurde.[24] Das zweite Brevier (Cod. 524A) datierte man bisher wegen der verwandten Ausstattung ähnlich.[25] Es ist aber mit Sicherheit schon im 14. Jahrhundert entstanden, gleichzeitig wie das Missale in Sitten. Die beiden Handschriften dürften sogar von derselben Person ausgeschmückt worden sein, wobei das Brevier die etwas reicheren ornamentalen Schmuckformen und sogar eine figürliche Initiale aufweist (Abb. 494). Rot-blau gespaltene, mit goldenen Ornamentmotiven belegte Buchstabenkörper, netzartig gespannte Fleuronnéflächen, senkrechte Zierleisten und lange, geschwungene Fadenausläufer gliedern wichtige Seiten beider Handschriften. Über den ähnlichen Gesamteindruck und die dekorative Seitengestaltung hinaus finden sich im Einzelnen eng verwandte Motive, sowohl bei den Fleuronnéformen wie bei den Initialfüllungen (Abb. 492 und 493). Die feinen, kleinteiligen und repetitiven Müsterchen rufen textile Arbeiten, etwa Stickereien, in Erinnerung. Diese Assoziation wird durch die mehrfarbigen, dekorativ gestickten Nähte verstärkt, mit denen in beiden Handschriften Fehlstellen im Pergament ausgebessert und Verzierungen angebracht wurden. Ihnen kommt neben der ästhetischen wohl auch eine inhaltliche Bedeutung zu. Stickereien und Webereien sind für Nonnen – und zuweilen auch für Mönche – handwerkliche Tätigkeiten mit meditativemCharakter und religiöser Bedeutung, hat doch Maria als Tempeljungfrau nach legendarischer Überlieferung ebenfalls textile Arbeiten ausgeführt.[26]

Die in Rot und Violett ausgeführten Federzeichnungen der beiden Bücher sind einer geschulten und begabten Person zuzuschreiben, die mit Humor und Freude an Details gearbeitet hat. Zuweilen verbergen sich Menschengesichter, Hunde, Vögel und anderes Kleingetier in den Fleuronnéformen. Das beträchtliche Niveau dieser ornamentalen Schmuckformen lässt darauf schliessen, dass die beiden erhaltenen Handschriften keine Gelegenheitsarbeiten waren, sondern Erzeugnisse eines geübten Skriptoriums. Beide Werke dürften gleichzeitig im letzten Drittel des 14. Jahrhunderts entstanden sein. Noch um die Mitte des 15. Jahrhunderts wurden in Interlaken Handschriften kopiert und ausgeschmückt, wie das damals entstandene und stark am älteren Vorbild orientierte Brevier der Burgerbibliothek (Cod. 524B) beweist. Ob und inwiefern die Chorfrauen von Interlaken schon vor 1350 in der Buchherstellung aktiv waren, ist unklar. Zwei reich illuminierte Psalterhandschriften aus dem ausgehenden 13. und dem beginnenden 14. Jahrhundert, die aus höchst verwickelten Entstehungsprozessen hervorgegangen sind, griffen für einzelne Textteile offenbar auf das liturgische Formular des Interlakener Klosters zurück.[27] Vielleicht ist dies ein Hinweis darauf, dass man hier schon länger eine ausgeprägte Buchkultur pflegte – eine Tradition, die anhand der spärlichen erhaltenen und identifizierten Zeugnisse allerdings kaum mehr rekonstruiert werden kann.

Von den Klöstern aus Stadt und Landschaft ist das Augustinerdoppelkloster in Interlaken somit das einzige, in dem ein bedeutenderes Skriptorium nachzuweisen ist. Die aus dem Zisterzienserkloster Frienisberg überlieferten Handschriften stehen mehr für die Ordenskunst im Allgemeinen als für regionale Stilentwicklungen; es ist ungewiss, ob sie dort oder in einer anderen Ordensniederlassung entstanden sind. Wie schon bezüglich der Situation in der Stadt bemerkt, bleibt die imaginäre Karte zu bernischen Buchmalereien auch bei Einbezug der Landschaft über weite Strecken weiss. Dies ist zum einen den teilweise systematischen Zerstörungen, insbesondere der liturgischen Bücher, während der Reformation zuzuschreiben, zum anderen aber auch der ursprünglich wohl geringen Anzahl prächtig ausgeschmückter Handschriften überhaupt.

Martin Germann

Die Urkunde von 1326 und die Bibliothek des Predigerklosters Bern

Die spärlichen Kenntnisse über das ältere Buchwesen Berns sind immer wieder detailliert beschrieben worden.[1] Hier sollen sie mittels Kenntnissen anderweitiger Verhältnisse kombiniert und mit etwas Phantasie angereichert dargestellt werden. Immerhin stammt aus Bern, laut Albert Bruckner, «der einzige bis jetzt bekannte überlieferte Bücherkatalog des frühen 14. Jahrhunderts aus der Westschweiz», auch wenn die Bezeichnung Katalog etwas erstaunt: es handelt sich um eine Pergamenturkunde, deren Doppel im Staatsarchiv Basel noch vorhanden ist,[2] worin genaue Anweisungen für die Führung und Einrichtung der Bibliothek des Berner Predigerklosters enthalten sind. Die Urkunde nennt zwei Dutzend Bände der Bibliothek mit ihren Titeln, oft die Schenkernamen sowie, bei Ausleihen und Verpfändungen, die Namen der Beteiligten. Auf Grund dieser einzigen Urkunde ist die folgende Darstellung in Wort und Bild entstanden.[3]

Ein fiktiver Besuch in der nach dem 5. April 1326 neu eingerichteten Bibliothek

So könnte es gewesen sein: Im Sommer 1326, nach beendeten Umbauarbeiten, kam auf Einladung des Dominikanerpriors eine Delegation des Rates zu Besuch ins bernische Predigerkloster. Grund für die Einladung war der Umbau und die Neueinrichtung der Bibliothek im ersten Geschoss des Konventgebäudes. Auch sollte eine höchst wichtige Erfindung, die soeben aus Paris bekannt geworden sei, kurz vorgeführt werden, könnte der Prior bei der Begrüssung der Gäste geheimnisvoll erwähnt haben.

Die Treppe heraufkommend, sahen die in die Bibliothek Eintretenden sofort, was neu war (Abb. 496): An der Wand mochte unübersehbar ein Katalog[4] der Bibliothek prangen, kalligraphisch auf ein grosses Stück Pergament geschrieben, mit Holzleisten befestigt, die vorhandenen Bücher aufzählend und angebend, an welchem Pult das gesuchte Buch zu finden sei.

Pater Martin, der Bibliothekar, könnte diesen Wandkatalog nach dem Vorbild anderer Bibliotheken in den Klöstern seines Ordens in seiner prächtigen rundgotischen Handschrift mit der breitesten Feder geschrieben haben, die er bei den Gänsen im Klosterhof gefunden hätte. Sogar von den Pulten aus konnte man leicht an der Wand (Abb. 422) die vorhandenen Titel lesen, derer nicht viele waren. Diese aber lagen in guten, sauber geschriebenen Pergamenthandschriften vor, von studierenden Ordensbrüdern zum Beispiel aus Paris und Köln nach Bern gebracht, und waren vielleicht vom Bibliothekar selber mit starkem Leder über dicke Holzdeckel eingebunden worden.[5] «Ich lasse noch Platz auf dem

Theologische Bücher, verfasst von Bettelordensmönchen		**Bibel, Bibelkommentare und Handbücher für die Predigt**		**Kirchenrecht**	
Thomas von Aquin OP: *Summa theologiae,* 3 Teile in 4 Bänden; Legat unseres verstorbenen Ordens- und Klosterbruders Thomas de Frutigen OP	A 1 bis A 4	***Thomas von Aquin*** OP: Auslegung des Johannes-Evangeliums	B 1	***Johannes von Freiburg*** OP: *Maior summa casuum;* Legat unseres verstorbenen Ordens- und Klosterbruders Thomas de Frutigen OP	D 1
Thomas von Aquin OP: Kommentar über das 4. Buch der Sentenzen des ***Petrus Lombardus;*** Legat unseres verstorbenen Ordens- und Klosterbruders Thomas de Frutigen OP	A 5	***Apostelgeschichte*** des Lukas, glossiert	B 2	***Gratianus de Clusio:*** *Decretum;* Geschenk unseres Ordensbruders Markward Biberlin OP aus dem Zürcher Dominikanerkloster	D 2
Alexander von Hales OFM: *Summa theologica,* Buch 3 (unvollendet)	A 6	***Psalter,*** glossiert	B 3	***Gregor IX.,*** Papst: *Decretales;* Geschenk unseres Ordensbruders Markward Biberlin OP aus dem Zürcher Dominikanerkloster	D 3
Thomas von Aquin OP: *Compendium theologiae* über die 4 Bücher der Sentenzen des ***Petrus Lombardus***	A 7	[***Thomas von Aquin*** OP]: Auslegung des Lukas-Evangeliums; Geschenk unseres Ordensbruders Markward Biberlin OP aus dem Zürcher Dominikanerkloster	B 4	***Raymund von Peñafort:*** *Summa poenitentiae, de casibus* (Busssumme, in 3 Büchern); war früher auf Lebenszeit ausgeliehen an den jetzt verstorbenen Werner von Halle OP, Prior von Chur	D 4
Sammlung von Werken des ***Anselm von Canterbury, Chrysostomus*** und ***Boethius*** über die Dreifaltigkeitslehre, in 1 Band	A 8	***Bartholomäus Anglicus*** OFM: *De proprietatibus rerum;* war früher ausgeliehen auf Lebenszeit an den jetzt verstorbenen Werner von Halle OP, Prior von Chur	C 1		
Text über die drei Bücher des ***Thomas von Aquin,*** dem Bruder Johannes Hormann OP, Lektor unseres Klosters, ausgeliehen gegen eine Summe Geld	A 9	Kleine ***Bibelkonkordanz***	C 2		
		[***Thomas von Aquin*** OP]: Auslegung des Matthäus-Evangeliums	C 3		
		Petrus Lombardus: Textus sententiarum, (Bibelauslegung, in 4 Büchern)	C 4		
		Unsere ***Bibel,*** ausgeliehen an Agnes de Widen	C 5		

Abb. 496
Katalog der Bücher des Predigerklosters Bern Anno Domini 1326 (hypothetische Anordnung in vier Pulten A–D).

Wandkatalog frei», mag Pater Martin gesagt haben, «damit Euch später die frommen Berner noch mehr Bücher schenken können. Denn wirklich, unserer Bibliothek fehlen viele wichtige Werke, die erst den Ruhm der Stadt bei den gelehrten Leuten ausmachen würden.»

Vielleicht hatten die Schreinergesellen zwei Doppelpulte gezimmert und nahe der beiden Fenster aufgestellt (Abb. 497), von bequemer Stehhöhe, an denen die Bücher konsultiert und gelesen werden konnten. Die Pulte wären dann von Bruder Martin mit grossen gotischen Buchstaben «A» bis «D» und die Bücher jedes Pultes mit dem gleichen Buchstaben auf dem Deckel bezeichnet worden; auch könnte er sie nummeriert haben, und zwar, stolz über seine im Studium neu erworbenen Kenntnisse, mittels der neuen Ziffern, die man die «arabischen» nannte; gewiss konnte er das System sogar erklären, auch wie man über die Zahl 9 hinausgelangte, und hätte damit alle Besucher, sogar die anwesenden Ratsherren verblüfft. Zusätzlich waren die Bücher an Ketten gelegt worden.

Die Ankettung geschah beileibe nicht aus Furcht vor Diebstählen! Solche gab es in einem Bettelordenskloster gewiss nicht, denn die Mönche besassen nichts Eigenes, und das Eigentum des Klosters gehörte dem Konvent insgesamt.

Dass Bücher wertvoll waren, zeigt sich daran, dass sie oft als Pfand bei Geldaufnahmen dienten. Allzu grosse Freigebigkeit – der Fehler, nicht nein sagen zu können – mag Prioren dazu verführt haben, ihr Einverständnis zu Bücherausleihen[6] zu geben, in Bern einige an abreisende Patres des Klosters, wie es die Statuten vorsahen:

So hatte man dem Ordensbruder Werner von Halle[7] das Werk des Bartholomäus Anglicus (C.1), für dessen naturkundliche Teile dieser sich besonders interessierte, sowie die Busssumme des Raymund von Peñafort (D.4) bei seiner Wahl zum Prior des Klosters in Chur mitgegeben und ihm lebenslänglichen Gebrauch zugesichert. Inzwischen aber war er gestorben, und die Bücher waren wohlbehalten aus Chur zurückgekehrt.

Ein etwas anderer Fall war die Ausleihe eines Textes über die Schriften des Thomas von Aquin (A.9) an den Lektor des Berner Klosters, Johannes Hormann[8]: er hatte dem Kloster von seiner gut situierten Familie eine Summe Geldes vorschiessen lassen und durfte das gewünschte Buch *De tribus scriptis sancti Thomae* unterdessen als Pfand zu sich nehmen.

Solche Ausleihen oder Verpfändungen an Ordensangehörige waren für eine beschränkte Zeit erlaubt, andere Ausleihen aber, und hierüber mochte in der Klostergemeinschaft Unmut entstanden sein, waren vor einiger Zeit gar an Laien getätigt worden.

Besonders auffallend ist die Überlassung der klostereigenen Bibel (C.5) an eine weltliche Frau, Agnes von Widen,[9] die sich vielleicht dem Studium der Heiligen Schrift widmen wollte und die zu diesem Zweck Latein gelernt hatte. Die Familie und Vorfahren der Agnes von Widen hatten sich um die Berner Predigerbrüder verdient gemacht, indem sie geistliche Stiftungen zugunsten des Ordens errichtet hatten, als es dreissig Jahre früher darum gegangen war, das Kloster mit einem stolzen Kirchenbau zu versehen. Die Bibel wird in der Urkunde ausdrücklich als *biblia nostra* bezeichnet, in Einzahl, was bedeutet, dass das Kloster vielleicht damals nur eine einzige vollständige Bibel, in einem Band, wie man schliessen muss, besessen hat. Weitergehende Spekulationen früherer Forscher haben Reste einer karolingischen grossformatigen Bibel in Solothurn mit die-

Abb. 497
Rekonstruierte Innenansicht der Bibliothek im Dominikanerkloster. An zwei Doppelpulten standen Studienplätze für vier Geistliche zur Verfügung; Zeichnung Max Stöckli, ADB.

ser verlorenen Bibel des Predigerklosters Bern zu identifizieren versucht.[10] Die Solothurner Fragmente entstammen einer einbändigen karolingischen Bibel, wie sie in Tours in Westfrankreich, im berühmten Skriptorium während Jahrzehnten, von Alkuins Berufung zum Abt 796 bis zu den Normanneneinfällen, hergestellt und in alle wichtigen kirchlichen Zentren des karolingischen Reiches exportiert worden sind.

Die Gründe für den Umbau und die Neueinrichtung der Bibliothek
Das Generalkapitel des Ordens hatte schon 1315 bestimmt, dass aus Klosterbibliotheken nur Bücher weggegeben werden durften, wenn es sich um schon vorhandene Texte handelte. Jenes von 1323 hatte angeordnet,[11] dass die zum gemeinsamen Gebrauch bestimmten Bücher in der Bibliothek angekettet werden mussten und weder vom Prior noch von seinem Vikar oder vom Konvent verpfändet, verkauft oder verliehen werden konnten. Peter von Bützberg,[12] der Berner Prior, hatte mit seinem Mitbruder Heinrich von Reincken,[13] Prior des Basler Predigerklosters, die erwähnte Urkunde erstellt, worin die Neueinrichtung der Bibliothek erwähnt und dem Basler Kloster ein Vorrecht auf überzählige Bücher eingeräumt worden war.
Wenn wir uns die Vorgänge bis zum Baubeschluss etwas ausmalen, so könnten wir uns vorstellen, dass aus den Reihen der Mönche Klagen gegen das Ausleihen von Büchern vorgebracht worden waren. Einer der geschichtskundigen anwesenden Patres mochte daran erinnert haben, dass zu Zeiten König Adolfs, es war noch gar nicht lange her, um 1295, die Vorgesetzten des Klosters sämtliche Bücher verpfändet[14] hatten, wahrscheinlich um weitere für den Kirchenbau notwendige Gelder von jüdischen Geldverleihern vorgeschossen zu erhalten. «Nicht einmal das Chorgebet konnte man mehr ordentlich singen im Kloster ohne die Antiphonarbücher», mag sich Pater Mathias empört haben. Die Stadt Bern hatte den Juden die Verwahrung des Pfandes zu treuen Handen zugesagt, war aber von König Adolf gezwungen worden, die Bücher den Predigerbrüdern wieder auszuhändigen, «ohne Rückzahlung der Darlehen übrigens. Da haben unsere Vorfahren Unrecht getan, und wir wollen es nicht noch einmal soweit kommen lassen», könnte sich der Referent geäussert haben.
Eine Diskussion hat sich vielleicht über die voraussehbaren Kosten ergeben: Neue Stehpulte mussten geschreinert und am hellsten Ort an den Fenstern in der Bibliothek aufgestellt werden; die Bücher mussten mittels geschmiedeten Ketten an den Pulten befestigt werden, «nicht nur zur Verhinderung von Ausleihen oder gar Diebstahl, sondern auch zur Vermeidung des lästigen Verstellens der Bücher durch unsorgfältige Novizen», hören wir Pater Martin sagen. «All dies kostet Geld, aber es ist wohl angelegt, wenn wir daran denken, welch schöne Fortschritte der junge Ulrich Boner (→ S. 466) derzeit macht: Er ist daran, hundert Fabeln des antiken ‹Äsop› in Verse in seiner Muttersprache zu setzen, aber durchaus allgemein verständlich und leicht auswendig zu lernen dank den eingängigen Reimen, und seine originellen berndeutschen Predigten sind schon weitherum bekannt», könnte er seine Ansprache beendet haben.
Ein weiteres Argument war die pietätvolle Bewahrung von Büchergeschenken, welches vielleicht Pater Johannes Harald vorgebracht hat: Der inzwischen verstorbene Ordensbruder Thomas von Frutigen,[15] auch er ein Einheimischer, wie der Name verrate, habe auf seinen Tod hin das berühmteste Werk des Dominikanerordens, ja man könne sagen, der ganzen katholischen Kirche, neben der Bibel natürlich, dem Berner Kloster gestiftet:[16] Thomas von Aquins *Summa theologiae* in 4 Bänden (A.1–4), dazu den Kommentar über das 4. Buch der Sentenzen zur Bibel des *Petrus Lombardus*, ebenfalls verfasst von Thomas von Aquin (A.5), sowie das kirchenrechtliche Nachschlagewerk des Johannes von Freiburg (D.1). Hugo von Mellingen,[17] ebenfalls Berner Ordensbruder, habe das grosse Brevier geschenkt, das nun im Speisesaal angekettet sei, wo vielleicht die Novizen ihre liturgische Ausbildung erhalten haben. Ein ganz prominenter Schenker sei auch der gelehrte Markward Biberlin,[18] Lektor im Zürcher Predigerkloster: Als Geschenke habe er dem Kloster die Auslegung des Lukas-Evangeliums, die wahrscheinlich auch von Thomas von Aquin stamme (B.4), sodann das «Dekretum Gratians», des Vaters des Kirchenrechts (D.2), sowie die Dekre-

talensammlung des Papstes Gregor IX. (D.3), zusammengestellt vom schon genannten Raymund von Peñafort, übergeben, in der Bibliothek alles höchst erwünschte Werke. Übrigens wolle Pater Markward versuchen, einige Teile der Bibel ins Deutsche zu übersetzen, wie er von den Zürcher Brüdern erfahren habe, könnte der Weitgereiste in seinem gepflegten Latein erklärt haben.

Peter Wittwer

Die Liturgie der Chorherren in Interlaken

Das um 1130 gegründete Stift Interlaken sollte im Laufe des Spätmittelalters zu einem der einflussreichsten Häuser regulierter Chorherren und Chorfrauen nördlich der Alpen werden (→ S. 165). Längstens steht fest, dass die ersten Chorherren aus dem elsässischen Reformstift Marbach gekommen sind.[1] Ruinen bei Obermorschwihr unweit von Colmar zeugen von jenem Stift, das – zur Zeit der gregorianischen Reform gegründet – als einflussreichste Institution regulierter Chorherren nördlich der Alpen zu gelten hat.[2] Kurze Jahre nach seiner Gründung hat sich der elsässische Reformkonvent zum Mutterstift zahlreicher Niederlassungen nördlich der Alpen entwickelt. Marbach schickte seine *Consuetudines*, die Statuten seiner Lebensgewohnheiten, in die Kathedralen von Lund und Salzburg, in die Stifte Rottenbuch und Springiersbach. Marbacher Chorherren wurden überallhin zur Gründung neuer Stifte gesandt. Mit ihnen fanden liturgische Bücher des Reformstiftes den Weg in neue Gemeinschaften. Die Feststellung der Geschichtsschreiber, dass auch Interlaken zur Familie jener Marbacher Tochtergründungen gehört, wird durch die Liturgie bestätigt.[3]

Der Gottesdienst in Interlaken

Es interessiert, nach welchen Vorbildern die Interlakener Chorherren ihren Gottesdienst gestaltet haben. Trotz aller Versuche im 12. Jahrhundert, die römische Liturgie zu vereinheitlichen, hüteten Kathedralen, Klöster und Stifte eifersüchtig ihre Eigenheiten, durch die sie sich von den anderen unterschieden. Die Auswahl der Gesänge im Stundengebet und in der Messe, die Namen besonders verehrter Heiliger und anderes mehr machen es möglich, ein liturgisches Buch in die richtige Kirche am richtigen Ort zu lokalisieren und erst noch Verwandtschaften nachzuweisen.

Merkmale dieser Art lassen in einem von den Engelberger Mönchen gehüteten Brevier die bisher älteste liturgische Handschrift der Interlakener Chorherren erkennen.[4] Auch wenn der Codex dem Jahr 1429 und dem Stift St. Leonhard in Basel zugewiesen wird, so sind doch gegen zweihundert Blätter bereits im 13. Jahrhundert und für ein geistliches Haus ausserhalb von Basel geschrieben worden. Der Basler Chorherr und spätere Propst Leonhard Grieb, der sich als Schreiber der Blätter von 1429 ausgibt, hat diesen älteren Teil seinem Brevier einverleibt. Eine Einzelheit belegt dessen Entstehung in Interlaken: Der als «Antiphonar» bezeichnete Teil des Breviers lässt nach dem am 16. Oktober fast überall nördlich der Alpen gefeierten Fest des heiligen Gallus die *Dedicatio ecclesie* folgen, den Weihetag jener Kirche, für die das Brevier geschrieben wurde. Offensichtlich ist dieses liturgische Formular für das am 16. Oktober zu begehende Weihegedächtnis der Interlakener Stiftskirche dort eingefügt. Weder St. Leonhard in Basel noch eine andere mit diesem Stift verbundene Kirche feierte zu dieser Jahreszeit ihren Weihetag.

An den Anfang des 14. Jahrhunderts gehört sodann ein Brevier in der Stadtbibliothek von Metz.[5] Diesmal dient als Indiz ein dem Buch vorangestelltes «Kalendarium», die chronologische Zusammenstellung der zu feiernden Feste und Heiligen. Dieses allein schon lässt Interlakener Provenienz erkennen. Der Eintrag am 16. Oktober wurde zwar durch Rasur getilgt, aber nur so, dass *Dedicatio ecclesie* noch lesbar blieb. Unzweifelhaft ist auch hier die Kirchweihe von Interlaken gemeint. Ausgemerzt wurde ein Eintrag am 17. Oktober, noch aber lässt sich der Name Gallus erkennen. Dieser Festtag sollte nun wieder seinen angestammten Platz am 16. Oktober einnehmen. Der weitere Eintrag einer

Dedicatio ecclesie Lausannensis am 20. Oktober bestätigt die Herkunft aus der Lausanner Diözese, zu welcher Interlaken gehörte. Auch hier bezeugt die Auswahl der Gesänge Interlakener Herkunft.[6]
Dasselbe gilt für ein Brevier, das in der Bibliothek des Grossen Seminars von Strassburg liegt.[7] Es gehörte – gemäss einer Notiz – vor 1451 dem Kuraten von Muri bei Bern, der es in diesem Jahr einem Pfarrer Johannes Tschupli aus Nidau bei Biel veräussert hatte. Vor uns liegt damit ein drittes aus Interlaken stammendes Brevier, entstanden um die Mitte des 14. Jahrhunderts.
Erst jetzt wenden wir uns den beiden Brevieren in Berns Burgerbibliothek zu, deren Interlakener Herkunft zu keiner Zeit bezweifelt wurde. Der ältere Codex A ist um 1368 entstanden (Abb. 493 und 494), der jüngere Codex B zwischen 1440 und 1446 (Abb. 499).[8] Beide Breviere enthalten alle Texte für die Gebetszeiten der Chorherren. Differenzen zwischen den beiden erklären sich durch unterdessen wirksam gewordene liturgische Neuerungen, so etwa die Einfügung der nach 1389 eingeführten *Visitatio Marie* am 2. Juli. Dass die Schreiberin oder der Schreiber des siebzig Jahre später entstandenen Breviers sich des älteren als Vorlage bediente, bestätigt die nicht oder nur mangelhaft vorgenommene Korrektur von Fehlern, die unbesehen übernommen worden sind. Kunstgeschichtlich ist die Handschrift 524B als Kostbarkeit mittelalterlicher Buchgestaltung zu sehen (→ S. 438).

Bekannt sind damit fünf Breviere aus Interlaken, von denen vier zwischen dem Ende des 13. und der Mitte des 14. Jahrhunderts entstanden sind. Sie liefern alle Texte und viele Rubriken, die für den geziemenden Vollzug des sich dem Rhythmus des Tages anpassenden Stundengebetes notwendig waren.
Nun fehlen noch jene Bücher, die entsprechend den Brevieren die Liturgie der Messe an den einzelnen Tagen des kirchlichen Jahres zu ordnen hatten: die Missalien. In der zweiten Hälfte des 14. Jahrhunderts entstand jenes Interlakener Missale, das im Kapitelsarchiv von Sitten liegt und dorthin wahrscheinlich zur Zeit der Reformation gerettet wurde (Abb. 498).[9] Eine spätere Notiz stellt fest, dass dieses Missale 1399 durch den Kaplan Heinrich von Kiesen der Beinhauskapelle der oberen Kirche von Thun testamentarisch vermacht worden ist. Dieser Heinrich war Leutpriester in Scherzlingen, dessen Kirchenschatz dem Stift Interlaken gehörte. 1470 wurde eine weitere, ebenfalls in Sitten liegende Handschrift geschrieben, die aus Zweisimmen stammt.[10] Auch diese Kirche gehörte dem Interlakener Chorherrenstift.

Das Interlakener Kalendarium
Fünf dieser sieben Handschriften aus Interlaken weisen ein «Kalendarium» auf. In den beiden anderen liesse sich ein solches mit Leichtigkeit rekonstruieren. Dessen wichtigstes Merkmal ist die am 16. Oktober stattfindende Interlakener Kirchweihe, die zur Lokalisierung der älteren Breviere verholfen hat. Interlakener Herkunft verrät zusätzlich das nur dort und in dessen Umgebung gefeierte Fest des Einsiedlers Beatus am 18. Oktober. Alle Interlakener Kalendarien kennen diesen Gedenktag, der mit jenem des Evangelisten Lukas und der Oktav der Kirchweihe (17.–23. Oktober) zusammenfällt. Diese Kumulation verschaffte dem Heiligen vom Thunersee eine *commemoratio* am 24. Oktober, die sich ebenfalls in allen Kalendarien findet.

Einzug in Interlakens Kalender fanden auch Heilige, die in benachbarten Diözesen verehrt wurden, so etwa am 16. August der erste Walliser Bischof Theodul, am 1. September die heilige Verena von Zurzach, am 11. September die Zürcher Stadtheiligen Felix und Regula, am 30. September die der Thebäischen Legion zugehörigen Solothurner Ursus und Viktor, am 16. Oktober der Einsiedler Gallus, am 3. November der Gründer der Reichenau Pirmin, am 12. November der jurassische Eremit Himerius, am 16. November der Gründerabt von St. Gallen Othmar, am 26. November der Konstanzer Bischof Konrad. Die Märtyrer Ferreolus und Ferrutius am 16. Juni sowie der Märtyrer Antidius am 17. Juni verweisen nach Besançon, zu dessen Erzbistum die Diözese Lausanne gehörte.

Abb. 498
Reich geschmücktes und mit farbig gestickten Nähten versehenes Missale aus Interlaken, vor 1395; Kapitelsarchiv Sitten, Ms. 18, fol. 178v (Abb. 492).

Interessant ist nun ein Vergleich des Interlakener Kalendariums mit demjenigen Marbachs.[11] Wie in den Interlakener Kalendarien wird hier dem Ordensvater Augustinus Referenz erwiesen, indem sein Fest am 28. August eine Oktav erhält und zusätzlich am 10. Oktober das Fest seiner «Translation», der Überführung seiner Reliquien nach Pavia, gefeiert wird. Am 14. November findet sich wie in den Interlakener Kalendarien das Gedächtnis jenes Rufus, der als in Südfrankreich wirkender Apostelschüler legendär geworden ist. Um dessen Kirche bei Avignon hatte sich in der Reform Gregors VII. der vielleicht bedeutendste aller Kanonikerkonvente gebildet. Dessen *Consuetudines* übten Einfluss aus auf Stifte in den entlegensten Gebieten Europas, jedenfalls auch in Marbach.
Das elsässische Kalendarium nennt sodann am 15. November die Marbacher Kirchweihe. Das erwähnte Engelberger Brevier enthält am selben Datum – anschliessend an Rufus am 14. November und noch vor dem am 16. November gefeierten Othmar – die Angabe *In dedicatione ecclesie*. Eine störende Ortsangabe wurde entfernt. Offensichtlich hat der Schreiber eine Vorlage aus Marbach kopiert und dabei die Kirchweihe an ihrem in Marbach üblichen Platz belassen.

Die Interlakener Litanei der Heiligen
Ähnliches gilt für die «Litanei der Heiligen», die üblicherweise zu jedem Brevier gehört. Meist dem als «Psalterium» bezeichneten Teil der Psalmen nachge-

stellt, benötigte man die Litanei zu den verschiedensten Gottesdiensten im Kirchenjahr. Auch wenn der Grossteil der angerufenen Heiligen in der römischen Kirche identisch ist, hat jede Litanei ihre lokalen Eigenheiten in nie zufälliger Reihenfolge und vor allem durch die Ergänzung mit Namen lokaler Heiliger bewahrt. Die Handschrift aus Engelberg ausgenommen, deren Litanei zum jüngeren Bestand von 1429 des Basler Stiftes gehört, findet sich die Interlakener Litanei in allen Brevieren.

Aus Marbach ist eine Heiligenlitanei im bereits erwähnten «Nekrologium» erhalten. Hinsichtlich der Reihenfolge in der getroffenen Auswahl bleiben die Interlakener fast identisch mit dem elsässischen Mutterstift. Weggelassen haben sie elf der Marbacher Heiligen, um diese durch sechs zusätzliche Frauen- und Männernamen zu ersetzen. Verzichtet wurde in Interlaken auf die Strassburger Bischöfe Arbogast und Florentius sowie die elsässische Odilia von Hohenburg. In Interlaken hinzugefügt wurden Himerius aus dem jurassischen St-Imier und der Walliser Theodul. Es erstaunt die Nennung des heiligen Irenäus von Lyon in beiden Litaneien. Verständlich wird dies durch das Wissen um dessen Reliquien, die seit 1096 in Marbach verehrt wurden. Wenig später ist wohl die Litanei nach Interlaken gebracht worden.

Das Interlakener Antiphonar

In Gemeinschaft vollzogen verlangte das Stundengebet der Chorherren nach einem Gesangbuch. Dieses wurde «Antiphonar» genannt und enthielt vor allem Antiphonen und Responsorien, die während der täglichen Gebete zu singen waren. Solche Antiphonarien waren meist kunstvoll gearbeitete, grossformatige und mit Notation versehene Handschriften, aus denen mehrere Chorherren gemeinsam singen konnten. In die Breviere, die dem privaten Vollzug des Stundengebetes dienten, sind nur die Texte übernommen worden. Für die Matutin, das nächtliche Gebet an den Sonn- und Festtagen, benötigten die Chorherren neun Responsorien (Mönche deren zwölf) zum Abschluss der jeweiligen Schrift- und Väterlesungen. Ihres inhaltlichen Zusammenhanges wegen wurde die Responsorienreihe eines bestimmten Tages oft als «Historia» bezeichnet. Auswahl und Reihenfolge der einzelnen Responsorien innerhalb dieser Historien erklären Herkunft und Zugehörigkeit des Antiphonars. Auf Grund der adventlichen und der vorösterlichen Historien etwa, aber auch jener des «Totenoffiziums», lässt sich fast jedes Antiphonar dem richtigen Haus oder wenigstens der richtigen Diözese oder Ordensfamilie zuweisen.

Es erstaunt nun nicht, dass die Historien der Interlakener Breviere weder mit der Liturgie von Lausanne noch mit jener benachbarter Diözesen wie Basel oder Konstanz korrespondieren.[12] Verwandtschaft ist jedoch mit der weit entfernten Strassburger Kathedrale zu erkennen. Wieder sind es die Marbacher, die hier die Erklärung geben. Da aus dem elsässischen Mutterstift kein Antiphonar mehr zu existieren scheint, lassen die Bücher anderer durch Marbach gegründeter Stifte diese Verwandtschaft erkennen. Ein in der St. Galler Stiftsbibliothek aufbewahrtes Antiphonar,[13] vermutlich aus St. Laurentius in Ittingen stammend, lässt sein Antiphonar beginnen ... *incipiunt antiphone secundum morem Marbacensis ecclesie* und bedient sich dann der auch in Interlaken gebräuchlichen Ordnung der Responsorien. Eine ganze Reihe weiterer Handschriften aus Marbacher Tochterstiften bestätigt dies, wobei spätere Anpassungen an diözesanen Bräuche nicht irritieren dürfen. Warum Strassburger Liturgie? Obschon auf Diözesangebiet von Basel gelegen, hatten die Marbacher Chorherren zur Zeit ihrer Gründung die Strassburger Liturgie entlehnt. Der Stifter von Marbach war ein Vasalle des Strassburger Bischofs, und das Gebiet des «oberen Mundat», zu dem Marbach gehörte, unterstand der weltlichen Hoheit des Strassburger Bischofs.

Das Interlakener Graduale

Auch die Messe verlangte nach einem Gesangbuch. Dieses enthielt für jeden Sonn- und Festtag innerhalb des Jahres die zur Messe nötigen Gesänge. Spät allerdings erst fand jener Gesang, der als «Alleluja-Vers» das Evangelium einleitet, Eingang in diese «Gradualien», in die Bücher jener Gesänge, die zur

Abb. 499
Lateinisches Brevier aus Interlaken, zwischen 1440 und 1446, BBB Cod. 524B, fol. 221v/222r.

Messe *ad gradus* (an den Stufen des Ambos) zu singen waren. Ursprünglich waren diese Alleluja-Verse in einer eigenen Sammlung zusammengefasst. Aber gerade sie sind nun wie die Historien des Breviers klassische Erkennungsmerkmale mittelalterlicher Messbücher. Alle anderen Gesänge hatten in der römischen Kirche fast durchwegs ihre feste Ordnung gefunden. So lässt sich in den Sittener Missalien tatsächlich nur an den Alleluja-Versen erkennen, dass die Liturgie weder der Lausanner Kathedrale noch einer anderen Diözese entlehnt worden ist.[14]

Wieder sucht man vergeblich ein Missale aus Marbach. Wenige Kilometer entfernt hingegen befand sich das mit Marbach verbundene Chorfrauenstift Schwarzenthann, von dem in der Colmarer Stadtbibliothek ein Messbuch erhalten ist.[15] Die Übereinstimmung der Interlakener Missalien mit jenem aus Schwarzenthann lässt die gemeinsame Marbacher Tradition erkennen. Im Gegensatz zu den Historien korrespondiert diese aber nicht mit der Strassburger Ordnung. Damals, als Strassburgs Bücher nach Marbach kamen, lag diese Alleluja-Ordnung eben noch nicht fest. Die Reihe der Bücher mit Marbacher Messliturgie lässt sich inzwischen um einige Codices erweitern.[16]

Die Regule breviarii

Allen Interlakener Brevieren vorangestellt finden sich *Regule breviarii*.[17] Selbst die Engelberger Handschrift kennt diese im jüngeren Teil von 1429. Diese Regeln erläutern den Umgang mit den beweglichen Zeiten und Festtagen im gleich bleibenden Rhythmus des Kalenderjahres. So wird beschrieben, wie die Lesungen des Advents mit den vorweihnachtlichen Heiligenfesten konkurrieren, wie die alttestamentlichen Historien auf die Sonntage nach Pfingsten zu verteilen sind, welche Feste eine Oktav bekommen. Dass es sich um Regeln eines regulierten Chorherrenstiftes handelt, geht aus der Privilegierung des *gloriosissimi patris nostri Augustini* hervor. Durch die Responsorien des Advents wie auch durch ein Zitat aus den Marbacher Statuten erfährt man darüber hinaus, dass die Regeln Stifte mit den Marbacher *Consuetudines* betreffen.

Allerdings ist damit nicht eine Marbacher Herkunft der *Regule breviarii* bestätigt, denn darin erwähnte Heiligengedächtnisse kennt das Marbacher Kalendarium nicht, obschon sie im Interlakener zu finden sind. Zudem kennen wir diese Brevierregeln ausserhalb Interlakens lediglich aus zwei Handschriften von Stiften in Interlakens Nachbarschaft.[18] Damit ist die Entstehung dieser Regeln in Interlaken und deren Weitergabe von dort aus in verschiedene Stifte benachbarter Diözesen anzunehmen.

Die Interlakener Bücher enthalten zusätzlich zahlreiche «Rubriken», also liturgische Regieanweisungen, die damals verbreitet waren. Sie finden sich öfter in den so genannten *Libri ordinarii*, den eigentlichen «Drehbüchern» für das liturgische Leben einer Kathedrale, eines Klosters oder eines Stiftes. Von Interlaken fehlt ein solches Buch. Vergleiche aber mit «Libri ordinarii» von Rheinau, Zürich und Zurzach, aber auch von Trondheim und Linköping im hohen Norden, lassen uns ein aus dem benediktinischen Reformkloster Hirsau stammendes Werk erkennen, das sich auf dem Weg über Marbach auch in dessen Stifte verbreitet hat.[19]

So sind nun sieben Interlakener Handschriften bekannt, die dem gemässen Vollzug des Gottesdienstes dienten. Kein Stift im Marbacher Kreis, einschliesslich des Mutterstiftes, weist ein solch umfangreiches liturgisches Erbe auf. Interlakens Liturgie ist jene, die von den Chorherren von Marbach ins Berner Oberland gebracht worden ist, und die sich im Mittelalter in unzähligen Stiften nördlich der Alpen weiterverbreitet hat. Die Interlakener haben – vermutlich in ihrem eigenen Skriptorium – das ihrige dazu getan. Interlaken ist damit zum wichtigsten Zeugen der Liturgie jenes elsässischen Reformstiftes geworden, das in der Zeit der Gregorianischen Reform Mittelpunkt der Erneuerung der Chorherren- und Chorfrauenbewegung nördlich der Alpen war.

Adriano Boschetti

Liturgisches Gerät aus bernischen Kirchen

Für die Messfeier benötigte der Priester einen festen Bestand an liturgischem Gerät, das zum Altar gehörte und daher einst in jeder Kirche vorhanden war. Mit der Abschaffung der Messe in der Reformation wurde das herkömmliche Altargerät überflüssig. Falls sie nicht schon früher ersetzt worden waren, scheinen damals fast alle liturgischen Gegenstände des 13. und 14. Jahrhunderts entfernt, eingeschmolzen oder verkauft worden zu sein.[1] Das Bild, das wir uns heute über die liturgische Ausstattung der bernischen Kirchen machen können, muss deshalb sehr fragmentarisch bleiben.

Beim Altargerät ist zwischen *vasa sacra* und *vasa non sacra* zu unterscheiden.[2] *Vasa sacra* sind diejenigen Geräte, die in unmittelbare Berührung zum Allerheiligsten kamen, also vor allem der Kelch für den Messwein (*calix* oder *scyphus*) und die *Patene* sowie die *Pyxis*. Die konsekrierten Hostien wurden in der schalenförmigen *Patene* dem Gläubigen dargereicht und in der *Pyxis*, einem Behältnis mit Deckel, aufbewahrt. Diese heiligsten Geräte sollten nach wiederholten Bestimmungen von Synoden aus edlen Materialien gefertigt sein. Bemerkenswert ist daher das Fragment eines Kelches aus Keramik, welches in

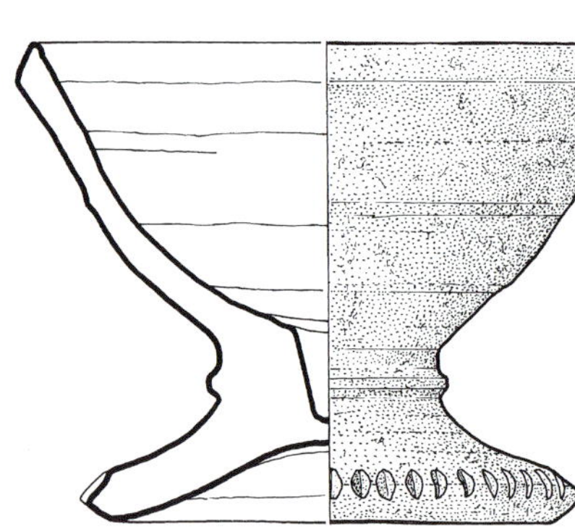

Abb. 500 (unten links und Mitte)
Foto und Rekonstruktion eines Kelches aus Keramik, gefunden in der Kirche Ursenbach, 2. Hälfte 13./Anfang 14. Jahrhundert. Der Kelch könnte als Messkelch gedient haben, wurde doch an Kirchensynoden wiederholt beanstandet, dass diese zuweilen aus unedlen Materialien seien. Für eine derartige Nutzung und gegen die Verwendung als Grabkelch spricht die Fundlage ausserhalb eines Grabes; ADB.

Abb. 501 (unten rechts)
Silbervergoldeter Messkelch aus dem späten 14. Jahrhundert, ab 1643 in Adelboden nachzuweisen. Auf dem sechsblättrigen Fuss ist ein Kruzifixus angebracht. Der Nodus (Knopf) in der Mitte des sechskantigen Schaftes trägt sechs mit Email verzierte Vierpässe, in denen die ungedeuteten Unzialen «N T U J» stehen. Es ist möglich, dass der Schaft aus später zusammengefügten Teilen besteht; BHM Inv. Nr. 302.2.

der Kirche Ursenbach gefunden worden ist (Abb. 500).[3] Eher den kirchlichen Bestimmungen gemäss ist ein Kelch, der sich als einziges Beispiel des 14. Jahrhunderts im Historischen Museum Bern erhalten hat; die Kirchgemeinde Adelboden hat ihn allerdings erst 1643 erworben (Abb. 501).[4]

Als *vasa non sacra* werden alle weiteren Altargeräte wie Weihrauchfass (*thymiamaterium, turibulum* oder *incensorium*), Kerzenhalter, Altarkreuz, Handwaschbecken und -kanne (*pelvis* und *aquamanile*), Weihwasserbecken oder Messglöckchen (*campanula* oder *cymbalum*) bezeichnet. Auch von diesen Gegenständen hat sich aus bernischen Kirchen nicht viel erhalten.

Voranzustellen ist ein kostbares Weihrauchfass aus der Kirche Meiringen (Abb. 502).[5] Weihrauch ist ein wohlriechendes arabisches Baumharz, das in der Liturgie als ehrendes und reinigendes Opfer verbrannt wird. Weihrauchfässer sind meist in Bronze gegossen und bestehen aus Schale, Deckel und Aufhängeketten. Ihre Form symbolisiert oft das Himmlische Jerusalem, die ewige, heilige Stadt. Da sich teilweise fast identische Stücke erhalten haben, kann man mit einer serienmässigen Produktion der Weihrauchfässer rechnen.

Im Zusammenhang mit der liturgischen Handwaschung werden seit dem Mittelalter Giessgefässe und Bronzebecken verwendet. Oft ist aber nicht zu entscheiden, ob es sich um aufwendig gestaltete, wertvolle Geräte der profanen Kunst handelt oder ob es Altargeräte sind (→ S. 297). Dies gilt auch für die mittelalterliche Schale, die auf dem Büttenberg bei Safnern gefunden wurde. Weder ihre geometrische Verzierung noch der Fundort lassen Schlüsse auf den ursprünglichen Verwendungszweck zu (Abb. 508).[6]

Altarglöckchen sind im liturgischen Gebrauch seit dem 13. Jahrhundert erwähnt. Sie sollten während der Elevation der Eucharistie die versammelte Gemeinde auf diesen Höhepunkt der Messfeier aufmerksam machen. Altarglöckchen sind bronzene Schlagglocken, kleine Zymbeln oder einzelne Schellen. Das Messglöckchen aus Bümpliz und eines aus Schloss Ringgenberg zeigen die Formenvielfalt dieser einfach gearbeiteten liturgischen Geräte (Abb. 503 und 504).[7]

Altarleuchter sind ab dem 11. Jahrhundert in den Schriftquellen nachgewiesen. Im Hoch- und Spätmittelalter scheinen sie wie das Altarkreuz zur Grundausstattung des Altars gehört zu haben. Aus dem Friedhof Neuenegg hat sich ein ausserordentlich qualitätsvoller Kerzenständer erhalten, der vermutlich ein Altarleuchter war (Abb. 505).[8] Zahlreicher sind in unseren Kirchen hingegen die Funde von einfachen Tonlämpchen, die der Beleuchtung dienten oder auf den Gräbern aufgestellt sein konnten.[9] Sie unterschieden sich in ihrer Form nicht von den im profanen Alltag geläufigen Lämpchen (→ S. 297). Die Funktionsweise entspricht im Prinzip derjenigen der römischen Tonlämpchen. In Talg oder Öl lag der Docht, der aussen über dem Rand der Lichtschale brannte.

Der Hauptaltar jeder Kirche sollte die Reliquien des Kirchenpatrons enthalten, weil der Altar nach frühchristlicher Tradition über dem Märtyrergrab errichtet war.[10] Unter Reliquien verstand man nicht unbedingt die gesamten leiblichen Überreste des Heiligen; es konnten auch nur Bruchstücke davon oder Objekte

Abb. 502
Das spätromanische Weihrauchfass (13. Jahrhundert) hat die Form eines vielgiebligen Zentralbaus mit vier Kettenösen. Es wurde 1915 südlich des alten Hauptaltars der Kirche Meiringen ausgegraben. Das Weihrauchfass könnte 1234 hergestellt worden sein, als die Kirche Meiringen dem Ritterorden der Lazariter geschenkt wurde. Im 15. Jahrhundert ist die Kirche des 13. Jahrhunderts zerstört und zugeschüttet worden (Abb. 376); BHM Inv. Nr. 10290.

Abb. 503, 504 und Abb. 505
Links: Das Messglöckchen wurde auf der Burg Ringgenberg gefunden, in der erst seit dem 17. Jahrhundert die Pfarrkirche steht. Es ist daher möglich, dass das Glöckchen von der alten Burgkapelle stammt; BHM Inv. Nr. 10367. Mitte: Altarglöckchen aus Messing, gefunden in Bümpliz bei Bern. Dargestellt sind die vier Evangelistensymbole zwischen Ranken und die abgekürzten oder verdrehten Namen der Evangelisten: HANNEC + MATHEV IRCMS + LVCAS; BHM Inv. Nr. 37036. Rechts: Leuchter aus dem Friedhof Neuenegg, 12./13. Jahrhundert. Die Füsse lassen sich mit spätromanischen Bronzearbeiten vergleichen, deren Herkunft gemeinhin im Rheinland oder in Sachsen vermutet wird. Neuenegg war im Mittelalter die Pfarrkirche von Laupen, und der Kirchensatz lag in den Händen der Deutschordenskommende Köniz; BHM Inv. Nr. 2589.

Abb. 506
Das Reliquienglas wurde in einer Nische unter der Mensa des nördlichen Seitenaltars der alten Kirche Meiringen gefunden, Ende 13./frühes 14. Jahrhundert. Im Nuppenbecher aus weissem Glas lag eine kleine, beschädigte Blutampulle; BHM Inv. Nr. 10286.

Abb. 507
Der Medaillonteppich aus der Zeit um oder kurz nach 1300 diente ursprünglich als Altarantependium in der Stadtkirche St. Mauritius in Thun. Der Kirchenpatron ist im zentralen Mittelbild dargestellt, umgeben von den vier Evangelistensymbolen. Die acht äusseren Medaillons nehmen Themen aus dem «Physiologus» auf; Schlossmuseum Thun.

sein, die angeblich mit dem Heiligen in Berührung gekommen waren. Im Verlauf des 14. Jahrhunderts wurde das Vorhandensein von Reliquien im Altar zur zwingenden Voraussetzung dafür, dass der Weihbischof einen Altar und eine Kirche weihen konnte. In den meisten Altären – auch in den Nebenaltären – lagen daher in einem *sepulcrum* die Reliquien eines Heiligen. Als seltenes Beispiel eines Reliquiars aus dem Kanton Bern darf ein Reliquienglas gelten, das in einer Nische im nördlichen Seitenaltar der Kirche Meiringen eingemauert war (Abb. 506).[11] Es handelt sich um einen Nuppenbecher aus farblosem Glas, einer üblichen Form für Trinkbecher der Jahrzehnte um 1300. Im Becher befand sich eine Blutampulle. Es ist jedoch nicht überliefert, wessen Blut hier als Reliquie aufbewahrt worden ist.

Als liturgisches Gerät im weiteren Sinn ist der Thuner Medaillonteppich zu verstehen (Abb. 507). Es handelt sich um ein Antependium, das heisst um einen Behang für die Vorder- und allenfalls Seitenfläche des Altarsockels.[12] Antependien waren aus Stoff, Holz oder Edelmetall gefertigt und konnten entsprechend den liturgischen Bedürfnissen entfernt oder ausgewechselt werden. Das Thuner Altarantependium ist in einem Stück gewoben und 1 m auf 3,35 m gross.[13] Es dürfte am Hauptaltar der Thuner Stadtkirche gehangen sein, denn im Zentrum des Teppichs ist der dortige Kirchenpatron Mauritius als Ritter dargestellt. Der Teppich wurde 1883 im Thuner Rathaus wiederentdeckt und gehörte zu den ersten Ausstattungsstücken des 1887 gegründeten Schlossmuseums Thun.

Der Teppich ist symmetrisch aufgebaut: In der Mittelachse steht als Ritter unter einem mit gotischem Masswerk geschmücktem Ziborium der heilige Mauritius, identifiziert durch das rote Treffelkreuz der Abtei St. Maurice im Wallis (→ S. 526). Zu beiden Seiten sind vor rotem Grund und zwischen weissem Blattwerk je sechs Medaillons angeordnet. Diese stehen auf zwei Zeilen und sind durch stark stilisierte Ranken miteinander verbunden. Die symbolischen Gestalten in den Medaillons – abwechslungsweise ein fliegendes Wesen und ein Säugetier – sind dem heiligen Mauritius zugewandt. Direkt neben dem Kirchenpatron stehen die vier Evangelisten, nämlich (von oben rechts im Uhrzeigersinn) Matthäus, Markus, Lukas und Johannes. Die acht weiteren Tiere nehmen nach einer Deutung anhand des Physiologus auf die Heilsgeschichte Bezug: Einhorn, Pelikan, Phönix, Panther, Strauss, Hirsch, Widder (?) und Hahn.[14] Das Konzept des Bildprogramms ist allerdings schwer zu enträtseln, und wir dürfen kaum von einer eindeutigen Zuweisung der Symbole zu bestimmten Inhalten ausgehen.

Die symmetrische Gliederung mit Christus im Zentrum ist für Altarantependien des 13. und 14. Jahrhunderts die Regel. Auf demjenigen von Engelberg sind im Mittelstreifen das Lamm Gottes sowie die Evangelistensymbole und auf den beiden Seitenfeldern Pflanzen, Hirsche und Löwen in achteckigen Medaillons dargestellt.[15] Das Engelberger Antependium ist durch die inschriftliche Nennung des Abtes Walther zwischen 1317 und 1331 datierbar.

Der Stil des Masswerks und der Personendarstellungen auf dem Thuner Medaillonteppich lässt eine Datierung in die Zeit um oder kurz nach 1300 vermuten.[16] Nahe verwandt sind etwa die Tiermotive auf einem Tragbeutel, der angeblich

aus dem Wallis stammt und um 1320 datiert wird.[17] Stilistisch ebenfalls verwandt sind die Tierdarstellungen der Medaillons auf dem Taufstein in der ehemaligen Stiftskirche St. Mauritius in Amsoldingen bei Thun. Sie stammen aus dem ersten Drittel des 14. Jahrhunderts (Abb. 471).[18] Jakob Stammler hat auf Grund dieser engen Parallelen im näheren Umfeld vermutet, dass das Thuner Antependium in einer Werkstatt der Region, zum Beispiel im Kloster Interlaken hergestellt worden sei.[19]

Abb. 508
Bronzeschale aus Safnern. Vermutlich ist das schwer zu datierende Gefäss 1893 auf dem Büttenberg gefunden worden, wo sich – unweit der ehemaligen Bartholomäuskirche – die Schlössli- oder Klosterhubel genannten Ruinen einer schriftlich nicht erwähnten Burg befinden; BHM Inv. Nr. 2885.

Therese Bruggisser-Lanker

Geistliche Musik in Berns Kirchen und Klöstern – eine Annäherung

Im Lebens- und Regelbuch des Dominikanerinnenklosters Brunnadern zu Bern sind die Schwestern des Predigerordens aufgerufen, sich um den geistlichen Dienst zu kümmern und *Jn lesen, in betten, in beschowung, in psalmen vnd in dem Lob gottes, vnd geistlichen gesang got teglichen* [zu] *dienen*.[1] Dies war die vornehmste Aufgabe der Klöster, hier fand und findet auch die liturgische Musik ihre eigentliche Sinngebung. *Sehent, wir sind in einem hus vil mönschen mit vnderscheidenen sitten, vnderscheidenen hertzen, vnderscheidenen selen; dis alles sol versammet werden in ein andacht vnd in ein minne in got. Hie innen söllent wir sin einre selen vnd eins willen, dz [dass] wir got söllent [...] minnen von gantzen vnseren hertzen, von gantzer vnser selen vnd vnseren nechsten gelich vns selben*.[2] Diese innere Haltung war als unabdingbare Voraussetzung für die *ars cantandi* bereits in der *Regula Benedicti* gefordert und in vielen Abhandlungen zur Kunst des gregorianischen Gesangs ausgeführt worden, so auch in einem Text eines unbekannten Mönchs aus dem Kloster St. Gallen (um 1220–1240), der ein einträchtiges, ausgewogenes, abgerundetes und nicht zu langsames, aber auch nicht zu beschleunigtes Singen mit belebter und fester Stimme fordert. Denn der liturgische Gesang soll «den Engeln gefällig und erfreulich, den schauenden und hörenden Menschen angenehm und erbaulich» sein, «Andacht und Demut hervorrufen, welche die Seele zur Einsicht in den Geist der Schriften erheben, den Geist zur Betrachtung dessen aufrichten, was himmlisch und göttlich ist». Gott loben müsse man deshalb *dulci melodia, nectareo iubilo, organica voce & ineffabili laetitia*, im Chor verboten seien geschwätzige, alpenländische, donnernde oder zischende, wie Esel wiehernde oder wie Vieh brüllende und blökende Stimmen.[3]

Der Vorwurf verwilderter Sitten im Chorgesang dürfte durchaus auf die Zustände seiner Zeit gemünzt sein, da viele Klöster sich damals zu verweltlichten Adelsherbergen wandelten, für die politische Geschäfte und kriegerische Fehden wichtiger waren als klösterliche Kultur.[4] Auch das Regelbuch der Berner Dominikanerinnen ist ein Reformtext des 15. Jahrhunderts, der im Zusammenhang mit dem Wiederaufbau des Klosters steht (→ S. 400).[5] Und auch er hält fest, *wie die swestren singen söllent in dem chore*, wann sie niederknien müssten – besonders hingewiesen wird auf die Marienantiphonen am Schluss der Komplet – und wie das antiphonale Singen der Psalmen zu regeln sei.[6] Ob man aber in und um Bern im 13. und im 14. Jahrhundert ebenso kunstlos oder eben «alpenländisch» sang, wissen wir nicht. In Bezug auf den kirchlichen Gesang stehen wir vor vollkommen dunklen Zeiten, da weder liturgische Bücher noch musiktheoretische Texte überliefert sind. Der Sturm der Reformation, bei der es ja vor allem um die Auslöschung des althergebrachten Kultes ging, hatte ganze Arbeit geleistet.[7] Einzig die von der Stadtrepublik Bern im Zuge der Errichtung des Kollegiatsstiftes zu St. Vinzenz 1484 in Auftrag gegebenen sechs kostbaren Antiphonare sind erhalten geblieben.[8]

Abb. 509
Mönche beim Chorgebet. Darstellung aus der Chronik des Ulrich Richental, 2. Hälfte 15. Jahrhundert; Konstanz Rosgartenmuseum, Inv. Hs. 1, S. 96v.

In der Leutkirche Berns waren laut einem Schatzverzeichnis von 1379 ein Plenarium (Plenarmissale), zwei Psalter (die oft neben den Psalmen auch Antiphonen, Invitatorien und Hymnen enthielten), zwei Antiphonale (wohl ein Sommer- und ein Winterteil) ein Graduale (mit den Messgesängen) und ein Hymnar vorhanden, all jene Bücher also, die für einen geregelten Gottesdienst erforderlich waren.[9] Ob das Urteil des Chronisten Valerius Anselm schon für die frühere Zeit zutrifft, dass von den Deutschordensbrüdern *keiner so vil Latein*

kond, das die siben zit- und selgebet, gsang und ampt, item und zu not der sacramenten handlungen on ärgernüss und on spot volbracht wurdid,[10] steht es doch in der Begründung für die Errichtung des Vinzenzsstiftes, muss offen bleiben. Es dürfte jedoch leider weitgehend der Realität entsprechen, da entsprechende Reformen erst seit den Konzilien von Konstanz und Basel in Angriff genommen wurden. Trotzdem erscheinen Verallgemeinerungen schwierig, da es unterschiedliche lokale Traditionen und Standards der Musikausübung gab. Zu denken wäre auch an die traumatischen Katastrophen des 14. Jahrhunderts – vor allem des schwarzen Todes (→ S. 220) –, welche nicht nur die Bevölkerung massiv dezimierten und Endzeitstimmung, Angst- und Bussgesinnung förderten, sondern auch antiklerikale Tendenzen zeitigten und intensive laikale Frömmigkeitsformen wie etwa das Geisslerritual mit seinen spezifischen deutschen Gesängen hervorbrachten.[11] Aus Justingers Chronik ist eine Parodie auf ein Geisslerlied bezeugt, in der die Berner, als sie am 26. Dezember 1349 nach den überstandenen Schrecken des grossen Todes im Tal von Zweisimmen ihr Heerlager aufgeschlagen hatten, in einem rauschhaften Massentanz die Mahnungen der Geissler zur Busse verspotteten: *Der unser busse wel enpflegen, der sol ross und rinder nehmen, gense und veisse swin, damit so gelten wir den win.*[12]

Mit dem Ziel einer regelkonformen und intensiv-mystischen Religiosität ist die frühe tief greifende Choralreform der Zisterzienser vollzogen worden, aus deren Bereich uns immerhin zwei Handschriften vorliegen, die möglicherweise in einen Zusammenhang mit dem Kloster Fraubrunnen beziehungsweise dem Kloster Frienisberg gebracht werden können. Ihr Ziel war eine rigorose Vereinheitlichung auf der Basis einer möglichst «authentischen» Fassung des gregorianischen Chorals, und sie beinhaltete im Wesentlichen die Eliminierung der

Abb. 510 (links) und 511 (rechts) Zisterziensisches Antiphonar, zwischen 1307 und 1316; Luzern, Zentralbibliothek, P. 18.2, fol. 021v, Initiale A(dorna thalamum tuum syon...) und fol. 069r, Initiale F(uit homo missus a deo cui nomen iohannes...)

Tropen und Sequenzen, die seit dem 9. Jahrhundert zum Grundbestand des Choralrepertoires hinzugekommen waren, die Beschränkung des Melodie-Ambitus auf die Dezime (aus der falschen Interpretation des zehnsaitigen Psalteriums von Psalm 143 *in psalterio decachordo psallam tibi*), die Homogenisierung der Modi, das Vermeiden des b-Vorzeichens, die Rückkehr zu den ambrosianischen Hymnen und die Kürzung schmückender Melismen.[13] Der Preis dieses asketischen Traditionalismus war zunächst eine gewissen Verarmung in musikalischer Hinsicht, die jedoch dank der Aufzeichnung in der neuesten verfügbaren Technik der Liniennotation eine höchst moderne Gestalt gewann.

Eine der Handschriften, die von Kurt von Fischer ohne Begründung als eventuell aus Fraubrunnen stammend erwähnt wird,[14] liegt in der Burgerbibliothek unter der Signatur C 50. Sie enthält auf Folio 235v einen Schreibervermerk eines Johannes Surrburger *de Tenibach*, also aus der Zisterze Tennenbach bei Freiburg i. Br., einer Filiation des Klosters Frienisberg.[15] Die zweite Handschrift, ebenfalls ein Antiphonar, kam mit dem Bibliotheksbestand bei der Aufhebung von St. Urban nach Luzern, wo sie in der Zentral- und Hochschulbibliothek unter der Signatur P. 18.2 aufbewahrt wird (Abb. 510 und 511). Ellen J. Beer, die sich mit den kunsthistorisch wertvollen Initialen beschäftigt hat, deutet das Kolophon (fol. 301) dahin gehend, dass dieses Chorbuch auf Wunsch des Abtes Konrad von Neuenburg (1307–16) von Frienisberg (*Mons aurora*) hergestellt wurde (→ S. 438).[16] Am ehesten ist es vielleicht mit einem Zisterzienserantiphonar in der Kantons- und Universitätsbibliothek Freiburg des 14. Jahrhunderts (L 523) zu vergleichen, beide in ausgesprochen harmonischer Gestaltung der Quadratnotation auf vier Linien, sorgfältiger Kalligraphie und ausgeziert mit vollendeter gotischer Fleuronornamentik. Typisch für beide Codices sind auch die häufigen Rasuren von Melismen, die aus späterer Zeit datieren dürften.[17] Die Uniformität der Liturgie macht eine Zuordnung zu einer bestimmten Abtei ausserordentlich schwierig, auch die Freiburger Handschrift lässt sich nicht eindeutig Hauterive zuschreiben. Und dies gilt letztlich auch für die zwei für Bern reklamierten Codices, die beide noch nie von musikwissenschaftlicher Seite im zisterziensischen Kontext untersucht wurden.[18] Die Berner Handschrift enthält als Nachträge vier schlichte zweistimmige Stücke in metrischer Notation,[19] die an ein weiteres Spezifikum zisterziensischer Musikkultur erinnern: die Vermittlung des kunstvollen Pariser Organum-Repertoires.[20] Die Grenzlage Berns auf der Scheidelinie zwischen französischer und deutscher Sprache, zwischen westlicher und östlicher Gesangstradition wäre ein faszinierendes Feld, solche Rezeptionsprozesse zu verfolgen. Umso schmerzlicher fällt hier der Verlust sozusagen aller liturgischen Handschriften ins Gewicht.

André Schnyder

Literatur und Musik in Bern

Zur Zeit der Gründung Berns ist im literarischen Leben bisher Unerhörtes im Gang – anderswo freilich. Zwischen 1170 und 1220 entsteht die erste von Laien für Laien gemachte deutschsprachige Literatur. Schrieben zuvor Kleriker, vorab Mönche, entweder für ihresgleichen oder dann für Laien, die es zum Glauben zu bekehren oder vor dem Abirren vom rechten Weg zu bewahren galt, so rückt nun das Irdische deutlicher ins Zentrum. Zwar gerät auch dem Laien, Kind einer grundlegend religiös geprägten Epoche, die Sorge um das ewige Heil nicht aus dem Blick; dennoch verliert dieses in der Literatur seinen Anspruch auf exklusive Beachtung und Dringlichkeit. Dabei sind diese literarischen Anfänge alles andere als unscheinbar: Es entsteht eine Fülle von Werken, und manches von ihnen darf weltliterarischen Rang beanspruchen.[1]

André Schnyder

Heinrich von Strättligen *(Stretlingen/Stretelingen)*

Konrad Justinger berichtet: *Es warent ouch edel notveste lüte in burgenden, sunderlichen drü geslechte ... die von Stretlingen, von Ringenberg und von egerden* [Aegerten] (Justinger, S. 14). Im Fall der ersten Sippe steigert der Chronist dieses Ansehen noch durch die Mitteilung, *der von Stretelingen was von künges geslechte geborn* (Justinger, S. 15). Dieser hier schon von einer gewissen Irrealität umgebene Glanz erreicht in den Berichten der Stretlinger Chronik des Elogius Kiburger den Bereich des Mythischen. Er führt die Familie auf einen römischen König *Ptholomeus* zurück. Dieser sei durch die Vision eines Hirschs mit einem leuchtenden Kreuz im Geweih zum Christentum bekehrt geworden – und habe so erst noch ein passendes Sujet für das Familienwappen gefunden! Zum Christentum bekehrt, vom Papst auf den Namen *Theodricus* getauft, vor Christenverfolgung nach Burgund fliehend und für seinen Herzog einen Zweikampf gewinnend, habe er zum Dank von diesem die Hand seiner Tochter Diemuot und *ein hüpsch land* obendrein, eben die Gegenden am Thunersee, bekommen (Stretlinger Chronik, S. 1–12) – eine Karriere wie im höfischen Roman!
Was uns die quellenkritische Geschichtsforschung erkennen lässt, ist erheblich nüchterner. Der älteste Beleg in einer Urkunde Berchtolds IV. von Zähringen stammt aus dem Jahr 1175; Mitte des 14. Jahrhunderts verschwindet das Geschlecht. Ganz gewiss ist jener *dominus Henricus de Stretelingen* von 1175 nicht unser Autor, denn da, ganz am Beginn volkssprachiger Liebeslyrik und weitab von deren damaligen Zentren im Rheinland und Donauraum, wären die uns überlieferten Verse nicht denkbar gewesen. Die Entstehung der Grossen Heidelberger Liederhandschrift um 1310, unseres einzigen Überlieferungszeugen, setzt unserer Suche nach einem Heinrich die obere Grenze. Damit kommen zwei Personen in Betracht: Heinrich II. (zwischen 1250 und 1263 belegbar) und sein Sohn Heinrich III. (von 1258 bis 1294 urkundlich bekannt). Typischerweise erfahren wir aus den urkundlichen Zeugnissen nichts von einer poetischen Tätigkeit; wir sehen vielmehr die zwei Herren in ihren politischen, rechtlichen und wirtschaftlichen Aktivitäten.
Die Forschung hat deswegen versucht, mit Kombinatorik weiter zu kommen. Dazu bot sich einmal jene Nachricht aus der Stretlinger Chronik an, wonach Heinrich III. kein Kind von Traurigkeit gewesen sei, im Gegenteil: er *was gar und ganz ein kind oder ein sun diser welt, daß er geistlicher cristenlicher sachen wenig achtet. ... Er luod ouch uf den kilchwichinen des Paradis edel und unedel allenthalben da umb und schikt, daß da gemacht wurdent groß tenz und allerlei spils: es were singen, springen, schießen, kuglen walen, keiglen, stein stoßen, eßen und trinken und mengerlei sünden, so uf dem selben zit da volbracht wurdent* (Stretlinger Chronik, S. 159). Da lag für die Forschung des 19. Jahrhunderts der Schluss nahe: «Einem solchen Charakter scheint auch die Rolle des minnesiechen Sängers ungleich besser [als für den Vater] zu taugen» (Baechtold, Stretlinger Chronik, S. XVIII). Dem kann man entgegenhalten, «dass in der Handschrift C [Heinrich] zwischen Dichtern steht, von denen keiner über die Mitte des 13. Jahrhunderts herabgeht» (Schweizer Minnesänger, S. LXXII).
Hält man sich an die wissenschaftlich gebotene Vorsicht, dann muss die Frage offen bleiben. Ja, sie ist – wie Max Schiendorfer das vorschlägt – noch zu verschärfen: Die Urkundenreihe, die uns über die Strättlinger Auskunft gibt, ist so locker, dass ohne weiteres Mitglieder der Familie dem Vergessen anheim gefallen sein können. So bleibt zwischen Heinrich III. und seinem Enkel, Heinrich IV., Zeitraum für einen andern, uns unbekannt gebliebenen Heinrich, und dieser könnte als Autor unserer Lieder chronologisch durchaus noch rechtzeitig liegen.

Abb. 512
Die Manessische Liederhandschrift (Anfang 14. Jh., wohl Zürich) bringt die Lieder des «hern heinrich von Stretelingen» an 30. Stelle (Bl. 70v–71r). Auf dem Autorbild sehen wir ihn sich in beschwingtem Spitzentanz um seine Dame herumdrehen; die gegenseitige Zuwendung wird durch die Entsprechung in der zierlich gespreizten Gestik ihrer Hände noch unterstrichen. Das Wappen ist jenes derer von Strättligen; die Farben (Rot und Gold) scheinen im Vergleich zu andern heraldischen Quellen hier vom Maler aber gerade vertauscht worden zu sein; Universität Heidelberg, Codex Palatinus Germanicus 848.

Wer sind diese Autoren? Mit Autorinnen – dies nebenbei – haben wir hier nicht zu rechnen. Dann: Wo schreiben sie? Für wen schreiben sie? Was schreiben sie? Sie heissen etwa: der von Kürenberg, Meinloh von Sevelingen, Burggraf von Regensburg, Dietmar von Aist, Kaiser Heinrich VI., Friedrich von Hausen, Albrecht von Johansdorf, Heinrich von Morungen, Rudolf von Neuenburg-Fenis (Vinelz!), Reinmar von Hagenau, Walther von der Vogelweide. Trotz dieser Fülle sind damit – mindestens der letzte Name hat es verdeutlicht – erst die wichtigeren unter den reinen Lyrikern genannt. Fürs Epische, genauer: (meist) den Versroman, wären nun etwa Herbort von Fritzlar, Gottfried von Strassburg, Wirnt von Gravenberg, Ulrich von Zatzikhoven (wohl Zezikon, TG) und Heinrich, Verfasser des ‹Reinhart Fuchs› anzufügen. Zwischen diesen beiden Gruppen stehen Autoren, die als Lyriker und als Epiker Bedeutendes geleistet haben: Heinrich von Veldeke, Hartmann von Aue, Wolfram von Eschenbach. Diese Liste verlängert sich indessen noch, wenn wir uns daran erinnern, dass eine Reihe epischer Werke aus Zufall oder aus inneren Gründen ohne Autornamen auf uns gekommen ist: ‹Herzog Ernst›, ‹König Rother›, das ‹Nibelungenlied›, ‹Die Klage›, ‹Kudrun›.
Ihr vorab den Epenrezitationen und Liedvorträgen zuhörendes, seltener still in Pergamenthandschriften – noch gibt es kein Papier – lesendes Publikum finden diese Dichter in der dünnen adligen Oberschicht. Nur sie hat die freie Zeit und die materiellen Mittel, um sich mit Dingen wie Literatur, die das Leben vorab verschönern, es nicht einfach fristen helfen, zu beschäftigen. Dieses Publikum, darunter Frauen in nicht unerheblicher Zahl und wohl mit beachtlichem Einfluss auf Autoren und Texte, hat seinen Lebensraum an den grossen und kleinen Höfen des Reichs, etwa am Landgrafenhof in Thüringen, am babenbergischen Herzogshof in Wien, am Stauferhof, am Welfenhof in Braunschweig und in

Regensburg, beim Bischof Wolfger von Passau, wohl auch bei den Herzögen von Zähringen (→ S. 37).[2] Allerdings können wir für eine ziemliche Zahl von Werken, darunter hoch bedeutende, wie die beiden Artusromane Hartmanns, das ‹Nibelungenlied›, dazu viele kostbare Zeugnisse der Lyrik, gar keinen Auftraggeber und Adressaten nennen; anderswo (etwa beim ‹Parzival› und ‹Willehalm› Wolframs) sind wir auf Vermutungen angewiesen. Dies wiegt schwer in einer buchdrucklosen Zeit, die keinen anonymen Buchmarkt kennt, denn diese Unkenntnis über die genauen Interessen, die der Entstehung eines literarischen Werkes zu Grunde liegen, hemmt bei uns späten Lesern nicht selten das rechte Verständnis.

Wovon singen und erzählen diese Dichter ihrem noblen Auditorium? Soweit sie Lyriker sind, kennen sie vorab ein Thema: *man unde wîp* und das, was die zwei verbindet: *diu minne*. Dabei ist diese *minne* so spannungsreich und vielgestaltig wie unsere Liebe – wenn wir jetzt einmal die uns Heutigen nicht mehr verdammenswert vorkommende gleichgeschlechtliche Liebe ausser Acht lassen.[3] Minne kann das – bei Licht betrachtet – wohl ewig aussichtslose Schmachten eines Ritters zur hoch gestellten Dame sein; sie erscheint aber auch als ganz körperhafte Erotik, als galanter Dialog zwischen Dame und Herr, als depressive Liebesklage des nicht Erhörten, als pointierte Debatte um die Gleichrangigkeit zwischen den Geschlechtern in Herzenssachen, aber auch als listig und tückenreich, mitunter selbst verbal-handgreiflich geführter Geschlechterkampf.[4]

Schwerer lässt sich von den Stoffen der Epiker in allgemeinen Umschreibungen Anschaulichkeit vermitteln; sie sind, wenigstens vordergründig, stärker welthaltig als die Liebeslyrik. Freilich ist die Liebe auch hier ein weithin bestimmendes Thema, doch die Tatsache, dass Sie und Er in Ort und Zeit und unter andern Menschen erscheinen, eröffnet die Weite der Imagination, die sich unterschiedlichste Stoffe heranzieht. Der Zeitraum, den episches Erzählen im Gegensatz zum nur kurzen Lied gewährt, ermöglicht es, die Geschichte einer Beziehung vorzuführen und die Konflikte breit in Handlungen zu entfalten, statt einzig in lyrischer Reflexion auf einen Punkt zu bringen.

An Stoffbereichen wäre einmal der Antikenroman, basierend auf der Troja- und Äneassage, zu nennen.[5] Auf der einheimischen, mündlich überlieferten germanischen Heldensage basiert das ‹Nibelungenlied›; stofflich für sich steht schliesslich die Geschichte um Tristan und Isolde.[6] Näher an die Zeitgeschichte heran

André Schnyder

Johann von Ringgenberg

Die Ringgenberger sind etwa eine Generation früher als die Strättliger urkundlich fassbar, nämlich seit Mitte des 12. Jahrhunderts. Vorerst erscheint die Famile freilich noch unter anderem Namen, hat die Dynastie doch erst unter Reichsvogt Cuno, der seit 1234 auch *advocatus de Briens* ist, mit dem Bau einer neuen Stammburg bei Ringgenwil begonnen. Dieses *castrum* erscheint 1240 erstmals in den Quellen, 1252 heisst es *Ringkenberg*. Erst Johann I., Enkel des erwähnten Cuno, wird dann konsequent den neuen Familiennamen tragen. Bei ihm wird übrigens auch eine vielleicht durch seine Mutter gegebene Verwandtschaft mit den Strättligern fassbar, wird er doch einmal *avunculus* [Onkel] Heinrichs IV. von Strättligen, der vielleicht als Enkel des Minnesängers zu betrachten ist, genannt. Johann I. ist zugleich höchstwahrscheinlich unser Autor, denn dessen Sohn Johann ist dafür zu spät geboren, und einen Konkurrenten kennen wir nicht – wenn wir nicht dem totalen Zweifel Raum geben wollen (Bumke, Ministerialität, S. 56). Der Freiherr tritt in einer sehr dichten und zeitlich weitgespannten Urkundenreihe (von 1291 bis 1350) recht deutlich ans Licht. Wir dürfen – um mit der Interpretation einer Urkundenlücke zu beginnen – mit einiger Plausibilität vermuten, dass der junge Johann zusammen mit zahlreichen oberdeutschen Edlen 1304/5 an einem Kriegszug des Deutschen Ordens nach Litauen teilgenommen und dabei sich den Rittertitel erworben hat. Wir sehen ihn – eine Annahme von grosser Wahrscheinlichkeit – im Gefolge zweier deutscher Könige, Heinrichs VII. und Ludwigs des Bayern, zweimal nach Rom ziehen (1310–1312 und 1327–1329; vgl. Durrer, S. 236 und Anm. 1), wir sehen ihn mit Bern einen Burgrechtsvertrag schliessen, wir sehen ihn bald handelnd für, bald händelnd gegen den mächtigen geistlichen Nachbarn, das Kloster Interlaken.

Diese vielfältigen Aktivitäten (umfassend: Durrer, Freiherren) lassen zwei strategische Ziele erkennen: Abwehr der drohenden Vormachtstellung der Habsburger in der Region und Abwehr einer bernischen Hegemonie. Die beiden Ziele hatten im Verlauf dieses langen Lebens – der wohl bald nach 1270 geborene Johann stirbt als mindestens Achtzigjähriger – nicht immer dieselbe Dringlichkeit und standen nicht immer im selben Verhältnis zueinander. Als der Freiherr nach 1350 die Geschäfte in die Hand seines Enkels legt, muss die Bilanz zwiespältig ausfallen: Zwar hat Habsburg im schweizerischen Alpenraum an Einfluss verloren – doch davon hat unter anderem eine Macht profitiert, die kaum nach dem Gusto der Ringgenberger gewesen sein dürfte: Bern. Da das Kloster Interlaken seit 1335 unter der Schirmherrschaft Berns stand, waren die Güter der Ringgenberger von dessen Einflussgebiet umschlossen. Einen Niedergang der Familie lassen auch die Heiratsverbindungen erkennen: Bereits Johann I. war mit einer nichtebenbürtigen Wädenswilerin verheiratet; von ihr ging somit eine Standesminderung auf die Söhne Philipp und Johann II. über, und diese heirateten ebenfalls nichtadlige Frauen.

Abb. 513
Autorbild und Lieder Johanns von Ringgenberg erscheinen im Kodex Manesse an 62. Stelle (Bl. 190v–192r). Johann – wegen der Nähe zum Wappen und wegen des Fingerzeigs der mittleren Dame wohl links zu sehen – misst sich im Schwertkampf; beide Gegner sind bis auf die winzigen Rundschilde und die Lederhandschuhe völlig ungerüstet, was den Regeln des gerichtlichen Zweikampfes entspricht. Anlass, einen solchen ins Bild zu setzen, gab vielleicht die Deutung des Beinamens als «gladiator» «Ringer». Auch das historisch richtig wiedergegebene Wappen etymologisiert diesen Namensteil, freilich nun im Sinne von «rinke» «Gürtelschnalle»; Universität Heidelberg, Codex Palatinus Germanicus 848.

führen schliesslich Romane, in denen der religiös fundierte Kampf zwischen Christentum und Islam Gestalt gewinnt, die Kreuzzugsepik (der eine Kreuzzugslyrik zur Seite zu stellen wäre); hierher gehören das ‹Rolandslied› Konrads und der ‹Willehalm› Wolframs, ideell allerdings höchst unterschiedliche Werke.[7]

Aber: Was hat dies alles mit Berns mutiger Zeit zu tun? Wenig oder viel, je nachdem. Wer nämlich die in Berns Anfängen dort gepflegte oder gar entstandene deutsche Literatur darzustellen hat, kann es bei einem Satz von höchster Knappheit bewenden lassen: Es gibt sie nicht. Die rechten Proportionen bekommt dieser Satz freilich erst im grösseren Zusammenhang, beim Blick auf das, was gleichzeitig anderswo entstanden ist; man hat also negative Literaturgeschichte, Literaturgeschichte «darum herum» zu betreiben.
Nebenher hat sich schon ein wesentlicher Umstand für dieses Vakuum in Bern angedeutet: Deutsche Literatur findet damals, in der Gründungszeit der Aarestadt, an Höfen und vor einem vorab hochadligen Publikum statt. Einen solchen sozialen Raum gibt es hierzulande nicht. Zudem liegt es auch geographisch weit von den damaligen Zentren literarischer Kreation. Im Verlauf des 13. und erst recht des 14. Jahrhunderts wird sich dann überall im deutschsprachigen Gebiet das Netz grosser und kleiner literarischer Orte verdichten, die Produktion von Texten nimmt zu, diese werden vielfältiger, und – in unserem Zusammenhang besonders wichtig –, neben den Hof als Zentrum der Literatur rückt die Stadt.[8]
Dieser Prozess prägt sich beispielhaft in der Reihe «bernischer» Autoren aus, die im Folgenden mit ihrem Werk näher vorzustellen sind: Heinrich von Strättligen und Johann von Ringgenberg, standesmässig Vertreter des mittleren Adels

– freilich aus Häusern, die im 14. Jahrhundert ihren Rang verlieren – pflegen beide Lyrik in der grossen, damals schon etwas müde gewordenen Tradition des höfischen Sangs. Aus welcher sozialen Schicht der dritte Autor, Boner, stammt, wissen wir nicht, doch gehört er über seinen Lebensraum und seinen Stand als Dominikaner in die Stadt. Was er freilich verfasst, die erste einem Autor zuschreibbare deutschsprachige Fabelsammlung des Mittelalters, ist einem adligen Herrn, Johann von Ringgenberg, gewidmet, und es lässt sich auch die Gattung Fabel nicht etwa als «stadtbürgerlich» charakterisieren – da verliert also unsere Reihe ihre Beispielhaftigkeit. Um einen ersten, literatursoziologisch völlig berechtigt «städtisch» zu nennenden Text in Bern zu sehen, müssten wir ins 15. Jahrhundert mit der Justinger-Chronik vorausblicken.
Die lyrische Hinterlassenschaft des ältesten Autors, Heinrichs von Strättligen, umfasst lediglich zehn Strophen in drei Liedern,[9] sie nehmen in der einzigen Handschrift C weniger Raum als sein Autorenporträt ein. Dieses, eine Tanzszene mit einem Paar in aufmerksamer Zuwendung (Abb. 512), mutet wie ein Kontrapunkt zum Inhalt der Lieder an. Denn diese sind durchwegs in Moll gestimmt. Die Liebesklage des unerhört schmachtenden Liebhabers durchzieht alle Strophen: *ich muoz sterben, sunder lougen. / ach, ir mündel rôt / tuot mih tôt.* Weil ihre Herzenshärte ihm das Reden verbietet, singt er: *mînen kumber ich ir doene, swar* [wohin auch immer] *ich landes var, / offenbar.* Auch Vermittlung durch das Publikum (*nu helfent mir, die lieben bitten*) oder durch die Nachtigall trägt wenig ab. Bei diesem letzten Motiv wird übrigens Heinrichs Verbindung zur Tradition – aber auch sein Wille zu Eigenständigkeit – besonders augenfällig. Um die berühmte, *tandaradei* schlagende Nachtigall Walthers von der Vogelweide zu übertrumpfen, hat er dem Liebesvogel einen veritablen Jodler in den Schnabel gelegt: *deilidurei faledriannurei / lidundei faladaritturei!* Dies das bemerkenswerteste Beispiel dafür, wie die Konventionalität des Inhaltes und der Motivik in jedem Lied Heinrichs durch Kleinigkeiten der sprachlichen und rhythmischen Ausgestaltung eine gewisse eigene Note erhält.

Die 17 Sangspruchstrophen[10] Johanns von Ringgenberg, alle im selben Ton verfasst,[11] bieten sich von ihrer Oberfläche her ungleich ein-töniger dar, als die drei Lieder Heinrichs mit ihrer unterschiedlichen metrischen Gestaltung und ihren vielfältigen rhythmischen Reizen. Inhaltlich hat dagegen der Autor die thematische Breite, welche der Sangspruch ermöglicht, gut ausgeschöpft. Mehrere Strophen umkreisen religiöse Themen: die Schöpferallmacht Gottes, sein Erbarmen, das ihn die Erlösung ins Werk setzen liess, der Lobpreis der Jungfrau, die den Erlöser empfing. Andere Strophen behandeln ethische Fragen, bald unter dem Horizont ewigen Heils oder ewiger Verdammnis, bald ohne religiöse Töne im Rahmen sozialer Nutzen-Schaden-Rechnungen. Mehrfach wird die Frau als von Gott herausgehobenes Geschöpf, an dem das Wohl und Weh des Mannes liegt, gepriesen.
Johann arbeitet gerne mit Gegensätzen, etwa indem in zwei in der Handschrift – und wohl auch im mündlichen Vortrag – aufeinander folgenden Sprüchen Kontrastierendes behandelt wird, so *milte* (Grosszügigkeit) und *kerge* (Geiz), manchmal wird der Gegensatz auch in ein und dieselbe Strophe hinein geschlossen (etwa Nr. VII über Mass und Masslosigkeit). Gelegentlich bedient er sich der hämmernden Wiederholung von Worten und Satzstrukturen: *Guot muot kan tiuren* [erhöhen] *edeln man / guot muot die megde und ouch diu wîp wol wirden* [Würde verleihen] *kan / guot muot machet, daz man niht verzaget an gotte...* (Nr. XVI). So wird in der Strophe mit zwölfmaliger Wiederholung des Anfangswortes dargelegt, was hohe Gesinnung ist und was sie kann. Im hochgespannt feierlichen Spruch über die Schöpferallmacht Gottes (Nr. III) treffen wir Anspielungen auf Wolframs gewaltigen ‹Willehalm›-Prolog.
Zweimal verwendet Johann auch das bekannte Bild vom Glücksrad. Einmal gestaltet er eine ganze Strophe damit (Nr. XIII). Erst werden nacheinander Gewinn, Vollbesitz, Verlust und völlige Entäusserung an irdischen Gütern durch das Eingreifen des wechselhaften Glückes geschildert; dann wird im Strophenabgesang nach eindringlicher Wiederholung gemahnt, die Lehren aus der erkannten Unverlässlichkeit der Güter zu ziehen, sich also mit dem

Abb. 514
Das Autorenbild für den 1317 verstorbenen, wortgewaltig-dunklen Spruchdichter Heinrich von Meissen (Bl. 399r), genannt Frauenlob, vermittelt namentlich über das Instrumentarium eine Anschauung von weltlicher Musikpflege im 13./14. Jahrhundert. Heinrich thront erhöht über einer Schar von Spielleuten, durch das grell gestreifte Gewand selber als solcher gekennzeichnet, durch Sitz, Kommandostab und den Hermelinpelz allerdings auch wieder aus ihnen herausgehoben; sicher ist bei seiner Pose nicht an ein Dirigat zu denken. Die Musikanten tragen (von links nach rechts): Handtrommel, Flöte, Schalmei, Fidel, Psalterium (Hackbrett) und Dudelsack; der Fidler im Zentrum schliesslich spielt denn auch effektiv. Von den wichtigen Instrumentenfamilien fehlen im Bild die auf kriegerischen Impetus und fürstliche Repräsentation ausgerichteten Blechbläser (Trompete und Posaune); Universität Heidelberg, Codex Palatinus Germanicus 848.

Besitz die Gunst der Mitmenschen und Gottes zu sichern: *daz ein man sîn guot mit der liute gunst und ouch mit gotte haete.* Mehrdeutig ist das zweite Auftreten der Glücksradvorstellung ganz am Schluss einer Frauenpreisstrophe (Nr. X). Wer die Gunst der Frauen hat, heisst es da, *der sitzet ûf dem glükes rade.* Soll man das im schlichten Sinn von «der hat es gut» nehmen? Oder steckt in diesem Abschluss ein Widerhaken: Frauengunst dauert ebenso wenig wie die Position oben auf dem Rad, umso mehr als ja Fortuna auch eine Frau ist? Derartige Doppelbödigkeit liesse sich dann erst noch verschieden akzentuiert denken: geistlich-ernsthaft im Sinne der Vanitas-Vorstellung – von der Nichtigkeit alles Irdischen ist in einer anderen Strophe Johanns die Rede – oder eher sarkastisch und leicht frauenfeindlich. Beide Lesarten wären durchaus mittelaltergemäss und fänden in Texten anderer Autoren Parallelen. Denkbar aber auch, dass die Annahme eines solchen gewollten Bruches die Möglichkeiten unseres Autors überschätzt, betont die Forschung doch: «Johann beherrscht die literarischen Konventionen und setzt die traditionellen Stilmittel und Aussageformen mit sicherer Genauigkeit ein, ohne freilich eigenes Profil gewinnen zu können.»[12]

Es war im 13. Jahrhundert nicht unbedingt üblich, dass sich adlige Herren als Sangspruchdichter versuchten, denn der Minnesang schien eher standesgemäss.[13] Johanns Interesse am Sangspruch schafft aber eine Verbindung zu einem

Entscheid, den er als Mäzen getroffen hat – freilich ohne dass wir sicher ausschliessen könnten, dass hier der pure Zufall am Werk war: Wie erwähnt hat Boner seine Fabelsammlung für Johann von Ringgenberg geschrieben. Hier wie dort also zeichnet sich dessen Interesse an Texten ab, die allgemeine Werte und Maximen eines guten Lebens darstellen und diskutieren.

Boner vermerkt im Epilog seines ‹Edelsteins› *hundert bîschaft hab ich geleit / an diz buoch* (V. 9 f.). Damit ist einmal die Hundertzahl der Fabeln als Autorabsicht und nicht blosser Überlieferungszufall erwiesen – die Anzahl und Auswahl der Stücke schwankt nämlich je nach Handschrift deutlich. *Bîschaft* – das sind lehrhafte Geschichten, von denen die meisten durch ihr tierisches Personal und ihre Kürze unserem Begriff von Fabel entsprechen; doch findet sich auch etwa ein Dutzend Erzählungen, die sich der gängigen Fabeldefinition nicht genau fügen. Erfunden hat Boner keines seiner Stücke; er bezieht sie vielmehr vorab aus dem so genannten «Anonymus Neveleti», von Nr. 63 an wird dann der Avian seine führende Quelle; eine letzte Gruppe von Geschichten entstammt einem dritten, aus diversen Sammlungen gespeisten Quellenbereich.[14]

An der Spitze erscheint die Fabel vom Hahn, der auf dem Mist ein Korn sucht, aber einen Edelstein findet, darüber freilich nicht gerade glücklich ist: *«... du bist mir unerkant.» / der han warf hin den stein zehant* (Nr. 1 V. 19 f.). Dies ziele auf die Toren, *die wîsheit, kunst êr unde guot / versmâhent* fügt der Fabeldichter an (V. 28 f.). Die Beziehung dieses Eingangsstückes zum Prolog – und damit die Spiegelung des Textes in einem seiner Elemente – ist offensichtlich. Einen ähnlichen Kunstgriff wendet der Sammler, Übersetzer und Ordner Boner bei der letzten Geschichte an: Sie empfiehlt den Satz «Bedenke das Ende» zur Beherzigung, markiert so für den Innenteil der Kollektion einen Schlusspunkt, dem bloss noch der Epilog folgen muss.

In der Hundertschaft seiner Geschichten befolgt Boner keine strenge Systematik, aber eine gewisse lockere Ordnung lässt sich vielerorts erkennen.[15] Oft sind es zwei Fabeln, die sich näher zusammenschliessen; dabei kann die Klammer im Bezugspunkt der moralischen Nutzanwendung liegen – Nr. 67 und 69

André Schnyder

Ulrich Boner

Im Epilog seines Textes nennt sich der Autor, nachdem er das bereits im Prolog getan hat, nochmals: *und der, der ez* [das Werk] *ze tiutsche brâcht / hât von latîn, des müez gedâcht / iemer ze guote werden / in himel und ûf erden: er ist genant Bonêrius* ‹Edelstein Nr. 101 V. 41–45›. Diese Selbsterwähnung, welche in ihrer Form – Verbindung mit der Bitte um gute Erinnerung, wohl auch Gebetsfürbitte – und in ihrer Armut an biographischer Information durchaus zeittypisch ist, bringt uns zunächst auf die Suche nach einer historisch belegbaren Person, der die Verfasserehre zustehen würde für dieses *büechlîn, mag der edelstein wol heizen, wand ez in im treit / bîschaft* [lehrreiches Vorbild] *manger kluogkeit.... wer niht erkennet wol den stein / und sîne kraft, des nutz ist klein* (Prolog, V. 64–70). Nur weil unser Autor seinen Gönner genannt hat, gelingt es überhaupt, ihn selber zu lokalisieren und zeitlich zu situieren, auch das ist für mittelalterliche Verhältnisse recht charakteristisch: Unter Verwendung lateinischer Quellen habe dieses kunstlose Büchlein er, *Bonêrius / ... gemacht ... ze liebe dem erwirdegen man / von Ringgenberg hêrn Jôhan.* Es bestehen wenige Zweifel (allerdings auch keine restlose Sicherheit), dass damit der Sangspruchdichter aus dem Codex Manesse genannt ist (→ S. 462). So orientiert sich unsere Suche auf den bernischen Raum und die erste Hälfte des 14. Jahrhunderts. Der Familienname Boner findet sich in der einschlägigen Quellensammlung nicht ganz selten. Viel erfahren wir allerdings über diesen Wernerus, Petrus, Johan, Franciscus, Ulricus, Chuno, Conradus und R. Boner nicht: Sie sind Zeugen eines Kaufs oder Verkaufs, Besitzer des Nachbargrundstücks zu jenem, von dem gerade die Rede ist, leisten als Mitglied im Rat der Zweihundert den Eid. Die für unseren Fabelautor vorauszusetzende Lateinkenntnis lässt uns nach einem Geistlichen Ausschau halten. Da gibt es einmal den Priester *Chuno dictus Boner*, aber das Datum seines Auftretens, der 13. April 1272, lässt ihn schon wieder aus dem Kreis der Kandidaten ausscheiden (FRB III, S. 16). So bleiben Franciscus, Bieler Bürger, zwar kein Kleriker, aber als Notariatsgehilfe jedenfalls litterat und lateinkundig (FRB VIII, S. 210), dann *frater Uolricus Boner* und *Conradus frater eius.* Diesem Letzten begegnen wir nur einmal, am 15. Oktober 1350 anlässlich eines Zinsverkaufs der Interlakner Augustiner an die Berner Dominikaner, zusammen mit dem Bruder Ulrich (FRB VII, S. 532). Die zwei Brüder erscheinen hier als Schuldner des Klosters Interlaken, wobei die Annahme einer frommen Stiftung (so Baechtold, Geschichte, S. 172) reine Spekulation bleibt. Ulrich finden wir zusätzlich noch am 12. März 1349 als Zeuge einer Pfründenstiftung, er ist ebenfalls am 26. Januar 1327 und am 24. Februar 1324 Zeuge beim Handwechsel von Grundstücken (FRB VII, S. 412, FRB V, S. 537 und S. 395); hingegen dürfte derjenige Ulrich Boner, welcher als Mitglied des Rats der Zweihundert erscheint (3. Februar 1295, FRB III, S. 604) ein Namensdoppelgänger sein.

Schon früh im 19. Jahrhundert hat sich die Forschung für diesen Dominikaner Ulrich als den Autor entschieden, wohl eher der Suggestion der grösseren Häufigkeit seines Auftretens erliegend, als sich auf eindeutige Quellenaussagen stützend. Denn gewiss wird Ulrich mehrfach zweifelsfrei als Dominikaner fassbar; dass sein Bruder Konrad aber nicht auch Geistlicher war, lässt sich auf Grund des Dokumentes von 1350 nicht sicher ausschliessen. So könnte denn angesichts dieser Quellenlage auch er, ja sogar ein heute vergessener, da urkundlich nicht nachgewiesener Boner unser Mann sein.

etwa behandeln Stolz und Anmassung –, manchmal ergibt sie sich auch nur aus einem äusseren Element der Fabelhandlung (in Nr. 69 und 70 eine Schelle als Requisit).
Die Überschriften bilden eine wichtige Orientierungshilfe in einer so reichen Sammlung; auch sie verraten eine gewisse Planung, die aber nie zur ausgefeilten Strategie wird. Charakteristisch ist ihre Zweiteiligkeit, in der sich die Doppelung von Handlung und Moral wiederfindet: *von einem esel und eins löwen hût; von unerkanntnisse* [Ignoranz] oder: *von dem magen, den henden und vüezen; von nîde und von hazze* (Nr. 67 und 60).
Bekanntlich kann die Fabel verschiedene Wege gehen. Sie mag die Lust am Fabulieren in den Vordergrund stellen; dann wird die Moral zum mehr oder minder pflichtgemäss erledigten Pensum. Oder – dies das andere Extrem – das Erzählerische ist streng funktional auf die Nutzanwendung hin bezogen und ihr letztlich untergeordnet. Auch wenn die Forschung bisher Boners Erzählweise nicht sehr eingehend untersucht hat, lässt sich erkennen, dass er eher zur ersten Gruppe gehört, erzählt er doch mit einer gewissen Freude, Ausgiebigkeit und Anschaulichkeit; dabei steht die Moral, der zwar durchaus Raum zugestanden wird, manchmal in lockerem Bezug zum Erzählteil. Nicht selten werden auch unterschiedliche Maximen aneinander gereiht, so dass das Publikum eine Auswahl an Schlussfolgerungen angeboten bekommt.[16] Die Moral selber ist in ihrem Anspruch und ihrer Ausrichtung so charakterisiert worden: «Boners Ratschläge [ergeben] kein Lehrgebäude theoretischer Ethik und auch keine Handreichung für moralische Unterweisung. Mit Moral haben sie nur insofern zu tun, als sie diese nicht verletzen wollen und soweit Tugenden notwendig sind zu erfolgreichem Handeln. Sie propagieren wie ihre Quellen kluge Pragmatik, das Respektieren des Üblichen, die Beachtung von Erfahrungen zum eigenen Nutzen – nur beziehen sie nunmehr auch die sozialen und religiösen Verhaltensvorschriften in ihre Kalkulation mit ein.»[17]

Was ist aus Boners Werk geworden? Das Zeugnis der erhaltenen oder der mindestens noch bekannten Handschriften gibt uns eine Reihe von aufschlussreichen Antworten auf diese Frage. Deren 36 sind es, die älteste vollständige datiert auf 1411, die jüngste von 1492.[18] Keine einzige läuft unter dem Autornamen; der Werktitel hat sich zur Unterscheidung dieser von den anderen der zahlreichen mittelalterlichen Fabelsammlungen durchgesetzt. Zwischen dem spätesten Zeitpunkt für die Entstehung des Werks und dem Einsetzen der Überlieferung liegt also etwa ein halbes Jahrhundert. Dies ist auffällig und ebenso wenig erklärbar wie die Tatsache, dass die Handschriften aus dem schweizerischen Raum deutlich in der Minderzahl sind (5). Zwei davon können wir übrigens dennoch bernischen Vorbesitzern zuordnen: Die eine befindet sich heute in der Burgerbibliothek,[19] die andere in Basel. Auf Interesse stösst der ‹Edelstein› anscheinend genau bei jener Schicht, aus welcher der Gönner und wohl erste Leser stammen: beim Patriziat und beim Adel. Einmal zu Beginn des 15. Jahrhunderts ans Licht gekommen, zeigt Boners Sammlung ein robustes Leben. Ja, als sie – das erste illustrierte Buch in deutscher Sprache – vom Bamberger Drucker Albrecht Pfister am 14. Februar 1461 und dann nochmals etwa drei Jahre später gedruckt wird, scheint der ‹Edelstein› sogar die Klippe der spätmittelalterlichen Medienrevolution von der Handschrift zum gedruckten Buch überwunden zu haben. Allerdings gibt es nun in der Publikumsgunst eine mächtige Konkurrenz, die Äsop-Übertragung Heinrich Steinhöwels (1476/77), und diese wird sich in der Folge durchsetzen, nicht zuletzt deswegen, weil die Verse Boners gegenüber der anscheinend wirklichkeitsnäheren Prosa keine Chance mehr haben und sich nicht behaupten können.
Im 18. Jahrhundert tritt Boners Sammlung wieder ins Licht des Interesses.[20] Seither sind Boners Name und Leistung nicht mehr in Vergessenheit geraten, selbst wenn die Germanistik nach recht intensiver Beschäftigung bis 1850 ein rundes Jahrhundert lang den ‹Edelstein› gründlich vernachlässigt hat – Versäumnisse, die heute im Fehlen einer modernen, Boners Leistung würdigen Ausgabe noch offenkundig und noch nicht eingeholt sind.

Das Ausgreifen aufs Land

Bündnis- und Territorialpolitik

Urs Martin Zahnd

Herrschaft und Territorium

Die Illustration aus Diebold Schillings Spiezer Bilderchronik zeigt die Eroberung des kiburgischen Schlosses Landshut während des Gümmenenkrieges (nach 1331): Noch wehren sich die Verteidiger der Wasserburg mit Steinen und Spiessen gegen die angreifenden Berner und Solothurner. Bereits haben die Belagerer aber die Zinnen erstürmt und den Graben überwunden, die kiburgischen Truppen werden durch Schützen in Schach gehalten und mit Brechwerkzeugen wird soeben das Tor eingeschlagen. Es ist abzusehen: Bern und Solothurn *gewunnen Lantzhut und zerbrachen daz* (Abb. 469).[1]
Ähnliche Darstellungen in Wort und Bild finden sich in der bernischen Chronistik des Spätmittelalters immer wieder. Offensichtlich sahen Justinger, Tschachtlan, Schilling und andere in diesen kriegerischen Erfolgen ihrer Vorfahren besonders erinnerungswürdige Ereignisse, die es in Bildern und träfen Formulierungen festzuhalten galt, weil dadurch den Nachgeborenen gezeigt werden konnte, wie das grosse bernische Herrschaftsgebiet entstanden war. Bekannt ist etwa Justingers Bemerkung, mit der er seine ausführliche Darstellung der Eroberung des Aargaus durch die Berner 1415 zusammenfasst: *Und als die von Bern in dem Ergöw also reiseten sibenzehen tage, also gewunnen si ouch sibenzehen gemureter slossen, es weren stet oder vestinen, die gen Bern huldeten oder verbrent wurdent.*[2] Zweifellos hat diese Darstellungsweise der spätmittelalterlichen Chronisten bis in unsere Tage nachgewirkt, beispielsweise in der verbreiteten Vorstellung, die alten Berner hätten mit derartigen kriegerischen Unternehmungen nicht nur zahlreiche Städte, Burgen und Landschaften erobert, sondern im Verlaufe des 14. bis 16. Jahrhundets dank ihres militärischen Potentials den grössten Stadtstaat nördlich der Alpen errichtet, der sich von den Toren Genfs bis zur Mündung der Aare in den Rhein, von den Alpen bis an die Südhänge des Juras erstreckt habe.
Zweifellos spielten grössere und kleinere militärische Aktionen beim Aufbau und bei der Behauptung des bernischen Herrschaftsgebietes eine oftmals spektakuläre Rolle. Aber: Erobern hiess noch lange nicht rechtmässig besitzen. Bezeichnenderweise wurde das eingangs erwähnte Landshut nach der Erstürmung von 1331 nicht einfach bernisch: Zur Errichtung einer rechtmässigen bernischen Landvogtei Landshut kam es erst auf Grund langwieriger, aber durchaus friedlicher Verkäufe von Herrschaftsteilen zwischen 1418 und 1514; und die rasche militärische Besetzung des Aargaus fand ihre rechtliche Sicherung erst durch die Privilegien Kaiser Sigismunds von 1434 und durch den Verzicht Österreichs in der Ewigen Richtung von 1474.[3] Damit wird deutlich, dass es sich beim Aufbau der bernischen Territorialherrschaft im Spätmittelalter um einen Prozess handelt, der wesentlich komplexer verlaufen ist als die prächtigen Chronikillustrationen suggerieren, dass nicht in erster Linie militärische, sondern politische, rechtliche, allenfalls wirtschaftliche Instrumente den Alltag der städtischen Aussenbeziehungen dominiert haben.

Auch im nördlichen Alpenvorraum erstreckt sich die Umwandlung des hochmittelalterlichen, weitgehend personalen Herrschaftsgefüges in den spätmit-

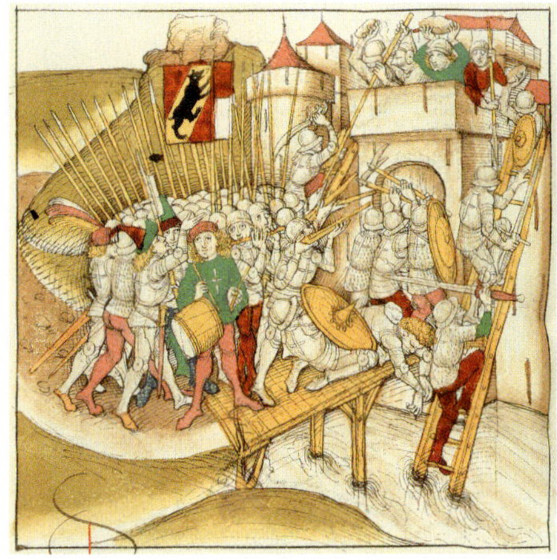

Abb. 515
So stellte sich der Illustrator von Diebold Schillings Spiezer Chronik um 1485 die Eroberung von Landshut während des Gümmenenkrieges (nach 1331) vor. Das Wasserschloss Landshut war neben Burgdorf und Thun die dritte Residenz der Grafen von Kiburg. Sie wurde von den Bernern als Rache für eine Niederlage der verbündeten Solothurner zerstört; BBB Mss. hist. helv. I. 16, S. 204.

←Abb. 516
Setzschild für Belagerungen, mit der ältesten farbigen Darstellung des Berner Wappens, 14. Jahrhundert; BHM Inv. Nr. 269e.

telalterlich-frühneuzeitlichen Territorialstaat von der Mitte des 13. bis weit ins 17/18. Jahrhundert hinein, wobei dieser Umwandlungsprozess in unserem Raum im 14. Jahrhundert eine frühe, deutlich erkennbare Intensivierung erlebt hat. Wenn die bernische Obrigkeit am 8. Mai 1682 ausdrücklich festhält, *dass der höchste gewalt und landtsherrliche souverainitét, auch die oberste heerschafft, macht und pottmessigkeit über dises loblichen standes Bern Deutsch und Weltsche landt und leuth, geist und weltliche, burger, underthanen und einwohnere in stätten, fläken, dörffern und höfen etc., zustehen und gebühren thue unss, den anfangs gedachten schuldtheissen, klein und gross rähten, genant die zweyhundert der statt Bern*,[4] so bezeichnet sie damit zwar die von ihr beanspruchte souveräne Landesherrschaft über das bernische Gebiet. Den Geltungsbereich dieser staatlichen Souveränität umschreibt sie aber durch die Aufzählung der einzelnen zum Gehorsam verpflichteten Herrschaftskomplexe und Personengruppen und bringt so zum Ausdruck, dass dieser Territorialstaat durch die allmähliche Anhäufung, Überlagerung, Ausweitung und schliesslich Systematisierung unterschiedlichster Herrschaftsrechte in der Hand der Stadt entstanden ist.

Eine entscheidende Rolle spielte in diesem Prozess der Territorialisierung die Möglichkeit, Grundherrschaften, Vogteirechte, Kirchenpatronate, Regalien und vor allem Gerichtsherrschaften – also hohe und niedere Gerichte – rechtmässig zu erwerben. Denn wer in diesen unterschiedlichen Herrschaftsverbänden lebte, konnte zwar den Schutz des jeweiligen Herrn beanspruchen, hatte aber diesem Herrn zugleich die entsprechenden Dienste und Abgaben zu leisten und sich dessen Gebotsrecht zu unterziehen (Twing und Bann). Die Äufnung dieser unterschiedlichen Herrschaftsrechte innerhalb eines bestimmten Gebietes – kombiniert mit vielfältigen königlichen Privilegien – konnte deshalb auch im Alpenvorraum allmählich zu territorial zusammenhängenden Herrschaftsverbänden führen, die, anfänglich nur durch den Herrschaftsinhaber selber zusammengehalten, im Verlaufe des Spätmittelalters und der frühen Neuzeit zu den Frühformen von «Staat» verdichtet wurden.[5]

Selbstverständlich gingen diese Bestrebungen zur Bildung geschlossener Herrschaftsbereiche im Gebiet zwischen Emme und Saane/Sense, Oberland und Jurafuss nicht nur von Bern aus. Vielmehr sah sich die Stadt im 14. Jahrhundert einer Vielzahl von Konkurrenten gegenüber und war, insbesondere in der Frühzeit des 13. und beginnenden 14. Jahrhunderts, selber Ziel derartiger Versuche zur Herrschaftsausweitung. Nach dem jähen Ende der Bemühungen um die dauernde Einbindung des Aareraumes in eine fest gefügte zähringische Herrschaft mit dem Tode des kinderlosen Herzogs Berchtold V. 1218 und dem deutlichen Schwinden der königlichen Präsenz in unserem Land seit dem Ende des staufischen Herrscherhauses (1250/54) waren es insbesondere folgende Kräfte, die sich in ständiger Rivalität um die Bildung möglichst umfassender Herrschaftsbereiche bemühten:

1. Im Vordergrund standen die machtpolitischen Erben der Zähringer, die Grafen von Savoyen (→ S. 119), die Grafen von Habsburg (die nachmaligen Herzöge von Österreich, → S. 136) und die Grafen von Kiburg (→ S. 122), wobei Letztere seit 1264 vor allem in Anlehnung an Habsburg, später allenfalls an Bern, auf Erfolg hoffen konnten.
2. In etwas bescheidenerem Umfange finden sich entsprechende Bemühungen auch bei den Grafen von Neuenburg (mit den Nebenlinien Aarberg, Valangin, Nidau, → S. 132), den Grafen von Greyerz oder einzelnen Freiherrengeschlechtern, etwa den Weissenburgern.
3. Seit dem frühen 14. Jahrhundert griffen die Städte , insbesondere Bern, Freiburg, und Solothurn, in das Kräftemessen ein. Die Kommunen, ursprünglich als Stabilisierungsfaktoren innerhalb des königlichen beziehungsweise zähringischen Besitzes gedacht, wurden durch ihre Politik, ähnlich wie die grossen Dynasten, zu den Erben des königlichen Einflusses im westlichen Mittelland.[6] Dabei wechselten die Beziehungen zwischen den Kommunen, insbesondere zwischen Bern und Freiburg – hinter dem seit 1277 immer auch das Haus Österreich als Stadtherr wirksam war – oft sehr kurzfristig, und aus Verbündeten wurden erbitterte Rivalen oder gar militärische Gegner.

4. Lediglich eine untergeordnete Rolle spielten kirchliche Herrschaftsträger (→ S. 157): Einerseits waren die bischöflichen Zentren Lausanne und Konstanz so weit entfernt, dass sich ihre kirchlichen Kompetenzen im Aareraum kaum zu herrschaftlichem Einfluss erweitern liessen, andererseits fehlten im bernischen Umfeld grosse, alte Klosterherrschaften, um die sich eigentliche Territorien hätten bilden können. Selbst das Augustinerpriorat Interlaken vermochte trotz seines reichen Besitzes keine entsprechende Politik zu verfolgen.[7]

Die rechtlichen Grundlagen, auf denen der Besitz der unterschiedlichen Herrschaftskompetenzen und Herrschaftsgebiete beruhte, waren sehr unterschiedlich: Neben altem Eigengut adliger Geschlechter und Gütern kirchlicher Niederlassungen waren grosse Teile des Herrschaftsbesitzes Lehen, über die der König, einzelne Dynasten, Klöster, Stifte und später auch Städte eine mehr oder weniger spürbare Oberherrschaft besassen. Wenn sich nun seit dem Interregnum auch im Aareraum die unterschiedlichsten Kräfte darum bemühten, ihre Herrschaftskomplexe mit neuen Gebieten und Kompetenzen zu arrondieren und auf Dauer zu konsolidieren, konnte es in einer ersten Phase lediglich darum gehen, die entsprechenden, höchst uneinheitlichen Rechtstitel zu erwerben. Die Mittel, die bei dieser Erwerbspolitik eingesetzt wurden, waren vielfältig. Wie bereits festgehalten, spielte dabei die militärische Eroberung eine erstaunlich geringe Rolle; von schwindender Bedeutung für eine zielgerichtete Herrschaftsausweitung waren auch die alten Instrumente adliger Familienpolitik, Erbschaft und Heirat.

Als erfolgversprechend erwiesen sich aber vor allem seit dem 14. Jahrhundert zwei Mittel: Der Kauf von Herrschaftsrechten und die Schaffung von politischen, rechtlichen und auch wirtschaftlichen Abhängigkeiten durch Bündnisse, Burgrechte oder Schirmverträge.

Dass Herrschaftsrechte und Herrschaftskomplexe nicht nur ererbt, erheiratet oder verliehen, sondern eben auch gekauft werden konnten, war im Spätmittelalter eine Selbstverständlichkeit. Die Besitzdauer und Besitzsicherheit, die so erworben wurde, konnte allerdings unterschiedlich sein: Sehr oft wurde ein Gut vorerst lediglich als Pfand auf Wiedereinlösung veräussert, und es war Sache des Käufers, die Chance einer Pfandeinlösung richtig einzuschätzen. Zu beachten galt es zudem, dass eine Herrschaft in der Regel lehensrechtlich eingebunden war, der Käufer also meist lediglich die Herrschaftsansprüche und -rechte einer lehensrechtlichen Ebene erwarb. Dass insbesondere die kleinen Adligen Burgunds, die seit dem 14. Jahrhundert zunehmend mit wirtschaftlichen Schwierigkeiten zu kämpfen hatten, ihre Güter und Herrschaften oftmals aus reiner Not verkauften, war allgemein bekannt; ebenso, dass diese Notlagen von Dynasten und Städten skrupellos ausgenützt, allenfalls gar gezielt herbeigeführt wurden.[8]

Besonders zahlreich sind die Bündnisse zwischen Städten, zwischen Adligen und sogar zwischen Landgemeinden im Südwesten des alten Reiches. In unzähligen, teils zeitlich begrenzten, teils regelmässig erneuerten Übereinkünften suchten die Vertragspartner vor allem seit dem Interregnum die Rechtssicherheit und den Frieden zu sichern. Im nördlichen Alpenvorraum lassen sich seit dem 14. Jahrhundert drei Bündnisgeflechte von Kommunen ausmachen: jenes der Bodenseestädte samt Zürich, jenes der Innerschweizer Talgemeinden und jenes Berns mit den politischen Kräften Burgunds. An allen dreien nahmen in unterschiedlichem Ausmass auch die lokalen Adelsgeschlechter und Kirchen, aber ebenso die grossen Dynasten teil, die ihrerseits versuchten, ihren Einfluss sowohl mit überregionalen als auch mit zweiseitigen Landfriedensbündnissen zu stärken. Denn diese Verbindungen sollten durchaus nicht nur die gegenseitige Hilfe in Notsituationen, Massnahmen zur Friedenssicherung oder Gerichtsstandsfragen regeln; sie dienten zunehmend auch dazu, Einfluss auf den Bündnispartner zu nehmen. Mehrfach lässt sich auf Grund der konkreten politischen Konstellationen nachweisen, dass sich hinter den scheinbar ausgewogenen Formulierungen der Vertragstexte deutliche machtpolitische Abhängigkeiten verbergen. Und nicht von ungefähr sind gerade in der fraglichen Zeit mehrfach aus gleichberechtigten Bündnispartnern Herr und Untertane geworden.[9]

Abb. 517
Das ganzfigurige Steinrelief auf der Grabplatte König Rudolfs von Habsburg (gestorben am 15. Juli 1291) im Dom zu Speyer ist eine der frühen Herrscherdarstellungen mit naturalistischen Zügen.

Die Frage nach dem Ausgreifen Berns aufs Land im 13. und 14. Jahrhundert, nach den Anfängen bernischer Landesherrschaft, nach den Wurzeln des nachmaligen bernischen Territorialstaates, wird sich deshalb eingehend mit diesen wirtschaftlichen, persönlichen und rechtlichen Verflechtungen zwischen burgundischem Adel und Bern befassen müssen. Von Interesse sind vor allem die Aussenverträge unterschiedlichster Art: vom grossen Landfriedensbund bis hin zum persönlichen Burgrecht. Dabei gilt es allerdings zu beachten, dass diese Verbindungen Berns zu benachbarten Städten und Dynasten nur sehr bedingt den Horizont eines allenfalls angestrebten bernischen Herrschaftsbereiches umreissen. Auch im Bernbiet erweist sich Territorialpolitik höchstens in den Augen des Rückschau haltenden Historikers als das Resultat weitausgreifender Konzepte; den Zeitgenossen erschien sie wohl eher als Herumtasten in den Verwicklungen des bestenfalls Möglichen.

Berns Bündnisse und Burgrechte im 13. Jahrhundert

Die frühesten Hinweise auf Berns Rolle im Prozess der Ausweitung und Verdichtung von Herrschaften im westlichen Mittelland stammen aus der ersten Hälfte des 13. Jahrhunderts. Mit dem Tode Berchtolds V. von Zähringen fiel ein grosser Teil des unmittelbaren Umfeldes der Aarestadt, aber auch die Nachbarstädte Freiburg, Thun und Burgdorf an Graf Ulrich von Kiburg.[10] Das auf Reichsboden gegründete Bern hingegen wurde 1218/20 der königlichen Herrschaft unterstellt und profilierte sich in den immer deutlicher werdenden Spannungen zwischen Staufern und Kiburgern bereits seit den Zwanzigerjahren als wichtige Kraft in der königlich-staufischen Burgund-Politik. Zunehmend heikel wurde die Position der Stadt nach 1245, als die Staufer ihr Interesse und ihre Machtmittel zunehmend auf dem italienischen Schauplatz konzentrierten, die Königsherrschaft im westlichen Mittelland immer weniger spürbar war und die antistaufischen Kräfte erstarkten; vollends kritisch wurde die Lage mit dem Wegfall einer wirksamen Königsherrschaft in Burgund nach 1250/54. Unter diesen Umständen ging es naheliegenderweise nicht darum, dass Bern versucht hätte, das Umland der Stadt herrschaftlich einzubinden; vielmehr musste sich die Stadt darum bemühen, nicht selber unter die Herrschaft eines der ausgreifenden Dynastengeschlechter zu geraten. Die grösste Gefahr ging vorerst vom Hause Kiburg aus.
In seiner Stadtchronik schildert Konrad Justinger in verschiedenen, leider meist nicht genau oder gar nicht datierten Geschichten das Bemühen des Grafen Hartmann V. von Kiburg, die Stadt Bern seiner Herrschaft zu unterwerfen. So habe etwa der Bau der ersten Brücke über die Aare bei der Nydegg zu einem ernsthaften Zerwürfnis mit den Kiburgern geführt, in dem sich Bern nur dank seiner Rückendeckung durch Graf Peter II. von Savoyen habe behaupten können.[11] In der Tat war die Unabhängigkeit Berns nach 1250 ernsthaft gefährdet (→ S. 110): Indem Hartmann V. dem kaum präsenten König die Reichsfesten Laupen und Grasburg, den Bernern die vom Herrscher verliehene Vogtei über das Cluniazenserpriorat Rüeggisberg entriss, brachte einerseits das Haus Kiburg die Stadt in eine bedrohliche Lage; seit der Anerkennung Peters II. als zeitweiligen Stellvertreters des königlichen Stadtherrn durch Bern gefährdete andrerseits Savoyen die Zugehörigkeit der Stadt zum Königsgut. Offenbar nahmen die Berner an Feldzügen Peters II. gegen Kiburg (um 1255) und im so genannten Grafenkrieg (1265–67) gegen Rudolf von Habsburg teil, unter anderem ins Wallis, ins Gebiet von Freiburg, möglicherweise auch zur Belagerung und Eroberung von Laupen. Zu einer zumindest vorübergehend ungefährdeten Einbindung ins Reichsgut kam Bern erst wieder mit der Erhebung Rudolfs von Habsburg zum König und dem Erlöschen des savoyischen Protektorates im Jahre 1273 (Abb. 517).[12]

Bereits im 13. Jahrhundert versuchte nun aber Bern, seine Freiheiten und seine relative Autonomie nicht nur dadurch zu sichern, dass es sich an das staufische Königshaus beziehungsweise an Savoyen anlehnte; gleichzeitig bemühte es sich auch, auf Grund von Bündnissen, Burgrechten oder Schirmverträgen mit seinen Nachbarn eine gewisse Rückendeckung zu erlangen.

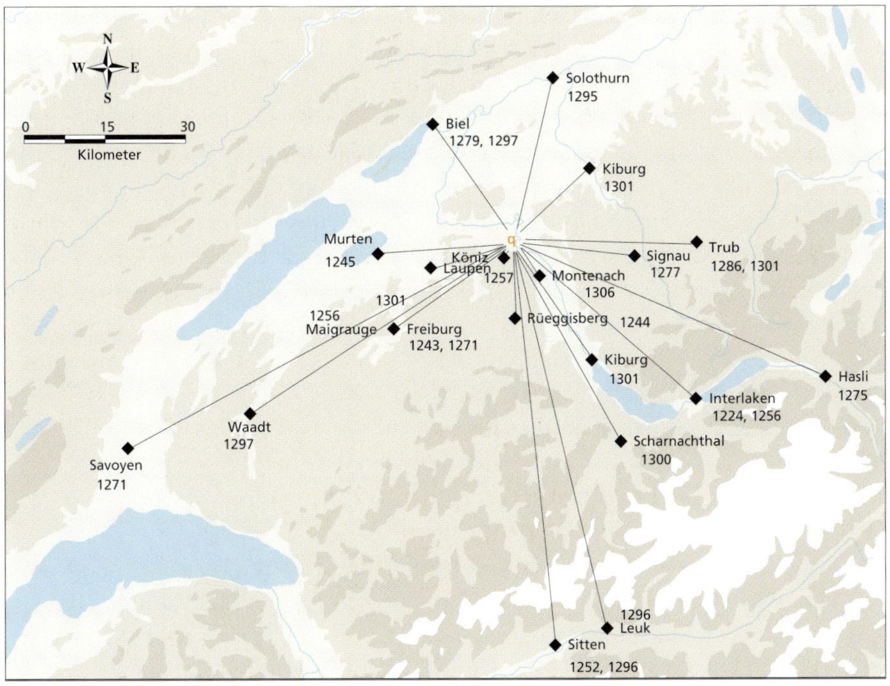

Abb. 518
Bündnisse, Burgrechte und Schirmverträge Berns vor 1306.

Bei den Bündnissen handelt es sich in der Regel um zweiseitige Verträge zwischen gleichberechtigten Partnern, die sich gegenseitig Hilfe in Notzeiten zusagen, oft innerhalb eines bestimmten Hilfskreises. Darüber hinaus listen beide Seiten auf, wen sie von dieser Hilfsverpflichtung ausnehmen: Es sind dies in der Regel der König und das Reich, die unmittelbaren Herren und ältere Bündnispartner. Sie sagen sich zu, die Leute des Bündnispartners und die eigenen Bürger vor Gericht gleich zu behandeln und im Falle von Streitigkeiten ein Schiedsgericht einzusetzen. Meist wird auch die Gültigkeitsdauer des Vertrages und der Wille zur regelmässigen Erneuerung festgehalten. Derartige Bündnisse haben die meisten Städte im oberdeutschen Raum während des ganzen Spätmittelalters in grosser Zahl geschlossen.[13]
Bei den Burgrechten handelt es sich um Übereinkünfte, laut welchen sich Adlige samt ihren Familien und Herrschaftsleuten, geistliche Niederlassungen oder kleinere Kommunen ins Bürgerrecht der Stadt haben aufnehmen lassen. Auch diese Burgrechtsverträge konnten während einer bestimmten Anzahl von Jahren, für die ganze Lebensspanne des Burgrechtsnehmers oder ewig gelten. Meist verpflichtete sich der Verburgrechtete, der Stadt im Falle eines Verteidigungskrieges samt Mannschaft beizustehen und allenfalls vorhandene feste Plätze offen zu halten. Diese Zusagen hatte er durch die Entrichtung eines Udelzinses oder den Erwerb einer städtischen Liegenschaft, manchmal auch durch die Hinterlegung eines Pfandes zu garantieren. Dafür gewährte die Stadt dem Verburgrechteten Schutz und Schirm in seinem Rechts- und Besitzstand. In den meisten Fällen machte der Burgrechtsnehmer die grösseren Zugeständnisse, während die Stadt ihren Einfluss auf die Landschaft verstärken konnte. Dabei darf aber nicht übersehen werden, dass die Grenzen zwischen Bündnissen und Burgrechten fliessend waren und gerade die Burgrechte, die Grafen und Bischöfe im 13. Jahrhundert in Bern erwarben, wohl eher Bündnisse waren.[14]
In den Schirmverträgen sicherten mächtige Herren, seltener auch Städte, als Vertreter des abwesenden Reichsoberhauptes und oft auch in dessen Auftrag einer kirchlichen Niederlassung, einer Kommune oder einem einzelnen Geschlecht Schutz vor feindlichen Kräften zu.

Bemerkenswert sind die Bündnisse und Burgrechte Berns vor allem deswegen, weil die Stadt sie – anders als die im Auftrag des Königs wahrgenommenen Schirmaufgaben gegenüber geistlichen Niederlassungen – ohne reichsrechtliche Abstützung, ja geradezu im Widerspruch zu diesem Reichsrecht eingegangen ist: Der Spruch der Fürsten auf dem Wormser Hoftag Heinrichs (VII.) 1231 entzog den Städten das Recht, irgendwelche Bündnisse, Einungen oder Eidgenossenschaften ohne Zustimmung ihres Herrn einzugehen. Wenn sich Bern, wie verschiedene seiner Nachbarstädte auch, dennoch bereits im 13. Jahrhundert um derartige Bündnisse und Burgrechte bemühte, so steht dahinter zweifellos das Bestreben, sich in schwierigen Zeiten der Thronvakanz beziehungsweise der Königsferne verlässliche Helfer zu verpflichten und den Frieden zu sichern. Zugleich lässt sich aber erkennen, dass die Stadt um ihres Schutzes willen mit der Wahl dieser Vertragspartner einen Einflussgürtel anvisiert hat.[15] Die wichtigsten dieser Bündnisse, Burgrechte und Schirmverträge des 13. Jahrhunderts waren die folgenden:

25. 2. 1224:	König Heinrich (VII.) beauftragt Bern mit dem Schirm des Klosters Interlaken.
Frühjahr 1224:	Bern nimmt das Kloster Interlaken ins Burgrecht auf (?).
20. 11. 1243:	Bern und Freiburg schliessen ein Bündnis auf 10 Jahre.
Februar 1244:	König Konrad IV. beauftragt Bern mit dem Schirm des Klosters Rüeggisberg.
um 1245:	Bern schliesst ein Bündnis mit Murten (?)
17. 7. 1252:	Bern und Bischof Heinrich von Sitten schliessen ein Bündnis auf 10 Jahre.
2. 5. 1256:	Bern nimmt das Kloster Interlaken ins Burgrecht auf (Erneuerung?).
6. 1. 1257:	Bern nimmt die Deutschordenskommende Köniz in seinen Schirm.
19. 8. 1265:	Bern nimmt das Kloster Maigrauge ins Burgrecht auf.
16. 4. 1271:	Bern und Freiburg schliessen ein Bündnis auf 10 Jahre (Erneuerung).
18. 4. 1271:	Bern und Philippe von Savoyen schliessen ein Bündnis.
6. 6. 1275:	Bern und die Talschaft Hasli schliessen ein Bündnis.
5. 3. 1277:	Bern nimmt Heinrich von Signau ins Burgrecht auf.
September 1279:	Bern und Biel schliessen ein Bündnis auf 5 Jahre.
13. 1. 1286:	Bern nimmt das Kloster Trub ins Burgrecht auf (Erneuerung?).
Mai (?) 1295:	Bern und Solothurn schliessen ein Bündnis.
4. 4. 1296:	Bern nimmt Bischof Bonifatius von Sitten, Graf Jocelinus von Visp und die Gemeinde Leuk für 10 Jahre ins Burgrecht auf.
25. 2. 1297:	Bern nimmt Graf Ludwig von Savoyen, den Herrn der Waadt, ins Burgrecht auf.
8. 7. 1297:	Bern und Biel schliessen ein Bündnis auf 10 Jahre (Erneuerung).
um 1300:	Bern nimmt Burkhard von Scharnachthal ins Burgrecht auf.
20. 3. 1301:	König Albrecht I. beauftragt Bern mit dem Schirm des Klosters Trub.
6. 4. 1301:	Bern schliesst mit Gräfin Elisabeth von Kiburg, ihren Söhnen Hartmann und Eberhard und ihrem Pfleger Ulrich von Thorberg ein Bündnis auf 10 Jahre.
23. 5. 1301:	Bern und Laupen schliessen ein Bündnis auf 10 Jahre.
3. 1. 1306:	Bern nimmt Ulrich von Montenach für 20 Jahre ins Burgrecht auf.[16]

Die Zusammenstellung erlaubt einige aufschlussreiche Beobachtungen zu Berns Beziehungen zum Umland im 13. Jahrhundert (Abb. 518):
1. Die Bündnisse Berns und der übrigen burgundischen Städte bildeten innerhalb der oberdeutschen Städtebünde eine eigene Gruppe, weil die vertraglichen Bindungen – abgesehen von den Landfriedensverträgen von 1303 und 1318 – nie grössere Gruppen von Kommunen umfassten. Das Bündnisgeflecht bestand aus lauter zweiseitigen Verträgen, so dass sich die Bündnisgruppe der burgundischen Städte aus rund zwölf Untergruppen zusammensetzte. Im Gegensatz etwa zu den Bündnissen der Hanse, in denen sich oft zahlreiche Städte in freier und wechselnder Zusammensetzung verbanden, waren an den burgundischen Zweierbündnissen meist entweder Freiburg oder Bern beteiligt. Offensichtlich

Abb. 519
Die Urkunde des Bündnisses vom 20. November 1243 zwischen den Städten Bern und Freiburg ist der älteste erhaltene Bundesbrief der Schweiz.

waren die beiden Städte die zentralen Verknüpfungspunkte des Bündnissystems in der Westschweiz.[17]
2. Bemerkenswert ist die Tatsache, dass sich die Bündnis- und Burgrechtspartner Berns bereits in früher Zeit über den ganzen burgundischen Raum verteilt finden: vom Oberland (Bödeli, Haslital) bis zum Jurafuss (Biel, Solothurn), von der Westschweiz (Savoyen, Freiburg, Laupen, sogar Wallis) bis ins Emmental (Kiburg, Trub, Signau). Einen Schwerpunkt bilden dabei die Bündnisse mit benachbarten Städten, mit Biel, Solothurn, Laupen, wahrscheinlich auch mit Murten und vor allem mit Freiburg. Der älteste erhaltene Bündnisvertrag Berns ist jener mit der Saanestadt von 1243 (Abb. 519), der nach dem Wortlaut des Urkundentextes ein älteres Bündnis erneuert, welches gemäss Justinger aus zähringischer Zeit stammen soll.
Dieses Bündnis fällt in die Zeit verschärfter Auseinandersetzungen zwischen Anhängern des Kaisers und des Papstes auch im Alpenvorraum nach der zweiten Bannung Friedrichs II. 1239. Bern als führende Kraft der Stauferpartei in Burgund und Freiburg als westlicher Schwerpunkt der päpstlich gesinnten Kiburger-Herrschaft versuchten damit die drohenden Konflikte zu entschärfen: Das freundnachbarliche Verhältnis der beiden Städte wird bekräftigt, Hilfe in Notlagen zugesagt und bei Streit zwischen einer Stadt mit dem Herrn der anderen Vermittlung, bei deren Scheitern eine vierzehntägige Wartefrist bis zum Eingreifen gelobt. Zudem versprechen beide Städte, ohne Zustimmung der Nachbarin keine neuen Bündnisse und Burgrechte zu schliessen. Zwar trägt die Übereinkunft mehrere Merkmale eines Landfriedensbündnisses; da sie aber von Freiburg zweifellos ohne Zustimmung des kiburgischen Stadtherrn geschlossen wurde, widersprach sie genau besehen geltendem Reichsrecht. Dass dieses Bündnis trotz mehrfacher Erneuerung kriegerische Zusammenstösse zwischen den beiden Städten nicht immer zu verhindern vermochte, lag allerdings nicht nur daran, dass sich Freiburg jeweils dem Willen dieses Stadtherrn

Abb. 520
Schloss Bremgarten, Aquarell von Albrecht Kauw, 1669. Von der alten Burg der Herren von Bremgarten, die die Berner nach der Schlacht bei Oberwangen 1298 zerstört haben, ist noch der Bergfried und die westliche Ringmauer zu sehen; das erkergekrönte Wohngebäude stammt aus der Mitte des 16. Jahrhunderts; BHM Inv. Nr. 26079.

zu beugen hatte. Auf diese von Justinger vertretene Ansicht wird noch einzugehen sein. Interessanterweise hat dieses Bündnis seinen Niederschlag sogar in einem historischen Volkslied gefunden, in dem die beiden Städte mit zwei Ochsen verglichen werden, die auf der gleichen Weide grasen und so lange unbesiegbar sind, als sie sich nicht entzweien: *Gott geb den ochsen beiden / Einen stetten sin, / Und lass si nit gehören / Daz si mögen zerstören; / Es were nicht ir gewin.*[18]

3. Die Bündnisse und Burgrechte Berns waren von sehr unterschiedlicher Zuverlässigkeit. Einzelne Koalitionen spiegeln lediglich zeitlich begrenzte politische Interessengemeinschaften. Dies gilt etwa für das Burgrecht von Bischof Bonifatius von Sitten und seinen Getreuen von 1296, das ausdrücklich gegen die Oberländer Herren von Weissenburg, Wädenswil und Raron geschlossen worden ist. Wenig zuverlässige Partner waren oftmals auch die Klöster und Stifte, weil sie in Zeiten der Thronvakanz oder Königsferne den Druckversuchen des Adels kaum widerstehen konnten und über Schirmherrschaft und Kirchenvogtei in ihrer Politik nachhaltig zu beeinflussen waren. Dies zeigt sich besonders deutlich beim reichen, umworbenen, um die Sicherung seines grossen Besitzes bemühten Kloster Interlaken, das sich 1224 unter dem Schirm und wahrscheinlich auch im Burgrecht Berns, um 1256 im Schirm Hartmanns von Kiburg und noch im selben Jahr erneut im Burgrecht Berns befand (→ S. 165). Auch die grossen Dynasten des Landes massen den Verträgen mehrfach wenig Verbindlichkeit zu: So wurde Graf Ludwig von Savoyen, Herr der Waadt, zwar am 25. Februar 1297 Bürger von Bern (auf 10 Jahre?); bereits wenige Monate später wandte er sich aber Berns Gegnern zu und wurde Bürger von Freiburg, selbstverständlich ohne das zugesagte Einwilligungsrecht Berns zu beachten.[19]

Abb. 521
Das Aquarell von Albrecht Kauw zeigt die Ruine Geristein um 1659. Die von den Bernern nach der Schlacht bei Oberwangen 1298 zerstörte Burg ist zwar wieder aufgebaut worden; seit dem ausgehenden 15. Jahrhundert wurde sie aber nicht mehr bewohnt, zerfiel allmählich und wurde zur Ruine; BHM Inv. Nr. 26072.

4. Verschiedene Burgrechte wurden nicht ganz freiwillig eingegangen, sondern von der Stadt Bern offenbar mehr oder weniger erzwungen. Sie besiegelten eine politische oder militärische Schwäche des Burgrechtsnehmers. Sowohl Heinrich von Signau (1277) als auch das Kloster Trub (1286) erklären in ihren Burgrechtsverträgen, auf alle Wiedergutmachungs-Forderungen angesichts der ihnen zugefügten Kriegsschäden zu verzichten; und Ulrich von Montenach musste 1306 darüber hinaus sogar versprechen, seine von den Bernern zerstörte Burg Belp in den nächsten fünf Jahren wüst liegen zu lassen. Um welche Konflikte es sich bei den kriegerischen Ereignissen handelt, die in den Verträgen von 1277 und 1286 angesprochen werden, ist nicht mit Sicherheit zu eruieren. Klar einordnen lässt sich aber das Burgrecht des Herrn von Montenach, das ins Umfeld des Gefechtes von Oberwangen 1298 anzusiedeln ist. Dieser Krieg erhellt schlaglichtartig, welche Bündnisse Berns um 1300 tragfähig waren, welche wenig taugten. Die Rivalität zwischen Bern und Freiburg, die sich in den

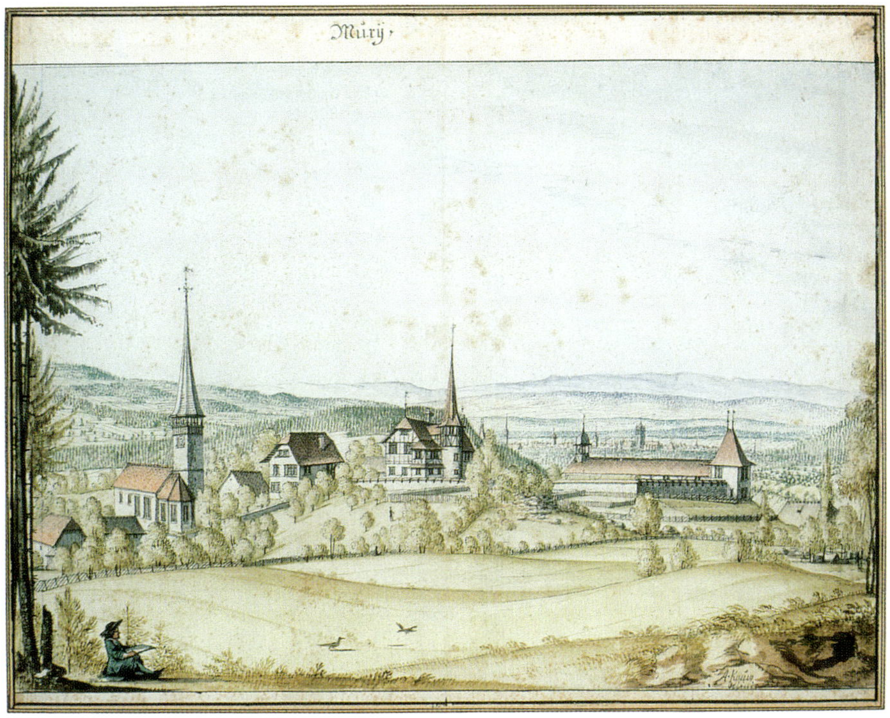

Abb. 522
Die Ansicht von Muri aus der Mitte des 17. Jahrhunderts mit Kirche und neuem Schloss (Aquarell von Albrecht Kauw) ist eine der ältesten Darstellungen eines der vier Kirchspiele, die um 1300 an Bern gekommen sind; BHM Inv. Nr. 26073.

Neunzigerjahren vor allem um den Einfluss im Saane- und Senseraum (Laupen, Gümmenen) drehte, veranlasste beide Städte, sich mit Bündnispartnern und Verburgrechteten zu stärken. Im entscheidenden kriegerischen Zusammenstoss im Dornbühl (zwischen Oberbottigen und Oberwangen) stand auf der Seite Freiburgs der grösste Teil des burgundischen Adels, unter anderen Graf Ludwig von Savoyen, Herr der Waadt, die Grafen von Greyerz und Nidau, die Freiherren von Cossonay, die Herren von Weissenburg, Bremgarten und Montenach; Berns Partei ergriffen Solothurn, Biel, das Haslital und die Grafen von Kiburg und Aarberg, vielleicht auch die Burgrechtspartner aus dem Emmental. Damit wird deutlich: Nicht jedes Bündnis, nicht jeder Burgrechtsvertrag, wurde in Notzeiten auch wirklich eingehalten. Gerade die immer wieder erneuerten, feierlich beschworenen Übereinkünfte Berns mit der Nachbarstadt Freiburg dienten oftmals in erster Linie der Entspannung, wenn nicht der Übertünchung, der gegenseitigen Rivalitäten. Bezeichnenderweise zerstörte Bern nach seinem Sieg gegen die gegnerische Koalition bei Oberwangen nicht nur die Burgen Bremgarten (Abb. 520), Geristein (Abb. 521) und Belp, sondern erwarb erstmals auch eigene Herrschaften: Wahrscheinlich aus dem Besitz Ulrichs von Montenach übernahm die Stadt um 1300 die Kirchspiele Vechigen, Stettlen, Bolligen und Muri (Abb. 522).
Der mit Hilfe von Bündnissen erfochtene Sieg wurde zur Erwerbung von Land ausserhalb der Stadt genutzt, Bündnispolitik und Herrschaftserwerbungen waren aufs engste verknüpft – ganz im Gegensatz etwa zu den Hansestädten, deren Bündnisse vorwiegend ökonomischen Interessen dienten und kaum je zur Erwerbung von Territorien eingesetzt wurden.[20]

Bündnispolitik und Herrschaftserwerbungen vor dem Laupenkrieg

Zu Beginn des 14. Jahrhunderts liessen die politischen Verhältnisse in Burgund Berns Bemühungen um seine Selbstbehauptung, um die Ausgestaltung seiner inneren Autonomie und um die Verstärkung seines Einflusses aufs Umland einigen Spielraum. Die grossen Rivalen standen der Aarestadt entweder distanziert abwartend oder durch interne Probleme gebunden gegenüber; die kleineren Herren, Kirchen, Städte und Gemeinden suchten zunehmend ein freundnachbarliches Einvernehmen mit der Stadt.
Freiburg hielt nach seiner Niederlage bei Oberwangen und dem zehnjährigen Waffenstillstand vom 31. Mai 1298 (umgewandelt in einen Frieden am 7. April 1308) erneut an seinem Bündnis von 1271 fest und wachte lediglich darüber, zu allen neuen Bündnis- und Burgrechtsprojekten Berns um seine Zustimmung angegangen zu werden; die Stadt holte ihrerseits aber auch bei den eigenen Ver-

tragsentwürfen die Erlaubnis Berns ein.[21] Die jüngere Linie des Grafenhauses Savoyen, die Herren der Waadt, betrieben nach den Auseinandersetzungen mit Rudolf von Habsburg 1265–67 und nach 1285 kaum mehr eine eigenständige Politik im Aareraum; daran änderte nach König Rudolfs Tod auch ihre Teilnahme an der antihabsburgischen Koalition von 1291 und die kurze Erneuerung des Protektorates über Bern in Vertretung des Reiches (1291–93) nichts. Und das Haus Neu-Kiburg schliesslich, das seit der Vermählung der letzten Kiburgerin Anna mit Eberhard von Habsburg-Laufenburg 1273 in immer deutlichere

Daniel Gutscher

Landmauern, Landwehren – die *Letzi* von Mülenen

Übersicht von Westen während den Freilegungsarbeiten von 1995.

Mittelalterliche Herrschaftsbildung ist nicht allein unsichtbarer Rechtsakt. Zu ihr gehören sichtbare Zeichen, allen voran die Burg mit ihrem auf Fernwirkung bedachten Turm (Bergfried). Aber auch in der Landschaft sollten bauliche Eingriffe die Grundherrschaft sichtbar werden lassen. Dazu sind Hecken, Zäune, Wassergräben oder Wälle zu zählen, alles Elemente also, welche nicht von grosser Dauerhaftigkeit sind und heute allenfalls in Parzellen- oder Gemeindegrenzen noch weiterleben.

Dort wo sich die Herrschaft jedoch den Aufwand einer Landmauer oder *Letzi* leistete, erhielten sich Zeugnisse bis in unsere Zeit. Bekannt sind derartige Bauwerke in Bellinzona TI (Murata), in Näfels GL oder Sattel/Morgarten, Rothenturm, Brunnen und Arth SZ. Im Kanton Bern haben sich die Letzi von Wimmis als verstürzte Landmauer und jene von Mülenen in der Gemeinde Reichenbach als archäologische Denkmäler erhalten.

Der mittelhochdeutsche Ausdruck *Letzi* bedeutet Hinderung, Hemmung, Schutzwehr oder Grenzbefestigung. Eine Letzi sollte feindlichen Durchmarsch abweisen, Viehraub, Plünderung und Brandschatzung verhindern.

Die Anfänge der Talsperre von Mülenen reichen ins späte 12. Jahrhundert zurück. Von Bedeutung ist, dass die Feindseite talauswärts, die Landseite talaufwärts liegt. Von der heute sichtbaren, zweiten Letzi des 13. Jahrhunderts – ihre Vorgängerin war wohl hölzern – sind Teile der 1,45 m dicken Landmauer ① erhalten. Sie war einst 3–5 m hoch. Die Mauerstärke lässt Wehrgang und Brüstung annehmen. Unregelmässigkeiten im Mauerwerk und Abdrücke improvisierter Holzverschalungen belegen, dass unter grossem zeitlichen Druck gebaut worden war. Im Süden ermöglichte ein Rondenweg das Zirkulieren der Mannschaft. Nach Norden, also feindseitig, erschwerten ein vorgelagerter Böschungsabsatz (Berme) und der Suldbach ④ die Annäherung. Im Zentrum der Anlage stand die Burg ②, die in vier Bauphasen nach mächtigen künstlichen Aufhöhungen des Burghügels entstand. Kern bildete das 10 × 19 m messende Turmgebäude in einem annähernd quadratisch ummauerten Hof von 24 m Seitenlänge. Hier befand sich auch der im heutigen Chaletneubau konservierte Sodbrunnen.

Besitzer des urkundlich 1269 erstmals erwähnten Ortes waren die Freiherren von Kien, um 1290 die von Wädenswil. 1294 erfolgten hier wohl Kampfhandlungen in der Fehde derer von Wädenswil mit der Stadt Bern. Existenz, Grösse und genaue Lage des Städtchens ③ sind unklar: 1331 ist von einem *stedtli mülinon* die Rede (→ S. 186). Nach verschiedenen Handwechseln gelangte Mülenen 1352 durch Verkauf an die Stadt Bern. Wegen der Verlegung des Landvogteisitzes auf die Tellenburg bei Frutigen wurden Burg und Letzi Mülenen um 1400 preisgegeben und in der Folge als Steinbruch benützt.

1990–96 sind Letzi und Teile der Burg archäologisch untersucht, konserviert und der Öffentlichkeit als archäologische Stätte mit Informationen zugänglich gemacht worden. Die Letzi ist von der Hauptstrasse aus beschildert (Abzweigung Mülenen).

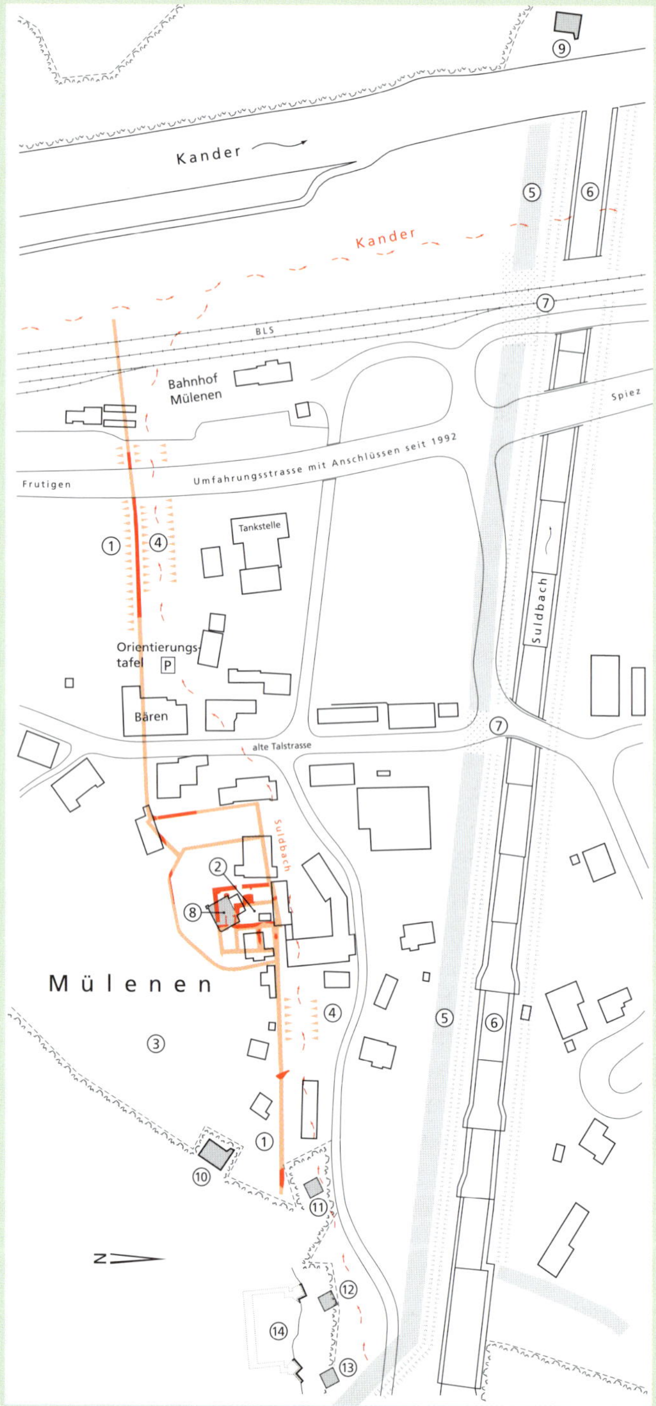

Situationsplan M 1:2500. 1 Letzimauer, 2 Burg, 3 sog. Städtchen, 4 ehem. Suldbachlauf, 5–14 Elemente der Talsperre von 1941.

Literatur: Wild, Mülenen. – Gutscher/Grütter, Mülenen.

Abhängigkeit von Habsburg geriet und 1277 Freiburg an Rudolf von Habsburg verkaufen musste, suchte in den Jahren nach dem unerwarteten Tod Hartmanns 1301 Rückendeckung bei Bern.[22]

Die stärkste Macht im nördlichen Alpenvorraum und damit die bedeutendste Nachbarin Berns, seit 1298 wiederum im Besitze der Reichskrone, war zweifellos Habsburg (→ S. 136). Zumindest zur Zeit Albrechts I. scheint zwischen dem habsburgischen König und der Aarestadt ein leidliches Einvernehmen geherrscht zu haben; der Herrscher bestätigte alle Rechte und Freiheiten der Stadt und übertrug ihr den Schirm des verburgrechteten Klosters Trub auch von Reichs wegen. Erneute Spannungen zeichneten sich aber nach dem Tode Kaiser Heinrichs VII. ab, als es zur Doppelwahl von 1314 kam (Friedrich von Österreich gegen Ludwig den Bayern). Herzog Leopold von Österreich bemühte sich mit allen Mitteln, die Anhängerschaft seines Bruders zu mehren und Habsburgs Gegner zur Unterwerfung zu zwingen: Die Kiburger schwenkten bereits 1313 auf Leopolds Seite und nahmen die Landgrafschaft in Burgund und sogar kiburgische Eigengüter als österreichische Lehen entgegen. Bern und Solothurn, die keinem der beiden Prätendenten huldigten, versuchte Leopold mit einer allerdings erfolglosen Belagerung von Solothurn 1318 zu bezwingen. Als Bern und Solothurn König Friedrich (III.) schliesslich 1322 anerkannten, brachte diese Annäherung keine wirkliche Entlastung. Zwar verlor Friedrich seinen Thron noch im selben Jahr in der Schlacht von Mühldorf an Ludwig den Bayern; die bald danach einsetzende Aussöhnung zwischen Wittelsbachern und Habsburgern und die beharrliche Weigerung Berns, Ludwig als König anzuerkennen, machte die Aarestadt mit ihren Verbündeten und Verburgrechteten aber immer deutlicher zum Gegenspieler Österreichs und seiner Getreuen in Burgund. Eine gewisse Entlastung brachte erst der unerwartete Tod Herzog Leopolds von Österreich 1326.[23]
Die Konflikträume zwischen bernischen und habsburgischen Einflusszonen, die sich nach 1314 immer deutlicher erkennen lassen, sind insbesondere das Oberland mit den Besitzungen des Klosters Interlaken und der Herren von Weissenburg, die Saane- und Senseregion mit den festen Plätzen Laupen und Gümmenen und die Herrschaften des Hauses Kiburg mit den Zentren Thun und Burgdorf (→ S. 194). Bereits 1306/09 gelangten die eschenbachischen Besitzungen auf dem Bödeli in die Hand Österreichs, das sie 1318 an die Herren von Weissenburg verpfändete; im gleichen Jahr wurde Herzog Leopold auch Kastvogt des Klosters Interlaken. Zwar konnte Bern 1324 die Reichspfandschaft Laupen von Perrod vom Turm kaufen und richtete hier seine erste Vogtei ein, Gümmenen gelangte aber 1319 von Ulrich von Maggenberg an das unter österreichischer Herrschaft stehende Freiburg. Wie sehr Kiburg nach 1313 ins Schlepptau Habsburgs geraten ist, zeigt der Umstand, dass Herzog Leopold 1319 den Grafen Hartmann von Kiburg zum Schirmer und Pfleger der Saanestadt ernannt hat.[24] Dieser wachsenden habsburgischen Präsenz im Aareraum suchte die Stadt Bern nicht nur zu begegnen durch die Erweiterung ihres unmittelbaren Herrschaftsbereiches, sondern auch durch die Verstärkung ihres mittelbaren Einflusses in Burgund mit Hilfe von Bündnissen und Burgrechten. Besondere Beachtung verdienen folgende Verträge:

3. 10. 1306:	Bern und Biel schliessen ein Bündnis auf 10 Jahre (Erneuerung).
29. 2. 1308:	Bern nimmt Graf Rudolf von Neuenburg für 10 Jahre ins Burgrecht auf.
18. 5. 1308:	Bern und die Talschaft Hasli schliessen ein Bündnis (Erneuerung).
4. 6. 1308:	Bern nimmt Johannes von Ringgenberg ins Burgrecht auf.
9. 6. 1310:	Bern und Laupen schliessen ein Bündnis auf 10 Jahre.
5. 11. 1311:	Bern nimmt Gräfin Elisabeth von Kiburg mit ihren Söhnen Hartmann und Eberhard und dem Pfleger Ulrich von Thorberg auf 5 Jahre ins Burgrecht auf.
August 1317:	Bern nimmt die Deutschordenskommende Sumiswald ins Burgrecht auf.

Abb. 523
Bündnisse, Burgrechte und Schirmverträge Berns zwischen 1306 und 1339.

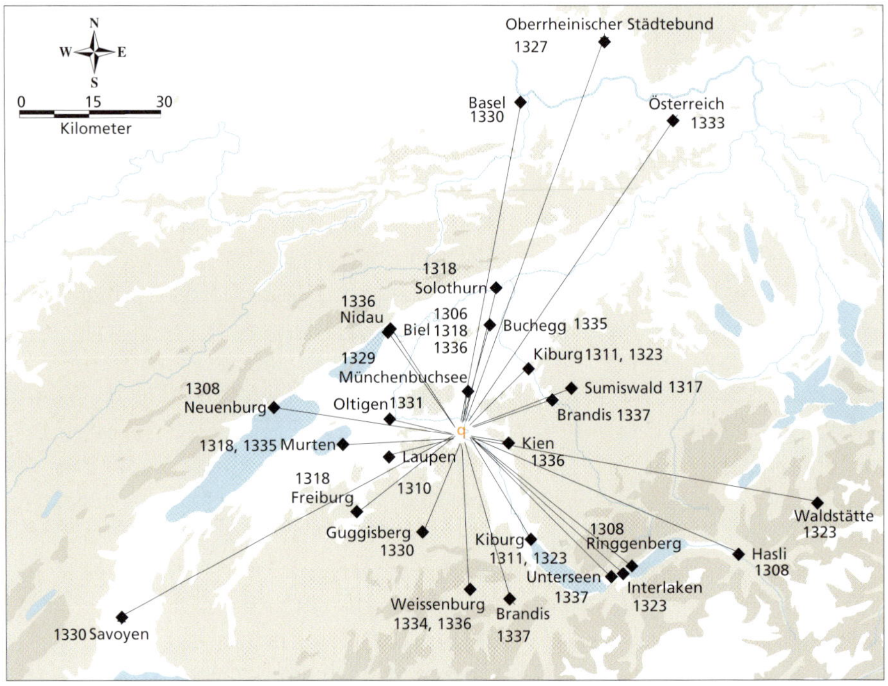

27. 2. 1318:	Bern schliesst mit Freiburg, Solothurn, Murten und Biel ein Bündnis.
August 1323:	Bern und die Waldstätte schliessen ein Bündnis.
Herbst 1323:	Bern nimmt Graf Eberhard von Kiburg ins Burgrecht auf (?).
22. 11. 1323:	Bern nimmt das Kloster Interlaken ins Burgrecht auf (Erneuerung).
20. 5. 1327:	Bern tritt mit Kiburg dem oberrheinischen Städtebund von Mainz, Worms, Speyer, Basel, Freiburg i. Br., Konstanz, Zürich, Lindau und Überlingen bei; am 5. 6. 1327 nehmen Zürich und Bern auch die Waldstätte in den Bund auf, der 1329 bis 1332 verlängert wird.
21. 1. 1329:	Bern nimmt die Johanniterkomturei Münchenbuchsee ins Burgrecht auf.
5. 3. 1330:	Bern nimmt den Administrator und das Bistum Basel für 6 Jahre ins Burgrecht auf.
2. 8. 1330:	Bern nimmt die Landleute von Guggisberg für 10 Jahre ins Burgrecht auf.
17. 9. 1330:	Bern nimmt Graf Aimo von Savoyen für 10 Jahre ins Burgrecht auf.
5. 9. 1331:	Bern nimmt Graf Albrecht von Werdenberg, Herr zu Oltingen, für 20 Jahre ins Burgrecht auf.
20. 7. 1333:	Bern tritt mit Basel, Konstanz, Zürich, St.Gallen, Solothurn und zahlreichen Adligen dem auf 5 Jahre befristeten österreichischen Landfriedensbündnis bei.
17. 10. 1334:	Bern schliesst mit Rudolf und Johann von Weissenburg einen Schirm- und Hilfsvertrag für 10 Jahre.
7. 1. 1335:	Bern und Murten schliessen ein Bündnis (Erneuerung).
4. 3. 1335:	Bern nimmt Graf Hugo von Buchegg ins Burgrecht auf (?).
19. 2. 1336:	Bern nimmt die Grafen Rudolf und Jakob von Neuenburg für 20 Jahre ins Burgrecht auf.
24. 4. 1336:	Bern und Biel schliessen ein Bündnis auf 10 Jahre (Erneuerung).
Herbst 1336:	Bern nimmt Johann von Kien ins Burgrecht auf.
1. 12. 1336:	Bern nimmt Rudolf von Weissenburg auf Lebenszeit ins Burgrecht auf.
1. 2. 1337:	Bern schliesst mit Thüring von Brandis einen Schirm- und Hilfsvertrag.
16. 5. 1337:	Bern schliesst mit Unterseen einen Schirm- und Hilfsvertrag.[25]

Zweifellos nimmt sich die Zusammenstellung von Berns Verbindungen zu Herrschaftsträgern und Kommunen der nähern und weitern Umgebung im ersten Drittel des 14. Jahrhunderts eindrucksvoll aus (Abb. 523). Die Zunahme der Burgrechte und Schirmverträge, in denen sich der Burgrechtnehmer meist in genau umschriebenem Umfang dem Burgrechtgeber untergeordnet hat, zeigt, dass Bern seine Position im Aareraum offensichtlich hat ausbauen und festigen können. Dabei gilt es allerdings zu beachten, dass sich lange nicht alle Übereinkünfte im politischen Alltag als tragfähig erwiesen haben: Der Landfriedensbund der Westschweizer Städte von 1318 zerriss bereits im Herbst desselben Jahres wieder, als Herzog Leopold die Freiburger zwang, an der Belagerung von Solothurn teilzunehmen; oder: Unter dem Druck Freiburgs verpflichteten sich 1339 einige Bürger von Murten, das Bündnis mit Bern zu widerrufen; oder: Ludwig von Savoyen verlangte 1340, Murten habe jeden Kontakt mit Bern abzubrechen; oder: Die Herrschaft Oltingen, mit der Albrecht von Werdenberg 1331 für zwanzig Jahre Burger von Bern geworden war, befand sich bereits 1343 wieder in kiburgischem Besitz. Demgegenüber gab es aber auch Verträge, zu deren Abschluss die Partner Berns rechtlich gar nicht befugt waren, die sich jedoch als sehr verlässlich erwiesen; das gilt etwa für den Schirm- und Hilfsvertrag mit dem unter österreichischer Herrschaft stehenden Unterseen.[26]
In den Konflikten, die Bern wegen seiner Erwerbs-, Bündnis- und Burgrechtspolitik in den Zwanziger- und Dreissigerjahren des 14. Jahrhunderts auszutragen hatte, ging es zwar letztlich immer um die Frage, wem sich nun der Aareraum unterzuordnen habe: der Stadt Bern oder dem Hause Österreich, hatten die Habsburger doch als Lehens- oder Stadtherren auf die Kiburger, Weissenburger und Freiburger einen bestimmenden Einfluss. Zu einer direkten kriegerischen Konfrontation zwischen Bern und Österreich kam es aber nicht, wohl deshalb, weil sowohl Herzog Albrecht als auch Königin Agnes den Unwägbarkeiten von Waffengängen misstrauten.

Abb. 524
Der Ausschnitt aus einem Aquarell zeigt das Dorf Mülinen (Gemeinde Reichenbach/BE) in der Mitte des 17. Jahrhunderts. Die ehemalige Talsperre (→ S. 478) ist als quer zum Tal verlaufende Mauer gut zu erkennen. Die Darstellung ist nicht signiert oder datiert, sie gleicht einer Ansicht von Albrecht Kauw, stammt jedoch sicher nicht von seiner Hand; BHM Inv. Nr. 26097.

Das Ringen um Lehensleute, Bündnispartner und Verburgrechtete zwischen Österreich und Bern zeigt sich mit aller Deutlichkeit an den Frontwechseln des Hauses Kiburg (→ S. 122): Ulrich von Thorberg, der Pfleger der verwitweten Gräfin Elisabeth und der unmündigen Söhne Hartman und Eberhard, führte das Haus Kiburg seit 1301 an die Seite von Bern, bis hin zum grossen Burgrecht von 1311, das nach fünf Jahren jeweils stillschweigend erneuert werden sollte, Berns Ausburger im kiburgischen Gebiet anerkannte und sie von der landgräflichen Gerichtsbarkeit ausdrücklich ausnahm. Zwar beschworen die jungen Grafen dieses Burgrecht noch am 5. November 1313; bereits im Sommer 1313 hatten sie sich aber in Willisau Herzog Leopold von Österreich angeschlossen, dessen Lehensmänner sie wurden und dem sie 1315 ihre Truppen auch auf dem verlustreichen Feldzug gegen die Waldstätte zuführten. Im sich anbahnenden Streit zwischen den Brüdern Hartmann und Eberhard von Kiburg stellte sich Österreich auf die Seite Hartmanns, zwang Eberhard 1322 zum Verzicht auf seine Erbansprüche und versuchte, nach der Ermordung Hartmanns den ganzen kiburgischen Besitz an sich zu ziehen. Unmittelbar nach dem gewaltsamen Tode Hartmanns griff aber Bern ein, schützte Eberhard, kaufte ihm 1323 die Herrschaft Thun ab (mit der es ihn anschliessend belehnte), um sie dem Zugriff Herzog Leopolds auf das Gut des «Brudermörders» zu entziehen, setzte den Kiburger in Thun und Burgdorf in seine Herrschaft ein und schirmte ihn und seinen Besitz im Auftrag König Ludwigs zusammen mit Solothurn und Murten. Erneut stand das Haus Kiburg unter dem bestimmenden Einfluss Berns, in dessen Gefolge es sich mit den oberrheinischen Städten und den Waldstätten verbündete. Die Aussöhnung zwischen Ludwig dem Bayern und Albrecht von Österreich veranlasste Eberhard allerdings, nach 1330 wiederum zur habsburgischen Partei zu wechseln; im Mai 1331 trat er für zehn Jahre ins Burgrecht Freiburgs ein, ohne seine bestehende Verbindung mit Bern vorzubehalten.[27]
Der durch die Bündnisse, Burgrechte und Lehensnahmen umrissene Zickzackkurs Kiburgs – vor 1313 und 1322 bis 1331 auf der Seite der Aarestadt, 1313 bis 1322 und nach 1331 auf der Seite Österreichs – eröffnete zwar den Kontrahenten jeweils keinen direkten Zugriff auf die kiburgischen Herrschaften und

Abb. 525
Die Herren von Weissenburg liessen als Kirchenpatrone und Stifter ihr Wappen im Nikolaus-Fenster der Kirche Blumenstein anbringen (→ S. 433).

Gefolgsleute im Raume Thun, im Emmental und im Oberaargau; er deutet aber doch an, wann Bern, wann Habsburg in diesen Regionen als bestimmende Kraft hat auftreten können. Dabei darf allerdings nicht übersehen werden, dass neben diesen Bündnissen auch die Durchlöcherung des Herrschaftsverbandes durch Ausburgeraufnahmen und wirtschaftliche Abhängigkeiten die Machverhältnisse mitbestimmt haben.

Deutliche Beispiele für diese Auseinandersetzungen sind der Gümmenen- und der Weissenburgerkrieg. Der Streit Berns mit einer Reihe von Oberländer Adligen (Peter vom Turm, Johann von Weissenburg, Peter von Greyerz) um das von einem Berner Geldverleiher besetzte Pfand Mülenen im Kandertal 1331 zog bald weite Kreise (Abb. 524): Auf der Seite der Adligen engagierten sich Freiburg, Kiburg, Ludwig von Savoyen, der Graf von Neuenburg und andere, auf der Seite Berns der Bischof von Basel, Aimo von Savoyen, Peter von Aarberg, Otto von Grandson, Solothurn, Biel und Murten (→ S. 478). In zahlreichen Plünderzügen schädigten sich die beiden Parteien, die Berner zerstörten mehrere kiburgische Burgen im Oberaargau und in der Umgebung Berns und eroberten das freiburgische Gümmenen. Bevor es zu einer klaren Entscheidung kam, vermittelten Königin Agnes, die in Königsfelden residierende Tochter König Albrechts I. und Witwe des ungarischen Königs Andreas III., und Aimo von Savoyen verschiedene Friedensschlüsse, die zwar keine der anstehenden Streitfragen wirklich lösten, zusammen mit dem im Sommer 1333 geschlossenen grossen österreichischen Landfrieden aber zumindest die äussere Ruhe im burgundischen Raum wiederherstellten.[28]

Die zweite Phase des Konfliktes spielte sich 1334 vornehmlich im Oberland ab (Abb. 521, → S. 194). Die Herren von Weissenburg verfügten mit dem Niedersimmental, den österreichischen Lehen Unspunnen, Oberhofen, Balm und Unterseen und dem vom Reich verpfändeten Haslital über den umfangreichsten Herrschaftsbesitz der Region, hatten zugleich aber mit schweren wirtschaftlichen Problemen zu kämpfen und waren (vor allem bei Freiburgern) schwer verschuldet. Mit einer Steuererhöhung provozierten sie einen Aufstand der Hasler, den sie zwar mit Waffengewalt niederwarfen, der aber nach einigen Vermittlungsversuchen zu einem bernischen Kriegszug führte; das Niedersimmental wurde gebrandschatzt, Wimmis und Unspunnen erobert und zerstört und die Geiseln aus dem Haslital befreit (Abb. 528). Die besiegten Weissenburger mussten sich ins bernische Burgrecht bequemen, hatten Bern Heerfolge zu leisten, die Reichspfandschaft Hasli Bern zu überlassen und die wichtigsten weissenburgischen Burgen der Stadt als Pfänder offen zu halten. Demgegenüber verpflichtete sich Bern, die Herren von Weissenburg in ihrem Besitz zu schützen und übernahm ihre Schuldverpflichtungen in Freiburg, um sich dadurch auch des Einflusses des Gläubigers auf den Schuldner zu versichern.[29]

Zweifellos gelang es der Stadt Bern in den ersten Jahrzehnten des 14. Jahrhunderts, ihren Zugriff auf den Aareraum zu verstärken; dabei lassen sich verschiedene Grade des Einflusses und eine unterschiedliche Intensität der bernischen Präsenz ausmachen:

1. Bei mehreren Bündnissen, die Bern in der fraglichen Zeit geschlossen hat, kann kaum mehr von der faktischen Gleichrangigkeit der Vertragspartner ausgegangen werden. Laupen, Murten, das Haslital, Biel, aber auch Solothurn suchten bei Bern Rückendeckung, hatten damit aber zugleich die eigene Politik den bernischen Intentionen anzugleichen. Das heisst nicht, dass Bern über diese Kommunen irgendein Bestimmungsrecht besessen hätte, es sprach aber in der äusseren Politik dieser Verbündeten ein gewichtiges Wort mit und konnte in Notzeiten auf deren Hilfe zählen. Sie bildeten den Kern eines Bündnisgeflechtes, dessen militärische Mittel Bern gegebenenfalls gezielt einsetzte.
2. Direkteren Einfluss auf einzelne Regionen eröffneten die Burgrechts- und Schirmverträge mit Gotteshäusern, Adligen und Landgemeinden aus dem burgundischen Raum. Am Brienzersee (Herren von Ringgenberg), im Simmental (Herren von Brandis, Herren von Weissenburg), im Kandertal und auf dem Bödeli (Herren von Weissenburg, Herren von Raron, Kloster Interlaken) oder im Mittelland und Emmental (Guggisberg, die Herrschaften Belp, Worb, Oltin-

Abb. 526
Das Aquarell Albrecht Kauws aus der Mitte des 17. Jahrhunderts zeigt die ehemalige Reichsfeste Grasburg, das herrschaftliche Zentrum des ganzen Schwarzenburgerlandes und damit auch von Guggisberg, bereits als Ruine. Die Herrschaft gelangte 1310 an die Grafen von Savoyen, 1423 an die Städte Bern und Freiburg; BHM Inv. Nr. 26059.

gen, die geistlichen Niederlassungen von Köniz, Rüeggisberg, Trub, Münchenbuchsee, Sumiswald) galten rechtliche Übereinkünfte, welche die Vertragspartner samt ihren Besitzungen und allfälligen festen Häusern als Bürger von Bern an die Aarestadt banden. Neben den genannten gab es selbstverständlich auch Burgrechtsnehmer, die gegenüber Bern sehr zurückhaltend, von der Aarestadt weit entfernt oder nur kurzfristig an einer gemeinsamen Politik interessiert waren. Dies gilt etwa für die Grafen von Savoyen, Neuenburg, Kiburg oder die Bischöfe von Basel. Um diese geringere Verbindlichkeit (zum Teil wohl auch Unzuverlässigkeit) wusste Bern selbstverständlich und traf unter Umständen auch entsprechende Vorsorge: Als die Stadt Bern 1323 Thun von Graf Eberhard von Kiburg kaufte, liess sie sich als Obereigentümerin von den Bürgern Thuns ausdrücklich direkt huldigen und die Heerfolge geloben, bevor sie die Stadt dem Kiburger als bernisches Lehen zurückgab (→ S. 176). Nach Justinger haben denn auch die Thuner auf der Seite Berns gegen ihren unmittelbaren Herrn am Gümmenenkrieg teilgenommen.[30] Während die Burgrechte des 13. Jahrhunderts häufig zeitlich begrenzten Interessengemeinschaften zwischen Burgrechtsnehmern und Stadt entsprungen sind, spiegelt sich in den Burgrechten aus dem ersten Drittel des 14. Jahrhunderts ein zwar indirekter, aber zunehmend intensiver werdender Zugriff der Stadt auf die entsprechenden adeligen und kirchlichen Herrschaften.

3. Erstmals erwarb Bern in der fraglichen Zeit selber ganz direkt grössere Herrschaften. Neben den drei Kirchspielen im Worblental und in Muri besass die Stadt seit 1324 die Reichspfandschaft Laupen, die sie um 3000 Pfund von Perrod vom Turm erworben hatte; aus der ehemals mit Bern verbündeten Stadt wurde eine bernische Vogtei. Entsprechendes gilt für das Haslital: Nach dem militärischen Erfolg von 1334 nahm Bern den Weissenburgern die Reichspfandschaft Hasli um 600 Pfund ab und vertrat künftig der Talschaft von Hasli gegenüber die Herrschaftsrechte des Reiches, beanspruchte die Reichssteuer, das Recht zur Bestätigung des Ammans und die Heerfolge (Abb. 527). Dass dieser Zugriff auch mittelbar hat erfolgen können, zeigt das Beispiel der Herrschaft Spiez (Abb. 529), die 1338/39 der Berner Schultheiss Johann von Bubenberg für 5600 Pfund gekauft und der Stadt offen zu halten versprochen hat; im Gegenzug sicherte ihm Bern zu, ihn in seinem Besitz zu schirmen (→ S. 186). Die formelle Zustimmung des Lehensherrn Österreich zu diesem Geschäft wurde bezeichnenderweise erst nach dem Laupenkrieg eingeholt.[31]

Abb. 527
Das Banner der Landschaft Hasli mit dem Reichsadler aus dem 15./16. Jahrhundert erinnert daran, dass das Haslital einst Reichsgut gewesen ist, bevor es die Herren von Weissenburg, später die Stadt Bern als Pfandschaft erhalten haben (→ S. 194).

Abb. 528
Ansicht der Ruine Unspunnen bei Interlaken – Zentrum der gleichnamigen Herrschaft auf dem Bödeli.

Dank seinen Bündnissen, Burgrechten, Schirmverträgen, eigenen Herrschaften, dank der Abhängigkeit verschiedener Herren von Krediten aus der Bürgerschaft, dank seinen zahlreichen Ausburgern wuchs Bern in den Zwanziger- und Dreissigerjahren des 14. Jahrhunderts zur bedeutendsten regionalen Macht im Aareraum heran. Dass sich die Stadt mit ihrem notfalls auch kriegerischen Ausgreifen auf die Landschaft nicht nur Freunde geschaffen hat, liegt auf der Hand. Der in die Defensive gedrängte kleine Adel, die im Simmental, im Seeland und im Saane- und Sensegebiet als Rivalin auftretende Stadt Freiburg und vor allem das Haus Österreich, die bedeutendste politische Kraft, die im nördlichen Alpenvorraum die Errichtung eines geschlossenen Herrschaftsgebietes anstrebte, mussten unweigerlich zu Gegnern Berns werden; eine erste Runde der Entscheidungen wurde im Laupenkrieg erzwungen.

Zur Lage Berns in der Mitte des 14. Jahrhunderts

Am 25. April 1338 trafen sich die Vertreter Berns einerseits, diejenigen Freiburgs, der Grafen von Nidau, Neuenburg, Kiburg und weiterer burgundischer Adliger andererseits in der Kirche zu Neuenegg, um anstehende strittige Fragen gütlich zu regeln. Offensichtlich ging es Bern darum, eine Koalition allfälliger Gegner und einen drohenden Krieg zu verhindern. Charakteristisch sind die Vorwürfe, die gegen Bern erhoben worden sind: Rudolf von Nidau verlangte drei Einwohner von Erlach zurück, die in Bern Burgrecht genommen hätten; Eberhard von Kiburg wollte sich von Berns Lehenshoheit über Thun lösen; Peter von Greyerz und die Stadt Freiburg beharrten darauf, die Weissenburger seien ihre Schuldner; Gerhard von Valangin forderte die Anerkennung Kaiser Ludwigs des Bayern und die aufgelaufene, ihm verpfändete Reichssteuer von Bern. Damit werden wesentliche Instrumente angesprochen, mit denen Bern seinen Einfluss auf den Aareraum in den vergangenen Jahren ausgebaut hatte: die Aufnahme von Ausburgern, die Erzwingung von Lehenshoheiten und Burgrechten oder die Ausnützung wirtschaftlicher Notlagen des kleinen Adels. An Vorwürfen fehlen lediglich die Bündnisabschlüsse und die Bereitschaft, Herrschaften, Einfluss und Abhängigkeiten notfalls auch mit kriegerischen Mitteln zu erzwingen. Genau besehen äusserten sich Berns Gegner in Neuenegg denn auch nicht zu einzelnen Streitpunkten, sie versuchten vielmehr, dem bernischen Ausgreifen aufs Umland insgesamt einen Riegel zu schieben. Deshalb konnte auch Berns konziliantes Eingehen auf die einzelnen Vorwürfe das Problem nicht lösen; eine gewisse Klärung brachten erst die militärischen Ereignisse des Laupenkrieges (→ S. 523).[32]

Im vorliegenden Zusammenhang ist zu fragen, wie sich denn der unerwartete militärische Sieg Berns und seiner Verbündeten über die erdrückende Koalition der Grafen von Savoyen (Waadt), Neuenburg, Nidau, Kiburg, Greyerz, Aarberg, Valangin, des kleineren burgundischen Adels, der Bischöfe von Lausanne und Basel und der Stadt Freiburg auf die Bündnis-, Burgrechts- und Herrschaftspolitik der Aarestadt in den folgenden Jahren ausgewirkt hat. Das Haus Österreich nahm am Laupenkrieg nicht direkt teil, sei es aus klug berechneter Zurückhaltung, sei es – was wohl wahrscheinlicher ist – weil die österreichischen Kontingente aus dem Aargau nicht rechtzeitig auf dem Kriegsschauplatz erscheinen konnten. Dieses militärische Abseitsstehen Habsburgs gab dem Herzogshaus die Möglichkeit, als Vermittler aufzutreten und bei der Ausarbeitung der Friedensverträge ein gewichtiges Wort mitzureden, obschon es selbstverständlich als Stadtherr von Freiburg und als mächtigster Konkurrent Berns beim Aufbau von Herrschaftsbereichen und Einflussgebieten in Burgund im Streit von 1339/40 kaum neutral war.[33]

Dank der Vermittlungstätigkeit Burkards von Ellerbach (des österreichischen Kommandanten von Freiburg) und anderer begannen am 4. August 1340 in Königsfelden unter dem Vorsitz der Königin Agnes Verhandlungen, die den Kriegszustand zwischen Bern und seinen Verbündeten einerseits, Österreich, Kiburg, Freiburg und dem burgundischen Adel andererseits beenden sollten. Am 9. August unterbreitete die Königin den Parteien einen Vermittlungsvorschlag, der sogleich von Österreich, Eberhard von Kiburg, Peter von Aarberg, den unmündigen Rudolf und Jakob von Nidau und von Bern als Friedenskonzept angenommen wurde. Den Waffenstillstand, den Agnes den Freiburgern gleichentags vorlegte, nahm die Saanestadt am 28. September an. Die übrigen Friedensschlüsse wurden teilweise erst in den folgenden Monaten und Jahren geschlossen, stützten sich aber alle auf den Vermittlungsvorschlag der Königin vom 9. August 1340.[34] Damit wird dieser Vertrag zu einem entscheidenden Bezugspunkt für die politischen, rechtlichen und herrschaftlichen Verflechtungen im burgundischen Raum nach dem Laupenkrieg. Seine wesentlichen Bestimmungen sind die folgenden: 1. Bern soll sich bemühen – erforderlichenfalls mit Hilfe Herzog Albrechts – die Huld Kaiser Ludwigs zu erlangen. 2. Der alte Weissenburger erhält gegen Urfehde seine Festen am oberen Thunersee zurück; seine Neffen werden von Österreich für ihre Rechte daselbst entschädigt. 3. Die Streitpunkte zwischen Bern und Kiburg sollen fünf Jahre ruhen und danach einem Schiedsgericht unterbreitet werden. 4. Alle Kriegsteilnehmer verzichten auf Entschädigungen für erlittene Schäden. 5. Bern verzichtet darauf, zu Lebzeiten der Grafen Eberhard und Hartmann von Kiburg kiburgische Eigenleute als Burger aufzunehmen. 6. Künftige Streitfragen sind einem Schiedsgericht zu unterbreiten. Inwiefern hat sich dieser Friede auf Berns Ausgreifen aufs Umland ausgewirkt? Auffallend ist, dass die Aarestadt gerade in den Vierziger- und Fünfzierjahren eine Vielzahl von Bündnissen und Burgrechten geschlossen hat; die wichtigsten sind die folgenden:

Abb. 529
Der Holzschnitt aus Sebastian Münsters Cosmographia von 1628 zeigt das Schloss Spiez in seiner spätmittelalterlichen Gestalt: Noch sind die Wehrgräben erhalten, die hohen Dächer über den Wohnbauten stammen aber erst aus dem späten 16. Jahrhundert.

November 1340:	Bern und Murten schliessen ein Bündnis (Erneuerung).
6. 6. 1341:	Bern und Freiburg schliessen ein Bündnis (Erneuerung).
Sommer 1341:	Bern und die Waldstätte schliessen ein Bündnis (Erneuerung).
Herbst 1341:	Bern und Österreich schliessen ein Bündnis auf 10 Jahre.
4. 2. 1343:	Bern und Payerne schliessen ein Bündnis (Erneuerung).
Sommer 1343:	Bern schliesst mit Graf Eberhard von Kiburg ein Bündnis (?).
22. 8. 1343:	Bern schliesst mit den Grafen Rudolf und Jakob von Nidau ein Bündnis.
Februar 1344:	Bern und Biel schliessen ein Bündnis (Erneuerung).
23. 10. 1344:	Bern nimmt das Kloster Interlaken ins Burgrecht auf (Erneuerung).
18. 4. 1345:	Bern und Solothurn schliessen ein Bündnis (Erneuerung).
1. 7. 1345:	Bern nimmt Peter zum Turm ins Burgrecht auf.
2. 6. 1348:	Bern schliesst mit Peter von Raron einen Schirmvertrag auf 3 Jahre.
1348/49:	Bern und Österreich schliessen ein Bündnis (Erneuerung).
23. 2. 1349:	Bern schliesst mit dem Kloster Interlaken einen Schirmvertrag (Erneuerung).
25. 1. 1350:	Bern schliesst mit den Grafen von Savoyen und Genf, dem Bischof von Lausanne, den Herrinnen der Waadt und Freiburg einen Landfriedens- und Hilfsvertrag auf 10 Jahre.
Juni 1351:	Bern nimmt Wolfhart von Brandis ins Burgrecht auf (Erneuerung).
22. 11. 1351:	Bern und Solothurn schliessen ein Bündnis (Erneuerung).
Dezember 1351:	Bern und Murten schliessen ein Bündnis (Erneuerung).
um 1351:	Bern nimmt Petermann von Burgistein ins Burgrecht auf.
23. 1. 1352:	Bern und Biel schliessen ein Bündnis (Erneuerung).
18. 3. 1352:	Bern nimmt Graf Peter von Greyerz ins Bündnis mit Freiburg auf.
6. 3. 1353:	Bern und die Waldstätte schliessen ein Bündnis (Erneuerung).
28. 9. 1363:	Bern und Österreich schliessen ein Bündnis auf 10 Jahre (Erneuerung).
16. 1. 1364:	Bern, Freiburg und Savoyen schliessen ein Landfriedensbündnis auf 10 Jahre (Erneuerung).[35]

Bereits die summarische Auflistung der Bündnisse und Burgrechte lässt einige Merkmale der politischen Bemühungen Berns in der Mitte des 14. Jahrhunderts

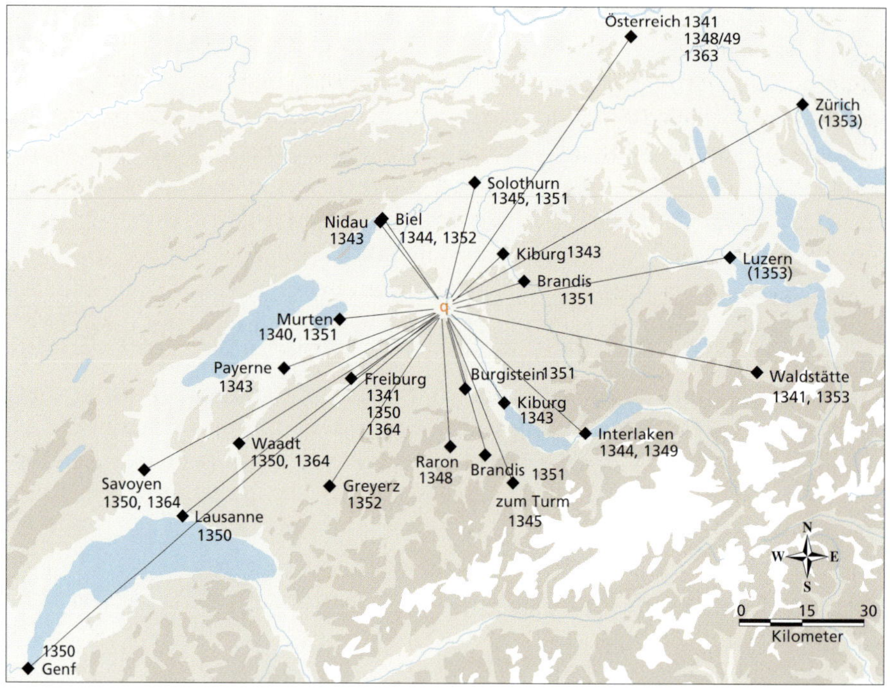

Abb. 530
Bündnisse, Burgrechte und Schirmverträge Berns zwischen 1339 und 1364.

erkennen (Abb. 530): Offensichtlich war die Aarestadt bestrebt, das in der Krisenzeit des Laupenkrieges arg gefährdete bernische Bündnisgeflecht im burgundischen Raum erneut und fester zu knüpfen. Mit allen Vertragspartnern der Vierziger- und Fünfzigerjahre war Bern auch schon vor 1339 verbunden, und inhaltlich stimmen die neuen Bündnistexte denn auch meist mit den älteren Verträgen überein und wollen ausdrücklich als Erneuerungen bestehender Beziehungen verstanden werden. Auffallend ist aber Berns Bemühen, die Verbindungen mit den Nachbarstädten zeitlich nicht mehr zu begrenzen, sondern bei regelmässiger Neubeschwörung auf ewig einzugehen. Zudem lassen sich aus der Bündnisliste die Hauptrichtungen erkennen, in denen Bern nach dem Laupenkrieg Absicherung, Unterstützung, Einfluss gesucht hat. Es sind dies die burgundischen Städte (vor allem Solothurn, Biel und Murten), die Waldstätte (indirekt auch Zürich und Luzern), die verschiedenen Zweige des Hauses Savoyen und – in gebührender Distanz – Österreich. Mehrdeutig war stets das Verhältnis zur Nachbarstadt Freiburg, die Verbündete, Rivalin oder Vertreterin österreichischer Interessen sein konnte. Unübersehbar ist das Bestreben Berns, Gewicht und Einfluss der Gegner von 1339/40 durch Bündnisse mit den entsprechenden Antagonisten zu beschränken, allenfalls zu neutralisieren. Ausgebaut wurden einerseits die Kontakte zu Österreich und Freiburg, andererseits die Verbindungen zu Savoyen und zu den Waldstätten.[36]

Zweifellos hat Österreich nach dem aus seiner Optik unbefriedigenden Verlauf des Laupenkrieges auf dem Friedenskongress in Königsfelden versucht, die militärischen Niederlagen auf diplomatischem Weg wettzumachen und Bern trotz seiner Kriegserfolge allmählich ins habsburgische Bündnis- und schliesslich Herrschaftssystem einzubinden. Deshalb machte sich Königin Agnes auch zum Anwalt des Kaisers. Ausdrücklich wurde nämlich festgehalten, falls Bern die Huld Ludwigs des Bayern nicht erlangen sollte, seien die Friedensverträge ungültig und die Herzöge von Österreich berechtigt, an der Seite Ludwigs gegen Bern zu ziehen. Die Absicht dieser Bestimmung ist klar: Bern sollte gezwungen werden, die bisherige Rechtfertigung des Krieges als Kampf für die Kirche gegen den gebannten Kaiser aufzugeben; zudem sollte es die Möglichkeit verlieren, ohne kaiserliche Huld anerkannte Verträge und Bündnisse zu schliessen. Mit dieser Begründung hatte sich ja Eberhard von Kiburg bereits vor den Kriegszügen von Ludwig dem Bayern direkt mit Thun belehnen lassen und so versucht, das Obereigentum Berns abzuschütteln. Dass zwischen dem Kaiser und dem Haus Österreich gerade in den Jahren 1340/41 ein Streit um die Erbschaft Heinrichs von Kärnten ausbrach, wäre einer allfälligen Fürsprache Herzog Albrechts bei Ludwig zwar kaum förderlich gewesen, stand aber kaum im

Widerspruch zu den österreichischen Interessen im burgundischen Raum.[37] Wie eine Ergänzung zu dieser Bestimmung aus dem Friedensvertrag von 1340 nimmt sich ein Artikel im Bündnis zwischen Freiburg und Bern von 1341 aus, in dem sich die beiden Städte verpflichten, in anderweitigen Bündnissen nicht nur die vorliegende Übereinkunft vorzubehalten, sondern bei der Nachbarstadt die ausdrückliche Erlaubnis zu neuen Vertragsabschlüssen einzuholen. Damit wollten die beiden Städte offenbar ein wirksames Kontrollinstrument über die Bündnispolitik der Nachbarin in der Hand haben.
Hiess das für Bern, dass damit auch die österreichische Herrschaft Freiburgs einen indirekten Einfluss auf die bernische Bündnispolitik erlangte? Mit Nachdruck ist denn auch die Meinung vertreten worden, Bern habe im Laupenkrieg zwar einen militärischen Sieg errungen, den Frieden aber an Österreich und Freiburg verloren.[38] Die Richtigkeit dieser These lässt sich allerdings nicht durch die detaillierte Interpretation der Vertragstexte von 1340/41 allein überprüfen. Es ist vielmehr zu fragen, wie sich denn die Bestimmungen, Bern habe die Huld des Kaisers zu erwerben und bei künftigen Vertragsabschlüssen seien die älteren Übereinkünfte mit Freiburg vorzubehalten, auf die bernische Politik ausgewirkt haben und inwiefern die Rechtstexte überhaupt umgesetzt worden sind. Und hier fällt nun auf: Bern hat auch nach dem 9. August 1340 Kaiser Ludwig den Bayern nicht anerkannt, es hat die Eingangsbestimmung des Vertrags von Königsfelden nicht erfüllt. Dass dieses Verhalten die verbündeten burgundischen Städte und die Waldstätte nicht irritiert hat, ist verständlich. Erstaunlicherweise fanden sich aber auch die gegnerischen Verhandlungspartner von 1340 mit dieser Tatsache ab: Im Widerspruch zu der von ihnen selber eingebrachten Vertragsklausel erneuerten sie in den folgenden Monaten und Jahren ihre Bündnisse mit der Aarestadt oder gingen gar neue ein und mussten bei den entsprechenden Vertragsformulierungen akzeptieren, dass in den Vorbehalten zwar das Reich, aber nie der Kaiser oder gar Ludwig der Bayer erwähnt wurden (→ S. 112). Dass sich Bern entgegen den Bestimmungen des Friedens von 1340 mit Kaiser Ludwig nicht ausgesöhnt und trotz fehlender reichsrechtlicher Legitimation sein Bündnisnetz enger geknüpft hat, ist Ausdruck seiner im Laupenkrieg behaupteten Stellung. Bezeichnenderweise musste sich denn auch Eberhard von Kiburg bereits vor Ablauf der vorgesehenen fünf Jahre 1343 dazu bequemen, die Rechte Berns an Thun, die er 1339 mit kaiserlicher Zustimmung aufgekündigt hatte, wieder anzuerkennen.[39] Der Versuch, mit dem Vertrag vom 9. August 1340 Bern entweder zur Anerkennung Ludwigs des Bayern zu zwingen (und zur Bezahlung der verweigerten Reichssteuern) oder rechtlich und politisch zu isolieren, scheiterte offensichtlich.

Wie steht es nun mit dem Vorbehalt älterer Verträge, der in die meisten Bündnisse nach 1340 eingebaut worden ist, und dem Vetorecht gegenüber neuen Verbindungen, das sich Bern und Freiburg gegenseitig zugestanden haben? Hat sich das Bewilligungsrecht Freiburgs gar zum Kontrollinstrument für die bernische Politik entwickelt? In der Tat blieben mehrere freiburgische Zustimmungen zu bernischen Bündnissen erhalten: Schultheiss, Rat und Gemeinde der Saanestadt gestatteten Bern 1341 die Erneuerung des Bundes mit den Waldstätten und den Vertragsabschluss mit Österreich, dessen Erneuerung sie 1349 und 1363 ebenfalls zustimmten. Selbstverständlich wurde auch Bern entsprechend vorbehalten und um Zustimmung angegangen: Die Verträge zwischen Freiburg und Biel (1344), Biel und Solothurn (1354), Solothurn und Österreich (1359) oder Payerne und Murten (1365) wurden unter ausdrücklichem Vorbehalt der älteren Verpflichtungen gegenüber Bern geschlossen. Das Haus Österreich behielt seine Verpflichtungen gegenüber Bern sogar in Verträgen vor, die es ausserhalb des burgundischen Raumes schloss – etwa mit den Bischöfen von Basel 1347 und Konstanz 1357.[40]

Trotz all diesen Vorbehalten und eingeholten Zustimmungen beim Abschluss neuer Bündnisse bleiben aber Zweifel an der Wirksamkeit dieser Einschränkungen. Angesichts der lückenhaften Quellenüberlieferung lässt sich nicht bei allen Bündnissen Berns eruieren, ob die freiburgische Zustimmung jeweils eingeholt oder ein allfälliges Veto berücksichtigt worden ist. Im Widerspruch zu den Verträgen von 1271/1341 lag die Erlaubnis Freiburgs zu den Bündnissen Berns mit Murten 1340 und 1351, mit Biel 1344 und 1352, mit Solothurn 1345 und 1351 und mit den Waldstätten 1353 aber kaum vor, und Berns Verpflichtungen gegenüber Freiburg werden lediglich in sehr vagen Umschreibungen angedeutet oder gar nicht erwähnt. Sehr breit sind dagegen die bernischen Vorbehalte im Bund der Aarestadt mit Österreich von 1363 ausgeführt, ohne dass Bern seinerseits bei der Erneuerung seines savoyischen Bündnisses 1364 seine Verbindung zu Österreich auch nur erwähnt hätte.[41] Offensichtlich gelang es im Verlaufe der Vierziger- und Fünfzigerjahre weder Freiburg noch Österreich, auf Grund des Vertrages von Königsfelden die bernische Bündnispolitik wesentlich einzuschränken. Vielmehr entsteht der Eindruck, Bern habe die Zustimmung Freiburgs vor allem zu jenen Bündnissen eingeholt, deren Abschluss die Saanestadt ohnehin hat gestatten müssen, weil der Vertragspartner Berns, Österreich, der Stadtherr Freiburgs, gewesen ist. Zwar weiteten die beiden Städte ihr Zustimmungsrecht 1368 sogar auf Burgrechte aus, aber auch diese Abmachung umging Bern: 1377 wurde Gräfin Elisabeth von Neuenburg, 1383 Bischof Immer von Basel, 1384 die Grafen Berchtold, Egon und Hartmann sowie die Gräfin Anna von Kiburg einfach ins Burgrecht des bernischen Städtchens Laupen aufgenommen – formalrechtlich gab es damit keinen Anlass, in Freiburg eine Zustimmung einzuholen. Wie weit der Wortlaut der rechtlichen Zusicherungen von der politischen Realität entfernt sein konnte, war auch den beiden Städten bewusst: Im Vorfeld des Burgdorfer Krieges schrieben die Freiburger 1383 nach Bern, *daz ir och bünde gemacht hattent mit den von Zürich, von Lucerron und den Waltstetten, des ir nit tun soltent noch mochtent, und daz der alt von Bubenberg sprach nach vil rede: ir hant stige und wir stige gesucht.*[42]

Die bedeutendsten Partner, mit denen Bern nach dem Laupenkrieg Bündnisse schloss, waren zweifellos Österreich, Savoyen und die Waldstätte; sie bildeten gleichsam die drei Fixpunkte, die die Stadt Bern bei ihrem Ausgreifen auf den Aareraum im Auge zu behalten hatte und die ihr und ihren kleineren Verbündeten und Verburgrechteten auch Rückendeckung gewähren konnten.
Unproblematisch waren in der zweiten Hälfte des 14. Jahrhunderts Berns Beziehungen zu Savoyen (→ S. 119). Der grosse westschweizerische Landfriede von 1350 wurde nach der Beendigung einer Fehde zwischen Bern und Freiburg einerseits, verschiedenen waadtländischen Adligen und Graf Peter von Greyerz andererseits geschlossen. Vertragspartner waren neben Bern und Freiburg der Bischof Franz Montfaucon von Lausanne, Graf Amadeus von Savoyen, Graf Amadeus von Genf und die Herrinnen der Waadt, Isabella von Châlons und Katharina von Savoyen. Das Bündnis sollte vorerst zehn Jahre dauern, danach aber verlängert werden können. Festgelegt wurden die gegenseitige Hilfsverpflichtung innerhalb eines bestimmten Hilfskreises, die Garantie der persönlichen Freiheit und des Besitzes aller Vertragsteilnehmer, die Zusammensetzung eines allenfalls nötig werdenden Schiedsgerichts und der Gerichtsstand für Rechtsbrecher. Bern behielt sich das Reich, den Herzog von Österreich, seine Verbündeten, Verburgrechteten und Lehensleute vor. Insgesamt handelt es sich dabei um einen klassischen Landfriedensbund, der allen Beteiligten die Sicherheit geben soll, dass Konflikte auf dem Rechtsweg gelöst und Gewaltanwendungen mit gegenseitiger Hilfe verhindert oder gemeinsam bekämpft werden.[43] Diese Übereinkunft bewährte sich offenbar. 1364 und 1373 wurde sie zwischen Bern, Freiburg und Savoyen erneuert, 1383 zwischen Bern und Savoyen auf ewig geschlossen. Zur Anwendung kam der Landfriedensbund beispielsweise 1353/54, als Berner und Freiburger Graf Amadeus von Savoyen ein Truppenkontingent bei seinen Auseinandersetzungen mit dem Dauphin zur Verfügung stellten, oder 1383, als 300 savoyische Reiter an der bernischen Belagerung von Burgdorf teilnahmen.[44] Die guten Beziehungen zwischen Bern und Savoyen in der zweiten Hälfte des 14. Jahrhunderts sind wohl nicht zuletzt darauf zurückzuführen, dass sich Stadt und Grafenhaus in diesem Zeitraum nicht in den selben Räumen um die Ausdehnung ihres herrschaftlichen Einflusses bemüht haben und dass deshalb kaum Konflikte um Burgrechte, verpfändete Herr-

Roland Gerber

Als Aarberg zum dritten Male gekauft war

Konrad Justinger beklagt sich in seiner Chronik darüber, dass der Berner Rat die Stadt und Herrschaft Aarberg am 1. Februar 1379 für teures Geld *zem dritten male von der herschaft von kyburg* erworben habe. Der Kauf der hoch verschuldeten Adelsherrschaft im Seeland kostete die Stadt Bern, abzüglich der ausstehenden Schuldzinse an verschiedene Gläubiger, über 16 500 Gulden. Dieser Betrag übertraf jedoch den Wert der neu erworbenen Besitzungen um ein Vielfaches. Noch in der zweiten Hälfte des 15. Jahrhunderts verbuchten die Landvögte von Aarberg nur gerade etwa 230 Gulden an durchschnittlichen Jahreseinnahmen. Dieser Betrag reichte gerade aus, um den laufenden Verwaltungsaufwand in der Vogtei Aarberg ohne grössere Mittel aus der bernischen Stadtkasse zu finanzieren. Es waren denn auch weniger ökonomische als vielmehr politische und militärische Gründe, die den von den vermögenden Notabelnfamilien dominierten Berner Rat im Jahre 1358 dazu veranlassten, die Stadt und Herrschaft Aarberg ein erstes Mal für insgesamt 4000 Gulden von Graf Peter von Aarberg in Form einer Pfandschaft zu erwerben. Der Kauf des gut befestigten Burgstädtchens an einem wichtigen Aareübergang bedeutete für die Bürgerschaft Berns den ersten bedeutenden Ausbau ihrer während des Laupenkrieges von 1339/40 errungenen hegemonialen Stellung im Gebiet der Landgrafschaft Burgund zwischen Murtensee und Oberland.
Ähnlich wie die Stadt und Herrschaft Thun, die bereits 1323 für 3000 Pfund in den pfandweisen Besitz der Aarestadt übergegangen war, blieb auch Aarberg nach 1358 für Bern eine äusserst unsichere Erwerbung. Je nach den momentanen Machtverhältnissen versuchten nämlich die adligen Schuldner, ihre Pfandschaften an Dritte weiterzuverkaufen oder laufend neue Schulden auf ihre verpfändeten Herrschaften zu machen. Der Berner Rat wurde auf diese Weise gezwungen, immer mehr Geld in die überschuldeten Adelsherrschaften zu investieren, wenn er seine teuer bezahlten Besitzansprüche nicht wieder verlieren wollte. Auch bei Aarberg musste der Rat zwischen 1367 und 1379 noch einmal rund 12 500 Gulden aufwenden, bis diese kleine Herrschaft in den endgültigen Besitz der Aarestadt überging. Der Kauf von Thun war noch kostspieliger und kostete die Stadt Bern allein 1375 weitere 20 100 Gulden. Erst im Jahre 1384 gelang es schliesslich Schultheiss und Rat, Thun zusammen mit Burgdorf für den hohen Kaufpreis von zusätzlichen 37 800 Gulden definitiv aus dem Besitz der Grafen von Kiburg zu lösen.

Ansicht der Stadt Aarberg im Hintergrund einer Illustration in der Amtlichen Bilderchronik des Diebold Schilling um 1484; BBB Mss. hist. helv. I1, S. 310.

schaften, Schulden von Lehensleuten, Ausburger usw. ausgebrochen sind – ganz im Gegensatz zu den Beziehungen Berns zu Österreich (→ S. 136).
Die Verträge, die Bern und Österreich in der Mitte des 14. Jahrhunderts geschlossen haben, sind nur zum Teil überliefert. Erhalten geblieben ist der grosse österreichische Landfriede von 1333, dem auch Bern beigetreten ist, und das Bündnis von 1363, das aber offensichtlich Vorgänger gehabt hat. Den ersten zweiseitigen Vertrag mit Österreich schloss Bern nach der Erneuerung der Bündnisse mit Freiburg und mit den Waldstätten im Jahre 1341; das bezeugt die Zustimmung, die Freiburg am 18. November 1341 zu dieser Verbindung gegeben hat. Der Bündnisvertrag selber wurde nicht überliefert; belegt ist lediglich, dass er während zehn Jahren gelten sollte. Dieser Vertrag wurde Ende 1348 oder zu Beginn des Jahres 1349 bis zum Februar 1352 erneuert, was wiederum lediglich auf Grund der Zustimmung Freiburgs zu belegen ist. Auch über den Inhalt dieser erneuerten Fassung lassen sich keine verlässlichen Angaben machen; unklar ist auch, ob das Bündnis 1353 erneuert worden ist. Belegen lässt sich lediglich: Bern war in den Vierziger- und frühen Fünfzigerjahren mit Österreich verbündet und nahm in Erfüllung dieser Bündnispflicht auch 1351 und 1352 an der ersten und zweiten Belagerung von Zürich teil, wenngleich sich diese Teilnahme konkret darauf beschränkte, gemeinsam mit Basel, der Königin Agnes, dem Grafen von Toggenburg und dem Johanniterkomtur von Wädenswil Vermittlungsverhandlungen einzuleiten. Ob Berner Truppen als Angehörige des Reichsaufgebotes auch 1354 beim dritten Aufmarsch vor Zürich erschienen sind, bleibt unklar.[45]
Im Gegensatz zu den Bündnissen von 1341 und 1349 ist der Vertrag, den Bern am 28. September 1363 mit dem Vertreter Herzog Rudolfs von Österreich, mit Graf Johann von Froburg, dem österreichischen Landvogt im Aargau, Thurgau,

Elsass und Sundgau, geschlossen hat, im vollen Wortlaut überliefert. Es handelt sich um einen klassischen zweiseitigen Landfrieden. Der unsystematische Aufbau und die uneinheitliche Sprache des Textes lassen darauf schliessen, dass die einzelnen Passagen auf unterschiedlichen Vorlagen beruhen, möglicherweise auf dem Vertrag Berns mit Österreich von 1349 oder dem Bündnis Österreichs mit Zürich von 1350.[46]

Von diesen formalen Eigenheiten abgesehen, fällt nun aber auf, dass sich Bern 1363 in einer sehr guten Verhandlungsposition befunden haben muss, hat es sich doch eine ganze Reihe von Rechtsvorteilen ausbedungen. Zum Beispiel: Tritt der Fall ein, dass eine Hilfsverpflichtung ausserhalb des Hilfskreises gegenüber Bern eingelöst werden muss (etwa im Oberland), hat Österreich 200 Bewaffnete zu stellen, im umgekehrten Falle ziehen lediglich 100 Berner Österreich zu Hilfe; oder: Nach der fast wörtlich gleichen Formulierung der Vorbehalte beider Seiten (Reich und bisherige Verbündete) lässt Bern seine wichtigsten Verbündeten in einem Zusatz noch ausdrücklich auflisten (Savoyen, Freiburg, Uri, Schwyz, Unterwalden, Hasli, Payerne, Murten, Biel, Solothurn); oder: Nach der Festlegung des gegenseitigen Bewilligungsrechtes für den Abschluss neuer Bündnisse wird erklärt, Bern dürfe aber Bündnisse mit älteren Partnern jederzeit erneuern, ohne die Zustimmung der Gegenseite einzuholen; oder: Obschon Österreich im Sommer 1363 versucht hatte, die Kiburger durch die Zahlung von 12 000 Gulden aus der bernischen Oberlehensherrschaft über Thun herauszulösen, musste es im Bündnis vom Herbst 1363 Berns Rechte an Thun ausdrücklich anerkennen.[47] Offenbar war im Herbst 1363 Österreich der werbende, Bern der gesicherte, stärkere Verhandlungspartner.

Wohl schloss die Stadt noch mehrmals kurzfristige Übereinkünfte mit Österreich, beispielsweise einen achtmonatigen Landfrieden 1370 (zusammen mit Kiburg, Freiburg und Solothurn), einen halbjährigen Hilfsvertrag gegen die Gugler 1375 (zusammen mit Zürich) oder einen Münzvertrag 1377 (zusammen mit zahlreichen Fürsten und Städten).[48] Das Bündnis von 1363 wurde aber nicht erneuert, und Bern liess sich durch diesen Vertrag auch kaum einschränken: In den Bündnissen und Burgrechten, die die Aarestadt in den folgenden Jahren geschlossen hat, erscheinen die Herzöge in den bernischen Vorbehalten nie.

Zweifellos war das Haus Österreich bis weit über die Mitte des 14. Jahrhunderts hinaus die stärkste politische Kraft im nördlichen Alpenvorraum, und Bern hatte sich mit dieser Situation auseinander zu setzen. Offensichtlich blieb aber der Versuch des Herzogshauses und seiner Verbündeten erfolglos, mit Hilfe der im Königsfelder Vertrag von 1340 fixierten Grundsätzen die bernische Politik wirklich einzuschränken. Dass es Bern vielmehr gelungen ist, seine Stellung mit Hilfe der enger geknüpften Bande mit seinen burgundischen Bundesgenossen und der Rückendeckung bei Savoyen und den Waldstätten auszubauen, zeigen die direkten und indirekten Herrschaftsrechte, die Bern nach dem Laupenkrieg in Blumenstein, auf dem Bödeli, im Simmental, im Frutigland oder in der Grafschaft Aarberg erworben hat. Diese Erweiterung und Intensivierung des Einflusses und Zugriffes auf die Landschaft verdankte Bern allerdings nicht allein seinen Bündnissen und Burgrechten, seinen Ausburgeraufnahmen und seiner militärischen Schlagkraft, sondern ebenso seinen Möglichkeiten, die wirtschaftlichen und persönlichen Abhängigkeiten des kleinen Adels in seinem Interesse zu nutzen (→ S. 505).

Berns Beziehungen zu den Waldstätten

Die Vorstellung ist weit verbreitet, Bern sei mit dem unbefristeten («ewigen») Bündnisvertrag vom 6. März 1353 der Eidgenossenschaft beigetreten, die damit für mehr als 100 Jahre als «achtörtige Eidgenossenschaft» ihren engsten Mitgliederkreis geschlossen habe, zwar noch einigen inneren Belastungen ausgesetzt gewesen sei (Zürichkrieg), insgesamt aber doch die Form gefunden habe, in der sie im 15. Jahrhundert zu einer wichtigen politischen und militärischen Kraft im Machtgefüge Mitteleuropas geworden sei. Zugleich habe die Zugehörigkeit Berns zu dieser Eidgenossenschaft der Aarestadt die Möglichkeit eröffnet, ihre expansive Westpolitik in grösserem Stile weiterzuführen. «Konnte Bern, näherer Sorge preisgegeben, die Tragweite seines Schrittes nicht ahnen, so

darf die Nachwelt mit freierem Blick ermessen, dass der Bund von 1353 den Zusammenschluss der burgundischen Eidgenossenschaft Berns mit der Eidgenossenschaft der Waldstätte und damit das Zusammenwachsen des Ostens und des Westens der Schweiz angebahnt hat.»[49]
Den Historiker vermag diese Sichtweise allerdings nicht ganz zu überzeugen, besteht doch die Gefahr, dass sie das, was später geworden ist, als zwingende Notwendigkeit in die Vergangenheit zurückprojiziert und so den Blick auf die politischen und gesellschaftlichen Verhältnisse im nördlichen Alpenvorraum im 14. Jahrhundert verstellt. Zu bedenken gilt es insbesondere: 1. Die Eidgenossenschaft entstand als mehr oder weniger festgefügter Staatenbund erst ganz allmählich im Verlaufe eines langwierigen, oft auch widersprüchlichen Prozesses zwischen dem ausgehenden 14. und dem 16. Jahrhundert; die Namen *Switz* und *Eidgnoschaft* tauchen als Eigennamen für das Bündnisgeflecht der Waldstätte bezeichnenderweise erst im ausgehenden 14. und im 15. Jahrhundert auf. Die Eidgenossenschaft war Mitte des 14. Jahrhunderts noch kein Gebilde, dem man in irgendeiner Weise «beitreten» konnte. 2. Bern war um 1350 auch mit zahlreichen anderen Mächten verbündet, mit Städten, Landschaften, Fürsten oder geistlichen Niederlassungen. Viele dieser Verträge galten ebenfalls ohne zeitliche Beschränkung («ewig») und wurden gerade deshalb regelmässig wieder beschworen. Mehrere dieser Beziehungen waren denn auch älter als jene zu den Waldstätten und hielten ebenso lange, so etwa diejenigen zu Freiburg, Murten, Solothurn oder Biel. 3. Längst vor 1353 waren Bern und die Waldstätte durch Bündnisse verknüpft, längst gab es auch – je nach politischer Lage – ein koordiniertes politisches Handeln.[50]

Die frühesten belegten politischen Kontakte Berns zur Innerschweiz gehen in die Mitte des 13. Jahrhunderts zurück: Am 15. Mai 1251 schlossen Schultheiss und Burger von Bern mit all ihren Eidgenossen in Burgund einerseits und die Stadt Luzern andererseits einen Frieden, in dem beide Seiten gelobten, auf Schadenersatz zu verzichten, sich in den nächsten fünf Jahren hilfreich beizustehen, im Notfall 50 Mann zur Verfügung zu stellen und bei Streitigkeiten den Rechtsweg zu beschreiten. Worum es bei den erwähnten kriegerischen Ereignissen gegangen ist, lässt sich nicht eruieren; möglicherweise handelte es sich um Auseinandersetzungen zwischen kaiserlich (staufisch) und päpstlich (kiburgisch) gesinnten Kräften, allenfalls gar um eine Belagerung Luzerns durch kaisertreue Adlige und Städte.[51] Belege für ein Weiterleben dieser Kontakte zwischen Bern und Luzern finden sich vorerst nicht.
Zu ersten Bündnisbeziehungen zwischen Bern und den Waldstätten kam es im Umfeld des kiburgischen Familienzwistes von 1322/23 (→ S. 122). Hinter Graf Hartmann stand Herzog Leopold von Österreich, der bereits den berüchtigten Sühnevertrag von Rochefort zwischen den Brüdern vermittelt hatte, mit dem Hartmanns Bruder Eberhard gezwungen werden sollte, im geistlichen Stande zu bleiben und auf seinen Herrschaftsanteil zu verzichten; hinter Graf Eberhard standen Bern und eine Reihe kiburgischer Ministerialen des Aareraumes. Das rasche Eingreifen Berns in Thun zugunsten Eberhards nach der Ermordung Hartmanns (Ende Oktober 1322) zwang den überlebenden Grafen an die Seite der Aarestadt. Dadurch wurde die Position Österreichs im Oberland deutlich geschwächt; mit einem raschen Eingreifen Leopolds war nicht zu rechnen, hatte er doch nach der vernichtenden Niederlage Habsburgs im deutschen Thronstreit gegen Ludwig den Bayern (Schlacht bei Mühldorf, 22. September 1322) vorerst kaum die Mittel dazu. Um diese Verschiebung der Kräfteverhältnisse zu festigen, lag es nahe, dass sich die Gegner der österreichischen Politik zusammenschlossen: Im Sommer 1323 kam es in Lungern zu Verhandlungen zwischen Bern und den Waldstätten, die zu einem Bündnis führten, das im Falle eines habsburgischen Vorgehens die gegenseitige Hilfe regelte. Dieser Vertragstext ist nicht erhalten geblieben; in einer Abschrift von Aegidius Tschudi (um 1560) wurde lediglich Berns Zusage vom 8. August 1323 überliefert, es werde dieses Bündnis ratifizieren.[52] Über die einzelnen Bestimmungen des Vertrages lässt sich nichts eruieren; weder Geltungsdauer, noch ein allfälliger Hilfskreis, noch Entschädigungsregelungen, noch Vorbehalte sind bekannt. Dass sich Bern

1323 ausgerechnet mit den Waldstätten verband, ist deshalb bemerkenswert, weil deren eindeutig antihabsburgische Haltung als verlässlich galt und sie notfalls als sichere Rückendeckung gegen das Ausgreifen Österreichs im Oberland und Mittelland dienen konnten.
Nach Justinger wurde die 1323 vereinbarte Bundeshilfe auch wirklich angefordert: 1325 habe die Stadt Bern die Waldstätte (zudem Hasli und Eberhard von Kiburg) gemahnt, ihr in ihrer Fehde mit Graf Rudolf von Neuenburg behilflich zu sein (Belagerung von Le Landeron). Ein Kriegszug sei allerdings unterblieben, weil sich der Kiburger geweigert habe, gemeinsam mit den Waldstätten, seinen Gegnern von Morgarten, ins Feld zu ziehen. Zu einer Annäherung zwischen den Waldstätten und Eberhard von Kiburg kam es erst im Gefolge des oberrheinischen Städtebundes, dem Zürich und Bern am 20. Mai 1327 beitraten: Die beiden Städte nahmen die Waldstätte mit in das Bündnis auf, und Bern führte den Grafen von Kiburg mit ein; der auf zwei Jahre befristete Vertrag wurde 1329 bis in den April 1332 verlängert. Am 1. September 1327 kam es auch zum Ausgleich zwischen den Waldstätten und dem Hause Kiburg. Die immer offenkundigere Annäherung Graf Eberhards an Österreich liess sich dadurch allerdings nicht aufhalten.[53]

Unklar ist, ob die Hilfe, die die Waldstätte Bern im Laupenkrieg haben zukommen lassen, auf Grund des noch gültigen Bündnisses von 1323 erfolgt ist. Möglicherweise war dieser Vertrag auch bereits abgelaufen, und die Innerschweizer Talschaften schickten ihre Truppen ohne rechtliche Verpflichtung allein aus Einsicht in die politische Notwendigkeit. Zumindest weist Justinger in seiner Schilderung der Gesandtschaftsreise des Berner Ratsherrn von Kramburg zu den Waldstätten nirgends auf eine bestehende Bündnisverpflichtung hin. Andererseits wird der Bündnisvertrag zwischen Bern und den Waldstätten von 1341 ausdrücklich als «Erneuerung» bezeichnet, was kaum auf abgelaufene Übereinkünfte zu beziehen ist (Abb. 531). Damit ist das zweite, eindeutig belegte Bündnis angesprochen, das Bern und die Waldstätte unmittelbar nach dem Laupenkrieg geschlossen haben: Am selben 13. Juni 1341, an dem die Stadt Bern ihr Bündnis mit Freiburg von 1271 erneuerte, liess sie sich von der Saanestadt auch die Einwilligung zur Erneuerung des Bündnisses mit den Waldstätten geben – für Freiburg zweifellos ein harter Brocken, die gegnerische Allianz des eben verlorenen Krieges tolerieren zu müssen! Immerhin verpflichtete sich Bern, gemäss den Verträgen von 1243 und 1271 die Nachbarstadt in der Verbindung mit den Waldstätten vorzubehalten.[54]
Auch der Bündnisvertrag zwischen Bern und den Waldstätten vom Sommer 1341 ist verschollen, die einzelnen Bestimmungen und Verpflichtungen sind nicht bekannt. Augenfällig ist lediglich die Funktion, die der Verbindung Berns zu den Waldstätten innerhalb der Bündnispolitik der Aarestadt in den Vierzigerjahren des 14. Jahrhunderts zugekommen ist: Sie bildete den Gegenpol zum befristeten Bündnis mit Österreich, das Bern ebenfalls 1341 schloss. Zusammen mit den burgundischen Bündnissen und Burgrechten gab der Vertrag mit den Waldstätten der Stadt Bern den nötigen Rückhalt, um im Aareraum die bisherige Erwerbs- und Ausdehnungspolitik weiterführen zu können, ohne in die Abhängigkeit des herrschaftspolitischen Rivalen Österreich zu geraten. Ob das Bündnis zwischen Bern und den Waldstätten von 1341 in den folgenden Jahren bei irgendeiner Gelegenheit zu konkreten Hilfeleistungen zwischen den Vertragspartnern geführt hat, ist nicht zu eruieren; erwähnt wird es nur noch einmal in einem Rechtsstreit zwischen Leuten aus dem mit Bern verbündeten Biel und Unterwalden im Jahre 1343.[55]

Im Gegensatz zu den Bündnissen von 1323 und 1341 ist das Vertragswerk von 1353 nicht nur vollständig überliefert, sondern auch im historischen Bewusstsein fest verankert und von der Forschung unter vielfältigen Gesichtspunkten untersucht worden (Abb. 532, → S. 494). Es handelt sich dabei um eine ganze Gruppe von Urkunden, die alle in Luzern ausgestellt worden sind, wo die abschliessenden Verhandlungen stattgefunden haben. Das Hauptdokument ist der Bündnisvertrag zwischen Schultheiss, Rat und Burgern von Bern einerseits und den

Abb. 531
Die Landleute von Uri, Schwyz und Unterwalden bestätigen mit dieser Urkunde vom 3. August 1339, sie seien von Bern für alle Auslagen im Zusammenhang mit der Schlacht bei Laupen entschädigt worden; StAB Fach Schwyz 1339 Aug. 3.

Landammännern und Landleuten von Uri, Schwyz und Unterwalden andererseits vom 6. März 1353. Diesem sind drei Beibriefe vom 7. März 1353 angefügt. Besiegelte Ausfertigungen des Bündnisvertrages erhielten sicher die vier Bündnispartner Bern, Uri, Schwyz und Unterwalden; Exemplare der Beibriefe liessen sich auch Zürich und Luzern ausstellen. Laut Bündnistext vom 6. März wurden folgende Vereinbarungen getroffen:[56]

1. Das Bündnis soll «ewig» gelten, ohne zeitliche Beschränkung, ist aber wie üblich in regelmässigen Abständen (alle fünf Jahre) neu zu beschwören. Entsprechende ewige Bündnisse hat Bern bereits mit Freiburg, Solothurn, Murten, Biel, Payerne und anderen Orten geschlossen, ebenso die Waldstätte mit Luzern und Zürich (Artikel 25).
2. Beide Seiten versprechen sich Hilfe gegen alle, die Leib, Vermögen, Ehre oder Freiheit von einem der Bündnispartner gewaltsam angreifen. Falls eine Seite die Bündnispartner zur Hilfeleistung mahnt, soll das Vorgehen im Kienholz am Brienzersee beraten werden. Dabei erhält Bern ausdrücklich das Recht zugesprochen, die Waldstätte überallhin und gegen jedermann zu mahnen, der die Stadt oder ihre Burger schädigen will. In das Bündnis sind indirekt auch Zürich und Luzern eingeschlossen (Artikel 1, 2, 3, 4, 13, 14, 15).
3. Im Falle eines Krieges gegen einen gemeinsamen Gegner wird auch die Möglichkeit getrennter Einsatzorte vorgesehen: Falls Bern im Aareraum und Oberland eingreift, sollen die Waldstätte im Aargau aktiv werden; falls die Waldstätte im Aargau losschlagen, soll Bern im burgundischen Raum seine Kräfte einsetzen (Artikel 9, 10).
4. Genau geregelt wird die Frage der Kostendeckung bei militärischer Hilfe: Senden die Waldstätte Bern über den Brünig ein Hilfskontingent, zahlt die Aarestadt jedem Mann von Unterseen an pro Tag einen Silbergroschen; umgekehrt erhält auch jeder Berner, der den Waldstätten zu Hilfe eilt, von Unterseen an pro Tag einen Silbergroschen. Betrifft der Krieg beide Parteien gleichermassen, trägt jeder Vertragspartner seine Kosten selber, ebenso bei Belagerungen (Artikel 5, 6, 7, 8, 11, 12).
5. Für allfällige Zwiste zwischen den Bündnispartnern wird ein Schiedsverfahren festgelegt, das den von Bern im burgundischen Raum geübten Modalitäten entspricht: Beide Seiten ernennen je zwei Beisitzer, die klagende Partei den Obmann des Schiedsgerichtes, das den Streitfall nach billigem Ermessen oder nach Recht entscheiden soll (Artikel 16).
6. Eine Reihe von Übereinkünften regelt den Rechtsverkehr unter den Angehörigen der Bündnispartner: Geistliche Gerichte sollen nur wegen Ehesachen und offensichtlichem Wucher angerufen werden, der Gerichtsstand ist jeweils der Wohnort des Angeklagten, eigenmächtige Selbsthilfe (Pfändung, Schuld-

Der Bundesbrief von 1353

Barbara Studer (Übersetzung)

Im Namen Gottes, Amen. Wir, der Schultheiss, der kleine und grosse Rat sowie die Burger insgesamt der Stadt Bern im Üechtland einerseits, der Landammann und die Landleute der Landorte Uri, Schwyz und Unterwalden andererseits, verkünden all jenen, die diese Urkunde sehen oder vorgelesen bekommen, dass wir mit gutem Rat und aus weiser Voraussicht übereingekommen sind, einen ewigen Bund und Freundschaft zu schliessen, um den Frieden zu wahren, unsern Leib und Gut, unsere Stadt, unsere Landorte sowie unsere Leute zu schützen und zu Nutz und Frommen des ganzen Landes. Wir haben für uns und unsere Nachkommen unter Anrufung der Heiligen freundschaftliche und öffentlich verbindliche Eide gelobt und geschworen, wodurch wir ewig verbunden und verpflichtet sein sollen, ein immer währendes Bündnis miteinander zu haben und es auch einzuhalten; dieses soll jetzt und künftig unveränderlich, unverbrüchlich, in allen Teilen unversehrt und in guten Treuen, fest und ewig in Kraft bleiben.
Weil alle vergänglichen Dinge vergessen werden, die Gegebenheiten dieser Welt flüchtig sind und im Laufe der Jahre viele Dinge verändert werden, erlassen wir, die oben Genannten, die Stadt und die Landorte, über diesen Zusammenschluss und ewigen Bund ein rechtskräftiges Zeugnis in Form einer Urkunde mit folgenden Bestimmungen:

1) Wir wollen einander getreulich helfen und raten, so gut uns dies Leib und Gut erlauben, ohne jede Einschränkung, gegen alle, die uns (das heisst uns oder ein anderes Mitglied dieses Bündnisses, jetzt oder später, hier oder anderswo) an Leib und Gut, an Ehren oder an Freiheiten, gewaltsam oder zu Unrecht belästigen, verdriessen, angreifen, kränken oder schädigen.

2) Geschähe es aber, dass ein Mitglied dieses Bündnisses in irgendeiner Weise jemals zu Unrecht von jemandem angegriffen oder an Leuten oder Gut geschädigt würde, so dürfen und sollen der Rat oder die Gemeinde der geschädigten Stadt oder des geschädigten Landortes ihren Schaden vortragen und unter Eid bekräftigen; und falls dann dieser Rat, die Gemeinde oder die Mehrheit der geschädigten Stadt oder des Landortes unter Eid bezeugen, es handle sich um eine Angelegenheit, bei der es nötig sei, Hilfe anzufordern oder anzugreifen, dann soll und darf der Rat oder die Gemeinde dieser Stadt oder dieses Landes, die geschädigt worden ist, die Stadt und die Landorte, die diesem Bündnis angehören, aufbieten.

3) Sobald das Aufgebot erfolgt ist, sollen alle, die diesem Bündnis angehören, unverzüglich ihre ehrbare Botschaft zu einer Tagsatzung ins Kienholz [bei Brienz] senden und da beraten, wie denen, die Hilfe angefordert haben, unverzüglich und getreu den Eiden geholfen werden könne. Dies soll mit dem nötigen Ernst geschehen, mit all den Massnahmen, die für jene nötig sind, die um Hilfe nachgesucht und gemahnt haben, und ohne jede Einschränkung, so dass der Schaden und Angriff, der an ihnen verübt worden ist und weswegen sie um Hilfe gemahnt haben, ohne jede Einschränkung gerächt und wieder gutgemacht werden kann.

4) Wir, die vorgenannten von Bern, sollen die Macht haben, die vorgenannten Waldstätte, unsere Eidgenossen, gegen alle, die uns oder unsere Burger sowie unser Lehen, unsere Pfänder oder unser Eigentum schädigen oder angreifen wollen, überallhin aufzubieten, sonst aber gegen niemanden, ohne jede Einschränkung. Und gegen die soll man uns helfen in der Weise, wie oben geschrieben steht, ohne jede Einschränkung.

5) Und wenn wir, die vorgenannten Waldstätte, alle drei oder auch nur eine von uns in dieser Weise um Hilfe angegangen werden von den eingangs Genannten von Bern, und wir ihnen über den Brünig Hilfe zukommen lassen, wie es im Kienholz auf der Tagsatzung beschlossen worden ist, weshalb ja unsere Boten zusammengekommen sind, so sollen wir die Hilfe bis nach Unterseen auf unsere Kosten leisten; von der ersten Nacht nach Unterseen sollen die Vorgenannten von Bern einem jeden der unsern, den wir ihnen bewaffnet geschickt haben, für jeden Tag, den sie ihn in ihren Diensten behalten wollen, einen grossen Silberpfennig an seine Kosten geben; das soll uns als Lohn genügen. Das sollen sie tun, bis die unseren nach ihrem Dienst wieder nach Unterseen kommen, aber nicht weiter, ohne jede Einschränkung.

6) Geschähe es, dass wir, die Obengenannten von Bern, dereinst den vorgenannten Waldstätten – allen dreien oder einer einzelnen – unsere Hilfe nach erfolgtem Aufgebot vorschriftsgemäss senden würden, so sollen auch wir ihnen diese Hilfe auf unsere Kosten bis nach Unterseen zukommen lassen; und von der ersten Nacht nach Unterseen sollen die Waldstätte einem jeden der unseren, die wir ihnen bewaffnet geschickt haben, für jeden Tag, den sie ihn beanspruchen wollen, einen grossen Silberpfennig an seine Kosten geben; dies soll auch uns als Lohn genügen. Das sollen sie tun, bis die unseren nach ihrem Dienst wieder nach Unterseen kommen, aber nicht weiter, ohne jede Einschränkung.

7) Geschähe es aber, dass uns, den vorgenannten Verbündeten, irgendein Schaden zugefügt würde oder eine Ungerechtigkeit von irgendjemandem angetan würde, und wir deshalb einhellig einen gemeinsamen Auszug oder eine gemeinsame Belagerung beschliessen sollten, so sollen wir, die Vorgenannten von Bern und auch die Waldstätte, den Auszug oder die Belagerung ein jeder auf seine eigenen Kosten durchführen, ohne jede Einschränkung.

8) Und geschähe es, dass wir einen gemeinsamen Krieg anfangen sollten, der uns beide beträfe, so soll niemand von uns, der diesem Bündnis angehört, dem anderen Kosten geltend machen oder verrechnen, ohne jede Einschränkung, wo auch immer wir, die Vorgenannten von Bern und die Waldstätte gegen den Feind zögen und ihn schädigten.

9) Geschähe es aber, dass wir, die von Bern, die Feinde obenaus [im Oberland] angriffen oder schädigten, und dann die Waldstätten aufböten, so sollen sie die Feinde bei ihnen untenaus [im Aargau] angreifen und schädigen so sehr sie vermögen. Wegen dieses Angriffes sollen weder wir ihnen noch sie uns Kosten geltend machen oder verrechnen.

10) Gleichermassen gilt: Wenn wir, die Waldstätte, den Feind hier unten [im Aargau] angriffen und schädigten, so sollen die Obgenannten von Bern, unsere Eidgenossen, wenn wir sie aufbieten, den Feind bei ihnen obenaus [im Oberland] nachdrücklich angreifen und schädigen, so sehr sie nur können. Wegen dieses Angriffes sollen weder wir ihnen noch sie uns Kosten geltend machen oder verrechnen.

11) In diesem Bündnis soll niemand dem anderen irgendwelche Kosten verrechnen oder geltend machen wegen Ereignissen im Aargau – er sei deswegen aufgeboten worden oder nicht.

12) Geschähe es, dass man jemanden belagerte, so soll die Stadt oder das Land, das die Sache betrifft und das deswegen aufgeboten hat, die Kosten, die auf Grund der Arbeiten und Werkmeisterlöhne während der Belagerung entstehen, ganz allein tragen, ohne jede Einschränkung.

13) Wir, die Vorgenannten von Bern, haben insbesondere auch beschlossen: Wenn jene von Zürich oder Luzern, die jetzt mit den obgenannten Waldstätten verbündet sind, jemand angriffe oder schädigte und sie deswegen diese Waldstätten, ihre Eidgenossen, aufbieten sollten und diese ihnen ihre Hilfe zusicherten und wenn dann die vorgenannten Waldstätte, unsere Eidgenossen, uns aufbieten sollten, dann sollen wir unsere Hilfe unverzüglich mit eben denselben unseren Eidgenossen senden und mit ihnen überall dorthin ziehen, wo auch sie hinziehen, und ihnen dort helfen, ihre Feinde anzugreifen und zu schädigen, im gemeinsamen Auszug oder sonstwie, so gut wir es nur können und ohne jede Einschränkung. Diese Hilfe sollen wir auf eigene Kosten leisten.

14) Geschähe es aber, dass auch wir, die von Bern, von jemandem angegriffen oder geschädigt würden und wir, die obgenannten Waldstätte, unsere Eidgenossen, deshalb aufböten und dieselben Waldstätte dann die von Zürich oder Luzern, entweder beide oder eine von ihnen, ihre Eidgenossen, ebenfalls aufböten und diese mit ihnen zögen und ihnen helfen würden, unsere Feinde zu schädigen, im gemein-

samen Auszug oder sonstwie, so sollen wir weder denen von Zürich, noch denen von Luzern die Kosten begleichen oder bezahlen.

15) Vor allen anderen Dingen ist jedoch geregelt worden: Weshalb, wohin und zu welchem Zeitpunkt auch immer wir, die Obgenannten von Bern, von den vorgenannten Waldstätten, unseren Eidgenossen, allen zusammen oder einer einzelnen, aufgeboten werden, weil unsere Eidgenossen irgendwohin ausziehen, dahin sollen wir mit ihnen ziehen und ihnen helfen, ihre Feinde zu schädigen; und es soll niemand von uns, den vorgenannten Eidgenossen von Bern oder den Waldstätten, von diesem Bündnis, dieser Hilfe und Unterstützung, wie sie in dieser Urkunde aufgezeichnet sind, Abstand nehmen, weder mit Worten noch mit Taten, keine rechtlichen Schritte unternehmen, weder heimlich noch öffentlich, so dass die Hilfe, um die damals ersucht worden ist, abgeschwächt, verzögert oder ganz aufgegeben werden könnte; dies soll gelten ohne jede Einschränkung.

16) Es ist auch beschlossen worden mit diesem Vertrag: Falls jemand, der in diesem Bund ist, irgendwelche Forderungen oder Ansprüche gegen ein anderes Mitglied hätte, so sollen wir uns im vorgenannten Kienholz zu einer Tagsatzung versammeln. Erhöben dann die Berner oder einer der ihren die Forderungen und Ansprüche, so soll der Ankläger einen Mann aus derjenigen Waldstatt, gegen die er seine Forderungen erhebt, aus 16 ehrbaren Landleuten auswählen, die ihm der Ammann dieses Landes vorschlägt und auch bei seinem Eid unverzüglich nennen soll, (oder die Landleute, falls gerade kein Ammann anwesend sein sollte) und [diesen Mann] als Obmann des Schiedsgerichts akzeptieren. Darauf soll das Land bei seinem Eid den Gewählten anweisen, sich der Sache als Obmann anzunehmen. Beide Parteien sollen dann je zwei Mitglieder für das Schiedsgericht stellen, und was die fünf oder die Mehrheit von ihnen in der Sache beschliessen – entweder in Minne mit der Zustimmung und dem Willen beider Teile oder eidlich, gemäss den Satzungen, falls sie sich nicht einigen können –, sollen beide Teile akzeptieren und unverändert lassen, wie oben steht, ohne Einschränkung. Die fünf Mitglieder des Schiedsgerichts sollen die ihnen aufgetragene Sache bei ihren Eiden förderlich und unverzüglich gemäss den oben beschriebenen Satzungen zu einem Ende bringen, ohne jede Einschränkung.
Geschähe es aber, dass wir, die vorgenannten Waldstätte oder jemand von unseren Leuten, Forderungen und Ansprüche gegen die Vorgenannten, unsere Eidgenossen von Bern oder jemanden der ihren hätten, so soll der, der klagen will, aus dem Rat von Bern ebenfalls einen Obmann für das Schiedsgericht wählen; wen auch immer er auswählt, den sollen der Rat und die Stadt Bern unverzüglich bei seinem Eid anweisen, sich der Sache als Obmann anzunehmen. Darauf soll jede Partei für das Schiedsgericht zwei Mitglieder ernennen, und was die fünf oder die Mehrheit von ihnen beschliessen – entweder in Minne oder gemäss den Satzungen unter Eid –, das sollen auch beide Teile gleichermassen akzeptieren, gemäss den oben beschriebenen Satzungen, getreulich und ohne Einschränkung.

17) Es soll auch niemand, der diesem Bündnis angehört, den anderen wegen irgendeiner Sache vor ein geistliches Gericht laden noch damit behelligen, ausser wegen Eheangelegenheiten oder offensichtlichem Wucher.

18) Wäre jemand, der diesem Bündnis angehört, einem anderen rechtmässig Geld schuldig oder hätte einen ehrlichen Anspruch gegen ihn, so soll der sein Recht an jener Stätte und vor dem Gericht suchen, wo der Beschuldigte ansässig ist. Dort soll der Richter unverzüglich Recht sprechen. Sollte ihm das Recht da jedoch verweigert werden und würde dies bekannt, so soll er sein Recht anderswo suchen wie es ihm zusteht, ohne jede Einschränkung.

19) Es soll auch niemand, der diesem Bündnis angehört, ein anderes Mitglied verhaften, vor Gericht laden oder pfänden, ausser einen rechtmässigen Schuldner oder einen Bürgen, der ihm entsprechende Zusagen gemacht hat. Dies darf aber auch nur rechtmässig und vor Gericht stattfinden, ohne jede Einschränkung.

19a) Wir sind auch einhellig übereingekommen, dass niemand von den Eidgenossen, die in diesem Bündnis verbunden sind, wegen irgend einer Sache füreinander Pfand sein sollen, ohne jede Enschränkung.

20) Wenn auch jemand, der diesem Bündnis angehört, über ihm persönlich zugesicherte Rechte und Besitzungen verfügt, dem soll niemand diese Rechte und Besitzungen ohne Rechtsverfahren streitig machen und man soll ihn in diesem Besitz rechtlich schützen.

21) Weiter ist zu wissen, dass wir, die vorgenannten Eidgenossen, die von Bern und die aus den Waldstätten, uns jene Rechte des Heiligen Römischen Reichs vorbehalten, die bei uns seit alters her gelten, ohne jede Einschränkung.

22) Zudem behalten wir, die Vorgenannten von Bern, uns die Bünde vor, die vor diesem Vertrag geschlossen worden sind, so lange sie gelten, ohne jede Einschränkung.

23) Wir, die vorgenannten Waldstätte von Uri, Schwyz und Unterwalden behalten uns ebenfalls die Gelübde und Bünde vor, die wir vor diesem Vertrag mit jemandem abgeschlossen haben. Diese genannten Bünde haben vor dem jetzt geschlossenen Bündnis Vorrang, ohne jede Einschränkung.

24) Auch haben wir alle uns beiderseits Folgendes vorbehalten: Geschähe es, dass wir zusammen oder unsere Stadt respektive einer der Landorte allein sich gegen Herren, Städte oder Länder absichern oder verbünden möchten, so können wir dies wohl tun; doch soll dieses Bündnis vor allen weiteren Bünden, die von nun an geschlossen werden, auf immer und ewig eingehalten werden, mit allen Vereinbarungen und gemäss den Worten, wie sie in dieser Urkunde besprochen und festgeschrieben worden sind, ohne jede Einschränkung.

25) Es ist auch festgelegt worden: Damit dieses Bündnis bei Jungen und Alten und all denen, die dazu gehören, immer bekannter wird, soll man alle fünf Jahre, jeweils Ende Mai (oder kurz vorher oder nachher, ohne Einschränkung), dieses Gelöbnis und Bündnis gemäss den geschworenen Eiden in Erinnerung rufen und erneuern, sobald es jemand von uns, den vorgenannten Eidgenossen, wegen der Stadt oder den Landorten von den andern fordert; [dies soll geschehen] mit Worten, mit Schrift, mit Eiden und mit allem, was dann dazu nötig ist, ohne Einschränkung. Alle Männer und Knaben, die dann mehr als sechzehn Jahre alt sind, sollen schwören, dieses Bündnis auch immer und ewig einzuhalten, mit allen Artikeln und nach den Worten, wie sie in dieser Urkunde geschrieben stehen, ohne jede Einschränkung. Geschähe es aber, dass die Erneuerung unterlassen würde zu den erwähnten Zeiten oder dass sie wegen irgendeiner Angelegenheit versäumt oder verzögert würde, so soll dies dem Bündnis nicht schädlich sein, da es ewig, stetig und fest sein soll, mit allen Artikeln und gemäss all den Worten, wie sie hier festgehalten worden sind, ohne irgendeine Einschränkung.

26) Wir haben auch einhellig und aus weiser Voraussicht uns vorbehalten: Falls wir zu unserem gemeinsamen Nutzen oder aus irgendeiner Notwendigkeit heraus jetzt oder später einmal einhellig übereinkommen sollten, Dinge, die in diesem Bündnis festgeschrieben worden sind, zu verändern, sei es zu mindern oder zu mehren, so können und dürfen wir dies alle zusammen wohl tun, wenn wir alle, die diesem Bündnis dann angehören, einhellig übereinkommen, dass wir dies nützlich und passend finden, ohne jede Einschränkung.
Und um eine ewige, feste Bekräftigung und eine offenkundige Bezeugung dieser oben beschriebenen Dinge zu erreichen, haben wir die vorgenannten Eidgenossen von Bern, Uri, Schwyz und Unterwalden, unsere Stadt- und Ländersiegel öffentlich an diese Urkunde gehängt, die ausgestellt worden ist in Luzern, am sechsten Tag des beginnenden Monats März, als man zählte von Gottes Geburt dreizehnhundertfünfzig, danach in dem dritten Jahr.

(Original im StAB, F. Eidgenossenschaft, 6. März 1353. Vgl. die Edition in SSRQ Stadt Bern, III, S. 159–165, Nr. 75.)

haft) sind verboten, und das rechtmässige Eigentum wird ausdrücklich geschützt (Artikel 17, 18, 19, 20).
7. Beide Seiten behalten sich ihre Verpflichtungen gegenüber dem Reich und gegenüber den Partnern älterer Bündnisse vor und gestehen sich ausdrücklich das Recht zu, auch künftig weitere derartige Verbindungen einzugehen. Ein gegenseitiges Bewilligungsrecht für neue Bündnisse wird nicht festgehalten; in allfälligen neuen Verbindungen sollen aber die Vertragsverpflichtungen von 1353 vorbehalten sein (Artikel 21, 22, 23, 24).
Bei den Beibriefen vom 7. März 1353 handelt es sich erstens um die Zusicherung der Länder Uri, Schwyz und Unterwalden, auf Mahnung Berns auch die Eidgenossen von Zürich und Luzern zur Hilfeleistung an Bern zu verpflichten, zweitens um die Zusicherung der drei Waldstätte, auf Mahnung Zürichs und Luzerns auch die Hilfe Berns für die beiden Städte anzufordern, und drittens um das Versprechen Zürichs und Luzerns, der Mahnung der drei Länder zur Hilfeleistung an Bern unverzüglich Folge zu leisten.

In der bisherigen Forschung lassen sich im Hinblick auf die Entstehung und den Zweck des Bündnisses deutlich zwei Hauptrichtungen ausmachen: Die ältere Lehrmeinung geht davon aus, Bern habe mit dem Vertrag von 1353 den Umtrieben Obwaldens im Brienzerseegebiet und auf dem Bödeli einen Riegel schieben und das östliche Oberland mit dem Kloster Interlaken endgültig seinem Einflussbereich einordnen wollen. Zudem habe es sich ein Gegengewicht zur Verbindung mit Österreich (1341 und 1348/9) und verlässliche Hilfstruppen für seine burgundische Politik erhofft. Den Waldstätten sei dieses Bündnis willkommen gewesen, weil sie mit dem gefestigten antihabsburgischen Kurs Berns eine Sicherung ihrer westlichen Flanke erhalten hätten. «Bern hat den genialen Gedanken gefasst, die von Unterwalden ausgehenden Umtriebe in seinen Herrschaften durch die Eidgenossen selbst zu brechen, und der Erfolg hat ihm auch hier, wie immer, gelächelt.»[57]
In der Tat lassen sich in den Jahren 1348/49 Spannungen zwischen Bern und Obwalden im Raume Interlaken belegen: Obschon die Landleute von Obwalden und Propst und Kapitel von Interlaken im Juni 1348 vereinbart hatten (offenbar nach gegenseitigen Schädigungen), sich weder an Leib, noch Gut, noch Rechten zu beeinträchtigen, nahmen die Obwaldner am 27. Dezember 1348 die Gotteshausleute von Interlaken und andere Mitverschworene in ihren Schirm auf gegen jedermann, der sie bedrücken wollte – also auch gegen ihre rechtmässigen Herren, zum Beispiel das mit Bern verburgrechtete Kloster Interlaken oder die Herren von Ringgenberg. Deshalb zwang Bern die Gotteshausleute und die Untertanen der Ringgenberger Anfang 1349 mit Waffengewalt, den Schirmvertrag mit Obwalden aufzulösen und ihren Herren erneut Gehorsam zu schwören.[58]
Zumindest in zweierlei Hinsicht war der Bund von 1353 geeignet, künftig derartige Konflikte zu entschärfen: Einerseits sollte das Oberland als militärischer Einsatzort Bern vorbehalten bleiben (Artikel 9, 10); die Einflussnahme Obwaldens wäre zumindest vertragswidrig gewesen. Andererseits wurde der Besitzstand Berns und der mit ihm Verburgrechteten ausdrücklich garantiert; allfällige Streitigkeiten mussten nach geltendem Recht geschlichtet werden (Artikel 16, 20). Im Ringgenberger Handel von 1381, in dem es erneut um Versuche Obwaldens ging, Untertanen des mit Bern verburgrechteten Petermann von Ringgenberg ins Obwaldner Landrecht aufzunehmen, entschied das eidgenössische Schiedsgericht denn auch konsequenterweise zugunsten Berns.[59]

Diese Sicht der Dinge, wonach Bern vor allem zur Sicherung seines Einflusses im Oberland das Bündnis mit den Waldstätten geschlossen habe, ist seit den Fünfzigerjahren des 20. Jahrhunderts allerdings verschiedentlich in Frage gestellt worden. Zwar wird auch in der neueren Forschung durchaus anerkannt, dass die Oberländer Problematik eine gewisse Rolle gespielt habe, die entscheidenden Triebkräfte werden aber anderswo gesehen. Aufsehen erregt hat zunächst ein von Hans Georg Wirz entdeckter Entwurf des Berner Bundes aus der Feder eines Zürcher Kanzleiangehörigen auf dem Zürcher Archiv. Der

Abb. 532
Die für Bern bestimmte Vertragsausfertigung des Bündnisses vom 6. März 1353 zwischen Bern, Uri, Schwyz und Unterwalden mit den erhaltenen Siegeln der vier Partner; StAB Berner Bund.

offenkundig auf verschiedenen Vorlagen beruhende Bundestext von 1353 sei, so legte Bruno Meyer in mehreren Veröffentlichungen dar, im Wesentlichen zusammengesetzt aus Partien des Zürcher Bundes mit den Waldstätten von 1351, des nicht erhaltenen Bundes Berns mit Österreich von 1348/49 und der ebenfalls verschollenen Bündnisse Berns mit den Waldstätten von 1323 und 1341. Dass der Entwurf zum Berner Bund von einem Zürcher geschrieben und in Zürich aufbewahrt worden sei, belege, dass das Bündnis von 1353 vor allem den Interessen Zürichs, allenfalls Luzerns entsprochen habe. Zürich habe sich nach 1350 in einer sehr schwierigen Lage befunden und sei an der Verbindung mit einer ähnlich gefährdeten Stadt interessiert gewesen. Bern habe sich zwar mit Zürich und Luzern des Bündnisses mit Österreich von 1348/49 wegen nicht direkt verbinden können; dass es aber diese beiden Städte gewesen seien, die wesentlich zum Abschluss des Vertragswerkes geführt hätten, zeigten die Beibriefe, die ganz im Interesse Zürichs und Luzerns formuliert worden seien. Bern schliesslich habe sich in das Bündnis von 1353 geschickt, weil es – ähnlich wie Zürich 1350/51 – aus der österreichischen Umklammerung keinen anderen Ausweg gesehen habe. Dabei handle es sich um eine eigentliche Neuorientierung der bernischen Politik, die erst möglich geworden sei nach dem Sturz des österreichfreundlichen Schultheissen Johann von Bubenberg um 1350. Die Streitigkeiten mit Obwalden (Bödeli, Brienzersee, Lütschinentäler) hätten für den Vertragsabschluss lediglich eine untergeordnete Rolle gespielt.[60]

Zweifellos befand sich Zürich um 1350 in einer schwierigen Lage. Im Krieg mit den Rapperswiler Grafen, der vom Gegensatz zwischen der Brun-Partei innerhalb und den verbannten Brun-Gegnern ausserhalb der Stadt überlagert wurde, war kein Ende abzusehen, und die bisherigen Verbündeten Zürichs, insbesondere die Bodenseestädte, hielten sich angesichts der risikoreichen Politik der

Limmatstadt zurück – mit Ausnahme Österreichs. Von dem erneuerten Bündnis, das Zürich im Spätsommer 1350 mit den Vögten und Pflegern Herzog Albrechts aushandelte, blieb zwar lediglich ein Ausfertigungsentwurf für die endgültige Urkunde erhalten. Der Vertrag ist aber mit grösster Wahrscheinlichkeit vollzogen worden und zeigt, wie gross die Gefahr für Zürich gewesen ist, ganz unter habsburgischen Einfluss zu geraten: Die Stadt durfte künftig keine Ausburger mehr aufnehmen und ihre Bündnisfreiheit wurde erheblich eingeschränkt. In dieser Situation verband sich Zürich in einer politischen Kehrtwende am 1. Mai 1351 mit den Waldstätten, die ihrerseits daran interessiert waren, die wichtige Stadt für sich zu gewinnen und zugleich deren Expansionsdrang (zum Beispiel in der March) unter Kontrolle zu bringen. Wie wichtig diese Rückendeckung für Zürich war, sollte sich in den unmittelbar folgenden Auseinandersetzungen mit Albrecht von Österreich und Karl IV. zeigen.[61] Offen bleibt aber die Frage, wieweit diese Zürcher Bedürfnisse ihren Niederschlag auch im Berner Bund von 1353 gefunden haben, wieweit sich Bern 1353 in einer ähnlichen Lage befunden hat wie Zürich um 1350/51.

Dass die sprachliche Form einzelner Partien des Berner Bundes von 1353 jener des Zürcher Vertragstextes von 1351 entspricht, ist unübersehbar und längst bekannt.[62] Die übereinstimmenden Bestimmungen enthalten das grundsätzliche gegenseitige Hilfsversprechen, die Kostenregelung bei Belagerungen, die Ausschliessung geistlicher Gerichte in weltlichen Angelegenheiten, die Regelung von Schuld- und Pfändungsfragen, die Vorbehalte und Bekräftigungs-, Erneuerungs- und Schlussbestimmungen. Welche Formulierungen Bern aus seinen älteren Bündnissen mit den Waldstätten allenfalls übernommen hat, lässt sich ganz einfach deshalb nicht zwingend nachweisen, weil die Verträge von 1323 und 1341 nicht überliefert sind. Es ist deshalb sehr wohl möglich und vom Inhalt her auch wahrscheinlich, dass gerade die sachlich entscheidenden Artikel 4 (Hilfsverpflichtung der Waldstätte an Bern), 5 und 6 (Besoldung), 7 (Kosten einzelörtischer Unternehmungen), 13, 14 und 15 (Hilfe Berns an Zürich und Luzern über die Waldstätte und umgekehrt) im Vorfeld des Vertrages vom 6. März 1353 zwischen den Bündnispartnern neu ausgehandelt worden sind.[63]
In diesen Partien fällt nun auf, wie stark die Verhandlungsposition Berns gewesen sein muss: In Artikel 4 etwa lässt sich Bern nicht allein Hilfe für sich selbst zusagen, sondern ausdrücklich auch für seine Burger, Pfänder und Lehen, das heisst auch für seine adligen Verburgrechteten und seine Ausburger, seine Beschirmten, seine Pfandbesitzungen und seine als Lehen lediglich mediaten Herrschaften. Genau besehen sicherte sich hier Bern die Hilfe der Waldstätte für seine ganze burgundische Eidgenossenschaft zu – selbstverständlich ohne vorherige Rücksprache mit diesen burgundischen Verbündeten. Sowohl im Zürcher als auch im Luzerner Vertrag fehlen entsprechende Bestimmungen ganz einfach deshalb, weil die beiden Städte nicht über ein entsprechendes Einflussgebiet verfügt haben. Auffallend ist auch die Kostenregelung in Artikel 5 und 6, laut welcher derjenige, der Hilfe anfordert, die entsprechenden Soldzahlungen ab Durchmarsch in Unterseen leistet; die Nähe zur Entlöhnung von eigentlichen Söldnern, die angesichts der ausgreifenden Politik Berns vor allem den Interessen der Aarestadt entsprochen haben dürfte, ist unübersehbar. Bemerkenswert ist auch die bereits angesprochene Regelung der Einsatzorte in Artikel 9 und 10: Anders als im Zürcherbund fehlt im Bernerbund die Umschreibung eines Hilfskreises, das heisst, die Hilfe kann überallhin angefordert werden. Das Eingreifen im Oberland soll aber bei getrennter Kriegsführung Bern vorbehalten sein. Dass Bern mit dieser Bestimmung der Einflussnahme Unterwaldens im östlichen Oberland, insbesondere im Gebiet des Klosters Interlaken, einen rechtlichen Riegel geschoben hat, ist bereits erwähnt worden.[64]
Auch jene Partien des Vertrages von 1353, die nun aber wörtlich mit dem Zürcherbund von 1351 übereinstimmen, belegen noch keineswegs, dass sie aus denselben Bedürfnissen erwachsen sind und analoge Bindungen und Freiheiten zur Folge gehabt haben. Das zeigen sehr schön die Artikel 21 bis 24, in denen Bern und die Waldstätte das Reich und die bestehenden älteren Bündnisverpflich-

tungen dem eben geschlossenen Bund vorbehalten und sich das Recht ausbedingen, auch in Zukunft anderweitige Bündnisse einzugehen, vorausgesetzt, die Übereinkunft von 1353 werde darin berücksichtigt. Wohl stimmen diese Artikel mit den entsprechenden Partien des Zürcher Bundes genau überein; sie besassen aber für Bern 1353 eine ganz andere Bedeutung als für Zürich 1351: Zürich sah sich im Frühjahr 1351 gänzlich isoliert, war nur noch mit der österreichischen Stadt Schaffhausen und mit Österreich selber verbündet und musste mit schweren Auseinandersetzungen mit Herzog Albrecht rechnen wegen der Besetzung der March und der Zerstörung von Alt- und Neu-Rapperswil; auf Grund seines Bundes mit Österreich von 1350 war ihm selbst der Abschluss von Burgrechten mit Edelleuten untersagt. Demgegenüber verfügte Bern 1353 über erneuerte Bündnisse eben nicht nur mit Österreich, sondern auch – ohne zeitliche Begrenzung – mit Murten, Freiburg, Payerne, Biel und Solothurn, mit Savoyen und mit zahlreichen Adligen und geistlichen Niederlassungen Burgunds, verfügte über zahlreiche Ausburger und besass schliesslich umfangreiche mediate und immediate Herrschaftsrechte im Oberland und im Mittelland. Die mit den gleichen Worten festgehaltenen Vorbehalte nehmen im Falle Berns eben etwas ganz anderes aus als im Falle Zürichs. Entsprechendes gilt für die ausbedungene Bündnisfreiheit: Das einzige grössere Bündnis, das Zürich in den Jahren nach 1351 einging, war der Bund mit Österreich von 1356; dem stehen die zahlreichen Verträge und Burgrechte Berns aus den Fünfziger- und Sechzigerjahren gegenüber, die weiter oben erwähnt worden sind.[65]

Zweifellos hatte Zürich nach 1351 ein Interesse daran, mit Bern in engere Beziehungen zu treten und so die Verbindung der antiösterreichischen Kräfte zu stärken. Zugleich war es wohl auch für Bern beunruhigend, die Stadt Zürich in wachsender Abhängigkeit von Österreich zu sehen und damit jene Macht gestärkt zu wissen, die im Aareraum als gefährlichste Konkurrentin auftrat. Damit stellt sich die Frage, weshalb sich denn Bern 1353 neben den Waldstätten nicht auch mit Zürich und Luzern direkt verbündet habe. In diesem Zusammenhang wurde bisher meist auf Berns Bündnis mit Freiburg von 1341, allenfalls auch auf die erschlossene Übereinkunft mit Österreich von 1348/49 hingewiesen, in der sich die Vertragspartner die Zustimmung zu weiteren Verbindungen des Verbündeten vorbehalten hätten. Deshalb sei Bern lediglich ein Bündnis mit den Waldstätten eingegangen, das als Erneuerung der Verträge von 1323 und 1341 keine Zustimmung Freiburgs oder allenfalls Österreichs benötigt habe.[66] Diese Erklärung überzeugt nicht ganz, und zwar aus folgenden Gründen: 1. Auch in der vorliegenden Gestalt liess sich der Bund von 1353 nicht als Vertrag allein zwischen Bern und den Waldstätten ausgeben. Die Hilfsverpflichtung Berns an Zürich und Luzern und umgekehrt wurde ja ausdrücklich auch im Hauptvertrag festgehalten. 2. Bern nahm es, wie bereits gezeigt, mit der Einholung von Bündniszustimmungen bei Freiburg gemäss Vertrag von 1271/1341 nicht sehr genau. Die Übereinkunft mit den Waldstätten von 1341 zeigte es der Nachbarstadt zwar an, das Bündnis von 1353 wurde aber ohne Zustimmung irgendeines älteren Bündnispartners geschlossen. Dass die Eigenmächtigkeit Berns bekannt war, zeigt die verschnupfte Reaktion Freiburgs noch nach Jahrzehnten. 3. An die Zustimmung eines älteren Bündnispartners war formalrechtlich nicht nur Bern, sondern vor allem auch Zürich gebunden auf Grund seines Vertrages mit Österreich vom August 1350. Dieser Vertrag besass für Zürich denn auch erheblich mehr Gewicht als die Übereinkünfte mit Österreich von 1348/49 für Bern. Die Vorbehalte in den älteren Verträgen mit Österreich haben wohl 1353 in erster Linie die Verhandlungsfreiheit Zürichs eingeschränkt und damit die direkte Verbindung zwischen den drei Städten verunmöglicht. Deshalb liess sich Bern in den Beibriefen auch ausdrücklich bestätigen, es habe gegebenenfalls das Recht, direkte Bündniskontakte mit Zürich und Luzern aufzunehmen.[67] Die sprachlich gleich lautenden Formulierungen der Bündnisse von 1351 und 1353 beziehen sich offensichtlich auf sehr unterschiedliche Positionen der Bündnispartner; hinter der sprachlichen und rechtlichen Gleichförmigkeit verbirgt sich je eine ganz andere politische Realität.

Damit wird deutlich: Der Bund Berns mit den Waldstätten und indirekt auch mit Zürich und Luzern von 1353 richtete sich eindeutig gegen die Interessen des Hauses Österreich; er sollte die Stellung Berns in der Auseinandersetzung um Einfluss und Herrschaftsverdichtung im Aareraum stärken. Zugleich diente er einer Festigung der antihabsburgischen Kräfte im gesamten Mittelland und Voralpengebiet, an der nicht nur die Waldstätte und Bern, sondern ganz besonders auch die Städte Zürich und Luzern interessiert waren. Und schliesslich bildete er die Grundlage, auf der Berns Einfluss im östlichen Oberland rechtlich gesichert werden konnte. So gesehen lässt sich das Bündnis vom 6. März 1353 bruchlos in die bernische Politik nach dem Laupenkrieg einordnen, ohne dass ein innerer Umschwung in der Aarestadt und der «Sturz» des Schultheissen Johann von Bubenberg als Grundlagen für eine wie auch immer geartete Kehrtwende in den äusseren Beziehungen vorausgesetzt würden; weder für die inneren Machtkämpfe noch für einen spektakulären Sturz Bubenbergs finden sich denn auch zeitgenössische Quellenbelege.[68]
Bern ist denn auch nach 1353 nicht zu einer «eidgenössischen» Politik übergegangen, sondern hat noch während Jahrzehnten mit seinen burgundischen Verbündeten zwischen Savoyen, Österreich und den Waldstätten laviert und sich bemüht, beim einen Bündnispartner Rückendeckung für sein Verhältnis gegenüber dem anderen zu finden. So ging es denn 1353 auch nicht um die Verbindung zwischen dem ganzen Bündnisgeflecht Berns mit den Waldstätten: Die Aarestadt behielt zwar ihre älteren Verbündeten im burgundischen Raum vor und dehnte auch die Hilfsverpflichtung auf sie aus, dachte aber offensichtlich nicht daran, sie etwa über Beibriefe am Vertragswerk zu beteiligen. Wie sehr sich Bern auch nach 1353 darum bemüht hat, sich nach allen Seiten abzusichern und zugleich nach allen Seiten hin freien Handlungsspielraum zu haben, zeigt ein Blick auf die wichtigsten Bündnisse und Burgrechte der Stadt in der zweiten Hälfte des 14. Jahrhunderts:

12. 11. 1364:	Bern und der Bischof von Basel schliessen ein Bündnis auf 3 Jahre.
14. 4. 1368:	Bern und Freiburg ergänzen ihr Bündnis von 1341.
13. 12. 1368:	Bern nimmt Thüring von Brandis ins Burgrecht auf (Erneuerung).
21. 3. 1370:	Bern, Freiburg, Solothurn, Graf Rudolf von Nidau (österreichischer Landvogt) und Graf Hartmann von Kiburg schliessen einen Landfrieden auf 8 Monate.
30. 4. 1370:	Bern nimmt die Deutschordenskommende Sumiswald ins Burgrecht auf.
2. 12. 1373:	Bern, Freiburg und die Grafen von Savoyen schliessen ein Landfriedensbündnis auf 10 Jahre (Erneuerung).
13. 10. 1375:	Bern, Zürich und Herzog Leopold von Österreich schliessen einen Hilfsvertrag auf 6 Monate.
29. 1. 1379:	Bern nimmt Gräfin Elisabeth von Neuenburg ins Burgrecht von Laupen auf.
7. 3. 1379:	Bern schliesst mit zahlreichen Herren und Städten einen Münzvertrag auf 15 Jahre.
22. 6.(?) 1383:	Bern nimmt Gräfin Mahaut von Neuenburg-Valangin ins Burgrecht auf.
26. 10. 1383:	Bern nimmt Bischof Immer von Basel für 6 Jahre ins Burgrecht von Laupen auf.
4. 4. 1384:	Bern schliesst mit Savoyen ein Landfriedensbündnis (Erneuerung).
7. 4. 1384:	Bern nimmt die Grafen und die Gräfin von Kiburg ins Burgrecht von Laupen auf.
23. 4. 1385:	Bern schliesst sich mit Zürich, Solothurn und Zug für 9 Jahre dem Schwäbisch-Fränkischen Städtebund an.
24. 11. 1385:	Bern nimmt Rudolf von Aarburg ins Burgrecht auf.
1. 2. 1386:	Bern nimmt Petermann von Ringgenberg ins Burgrecht auf (Erneuerung).

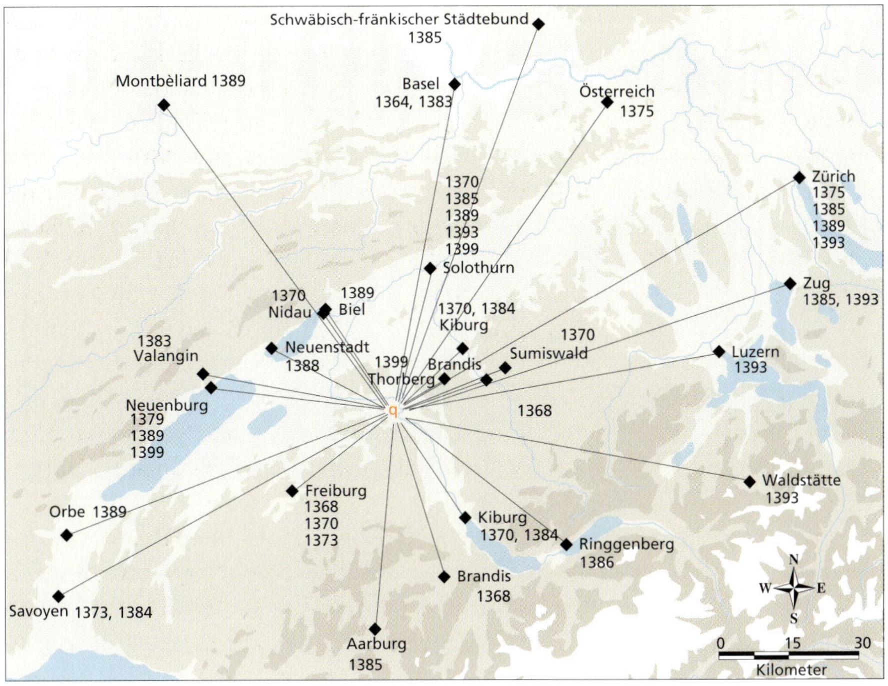

Abb. 533
Bündnisse, Burgrechte und Schirmverträge Berns zwischen 1364 und 1399.

14. 9. 1387: Bern schliesst mit zahlreichen Herren und Städten einen Münzvertrag auf 10 Jahre.
11. 10. 1388: Bern nimmt Neuenstadt ins Burgrecht auf.
11. 11. 1389: Bern, Zürich, Solothurn und Biel schliessen mit Graf Theobald von Neuenburg ein Bündnis.
29. 12. 1389: Bern, Zürich, Solothurn und Biel schliessen mit den Herren von Montbéliard und Orbe ein Bündnis.
10. 7. 1393: Bern beschliesst mit Zürich, Luzern, Solothurn, Uri, Schwyz, Unterwalden, Zug und Glarus den Sempacherbrief.
15. 4. 1399: Bern nimmt die Kartause Thorberg ins Burgrecht auf.
31. 5. 1399: Bern und Solothurn schliessen einen Freundschaftsvertrag mit dem Markgrafen Rudolf von Hachberg.[69]

Wiederum gibt die summarische Zusammenstellung von Berns Aussenverbindungen interessante Aufschlüsse über die politische Ausrichtung der Aarestadt in der zweiten Hälfte des 14. Jahrhunderts (Abb. 533).
Zum einen fällt auf, dass die in den Vierziger- und Fünfzigerjahren geschlossenen zeitlich unbegrenzten Bündnisse Berns mit seinen burgundischen Nachbarstädten (Murten, Payerne, Solothurn, Biel) zu so festen Beziehungen geführt haben, dass sich die ständige Wiederholung der Abmachungen durch die Neuausfertigung der Verträge erübrigt hat. Ähnlich entwickelte sich auch das Verhältnis zu Savoyen, mit dem sich Bern 1384 ebenfalls ohne zeitliche Begrenzung verband, und selbst die Beziehungen zu Freiburg wurden erst im Umfeld des Burgdorfer- und des Sempacherkrieges erneut durch Konflikte getrübt. In Verbindung mit den immer wieder erneuerten Burgrechten von Adligen und geistlichen Niederlassungen belegen diese Bündnisse die zunehmende Verfestigung und Tragfähigkeit von Berns Stellung im burgundischen Raum. Bezeichnenderweise haben sich denn auch mehrere Herren und Klöster dem Schirm der Stadt unterstellt, Teile ihrer Herrschaftsrechte abgetreten und versprochen, ihre Festen und ihre Mannschaft Bern zur Verfügung zu halten (Kloster Frienisberg, Herren von Grünenberg, Herren von Ringgenberg [Abb. 534], Kartause Thorberg,).[70]
Zum anderen wurden die Beziehungen Berns zum Hause Österreich offensichtlich lockerer bis sie schliesslich in den Jahren 1386/88 in offene Feindschaft umschlugen. In welcher Weise die Stadt in den Fünfzigerjahren mit Österreich verbündet gewesen ist, wozu sie sich auf Grund des Vertrages von 1348/49 verpflichtet hat und inwiefern die herzogliche Politik von der Kommune unterstützt worden ist, lässt sich nicht genau belegen. Das erhaltene Bündnis von 1363 wurde auf zehn Jahre beschränkt und nicht wie die Verträge mit den burgundi-

Abb. 534
Albrecht Kauws Aquarell aus der Mitte des 17. Jahrhunderts zeigt die seit dem späten 14. Jahrhundert zerfallende Burg Ringgenberg, bevor nach 1671 die Kirche in die Ruine hineingebaut worden ist (Abb. 177); BHM Inv. Nr. 26071.

schen Nachbarn auf ewig geschlossen; von einer Fortsetzung der Übereinkunft 1373 ist nirgends die Rede. Gerade die kurzfristigen Landfriedensbündnisse und Hilfsverträge, die Bern und andere Städte 1370 und vor allem 1375 mit den Herzögen angesichts des Konfliktes um Zug und des drohenden Guglereinfalles eingingen, zeigten der Aarestadt, wie wenig verlässlich und tatkräftig die habsburgische Politik war.[71] Zum offenen Bruch Berns mit Österreich kam es im Sempacherkrieg (→ S. 523). Nach dem Ausbruch der Feindseligkeiten gegen Rapperswil und zwischen Luzern und Habsburg an der Jahreswende 1385/86 und während des Waffenstillstandes bis zum Juni 1386 sicherte Bern seine Stellung durch den Schirmvertrag mit Unterseen und das Burgrecht mit Petermann von Ringgenberg (Verbindung über den Brünig in die Innerschweiz). Am 24. Juli, einige Tage nach der Schlacht bei Sempach, mahnten die Waldstätte Bern zur Hilfe, und gemäss Bündnisvereinbarung von 1353 griff nun Bern in seinem unmittelbaren Umfeld die Parteigänger Österreichs an: Das Obersimmental und Unterseen wurden besetzt, Burgen Peters von Thorberg im Emmental gebrochen und Streifzüge gegen Freiburg unternommen. Als die Feindseligkeiten nach Ablauf des Waffenstillstandes, des so genannten «bösen Friedens» (gültig vom 12. Oktober 1386 bis 2. Februar 1388), erneut ausbrachen, eroberten Bern und Solothurn die Städte Büren und Nidau, die von Herzog Leopolds Verbündetem Ingelram von Coucy verteidigt wurden, besetzten das Seeland, versehrten das Umland Freiburgs und griffen erstmals direkt auch österreichische Besitzungen im Aargau an. Damit war die ehemalige Bündnisbeziehung Berns zu Österreich endgültig zerbrochen. Wohl schloss sich die Stadt den verschiedenen Waffenstillständen und befristeten Friedensschlüssen der kommenden Monate und Jahre (1389, 1394, 1412) zwischen den Eidgenossen und dem Hause Habsburg an; zu einer gemeinsamen Politik mit Österreich kam es aber erst wieder mit der Ewigen Richtung von 1474 im Vorfeld der Burgunderkriege.[72]

Dass Bern auf Grund seines Bündnisses von 1353 seine Politik seit den Fünfzigerjahren nicht einfach mit jener der Waldstätte koordiniert hat, ist bereits betont worden. Zwar bewährte sich der Vertrag beispielsweise zur Schlichtung von Streitigkeiten zwischen Oberländern und Obwaldnern durchaus; das zeigen etwa die Schiedsverfahren im Streit zwischen Hasliberg und Heinrich ab dem Brunnen aus Unterwalden im Jahre 1358 oder im bereits erwähnten Ringgenberger Handel von 1381. Das hinderte Bern aber keineswegs, zusammen mit sei-

nen burgundischen Verbündeten zwischen den Waldstätten, Österreich und Savoyen eine eigenständige Politik zu betreiben.
Bemerkenswert ist in diesem Zusammenhang ein in Strassburg überliefertes, bisher kaum beachtetes Dokument, in dem Abt Peter von Frienisberg und der Berner Leutpriester Diebold Baselwind am 20. April 1355 erklären, sie hätten den Vertragstext eines Bündnisses zwischen Bern und Österreich gesehen, in dem sich die Aarestadt im Falle eines Konfliktes zwischen dem Hause Österreich und den Waldstätten zur Neutralität verpflichtet habe. Diese Bestätigung (ein so genanntes Vidimus) wirft verschiedene Fragen auf, die kaum mehr ganz zu klären sind: Bezieht sie sich auf das Bündnis Berns mit Österreich von 1341/49 und wäre damit durch den Bund von 1353 mit den Waldstätten hinfällig geworden? Ging die Stadt zwischen 1349 und 1363 eine weitere, sonst nicht belegte Übereinkunft mit Habsburg ein, auf die sich das Vidimus von 1355 berief? Wie kam das Dokument ausgerechnet nach Strassburg – etwa im Umfeld eines geplanten grösseren Städtebundes? Und ganz grundsätzlich: Bezieht sie sich auf einen gültigen Vertrag oder auf einen Vertragsentwurf? Das Dokument belegt zumindest, dass der Bund von 1353 in der Mitte des 14. Jahrhunderts in der bernischen Politik keinen Vorrang besessen hat, sondern lediglich ein Bündnis neben vielen anderen gewesen ist.[73]
Von daher ist es durchaus verständlich, dass Bern den so genannten Pfaffenbrief, den Zürich, Luzern, Zug, Uri, Schwyz und Unterwalden am 7. Oktober 1370 beschlossen haben, nicht unterzeichnet hat. In dieser gemeinsamen Rechtssatzung der sechs Orte ging es in erster Linie um die Sicherung des Landfriedens und die Ausschliessung fremder geistlicher und weltlicher Gerichte; die Übereinkunft hatte damit eine deutlich antiösterreichische Spitze. Die These, Bern habe den Brief wegen seiner Abhängigkeit von Österreich auf Grund der Bündnisse von 1363 und 1370 nicht unterzeichnen können, vermag nicht zu überzeugen: Einerseits setzte sich Bern mehrmals über die Verpflichtung von 1363, Bündnisse mit neuen Partnern nur mit Zustimmung Österreichs einzugehen, hinweg und erwähnte die Verbindung zu Habsburg meist nicht einmal unter den Vorbehalten der neuen Verträge; im achtmonatigen Landfrieden von 1370 gab es zudem gar keine entsprechende Klausel. Andererseits hätte Bern den Vertrag von 1370 mit den sechs Orten auch als Erneuerung alter Verbindungen ausgeben können, die von keiner Zustimmung anderer Bündnispartner abhängig gewesen wäre – falls es das gewünscht hätte.[74] Die Ursache für Berns Abseitsstehen 1370 liegt wohl woanders: Die Aarestadt sah keinen Anlass, sich dem Bündnisgeflecht der Waldstätte stärker zu verpflichten, als dies im Bündnis von 1353 vorgesehen war.
Zu einer merklichen politischen Annäherung Berns und der Waldstätte kam es erst seit den Achtzigerjahren. So fanden sich die Truppen der Waldstätte im Burgdorfer Krieg von 1383 unter Berns Verbündeten im Belagerungsring um Burgdorf ein und wurden gemäss Übereinkunft von 1353 auch besoldet; und es waren die Vermittler aus Zürich, Luzern und den Waldstätten, die der Stadt Bern mit dem Schiedsspruch vom 5. April 1384 Burgdorf und Thun samt dem äussern Amt um den Preis von 37 800 Gulden zusprachen.[75] Nach Konflikten zwischen Oberländern und Wallisern war Bern 1391 bereit, den Streit vor einem Innerschweizer Schiedsgericht in Luzern austragen zu lassen, und es unterstellte auch einen Streit mit Basel dem Urteil der Waldstätte, Zürichs und Luzerns. Zu einer gemeinsamen, gegen Österreich gerichteten Politik Berns, Zürichs, Luzerns und der Waldstätte kam es, wie erwähnt, im Sempacherkrieg. Diesmal unterzeichnete Bern nicht nur die abschliessenden Waffenstillstände und Friedensschlüsse, sondern handelte zusammen mit den andern sieben Orten und Solothurn auch den Sempacherbrief vom 10. Juli 1393 aus und ratifizierte ihn. Dabei ging es in dieser für alle Orte verbindlichen Übereinkunft nicht nur um eine gemeinsame Kriegsordnung; vielmehr durchkreuzte der Abschluss des Sempacherbriefes die Schlussverhandlungen über ein Bündnis Zürichs mit den Herzögen von Österreich und war damit gleichsam die Konsequenz eines politischen Richtungswechsels von Zürich. Es ist bezeichnend, dass in diesem Dokument eine der frühesten Selbstbezeichnungen der Waldstätte und ihrer Verbündeten insgesamt als «wir Eidgenossen» auftaucht. Das Engagement

Abb. 535
Gebiete unter Berns Herrschaft um 1400.

◆ Bündnisse, Burgrechte und Schirmverträge
Vogteien, Tschachtlaneien und Schultheissenämter
indirekt von Bern abhängige Gebiete
Gebiete mit Ausbürgern (< 50/Kirchgemeinde)
Gebiete mit Ausbürgern (> 50/Kirchgemeinde)
Twingherrschaften
4 Kirchspiele
q Bern

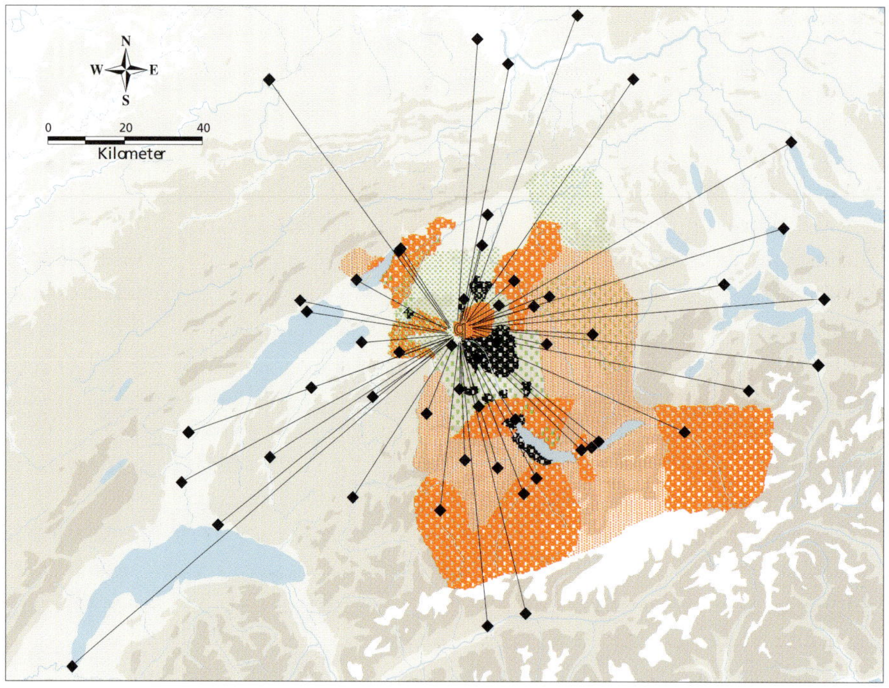

Berns ist ein Beleg dafür, dass die Stadt seit den Achtzigerjahren mit diesen Eidgenossen deutlicher zusammengearbeitet hat. Allmählich erhält das Bündnisgeflecht der acht Orte und Solothurns als «Eidgenossenschaft» etwas deutlichere Konturen.[76]

Vor dem Hintergrund dieser von Rücksichten auf die konkurrierenden Dynasten zunehmend freien Politik Berns im letzten Drittel des 14. Jahrhunderts sind denn auch die zahlreichen Erwerbungen von ganzen Herrschaften und einzelnen Herrschaftsrechten im bernischen Einflussgebiet zu sehen: Zwischen 1358 und 1379 gingen Stadt und Burg Aarberg an Bern über und mit dem Burgrecht Thürings von Brandis von 1368 erhielt die Stadt Zugriff auf Wimmis, das Diemtigtal, die Burgen auf dem Bödeli, Unterseen und Frutigen; zwischen 1375 und 1384 gelangten Thun, 1384 Burgdorf in den endgültigen Besitz Berns; 1385 ermöglichte das Burgrecht Rudolfs von Aarburg den Zugriff auf die Herrschaft Simmenegg; 1386 huldigte Unterseen Bern, unterstellte sich Petermann von Ringgenberg mit seinen Besitzungen am Brienzersee und das Kloster Frienisberg der Stadt und fiel das ganze Obersimmental an Bern; 1388 wurde Nidau, 1388/93 Büren und 1388/98 der Iselgau bernisch; und 1399 kaufte die Stadt die Herrschaft Signau.[77] Noch waren die verschiedenen herrschaftlichen Rechte, über die Bern am Ende des 14. Jahrhunderts verfügte, weit davon entfernt, einen einheitlichen Herrschaftsbereich zu bilden, denn in den verschiedenen Reichslehen, Pfandschaften, Schirmgebieten, Kastvogteien, Besitzungen verburgrechteter Adliger und Kirchen besass Bern unterschiedliche Kompetenzen und Möglichkeiten zur Herrschaftsausübung. In ihrer Gesamtheit lassen sie aber doch erkennen, in welchem Gebiet die Stadt Bern im ausgehenden 14. Jahrhundert auf Grund ihrer Bündnispolitik, ihrer Kreditgewährungen, ihrer Ausburgeraufnahmen und ihrer militärischen Schlagkraft zur bestimmenden Macht geworden war, wo die Verdichtung und Vereinheitlichung ihrer Herrschaftsrechte seit dem 15. Jahrhundert zur Errichtung von Landeshoheit und damit zu den Wurzeln des bernischen Staates führen würden (Abb. 535).

Politik mit anderen Mitteln

Urs Martin Zahnd

Wirtschaftliche und lehensrechtliche Beziehungen

Ein wichtiges, zu wenig beachtetes Instrument, mit dem Bern versuchte, seinen Einfluss auf den Aareraum zu verstärken, war die Schaffung wirtschaftlicher Abhängigkeiten, der sich vor allem die zahlreichen kleineren geistlichen und weltlichen Herrschaftsträger des Mittel- und Oberlandes ausgesetzt sahen. Die ökonomischen, gesellschaftlichen und verfassungsrechtlichen Schwierigkeiten, mit denen der kleine Adel und die ländlichen Klöster und Stifte im ganzen Südwesten des alten Reiches seit dem 14. Jahrhundert gekämpft haben, können in diesem Zusammenhang mit Hinweisen auf die Umschichtungen in der Agrarproduktion und der Agrargesellschaft, auf die unterschiedlichen Preis- und Lohnentwicklungen in Stadt und Land oder die verstärkter Konkurrenz ausgesetzte Adelsposition im Kriegswesen und in der sich bildenden Herrschaftsverwaltung lediglich angedeutet werden; sie sind in jüngster Zeit umfassend untersucht und dargestellt worden.[1] Dass diese Schwierigkeiten von jenen Kräften einkalkuliert und ausgenützt worden sind, die sich um die Ausdehnung und Verdichtung ihres eigenen Herrschaftsbereiches bemüht haben, liegt auf der Hand; im Hinblick auf Berns Ausgreifen auf den Aareraum soll diese Politik kurz beleuchtet werden.

Seit dem frühen 14. Jahrhundert bemühte sich die Stadt Bern darum, die wirtschaftlichen Nöte des Adels im städtischen Umfeld auszunützen und der eigenen Sicherheit und dem Zugriff auf die Landschaft dienstbar zu machen. Dabei fällt auf, dass sich die Stadt Bern bei allfälligen finanziellen Verbindungen und Verpflichtungen gegenüber Herren des Umlandes jeweils recht lange im Hintergrund gehalten, die Rolle des ehrlichen Maklers gespielt und die eigentlichen Geschäfte finanzkräftigen Bürgern überlassen hat. Bekannt ist in diesem Zusammenhang etwa das Schicksal der Freiherren von Weissenburg, die nach dem verlorenen Krieg von 1334 nicht nur ins bernische Burgrecht eingebunden worden sind, sondern auch ihren hoch verschuldeten Grund- und Herrschaftsbesitz gemäss Berns Wünschen haben sanieren müssen: Mit bernischer Hilfe wurden die weissenburgischen Ansprüche auf Mülenen gegen Peter vom Turm durchgesetzt; dafür musste die Herrschaft Weissenau dem Kloster Interlaken verkauft werden. Da das Kloster die vereinbarte Kaufsumme von 2000 Pfund nicht besass, hatte es 1000 Pfund beim Berner Bankier und Ratsherrn Werner Münzer aufzunehmen, der dafür die Hälfte der besagten Herrschaft als Lehen erhielt und so der Stadt Bern den indirekten Zugriff ermöglichte. Mülenen, das sich noch immer im Pfandbesitz der Berner Geldverleiher Otto und Stefan Guttweri befand, konnte mit dem Geld des Weissenau-Verkaufs ausgelöst werden. Die restlichen Schulden, die die Weissenburger vor allem in Freiburg und bei Graf Peter von Greyerz hatten, übernahm vorerst Bern; die Stadt zog aber 1341 die weissenburgischen Herrschaften Wimmis, Weissenburg und Diemtigen, 1352 auch noch Frutigen, samt allen Einkünften bis zur Rückerstattung der vorgestreckten 4200 Pfund an sich.[2] In ähnlicher Weise geriet die Familie Brandis auf Grund ihrer wirtschaftlichen Probleme in bernische Abhängigkeit. Zwar lassen sich beim Burgrecht Thürings von Brandis 1337 entsprechende Verbindungen nicht nachweisen. Der Erneuerung des Burgrechtes von 1351 folgt aber unmittelbar der Verkauf von Mülenen, Rüdlen, Wengi und des Kirchensatzes von Aeschi an Bern, ausdrücklich, weil sich Thüring der Schulden nicht mehr erwehren könne.[3] Entsprechendes gilt für die Herren von Raron: Johann trat 1337 ins bernische Burgrecht und nahm Udel auf dem Hause Otto Guttweris, der offenbar sein Gläubiger war; und Peter von Raron erwarb 1348 das bernische Burgrecht, nachdem er der Stadt seine Burg und Güter in Blumenstein samt allen Herrschafts- und Patronatsrechten um 400 Gulden verkauft hatte.[4]

Bemerkenswert sind auch die Umstände des Besitzerwechsels der Herrschaft Spiez: Die bereits 1334 geplante Übergabe vom hoch verschuldeten Heinrich von Strättligen auf dessen Schwiegersohn, den Berner Schultheissen Johann von

Bubenberg, konnte vorerst nicht stattfinden, weil die Gläubiger der Strättligen, die Berner Werner und Lorenz Münzer, ihre Ansprüche anmeldeten und Johann von Bubenberg die Herrschaft erst überliessen, nachdem er die Pfandschaft um 5600 Pfund ausgelöst hatte. Bern versprach, ihn in seinem Besitz zu schützen, den er seinerseits der Stadt offen zu halten gelobte. Wiederum gelang es der Stadt, einen der wichtigen Plätze im Oberland dank der adligen Schuldenwirtschaft in ihren Einflussbereich einzubinden.[5]
Bern konnte diese wirtschaftlichen Abhängigkeiten nur herbeiführen und ausnützen, weil es in seiner Bürgerschaft Geldverleiher gab, die bereit waren, als Mittelsmänner zu wirken und Kapitalien in grossem Stile einzusetzen. Diese berufsmässigen Bankiers wurden meist nach ihrer mutmasslichen Herkunft «Kawertschen» oder «Lombarden» genannt. Sie hatten, weil sie das kirchliche Zinsverbot umgingen, eine spezielle Reichssteuer zu bezahlen, die zwischen 1315 und 1331 in mehreren Schritten an die Stadt gelangte. Dies bedeutet, dass Bern seine Geldverleiher unter Kontrolle hatte. Zu diesen Bankiers zählten etwa die Angehörigen der Familien Münzer, die mit ihnen verschwägerten Baumgartners, die Guttweris, die Gowensteins oder die Bogkes, die auch noch in der zweiten Hälfte des 14. Jahrhunderts eine wichtige Rolle spielten, als es beispielsweise um den Kauf der Herrschaften Oberhofen, Unspunnen, Thun, Burgdorf, Bipp, Signau oder Trachselwald ging.[6]

Selbstverständlich sahen auch die betroffenen Dynasten und Adligen, dass durch diese finanziellen Abhängigkeiten bedeutende Herrschaftskomplexe in die Hand der Stadt gerieten. Bereits 1306 wird in einem österreichischen Revokationsrodel festgehalten, Krattigen sei wider den Willen des Oberlehensherrn Österreich über den Lehensmann Richard von Corbières als Pfandbesitz an den Berner Schultheissen Lorenz Münzer gelangt.[7] Verschiedentlich versuchten die Adligen auch, diese Aushöhlung ihrer Position zu verhindern und sich gegen die finanzielle Übermacht der Stadt beizustehen. Sehr deutlich lässt sich das am Beispiel des Übergangs von Aarberg an Bern zeigen: Im März 1358 sah sich Graf Peter von Aarberg genötigt, Stadt und Herrschaft Aarberg um 4000 Gulden als Pfand an Bern zu verkaufen, das den Besitz hinfort durch seine Amtsleute verwalten liess. Um dieses Pfand wieder auszulösen, wandte sich Peter an Österreich, das ihm zwar 6000 Gulden zusagte, diese Summe aber nicht auszahlen, sondern lediglich mit 380 Gulden pro Jahr verzinsen konnte. Weil sich auf diese Weise das Pfand nicht auslösen liess, verkaufte Peter seinen Besitz 1367 erneut, diesmal an Graf Rudolf von Nidau. Doch auch Rudolf besass die nötigen 10 000 Gulden nicht und musste die Summe ausgerechnet bei Bern schuldig bleiben. Nach langen Streitigkeiten zwischen den Grafen Peter und Rudolf um die Auszahlung des Kaufpreises und der immer deutlicher werdenden Unfähigkeit des Nidauers und seiner Erben, die Schulden auch nur zu verzinsen, zog Bern die Herrschaft 1376/79 ganz an sich und errichtete eine Vogtei.[8] Das Beispiel zeigt deutlich, dass der Adel Burgunds – die Grafengeschlechter von Kiburg, Nidau, Neuenburg, Aarberg und Greyerz eingeschlossen – kaum eine Chance hatte, sich mit den Finanzmitteln der Stadt zu messen. Wie verhielt es sich aber mit dem Haus Österreich und der Nachbarstadt Freiburg?
Während des ganzen 14. Jahrhunderts versuchte Österreich, die städtischen und ländlichen Führungsgruppen des Alpenvorraums an sich zu binden, indem es ihnen Lehen in Form von Herrschaften und Ämtern oder, als jüngste Form, von Renten übertrug. So wurde etwa der Zürcher Bürgermeister Rudolf Brun 1359 zum geheimen Rat der Herzöge ernannt und ihm 1360 ein einmaliges Geschenk von 1000 Gulden und eine jährliche Besoldung von 100 Gulden zugesagt. Auch der Urner Landammann Johannes von Attinghausen erhielt für seine Bemühungen im Dienste des Grafen Johannes von Habsburg 1337 die Belehnung mit dem halben Zoll von Flüelen. Aufschlussreich für diese Verbindungen städtischer und ländlicher Führungsgruppen mit dem Haus Österreich ist ein Lehensbuch, das im Umfeld von Herzog Rudolfs Hoftag in Zofingen vom Januar 1361 angelegt worden ist. Aus diesem Verzeichnis geht hervor, dass beispielsweise Heinrich von Moos, Hans Böckli oder Anna Böckli aus Luzern, Georg von Hunwil aus Obwalden und die Zürcher Stadtbürger Konrad und Werner Biberli,

Roland Gerber

Stadtbürger aus Zwang – das Burgrecht des Freiherrn Ulrich von Belp-Montenach vom 3. Januar 1306

Das Aquarell Albrecht Kauws zeigt das Dorf Belp um 1671. Im Vordergrund ist das legendäre «hölzerne Schloss» zu sehen, das der Sage nach errichtet worden sei, weil die Berner Ulrich von Belp-Montenach den Wiederaufbau seiner Burg am Belpberg verboten hätten; BHM, Inv. Nr. 26078.

In der zweiten Hälfte des 13. Jahrhunderts ging der Berner Rat dazu über, Burgrechtsverleihungen auch als Repressalie gegen widerspenstige Adlige auf dem Land einzusetzen, deren Burgen die Stadt zerstört hatte und deren Loyalität sich die Bürgerschaft für die Zukunft zu sichern suchte. Am Beispiel des am 3. Januar 1306 besiegelten Burgrechts des Freiherren Ulrich von Belp-Montenach lässt sich zeigen, welche Intentionen Schultheiss und Rat beim Abschluss eines solchen «Zwangsburgrechts» verfolgt haben (StAB, Fach Seftigen 1306, Jan. 3, Abb.).

Ulrich von Belp-Montenach hatte während des Gefechts bei Oberwangen 1298 auf der Seite Freiburgs gegen Bern gekämpft. Er musste sich deshalb nach der Niederlage Freiburgs mit seinen Besitzungen im oberen Aaretal der siegreichen Stadt unterwerfen und deren Bedingungen für einen dauerhaften Frieden in einem vom Berner Rat diktierten Burgrecht akzeptieren. In diesem versprach der Freiherr, dass er auf *alle die vorderunge, ansprache und klage* verzichtete, die ihm während der Fehde durch die Berner zugefügt worden waren. Zugleich verpflichtete er sich, seine zerstörte Burg am Nordhang des Belpbergs während einer Frist von fünf Jahren *ohne willen und urlobe der gemeinde von Berne* nicht wieder aufzubauen. Um die militärische Handlungsfreiheit des Freiherren einzuschränken, musste Ulrich von Belp-Montenach zu den Heiligen schwören, sein Burgrecht für die nächsten 20 Jahre unvermindert einzuhalten und dem Berner Rat in dieser Zeit mit der Herrschaft Belp *ze helfenne und ze ratenne wider menlichem als ir burger*.

Des Weiteren hatte sich der Freiherr der Steuerhoheit Berns zu unterwerfen, wobei er sich verpflichtete, er sei *usse older da inne gesessen*, während zehn Jahren bei kommunalen Steuererhebungen bis zu drei Pfund an den Stadtsäckel zu bezahlen. Nach dieser Frist sollte Ulrich von Belp-Montenach jedoch den gleichen Pflichten und Abgaben unterworfen sein, *das och ander seiner genossen tunt, die ze Berne burger sint*. Um sich gegen einen allfälligen Vertragsbruch seitens des Adligen zu schützen, drohte ihm der Berner Rat am Schluss des Burgrechts schliesslich noch damit, dass dieser sein Haus und Udel in der Stadt im Wert von 100 Pfund verlieren würde, falls er vor Ablauf der 20 Jahre mutwillig aus dem Burgrecht scheiden sollte.

Burgrecht des Freiherrn Ulrich von Belp-Montenach von 3. Januar 1306; StAB, F. Seftigen 1306 Jan. 3.

Rudolf von Grüningen, Hans zum Tor, Hans Fink und andere in Zofingen von Rudolf Lehen empfangen haben.[9] Erstaunlicherweise finden sich in dem Verzeichnis von 1361 aber kaum Angaben, die Lehensbeziehungen zwischen Berner Bürgern und den Herzögen belegen könnten. Zwar werden Jakob von Seftigen und Peter von Krauchthal genannt; Jakob war aber der Erbe des bereits 1306 dem Hause Österreich unrechtmässig entfremdeten Krattigen, und Peter gab sein österreichisches Lehen in den Lütschinentälern noch im Sommer 1361 auf. Konrad Justingers Behauptung, Johannes von Bubenberg sei im Frühjahr 1350 nicht mehr zum Berner Schultheissen gewählt worden, weil er von Auswärtigen wirtschaftlich abhängig gewesen sei, ist nicht haltbar; im Gegenteil: Bubenberg hatte ausgesprochen Mühe, von Herzog Albrecht die Bestätigung seines 1338 erworbenen Lehensbesitzes Spiez zu erhalten, und die ihm 1357 von

Abb. 536
Ansicht der Stadt Freiburg von Nord-Osten, Holzschnitt von Hans Schäuffelin d. J., veröffentlicht in der Cosmographie von Sebastian Münster 1588. Die reiche Saanestadt war in wirtschaftlicher und territorialpolitischer Hinsicht eine Konkurrentin Berns (→ S. 170).

Herzog Rudolf bezahlten 100 Gulden dienten der Begleichung von Kriegsschulden und waren nicht Teil eines Rentenlehens.[10]

Rechtliche und wirtschaftliche Bindungen an Österreich lassen sich dagegen bei verschiedenen anderen Adelsfamilien und geistlichen Niederlassungen aus dem Aareraum nachweisen. Neben Angehörigen der Familien Grünenberg, Brandis oder Burgistein, die im Lehensverzeichnis von 1361 aufgeführt werden, gilt das beispielsweise auch für das Kloster Interlaken, dessen Besitzungen unter verschiedenen Rechtstiteln zu einem beträchtlichen Teil in die Hand bernischer Bürger oder mit Bern verburgrechteter Adliger gelangt sind (→ S. 165). 1342 versuchte nun Herzog Albrecht, die verschiedenen Pfandschaften abzulösen, dem bernischen Einfluss zu entziehen und in seiner Hand zu vereinigen. Da er aber den erforderlichen Barbetrag von 2000 Pfund nicht zur Verfügung hatte, konnte er lediglich seine Lehensansprüche dem Kloster seinerseits verpfänden. Damit blieb letztlich alles beim alten: 1344 wurde das bernische Burgrecht Interlakens erneuert, die Gotteshausleute hatten Bern zu huldigen, und noch 1349 befanden sich die Burgen auf dem Bödeli im Pfandbesitz bernischer Geldgeber.[11] In der Hoffnung auf österreichisches Geld gaben die Grafen Eberhard der Ältere, Egon, Eberhard der Jüngere, Hartmann, Johann und Berchtold von Kiburg 1363 ihren gesamten Herrschaftsbesitz an die Herzöge Albrecht und Leopold auf und empfingen ihn als österreichisches Lehen zurück. Zugleich wurde ihnen die Bezahlung von 12 000 Gulden zur Deckung ihrer Schulden in Aussicht gestellt – offensichtlich sollte das Grafenhaus aus der Abhängigkeit von den bernischen Geldgebern gelöst werden. Auch dieser Versuch missglükkte aber, weil die Herzöge die versprochene Summe nicht auftreiben konnten, lediglich eine Anzahlung von 1000 Gulden leisteten und damit die Kiburger in der Finanzabhängigkeit von Bern blieben.[12] Ähnliche Beobachtungen lassen sich auch ausserhalb des bernischen Einflussgebietes machen: Das erwähnte Geschenk von 1000 Gulden an Rudolf Brun wurde nie ausbezahlt, sondern lediglich als Schuld verzinst; und allein im Herbst 1354 musste das Herzogshaus im süddeutschen und schweizerischen Raum Güter und Rechte im Wert von rund 35 000 Gulden verpfänden, um seine Politik – unter anderem die zweite Belagerung von Zürich – finanzieren zu können.[13]

Zweifellos wurde auch Berns Finanzkraft in der zweiten Hälfte des 14. Jahrhunderts durch seine Kredit- und Erwerbspolitik mehrfach bis zum Äussersten strapaziert und ausserordentlicher Steuern wegen kam es sogar zu Unruhen. Zumindest im burgundischen Raum hatte Berns Gegenspieler Österreich mit seinen Belehnungen, Schuldübernahmen und Rentenzusagen aber kaum Erfolg, und zwar aus dem einfachen Grund, weil ihm die nötigen Mittel im entscheidenden Augenblick fehlten, so dass die Aarestadt die wirtschaftliche Abhängigkeit der verschiedenen Herrschaftsinhaber im westlichen Mittelland und im Oberland verstärken und ausnützen konnte.

Angesichts dieser Verhältnisse ist es erstaunlich, dass sich die Herzöge nicht vermehrt der Mittel der Stadt Freiburg und ihrer Bürger bedient haben. Freiburg betrieb ja seit dem 13. Jahrhundert eine ähnliche Politik gegenüber dem Umland wie Bern und versuchte, mit Bündnissen, Burgrechten, Ausburgeraufnahmen und wirtschaftlichen Verpflichtungen den Einfluss auf das Saane- und Sensegebiet sowie auf das Oberland zu verstärken. Um 1300 besassen freiburgische Herren, etwa die Maggenberg, Düdingen, Montenach und Englisberg, Güter bis vor die Tore Berns, so in Bümpliz, Gümmenen, Mauss, Belp, in Schwarzenburg und im Obersimmental. Mit dem Laupenkrieg hörte dieses Ausgreifen Freiburgs bis in den Westen Berns offensichtlich für längere Zeit auf.[14] Zwar waren nach wie vor einzelne Oberländer Herren bei Freiburger Geldgebern verschuldet. Zu einem Zusammenwirken der Saanestadt mit Österreich mit dem Ziel, grössere Herrschaftskomplexe zu erwerben, kam es aber erst wieder in den Siebziger- und Achtzigerjahren des 14. Jahrhunderts: 1378 verkaufte der Freiburger Bürger Jakob von Düdingen seine Obersimmentaler Herrschaften Laubegg und Mannenberg für 3000 Gulden seiner Vaterstadt und seine Obersimmentaler Lehen für 1500 Gulden seinem Mitbürger Jakob Rych. Kurz danach schloss Jakobs Bruder Wilhelm von Düdingen einen Burgrechtsvertrag mit Freiburg, wobei er der Stadt für 4500 Gulden ein Vorkaufsrecht einräumte und versprach, auch seinen Obersimmentaler Besitz der Saanestadt offen zu halten.[15] Das ganze Obersimmental drohte freiburgisch zu werden. Ähnliches zeichnete sich im Seeland ab: 1379 verpfändete der hochverschuldete Graf Rudolf von Kiburg seine Herrschaften und Burgen Nidau, Büren, Altreu und Balm für 40 000 Gulden an Herzog Leopold von Östereich, dem die Stadt Freiburg zu diesem Zwecke 20 000 Gulden vorstreckte und der dafür die Hälfte des erworbenen Gebietes verpfändet wurde. 1382 mussten die Kiburger auch den Rest des Nidauer Erbes, den Iselgau – das Gebiet von Jens, Merzligen, Belmund und Port – um 1050 Gulden veräussern, und wiederum war die Stadt Freiburg die Käuferin.[16] Auch hier zeichnete sich dank den Finanzmitteln der Saanestadt eine freiburgisch-österreichische Vorherrschaft im östlichen Seeland ab. Bezeichnend für die Wandlung in den Kräfteverhältnissen im letzten Viertel des 14. Jahrhunderts ist es aber, dass Bern auf dieses Ausgreifen Freiburgs (und damit Österreichs) sowohl im Oberland als auch am Jurafuss mit militärischen Mitteln reagiert hat: Im Umfeld des Sempacherkrieges besetzte Bern 1386 das Obersimmental, eroberte 1388 Büren und Nidau und erhielt auch den Iselgau 1398 endgültig zugesprochen. Im burgundischen Raum spielte Österreich am Ende des 14. Jahrhunderts keine bestimmende Rolle mehr.[17]

Roland Gerber

Ausbürger und Udel

Eine wichtige Voraussetzung für die Entstehung des bernischen Territoriums im Spätmittelalter war die Aufnahme hunderter von Landleuten ins kommunale Ausbürgerrecht.[1] Rund zwei Drittel der Berner Bürger wohnten im Spätmittelalter nicht innerhalb der Stadtmauern, sondern sie lebten als Ausbürger ausserhalb des städtischen Friedensbereichs auf dem Land. Die Ausbürger besassen zwar das volle Bürgerrecht, sie standen jedoch mit ihrem Udelbesitz[2] in der Stadt in einer direkten rechtlichen und sozialen Abhängigkeit zur stadtsässigen Bürgerschaft. Zahl und geographische Verteilung der Ausbürger hingen dabei von der politischen und herrschaftlichen Einflussnahme von Schultheiss und Rat auf die Landschaft ab. Je labiler die Beziehungen eines auswärtigen Gerichtsherren zum Berner Rat waren, desto zahlreicher waren in der Regel auch die städtischen Ausbürgeraufnahmen in dessen Herrschaftsgebiet. Je nach dem sozialen und politischen Status der Herrschaftsinhaber veränderte sich auch deren Abhängigkeit zu Bern. Da die meisten Herrschaftsrechte von ihren Besitzern jederzeit wieder verkauft, vererbt oder verpfändet werden konnten, lag es im besonderen Interesse des Berner Rates, gerade in den geistlichen und weltlichen Twingherrschaften eine Vielzahl von Ausbürgern aufzunehmen, um diese stärker an die Stadt zu binden.[3]

Die Überlieferung des Udelbuches von 1389 sowie der Tellbücher auf dem Land von 1393 und 1395 (Abb. 537a und 537b) macht es möglich, dass die sozialen, rechtlichen und herrschaftlichen Beziehungen zwischen der stadtsässigen Bürgerschaft Berns und den Ausbürgern während des Spätmittelalters genauer untersucht und in ihrer Entwicklung dargestellt werden können. Im Unterschied zu den meisten anderen spätmittelalterlichen Stadtbevölkerungen im

Abb. 537a
Äusseres Tellbuch vom 25. Juli 1393 mit seinem ursprünglichen Einband; StAB: B VII 2470.

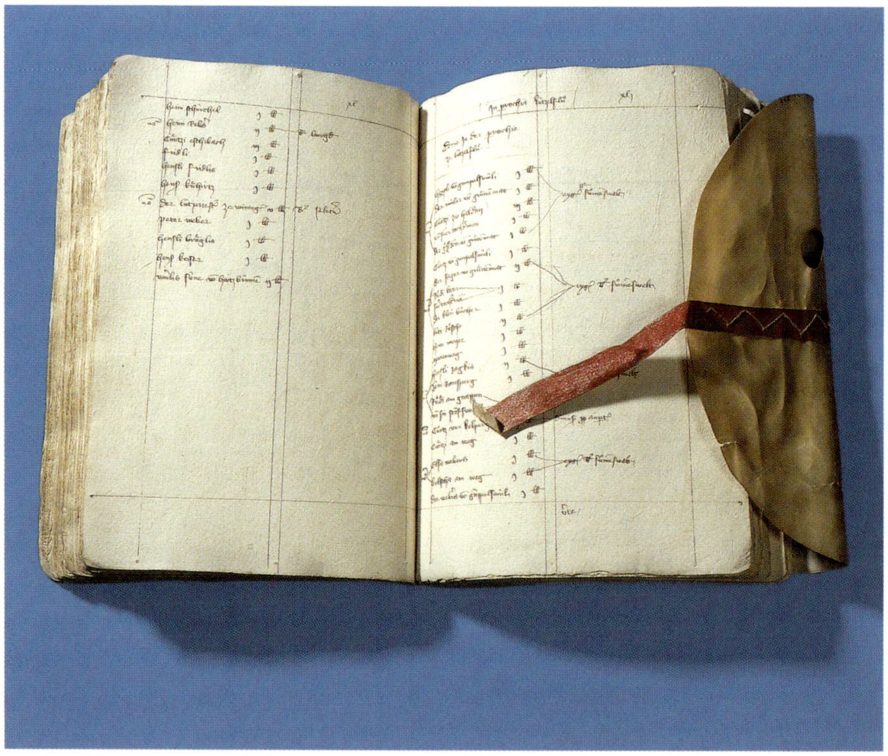

Abb. 537b
Im Äusseren Tellbuch vom 25. Juli 1393 werden die Steuern verzeichnet, welche die Bewohner des entsprechenden Gebietes der Stadt Bern schulden; StAB: B VII 2470.

Reich, deren soziale Verknüpfungen mit der Landschaft sich nur ansatzweise beschreiben lassen, bieten die bernischen Quellen eine Vielzahl von Angaben über die gegenseitigen Abhängigkeiten von Stadt- und Landbewohnern. Vor allem die in den Udelbüchern aufgezeichneten Ausbürgeraufnahmen dokumentieren die städtische Herrschaftsbildung auf dem Land in einer Weise, wie sie für keine andere spätmittelalterliche Stadt nördlich der Alpen überliefert ist.[4]

Die politische Bedeutung der Ausbürgeraufnahmen
Die wichtige politische Bedeutung der Ausbürgeraufnahmen zeigt sich darin, dass sich die grössten Konzentrationen von Ausbürgern im Spätmittelalter jeweils in jenen Gebieten befanden, die der Berner Rat zwar beanspruchte, jedoch noch nicht direkt beherrschte.[5] Die Bürgerschaft Berns verfügte bereits am Ende des 14. Jahrhunderts über insgesamt elf Vogteien und Kastlaneien, die unter der direkten Oberhoheit der Stadt standen (Abb. 538). Die Vogteien waren geographisch jedoch nicht verbunden und lagen wie Inseln über das gesamte heutige Kantonsgebiet verstreut. Im Norden befanden sich die Landvogteien Aarberg und Nidau sowie das Schultheissenamt Büren. Im Zentrum reihten sich im Bereich der Handelsstrasse von Olten über Freiburg nach Genf das Schultheissenamt Burgdorf, der Stadtgerichtsbezirk Bern sowie die Landvogtei Laupen. Im Süden begrenzten die beiden Städte Thun und Unterseen sowie die Talschaften Oberhasli, Mülenen (→ S. 478), Unspunnen (Abb. 528) und das Obersimmental den städtischen Herrschaftsbereich. Dazwischen lagen ausgedehnte Gebiete, die nur mittelbar von Bern abhingen. Sie gehörten entweder wie die Twingherrschaften Worb, Schlosswil oder Oberhofen stadtsässigen Bürgern oder sie waren wie die Klosterherrschaften Interlaken (→ S. 165) und Trub oder die Freiherrschaft Ringgenberg am Brienzersee im Besitz adliger und geistlicher Ausbürger.

Anhand der Äusseren Tellbücher von 1393 lässt sich zeigen, wie Schultheiss und Rat das kommunale Mannschafts- und Steuerrecht gerade in denjenigen Regionen durchzusetzen versuchten, die sich am Ende des 14. Jahrhunderts noch nicht unter der direkten Gebotsgewalt der Stadt Bern befanden. Die Anlage der Tellrödel von 1393 stand dabei in direktem Zusammenhang mit der systematischen schriftlichen Erfassung der steuerpflichtigen Bevölkerung in Stadt und Land im Jahre 1389 (→ S. 241). Aus diesem Jahr blieb mit dem *buch wider Willisowe abe* jedoch nur eine einzige Liste der steuerpflichtigen Landbewohner

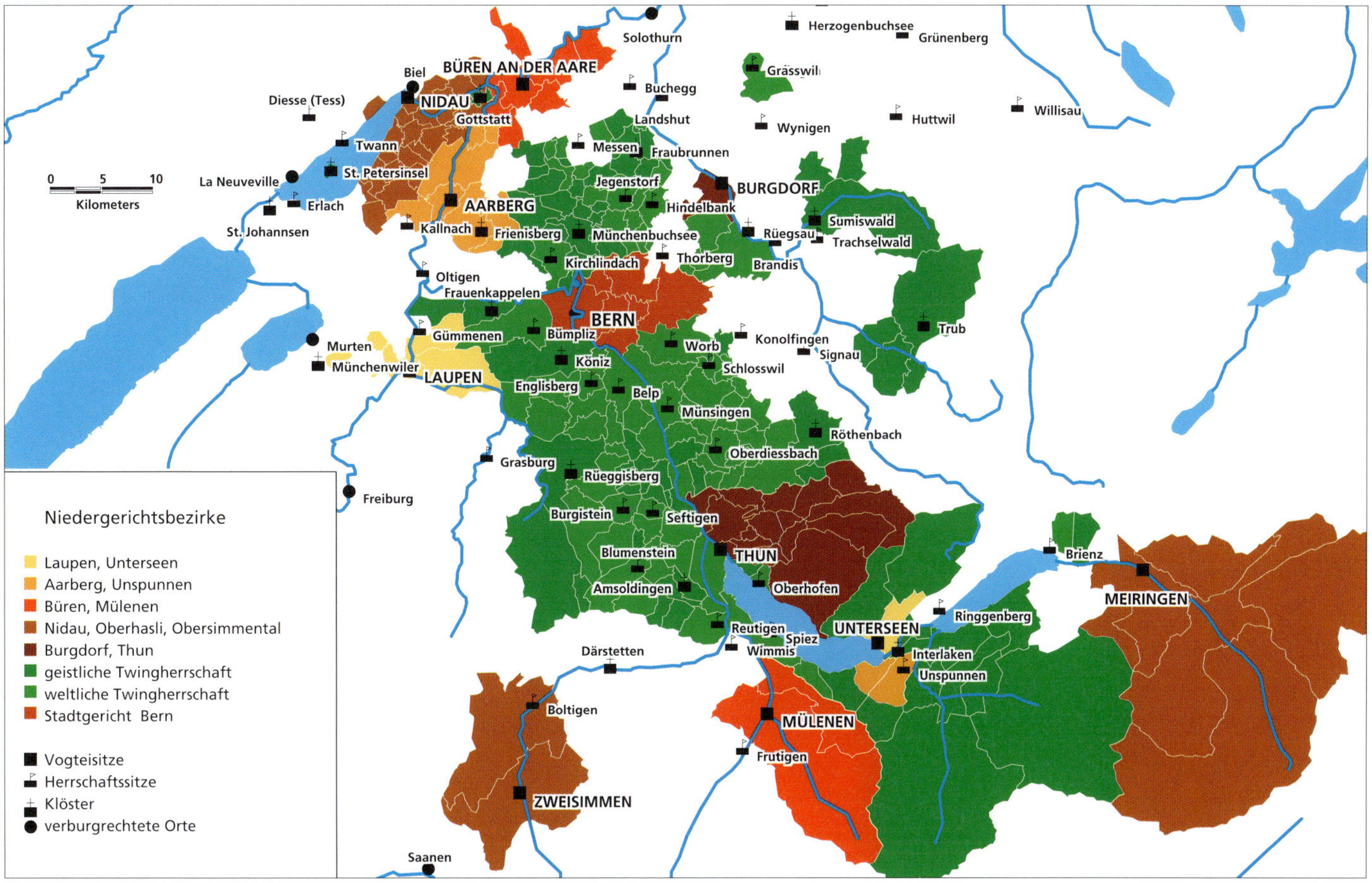

Abb. 538
Die Niedergerichtsbezirke der Stadt Bern um 1393.

erhalten. Diese verzeichnet die in den Kirchgemeinden östlich der Emme, im Oberaargau und im Emmental lebenden Ausbürger.[6] Die Äusseren Tellbücher von 1393 sind hingegen vollständig überliefert.[7]
Kontrolliert und organisiert wurden die Tellumgänge auf dem Land wie diejenigen in der Stadt Bern jeweils von den vier Vennern sowie von verschiedenen Ratsbevollmächtigten, die die Venner als so genannte Äussere Tellherren auf ihren Ritten in die Landschaft begleiteten. Als amtierende Venner nennen die Tellbücher im Jahre 1395 Ulrich von Gisenstein im Gerbernviertel, Heinrich von Ostermundigen im Metzgernviertel, Johannes von Hürenberg im Pfisternviertel sowie Ivo von Bolligen (→ S. 234) im Schmiedenviertel.[8]

Die Tellbücher von 1393 verzeichnen insgesamt rund 3025 Ausbürger. Diese wurden von den Vennern als steuer- und wehrpflichtige Personen grösstenteils namentlich registriert. Die Ausbürger verteilten sich auf etwa 90 verschiedene Kirchgemeinden in der näheren und weiteren Umgebung der Stadt Bern (Abb. 539). Entsprechend ihrer ungleichen politischen Einbindung ins bernische Herrschaftsgebiet wiesen die Landgemeinden sehr unterschiedliche Anteile von Ausbürgern auf. Rund 1550 oder ungefähr die Hälfte der steuerpflichtigen Personen stammten dabei aus nur gerade 19 Gemeinden. Diese lagen wie die Pfarrdörfer im Emmental, im Oberaargau und in der Freiherrschaft Oltigen entweder ausserhalb des unmittelbar von Bern beherrschten Territoriums oder sie waren wie die seeländischen Gemeinden erst vor wenigen Jahren in den Besitz der Aarestadt übergegangen. Mit 50 bis 140 Personen am meisten Ausbürger zählten 1393 mehrere grosse Kirchgemeinden wie Sumiswald, Lützelflüh, Langnau und Trub im Emmental sowie die Mehrheit der Gemeinden in den beiden Landgerichten Seftigen und Konolfingen südlich Berns. Ausserordentlich hohe Ausbürgerzahlen wiesen zudem die Kirchgemeinden im Äusseren Gericht des Schultheissenamtes Thun wie Sigriswil und Steffisburg, Mühleberg bei Laupen sowie die seeländischen Gemeinden Täuffelen und Oberwil bei Büren auf. Mehrheitlich unter 50 Ausbürger lebten hingegen in den Kirchgemeinden des Oberaargaus, in der Grafschaft Willisau, in den beiden Landgerichten Sternenberg und Zollikofen sowie in der Landvogtei Aarberg.

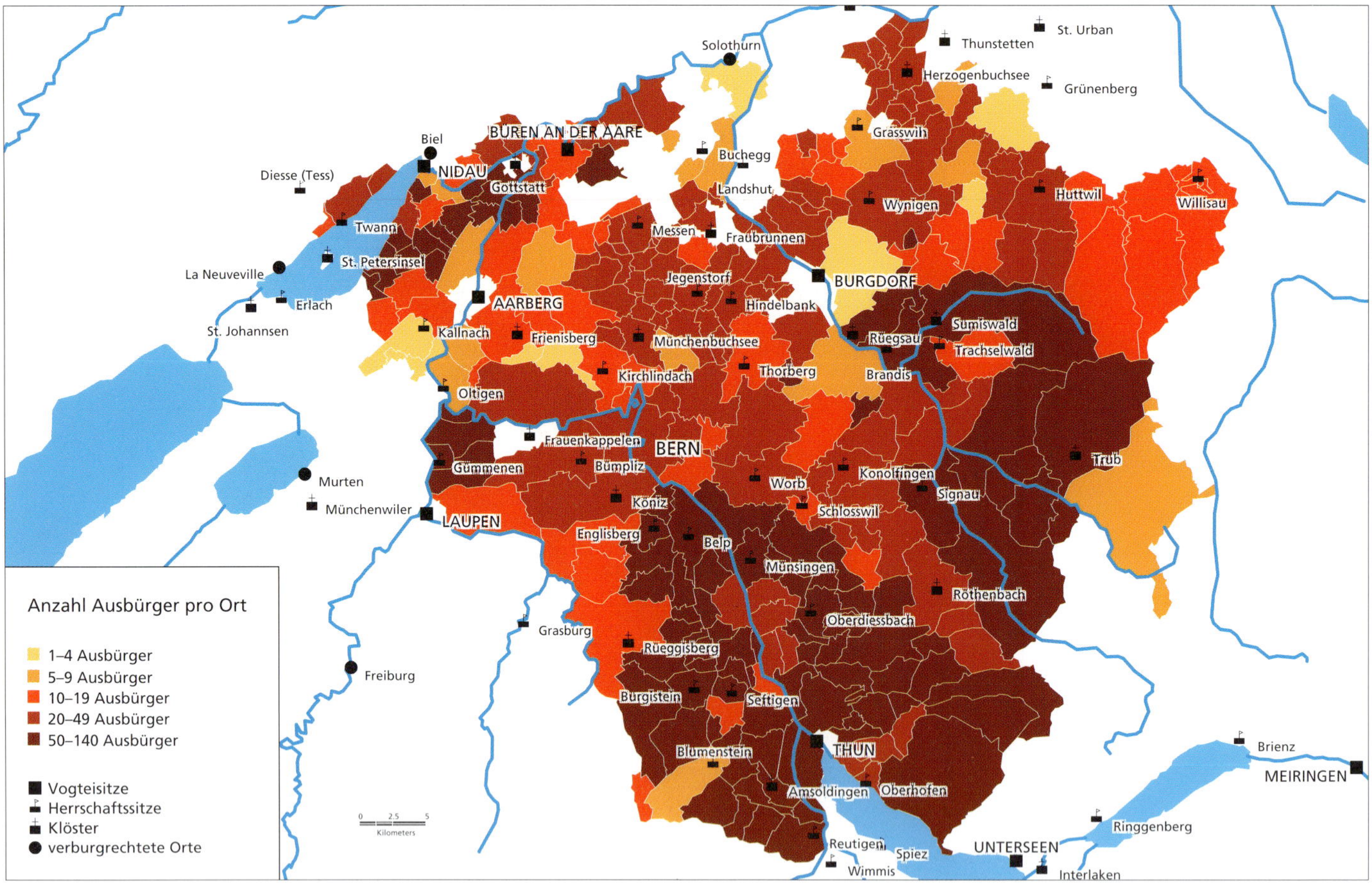

Abb. 539
Die Anzahl der Berner Ausbürger nach Kirchgemeinden im Jahre 1393.

Ebenfalls der bernischen Steuerpflicht unterworfen waren 1393 die Herrschaftsleute in den oberländischen Twingherrschaften Manneberg, Erlenbach (Abb. 545), Weissenburg, Diemtigen, Unspunnen (Saxeten), Ringgenberg, Spiez und Simmenegg sowie *die lüte von Bubenberg und von Burgistein im oberen Sibental*. Die Inhaber dieser Twingherrschaften bezahlten im Unterschied zu den einfachen Ausbürgern einen fixen Steuerbetrag an die Stadt. Die Zahl der in ihren Besitzungen lebenden Steuerpflichtigen kann deshalb nicht kartographisch dargestellt werden. Als weitere steuerpflichtige Twingherrschaften nennen die Tellbücher von 1393 diejenigen von Trub, Kirchenthurnen, Uttigen, Scherzligen, Reutigen, Blumenstein, Gerzensee (Abb. 541), Amsoldingen, Rümligen, Bütschel, Kirchdorf, Oberbalm, Mühleberg, Neuenegg, Schnottwil, Kirchlindach, Bargenbrück und Radelfingen. Von den mit Bern verburgrechteten Klöstern mussten die Deutschherren in Köniz und die Zisterzienser in Frienisberg je eine Steuersumme von 100 Pfund, die Augustinerchorherren von Amsoldingen 20 Pfund sowie 18 weltliche Dienstleute in den beiden Konventen Frienisberg und Fraubrunnen weitere 20 Pfund an die Tellherren entrichten. Weitere Steuereinnahmen erwuchsen der Stadt durch den Dekan von Jegenstorf sowie 23 Leutpriestern, die in den tellpflichtigen Kirchgemeinden ansässig waren.

Die Venner veranschlagten die erwarteten Steuereinkünfte im Jahre 1393 in allen fünf ländlichen Steuerbezirken auf rund 6260 Gulden (Abb. 540). Von diesem Betrag dürfte jedoch nur ein Teil noch während des Steuerumgangs von 1393 an die Tellherren ausbezahlt worden sein. 1395 richtete sich der Berner Rat deshalb noch einmal mit seinen Steuerforderungen an die Landbevölkerung, wobei er im Tellbuch vom 29. September 1395 wiederum etwa 1000 Ausbürger mit ihren Steuerschulden aufzeichnen liess. Die eingeforderten Tellbeträge beliefen sich *in allen kilchspielen und ausburger an udeln, und der zinse von Simmenegg und das geld von Rüeggisberg* auf rund 7369 Gulden.[9] Die Gründe für die schlechte Zahlungsmoral der Ausbürger lagen einerseits darin, dass diese bei Abwesenheit von den städtischen Steuereintreibern nur schwer belangt werden konnten, andererseits stand ein Grossteil der tellpflichtigen Landbewohner in einer rechtlichen Abhängigkeit zu anderen Herrschaftsträgern, deren Steuerhoheit durch die Geldforderungen Berns tangiert wurde. Häufig waren zudem

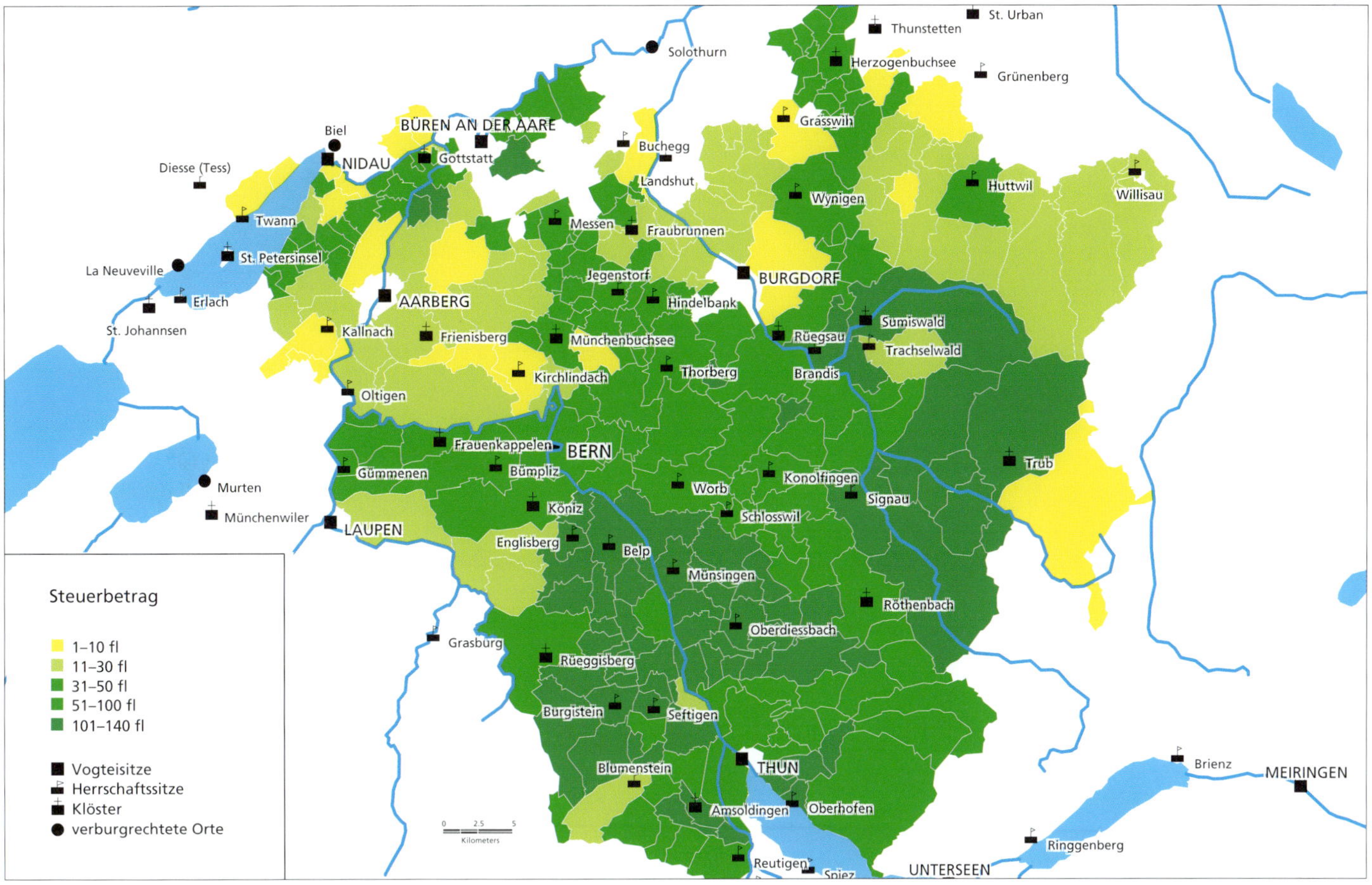

Abb. 540
Die Steuerleistung der bernischen Landbevölkerung nach Kirchgemeinden im Jahre 1393.

einzelne Ausbürger seit dem letzten Steuerumgang verstorben, so dass der Tellschreiber beispielsweise bei *Ulli Dürris* und *Jenni Trösch* vermerkte: *sint im himelrich*. Bei *Uli Grunder* musste der Schreiber sogar feststellen, dass dieser *erhenkt ward*.[10]
Vor allem die Herrschaftsleute der mit Bern verburgrechteten Adligen und geistlichen Orden sowie diejenigen Ausbürger, die auch mit anderen Städten ein Burgrecht eingegangen waren, entzogen sich nach den überlieferten Tellbüchern häufig der Steuerleistung. Allein im Steuerregister von 1393 finden sich nicht weniger als 545 Personen oder rund 18 Prozent aller Steuerpflichtigen, die als Ausbürger anderer Städte oder als Herrschaftsleute verburgrechteter Twingherren keine Telle entrichteten. Die wichtigsten adligen Gerichtsherren waren die Deutschherren von Sumiswald, die allein in der Kirchgemeinde Sumiswald 85 Eigenleute besassen, sowie die beiden Freiherren Wolfhard von Brandis und Burkhard von Sumiswald. Die beiden mit Bern verburgrechteten Adligen geboten 1393 in Lützelflüh über 56 und in Rüegsau über 36 steuerpflichtige Personen. Andere einflussreiche Gerichtsherren waren die Freiherren von Grünenberg (20 Eigenleute), die Freiherren von Aarburg (12 Eigenleute) und die Freiherren von Büttikon (10 Eigenleute) sowie die Grafen von Neuenburg (6 Eigenleute). Ihre Herrschaftsleute bezahlten ebenfalls keine Steuern. Insgesamt 224 Personen bezeichneten sich zudem als Bürger der Städte Solothurn, Burgdorf, Luzern und Biel.[11] Auch die 19 Steuerpflichtigen in Gümmenen und Mons gaben an, sie *gehören gegen Freiburg und wollen deshalb nichts geben*.

Zusammenfassend lässt sich feststellen, dass der Berner Rat bereits am Ende des 14. Jahrhunderts die Steuerhoheit über das gesamte erst im Verlauf des 15. Jahrhunderts erworbene städtische Herrschaftsgebiet von den Alpentälern bis zum Jura und von der Sense bis in den Oberaargau beanspruchte. Vor allem in den Gebieten südlich und östlich Berns, im oberen Aare- und Emmental, die während des Spätmittelalters von zahlreichen geistlichen und weltlichen Twingherrschaften durchsetzt waren, verstand es der Rat, im 14. Jahrhundert hunderte von Landbewohnern als Ausbürger rechtlich und fiskalisch an die Stadt zu binden. In den Landgerichten Seftigen und Konolfingen sowie im Emmental und Oberland waren die Ausbürgeraufnahmen dabei eine wichtige politische

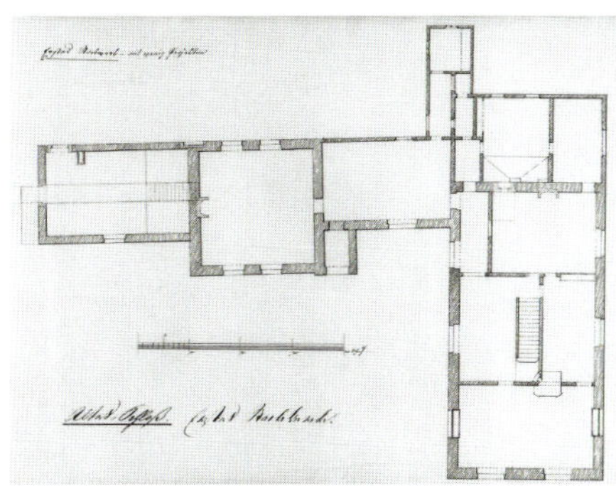

Abb. 541
Im Grundriss des Alten Schlosses in Gerzensee ist im Zentrum ein mächtiger quadratischer Kernbau aus dem 13. Jahrhundert zu erkennen. Auch die einstigen Bewohner dieser Anlage mussten Steuern nach Bern entrichten.

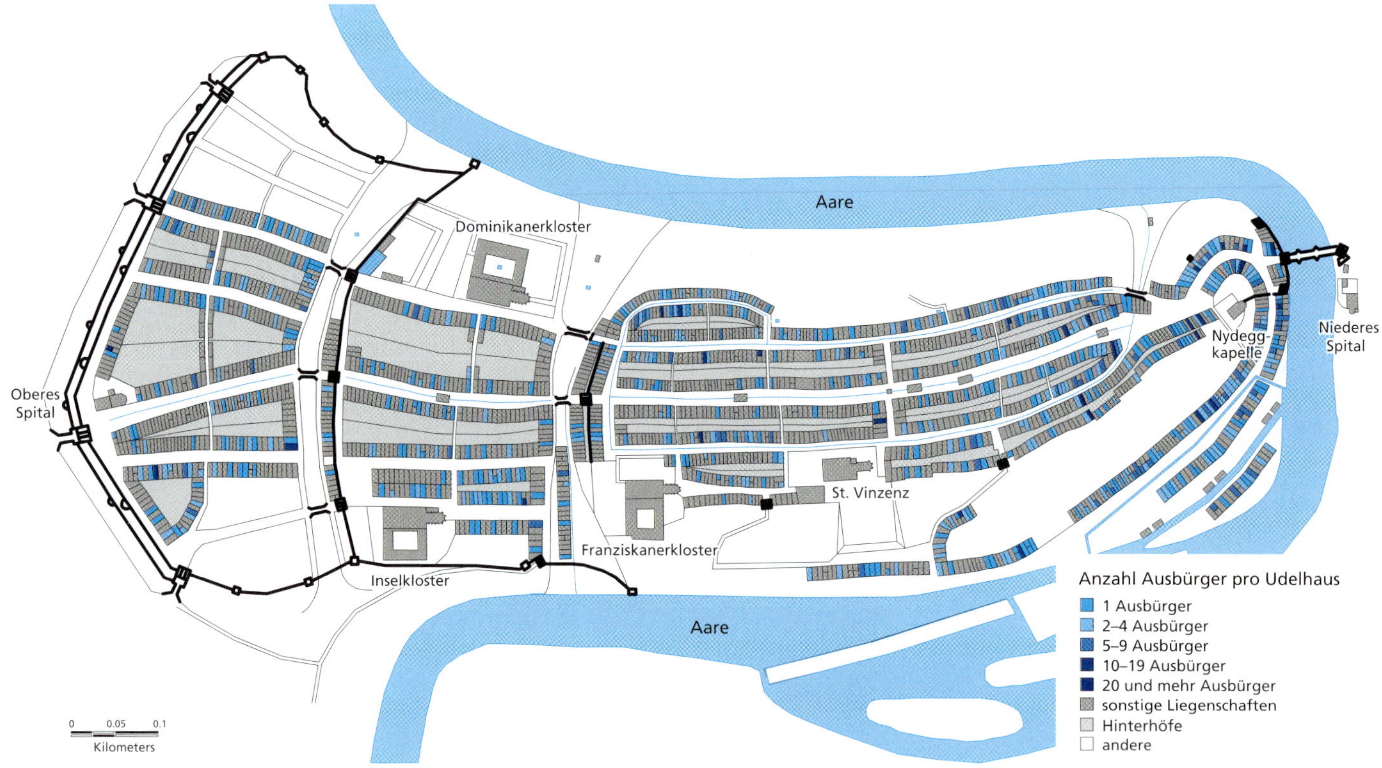

Abb. 542
Die Anzahl der Ausbürger nach Udelliegenschaften in der Stadt Bern im Jahre 1389.

Voraussetzung, um diese Gebiete der mittelbaren Gebotsgewalt der Stadt Bern zu unterwerfen.[12]

Gerade in der Tellerhebung von 1393 zeigen sich jedoch auch die Nachteile dieser Ausbürgerpolitik. Indem der Rat sowohl die adligen und geistlichen Inhaber der ländlichen Gerichtsherrschaften als auch die in deren Herrschaften ansässigen Bewohner ins kommunale Burgrecht aufnahm, musste er die eigenen Steuerforderungen häufig hinter diejenigen der adligen Herrschaftsträger zurückstellen. Diese liessen ihre Eigenleute in den mit Bern abgeschlossenen Burgrechtsverträgen explizit von der Steuerhoheit der Stadt ausschliessen (→ S. 469). Vor allem die Freiherren Burkhard von Sumiswald und Wolfhard von Brandis verstanden es, dass ihre Herrschaftsleute im Emmental 1393 von der Besteuerung ausgenommen blieben. Aber auch die Bevölkerung in den Gerichtsherrschaften des einflussreichen Augustinerpriorats Interlaken sowie die Bürger der Städte Thun, Laupen, Aarberg, Büren und Burgdorf unterlagen am Ende des 14. Jahrhunderts nicht der bernischen Steuerhoheit. Ausserhalb des bernischen Einflussbereiches befanden sich auch die Herrschaften Grasburg (Abb. 526), Murten und Erlach westlich von Aare und Sense sowie der nordöstliche Teil des Oberaargaus mit den Klostergerichten St. Urban, Thunstetten und den Gerichtsherrschaften der Freiherren von Grünenberg in Aarwangen, Melchnau und Wangen an der Aare.

Die sozialen Beziehungen zwischen Ausbürgern und Stadtbewohnern

Mit der Vergabe eines Udels übernahmen die Bürger der Stadt Bern die Verantwortung, dass die Ausbürger, die einen Besitzanteil an einem Stadthaus erworben hatten, die rechtlichen Bedingungen ihres Bürgerrechts einhielten. Da der Rat bei Verstössen gegen die Bürgerrechtsbestimmungen jederzeit auf die Liegenschaften der Udelinhaber zurückgreifen konnte, versuchten diese, die Vergabe ihrer Udel so weit als möglich auf jenen Kreis von Ausbürgern zu beschränken, mit denen sie verwandt oder befreundet waren oder mit denen sie bereits vor der Einbürgerung persönliche Kontakte unterhalten hatten. Insbesondere stammten die Landbewohner aus dem gleichen sozialen Umfeld wie die Stadtbürger. Denn nur auf diese Weise konnten sich die Udelhausbesitzer ein Minimum an Sicherheit verschaffen, dass die auf dem Land ansässigen Bürger ihre Udel nicht einfach wieder aufgaben und unrechtmässig aus dem Bürgerrecht schieden. Es darf deshalb angenommen werden, dass ein Grossteil der Ausbürger, die im 14. Jahrhundert ein Udel auf einer Liegenschaft in Bern

erwarben, in irgendeiner sozialen Beziehung zu den Inhabern der bezeichneten Udelliegenschaften gestanden ist.[13]
Das wichtigste soziale Merkmal von Stadtbewohnern und Ausbürgern war deren gemeinsame Herkunft aus einer bestimmten Region innerhalb des vom Berner Rat beanspruchten Einflussbereichs. Die gemeinsame Herkunft war für die Landbewohner die Grundlage, das bernische Bürgerrecht zu erwerben, um allenfalls zu einem späteren Zeitpunkt vom Land in die Stadt zu migrieren. Weitere Anknüpfungspunkte zwischen Stadt und Land waren einerseits die wirtschaftlichen Kontakte zwischen Udelhausbesitzern und Ausbürgern, die zum Teil ähnliche oder gleiche Berufe ausübten, andererseits konzentrierten sich die Udel der sozial hoch gestellten Ausbürger auf den Liegenschaften der wohlhabenden Rats- und Adelsgeschlechter. Auch hier stammten die Udelinhaber somit aus dem gleichen sozialen Umfeld wie die Besitzer der Udelliegenschaften. Bei den adligen Ausbürgern, die in der Regel über eigene Gerichtsherrschaften verfügten, spielten jedoch weniger die geographische Herkunft als vielmehr verwandtschaftliche und politisch-herrschaftliche Beziehungen die wichtigsten Verknüpfungspunkte zwischen Udelhausbesitzern und Landbewohnern.

Im Jahre 1389 besassen insgesamt 1834 Ausbürger ein Udel auf einer städtischen Liegenschaft.[14] Nach dem Udelbuch verteilten sich diese auf rund 620 Wohnhäuser, Viehställe und Gärten innerhalb des ummauerten Stadtgebietes (Abb. 542). Wird die Zahl der Wohnhäuser Berns am Ende des 14. Jahrhunderts auf rund 1600 Gebäude geschätzt, so war 1389 ungefähr ein Drittel der bewohnten Stadthäuser mit mindestens einem Udel eines Ausbürgers belastet.[15] Bei über 600 stadtsässigen Hausbesitzern lässt sich auf diese Weise eine direkte rechtliche Beziehung zu einem oder mehreren Landbewohnern nachweisen. Während bei 279 Häusern oder 45 Prozent der Udelliegenschaften jeweils nur ein Ausbürger verzeichnet war, bestanden bei 29 Gebäuden gleichzeitig zehn und mehr Udel.
Die grösste Zahl von Udeln lastete im Jahre 1389 auf einzelnen kommunalen Gebäuden wie dem Trämmelhaus (Bauwerkhof) an der Zeughausgasse (4 Ausbürger), dem *burgerhus* westlich der Untertorbrücke (12 Ausbürger), dem *burger torhus* beim Golatenmattgasstor (13 Ausbürger) sowie insbesondere auf der so genannten Helle im untersten Haus des Nydeggstaldens (83 Ausbürger). Die Vielzahl von Bürgern, die auf der Helle ein Udel verzeichneten, sowie die Bezeichnung des von der Stadt verwalteten Gebäudes als *der burger hus* führten dazu, dass das Wohnhaus am unteren Nydeggstalden fälschlicherweise auch als erstes Rathaus der Stadt Bern bezeichnet wurde (Abb. 543).[16] Die bescheidene Grösse dieses Hauses sowie dessen Nutzung zu Beginn des 15. Jahrhunderts als *der burger kornhus* machen es jedoch wahrscheinlich, dass der Rat das Gebäude bereits im 14. Jahrhundert als Warenlager nutzte. Die Bezeichnung *helle* oder «Hölle» würde sich dann auf einen grösseren Keller beziehen, in dem Kaufleute und Krämer ihre Handelsgüter vor dem Bau des ersten bernischen Kauf- und Zollhauses an der Kramgasse im Jahre 1373 stapelten.[17]

Rudolf von Schweissberg
Die meisten Ausbürgeraufnahmen auf einer privaten Liegenschaft verzeichnete 1389 das Wohnhaus des Rudolf von Schweissberg (Haus Nr. 20 auf Abb. 544). Bei diesem Udelhausbesitzer lässt sich eine durch gemeinsame Herkunft und gleiches soziales Ansehen begründete Beziehung zu den Ausbürgern nachweisen. Auf dem Wohnhaus Rudolf von Schweissbergs an der unteren Junkerngasse lasteten nach dem Udelbuch von 1389 insgesamt 21 verschiedene Udel.[18] Rudolf von Schweissberg versteuerte ein mittleres Vermögen von 70 Gulden, was ihn als einfachen Handwerksmeister ausweist.[19] Er stammte, wie sein Name erkennen lässt, aus Schweissberg, einem Dorfbezirk innerhalb der Kirchgemeinde Signau im Emmental. Die Ausbürger, die auf seinem Stadthaus ein Udel verzeichneten, kamen ebenfalls aus dem Raum Signau und dem mittleren Emmental. Ihre Herkunftsorte waren Signau (11 Ausbürger), Lauperswil, Grosshöchstetten und Eggiwil (je 2 Ausbürger) sowie Affoltern, Rüegsau und

Abb. 543
Das unterste Haus des Nydeggstaldens, die so genannte Helle, diente wohl als Warenlager bevor 1373 an der Kramgasse ein Zoll- und Kaufhaus errichtet wurde. 1389 verzeichneten 83 Ausbürger auf diesem Haus ein Udel. Ausschnitt aus der Planvedute der Stadt Bern von Gregorius Sickinger (1603–07) in der Umzeichnung von Eduard von Rodt 1915, BHM.

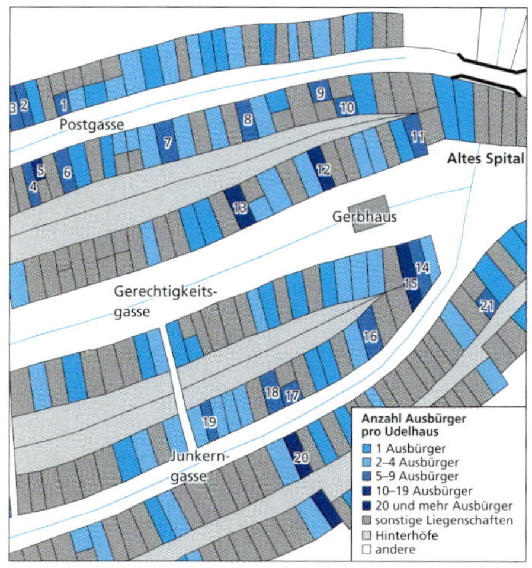

Abb. 544
Die Udelliegenschaften und ihre Besitzer in der Unteren Zähringerstadt im Jahre 1389.

Die Udelhausbesitzer, auf deren Wohnhaus fünf oder mehr Ausbürger ein Udel anzeigen:
1 Konrad Fürlauf
2 Johannes von Schwanden
3 Johannes von Büren, der Weber
4 Peter Steiner von Hindelbank
5 Ulrich Schaffer
6 Johannes von Büren
7 Walter von Aarau
8 Ulrich Rutschi
9 Johannes Trechsel
10 Wolfina
11 Konrad von Sursee
12 Ulrich an Cristansberg
13 Peter Sumiswald
14 Konrad Sefried von Mirchel
15 Peter von Mörsberg
16 Heinrich von Baumgarten
17 Heinrich Kapf von Münsingen
18 Konrad Lengenbach
19 Johannes Neser von Walkringen
20 Rudolf von Schweissberg
21 Konrad Ofenmann

Abb. 545
Ansicht der Kirche von Erlenbach im Simmental. Als Twingherrschaft Berns waren die Herrschaftsleute Erlenbachs ebenfalls bernischer Steuerpflicht unterworfen.

Sumiswald (je ein Ausbürger). Bezeichnenderweise befanden sich sämtliche der genannten Kirchgemeinden 1389 noch ausserhalb des unmittelbaren bernischen Herrschaftsgebietes. Obwohl die Ausbürger ihre Udel auf einer privaten Liegenschaft anlegten, verdeutlichen die Bürgerrechtsverleihungen auf dem Wohnhaus Rudolf von Schweissbergs, dass der Berner Rat die Einbürgerung von Landbewohnern am Ende des 14. Jahrhunderts kontrollierte und nach den eigenen herrschaftlichen und politischen Interessen organisierte.

Sunstmann von Erlenbach

Am Beispiel des Ausbürgers Sunstmann von Erlenbach, der sein Udel auf dem Stadthaus des Bäckermeisters Niklaus am Boll in der Äusseren Neustadt anlegte, lässt sich zeigen, dass die gleiche soziale und geographische Herkunft von Udelhausbesitzern und landsässigen Bürgern nicht in jedem Fall auch die strikte Einhaltung der von den Ausbürgern geschworenen Bürgerpflichten garantierte. Insbesondere dürfte die Bezahlung der jährlichen Udelzinse durch die Udelinhaber für den baulichen Unterhalt der von ihnen belasteten Udelhäuser immer wieder zu Streitigkeiten zwischen den Stadtbürgern und den Landbewohnern geführt haben. Im Mai 1394 war Niklaus am Boll jedenfalls dazu gezwungen, das Bürgerrecht des im Simmental wohnenden Sunstmann aufzukündigen und diesen *mit gericht von dem udel* zu weisen.[20]

Die Verteilung der Udelhäuser innerhalb des Stadtgebietes

Entsprechend den auf der gemeinsamen Herkunft begründeten sozialen Beziehungen zwischen Stadtbürgern und Udelinhabern verteilte sich auch die Lage der im Udelbuch von 1389 lokalisierbaren Udelhäuser unterschiedlich auf das überbaute Stadtgebiet zwischen Untertorbrücke und Christoffel-Turm (Abb. 542). Insbesondere lässt sich feststellen, dass zwischen der Häufigkeit der Ausbürgeraufnahmen und den Vermögen der Udelhausbesitzer während des Spätmittelalters ein direkter Zusammenhang bestand. Die Mehrzahl der Udelhäuser, auf denen im Jahre 1389 mehr als fünf Ausbürger ihre Udel anlegten, stand entweder in den ärmeren Wohngegenden Berns im Bereich der unteren Gerechtigkeitsgasse, am Nydeggstalden und in der Matte oder an der peripheren Brunngasse sowie an der Aarberger- und Schauplatzgasse in der Äusseren Neustadt. Je ärmer ein Udelhausbesitzer war, desto grösser war offenbar sein Interesse, möglichst viele Udel an landsässige Bürger zu vergeben. Die Einkünfte aus den Udelzinsen scheinen für die Hausbesitzer eine willkommene zusätzliche Einnahmequelle bedeutet zu haben, mit denen sie den Unterhalt ihrer Häuser bestritten. Auch bei Um- und Neubauten von Stadthäusern beteiligten sich die landsässigen Bürger gelegentlich an den Baukosten der Hausbesitzer. Einzelne Wohnhäuser wurden sogar gemeinsam von mehreren Ausbürgern erworben, ohne dass diese nach Bern übersiedelten. Ein solches Gebäude stand zu Beginn des 15. Jahrhunderts beispielsweise in der Matte an der heutigen Schifflaube. Dieses befand sich im Besitz von insgesamt fünf verschiedenen Landbewohnern.[21]
Werden die Vermögensverhältnisse aller 1916 steuerpflichtigen Stadtbewohner des Jahres 1389 mit denjenigen der 517 Udelhausbesitzer verglichen, deren Besitzverhältnisse im Tellbuch dokumentiert sind, zeigt sich eine Häufung der Ausbürgeraufnahmen bei denjenigen Hausbesitzern, die nur kleine bis mittlere Vermögen auswiesen. Fast die Hälfte der steuerpflichtigen Frauen und Männer, die 1389 einen Betrag zwischen 101 und 500 Gulden versteuerten, verzeichnete auf ihren Stadthäusern mindestens ein Udel eines Ausbürgers. Bei den Einwohnern mit einem Besitz zwischen 51 und 100 Gulden war der Anteil der Udelhausbesitzer mit rund einem Drittel ebenfalls noch hoch. Erwartungsgemäss nur über geringen Hausbesitz verfügten hingegen die ärmsten Stadtbewohner, deren Vermögen unter 50 Gulden lagen.

Johannes von Trachselwald

Am Beispiel des um 1400 nach Bern zugewanderten Schuhmachermeisters Johannes von Trachselwald lässt sich zeigen, wie Schultheiss und Rat die Einbürgerung dutzender von Landleuten als Mittel zur bewussten herrschaftlichen

Abb. 546
Burgrechtsvertrag des Peter von Ringgenberg vom 1. Februar 1386; StAB Fach Interlaken 1386 Febr. 1.

Durchdringung des von der Stadt beanspruchten Territoriums verwendet haben. Die Ausbürgeraufnahmen auf dem Wohnhaus Johannes von Trachselwalds an der Kramgasse waren eine direkte Folge des Erwerbs der Herrschaft Trachselwald sowie des Hochgerichts von Ranflüh durch die Stadt Bern im Jahre 1408.[22] Nachdem der Berner Rat Trachselwald von den Deutschherren in Sumiswald gekauft hatte, veranlasste er die dort ansässigen Herrschaftsleute, das Berner Bürgerrecht zu erwerben, um diese der direkten Steuer- und Wehrhoheit der Bürgerschaft zu unterstellen. Die rechtliche Zuordnung der Neubürger geschah dabei nicht zufällig, sondern der Rat zeigte sich darum bemüht, die Udel der neu eingebürgerten Personen auf dem Besitz eines ihrer Landsleute anzulegen. Kurz nach 1408 erwarben deshalb insgesamt 56 Frauen und Männer *usser der herschaft von Trachselwalt* ein Udel im Wert von drei Pfund auf dem *huse Henslis von Trachselwalt zwuschentt Henslin Burgistein und Cuntz Jaggisbach*. Im Jahre 1415 folgten dann 25 weitere Personen. Die Udel dieser Ausbürger hafteten ebenfalls *an dem hus* [Johannes von Trachselwalds] *jegklicher an eim vierten teil umb drei guldin*.[23]

Die Udelhäuser der Adels- und Notabelnfamilien

Verhältnismässig hoch war der Anteil der Udelhäuser auch bei den reichen Adels- und Notabelnfamilien. Immerhin 53 von 86 Personen oder rund 60 Prozent der Steuerpflichtigen, die 1389 ein Vermögen von über 1000 Gulden auswiesen, verzeichneten mindestens ein Udel auf ihren repräsentativen Sesshäusern an der Junkern- und Kramgasse. Im Unterschied zu den ärmeren Einwohnern, auf deren Häuser gleichzeitig bis zu 20 Udel angelegt sein konnten, wiesen die Liegenschaften der wohlhabenden Berner Bürger in der Regel jedoch nur einen einzigen sozial hoch gestellten Ausbürger auf. Die vermögenden Hausbesitzer waren im Unterschied zu den einfachen Handwerksmeistern nicht auf die finanzielle Unterstützung zahlreicher ländlicher Bürger angewiesen. Ihre Ausbürgeraufnahmen waren deshalb weniger wirtschaftlich als vielmehr verwandtschaftlich oder politisch-herrschaftlich motiviert. Die Ausbürger, die ihre Udel während des Spätmittelalters auf den Sesshäusern der reichen Adels- und Notabelnfamilien anzeigten, waren ebenfalls wohlhabend und besassen in der Regel eigene Gerichtsherrschaften auf dem Land.
Ein weiterer Grund für die Udelvergabe der reichen Bürger an sozial hoch gestellte Ausbürger war die politische Verantwortung, die sie als Angehörige der kommunalen Ratsgremien trugen. Vor allem die Mitglieder des Kleinen Rates beteiligten sich während des 14. Jahrhunderts, sei es als Säckelmeister oder als Bauherren, oftmals persönlich an den Darlehensgeschäften mit auswärtigen Personen. Sie erlaubten diesen sozusagen von Amtes wegen den Erwerb des Bürgerrechts auf ihren Stadthäusern. Als Gläubiger waren sie dabei in besonderer Weise daran interessiert, ihre ausserhalb der Stadtmauern

lebenden Schuldner der Zuständigkeit der bernischen Gerichtsbarkeit zu unterstellen (→ S. 505).

Peter von Ringgenberg

Sowohl auf verwandtschaftlichen als auch auf poltisch-herrschaftlichen Beziehungen gründete beispielsweise das Bürgerrecht des oberländischen Freiherren Peter von Ringgenberg. Diesem gehörte die gleichnamige Gerichtsherrschaft am Brienzersee. Peter von Ringgenberg hatte sein Udel auf dem Wohnhaus der reichen Witwe Elisabeth von Blankenburg an der oberen Junkerngasse angelegt.[24] Elisabeth von Blankenburg war in zweiter Ehe mit dem um 1352 verstorbenen Anton von Blankenburg verheiratet. Dieser entstammte wie Peter von Ringgenberg einem im Oberland begüterten Rittergeschlecht. Ihre gemeinsame Tochter Küngold von Blankenburg war seit 1378 mit Peter von Ringgenberg vermählt, was diesen dazu veranlasste, sein Udel 1386 auf dem Wohnhaus seiner Schwiegermutter anzulegen. In dem am 1. Februar verfassten Burgrechtsvertrag verpflichtete sich der Freiherr, jährlich *uff sant Andres mes* (30. November) der Stadt Bern zwei Gulden Udelzins zu bezahlen (Abb. 546). Dafür entband ihn der Rat von der Leistung *aller ander stüren und tellen*.[25] Im Unterschied zu den bäuerlichen Ausbürgern musste Peter von Ringgenberg seinen Udelzins jedoch nicht an die Besitzerin der Udelliegenschaft, sondern wie alle sozial hoch stehenden Udelinhaber an die städtischen Bauherren entrichten. Nach dem Tod des Freiherren übernahmen dessen Töchter Beatrix und Ursula das Burgrecht ihres Vaters *in der wise als der vorgnant ir vatter selig als die briefe wisent.*

Wolfhard von Brandis (Abb. 547)

Ausschliesslich politische Interessen verfolgte der Berner Rat hingegen bei der Udelvergabe an Vater und Sohn Wolfhard von Brandis auf dem Wohnhaus des um 1407 verstorbenen Kleinrats Peter Buwli an der nördlichen Gerechtigkeitsgasse.[26] Peter Buwli entstammte einer bereits seit dem 13. Jahrhundert im Rat vertretenen Notabelnfamilie. Er versteuerte 1389 das hohe Vermögen von 6450 Gulden und gehörte neben den beiden Schultheissen Ludwig von Seftigen und Konrad von Seedorf zu den reichsten Bernern seiner Zeit.[27] Bereits 1351 erwarb der Freiherr Wolfhard von Brandis senior, der Inhaber mehrerer Gerichtsherrschaften im Emmental und im Oberland, das Burgrecht in Bern.[28] Es ist zu vermuten, dass der Adlige sein Udel damals noch auf dem Sesshaus des vermögenden Kaufmanns Peter von Selsach an der Kramgasse anzeigte.[29] Peter von Selsach versteuerte 1389 einen Besitz von 1000 Gulden.[30] Nach dem Tod des Kaufmanns verlegte der Berner Rat das Udel von Wolfhard von Brandis senior schliesslich auf das Wohnhaus des Peter Buwli. Am 26. Dezember 1413 folgte dann *jungher Wölfli von Brandis frij* seinem gleichnamigen Vater ins Burgrecht. Der Freiherr versprach, der Stadt solange er lebe *jerlichs fünf guldin* Udelzins zu geben, *als die brief dis alles zwischend ime und uns wisend*.[31]

Im Unterschied zum Burgrecht des Peter von Ringgenberg waren es bei Vater und Sohn von Brandis nicht verwandtschaftliche Beziehungen, die diese dazu veranlassten, auf den Wohnhäusern der beiden Notabeln Peter Buwli und Peter von Selsach ein Udel zu erwerben. Hier standen vielmehr der Reichtum dieser beiden Ratsgeschlechter sowie die wichtige politische Stellung Peter Buwlis im Vordergrund. Peter Buwli amtierte zwischen 1394 und 1407 als Säckelmeister, was es ihm ermöglichte, im Namen der Stadt sowie in eigener Verantwortung umfangreiche Darlehen an landsässige Adlige zu gewähren. Sowohl Peter von Selsach als auch Peter Buwli gehörten somit zu jenem Kreis vermögender Berner Bürger, die seit dem 14. Jahrhundert als Gläubiger für überschuldete Adlige auf dem Land auftraten (→ S. 274).

Der politische Nutzen, der Schultheiss und Rat mit dem 1351 abgeschlossenen Burgrecht Wolfhards von Brandis entstand, zeigt sich im Verkauf der Herrschaft Trachselwald an die Deutschherren von Sumiswald im Jahre 1398. Am 25. Juni jenes Jahres übergaben Burkhard von Sumiswald, Edelknecht, und seine Ehefrau Margareta von Mülinen auf Betreiben des Berner Rates *unser burge*

Trachselwalt, mit gerichten, twingen, bennen, lüten und guetern für 1000 Gulden an die Deutschordenskomturei in Sumiswald.[32] Zeugen dieses von Bern veranlassten und mitfinanzierten Herrschaftsverkaufes waren der Schultheiss Ludwig von Seftigen, der Säckelmeister Peter Buwli, die Kleinräte Peter Rieder, Johannes von Büren, Peter Balmer, Peter von Graffenried und Heinrich von Ostermundigen sowie der adlige Schuldner Peter Buwlis, Wolfhard von Brandis. Im Jahre 1439 war dann auch der gleichnamige Sohn Wolfhards von Brandis gezwungen, seine Gerichtsherrschaften in Erlenbach, Diemtigen und Wimmis vollständig an Bern zu verkaufen. 1447 folgte schliesslich noch seine Stammherrschaft Brandis im Emmental (Abb. 547), die der Freiherr gegen einen Betrag von 6400 Gulden an Bern abtrat.[33]

Abb. 547
Ansicht der 1798 verbrannten Burg Brandis, Aquarell von Albrecht Kauw, undatiert; BHM Inv. Nr. 26084.

Hans Braun

Heiratspolitik

Die Heiratspolitik ist nebst der Schaffung von wirtschaftlichen Abhängigkeiten ein weiteres Mittel, mit dem die führenden Berner Familien und somit indirekt die Stadt Bern im 14. Jahrhundert ihre Stellung im Aareraum ausbauten.
Im 13. Jahrhundert hingegen wurde die Heiratspolitik noch stark von den umliegenden Adelsgeschlechtern bestimmt. Sie spielte eine wichtige Rolle in den Auseinandersetzungen zwischen Savoyen und Kiburg/Habsburg in denen es um die Vormachtstellung im Aareraum ging. Nur wenige Monate nach dem Tode des letzten Zähringerherzogs Berchtold V. 1218 vermählte sich Hartmann IV. von Kiburg, Sohn der zähringischen Erbtochter Anna, mit Margaretha von Savoyen.[1] Nachdem bereits Margarethas Vater, Graf Thomas I., in der Waadt Fuss gefasst hatte, benützte später ihr machtvoll ausgreifender Bruder Peter II. diese Ehe, um die Position des Hauses Savoyen nach Osten hin weiter auszubauen. Dies geschah dadurch, dass Hartmann IV. – wohl unter dem Druck Peters II. – seiner Gemahlin zur Mehrung ihres Wittums nach und nach umfangreiche Güterbestände und Herrschaftsrechte übertrug und diese Übertragungen mit Sicherungsbestimmungen gegen seinen Neffen und künftigen Erben Hartmann V. versah. Offensichtlich hoffte Peter II., über das Erbe seiner Schwester an den kiburgischen Besitz zu kommen.[2]
Nach Erlöschen des Hauses Kiburg 1264 gelang es Rudolf von Habsburg als Neffen Hartmanns IV. und Vormund der kiburgischen Erbtochter Anna, Savoyen den gesamten kiburgischen Besitz zu entreissen. Um diesen unter seinem Einfluss behalten zu können, griff auch er zum Mittel der Heiratspolitik und vermählte 1273, im Jahr seiner Wahl zum römischen König, sein Mündel mit seinem Vetter Eberhard von Habsburg-Laufenburg.[3] Indem Rudolf von dem hoch verschuldeten Paar den östlichen Teil der kiburgischen Besitzungen abtreten liess und 1277 von ihm zudem die Stadt Freiburg abkaufte, reduzierte sich die Herrschaft des neu entstandenen Hauses Neu-Kiburg auf den Aareraum mit Burgdorf und Thun als Zentren.

Standesgemässe Hochzeiten des Adels

Im 14. Jahrhundert griff das wirtschaftlich und politisch erstarkende Bern immer weiter in den Aareraum aus und profitierte von den zunehmenden ökonomischen Schwierigkeiten des hohen und niederen Adels, um diesen über Bündnis- und Burgrechtsverträge sowie durch wirtschaftliche und lehensrechtliche Bindungen zunehmend in seine Abhängigkeit zu bringen (→ S. 484). Dennoch beschränkte sich der Heiratskreis sowohl der Kiburger wie der anderen in den Einflussbereich Berns geratenenen Grafenhäuser – insbesondere der verschiedenen Linien des Hauses Neuenburg – weiterhin auf Grafen- und Freiherrengeschlechter. Eheschliessungen mit Ritterfamilien – auch mit solchen, die wie etwa die Bubenberg zu den mächtigsten Familien der Stadt Bern gehörten – kamen nur in einem Falle zu Stande, nämlich bei den Grafen von Buchegg. Offensichtlich behielten bezüglich des Heiratsverhaltens ständische Kriterien gegenüber wirtschaftlichen die Oberhand. Dies hatte den Effekt, dass sich zwar die Grafenhäuser gegenseitig beerbten, dass dadurch aber keine wirtschaftliche

Sanierung möglich war, weil die Erbgüter meist hoch verschuldet waren. Ein sprechendes Beispiel ist in dieser Hinsicht der Übergang eines Teils des heftig umkämpften nidauischen Erbes an Rudolf II. von Kiburg nach dem Tode von dessen Schwager Rudolf IV., dem letzten Grafen von Nidau, im Jahr 1375. Nur vier Jahre später war Rudolf II. von Kiburg gezwungen, einen grossen Teil davon an Herzog Leopold III. von Österreich zu verpfänden.[4]

«Vernunftsehen» der Grafen von Buchegg

Die Ehe Elisabeths von Buchegg mit dem Berner Schultheissen Ulrich I. von Bubenberg in der zweiten Hälfte des 13. Jahrhunderts ist denn wohl als Ausdruck der relativ schwachen Position Bucheggs gegenüber den benachbarten mächtigeren Häusern Neuenburg-Nidau und Kiburg zu werten. Offenbar bemühten sich die Buchegg, bei den führenden Familien der benachbarten Stadt Bern Rückhalt zu finden. Die engen Beziehungen zu den Bubenberg bestanden auch noch unter Elisabeths Neffen Hugo II. von Buchegg fort. Dieser erwarb 1312 als Pfand den Berner Reichszoll und die Kawertschensteuer, verpfändete diese aber schon 1315 an Bern. 1335 – anlässlich seines Eintritts ins Berner Burgrecht – stellte er der Stadt seine Burgen Buchegg, Balmegg und Alt-Signau als offene Häuser zur Verfügung und bestimmte, dass während seiner Abwesenheit im Ausland sein Neffe Johann II. von Bubenberg die Hut in den genannten Burgen zu übernehmen habe. 1343 befreite er als Dank für die vielen ihm von Johann geleisteten Dienste dessen bis dahin vom Hause Buchegg zu Lehen getragenen Güter in Schüpfen und auf dem Schüpberg von allen Lehenspflichten gegenüber der Herrschaft Buchegg und überliess ihm die erwähnten Güter zu freiem Eigen.[5]

Ebenso sehr wie die Bubenberg profitierte das bedeutende kiburgische Ministerialengeschlecht der Senn von Münsingen von ihrer Heiratsbeziehung mit den Buchegg. Burkhard Senn, der mit Münsingen, Diessenberg und Wyl ohnehin schon reich begütert war, konnte dank seiner Heirat mit der Grafentochter Johanna – einer der beiden Schwestern Hugos II. – 1347 einen Teil des Buchegg'schen Erbes an sich bringen. Wesentlichster Teil desselben war die Feste Buchegg. Darüber hinaus konnte er seine adelige Geltung erhöhen, so dass er sich 1360 von Kaiser Karl IV. in den Freiherrenstand erheben liess. Schon vorher hatte sein Bruder Johann – ähnlich wie die Brüder Hugos II. von Buchegg und somit wohl dank Buchegg'scher Unterstützung – eine glänzende klerikale Karriere durchlaufen, die ihn 1335 auf den Basler Bischofsstuhl gebracht hatte. Burkhards gleichnamiger Sohn, der sich Herr von Buchegg nannte, heiratete mit Margaretha von Neuenburg abermals eine Grafentochter und bahnte so den Weg für die Heiratspartien seines Sohnes Burkhard, der als Herr von Buchegg zuerst Anna oder Johanna von Neuenburg, dann die Markgräfin Agnes von Hochberg ehelichte.[6]

Adlige Heiratsverbindungen zu Berner Geschlechtern im 14. Jahrhundert

Hatten, wie erwähnt, auch bei den Freiherrengeschlechtern im 13. Jahrhundert standesgemässe Heiratsbeziehungen unter ihresgleichen oder zu Grafenhäusern dominiert, so gingen im 14. Jahrhundert die einzelnen Geschlechter durchaus verschiedene Wege.

Die Signau und die Brandis beispielsweise setzten die alte Tradition fort. Die Töchter des seinerseits mit Anastasia von Buchegg verheirateten Ulrich von Signau verschwägerten sich ausschliesslich mit Grafenhäusern und in einem Fall sogar mit einer Herzogsfamilie.[7] Thüring II. von Brandis konnte als Folge seiner Eheschliessung mit Katharina von Weissenburg von seinem Schwager die Herrschaften Mülinen, Diemtigen und Simmenegg kaufen und so im Oberland Fuss fassen, während sein Bruder Wolfgang I. die angestammten emmentalischen Besitzungen behielt. Dank Wolfgangs Heirat mit Gräfin Anna von Montfort-Feldkirch, der Witwe Hermanns von Werdenberg-Sargans, und der daraus folgenden Erbschaft konnten die Brandis sich am Ende des 14. Jahrhunderts als eines der führenden vorarlbergischen Freiherrengeschlechter etablieren. Dadurch gelang es ihnen – im Unterschied zu den völlig im bernischen Einflussbereich verbliebenen Weissenburg, Ringgenberg und Strättligen, die sich

vorwiegend unter sich und mit anderen regionalen Freiherrengeschlechtern verbanden – den unabwendbaren wirtschaftlichen und politischen Niedergang ins 15. und beginnende 16. Jahrhundert hinauszögern.[8]
Während wie die Signau und Brandis auch die Weissenburg, Oberhofen-Eschenbach und Unspunnen-Wädenswil keine Verbindungen mit nichtebenbürtigen Töchtern eingingen, fanden zuerst die Kien und später die Strättligen und Ringgenberg einen neuen Heiratskreis in den führenden ministerialadeligen und bürgerlichen Familien der Stadt Bern. Dies galt jedoch nicht bezüglich der Dienstadelsgeschlechter ihres eigenen Herrschaftsbereichs wie der Bach, Lenxingen, Ried, an der Matten, Wichtrach, Rich, Wilderswil oder der Warnagel.[9]
Die vor allem im Oberaargau, aber auch im Frutigtal begüterten Kien konnten sich durch ihre Neuorientierung nach Bern schon im 13. Jahrhundert als Berner Schultheissengeschlecht etablieren. Der 1271 als Schultheiss nachgewiesene Werner II. von Kien war noch mit Bertha von Eschenbach verheiratet, sein Sohn Philipp hingegen, der das Schultheissenamt von 1334 bis 1338 bekleidete, verschwägerte sich durch Anna von Erlach in erster Ehe mit einem nidauischen Ministerialen- und Berner Ratsgeschlecht. In zweiter Ehe vermählte er sich mit Elisabeth von Aarwangen, Tochter eines bedeutenden habsburgischen Ministerialengeschlechts. Von Philipps Kindern heiratete Johannes II. durch Mechtild von Scharnachtal abermals in eine ratssässige Ministerialenfamilie ein, die wie die Kien im Frutigtal begütert war, während Margaretha durch ihre Vermählung mit Peter von Grünenberg sich mit einem Freiherrengeschlecht verband, das im Oberaargau die österreichischen Interessen vertrat.[10]
Indem Johann von Aarwangen seiner mit Peter von Grünenberg verheirateten Enkelin Margaretha – Tochter Philipps von Kien und Elisabeths von Aarwangen – als Haupterbin die Herrschaft Aarwangen übertrug, stärkte er zweifellos die Position der Grünenberg und indirekt Österreichs im Oberaargau. Trotzdem sind die Heiratsverbindungen unter den Aarwangen, Kien und Grünenberg nicht unbesehen als Ausdruck eines unter den drei Familien stellvertretend ausgetragenen Konkurrenzkampfs zwischen Bern und Österreich um den Einfluss im Oberaargau zu werten. Zuweilen spielten andere Faktoren eine Rolle. So ist etwa eine Urkunde, in der Margaretha von Kien durch ihren Grossvater mütterlicherseits als Erbin Aarwangens einsetzt wird, von ihrem Vater Johannes II. von Kien und ihrem Grossvater väterlicherseits, Philipp von Kien, mitbesiegelt. Ausdrücklich wird in der Urkunde erwähnt, dass diese Bestimmung von der übergangenen Mutter Margarethas gutgeheissen wurde, was zeigt, dass wir es hier primär mit einem innerfamiliären Akt der gerechten Verteilung des grosselterlichen Erbes zu tun haben. Denn warum sollte Margaretha nicht ihren Grossvater mütterlicherseits beerben, wenn ihr Bruder Johann II. Haupterbe des väterlichen Gutes war?[11]
Bei den Strättligen bahnten die mit den Bubenberg, Münzer und Erlach eingegangenen Eheverbindungen den Weg für die Übertragung von bedeutenden Güterbeständen durch Verpfändungen, Verkäufe und Vererbungen an führende Familien Berns. Sie sind Ausdruck des wirtschaftlichen und politischen Niedergangs dieses Freiherrengeschlechts. Dies gilt insbesondere für die Heiraten, die im Zusammenhang mit dem Übergang der Herrschaft Spiez an die Bubenberg stehen. Vorbereitet durch die Vermählung einer seiner Töchter mit Werner Münzer, Mitglied des Berner Rats, verpfändete Johann IV. von Strättligen 1336 Spiez zunächst an seinen Schwiegersohn sowie an dessen Bruder, den alt Schultheissen Lorenz, und deren gemeinsamen Schwager Burkhard von Bennenwyl. Zwei Jahre später hingegen verkaufte Johann IV. die Herrschaft an den Schultheissen Johann II. von Bubenberg, dessen Tochter Margaretha mit Heinrich V., dem kurz zuvor verstorbenen Sohn Johanns IV., verheiratet gewesen war. Nachdem sich die beiden Schwiegerväter durch ihre Kinder Katharina von Strättligen und Ulrich von Bubenberg abermals verschwägert hatten, übertrug Johann IV. an seinen Schwiegersohn weitere im Simmental und bei Thun gelegene Lehen.[12]
Die ebenfalls nicht mehr standesgemässen Ehen der Geschwister Philipp und Elisabeth von Ringgenberg mit Margaretha, einer Tochter des Unterwaldner Landammanns Peter von Hunwyl (erwähnt 1347), beziehungsweise mit dem

Schultheissen Johann I. von Bubenberg, zeigen zwar ebenfalls den ökonomischen und politischen Niedergang auch dieses Freiherrengeschlechts an. Gleichzeitig unterstützten diese Heiratsverbindungen jedoch nach zwei Seiten hin Johann von Ringgenberg, den Vater der beiden Geschwister, in dessen Bestreben, durch Vermittlung zwischen den um Einfluss auf das Hasli und das Kloster Interlaken konkurrierenden Obwaldnern einerseits und den seit dem Weissenburgerkrieg im Oberland verstärkt präsenten Bernern andererseits einen Rest von Eigenständigkeit zu wahren.[13]

Die Heiratspolitik der Familie von Bubenberg
Von den Berner Rats- und Schultheissengeschlechtern, die vom Niedergang des ehemals mächtigen freiherrlichen Adels am meisten profitierten, sind an erster Stelle die zahlenmässig starken Bubenberg zu nennen, die bis Ende des 14. Jahrhunderts neun Schultheissen stellten und deren Heiratsbeziehungen sich über den gesamten Aareraum erstreckten. Von den 19 Heiraten, von denen wir die Ehepartner kennen, kamen sechs mit freiherrlichen Geschlechtern (je zwei mit den Ringgenberg und Strättligen sowie je eine mit den Weissenburg und Grünenberg) und eine sogar mit den Grafen von Buchegg zustande. Dass nur eine dieser Ehen von einer Tochter geschlossen wurde, hat bloss zum Teil damit zu tun, dass bei den Bubenberg mehr Männer als Frauen heirateten, denn von den übrigen zwölf Ehen mit Ministerialenfamilien wurden immerhin vier von Töchtern geschlossen.[14] Es zeigt sich hier einerseits das Bestreben der Freiherrengeschlechter, unstandesgemässe Ehen ihrer Söhne zu vermeiden, und andererseits interessierten sich aufsteigende Familien wie die Senn von Münsingen vor allem für die Töchter höheren Standes, besonders wenn es sich um Erbtöchter handelte. Im Unterschied zu den Senn blieben die Bubenberg trotz ihrer bedeutenden Machtstellung und ihren relativ häufigen Verschwägerungen mit Familien höheren Standes jedoch ein niederadeliges Geschlecht. Dies mag damit zusammenhängen, dass ihr Aufstieg untrennbar mit dem Erstarken der Stadt Bern verbunden war, während die sich von der zerfallenden kiburgischen Herrschaft emanzipierenden Senn trotz ihres Eintritts ins Berner Burgerrecht – wenn auch letztlich erfolglos – durch Aufstieg in freiherrlichen Rang der völligen Einbindung in den bernischen Interessenskreis zu entgehen suchten.
Auffallend ist, dass die Bubenberg wie übrigens auch die Erlach[15] sich nicht mit bürgerlichen Geschlechtern verschwägerten. Zu den durch Kreditgeschäfte reich gewordenen Münzer beispielsweise, die mit Kuno und dessen Sohn Lorenz um 1300 zwei Schultheissen stellten, traten die Bubenberg nur indirekt über die Strättligen und die Ringgenberg in verwandtschaftliche Beziehungen. Konkurrierten sie im Erwerb von Gütern und Herrschaften im bernischen Umland so sehr miteinander, dass Allianzen nur mit auswärtigen Familien in Frage kamen, die sie beerben oder auskaufen konnten? Oder liessen ständische Unterschiede zwischen den ursprünglich ministerialadeligen Bubenberg und den erst um 1250 als Berner Münzmeister auftauchenden Münzer eine Verschwägerung nicht zu? Wie wir gesehen haben, kamen Heiraten über die Standesschranken gewöhnlich erst dann zustande, wenn wirtschaftliche Schwierigkeiten dazu zwangen. Dies war aber weder bei den Bubenberg noch bei den Erlach der Fall. Zudem waren diese beiden Geschlechter bezüglich des Erwerbs von Gütern und Herrschaften den zugewanderten Münzer voraus. Dies zeigt sich daran, dass vor allem die Bubenberg von Anfang an den gesamten Aareraum in ihre Heiratspolitik einbezogen, während die Münzer sich einseitig auf das Gürbetal ausrichteten. Davon zeugen ihre Verschwägerungen mit den dort begüterten Buwli, Huter, Wattenwyl, Bennenwyl, Englisberg, Seftigen, Burgistein, Montenach, Strättligen und Ringgenberg, nachdem schon der Schultheiss Cuno eine reiche Tochter aus dem Hause Belpberg geheiratet hatte.[16]
Der Umstand, dass die mit den Bubenberg und Münzer verschwägerten Familien ins Berner Burgerrecht traten und grossenteils ebenfalls in den Rat gelangten, zeigt, wie sehr sich die Stadt in einer Zeit der demographisch und ökonomisch bedingten Zuwanderung vom Land in die Stadt zu einem eigentlichen Knoten nicht nur eines politischen Bündnis- und wirtschaftlichen Beziehungsgeflechts, sondern auch eines dichten Heiratsnetzes entwickelte.

Adriano Boschetti

Die Bewaffnung des Fussvolkes

Die Bewaffnung des Fussvolkes unterschied sich deutlich von derjenigen des Ritters (→ S. 526). Bis ins 14. Jahrhundert war die Bedeutung der unberittenen Kämpfer eher gering. Der Ritter – oder besser die Einheit Ritter, Pferd und Knappe – dominierte die Taktik und stellte die grösste Kampfkraft. Die berühmten Schlachten des 14. Jahrhunderts, vor allem Sempach 1386, steigerten aber das militärische Gewicht der Fusstruppen. Das Fussvolk verfügte vor allem über die Fernwaffen Bogen und Armbrust. Während sich die Armbrust durch ihre hohe Durchschlagskraft gerade gegen geharnischte Gegner auszeichnete, konnte der Bogenschütze rund zehn Mal schneller seine Pfeile und somit grössere Serien abschiessen. Beide Waffen waren nicht nur im Krieg, sondern auch für die Jagd bedeutend. Als Schutz dienten dem Fussvolk Setzschilde, später auch Panzerhemden und leichte Helme. Der Setzschild konnte im Boden verankert werden und bot mit etwa 1,5 m Höhe einem Schützen Platz. In der Berner Zeughaussammlung haben sich fünf frühe, mit dem Stadtwappen bemalte Setzschilde erhalten (Abb. 516).

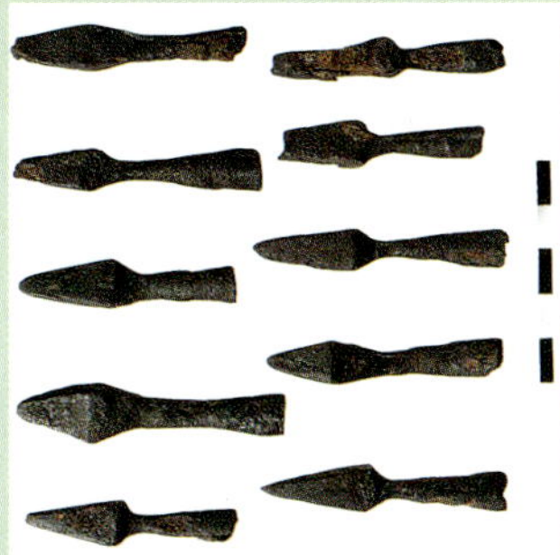

Tüllengeschossspitzen für Pfeile oder Bolzeneisen, gefunden 1935 auf der Burg Oberwangen bei Köniz. Typologisch gehören die Geschossspitzen ins 10. bis 12. Jahrhundert. Die Burg soll 1298 von den Bernern zerstört worden sein.

Armbrustbolzen aus dem Stadtgraben beim Hinterstädtli in Wangen an der Aare. Der Holzschaft ist aus Fichte. Datierung: 14. oder 15. Jahrhundert.

Dolchmesser aus der Burg Mülenen bei Reichenbach, zweite Hälfte 13. Jahrhundert. Der Griff besteht aus Buchsholz.

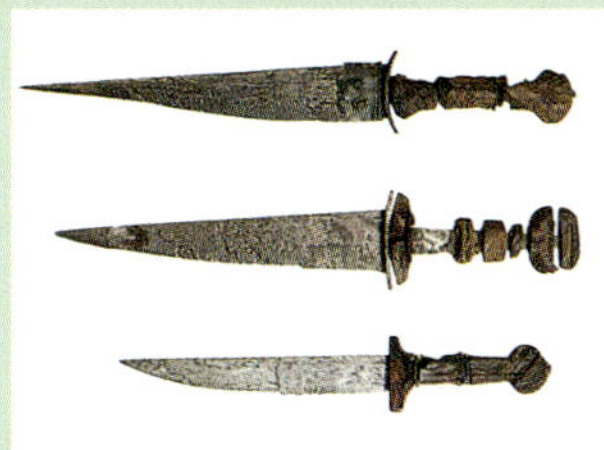

Oben: Dolchmesser aus Gerolfingen, 13. Jahrhundert. Von der Scheide ist das in Bronze getriebene Mundblech erhalten; Mitte: Dolchmesser aus Lüscherz, 13./14. Jahrhundert. Unten: Dolchmesser aus Münchenbuchsee, 13. Jahrhundert. Der Holzgriff besteht aus drei Teilen, zwischen denen Zinnscheiben liegen.

Dolchmesser aus Engelberg bei Twann, 14./15. Jahrhundert. Die Klinge trägt eine breite Rinne.

Hieb- und Stichwaffe des Fussvolkes war die im 14. Jahrhundert immer häufiger auftretende *Halparte*, gewissermassen ein geschäftetes Hiebmesser. Im Berner Zeughausbestand hat sich freilich keine frühe *Halparte* erhalten; die bekannte *Berner Halparte* ist eine Form des 15. Jahrhunderts. Auch die Langspiesse fanden erst im 15. Jahrhundert von Oberitalien herkommend nördlich der Alpen Verbreitung. Der Dolch war hingegen seit dem 13. Jahrhundert eine bei Adel und Bürger verbreitete Waffe, die sich auch oft und in mannigfaltiger Form erhalten hat.

Literatur: Schneider, Waffen; Wegeli, Inventar 1916; Wegeli, Inventar 1927; Wegeli, Inventar 1931; Wegeli, Inventar 1935; Wild, Reichenbach; Zimmermann, Geschossspitzen.

Hans Braun

Fehde und Krieg

In einer Zeit, in der es noch kein staatliches Gewaltmonopol gab, mit dem der Vollzug von Gerichtsurteilen durchgesetzt werden konnte, war die Fehde ein allgemein akzeptiertes Rechtsinstrument, das darin bestand, durch gewaltsame Schädigung des Gegners erlittenes Unrecht zu sühnen und so das Recht und die eigene Ehre wiederherzustellen. Der mittelalterliche Krieg war demnach als Mittel der Fehdeführung legitimierbar.

Grundsätzlich unterscheidet man zwei Formen der Fehde: Die Blutrache oder Totschlagfehde und die durch Ab- oder Widersage angekündigte Fehde, für die jede strittige Sache der Anlass sein konnte. Während die Blutrache oder Totschlagfehde auch von Bürgern und Bauern geführt wurde, war die zweite Form ursprünglich dem Adel vorbehalten, bis die Städte und andere genossenschaftliche Verbände sie als Rechtsmittel oder als legitime Form zur Durchsetzung von Machtansprüchen ebenfalls einzusetzen begannen.[1]

Der Adel und die Städte des Aareraums versuchten zwar vor allem seit dem Interregnum, mittels zwei- und mehrseitigen Landfriedensbündnissen sowie durch Burgrechts- und Schirmverträge den Frieden zu sichern (→ S. 469). Da aber die Bündnispolitik in erster Linie dem Kampf um die Vorherrschaft im Aareraum diente, konnte mit ihr das Fehdewesen und damit der Krieg letztlich nur in geringem Masse eingedämmt werden. Die Kriege des Aareraums im 13. und vor allem im 14. Jahrhundert sind Ausdruck der Spannungen, die sich einerseits durch das Ausgreifen der Stadt Bern und andererseits durch den Wider-

Abb. 548
Mit grosser Ausführlichkeit wird in der Spiezer Bilderchronik des Diebold Schilling der Laupenkrieg samt seiner Vorgeschichte illustriert. Alle hier folgenden Abbildungen stammen aus diesem Manuskript, BBB Mss. hist. helv. I. 16. Ein Herold des Grafen Gerhard von Valangin überbringt Bern den Absagebrief, S. 248.

Die Freiburger und ihre Adelskoalition belagern Laupen, S. 253; Die Berner schwören Rudolf von Erlach als ihrem Hauptmann, S. 260; Die beiden Heere

stand des in die Defensive gedrängten Adels und der mit Bern konkurrierenden, unter österreichischer Herrschaft stehenden Stadt Freiburg ergaben. Die militärischen Erfolge bei Oberwangen 1298, im Weissenburgerkrieg 1334 und bei Laupen 1339 brachten Bern zwar keine unmittelbaren Territorialgewinne, doch stärkten sie die Stadt in ihrer eigenständigen Position als Bündnis- und Burgrechtspartner.

Die Kriegführung bestand darin, den Feind durch Zerstörung seiner Existenzgrundlagen zu Konzessionen zu zwingen. Die Sieger fielen als Banden von Reitern und Fussknechten in die Dörfer ein, raubten Vieh, Hausrat und Vorräte und verbrannten die Häuser. Mit grösseren Kontingenten ging man gegen Burgen und Städte vor. Konnten diese nicht gleich im Sturm genommen werden, schnitt man sie durch Belagerung von der Lebensmittelzufuhr ab. Beim Versuch, die belagerten Plätze einzunehmen, kam es oft zu offenen Feldschlachten, in denen grosse Heere aufeinander stiessen. Diese bestanden zu einem kleinen Teil aus Berittenen und aus grossen Harsten von Fussknechten.[2] Fehdekriege bestanden aus einer langen Kette von gegenseitigen Vergeltungsschlägen, die oft erst dann endeten, wenn eine oder beide Parteien so ausgezehrt und erschöpft waren, dass der Kampfwille erlahmte.

Der Laupenkrieg – eine Berner Erfolgsgeschichte

Ein eindrückliches Beispiel eines solchen kräftezehrenden Dauerkrieges – bestehend aus einer Reihe von Raubzügen, Belagerungen und Feldschlachten – bieten die bewaffneten Auseinandersetzungen von 1339/40, die in der Schlacht bei Laupen kulminierten.[3] Nachdem es schon Jahre zuvor zu verschiedenen grösseren und kleineren Kriegen gekommen war, in denen die Berner 1331 die Festen Mülinen und Gümmenen sowie 1334 Wimmis eingenommen hatten,[4] schloss sich der burgundische Adel – allen voran die Grafen von Kiburg, Valangin, Aarberg, Nidau, Neuenburg und Greyerz – mit der österreichischen Stadt Freiburg sowie mit den Herzögen von Österreich und dem vom Papst gebannten Kaiser Ludwig dem Bayern im Hintergrund, zu einer grossen Koalition zusammen, um Bern in die Knie zu zwingen. Zwar setzte Graf Aymo von Savoyen, der um die damals unter savoyischer Herrschaft stehende Stadt Murten fürchtete, in seinen Vermittlungsbemühungen alles daran, einen Kriegsausbruch zu verhindern. Als jedoch Bern die Bezahlung der von Kaiser Ludwig dem Grafen Gerhard von Valangin zugesprochenen Reichssteuer verweigerte, befehdete dieser die Berner und unternahm ab Ostern 1339 Streifzüge in ihre Gebiete. Die Berner versuchten an Pfingsten einen nächtlichen Überfall auf das Städtchen Aarberg, das dem Grafen Zuflucht gewährt hatte, scheiterten aber, da der Gegner rechtzeitig gewarnt worden war, und zogen sich nach einigem Rauben und Brennen wieder zurück.

Nun wollte die Koalition gegen die Aarestadt direkt vorgehen. In einem ersten Schritt belagerte sie Laupen: einerseits, um die gut besetzte, von Bern 1324 gekaufte Feste bei einem Angriff auf die Aarestadt nicht im Rücken zu haben, andererseits wegen der Ansprüche, die Freiburg auf Laupen erhob. Das grosse Heer bestand aus dem Gefolge der Grafen von Valangin, Aarberg, Nidau, Neuenburg und Greyerz sowie aus dem städtischen Aufgebot von Freiburg. Da die Koalition mit einem Angriff eines bernischen Entsatzheeres rechnete, verlagerte sich ein Teil des gemäss dem Chronikbericht *Conflictus* aus 16 000 Fussknechten und 1000 Berittenen bestehenden Heeres auf das etwa eine halbe Marschstunde weiter östlich gelegene Wydenfeld.[5]

Die Berner ihrerseits hatten zuvor schon die in Laupen befindliche Besatzung des Vogtes Anton von Blankenburg massiv verstärkt[6] und die Verteidigung unter den Oberbefehl des Schultheissensohns Johann von Bubenberg gestellt. Auch hatte man, wie schon im Gümmenenkrieg, den vielberufenen Werkmeister Burkhard in Dienst genommen, der die notwendigen Verteidigungsanlagen errichtete. Nun aber schritt Bern zum Angriff. Zusammen mit den Mannschaften der Verburgrechteten und Verbündeten – insbesondere des Freiherrn Johannes von Weissenburg, der Waldstätte und der Oberhasler, die zusammen rund 1000 Mann stellten – zogen 5000 Berner am 21. Juni, dem Vorabend des Zehntausend-Ritter-Tages, aus. Sie wurden dabei angefeuert vom Berner Stadtpfarrer, dem Deutschordensbruder Diebold Baselwind, der mit der Hostie dem Zug voranging (→ S. 397).[7] So wird es in der Chronik geschildert, in welcher der Krieg so sehr als ein heiliger Kampf der Papsttreuen gegen die Widersacher des Papstes dargestellt wird, dass neben Baselwind als geistlichem Führer nicht einmal der Name des Berner Feldhauptmanns erwähnt wird. Erst bei Konrad Justinger, dem Berner Chronisten des frühen 15. Jahrhunderts, erscheint – ohne dass dies urkundlich belegt werden könnte – der Name Rudolfs von Erlach als Hauptmanns der Berner, welcher sich an der Seite seines Lehensherrn, des Grafen Rudolf von Nidau, in mehreren Kriegen bewährt hatte. Unter dem Eindruck des dauernden Kampfes um Disziplin und Gehorsam in militärischen Auszügen stilisiert Justinger Rudolf von Erlach, der für die Annahme der Hauptmannschaft die Erteilung umfassender Befehlsgewalt zur Bedingung gemacht habe, zu einem überlegenen und unerschrockenen Führer hoch, der die Berner in ihrer Tapferkeit und ihrem Heldenmut angespornt und sie in geballter Kraft zum Sieg geführt habe.[8] So macht Justinger die Schlacht von Laupen zu einem Lehrstück für erfolgreiche Kriegführung, analog zum Gefecht am Dornbühl 1298, als die Berner unter dem *unerschrogken ritter und* [...] *held sines libes* Ulrich von Erlach, dem Vater des angeblichen Siegers von Laupen, als *wise*[m] *und notveste*[m] *houptman* ebenfalls *mit gemeinem rate und guter ordnunge* ausgezogen waren und den Feind *manlich* bezwungen hatten,[9] aber im Gegensatz zur Niederlage von 1289, als *unordenlich und unbedachtlich* [...] *einer nach dem andren* aus der Stadt direkt in einen in der Schosshalde gelegten Hinterhalt gelaufen war, in den sie Herzog Rudolf von Habsburg gelockt hatte.[10]

Am Nachmittag des 21. Juni 1340 erschienen die Berner mit ihren Verbündeten auf dem Bramberg und erblickten unter sich auf dem Wydenfeld den Feind. Nachdem sich beide Seiten zur Schlacht geordnet hatten, eröffnete die feindliche Reiterei um die Vesperzeit den Kampf, indem sie gegen den Haufen der Waldstätte ansprengte und diesen in hartem Kampf umfasste, derweil der in Keilform aufgestellte Berner Harst von dem freiburgischen und übrigen Fussvolk angegriffen wurde. Zwar flohen aus Entsetzen über den gewaltigen feindlichen Ansturm viele Berner – der *Conflictus* spricht von 2000[11] – rückwärts in den Forst, doch die übrigen fingen den Angriff auf. Erlach reagierte nach Justinger auf die Flüchtenden mit den Worten: «*es ist gut daz die bösen bi den biderben* (Guten) *nit sin; die sprüwer sint gestoben von den kernen*» (die Spreu ist vom Weizen getrennt). Folgerichtig waren die *sprüwer*, so Justinger weiter, nach der Schlacht *niemer me wert und musten menglichem versmecht* (von allen verschmäht) *sin und unwert*.[12] Anschliessend trieben die Berner die Feinde über das Wydenfeld teils bis in den Sensegraben und die Saane hinunter zurück, wo viele ertranken. Daraufhin befreiten sie die Innerschweizer von ihrer Umzingelung und schlugen auch die Belagerer Laupens in die Flucht. Unter den rund 1500 feindlichen Toten[13] befanden sich Johann von der Waadt, der Sohn des Grafen Ludwig von Savoyen, und die Grafen Rudolf von Nidau und Gerhard von Valangin sowie der Freiburger Schultheiss Johann von Maggenberg.

Trotz ihrer verlustreichen Niederlage suchten die Freiburger und ihre adeligen Verbündeten das bernische Gebiet weiterhin mit Brand und Raub heim, zwangen die zwar mit Bern verbündeten, aber ohnehin schon stark bedrängten Städte Solothurn, Biel, Murten, Payerne und Thun noch stärker auf ihre Seite und konnten so die Stadt durch den Winter hindurch in ihrer Lebensmittelzufuhr noch stärker als zuvor behindern. Dennoch fand Bern genügend Kraft, um im folgenden Frühjahr zu neuen Schlägen gegen den Feind auszuholen.

Der erste Schlag galt den Kiburgern, die zwar am Treffen bei Laupen nicht beteiligt gewesen waren, aber mit Rauben und Brennen die Gegend um die Stadt Bern unsicher gemacht hatten. In der Woche vor Palmsonntag zog Schultheiss Johann von Bubenberg vor Huttwil. Noch bevor das Fussvolk eintraf, hatte er mit seinem Reitertrupp das Städtchen ausgeraubt und niederbrennen lassen. Unter Rudolf von Erlach – diesmal wird er im *Conflictus* genannt – unternahmen die Berner am Dienstag nach der Osterwoche einen Auszug gegen Freiburg, lockten die Freiburger aus der Stadt heraus, schlugen sie auf dem Schönholz aus einem Hinterhalt heraus in die Flucht und verfolgten sie bis vor die Stadtmauern, wo viele in der Saane ertranken. Nach eigenen Angaben hatten

ordnen sich am Bramberg zur Schlacht, S. 272; Die Schlacht bei Laupen, S. 277; Mit dem Stadtbanner ziehen die Berner vor das Schloss Burgistein, S. 296; Die Berner erobern und verbrennen Huttwil, S. 299; Während der Blockade gegen Bern konnten die Berner ihren Nachschub nur mit starkem bewaffnetem Geleitschutz sicherstellen, S. 301; Die Berner erobern und verbrennen die Galtern-Vorstadt, S. 307. Fotos BBB.

die Freiburger 700 Tote – mehr als vor Laupen – zu beklagen. Auf dem Rückweg erstürmten, plünderten und verbrannten die Berner auch noch die Burg Castels. Zwei Tage später tauchte Rudolf von Erlach mit seiner Mannschaft überraschend erneut vor Freiburg auf, drang in die Galtern-Vorstadt ein, plünderte und verbrannte sie. Auch zu diesem Ereignis preist Justinger die listenreiche und konsequente Kriegführung Erlachs.

In den folgenden Wochen suchten die Berner die kiburgischen Gebiete zwischen Thun und Burgdorf bis in die Gegend von Langenthal heim und brachen unter anderem die Burg Burgistein, den Sitz des Ritters Jordan von Burgistein, der den Adelsbund geschmiedet haben und nun, wie Justinger berichtet, von Ryffli durch einen Pfeil getötet worden sein soll. Währenddessen zogen die Freiburger unter ihrem neuen Feldhauptmann, dem habsburgischen Gefolgsmann Burkhard von Ellerbach, gegen die blossliegende Stadt Bern aus. Die Berner

Adriano Boschetti

Der Harnisch und die Waffen des Ritters

Der Thuner Medaillonteppich (Abb.) und die Graffiti im Schlossturm Spiez (Abb. 83) vermitteln uns einen Eindruck der ritterlichen Rüstung im ausgehenden 13. Jahrhundert. Da sich keine Rittergrabmäler erhalten haben, sind es abgesehen von Ofenkacheln die einzigen erhaltenen Darstellungen von Rittern des 13./14. Jahrhunderts im heute bernischen Gebiet.
Nur die verschollene Grabplatte des Gründers des Zisterzienserklosters Frienisberg, *Valthero* oder – je nach Lesung – *Walthardo* von Seedorf, ist uns durch eine Zeichnung und zwei ungleiche Abschriften überliefert . Die Grabplatte ist auf Grund der unzialen Inschrift nicht vor etwa 1180 hergestellt worden.
Möglicherweise war Valthero/Walthardo von Seedorf ein Verwandter des 1131 urkundlich überlieferten Gründers von Frienisberg, *Odelardus comes de Sogorn*, beziehungsweise *Odelardus comes dictus de Sedorf*. Die Grabplatte zeigte – so viel wird man der Zeichnung glauben dürfen – einen Ritter in Panzerhemd mit Gurt, Schwert, Schild und Sporen.
Die Ritterdarstellungen belegen, dass im 13. Jahrhundert die Lederharnische verschwunden waren und Panzerhemden vorherrschten. Im 14. Jahrhundert kamen dann Plattenharnische auf, die uns aus dem Spätmittelalter bekannt sind. Auch die Topfhelme mit Luft- und Lichtschlitzen wurden im mittleren 14. Jahrhundert von Hauben mit Klappvisieren verdrängt.
St. Mauritius trägt auf dem Thuner Antependium aus der Zeit um oder kurz nach 1300 unter dem heraldisch geschmückten Waffenrock ein Panzerhemd,

St. Mauritius galt wie St. Michael oder St. Georg als Ritterheiliger und wurde daher in zeitgenössischem Harnisch mit Bewaffnung dargestellt. Ausschnitt aus dem Thuner «Medaillonteppich» (Altarantependium) aus der Zeit um oder kurz nach 1300.

das den ganzen Körper mit den Füssen und dem Kopf bedeckt. Umgeschlagene Fäustlinge zeigen, dass auch die Hände geschützt werden können. Platten befinden sich nur auf den Schultern. Auf dem Kopf trägt der Ritterheilige eine einfache Beckenhaube, den Schild hält er bei Fuss. Die beiden Waffen des Ritters, Schwert und Spiess, sind deutlich dargestellt: Den Spiess ziert ein kleines Banner, das Schwert steckt in der Scheide an einem geknüpften Gurt.
Zu Seiten der Kaminnische im Eingangsgeschoss des Schlossturmes Spiez wurden in den glatt gestrichenen Verputz Graffiti eingeritzt. Sie zeigen Ritter in Turnierrüstung aus der Zeit um 1260 bis 1290, als der in der Manessischen Liederhandschrift er-

Grabplatte des (Mit-)Gründers des Zisterzienserklosters Frienisberg, Valthero oder Walthardo von Seedorf (beide Lesungen sind überliefert), nach einer Zeichnung Josef Zemps von 1900/10. Die Platte dürfte auf Grund stilistischer Erwägungen nicht vor 1180, sondern eher noch später entstanden sein. Vielleicht ist sie erst anlässlich einer Wiederauffindung oder Umbettung der Gebeine angefertigt worden.

wähnte Minnesänger Heinrich III. von Strättligen Besitzer von Spiez war (→ S. 460). Ein Graffito stellt Philipp oder Rudolf von Ringgenberg bereit zum Tjost, dem Stechen zu Pferd, dar (Abb. 83). Das Pferd trägt Stollenhufe, Turniersattel (mit Steigbügel und Zaumzeug) und eine Stirnwehr. Der Ritter ist mit

Der Reiterschild von Seedorf UR, Arnold von Brienz zugeschrieben, SLM Inv. Nr. 3405; 1. Viertel 13. Jahrhundert. Der Schild besteht aus Erlenholz mit einem pergamentartigem Überzug aus Rinderhaut. Das Wappen ist in Silber auf eine blaue Gipsgrundierung gemalt, die im Bereich des Löwens auch modelliert ist.

Ausnahme des fehlenden Schwertes in voller Rüstung dargestellt: Topfhelm mit Zimier, geschmückter Schild und Reiterspiess mit Fahne. Die Fahne zeigt einen steigenden Löwen.
Das gleiche Wappenbild ist auf dem so genannten Seedorfer Schild dargestellt. Er zählt zu den ältesten erhaltenen Schilden und gehörte Arnold von Brienz († 1225) der aus dem weitherum begüterten Adelsgeschlecht der Freiherren von Ringgenberg stammte. Arnold stiftete das Lazariterhaus in Seedorf UR, und der Schild könnte als Totenschild über seinem Grab in der Klosterkirche gehangen haben. Schnitte von Hiebwaffen und Löcher von Pfeilen oder Stich-

vermochten aber immer noch so viele Kräfte zu mobilisieren, dass sie die Freiburger, die unterdessen Köniz geplündert und in Brand gesteckt hatten, bei Sulgen in die Flucht schlagen konnten.

Erschöpft von all ihren verlustreichen Niederlagen versuchte nun die Adelskoalition unter der Führung der Habsburger, die an den Kriegshandlungen nicht beteiligt waren, auf diplomatischem Wege dem Ausgreifen Berns in den Aareraum einen Riegel zu schieben und die Stadt in ihr eigenes Bündnis- und Herrschaftssystem zurück zu binden. Doch Bern hatte sein Selbstbewusstsein nach einer ganzen Reihe von militärischen Erfolgen so sehr gestärkt, dass es über die einschränkenden Friedensbestimmungen hinweg schritt und – alljährlich am Tag der Zehntausend Ritter seines Sieges bei Laupen gedenkend – seine eigene Hegemonialpolitik unbesehen fortsetzte (→ S. 484). Der *Conflictus* schliesst: [...] *omnes ubique interea dicerent: quod manifeste deus pro Bernensibus esset et pro eorum iustitia pugnaret, et quia apparet quod deus civis sive burgensis in Berno*

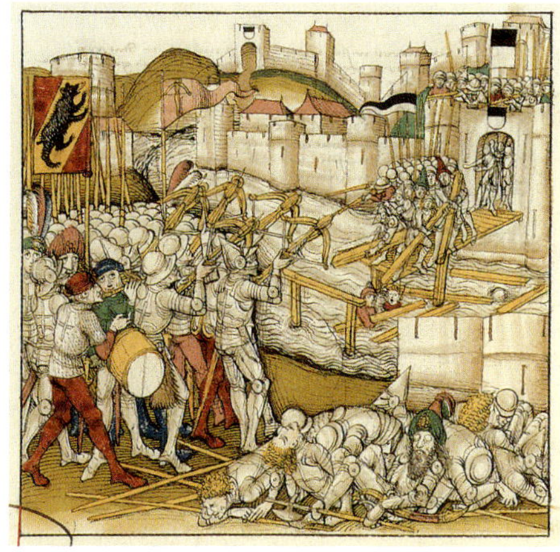

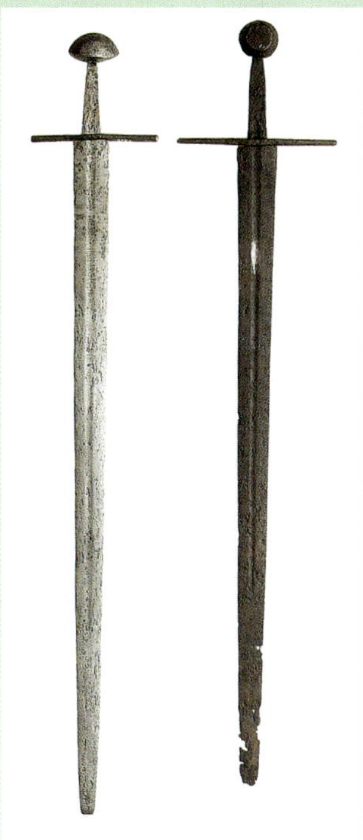

Links: Schwert des späten 13. Jahrhunderts, gefunden in einem Grab bei Tüscherz. Die Sitte, den Verstorben Waffen ins Grab zu legen, ging in der Zeit um 700 zwar stark zurück, aber im Rittertum nicht vollständig verloren, wie vereinzelte hochmittelalterliche Grabfunde von Waffen zeigen; rechts: Schwert des 14. Jahrhunderts, gefunden in der Aare bei Unterseen. Beidseitig sind in der Blutrinne zwei undeutbare Inschriften in Messing eingelegt.

Hufeisen mit Wellenrand, gefunden bei Ausgrabungen 1959–1964 auf der Burg Schönegg bei Burgistein. Datierung: 12./13. Jahrhundert. Die Burg Schönegg, auch Alt-Burgistein oder Blankenburg genannt, ist urkundlich nicht erwähnt.

Klappvisier einer Beckenhaube, gefunden in der Zihl. Datierung: 2. Hälfte 14. Jahrhundert.

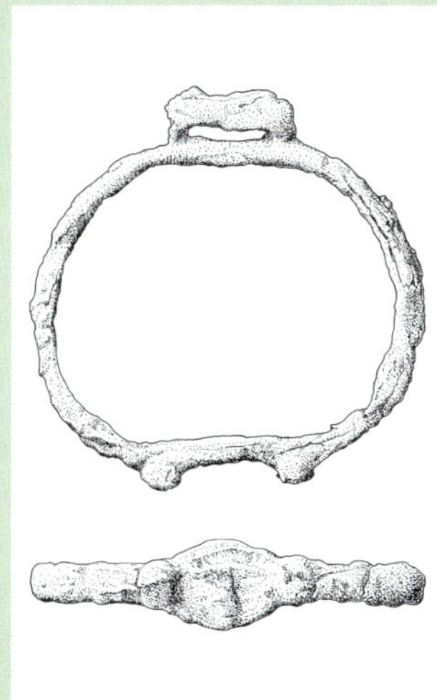

Steigbügel des 13./14. Jahrhunderts, gefunden auf dem Thorberg bei Krauchthal. Der Thorberg war im frühen 13. Jahrhundert die Stammburg des kiburgischen Ministerialengeschlechts. Der Letzte der Familie, Peter von Thorberg, übergab seine Burg 1397 dem Kartäuserorden zur Gründung eines Klosters.

Versilberter Stachelsporn aus Eisen, Fundort unbekannt. Datierung: 12./frühes 13. Jahrhundert.

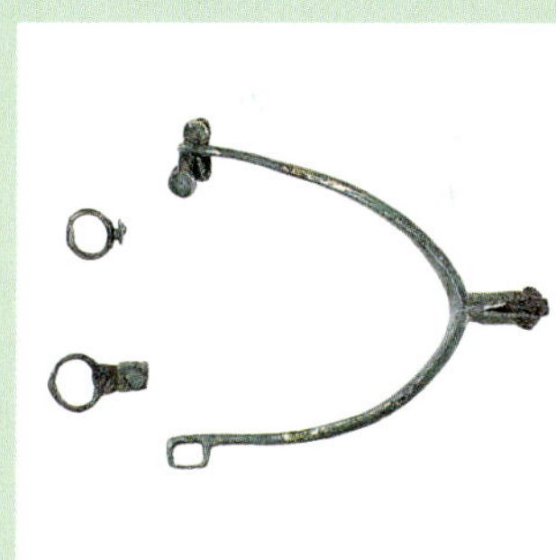

Bronzener Radsporn mit zugehöriger Schnalle aus der Burg Mülenen bei Reichenbach. Es handelt sich typologisch um einen frühen Radsporn des mittleren 13. Jahrhundert.

waffen sowie die Halterungen für die Beriemung auf der Rückseite zeigen aber, dass der Schild zuvor im Kampf getragen wurde, vielleicht als Prunkschild im Turnier.

Das Schwert besass als eigentliches Standesabzeichen des Ritters nicht nur symbolische, sondern durchaus auch rechtliche Bedeutung. So wurde es beispielsweise bei der Schwertleite oder dem Gottesurteil im Schwertkampf eingesetzt. Erstaunlich viele mittelalterliche Schwerter sind Gewässerfunde aus Seen oder Flüssen. Eisenzeitliche Waffenfunde aus Gewässern werden oft als Opfer- oder Weihegaben gedeutet. Wir wissen nicht, ob sich solches Brauchtum bis ins Mittelalter erhalten hat, jedoch weisen auch die schwer deutbaren Schwertinschriften auf religiös-abergläubische Symbolik (vgl. Abb. linkes Schwert).

Weiteres Statusmerkmal des Ritters war das Pferd. Dazu gehörten als wichtige Ausrüstungsteile Steigbügel, Hufeisen und Sporen sowie zum Teil Phaleren, Zierscheiben am Zaumzeug. Diese Gegenstände sind typischerweise als Bodenfunde aus Burgen auf uns gekommen. Asiatische Reitervölker haben im Frühmittelalter Steigbügel nach Europa gebracht. Für den berittenen Krieger mit Spiess und Harnisch waren sie unabdingbare Voraussetzung. Bei den Sporen ist der Stachelsporn die typologisch ältere Variante; der Radsporn kommt erst in der zweiten Hälfte des 13. Jahrhunderts auf.

Literatur: Baeriswyl, Thorberg; Hofer, Graffiti; Martin, Waffen; Moser, Schönegg; Roth, Saugern; Senn, Turnier; Senn/Moser, Reiterschild; Stammler, Teppiche; Wegeli Inventar 1917; Wegeli, Inventar 1919; Wild, Reichenbach.

esset [...] («sagte man allgemein, dass Gott offenbar mit den Bernern sei und für ihr Recht kämpfe und dass es scheine, dass Gott Burger von Bern sei»).[14]
Die Schlacht bei Laupen galt, wie die Ausführungen Justingers zeigen, über die Bezwingung der Gugler 1375 und die gescheiterte Belagerung Burgdorfs von 1383 hinweg bis ins 15. Jahrhundert hinein als ruhmreichster militärischer Erfolg der Berner. Erst mit den Siegen gegen Karl den Kühnen, insbesondere mit jenem, den sie mit Hilfe der Eidgenossen und weiterer Verbündeter 1476 am Gedenktag an die Laupenschlacht bei Murten errangen, mehrten die Berner ihren Kriegsruhm nochmals entscheidend.

1353 in der Rezeption

Guy P. Marchal

«Ohne Bern keine Schweizerische Eidgenossenschaft»[1]

Vergangenheit – Geschichte – Selbstverständnis
Der Foliant «Berns mutige Zeit» muss auf den 6. März 2003 erscheinen, 2002 wäre zu früh gewesen, und 2004 wäre der richtige Erscheinungstermin eindeutig verpasst worden. Warum eigentlich? Wir wissen es natürlich: wegen des Berner Bundes mit den Eidgenossen vom 6. März 1353. Aber die Antwort, warum ein politischer Vertrag noch nach 650 Jahren eine solche Bedeutung besitzt, dass man in Bern besondere Aktivitäten mit der Wiederkehr seines Datums verknüpft, ist gar nicht so einfach. Gewiss, der Bund lässt sich in verschiedener Hinsicht als ein Meilenstein in der Entwicklung der Eidgenossenschaft und für die Geschichte Berns verstehen; aber dies eben erst in der Rückschau. In der Rückschau von Nachgeborenen, die ihre Existenz als in ein Gemeinwesen eingebunden empfinden, das im Grossen und Ganzen ungebrochen auf jene fernen Ereignisse zurückgeführt werden kann. «Geschichte», das heisst hier das reflektierende Ordnen der Vergangenheit nach Kausalitäten und damit zugleich das deutende Einreihen auf den «roten Faden» der Entwicklung hin zur Gegenwart, entsteht immer erst aus der Rückschau der jeweiligen Generation von Nachgeborenen heraus. Insofern lebt also das Vergangene fort in den Deutungen und Geschichtsbildern der Nachkommen. Freilich bezieht jede Generation in ihre historische Reflexion die Deutungen und Erkenntnisse vorausgegangener Generationen mit ein. So entstehen historiographische Traditionen und – unter anderem über Jubiläumsfeiern – solche der allgemeinen Geschichtskultur. Aber schon, dass man von Traditionen sprechen kann, weist darauf hin, dass es nicht um Vergangenheit *à l'état brut* geht. Daher sind auch so genannte «historische Daten» nicht undiskutierbar gegeben, sie stehen zur Disposition. 1903 scheint in Bern kein Bedürfnis bestanden zu haben, den 450. Jahrestag des Berner Bundes zu feiern. Das 500-jährige Sempacher Jubiläum war 1886 eine nationale Feierstunde, und Sempach erschien den damaligen Zeitgenossen als das «Olympia der Nation»; beim 600-jährigen, 1986, handelte es sich nur mehr um ein von der übrigen Schweiz sehr selektiv wahrgenommenes Kantonsjubiläum; 1944 erschien die St.-Jakobs-Feier im Zeichen der geistigen Landesverteidigung als eine nationale Tat, 1994 nur mehr als ein lokales Ereignis, kaum mitgetragen von der Bevölkerung. Solche Unterschiede zeigen, dass historische Erinnerungsfeiern nicht allein durch das erinnerte Ereignis geprägt werden.

Wie sich eine Gesellschaft ihrer Vergangenheit vergewissert, wie sie in Jubiläumsfeiern die Erinnerung aufleben lässt und welche Akzente sie dabei setzt, sagt eher etwas aus über deren Befindlichkeit und Selbstverständnis. Unnötig zu sagen und in Bern besonders gut zu belegen ist dabei die Tatsache, dass solche Jubiläumsfeierlichkeiten keine spontanen Äusserungen eines Selbstbewusstseins sind, sondern das widerspiegeln, was in der politischen und in der Bildungselite als staats- und gemeinschaftsfördernd erkannt wird und vermittelt

Abb. 549
Am historischen Umzug des Bundesjubiläums 1953 markierte «die schwarze Schar» der Reformatoren, zu deren Darstellung sich die Pfarrer gewinnen liessen, den Übergang vom ausgelassenen spätmittelalterlichen Reisläuferleben zu ernsteren Zeiten. StAB, T 206, S. 30.

werden will. Bern hat eine bemerkenswerte Organisationskultur für Jubiläumsanlässe entwickelt: Der Festbericht über die Feierlichkeiten von 1891 nimmt selber Gestalt und Umfang einer Festschrift an; die Feiern von 1941 und 1953 haben einen erstaunlichen Aktenberg generiert.[2] Auch wenn man all das in Betracht zieht, war – zumindest nach den offiziellen Berichterstattungen – das positive Echo in der Öffentlichkeit jeweils überwältigend. Das Gebotene fand Akzeptanz, mit ihm haben sich Bernerinnen und Berner, Jung und Alt, Stadt- und Landbevölkerung offensichtlich beglückt und freudig identifizieren können. Insofern kann über die Jubiläen doch auf die Befindlichkeit und die Identitätsvorstellungen des Kantons Bern zurückgeschlossen werden. Indem diese Selbstvergewisserung historisch argumentiert und exemplifiziert, in der Geschichte sich wiederfinden will und sich mit historischer Tiefe präsentiert, lässt sich im Zusammenhang mit solchen Jubiläen durchaus von einer spezifischen Geschichtskultur sprechen.

Das Mittelalter im Berner Selbstverständnis

Wer die Kommemoration des Berner Bundes von 1353 ins Auge fasst, merkt bald, dass er sich nicht allein auf sie beschränken kann. Will er das spezifische Gewicht ermessen, das diesem Jubiläum zukommt, muss er es im Zusammenhang mit der gesamten für Bern typischen Jubiläumskonstellation begreifen. Für alle anderen, die alten Orte und noch viel mehr die neuen Kantone, ist die Jahrhundertwiederkehr des Datums des Bundesbeitritts der zentrale Anknüpfungspunkt, um die eigene kantonale Geschichte und deren Bezug zum schweizerischen Ganzen zu reflektieren. Dies trifft so sehr zu, dass man oft auch die Halbjahrhunderte zu feiern liebt, und sich die Betrachtung über die sich in Jubiläen äussernde Geschichtskultur auf diese Bundesjubiläen beschränken kann. Nur dort, wo einer der frühen Waffengänge – Morgarten, Sempach, Näfels – näher mit der Kantonsgeschichte verquickt ist, ergab sich zusätzlich ein Wechselspiel zwischen Bundesjubiläum und Schlachtjubiläum, mit dem sich die Darstellung jener Geschichtskultur verdichten lässt.
Bern aber ist anders. In Bern kannte man das genaue Datum, an dem die Stadt – Kern des späteren Staatswesens, des grössten städtischen Territorialstaates nördlich der Alpen – gegründet worden war, lange bevor der Bundesbrief der drei Länder von 1291 zum Gründungsakt der Eidgenossenschaft erklärt wurde. Die Schlacht von Laupen – noch unverbunden mit dem Geschick der Eidgenossenschaft, wenn auch die Innerschweizer dabei waren – und der Tag von Murten, wenn er auch zur nunmehr eidgenössischen und späterhin zudem zur Freiburger Geschichte gehörte, wurden als entscheidende Sternstunden der ureigenen Geschichte des bernischen Staatswesens empfunden. Dies alles schliesslich überhöht durch die grosse und ernste, bisweilen alles überstrahlende Sternstunde der Reformation. Dies führte dazu, dass Berns Blick auf das Mittel-

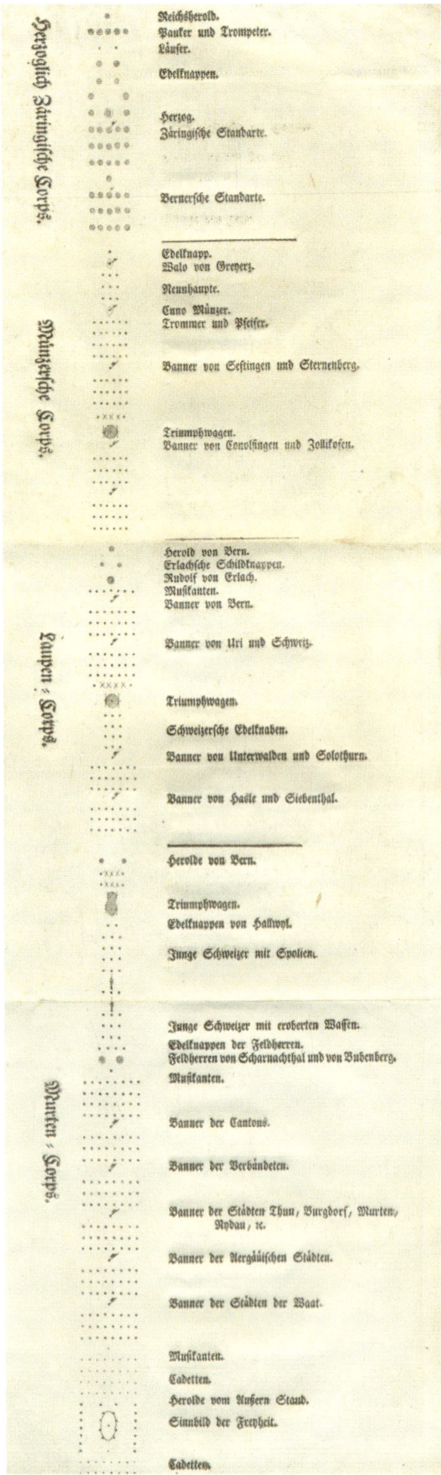

Abb. 550
Der historische Umzug von 1791, der mit dem «Sinnbild der Freiheit» schliessen sollte, blieb wegen der sich seit 1789 ankündigenden grossen Zeitenwende im Namen einer anderen Freiheit bloss Papier; StAB, Bibliothek W2, 1.

alter immer als perspektivisch verfremdet erscheint durch das Grossereignis der Reformation. Auch wenn in der bernischen Historiographie mittelalterliche Themen kontinuierlich aufscheinen; die Blütezeit des bernischen Staatswesens schien erst mit der Leuterung durch die Reformation eingetreten zu sein, und das Mittelalter erschien wie eine Vorzeit. Als Berns grosse Zeit erschien – zumindest bis zum Erscheinen des ersten «Jahrhundertsbandes» 1999 – die Reformation (Abb. 549).
In diese Kette reiht sich das Jubiläum des Berner Bunds ein, nur in diesem Umfeld lässt sich seine Stellung in der bernischen Geschichtskultur würdigen.

Die Berner Jubiläumstradition

Bern weist eine bemerkenswerte Jubiläumstradition auf. Hier zuerst ist 1791 vom «Äussern Stand» ein Jubiläumsprogramm zum 600-jährigen Bestehen der Stadt mit einem grossen Historischen Festzug in allen Einzelheiten geplant worden,[3] während Ähnliches in den andern Orten – etwa das Sempacher Schlachtjubiläum des Standes Luzern 1786 – nur ein frommer Wunsch war und blieb (Abb. 550).[4] Wenn auch wegen der revolutionären Zeitläufe auf die Durchführung der Feierlichkeiten verzichtet wurde, die Form war gegeben. Sie sollte 1853 wieder aufgenommen werden, und die Feier von 1891 wurde als die herrlichste Erfüllung dessen, was die «patriotischen Herzen» vor hundert Jahren gewünscht hatten, empfunden (Abb. 551).[5] Noch älter scheinen die Berner Reformationsjubiläen gewesen und seit 1628 gefeiert worden zu sein.[6] 1828 wurde das Dreihundert-Jahr-Jubiläum der Reformation mit einem erheblich höheren intellektuellen Aufwand gefeiert als die erste Kommemoration des 500-jährigen Bestehens des Bernerbundes 1853.
Es überrascht daher wenig, dass die reformierte Kirche Berns an den weltlichen Jubiläumsfeiern eine bemerkenswerte Rolle spielte. 1853 wurde in Predigten «des Christen Vorbereitung auf das bevorstehende Jubiläum» erörtert, welche die Vorstellung des von Gott erwählten Volkes aufgriffen, Gottes stets treue Hilfe in der Geschichte Berns und der Eidgenossenschaft thematisierten und zur Busse, zur «gemeinsamen Demüthigung» vor Gott, aufriefen. 1891, jener Jubiläumsfeier, die mit einem erstarkten Staatsbewusstsein begangen wurde, traten kirchliche Vertreter nicht auf, aber die Gedenkfeier im Münster mit einer staatspolitischen Rede des Organisationspräsidenten, Regierungsrats Edmund von Steiger, strahlte so sehr «religiöse Weihe» aus, dass auch jene, die im Münster nicht dabei sein konnten, nachher «etwas von dem Hauch des Göttlichen und von dem tiefsittlichen Gehalt verspürt» haben sollen.[7]
1941, als die Stadt trotz kritischer Zeit (Abb. 552) und der zögerlichen Haltung des Kantons[8] ihre Gründung feiern wollte, fand sie die Unterstützung der kirchlichen Kreise. Während 1853 kirchliche Feier mit Festpredigt im Münster und weltliche Feier mit Festrede zeitlich und räumlich getrennt waren, fand nun beides im Münster statt, wobei nach einigen Auseinandersetzungen um die Benützung der Kanzel zwischen Organisationskomitee und Synode der Münsterpfarrer von der Kanzel sprach und Stadtpräsident Ernst Bärtschi seine Rede an einem Rednerpult darunter halten durfte. Die Gedenkfeier wurde im Kanton von den Kirchgemeinden organisiert, wobei eine vom Staatsarchivar von Fischer verfasste, recht trockene Kurzgeschichte des Berner Staatswesens, die an alle Kirchgemeinden verteilt wurde, Hilfestellung zur historischen Kommemoration leisten sollte. Der Synodalrat war sich der Besonderheit dieser Situation bewusst und begründete das Engagement der Kirche im Kreisschreiben vom 1. August 1941 damit, dass es sich «nicht um eine gewöhnliche Weihestunde, sondern um eine gottesdienstliche Feier» handle. «Wenn die Kirche bei staatlichen Gedächtnisfeiern mitbeteiligt ist, so tut sie es aus der Erkenntnis heraus, dass der Staat ihrer bedarf, wenn er nicht die beste Grundlage preisgeben und verrücken will. Die Kirche bedarf aber auch des Staates, wenn sie ihre Botschaft in geordneten und vor Willkür und Gewalttat geschützten Verhältnissen ausrichten soll.»[9] Während der Synodalrat Berns religiöse Stellung und Aufgabe erörterte und an die Reformationszeit erinnerte, wies der von den Organisatoren ebenfalls erbetene Hirtenbrief des Basler Bischofs Franz von Streng in durchaus versöhnlichem Ton auf die Entwicklung der Christenheit und der Kir-

che im Kanton seit dem 9. Jahrhundert hin, was ja im Grund dem kommemorierten Ereignis auch näher lag.
Beim Bundesjubiläum 1953 waren politische und kirchliche Feier wieder getrennt, doch die Festpredigt von Professor Kurt Guggisberg im Münster hatte durchaus einen aktuell politischen Akzent. Sah er «eine vernehmliche Sprache von Gottes Walten in bernischer Wirklichkeit», so erkannte er andererseits ein «unablässiges Bemühen, Kirche und Staat, sich selber und das ganze Volk unter das Gesetz des Herrn zu stellen», und formulierte im Rückblick auf die alte Berner Wirklichkeitsnähe und Entschlossenheit zur Tat eine recht eigenständige, aber durchaus zeitbedingte Definition von Frömmigkeit: «Fromm sein heisst nicht zuletzt auch, für die Wirklichkeiten und Möglichkeiten des Alltags Sinn haben, fremde Ideologien kritisch prüfen und alle Lockstimmen zurückweisen, die ein Reich des Friedens vorzaubern, das keines ist.»[10]
1991 schliesslich beschränkte sich der kirchliche Teil der Feier im Münster auf ein Grusswort, der Hauptakzent lag auf den Gebeten der drei Landeskirchen und der Freikirche, bevor die Politiker das Wort ergriffen.[11]

Nun ist es freilich nicht so, dass kirchliche Feiern an historischen Jubiläen nur in Bern vorkämen. Aber in Bern ist es die dominierende reformierte Landeskirche, welche das historische Gedenken mitträgt und mitprägt. Das führte beim engen Zusammenwirken von Kirche und Staat nicht nur zu jenem sittlichen Ernst, der jeweils den staatlichen Festakt prägte, und zu dem die Festfreude der übrigen Veranstaltungen in einem gewissen Kontrast stand. In der Geschichtskultur Berns führte es auch zu jener bereits erwähnten perspektivischen Verfremdung der Sicht auf das Mittelalter und dazu, dass auch bei Jubiläumsfeierlichkeiten, die sich auf mittelalterliche Ereignisse bezogen, irgendein Hinweis auf die Reformation in der Regel nicht fehlen durfte und schon von daher in Festspielen und historischen Festzügen immer ein Gesamtbild der bernischen Geschichte angestrebt wurde.
Das Besondere in Bern war nicht die Form dieser überall vorkommenden Veranstaltungen, sondern deren Inhalt. Festspiele boten Szenen aus der komme-

Abb. 551
Der Schluss des historischen Umzugs von 1891 nahm die Vorstellung der Generation von 1791 auf, doch war es jetzt ein Sinnbild Berns im schweizerischen Bundesstaat: Berna und Helvetia vereint unter dem Genius des Vaterlandes. Das Bild spiegelt auf einzigartige Weise die Stimmung jenes Tages; StAB, FN Tschirch 1.

Abb. 552
«Mir lisme für d'Soldate»: 1941 anlässlich des Jubiläums der Stadtgründung war der Umzug der Heimat gewidmet und bestand vor allem aus zahlreichen Trachtengruppen, wobei auch der Bezug zur Kriegsaktualität nicht fehlte; StAB, FN Jost «Bärnfest 1941».

Abb. 553
Der Anlass zum Jubiläum im historischen Umzug von 1953: Der Bundesbriefwagen im Hintergrund folgt den Siegern von Laupen; StAB, T 205, Nr. 63.

Abb. 554
Aus dem Album des historischen Umzugs von 1853: Ob der Berner Bannerträger so elegant und kraftvoll dahergeritten kam? Da das Patriziat die Teilnahme verweigerte, sprangen andere Bürger ein, die im Hinblick auf den Umzug Reitstunden nehmen mussten; StAB, T 1031.

morierten Zeit – wie in Sempach 1886 – oder eine Reihe historischer Bilderbogen – wie in Schwyz 1891 –, die der Selbstverständigung dienen sollten und am Ende in eine Apotheose des Vaterlandes mündeten.[12] In Bern bot sich das Festspiel von Heinrich Weber als ein eigentliches Staatsdrama dar, was schon in den Mottos der sechs Gruppen zum Ausdruck kommt: 1191 «Der Freiheit eine Burg»; 1339 «Im Kampf bewährt»; 1476 «Entschlossen und siegreich»; 1528 «Der Geist ist's, der lebendig macht»; 1798 «Alles geht unter, die Ehre bleibt»; 1891 «Alles dir, mein Vaterland». Der Ablauf der Bilder folgte einem dramatischen Bogen über den Höhepunkt der Reformation zur Katastrophe von 1798; die Darstellung des Untergangs muss die Zuschauer heftig bewegt, die Evokation der Gegenwart sie erleichtert und beglückt haben.[13]
Auch 1953 führte das Festspiel von Arnold Schwengeler in einem ersten Teil mit fliessenden Szenenübergängen die Geschichte Berns zum Höhepunkt der Reformation; der zweite, 1733 mit Albrecht Hallers bekannter Frage an das «Heldenvaterland» beginnende Teil, berichtet vom Niedergang des Staates im 18. Jahrhundert, von den Verfassungskämpfen des 19. Jahrhundert sowie holzschnittartig von den Wirtschaftskämpfen der Gegenwart und endet in der Erneuerung des Bundes.[14]
Ebenso galten die in Bern zur Tradition gewordenen historischen Festzüge jeweils der ganzen bernischen Geschichte, so dass die Festspieldarsteller und -kostüme miteinbezogen werden konnten. Um bei der Häufigkeit der Züge Wiederholungen zu vermeiden, wurden in den Gesamtablauf andere historische Bilder eingefügt, welche schon Gesehenes ersetzten oder beim Anlass nicht fehlen durften, wie 1953 der Bundesbriefwagen (Abb. 553). 1891 wurde «Frauen und Kindern *als integrirendem Bestandtheil* unserer Kulturentwicklung» die «ihnen gebührende, hervorragende Stellung» im Zuge zugewiesen. 1991 wurde im Zeichen der «Mentalitätsgeschichte» das politische Schema verlassen, in vier Blöcken das «Denken und Empfinden der Bernerinnen und Berner in früheren Zeiten» zur Darstellung gebracht (Abb. 555). Der dritte Block galt den «Bernerinnen» von Bela von Thun bis zu Gertrud Kurz, den Frauenstimmrechtskämpferinnen und den Hausmännern.[15]
Ob nun die Gründung Berns oder der Berner Bund oder anderes zelebriert wurde: die Festzüge glichen sich bis auf Variationen. Desgleichen die Ausstellungen, die hier wie dort eine eigentliche kulturhistorische Leistungsschau des Berner Gemeinwesens zeigten. Beachtlich war in dieser Hinsicht vor allem jene von 1941, wo mitten in kritischer Zeit die Museumsschätze aus den Schutzräumen geholt und zur Schau gestellt wurden. Auch die Festschriften galten dem Berner Staat und seiner Entwicklung, nicht dem Ereignis, und es passt in dieses Bild, dass in der bernischen Geschichtsschreibung die bislang gründlichste Untersuchung zum Berner Bund und seinem Umfeld zur 800-jährigen Gründungsfeier erschien, während zur 600-jährigen Feier des Berner Bunds Hans von Greyerz über «Nation und Geschichte im bernischen Denken» reflektierte, wobei der Begriff «Nation» durchaus auch für Bern beansprucht wurde.[16]

Der Gehalt der Jubiläen

Fragen wir nach der Botschaft, welche über die aufwendigen Feiern vermittelt werden sollten, so war diese weit mehr durch die aktuelle Lage bestimmt als durch die erinnerten Ereignisse, die nur als mehr oder weniger zwingend eingesetzte Anknüpfungspunkte erscheinen.
1850 war die konservative Regierung unter Eduard Bloesch an die Macht gelangt, die von der radikalen Schweiz, deren nationale Vertreter sich gar in den Wahlkampf eingemischt hatten, nur misstrauisch angesehen wurde. Bloesch benutzte 1853 das Jubiläum des Berner Bundes dazu, der eidgenössischen Missstimmung gegenüber Bern entgegenzuwirken. Die regierungsrätliche Proklamation hielt in einprägsamer Wiederholung fest, dass sich Berns Schicksal nur mit Gottes Hilfe und jener des «Schweizerbundes» erfüllt habe,[17] und in den Reden wurde die «alteidgenössische Verbrüderung» beschworen, wenn auch «die Form des Bundes verändert sei» .[18] Mochten die politischen Gegensätze in und um Bern während der Feierlichkeiten kaum übertüncht werden und auch späterhin weiter bestehen, unter dem Eindruck des festlichen Augenblicks

erschien das Ganze als überwältigender Erfolg (Abb. 554). Beim Abschied flossen Tränen und der Nationalratspräsident attestierte Bloesch und seiner Regierung einen «Sieg», der dem «Sieg von Murten» gleichkomme.[19]

1891 suchte ein selbstbewusstes Bern mit dem ihm beigemessenen «Pflichtbewusstsein gegen das gemeinsame Vaterland» die «heftigen parteilichen Leidenschaften» zu überwinden, «die es als unmöglich erscheinen» liessen, «aufrichtig zusammenzufinden». Eduard von Steiger suchte aus einer allgemeinen Krisenwahrnehmung heraus – angesichts des «handels- und zollpolitischen Kampfs» und jenem «zwischen Kapital und Arbeit» und der «gewaltigen Rüstungen der Kriegsheere» – die «providentielle Aufgabe» Berns zu bestimmen, «die ihm in vergangenen Jahrhunderten in der Weltgeschichte angewiesen war». Nicht darin bestehe sie, «zu herrschen über die Eidgenossen – denn grössere Kraft, grössere Pflicht», sondern im «sozialen Einsatz für die Wohlfahrt des Bernerlandes wie des Schweizerlandes». Hierzu sollten «Unlauterkeit und Selbstsucht in unserm Parteileben» überwunden werden, und so forderte er alle dazu auf, sich «im Angesicht der Väter, die auf uns niederschauen, im Angesicht unserer Berge und unseres gottgesegneten Vaterlandes die Hand» zu reichen «zu Einheit und Wohlfahrtspflege». Burgerratspräsident Amadeus von Muralt erkannte Berns historische Aufgabe für die Eidgenossenschaft in der Verbindung von Ost und West und zusammen mit der Eidgenossenschaft in der Offenheit gegenüber allen Bestrebungen, welche die Völker einigen.

1941 reflektierte man angesichts der existentiellen Gefährdung durch den Krieg unter der Losung «Auftrag und Bewährung»[20] über den «Bernischen Staatsgedanken». Nach Münsterpfarrer Samuel Oettli gründete dieser von Anfang an in der Bibel, weshalb der Segen Gottes auf der Stadt ruhe und Gott auch in der Gegenwart als «Bürge dafür» erschien, «dass über allen Dämonen, die auf unserer Erde losgebrochen sind, Gott im Regiment» sitze. Stadtpräsident Ernst Bärtschi erkannte die geistige Kraft Berns im «Willen zum Staat», wobei der ursprüngliche Staatsgedanke in der Bildung einer westlichen Eidgenossenschaft bestehe: Bern nehme seit 1353 eine Brückenfunktion zwischen östlicher und westlicher Schweiz ein, bilde die Verbindung zwischen verschiedenen «Stämmen», Sprachen und Kulturen. Bern sei zwar nicht mehr Haupt eines bernischen Grossstaates; «aber ihm ist die wunderbare Sendung geworden, ein Beispiel zu

Abb. 555
Ambivalenzen eines Jubiläums: Der Umzug von 1991 brachte die Darstellung eines hochmodernen Schlagwortes, das in der Folgezeit die Wissenschaftspolitik bestimmen sollte. Doch kommt diese Modernität in doppelt traditionellem Gewand daher, im Medium des Umzugs und dessen Dokumentation durch ein künstlerisches Album; StAB, T 207.

Abb. 556
Ein Bild, das schon selber Symbolkraft besitzt: Bern und seine Geschichte, Gegenwart und Vergangenheit, Bruch und Kontinuität in ein prächtiges Bild gegossen. Die Berner Dragoner von 1798 im Umzug von 1953, als es die Dragoner noch gab; StAB, T 205, Nr. 72.

geben vor aller Welt, Verschiedenartiges brüderlich zu vereinen in Freiheit und Recht.» Aus diesem bernischen «Sinn für den Staat» zog Bundespräsident Ernst Wetter angesichts der Suche nach «neuen Formen des staatlichen Zusammenseins» in der Welt den Schluss, dass die gegenwärtige Grundeinstellung die «Leidenschaft zum Vaterland» sein müsse.[21]

1953 brachte inhaltlich eigentlich nichts Neues. In einer nicht mehr eindeutig zu charakterisierenden Zeit mit dem unmittelbar weniger fassbaren, allgemeinen Bedrohungsszenario des Kalten Krieges und einem sich deutlich abzeichnenden wirtschaftlichen Aufschwung, wurden die Leitmotive von 1941 wieder aufgenommen und wirken auf den heutigen Leser eher wie rhetorische Versatzstücke. Man betonte, wie «Einigkeit, Ausdauer, Mut und Tapferkeit» Bern stark gemacht und der Eidgenossenschaft «unschätzbaren Vorteil» gebracht habe, und Bundespräsident Philipp Etter bestätigte, dass die «junge Eidgenossenschaft» ohne Bern «an Atemnot gestorben wäre.»[22] «Uns Heutigen», so Dewet Buri in der Festsitzung des Grossen Rats, «ist die Aufgabe übertragen, den Stand Bern gesund und kräftig, stark und schlagfertig zu erhalten und nach dem alten Ruf ‹Hie Bern – hie Eidgenossenschaft›» – der Devise der Jubiläumsfeierlichkeiten – «unsere Verpflichtungen gegenüber den anderen Ständen und dem Gesamtvaterlande zu übernehmen.» (Abb. 556)[23] Lebensnaher war da schon Regierungspräsident Georges Moecklis Einbezug des Juraproblems und des delikaten Umgangs mit der Sprachminderheit, das 1891 ein erstes Mal durch Grossrat Folletête thematisiert worden war.[24]

1991 schliesslich stellte schon das Leitbild für die Jubiläumsfeierlichkeiten nüchtern fest, dass diese «heute nicht mehr unreflektiert als kollektive Präsentation eines lebendigen Staatsbewusstseins durchgeführt werden» könnten. Man beschränkte sich auf das Motto «Mir wei zeige, wär mer si, mir wei zeige, was mer hei», wobei man vor allem die Gegenwart und Zukunft, die Einheit in der Vielfalt und die Zusammengehörigkeit ins Auge fassen und sich «in einer entspannten Atmosphäre der Identität bewusst werden» wollte. Immerhin sollte dabei auch die Rolle Berns in der Eidgenossenschaft und seine Aufgabe an der Nahtstelle zwischen welscher und deutscher Schweiz, aber auch in der «heutigen Welt ganz allgemein» bedacht werden. Als «staatspolitische Zielsetzung» wurde nach den belastenden Diskussionen um die Abtrennung des Laufentals und um die Staatsfinanzen vorgegeben, Vertrauen zu schaffen. Dem entsprechend rief Regierungspräsident René Bärtschi in seiner «vielbeachteten Festansprache» auf zu mutigem Anpacken der anstehenden Probleme, nicht zuletzt auch im Hinblick auf Europa.[25]

«Das nun ist deine Aufgabe, o Bern»:[26] der Mythos Bern

Der kurze Durchgang durch die Berner Jubiläen mag verdeutlicht haben, dass diese weniger über eine Rezeption von «1353» an sich aussagen, als über das politische Selbstverständnis der Nachwelt. Gleich welchem Ereignis die Feierstunden galten, das Selbstbildnis, das dabei entworfen wurde war dasselbe: Als Berns Eigentümlichkeit wurde seine staatsschöpferische Fähigkeit ausgewiesen, sein «Sinn für das Staatliche». Sein spezifischer «Staatsgedanke» war die Ausrichtung nach Westen und damit die Errichtung eines Gemeinwesens über die Sprachgrenze hinweg, was auch der weiteren Entwicklung der Eidgenossenschaft förderlich gewesen sei. Berns «Sendung» erwuchs aus diesem Staatsgedanken und erschien als legitimiert durch die sittliche Selbstläuterung in der Reformation, es war die Vereinigung der Vielfalt in Freiheit und Recht und damit die Brückenfunktion zwischen Welsch und Deutsch. Insofern, als mit einer solchen Selbstpräsentation eine auf die eigene Identität bezogene und in ihr begründet erscheinende, verpflichtende Handlungsorientierung vorgegeben werden sollte, wie es 1891 und im Zeichen der geistigen Landesverteidigung 1941[27] der Fall war und 1953 nochmals versucht wurde, kann man hier von einem «Mythos Bern» sprechen.

Anhang

Roland Böhmer und Daniel Gutscher

Das Köpfchen von Oberbipp – ein Neufund

Im Sommer 1999 erhielt das Äussere der Kirche Oberbipp einen neuen Verputz. Dabei wurde der Mauerbestand archäologisch untersucht, weil – wie seit den Grabungen von 1959 bekannt ist – das Gotteshaus auf Fundamenten steht, die bis in die römische Zeit zurückreichen. Die heutige Kirche wurde 1686 neu erbaut – teilweise aus Abbruchmaterial der Vorgängerkirchen. Ein Tuffquader von 40×23×27 cm Grösse in der Nordwand erweckte unsere besondere Aufmerksamkeit. Er war seitwärts auf dicker Verputzunterlage mit einem Köpfchen und Heiligenschein bemalt. Bei der erneuten Verwendung in der Kirchenmauer von 1686 hatte der Maurer die Malerei offensichtlich bemerkt und den Quader zur Seite gedreht und absichtlich so vermauert, dass das Gesicht weiterhin unbeschädigt blieb, indem er dort auf Anbringen von Mauermörtel verzichtete – ein Akt der Pietät eines katholischen Maurers?

Das bemalte Verputzfragment – seit November 2002 in einer Wandvitrine in der Kirche ausgestellt – zeigt den Kopf einer weiblichen Heiligen, eines Engels oder einer klugen Jungfrau. Der Fund ist ein überaus wichtiges Zeugnis für die Berner Wandmalerei. Das Fragment war nie übertüncht, und seine Oberfläche ist deshalb nahezu unversehrt erhalten. Die Zeichnung des Gesichts und der Haare ist überaus fein und ausdrucksvoll gestaltet. Ohne Zweifel war hier ein künstlerisch hoch stehender Maler am Werk. Die mandelförmigen Augen sind bereits typisch für die Kunst der ersten Jahrhunderthälfte (vgl. etwa Aeschi und verwandte Wandmalereien in der Ostschweiz); im Gegensatz zu diesen Werken erweckt das Gesicht der Figur von Oberbipp weniger den Eindruck jugendlich-naiver Frische, sondern wirkt, bedingt durch das Doppelkinn, gesetzter und etwas schwammig. Aufschlussreich ist ein Vergleich mit dem Gesicht einer klugen Jungfrau am Triumphbogen der Kirche von Erlenbach im Simmental (um 1430): Kopfform und Haare weisen Gemeinsamkeiten auf, doch sind die Malereien von Erlenbach bereits deutlich vom bürgerlichen Realismus des 15. Jahrhunderts erfasst, während der Kopf von Oberbipp noch stärker idealisiert ist. Er dürfte im späteren 14. Jahrhundert entstanden sein.

Abkürzungsverzeichnis

Allgemeines

Aufl.	Auflage
Bd.	Band
Bde.	Bände
(Hg.)	Herausgeber/Herausgeberin
hg. von	herausgegeben von
Jb.	Jahrbuch
Kat.	Katalog
Nr.	Nummer
o.J.	ohne Jahr
o.O.	ohne Ort
S.	Seite
Sp.	Spalte
u.a.	und andere/unter anderem

Institutionen

ADB	Archäologischer Dienst des Kantons Bern
BBB	Burgerbibliothek Bern
BHM	Bernisches Historisches Museum
KDp Bern	Denkmalpflege des Kantons Bern
StDp Bern	Denkmalpflege der Stadt Bern
KMB	Kunstmuseum Bern
SLM	Schweizerisches Landesmuseum Zürich
StAB	Staatsarchiv Bern
SAB	Stadtarchiv Bern
StUB	Stadt- und Universitätsbibliothek Bern

Zeitschriften, Reihen und häufig zitierte Übersichtswerke

AHVB	Archiv des Historischen Vereins des Kantons Bern
AKBE	Archäologie im Kanton Bern
ASA	Anzeiger für schweizerische Altertumskunde NF Bd.1, 1899, bis Bd. 40, 1938 (Fortsetzung: ZAK)
BGZ	Berns grosse Zeit. Das 15. Jahrhundert neu entdeckt, hg. von Ellen J. Beer/Norberto Gramaccini/Charlotte Gutscher-Schmid/ Rainer C. Schwinges, Bern 1999 (2. Auflage 2003)
BZ	Berner Zeitschrift für Geschichte und Heimatkunde
Feller 1	Feller, Richard, Geschichte Berns, Bd 1: Von den Anfängen bis 1516 (AHVB 38.2), Bern 1946.
FRB	Fontes Rerum Bernensium. Berns Geschichtsquellen
Kdm	Die Kunstdenkmäler der Schweiz, hg. von Gesellschaft für Schweizerische Kunstgeschichte (mit Kantonsbezeichnung)
Lex MA	Lexikon des Mittelalters
SADB	Schriftenreihe des Archäologischen Dienstes des Kantons Bern
SSRQ Bern Land 1 ff.	Sammlung Schweizerischer Rechtsquellen. Kanton Bern, Landrechte
SSRQ Bern Stadt 1 ff.	Sammlung Schweizerischer Rechtsquellen. Kanton Bern, Stadtrechte
SZG	Schweizerische Zeitschrift für Geschichte (bis 1950: Zeitschrift für schweizerische Geschichte Jg.1, 1921, bis Jg. 30, 1950).
VL	Verfasserlexikon
ZAK	Zeitschrift für Schweizerische Archäologie und Kunstgeschichte (= Fortsetzung von ASA), Bd. 1, 1939.

Anmerkungen

Erfolgreich ins 13. und 14. Jahrhundert

1 Justinger, S. 2.
2 Nach Feller I, S. 423 ff.
3 Justinger, S. 4.
4 Heinz Stoob, Forschungen zum Städtewesen in Europa I, Köln-Wien 1970, S. 40 ff. Isenmann, Deutsche Stadt, S. 26 ff.
5 Justinger, S. 8.
6 Justinger, S. 10.
7 Justinger, S. 15
8 Gerber, Gott ist Burger zu Bern (2001), S. 377-420.
9 Schwinges, Reichsstadt Bern (1991).

Stadtgründung

Gründung und Sage

Konrad Justingers Gründungssage

1 Zur Person und zur Chronik von Konrad Justinger siehe: Zahnd, «... zu ewigen zitten angedenck ...», S. 187–190.
2 Justinger, S. 2, Z. 29 – S. 3, Z. 4.
3 Justinger, S. 3., Z. 11 f.
4 Siehe Tschachtlans Bilderchronik und Diebold Schilling, Spiezer Bilderchronik. Während Justinger in der Chronik selbst sehr häufig auf *briefe so in der stat kysten ligent* verweist, werden in der ganzen Einleitung Urkunden nicht erwähnt, obwohl sie für ihn die weitaus wichtigste Quellengattung sind. Die Vorstellungen, die Justinger in der Einleitung evoziert, zielen auf eine Kompilation; als Notar jedoch hat er die Urkunden als Quelle nicht nur benutzt, sondern war sich ihres Quellenwertes sehr wohl bewusst.
5 Justinger, S. 25 f. (Kap. 37).
6 Justinger, S. 26, Z. 2–4.
7 Justinger, S. 3–5 (Kap. 1–4).
8 Justinger, S. 3, Z. 16.
9 Justinger, S. 6 (Kap. 5–6).
10 Justinger, S. 6, Z. 8 f. Das Tor wurde – wohl im 16. Jh. – abgebrochen. (vgl. Kdm Bern-Land I, S. 175 f.). Als Beleg für das hohe Alter der *vesti ze burgdorf* wird hier – als solche gekennzeichnet – auch die Sintram/Bertram-Sage eingefügt. → S. 37).
11 Justinger, S. 6, Z. 16.
12 Feller I, S. 249–254; vgl. ferner dazu B. Stettler in: Tschudi, Chronicon, insbes. Bd. VII, Anm. 118, Bd. VIII, 175, Bd. IX, Anm. 1.
13 Justinger, S. 7 f. (Kap. 7–9); in den bildlichen Darstellungen der Stadtgründung wird sehr häufig die Übergabe der Goldenen Handfeste von Friedrich II. (1218) an die Berner als vierte Szene hinzugefügt.
14 Justinger, S. 8, Z. 5.
15 Vgl. auch Studer, Thüring Frickart, S. 66. Damals bereits ausgestorbene Familien aber waren vergessen: z. B. Immo von Dentenberg, der Erbauer der Stadtmühlen (FRB II, S. 311 f., Nr. 283).
16 Justingers kürzere Fassung (Königshofen-Justinger) stellt dagegen den wehrtechnischen Nutzen des Grabens vor dem Zeitglockenturm in den Vordergrund: Justinger, S. 316 (Kap. 1).
17 Justinger, S. 8, Z. 5 f.
18 Justinger, S. 8 (Kap. 9).
19 Justinger, S. 8, Z. 15–19.
20 FRB II, S. 45 (Nr. 40).
21 Fellmann, Zink-Täfelchen, S. 133–175.
22 Die kürzere Fassung (Königshofen-Justinger) weiss sogar, dass die Gründung im Mai stattfand: Justinger, S. 316, Z. 19.
23 Justinger, S. 9 f. (Kap. 12–14).
24 Justinger S. 9, Z. 18 f.
25 Justinger S. 9, Z. 29 – S. 10, Z. 6.
26 Homburger, Zähringergrab.
27 Justinger, S. 317 (Kap. 2).
28 Die Gemahlin Berchtolds V. war Clementia von Auxonne; Anna von Kiburg war die Schwester Berchtolds V. – vgl. Heinemann, Zähringer in Burgund, II, S. 147.
29 Vgl. die sicher nach mündlicher Erzählung wiedergegebene Fassung bei Hans von Waltheim: Welti, Pilgerreise, S. 69, Z. 14–27.
30 In Wirklichkeit war Bern bereits auf Reichsboden gegründet worden, → S. 102

Die Bärenjagd

1 Nah dran, weit weg. Geschichte des Kantons Basel-Landschaft, Band 1: Zeit und Räume. Von der Urgeschichte zum Mittelalter, Liestal 2001.
2 Die Eiche taucht dort allerdings erst 1304 im Stadtwappen auf.
3 Antiker Name: Epidaurus, im 7. Jh. Rausium/Ragusium. Der slawische Name Dubrovnik taucht erstmals 1189 auf.
4 Noch im 19. Jahrhundert hiess der Bereich der heutigen Kreuzung Neubrück-, Bremgarten- und Studerstrasse «Bei den Eichen»; Weber, Topographisches Lexikon.
5 Heute BHM.
6 Heute BHM, Schloss Oberhofen.
7 So um 1850–60 ein unbekannter Maler in einer Ansicht Berns zur Gründungszeit von Nordosten, BHM Inv. Nr. 37910 (I.73), Abb. in Hofer, Nydegg, Abb. 13. In jüngster Zeit Fanny Hartmann im Berner Spielbuch und zuletzt die Computer-Rekonstruktionen der offiziellen Bern-Show von Bern Tourismus im ehem. Tramdepot am Bärengraben, wo man wie im Helikopter über einen «Urwald» kurvt.
8 Bellwald, Erlacherhof, S. 11.
9 Makrorestanalysen durch das Botanische Institut der Universität Basel, Stefanie Jacomet und Christoph Brombacher, denen an dieser Stelle herzlich gedankt sei.
10 Gutscher, Urwald oder Kulturlandschaft, S. 3; Glatz/Gutscher, Unterseen, S.; Gutscher, Trub, S. 48 f.
11 Gutscher, Aarberg, S. 80 f.
12 Baeriswyl, Studien. Archäobotanische Untersuchungen Bern-Waisenhausplatz, Vorbericht vom 10.5.2002 von Christoph Brombacher, Botanisches Institut der Universität Basel.
13 Volmar, Bärenbuch und K. Eiberle (in Vorb.)
14 A. Burri brieflich.
15 Jakubiec, Braunbär; Bill, Entwicklung
16 Flachs, Jagdhorn, W. Flachs brieflich.
17 Siber, Laufhunde; v. Bonstetten, Laufhunde; Räber, Hunderassen.
18 B. Stüssi, persönliche Mitteilung.
19 Vollenweider, Laufhunde.

Die Zähringer

Hochadelsgeschlecht

1 Beitrag von Thomas Zotz.
2 Geuenich, Bertold V. Die Schreibweise des Namens variiert (Bertold, Berthold, im schweizerischen Raum Berchtold, → S. 21 und S. 41).
3 Heyck, Geschichte; Zähringer I–III; Parlow, Zähringer; Zotz, Zähringer.
4 Zotz, Verleihung; Zettler, Graf Berthold.
5 Zähringer II, Nr. 6 S. 14 ff.
6 Schmid, Staufer und Zähringer.
7 Parlow, Zähringer, Nr. 1 ff.
8 Parlow, Zähringer, Nr. 13.
9 Schmid, Sasbach und Limburg; Lorenz, Weilheim.
10 Parlow, Zähringer, Nr. 28.
11 Zotz, Dux de Zaringen.
12 Heinemann, Untersuchungen I, S. 63 ff.; Heinemann, Die Zähringer und Burgund.
13 Zettler, Zähringerburgen, S. 101 ff.
14 Das Kloster St. Peter auf dem Schwarzwald.
15 Freiburg 1091–1120; Geschichte der Stadt Freiburg im Breisgau 1, S. 17 ff., 57 ff.
16 Parlow, Zähringer, Nr. 129; Handbuch der baden-württembergischen Geschichte 1/1, S. 431 ff.
17 Otto von Freising, Gesta Frederici I/8, S.146 f.: *Turegum nobilissimum Suevie oppidum*; Schmid, Zürich.
18 Zotz, Zähringerhaus.
19 Hierzu jüngst Kälble, Stadtgemeinde, S. 29 ff.
20 Parlow, Zähringer, Nr. 207.
21 Parlow, Zähringer, Nr. 240.
22 Parlow, Zähringer, Nr. 246.
23 Beitrag von Thomas Zotz.
24 Heinemann, Untersuchungen I, S. 106 ff.; Heinemann, Zähringer und Burgund; Parlow, Zähringer, Nr. 249.
25 Zum Titel und seinem Inhalt vgl. Heinemann, Untersuchungen II, S. 97 ff.
26 Althoff, Zähringerherrschaft; Zotz, Dux de Zaringen.
27 Parlow, Zähringer, Nr. 258, 262, 267, 303–305.
28 Parlow, Zähringer, Nr. 266. Heinemann, Untersuchungen I, S. 124 ff.
29 Vgl. folgende Seite.
30 Parlow, Zähringer, Nr. 302.
31 Zettler, Zähringerburgen, S. 121 f.
32 Parlow, Zähringer, Nr. 304.
33 Parlow, Zähringer, Nr. 338 ff.
34 Parlow, Zähringer, Nr. 343; Heinemann, Untersuchungen I, S. 155 ff.
35 Vgl. dazu ausführlich Heinemann, Untersuchungen II, S. 124 ff.
36 Heinemann, Untersuchungen II, S. 169.
37 Parlow, Zähringer, Nr. 366; Heinemann, Untersuchungen II, S. 172 f.
38 Hierzu und zum Folgenden Heinemann, Untersuchungen II, S. 184 ff.
39 Parlow, Zähringer, Nr. 390.
40 Heinemann, Untersuchungen II, S. 160 ff.; Parlow, Zähringer, Nr. 433.
41 Althoff, Zähringerherrschaft, S. 51; Heinemann, Zähringer und Burgund, S. 69.
42 Parlow, Zähringer, Nr. 434.
43 Heinemann, Untersuchungen II, S. 179 f.
44 Parlow, Zähringer, Nr. 395; Heinemann, Untersuchungen II, S. 199 ff.
45 Parlow, Zähringer, Nr. 513.
46 Heinemann, Untersuchungen II, S. 239 ff.
47 Historischer Atlas der Schweiz, Karte 14.
48 Zähringer II, S. 220 ff.; Schwineköper, Beobachtungen; Ladner, Städtegründungen; Treffeisen, Zähringerstädte.
49 Schweizer, Burgdorf; Baeriswyl, Burgdorf.
50 Ammann, Thun.
51 Zurich, Origines; Pfaff, Freiburg i. Ü.; Ladner, Städtegründungen, S. 37; Parlow, Zähringer, Nr. 397.
52 Blattmann, Stadtrechte, S. 20 ff.
53 Ladner, Städtegründungen; Parlow, Zähringer, Nr. 518.
54 Blattmann, Stadtrechte, S. 315 ff.

[55] Amiet, Solothurnische Geschichte 1, S. 191 ff.; Solothurn. Beiträge.
[56] Parlow, Zähringer, Nr. 494, 498.
[57] Zettler, Zähringerburgen.
[58] Maurer, Herzog von Schwaben, S. 57 ff.; Geschichte des Kantons Zürich 1, S. 152 ff.
[59] Haselier, Breisach, S. 85 ff.
[60] Vgl. die Beiträge in Villingen 999–1218; Schwineköper, Villingen; Jenisch, Villingen.
[61] Schib, Rheinfelden.
[62] Freiburg 1091–1120.
[63] Treffeisen, Neuenburg.
[64] Beitrag von Dieter Geuenich.
[65] Heyck, Geschichte, S. 423–487, besonders S. 479 ff.; Heyck, Unrecht, S. 51–57; Krüger, Ehrenrettung; Geuenich, Bertold V., S. 101–116 (mit weiterer Literatur).
[66] Justinger, Kap. 16, S. 12
[67] Burchard von Ursberg, S. 79.
[68] Das Tennenbacher Güterbuch, S. 169; Genealogia Zaringorum, S. 736.
[69] Caesarii Dialogus Miraculorum, 12. Buch, Kap. 13, S. 325.
[70] FRB 2, Nr. 11, S. 18.
[71] FRB 2, Nr. 11, S. 18.
[72] Justinger, Kap. 12, S. 9 f.
[73] Homburger, Solothurn, S. 12 f. (mit Abbildungen der Grabplatte und mit Quellen und Literatur); Schmid, Aspekte, S. 242.
[74] Stumpf, Schweizer Chronik, 7. Buch, S. 232 (zitiert nach Homburger, Solothurn, S. 12 f., und Zähringer II, Nr. 338.2, S. 382).
[75] Zähringer II, Nr. 338.3, S. 382 f. mit Abb. 214 (Grabplatte).
[76] Parlow, Zähringer, Nr. 644 (mit Quellen und Literatur).
[77] In Heinrich Brennwalds Schweizerchronik, S. 203 f., wird berichtet, Bertolds V. Gemahlin, ihm zufolge eine Landgräfin von Kiburg, sei – ebenfalls durch Gift – unfruchtbar geworden. Nach Aegidius Tschudi, S. 48 ff.,war die Kiburgerin eine unfruchtbare Stiefmutter der Kinder, die vom Adel zum Giftmord angestiftet und daraufhin vom Herzog enthauptet wurde.
[78] Parlow, Zähringer, Nr. 526 ff.; Zähringer II, Nr. 78.7–78.10, S. 100–104 (Abb. 63.7–63.11, S. 103)
[79] Urkundenbuch Zürich, Nr. 358, S. 239 f.: *B. dei gratia dux de Zaringen et rector Burgundie.*
[80] Zotz, Dux de Zaringen, besonders S. 30 ff.
[81] Otto von Freising, Gesta Frederici, I,9. Dazu Althoff, Zähringerherrschaft, S. 43 ff.; Zotz, Dux de Zaringen, S. 7 ff.
[82] Heyck, Geschichte, S. 430.
[83] Justinger, Kap. 18, S. 7; Parlow, Zähringer, Nr. 532 (mit den weiteren Quellen und Literatur).
[84] Justinger, Kap. 12, S. 6; Parlow, Zähringer, Nr. 554
[85] Parlow, Zähringer, Nr. 584 und 587.
[86] Justinger, Kap. 10, S. 7.
[87] Heyck, Geschichte, S. 433.
[88] Althoff, Zähringerherrschaft, S. 51.
[89] Büttner, Egino von Urach, S. 2 f.; Geuenich, Bertold V., S. 104.
[90] Justinger, Kap. 10, S. 8 f.
[91] Strahm, Gründungsgeschichte; Beck, S. 88; Schwineköper, Beobachtungen, S. 73–75.
[92] Strahm, Gründungsgeschichte; Beck, Gründungsgeschichte, S. 88; Schwineköper, Beobachtungen, S. 73–75.
[93] Justinger, Kap. 12, S. 9.
[94] Dazu ausführlich: Geuenich, Bertold V. (mit Quellen und Literatur).
[95] Caesarii Dialogus Miraculorum, 12. Buch, Kap. 13, S. 325; Chronica Albrici, S. 907.

[96] Heyck, Geschichte, S. 462 nennt ihn den «Realpolitiker seines Hauses».
[97] Justinger, Kap. 12, S. 10.

Förderer der Literatur

[1] Der vorliegende Beitrag greift einige Schwerpunkte meiner kürzlich erschienenen Studie über die im späten 12. Jahrhundert entstandene mittelhochdeutsche Tierdichtung ‹Reinhart Fuchs› auf, die sich unter anderem mit dem literarischen Mäzenatentum der Herzöge von Zähringen beschäftigt: Bärmann, ‹Reinhart Fuchs›, Kap. III.4–III.4.7. In den genannten Abschnitten finden sich ausführliche Angaben zu den einschlägigen Quellen sowie zur Forschungsliteratur, so dass in den folgenden Anmerkungen lediglich auf ergänzende Hinweise zu neueren Forschungsbeiträgen verwiesen wird.
[2] Hierzu siehe Bärmann/Jenisch, Berthold von Herbolzheim, S. 6–24.
[3] Hierzu siehe Heinzle, Einführung.
[4] Einzelheiten hierzu im Beitrag Bärmann, Helden, der den umstrittenen Datierungs- und Interpretationsansatz von Lutz, Spiritualis fornicatio, zu korrigieren versucht.
[5] Zum Folgenden siehe Bärmann, Saxo Grammaticus, S. 97–128.

Zähringer-Mythos

[1] Heinemann, Erbe.
[2] Vgl. Schmid, Zähringergeschichte, S. 212.
[3] Geuenich, Bertold V., S. 101 f.
[4] Schwarzmaier, Markgrafen; zur Einbindung der Zähringer in die Genealogie der Habsburger vgl. Mertens, Habsburger.
[5] Es ist daher bemerkenswert, dass die kiburgischen Stadtrechte für Thun und Burgdorf 1264–1273 den Stadtgründer nicht erwähnen, oder sich mit einem namenlosen *primus fundator* begnügen. FRB II, S. 592–604, Nr. 557, S. 686 f., Nr. 626; III, S. 48–61, Nr. 58.
[6] FRB II, S. 775 f., Nr. 717; im ersten Bündnis von 1243 fehlt dagegen jegliche solche Anspielung, FRB II, S. 241–243, Nr. 229.
[7] Gatschet, Jahrzeitenbuch, S. 348. Die Jahrzeit wurde bis zur Reformation begangen, vgl. Welti, Stadtrechnungen, nach Index; Haller, Ratsmanuale, Bd. I, S. 93 f.; Steck/Tobler, Aktensammlung, Nr. 1434.
[8] Gatschet, Jahrzeitenbuch, S. 326.
[9] *anno milleno centeno cum primo nonageno Bernam fundasse dux Berchtoldus recitatur*, (→ S. 205).
[10] Durch seine Burg Nydegg – *des herzogen hus* – blieb Berchtold V. auch in der Topographie der Stadt Bern präsent, auch wenn die Berner die Festung selbst bereits um 1270 zerstörten, siehe Hofer/Meyer, Nydegg, S. 24 f.
[11] Justinger, S. 12, Z. 2.
[12] Justinger, S. 6, Z. 27 f. (*notvest*: standhaft, tapfer; *krieghaft*: streitbar; *der nieman vertrug noch übersach*: der mit niemandem nachsichtig war und niemanden v erschonte).
[13] vgl. FRB II, S. 18, Nr. 11; FRB II, S. 322–324, Nr. 296; vgl. dazu: Türler, Vorburg, S. 120–124; Hofer, Stadtanlage, S. 25–28; Maag, Urbar, Bd. 2.1, S. 196 f.; ein feindliches Nebeneinander der Zähringer und Kiburger, wie es Justinger voraussetzt, zeichnet auch die Chronik des Matthias von Neuenburg, S. 16, Dieter Mertens vermutet gar, dass die Erzählung direkt auf Eberhard von Kiburg zurückzuführen ist (Zähringer II, S. 307, Nr. 267).

[14] FRB V, S. 77 f., Nr. 34.
[15] Mertens, Habsburger, S. 156 f., vgl. auch Heinemann, Erbe, S. 247 f., 257, 265, und Schmid, Zähringergeschichte, S. 220 f.
[16] Auf den Siegeln der Zähringer ist einzig der Reichsadler als Amtwappen nachzuweisen, siehe: Heyck, Geschichte, S. 426 f., Anm. 1273; Heyck, Urkunden, vgl. Hans Schadeck in: Zähringer II, S. 110 f.; in Bern wird allerdings das Löwenwappen bereits früher verwendet, so im Rathaus 1449; Münster, südl. Westportal (um 1465/70), Schilling, Amtliche Chronik, (1474–1483); Schilling, Spiezer Chronik (1485), danach: Münster, Schultheissen-Pforte (1491). Die so häufige Verwendung des Wappens an öffentlicher Stelle lässt vermuten, dass dieses Löwen-Wappen als heraldisches Zeichen für die Zähringer bekannt war.
[17] Anshelm, Chronik, Bd. I, S. 47, Z. 6–9.
[18] Anshelm, Chronik, Bd. I, S. 48.
[19] Anshelm, Chronik, Bd. I, S. 14.
[20] Anshelm, Chronik, Bd. I, S. 45, Z. 6.
[21] Die im Herbst 1897 gefundenen Wandmalereien wurden kopiert, bevor sie Anfang 1898 wieder zugedeckt wurden. vgl. Kdm Bern Stadt III, S. 176–178.
[22] L. Mojon datiert den plastischen Schmuck in die Jahre um 1465/70, Kdm Bern Stadt IV, S. 87 f., S. 169–171.
[23] Nach Kdm Bern Stadt IV, S. 79 f.
[24] Kdm Bern Stadt IV, S. 79 f., 195 f.; Sladeczek, Erhard Küng, S. 38–41.
[25] Heute Kopien von 1903, siehe: Münsterausbau, XVII, 1904, S. 22 f.
[26] zum ikonografischen Typus vgl. auch die Statue des Zähringerbrunnens in Freiburg i. Ü.; diese Hypothese wurde bereits von Eduard v. Rodt vertreten: siehe von Rodt, Stadtgeschichte, S. 133; vgl. Kdm Bern Stadt IV, S. 196 f., Sladeczek, Erhard Küng, S. 11–15, 26 b. In diesem Zusammenhang gewinnt auch die Aufforderung *machs na* eine leicht andere Färbung.
[27] Lehmann, Glasmalerei Bern, in: Anzeiger für schweizerische Altertumskunde, NF. 16, 1914, S. 323 f. und Tf. XXVIII; Matile, Ämterscheiben, S. 64 f.; beim Lesen der Inschrift ist Lehmann etwas unsicher und daher inhaltlich nicht ganz klar; hier der erste Teil nach Tf. XXVIII (so weit zu erkennen) und der Transkription von Lehmann: *HERZOG berckdold von zeringen bin ich genant / eim jeclichen bernner wolerkant / ein stifter bern das wüsend ir wol / bi minem wapen mich erkenen sol / vnd ruowen hie vff diser heid / vürwar so wirt mir niemer leid / der frœden der ich mich han ergœzt / dz ich den beren han gesetzt / zü erben wz mir gott verließ / uff erden min wisheit mich dz hieß / darvß ein boum gewachsen ist / vß gůtem grvnd an argen list / vil schöner blůmen daran stand / vnd die fil kraft an inen hand / …*; der Text bei Gösler ganz ähnlich, siehe Matile, Ämterscheiben, Abb. 24.
[28] Matile, Ämterscheiben, S. 64–70; Zähringer II, S. 332 f., Nr. 287; Hasler, Sammlung Wyss, Bd. I, S. 78, Nr. 78. – Berchtold V. als thronender Herrscher: siehe Scheidegger, Berner Glasmalerei, S. 32 f.
[29] Lohner, Münzen, insb. S. 38, 128 f.; Kdm Bern Stadt I, S. 17; Zähringer II, S. 333 f., Nr. 288. Schmutz/Lory, Geld, S. 24–27, Nr. 6 und 7.
[30] Kdm Bern Stadt I, S. 283–288.
[31] Zum ersten Mal als Identifikationsmittel für die Stadt Bern fassbar in den Bildern der Chronik von Tschachtlan, 1470, dann

auch in den verschiedenen Bilderchroniken von Diebold Schilling.
32 Gruner, Deliciae, S. 410; Heinzmann, Beschreibung, Bd. I, S. 53; vgl. Kdm Bern Stadt I, S. 121, Anm. 1.
33 Bellwald, Zytglogge; Kdm Bern Stadt I, S. 107–127; Kdm Bern Stadt III, S. 188–190; Zytglogge; v. Tavel, Selbstdarstellung, S. 296 f.
34 Kdm Bern Stadt III, S. 356–360; Zähringer II, S. 334, Nr. 289.
35 StAB, A II 307, S. 125.
36 StAB, A II 308, S. 343 (6. Juni 1599).
37 Dozenten der bernischen Hochschule, S. 23, Nr. 29.
38 StAB, A II 312, S. 23.
39 v. Tavel, Selbstdarstellung, S. 295 f.
40 Gruner, Deliciae, S. 337; Heinzmann, Beschreibung, Bd. I, S. 44.
41 Gruner, Deliciae, S. 15; Heinzmann, Beschreibung, Bd. I, S. 3, Bd. II, S. 6, hier mit anderer Lesart *Hir erst Bärn Fäm*.
42 Zeichen der Freiheit, S. 369, Nr. 209, vgl. Kdm Bern Stadt III, S. 185–187.
43 Siehe dazu im Überblick: Feller/Bonjour, Geschichtsschreibung, Bd. 2, S. 455–474.
44 Lauffer, Beschreibung, Teil 3, S. 43.
45 Heinzmann, Beschreibung, Bd. 1, S. 3 f.; Bd. 2, S. 5 f.: «Schon lange glaubte auch kein Mensch mehr an diese alte Volkssage, ob sie gleich in allen Geschichtsbüchern als Volkssage noch vorkommt, und auch bey der Beschreibung von Bern sich mit eingeschlichen hat.»
46 v. Mülinen, Äusserer Stand, S. 2 f.
47 Wäber, Veranstaltungen; Zähringer II, S. 336 f., Nr. 294.
48 Tobler, Bernerjubiläum; Nachricht von dem Militär-Aufzuge; Heinzmann, Beschreibung, Bd. I, S. 242 f.; Lehmann, Briefe, S. 3–32.
49 Wälchli, in: Wälchli/Wäber u. a., Denkmäler, S. 49–56.
50 Weber, Strassen, S. 80 und 326.
51 Vgl. z. B. zusammenfassend für seine ausgedehnten Forschungen zu dieser Frage: Hofer, Herkunft, S. 271.
52 Zähringer II, S. 390 f., Nr. 346.

Der Aareraum

Gründung ins Grüne?

1 Egli, Untersuchungen, S. 61.

Topographie

2 Weil die Gräben nacheiszeitlich entstanden sind, sind weder alte Aareläufe noch Gletscherabflussrinnen möglich. Kleine Bäche auf der Halbinsel sind aber ebenfalls kaum denkbar, weil das Einzugsgebiet und damit das nötige Wasser fehlte. Nussbaum, Heimatkunde, S. 23.
3 Staeger, Baugrundkarte.
4 De Quervain, Stein, S. 12.
5 Hofer, Sandsteinbrüche, S. 76.
6 De Quervain, Stein, S. 13.

Gewässer und Wasser

7 Bretscher, Flussschiffahrt, S. 108.
8 Weingartner, Abflussregimes, Tafel 5.3.
9 Hydrologisches Jahrbuch, S. 166.
10 Baeriswyl, Stadtbach, S. 61.
11 Grosjean, Kanton Bern, S. 34.

Klima und Vegetation

12 Lamb, Klima, S. 198; Heineberg, Stadtgeographie, S. 62.
13 Glaeser, Klimageschichte, S. 62 ff.
14 Glaeser, Klimageschichte, S. 74.
15 Messerli u.a, Beiträge, S. 47 ff.
16 Messerli u. a., Beiträge, S. 50 ff.
17 Von Fellenberg, Wald, S. 88.
18 Hegg, Pflanzenwelt, S. 66 ff.
19 Küster, Geschichte, S. 136 ff.

Das Wild im Aareraum

1 Büttiker/Nussbaumer, Tierknochenfunde.
2 Schibler/Hüster-Plogmann, Wildtierfauna.
3 Bill, Entwicklung.
4 Briefliche Mitteilung von J. Schibler.
5 Eiberle, Lebensweise, Etter, Untersuchungen.
6 Nussbaumer, Jagdfasan.
7 Grundbacher, Tierreste.
8 Bill, Entwicklung.
9 Dies ging so weit, dass Junker Ulrich Senn zu Wyl 1345 verfügte, dass im Hürnberg keine Bäume gefällt werden durften, von denen *«achram zuo erwarthen»* (SSRG Bern Land IV, 5.27).

Siedlung und Herrschaft

Siedlungsstrukuren

1 Tschumi, Burgunder; Marti/Meier u. a., Gräberfeld; Archiv ADB.
2 Parlow, Zähringer, Nr. 490; Person-Weber, Liber Decimationis, S. 335–337.

Herrschaftsstrukturen

3 MGH D FI, Nr. 128: *inter Lausanensem episcopatum per ripam Aree usque ad lacum Túnse.*
4 Coutaz, Helvetia Sacra I/4, S. 23.
5 Hlawitschka, Rudolf von Rheinfelden, S. 203–209.
6 Baeriswyl, Studien, Tl. 3: Burgdorf – Heinemann, Untersuchungen I, S. 84 ff.; MGH D Burg, Nr. 89; Hlawitschka, Rudolf von Rheinfelden, S. 205 f.
7 Parlow, Zähringer, Nr. 305 f.
8 FRB II, S. 12, Nr. 5.
9 Heinemann, Untersuchungen I, S. 108 f.
10 FRB I, S. 359, Nr. 144.
11 LDA, Nr. 259.
12 Heinemann, Untersuchungen I, S. 132 ff.; FRB II, S. 12, Nr. 5.
13 Heinemann, Untersuchungen II, S. 103, 115.
14 Heinemann, Untersuchungen II, S. 200, 230 – FRB I, S. 460 ff., Nr. 67.
15 Heinemann, Burgund, S. 70.
16 MGH D LIII, S. 35, Nr. 24; Böhmer, RI IV/1/1, Nr. 217; Parlow, Zähringer, Nr. 258.
17 Parlow, Zähringer, Nr. 444; Heinemann, Burgund, S. 65.
18 Parlow, Zähringer, Nr. 304; Heinemann, Burgund, S. 66. Bei der Erweiterung der Schenkung von 1146 im Jahr 1183 findet sich der gleiche Vorbehalt.
19 Heinemann, Burgund, S. 66.
20 Parlow, Zähringer, Nr. 494, 498, 499; Kdm Solothurn, S. 57, 168 f.
21 Wittola, Klöster, S. 200.
22 MGH D Burg, Nr. 110, 116 – Böhmer, RI V/1, Nr. 4010; FRB II, S. 74, Nr. 64.
23 Parlow, Zähringer, Nr. 262, 305 f.
24 Wittola, Klöster, S. 196 ff., bes. S. 198 zur Bezeichnung Rektor.
25 Ausführliches zum Verhältnis von Frienisberg und Tennenbach bei Rupf, Tennenbach, Kapitel 3.4: Frienisberg nach der Gründung Tennenbachs. Ich danke dem Autor herzlich für die Einsichtnahme in sein Manuskript – Parlow, Zähringer, Nr. 610.
26 Heinemann, Untersuchungen I, S. 120.
27 Parlow, Zähringer, Nr. 393, 495; Wittola, Klöster, S. 189.
28 Parlow, Zähringer, Nr. 394, 444; Wittola, Klöster, S. 190 ff.
29 Parlow, Zähringer, Nr. 490; Zum Privileg der *defensio* Friedrich Barbarossas von 1158 s. Planta, Deutscher Orden, S. 32.
30 Böhmer, RI IV/1/1, Nr. 217; Parlow, Zähringer, Nr. 258.
31 Parlow, Zähringer, Nr. 305 f.
32 Parlow, Zähringer, Nr. 393–395; Heinemann, Untersuchungen II, S. 200 ff.
33 Schmitt, Mémorial, S. 18, Nr. 4; Heinemann, Untersuchungen II, S. 206. Anm. 31.
34 Parlow, Zähringer, Nr. 477.
35 FRB I, S. 465, Nr. 69 – SUB, S. 154, 169, 189, Nr. 268, 296, 339.
36 Heinemann, Untersuchungen II, S. 206, Anm. 31.
37 Parlow, Zähringer, Nr. 200; Heinemann, Untersuchungen I, S. 76 f.
38 Heinemann, Untersuchungen I, S. 101; Parlow, Zähringer, Nr. 469, 620.
39 Wittola, Klöster, S. 180; FRB II, S. 25, 39, 164, 171 f. u. 195.
40 Rotulus, S. 160; Heinemann, Untersuchungen I, S. 81.
41 FRB I, S. 361, Nr. 145.
42 Jäggi, Montagny, S. 30; Heinemann, Untersuchungen I, S. 145.
43 Böhmer, RI IV/1/1, Nr. 217; Parlow, Zähringer, Nr. 258; Parlow, Zähringer, Nr. 305 f., 469.
44 (Montenach = Montagny, Payerne = Peterlingen) Jäggi, Montagny, S. 30; im Gegensatz dazu Heinemann, Untersuchungen I, S. 110, 145.
45 Heinemann, Burgund, S. 60.
46 Wittola, Klöster, 178; FRB II, S. 21, Nr. 13.
47 Jäggi, Montagny, S. 33; Parlow, Zähringer, Nr. 480.
48 Jäggi, Montagny, S. 31 f.
49 Habsb. Urbar II, S. 196 f., Nr. 15. Parlow, Zähringer, Nr. 532 und 584, 587. Zu den in diesen Bereich gehörenden Überlegungen von Vertreibung versus gezielter Besiedlungspolitik Bertolds V. in Uri vergl. Meyer, Burgenbau, S. 189 f.
50 Büttner, Waadtland, S. 407.
51 Wittola, Klöster, S. 182 ff.
52 Parlow, Zähringer, Nr. 469, 480, 498.
53 FRB I, S. 465, Nr. 70; S. dazu Büttner, Staufer und Zähringer, S. 507.
54 Utz Tremp, St. Petersinsel, S. 709.
55 Wittola, Klöster, S. 179; Böhmer, RI IV/1/1, Nr. 217.
56 Tremp, Emmental, S. 115 f.
57 S. dazu Wittola, Klöster, S. 199 ff., zur Vogteifrage S. 202 und Anm. 253.
58 Böhmer, RI IV/1/1, Nr. 377; Parlow, Zähringer, Nr. 272. Zum Stift Interlaken zuletzt Studer, Interlaken, der ich für die Einsicht in das Manuskript herzlich danke.
59 FRB I, S. 456, Nr. 61.
60 Parlow, Zähringer, Nr. 469; SSRQ Bern Land I/6 , S. XXVI.
61 Zeller-Werdmüller, Eschenbach, S. 80 ff. – Parlow, Zähringer, Nr. 476, 510, 526.
62 Wittola, Klöster, S. 206 f.
63 Meyer, Bechburg – SUB, S. 120, 122.
64 FRB I, S. 360 f., Nr. 145; Heinemann, Untersuchungen I, S. 143 ff.
65 Parlow, Zähringer, Nr. 258.
66 Rotulus, 160.
67 Böhmer, RI IV/1/1, Nr. 377; Parlow, Zähringer, Nr. 272.
68 Parlow, Zähringer, Nr. 469. Zu Hendricus s. o. unter «Hausgut».
69 MGH D LIII, S. 35, Nr. 24; Böhmer, RI IV/1/1, Nr. 217, 377; Parlow, Zähringer, Nr. 258, 272.
70 Parlow, Zähringer, Nr. 305 f., 469.
71 Parlow, Zähringer, Nr. 556; Büttner, Waadtland, S. 431.

72 Lohners, Thun, S. 18, Anm. 16 verweist auf Keller, Thun, S. 287; Heyck, Herzoge, S. 435, Amman, Thun, S. 340 ff. und Strahm, Bern gehen nicht auf diese Frage ein.
73 FRB II, S. 37, 72, 128.
74 Parlow, Zähringer, Nr. 306, 469.
75 Parlow, Zähringer, Nr. 258, 305 f., 469, 480.
76 Parlow, Zähringer, Nr. 305 f.
77 Vgl. dazu Heyck, Herzoge, S. 307, Durrer, Opplingen und Kläui, Uri, S. 89.
78 Parlow, Zähringer, Nr. 469.
79 Parlow, Zähringer, Nr. 494, 498, 499, 480.
80 SUB, S. 140, Nr. 249.

Präurbane Siedlungen
1 Ennen, Stadt, S. 106 f.; Meynen, Zentralität; Fehring, Stadtarchäologie; Fehring, Deutschland.
2 AKBE 1 ff.; Baeriswyl, Studien, S. 216–221.
3 So schon Kdm Bern Stadt I, S. 23; Zusammenstellung der angeblich römischen Funde und Befunde in Strahm, Studien, S. 20–30. – Zu den Münzen: Fundmünzen-Inventar ADB; freundliche Auskunft von Suzanne Frey-Kupper.
4 Zu den mittelalterlichen Stadtbränden und ihren städtebaulichen Folgen Baeriswyl/Gerber, Ratsherren, S. 36–40; zu den Bedrohungen und Zerstörungen des 20. und 21. Jahrhunderts Hofer, Altstadt; Hofer, Wehrbauten, S. 71.
5 Aarberg: Gutscher, Burg; Burgdorf: Gutscher, Schlachthaus; Baeriswyl, Studien, S. 69 f.; Nidau: Gutscher, Nidau; Thun: Baeriswyl, Stadtgründung, S. 81; Unterseen: Ulrich-Bochsler/Gutscher, Gräber; Solothurn: Spycher, Solothurn; Sennhauser, St. Ursen; Zürich: Schneider, Zürich; Wild, Stadtplanung.
6 Strahm, Studien, S. 89–103; Kdm Bern Stadt I, S. 20; Rubli, Holländerturm, S. 22.
7 Blaschke, Studien, S. 115.
8 Gees, Wasser, S. 16.
9 Nachgewiesen durch die Nennung eines Grabens neben dem Heiliggeistspital in einer Urkunde aus dem Jahr 1276: FRB 3, Nr. 187, S. 180 f.; Südseite noch auf Merians Vedute deutlich erkennbar.
10 Nachgewiesen bei archäologischen Ausgrabungen auf dem Waisenhausplatz (unpublizierte Grabung ADB, AHI-Nr. 038.130.2001.02); offene Südseite ebenfalls auf Merians Vedute zu erkennen.
11 Nachgewiesen bei verschiedenen archäologischen Ausgrabungen im Bereich Casino- und Kornhausplatz (AKBE 1, S. 83–88, AKBE 3 A, S. 181 f.) und Zytgloggelaube 4/6 (AKBE 1, S. 99–102). Der Südteil war als sog. Gerberngraben noch bis 1937 offen und wurde dann mit dem Casino-Parking gefüllt.
12 Nordteil auf der Manuel-Vedute sichtbar und heute noch in der Feintopografie und der Bebauung spürbar (Ableitung des Stadtbachs, ehem. Gewerbebetriebe des 19./20. Jahrhunderts anstelle mittelalterlicher Mühlen).
13 Lüscher, Bern.
14 Fellmann, Zinktäfelchen, S. 152.
15 Tschumi, Engehalbinsel; Baeriswyl, Kapelle.
16 Strahm, Studien, S. 25–44.
17 Beck, Gründungsgeschichte; Blaschke, Kirchenorganisation.
18 Hofer/Meyer, Nydegg, 15 f.
19 Burgdorf: Kdm Bern Land I, S. 78–175; Erlach: Kdm Bern Land II, S. 56–71.
20 Hofer/Meyer, Nydegg, S. 122–133.
21 Hofer/Meyer, Nydegg, Einführung von Jürg Schweizer, S. 13.

22 Zum Thema Stadtburg siehe Meckseper, Kunstgeschichte, S. 89 f.; Baeriswyl, truhsessen hof.
23 Biel: Glatz/Gutscher, Stadtmauern, S. 69–72; Diessenhofen: Baeriswyl/Junkes, Unterhof; Freiburg i. Ü.: Bourgarel, Fribourg; Murten: Kdm Freiburg Land V, S. 68; Marbach: Schäfer, Marbach.

Sprachforschung und Siedlungsgeschichte
1 Ein * vor einem Wort oder Namen bedeutet, dass es sich um eine sprachwissenschaftlich erschlossene, so nirgends belegte Form handelt.
2 Zinsli, Ortsnamen, S. 20.
3 Typus **praedium Rufiniâcum*, zum römisch-lateinischen Personennamen *Rufinius*, mit der Bedeutung «Landgut des Rufinius».
4 Zinsli, Ortsnamen, S. 10.
5 Glatthard, Ortsnamen, S. 101.
6 Glatthard, Ortsnamen, S. 147.
7 Glatthard, Ortsnamen, S. 169.
8 Zinsli, Ortsnamen, S. 30.
9 Ortsnamenbuch 2, Sp. 491.
10 Burri, Worb, S. 471.
11 Glatthard, Ortsnamen, S. 102.
12 Glatthard, Ortsnamen, S. 98.
13 Ortsnamenbuch 2, Sp. 154.
14 Glatthard, Ortsnamen, S. 207.
15 Zinsli, Oberland, S. 334.
16 Zinsli, Oberland, S. 336.
17 Ortsnamenbuch 1, Sp. 3.
18 Glatthard, Ortsnamen, S. 196.
19 Glatthard, Ortsnamen, S. 276.
20 Zinsli, Oberland, S. 336.
21 Ortsnamenbuch 2, Sp. 353.
22 Zinsli, Oberland, S. 336.
23 Zinsli, Oberland, S. 335.
24 Ortsnamenbuch 2, Sp. 346 und 459.
25 Ortsnamenbuch 2, Sp. 411.
26 Ortsnamenbuch 1, Sp. 40.
27 Ortsnamenbuch 1, Sp. 80.
28 Ortsnamenbuch 1, Sp. 39.
29 Glatthard, Ortsnamen, S. 80.
30 Ortsnamenbuch 2, Sp. 402.
31 Ortsnamenbuch 2, Sp. 478.
32 Zinsli, Oberland, S. 333 f.
33 Ortsnamenbuch 2, Sp. 28.
34 Ortsnamenbuch 2, Sp. 142 ff.
35 Zopfi, Siedlungsgeschichte, S. 21 und öfters.
36 Ortsnamenbuch 2, Sp. 81.
37 Zopfi, Siedlungsgeschichte, S. 28.
38 Zinsli, Ortsnamen, S. 39/40.
39 Ortsnamenbuch 2, Sp. 229 und 228.
40 Ortsnamenbuch 2, Sp. 368.
41 Zopfi, Siedlungsgeschichte, S. 32; Zinsli, Sammlung, S. 200.
42 Zopfi, Siedlungsgeschichte, S. 31; Zinsli, Sammlung, S. 200.

Mittelalterliche Stadtgründungswelle

Mittelalterliche Städte
1 Hofer, Stadtgründungen, S. 93; Peyer, Märkte, S. 244; Stoob, Stadtformen, S. 157 f.
2 Schwineköper, Problematik, S. 96.
3 Ennen, Stadt, S. 106 f.
4 Isenmann, Stadt, S. 43; Meckseper, Kunstgeschichte, S. 64.
5 Gantner, Stadt, S. 3; Hofer, Stadtgründungen, S. 92.
6 Fehring, Alt Lübeck; Jenisch, Villingen.
7 Allgemein: Steuer, Beitrag, S. 179. Villingen und Winterthur: Jenisch, Villingen; Graf/Hedinger/Jauch u. a., Hintergrund. Burgdorf und Freiburg im Breisgau: Baeriswyl, Vorstadt; Schadek/Untermann, Gründung; Untermann, Befunde.
8 Patze, Stadtgründung, S. 177.

9 Engel, Stadt, S. 35.
10 Schwineköper, Problematik, S. 98 f.; Engel, Wege, S. 12.
11 Herzog, Stadt, S. 9; Stoob, Städtebildung, S. 137.

Von der Frühstadt zur Stadt des Mittelalters
12 Ennen, Stadt, S. 78 110; Isenmann, Stadt, S. 26; Engel, Stadt, S. 22.
13 Ennen, Stadt, S. 15; Sydow, Städte, S. 75; Isenmann, Stadt, S. 11; Engel, Stadt, S. 18.
14 Isenmann, Stadt, S. 21.
15 Vor- und Frühformen, passim; Engel, Stadt, S. 17.
16 Haase, Entstehung, S. 6.
17 Johanek, Städte, S. 21.
18 Schubert, Städte, S. 104.

Die Stadtgründungswelle
19 Ennen, Frühgeschichte.
20 Maschke, Stauferzeit, S. 59 f.
21 Maschke, Stauferzeit, S. 64.
22 Haase, Entstehung.
23 Ennen, Stadt, S. 230.
24 Stoob, Einführung.

Die ersten Jahrzehnte

1 Justinger, S. 295.
2 FRB 1, Nr. 113, S. 501, Heinemeyer, Handfeste, S. 227.
3 Ausschliesslich Keramik. Diskussion mit Adriano Boschetti ADB.
4 Schmid, Bern, S. 174; Zahnd, König, S. 60, 63. Anders Strahm und Welti: Strahm, Studien, S. 19; SSRQ Bern Stadt I, Bd. 1/2 (1939), S. XXIII f.
5 Schmid, Bern, S. 173 f; Heinemann, Untersuchungen, S. 139.
6 Heinemann, Untersuchungen, S. 139 f.
7 Schmid, Bern, S. 176.

Burg Nydegg
8 FRB 3, Nr. 69, S. 72; 1274 erhielten die Berner Bürger von König Rudolf von Habsburg eine Amnestie wegen der Zerstörung der Burg Nydegg.
9 Hofer/Meyer, Nydegg, S. 17 f.
10 Hofer/Meyer, Nydegg, S. 96–102.
11 Hofer/Meyer, Nydegg, S. 75–83.
12 Hofer/Meyer, Nydegg, S. 88–95.
13 Zum Thema Stadtburg: Meckseper, Kunstgeschichte, S. 89 f.; Hardt, Stadtburg. – Beispiele sind etwa Biel (Glatz/Gutscher, Stadtmauern, S. 69–72), Diessenhofen (Baeriswyl/Junkes, Unterhof; Baeriswyl, truhsessen hof), Göttingen, Uerdingen, Marbach/Neckar (Schäfer, Marbach; Schäfer, Stadtgründung) und Freiburg i. Ü. Ein Beispiel für eine Burg, welche gar erst nach der Gründung der Stadt entstand, ist Murten; Kdm Freiburg Land V, S. 68.
14 Kdm Bern Stadt I, S. 162.
15 Gerber, Gott, S. 489; für die von Paul Hofer postulierte Abschlussmauer beim Ländetor gibt es nach der mündlichen Auskunft von Hans Jakob Meyer keine Befunde; Hofer, Wehrbauten, S. 35.
16 Zur Brücke von 1256, siehe Baeriswyl/Furrer/Gutscher u. a., Felsenburg.
17 Begriff und Details zur Wasserbautechnik: Vischer, Wasserbauten, S. 51, S. 54–58.
18 Unter Mühle ist eine mit Wasserkraft angetriebene und in einem besonderen Gebäude stehende Maschine zu verstehen: Vischer, Wasserbauten, S. 54.
19 AKBE 4 A, S. 128 f.
20 Zur Wiehre von Freiburg/Br.: Baeriswyl, Studien, S. 125–130.

21 AKBE 2 A, S. 91 f.; AKBE 3 A, S. 173–178.
22 Gerber, Bauen, S. 104; Vischer, Wasserbauten, S. 55; Baeriswyl/Gerber, Ratsherren, S. 61.

Die Gründungsstadt
23 So noch Bloesch, Bern, S. 16.
24 Strahm, Area; Strahm, Gründungsplan; Maurer, Stadt.
25 Kdm Bern Stadt I, S. 24; Hofer, Wehrbauten, S. 18. Er stützte sich dabei teilweise auf Aufdeckungen von Fritz Maurer aus dem Jahr 1941. Hofer hielt auch später an dieser Zweiphasigkeit fest. Nachdem er zum Schluss gekommen war, dass die Besiedlung der Aarehalbinsel erst um 1190/1200 eingesetzt hatte, rückte er die Entstehung des Stadtteils zwischen Kreuzgasse und Zytglogge in die Periode um 1220/30. Erstmals in Hofer, Stadtgründung, S. 94 f.; vgl. Hofer, Zeitglockenturm.
26 Etwa Spörhase/Wulff/Wulff, Bern; in diesem Sinne noch Maison Forte, S. 245, und Hofer, Herkunft. Schon 1985 hatte Daniel Gutscher Zweifel geäussert, AKBE 1, S. 63.
27 Baeriswyl, Fundbericht.
28 Bellwald, Ergebnisse; Baeriswyl, Studien.
29 In der Grabung Zytgloggelaube 4/6 konnte 1987 die abfallende Ostflanke des gewachsenen Bodens beobachtet werden, was den natürlichen Ursprung der Querrinne belegt; AKBE 2 A, 99 f. – 1937 verschloss man diesen Grabenbereich mit einer grossen südseitigen Mauer in der Art einer Staumauer und baute in den so gewonnenen Raum das erste Berner Auto-Parkhaus (heutiges Casino-Parking).
30 Sondagen auf dem Kornhausplatz 1988: heutiges Terrain bei 540,5 m. ü. M., gewachsener Boden bei ca. 531 m ü. M. AKBE 3 A, 181 f.
31 Bellwald, Ergebnisse; Baeriswyl, Studien, S. 234 f.
32 Baeriswyl, Studien, S. 234 f.
33 Der Gassenzug Kram- und Gerechtigkeitsgasse.
34 Der Gassenzug Rathaus- und Postgasse.
35 Der Gassenzug Münster- und Junkerngasse.
36 Gutscher, Neugestaltung.
37 Hofer, Strukturanalysen, S. XV; Stercken, Begrenzungen, S. 72.
38 Gutscher, Fragen, S. 137.
39 Roth, Wohnbauten, S. 164.
40 FRB 9, Nr. 1129, S. 543.
41 Kdm Bern Stadt II, S. 77; Bauuntersuchung 2000; unpublizierte Dokumentation, Archiv ADB.
42 Unpublizierte Grabungsdokumentation, Archiv ADB.
43 FRB 2, Nr. 40, S. 44 f.
44 FRB 2, Nr. 126, S. 136 f.
45 Baeriswyl/Gerber, Ratsherren, S. 77–79.
46 Schwineköper, Problematik, S. 155.
47 Gerber, Gott, S. 200 f.
48 Ennen, Forschungsaufgabe, S. 63; Gerber, Gott, S. 199.
49 FRB 5, Nr. 487, S. 526 (1326).
50 Zu den Lauben Gutscher, Neugestaltung, S. 86 f.; erste Nennung 1322; FRB 5, Nr. 233, S. 281.
51 Zu Lauben mit Beispielen (Freiburg/Br., Villingen, Rottweil, Offenburg und Waldkirch) siehe Schwineköper, Gerichtslaube, S. 27–37; Schwineköper, Problematik, S. 118 f. – Beispiele für den in Frankreich weit verbreiteten Typ der offenen Markthalle bei Nagel, Kaufhaus, Abb. 96, S. 101–111.
52 FRB 5, Nr. 233, S. 281.

53 Zum Marktkreuz siehe Carlen, Kreuz. Erste Erwähnung der Gasse: FRB 7, Nr. 44, S. 434. Türler, Burgernziel, S. 127. Der Name «Kreuzgasse» bezog sich im Mittelalter nur auf den Schnittpunkt von Marktgasse und (namenloser) Quergasse; die Ausdehnung der Bezeichnung auf die gesamte Quergasse ist erst für das 17. Jahrhundert fassbar (Kdm Bern Stadt II, S. 236). Schon allein von daher hat der Name nichts mit dem «zähringischen Gassenkreuz» zu tun; Meckseper, Kunstgeschichte, S. 80–82.
54 Baeriswyl/Gerber, Ratsherren, S. 48.
55 FRB 2, Nr. 283, S. 311 f.
56 Baeriswyl/Bucher/Furer u. a., Lenbrunnen; Baeriswyl/Gerber, Ratsherren, S. 56–60.
57 Untermann, Brunnen (Freiburg); Jenisch, Villingen, S. 156 f. (Villingen). So schon Rodt, Bern, S. 69. Zu Latrinen, siehe Illi, Schîssgruob, vor allem S. 189–198.
58 Hofer, Sodbrunnen; AKBE 1, S. 63 f.
59 Baeriswyl/Bucher/Furer u. a., Lenbrunnen, S. 16 f.

Das Wachstum
60 Kdm Bern Stadt I, S. 107–127; Hofer, Wehrbauten, S. 21–26; Biber/Hofer, Regesten 2, S. 1–21; Bellwald, Ergebnisse, S. 28. Vgl. Biller, Entwicklung, S. 92 f.
61 Grabungsdokumentationen im Archiv ADB; vgl. AKBE 2 A, S. 99 f.; Glatz/Gutscher, Stadtmauern, S. 66.
62 AKBE 2 A, S. 99 f.; Archiv ADB; AKBE 2 A, S. 84 f.
63 Baeriswyl/Bucher/Furer u. a., Lenbrunnen; Archiv ADB.
64 AKBE 1, S. 63 f.
65 Zur Brunngasse, siehe Kdm Bern Stadt II, S. 369, zur Herrengasse, siehe Kdm Bern Stadt II, S. 326 f.
66 Archiv ADB. Publikation vorgesehen in AKBE 5.
67 Kdm Bern Stadt II, S. 327.
68 SSRQ Bern Stadt VI/1 (1960), Nr. 1d, S. 5 f.; Howald, Leutkirche, S. 163–186. Zur Deutschordenskommende Köniz, siehe Kletzl, Übertragung; Baeriswyl, Studien; Baeriswyl, Untersuchungen.
69 Wojtecki, Orden.
70 SSRQ Bern Stadt VI/1, Nr. 1d, S. 5 f.
71 AKBE 1, S. 66–76; Archiv ADB; Baeriswyl/Gerber, Ratsherren, S. 77 f. Vgl. Biber/Hofer, Regesten, S. 217 f.
72 Das Ritterhaus der Kommende Köniz hat einen Grundriss von 25,5 × 11 m; Baeriswyl, Studien, Baeriswyl, Untersuchungen.
73 Justinger; Lachat, Barfüsserkloster.
74 Descœudres/Tremp, S. 122.
75 Baeriswyl, Fundbericht, S. 80.
76 Stüdeli, Minoritenniederlassungen, S. 72 f.; Stüdeli, Gemeinschaftszentren, S. 247.
77 Lachat, Barfüsserkloster, S. 137; Kdm Bern Stadt III, S. 270–297 (Alte Hochschule, Stadtbibliothek); Baeriswyl, Fundbericht, S. 76, 80 f.
78 Kdm Bern Stadt I, S. 226–228; Baeriswyl, Fundbericht, S. 54–62.
79 Baeriswyl/Bucher/Furer u. a., Lenbrunnen.
80 Baeriswyl/Bucher/Furer u. a., Lenbrunnen, S. 9 f. Die erhaltenen Reste sind museal konserviert und didaktisch aufbereitet; es besteht auch ein Führungsblatt, Gutscher, Lenbrunnen. Die Ausstellung im Kellergeschoss der Staatskanzlei an der Postgasse 68 ist während Geschäftszeiten frei zugänglich.

Vor den Toren
81 Justinger, S. 17.
82 FRB 2, Nr. 583, S. 627 f.

83 Gutscher, Holzbau, S. 27.
84 Spuren eines zur mutmasslichen Fähre gehörigen Brückenkopfes fehlen.
85 Baeriswyl/Furrer/Gutscher u. a., Felsenburg.
86 FRB 5, Nr. 526, S. 568 (1327) und FRB 3, Nr. 497, S. 486, (1290).
87 Zum Spital siehe Gilomen-Schenkel, Helvetia Sacra IV/4, S. 27; Utz Tremp, Heiliggeistspital; Baeriswyl, Fundbericht, S. 68 f.; Müller-Landgraf, Spitäler; Gerber, Gott, S. 526. Erstnennung im Chartular von Lausanne vom 15. Sept. 1228: FRB 2, Nr. 77, S. 92.
88 Zum Orden Gilomen-Schenkel, Spitäler.
89 Sichtbar ist die Ummauerung auf einer Illustration in der Bilderchronik des Bendicht Tschachtlan von Bern (1470); Orig. Zentralbibliothek Zürich, Ms. A 120, S. 60. – Hofer und Bellwald irren, wenn sie annehmen, dieser Graben sei künstlich; Hofer/Bellwald, Grabungen, S. 126, 128. Die Urkunde von 1276, in der der neue Pfarrsprengel Bern von der Pfarrei Köniz abgetrennt wird, nennt als westliche Grenze unmissverständlich *fossato, quod est retro hospitale sancti Spiritus versus villam Bernense*, zu einer Zeit, als die Errichtung der Äusseren Neuenstadt und der Christoffelbefestigung mit ihrem Verteidigungsgraben noch in ferner Zukunft lagen, FRB 3 Nr. 187, S. 180 f.
90 Justinger, S. 31.
91 FRB 5, Nr. 9, S. 11; Schweizer, Stadtbefestigungen, S. 88.
92 Gerber, Gott, S. 526.
93 FRB 1, Nr. 667a, S. 723 f.
94 Justinger, S. 326.
95 Descœudres/Tremp, Französische Kirche, S. 41, 91 f., 164–172.

Grosse Kräfte

Ein zweiter Zähringer?

Bern, eine savoyische Stadt auf Zeit
1 SSRQ Bern III, Nr. 9, S. 31 f. (2. November 1254). Vgl. dazu auch SSRQ Bern I/1, Artikel 2, S. 4 sowie Einleitung S. XXII ff.; Tremp, Peter II., S. 195.
2 FRB 2, Nr. 374, S. 397 f. Der Vertrag mit Bern dürfte deswegen analog gelautet haben, auch wenn Feller vorteilhaftere Vertragsklauseln annehmen möchte, Feller I, S. 46; vgl. Tremp, Peter II., S. 96, speziell Anm. 11.
3 FRB 2, Nr. 374, S. 397 f.; Schwinges, Bern, S. 13.
4 So die Formulierung im als Abschrift erhaltenen Vertrag von Murten: FRB 2, Nr. 374, S. 397 f.
5 Zu den Grafen von Savoyen im Mittelalter, speziell zu Peter II.: Pierre II, mit weiterer Literatur.
6 Justinger, S. 19.
7 Tremp, Peter II., S. 195.
8 Justinger, S. 19.
9 Justinger, S. 19. *ortfrumer* = fundator (von *ort-vrumaere* = Urheber), vgl. Lexer, S. 156; Tremp, Peter II., S. 191, 201.
10 Isenmann, Stadt, S. 80, S. 157; Engel, Stadt, S. 82. Vgl. Blattmann, Stadtrechte, S. 380–384 und für Bern Schwinges, Bern, S. 12–15.
11 FRB 5, Nr. 448, S. 491 (1326).
12 Fichtenau, Stadtplanung, S. 239.
13 Johanek, Städte, S. 18.
14 Tremp, Peter II., S. 201.

Berns Beziehung zu König und Reich

Reichsstadt oder Stadt des Königs?

1 Kdm Bern Stadt IV, S. 358.
2 Justinger, Kap. 4, 13, 14, S.5 ff.
3 Kdm Bern Stadt IV, S. 359.
4 Feller, Geschichte Berns I, S. 26, 57; Strahm, Geschichte Bern, S. 29.
5 Schubert, König und Reich; Moraw, König und Reich.
6 Heinig, Reichsstädte; Moraw, Reich, König und Eidgenossen; Stettler, Reichsreform, S. 203–229; Isenmann, Die deutsche Stadt, S. 110 f.
7 Schwinges, Bern – Reichsstadt, S. 5–19; Schwinges, Bern und das Reich, S. 261–267; Zahnd, König, S. 57–83.

Die Stadt der staufischen Herrscher

8 SSRQ Bern Stadt II, S. XXIII ff.; Schmid, Reichsstadt, S. 161–194.
9 Büttner, Staufer und Zähringer; Schreiner, Staufer, S. 14 f.; Althoff, Zähringerherrschaft, S. 49–51.; Althoff, Zähringer – Herzöge ohne Herzogtum, S. 81–94; Heinemann, Zähringer und Burgund, S. 59–74; Heinemann, Lex MA VII, Sp. 531 f.
10 Flatt, Landeshoheit Oberaargau, S. 60–62; Heinemann, Erbe, S. 215–265.
11 MGH Const. III, S. 5, Nr. 104; Maschke, Städte der Stauferzeit, S. 66–68; Feller, Geschichte Berns I, S. 29, 31; SSRQ Bern Stadt III, Nr. 6, S. 28.
12 SSRQ Bern Stadt III, S. 25, Z. 33 f.
13 SSRQ Bern Stadt III, S. 28, Z. 34–36.
14 FRB II, Nr. 36, S. 42; SSRQ Bern Stadt III, Nr. 2, S. 24 f.; Nr. 7, S. 29 f.
15 Blattmann, Stadtrechte, S. 245 f.; SSRQ Freiburg I, Nr. 4, S. 2–4.
16 SSRQ I/II, S. 39, Z. 30–36; S. 58, Z. 12 ff.; Justinger S. 10, Z. 15–17.
17 Heinemeyer, Handfeste, S. 214–324; Heinemeyer, Ulrich von Bollingen, S. 381–407; Blattmann, Stadtrechte, S. 27–29, 55–57, 237–239, 497–499; SSRQ Bern Stadt III, Nr. 9, S. 31 f.; SSRQ Solothurn Stadt I, Nr. 7, S. 7–9; Ladner, Zähringische Städtegründungen, S. 37–45.
18 Blattmann, Stadtrechte, S. 247, 367.
19 SSRQ Bern Stadt III, Nr. 15, S. 39 f.; Resmini, Arelat, S. 87 f.
20 SSRQ Bern Stadt III, Nr. 3, S. 25 f.; Feller, Geschichte Berns I, S. 30–33.
21 SSRQ Bern Stadt I/II, S. 1.ff.; Isenmann, Die deutsche Stadt, S. 115 f.

Gefährdung und Sicherung

22 Peyer, Eidgenossenschaft, S. 161–238; Heinemann, Erbe, S. 244 f.; Resmini, Arelat, S. 62–64, 175–77.
23 SSRQ Bern Stadt III, Nr. 9, S. 31 f.; S. 32, Z. 32–34; Feller, Geschichte Berns I, S. 110.
24 Sablonier, Kyburgische Herrschaftsbildung, S. 39–52.
25 Justinger Kap. 24–27, S. 17 ff.
26 Feller, Geschichte Berns I, S. 43; SSRQ Bern Land V, S. XXVI ff. (mit der korrigierten Datierung von Wilhelms Zusage); SSRQ Bern Stadt III, Nr. 10, S. 32 f.
27 SSRQ Freiburg I, Nr. 8,S. 12 ff.; SSRQ Bern Stadt I/II, S. 5 f.; Tremp, Peter II., S. 196.
28 SSRQ Freiburg I, Nr. 9, S. 14; SSRQ Bern Stadt III, Nr. 13, S. 34 f.
29 SSRQ Bern Stadt III, S. 5 ff.; Feller, Geschichte Berns I, S. 43 ff.; Zahnd, König, S. 60 f., 66 f., 71 f.
30 SSRQ Bern Stadt III, Nr. 15, S. 39 f.; Resmini, Arelat, S. 175–177, 242–244; Feller, Geschichte Berns I, S. 57–59; Isenmann, Die deutsche Stadt, S. 114 f.
31 Peyer, Eidgenossenschaft, S. 184 f.; SSRQ Bern Stadt III, Nr. 18, S. 42 f.; Nr. 19, S. 44 f.

Von der Stadt des Königs zur Reichsstadt

32 SSRQ Bern Stadt III, Nr. 23, S. 49; Nr. 33a, S. 59; Nr. 39b, S. 68; Nr. 67a, S. 144 f.; Nr. 80c, S. 193 f.; Nr. 88, S. 210 f.; Nr. 121, S. 354 f.; Nr. 133a, S. 479 f.; SSRQ Bern Stadt IV, Nr. 152a, S. 191–193; Nr. 152d, S. 199–201; Nr. 152e, S. 201–203; eine letzte derartige Bestätigung der Reichsrechte erfolgte 1559 durch Ferdinand I. (SSRQ Bern Stadt V, Nr. 195d, S. 923).
33 SSRQ Bern Stadt III, Nr. 19b, c, S. 44–46; Nr. 33b, S. 59; Nr. 39a, S. 67; Nr. 67b, d, S. 145–147; Nr. 80a, b, d, e, f, g, S. 190–196; Nr. 91a, S. 216 f.; Nr. 110, S. 324–327.
34 SSRQ Bern Stadt III, Nr. 37, S. 64–66; Nr. 42, S. 75 f.; Nr. 50, S. 86–88.
35 Schwinges, Bern – Reichsstadt, S. 12–14.
36 SSRQ Bern Stadt III, S. 41, Z. 28; S. 48, Z. 1 f.
37 SSRQ Bern Stadt III, S. 53, Z. 10.
38 SSRQ Bern Stadt III, S. 33, Z. 2; S. 58, Z. 20.
39 SSRQ Bern Stadt III, S. 82, Z. 31;S. 76, Z. 35;S. 136, Z. 39 f.;S. 164, Z. 20 f.; SSRQ Freiburg I, S. 29, Z. 19 f.
40 Zur Belagerung von Solothurn vgl. Amiet, Solothurn, S. 215; Feller, Geschichte Berns I, S. 111 f.
41 Justinger, S. 74, Z. 23 f.
42 Moser, Laupenkrieg, S. 40–42, 49 f.; Feller, Geschichte Berns I,S. 129–131.
43 SSRQ Bern Stadt III, S. 106, Z. 4–6.
44 SSRQ Bern Stadt III, S. 106, Z. 10–12.
45 SSRQ Solothurn I, Nr. 36,S. 60–62; Amiet, Solothurn,S. 254.
46 SSRQ Freiburg I, S. 29, Z. 19 f.; SSRQ Bern Stadt III, S. 136, Z. 39 f.
47 SSRQ Solothurn I, S. 73, Z. 40 f.
48 SSRQ Bern Stadt III, S. 75, Z. 19–21.
49 SSRQ Solothurn I, S. 50, Z. 17 f.
50 SSRQ Bern Stadt III, Nr. 100, S. 271; Nr. 104, S. 289.
51 SSRQ Bern Stadt I/II, S. 57, Z. 32–34; III, S. 383, Z. 22–24; Gerber, Bürgerrecht, S. 121–126; André Holenstein, Die Huldigung der Untertanen. Rechtskultur und Herrschaftsordnung 800–1800 (Quellen und Forschungen zur Agrargeschichte 36), Stuttgart/New York 1991, S. 240–253.
52 Schwinges, Solothurn, S. 470–72; Moraw, Reichsstadt, Reich und Königtum, S. 406–408; Isenmann, Die deutsche Stadt, S. 114 f.
53 Justinger, Beilage I, S. 300, Z. 11.
54 Justinger, S. 102, Z. 1 f.

Die Landgrafschaften

1 Statt einzelner Belege verweise ich auf meine Rechtsquelleneditionen (Einleitungen mit Karten), auf meine Aufsätze zum Thema sowie auf weitere Quelleneditionen und Literatur: *Rechtsquellen*: SSRQ Bern, Land 8; SSRQ Bern, Land 9; SSRQ Bern, Land 10. *Aufsätze:* Dubler, Adels- und Stadtherrschaft; Dubler, Herrschaft; Dubler, Berns Herrschaft; Dubler, Region Oberaargau. *Weitere Quelleneditionen:* SSRQ Bern, Stadt 3 und 4/1 + 2. SSRQ Solothurn, Stadt 1.*Weitere Literatur:* Gasser, Landeshoheit; Flatt, Landeshohheit, Stettler, Studien Aareraum. *Handbuchartikel:* Orth, Landgraf; Blaschke, Landgraf.

Zwischen Fürsten und Grafen

Berne et la Maison de Savoie

1 Pierre II de Savoie (avec bibliographie générale); Andenmatten, Maison de Savoie.
2 FRB II n° 5, p. 12–13.
3 Pierre II de Savoie.
4 Andenmatten, Maison de Savoie.
5 Westschweizer Schiedsurkunden n° 64, p. 102–105.
6 Hadorn, Beziehungen, p. 163 et s. et Tremp, Peter II., p. 193–202.
7 Westschweizer Schiedsurkunden n° 65, p. 105–106.
8 Pierre II de Savoie, notamment Andenmatten, Contraintes lignagères et Ripart, Genèse.
9 Resmini, Arelat; dans l'optique savoyarde, Van Berchem, Campagnes.
10 FRB II n° 650, p. 709–710.
11 Hadorn, Beziehungen, p. 200 et s.
12 FRB III, n° 524, p. 514–515; ib., n° 525, p. 515–517.
13 Westschweizer Schiedsurkunden n° 182, p. 289.
14 FRB III n° 672, p. 663 et n° 673, p. 664.
15 FRB III n° 675, p. 666–667.
16 FRB V n° 720, p. 762–763.
17 Andenmatten, Primus.

Die älteren Grafen von Kiburg

1 Brun, Kiburg, S. 66. Grundsätzlich auch Feldmann, Herrschaft, und Heinemann, Erbe.
2 Für die Ostschweiz: Sablonier, Adel, Eugster, Territorialpolitik, und Sablonier, Herrschaftsbildung.
3 FRB II, S. 11 f.
4 FRB VII, S. 709; Sablonier, Herrschaftsbildung, S. 41; Brun, Kiburg, S. 66–71.
5 FRB II, S. 417; Tremp, Peter II., S. 197–202; Brun, Kiburg, S. 158–168.
6 Sablonier, Herrschaftsbildung, und Sablonier, Schriftlichkeit.
7 FRB II, S. 18, 34 f, 46 f., 71, 154, 322 f. und 461 f.
8 FRB II, S. 533–544; Feldmann, Herrschaft, S. 308–333; Sablonier, Herrschaftsbildung, S. 48.
9 FRB II, S. 564 ff.

Die Grafen von Neu-Kiburg

10 FRB II, S. 528, 582 f., 589, 689 ff.; Thommen, Urkunden I, S. 54 f.; Brun, Kiburg, S. 184–201; Tremp, Peter II., S. 204–209; Meyer, Studien; Bichsel, Graf Eberhard II., S. 1–5.
11 Feller I, S. 82. Grundsätzlich auch Meyer, Bruderstreit, Meyer, Habsburg-Laufenburg, Dürr-Baumgartner, Ausgang, und Türler, Ende.
12 Keller, Brudermord, S. 11.
13 Rösener, Grundherrschaften, und Christ, Kooperation.
14 FRB IV, S. 55 ff., und S. 462 ff.; Bichsel, Graf Eberhard, S. 8–13.
15 FRB IV, S. 554–558; 576 f. und 643 f.; FRB V, S. 18; Thommen, Urkunden, I, S. 143.
16 Grundsätzlich: Keller, Brudermord, Bichsel, Graf Eberhard, Dürr-Baumgartner, Ausgang, Zahnd, Bündnis- und Territorial politik, und Gerber, Gott, S. 378–387.
17 FRB V, S. 502; auch Gerber, Gott, S. 247.
18 FRB IX, S. 591 f.; zu Burgdorf SSRQ Bern Land IX/1 (Einleitung von Anne-Marie Dubler).
19 FRB VI, S. 759.
20 FRB III, S. 773 f., VI, S. 563 und VII, S. 88.
21 FRB IV, S. 707 f.; siehe auch Sablonier, Adel, S. 141 f.

22 FRB X, S. 259 (Zölle); Thommen, Urkunden II, S. 211 ff., auch Dürr-Baumgartner, Ausgang, S. 48–54.
23 Dürr-Baumgartner, Ausgang, S. 158.

Les Seigneurs de Neuchâtel
1 Monuments 1, n°65, p. 58–59.
2 Morerod, Ulric II, S. 237–246.
3 FRB III, n°206 (1277), S. 198 und IV, n°322 (1309), S. 354.
4 FRB V, n°74 (1314), S. 128.
5 Tribolet, Seigneurie, S. 63.
6 Histoire Neuchâtel 1, S. 184, 187–194.
7 Histoire Neuchâtel 1, S. 289–292.
8 FRB VI, n°266 (1336), S. 254–256.
9 Meyer, Zürcherbund, S. 27–30.
10 Christ, Thierstein, S. 432–434 et S. 449: Rodolphe de Neuchâtel-Nidau dernier du nom, époux d'Isabelle de Neuchâtel, fille de Louis, ne sera pas enterré à Gottstatt mais à Neuchâtel.
11 Bickel, Willisau. S. 428, 456–457.
12 Tribolet, Conflit, S. 39–48.

Bern und die Habsburger
1 Justinger, Kap. 54. Zu den Ereignissen von 1288 und 1289 vgl. Justinger, Kap. 52–54, 58 sowie Justinger, Alte Chronik, Kap. 20–21, 24. Ältere Berichte erwähnen die vermeintliche Prophezeiung noch nicht, vgl. *Chronicon Ellenhardi*, MGH SS 17, S. 129, *Annales maiores* von Colmar, MGH SS 17, S. 215–216 und *Cronica de Berno*, S. 296–297.
2 Justinger, Kap. 58.
3 Die ältere Forschung (Ammann, Habsburger; Steinacker, Habsburger; Stettler, Habsburg; Beck, Habsburg; Scharer, Schweiz; Niederstätter, Habsburg) interessierte die habsburgische Herrschaft in den Vorlanden beinahe ausschliesslich in ihrer Auseinandersetzung mit der entstehenden Eidgenossenschaft; bezeichnenderweise begann im Jubiläumsjahr 1991 eine intensive Beschäftigung, die auch die habsburgische Perspektive einbezog, vgl. Rück, Eidgenossen, darin insbesondere die Beiträge von Marchal, Geschichtsforschung, Koller, Grundhaltung und Quarthal, Residenz. Seit diesem Zeitpunkt hat die «Vorderösterreichforschung» auch für das Mittelalter Konjunktur, vgl. die Ausstellungen und ihre Begleitbände Habsburger zwischen Rhein und Donau, Kunst der Habsburger, Vorderösterreich sowie den Sammelband Habsburger, hg. Faix/Quarthal und die Neuauflage von Vorderösterreich, hg. Metz.
Die neuesten Bibliographien in Quarthal, Vorderösterreich, S. 587–591, Vorderösterreich, S. 418–446 und Vorderösterreich, hg. Metz, S. 501–517. Die Ereignisse der habsburgischen Politik in den Vorlanden referieren Flatt, Habsburg, Baum, Habsburger und Baum, Reichsgewalt, S. 20–167. Aufgrund der auf die Eidgenossenschaft ausgerichteten Blickrichtung der Forschung wurde das Verhältnis Habsburgs zur Stadt Bern in den oben genannten Arbeiten erst für die Jahre um 1415 näher betrachtet, einen ereignisgeschichtlichen Abriss bieten Feller I, S. 43–74, 101–213, 234–248, und Strahm, Bern, S. 33–47. Ein Überblick über die habsburgische Geschichte im Mittelalter bei Krieger, Habsburger; Biographien der Herzöge bei Hamann, Habsburger.
4 Zur Habsburg und den weiteren Burgen des Geschlechts vgl. Meyer, Burgenbau und Frey, Ausgrabungen bzw. Frey, Habsburg; zum Kloster Muri vgl. Gut, Memorialorte, S. 97.
5 Zur Nebenlinie Habsburg-Laufenburg vgl. Brunner, Habsburg-Laufenburg, zu Neukiburg → S. 122.
6 Zur Wiederbelebung des Herzogtums Schwaben vgl. Feine, Territorialbildung, S. 231; Maurer, Habsburger, S. 24; Marchal, Sempach, S. 6; Hofacker, Herzogswürde, S. 71–72. Wohl unhaltbare Bedenken gegen diese Zielvorstellung der Politik Rudolfs I. bei Quarthal, Residenz, S. 69–70 und Quarthal, Königslandschaft, S. 134–135.
7 Zu Bern als «Stadt des Königs» und ihrer Entwicklung zur «Reichsstadt» vgl. Schwinges, Bern.
8 Überblick über die Berner Territorialpolitik 1298–1415 bei Hesse, Expansion, S. 330–332; die Bündnisse der Stadt sowie Strategien bernischer Territorialpolitik bei Zahnd, Bündnis- und Territorialpolitik.
9 Die Intensität des habsburgischen Engagements in Schwaben unter den Königen Rudolf I. und Albrecht I. ist in der Forschung umstritten, vgl. hierzu Quarthal, Residenz, S. 69. Von einer «Konzentration auf den schwäbischen Raum» (so zuletzt Hoen, Habsburg, S. 175) kann allerdings kaum gesprochen werden.
10 So Lackner, Verwaltung, S. 70.
11 Moraw, Reich, S. 24–28.
12 Vgl. hierzu Maurer, Erneuerung.
13 Zur habsburgischen Territorialgeschichte im 14. Jahrhundert vgl. den Überblick bei Bader, Südwesten, Feine, Territorialbildung und Braun, Habsburger. Zur Verwaltungsgeschichte vgl. Meyer, Verwaltungsorganisation, Stelzer, Kanzlei, Maurer, Habsburger, Köhn, Landvogt, Lackner, Verwaltung und Zotz, Präsenz. Zum Verhältnis der Habsburger zum vorländischen Adel vgl. Sablonier, Adel, Marchal, Sempach und Hörsch, Adel.
14 Quarthal, Residenz, S. 73.
15 Marchal, Sempach, S. 78.
16 Marchal, Geschichtsforschung, S. 24.
17 Quarthal, Residenz, S. 77.
18 Lackner, Verwaltung, S. 62.
19 Quarthal, Vorderösterreich, S. 619.
20 Während die Forschung beobachtete, dass in Österreich «im Rahmen der landesherrlichen Integrationspolitik auch die Kirchenpolitik eine wichtige Rolle spielte» (Krieger, Habsburger, S. 140), ist dieser Gegenstand weder für die Vorlande im Spätmittelalter untersucht noch überhaupt bei der Zusammenstellung der Instrumente habsburgischer Herrschaftsausübung genannt worden, vgl. z. B. Marchal, Geschichtsschreibung und Quarthal, Residenz.
21 Zu habsburgischen Klöstern und Grablegen vgl. Gut, Memorialorte; zur Stiftungstätigkeit vgl. exemplarisch Proetel, Vermächtnis.
22 Moraw, Reich, S. 25.
23 Zum Archiv vgl. Peyer, Archiv.

Die Stiftung der Königin Agnes
Die Glasmalereien des Klosters Königsfelden
1 Maurer, Königsfelden, enthält Angaben zu jedem der Chorfenster. Gegenwärtig entsteht eine umfassende Dokumentation der letzten Restaurierung der Glasmalereien von Königsfelden, von der je ein Exemplar an das Archiv der Eidgenössischen Kommission für Denkmalpflege in Bern, an die Kantonale Denkmalpflege in Aarau und an das Schweizerische Zentrum für Forschung und Information zur Glasmalerei in Romont abgegeben wird. Diese Dokumentation wird von Christine Buchmüller-Frey nach einem Konzept von Franz Jaeck zusammengestellt und formuliert. Die vollständige Bestandsaufnahme und ihre Auswertung wird im CVMA Schweiz, Bd. 2, «Die mittelalterlichen Glasmalereien der ehemaligen Klosterkirche von Königsfelden» von Brigitte Kurmann-Schwarz veröffentlicht werden.
2 Sein Vorgehen hielt Richard A. Nüscheler in umfangreichen Berichten zu jedem Chorfenster und in einem zusammenfassenden Bericht zu den erhaltenen Glasmalereien des Langhauses fest, die heute in Bern, Archiv der Eidgenössischen Kommission für Denkmalpflege aufbewahrt werden.
3 Dies liess sich bei der vollständigen Einrüstung des Chores im Sommer 2001 eindeutig feststellen.
4 Eine vollständige Dokumentation der Malerei gibt es leider nur vom Klara- (s VI) und vom Nikolausfenster (s V), Aarau, Kantonale Denkmalpflege (Gottfried Frenzel).
5 → S. 144/145. Auch im Berner Münsterchor wurden die ersten Glasmalereien (das Passionsfenster in der Mittelöffnung des Chores) zum Zeitpunkt eingesetzt, als man das Dach aufrichtete. Vgl. dazu Kurmann-Schwarz, CVMA Schweiz 4, S. 131–165.
6 Klingenbergfenster aus der Mauritiusrotunde des Konstanzer Münsters, heute in Freiburg i. Br., Münster, Fenster s XXI.
7 Becksmann, Kathedral- und Ordensverglasung, S. 275–286.
8 Kdm Aargau III, Abb. 215, 218, 217.
9 Kdm Aargau III, S. 240–250
10 Kdm Aargau III, Abb. 213, 214, 216
11 Kdm Aargau III, 1954, s 241
12 Dies kann auf einer Serie von Photographien nachgeprüft werden, die vor 1896 aufgenommen wurden und daher die Glasmalereien des Chores vor ihrer Restaurierung durch Richard A. Nüscheler zeigen.
13 Die drei Scheiben mit Wappen befinden sich heute alle in den Fenstern des nördlichen Seitenschiffs: Ungarnwappen in Muster C (n XI, 1b) und D (n X, 1a); Reichswappen in Muster F (n XI, 1a).
14 So wird es in der Klostergeschichte des ältesten Kopialbuches der Nonnen von Königsfelden geschildert (Aarau, Staatsarchiv, Königsfelden, Kopialbuch I (428), fol. 52r–53r).
15 Kdm Aargau III, S. 85–89.
16 Block, Vitraux, S. 119–150; Schmidt, Chorschrankenmalereien, S. 293–340; Schmidt, Datierung, S. 161–171; Kurmann-Schwarz, Vitraux, S. 29–42.
17 Kurmann/Kurmann-Schwarz, Kunstwerk, S. 78–99.
18 Kurmann-Schwarz, Königsfelden, Staufberg, Zofingen.
19 Becksmann, Rahmung, S. 33–35, 95; Kurmann, Architektur, S. S. 35–43.
20 Montagen des nördlichen Apostelfensters bei Kmd Aargau III, Abb. 138; für das südliche Fenster: Restaurierungsbericht 1992, Übersichtsaufnahmen auf Blatt 7–10.
21 Besonders ausgeprägt in zwei Psalterien aus der Diözese Konstanz: Kessler, Buchmalerei, S. 248–250.
22 Kurmann-Schwarz, Klara, S. 129–147; Kurmann-Schwarz, Klarafenster, S. 284–286.
23 Kurmann-Schwarz, Vitraux, S. 29–42.
24 Kdm Aargau III, S. 220–225.
25 Marks, Glass, S. 59–91; Marks, Medieval Glass, S LV–LXI; Marks, Glazing, S. 173–181.
26 Ehresmann, Medieval Theology, S. 200–226.
27 Ehresmann, Program, S. 178–196.
28 Mortet/Deschamps, Receuil, S. 285–287, zu Kirchenbau und Glasmalereien bes. S. 287.

29 Nach der Königsfeldener Chronik, Gerbert, De translatis, S. 100, habe Herzog Johann dem König zwischen der Reuss und Brugg aufgelauert und ihn erschlagen. Dort wo er fiel sei der Altar der Kirche errichtet worden. Das Aufstellen eines Altars, wo ein König fiel, ist im Mittelalter ein Topos. So soll auch der Altar der Kirche von Battle Abbey bei Hastings dort gestanden haben, wo König Harold an einem Pfeil der Normannen starb (1066).
30 Schreiner, Tod Marias, S. 261–312; Kurmann/Lutz, Marienkrönungen, S.23–54.
31 Himmel, Hölle, Fegefeuer.
32 Palmer, Ars moriendi, S. 313–334.
33 Daniell, Death, S. 30–64.
34 Kurmann-Schwarz, Sorge, S. 12–23. Die Literatur über das liturgische Gedenken im Mittelalter ist inzwischen unübersehbar geworden. Es seien daher nur einige wenige Titel zitiert: Oexle, Memoria, S. 384–440; Schubert, Memorialdenkmäler, S. 188–225; Sauer, Fundatio et memoria; Lauwers, La mémoire.
35 Kurmann-Schwarz, Klarafenster, S. 129–147; Kurmann-Schwarz, Franziskusfenster, S. 297–307.
36 Zur Darstellung des heiligen Franziskus als Thaumaturge: Krüger, Bildkult. Die Kombination von Darstellungen des heiligen Franziskus mit «alten» Heiligen auch in den römischen Apsisprogrammen des 13. Jahrhunderts: Tomei, pittura, S. 321–418.
37 Wood, Perception, S. 301–328.
38 Aarau, Staatsarchiv, KU 126, 1332 X. 18.
39 Nach allen erhaltenen Plänen waren Chor und Nonnenkloster miteinander baulich nicht verbunden, während es einen direkten Zugang zur Westempore gab.
40 Reber, Gestaltung, S. 89.
41 Kurmann-Schwarz, Sorge, S. 12–23.
42 Kdm Aargau III, S. 235–239.
43 Wien, Österreichische Nationalbibliothek, cod. 8614*, fol. 232r–238v.
44 Lauwers, mémoire, S. 330. Zur Darstellung des Toten als Heiliger: Schubert, Drei Grabmäler, S. 211–242.
45 Besonders dem Fenster 18 mit den Szenen aus der Florentiuslegende: Gatouillat/Hérold, Vitraux de Lorraine et d'Alsace, S. 177.
46 Maurer, Königsfelden, S. 236–238.
47 Hamburger, Nuns, S. 63–100; Hamburger, Visual, S. 64–67, 89–100, 371–382.
48 Becksmann, Rahmung, S. 28–29, 34, äusserte erstmals die Vermutung, dass die Königsfeldener Glasmalereien möglicherweise den Stil der Basler Werkstätten reflektieren. Siehe dazu auch Kurmann-Schwarz, Vitraux, S. 33–35.
49 Wien, Österreichische Nationalbibliothek, cod. 8614*, fol. 234r.

«Edel notveste lüte» – der niedere Adel

Adel und Ministerialität

1 Justinger, Kap. 6, S. 6 f. und Kap. 12, S. 9 f.
2 Vgl. Strahm, Geschichte, S. 42 f.; Feller 1, S. 101 ff. sowie die jeweiligen Artikel im HBLS.
3 Justinger, Kap. 12, S. 9 f.
4 Hierzu Heinemann, Untersuchungen I, S. 155–157 und 184–186; Heinemann, Zähringer und Burgund; Parlow, Zähringer, Reg. 343 und 390.
5 Zu den einzelnen Städten und zur zähringischen «Städtepolitik» vgl. Ladner, Städtegründungen; Pfaff, Freiburg i. Ü.; Schweizer, Burgdorf; Schadek, Vorstädtische Siedlung; Amman, Thun; Büttner, Staufer und Zähringer; Büttner, Städtewesen; Divorne, Bern; weitere Literatur bei Parlow, Zähringer, Reg. 397, 518, 533, 554, 556.
6 Vgl. Parlow, Zähringer, Reg. 554 und Reg. 584. Zum Burgunderaufstand und den Anfängen Berns vgl. Heyck, Geschichte, S. 430–432; Heinemann, Untersuchungen II, S. 141–143; Geuenich, Bertold V., S. 103 f.; Divorne, Berne, S. 190–225; Büttner, Waadtland, S. 430–434; Strahm, Gründungsgeschichte; Beck, Gründungsgeschichte.
7 Justinger, Kap. 12, S. 9.
8 Freiburger UB, Bd. 2, Nr. 300, S. 377 f.; FRB 3, Nr. 612, S. 604.
9 FRB 2, Nr. 136, S. 145; zur Identifikation vgl. FRB 2, Nr. 201, S. 212 f. und Nr. 210, S. 220.
10 Blattmann, Stadtrechte II, S. 533 (Freiburger Gründungsprivileg, Epilog); Keller, Charakter, S. 277 f.; Kälble, Stadtgemeinde, S. 49–53.
11 Parlow, Zähringer, Reg. 121.
12 Vgl. Blattmann, Stadtrechte I, bes. S. 54–63 und 237–247; Blattmann, in: Zähringer II, Nr. 344, S. 389 f.
13 FRB 2, Nr. 283, S. 311 f.
14 Vgl. Parlow, Zähringer, Reg. 170 und Reg. 179; Weech, Rotulus Sanpetrinus, S. 139.
15 Vgl. Parlow, Zähringer, Reg. 249.
16 Parlow, Zähringer, Reg. 259 und 265.
17 Parlow, Zähringer, Reg. 344.
18 MGH DD L III, Nr. 24, S. 35–38; Parlow, Die Zähringer, Reg. 258.
19 MGH DD L III, Nr. 55, S. 87 f. Hierzu Witolla, Beziehungen, S. 202 ff.
20 Parlow, Die Zähringer, Reg. 305 f.
21 Parlow, Zähringer, Reg. 469; Heyck, Geschichte, S. 394–397.
22 Parlow, Zähringer, Reg. 480: Schenkung Herzog Bertholds IV. *communicato consilio cum hominibus suis.*
23 Vgl. Zähringer II, Nr. 32, S. 54 f. mit Karte Abb. 38.
24 FRB 1, Nr. 144, S. 359; Parlow, Zähringer, Reg. 219; Reg. 221.
25 Vgl. Parlow, Zähringer, Reg. 469; Reg. 476; Reg. 494; Reg. 497–499; Reg. 510; Reg. 553; Reg. 561; Reg. 610; Weech, Rotulus Sanpetrinus, S. 143 und S. 163.
26 Parlow, Zähringer, Reg. 476; Reg. 480; Reg. 494; Reg. 498 f.; Reg. 510; Reg. 526; Reg. 553.
27 Parlow, Zähringer, Reg. 179; Reg. 258 f.; Reg. 265; Reg. 305 f.; Reg. 469; Reg. 532: Verbannung eines *nobilis von Belp* durch Herzog Berchtold V. nach dessen Sieg über die aufständischen Burgunder. Zu den Herren von Belp siehe Jäggi, Montagny, bes. S. 31 f.
28 Ladner, Städtegründungen, S. 37, sowie Heinemann, Untersuchungen I, S. 155–157 und 184–186; Heinemann, Zähringer und Burgund; Parlow, Zähringer, Reg. 343 und 390.
29 Vgl. Ladner, Städtegründungen, S. 37–39; Zähringer II, S. 220–222 und S. 180–182; Kälble, Villingen.
30 Hierzu Zurich, Origines; Wicki, Grundlagen; Ladner, Städtegründungen, S. 37 f.
31 Liber Donationum Altaeripae, D 14, S. 353; zu diesem Personenkreis vgl. auch Zurich, Origines, S. 246–248.
32 Liber Donationum Altaeripae, Nr. 145, S. 185. Zur Ministerialität der von Utzenstorf vgl. FRB 1, Nr. 58, S. 454; Nr. 73, S. 468; Nr. 75, S. 470; Zurich, Origines, S. 260–262.
33 Blattmann, Stadtrechte I, S. 110 f.; Kälble, Stadtgemeinde, S. 54–58 und S. 65–68.
34 Parlow, Zähringer, Reg. 477; Heinemann, Erbe, S. 250 f.
35 Kläui, Zürich; Weis, Grafen von Lenzburg, S. 109–111; Kälble, Stadtgemeinde, S. 70–72.
36 UB Zürich 1, Nr. 366, S. 246 f.; hierzu Kläui, Zürich, S. 95 und S. 97 f.

Die Anfänge der Ratsverfassung

37 Liber Donationum Altaeripae, D 9, S. 349 f.; Heyck, Urkunden, Nr. 11, S. 14.
38 Vgl. etwa das Privileg Bertholds IV., nur *secundum decreta burgensium* richten zu wollen; Blattmann, Stadtrechte II, S. 707. Zur städtischen Rechtsprechung und Ausbildung eines bürgerlichen Rechtskreises vgl. Kälble, Stadtgemeinde, S. 58–60.
39 Rabe, Rat, S. 75 und 78. Zum Folgenden Kälble, Stadtgemeinde, S. 77–90.
40 Rabe, Rat, S. 89–91; Rigaudière, Konsulat, Sp. 1409–1413.
41 Blattmann, Stadtrechte I, S. 151–153.
42 Demandt, Stadtherrschaft, S. 24–68; Rabe, Rat, S. 89–98; Kälble, Stadtgemeinde, S. 80–82.
43 Vgl. etwa Blattmann, Stadtrechte II, S. 596 (Freiburger Handfeste §98).
44 Kläui, Zürich, S. 98 f.
45 Heyck, Urkunden, Nr. 8, S. 11; Parlow, Zähringer, Reg. 469.
46 FRB 1, Nr. 108, S. 496–498; Parlow, Zähringer, Reg. 561.
47 FRB 1, Nr. 73, S. 467 f.; FRB 2, Nr. 104, S. 113 f.; Nr. 428, S. 451; Nr. 497, S. 522; Nr. 528, S. 566–568; Nr. 606, S. 653; Nr. 623, S. 685; Nr. 724, S. 796.
48 Parlow, Zähringer, Reg. 494; FRB 2, Nr. 255, S. 274 f.; Nr. 285, S. 313 f. sowie FRB 2, Nr. 104, S. 113 f.
49 FRB 1, Nr. 62, S. 458; FRB 2, Nr. 127, S. 137; Nr. 243, S. 256; Nr. 255, S. 274 f.; Nr. 284 f., S. 312–314; Nr. 465, S. 484 f. Zur Ministerialität der von Jegenstorf vgl. FRB 1, Nr. 58, S. 454; Nr. 73, S. 468; Nr. 75 f., S. 470 f.
50 Vgl. etwa FRB 2, Nr. 255, S. 274 f.; Nr. 284 f., S. 312–314; Nr. 428, S. 449–451; Nr. 528, S. 566–568; Nr. 606, S. 653 f.; Nr. 623, S. 684 f.; Nr. 724, S. 796.
51 FRB 2, Nr. 36, S. 42; Nr. 40, S. 44 f.; vgl. hierzu Weech, Rotulus Sanpetrinus, S. 147: *Burchardus de Crouchtal* als Zeuge *de domo ducis domesticis suis* einer Schenkung für das Kloster St. Peter; vgl. auch Parlow, Zähringer, Reg. 219; Reg. 494; Reg. 498 f.
52 FRB 2, Nr. 47, S. 61 f.; Nr. 65, S. 75 f. und oben Anm. 49.
53 FRB 2, Nr. 65, S. 75 f.
54 Vgl. etwa FRB 2, Nr. 36, S. 42; Nr. 40, S. 44 f.; Nr. 65, S. 75 f.; Nr. 71, S. 82 f.; Nr. 93, S. 103 f.; Nr. 191, S. 200; Nr. 216, S. 230 f.; Nr. 243, S. 256; Nr. 285, S. 313 f.; Nr. 297 f., S. 324 f.; Nr. 330, S. 257; Nr. 349, S. 375 f.; Nr. 411, S. 431 f.; Nr. 419, S. 438 f.
55 FRB 2, Nr. 283, S. 311 f.
56 Vgl. FRB 2, Nr. 297 f., S. 324 f.; Nr. 330, S. 357; Nr. 349, S. 375 f.; Nr. 351, S. 377; Nr. 378, S. 400 f.; Nr. 380, S. 402; Nr. 411, S. 431 f.
57 FRB 2, Nr. 419, S. 438 f.
58 FRB 2, Nr. 36, S. 42; Nr. 65, S. 75 f.; Nr. 191, S. 200; Nr. 201, S. 212 f.; Nr. 237, S. 251 f.; Nr. 243, S. 256; Nr. 285, S. 313 f.; Nr. 297, S. 324; Nr. 298, S. 325; Nr. 349, S. 375 f.; Nr. 411, S. 431 f.; Nr. 419, S. 438 f.
59 Hierzu Schulz, Verfassungsentwicklung.
60 HBLS, Bd. 2, S. 132 f., und Freiburger UB, Bd. 2, Nr. 300, S. 377 f.; FRB 3, Nr. 612, S. 604.

Geistliche Herren

Der Fürstbischof von Basel

1 Ich danke François Guex, Freiburg, für die Übersetzung meines Textes und meinen Kollegen Vinzenz Bartlome, Staatsarchiv des Kantons Bern, und Jean-Claude Rebetez, Archives de l'ancien Evêché de Bâle, Pruntrut, für ihre wertvollen Ratschläge.
2 Nouvelle histoire du Jura, S. 73–77.
3 FRB III, Nr. 154, S. 149.
4 Die beiden Städte schwören, sich im Falle eines Angriffs gegenseitig zu verteidigen und zu unterstützen, sich mit Rat beizustehen sowie ihre Freiheiten, Rechte und Gewohnheiten zu achten. Sie versprechen, bei Auseinandersetzungen zwischen ihren Bürgern keine auswärtigen Gerichte anzurufen und sehen bei schweren Misshelligkeiten die Einrichtung eines Schiedsgerichts vor, das in der Zisterzienserabtei Frienisberg tagen soll. Die Rechte der Herrschaft und der Verbündeten, was Biel betrifft, also von Bischof und Domkapitel Basel, bleiben vorbehalten. SSRQ Bern Stadt III, Nr. 17, S. 41–42.
5 1297, 1306, 1336, 1344. SSRQ Bern Stadt III, Nr. 22, S. 47–49; Nr. 54, S. 100–102; Nr. 64, S. 139–140.
6 SSRQ Bern Stadt III, Nr. 72, S. 152–155.
7 Anlässlich des Sempacherkrieges.
8 Bessire, Histoire, S. 40–41.
9 Dies bezeugt die von Rudolf von Habsburg dem Ritter Ulrich von Bubenberg und seinem Neffen Johannes im Lager vor Pruntrut erwiesene Gunst. FRB III, Nr. 361, S. 344. Feller I, S. 58.
10 Zusammen mit dem Reichsvogt im Elsass und im Burgund und zwei Rittern.
11 FRB III, Nr. 595, S. 587–589; Nr. 597, S. 590.
12 Le Landeron, S. 17–22.
13 Feller I, S. 119. Das sind die berühmten Episoden der vergeblichen Belagerung von Le Landeron von 1324/25. Conrad Justinger berichtet darüber (Justinger, S. 56–58), doch Ort und Datum der Zusammenstösse, an denen die Berner teilnahmen, werden heute einer Berichtigung unterzogen. Le Landeron, S. 79–86.
14 Zahnd, Berns Bündnispolitik, S. 52, B. 73.
15 FRB V, Nr. 695, S. 733–735.
16 Feller I, S. 120.
17 60 behelmte Krieger des Fürstbischofs und gleich viele aus der Stadt Basel hätten auf Seiten der Berner vor der Festung Gümmenen gekämpft, ferner ein Kontingent aus Biel. Justinger, S. 64.
18 Helvetia Sacra I, 1, S. 187–188. Nouvelle histoire du Jura, S. 77–78.
19 Moser, Laupenkrieg, S. 10.
20 Moser, Laupenkrieg, S. 49.
21 SSRQ Bern Stadt III, Nr. 60a, S. 110.
22 FRB VIII, Nr. 1474, S. 592–593.
23 Nouvelle histoire du Jura, S. 78–82. Helvetia Sacra I, 1, S. 188–189.
24 Am 31. Mai 1367 wurde Aarberg durch den Grafen von Neuenburg-Nidau auf Wiederlosung an Bern verkauft.
25 FRB IX, Nr. 213, S. 114–121.
26 FRB IX, Nr. 150, S. 81.
27 Feller I, S. 173.
28 Imer, La Neuveville, S. 30–31.
29 FRB IX, Nr. 1036, S. 501–503.
30 FRB X, Nr. 471, S. 237–238. Zahnd, Berns Bündnispolitik, S. 31.
31 Barras, Combourgeoisies, S. 139–159.
32 FRB X, Nr. 1050, S. 486–488.
33 Documents glanés, S. 43–47.
34 Abschiede, VII, 2, Beilage 3, S. 1265–1270.

Klöster und Stifte

1 Zur Kirchengeschichte im späteren Kanton Bern vgl. Guggisberg, Bernische Kirchengeschichte, S. 23–27. Als Überblick: Helvetia Sacra III/1, Einleitung; von Rodt, Bernische Kirchen.
2 Auf der Karte sind geistliche Niederlassungen dargestellt, die um 1400 bestanden. Nicht verzeichnet sind die nur wenige Jahre nachweisbaren Kluniazenser-Priorate von Kerzers und Alterswil. Die Angaben zu den Besitzungen der Klöster wurden einzelnen Artikeln der Helvetia Sacra entnommen sowie Urkunden im StAB. Anspruch auf vollständiges Erfassen aller klösterlichen und stiftischen Besitzungen kann hier nicht erhoben werden.
3 FRB VI, S. 263, Nr. 271.
4 Vgl. Isenmann, Deutsche Stadt, S. 27.
5 Vgl. Feller I, S. 14 f.
6 Der Gebietszuwachs, den das Berner Territorium mit der Säkularisation des Kirchen- und Klostergutes nach 1528 erfuhr, betrug einen Sechstel des heutigen Kantonsgebietes; vgl. von Rodt, Bernische Kirchen, S. 87.
7 Hausmann, Payerne.
8 Früh, Kartausen, S. 58.
9 Helvetia Sacra III/1, Einleitung, S. 21–87.
10 Helvetia Sacra III/1, Einleitung, S. 55 f.
11 Hausmann, Payerne, S. 406.
12 Helvetia Sacra III/2, Einleitung, S. 39–56.
13 Utz Tremp, Helvetia Sacra IV/5.1, Bern, S. 290.
14 Vgl. hierzu Kasser, Deutschordenskirche.
15 Vgl. Feller I, S. 30–33.
16 Stettler, Versuch, Anhang S. 87.
17 Vgl. Leuzinger, Berns Griff, S. 361 (mit Quellennachweisen); Zahnd, Bündnis und Territorialpolitik, S. 29 ff.
18 Die Echtheit der Frienisberger Urkunde wird allerdings bestritten, vgl. Erdin, Frienisberg, S. 129 mit Anm. 29.
19 Vgl. die Nachweise zu Köniz, Trub, Münchenbuchsee bei Zahnd, Bündnis und Territorialpolitik, S. 30 mit Anm. 53, diejenigen zu Thunstetten, Summiswald, Amsoldingen und Thorberg bei Leuzinger, Berns Griff, S. 362.
20 Braun, Maigrauge, S. 799 f.
21 Leuzinger, Berns Griff, S. 363; Feller I, S. 204–210.
22 Utz Tremp, Helvetia Sacra III/2, Hettiswil, S. 342.
23 Utz Tremp, Helvetia Sacra III/2, St. Petersinsel, S. 711.
24 Leuzinger, Berns Griff, S. 363 f.
25 Vgl. Zahnd (1991), S. 31 ff.; Gerber, Gott, S. 402–408.
26 Marchal, Amsoldingen, S. 109.
27 Utz Tremp, Helvetia Sacra III/2, Röthenbach, S. 697.
28 Vgl. Zahnd, Bündnis und Territorialpolitik, S. 33.
29 Bergier, Wirtschaftsgeschichte, S. 83 f.; Feller I, S. 153.
30 Vgl. Feller I, S. 182 f.

Interlaken

1 Zum Doppelkloster Interlaken vgl. Studer, Interlaken.
2 Wittwer, Liturgie, S. 310; FRB IV, S. 139, Nr. 117.
3 FRB IV, S. 139, Nr. 117.
4 SSRQ Bern Land VI, S. 1, Nr. 1. Zur Frage der Echtheit vgl. MGH Dipl. Lothar III. Nr. 55.
5 FRB II, S. 441, Nr. 422.
6 Vgl. Heer, Engelberg-Sarnen; Gilomen-Schenkel, Doppelklöster.

7 In der ersten Erwähnung werden denn auch nicht «*sorores*», sondern «*mulieres*» genannt, FRB II, S. 442, Nr. 422.
8 FRB II, S. 36, Nr. 29.
9 SSRQ Bern Land VI, S. XXVI f.
10 FRB II, S. 42, Nr. 36. Schirmbrief Friedrichs II.: FRB II, S. 19, Nr. 12.
11 FRB II, S. 43, Nr. 39.
12 FRB II, S. 75, Nr. 65.
13 FRB II, S. 426, Nr. 407.
14 FRB V, S. 366, Nr. 329.
15 FRB IV, S. 256, Nr. 226.
16 FRB V, S. 15, Nr. 12.
17 FRB IX, S. 242, Nr. 480.
18 Vgl. dazu SSRQ Bern Land VI, S. 10–12, Nrn. 10–11.
19 SSRQ Bern Land VI, S. 34, Nr. 30.
20 FRB VI, S. 148, Nr. 157 und S. 156, Nr. 165.
21 SSRQ Bern Land VI, S. 45, Nr. 41.
22 FRB VII, S. 637, Nr. 665. Vgl. dazu auch S. 638, Nr. 666.
23 SSRQ Bern Land VI, S. 57, Nr. 52.
24 SSRQ Bern Land VI, S. 59, Nr. 54 und S. 61, Nr. 54 f.; S. 63, Nr. 55; S. 65, Nr. 55 f.
25 Vgl. dazu: Bierbrauer, Freiheit, S. 148–150.
26 FRB IV, S. 401, Nr. 370.
27 AHVB 16, 1902, S. 38–40.
28 AHVB 16, 1902, S. 38–40; Lohner, Kirchen, S. 241.
29 Wirz, Regesten, Heft 4, 54, Nr. 135; StAB, F. Interlaken, sub dato.

Städte und Täler

Freiburg und Solothurn

1 Ammann, Waadtländisches Städtewesen, S. 1–87, Hofer, Stadtanlagen, S. 207–226; zu Freiburg vgl. Pfaff, Freiburg i. Ü., S. 25–36.
2 Isenmann, Deutsche Stadt, S. 232.
3 Dazu und zum Folgenden: Wicki, Grundlagen, S. 19–53; Dupraz, Institution politique, S. 54–130; Castella, Politique extérieur, S. 151–183; Ladner, Politische Geschichte, S. 167–205.
4 Isenmann, Deutsche Stadt, S. 108.
5 Müller-Büchi, Handfeste, S. 131–150; Ladner, Stadtgründungen, S. 37–48; Blattmann, Innerstädtisches Leben, 1986, S. 238–244.
6 SSRQ Bern Stadt III, S. 356.
7 Recueil diplomatique du Canton de Fribourg 7, Nr. 436.
8 Zum Folgenden vgl. Ammann, Solothurnische Geschichte, S. 184–229. Morard, Blütezeit, S. 227–274; Morard, Investissements, S. 89–104; Peyer, Wollgewerbe, S. 17–41.
9 Widmer, St. Ursus, S. 33–81; Sennhauser, St. Ursen, S. 83–219.
10 Helvetia Sacra II/2, S. 493 ff.
11 Zum Folgenden vgl. Amiet, Solothurnische Geschichte, S. 191–314; Schwinges, Solothurn, S. 451–473; Flatt, Errichtung, S. 37–76.
12 Zwischen 1317 und 1366/67 starben die Grafen von Froburg aus, 1347 die Grafen von Buchegg, 1364 die Grafen von Strassberg, 1375 fiel der letzte Graf von Neuenburg-Nidau im Kampf gegen die Gugler, der letzte Bechburger wurde 1386 bei Sempach erschlagen. Die Grafen von Neukiburg, die noch 1382 in der sogenannten Mordnacht Solothurn in die Knie zwingen wollten, gingen aus dem Burgdorferkrieg ruiniert hervor. Ihr Schutzherr, Herzog Leopold III., das machtbewusste Haupt der österreichischen Herrschaft in den Vorlanden, fand bekanntlich bei Sempach den Schlachtentod.
13 Hektor Ammann/Karl Schib, Historischer Atlas der Schweiz, Aarau 1958, S. 27–30.

14 Amiet, Solothurnische Territorialpolitik, S. 1–211.

15 Die Bevölkerung nahm stetig zu, so dass die Stadt in der Mitte des 15. Jahrhunderts mit etwa 5200 jene Berns mit ungefähr 4500 Einwohnern überflügelte. Portmann, Bürgerschaft, S. 71; Gerber, Rückgang, S. 97.

Burgdorf und Thun

1 Ammann, Kleinstadt; Baeriswyl, Studien; Gerber, Gott.

2 Die Ausführungen zu Burgdorf stammen, wo nicht anders zitiert, aus: Baeriswyl, Studien. Vgl. Kdm Bern Land I; Gutscher, Forschungsstand; Gutscher, Fragen. Ausserdem danke ich Frau Anne-Marie Dubler für verschiedene Hinweise.

3 Meckseper, Architektur, S. 33 f.; Alltag; Johanek, Höfe, S. 45–78.

4 Justinger S. 7–9.

5 Schweizer, Grabungen; Gutscher, Fragen, S. 139. Vgl. Sennhauser, St. Ursen.

6 Untermann, Chorschranken.

7 Stifte im Umfeld von Residenzen: Zürich: Kaiser, Frühmittelalter, S. 159; Goslar: Arens, Königspfalz, Braunschweig: Schneidmüller, Braunschweig, S. 20 f.

8 Dubler, Überblick, S. XXXIX.

9 Dubler, Burgdorf (Amtsbezirk); Dubler, Burgdorferkrieg; Dubler, Herrschaften; Dubler, Bern Herrschaft.

10 Die Ausführungen zu Thun stammen, wo nicht anders zitiert, aus: Baeriswyl, Stadtgründung; Buchs/Kaiser/Küffer, Burgturm; Hofer, Stadtanlage; Keller, Thun; Küffer, Zusammenfassung; Küffer, Amtsbezirk; Küffer/Müller, Gemeinde. Ferner danke ich Frau Anne-Marie Dubler und Herrn Peter Küffer für verschiedene Hinweise.

11 Hofer, Stadtanlage.

12 FRB II, S. 322–324. – Ein Edelfreier namens Rudolf von Bollweiler, genannt von Thann, erhob im Namen seiner Rechtsvorgänger Anspruch auf einen Teil des Grund und Bodens, auf dem die Burg stand.

13 Zettler, Zähringerburgen; Schweizer, Forschungsaufgaben.

14 Bellwald, Untersuchungen; Thun Obere Hauptgasse 83, in: AKBE 4 A, S. 262–264.

15 Baeriswyl, Studien.

16 Baeriswyl, Studien.

17 Thun, Platzschulhaus, in: AKBE 3 A, S. 264; Thun Rathaus, in: AKBE 3 A; Baeriswyl, Erkenntnisse.

18 Thun, Bälliz 62, AKBE 5 A. Vgl. Küffer, Bällizbefestigung.

19 Ammann, Stadt; Isenmann, Deutsche Stadt, S. 29 f.

20 Haase, Stadtbegriff.

21 Einwohnerzahl nach der Feuerstättenzählung um 1558/9: Thun ca. 1400 Einwohner (286 Feuerstätten), Burgdorf ca. 950 Einwohner (188 Feuerstätten): Ammann, Kleinstadt. – Burgdorf war aber bis 1384 Sitz der Grafen von Neu-Kiburg und hatte im direkten und indirekten Zusammenhang mit dem gäflichen Hof entsprechend mehr Einwohner.

22 Tuor, Mass, S. 25–31.

23 Dubler, Überblick, S. XXXIX, XLVII.

24 Das gilt etwa für das sog. Velschenhaus neben dem heutigen Rathaus, das die Witwe Anna von Krauchthal um 1450 der Kartause Thorberg schenkte. Nach neuesten archäologischen Erkenntnissen diente es bereits seit ca. 1410 als Gerberhaus. Unpublizierte Untersuchung ADB 2002.

Gegner am Rande: Kleinstadtgründungen

1 Ammann, Städtewesen, S. 490; Isenmann, Deutsche Stadt, S. 31.

2 Def. gemäss Hofer, Stadtgründung, S. 85.

3 Meckseper, Kunstgeschichte, S. 61–64.

4 Stercken, Kleinstadt, S. 12.

5 Ammann, Städtewesen, S. 492.

6 Flückiger, Gründungsstädte, S. 269; vgl. auch Hofer, Stadtgründung, S. 101, Abb. 9.

7 Flückiger, Gründungsstädte, S. 269 f.

8 Einen guten Überblick vermitteln Flückiger, Gründungsstädte, S. 19 ff., und Baeriswyl, Studien.

9 Haase, Entstehung, S. 6.

10 Hofer, Stadtgründung, S. 87

11 Fehn, Entstehung, S. 16.

12 Johanek, Landesherrliche Städte, S. 18.

13 Johanek, Landesherrliche Städte, S. 19 f.

14 Störmer, Gründung, S. 574; Sydow, Stadtgründer, S. 180.

15 Störmer, Gründung, S. 585.

16 Glatz/Gutscher, Stadtmauern, S. 61–99.

17 Biel, die heute zweitgrösste Stadt des Kantons, war bis ins 19. Jh. eine Kleinstadt. Sie wuchs erst mit dem Aufschwung der Uhrenindustrie zu dem Zentrum heran, das sie heute darstellt.

18 Mitte 13. Jh., ungefähr gleichzeitig mit dem nahe gelegenen Huttwil und Laupen von den Graf Hartmann IV. und V. von Kyburg gegründet. (Keller, Grafen von Kyburg, S. 88 und 94).

19 Im 13. Jh. von den Grafen von Froburg gegründet (Ammann, Städtewesen, S. 490).

20 Wild, Mülenen, S. 86.

21 Ammann, Städtewesen, S. 495.

22 Aeschbacher, Stadt Nidau, S. 8.

23 Aarberg, S. 85.

24 Hofer, Stadtgründung, S. 100.

25 Hofer, Stadtgründung, S. 103.

26 Hofer, Stadtgründung, S. 103. Nidau, S. 41–44.

27 Grosjean, Bieler Altstadtkern, S. 17.

28 Hofer, Thun, S. 80.

29 FRB III, S. 283, Nr. 299.

30 Hofer, Thun, S. 84, Anm. 35.

31 Hofer, Thun, S. 78 und 84 (Anm. 27).

32 FRB VII, S. 384, Nr. 410.

33 Hofer, Thun, S. 78.

34 FRB X, S. 160, Nr. 305.

35 Wild, Mülenen, S. 86.

36 Justinger, S. 61.

37 Zu Unterseen vgl. Schläppi, Unterseen; Tatarinoff, Entwicklung, S. 40–45; Gutscher, Stadtgenese; Glatz/Gutscher, Unterseen.

38 FRB III, S. 261, Nr. 278.

39 Studer, Interlaken.

40 FRB III, S. 278–281, Nr. 297. Vgl. auch Tatarinoff, Entwicklung, S. 40 ff.

41 Erstmals wieder als Unterseen bezeichnet am 20. 12. 1331 (FRB V, S. 846, Nr. 788.)

42 FRB IV, S. 162, Nr. 130.

43 FRB IV, S. 384, Nr. 357.

44 StAB, F. Interlaken, 18. 2. 1320 (fehlt in den FRB).

45 FRB III, S. 347, Nr. 367.

46 Vgl. die Liste der Schultheissen in Schläppi, Unterseen, S. 138.

47 FRB III, S. 740, Nr. 733.

48 Gutscher, Typologische Fragen, S. 265 und Glatz/Gutscher, Archäologie, S. 88.

49 Glatz/Gutscher, Stadtmauern, S. 92–94 und Glatz/Gutscher, Nachträge, S. 9. AKBE 2, S. 169–172. Eggenberger/Ulrich-Bochsler, Unterseen, S. 13–17.

50 Jb SGUF 83, 2000, S. 274.

51 AKBE 4, S. 267–274.

52 Er diente als Umschlagsort der Handelswaren von Wagen auf Schiffe in oder aus Richtung Brienzersee (auch als Lager), während der befestigte Hafen der Burg Weissenau dem entsprechenden Umlad vom und zum Thunersee diente. Nach dem Übergang Unterseens an Bern (1386), spätestens jedoch mit dem Wechsel der Burg vom Kloster Interlaken an Bern in der Reformationszeit verloren Burg und befestigter Hafen der Weissenau ihre Bedeutung. Der Wechsel der Landestelle an den jüngeren Standort beim «Neuhaus» (heute Strandhotel) und die Errichtung des grossen Sustgebäudes (Vorgänger des heutigen Baus von 1747–49) dürfte die Folge gewesen sein. Gutscher, Burgenforschung, S. 69–91.

53 Vgl. dazu Gutscher, Stadtgenese, S. 266 f.

54 FRB VI, S. 793, Nr. 815.

Die Täler im Oberland

1 SSRQ Bern Land VII, S. 6, Nr. 6; S. 8 f., Nr. 9; FRB IV, S. 325, Nr. 291.

2 FRB IV, S. 415, Nr. 382, IV, S. 474, Nr. 447; SSRQ Bern Land VII, S. 9 Nr. 10a, S. 10, Nr. 10b.

3 FRB VI, S. 121 Nr. 132; SSRQ VII, S. 15, Nr. 16a; 1334 Juli 2; FRB VI, S. 123 Nr. 133; SSRQ Bern Land VII, S. 16, Nr. 16b; FRB VI, S. 129, Nr. 141; SSRQ Bern Land VII, S. 17, Nr. 16c; FRB VI, S. 130, Nr. 141; SSRQ Bern Land VII , S. 18, Nr. 16d.

4 SSRQ Bern Land II, S. 47–56, Nr. 10–12, 1400 Juli 4.

5 1312: FRB IV 528 Nr. 502; SSRQ Bern Land III, S. 2–4, Nr. 4; 1341: FRB VI, S. 615, Nr. 626; Regest SSRQ Bern Land III, S. 8f., Nr. 7; 1371: FRB IX, S. 275, Nr. 557; SSRQ Bern Land III, S. 9–14, Nr. 10; 1397/98: SSRQ Bern Land III, S. 19–27, Nr. 14; 1448: SSRQ Bern Land III, S. 83, Nr. 32.

6 1341: FRB VI, S. 589, Nr. 599; S. 590, Nr. 600; S. 591, Nr. 601; SSRQ Bern Land III, S. 6–8, Nr. 6a, b, c; 1367: FRB IX, S. 68, Nr. 119.

7 FRB VI, Nr. 227; FRB VI, Nr. 230.

8 FRB VI, Nr. 267.

9 FRB VII, Nr. 337.

10 FRB VII, Nr. 720.

11 FRB VIII, Nr. 466.

12 FRB IX, Nr. 1210 und 1211.

13 FRB IX, Nr. 1217.

14 SSRQ Bern Land I/1, S. 16 f., Nr. 6.

15 1337: FRB VI, Nr. 341; 1374: FRB IX, Nr. 873 und 978; 1391: StAB, Fach Niedersimmental.

16 FRB I, S. 454.

17 FRB VI, Nr. 128.

18 FRB VI, Nr. 130.

19 FRB VI, Nr. 158.

20 FRB VIII, Nr. 116.

21 FRB IX, Nr. 1208; Or StAB, Fach Obersimmental; SSRQ Bern Land I/2, S. 16–18, Nr. 9.

22 SSRQ Bern Land I/2, S. 27 f., Nr. 12.

23 Peyer, Eidgenossenschaft, S. 218.

24 FRB VI, S. 138, Nr. 151; VI, S. 140, Nr. 152; VI, S. 143, Nr. 153; und VI, S. 143, Nr. 153, Fussnote.

25 FRB VI, S. 658, Nr. 674 und S. 717, Nr. 744.

26 FRB VII, S. 217, Nr. 219.

27 FRB VII, S. 402, Nr. 425.

28 FRB VIII, S. 146, Nr. 395; IX, S. 309, Nr. 652.

29 FRB IX, Nr. 1033; IX S. 532, Nr. 1099.

30 SSRQ Bern Stadt III, S. 241, Nr. 98b.

31 SSRQ Bern Stadt III S. 341, Nr. 113, Bemerkung 2.

32 SSRQ Bern Stadt III, S. 339, Nr. 113.

33 FRB II, S. 519f., Nr. 494 (Frutigen); 1275:

SSRQ Bern Land VII, S. 6, Nr. 6 (Hasle); 1312: SSRQ Bern Land III, S. 2–4 (Saanen); 1340: FRB VI, S. 547 (Obersimmental und Frutigen); 1348: FRB VIII, S. 381, Nr. 407 (Grindelwald und Wilderswil); 1361: SSRQ Bern Land I/2, S. 4f., Nr. 3 (Diemtigen); 1377: FRB IX, Nr. 1162 (Simmental); 1393: SSRQ Bern Land I/2, S. 11f., Nr. 8 (Weissenburg und Erlenbach).

34 Bader, Dorfgemeinschaft, S. 348 f.
35 Uri: Carlen, Rechtsgeschichte, S. 34; Obwalden: Küchler, Protokoll, 1. Teil, S. 151–153; Entlebuch: Segesser, Rechtsgeschichte, S. 585 f.
36 Carlen, Goms, S. 161.
37 SSRQ Bern Land VII, S. 37, Nr. 34.
38 SSRQ Bern Land VI, S. 304, Nr. 173, Art. 64.
39 SSRQ Bern Land III, S. 232, Zeile 26.
40 SSRQ Bern Land I/2, S. 11–16, Nr. 8 und 22, Nr. 10.7.
41 SSRQ Bern Land II, S. 47–56, Nr. 10–12; 1400 Juli 4.
42 1312: FRB IV 528 Nr. 502; SSRQ Bern Land III, S. 2–4, Nr. 4; 1341: FRB VI, S. 615, Nr. 626; Regest SSRQ Bern Land III, S. 8f., Nr. 7; 1371: FRB IX, S. 275, Nr. 557; SSRQ Bern Land III, S. 9-14, Nr. 10; 1397/98: SSRQ Bern Land III, S. 19–27, Nr. 14; 1448: SSRQ Bern Land III, S. 83, Nr. 32.
43 SSRQ Bern Land III, S. 6-8, Nr. 6a, b, c.
44 SSRQ Bern Land VII, XXXI.
45 Diemtigen: SSRQ Bern Land I/2, S. 4f, Nr. 3; Niedersimmental: SSRQ Bern Land I/2, S. 19–21, Nr. 8; Obersimmental: SSRQ Bern Land I/1, S. 19–21, Nr. 8; Brienz: SSRQ Bern Land VI, S. 100, Nr. 84.
46 1340: FRB VI, S. 547; 1393: SSRQ Bern Land VII, S. 36, Nr. 33.
47 FRB VI, Nr. 138, Nr. 179.
48 1378: FRB IX, S. 611, Nr. 1254; 1386: SSRQ Bern Stadt III, S. 242, Nr. 98c.
49 Peyer, Eidgenossenschaft, S. 218.
50 SSRQ Bern Land VII, S. 40, Nr. 36.
51 FRB IX, Nr. 1208; SSRQ Bern Land I/1, S. 4, Nr. 3 und S. 6–8, Nr. 4, SSRQ Bern Land I/2, S. 16–18, Nr. 9.
52 SSRQ Bern Land I/2, S. 7, Nr. 4.
53 SSRQ Bern Stadt III, S. 339, Nr. 113.

Bern – die Stadt

Die Entwicklung der Stadt

1 Gerber, Gott, S. 69–79.
2 Zur Bevölkerungsgrösse spätmittelalterlicher Städte vgl. den allgemeinen Überblick von Isenmann, Stadt, S. 29–32; sowie für die Schweiz Mattmüller, Bevölkerungsgeschichte, S. 196–203.
3 Lex Ma, VI, Spalte 37; sowie VII, Spalte 2038 f.
4 Baeriswyl, Studien, S. 202–308.
5 Kdm Bern Stadt I, S. 1–62; sowie Feller.
6 Stoob, Möglichkeiten; sowie Haase, Entstehung.
7 Gerber, Bevölkerungsentwicklung, S. 97 f.
8 Schwinges, Bürgermigration, S. 17–37; sowie Gerber, Migration, S. 107–119.
9 Vgl. dazu die grundlegende Untersuchung von Kiessling, Umland; sowie als Forschungsüberblick für die Schweiz Gilomen, Stadt-Land, S. 10–48.
10 Neben Zollerleichterungen für den Marktbesuch und dem freien Geleit für Kaufleute waren es vor allem das Recht auf freie Heirat und Erbleihe, der Wegfall der meisten grundherrlichen Abgaben und Dienste sowie die Zusammenfassung der in der Stadt ansässigen Einwohnerschaft in einer separaten, gegen aussen abgeschlossenen Rechts- und Friedensgemeinschaft, die das Wirtschaftsleben der Stadt Bern im 13. und 14. Jahrhundert begünstigten; SSRQ Bern Stadt 1/1, Artikel 1, S. 3 f., Artikel 4, S. 5. sowie Artikel 40, S. 17 f.
11 Zu den Dentenberg, die wahrscheinlich den Stadtbach anlegten: FRB II, Nr. 283, S. 311 f.; Baeriswyl, Studien, S. 247.
12 Justinger, Nr. 12, S. 9 f.
13 Im so genannten Badstuberbrief vom 18. Februar 1294 wird Wilhelm Statzer als Mitglied des damals neu geschaffenen Rates der Zweihundert genannt; FRB III, Nr. 612, S. 603 ff.
14 Bereits im Jahre 1227 wird mit *berctoldus piscator causidicus in Berno* der wahrscheinlich erste nichtadlige Schultheiss Berns in einer Urkunde genannt; FRB II, Nr. 71, S. 82 f.

Die erste Stadterweiterung

15 Justinger, Nr. 28, S. 19.
16 Justinger, Nr. 28, S. 19.
17 Baeriswyl, Studien, S. 258–270.
18 Feller I, S. 43–56.
19 Baeriswyl, Studien, S. 265.
20 FRB II, Nr. 667a, S. 723 ff. (20. Juli 1269); FRB III, Nr. 727, S. 734 f. (25. Mai 1299); sowie Justinger, Nr. 40, S. 26. Im Jahre 1269 erhielten die Dominikaner von der Stadt ein Areal von 240 Fuss Länge und 80 Fuss Breite (ca. 1800 Quadratmeter) zur Errichtung ihres Klosters geschenkt; Descœudres, Topographie, S. 20 f.

Ausbau und innere Verdichtung

21 In der Nacht vom 26. auf den 27. März 1285 vernichtete ein Feuer die Häuserzeilen westlich der Kreuzgasse bis zur alten Ringmauer; FRB III, Nr. 401a/b, S. 378. Am 6. Dezember 1287 wurde dann auch die Neustadt zwischen Zytgloggenturm und Käfigturm ein Raub der Flammen; Morgenthaler, Bilder, S. 39. Der nächste Brand ereignete sich in der Nacht vom 19. auf den 20. April 1302, währenddem die Häuserzeilen östlich der Kreuzgasse teilweise niederbrannten; Justinger, Nr. 65, S. 39; sowie FRB IV, Nr. 88, S. 97. In der Nacht vom 13. auf den 14. Januar 1309 zerstörte schliesslich ein Feuer erneut Teile der westlich der Kreuzgasse gelegenen Zähringerstadt; FRB IV, Nr. 310, S. 343.
22 Gerber, Got, 383. Über eine zu vermutende Verdichtung der Bebauung analog zu den Vorgängen in Freiburg/Br. lassen sich beim heutigen Stand der bauanalytischen und archäologischen Erforschung Berns keine Aussagen machen. Eine Ausnahme ist vielleicht der Adelshof der Bubenberg, der in der ersten Hälfte des 13. Jahrhunderts massiv ausgebaut wurde, Bellwald, Erlacherhof, S. 16.
23 Studer, Justinger, Nr. 8, S. 7 f.
24 SSRQ Bern Stadt I/2, Nr. 211, S. 88 f. (24. Mai 1310).
25 Zu Entstehung und Aufgaben des städtischen Bauherrenamtes vgl. Gerber, Bauen, S. 23–64.
26 Baeriswyl, Studien, S. 281 f.
27 Justinger, S. 211.
28 Baeriswyl, Studien, S. 282.
29 Justinger, S. 213.
30 Welti, Stadtrechnung 1378/II, S. 106.

Die zweite Stadterweiterung

31 Feller I, S. 52–55.
32 Nach Paul Hofer wurde die Querrinne erst nach dem Stadtbrand von 1405 zugeschüttet, Kdm Bern Stadt II, S. 70, 117. Das kann für den Bereich des Niederspitals und auch für die untere Junkerngasse nicht gelten, da das Spital wie erwähnt seit 1307 und die untersten Häuser der Junkerngasse vor 1389 bereits bestanden; Gerber, Gott, S. 85, Anmerkung 82.
33 Die Keramik der Grabenfüllung stammt durchgehend aus dem späten 13. und frühen 14. Jahrhundert, Hofer/Meyer, Nydegg, 88–95; vgl. dazu Kaufmann/Buschor/Gutscher, Ofenkeramik, 20 f., 34 f., 37.
34 Gerber, Niederlassungen, S. 66 f.

Die dritte Stadterweiterung

35 Die erste urkundliche Erwähnung *der nüwen stat zem heiligen geist* oder *ussren nüwenstatt* findet sich im Oktober 1344; Hofer, Wehrbauten, S. 38; sowie Kdm Bern Stadt I, S. 82–87.
36 Gerber, Bauen, S. 26 f.
37 Allein im Jahre 1387 zerstörte ein Feuer an der Kocher- und Amthausgasse sowie im so genannten Äusseren Gerberngraben über 140 Wohnhäuser, die grösstenteils nicht wieder aufgebaut wurden; Justinger, Nr. 284, S. 177. Infolge der wiederholt auftretenden Stadtbrände kann angenommen werden, dass die Äussere Neustadt auch von obdachlos gewordenen Bewohnern der älteren Stadtteile besiedelt worden ist.
38 Gerber, Gott, S. 89.

Die vierte Stadterweiterung

39 Gerber, Gott, S. 85 f.
40 Im Jahre 1353 wird ein Mauerabschnitt in der Matte in einer Urkunde erwähnt; FRB VIII, Nr. 11, S. 4 (15. April 1353).
41 FRB VIII, Nr. 993, S. 373 f.
42 Baeriswyl/Gerber, Ratsherren, S. 61 f.
43 Baeriswyl, Studien, S. 293–98.

Das Ende des Wachstums

44 Zur Verbreitung der Pest in Mitteleuropa vgl. Biraben, hommes, S. 119–125.
45 Die Auswirkungen der Pest auf die Demographie der Stadt Bern sind bisher noch nicht systematisch erforscht worden. Eine Zusammenstellung der chronikalischen Aufzeichnungen über einzelne Pestzüge gibt Zesiger, Pest; sowie fürs Emmental Schwab, Pest, S. 186–190.
46 Gerber, Gott, S. 90–95.
47 Justinger, Nr. 165, S. 111.
48 Feller I, S. 153.
49 Von den insgesamt 16 in den Fontes Rerum Bernensium edierten Urkunden, die im Mai und Juni 1349 niedergeschrieben wurden, betreffen acht Güterschenkungen oder Verkäufe an geistliche Niederlassungen; FRB VII, Nr. 440–455, S. 426–440.
50 SSRQ Bern Stadt 1/2, Nr. 80, S. 39.
51 Der Seuchenzug von 1355 wird auch in einer am 3. März des gleichen Jahres ausgestellten Urkunde erwähnt, als ein ans Niedere Spital fälliger Bodenzins *wegen des sterbens* nicht mehr bezahlt werden konnte; FRB VIII, Nr. 213, S. 90.
52 SSRQ Bern Stadt 1/2, Nr. 120, S. 54 f, und Nr. 81, S. 39.
53 SSRQ Bern Stadt 1/2, Nr. 133, S. 58 f.
54 Ein weiterer Seuchenzug kann fürs Jahr 1395 angenommen werden; Bucher, Pest, S. 15.
55 SSRQ Bern Stadt 1/2, Nr. 131, S. 58. Eine ähnliche Politik verfolgte auch der Freiburger Rat, der 1397 und 1410 den fiskalischen

Zugriff geistlicher Niederlassungen auf den Güter- und Liegenschaftsbesitz der Stadtbürger stark einschränkte; Gilomen, Stadt-Land, S. 28.

56 Der Begriff «Seelgerät» meint mittelhochdeutsch «Vorrat für die Seele». Dazu gehören beispielsweise die in einem Testament ausgeschiedenen Erbteile zur Finanzierung guter Werke für die Armen oder fromme Stiftungen an die Kirche; Bildersturm, S. 426.

57 SSRQ Bern Stadt 1/2, Nr. 215, S. 90.

Der Schwarze Tod und die Judenverfolgung

1 Tschudi, Chronicon, S. 345–347.

2 Zur Unterscheidung der unterschiedlichen Pestarten: Zinn, Kanonen. Kritisch zur Identifizierung historischer Seuchenepidemien als Pest: Herlihy, Schwarzer Tod, S. 7–37.

3 Le Roy Ladurie, concept; Ludwig, Technik, S. 167.

4 Zur Ausbreitung des Schwarzen Todes in Europa: Bergdolt, Schwarzer Tod.

5 Bergdolt, Schwarzer Tod, S. 79.

6 Justinger, Nr. 165, S. 111.

7 Justinger, Nr. 165, S. 111.

8 Bulst, Schwarzer Tod.

9 Morard, Macht, S. 217; Bulst, Schwarzer Tod, S. 55.

10 Justinger, Nr. 168 u. 169, S. 112 f.

11 Die so genannte siderische – gegenüber der terrestrischen Theorie. Wie dies das berühmte Pestgutachten der Pariser Medizinischen Fakultät von 1348 zeigt, wurden bisweilen auch beide Theorien kombiniert. Riha, Ärzte, S. 7–26; Krüger, Krise, S. 839–883.

12 Graus, Pest, S. 26 f.

13 Allgemein zu den Geisslern: Bergdolt, Schwarzer Tod, S. 107–119; Graus, Pest, S. 38–59; Erkens, Busse, S. 483–513.

14 Zur kritischen Einstellung gegenüber dem Klerus im Spätmittelalter: Graus, Pest, S. 144–153.

15 Justinger, Nr. 166, S. 111.

16 Chronik des Mathias von Neuenburg, Nr. 117, S. 270–272.

17 Justinger, Nr. 166, S. 111 f.

18 Gerber, Got, S. 91.

19 Allgemein zu den Judenverfolgungen im Vorfeld des Schwarzen Todes: Graus, Pest, S. 155–389; Graus, Judenpogrome, S. 68–84; Haverkamp, Judenverfolgungen, S. 27–93.

20 Zur zunehmend negativen Beurteilung von Randgruppen im Spätmittelalter: Graus, Randgruppen, S. 385–437. Speziell zur Entwicklung im Gebiet der heutigen Schweiz: Gilomen, Schweiz, S. 16–18.

21 Der Papst war einzig im engen päpstlichen Herrschaftsbereich um Avignon hiermit erfolgreich, Graus, Pest, S. 160; Ginzburg, Hexensabbat, S. 80.

22 Zu den zur Zeit des Schwarzen Todes stattfindenden Judenverfolgungen in Savoyen: Bardelle, Juden, S. 247–265.

23 Dapifer de Diessenhoven, S. 68. Kritisch zur Rolle Solothurns während dieser Pogromwelle: Schneider, Benfeld, S. 264 f.; siehe auch Plaar, Studien, S. 38–40.

24 Schneider, Benfeld, S. 264–266.

25 Neuenburg Chronik, S. 264 f.; Twinger Chronik, S. 760.

26 Justinger, Nr. 166, S. 111. Zur antijüdischen Einstellung Justingers: Gilomen, Aufnahme, S. 99.

27 UB Strassburg, Nr. 185, S. 168.

28 Neuenburg Chronik, S. 264 f.; Twinger Chronik, S. 760. Siehe auch Germania Judaica, Bd. II/1, S. 75 f.

29 UB Strassburg, Nr. 181, S. 165 f. (Schreiben der Stadt Köln an die Stadt Strassburg vom 19. Dezember 1348).

30 UB Strassburg, Nr. 180, S. 165. Siehe auch: Amiet, Judenverbrennungen S. 173 f.; Studer, Juden, 56 f.

31 Germania Judaica Bd. II/1, S. 146.

32 Toch, Juden, S. 61.

33 Closener Chronik, S. 130.

34 Burmeister, Schwarzer Tod, S. 16 f.

35 Justinger, Nr. 168, S. 112 f. Allgemein zu den Freudenexzessen und dem angeblichen Sittlichkeitszerfall nach dem Abklingen des Schwarzen Todes: Bulst, Schwarzer Tod, S. 67; Bergdolt, Schwarzer Tod, S. 155–157.

Politisches Leben

Bürgerrecht und Ratsverfassung

1 Der Begriff «haushäblich» leitet sich vom Ausdruck «Haus haben» ab und meint in der Regel diejenigen Stadtbewohner, die ein eigenes Haus innerhalb der Stadtmauern besitzen.

2 Gerber, Gott, S. 118–142.

3 Zur Entstehung und Entwicklung des städtischen Bürgerrechts während des Mittelalters vgl. Isenmann, Stadt, S. 93–99; Dilcher, Bürgerrecht, S. 67–115; sowie Ebel, Bürgereid.

4 Vgl. dazu Dilcher, Bürgerrecht, S. 71 ff.

5 SSRQ Bern Stadt I/1, Artikel 52, S. 22.

6 SSRQ Bern Stadt I/1, Artikel 7, S. 6.

7 Zu den städtischen Schwörtagen vgl. Ebel, Bürgereid, S. 11–46.

8 SSRQ Bern Stadt I/2, Nr. 110, S. 51.

Kommunale Selbstbestimmung

9 Schwinges, Reichsstadt, S. 5–19.

10 Feller 1, S. 101–491.

11 Der erste namentlich bekannte Schultheiss der Stadt Bern heisst Rudolf von Krauchthal; FRB II, Nr. 36, S. 42 (5. Mai 1223). Eine Liste aller Schultheissen von 1223 bis 1798 gibt Geiser, Verfassung, S. 135–139 (Beilage I); sowie Zesiger, Schultheisse.

12 Zum Amt des Schultheissen vgl. Geiser, Verfassung, S. 112–115.

13 Die Blutgerichtsbarkeit umfasste die Befugnis, schwere Verbrechen wie Mord, Totschlag, Brandstiftung, Unzucht und alle anderen Vergehen, *so den leib berühren und womit man den leib verschuldet*, zu richten; Gerber, Aarberg, S. 130.

14 FRB II, Nr. 36, S. 42 (5. Mai 1223).

15 Zesiger, Zunftwesen, S. 18–25; sowie Geiser, Verfassung, S. 5.

16 FRB II, Nr. 40, S. 44 f. (7. April 1224).

17 Die fünf zwischen 1226 und 1284 überlieferten Ratslisten verzeichnen zwischen sechs und acht Bürger, denen jeweils vier bis sechs adlige Ratsherren gegenübersassen; Zesiger, Zunftwesen, S. 27–29.

18 SSRQ Bern Stadt I/1, Artikel 7, S. 6 und Einleitung S. XLIII–XLV. Im Unterschied zu anderen Städten wie Zürich, wo der Rat im 13. Jahrhundert jeweils in drei Rotten von je zwölf Mitgliedern für vier Monate die Ratsgeschäfte leitete, scheint der Berner Rat während einem Jahr zwischen den Osterfesten ohne Unterbruch im Amt geblieben zu sein; Schneider, Städtegründungen, S. 244.

19 Engler, Bibliothek, S. 482–489.

20 Gilomen, Anleihen, S. 137–158.

21 FRB II, Nr. 283, S. 311 f. (2. August 1249).

22 Richard Feller geht davon aus, dass der 1249 genannte Rat der Fünfzig in Zusammenhang mit der von Friedrich II. von Bern eingeforderten Reichssteuer geschaffen und mit dem Wegfall der Reichssteuer nach dem Zusammenbruch der staufischen Königsherrschaft wieder aufgegeben worden sei; Feller 1, S. 38.

23 Geiser, Verfassung, S. 85–139; Feller 1, S. 65–68; sowie Zesiger, Zunftwesen, S. 37–48.

24 Der Grund für diese Belagerung waren die Steuerforderungen König Rudolfs von Habsburg gegenüber verschiedenen königlichen Städten im Jahre 1285. Da sich der Berner Rat weigerte, den Steuerforderungen des Königs nachzukommen, entschloss sich dieser 1288 zum militärischen Vorgehen gegen die Aarestadt; Feller 1, S. 59–62.

25 In der Nacht vom 26. auf den 27. März 1285 vernichtete ein Feuer die Häuserzeilen westlich der Kreuzgasse bis zur alten Ringmauer südlich und nördlich des Zeitglockenturms; FRB III, Nr. 401a/b, S. 378. Am 6. Dezember 1287 wurde auch die Innere Neustadt ein Raub der Flammen; Morgenthaler, Bilder, S. 39.

26 Geiser, Verfassung, S. 19 ff., sowie Gerber, Ringen.

27 FRB III, Nr. 611, S. 602 f. (18. Februar 1294); sowie Geiser, Verfassung, S. 111 f.

28 Zum Beispiel FRB X, Nr. 649, S. 310 (7. April 1385).

29 SSRQ Bern Stadt I/2, Nr. 172, S. 74.

30 Zesiger, Zunftwesen, S. 43.

Die Goldene Handfeste

1 Text in: RQ Bern I/1, S. 3-24.

2 Überblicke zur Diskussion bei Strahm, Handfeste, und Heinemeyer (1970).

3 Heinemeyer (1970), S. 271

4 Dazu Zahnd S. 102 in diesem Band.

5 So zuletzt Heinemeyer (1970), S. 249f.

6 RQ Bern III, Nr. 15, S. 39f.

7 Rennefahrt, Grundzüge I., Gerber, Gott ist Burger, S. 42 ff.

Ratsämter und Behörden

1 Isenmann, Stadt, S. 139–146.

2 Isenmann, Stadt, S. 166–170.

3 Exemplarisch dargestellt wurde diese Entwicklung am bernischen Bauherrenamt; Gerber, Bauen.

4 Gerber, Aspekte, S. 55–58.

5 Gerber, Gott, S. 240–245.

6 FRB IX, Nr. 967, S. 463 f. (10. September 1375) und Nr. 1015, S. 493 f. (24. März 1376); sowie Welti, Stadtrechnungen 1375–1384.

7 Geiser, Verfassung, S. 117 f.; sowie De Capitani, Adel, S. 74.

8 Geiser, Verfassung, S. 95–108.

9 SSRQ Bern Stadt V, S. 75 f.; sowie Geiser, Verfassung, S. 96.

10 Geiser, Verfassung, S. 115–118.

11 Gerber, Gott, S. 285–292.

12 Morgenthaler, Bilder, S. 54.

13 Gerber, Ringen.

14 Eine ähnliche Entwicklung kann im 15. Jahrhundert auch für die städtischen Vogteien auf dem Land festgestellt werden; Gerber, Gott, S. 420–475.

15 Zum «cursus honorum» der bernischen Ratsherren vgl. De Capitani, Adel, S. 74; sowie Gerber, Bauen, S. 44.

16 Gerber, Gott, S. 52–55.

17 Zu den Ratswahlen im 15. Jahrhundert vgl. Schmid, Wahlen, S. 248–259.

18 In einer Urkunde von 1334 werden die beiden Heimlicher Jakob von Grasburg und Peter von Krauchthal junior sowie die vier Venner Peter Wentschatz, Rudolf von Muh-

leren, Niklaus von Diesbach und Johann von Herbligen in der Zeugenliste genannt; FRB VI, Nr. 148. S. 136 f. (18. September 1334).
19 Geiser, Verfassung, S. 108–111.
20 Gerber, Gott, S. 52.
21 FRB VI, Nr. 79, S. 72 f. (2. Oktober 1333); sowie FRB VIII, Nr. 1031, S. 387 (9. Februar 1361).
22 Der prominente Stubengeselle von Gerbern, Heinrich Zigerli, war ein Schwager von Peter von Wabern.
23 Welti, Stadtrechnungen 1375–1384.
24 Gerber, Gott, S. 377–466.
25 Isenmann, Stadt, S. 237–244; sowie Raiser, Territorialpolitik. Für die Schweiz vgl. auch Gasser, Landeshoheit.
26 Gerber, Gott, S. 423–466.
27 FRB III, Nr. 666, S. 658 f.
28 Zum Beispiel FRB IV, Nr. 160, S. 190 (1. Juni 1304).
29 FRB IV, Nr. 120, S. 151 f. (25. Mai 1303)
30 Ulrich von Gisenstein wird in den Urkunden zwischen 1327 und 1330 als Mitglied des Kleinen Rates bezeichnet.
31 Welti, Stadtrechnungen 1375–1384.
32 Gerber, Gott, S. 58 f.
33 SSRQ Bern Stadt V, Nr. 190, S. 49 f.; Gerber, Bauen, S. 65–68; sowie allgemein Dirlmeier, Untersuchungen.

Läufer, Boten und Gesandte
1 Vgl. Hübner, Louffende Botten.
2 Welti, Stadtrechnungen.
3 Zu den Nachrichtennetzen zahlreicher schwäbischer Städte siehe auch: Wüst, Reichsstädtische Kommunikation, S. 681–709.

Siegel und Heraldik
1 FRB I, Nr. 113, S. 501.
2 Justinger, S. 8; Anonyme Stadtchronik, S. 316.
3 Allgemein: Schulthess, Siegel; Geiser, Stadtsiegel; Fluri, Siegel; Kdm Bern Stadt I, S. 12–14.
4 Erstmals 1224 April 7: FRB II, Nr. 40, S. 44 f.
5 Erstmals 1268 Juni 12: FRB II, Nr. 648, S. 708.
6 FRB IX, Nr. 172, S. 92 f.
7 FRB V, Nr. 80, S. 136.
8 Erstmals 1365 August 14: FRB VIII, Nr. 1588, S. 637.
9 Allgemein: Hauptmann, Entstehung; Fischer, Bärner Wappe; Weber, Wappenbuch Wappen.
10 Justinger, S. 35; Anonyme Stadtchronik, S.331, vgl. Tschudi, Chronicon VI, S. 54, Anm. 47.
11 Justinger, S. 8; Anonyme Stadtchronik, S. 316.
12 Tschachtlan, Wappen: S. 16, 32, 56; Schild: S. 66; Banner: S. 66, 67, 68.
13 Feller I, S. 177 ff.
14 Justinger, S. 145; Anonyme Stadtchronik, S. 404.
15 Anshelm (ed. Stierlin/Wyss) I, S. 70.
16 Tschudi, Chronicon III, S. 75.
17 Stumpf, Beschreybung VIII, S. 250b.
18 Hauptmann, Entstehung, S. 99 ff.
19 Kdm Bern Stadt I, S. 9; III, S. 224, Abb. 168; 226.
20 Anonymus Friburgensis, S. 203.
21 Kdm Bern Stadt I, S. 9; III, S. 128 Anm. 2; Weber, Wappen, S. 306, Abb.220.
22 Kdm Bern Stadt III, S. 129, Abb. 88.

Das Ringen um die Macht

Adlige, Notabeln und Handwerker
1 Justinger, Stadtchronik, Nr. 146, S. 101 f.
2 Feller 1, S. 63–232; sowie Gerber, Ringen.
3 Vgl. dazu Gerber, Gott, S. 245–262.
4 Kirchgässner, Währungspolitik, S. 90 ff.

Die Amtsenthebung
5 Johannes von Bubenberg stand seit 1328 im Wechsel mit Johannes von Kramburg und seit 1338 schliesslich allein an der Spitze der Berner Bürgerschaft; Zesiger, Schultheisse, S. 4 f.
6 Justinger, Stadtchronik, Nr. 172, S. 114. Zu den innerstädtischen Unruhen des 14. Jahrhunderts vgl. Utz Tremp, Handfeste.
7 Zesiger, Schultheisse, S. 5.
8 Vgl. dazu Groebner, Geschenke.
9 FRB IV, Nr. 221, S. 251 f. (5. April 1306). Vgl. dazu auch Geiser, Verfassung, S. 95 f.
10 Feller 1, S. 157–160.
11 Justinger, Stadtchronik, Nr. 172, S. 114. Bertold Gloggner und Ulrich Ladener liessen sich nach ihrer Verbannung in Freiburg nieder; Feller 1, S. 159.
12 Grosse Kosten verursachte insbesondere der pfandweise Erwerb der Herrschaft Aarberg, die 1358 in den vorläufigen Besitz der Stadt überging; Gerber, Aarberg, S. 117–124.
13 Utz Tremp, Handfeste, S. 140 ff.; Geiser, Verfassung, S. 23 f.; sowie Feller 1, S. 159.
14 SSRQ Bern Stadt V, Nr. 6, S. 5 (23. Juni 1351).
15 Ob der Rat mit der Anspielung auf die Missstände in anderen Städten auf die Verfassungsreform Rudolf Bruns von 1336 und die gescheiterte Mordnacht von 1350 in Zürich anspielte, kann hier nur vermutet werden. Vgl. dazu Feller 1, S. 160.
16 Mit dem Hinweis, *da zwen oder drije oder mer by sint*, macht der Rat darauf aufmerksam, dass sich solche Gewalttaten häufig nicht zwischen Einzelpersonen sondern zwischen ganzen Gruppen abgespielt haben; SSRQ Bern Stadt I/2, Nr. 39, S. 18.
17 SSRQ Bern Stadt V, Nr. 7, S. 6 f. (9. Januar 1353).
18 SSRQ Bern Stadt I/2, Nr. 37, S. 17.
19 Zu den Ratsmitgliedern vgl. FRB VIII, Nr. 993; S. 373 f. (28. November 1360).

Die Rückkehr
20 FRB VIII, Nr. 792, S. 291 f. (22. April 1359).
21 FRB VIII, Nr. 993 und 994; S. 373 f. (28. November 1360); sowie Justinger, Stadtchronik, Nr. 190, S. 122 f.
22 FRB/8, Nr. 1218, S. 465 f. (13. August 1362).
23 Feller 1, S. 168 ff.
24 Justinger, Stadtchronik, Nr. 191, S. 123 f.
25 Utz Tremp, Handfeste, S. 140 ff.
26 Während Konrad vom Holz am 31. Mai 1364 noch im Amt war, urkundete am 27. Juli Johannes III. von Bubenberg als neuer Berner Schultheiss; Feller 1, S. 168.
27 Justinger, Stadtchronik, Nr. 191, S. 123 f.
28 Zum Beispiel SSRQ Bern Stadt III, Nr. 76, S. 172 (31. Mai 1367) sowie FRB IX, Nr. 961, S. 458–461 (1. August 1375).
29 Vgl. dazu Gerber, Gott, S. 260 ff.

Die innerstädtischen Unruhen
30 Gerber, Zünfte, S. 229–233. Vgl. für Zürich Geschichte, S. 366–371.
31 Zesiger, Schultheisse, S. 6.
32 Zu den Zusammenhängen städtischer Steuererhebungen und sozialer Unruhen während des 14. Jahrhunderts vgl. Graus,

Pest, S. 430 ff.; sowie allgemein Blickle, Unruhen, S. 7–12 und 51–58.
33 Feller 1, S. 172 ff.; sowie Utz Tremp, Handfeste, S. 142 f.
34 Justinger, Stadtchronik, Nr. 211, S. 136 f.
35 SSRQ Bern Stadt V, Nr. 6, S. 5 (23. Juni 1351).
36 Zu den mittelalterlichen Stadtbränden in Bern vgl. Morgenthaler, Bilder, S. 152–160.
37 Feller 1, S. 191 ff.; sowie Utz Tremp, Handfeste, S. 143 f.
38 Zum finanziellen Aufwand des Burgdorferkrieges vgl. Welti, Stadtrechnungen 1375–1384, Einleitung, S. XI–XXII.
39 Justinger, Stadtchronik, Nr. 256, S. 160. Leider macht Konrad Justinger keine Angaben darüber, welche Personen 1384 von den Handwerksgesellschaften anstelle der bisherigen Ratsherren in den Kleinen Rat gewählt worden sind.
40 FRB X, Nr. 500, S. 248 f. (25. Februar 1384).
41 Vor allem die in den Gesellschaften organisierten Handwerker scheinen den von Schultheiss und Rat erhobenen indirekten Steuern wie Böspfennig und Ungeld misstraut zu haben. Dieses Misstrauen zeigt sich insbesondere darin, dass sich die Gesellschaften an der halbjährlichen Rechnungsablage der städtischen Ungelder in der ersten Hälfte des 15. Jahrhunderts nachweislich beteiligt haben; Zesiger, Zunftwesen, S. 58.
42 Utz Tremp, Handfeste, S. 143; sowie De Capitani, Adel, S. 60 ff.
43 Gerber, Zünfte, S. 230–233.

Spätmittelalterliche Bürgerkämpfe
1 Allgemein zu den innerstädtischen Unruhen im Spätmittelalter: Graus, Pest, S. 391–528; Engel, Deutsche Stadt, S. 117–141; Isenmann, Deutsche Stadt, S. 190–198; Blickle, Unruhen, S. 7–12 und S. 52–58.
2 Czok, Bürgerkämpfe, S. 303.
3 Maschke, Verfassung, S. 289–349 u. S. 433–476.
4 Zum Begriff: Der in jüngerer Zeit vorgeschlagene Begriff «Konflikt» als Bezeichnung für diese innerstädtischen Unruhen blieb in seiner Definition zu allgemein und fand deshalb nur wenig Resonanz. Mörke, Konflikt, S. 144–161. Neutraler und offener sowohl in Bezug auf die Träger dieser Bewegungen wie auch auf deren Verlaufsformen ist die Bezeichnung «innerstädtische Unruhe» bei Utz Tremp, Handfeste, S. 137. Allgemein zur begrifflichen Erfassung der innerstädtischen Unruhen für das Spätmittelalter und die frühe Neuzeit: Blickle, Unruhen, S. 52 f.; zu den zeitgenössischen Bezeichnungen der Unruhen und Aufstände im Spätmittelalter: Graus, Pest, S. 396–398.
5 Utz Tremp, Handfeste, S. 137.
6 Graus, Pest, S. 401–403.
7 Für Bern: SSRQ Bern Stadt V, Nr. 6, S. 5; Nr. 7, S. 6 f; FRB VIII, Nr. 792, S. 291 f.; vgl. hierzu Utz-Tremp, Handfeste, S. 140. Siehe auch Graus, Pest, S. 461 (zu Versammlungsverboten) u. S. 492 f. (Glockenläutverbot für Unbefugte).
8 Allgemein zu spätmittelalterlichen Städten mit hoher Frequenz innerstädtischer Aufstände: Graus, Pest, S. 402–405. Deutlich ruhiger verlief das 15. Jahrhundert; allerdings kann dies darauf zurückgeführt werden, dass die innerstädtischen Auseinandersetzungen im so genannten Twingherrenstreit von 1469–1471 gegenüber den

vorhergehenden Unruhen im 13. und 14. Jahrhundert wesentlich besser dokumentiert sind, vgl. Schmid, Reden.
9 Zesiger, Zunftwesen.
10 Erst in jüngerer Zeit fanden diese innerstädtischen Auseinandersetzungen vor allem durch die Forschungen von de Capitani, Gerber, Schmid, Utz-Tremp und Zahnd stärkeres Interesse. de Capitani, Adel; Gerber, Gott, S. 245–262; Schmid, Reden; Utz Tremp, Unruhen, S. 135–150; Zahnd, Mittellöwen, S. 11–31.
11 Feller 1, S. 68. Ähnlich schon Zesiger, Zunftwesen, S. 61: «Drohte Gefahr von aussen, so traten die Parteien unter dasselbe Bärenpanner, das sie und ihre Väter und Grossväter von Sieg zu Sieg, von Triumph zu Triumph geführt hatte.» Dieser Behauptung schloss sich auch Hans Conrad Peyer an: Peyer, Eidgenossenschaft, S. 219.
12 Zur Finanzlage Berns in dieser Zeit: de Capitani, Untersuchungen, S. 75 ff.; Gilomen, Städtische Schuld, S. 5–64.
13 Gilomen, Anleihen, S. 137–158; Landolt, Finanzierungsprobleme, S. 13–16.
14 Zum Begriff der «politischen Zünfte»: Schulz, Politische Zunft, S. 1–20.
15 Peyer, Schweizer Städte, S. 266.
16 Urkundenbuch Augsburg, Bd. 2, Nr. DCXII, S. 148.
17 SSRQ Schaffhausen I/1, Nr. 172a, S. 296.
18 Koller, Reformation, S. 266.
19 SSRQ Bern Stadt I/1, S. 177; Utz-Tremp, Handfeste, S. 138.
20 Utz-Tremp, Handfeste, S. 138.
21 Allgemein hierzu: de Capitani, Adel; Zahnd, Mittellöwen; Gerber, Zünfte, S. 229–233.
22 Boockmann, Stadt-Tyrannen, S. 73–91. Zur Einzelherrschaft einzelner Familien in den Städte- und Länderorten der spätmittelalterlichen Eidgenossenschaft: Peyer, Anfänge S. 199–201.
23 Utz Tremp, Handfeste, S. 139–142 u. 149.

Der Markt

Das Geld

1 FRB II, Nr. 3, S.3. SSRQ Bern Stadt I, S. 1. Strahm, Handfeste, S. 155.
2 FRB VII, Nr. 338a, S. 321. SSRQ Bern Stadt III, S. 145, Nr. 67b.
3 Geiger, Dickmünzenprägung, S. 34.
4 Die Darstelllung der Berner Münzgeschichte basiert auf Ergebnissen, die der Verfasser als Bearbeiter des laufenden Forschungsprojekts «Münz- und Geldgeschichte Berns» des Historischen Instituts der Univesität Bern erarbeitet hat. Der Teil Mittelalter liegt in Manuskriptform vor. Eine Zusammenfassung der vorläufigen Ergebnisse erschien 1997: Geiger, Münzprägung S. 309–323. Dieser Bericht ist durch die fortschreitende Forschung in einzelnen Teilen überholt worden.
5 Geiger, Quervergleiche, S. 109 f., Abb. 2.
6 Welti, Älteste Stadtrechnungen, S. 398. Vgl. Dirlmeier, Einkommensverhältnisse, S. 103 und 222.
7 Während einer bestimmten Frist, meistens ein Jahr, entsprach der neue Pfennig einem bestimmten Betrag in Zinspfennigen, nach Ablauf dieser Frist wurde er selber zum Zinspfennig.
8 FRB IX, Nr. 867, S. 404.
9 Vgl. Rennefahrt, Grundzüge II, S. 8, III, S. 42 und 88. von Rodt, Bern im 13. u. 14. Jh., S. 176.
10 Geiger, Dickmünzenprägung, S. 60.
11 Vgl. Ammann, Lebensraum, Karte 8.

12 FRB III, Nr. 599, S. 591 f. Vgl. Geiger, Vivilin der Jude, S. 249–253.
13 FRB VIII, Nr. 382, S 141.
14 Liber decimationis, S. 6.
15 Liber decimationis, S. 181 f.
16 Geiger, Münzprägung, S. 320 f.
17 Vgl. Rennefahrt, Grundzüge II, S. 260–270.

Handwerker und Zünfte

1 Vgl. dazu Schulz, Zunft; Eitel, Reichsstädte; sowie Naujoks, Obrigkeit.
2 Gerber, Gott, S. 343–376.
3 Zum bernischen Zunftwesen vgl. Zesiger, Zunftwesen; De Capitani, Adel; sowie Zahnd, Mittellöwen.
4 Gerber, Umgestaltung.
5 Ammann, Freiburg; sowie allgemein Kellenbenz, Wirtschaftsgeschichte.
6 Zur Beteiligung von Handwerkern am Handelsgeschäft vgl. Maschke, Verfassung, S. 440–452.
7 Gerber, Handwerk, S. 204–218.
8 Peyer, Wollgewerbe.
9 Justinger, Stadtchronik, Nr. 146, S. 101 f. Zu den innerstädtischen Unruhen deutscher Städte im 14. Jahrhundert vgl. Maschke, Städte; Czok, Bürgerkämpfe; sowie zusammenfassend Isenmann, Stadt, S. 190–198.
10 SSRQ Bern Stadt I/1 und I/2. Vgl. dazu auch Schulz, Handwerksgesellen, S. 13–46.
11 Justinger, Stadtchronik, Nr. 211, S. 136 f. und Nr. 256, S. 160.
12 Simon-Muscheid, Konfliktkonstellationen.
13 Gerber, Migration, S. 108–111.
14 Das Zitat entstand rund 80 Jahre nach der Verfassungsreform und findet sich im so genannten Ersten Zunftbrief von 1373. Der Rat nahm in diesem jedoch explizit Bezug auf die Vorgänge von 1294, indem er daran erinnerte, *alz es och unser vordern da har bi achtzig jaren hant eigentlich verhutet und versehen*; SSRQ Bern Stadt I/2, Nr. 228, S. 98–101.
15 Zesiger, Zunftwesen, S. 37–48.
16 SSRQ Bern Stadt I/2, Nr. 118, S. 54.
17 Gerber, Handwerk, S. 215 f.
18 SSRQ Bern Stadt I/2, Nr. 198, S. 82 f.
19 FRB V, Nr. 492, S. 529 f.
20 Zahnd, Mittellöwen, S. 35 f.
21 FRB VI, Nr. 10, S. 8 f. (März 1332).
22 Nach den Bestimmungen der Gerberordnung von 1332 konnten nur diejenigen Gesellen den Meistertitel erwerben, die verheiratet waren und die von mindestens vier Gerbermeistern als solche anerkannt wurden. Zugleich sollten vier Meister gewählt werden, die das Gerberhandwerk in Bern zu beaufsichtigen hatten.
23 Zesiger, Zunftwesen, S. 119.
24 SSRQ Bern Stadt I/2, Nr. 196, S. 82 (24. März 1358).
25 FRB VIII, Nr. 1218, S. 465 f. (13. August 1362).
26 Gerber, Zünfte, S. 230–233.
27 Vgl. dazu die Eide der neuen Ratsmitglieder im 15. Jahrhundert; SSRQ Bern Stadt V, Nr. 1, S. 75–78.
28 Vgl. dazu Maschke, Mittelschichten; Kälble, Verfassung; sowie Gerber, Zünfte, S. 233.
29 SSRQ Bern Stadt I/2, Nr. 229, S. 101 f. (7. März 1373).
30 SSRQ Bern Stadt I/2, Nr. 228, S. 99 f. (1. April 1373).
31 SSRQ Bern Stadt I/2, Nr. 228, S. 98–101 (1. April 1373).
32 SSRQ Bern Stadt I/2, Nr. 222, S. 94 ff. (8. August 1392).
33 Isenmann, Stadt, S. 315–319.
34 Gerber, Gott, S. 263.

Berner Kaufleute

1 Allgemein zur schlechten Überlieferungslage von Quellen wirtschaftlichen Inhalts: Ammann, Zurzacher Messen, S. 7–11.
2 Hauser, Wirtschafts- und Sozialgeschichte, S. 31.
3 Schulte, Handel und Verkehr, S. 333; Zahnd, Mittellöwen, S. 23.
4 SSRQ Bern Stadt I/1, Nr. 1, Art. 3, 4, 5, S. 4f.; Art. 16, 17, 18, 19, S. 8 f. etc.
5 Strahm, Geschichte, S. 35.
6 Strahm, Geschichte S. 38.
7 Audétat, Verkehrsstrassen, S. 88–90; Morard, Macht, S. 221–23.
8 Allgemein zum Berner Kaufhaus: Gerber, Zunft- und Gewerbebauten, S. 52 f.
9 Ammann, Freiburg und Bern, S. 74–76.
10 Zahnd, Mittellöwen, S. 33 f.; Gerber, Berufsstruktur, S. 209.
11 Zahnd, Mittellöwen, S. 77.
12 Höhepunkte dieser Entwicklung waren die Entstehung der in Bern und St. Gallen beheimateten Diesbach-Watt-Gesellschaft wie auch die Organisierung der Kaufleute und Händler in der in der ersten Hälfte des 15. Jahrhunderts entstehenden Kaufleutengesellschaft wie auch in der vor 1450 gegründeten Gesellschaft zum Mittellöwen. Ammann, Diessbach-Watt-Gesellschaft, Zahnd, Mittellöwen.
13 de Capitani, Adel, S. 93 f.

Die jüdische Bevölkerung

14 Schaffhauser Nachrichten, Nr. 192, 21. August 2001, S. 16.
15 Meier, Judentum, S. 12.
16 Germania Judaica, Bd. II/1, S. 75.
17 Germania Judaica, Bd. II/1, S. 75; Gilomen, Siedlungssegregation, S. 90 f.
18 Germania Judaica Bd. II/1, S. 75.
19 Germania Judaica, Bd. II/1, S. 75.
20 Allgemein zur den Juden vorgeworfenen Ritualmordfabel: Graus, Pest, S. 282–286; Landolt, Diessenhofen, S. 161–164.
21 Justinger, Nr. 49, S. 29 f.
22 Laut Justinger wurde der Heiligkreuzaltar auch als «sant Rufsaltar» nach dem Namen des Knaben (Ruof = Rudolf) bezeichnet (Justinger, S. 29). Am 31. Januar 1528 wurde laut Ratsprotokoll der Leichnam aus dem Altar entfernt: «Das Kindli, das in des heil. krütz alltar gelägen ingevast, sol ingraben werden in das ertrich und ein zedel ingeleit, das es das kindly sin solle, so vor zyten die Juden getödt.» (Haller, Rathsmanuale, S. 109).
23 Tobler, Juden, S. 355–357.
24 Feller 1, S. 70.
25 Burmeister, Medinat, S. 39–41.
26 Germania Judaica, Bd. III/1, S. 106.
27 Allgemein zum städtischen «Judenbürgerrecht» im Spätmittelalter: Toch, Juden, S. 52–54.
28 Tobler, Juden, S. 362 f. Auch in anderen Städten waren die Juden gewöhnlich von den städtischen Weinverbrauchssteuern nicht ausgenommen; dies zeigt etwa das Beispiel der Stadt Schaffhausen (SSRQ I/2, Nr. 42, S. 28 f.). Vgl. auch Steinberg, Studien, S. 57.
29 Kleinkredite bis 5 Schilling wurden mit einem Wochenzins von $^1/_2$ d (Jahreszins: – $43^1/_3$%) belegt; Kredite über 5 ß bis 10 ß sollten mit 1 d pro Woche (Jahreszins: $86^2/_3$%–$43^1/_3$%), während solche von über 10 ß bis 1 lb mit $1^1/_2$ d (Jahreszins: 65%–$32^1/_2$%) Tobler, Juden, S. 363 f.
30 Tobler, Juden, S. 365–367.
31 Germania Judaica, Bd. III/1, S. 108; Mentgen, Studien, S. 106.

Seiten 273–275

32 Germania Judaica Bd. III/1, S. 108; Mentgen, Studien, S. 105.
33 Zu Simon (Symund) von Deneuvre: Germania Judaica, Bd. III/2, S. 1423.
34 Mentgen, Finanziers, S. 99; siehe auch Bardelle, Juden, S. 178.
35 Germania Judaica Bd. III/1, S. 107.
36 Germania Judaica, Bd. III/1, S. 107 f. Selbst nach dem Erlass des Aufenthaltsrechtes für Juden in Bern erteilte der Rat verschiedentlich das Geleit für jüdische Ärzte.
37 Gerber, Got, S. 169; vgl. auch Germania Judaica Bd. III/1, S. 108.
38 SSRQ, Bern Stadt I/1, Nr. 116, S. 88 f.

Lombarden und Kawertschen

39 Der Begriff «Kawertschen» bzw. «Cauwerschen» lässt sich wahrscheinlich auf den Namen der südfranzösischen Stadt Cahors zurückführen, aus welcher vermutlich nicht wenige dieser Finanziers stammten.
40 Allgemein zu den Lombarden bzw. Kawertschen: Schlunk, Lombarden, Sp. 2098 f.; Schlunk, Kawer(t)schen, Sp. 1090 f.; Reichert, Kawertschen, S. 189 f.; Reichert, Lombarden, S. 225–227.
41 Zur Geschichte der Lombarden bzw. Kawertschen im Gebiet der heutigen Schweiz noch immer grundlegend die mittlerweile veraltete Arbeit: Amiet, Geldwucherer I und II. Wichtig auch Körner, Kawerschen, S. 245–265.
42 Amiet, Geldwucherer I, S. 230–247. Allgemein zu den Lombarden und Kawerschen in Bern: Gerber, Got, S. 160–173.
43 Amiet, Geldwucherer I, S. 247–249.
44 Amiet, Geldwucherer I, S. 249–255.
45 Körner, Kawerschen, S. 247 f.
46 Amiet, Geldwucherer II, S. 280 f.
47 Amiet, Geldwucherer II, S. 188.
48 Amiet, Geldwucherer II, S. 271.
49 Auseinandersetzungen und Verfolgungen von Lombarden sind für die 1370er Jahre in Schaffhausen (SSRQ Schaffhausen I/1, Nr. 103, S. 185 f., Art. 8) wie Zürich belegt (Mommsen, Schaffhausen, S. 61).
50 Germania Judaica Bd. III/1, S. 107.
51 Amiet, Geldwucherer II, S. 300–302, Nr. 16.
52 SSRQ, Bern Stadt I/1, Nr. 116, S. 88 f.
53 Gerber, Got, S. 171–173.
54 Allgemein zur Familie May: von May, Bartholomeus May, S. 1–178.

Arm und Reich

Geld ist Macht

1 Rössler, Patriziat; sowie Isenmann, Stadt, S. 245–269.
2 Grundlegend Maschke, Verfassung; sowie für die Schweiz Schnyder, Schichtung.
3 Gerber, Gott, S. 268–281.
4 Gerber, Gott, S. 283–292. Vgl. dazu auch Gilomen, Verhältnisse, S. 345 ff.
5 Vgl. dazu allgemein Kelter, Wirtschaftsleben.
6 Maschke/Sydow, Unterschichten.

Die Vermögensverhältnisse 1389

7 Welti, Tellbücher 1389; ders., Tellbuch 1448; ders., Tellbuch 1458; sowie Meyer, Tellbuch 1494.
8 De Capitani, Untersuchungen, S. 73–100. Vom ältesten dokumentierten Steuerumgang der Stadt Bern von 1375 kennt man zwar die in den Säckelmeisterrechnungen aufgelisteten Einnahmensummen, über die Steuerleistung der einzelnen Stadtbewohner können jedoch keinerlei Aussagen gemacht werden.

Seiten 275–284

9 Welti, Tellbücher 1389, S. 585.
10 Welti, Tellbücher 1389, S. 627–649.
11 Welti, Tellbücher 1389, S. 701 f.
12 Zu den Problemen einer statistischen Auswertung der Tellbücher vgl. De Capitani, Untersuchungen, S. 84–87.
13 François de Capitani nimmt an, dass durchschnittlich nur ein Anteil zwischen 70 und 80 Prozent der von den Vennern veranschlagten Steuerbeträge effektiv in den Stadtsäckel gelangt sind; De Capitani, Untersuchungen, S. 80 f.
14 Welti, Tellbücher 1389, S. 535.
15 Welti, Tellbücher 1389, S. 577.

Adels- und Notabelnfamilien

16 De Capitani, Untersuchungen, S. 88–91, hier die Lorenzkurve in Abb. 4, S. 89.
17 Konrad von Seedorf (6500 Gulden) mit seiner Tochter Verena von Sand (1500 Gulden), Agnes von Seedorf (2700 Gulden) sowie Anna von Seedorf, geborene Wul (500 Gulden).
18 Die beiden Brüder Konrad vom Holz (6000 Gulden) und Gilian vom Holz (3400 Gulden).
19 Bei Konrad und Heinrich von Bubenberg ist zu berücksichtigen, dass der von ihnen zu bezahlende Steuerbetrag von 115 Pfund neben der aktuellen Telle zusätzlich auch die ausstehenden Schulden des letzten Steuerumgangs beinhalteten; Welti, Tellbücher 1389, S. 609.
20 Zum sozialen Aufstieg von Handwerksmeistern und Gewerbetreibenden in die städtische «Ehrbarkeit» vgl. auch Von Stromer, Hochfinanz, S. 296 ff.
21 Verena und Küngold von Grimmenstein versteuerten zusammen ein Vermögen von 3000 Gulden; Welti, Tellbücher 1389, S. 608.
22 Verena von Sand war die Tochter des Konrad von Seedorf. Dieser amtierte 1358 und 1381 jeweils für die Dauer eines Jahres als Berner Schultheiss.

Wohnlagen der reichen Bürger

23 Denecke, Sozialtopographie, S 173–183, hier S. 181 f.; Isenmann, Stadt, S. 63 ff.
24 De Capitani, Untersuchungen, S. 95 f.
25 Zur Sozialtopographie der Junkerngasse während des Spätmittelalters vgl. Türler, Junkerngasse, S. 173–284.

Handwerker, Dienstleute

26 Vgl. dazu auch Maschke, Unterschichten.
27 Welti, Tellbuch 1389, S. 528 ff.

Wohnen und Alltag

Vom Turmhaus zum Holzpfostenbau

1 Schubert, Städte.
2 Auswahlliteratur zu den genannten Kleinstädten: Gutscher, Holzbau; Baeriswyl/Gutscher, Burgdorf Kornhaus; Glatz/Gutscher, Burgdorf Kirchbühl; Gutscher, Aarberg; Gutscher/Portmann, Wangen. Allgemeine Übersichten zur Stadtarchäologie im Kanton Bern: KDM Bern Stadt II; KDM Bern Land I, AKBE 1; AKBE 2 A; AKBE 3 A; AKBE 4 A.
3 Ryser, Truberhaus, S. 48–53.
4 Gilomen, Stadtmauern.
5 Brunngasse 9/11, Postgasse 68/70, Archiv ADB (Publikation in Vorbereitung).
6 Mojon, Wangen; Gutscher, Thun Bälliz.
7 Gutscher/Portmann, Wangen.
8 Gutscher, Stadtgenese; Gutscher, Holzbau.
9 Gutscher, Stadtgenese.

Seiten 284–295

10 Rund 10 m von der Gasse abgerückte Steinbauten an Kramgasse 29 (Archiv ADB), Junkerngasse 1 (AKBE 1, 63–64) und Gerechtigkeitsgasse 79 (Archiv ADB).
11 Biel: Ehrensperger, Altstadthäuser; Thun: Gutscher, Thun Bälliz; Burgdorf: Baeriswyl/Gutscher, Burgdorf Kornhaus; Nidau: Gutscher/Leibundgut, Nidau.
12 Gutscher/Leibundgut, Nidau.
13 Untermann, Harmonie-Gelände.
14 Vgl dazu: Wiedenau, Wohnbauten.
15 Bellwald, Erlacherhof.
16 FRB Bd. 8, S. 373, Nr. 993.
17 Kdm Bern Stadt III, S. 14–15.
18 Kdm Bern Stadt II, S. 77.
19 Ryser, Truberhaus.
20 Kdm Bern Land I, S.176–179.
21 Kdm Bern Land I, S. 234–235; Baeriswyl, Studien.
22 Kdm Bern Land I, S. 234–235; Archiv KDp Bern.
23 Baeriswyl/Gutscher, Burgdorf Kornhaus, S. 33–40.
24 Archiv ADB.
25 Kdm Bern Stadt II, S. 122–123 und 247; Roth Kaufmann/Buschor/Gutscher, Ofenkeramik, Abb. 21–23.
26 Zur frühen Verwendung von Backstein als Mauermaterial in Burgdorf: Kdm Bern Land I, S. 178; Gutscher/Kellenberger, Burgdorf Marktlaube.
27 AKBE 2 A, S. 182–186.
28 Archiv ADB (Publikation in Vorbereitung).
29 Glatz/Gutscher, Burgdorf Kirchbühl.
30 Baeriswyl/Gutscher, Burgdorf Kornhaus.
31 Gutscher, Holzbau.
32 Baeriswyl/Gerber, Ratsherren, S. 40.
33 Vgl. die Befunde von Laufen-Rathausplatz (Pfrommer/Gutscher, Laufen Rathausplatz, S. 110–120). Im 15. Jahrhundert scheint die Anordnung von Stube und Küche im Obergeschoss üblich gewesen zu sein (Roth, Wohnbauten; Ehrensperger, Altstadthäuser, S. 91).
34 Archiv ADB; Gutscher/Portmann, Wangen.

Die ältesten Berner Kachelöfen

1 Zu frühen Kachelfunden und Ofenbefunden vgl. Tauber, Herd.
2 Roth, Ofen.
3 Es handelt sich um die Öfen in der Landesfürstlichen Burg Tirol in Meran/Südtirol (wohl letztes Drittel 15. Jahrhundert) und in der sog. Goldenen Stube der Festung Hohensalzburg in Salzburg (1501 datiert).
4 Tauber, Herd.
5 Wichtiger Beleg dafür ist der dendrochronologisch in das Jahr 1208 datierte Ofenbefund in einem bescheidenen Wohnhaus in Winterthur, vgl. Matter/Wild, Kachelöfen.
6 Roth, Kachelöfen.
7 AKBE 1, S. 100–105; Roth, Nidau.
8 Bauer u. a. I, Üetliberg, Nrn 1476–1478, 1526, 1550, 1614, 1614; Tauber, Herd, Abb. 132. S. 1–17.
9 Bern, Burg Nydegg (Hofer/Meyer, Nydegg, Abb. 45); Bern Erlacherhof (Bellwald, Erlacherhof); Bern, Zytgloggelaube (AKBE 2 A, Abb. 118.1); Burgdorf, Kirchbühl (Glatz/Gutscher, Burgdorf Kirchbühl, Abb. 22.1); Thun, Obere Hauptgasse 6/8 (Roth/Gutscher, Thun Hauptgasse, Abb. 20.1); Aarberg Stadtplatz (Roth, Aarberg, Abb.2).
10 Matter/Wild, Kachelöfen, Abb. 7.
11 Roth, Aarberg, S. 108.
12 Zum Aufkommen der frühesten reliefierten Blattkacheln: Tauber, Herd, S. 329 und Keck, Kachelofen.

13 Zur Terminologie der verschieden Kacheltypen vgl. Tauber, Herd und Roth Kaufmann/Buschor/Gutscher, Ofenkeramik.
14 Zur Bedeutung des Ofens als Repräsentationsobjekt vgl. Roth, Ofen.
15 Roth Kaufmann/Buschor/Gutscher, Ofenkeramik, S. 89–99.
16 Die Funde könnten vor 1337, einem in den Schriftquellen genannten Zerstörungsdatum, datieren, Tauber, Herd, S. 167–169.
17 Roth Kaufmann/Buschor/Gutscher, Ofenkeramik, S. 33–35 und Tauber, Herd, S. 14–16, vgl. auch unpubl. Funde aus Unterseen, Ostabschluss.
18 Roth, Kachelöfen, S. 76–81.
19 Für folgende Interpretationen bedanke ich mich bei Naomi Jones, Bern, vgl. Jones, Burg.
20 Baeriswyl, Thorberg.
21 Im 15. Jahrhundert befanden sich die bekannten Hafnereien an der Spital- und der Neuengasse in der äusseren Neustadt (Baeriswyl/Gerber/Roth, Handwerk, 226).
22 Roth Kaufmann/Buschor/Gutscher, Ofenkeramik, 77–79.

Der Hausrat
1 Es sind es bislang wenige Grabungen, die Auskunft über Bern im 13./14. Jahrhundert geliefert haben: Die Untersuchungen Paul Hofers in der Nydegg, beim Bahnhof, an der Kramgasse 2 und unter dem Waisenhaus- oder Kornhausplatz, die Forschungen Ueli Bellwalds im Erlacherhof 1977/78 und die Grabungen des Archäologischen Dienstes in der Französischen Kirche, an der Brunngasse 7–11, an der Postgasse 68/70, auf dem Münsterplatz und bei kleineren Sanierungen.
2 Dies legen Befunde von verbrannten Küchen auf der Burg Riedfluh BL und im Kloster Müstair GR nahe (Degen u. a., Grottenburg Riedfluh, Abb. 53. Der Befund aus dem Oberen Garten des Klosters Müstair ist vom Verfasser bearbeitet und noch unpubliziert).
3 Matter, Keramikentwicklung; Keller, Gefässkeramik.
4 Roth, Nidau.
5 Die ältesten datierten Leistenränder des Kantons Bern in Wangen a. A. um 1251 bis 1257 (AKBE 4 A, S. 279) und Burgdorf vor 1276 (Roth/Gutscher, Burgdorf Kronenhalde, S. 255).
6 Matter, Keramikentwicklung, S. 188–189.
7 Holzgefässe haben sich in Aarberg und in den Sodbrunnen der Burgen Mülenen bei Reichenbach, Grünenberg bei Melchnau und Spittel in Sumiswald erhalten.
8 Eine jüngere Ausnahme ist das Fragment einer spanischen Majolica-Schale aus Rüegsau (2. Hälfte 15. Jahrhundert). Publikation durch Georges Descœudres und Gabriele Keck in Vorbereitung.
9 Junkes, Keramikgeschirr, S. 340; Matter, Keramik, S. 188; Jäggi, Valeria.
10 Glatz, Hohlglasfunde, S. 58. Kerzenständer aus Metall kennen wir aus dem sakralen Bereich; Kerzenständer aus Keramik sind in Bern bislang nicht gefunden worden.
11 Genannt seien Funde des 15. Jahrhunderts aus den Klöstern Thorberg, Rüegsau und Trub (z. B. Gutscher, Trub, S. 49). Von der Ruine Grünenberg bei Melchnau stammt eine Buch- oder Kästchenschliesse aus der 2. Hälfte des 13. Jahrhunderts (Archiv ADB; Publikation in Vorbereitung).
12 Rehazek, Archäozoologie.
13 Oexle, Kinderspiel.
14 Wild, Reichenbach, S. 60 f; Tschumi, Schwandiburg, S. 130; Kluge-Pinsker, Schach, S. 110–118.
15 Eggenberger/Ulrich-Bochsler, Steffisburg, S. 94–95; Roth Kaufmann/Buschor/Gutscher, Ofenkeramik, S. 111.
16 Eggenberger/Ulrich-Bochsler, Steffisburg; Meylan, flûte, S. 57.

Bern – das Land

Stadt, Adel und Umland

Der Ritter auf der Mauer
1 Isenmann, Deutsche Stadt, S. 32–34.
2 Justinger, S. 7.
3 Justinger, S. 7.
4 FRB II, S. 76, Nr. 65.
5 FRB III, S. 603–605, Nr. 612.
6 Michel, Das alte Bern, S. 116.
7 Capitani, Adel, S. 32.
8 Justinger, S. 15.
9 FRB II, S. 431, Nr., 411; S. 438, Nr. 419 und S. 630, Nr. 586.
10 Michel, Das alte Bern, S. 117.
11 Feller 1, S. 72 f.
12 FRB IV, S. 240–242, Nr. 212. Vgl. auch Justinger, S. 41.
13 Michel, Das alte Bern, S. 117.
14 Feller 1, S. 73.
15 Michel, Das alte Bern, S. 119.
16 Zum Ausbürgerwesen in Bern vgl. Gerber, Gott.
17 FRB IV, S. 463, Nr. 437.
18 Michel, Das alte Bern, S. 121 f.

Klöster, Burgen, Kirchen

Das Netz geistlicher Niederlassungen
1 Zum bedeutenden Augustiner- und Augustinerinnenkloster in unserem Gebiet, Interlaken, ⟶ S. 165, zu den Ritterordensniederlassungen ⟶ S. 317.
2 Vgl. auch Helvetia Sacra III/1, S. 56 (Elsanne Gilomen-Schenkel): «Für das Gebiet der heutigen Schweiz trifft die in der allgemeinen Ordensgeschichte übliche chronologische Abfolge von Gründungswellen der Orden – Benediktiner, Cluniazenser, Zisterzienser, Kartäuser, Augustiner, Prämonstratenser – jedenfalls in ausgeprägter Form nicht zu.»
3 So die Benediktinerniederlassungen Erlach, Herzogenbuchsee und Wangen, der Cluniazenserpriorate St. Petersinsel und Röthenbach, der Zisterzienserklöster Frienisberg, Fraubrunnen und Tedlingen sowie des Prämonstratenserkloster Gottstatt.
4 Siehe Helvetia Sacra III/2, S. 662 f. (Kathrin Utz Tremp).
5 Hier und im Folgenden nach Helvetia Sacra III/1, S. 658–671 (Andres Moser).
6 Siehe Helvetia Sacra I/1, S. 169 f.; I/4, 1988, S. 110 f.
7 Siehe Helvetia Sacra III/1, S. 61 ff. (Elsanne Gilomen-Schenkel, Einleitung): Reformklöster unter dem Einfluss von Hirsau und St. Blasien.
8 Dieser befand sich im bernischen Seeland, auf dem Tessenberg, im St. Immertal, im Neuenburgischen, in der Umgebung von Bern, im Emmental sowie in den luzernischen, solothurnischen und aargauischen Grenzgebieten.
9 Hier und im folgenden nach Helvetia Sacra III/1, S. 751–761 (Karl Heinrich Flatt). Zum zähringischen Hauskloster St. Peter siehe Zähringer II, S. 123 ff.
10 Diese Schenkung soll gemäss späterer Überlieferung unter Abt Hugo (1100–1108) erfolgt sein, und dessen Nachfolger Eppo (1108–1132) soll zur Verwaltung der Güter in Herzogenbuchsee die Propstei gegründet haben, welcher der Meierhof Huttwil angegliedert war.
11 Hier und im Folgenden nach Helvetia Sacra III/1, S. 1564–1601 (Ernst Tremp).
12 Vom Entlebuch durch das Emmental bis in die Gegend von Burgdorf und nordwärts bis nach Herzogenbuchsee-Lotzwil im Oberaargau, mit Schwerpunkt im mittleren und unteren Emmental.
13 Oberburg, Langnau, Lauperswil, Roth LU, Luthern LU, Hasle im Emmental.
14 Die Propstei Wangen wird um die Mitte des 13. Jahrhunderts als Expositur von Trub erwähnt, Helvetia Sacra III/1, S. 1631–1639 (Karl Heinrich Flatt).
15 Helvetia Sacra III/1, S. 1912–1399 (Kathrin Tremp-Utz).
16 Helvetia Sacra III/1, S. 66 (Elsanne Gilomen-Schenkel).
17 Siehe Helvetia Sacra III/1, S. 78 ff.: Institutionelle Aspekte abhängiger Frauenklöster (Elsanne Gilomen-Schenkel).
18 Wir weichen in diesem Kapitel leicht von der chronologischen Reihenfolge Rüeggisberg–Münchenwiler–Leuzigen–Hettiswil–St. Petersinsel–Bargenbrück–Röthenbach–Brüttelen ab und bilden Gruppen: Rüeggisberg (und Röthenbach)–Münchenwiler–St. Petersinsel, Leuzigen–Hettiswil–Bargenbrück und Brüttelen.
19 Hier und im Folgenden nach Helvetia Sacra III/2, S. 643–687 (Kathrin Utz Tremp).
20 Das Datum findet sich auf einem allerdings verunechteten Diplom Kaiser Heinrichs IV., der seinerseits das Rodungsgebiet von Guggisberg schenkte. Zum Bautyp der Klosterkirche ⟶ S. 350.
21 Umfassend die Gemeinde Rüeggisberg (die sich zum Zentrum einer geistlichen Grund- und Gerichtsherrschaft entwickeln sollte), die Schwerpunkte Guggisberg und jenseits der Sense Alterswil und Plaffeien sowie nicht unbedeutenden Streubesitz auf dem Längenberg, im Gürbetal und östlich der Aare mit der Zelle Röthenbach.
22 Siehe Tremp, Gebärden. Der Konflikt entschärfte sich erst, als die Grundherrschaft in der ersten Hälfte des 15. Jahrhunderts durch den Prior Wilhelm von Mont (1411–1440) saniert wurde (Kartular von Rüeggisberg) und die Vogtei 1425 in die Hände der Familie von Erlach kam, die sie auch über die Inkorporation des Priorats in das stadtbernische Vinzenzstift (1484/1485) hinaus behielt.
23 Zu Röthenbach siehe Helvetia Sacra III/2, S. 695–706 (Kathrin Utz Tremp).
24 Zu Münchenwiler siehe Helvetia Sacra III/2, S. 365–390 (Kathrin Utz Tremp).
25 Zum Priorat auf der St. Petersinsel siehe Helvetia Sacra III/2, S. 707–729 (Kathrin Utz Tremp).
26 Siehe Gutscher/Ueltschi/Ulrich-Bochsler, St. Petersinsel.
27 In der Gründungsgeschichte des Priorats St. Petersinsel spiegelt sich das Vordringen der im Investiturstreit kaisertreuen Grafen von Hochburgund, auch Vögte von Romainmôtier, über den Jura während der Regierungszeit Kaiser Heinrichs IV. – der auch an der Gründung von Rüeggisberg beteiligt war – und ihre Zurückdrängung durch die Herzöge von Zähringen spätestens seit dem Regierungsantritt Kaiser Lothars III. (1125–1137).

28 Gebiet östlich des Bielersees mit den Ortschaften Worben, Jens, Bellmund, Walperswil und Port.
29 Zum Vinzenzstift siehe Tremp-Utz, Kollegiatstift.
30 Zu Leuzigen siehe Helvetia Sacra III/2, S. 357–362 (Kathrin Utz Tremp).
31 Siehe Helvetia Sacra III/2, S. 339–352 (Kathrin Utz Tremp).
32 Es ist nicht anzunehmen, dass das Priorat Rüeggisberg an der Gründung beteiligt war, obwohl es laut einer päpstlichen Besitzbestätigung von 1148 in Hettiswil Besitz hatte und zwei Prioren nachweisbar aus Rüeggisberg stammten, denn dann wäre die Zelle in Hettiswil wie diejenige in Röthenbach 1148 wohl auch als solche bezeichnet worden.
33 Das 15. Jahrhundert sah eine wachsende Einflussnahme der Stadt Bern auf das Priorat Hettiswil durch das Instrument der Klostervogtei, die dadurch ihren Charakter veränderte und von einer unter vielen Einnahmequellen der Kiburger zu einer eigentlichen Pflegschaft durch die Familie von Erlach wurde (die ja auch die Klostervogtei über das Priorat Rüeggisberg innehatte).
34 Zum Priorat Bargenbrück siehe Helvetia Sacra III/2, S. 141–146 (Kathrin Utz Tremp).
35 Wahrscheinlich auf der Aarberger Seite der Aare, wo sich damals noch keine Stadt erhob.
36 Siehe Helvetia Sacra III/2, Karte 1: Die Klöster der Provinz Alemannia et Lothoringia und die Schweizer Klöster anderer Ordensprovinzen mit ihren Dependenzen.
37 Siehe Zahnd, Wirtschaftsordnung, und Tremp, Mönche.
38 Helvetia Sacra III/3, S. 30 (Cécile Sommer-Ramer, Einleitung).
39 Hier und im folgenden nach Braun, Zisterzienser. Zwischen 1123 und 1131 wurde Bonmont gegründet, dann Montheron (1126/1134), Hautcrêt (1134/1143) und Hauterive (1131/1137). Bonmont hing zunächst von Balerne ab, dann (seit 1132) von Clairvaux, Montheron von Bellevaux in der Freigrafschaft (seinerseits abhängig von Morimond); Hautcrêt und Hauterive hingen von Cherlieu ab (seinerseits abhängig von Clairvaux).
40 Darunter, neben Frienisberg, auch St. Urban im luzernischen Gebiet und Salem in Süddeutschland (von dem wiederum das 1227 gegründete Wettingen abhing).
41 Hier und im Folgenden nach Helvetia Sacra III/3, S. 128–141 (Emil A. Erdin).
42 Im *privilegium commune*, das Papst Gregor IX. 1233 zugunsten Frienisberg ausstellte, werden acht Grangien aufgezählt: der Hof Frienisberg beim Kloster, der das Zentrum der Verwaltung bildete, die Aussenhöfe in Allenwil und Ried, in Tedlingen, Niederwiler, Werd, Gäserz bei Ins und Montils bei Nugerol. Vor der Reformation umfasste doer Grundbesitz ausser dem Klosterhof rund 300 Schupposen mit über 500 Jucharten Land in 45 Dörfern und Höfen zwischen dem Grossen Moos und der Aare im Westen von Bern sowie ca. 282 Mannwerk Reben am Bielersee.
43 HBLS III, S. 337 (B. Schmid).
44 Dazu Degler-Spenger, Zisterzienserinnen.
45 Hier und im Folgenden nach Helvetia Sacra III/3, S. 696–709 (Emil A. Erdin).
46 1275 empfahl Bischof Wilhelm von Lausanne den Dekanen von Köniz und Freiburg, die Almosen sammelnden Schwestern in ihren Sprengeln gut aufzunehmen und sie reichlich zu beschenken.

47 Hier und im Folgenden nach Helvetia Sacra III/3, S. 951–957 (Emil A. Erdin). Siehe auch Helvetia Sacra IV/5, S. 611 f. (Claudia Engler), und IX/2, S. 248 (Kathrin Utz Tremp).
48 Siehe Helvetia Sacra IV/3, im Druck (Kathrin Utz Tremp und Georg Modestin). Siehe auch Utz Tremp, Mönche.
49 Lac de Joux (zwischen 1126 und 1134), Humilimont/Marsens (1136/1141), Bellelay (1136) und Fontaine-André (1143).

Die Ritterorden

1 Tumler/Arnold, Orden; Boockmann, Orden; Ritterorden; Waldstein-Wartenberg, Vasallen.
2 Planta, Adel, S. 25–27.
3 Häfliger, Orden.
4 Häfliger, Orden, S. 276.
5 So etwa in Freiburg i. B. (Baeriswyl, Studien, S. 164–173) oder in Villingen (Jenisch, Villingen, S. 60–66).
6 So etwa in Freiburg i. B., in Freiburg i. Ü. (Kdm Freiburg II, S. 203–246), in Regensburg (Grunsky, Johanniterkirchen, S. 133–143) oder in Rothenburg/T. (Craemer, Hospital, S. 36).
7 So etwa die Deutschordenskommende Basel, ursprünglich eine Stadtniederlassung der Kommende Beuggen (Helmig/Jaggi, Untersuchungen).
8 Zeininger, L'Ordre Teutonique; Johanniter-Orden; Karmon, Johanniter; Waldstein-Wartenberg, Vasallen.
9 Waldstein-Wartenberg, Vasallen, S. 105.
10 Waldstein-Wartenberg, Vasallen, S. 239 f.
11 Waldstein-Wartenberg, Vasallen, S. 328.
12 Petitmermet, Stiftung; Rödel, Grosspriorat, S. 101 f., 104.
13 Twann, Moosseedorf, Krauchthal, Bremgarten bei Bern und Wohlen bei Bern. Rödel, Grosspriorat, S. 102.
14 Der angebliche Stadthof von Burgdorf war im Besitz der Ministerialadligen von Buchsee, nicht der Johanniter: Baeriswyl, Studien, S. 75–82.
15 Goll, St. Urban.
16 Rödel, Grosspriorat, S. 333.
17 Kümmerli/Otto, Heimatbuch, S. 231, 247.
18 Rödel, Grosspriorat, S. 106 f.
19 Boockmann, Orden; Arnold, Gründung; Planta, Adel; Maier, Orden.
20 Wojtecki, Orden; Kletzl, Übertragung.
21 Baeriswyl, Deutschordenskommende; Baeriswyl, Untersuchungen; Kasser, Deutschordenskirche; Kasser, Kirche; Kat. Kreuz; künftig Baeriswyl, Helvetia Sacra IV/7.
22 Vgl. etwa die Itinerarkarte von Heinrich VII. in: Johanniter-Orden, Band IV.
23 Howald, Leutkirche; Kdm Bern Stadt III; Kdm Bern Stadt IV; Stettler, Versuch; Tremp-Utz, Kollegiatstift.
24 Häusler, Emmental; Tremp, Emmental; Mülinen, Herren.
25 So bestanden auf Schweizer Boden im Mittelalter mehr als 25 Ritterordenskommenden, die mit wenigen Ausnahmen nicht erforscht sind, während der seit langem im Brennpunkt der Forschung stehende Zisterzienserorden nur drei Niederlassungen mehr besass, siehe dazu: Zisterzienserbauten.
26 Torbus, Konventsburgen.
27 Leistikow, Hospitalbauten, S. 38 f.; Grunsky, Johanniterkirchen.
28 Kdm Luzern IV, S. 97, 112 f.
29 Vorberichte: Baeriswyl, Deutschordenskommende; Baeriswyl, Untersuchungen; künftig: Baeriswyl, Helvetia Sacra IV/7.

30 Ulrich-Bochsler/Eggenberger, Gräber Köniz.
31 Kletzl, Übertragung, S. 99.
32 Bingenheimer, Luftheizungen, S. 147, 169 f., 195 f.
33 Tauber, Herd, S. 394.
34 Untermann, Mönchshaus.
35 Illi, Schîssgruob, hier S. 184–188.
36 Albrecht, Adelssitz; Burgen in Mitteleuropa, Bd. 1, S. 257–306.
37 Burgen in Mitteleuropa, Bd. 1, 295–299; 301–303.

Burgen im bernischen Raum

1 Zur Literatur: Eigenständige bernische Burgenliteratur begründete von Rodt, Burgen. – Unverzichtbar immer noch: Aeschbacher/v.Fischer/Schmid/Moser, Burgen; Schweizer, Burgen; Gutscher u. a., Burgenforschung. Generell und Schweiz (kleine Auswahl): Piper, Burgenkunde; Dürst, Rittertum; Hotz, Burg; Meyer/Widmer, Burgenbuch Schweiz; Maurer, Burgen; Arens, Königspfalzen; Burgenkarte; Meyer, Frohburg; Böhme, Burgen; Mesqui, Château; Dirlmeier, Geschichte des Wohnens; Meyer, Burgenbruch.
2 Wir folgen hier der die Befunde der Ausgrabung vor der modernen Bebauung erstmals im Zusammenhang auswertenden Darstellung bei Hofer/Meyer, Nydegg.
3 Die im Rahmen der aus heutiger Sicht völlig verunglückten Altstadt-Sanierung des Nydegg-Quartiers ausgegrabenen Grundmauern der Burg Nydegg wurden in der Folge grösstenteils abgebrochen. Sie sind zusammen mit den übrigen Befunden von Hans Jakob Meyer publiziert worden; siehe Hofer/Meyer, Nydegg.
4 Siehe Paul Hofer in Hofer/Meyer, Nydegg und Zettler, Zähringerburgen.
5 Hofer/Meyer, Nydegg, S. 139, ferner Weber, Inschriftenfragment, S. 52 ff.
6 Einzig für den 1770 abgetragenen Turm von Breisach gibt es genügend beurteilbare Bilddokumente, während in Moudon lediglich der Turmsockel erhalten ist.
7 Hofers Höhenangabe von Breisach ist zweifellos übertrieben, da die Darstellung Arhardts (Hofer/Meyer, Nydegg, Abb. 98) mit der Massaufnahme Schöpflins (Hofer/Meyer, Nydegg, Abb. 97 links) leicht zu entzerren ist.
8 Um 1198/1200 bzw. zwischen 1190 und 1207, vgl. Hofer/Meyer, Nydegg.
9 1996/97 erfolgten erste dendrochronologische Untersuchungen im Schlossturm von Thun im Zusammenhang mit Installationsarbeiten, 1999/2000 eine gründliche Bauuntersuchung im Rahmen einer Restaurierung des «Rittersaal» genannten grossen Saals im Schlossturm. Vorläufige Berichterstattung: Schweizer, Forschungsaufgaben und Schweizer, Kurzbericht, ferner Egger/Egger, Jahrringdatierungen, sowie Fischer, Farbuntersuchungen.
10 Aufdeckung von umfangreichen Resten des Vorgängerbaus des 12. Jahrhunderts 1909 und 1963/64, zusammenfassend Hofer, Thun, S. 17 ff. Die Auffassung Hofers, der Burgkern selbst habe sich auf der Mittelkuppe, im Bereich des sog. Abzugshauses, befunden, hat sich bei dessen Gesamtrestaurierung 1987 in keiner Weise bestätigt. Hingegen könnte eine Wiederverwendung eines Teils der Balkendecke im grossen Saal des heutigen Schlosses mit Dendrodaten aus der Mitte des 12. Jh. möglicherweise auf die Monumentalität dieser Vorgängeranlage

hinweisen, was auch die sorgfältigen, mit Kellenstrich dekorierten Mauerzüge belegen.

11 Es stellt sich die Frage, ob die Werkstücke der Säulen aus Sandstein nachträglich, im Laufe des 13. Jahrhunderts an Ort und Stelle ausgehauen wurden, nachdem sie vorher eher Pfeilercharakter aufgewiesen haben.

12 Zugang zu diesem Kulturkreis hatten die Zähringer auch über verwandtschaftliche Beziehungen Hinweise bei Zettler, Zähringerburgen, erste Quervergleiche von Quenedey, Donjon, S. 601 ff. – Gesamtübersicht: Chatelain, Donjons.

13 Jürg Schweizer in Kdm Bern Land I, Die Stadt Burgdorf, Basel 1985, S. 78 ff.

14 Kdm Bern Land I, S. 175 f. mit Diskussion über den Begriff porta; in gleicher Art die Inschrift in Breisach, siehe Weber, Inschriftfragment.

15 11,4 × 20m bei 6,5m Höhe bei Annahme einer Flachdecke. Die Halle ist 1546 in zwei Stockwerke und Einzelräume unterteilt worden.

16 Zur Materialisierung vgl. Kdm Bern Land I, S. 118 ff.

17 Meyer/Strübin Rindisbacher, Bümpliz.

18 Andres Moser, Kdm Bern Land II, S. 292 ff.

19 Zu Erlach jetzt Andres Moser, Kdm Bern Land II, S. 56 ff. – Als Standortwechsel Holz – Stein wird auch der Transfer der Burg Münnenberg (Gemeinde Lützelflüh) nach Trachselwald angesehen.

20 Vgl. dazu die Ausführungen von Werner Meyer, Meyer/Strübin Rindisbacher, Bümpliz S. 53 ff.

21 Daniel Gutscher in AKBE 1, S. 100–105, und in Nachrichten des Schweizerischen Burgenvereins 62, 1989/1, S. 2ff.

22 Bauuntersuchung und Teilgrabung anlässlich der Gesamtrestaurierung 1983–1989; vorläufige Berichterstattung in: Schweizer/Gutscher, Laupen; AKBE 1, S. 93 ff, ferner Gutscher/Ueltschi/Schweizer, Laupen, S. 1727 ff.

23 Infolge des schlechten Baugrundes musste die Mauer gegen Osten im 18. Jh. grösstenteils entfernt oder ersetzt werden.

24 Die Grasburg ist im frühen 20. Jahrhundert renoviert und erforscht worden, die damalige Bearbeitung der in Turin liegenden savoyischen Rechnungen ist eine auch aus heutiger Sicht hervorragende Quelle zur Kenntnis des Burgenlebens und -unterhalts, nicht zum Burgenbauen selbst: Burri, Grasburg. Anlässlich der Ruinenkonservierung 1983–86 Neuvermessung und Teiluntersuchung durch ADB und KDP (Andres Moser).

25 Meyer, Burg und Herrschaft, S. 161 ff.

26 Meyer, Burgenbau, Reicke, Untersuchung. Der (heute im Keller des Schlosses) etwas versteckte Megalithturm von Münsingen ist Reicke entgangen.

27 Untersuchung und Bauaufnahme 1:50 durch Heinz Schuler, 2001.

28 Hier zitiert nach Reicke, Untersuchungen, S. 30.

29 Man vergleiche etwa die überfeinerte Schraffur der Fensterbögen im Palas der Burgdorfer Schlosses.

30 Beide dendrodatiert, vgl. Reicke, Untersuchungen, S. 127 ff.

31 Die tief greifenden Umbauten der 50er-Jahre des 20. Jh. haben den Turm nur wenig, die anderen Bauteile jedoch stark berührt. Damalige Untersuchungen unterblieben.

32 Einstieg: Zeune/Uhl, Burgen, S. 217 ff. mit weiterführender Literatur.

33 Zu Funktion und Vorkommen vgl. Zeune/Uhl, Burgen, S. 245 ff.

34 Regional beste Auskunft von den Grabungen in Bümpliz und Salbüel, wobei die Funde kein grosses Ausmass annehmen, verglichen mit gewissen anderen Fundplätzen. Neue Übersicht: Kluge-Pinsker, Wohnen.

35 Auf Salbüel fanden sich Reste von Becherkacheln.

36 Vgl. Hofer, Graffiti.

37 So etwa auch in Laupen vor der bernischen Erneuerung.

38 Über die unlängst konservierte, aber nicht ausgegrabene Burgruine orientiert ein Flyer des Archäologischen Dienstes «Melchnau, Burgruine Grünenberg» mit den nötigen Literaturangaben, Bern 2001.

39 Vgl. Meyer, Burgenbruch und Meyer, Umkämpfte Burg.

40 Häusler, Emmental.

41 Welti, Stadtrechnungen, S. 1904.

42 Vgl. Schweizer, Schlossbau, S. 184 ff.

Der Kirchenbau auf dem Land

1 FRB VII, S. 265, 20. Mai 1347. Mit Hugo II. von Buchegg starb der Mannesstamm des Geschlechtes aus (zu den Herren von Buchegg, jedoch veraltet: Merz, Buchegg).

2 So unter anderen die Zisterzienser in Wettingen, die Benediktiner in Muri AG und das Augustiner Chorherren-Stift Beromünster.

3 Eggenberger/Descœudres, Klöster (mit ausführlicher Literatur); Eggenberger, bettelbrieff.

4 Eggenberger/Descœudres, Klöster (mit ausführlicher Literatur); Kat. Himmel, Hölle, Fegefeuer.

5 Zu Kirchlindach siehe: Eggenberger/Stöckli, Kirchlindach, S. 37–44; Stähli-Lüthi, Kirche Kirchlindach.

6 Möbius, Chorpartie.

7 Das Necrologium des Cluniazenser-Priorates Münchenwiler, 1909; Wollasch, Cluny; Wollasch, Toten- und Armensorge.

8 FRB VII, S. 111; S. 390.

9 Eggenberger/Ulrich-Bochsler/Schäublin, Bestattungen; Hofmeister, Gotteshaus; Kötting, Reliquienkult.

10 Zu den Grabbeigaben: Eggenberger/Kellenberger/Ulrich-Bochsler, Twann, S. 59–66. Zur Predigerkirche Bern: Descœudres/Utz Tremp, Französische Kirche, S. 175.

11 Eggenberger/Rast Cotting/Ulrich-Bochsler, Bleienbach, S. 52–54.

12 Eggenberger/Kellenberger, Oberwil, S. 60–63.

13 Gmür, Zehnt; Jezler, Kirchenbau; Lindner, Inkorporation; Morgenthaler, Herrschaft Bipp; Schöller, Organisation.

14 FRB III, S. 154–159.

15 Eggenberger, bettelbrieff.

16 Amsoldingen: Rutishauser, Amsoldingen. Spiez: Haller, Kirche Spiez; Steffisburg: Eggenberger/Ulrich – Bochsler, Steffisburg. Wimmis: Stähli-Lüthi, Kirche Wimmis. Zu den querschifflosen Pfeilerbasiliken: Sennhauser, St. Ursen.

17 Mojon, St. Johannsen, S. 12; Helvetia Sacra III/1, S. 658–671.

18 Helvetia Sacra III/1, S. 1564–1601 (Trub), 1631–1639 (Wangen a. A.), 1912–1933 (Rüegsau). Archäologische Untersuchungen: Rüegsau: Descœudres, Rüegsau; Trub: Schweizer, Kloster Trub; Wangen a. A.: Eggenberger/Rast Cotting/Ulrich-Bochsler, Wangen.

19 Hirsau und St. Blasien: Binding/Untermann, Kunstgeschichte, S. 109–136. Konstanz: Hecht, Kirchenbau; Knoepfli, Kunstgeschichte; Reiners, Münster Konstanz; Zürich: Gutscher, Grossmünster.

20 Gottstatt: Aeschbacher, Gottstatt; Eggenberger/Keck, Orpund; Bellelay: de Raemy/Wyss, Bellelay, S. 38.

21 Es wurden die Kirchen berücksichtigt, die in Abb. 42517, Abb. 42520 und Abb. 42524 aufgeführt sind. Die Grundlagen stammen aus: KFS III; Jacobsen/Schaefer/Sennhauser, Vorromanische Kirchenbauten, Oswald/Schaefer/Sennhauser, Vorromanische Kirchenbauten; SKF; Monographien etc.

22 KFS III, S. 404.

23 Hofer, Fundplätze, S. 17–33.

24 Amsoldingen: Rutishauser, Amsoldingen. Spiez: Haller, Kirche Spiez; Steffisburg: Eggenberger/Ulrich – Bochsler, Steffisburg. Wimmis: Stähli-Lüthi, Kirche Wimmis.

25 Oberbipp: KSF III, S. 529 f.; Sennhauser, Kirche Oberbipp; Biglen: KSF III, S. 482.

26 Zum Beispiel Oberwil bei Büren a.A. siehe: Eggenberger/Kellenberger, Oberwil, S. 37–44; Eggenberger/Müller, Oberwil.

27 Bezüglich der in der Grabung aufgedeckten Fundamente dieser ersten Kirche der Stadt Bern, die im Chor der Vorgängerkirche des Münsters liegen, drängt sich allerdings eine beweiskräftige Überprüfung auf, Kdm Bern Stadt IV, S. 18.

28 Eggenberger, bettelbrieff.

29 Büren a.A.: Schmucki, Büren; Pieterlen: KFS III, S. 591 f.

30 Meiringen: KFS III, S. 449. Röthenbach: KFS III, S. 503.

31 Zur Manufaktur in St. Urban LU siehe: Goll, St. Urban; Schnyder, Baukeramik. Auch das Prämonstratenserkloster Gottstatt bei Orpund lieferte später seine Tonware in die weitere Umgebung, Eggenberger/Ulrich-Bochsler/Keck, Nidau.

32 Steffisburg: Eggenberger/Ulrich – Bochsler, Steffisburg, S. 61 f.

33 Gutscher AKBE 3 A, S. 534.

34 Eggenberger/Stöckli, Kirchlindach; Stähli-Lüthi, Kirche Kirchlindach.

35 Siehe BGZ.

Bauernalltag

1 Dazu und zum Folgenden vgl. Goetz, Leben, S. 115–164; Otto Borst, Alltagsleben, S. 111–152.

2 Bierbrauer, S. 17.

3 Bierbrauer, S. 17.

4 Feller I, S. 97.

5 FRB II, S. 584 f., Nr. 550.

6 Feller I, S. 97.

7 FRB III, S. 738 f., Nr. 731.

8 Feller I, S. 96 f.

9 Feller I, S. 96.

10 Feller I, S. 96.

11 FRB VI, S. 706 f., Nr. 734.

12 Bierbrauer, S. 17.

13 Borst, S. 113 f.

14 Feller I, S. 96.

15 FRB III, S. 494, Nr. 507.

16 Borst, Alltagsleben, S. 124.

17 Bierbrauer, 366.

Anthropologische Befunde

1 Publiziert in der Monographienreihe des Archäologischen Dienstes des Kantons Bern, AKBE 1–4.

2 Da Friedhöfe oft über Jahrhunderte hinweg benutzt wurden, lassen sich die wenigsten Friedhofsgräber zeitlich eng eingrenzen. Die hier beigezogenen Skelette stammen aus einer Zeit, die das 13./14. Jh. einschlies-

sen; die mögliche Gesamtzeitspanne der meisten Friedhöfe ist jedoch meist grösser (archäologische Datierung z. B. 10.–14. Jh. oder 12.–15. Jh.).
3 Als Beispiel sei hier die Pfarrkirche von Kirchlindach beigezogen. Eggenberger/Stöckli, Kirchlindach.
4 Ulrich-Bochsler, Frau und Kind.

Archäologische Spuren
1 Eine durch die Stadtgründung Berns hinfällig gewordene dörfliche Siedlung könnte theoretisch auf der Engehalbinsel – vielleicht im Bereich der dort nachgewiesenen Fähre? – zu suchen sein. Bislang fehlt jedoch jeder archäologische Beleg.
2 Gutscher, Holzbau in der Stadt.
3 Gutscher, Köniz-Niederwangen.
4 Eggenberger, Münchenwiler.
5 Unpublizierte Grabungen 1996 an der Rue Pierre Pertuis, Archiv ADB 102.005.1996.01.
6 Gutscher, Aarberg.
7 Älteste Daten von Hölzern belegen die Jahre 1109–1112 oder 1146–1149, Grubenfüllungen konnten in die Zeit zwischen 1072–1128 und 1155–1232, bzw. 1157–1251 datiert werden.
8 Die Untersuchung am Labor für Archäobotanik am Botanischen Institut der Universität Basel besorgte Dr. Christoph Brombacher, auf dessen Berichte vom 15. 8. und 25. 8. 1997 wir uns stützen und dem wir an dieser Stelle verbindlich danken.
9 Gutscher, Ulrich-Bochsler, Wallfahrt. – Gutscher, Marienkapelle in Oberbüren.
10 Zu Unterseen: Gutscher, Stadthaus Unterseen und AKBE 4A, S. 267–274.
11 Zu Zäziwil: AKBE 4A, S. 287–296.
12 Die Untersuchungen besorgen freundlicherweise Angela Schlumbaum, Marlies Klee und Christoph Brombacher vom Labor für Archäobotanik am Botanischen Institut der Universität Basel. Wir stützen uns auf erste Vorberichte vom August 2000. Archiv ADB.
13 Wand, Holzheim.
14 Schulze-Dörrlamm, Wülfingen.
15 Bänteli/Höneisen, Berslingen.
16 Janssen, Königshagen.
17 Descœudres, Blockbauten.
18 Gutscher, Holzbau in der Stadt, S. 21: Venantius Fortunatus, um 560, lobt den Holzbau «Weg mit euch, mit den Wänden von Quadersteinen. Viel stolzer scheint mir, ein meisterlich Werk, hier der gezimmerte Bau. Schützend bewahren vor Wetter und Wind die getäfelten Stuben. Nirgends duldet des Zimmerers Hand klaffenden Spalt! Luftig umziehen den Bau im Geviert die stattlichen Lauben, reich von des Meisters Hand spielend und künstlich geschnitzt.» Oder Descœudres, Blockbauten, S. 15: Ryff, um 1548: «sind sie (die Häuser) doch vest und ein ewig werck, und geben im winter grosse werm».

Gewerbesiedlungen
1 Glatz, Hohlglasfunde.
2 Pfrommer/Gutscher, Laufen.
3 Gutscher, Angenstein 1, 2 und 3.
4 Gutscher, Erguël 1 und 2.
5 Meyer, Statussymbol.
6 Glatz, Hohlglasfunde.
7 Burri, Glashütten, S. 11.
8 Gutscher, Bergbau.
9 Häusler, Emmental, S. 185–87.
10 Fehring, Dorfwüstungen.
11 Vorbericht in: Gerber/Gutscher, Chaluet.
12 Gerber, Fours à chaux.

Die Jagd
1 Schibler/Hüster-Plogmann, Wildtierfauna.
2 Wildtierknochen fanden sich in Grenchen mit 13% (Stampfli, Tierknochenfunde), Nidau mit 8% (Büttiker/Nussbaumer, Tierknochenfunde) und Bümpliz mit 1% (Grundbacher, Tierreste).
3 Vgl. dazu Klumpp, Tierknochenfunde, für Niederrealta/Cazis GR mit 2,3% und Küpper, Tierknochenfunde, für Schiedberg/Sagogn GR mit 8,1%.
4 Für zwei städtische Siedlungen aus dem 12./13. Jahrhundert liegen folgende Zahlen vor: Laufen mit 1,7% (Nussbaumer, Tierknochen) Zug mit 1,1% (Rehazek in Vorb.).
5 Hüster-Plogmann u. a., Ernährungswirtschaft.
6 Propst und Kapitel von Interlaken verteidigten 1242 ihr Recht zur Jagdausübung auf der Alp Sevinen, FRB 2, S. 231.
7 SSRQ Bern Stadt III, S. 72.
8 SSRQ Bern Stadt III, S. 344.36.
9 Von Rodt, Jagdwesen, S. 21.
10 Eiberle, Lebensweise.
11 SSRQ Bern Stadt III, S. 470.30.
12 Schibler/Hüster Plogmann, Wildtierfauna; Briefliche Information von Jörg Schibler.
13 Interessant aber noch ungeklärt ist der Zusammenhang zwischen der Jagd und der Nutzung der Eichhörnchenfelle als Wandbehänge in der Form des so genannten Fehbesatzes. Zum Thema und dessen malerischer Imitation siehe: Gutscher, Repräsentationsräume, S. 87.
14 P. Lüps in Vorb.
15 Bärenfangeisen werden auch als Bäreneisen bezeichnet, da das Wort Fang in der heutigen Zeit missverständlich erscheinen kann. Es erweckt den Anschein, es wäre um das Fangen eines lebenden Bären gegangen, wozu Fallgruben und Fallen besser geeignet gewesen wären. Das Fangeisen bezieht sich aber auf das aus der Jägersprache stammenden Begriffs des Abfangens eines von Hunden gehetzten oder bereits durch andere Einwirkungen verletzten Wildes mit einer langschäftigen Blankwaffe. Korrekt müsste von einem Bärenabfangeisen gesprochen werden, was wegen der Länge des Wortes dazu führt, dass es auf Bäreneisen reduziert wird.
16 In selteneren Fällen könnte es sich auch um Lannerfalken oder importierte Gerfalken gehandelt haben.
17 Dazu: Lüps/Althaus, Fragmente.
18 Erwähnt seien «Wolfsgrube» bei Heiligendschwendi oder «Bärfallen» bei Eggiwil.
19 Wolfsnetze hängen u. a. in der Kirche von Würzbrunnen und in den Schlössern Burgdorf, Landshut und Spiez.
20 Solche Utensilien zur Vogeljagd sind kaum erhalten. Abbildungen (seit römischer Zeit) und Hinweise in frühen ornithologischen Werken liefern jedoch Hinweise, vgl. Rohrdorf, Schweizer-Jäger; Brehm, Vogelfang.

Geistliches und geistiges Leben

Andacht und Seelsorge

Kirche St. Vinzenz und Deutschordenshaus
1 Justinger, S. 8 f. Kap. 10.
2 FRB II, S. 44 f. Nr. 40 (1224, April 7), S. 400 f. Nr. 378 (1255, Aug. 31). Auch wenn das Vinzenzpatrozinium erst 1255 belegt ist, so ist doch wenig wahrscheinlich, dass die Kirche von Bern zunächst der Maria geweiht gewesen sein sollte, weil diese die Patronin der Augustinerchorherren war, denen die Kirche von Köniz und damit auch diejenige von Bern gehörte, siehe Kdm Bern Stadt IV, S. 3. Es ist nicht einzusehen, warum man in der ersten Hälfte des 13. Jahrhunderts zu Vinzenz gewechselt hätte, als die Kirche von Bern zusammen mit derjenigen von Köniz dem Deutschen Orden geschenkt wurde, denn dessen Patronin war ebenfalls Maria. Strahm, Gründungsgeschichte, S. 32 f., leitet das Vinzenzpatrozinium von der Metropole Besançon ab; Beck, Gründungsgeschiche, S. 79 f., von Lausanne. Siehe auch Niederberger, Vinzenz.
3 Tremp-Utz, Kollegiatsstift, und Utz Tremp, houptstuk.
4 Schweizer, Burgdorf, sowie Gutscher, Fragen, S. 138 f.
5 Sennhauser, Solothurn, S. 104.
6 Kdm Bern Stadt IV, 1960, S. 17.
7 Howald, Leutkirche, S. 161.
8 So zuletzt durch Mojon in den Kdm Bern Stadt IV, S. 433. Von der damaligen Aufdeckung sind jedoch bislang nur Masse publiziert.
9 Howald, Leutkirche, S. 188.
10 Howald, Leutkirche, S. 188. Diese Lage spräche für eine Interpretation der Baureste als solche eines Chores, dann wäre Holwalds Westwand das Spannfundament des Chorbogens. Für diese Interpretation spräche auch eine bei den meisten im Kanton Bern ergrabenen Kirchen beobachtete «Regel», dass die Trennlinie Schiff/Chor bzw. Laien-/Priesterzone über alle Jahrhunderte der baulichen Entwicklung stets an derselben Stelle verbleibt.
11 Howald, Leutkirche, S. 214.
12 Zimmermann, Baumsarg; vgl. dazu die Rezension von Descœudres, Zimmermann.
13 Oft ist bei relativ gut erhaltenen Särgen zu beobachten, dass durch die Verwitterung Seitenwände und Boden der Särge als Rundung zusammensinken. Erst ein nach modernen Methoden der archäologischen Grabung freigelegter Befund lässt eine abschliessende Beurteilung zu. Vom Befund von 1871 gibt es weder Skizzen noch eine genauere Beschreibung. Dazu: Zimmermann, Baumsarg, S. 19 und 119–121.
14 Vgl. Baeriswyl, Studien. Dort kritische Diskussion der von Strahm, Gründungsgeschichte, 1935 vorgeschlagenen und von Beck, Gründungsgeschichte, 1937 widerlegten, dann aber von Mojon Kdm Bern Stadt IV – allerdings ohne neue Argumente – 1960 wieder aufgenommenen These von der Vinzenzenkirche als einer fränkischen Eigenkirche.
15 SSRQ Bern Stadt VI/1, S. 1–3 Nr. 1a.
16 FRB II, S. 121 Nr. 112 (1232, Jan. 1); SSRQ Bern Stadt VI/1, S. 4 f. Nr. 1c (1235, Okt.). Die Schenkung der Pfarrkirche von Köniz samt ihren Filialen an den Deutschen Orden durch Kaiser Friedrich II. und seinen Sohn, König Heinrich VI., erklärt sich wohl vor allem dadurch, dass Friedrich II. den Orden zur Stütze seiner Politik machte und den Hochmeister als Berater und Vermittler in seinem Streit mit dem Papsttum brauchte, siehe Lex MA 3, Sp. 768–777 (H. Boockmann), hier Sp. 768.
17 SSRQ Bern Stadt VI/1, S. 3 Bem. zu Nr. 1a (1229 oder 1230, Feb. 20).
18 Nicht zuletzt wegen des Streites um die Kirche von Köniz nahm er 1239 seinen Rücktritt, was in Lausanne einen Bürgerkrieg auslöste. SSRQ Bern Stadt VI/1, S. 3f. Nr. 1b (1232, Sept. 15); FRB II, S. 161

Nr. 149 (1236, Feb. 28), S. 192 f. Nr. 283 (1239, nach Sept. 23), S. 207 f. Nr. 197 (1240, von April 13 bis Juli 10); vgl. Helvetia Sacra I/4, S. 119, und Morerod, Genèse, S. 218–238.
19 SSRQ Bern Stadt VI/1, S. 5f. Nr. 1d (1238, Nov 24), vgl. FRB II, S. 177 Nr. 167 (1238, Nov 24), und S. 362 Nr. 336 (1253, Nov. 24).
20 SSRQ Bern Stadt VI/1, S. 6–8 Nr. 1e (1243, Mai 31).
21 Siehe Utz Tremp, Helvetia Sacra IV/5, S. 285–324, und Lachat, Helvetia Sacra V/1, S. 137–146.
22 FRB II, S. 464 f. Nr. 442 (1257), S. 576 f. Nr. 540 (1263, Juli 23), S. 673 f. Nr. 613 (1267, Jan. 13), S. 683 f. Nr. 622 (1267, Mai 23), S. 737 f. Nr. 681 (1270, Feb. 4).
23 Eventuell erst 1273, bei Annahme von Annuntiationsstil, FRB III, S. 13 Nr. 15 (1272, März 16, oder 1273, März 1).
24 *Frater Volpertus, curatus ecclesie de Berno, et frater Conradus dictus de Vischerbach, commendator in Chuniz.* Im Herbst des gleichen Jahres handelten sie im Einverständnis mit den Brüdern von Köniz und von Bern. FRB III, S. 31 f. Nr. 37 (1273, März 30), S. 32 f. Nr. 39 (1273, Mai 10), S. 45 f. Nr. 55 (1273, Sept. 23).
25 SSRQ Bern Stadt VI/1, S. 11 f. Nr. 1i.
26 FRB III, S. 192 f. Nr. 199 (1277, Jan. 22).
27 FRB III, S. 215 f. Nr. 226 (1277, Sept. 30), S. 251 f. Nr. 268 (1279, April 18).
28 Türler, Berner Tagblatt vom 13. 10. 1897, Nr. 483.
29 Nicolas, Münster.
30 Pläne unpubliziert, Archiv ADB, Beschreibung als Nachtrag in Kdm Bern Stadt IV, S. 433 f.
31 FRB Bern III, Nr. 490.
32 Howald, Leutkirche, S. 191.
33 Satzung Buch R, §204, SSRQ Bern-Stadt I, S. 311.
34 Kdm Bern Stadt IV, S. 123 sowie Abb. 119 und 410.
35 Gewicht: ca. 700 kg, Ton: Gis (As). Vgl. dazu Bund Nr. 9 vom 12. 1., S. 21 und Nr. 12 vom 16. 1. 2002, S. 24.
36 Gewicht: ca. 275 kg, Ton: ein etwas zu hohes E, nicht mehr geläutet.
37 Howald, Leutkirche, S. 203.
38 Howald, Leutkirche, S. 191.
39 FRB VII, Nr. 248.
40 Verzeichnis der Kirchenzierden von 1379–1402 im StAB.
41 FRB IV, S. 417 Nr. 386 (1310, Juni 17), siehe auch Kdm Bern Stadt VI, S. 423 Abb. 427, und S. 428; Baeriswyl, Münsterbezirks, S. 78. Der Michaelsaltar (in der Beinhauskapelle) wurde am 6. März 1326 geweiht, siehe FRB V, S. 495 f. Nr. 453.
42 FRB IV, S. 483 f. Nr. 458, S. 486 Nr. 461, S. 496 f. Nr. 473, S. 500–503 Nr. 478 (1312, Jan. 13, 29, April 9, 27), siehe auch S. 736 f. Nr. 720 (1316, Juni 18).
43 FRB V, S. 87–89 Nr. 36 (1318, Aug. 16).
44 FRB V, S. 206 f. Nr. 160, siehe auch S. 666 f. Nr. 637 (1329, Jan. 11), S. 732 f. Nr. 694 (1330, Feb. 20).
45 SSRQ Bern Stadt VI/1, S. 13 Nr. 1 (1324, Aug. 4), siehe auch FRB V, S. 500–502 Nr. 459 (1326, April 5).
46 Gatschet, Jahrzeitbuch, S. 325; Cronica de Berno, in: Justinger, S. 295–301, hier S. 295 f. Siehe auch Stähli, Cronica, S. 1f.
47 FRB V, S. 491 f. Nr. 448 (1326, Jan. 28).
48 FRB V, S. 584 f. Nr. 545 (1327, Sept. 1–24), S. 585–587 Nr. 546–549 (1327, Sept.), S. 591 Nr. 554 (1327, Dez. 5), S. 595–597 Nr. 560–564 (1327, Dez.), S. 599–601 Nr. 567a–g (1328, Jan.), S. 601 Nr. 568 (1328, Jan.), S. 605–607 Nr. 574a–g (1328, Feb.), S. 641–642 Nr. 606 u. 607 (1328, Juli), S. 652 Nr. 618a–b (1328, Sept.), S. 654 Nr. 621 (1328, Okt. 22), S. 657 f. Nr. 626 (1328, Nov.), S. 703 f. Nr. 673 (1329, Juli).
49 FRB V, S. 586 f. Nr. 548 u. 549 (1327, Sept.), S. 597 Nr. 563 u. 564 (1327, Dez.), S. 601 Nr. 568 (1328, Jan.), S. 652 Nr. 618a–b (1328, Sept.), siehe Utz Tremp, Helvetia Sacra IX/2, S. 251 f., 264 Anm. 19 (Stellen aus dem Jahrzeitbuch).
50 Chronica de Berno, in: Justinger, S. 299; siehe auch FRB VI, S. 124 Nr. 134, und S. 126 Nr. 137 (1334, Juli 6, 21).
51 Justinger, S. 87 f., 93 Kap. 134, vgl. Cronica de Berno, in: Justinger, S. 299 f.
52 FRB VI, S. 504 f. Nr. 523 (1339, Dez.).
53 FRB VI, S. 648 f. Nr. 666 (1342, Feb. 23), siehe auch FRB VIII, S. 103 Nr. 255 (1355, Sept. 11), und Utz Tremp, Helvetia Sacra IV/5, S. 290, 303 Anm. 45.
54 FRB VI, S. 660 f. Nr. 677, siehe auch Utz Tremp, Helvetia Sacra IX/2, S. 274–276.
55 1339 eine Frühmesse auf den Heiligkreuzaltar von Johannes von Habstetten und 1350 eine Wochenmesse auf den Niklausaltar von Mechthild, der Witwe des Dietwig Münzer (→ S. 460). Im Jahr 1342 wurde die Messe, die 1329 im Niederen Spital gestiftet worden war, in die Beinhauskapelle bei der Pfarrkirche übertragen, da das Spital 1335 aus der Stadt heraus verlegt worden war (→ S. 410).
56 FRB VI, S. 715 f. Nr. 743 (1343, Feb. 16), S. 739–746 Nr. 770a–w (1343, Juni 20–Okt 31); VII, S. 44 Nr. 49 (1344, Juli 24).
57 FRB VII, S. 244 f. Nr. 248: *Ich Johans Muttenzer, der maler von Basel, tůn kunt … daz die burgere der stat von Berne mit allez daz werch, so ich an dú bilde, dú da stant in ir lútkilchen ze Berne umbe und umbe, und an daz gemelde so dar zuo hoeret, getan und gemacht han, mir bericht hant und gethzlich verlonet hant, dez mich wol benueget.* Siehe auch Kdm Bern Stadt IV, S. 12.
58 Siehe Kern, Villars-les Moines.
59 Am 25. November «bestätigte Kaiser Karl IV. auf die Bitte des Wolfram von Nellenburg, *preceptor Alamanie generalis fratrum hospitalis sancte Marie Jerosolimitani domus Theutonice,* die inserierten Privilegien der Deutschordenshäuser in Köniz und Bern und der Stadt Bern vom 15. Aug. 1226, 20. Feb. 1229, Okt. 1235, 6. Jan. 1257 und ferner die Briefe, die das Haus von der Stadt Bern über das Recht, den Leutpriester an die Pfarrkirche von Bern zu setzen, und über den Unterhalt des Chors erhalten hat, bei einer Strafe von 100 lb Gold im Falle der Widerhandlung». FRB VIII, S. 160 Nr. 443 (1356, Nov. 25).
60 SSRQ Bern Stadt VI/1, S. 20 f. Nr. 1s.
61 Der Altar in der Kapelle der Deutschordensschwestern war mit dem Kirchensatz von (Ober-)Balm dotiert, der Altar des heiligen Michael in der Beinhauskapelle mit dem Kirchensatz von Rüderswil, der Altar der heiligen Niklaus in der Pfarrkirche mit demjenigen von Ueberstorf, die Frühmesse auf dem Heiligkreuzaltar mit dem Kirchensatz von Bösingen und die Spätmesse mit demjenigen von Rüti bei Burgdorf. FRB VIII, S. 323 f. Nr. 871.
62 Gatschet, Jahrzeitbuch, S. 378, 388, 484–486. Siehe auch FRB VIII, S. 291 Nr. 790 (1359, April 15), S. 335 Nr. 896 (1360, Mai 2).
63 FRB VII, S. 330 Nr. 349 (1348, März 28), S. 439 Nr. 454 (1349, Juni 23): *… gesetzet ze ewigem almůsezen der lutkylchen ze Berne, ze stúr an ir bû, alz nu Niclaus von Riede enphligt.*
64 Belege in Tab. 2. Das grosse Kreuz stand, zusammen mit Statuen der zwölf Apostel, auf dem Lettner der zweiten Leutkirche, siehe Howald, Leutkirche, S. 197.
65 FRB VIII, S. 224 Nr. 596 (1357, Nov. 24), S. 251 Nr. 677 (1358, April 21), S. 403 Nr. 1069 (1361, Juni 1).
66 FRB X, S. 233 f. Nr. 464 (1383, Aug. 27), siehe auch Philipp, Pfarrkirchen, S. 21.
67 FRB X, S. 49–52 Nr. 108: *Dis ist sant Vincenciien und dz zů der lútkilchen der burger von Berne hőret, dz wir, der lipriester, der kuster und die brůder des tútschen ordens, von dien egn. von Berne und ir amptlúten enphangen hein.*
68 SSRQ Bern Stadt I/1, S. 150 Nr. 173: *Item wie man zwen kilchmeyger setzen sol, die daz wachs ufnehmen. Item sůllen wir zwen erber man dar setzen, die der lůtkilchen wachs ufnemen und daz bekeren in der kilchen nutz, und die sůllent ůch versorgen, wie die ewigen spenden und liechter werden usgericht, und sol man ůch inen das verschriben geben und sůllent ůch harumbe sweren.* Siehe auch S. 309 Nr. 200, und SSRQ Bern Stadt VI/1, S. 39 Bemerkungen.
69 FRB X, S. 115 Nr. 210 (1380, Jan. 11), S. 505–511 Nr. 1079 (1388).

Die Bettelordensklöster

1 Lachat, Barfüsserkloster Bern, S. 15 f.; Lachat, Helvetia sacra V/1 Bern, S. 137.
2 Descœudres/Utz Tremp, Französische Kirche, S. 20 f.; Utz, Helvetia Sacra IV/5/1, S. 286 f.
3 Engler, Helvetia Sacra IV/5/2, S. 612 f.
4 Lachat, Barfüsserkloster Burgdorf, S. 25 f.; Lachat, Helvetia sacra V/1 Burgdorf, S. 147–151.
5 Elm, Lex MA I, Sp. 2088–2094. Zu den grossen Bettelorden zählen auch die Augustiner-Eremiten und Karmeliten, die auf dem Gebiet der heutigen Schweiz aber nicht sehr wirksam waren.
6 Hübner/Vicaire/Elm, Lex MA III, Sp. 1192–1220.
7 Pasztor/Martin/Berg, Lex MA IV, Sp. 800–822; Elm, Lex MA IV, Sp. 830–835.
8 Hecker, Bettelorden, 48–50; Berger, Bettelorden, S. 280–82.
9 Lachat, Barfüsserkloster Bern, S. 8 f.; Descœudres/Utz Tremp, Französische Kirche, S. 122 f. Die Berufung der Dominikaner zur Ketzerbekämpfung scheint für Bern nicht wichtig und nimmt auch später keine bedeutende Rolle ein: Descœudres/Utz Tremp, Französische Kirche, S. 123 und S. 131.
10 Descœudres/Utz Tremp, Französische Kirche, S. 20 f. In der Schenkungsurkunde von 1269, in der die Stadt den Dominikanern den ersten Bauplatz schenkt, wird die Vorstadt *(suburbium)* erstmals urkundlich erwähnt.
11 Descœudres/Utz Tremp, Französische Kirche, S. 20 f. und S. 116 f.
12 Gilomen, Stadtmauern, S. 45–62, relativiert die fortifikatorische Bedeutung gegenüber Stüdeli, Minoritenniederlassungen.
13 Lachat, Barfüsserkloster Burgdorf, S. 25 f.; Gilomen, Stadtmauern, S. 54–57.
14 Descœudres/Utz Tremp, Französische Kirche, S. 123; Schweizer, Ordenslandschaften, S. 314–316.
15 Descœudres/Utz Tremp, Französische Kirche, S. 126, schliesst nach den Berech-

nungen von Neidiger, Mendikanten, S. 153–155, in Basel auf ca. 20–30% der Gesamteinnahmen für den Berner Konvent. Über die Terminiergebiete und Termineien (Aussenstationen) der Berner Bettelordensklöster gibt es kaum Quellen.

16 Ausführlich dazu für die Dominikanerkirche Descœudres/Utz Tremp, Französische Kirche, insbesondere S. 111–116 (Zusammenfassung).

17 FRB II, 723–725, Nr. 667a; Lachat, Barfüsserkloster Bern, S. 15. Die Dominikanerinnen müssen ihren Bauplatz im 14. Jh. selber finanzieren, Engler, Helvetia Sacra IV/5/2, S. 613.

18 Descœudres/Utz Tremp, Französische Kirche, S. 126; Lachat, Barfüsserkloster Bern, S. 16–18. Einmalige Schenkungen und Besitz von Grund, Boden und Klostergebäuden waren erlaubt: Zimmer, Helvetia Sacra IV/5/1, S. 27.

19 Konzepte und Typen früher Bettelordenskirchen bei Schenkluhn, Architektur, S. 103–105.

20 Lachat, Barfüsserkloster Bern, S. 16.

21 Lachat, Barfüsserkloster Bern, S. 16–18.

22 Lachat, Barfüsserkloster Bern, S. 25–37.

23 Descœudres/Utz Tremp, Französische Kirche, S. 116 f und S. 125 f.

24 Descœudres/Utz Tremp, Französische Kirche, S. 126–128, Zitat S. 126.

25 Neidiger, Mendikanten, S. 65 f.; Descœudres/Utz Tremp, Französische Kirche, S. 127 f.

26 Descœudres/Utz Tremp, Französische Kirche, S. 128–129; zu Werner Stettler, HBLS 6, S. 545. Stiftungen für die Berner und Burgdorfer Franziskaner: Lachat, Barfüsserkloster Burgdorf, S. 43–60, und Lachat, Barfüsserkloster Bern, S. 20–27.

27 Zimmer, Helvetia Sacra IV/5/1, S. 33.

28 Lachat, Barfüsserkloster Burgdorf, S. 37–40; Lachat, Barfüsserkloster Bern, S. 27–30; Descœudres/Utz Tremp, Französische Kirche, S. 107.

29 Descœudres/Utz Tremp, Französische Kirche, S. 130–133; Lachat, Barfüsserkloster Bern, S. 16. Über eine vergleichbare Indienstnahme des Burgerdorfer Franziskanerklosters ist nichts bekannt.

30 Wehrli-Jones, Wirksamkeit, S. 81 f.

31 Hecker, Bettelorden, S. 177.

32 Utz, Helvetia Sacra IV/5/1, S. 296; Lachat, Barfüsserkloster Burgdorf, S. 64–66; Lachat, Helvetia sacra V/1 Bern, S. 137.

33 Lachat, Helvetia sacra V/1 Bern, S. 137.

34 Descœudres/Utz Tremp, Französische Kirche, S. 133–135.

35 Zimmer, Helvetia Sacra IV/5/1, S. 32–34; Fischer/Degler-Spengler, Helvetia sacra V/1, S. 31.

36 Utz, Helvetia Sacra IV/5/1, S. 287 f.; Lachat, Barfüsserkloster Bern, S. 9f.

37 Utz, Helvetia Sacra IV/5/1, S. 292; Utz, Helvetia Sacra IX/2, S. 243–245 und S. 254 f.

38 Lachat, Barfüsserkloster Bern, S. 9–12; Engler, Helvetia Sacra IV/5/2, S. 614.

39 Utz, Helvetia Sacra IV/5/1, S. 297–299.

40 Engler, Helvetia Sacra IV/5/2, S. 610–630.

41 Justinger, S. 32 f.

42 Engler, Helvetia Sacra IV/5/2, S. 618, Anm. 14 und Anm. 15.

43 Engler, Helvetia Sacra IV/5/2, S. 619, Anm. 19. Zum möglichen Aufenthalt von Elsbeth von Oye in Bern: Schneider-Lastin, Handexemplar, S. 53–70, und Schneider-Lastin, Fortsetzung, S. 201–210.

44 Engler, Helvetia Sacra IV/5/2, S. 616 f.

Spitäler und Beginenhäuser

1 Vernachlässigt werden das Siechenhaus, erstmals erwähnt 1284, und die Ellende Herberge, erstmals erwähnt 1395/1396, siehe Kdm Bern Stadt I, S. 349 f. und 419 f. (mit Lit.).

2 Gilomen-Schenkel, Helvetia Sacra IV/4, S. 26 f., siehe auch Gilomen-Schenkel, Spitäler.

3 Hier und im Folgenden nach Utz Tremp, Beginen, S. 28–30. Siehe auch Degler-Spengler, Helvetia Sacra IX/2, S. 31–75.

4 Zu diesem Abschnitt siehe Utz, Helvetia Sacra IX/2, S. 251 f.

5 Hier und im Folgenden nach Utz, Helvetia Sacra IV/4, S. 255–287.

6 Utz, Helvetia Sacra IX/2, S. 269–273.

7 Sie ist für das Haus an der Brügg jedoch erst 1409 bezeugt.

8 Utz, Helvetia Sacra IX/2, S. 274–280.

9 Utz, Helvetia Sacra IX/2, S. 280–282. Man weiss nicht, warum es zum Bruch gekommen ist; zu vermuten sind Auseinandersetzungen über die zu befolgende Regel, denn die Obere Samnung nahm möglicherweise die franziskanische Drittordensregel an und rückte den Franziskanern auch räumlich näher, wie 1288 das Haus an der Brügg. Laut einem Ausscheidungsvertrag vom Jahr 1322 erhielt die Obere Samnung einen Drittel und die Samnung am Pfarrkirchhof, nun als «Niedere Samnung» bezeichnet, die übrigen zwei Drittel des bisherigen Besitzes.

10 Morgenthaler, Burgerspital, S. 15 ff.

11 Siehe Baeriswyl, Friedhöfe, S. 81.

12 Utz, Helvetia Sacra IV/4, S. 256 f.

13 Utz, Helvetia Sacra IX/2, S. 283–299.

14 Mit den vom Konzil von Vienne verdammten Irrtümern scheint Ulrich Bröwö sich persönlich befasst zu haben und zwar in einem Büchlein mit dem Titel «Vom himmlischen Tier (libellus «animalis celeste»), das jedoch nicht überliefert ist.

15 Utz, Helvetia Sacra IX/2, S. 298 f.

16 Wehrli-Johns, Zürcher Predigerkonvent, S. 130–132.

17 Die dreizehn armen Frauen werden namentlich aufgezählt, Utz, Helvetia Sacra IX/2, S. 299–304.

18 Morgenthaler, Burgerspital, S. 543 f.

19 Die Kapelle mass 20 × 14 Fuss und war der hl. Katharina sowie den hll. Ursula und ihren 11 000 jungfräulichen Gefährtinnen geweiht und mit einem Altar versehen, FRB VII, S. 356 f. Nr. 374 (1348, Juli 8).

20 FRB VIII, S. 73 f. Nr. 181 (1354, Nov. 18), siehe auch S. 74–76 Nr. 182 (undatiert), und Rennefahrt/Hintzsche, Inselspital, S. 35 f.

21 Wenn die Stadt ihren Pflichten nicht nachkäme, sollte der Besitz je zu einem Viertel an die Spitäler von Basel, Freiburg im Uechtland, Thun und Burgdorf fallen. FRB VIII, S. 78–81 Nr. 188 (1354, Nov. 29), siehe auch S. 81 f. Nr. 189 (1354, Nov. 29), Bestätigung durch Schultheiss, Rat und Zweihundert von Bern.

22 FRB VIII, S. 354 f. Nr. 944–951 (1360, Aug. 14 und 17).

23 Degler-Spengler, Helvetia Sacra IX/2, S. 253.

24 Utz, Helvetia Sacra IX/2, S. 304–308.

25 Degler-Spengler, Helvetia Sacra IX/2, 251, 253. Siehe auch Utz Tremp, Handfeste, S. 139 f. Ein Grund für diese Umorientierung mag auch der städtische Umsturz von 1350 gewesen sein, als der langjährige Schultheiss Johann von Bubenberg der Jüngere aus der Stadt vertrieben wurde (S. 247), ohne dass man ihm freilich direkt nachweisen könnte, dass er ein Gegner der Franziskaner gewesen wäre.

26 Utz, Helvetia Sacra IX/2, S. 309–311.

27 Degler-Spengler, Helvetia Sacra IX/2, S. 254–257. Siehe auch von Heusinger, Mulberg, S. 83–89.

28 Degler-Spengler, Helvetia Sacra IX/2, S. 257. Zum Stadtbrand von 1405 siehe Baeriswyl, Stadtbrand.

29 Degler-Spengler, Helvetia Sacra IX/2, S. 257 f., siehe auch Tremp-Utz, Kirche und Münsterbau, S. 14.

30 Hier und im Folgenden nach Degler-Spengler, Helvetia Sacra IX/2, S. 258 ff. Karte bei Utz Tremp, Beginen, S. 44 f.

31 Rennefahrt/Hintzsche, Inselspital, S. 42.

Ketzertum

1 Siehe Andenmatten/Utz Tremp, De l'hérésie.

2 *heretici prope Swarzenburg conburuntür post pasca*, Cronica de Berno, in: Justinger, S. 296.

3 Justinger, S. 27 f. Kap. 43.

4 Utz Tremp, Helvetia Sacra IV/5, S. 292.

5 Utz Tremp, Waldenser, Wiedergänger, S. 443 Anm. 72, S. 589; Utz Tremp, Quellen Waldenser, S. 329 Nr. 16 (1429, Aug. 10).

6 Justinger, S. 147 f. Kap. 228 (1375). Der Löffler könnte identisch sein mit Claus Löffler, der vom bernischen Dominikanerkloster einen Garten hinter dem Kloster zu Erblehen hatte. Am 15. Juni 1371 verkauften Schultheiss, Rat und Burger von Bern den Dominikanern diesen Garten, der ihnen aufgrund eines Urteils über den verstorbenen (oder hingerichteten?) Claus Löffler zugefallen war *(des selben lib und gůt uns mit rechter urteil ist gevallen)*, siehe FRB IX, S. 262 Nr. 534. Demnach wäre der Löffler bereits 1371 hingerichtet worden, und nicht erst 1375, wie Justinger meint. Der 1371 verstorbene (hingerichtete) Claus Löffler könnte wiederum identisch sein mit Niklaus Löffler, der am 23 Juni 1370 zusammen mit seiner Frau Anna für Friedrich Riethuser von August bürgte; dieser musste damals Urfehde schwören und versprechen, in Zukunft keine Leute sowohl von Bern als auch aus dem Herrschaftsgebiet von Grasburg und den Pfarreien von Wahlern und Guggisberg vor ein geistliches oder weltliche Gericht zu ziehen, siehe FRB IX, S. 217 f. Nr. 423.

7 Lerner, Heresy, insbes. S. 81 f.

8 Hier und im Folgenden nach Utz Tremp, Hexenverfolgungen, S. 15–20.

9 Justinger, S. 186 Kap. 303.

10 Hier und im Folgenden nach Utz Tremp, Waldenserprozess, S. 57–64.

11 Ein Grund für die Umgehung des ordentlichen Inquisitors mag auch gewesen sein, dass die Stadt Bern damals, an der Wende vom 14. zum 15. Jahrhundert, den Bischof von Lausanne, Wilhelm von Menthonay (1394–1406), der sich im grossen Abendländischen Schisma (1378–1417) wie alle Bischöfe von Lausanne auf das Papsttum in Avignon ausrichtete, nicht anerkannte und sich in Johannes Münch von Landskron einen Gegenbischof hielt. Diesem gelang es jedoch nie, in «seinem» Bistum Fuss zu fassen, und er hielt sich vorwiegend in Basel auf, woher, wie wir gesehen haben, auch der Inquisitor Niklaus von Landau kam.

12 SSRQ Bern Stadt I/1–2, S. 173 Nr. 226.

13 StAB, Fach Burgdorf, 25. 11. 1401. Siehe auch ebenda, Fach Burgdorf, 15. 10. 1401

(drei Urkunden) und 17. 10. 1401 (eine Urkunde).
14 Hier und im Folgenden nach Utz Tremp, Waldenserprozess, S. 64–73.
15 Neu ediert in Utz Tremp, Quellen Waldenser, S. 583–635 Anhang I.
16 Es ist allerdings nicht einsichtig, warum diese ausgerechnet in der Reformationszeit verloren gegangen sein sollen, wie der bernische Staatsarchivar Moritz von Stürler 1853 geäussert hat. Viel wahrscheinlicher ist, dass man sie spätestens nach dem Brief des Inquisitors Humbert Franconis in Sicherheit gebracht und möglicherweise sogar vernichtet hat.
17 Die Akten des Freiburger Waldenserprozesses von 1430, ediert in Utz Tremp, Quellen Waldenser, S. 279–582.
18 Utz Tremp, Quellen Waldenser, S. 217–219.
19 Hier und im Folgenden nach Utz Tremp, Waldenser.
20 Siehe Utz Tremp, Vinzenz Ferrer, S. 105 f.
21 Siehe Utz Tremp, Waldenser, Wiedergänger, S. 13–24 (Einleitung).
22 Hier und im Folgenden nach Maier/Ostorero/Utz Tremp, Inquisition.
23 Siehe Tobler, Hexenwesen. Zu den Hexenverfolgungen im Simmental siehe neuerdings Chène, Johannes Nider, S. 221–248.

Schreiben und Lesen, Musizieren und Malen

Bemalte Kirchenräume

1 Der Restaurator Hans A. Fischer (1916–2000) hat während Jahrzehnten in zahlreichen Berner Kirchen mittelalterliche Wandmalereien freigelegt und mit viel Sorgfalt und Einfühlungsvermögen restauriert. Unter anderem arbeitete er an allen in diesem Kapitel genannten Wandbildern (Ausnahme: Köniz). Seinem Andenken sind die folgenden Ausführungen gewidmet.
2 Böhmer, Spätromanische Wandmalerei, S. 29–38, 212–220.
3 Von Fischer, Tätigkeitsbericht, S. 42.
4 Grütter, Kirchen, S. 43 f.; Grütter, SKF Scherzligen, S. 4f.; Grütter, Scherzligen, S. 91–94.
5 Grütter, Kirchen, S. 44; Forrer, Chorentdeckungen; Stückelberg, Meiringen.
6 Kdm Bern Land II, S. 309.
7 Christophorusdarstellungen aus dem 14. Jahrhundert in Amsoldingen, in der Johanneskapelle im Schloss Burgdorf, in Därstetten, Erlenbach im Simmental, Seedorf, Sigriswil, Spiez, Wangen an der Aare und Wohlen bei Bern. Darstellungen des Jüngsten Gerichts in Erlenbach (Triumphbogenwand), Kirchlindach, Koppigen, Reutigen und Wohlen. Szenen aus dem Leben Christi in der Johanneskapelle Burgdorf und in Reutigen. Szenen aus Heiligenviten in der Johanneskapelle Burgdorf, in Gsteig bei Interlaken, Koppigen und Wangen an der Aare.
8 Waber/Gugger, Wohlen, S. 15–18.
9 Rom, cod. Casanat. 1404, fol. 3r. Vgl. Lutz, Spiritualis Fornicatio, S. 275, Abb. 29. Den Hinweis auf die Handschrift verdanke ich Eckart C. Lutz, Freiburg i. Ü.
10 Schläppi/Stähli-Lüthi, Aeschi, S. 11–14. – Lüthi, Aeschi.
11 Ryser, Därstetten, S. 19–21; Will, Därstetten; Von Fischer, Tätigkeitsbericht, S. 49.
12 Auch die Ostwand der ehemaligen Augustinerinnenkirche von Frauenkappelen war mit einer Quaderimitationsmalerei versehen. Vgl. Bellwald, Frauenkappelen, S. 7.
13 Vgl. Fotografie bei der KDp Bern.
14 Vgl. Ryser, Christophorus, Abb. S. 20.
15 Kdm Bern Land I, S. 108–111 (Verena Stähli-Lüthi). – Rahn, Geschichte, S. 616 f.
16 Stähli-Lüthi, Kirchlindach. – Eggenberger/Stöckli, Kirchlindach, S. 38–40.
17 Stähli-Lüthi, Reutigen, S. 11–14.
18 Moeri, Köniz, S. 14.
19 Auch auf anderen Wandbildern liess sich der Stifter neben Maria Magdalena darstellen, so in der Kapelle St. Margareta in Dusch bei Paspels (GR, 2. Viertel 14. Jahrhundert) und im Beinhaus von Oberägeri (ZG, 1. Viertel 16. Jahrhundert).

Skulpturen aus Holz und Stein

1 Die sorgfältig konservierten Skulpturen sind seit 1999 in einem eigens dafür umgestalteten Saal im Historischen Museum Bern ausgestellt. Zumbrunn/Gutscher, Skulpturenfunde; Sladeczek, Skulpturenfund.
2 Tremp, Klosterlandschaft.
3 Hofer, Rathaus, S. 308–311.
4 Futterer, Bildwerke, Taf. 1.
5 Für einen Überblick in diesen Gebieten: Reinle, Kunst der Innerschweiz, S. 283–371; 297–324; Schöpfer, Bildhauerei, S. 421–459; Golay, Sculptures médiévales.
6 BGZ, S. 392–409.
7 BHM Inv. 8363, Pappelholz, H. 61 cm, vollrund, mit Resten alter Fassung. Schmedding, Romanische Madonnen, S. 25–26, mit älterer Literatur.
8 Descœudres/Utz Tremp, Französische Kirche, S. 128–129.
9 Schöpfer, Bildhauerei, S. 432.
10 Utz Tremp, Münchenwiler, S. 368–369.
11 Schöpfer, Bildhauerei, S. 425. – KFS III, S. 588, erwähnt in Madretsch-Mett bei Biel, Kath. Bruder-Klaus-Kirche, einen Kruzifix aus der Mitte des 14. Jhs.
12 BHM Inv. 8239, Lindenholz, H. 81 cm, B. 73,5 cm, vollrund, mit alter Fassung. Baum, Inventar, S. 20.
13 So bezeichnet, weil in der Passionsandacht die Vergegenwärtigung der Kreuzabnahme in die Vesperzeit fällt.
14 Kunsthaus Zürich (Sammlung Bührle), Lindenholz mit polychromer Fassung, H. 170 cm. Schöpfer, Bildhauerei, S. 435.
15 Eine gute allgemeine Übersicht vermittelt Reinle, Ausstattung.
16 Schöpfer, Bildhauerei, S. 424–425.
17 Ruppen, Leuk, S. 241–268; Ruppen, Naters, S. 181–186.
18 KFS III, S. 99–652.
19 Rittersaalverein RS XIV 121h. Kdm Bern Land I, S. 189–190.
20 KFS III, S. 406.
21 Wende 13./14. Jh. KFS III, S. 325.
22 14. Jh. KFS III, S. 350.
23 Wende 13.–14. Jh. KFS III, S. 405.
24 1. Hälfte 14. Jh. KFS III, S. 503.
25 M. 14. Jh. KFS III, S. 449.
26 KFS III, S. 555; Kdm Bern Land II, S. 269.
27 2. H. 13. Jh. KFS III, S. 593.
28 KFS III, S. 592.
29 KFS III, S. 565; Kdm Bern Land II, S. 311.
30 KFS III, S. 591.
31 Rutishauser, Amsoldingen, Bd. 2, S. 28.
32 Kdm Bern Land II, S. 160.
33 H. 192 cm, B. 83 cm, Sandstein. Kdm Bern Stadt V, S. 152.
34 Kdm Bern Stadt IV, S. 354, 433–434. Zwei zusammengehörende Plattenfragmente mit dem Allianzwappen von Krauchtal-von Lindenach wurden bereits 1871 geborgen.
35 KFS III, S. 413.
36 Descœudres/Utz Tremp, Französische Kirche, S. 178–179, Kat. 12.2 (Abb. vertauscht).
37 Eggenberger u. a., Münchenwiler, S. 220, Kat. 140.
38 KFS III, S. 592.
39 Vgl. die Grabmäler des Rudolf von Thierstein im Basler Münster, † 1318. Futterer, Bildwerke, Abb. 209; Ferner die Grabmäler von Ulrich von Treyvaux im Zisterzienserkloster Hauterive FR, um 1315, oder von Hans Velga, 1325, aus der Freiburger Augustinerkirche (heute Museum für Kunst und Geschichte Freiburg).
40 KFS III, S. 595–596.
41 Descœudres/Utz Tremp, Französische Kirche, S. 117–118.
42 Kdm Bern Land I, S. 104–107, Abb. 79–81.
43 Eggenberger/Keck, Orpund, S. 310–319; 312, 316.
44 Gutscher-Schmid, Repräsentationsräume, S. 90.

Glasmalereien

1 Zu den mittelalterlichen Glasmalereien des Kantons Aargau: Beer/Dürst, Glasmalerei; Beer, CVMA Schweiz 1 und CVMA Schweiz 3; Kurmann-Schwarz, Königsfelden, Staufberg, Zofingen. Zu den mittelalterlichen Beständen des Kantons Bern: Lehmann, Glasmalerei; Beer, CVMA Schweiz 3; Kurmann-Schwarz, CVMA Schweiz 4.
2 Amsler e.a., La rose.
3 Maurer, Königsfelden, S. 78–81; Amsler e.a., La rose, S. 34–42 (Claire Huegenin/Stefan Trümpler).
4 Beer, CVMA Schweiz 1, S. 99; Pressmann, Chorfenster, S. 6–7.
5 Lehmann, Glasmalerei, S. 187–188; Beer, CVMA Schweiz 1, S. 99–101; Pressmann, Chorfenster, S. 10.
6 Becksmann, Rahmung, S. 29–30, 102–104.
7 Beer, CVMA Schweiz 1, S. 102–119; Pressmann, Chorfenster, S. 12–42
8 Beyer/Wild-Block/Zschokke, CVMA France 9–1, S. 141–200, 285–470.
9 Becksmann, Rahmung, S. 104–108; Gatouillat, in: Gatouillat/Hérold, Vitraux, S. 172–176.
10 Becksmann, Rahmung, S. 108–109; Gatouillat, in: Gatouillat/Hérold, Vitraux, S. 184–185.
11 Gatouillat, in: Gatouillat/Hérold, Vitraux, S. 195 (baie 33).
12 Beer, CVMA Schweiz 1, S. 79–89; Anderes/Hoegger, Wettingen, 340–342; Kurmann-Schwarz, Königsfelden, Staufberg, Zofingen, S. 98–99.
13 Wentzel, CVMA Deutschland 1, S. 51–134; Becksmann, Ordnung, S. 47–86.
14 Ähnliche Ranken sind aus der Ornamentverglasung der Regensburger Minoritenkirche erhalten: Drexler, Chorfenster, S. 170–173. Diese jedoch entstanden mehr als ein halbes Jahrhundert später als die Münchenbuchseer Glasmalereien.
15 Becksmann, CVMA Deutschland II 1, S. XXXII–XXXIV.
16 Kurmann-Schwarz, CVMA Schweiz 4, S. 18.
17 Beer, CVMA Schweiz 3, S. 51–61; Becksmann, Rahmung, S. 45–46.
18 Kdm Aargau III, Abb. 226.
19 Kdm Aargau III, Abb. 223.
20 Kdm Aargau III, Abb. 136.
21 Siehe Beer, CVMA Schweiz 3, S. 51–53.
22 Eine Gugel gehörte ursprünglich zur Adlerdalmatik, mit der Kaiser Ludwig der Bayer die Reichskleinodien bereicherte (heute Wien, Schatzkammer). Dieses Stück kann

nicht vor der Kaiserkrönung im Jahre 1328 entstanden sein. Siehe Suckale, Hofkunst, S. 471–473 und Abb. 20 auf S. 34.

23 Beer, CVMA Schweiz 3, S. 63–68.
24 Beer, CVMA Schweiz 3, S. 65, T. 49.
25 Kdm Aargau III, Abb. 219.
26 Kdm Aargau III, Abb. 217.
27 Wentzel, CVMA Deutschland 1, S. 190–196.
28 Beer, CVMA Schweiz 3, S. 65–66. Die Autorin von Band 3 des Corpus Vitrearum Schweiz verband die Könizer Apostel mit den Glasmalereien in Schloss Heiligenberg, die aus der Kirche des Konstanzer Dominikanerklosters stammen (um 1320).
29 Kurmann-Schwarz, Datierung und Bedeutung.

Buchschmuck

Folgenden Institutionen und Personen danke ich für freundliche Unterstützung bei der Suche nach Quellenmaterial und für hilfreiche Hinweise: Burgerbibliothek Bern (Dr. Martin Germann), Bernisches Historisches Museum (Regula Luginbühl), Staatsarchiv Bern (Barbara Studer), Handschriftenabteilung der Universitätsbibliothek Basel (Prof. Dr. Martin Steinmann), Handschriftenabteilung der Kantons- und Universitätsbibliothek Freiburg i. Ü. (Dr. Joseph Leisibach), Handschriftenabteilung der Zentral- und Hochschulbibliothek Luzern (lic. phil. Peter Kamber), Archiv des Domkapitels Sitten (Domherr Paul Werlen).

1 Basel, Universitätsbibliothek, Cod. A XI 8, Kat. datierte Handschriften, 1, S. 115, Nr. 308 und Abb. 60.
2 VL 6, Sp. 794 und Sp. 797 (Karl-Heinz Kirchhoff).
3 VL 8, Sp. 361–364 (Erich Kleinschmidt).
4 *Finitus est liber iste berne per manus iohannis stephani in vigilia beate katherine virginis. Anno domini M^o ccc^o lxxxx^o vi^o indicione 4ta et hora decima post meridiem. A.M.E.N.* (zitiert nach Kat. datierte Handschriften, 1, S. 115, Nr. 308).
5 Zuletzt Kat. Handschriften Stuttgart, S. 31.
6 Zu den Weltchroniken zuletzt: Beer, Buchmalerei, S. 63–65, Kessler, Buchmalerei, S. 70 und Weigele-Ismael, Rudolf von Ems, Kap. 9.
7 Kurmann-Schwarz, Vitraux, S. 34. Erhalten haben sich, nach den grossen Verlusten in der Reformation und vermutlich auch während des Erdbebens von 1356, nur illuminierte Handschriften aus dem 15. Jahrhundert (Jurot, Zeugen, S. 312). Zu den Goldschmiedearbeiten des 13. und 14. Jahrhunderts siehe Kat. Münsterschatz.
8 Einen Einstieg ermöglicht die Zusammenstellung bei Bruckner, Scriptoria, 10, S. 49–75.
9 Zum vorreformatorischen Buchbesitz in Bern (→ S. 445) und Germann, Konfiskation, S. 72–76.
10 Wehrli-Johns, Helvetia Sacra IV/5, S. 1022 f.
11 Kessler, Studien.
12 Engler, Helvetia Sacra IV/5, S. 610–624.
13 Schuler, Notare, S. 446 f., Nr. 1310.
14 Auf den ersten zwanzig Seiten wurden mehrfach rechteckige Stücke weggeschnitten, sie enthielten wohl weitere Zeichnungen (fol. 2, 11, 20, 21).
15 Fol. 51ra: hl. Nikolaus, fol. 59vb: menschengesichtiger Drache, fol. 66va: nimbierter Adler (Evangelistensymbol), fol. 66vb: kniender hl. Mönch (Stephanus?), fol. 105vb: Brustbild eines Propheten, fol. 67ra: Initialen SI, fol. 106ra: I-Initiale.
16 Zu den Antiphonaren siehe Jörger, Brevier, Leisibach, Antiphonare, und Leisibach, Blochinger.
17 Germann, Konfiskation, S. 77. Französische Abschrift des 18. Jahrhunderts in der Burgerbibliothek Bern, Bibliothek von Mutach, Nr. 129. Ich danke Dr. Martin Germann, Bern, für die freundliche Überlassung der Transkription. Die lateinische Übersetzung wird zitiert bei Bruckner, Scriptoria, 10, S. 67.
18 Ich danke Dr. Rudolf Gamper, Winterthur, für wertvolle Hinweise zur Deutung dieses Eintrages.
19 Im Bernischen Historischen Museum wird ein Pfennigrödel der Stadt Bern von 1622–1652 aufbewahrt, für dessen Einband eine Seite aus einer illuminierten französischen Pergamenthandschrift des 14. Jahrhunderts verwendet wurde (BHM, Inv. 11419). Ob diese Handschrift im 14. oder 15. Jahrhundert nach Bern gekommen ist und aus wessen Besitz sie stammt, ist nicht bekannt. Vermutlich wurde sie im Laufe der Reformationszeit zerteilt.
20 Leisibach, Bibelhandschriften, S. 96 f.
21 Zitiert nach Plotzek-Wederhake, Buchmalerei, S. 357.
22 Zur Handschrift: Kat. datierte Handschriften, 2, S. 166, Nr. 452; Kat. Sempacherzeit, S. 102, Nr. 92; Beer, Beiträge, Kat. 29, S. 110 f.
23 Zur Handschrift: Leisibach, Kapitelsarchiv, S. 118–124 und Leisibach/Jörger, Livres sédunois, S. 74 und Abb. S. 72. Nachweis der liturgischen Herkunft aus Interlaken bei Wittwer, Interlaken, S. 120–122.
24 Zu dieser Handschrift zuletzt Bildersturm, S. 260 f., Kat. 111 (Susan Marti) und Hamburger, Schriftlichkeit, S. 94 f., Kat. 6.
25 Bruckner, Scriptoria, 11, S. 106–108. Schon bei Wittwer, Interlaken, S. 118 f., ist mit liturgischen Argumenten eine Frühdatierung von Cod. 524A vorgeschlagen worden.
26 Vgl. Hamburger, Unterlinden, S. 134, und Abb. 19, 20.
27 Genauer dazu siehe Marti, Engelberg, S. 86–89.

Bibliothek des Predigerklosters

1 Greyerz, Studien, S. 173–491, bes. S. 346–347. – Bruckner, Scriptoria 11, darin S. 49–56 über das Dominikanerkloster zu Bern. Seine Darstellung ist umfassend und nur in Nuancen zu revidieren; er zitiert ausführlich die Urkunde, welche die Bücher des Predigerklosters mitsamt ihren Titeln nennt (S. 51–52). – Utz, Helvetia Sacra IV/5, S. 285–324.
2 Basel StA, Prediger-Urkunde 234 vom 5. April 1326, ediert in FRB V, Nr. 459 und wiederum bei Bruckner, Scriptoria 11, mit Erläuterungen und Literaturangaben; besprochen bei Utz, Helvetia Sacra IV/5, S. 289 und 306.
3 Ich danke den Beteiligten vom Archäologischen Dienst des Kantons Bern, im besonderen Herrn Dr. Daniel Gutscher für die Mitteilung der archäologischen Grundlagen, Frau Eliane Schranz für die Entwürfe von Zeichnungen und Herrn Max Stöckli für die computergestützte dreidimensionale Umsetzung. Meinen Kolleginnen und Kollegen der Burgerbibliothek Bern danke ich für wertvolle Hinweise.
4 Wandkataloge sind für mittelalterliche Bibliotheken mehrfach nachgewiesen: Lit.: Masson, Décor, p. 18–19. Hier für das Berner Predigerkloster fingiert.
5 Die Titel der im Predigerkloster Bern vorhandenen Werke sind aus der Urkunde bekannt, ihr Ursprung und ihr Einbinden in Bern ist fiktiv; die Vorbesitzer- und Schenkernamen jedoch stehen in der Urkunde. Keines dieser Bücher ist überliefert.
6 Die nachfolgend beschriebenen drei Fälle von Bücherausleihen sind in der Urkunde erwähnt.
7 Über Werner von Halle, *filius nativus* des Berner Konvents, Prior in Chur vor 1326, siehe Hitz, Helvetia Sacra IV/5, S. 340.
8 Vermutlich Prior 1302–1319 und Lektor 1326 in Bern, siehe Utz, Helvetia Sacra IV/5, S. 310 und 322.
9 Agnes von Widen (Widon) ist in dieser und anderen Urkunden genannt. Sie schenkt 1327 Juni 24. (FRB V, Nr. 531) dem Frauenkonvent von Brunnadern, nunmehr in der Stadt Bern, ein Grundstück *Huba* bei Lengenbach (Gemeinde Lauperswil), mit Vorbehalt der lebenslänglichen Nutzniessung. Ein Geschlecht derer von Widen ist in der Gegend von Burgdorf begütert und 1301 und 1318 urkundlich genannt (FRB IV, Nr. 51; FRB V, Nr. 5), ebenso in Unterseen und Steffisburg 1317 (FRB IV, Nr. 709 und Nr. 728). Die folgende Beschreibung der näheren Umstände ist fiktiv.
10 Schönherr, Handschriften, S. 203.
11 Buzas, Bibliotheksgeschichte, S. 75–76.
12 Prior in Bern 1325–1328, siehe Utz, Helvetia Sacra IV/5, S. 310–311.
13 Prior in Basel 1326, siehe Neidinger, Helvetia Sacra IV/5, S. 237.
14 Über die Verpfändung der Bücher des Predigerklosters Bern an die Juden und die Auslösung des Pfandes aus der Verwahrung durch die Stadt Bern auf Befehl des Königs vgl. Utz, Helvetia Sacra IV/5, S. 288; Pfister, Kirchengeschichte, S. 350–351; Geiger, Vivilin, S. 247 f.
15 Thomas von Frutigen (oder Frutingen, wie die Urkunden lauten), als Lektor in Bern erwähnt 1306 bis 1323, siehe Utz, Helvetia Sacra IV/5, S. 322; weitere Familienmitglieder sind genannt in den Jahren 1300 bis 1310 (vgl. FRB IV, Register), sodann drei männliche als Patres des Predigerordens in den Jahren 1318 bis 1327 und einer als Magister (Schullehrer) an der Stiftsschule Amsoldingen 1321 (FRB V, Register).
16 Die Geschenke sind mit den Titeln, die Stifter mit ihren Namen in der Urkunde erwähnt, hingegen ist auch diese Rede fiktiv.
17 Dominikaner im Berner Konvent 1316, siehe Utz, Helvetia Sacra IV/5, S. 289.
18 Die von Markward Biberlin OP (um 1265–1330, Lektor und Prior im Zürcher Predigerkloster um 1320/1325) geschenkten Bücher sind in der Urkunde ebenfalls aufgezählt; über ihn vgl. VL 2, 1, Sp. 842–843 (Konrad Kunze), und Bd. 7 (1989) Sp. 894–895 (Kurt Erich Schöndorf); siehe Wehrli, Helvetia Sacra IV/5, S. 493, sowie Wehrli-Johns, Studium.

Die Liturgie der Chorherren in Interlaken

1 Dazu: Siegwart, Chorherren, S. 297–302.
2 Gestiftet durch einen Burchard von Geberschweier wurde 1094 Manegold von Lautenbach erster Propst dieses auf Seiten der «Päpstlichen» stehenden Stiftes, in dem sich reumütige Kaisertreue versöhnen konnten. Ein Autor des 16. Jahrhunderts lässt erste Chorherren aus dem nahen Stift Lautenbach sowie aus St-Irénée bei Lyon kommen, während der letzte Propst wissen will,

dass diese aus dem Reformstift St-Ruf bei Avignon ins Elsass angereist sind. Manegold jedenfalls erwirkte 1096 einen Schutzbrief von Papst Urban II., wurde zwei Jahre später durch Kaiser Heinrich IV. gefangen gesetzt, scheint aber kurze Zeit danach in sein Amt zurückgekehrt zu sein. Einzelheiten und Literaturangaben zum elsässischen Reformstift in: Wittwer, Quellen.

3 Dazu und zu den nachfolgenden Ausführungen: Wittwer, Interlaken.

4 Engelberg, Stiftsbibliothek, Ms. 107. Beschreibung in: Gottwald, Catalogus, S. 121 f.; von Scarpatetti, Katalog 2, Nr. 258 und Abb. 231 f.; Bruckner, Scriptoria 8, S. 74.

5 Metz, Bibliothèque municipale, Ms. 464. Beschreibung in: Leroquais, Bréviaires 2, S. 237–241. Nachträge späterer Hände lassen Leroquais bei einer ersten Katalogisierung den Codex dem in der Diözese Speyer liegenden Stift Hördt zuweisen. Tatsächlich wurde er zur Zeit des dort bis 1477 wirkenden Propstes Bernhardus de Angelach von den Chorherren verwendet, was aber nichts über seine Herkunft sagt.

6 Das vielleicht nie an seinem Herkunftsort gebrauchte Brevier ist als zweitältester bis heute bekannter liturgischer Codex aus Interlaken zu betrachten. Jünger als die Engelberger Handschrift erweist es sich durch das Offizium von Fronleichnam, dessen Thomas von Aquin zugeschriebene Texte erst im Laufe des 14. Jahrhunderts Eingang in römische Breviere fanden.

7 Strasbourg, Bibliothèque du Grand Séminaire, Ms. 5. Die Lokalisierung findet wieder über das Kalendarium statt, wo sich erneut unter dem Datum des 16. Oktober der Eintrag einer «Ded. Int.» findet. Die Durchsicht der Texte wird Interlakener Provenienz bestätigen.

8 Bern, Burgerbibliothek, Mss. 524 A und B. Beschreibung von Ms. A in: Bruckner, Scriptoria 11, S. 107 f. Beschreibung von Ms. B in: von Scarpatetti, Katalog 2, Nr. 56 und Abb. 267; Bruckner, Scriptoria 11, S. 106 f.

9 Sitten, Kapitelsarchiv, Ms. 18. Beschreibung in: Leisibach, Sitten, S. 118–124.

10 Sitten, Kapitelsarchiv, Ms. 22. Beschreibung in: Leisibach, Sitten, S. 140–145. Ein gewisser Jeorius Joech de Augusta hat sie 1470 für den Altar der hl. Barbara in der Zweisimmer Pfarrkirche geschrieben.

11 Ein solches findet sich im «Nekrologium» von 1241, einem Totenbuch der Marbacher Chorherren, das ebenfalls im Priesterseminar von Strassburg aufbewahrt wird. Strasbourg, Bibliothèque du Grand Séminaire, ohne Signatur.

12 Wittwer, Quellen, S. 319–326.

13 St. Gallen, Stiftsbibliothek, Ms. 437.

14 Wittwer, Quellen, S. 327–332,

15 Colmar, Bibliothèque municipale, Ms. 429.

16 Zürich, Zentralbibliothek, Ms. Rh 55: Graduale aus einem Stift in der Diözese Konstanz (13. Jh.). Freiburg im Breisgau, Universitätsbibliothek, Ms. 1139: Graduale eines Stiftes in der Diözese Konstanz (15. Jh.).

17 Text dieser «Regule breviarii» demnächst in: Wittwer, Zurzacher Liber Ordinarius.

18 Es sind dies das Brevier eines (unbekannten) Chorherrenstiftes in der Diözese Basel (Solothurn, Zentralbibliothek, Ms. S 208), und ferner der «Liber ordinarius» – eine Gottesdienstordnung – der Chorherren von Zurzach (Aarau, Kantonsbibliothek, Ms. BNQ 52).

19 Dazu Hänggi, Rheinauer Liber Ordinarius; besonders auch Heinzer, Hirsauer Liber Ordinarius.

Liturgisches Gerät aus bernischen Kirchen

1 Bildersturm, S. 150–175.

2 Braun, Altargerät, S. 2–5.

3 Descœudres/Keck, Ursenbach.

4 Bärtschi, Adelboden, S. 87; BHM Inv. Nr. 302.2.

5 Kirche Meiringen; BHM Inv. Nr. 10290.

6 10. Jahresbericht der Schweiz. Gesellschaft für Urgeschichte 1917, Zürich 1918, S. 106; BHM Inv. Nr. 2885; Archiv ADB.

7 Bildersturm, S. 215; BHM Inv. Nr. 10367 und 37036.

8 Beyeler/Michel, Neuenegg; BHM Inv. Nr. 2589.

9 Z. B.: Eggenberger/Stöckli, Kirchlindach, S. 64–65.

10 Sveva Gai, Reliquiengläser, S. 27–59.

11 Sveva Gai, Reliquiengläser, S. 131–136; Kirche Meiringen; BHM Inv. Nr. 10286.

12 Braun, Altarantependium.

13 Stammler, Teppiche; Keller, Medaillon-Teppich; Kramer, Medaillon-Teppich.

14 Stammler, Teppiche; Zwijenburg, Medaillon-Teppich.

15 Textilsammlung L. Iklé, Katalog des Industrie- und Gewerbemuseums St. Gallen, Zürich 1908, S. 227–230 (Textilmuseum St. Gallen Inv. 24090).

16 Keller, Medaillon-Teppich, S. 22.

17 Kat. Liederhandschrift, S. 272.

18 Rutishauser, Amsoldingen, S. 28.

19 Stammler, Teppiche, S. 248.

Geistliche Musik

1 BBB, Cod. A 53 (s. XV) mit dem Titel *Regulae monialium ordinis praedicatorum monasterii Brunnadern prope Bernam*, fol. 26r. Vgl. dazu Germann, Konfiskation, S. 75.

2 Fol. 24r. Die Zeichensetzung ist zum besseren Verständnis ergänzt.

3 Stiftsbibliothek St. Gallen, Cod. 556: *«Instituta patrum de modo psallendi sive cantandi»*, p. 365b–368b. Vgl. dazu Schlager, Ars cantandi, S. 225–230.

4 Für St. Gallen: Bruggisser-Lanker, Musik, Kap. I, 1 (in Druck)

5 Engler, Stadtklöster, S. 483. Nach einem Brand 1295 lebten die Schwestern als beginenähnliche Gemeinschaft in der Stadt. Die erste neu erbaute Klosterkirche von 1401 fiel bereits dem Stadtbrand von 1405 zum Opfer. Erst um 1439 war das Kloster so weit aufgebaut, dass ein klösterliches Leben wieder möglich war.

6 Fol. 7v ff.

7 Die letzte Messe wurde in Bern am 27. Januar 1528 gelesen, Germann, Konfiskation, S. 72.

8 Vgl. ausführlich Stenzl, Kirchenmusik, Leisibach, Antiphonre, sowie mit Abb. auch Liturgica Friburgensia, S. 64–67.

9 Stenzl, Kirchenmusik, S. 89 oder Bruckner, Scriptoria 11, S. 68: Schatzverzeichnis St. Vinzenz-Kirche: *denne VII messbüecher* [wahrscheinlich ohne Musik], *ein plenarium, II obsequial, ein spezial und III briefer* [Breviere] *an köttinen und II psalter, II legenden; II antifener* [Antiphonare], *I gradual und einen ymner.*

10 Tremp-Utz, Kollegiatstift, S. 29.

11 Vgl. u. a. Dinzelbacher, Angst, S. 124–137 und Janota, Geisslerlieder, in: MGG2, Bd. 3, Sp. 1139–1148.

12 Zit. nach de Capitani, Musik in Bern, S. 17. Die Zeile lautete bei den Geisslern nach Hugo von Spechtshart: *Der unser buozze welle pflegen, der soll gelten und widergeben. Er biht und lass die sunde varn, so will sich got übr in erbarn*, Janota, Geisslerlieder, Sp. 1147.

13 Ausführlich dazu: Heinzer, Maulbronn; Traub, Choralüberlieferung; Schweizer, Rolle; Ludwig, Regula.

14 In: MGG, Bern, Bd. 1, Sp. 1765–1772 und Abb. 1. Beschrieb vgl. RISM B IV[2], S. 55–57.

15 Zur frühen Zeit (die Gründung wird auf 1138 datiert) vgl. Witolla, Beziehungen, S. 195–199.

16 Beer, Beiträge, S. 34 und 110–111. Das Kolophon lautet: *Aurora sancte codex iste marie ~ scribere quem chuonrat fecit tunc temporis abbas.*

17 Zur Freiburger Hs. s. Leisibach, Handschriften, S. 181–182, und Liturgica Friburgensia, S. 108–109 (mit Abb.). Auch ein Vergleich mit den sog. Schwanden-Codices (Cod. 610–613, Anf. 14. Jh.) aus Einsiedeln wäre in Betracht zu ziehen, da der ähnliche Stil der Initialen frappant ist. Sie halten – für ein Benediktinerkloster ausserordentlich früh – erstmals die liturgischen Gesänge in Liniennotation fest.

18 Das gilt besonders für die Luzerner Handschrift, über die aussagekräftige Aussagen erst in der Zusammenschau mit den übrigen liturgischen Büchern von St. Urban möglich würden. Der St. Urbaner Bestand ist erst in seinem Umriss fassbar und wissenschaftlich noch überhaupt nicht erforscht. Aber auch die Provenienz der Berner Handschrift aus Fraubrunnen lässt sich vorläufig nicht bestätigen.

19 Geering, Organa, S. 11 (Nr. 32), 32–33 und 80. Die zweistimmigen Cantionen (Nachträge wohl des 15. Jh.s) finden sich fol. 80v: *Nunc omnes unanimiter* (Conductus); fol. 103v–104: *Ave beatissima civitas*; fol. 104v: *Octaviano imperator rumano/Clamat, cantat domino* (2textig); fol. 164v: *Succendat digne nos* (Conductus) und fol. 172v ein Canon à 2: *Cordium, o intima.* Ein Credo in Cantus-fractus-Notation (fol. 163–163v) entspricht dem Credo IV, das sehr häufig in rhythmisierter Version notiert wurde.

20 Vgl. Heinzer, Maulbronn, S. 161–163.

Zu grossem Dank verpflichtet bin ich Dr. Martin Germann von der Burgerbibliothek Bern und lic. phil. Peter Kamber von der Zentral- und Hochschulbibliothek Luzern für ihre Unterstützung.

Literatur und Musik

Mit bestem Dank an Max Schiendorfer für die Überlassung von Manuskriptteilen aus dem Kommentar zu den ‹Schweizer Minnesängern› ebenso an Vinzenz Bartlome für förderliche Auskünfte.

1 Als Beispiel einer panoramischen Beschreibung dieser Epoche sei Bumke, Höfische Kultur, genannt; das annalistische Gerüst dazu liefert Heinzle, Mittelalter. Für sorgfältig übersetzte und kommentierte Werkausgaben greife man zu den Bänden der ‹Bibliothek des Mittelalters› (in der Reihe ‹Bibliothek Deutscher Klassiker›).

2 Vgl. Bumke, Mäzene.

3 Ehrismann, Mittelalter, S. 136–147.

4 Man denke an die Schlusspointe in Walthers «*Lange swîgen des hât ich gedâht*» (in: Walther von der Vogelweide, Werke 2, S. 168–175): Der ewig abgewiesene, mittlerweile ergraute Sänger imaginiert sich, wie die Dame (auch sie nicht jünger geworden...) sich einen frischen Liebhaber nimmt. Dieser möge ihr dann im Auftrag des Ehemaligen «das alte Fell gerben». Dazu die Parallele bei dem von Stadegge (Liederdichter 1, S. 415, Str. 3) und ihre Umsetzung ins Bild durch Nr. 86 der Manessischen Liederhandschrift (Walther, Miniaturen, Tafel 86).
5 Hierher gehören die ‹Eneide› Heinrichs von Veldeke, der ‹Trojaroman› Herborts von Fritzlar. Daneben steht die ‹matière de Bretagne›, der aus Frankreich übernommene Artusstoff. Von ihm zehrt eine Reihe von Werken: der ‹Iwein› und der ‹Erec› Hartmanns, Wirnts ‹Wigalois›, der ‹Lanzelet› Ulrichs, Wolframs ‹Parzival› wenigstens zum Teil, dann Strickers ‹Daniel›.
6 Bei Eilhart, wohl schon um 1160, und dann um 1210 bei Gottfried von Strassburg.
7 Einen Zugang zu den Werken über die Stoffe bietet Mertens/Müller, Epische Stoffe.
8 Basel in der 2. Hälfte des 13. Jh.s gibt mit Konrad von Würzburg ein anschauliches Beispiel für den durch das ansässige Patriziat geprägten Literaturbetrieb (vgl. Das ritterliche Basel).
9 Text in: Schweizer Minnesänger, S. 82–85; vgl. zum Autor ^{2}VL 3 Sp. 880–882 und Keller, Strättligen.
10 Vgl. zu diesem Gattungsbegriff: Tervooren, Sangspruchdichtung, S. 81–89.
11 Text in: Schweizer Minnesänger, S. 139–147; vgl. zum Autor ^{2}VL 4, Sp. 721 f.
12 Vgl. ^{2}VL 4, Sp. 722.
13 Vgl. dazu: Franz, Studien, S. 14 f., 19 und – etwas anders nuancierend: Tervooren, Sangspruchdichtung, S. 31 f.
14 Vgl. Grubmüller, Esopus, S. 77, 18, 298–302.
15 Vgl. Grubmüller, Esopus, S. 302 f.
16 Vgl. Grubmüller, Esopus, S. 320–332.
17 Grubmüller, Esopus, S. 348.
18 Vgl. Bodemann, Grundzüge 1988, S. 433 (Hs. S3) und 434 (Hs. W3); eine Handschrift mit Streuüberlieferung schon von 1397 (C, S. 430).
19 Zu dieser vgl. Hostettler, Boner.
20 Einzelheiten zur Rezeption im 18. Jahrhundert bei Schaffry, Spannungsfeld.

Das Ausgreifen aufs Land

Bündnis- und Territorialpolitik

Herrschaft und Territorium

1 Justinger, S. 65, Z. 11 f.
2 Justinger, S. 228, Z. 7–9.
3 SSRQ Bern Stadt IV, Nr. 139, S. 15–17; SSRQ Bern Stadt III, Nr. 135 t, S. 515–517; SSRQ Bern Stadt IV, Nr. 177 h, S. 520–522.
4 SSRQ Bern Stadt V, S. 380, Z. 7–9.
5 Willoweit, Herr, Herrschaft, Sp. 2176–2179; Schubert, Landesherrschaft, Sp. 1653–1656 (je mit umfassenden Literaturangaben); Patze, Territorialstaat; Gasser, Territoriale Entwicklung; Schaufelberger, Spätmittelalter; Leiser, Territorien, S. 967–981; Blickle, Territorialpolitik, S. 54–71; Michel, Das alte Bern, S. 115–150.
6 Heinemann, Zähringer, S. 59–74; Althoff, Zähringer, S. 81–94; Witolla, Rektor von Burgund, S. 177–213; Schwineköper, Städtewesen, S. 275–280; Andenmatten, Aristocraties romandes, S. 171–184; Feine, Territorialbildung, S. 176–308; Baum, Reichs- und Territorialgewalt; Döbeli, Habsburger; Sablonier, Kyburgische Herrschaftsbildung, S. 39–52.
7 Fribourg: ville et territoire; Zahnd, Bündnis- und Territorialpolitik, S. 21–59; Peyer, Eidgenossenschaft, S. 163–193.
8 Sablonier, Adel, S. 10–12.; Bittmann, Kreditwirtschaft.
9 Angermeier, Städtebünde, S. 34–46; Füchtner, Bündnisse; Isenmann, Deutsche Stadt, S. 121–130; Blickle, Friede und Verfassung, S. 24–27.

Bündnisse und Burgrechte

10 Heinemann, Das Erbe der Zähringer, S. 215–265; Sablonier, Kyburgische Herrschaftsbildung, S. 40–44.
11 Justinger, Kap. 24–30, S. 17 ff.
12 Feller 1, S. 43; Resmini, Arelat, S. 83–88; Tremp, Peter II, S. 202–204.
13 Ruser, Urkunden und Akten I; Isenmann, Deutsche Stadt, S. 122.
14 Frey, Ausburger, S. 1–18; Flatt, Bernische Landeshoheit, S. 40–42; Blickle, Friede und Verfassung, S. 37.
15 Angermeier, Königtum, S. 37–47., 130–136; Maschke, Städte, S. 59–73.
16 SSRQ Bern Stadt III, Nr. 2, 5, 6, 8, 11, 12, 14, 16, 17, 20, 21, 22, 24, 25, 26, 27; SSRQ Bern Land, S. 10–18. VIII, Nr. 7; FRB II, Nr. 191, 586, 718; FRB III, Nr. 238, 613; von Sinner, Versuch, S. 50–52.
17 Ruser, Urkunden und Akten I, S. 38 f.; Münger, Hanse und Eidgenossenschaft.
18 Justinger, S. 24, Z. 12–16; Kap. 31–34, S. 21–25; Zahnd, König, Reich und Stadt, S. 67; Feller 1, S. 39 f.; Joho, Histoire, S. 68–84; Ruser, Urkunden und Akten I, S. 39–44.
19 SSRQ Bern Land VI, S. XXVII f., Nr. 3–7, S. 6–8; Justinger, S. 37, Z. 21; Feller 1, S. 71 f.
20 Justinger, Kap. 62–64, 68, 69, S. 37–41; Feller 1, S. 70–73; Münger, Hanse und Eidgenossenschaft.

Bündnispolitik vor dem Laupenkrieg

21 FRB III, Nr. 705, S. 707; FRB IV, Nr. 322, S. 289; SSRQ III, S. 38, Z. 40 ff.; Justinger, S. 39, Z. 5 ff.; Feller 1, S. 101–104.
22 Peyer, Eidgenossenschaft, S. 170–173; Resmini, Arelat, S. 175–207.
23 Meyer, Bruderstreit, S. 449–493; Peyer, Eidgenossenschaft, S. 184–193.
24 FRB V, Nr. 12, S. 15; Nr. 72, S. 123; SSRQ Bern Stadt III, Nr. 42, S. 75 f.; SSRQ Bern Land VI, S.XXIXf.; SSRQ Bern Land V, S. XXXIII ff.; Meyer, Bruderstreit, S. 454–457.
25 SSRQ Bern Stadt III, Nr. 22, 29, 35, 36, 40, 43, 45, 46, 47, 49, 53, 54; SSRQ Bern Land I/2, Nr. 1; SSRQ Freiburg I, Nr. 24; FRB IV, Nr. 293, 734; FRB V, Nr. 6, 306; FRB VI, Nr. 189, 320; Quellenwerk Eidgenossenschaft I/3, Nr. 19.
26 FRB V, Nr. 40; FRB VI, Nr. 521, 529, 531; SSRQ Bern Stadt III, S. 86, Z. 20–36.
27 SSRQ Bern Stadt III, Nr. 36, S. 61–64; S. 63, Z. 33 ff.; FRB V, Nr. 751; Meyer, Bruderstreit, S. 489–492; Feller 1, S. 115–120; Moser, Laupenkrieg, S. 24–29.
28 Justinger, Kap. 111, 112, 114–125, S. 61–69; Moser, Laupenkrieg, S.29–39.
29 SSRQ Bern Stadt III, Nr. 50, S. 86–89; Nr. 51, S. 89–98; Moser, Laupenkrieg, S. 34–39.

30 SSRQ Bern Stadt III, S. 73, Z. 15–23; Justinger, S. 62, Z. 6–12.
31 SSRQ Bern Stadt III, Nr. 42, S. 75 f.; Nr. 50, S. 86–89; SSRQ Bern Land II, S. 19 f.; FRB VI, Nr. 476, 494.

In der Mitte des 14. Jahrhunderts

32 Justinger, S. 74–79; Moser, Laupenkrieg, S. 51–53.
33 Meyer, Zürcherbund, S. 31.
34 SSRQ Bern Stadt III, Nr. 60 a–g, S. 105–129; Moser, Laupenkrieg, S. 112–122.
35 SSRQ Freiburg 1, Nr. 28, 32; SSRQ Bern Stadt III, Nr. 51, 56, 62, 63, 64, 66, 68, 70, 71, 72, 77, 78; SSRQ Bern Stadt IV, Nr. 164; FRB VI, Nr. 604, 605, 641, 643, 778; FRB VII, Nr. 99, 117, 646, 672.
36 Peyer, Eidgenossenschaft, S. 223; Feller 1, S. 141–148; Zahnd, Bündnis- und Territorialpolitik, S. 23–29.
37 SSRQ Bern Stadt III, S. 106, Z. 4–12; Justinger, S. 75, Z. 8–19; Moser, Laupenkrieg, S. 7, 50, 88, 123 f.; Meyer, Zürcherbund, S. 26–32; Mommsen, Eidgenossen, S. 137–145.
38 Meyer, Bildung der Eidgenossenschaft, S. 261.
39 SSRQ Bern Stadt III, S. 114, Z. 8–16; S. 136, Z. 39 f.; SSRQ Freiburg I, S. 29, Z. 19 f.; Feller 1, S. 154; Mommsen, Eidgenossen, S. 145; Zahnd, Bündnis- und Territorialpolitik, S. 27 f.
40 FRB VI, Nr. 606, 641; FRB VII, Nr. 17, 340; FRB VIII, Nr. 820, 1336; SSRQ Bern Stadt III, S. 155, Z. 10–14; Urkunden Schweizer Geschichte 1, S. 266, Z. 38 f.; S. 369, Z. 24 ff.
41 SSRQ Bern Stadt III, S. 100, Z. 33 ff.; S. 126, Z. 39 ff.; S. 164, Z. 18–21; S. 179, Z. 22–28; S. 184, Z. 25 f.; SSRQ Freiburg I, S. 29, Z. 19 f.; S. 37, Z. 33 ff.; SSRQ Solothurn I, S. 73, Z. 40 f.
42 FRB X, Nr. 414, S. 211; FRB IX, Nr. 1086, S. 524; SSRQ Bern Stadt III, Nr. 82, S. 198–200; S. 190, Z. 13–16; S. 230, Z. 23–43.
43 SSRQ Bern Stadt IV, Nr. 164, S. 335–340; Justinger, Kap. 164, S. 110 f.; Kap. 167, S. 112; Hadorn, Bern und Savoyen, S. 263 f., 267–269.
44 Justinger, Kap. 154, S. 105; Hadorn, Bern und Savoyen, S. 264 f.; Türler, Rechnung, S. 275–293.
45 FRB VI, Nr. 641, S. 629; FRB VII, Nr. 340, S. 322; SSRQ Bern Stadt III, S. 134, Z.44 ff.; Ruser, Urkunden und Akten I, Nr. 108, 109, S. 117; Ruser, Urkunden und Akten II, Nr. 137, 138, S. 187 f. (Datierung auf 1349 entgegen Bruno Meyer); Meyer, Eidgenossenschaft, S. 19, 116, 142; Mommsen, Eidgenossen, S. 153; Peyer, Eidgenossenschaft, S. 213, 215, 224; Zahnd, Bündnis- und Territorialpolitik, S. 41, Anm. 191.
46 Die beiden Parteien verpflichten sich zu gegenseitiger Hilfe während eines Monates zwischen Windisch und Genfersee im Falle von gewaltsamen Angriffen und Rechtsbrüchen, setzen ein paritätisches Schiedsgericht ein, bestimmen Zofingen und St. Urban zu Tagungsorten und versprechen, während der zehnjährigen Vertragsdauer neue Bündnisse nur mit der Zustimmung des Verbündeten einzugehen. SSRQ Bern Stadt III, Nr. 77, S. 178–183; Meyer, Eidgenossenschaft, S. 112–115.
47 SSRQ Bern Stadt III, S. 179, Z. 10–14, Z. 22–28, Z. 29–33; S. 181, Z. 25 f., Z. 35 ff.; Urkunden zur Schweizer Geschichte, Nr. 705, S. 460–462.
48 SSRQ Bern Stadt III, Nr. 84, S. 201–203; Nr. 87, S. 209 f.; FRB IX, Nr. 1094, S. 527–529.

Beziehungen zu den Waldstätten

49 Feller 1, S. 163.
50 Stettler, Habsburg und die Eidgenossenschaft, S. 750–764; Meyer, Eidgenossenschaft, S. 9–12; Peyer, Eidgenossenschaft, S. 198–224.
51 SSRQ Bern Stadt III, Nr. 7, S. 29 f.; Peyer, Eidgenossenschaft, S. 203; Feller 1, S. 41 f.
52 FRB V, Nr. 306, S. 346; Meyer, Bruderstreit, S. 467–478; Feller 1, S. 115–117.
53 Justinger, Kap. 104, S. 58; SSRQ Bern Stadt III, Nr. 43, S. 76–79; Ruser, Urkunden und Akten I, Nr. 519, S. 445 f.; Nr. 156, S. 151; Nr. 520, S. 446 f.
54 Justinger, S. 86, Z. 3 ff.; FRB VI, Nr. 605, S. 596; SSRQ Bern Stadt III, S. 133, Z. 29–39.
55 Ruser, Urkunden und Akten I, Nr. 114, S. 121.
56 SSRQ Bern Stadt III, Nr. 75, S. 159–170.
57 Andreas Heusler, zit. nach Rennefahrt, Bedeutung, S. 19; Feller 1, S. 160–164.
58 FRB VII, Nr. 371, S. 351; Nr. 407, S. 381; Justinger, Kap. 186, S. 121; SSRQ Bern Stadt III, S. 143, Z. 32–48.
59 SSRQ Bern Stadt III, S. 169, Z. 31–46; Sablonier, Innerschweizer Gesellschaft, S. 32–38; Stettler, Tschudis Darstellung, S. 308–315; Durrer, Freiherren von Ringgenberg, S. 195–197.
60 Wirz, Zürichs Bündnispolitik, S. 50–56; Meyer, Eidgenossenschaft, S. 119–129, 141–147; Meyer, Zürcherbund, S. 3–5.
61 Wirz, Zürichs Bündnispolitik, S. 33–38; Peyer, Eidgenossenschaft, S. 210–216; Meyer, Zürcherbund, S. 15–26; Marchal, Unabhängigkeit, S. 166 f., S. 176–178; Blickle, Friede und Verfassung, S. 38–40; Baum, Reichs- und Territorialgewalt, S. 111–113.
62 Es handelt sich dabei um die Einleitung, Artikel 1, Teile der Artikel 2 und 12, einzelne Ausdrücke und Satzteile in den Artikeln 15, 17, 18, 19 und die Artikel 21 bis 26, insgesamt etwa 40% des Textes.
63 Meyer, Eidgenossenschaft, S. 324–332.
64 SSRQ Bern Stadt III, S. 160, Z. 28–33.; S. 161, Z. 8–17, Z. 30–35.
65 SSRQ Bern Stadt III, S. 164, Z. 30–37; Wirz, Zürichs Bündnispolitik, S. 38–49; Meyer, Zürcherbund, S. 17 f.; Mommsen, Eidgenossen, S. 156–164.
66 Rennefahrt, Bedeutung, S. 16; Feller 1, S. 161 f.; Peyer, Eidgenossenschaft, S. 224.
67 SSRQ Bern Stadt III, S. 162, Z. 11–22; S. 167, Z. 8–17; S. 200, Z. 4–18; Meyer, Zürcherbund, S. 18–26.
68 Bärtschi, Stadt Bern, S. 108–113; Zahnd, Bündnis- und Territorialpolitik, S. 37.
69 SSRQ Bern Stadt III, Nr. 79, 82, 83, 64, 85, 87, 90, 93, 94, 95, 96, 98c, 99, 100, 101, 108, 112, 115; SSRQ Bern Land I, Nr. 5; FRB IX, Nr. 1086; FRB X, Nr. 471.
70 SSRQ Bern Stadt III, Nr. 98d, 102a, 104a, 112a.
71 Baum, Reichs- und Territorialgewalt, S. 190–192; Peyer, Eidgenossenschaft, S. 224; Feller 1, S.163 f.; SSRQ Bern Stadt III, S. 183, Z. 7 ff.
72 SSRQ Bern Stadt III, Nr. 98 f, 98g, 98i, 98l; SSRQ Bern Stadt IV, Nr.177h; Justinger Kap. 261, 262, 269, 272, 273, 278, 279, 280, 281; Feller 1, S. 200–202.
73 Ruser, Urkunden und Akten II, Nr. 69, S. 105; Nr. 141, S. 189.
74 Josef Schürmann, Studien über den eidgenössischen Pfaffenbrief von 1370, Freiburg 1948; Ferdinand Elsener, Der eidgenössische Pfaffenbrief von 1370, Ein Beitrag zur Geschichte der geistlichen Gerichtsbarkeit, in: ZRG 75 (1958), S. 104–180; gegen Meyer, Eidgenossenschaft, S. 190 f.
75 FRB X, Nr. 437, 439, S. 222; SSRQ Bern Stadt III, Nr. 95, S. 225 ff.; Justinger, Kap. 240–245, 248, 251, 254, 255; Feller 1, S. 187–199.
76 SSRQ Bern Stadt III, Nr. 103, S. 286–289; Eidg. Absch. I, Nr. 41, S. 327–329; Blickle, Friede und Verfassung S. 41–43.; Stettler, Untersuchungen, S. 14–83.
77 SSRQ Bern Stadt III, Nr. 76, 83, 86, 95, 97, 98, 103, 104.

Politik mit anderen Mitteln

Wirtschaftliche und lehensrechtliche Beziehungen

1 Meuthen, Das 15. Jahrhundert, S. 14–16, 124 f., 134 f.; Rösener, Raubritter, S. 470–488; Paravicini, Die ritterlich-höfische Kultur, S. 38–40; Sablonier, Innerschweizer Gesellschaft, S. 23–32.
2 SSRQ Bern Land VI, Nr. 35, S. 37–39; SSRQ Bern Stadt III, Nr. 73, S. 155–157; FRB VI, Nr. 460, S. 461; Nr. 524, S.449–451; Nr. 585, S. 572; Moser, Laupenkrieg, S. 30, 38.
3 SSRQ Bern Stadt III, Nr. 56, S. 102 f.; S. 157, Z. 27–29.
4 FRB VI, Nr. 356, S. 346; FRB VII, Nr. 364, S. 343.
5 SSRQ Bern Land II, Nr. 4, S. 44–46.
6 SSRQ Bern Stadt III, Nr. 37, S. 64–66; S. 143, Z. 4–24; S. 235, Z. 48; S. 343, Z. 24–48; S. 344, Z. 28 f.; S. 390, Z. 40–43; S. 311, Z. 34; Moser, Laupenkrieg, S. 21–24; Körner, Kawertschen, S. 245–268.
7 Habsburgisches Urbar 2, S. 371–375; Baum, Reichs- und Territorialgewalt, S. 64 f.
8 SSRQ Bern Stadt III, Nr. 76, S. 170–172; FRB VIII, Nr. 912, S. 340; FRB IX, Nr. 53, S. 32; Nr. 73, S. 43; Gerber, Aarberg, S. 117–123.
9 Stettler, Habsburg und die Eidgenossenschaft, S. 757–762; Largiadèr, Rudolf Brun, S. 97–99; Urkunden zur Schweizer Geschichte aus österreichischen Archiven 1, Nr. 401, S.237; Habsburgisches Urbar 2, S. 481, Z. 12 ff.; S. 495, Z. 17 f.; S. 514, Z. 20 f. S. 520, Z. 8 ff.; S. 542, Z. 9 f.
10 Habsburgisches Urbar 2, S. 371, Z. 6 ff.; S. 448, Z. 7 f.; S. 449, Anm. 1; S. 554, Z. 1 f.; Zahnd, Bündnis- und Territorialpolitik, S. 37.
11 Habsburgisches Urbar 2, S. 540, Z. 16 ff.; S. 557, Z. 8 ff.; S. 558, Z. 1 ff.; S. 579, Z. 1–7; SSRQ Bern Stadt III, S. 90, Bemerkungen 1–14; S. 136, Z. 1–17; Nr. 65, S. 140–144; SSRQ Bern Land VI, Nr. 44, S. 47 f.; S. XXX–XXXIII.; Blickle, Friede und Verfassung, S. 162 f.
12 Das Geld beschafften sie sich durch die Verpfändung von Herrschaftsrechten an die Stadt Laufenburg. Urkunden zur Schweizer Geschichte aus österreichischen Archiven 1, Nr. 705, S. 460–467; Nr. 706 und 707, S. 466–470; Nr. 718, S. 476.
13 Largiadèr, Rudolf Brun, S. 192–195; Urkunden zur Schweizer Geschichte aus österreichischen Archiven 1, Nr. 510, 511, 512, 514, 515, 59, 522 usw.
14 Morard, Freiburger Wirtschaft, S. 249–254; Moser, Laupenkrieg, S. 18–20; S. 24–29; S. 29–32; S. 36–39; Ladner, Geschichte und Verfassungsentwicklung Freiburgs, S. 177–180.
15 SSRQ Bern Land I.1, S. XIV–XIX.
16 Feller 1, S. 181.
17 FRB VII, Nr. 718, S. 690 f.; SSRQ Bern Stadt III, Nr. 98, S. 239–266; Ladner, Geschichte und Verfassungsentwicklung Freiburgs, S. 178 f.; Feller 1, S. 205–207.

Ausbürger und Udel

1 Die besondere Bedeutung der bernischen Ausbürgerpolitik während des Spätmittelalters ist in der schweizerischen Geschichtsforschung schon verschiedentlich hervorgehoben worden; Gasser, Landeshoheit, S. 386–391; Geiser, Verfassung, S. 31 f.; sowie kritisch Marchal, Pfahlbürger, S. 5–11.
2 In der spätmittelalterlichen Stadt Bern musste jeder neue Bürger ein so genanntes Udel, das heisst, einen rechtsverbindlichen Besitzanteil an einer städtischen Liegenschaft erwerben. Mit diesem Liegenschaftsanteil hafteten die Bürger gegenüber Schultheiss und Rat für die Erfüllung der von ihnen geschworenen Bürgerpflichten wie der Steuer- und Wehrpflicht. Vgl. dazu Gerber, Udel.
3 Gerber, Gott, S. 402–420.
4 Vgl. dazu Schwinges, Neubürger; sowie allgemein Isenmann, Stadt, S. 213–244.
5 Frey, Ausburger; sowie Zahnd, Territorialpolitik.
6 Welti, Tellbücher 1389, S. 627–649.
7 Äusseres Tellbuch vom 25. Juli 1393, StAB: B VII 2470.
8 Äusseres Tellbuch vom 29. September 1395, StAB: B VII 2472, S. 265–317.
9 Äusseres Tellbuch vom 29. September 1395, StAB: B VII 2472, S. 340.
10 Äusseres Tellbuch vom 25. Juli 1393, StAB: B VII 2470.
11 152 Personen wurden als Bürger von Solothurn und 67 als Bürger von Burgdorf von der Steuerpflicht ausgenommen.
12 Blösch, Entwicklung; sowie Feller 1, S. 175–248.
13 Gerber, Gott, S. 408.
14 Udelbuch von 1389, StAB: B XIII 28.
15 Gerber, Gott, S. 77.
16 Kdm Bern Stadt III, S. 6.
17 Zum städtischen Kauf- und Zollhaus vgl. Gerber, Stadtgrundriss, S. 52 f.
18 Udelbuch von 1389, StAB: B XIII 28, S. 32.
19 Welti, Tellbücher 1389, S. 610.
20 Udelbuch von 1389, StAB: B XIII 28, S. 402.
21 Udelbuch von 1389, StAB: B XIII 28, S. 79.
22 SSRQ Bern Stadt III, Nr. 106h, S. 309–314 (8. Juli 1408).
23 Udelbuch von 1389, StAB: B XIII 28, S. 322–328.
24 Udelbuch von 1389, StAB: B XIII 28, S. 28 f.
25 Vgl. dazu SSRQ Bern Stadt III, Nr. 98c, S. 242 ff.
26 Udelbuch von 1389, StAB: B XIII 28, S. 119.
27 Welti, Tellbücher 1389, S. 587.
28 FRB VII, Nr. 611, S. 584.
29 Udelbuch von 1389, StAB: B XIII 28, S. 191.
30 Welti, Tellbücher 1389, S. 508.
31 Udelbuch von 1389, StAB: B XIII 28, S. 119; sowie SSRQ Bern Stadt III, Nr. 83, S. 201.
32 RQ Bern III, Nr. 106d, S. 302 f.
33 Blösch, Entwicklung, S. 55 f.

Heiratspolitik

1 FRB II, Nr. 5, S. 11 f.
2 Peyer, Entstehung, S. 171; Meyer, habsburgisches Hausrecht IV; Feller I, S. 45–48; Feldmann, Kyburg, S. 15 f., 19–21; Brun, Kyburg, S. 66–71, 82–201.
3 Peyer, Entstehung, S. 172; Feller I, S. 54 f.; Redlich, Rudolf von Habsburg, S. 124 f.
4 Dürr-Baumgartner, Kyburg, S. 31–47; Aeschbacher, Nidau, S. 198–205.

5 Sigrist, Buchegg, S. 63–70; vgl. auch den Stammbaum der Grafen von Buchegg im Solothurner Urkundenbuch I, Anh. 3.
6 HBLS VI, S. 344; BBB Stettler, Genealogien V, S. 141–165.
7 HBLS VI, S. 365; BBB Stürler, Berner Geschlechter III, S. 363–386; BBB Stettler, Genealogien V, S. 167–179.
8 Bütler, Brandis, S. 20–27, 63–74.
9 Schweikert, edelfreie Geschlechter, S. 84, 87.
10 Schweikert, edelfreie Geschlechter, S. 89.
11 Schweikert, edelfreie Geschlechter, S. 58–70; Kasser, Herren von Aarwangen, S. 86–88; Kasser, Amt und Schloss Aarwangen , S. 27; Plüss, Grünenberg, S. 185.
12 Hänni, Strättligen, S. 102, 112; Oehler, Bubenberg, Stammtafel.
13 Durrer, Ringgenberg, S. 243, 246 f.
14 Oehler, Bubenberg, Stammtafel.
15 Erlach, Erlach, S. Tafeln A u. B.
16 HBLS V, S. 201; BBB Stürler, Berner Geschlechter II, S. 435–454; BBB Stettler, Genealogien III, S. 403–419.

Fehde und Krieg

1 Boockmann, Fehde, in: Lex MA IV, Sp. 331–334; Blickle, Friede und Verfassung, S. 17–23.
2 Über die bernische Kriegsorganisation und Kriegstechnik vgl. Braun, Militärhoheit und Kriegsorganisation.
3 Die umfassendste Arbeit über den Laupenkrieg ist immer noch diejenige Franz Mosers, auf die Feller (Feller I, S. 129–148) sich im Wesentlichen stützt. Als zeitgenössische chronikalische Quellen sind hauptsächlich zu erwähnen: die *Cronica de Berno* und der *Conflictus Laupensis* (übersetzt bei Moser, S. 128–137), welche die Ereignisse aus bernischer Sicht schildern, sowie die Weltchronik des Minderbruders Johannes von Winterthur, der vom österreichischen Standpunkt aus berichtet. Konrad Justinger schildert die Ereignisse aus rund neunzigjähriger Distanz und weicht in seiner Darstellung verschiedentlich von den früheren bernischen Chroniken ab.
4 Moser, S. 29–39; Feller I, S. 117–128.
5 Conflictus, S. 306. Die Cronica (S. 300) spricht von insgesamt 24 000 Mann mit Einschluss von 1900 Berittenen, während Justinger (S. 82) die gegnerische Heeresstärke wohl viel zu hoch auf 30 000 Mann, darunter 1900 Berittene, schätzt.
6 Justinger (S. 80) spricht von 400 Mann, die der bereits 200-köpfigen Besatzung zu Hilfe geschickt worden seien.
7 Conflictus, S. 308 f. Die Cronica (S. 300) spricht ebenfalls von 6000 Mann, schätzt aber die Bundesgenossen auf 1200 Mann.
8 Justinger, S. 83 f., 89–91.
9 Justinger, S. 37 f.
10 Justinger, S. 33 f.
11 Conflictus, S. 309.
12 Justinger, S. 89 f. Justinger versucht die Fluchtbewegung damit zu erklären, dass die Berner die Angreifer mit einem Steinhagel empfangen und sich dann auf die Anhöhe des Brambergs zurückgezogen hätten. Dies habe viele Knechte der hinteren Reihen irrtümlich zur Flucht veranlasst, wobei ein Teil, des Irrtums gewahr geworden, wieder in die Schlacht zurückgekehrt sei, während die anderen sich ohne umzusehen auf und davon gemacht hätten.
13 Conflictus, S. 309. Die Cronica (S. 300) nennt die wohl übertriebene Zahl von 4000 Toten, Justinger spricht von 3500 Gefallenen im feindlichen Lager (Justinger, S. 93), während Vitoduranus (S. 163) nur 1000 Tote auf jeder Seite vermeldet.
14 Conflictus, S. 313.

1353 in der Rezeption
«Ohne Bern keine Eidgenossenschaft»

1 Ernst Bärtschi 1941: Wullschleger, 750 Jahre, S. 54.
2 StAB FF 21, 24–28; 800 Jahre Bern, S. 8–10.
3 Die 700-jährige Gründungsfeier, S. IX.
4 Marchal, Geschichtsbild, S. 14–20.
5 Die 700-jährige Gründungsfeier, S. IX.
6 Bähler, Gedenkschrift, S. VII.
7 Die 700-jährige Gründungsfeier, S. 80.
8 StAB FF 21; 18. 3. 41; 24. 3. 41; 21. 4. 41.
9 Wullschleger, 750 Jahre, S. 40–42.
10 Ansprachen 6. März, S. 24.
11 800 Jahre Bern. Schlussbericht, S. 18.
12 Marchal, «Alten Eidgenossen», S. 364 f.
13 Weber, Dramatisches Festspiel; Festbericht 1891, S. 82–105.
14 Schwengeler, Hie Bern; Bern 600 Jahre, S. 15.
15 Weber, Bern 800.
16 Zahnd, Bündnis- und Territorialpolitik; Greyerz, Nation.
17 Ludwig, Bundesfest, S. 232.
18 Ludwig, Bundesfest, S. 254 f., 273 f.
19 Bloesch, Eduard, Eduard Bloesch, S. 371–373
20 StAB FF 21, 17. 3. 1941.
21 Wullschleger, 750 Jahre, S. 45–63.
22 Ansprachen 13./14. Juni, S. 5, 14.
23 Ansprachen 6. März, S. 8.
24 Ansprachen 13./14. Juni, S. 6–11; Die 700-jährige Gründungsfeier, S. 150 f.
25 800 Jahre Bern, S. 13, 18.
26 Regierungsrat Edmund von Steiger: Die 700-jährige Gründungsfeier, S. 77.
27 StAB FF 21, Sitzung Organisationskomitee 16. 5. 41; Stadtschreiber Hans Markwalder, Eröffnungsrede, Kunstmuseum 21. Juni 1941.

Literatur- und Quellenverzeichnis

800 Jahre Bern 800 Jahre Bern: Schlussbericht des Stiftungsrates, Bern 1994.

Aarberg Aarberg – Porträt einer Kleinstadt, hg. von der Einwohnergemeinde Aarberg, Aarberg 1999.

Aballéa/Amsler u. a. Totam machinam Sylvie Aballéa/Christophe Amsler/Jacques Bujard/Fabien Coquillat/Claire Piguet/Jean-Luc Rouiller/Nicolas Schätti/Marc Stähli, Totam machinam ob memoriam fabrefecit, Une étude pluridisciplinaire du tombeau des comtes de Neuchâtel. Mélanges d'histoire neuchâteloise en hommage à Louis-Edouard Roulet (1917–1996), in: Revue Historique Neuchâteloise 3–4, 1997, S. 155–194.

Aegidius Tschudi Aegidius Tschudi, Chronicon Helveticum, hg. von Bernhard Stettler (Quellen zur Schweizer Geschichte, Neue Folge, 1. Abteilung, Band VII/2), 1974.

Aeschbacher, Gottstatt Aeschbacher, Paul, Das Kloster Gottstatt. Eine kulturhistorische Studie, Biel 1949.

Aeschbacher, Nidau Aeschbacher, Paul, Die Grafen von Nidau und ihre Erben (Heimatliche Monographien 2), Biel 1924.

Aeschbacher, Stadt Nidau Aeschbacher, Paul, Stadt und Landvogtei Nidau von den Anfängen bis ins 16. Jahrhundert, Biel 1930.

Aeschbacher/v. Fischer/Schmid/Moser, Burgen Aeschbacher, Paul/v. Fischer, Rudolf/Schmid, Bernhard/Moser, Franz, Die Burgen und Schlösser des Kantons Bern, Basel, 1934–1942.

AKBE 1 Archäologie im Kanton Bern, Bd. 1, hg. von Daniel Gutscher/Peter J. Suter, Bern 1990.

AKBE 2 A Archäologie im Kanton Bern, Bd. 2, hg. von Daniel Gutscher/Peter J. Suter, Bern 1992.

AKBE 3 A Archäologie im Kanton Bern, Bd. 3, hg. von Daniel Gutscher/Peter J. Suter, Bern 1994.

AKBE 4 A Archäologie im Kanton Bern, Bd. 4, hg. von Daniel Gutscher/Peter J. Suter, Bern 1999.

AKBE 5 A Archäologie im Kanton Bern, Bd. 5, hg. von Daniel Gutscher/Peter J. Suter, Bern in Vorbereitung.

Albrecht, Adelssitz Albrecht, Uwe, Der Adelssitz im Mittelalter, München 1995.

Alltag Alltag bei Hofe, hg. von Werner Paravicini (Residenzenforschung 5), Sigmaringen 1995.

Althoff, Zähringer Althoff, Gerd, Die Zähringer – Herzöge ohne Herzogtum, in: Zähringer III, S. 81–94.

Althoff, Zähringerherrschaft Althoff, Gerd: Die Zähringerherrschaft im Urteil Ottos von Freising, in: Zähringer I, S. 43–58.

Amiet, Geldwucherer I und II Amiet, J. J., Die französischen und lombardischen Geldwucherer des Mittelalters, namentlich in der Schweiz, in: Jb. für Schweizerische Geschichte 1, 1876, S. 177–255 und 2, 1877, S. 141–328.

Amiet, Judenverbrennungen Amiet, Bruno, Judenverbrennungen in Solothurn im Jahre 1348, in: Jb. für Solothurnische Geschichte 27, 1954, S. 173f.

Amiet, Solothurnische Geschichte Amiet, Bruno, Solothurnische Geschichte 1, Solothurn 1952.

Amiet, Solothurnische Territorialpolitik Amiet, Bruno, Solothurnische Territorialpolitik, in: Jb. für solothurnische Geschichte 1, 1928, S. 1–211.

Amman, Thun Amman, Hektor: Die Anfänge der Stadt Thun, in: Zeitschrift für Schweizerische Geschichte 13, 1933, S. 327–378.

Ammann, Diessbach-Watt-Gesellschaft Ammann, Hektor, Die Diessbach-Watt-Gesellschaft. Ein Beitrag zur Handelsgeschichte des 15. Jahrhunderts (Mitteilungen zur vaterländischen Geschichte 37, Heft 1), St. Gallen 1928.

Ammann, Freiburg Ammann, Hektor, Freiburg als Wirtschaftsplatz, in: Fribourg-Freiburg, 1157–1481, Freiburg 1957, S. 184–229.

Ammann, Freiburg und Bern Ammann, Hektor, Freiburg und Bern und die Genfer Messen, Zürich/Langensalza 1921.

Ammann, Habsburger Ammann, Hektor, Die Habsburger und die Schweiz, in: Argovia 43, 1931, S. 125–153.

Ammann, Kleinstadt Ammann, Hektor, Die schweizerische Kleinstadt in der mittelalterlichen Wirtschaft, Festschrift Walther Merz, Aarau 1928, S. 158–215.

Ammann, Lebensraum Ammann, Hektor, Vom Lebensraum der mittelalterlichen Stadt: Eine Untersuchung an schwäbischen Beispielen, in: Berichte zur deutschen Landeskunde, Bundesanstalt für Landeskunde, Bad Godesberg 31, 1963, S. 284–316.

Ammann, Stadt Ammann, Hektor, Wie gross war die mittelalterliche Stadt?, in: Die Stadt des Mittelalters, Bd. 1, hg. von Carl Haase (Wege der Forschung 243), Darmstadt 1969, S. 408–415.

Ammann, Städtewesen Ammann, Hektor, Das Schweizerische Städtewesen des Mittelalters in seiner wirtschaftlichen und sozialen Ausprägung, in: Recueils de la Société Jean Bodin, VII, 1956, S. 483–529.

Ammann, Waadtländisches Städtewesen Ammann, Hektor, Über das waadtländische Städtewesen im Mittelalter und über landschaftliches Städtewesen im allgemeinen, in: ZSG 4, 1954, S. 1–87.

Ammann, Zurzacher Messen Ammann, Hektor, Die Zurzacher Messen des Mittelalters, in: Taschenbuch der Historischen Gesellschaft des Kantons Aargau für das Jahr 1923, S. 3–155.

Amsler e.a., La rose Amsler, Christoph e.a., La Rose de la cathédrale de Lausanne. Histoire et conservation récente, Lausanne 1999.

Andenmatten, Contraintes Andenmatten, Bernard, Contraintes lignagères et parcours individuel: Les testaments de Pierre II de Savoie, in: Pierre II de Savoie, S. 265–293.

Andenmatten, Maison de Savoie Andenmatten, Bernard, La Maison de Savoie et la noblesse vaudoise (XIIIe–XIVe s.): supériorité féodale et autorité princière, Thèse Lettres Université de Lausanne, 1999 (Mémoires et Documents publiés par la Société d'histoire de la Suisse romande), im Druck.

Andenmatten, Primus Andenmatten, Bernard, Primus in Romania? La Maison de Savoie et l'espace romand, in: Les pays romands au Moyen Age, publié par Agostino Paravicini Bagliani/Jean-Pierre Felber/Jean-Daniel Morerod/Véronique Pasche, Lausanne 1997, S. 191–198.

Andenmatten/Castelnuovo, Aristocraties Andenmatten, Bernard/Guido Castelnuovo, Aristocraties romandes, in: Les pays romands au Moyen Age, Lausanne 1997, S. 171–184.

Andenmatten/de Raemy, Maison de Savoie Andenmatten, Bernard/Daniel de Raemy, La Maison de Savoie en Pays de Vaud. Katalog der Ausstellung im Historischen Museum Lausanne, Lausanne 1990.

Andenmatten/Utz Tremp, De l'hérésie Andenmatten, Bernard/Utz Tremp, Kathrin, De l'hérésie à la sorcellerie: l'inquisiteur Ulric de Torrenté OP (vers 1420–1445) et l'affermissement de l'inquisition en Suisse romande, in: Zeitschrift für schweizerische Kirchengeschichte 86, 1992, S. 69–119.

Anderes/Hoegger, Wettingen Anderes, Bernhard/Peter Hoegger, Die Glasgemälde im Kloster Wettingen, Baden 1989.

Angermeier, Königtum Angermeier, Heinz, Königtum und Landfriede im deutschen Spätmittelalter, München 1966.

Angermeier, Städtebünde Angermeier, Heinz, Städtebünde und Landfrieden im 14.Jahrhundert, in: Historisches Jb. 76, 1957, S. 34–46.

Anonymus Friburgensis Anonyme Freiburger Chronik, in: Justinger, S. 467–477; hg. von A. Roulin, in: Anzeiger für schweizerische Geschichte 50, N.F. 17, 1919, S. 194–208.

Anshelm I–VI Anshelm, Valerius, Berner Chronik, 6 Bde., hg. von Emil Blösch, Bern 1884–1901; hg. von Emanuel Stierlin und Johann Rudolf Wyss, Bern 1825–1833.

Appuhn, Kästchen Appuhn, Horst, Kästchen und Möbel, in: Die Zeit der Staufer. Geschichte – Kunst – Kultur Bde. 1/4, hg. von Reiner Haussherr, Stuttgart 1977, S. 378–390.

Arens, Königspfalz Arens, Fritz, Die Königspfalz Goslar und die Burg Dankwarderode in Braunschweig, in: Stadt im Wandel. Kunst und Kultur des Bürgertums in Norddeutschland 1150–1650, Ausstellungskatalog, hg. von Cord Meckseper, Stuttgart 1985, S. 117–150.

Arens, Königspfalzen Arens, Fritz, Die staufischen Königspfalzen, in: Die Zeit der Staufer. Geschichte – Kunst – Kultur, Bd. III, Aufsätze, Stuttgart 1977, S. 129-142.

Arnold, Gründung Arnold, Udo, Gründung, Wirksamkeit und Bedeutung des Deutschen Ordens bis 1525, in: Der Deutsche Orden und die Ballei Elsass–Burgund. Die Freiburger Vorträge zur 800-Jahr-Feier des Deutschen Ordens, hg. von Hermann Brommer (Veröffentlichung des Alemannischen Instituts Freiburg i. Br. 63), Bühl/Baden 1996, S. 17–31.

Audétat, Verkehrsstrassen Audétat, Emil, Verkehrsstrassen und Handelsbeziehungen Berns im Mittelalter, Bern 1921.

Bader, Dorfgemeinschaft Bader, Karl Siegfried, Dorfgemeinschaft und Dorfgemeinde, Weimar 1962.

Bader, Südwesten Bader, Karl Siegfried, Der deutsche Südwesten in seiner territorialstaatlichen Entwicklung, Stuttgart 1950.

Baechtold, Geschichte Baechtold, Jakob, Geschichte der deutschen Literatur in der Schweiz, 2 Bde., Frauenfeld 1892.

Baeriswyl, Burgdorf Baeriswyl, Armand, Die Zähringerstadt Burgdorf – Stadtwerdung oder Stadtgründung?, in: Villingen 999–1218 (im Druck).

Baeriswyl, Deutschordenskommende Baeriswyl, Armand, Die Deutschordenskommende in Köniz bei Bern. Mit einigen Überlegungen zu Form und Funktion von Konventsanlagen im Deutschen Reich, in: Burgen kirchlicher Bauherren, hg. von der Wartburg-Gesellschaft zur Erforschung von Burgen und Schlössern (Forschungen zu Burgen und Schlössern 6), München 2001, S. 193–204.

Baeriswyl, Erkenntnisse Baeriswyl, Armand, Archäologische Erkenntnisse zur Baugeschichte, in: Rathaus Thun, Umbau und Renovation 1993–1996, hg. vom Hochbauamt der Stadt Thun, Thun 1996, S. 4–6.

Baeriswyl, Friedhöfe Baeriswyl, Armand, Die Friedhöfe, in: BGZ, S. 74–82.

Baeriswyl, Fundbericht Baeriswyl, Armand, Fundbericht Bern BE, Junkerngasse/Kreuzgasse, in: Jb. der Schweizerischen Gesellschaft für Ur- und Frühgeschichte 82, 1999, S. 303f.

Baeriswyl, Helvetia Sacra IV/7 Baeriswyl, Armand, Köniz (*Helvetia Sacra* IV/7), Basel in Vorbereitung.

Baeriswyl, Kapelle Baeriswyl, Armand, Wie aus der Kapelle zum Elenden Kreuz ein städtischer Richtplatz wurde, in: Bildersturm, S. 122–124.

Baeriswyl, Münsterbezirk Baeriswyl, Armand, *die gross kilchmure an der matten*: die bauliche Entwicklung des Münsterbezirks und des Kirchhofs vom 13. bis zum frühen 16. Jahrhundert, in: BGZ, S. 78.

Baeriswyl, Stadtbach Baeriswyl, Armand, Stadtbach, Brunnen und Gewerbekanal: Wasser als städtisches Lebenselement, in: BGZ, S. 54–62.

Baeriswyl, Stadtbrand Baeriswyl, Armand, *Die gröste brunst der stat Berne* – der Stadtbrand von 1405, in: BGZ, S. 36–40.

Baeriswyl, Stadtgründung Baeriswyl, Armand, Stadtgründung, Stadterweiterung und Vorstadt – zwei Fallbeispiele aus dem Kanton Bern, in: Urbanism in Medieval Europe, hg. von Guy De Boe/Frans Verhaeghe (I.A.P. Rapporten 1), Zellik 1997, S. 75–88.

Baeriswyl, Studien Baeriswyl, Armand, ... *domo et area sita in nova civitate*. Archäologische und historische Studien zu Stadtwachstum, Stadterweiterung und Vorstadt im Mittelalter am Beispiel von Burgdorf, Bern und Freiburg i. Br., Diss. phil. Universität Zürich 2001.

Baeriswyl, Thorberg Baeriswyl, Armand, Die archäologischen Rettungsgrabungen auf dem Thorberg, in: Krauchthal. Aus Vergangenheit und Gegenwart, hg. von Ulrich Zwahlen, Krauchthal 1999, S. 308–321.

Baeriswyl, truhsessen hof Baeriswyl, Armand, Der *truhsessen hof des herrn Johannes de Diezinhovin*, die archäologische, bauanalytische und historische Erforschung eines städtischen Ministerialensitzes und seiner Bewohner, in: Der Adel in der Stadt des Mittelalters und der Frühen Neuzeit, Beiträge zum VII. Symposion des Weserrenaissance-Museums Schloss Brake vom 9. bis zum 11. Oktober 1995, veranstaltet in Zusammenarbeit mit dem Institut für vergleichende Städtegeschichte an der Westfälischen Wilhelms-Universität Münster, hg. von Vera Lüpkes/Heiner Borggrefe (Materialien zur Kunst- und Kulturgeschichte in Nord- und Westdeutschland 25), Marburg 1996, S. 25–36.

Baeriswyl, Untersuchungen Baeriswyl, Armand, Archäologische Untersuchungen im Schloss in Köniz: Neue Ergebnisse und Hypothesen zum Bau- und Funktionstyp der Ritterordenskommende, in: Mittelalter, Zeitschrift des Schweizerischen Burgenvereins, Heft 4, 6. Jahrgang, (2001), S. 81–94.

Baeriswyl, Vorstadt Baeriswyl, Armand, Vorstadt und Stadterweiterung im Mittelalter. Archäologische und historische Studien zum Wachstum der drei Zähringerstädte Burgdorf, Bern und Freiburg i. Br. (Schweizer Beiträge zur Kulturgeschichte und Archäologie des Mittelalters), Basel in Vorb.

Baeriswyl/Bucher/Furer u. a. Lenbrunnen Baeriswyl, Armand/Rudolf Bucher/Martin Furer u. a. Vom Lenbrunnen und anderen «nützlichen Wassern» in Bern, in: Schulpraxis, Zeitschrift des Bernischen Lehrerinnen- und Lehrervereins, Heft 4, 1998.

Baeriswyl/Furrer/Gutscher u. a. Felsenburg Baeriswyl, Armand/Bernhard Furrer/Daniel Gutscher u. a. Die Felsenburg in ihrer geschichtlichen und kulturellen Bedeutung, Bern 2002.

Baeriswyl/Gerber, Ratsherren Baeriswyl, Armand/Roland Gerber, Ratsherren, Mönche und Marktfrauen. Die Topographie der spätmittelalterlichen Stadt, in: BGZ, S. 33–82.

Baeriswyl/Gerber/Roth, Handwerk Baeriswyl, Armand/Roland Gerber/Eva Roth, Das Handwerk, in: BGZ, S. 204–227.

Baeriswyl/Gutscher, Burgdorf Kornhaus Baeriswyl, Armand/Daniel Gutscher, Burgdorf Kornhaus. Eine mittelalterliche Häuserzeile in der Burgdorfer Unterstadt (SADB), Bern 1995.

Baeriswyl/Junkes, Unterhof Baeriswyl, Armand/Marina Junkes, Der Unterhof in Diessenhofen. Von der Adelsburg zum Ausbildungszentrum (Archäologie im Thurgau 3), Frauenfeld 1995.

Bähler, Gedenkschrift Bähler Eduard, Gedenkschrift zur Vierjahrhundertfeier der bernischen Kirchenreformation, Bern 1928.

Baldinger, Agnes von Ungarn Baldinger, Astrid, Agnes von Ungarn und das Kloster Königsfelden: Klostergründung und habsburgische Herrschaft in den Vorlanden im 14. Jahrhundert, ungedr. Lizentiatsarbeit Universität Zürich 1999.

Bänteli/Höneisen, Berslingen Kurt Bänteli/Markus Höneisen/Kurt Zubler, Berslingen – ein verschwundenes Dorf bei Schaffhausen (Schaffhauser Archäologie. Monographien der Kantonsarchäologie Schaffhausen 3), Schaffhausen 2000.

Bardelle, Juden Bardelle, Thomas, Juden in einem Transit- und Brückenland. Studien zur Geschichte der Juden in Savoyen-Piemont bis zum Ende der Herrschaft Amadeus VIII., in: Forschungen zur Geschichte der Juden: Abt. A, Abhandlungen 5, Hannover 1998, S. 247–265.

Bärmann, Helden Bärmann, Michael, Helden unter Bauern: Versuch zu Heinrich Wittenwilers ‹Ring›, in: Schriften des Vereins für Geschichte des Bodensees und seiner Umgebung 119, 2001, S. 59–105.

Bärmann, ‹Reinhart Fuchs› Bärmann, Michael, Heinrichs ‹Reinhart Fuchs› und die Literatur des deutschsprachigen Südwestens. Eine mittelalterliche Literaturlandschaft im Spiegel der satirischen Tierdichtung, Freiburg 2001.

Bärmann, Saxo Grammaticus Bärmann, Michael, Saxo Grammaticus und das ‹Erzählen von Tell›: Überlegungen zur schweizerischen «Befreiungstradition», in: Amsterdamer Beiträge zur älteren Germanistik 55, 2001, S. 97–128.

Bärmann/Jenisch, Berthold von Herbolzheim Bärmann, Michael/Jenisch, Bertram, Berthold von Herbolzheim und die mittelalterliche Alexanderdichtung: auf der Suche nach einem oberrheinischen Autor des hohen Mittelalters, in: Herbolzheimer Blätter 4, 2000, S. 6–24.

Barras, Combourgeoisies Barras, Nicolas, Des combourgeoisies dans l'ancien Evêché de Bâle, in: La donation de 999 et l'histoire médiévale de l'ancien Evêché de Bâle, éd. par Jean-Claude Rebetez, Porrentruy 2002, S. 139–159.

Bärtschi, Adelboden Bärtschi, Alfred, Adelboden. Aus der Geschichte einer Berggemeinde, Bern 1934.

Bärtschi, Bern Bärtschi, Emil, Die Stadt Bern im Jahre 1353, Studie zu einem Zeitbild, in: AHVB 42, 1954, S. 108ff.

Bauer u. a. Üetliberg Bauer, Irmgard/Lotti Frascoli/Heinz Pantli u. a. Üetliberg, Uto-Kulm. Ausgrabungen 1980–1989, 2 Bde. (Berichte der Zürcher Denkmalpflege, Archäologische Monographien 9), Zürich 1991.

Baum, Habsburger Baum, Wilhelm, Die Habsburger in den Vorlanden 1386–1486: Krise und Höhepunkt der habsburgischen Machtstellung in Schwaben am Ausgang des Mittelalters, Wien/Köln/Weimar 1993.

Baum, Inventar Baum, Julius, Inventar der kirchlichen Bildwerke des Bernischen Historischen Museums in Bern, Bern 1941.

Baum, Reichsgewalt Baum, Wilhelm, Reichs- und Territorialgewalt (1273–1437). Königtum, Haus Österreich und Schweizer Eidgenossen im späten Mittelalter, Wien 1994.

Beck, Gründungsgeschichte Beck, Marcel, Zur Gründungsgeschichte der Stadt Bern, in: Zeitschrift für die Geschichte des Oberrheins, 51, (1937), S. 64–88.

Beck, Habsburg Beck, Marcel, Habsburg und die Schweizer, in: Beck, Marcel, Legende, Mythos und Geschichte: die Schweiz und das europäische Mittelalter, Stuttgart 1978, S. 178–213.

Becksmann, CVMA Deutschland II 1 Becksmann, Rüdiger, Die mittelalterlichen Glasmalereien in Baden und der Pfalz (ohne Freiburg i. Br.) (*Corpus Vitrearum Medii Aevi* Deutschland II, 1), Berlin 1979.

Becksmann, Kathedral- und Ordensverglasung Becksmann, Rüdiger, Kathedral- und Ordensverglasung in hochgotischer Zeit. Gegensätze – Gemeinsamkeiten – Wechselwirkungen, in: Österreichische Zeitschrift für Kunst und Denkmalpflege 54, 2000, S. 275–286.

Becksmann, Ordnung Becksmann, Rüdiger, Von der Ordnung der Welt. Mittelalterliche Glasmalereien aus Esslinger Kirchen. Eine Ausstellung der Evanglischen Gesamtkirchengemeinde Esslingen, des Landesdenkmalamtes Baden-Württemberg und der Stadt Esslingen am Neckar, Esslingen 1997.

Becksmann, Rahmung Becksmann, Rüdiger, Die architektonische Rahmung des hochgotischen Bildfensters, Untersuchungen zur oberrheinischen Glasmalerei von 1250–1350, Berlin 1967.

Beer, Beiträge Beer, Ellen J., Beiträge zur oberrheinischen Buchmalerei in der ersten Hälfte des 14. Jahrhunderts unter besonderer Berükksichtigung der Initialornamentik (Schriftenreihe der Stiftung Schnyder von Wartensee 43), Basel/Stuttgart 1959.

Beer, Buchmalerei Beer, Ellen J., Buchmalerei zwischen Zürichsee und Bodensee, in: Buchmalerei im Bodenseeraum 13. bis 16. Jahrhundert, Friedrichshafen 1997, S. 52–69.

Beer, CVMA Schweiz 1 Beer, Ellen J., Die Glasmalereien der Schweiz vom 12. bis zum Beginn des 14. Jahrhunderts (*Corpus Vitrearum Medii Aevi* Schweiz 1), Basel 1956.

Beer, CVMA Schweiz 2 Beer, Ellen J., Die Glasmalereien der Schweiz aus dem 14. und 15. Jahrhundert (ohne Königsfelden und Berner Münsterchor), (*Corpus Vitrearum Medii Aevi* Schweiz 3), Basel 1965.

Beer/Dürst, Glasmalerei Beer, Ellen J./Hans Dürst, Glasmalerei des Aargaus, Lenzburg 1964.

Beiträge Saanen Beiträge zur Heimatkunde der Landschaft Saanen. Festgabe auf den 400. Gedenktag der Vereinigung der Landschaft Saanen mit Bern, Saanen 1955.

Bellwald, Ergebnisse Bellwald, Ueli, Ergebnisse der baugeschichtlichen Untersuchungen, in: Zytglogge. Der Wehrturm, der zum Denkmal wurde. Ein Bericht zum Abschluss der Restaurierung 1981–1983, hg. von der Baudirektion der Stadt Bern, Bern 1983, S. 28–45.

Bellwald, Erlacherhof Bellwald, Ueli, Der Erlacherhof in Bern. Baugeschichte, Restaurierung, Rundgang, Bern 1980.

Bellwald, Frauenkappelen Bellwald, Ulrich, Frauenkappelen, Kirche und Dorf (Schweizerische Kunstführer), Basel 1975.

Bellwald, Untersuchungen Bellwald, Ueli, Untersuchungen zur Thuner Stadtgeschichte, Rathausplatz, in: Schlossmuseum Thun, 1971, S. 32–38.

Bellwald, Zytglogge Bellwald, Ueli, Der Zytglogge in Bern (Schweizerische Kunstführer, Nr. 341/342), Bern 1983.

Benzerath, Kirchenpatrone Benzerath, Michael, Die Kirchenpatrone der alten Diözese Lausanne im Mittelalter, Freiburg i. Ü. 1914.

Bergdolt, Schwarzer Tod Bergdolt, Klaus, Der Schwarze Tod in Europa. Die Grosse Pest und das Ende des Mittelalters, München [2]1994, S. 33–98.

Berger, Bettelorden Berger, Thomas, Die Bettelorden in der Erzdiözese Mainz und in den Diözesen Speyer und Worms im 13. Jahrhundert. Ausbreitung, Förderung, Funktion (Quellen und Abhandlungen zur mittelrheinischen Geschichte 26), Mainz 1994.

Bergier, Wirtschaftsgeschichte Bergier, Jean-François, Die Wirtschaftsgeschichte der Schweiz. Von den Anfängen bis zur Gegenwart, Zürich/Köln 1983.

Bern 600 Jahre im Bund, Juni Ansprachen gehalten anlässlich der Jubiläumsfeiern «Bern 600 Jahre im Bund» 13./14. Juni 1953, Bern 1953.

Bern 600 Jahre im Bund, März Ansprachen gehalten anlässlich der Jubiläumsfeier «Bern 600 Jahre im Bund» 6. März 1953, Bern 1953.

Bessire, Histoire Bessire, Paul-Otto, Histoire du Jura bernois et de l'ancien Evêché de Bâle, Porrentruy 1935, réédition Moutier [2]1977.

Bessire, Moutier-Grandval Bessire, P. O., L'abbaye de Moutier-Grandval et les origines de la puissance temporelle et territoriale des évêques de Bâle, in: Actes de la Société jurassienne d'émulation 1954, Porrentruy 1955.

Beyeler/Michel, Neuenegg Beyeler, Hans /Hans A. Michel, Kirche und Kirchgemeinde Neuenegg, Laupen [2]1968.

Beyer/Wild-Block/Zschokke, CVMA France 9/1 Beyer, Victor/Christiane Wild-Block/Fridtjof Zschokke, Les vitraux de la cathédrale de Notre-Dame de Strasbourg, Département du Bas-Rhin 1 (CVMA France 9/1), Paris 1986.

Biber/Hofer, Regesten 1 und 2 Biber, Walter/Paul Hofer, Regesten zur Baugeschichte stadtbernischer Staatsbauten des 16.–18. Jahrhunderts, Bde. 1 und 2, Bern 1947 und 1954.

Bichsel, Graf Eberhard Bichsel, Adolf, Graf Eberhard II. von Kiburg (1299–1357), Diss. Bern 1899.

Bickel, Willisau Bickel, August: Willisau. Geschichte von Stadt und Umland bis 1500 (Luzerner Historische Veröffentlichungen, 15/I), Luzern/Stuttgart 1982.

Bierbrauer, Freiheit Bierbrauer, Peter, Freiheit und Gemeinde im Berner Oberland, 1300–1700, Bern 1991.

Bierbrauer, Oberländer Landschaften Bierbrauer, Peter, Die Oberländer Landschaften im Staate Bern, in: Berner Zeitschrift für Geschichte und Heimatkunde 44, 1982, 4, S. 145–157.

Bildersturm Bildersturm – Wahnsinn oder Gottes Wille?, Ausstellungskatalog, hg. von Céline Dupeux/Peter Jezler/Jean Wirth u. a. Bern 2000.

Bill, Entwicklung Bill, Ronald, Die Entwicklung der Wald- und Holznutzung in den Waldungen der Burgergemeinde Bern vom Mittelalter bis 1798. Diss. ETH Zürich 1992.

Biller, Entwicklung Biller, Thomas, Zur Entwicklung der Stadtbefestigungen im 13.–15. Jahrhundert, in: Die Befestigung der mittelalterlichen Stadt, hg. von Gabriele Isenberg/Barbara Scholkmann (Städteforschung A 45), Köln 1997, S. 91–110.

Binding/Untermann, Kunstgeschichte Günther Binding/Matthias Untermann, Kleine Kunstgeschichte der mittelalterlichen Ordensbaukunst in Deutschland, Darmstadt 1985.

Bingenheimer, Luftheizungen Bingenheimer, Klaus, Die Luftheizungen des Mittelalters (Antiquitates – Archäologische Forschungsergebnisse 17), Hamburg 1998.

Biraben, Hommes Biraben, Jean-Noël, Les hommes et la peste en France et dans les pays européens et méditerranéens, Bd. 1: La peste dans l'histoire (Civilisations et Sociétés 35), Paris 1975.

Bittmann, Kreditwirtschaft Bittmann, Markus, Kreditwirtschaft und Finanzierungsmethoden, Studien zu den wirtschaftlichen Verhältnissen des Adels im westlichen Bodenseeraum 1300–1500, Stuttgart 1991.

Blaschke, Kirchenorganisation Blaschke, Karlheinz, Kirchenorganisation und Kirchenpatrozinien als Hilfsmittel der Stadtkernforschung, in: Stadtkernforschung, hg. von Helmut Jäger (Städteforschung A 27), Köln 1987, S. 23–57.

Blaschke, Landgraf Blaschke, Karlheinz, Landgraf, -schaft; in: Lex MA V, 1991, Sp. 1662–1664.

Blaschke, Studien Blaschke, Karlheinz, Studien zur Frühgeschichte des Städtewesens in Sachsen, in: Stadtgrundriss und Stadtentwicklung, Forschungen zur Entstehung mitteleuropäischer Städte, Ausgewählte Aufsätze von Karlheinz Blaschke, hg. von Peter Johanek (Städteforschung A 44), Köln, Weimar, Wien 1997.

Blattmann, Innerstädtisches Leben Blattmann, Marita, Innerstädtisches Leben: Freiburg i. Ü., in: Zähringer II., S. 238–242.

Blattmann, Stadtrechte Blattmann, Marita, Die Freiburger Stadtrechte zur Zeit der Zähringer, Rekonstruktion der verlorenen Urkunden und Aufzeichnungen des 12. und 13. Jahrhunderts (Veröffentlichungen aus dem Archiv der Stadt Freiburg i. B. 27), Freiburg i. B. 1991.

Blickle, Friede und Verfassung Blickle, Peter, Friede und Verfassung, Voraussetzungen und Folgen der Eidgenossenschaft von 1291, in: Innerschweiz und frühe Eidgenossenschaft 1, Olten 1990, S. 15–202.

Blickle, Territorialpolitik Blickle, Peter, Zur Territorialpolitik der oberschwäbischen Reichsstädte, in: Stadt und Umland, Stuttgart 1974, S. 54–71.

Blickle, Unruhen Blickle, Peter, Unruhen in der ständischen Gesellschaft 1300–1800 (Enzyklopädie deutscher Geschichte 1), München 1988.

Block, Vitraux Block, Christiane, Les vitraux du choeur de Rosenwiller, un tournant dans l'art du XIVe siècle en Alsace, in: Cahiers alsaciens d'archéologie d'art et d'histoire 16, 1972, S. 119–150.

Bloesch, Bern Bloesch, Hans, Siebenhundert Jahre Bern, Bern 1931.

Bloesch, Eduard Bloesch Bloesch, Eduard, Eduard Bloesch und dreissig Jahre bernische Geschichte, Bern 1872.

Blösch, Entwicklung Blösch, Emil, Die geschichtliche Entwicklung der Stadt Bern zum Staate Bern, in: Festschrift zur VII. Säkularfeier der Gründung Berns 1191–1891, Bern 1891, S. 1–97.

Bodemann/Dicke, Grundzüge Bodemann, Ulrike/Gerd Dicke, Grundzüge einer Überlieferungs- und Textgeschichte von Boners ‹Edelstein›, in: Deutsche Handschriften 1100–1400. Oxforder Kolloquium 1985, hg. von Volker Honemann/Nigel F. Palmer, Tübingen 1988, S. 424–468.

Böhme, Burgen Burgen der Salierzeit, hg. von Horst Wolfgang Böhme, Sigmaringen 1991.

Böhmer, RI IV/1/1 Böhmer, Johann Friedrich, *Regesta Imperii* 4. Ältere Staufer 1125–1197. Die Regesten des Kaiserreiches unter Lothar III. und Konrad III., Tl. 1, hg. von Wolfgang Petke, Wien 1994.

Böhmer, RI V/1 Böhmer, Johann Friedrich, *Regesta Imperii*. Die Regesten des Kaiserreiches unter Philipp, Otto IV., Friedrich II., Heinrich VII., Conrad IV., Heinrich Raspe, Wilhelm und Richard 1198–1272, hg. von Julius Ficker, Innsbruck 1881–82.

Böhmer, Spätromanische Wandmalerei Böhmer, Roland, Spätromanische Wandmalerei zwischen Hochrhein und Alpen, Diss. Universität Zürich 2001.

Boner, Gründung Boner, Georg, Die Gründung des Klosters Königsfelden, in: Zeitschrift für schweizerische Kirchengeschichte 47, 1953, S. 1–24, 81–112, 181–209.

Bonstetten, Laufhunde von Bonstetten, Walther, Die Schweizer Laufhunde im XV. Jahrhundert, in: Schweizerisches Hundestammbuch 10, 1907, S. 3–18.

Boockmann, Fehde Boockmann, Hartmut, Fehde, in: Lex MA IV, Sp. 331–334.

Boockmann, Orden Boockmann, Hartmut, Der Deutsche Orden, München 4. Aufl. 1994.

Boockmann, Stadt-Tyrannen Boockmann, Hartmut, Spätmittelalterliche deutsche Stadt-Tyrannen, in: Blätter für deutsche Landesgeschichte 119, 1983, S. 73–91.

Borst, Alltagsleben Borst, Otto, Alltagsleben im Mittelalter, Frankfurt am Main 1983.

Bourgarel, Fribourg Bourgarel, Gilles, Fribourg, Le Bourg de fondation sous la loupe des archéologues (Archéologie fribourgeoise – Freiburger Archäologie 13), Freiburg i. Ü. 1998.

Braun, Altargerät Braun, Joseph, Das christliche Altargerät in seinem Sein und in seiner Entwicklung, München 1932.

Braun, Habsburger Braun, Bettina, Die Habsburger und die Eidgenossen im späten Mittelalter, in: Vorderösterreich – nur die Schwanzfeder des Kaiseradlers? Die Habsburger im deutschen Südwesten, hg. vom Württembergischen Landesmuseum Stuttgart, 2. Aufl., Ulm 1999, S. 129–145.

Braun, *Helvetia Sacra* III/3, Maigrauge Braun, Patrick, La Maigrauge (Magerau) (*Helvetia Sacra* III/3), S. 797–830.

Braun, Militärhoheit Braun, Hans: Militärhoheit und Kriegsorganisation, in: BGZ, S. 269–277.

Braun, Zisterzienser Braun, Patrick: Die Zisterzienser in der Schweiz. Eine historische Skizze, in: Cisterzienser Chronik 94, 1987/3–4, S. 113–123.

Brehm, Vogelfang Brehm, Christian Ludwig, Der vollständige Vogelfang. Heidelberg 1926.

Bretscher, Flussschiffahrt Bretscher, Alfred, Zur Flussschiffahrt im Alten Bern. Wasserwege, Schiffe und Organisation, in: BZ 61, 1999, S. 105–147.

Brinker/Flühler-Kreis, Liederhandschrift Brinker, Claudia/Dione Flühler-Kreis, Die Manessische Liederhandschrift in Zürich, Zürich 1991.

Bruckner, *Scriptoria* 10 Bruckner, Albert, Schreibschulen der Diözese Konstanz. Thurgau, Klein-Basel, Solothurn, Bern (*Scriptoria medii aevi helvetica*. Denkmäler schweizerischer Schreibkunst des Mittelalters 10), Genf 1964.

Bruckner, *Scriptoria* 11 Bruckner, Albert, Schreibschulen der Diözese Lausanne (*Scriptoria medii aevi helvetica*. Denkmäler schweizerischer Schreibkunst des Mittelalters 11), Genf 1967.

Bruckner, *Scriptoria* 8 Bruckner, Albert, Stift Engelberg (*Scriptoria medii aevi helvetica*. Denkmäler schweizerischer Schreibkunst des Mittelalters 8), Genf 1950.

Bruggisser-Lanker, Musik Bruggisser-Lanker, Therese, Musik und Liturgie im Kloster St. Gallen in Spätmittelalter und Renaissance (im Druck).

Brun, Kiburg Brun, Carl, Geschichte der Grafen von Kiburg bis 1264, Zürich 1913.

Brunner, Habsburg-Laufenburg Brunner, Christoph H., Zur Geschichte der Grafen von Habsburg-Laufenburg. Aspekte einer süddeutschen Dynastie im späten Mittelalter, Samedan 1969.

Bucher, Pest Bucher, Silvio, Die Pest in der Ostschweiz, in: Neujahrsblatt des Historischen Vereins des Kantons St. Gallen 119, 1979, S. 11–58.

Buchs/Kaiser/Küffer, Burgturm Buchs, Hermann/Peter Kaiser/Peter Küffer, Burgturm und Stadtgeschichte – Gespräch im Schloss Thun, in: Nachrichten des Schweizerischen Burgenvereins 18, 1994, S. 76–80.

Bulst, Schwarzer Tod Bulst, Neithard, Der Schwarze Tod. Demographische, wirtschafts- und kulturgeschichtliche Aspekte der Pestkatastrophe von 1347–1357. Bilanz der Forschung, in: *Saeculum* 30, 1979, S. 45–67.

Bumke, Höfische Kultur Bumke, Joachim, Höfische Kultur. Literatur und Gesellschaft im hohen Mittelalter, 2 Bde. (dtv 442), München 1986.

Bumke, Mäzene Bumke, Joachim, Mäzene im Mittelalter. Die Gönner und Auftraggeber der höfischen Literatur in Deutschland 1150–1300, München 1979.

Bumke, Ministerialität Bumke, Joachim, Ministerialität und Ritterdichtung. Umrisse der Forschung, München 1976.

Burgen in Mitteleuropa Burgen in Mitteleuropa, ein Handbuch, 2 Bde., hg. von Horst Wolfgang Böhme/Busso von der Dollen/Dieter Kerber u. a. Stuttgart 1999.

Burgenkarte Burgenkarte der Schweiz, 4 Blätter, Wabern 1978.

Burmeister, Geschichte der Juden Burmeister, Karl Heinz, Medinat Bodase. Zur Geschichte der Juden am Bodensee 1350–1448, Bd. 2, Konstanz 1996.

Burmeister, Schwarzer Tod Burmeister, Karl Heinz, Der Schwarze Tod. Die Judenverfolgungen anlässlich der Pest von 1348/49, Göppingen 1999.

Burri, Glashütten Burri, Friedrich, Die einstigen Glashütten im Gebiet der Herrschaft Grasburg (1374–1400), in: Blätter für bernische Geschichte, Kunst und Altertumskunde, Heft 1, 25. Jahrgang, 1929, S. 1–20.

Burri, Grasburg Burri, Fritz, Grasburg unter savoyischer Herrschaft. Die Grasburg, ihre Baugeschichte und ihr einstiges Bild. Die einstige Reichsfeste Grasburg, AHVB 18, 1906; 20, 1911/12; 33, 1935.

Burri, Worb Burri, Andreas, Die Siedlungs- und Flurnamen der Gemeinde Worb. Ein Beitrag zur Namengrammatik (Sprache und Dichtung 42. Sonderreihe Berner Arbeiten zur Dialektologie und Volkskunde), Bern/Stuttgart/Wien 1995.

Bütler, Brandis Bütler, Placid, Die Freiherren von Brandis, in: Jb. für schweizerische Geschichte 36, Zürich 1911, S. 1–151.

Büttiker/Nussbaumer, Tierknochenfunde Büttiker, Elsbeth/Nussbaumer, Marc A., Die hochmittelalterlichen Tierknochenfunde aus dem Schloss Nidau, Kanton Bern (Schweiz), in: Festschrift für Hans R. Stampfli, hg. Jörg Schibler/Jürg Sedlmeier/Hanspeter Spycher, Basel 1992, S. 39–58.

Büttner, Kräftespiel Büttner, Heinrich, Staufer und Zähringer im politischen Kräftespiel zwischen Bodensee und Genfersee während des 12. Jahrhunderts, in: Schwaben und Schweiz im frühen und hohen Mittelalter. Gesammelte Aufsätze von Heinrich Büttner, hg. von Hans Patze (Vorträge und Forschungen 15), Sigmaringen 1972, S. 437–527.

Büttner, Städtewesen Büttner, Heinrich: Zum Städtewesen der Zähringer und Staufer am Oberrhein während des 12. Jahrhunderts, in: ZGO NF. 66 (1957), S. 63–88. Neudruck: Altständisches Bürgertum, Bd. 1: Herrschaft und Gemeinverfassung, hg. von Heinz Stoob (Wege der Forschung 352), Darmstadt 1978, S. 255–287.

Büttner, Waadtland Waadtland und Reich im Hochmittelalter, in: Deutsches Archiv für Geschichte des Mittelalters 7, 1944, S. 79–132. Neudruck: Schwaben und Schweiz im frühen und hohen Mittelalter. Gesammelte Aufsätze von Heinrich Büttner, hg. von Hans Patze (Vorträge und Forschungen 15), Sigmaringen 1972, S. 393–436.

Buzas, Bibliotheksgeschichte Buzas, Ladislaus: Deutsche Bibliotheksgeschichte des Mittelalters (Elemente des Buch- und Bibliothekswesens 1), Wiesbaden 1975.

Caesarii Dialogus Miraculorum *Caesarii Heisterbacensis monachi Ord. Cist. Dialogus Miraculorum*, hg. von J. Strange, Köln/Bremen/Brüssel 1851.

Carlen, Kreuz Carlen, Louis, Kreuz, Kruzifix, E. Recht, Lex MA 5, Zürich 1991, S. 1494.

Carlen, Rechtsgeschichte Carlen, Louis, Rechtsgeschichte der Schweiz, 2. Aufl., Bern 1978.

Carlen, Goms Carlen, Louis, Gericht und Gemeinde im Goms, Freiburg 1967.

Castella, Politique extérieur Castella, Gaston, La politique extérieure de Fribourg depuis ses origines jusqu'à son entrée à la Confédération (1157–1481), in: Fribourg-Freiburg 1157–1481, Freiburg 1957, S.151–183.

Châtelain, Donjons Châtelain, André, Donjons romans des Pays d'Ouest, Paris 1973.

Chène, Johannes Nider Chène, Catherine, Johannes Nider. *Formicarius* (livre II, chapitre 4 et livre V, chapitres 3, 4 et 7), in: L'imaginaire du sabbat. Edition critique des textes les plus anciens (1430 c.–1440 c.) (Cahiers lausannois d'histoire médiévale 26), réunis par Martine Ostorero, Agostino Paravicini Bagliani, Kathrin Utz Tremp, Lausanne 1999, S. 99–265.

Christ, Thierstein Christ, Dorothea A., Zwischen Kooperation und Konkurrenz. Die Grafen von Thierstein, ihre Standesgenossen und die Eidgenossenschaft im Spätmittelalter, Zürich 1998.

Chronica Albrici *Chronica Albrici monachi Trium Fontium*, hg. von Paul Scheffer-Boichorst, in: *Monumenta Germaniae Historica Scriptores* 23, Hannover 1874, S. 631–950.

Chronik Burchard von Ursberg Die Chronik des Propstes Burchard von Ursberg, hg. von Oswald Holder-Egger und Bernhard Simson, in: Monumenta Germaniae Historica rerum Germanicarum in usum scholarum 16, Hannover [2]1916.

Chronik des Jacob Twinger Chronik des Jacob Twinger von Königshofen. 1400 (1415), in: Die Chroniken der oberrheinischen Städte: Strassburg 2 (Die Chroniken der deutschen Städte vom 14. bis ins 16. Jahrhundert 9), Leipzig 1871, S. 499–920.

Chronik des Matthias von Neuenburg Die Chronik des Matthias von Neuenburg, Fassung B und VC, Fassung WAU, hg. von Adolf Hofmeister, Berlin, 1924–1940 (*Monumenta Germaniae Historica, Scriptores rerum Germanicarum, Nova series* 4), 2. Aufl., Berlin 1955.

Chronik Johanns von Winterthur, *Vitoduranus* Die Chronik Johanns von Winterthur, hg. von Friedrich Baethgen (*Monumenta Germaniae Historica. Scriptores Rerum Germanicarum, Nova Series* 3), Berlin 1955 (2. Aufl.).

Closener Chronik Fritsche Closeners Chronik (1362), in: Die Chroniken der oberrheinischen Städte: Strassburg 1 (Die Chroniken der deutschen Städte vom 14. bis ins 16. Jahrhundert 9), Leipzig 1870, S. 3–151.

Codex Manesse Codex Manesse. Die Miniaturen der Grossen Heidelberger Liederhandschrift, hg. und erläutert von Ingo F. Walther, Frankfurt am Main 1988.

Coutaz, Helvetia Sacra I/4 Coutaz, Gilbert, Le diocèse de Lausanne. Introduction (*Helvetia Sacra* I/4), S. 21–24.

Craemer, Hospital Craemer, Ulrich, Das Hospital als Bautyp des Mittelalters, Köln 1963.

Czok, Bürgerkämpfe Czok, Karl, Die Bürgerkämpfe in Süd- und Westdeutschland im 14. Jahrhundert, in: Die Stadt des Mittelalters 3: Wirtschaft und Gesellschaft, hg. von Carl Haase, Darmstadt 1973, S. 303–344.

Daniell, Death Daniell, Christopher, Death and Burial in Medieval England 1066–1550, London/New York 1997.

Dapifer de Diessenhoven Henricus Dapifer de Diessenhoven, in: Henricus de Diessenhofen und andere Geschichtsquellen Deutschlands im späteren Mittelalter, hg. von Alfons Huber, Stuttgart 1868 (*Fontes Rerum Germanicarum* 4), S. 16–126.

Das ritterliche Basel Das ritterliche Basel. Zum 700. Todestag Konrads von Würzburg, Basel 1987.

De Capitani, Adel De Capitani, François, Adel, Bürger und Zünfte im Bern des 15. Jahrhunderts (Schriften der Berner Burgerbibliothek 16), Bern 1982.

De Capitani, Musik in Bern De Capitani, François, Musik in Bern. Musik, Musiker, Musikerinnen und Publikum in der Stadt Bern vom Mittelalter bis heute, unter Mitarbeit von Gerhard Aeschbacher (AHVB 76), Bern 1993.

De Capitani, Untersuchungen De Capitani, François, Untersuchungen zum Tellbuch der Stadt Bern von 1389, in: Berner Zeitschrift für Geschichte und Heimatkunde 39 (1977), S. 73–100.

De Quervain, Stein De Quervain, Francis, Der Stein in der Baugeschichte Berns, in: Mitteilungen der Naturforschenden Gesellschaft in Bern 27, 1970, S. 9–26.

Degen u. a. Grottenburg Riedfluh Degen, Peter/Heiner Albrecht/Stefanie Jacomet u. a. Die Grottenburg Riedfluh, (Schweizer Beiträge zur Kulturgeschichte und Archäologie des Mittelalters 14), Olten/Freiburg 1988.

Degler-Spenger, Zisterzienserinnen Degler-Spengler, Brigitte, Zisterzienserinnen in der Schweiz, in: Cistercienser Chronik 94, 1987/3–4, S. 124–132.

Degler-Spengler, *Helvetia Sacra* **IX/2** Degler-Spengler, Brigitte, Bern (Stadt), Einleitung (*Helvetia Sacra* IX/2), S. 248–253.

Demandt, Stadtherrschaft Demandt, Dieter, Stadtherrschaft und Stadtfreiheit im Spannungsfeld von Geistlichkeit und Bürgerschaft in Mainz (11.–15. Jahrhundert), Wiesbaden 1977.

Denecke, Sozialtopographie Denecke, Dietrich, Sozialtopographie und sozialräumliche Gliederung der spätmittelalterlichen Stadt. Problemstellungen, Methoden und Betrachtungsweisen der historischen Wirtschafts- und Sozialgeographie, in: Über Bürger, Stadt und städtische Literatur im Spätmittelalter, hg. von Josef Fleckenstein und Karl Stackmann (Abhandlungen der Akademie der Wissenschaften in Göttingen, philosophisch-historische Klasse, 3. Folge 121), Göttingen 1980, S. 161–202.

Descœudres, Blockbauten Descœudres, Georges, *Ob solche Heuser gleich wol nit schöner gestalt, sind sie doch vest und ein ewig werck* – Blockbauten und ihre Wahrnehmung, in: Kunst+Architektur 52, 3, 2001, S. 12–20.

Descœudres, Kirche Frauenkappelen Descœudres, Georges, Frauenkappelen, Kirche. Flächengrabung anlässlich der Innenrestaurierung 1987, in: AKBE 2A (SADB), Bern 1992, S. 123f.

Descœudres, Kirche Rüeggisberg Descœudres, Georges, Rüeggisberg, Kirche des ehemaligen Cluniazenserpriorates. Bauuntersuchungen 1988–1990, in: AKBE 3A (SADB), Bern 1994, S. 243f.

Descœudres, Pfarrkirche Rüegsau Descœudres, Georges, Rüegsau, Pfarrkirche. Bauuntersuchung an den Fassaden 1989 und Innensondierung an der Nordwand 1991, in: AKBE 3A (SADB), S. 244–246.

Descœudres, Zimmermann Descœudres, Georges, Rezension zu: Zimmermann, Baumsarg, in: ZAK 1993, S. 118.

Descœudres/Keck, Ursenbach Georges Descoeudres/Gabriele Keck, Ursenbach, reformierte Pfarrkirche (SADB), Bern in Vorbereitung.

Descœudres/Utz Tremp, Französische Kirche – Predigerkloster Descœudres Georges/Utz Tremp, Kathrin, Bern. Französische Kirche. Ehemaliges Predigerkloster. Archäologische und historische Untersuchungen 1988–1990 zu Kirche und ehemaligen Konventgebäuden (SADB), Bern 1993.

Deutsche Burgenvereinigung, Burgenbuch Burgen in Mitteleuropa, ein Handbuch, hg. von der Deutschen Burgenvereinigung, Stuttgart und Darmstadt 1999.

Dilcher, Bürgerrecht Dilcher, Gerhard, Bürgerrecht und Stadtverfassung im europäischen Mittelalter, Köln/Weimar/Wien 1996.

Dinzelbacher, Angst Dinzelbacher, Peter, Angst im Mittelalter. Teufels-, Todes- und Gotteserfahrung: Mentalitätsgeschichte und Ikonographie, Paderborn 1996.

Dirlmeier, Untersuchungen Dirlmeier, Ulf, Untersuchungen zu Einkommensverhältnissen und Lebenshaltungskosten in oberdeutschen Städten des Spätmittelalters, Mitte 14. bis Anfang 16. Jahrhundert (Abhandlungen der Heidelberger Akademie der Wissenschaften, philosophisch-historische Klasse 1), Heidelberg 1978.

Divorne, Berne Divorne, François: Berne et les villes fondées par les ducs de Zähringen au XIIe siècle, Bruxelles 1991.

Döbeli, Habsburger Die Habsburger zwischen Rhein und Donau, hg. von Christoph Döbeli, Aarau 1996.

Documents glanés Documents glanés dans les Archives de La Neuveville et offerts aux membres de la Société générale d'histoire suisse réunis les 9–10 septembre 1907 à La Neuveville, La Neuveville 1907.

Doggwiler, Gruss aus Bern Doggwiler, Esther, Gruss aus Bern, Bern 1972.

Dozenten der bernischen Hochschule Die Dozenten der bernischen Hochschule, Ergänzungsband zu: Hochschulgeschichte Berns 1528–1984. Zur 150-Jahr-Feier der Universität Bern 1984, Bern 1984.

Dreifuss, Juden Dreifuss, Emil, Juden in Bern. Ein Gang durch die Jahrhunderte, Bern 1983.

Drexler, Chorfenster Drexler, Jolanda, Die Chorfenster der Regensburger Minoritenkirche (Studien und Quellen zur Kunstgeschichte Regensburgs 2), Regensburg 1988.

Dubler, Adelsherrschaft Dubler, Anne-Marie, Adels- und Stadtherrschaft im Emmental des Spätmittelalters (AHVB 75), Bern 1992.

Dubler, Berns Herrschaft Dubler, Anne-Marie, Berns Herrschaft über den Oberaargau, in: Jb. des Oberaargaus 42, Langenthal 1999, S. 69–94.

Dubler, Burgdorf (Amtsbezirk) Dubler, Anne-Marie, Burgdorf (Amtsbezirk), Historisches Lexikon der Schweiz [elektronische Publikation HLS], Version vom 28.1.1999, Bern 1999.

Dubler, Burgdorferkrieg Dubler, Anne-Marie, Burgdorferkrieg, Historisches Lexikon der Schweiz [elektronische Publikation HLS], Version vom 23.8.1998, Bern 1998.

Dubler, Herrschaften Dubler, Anne-Marie, Die Herrschaften der Stadt Burgdorf im Oberaargau, in: Jb. des Oberaargaus 39, Langenthal 1996, S. 105–130.

Dubler, Oberaargau Dubler, Anne-Marie: Die Region Oberaargau. Entstehung, Begriff und Umfang im Wandel der Zeit, in: Jb. des Oberaargaus 44, Langenthal 2001, S. 74–114.

Dubler, Rechtsquellen Burgdorf Dubler, Anne-Marie, Die Rechtsquellen der Stadt Burgdorf und ihrer Herrschaften und des Schultheissenamts Burgdorf (SSRQ Bern Land IX/1), Aarau 1995.

Dubler, Überblick Dubler, Anne-Marie, Geschichtlicher Überblick, in: Die Rechtsquellen der Stadt Burgdorf und ihrer Herrschaften und des Schultheissenamts Burgdorf, hg. von Anne-Marie Dubler (SSRQ Bern Land IX/1), Aarau 1995, S. XXXVIII–LXXXVII.

Dupraz, Institution Dupraz, Louis, Les institution politiques jusqu'à la Constitution du 24 juin 1404, in: Fribourg-Freiburg 1157–1481, S. 54–130.

Dürr-Baumgartner, Kiburg Dürr-Baumgartner, Marie H., Der Ausgang der Herrschaft Kiburg, Zürich 1921.

Durrer, Freiherren Durrer, Robert, Die Freiherren von Ringgenberg, Vögte von Brienz, und der Ringgenberger Handel. Ein Beitrag zur Schweizer Dynastengeschichte und zur Kritik Tschudischer Geschichtsschreibung, in: Jb. für schweizerische Geschichte 21, 1896, S. 195–392.

Durrer, Opplingen Durrer, Robert, Opplingen im Lande Uri. Studien über den Ursprung des Allodialbesitzes burgundischer Dynastien in Uri, in: Jb. für schweizerische Geschichte 24, 1899, S. 1–26.

Durrer, Ringgenberg Durrer, Robert, Die Freiherren von Ringgenberg, Vögte von Brienz, und der Ringgenberger Handel, ein Beitrag zur Schweizer Dynastengeschichte und zur Kritik Tschudischer Geschichtsschreibung, in: Jb. für schweizerische Geschichte 21, Zürich 1896, S. 195–392.

Dürst, Rittertum Dürst, Hans, Rittertum. Schweizerische Dokumente, Lenzburg 1960.

Ebel, Bürgereid Ebel, Wilhelm, Der Bürgereid als Geltungsgrund und Gestaltungsprinzip des deutschen mittelalterlichen Stadtrechts, Weimar 1958.

Edelstein Der Edelstein von Ulrich Boner, hg. von Franz Pfeiffer (Dichtungen des deutschen Mittelalters 4), Leipzig 1844.

Eggenberger, *bettelbrieff* Eggenberger, Peter, *Ein bettelbrieff denen von kilchdorff in Mh. landtschaft an iren buw.* Der «Kirchenbauboom» auf der Landschaft, in: BGZ, S. 392–409.

Eggenberger, Malerei des Mittelalters Eggenberger, Christoph und Dorothee, Malerei des Mittelalters (*ARS HELVETICA V*. Die visuelle Kultur der Schweiz), Disentis 1980

Eggenberger/Bossert/Keck/Schweizer, Schloss Münchenwiler Eggenberger, Peter/Martin Bossert/Gabriele Keck/Jürg Schweizer, Schloss Münchenwiler – ehemaliges Cluniazenserpriorat. Bericht über die Grabungen und Bauuntersuchungen von 1986 bis 1990 (SADB), Bern 2000.

Eggenberger/Descœudres, Klöster Eggenberger, Peter/Georges Descœudres, Klöster, Stifte, Bettelordenshäuser, Beginen und Begarden, in: Stadtluft, Hirsebrei und Bettelmönch. Die Stadt um 1300, Katalog Zürich 1992, S. 437–451.

Eggenberger/Keck, Orpund Eggenberger, Peter/Gabriele Keck, Orpund, ehemaliges Prämonstratenserstift Gottstatt (heutige Pfarrkirche). Die Ergebnisse der archäologischen Forschungen von 1991 und 1995, in: AKBE 4B, S. 293–319.

Eggenberger/Kellenberger, Oberwil Eggenberger, Peter/Kellenberger, Heinz, Oberwil bei Büren an der Aare, Reformierte Pfarrkirche. Archäologische Grabung 1979 (SADB), Bern 1985.

Eggenberger/Kellenberger/Ulrich-Bochsler, Twann Eggenberger, Peter/Heinz Kellenberger/Susi Ulrich-Bochsler, Twann, Reformierte Pfarrkirche. Ergebnisse der Bauforschung von 1977/1978 (SADB), Bern 1988.

Eggenberger/Müller, Oberwil Eggenberger, Peter/Alain Müller, Oberwil bei Büren a. d. A., Reformierte Pfarrkirche. Die archäologische Bauforschung an den Fassaden 1988, in: AKBE 3B, S. 495–510.

Eggenberger/Rast Cotting, Köniz Eggenberger, Peter/Monique Rast Cotting, Die früh- bis spätmittelalterlichen Gräber im Chor der Kirche Köniz. I. Bauforschungen im Kirchenchor 1981, in: Ulrich-Bochsler, Susi, Büetigen-Köniz-Unterseen. Anthropologische Untersuchungen an früh- und hochmittelalterlichen Skeletten (SADB), Bern 1994, S. 29–54.

Eggenberger/Rast Cotting/Ulrich-Bochsler, Bleienbach Eggenberger, Peter/Monique Rast Cotting/Susi Ulrich-Bochsler, Bleienbach, Reformierte Pfarrkirche. Die Ergebnisse der archäologischen Bodenforschungen 1981 (SADB), Bern 1994.

Eggenberger/Rast Cotting/Ulrich-Bochsler, Wangen Eggenberger, Peter/Monique Rast Cotting/Susi Ulrich-Bochsler, Wangen an der Aare, Reformierte Pfarrkirche, Ehemaliges Benediktinerpriorat. Ergebnisse der Bauforschungen 1980/81 (SADB), Bern 1991.

Eggenberger/Stöckli, Kirchlindach Eggenberger, Peter/Werner Stöckli, Kirchlindach. Reformierte Pfarrkirche. Archäologische Grabung und bauanalytische Untersuchung 1978 (SADB), Bern 1983.

Eggenberger/Ulrich-Bochsler, Leuzingen Eggenberger, Peter/Susi Ulrich-Bochsler, Leuzigen, Reformierte Pfarrkirche, ehemaliges Cluniazenserpriorat. Ergebnisse der Bauforschung von 1986 (SADB), Bern 1989.

Eggenberger/Ulrich-Bochsler, Steffisburg Eggenberger, Peter/Susi Ulrich-Bochsler, Steffisburg. Reformierte Pfarrkirche. Die Ergebnisse der archäologischen Forschungen von 1980 und 1982, Bd. 1 (SADB), Bern 1994.

Eggenberger/Ulrich-Bochsler, Unterseen Eggenberger, Peter/Susi Ulrich-Bochsler, Unterseen. Die reformierte Pfarrkirche. Die Ergebnisse der archäologischen Forschungen von 1985 (SADB), Bern 2001.

Eggenberger/Ulrich-Bochsler/Keck, Frühmesskapelle Eggenberger, Peter/Susi Ulrich-Bochsler/Gabriele Keck, Nidau. Ehemalige Frühmesskapelle St. Nikolaus, in: Nidauer Chlousebletter 4, 1996.

Eggenberger/Ulrich-Bochsler/Keck, Nidau Eggenberger, Peter/Susi Ulrich-Bochsler/Gabriele Keck, Nidau. Die Frühmess- und Beinhauskapelle St. Nikolaus. Archäologische Untersuchungen von 1992 bis 1995 (SADB), Nidau/Bern 1996.

Eggenberger/Ulrich-Bochsler/Schäublin: Bestattungen Eggenberger, Peter/Susi Ulrich-Bochsler/Elisabeth Schäublin, Beobachtungen an Bestattungen in und um Kirchen im Kanton Bern aus archäologischer und anthropologischer Sicht, in: ZAK 40, 1983, S. 221–240.

Egger/Egger, Jahrringdatierungen Egger, Heinz und Kristina, Jahrringdatierungen, in: Schlossmuseum Thun, hg. von der Stiftung Schlossmuseum Thun, Thun 1997.

Egli, Untersuchungen Egli, Hans-Rudolf, Die Untersuchung der Besiedlungs- und Entsiedlungsvorgänge im Gebirge als Prozessforschung: Fragestellung und Methoden, in: Siedlungsforschung. Archäologie – Geschichte – Geographie 8, 1990, S. 43–67.

Ehrensperger, Altstadthäuser Ehrensperger, Ingrid, Altstadthäuser wuchsen in drei Schüben. Stadtkernforschung in Biel, in: Bieler Jb. 1987, S. 61–92.

Ehresmann, Medieval Theology Ehresmann, Donald L., Medieval Theology of the Mass and the Iconography of the Oberwesel Altarpiece, in: ZAK 60, 1997, S. 200–226.

Ehresmann, Program Ehresmann, Donald L., The Iconographic Program of the Doberan Altarpiece, in: Studies in Cistercian Art and Architecture 3, 1987, S. 178–196.

Ehrismann, Ehre Ehrismann, Otfrid, Ehre und Mut. Aventiure und Minne, München 1995.

Eiberle, Lebensweise Eiberle, Kurt, Lebensweise und Bedeutung des Luchses in der Kulturlandschaft, Hamburg und Berlin 1972.

Eitel, Reichsstädte Eitel, Peter, Die oberschwäbischen Reichsstädte im Zeitalter der Zunftherrschaft (Schriften zur südwestdeutschen Landeskunde 8), Stuttgart 1970.

Elm, Lex MA I Elm, Kaspar, Bettelorden, in: Lex MA I, München/Zürich 1980, Sp. 2088–2093.

Elm, Lex MA IV Elm, Kaspar, Franziskus von Assisi, in: Lex Ma IV, München/Zürich 1989, Sp. 830–835.

Elsener, Pfaffenbrief Elsener, Ferdinand, Der eidgenössische Pfaffenbrief von 1370. Ein Beitrag zur Geschichte der geistlichen Gerichtsbarkeit, in: Zeitschrift für Rechtsgeschichte, Kanonistische Abteilung 75, 1958, S. 104–180.

Encyclopedia Judaica Encyclopedia Judaica. Das Judentum in Geschichte und Gegenwart, Bd. 15, Berlin 1928–34, 4. Aufl. 1978, Sp. 1223f.

Engel, Deutsche Stadt Engel, Evamaria, Die deutsche Stadt des Mittelalters, München 1993.

Engel, Wege Engel, Evamaria, Wege zur mittelalterlichen Stadt, in: Burg – Burgstadt – Stadt. Zur Genese mittelalterlicher nichtagrarischer Zentren in Ostmitteleuropa, hg. von Hansjürgen Brachmann, Berlin 1995, S. 9–26.

Engler, Bibliothek Engler, Claudia, *ein news puch*. Die «Bibliothek» des Dominikanerinnenklosters St. Michael in der Insel, in: BGZ, S. 482–489.

Engler, Helvetia Sacra IV/5, Bern Engler, Claudia, Bern, St. Michael in der Insel (Helvetia Sacra IV/5), S. 610–630.

Engler, Regelbuch Engler, Claudia, Regelbuch und Observanz. Der Codex A 53 der Burgerbibliothek Bern als Reformprogramm des Johannes Meyer für die Berner Dominikanerinnen, Diss. Bern (Typoskript), Bern 1998.

Ennen, Forschungsaufgabe Ennen, Edith, Die europäische Stadt des Mittelalters als Forschungsaufgabe unserer Zeit, in: Gesammelte Abhandlungen zum europäischen Städtewesen und zur rheinischen Geschichte, Bd. 1, hg. von Georg Droege/Klaus Fehn/Dietrich Höroldt u. a. Bonn 1977, Erstdruck in: Rheinische Vierteljahresblätter 11, 1941, S. 42–66.

Ennen, Frühgeschichte Ennen, Edith, Frühgeschichte der europäischen Stadt, mit einem Nachtrag zum gegenwärtigen Forschungsstand, Bonn [3]1981.

Ennen, Stadt Ennen, Edith, Die europäische Stadt des Mittelalters, Göttingen [4]1987.

Entstehung der Schweizerischen Eidgenossenschaft Quellenwerk zur Entstehung der Schweizerischen Eidgenossenschaft, hg. von Traugott Schiess u. a. Aarau 1938 ff.

Erdin, Helvetia Sacra III/3/1, Frienisberg Erdin, Emil A., Frienisberg (*Helvetia Sacra* III/3/1), S. 128–141.

Erkens, Busse Erkens, Franz-Reiner, Busse in Zeiten des schwarzen Todes: Die Züge der Geissler, in: Zeitschrift für historische Forschung 26, 1999, S. 483–513.

Erlach, Erlach von Erlach, Hans Ulrich, 800 Jahre Berner von Erlach. Die Geschichte einer Familie, Bern 1989.

Etter, Untersuchungen Etter, Tom, Untersuchung zur Ausrottungsgeschichte des Wolfes in der Schweiz und den benachbarten Gebieten des Auslandes, Diss. ETH Zürich 1992.

Eugster, Territorialpolitik Eugster, Erwin, Adlige Territorialpolitik in der Ostschweiz, Diss. Zürich 1991.

Faix, Habsburger Die Habsburger im deutschen Südwesten. Neue Forschungen zur Geschichte Vorderösterreichs, hg. von Gerhard Faix/Franz Quarthal, Stuttgart 2000.

Fehn, Entstehung Fehn, Klaus, Entstehung und Entwicklung kleinerer Städte. Einführung in die Tagungsthematik, in: Siedlungsforschung 11, Bonn 1993, S. 9–40.

Fehring, Alt Lübeck Fehring, Günter P., Von Alt Lübeck nach Neu Lübeck, Erkenntnisse der Archäologie zum Urbanisierungsprozess vom 11. bis 13. Jahrhundert, in: Die Stadt im westlichen Ostseeraum, Vorträge zur Stadtgründung und Stadterweiterung im Hohen Mittelalter, 2 Teile, hg. von Erich Hoffmann/Frank Lubowitz (Kieler Werkstücke A 14), Frankfurt a. M. 1995, S. 21–46.

Fehring, Deutschland Fehring, Günter P., Stadtarchäologie in Deutschland (Archäologie in Deutschland, Sonderheft), Stuttgart 1996.

Fehring, Dorfwüstungen Fehring, Günter P., Zur Erforschung mittelalterlicher Dorfwüstungen in Südwestdeutschland, in: Zeitschrift für Agrargeschichte und Agrarsoziologie 21, 1973, S. 4ff.

Fehring, Einführung Fehring, Günter P., Einführung in die Archäologie des Mittelalters, Darmstadt 1987.

Fehring, Stadtarchäologie Fehring, Günter P., Stadtarchäologie. Fragestellungen, Entwicklungen und Konzeptionen, in: Stadtarchäologie – Aspekte der Denkmalpflege, hg. vom Verband der Landesarchäologen in der BRD, Stuttgart 1993, S. 7–14.

Feine, Territorialbildung Feine, Hans Erich, Die Territorialbildung der Habsburger im deutschen Südwesten vornehmlich im späten Mittelalter, in: Zeitschrift der Savigny-Stiftung für Rechtsgeschichte 80, Germanistische Abteilung 67, 1950, S. 176–308.

Feldmann, Herrschaft Feldmann, Markus, Die Herrschaft der Grafen von Kiburg im Aaregebiet 1218–1264, in: Schweizer Studien zur Geschichtswissenschaft 1926, S. 223–410.

Fellenberg, Wald von Fellenberg, Gottfried, Der Wald, in: Die Natur. Schönheit, Vielfalt, Gefährdung (Illustrierte Berner Enzyklopädie 1), Bern 1981, S. 88–105.

Feller/Bonjour, Geschichtsschreibung Feller, Richard/Edgar Bonjour, Geschichtsschreibung in der Schweiz. Vom Spätmittelalter zur Neuzeit, 2 Bde., Basel/Stuttgart [2]1979.

Fellmann, Zinktäfelchen Fellmann, Rudolf, Das Zinktäfelchen vom Thormebodewald auf der Engehalbinsel bei Bern und seine keltische Inschrift, in: AKBE 4B, S. 133–176.

Festbericht 700jährige Gründungsfeier Die 700jährige Gründungsfeier der Stadt Bern, 1191–1891: Festbericht, hg. vom Organisationskomitee, Bern 1891.

Festführer Bern 600 Jahre im Ewigen Bund Bern 600 Jahre im Ewigen Bund der Eidgenossen. Festführer, hg. vom Organisationskomitee, Bern 1953.

Fetscherin, Gemeindeverhältnisse Fetscherin, Rudolf, Die Gemeindeverhältnisse von Bern im 13. und 14. Jahrhundert (Abhandlungen des Historischen Vereins des Kantons Bern 2,1), Bern/Zürich 1851.

Fichtenau, Stadtplanung Fichtenau, Heinrich, «Stadtplanung» im früheren Mittelalter, in: Ethnogenese und Überlieferung. Angewandte Methoden der Frühmittelalterforschung, hg. von Karl Brunner/Brigitte Merta (Veröffentlichungen des Instituts für Österreichische Geschichtsforschung 31), Wien/München 1994, S. 232–249.

Fischer, Bärner Wappe von Fischer, Rudolf, Vom Bärner Wappe, in: BZ 1945, S. 1–19.

Fischer, Farbuntersuchungen Fischer, Michael, Farbuntersuchungen an der Rittersaaldecke, in: Schlossmuseum Thun, hg. von der Stiftung Schlossmuseum Thun, Thun 1997.

Fischer, Tätigkeitsbericht Von Fischer, Hermann, Tätigkeitsbericht der kant. Kunstaltertümerkommission und des Denkmalpflegers für die Jahre 1962 und 1963, in: BZ 1965, S. 35–100.

Fischer/Degler-Spengler, Helvetia Sacra V/1, Einleitung Fischer, Rainald/Brigitte Degler-Spengler, Der Franziskanerorden. Einleitung (*Helvetia Sacra* V/1), S. 42–97.

Flachs, Jagdhorn Flachs, Werner, Das Jagdhorn, Zug 1994.

Flatt, Errichtung Flatt, Karl H., Die Errichtung der bernischen Landeshoheit über den Oberaargau, in: AHVB 53, Bern 1969; gleichzeitig als Jb des Oberaargaus, Sonderband 1.

Flückiger, Gründungsstädte Flückiger, Roland, Mittelalterliche Gründungsstädte zwischen Freiburg und Greyerz als Beispiel einer überfüllten Städtelandschaft im Hochmittelalter, Freiburg 1984.

Fluri, Siegel Fluri, Adolf, Die Siegel der Stadt Bern 1224–1924, in: Blätter für bernische Geschichte, Kunst und Altertumskunde 20, 1924, S. 257–300; 22, 1925, S. 240.

Forrer, Chorentdeckungen Forrer, Robert, Zu den romanischen Chorentdeckungen und Kirchenfresken von Meiringen, in: ASA 35, 1933, S. 187–204, S. 241–250; 36, 1934, S. 1–27.

Franz, Studien Franz, Kurt, Studien zur Soziologie des Spruchdichters in Deutschland im späten 13. Jahrhundert (Göppinger Arbeiten zur Germanistik 111), Göppingen 1974.

FRB *Fontes Rerum Bernensium*. Berns Geschichtsquellen bis 1390, 10. Bd. mit Registerband, Bern 1883 ff.

Freiburg 1091–1120 Freiburg 1091–1120. Neue Forschungen zu den Anfängen der Stadt, hg. von Hans Schadek und Thomas Zotz (Archäologie und Geschichte. Freiburger Forschungen zum ersten Jahrtausend in Südwestdeutschland 7), Sigmaringen 1995.

Freiburger UB Freiburger Urkundenbuch, 3 Bde., bearbeitet von Friedrich Hefele, Freiburg i. Br. 1940–1957.

Frey, Ausburger Frey, Beat, Ausburger und Udel namentlich im Gebiet des alten Bern, in: Abhandlungen zum schweizerischen Recht, N.F. 281, 1950, S. 1–18.

Frey, Ausgrabungen Frey, Peter, Die Habsburg im Aargau. Bericht über die Ausgrabungen von 1978–83, in: *Argovia* 98, 1986, S. 23–116.

Frey, Habsburg Frey, Peter, Die Habsburg im Aargau, in: Die Burgen der Salierzeit, Bd. 2: In den südlichen Landschaften des Reiches, hg. von Horst Wolfgang Böhme, Sigmaringen 1991, S. 331–350.

Fribourg: ville et territoire Fribourg: ville et territoire. Aspects politiques, sociaux et culturels de la relation ville-campagne depuis le Bas Moyen Age, hg. von Carl Pfaff u. a. Freiburg i. Ü. 1981.

Früh, Kartausen Früh, Margrit, Die Kartausen in der Schweiz, in: Schriften des Vereins für Geschichte des Bodensees und seiner Umgebung 104, 1986, S. 43–65.

Frutigbuch Das Frutigbuch: Heimatkunde für die Landschaft Frutigen, hg. von Werner Brügger, Hans Wandfluh u. a. Bern 1977.

Füchtner, Bündnisse Füchtner, Jörg, Die Bündnisse der Bodenseestädte bis zum Jahre 1390, Göttingen 1970.

Führer Trier Trier, 2 Bde., hg. Römisch-Germanisches Zentralmuseum Mainz (Führer zu vor- und frühgeschichtlichen Denkmälern 32), Mainz 1977.

Futterer, Bildwerke Futterer, Ilse, Gotische Bildwerke der deutschen Schweiz 1220–1440, Augsburg 1930.

Gantner, Stadt Gantner, Joseph, Die Schweizer Stadt, München 1925.

Ganz/Seeger, Chorgestühl Ganz, Paul Leonhard/Theodor Seeger, Das Chorgestühl in der Schweiz, Frauenfeld 1946

Gasser, Entstehung Gasser, Adolf, Entstehung und Ausbildung der Landeshoheit im Gebiete der schweizerischen Eidgenossenschaft. Ein Beitrag zur Verfassungsgeschichte des deutschen Mittelalters, Aarau/Leipzig 1930.

Gasser, Entwicklung Gasser, Adolf, Die territoriale Entwicklung der Schweizerischen Eidgenossenschaft 1291–1797, Aarau 1932.

Gatouillat/Hérold, Vitraux Gatouillat, Françoise/Michel Hérold, Les vitraux de Lorraine et d'Alsace *(Corpus Vitrearum France*, Recensement des vitraux anciens de la France 5), Paris 1994.

Gatschet, Jahrzeitenbuch Das Jahrzeitenbuch des St. Vincentiusmünsters in Bern, hg. von Albert Gatschet, in: AHVB 6, 1867, S. 309–519.

Geering, Organa Geering, Arnold, Die Organa und mehrstimmigen Conductus in den Handschriften des deutschen Sprachgebietes vom 13. zum 16. Jahrhundert (Publikationen der SMG, Serie 2, Vol. 1), Bern 1952.

Gees, Wasser Gees, Rudolf, Woher das Wasser kommt. Geologisches und Hydrologisches über den Untergrund der Halbinsel Berns, in: Baeriswyl, Armand/Rudolf Bucher/Martin Furer u. a. Vom Lenbrunnen und anderen «nützlichen Wassern» in Bern, in: Schulpraxis, Zeitschrift des Bernischen Lehrerinnen- und Lehrervereins, Heft 4, (1998), S. 16f.

Geiger, Beginn Geiger, Hans-Ulrich, Der Beginn der Gold- und Dickmünzenprägung in Bern. Ein Beitrag zur bernischen Münz- und Geldgeschichte des 15. Jahrhunderts (AHVB 52), Bern 1968, S. 1–246.

Geiger, Berns Münzprägung Geiger, Hans-Ulrich, Berns Münzprägung im Mittelalter. Ein Forschungsbericht, in: BZ 59, 1997, S. 309–323.

Geiger, Gold Geiger, Hans-Ulrich, Das Gold des Vivilin. Jüdisches Vermögen vor 700 Jahren, in: Neue Zürcher Zeitung Nr.27/2002, S. 82.

Geiger, Quervergleiche Geiger, Hans-Ulrich, Quervergleiche. Zur Typologie spätmittelalterlicher Pfennige, in: ZAK 48, 1991, S. 108–123.

Geiger, Vivilin Geiger, Hans-Ulrich, Vivilin, der Jude, und das Gold als Zahlungsmittel im mittelalterlichen Bern, in: ZAK 58, 2001, S. 245–258.

Geiser, Staatssiegel Geiser, Karl, Die bernischen Staatssiegel, in: Festschrift zur VII. Säkularfeier der Gründung Berns 1191–1891, Bern 1891, Beilage II, Siegeltafel I/II.

Geiser, Verfassung Geiser, Karl, Die Verfassung des alten Bern, in: Festschrift zur VII. Säkularfeier der Gründung Berns 1191–1891, Bern 1891, S. 1–139.

Genealogia Zaringorum *Genealogia Zaringorum*, hg. von Georg Waitz (*Monumenta Germaniae Historica. Scriptores* 13), Hannover 1881, S. 735–737.

Gerber, Aarberg Gerber, Roland, Stadt und Vogtei Aarberg unter bernischer Herrschaft 1358 bis 1528, in: Aarberg. Porträt einer Kleinstadt, Aarberg 1999, S. 115–145.

Gerber, Bauen Gerber, Roland, Öffentliches Bauen im mittelalterlichen Bern. Verwaltungs- und finanzgeschichtliche Untersuchung über das Bauherrenamt der Stadt Bern 1300 bis 1550 (AHVB 77), Bern 1994.

Gerber, Bevölkerungsentwicklung Gerber, Roland, Die Bevölkerungsentwicklung im 15. Jahrhundert, in: BGZ, S. 97–102.

Gerber, Bürgerrecht Gerber, Roland, Das Bürgerrecht, in: BGZ, S. 145–147.

Gerber, Fours à chaux Gerber, Christophe, Fours à chaux, four à fer et charbonnières entre Moutier et Roches (SADB), Bern 2001.

Gerber, Geistliche Niederlassungen Gerber, Roland, Die geistlichen Niederlassungen, in: BGZ, S. 62–74.

Gerber, Gott Gerber, Roland, Gott ist Burger zu Bern. Eine spätmittelalterliche Stadtgesellschaft zwischen Herrschaftsbildung und sozialem Ausgleich (Forschungen zur mittelalterlichen Geschichte 39), Weimar 2001.

Gerber, Handwerk Gerber, Roland, Das Handwerk, in: BGZ, S. 204–218

Gerber, kommunale Gebäude Gerber, Roland, Die kommunalen Gebäude, in: BGZ, S. 48–50.

Gerber, Rückgang Gerber, Roland, Rückgang und Stagnation, in: BGZ, S. 97–102.

Gerber, Udel Gerber, Roland, Udel und Hausbesitz, in: BGZ, S. 148.

Gerber, Umgestaltung Gerber, Roland, Umgestaltung und Neuorientierung. Die wirtschaftlichen und sozialen Veränderungen Berns im 15. Jahrhundert, in: Zeitschrift für Historische Forschung (in Vorbereitung).

Gerber, Verwechslung Gerber, Markus, Die Verwechslung des Männer- und des Frauenklosters in Königsfelden. Bericht über die Untersuchung am Mauerwerk des Klosters 1982/83, in: Brugger Neujahrsblätter 96, 1986, S. 105–120.

Gerber, Zünfte Gerber, Roland, Zünfte und Gesellschaften, in: BGZ, S. 227–243.

Gerber, Zünfte Gerber, Roland, Die politische Bedeutung der Zünfte, in: BGZ, S. 229–233.

Gerber/Gutscher, Court Gerber, Christophe/ Daniel Gutscher, Court BE. Chaluet, in: Jb. der Schweizerischen Gesellschaft für Ur- und Frühgeschichte 84, 2001, S. 259f.

Gerbert, *De translatis* Gerbert, Martinus, *De translatis Habsburgo-Austriacorum principum eorumque conjugum cadaveribus ex ecclesia cathedrali Basiliensi et monasterio Koenigsfeldensi in Helvetia ad conditorium novum Sancti Blasii*, Sankt Blasien 1772 (darin der Text der Königsfeldener Chronik).

Germania Judaica Bd. II/1 *Germania Judaica*, Bd. II/1, Von 1238 bis zur Mitte des 14. Jahrhunderts, hg. von Zvi Avneri, Tübingen 1968.

Germania Judaica, Bd. III/1 Germania Judaica, Bd. III/1, 1350–1519, hg. von Arye Maimon, Tübingen 1987.

Germania Judaica, Bd. III/2 Germania Judaica, Bd. III/2, 1350–1519, hg. von Arye Maimon, Mordechai Breuer und Yacov Guggenheim, Tübingen 1995.

Germann, Bauetappen Germann, Georg, Bauetappen des Berner Münsters, in: Unsere Kunstdenkmäler 36, 1985, S. 263–269.

Germann, Konfiskation Germann, Martin, Zwischen Konfiskation, Zerstreuung und Zerstörung. Schicksale der Bücher und Bibliotheken in der Reformationszeit in Basel, Bern und Zürich, in: Zwingliana 27, 2000, S. 63–77.

Geschichte der Stadt Freiburg im Breisgau 1 Geschichte der Stadt Freiburg im Breisgau, Bd. 1: Von den Anfängen bis zum «Neuen Stadtrecht« von 1520, hg. von Heiko Haumann/Hans Schadek, Stuttgart ^{2}2001.

Geschichte des Kantons Zürich 1 Geschichte des Kantons Zürich, Bd. 1: Frühzeit bis Spätmittelalter, hg. von Niklaus Flüeler/Marianne Flüeler-Grauwiler, Zürich 1995.

Gilomen, Anleihen Gilomen, Hans-Jörg, Anleihen und Steuern in der Finanzwirtschaft spätmittelalterlicher Städte. Option bei drohendem Dissens, in: Staatsfinanzierung und Sozialkonflikte (14.–20. Jahrhundert), hg. von Sébastien Guex, Martin Körner u. a. (Schweizerische Gesellschaft für Wirtschafts- und Sozialgeschichte 12), Zürich 1994, S. 137–158.

Gilomen, Aufnahme Gilomen, Hans-Jörg, Aufnahme und Vertreibung von Juden in Schweizer Städten im Spätmittelalter, in: Migration in die Städte. Ausschluss – Assimilierung – Integration – Multikulturalität, hg. von Hans-Jörg Gilomen/ Anne-Lise Head-König/Anne Radeff (Schweizerische Gesellschaft für Wirtschafts- und Sozialgeschichte Bd. 16), Zürich 2000, S. 93–118.

Gilomen, Helvetia Sacra III/2 Gilomen, Hans-Jörg, Die Cluniazenser in der Schweiz (*Helvetia Sacra* III/2), S. 21–140.

Gilomen, Helvetia Sacra III/2, Einleitung Gilomen, Hans-Jörg, Einleitung (*Helvetia Sacra* III/2), S. 21–87.

Gilomen, Kirchliche Theorie Gilomen, Hans-Jörg, Kirchliche Theorie und Wirtschaftspraxis. Der Streit um die Basler Wucherpredigt des Johannes Mulberg, in: Itinera/Schweizerische Gesellschaft für Geschichte 4, Basel 1986, S. 34–62.

Gilomen, Krisenzeit Gilomen, Hans-Jörg, Die Schweiz in der spätmittelalterlichen Krisenzeit, in: Die Schweiz: Gestern – heute – morgen, hg. von der Schweizerischen Volksbank, Bern 1991, S. 12–18.

Gilomen, Siedlungssegregation Gilomen, Hans-Jörg, Spätmittelalterliche Siedlungssegregation und Ghettoisierung insbesondere im Gebiet der heutigen Schweiz, in: Stadt- und Landmauern, Bd. 3: Abgrenzungen – Ausgrenzungen in der Stadt und um die Stadt (Veröffentlichungen des Instituts für Denkmalpflege an der ETH Zürich 15.3), Zürich 1999, S. 85–106.

Gilomen, Städtische Schuld Gilomen, Hans-Jörg, Die städtische Schuld Berns und der Basler Rentenmarkt im 15. Jahrhundert, in: Basler Zeitschrift für Geschichte und Altertumskunde 82, 1982, S. 5–64.

Gilomen, Stadt-Land-Beziehungen Gilomen, Hans-Jörg, Stadt-Land-Beziehungen in der Schweiz des Spätmittelalters, in: Itinera/Schweizerische Gesellschaft für Geschichte 19, Basel 1998, S. 10–48.

Gilomen, Stadtmauern Gilomen, Hans-Jörg, Stadtmauern und Bettelorden, in: Stadt- und Landmauern, Bd. 1: Beiträge zum Stand der Forschung (Veröffentlichungen des Instituts für Denkmalpflege der ETH Zürich 15.1), Zürich 1995, S. 45–62.

Gilomen-Schenkel, Doppelklöster Gilomen-Schenkel, Elsanne, Engelberg, Interlaken und andere autonome Doppelklöster im Südwesten des Reiches (11.–13. Jahrhundert). Zur Quellenproblematik und zur historiographischen Tradition, in: Doppelklöster und andere Formen der Symbiose männlicher und weiblicher Religiosen im Mittelalter, hg. von Kaspar Elm und Michel Parisse, Berlin 1992, S. 115–133.

Gilomen-Schenkel, Helvetia Sacra III/1, Einleitung Gilomen-Schenkel, Elsanne, Einleitung (*Helvetia Sacra* III/1), S. 33–93.

Gilomen-Schenkel, Helvetia Sacra IV/4 Gilomen-Schenkel, Elsanne, Die Hospitaliter vom Heiligen Geist (*Helvetia Sacra* IV/4), S. 175–203.

Gilomen-Schenkel, Helvetia Sacra IV/4, Spitäler Gilomen-Schenkel, Elsanne, Spitäler und Spitalorden in der Schweiz (12./13.–15. Jahrhundert), ein Forschungsbericht (*Helvetia Sacra* IV/4), S. 19–34.

Gilomen-Schenkel, Spitäler Gilomen-Schenkel, Elsanne, Mittelalterliche Spitäler und Leprosorien im Gebiet der Schweiz, in: Stadt- und Landmauern, Bd. 3: Abgrenzungen – Ausgrenzungen in der Stadt und um die Stadt (Veröffentlichungen des Instituts für Denkmalpflege an der ETH Zürich 15.3), Zürich 1999, S. 117–124.

Ginzburg, Hexensabbat Ginzburg, Carlo, Hexensabbat. Entzifferung einer nächtlichen Geschichte, Frankfurt am Main 1993.

Glaeser, Klimageschichte Glaeser, Rüdiger, Klimageschichte Europas. 1000 Jahre Wetter, Klima, Katastrophe, Darmstadt 2001.

Glatthard, Ortsnamen Glatthard, Peter, Ortsnamen zwischen Aare und Saane. Namengeographische und siedlungsgeschichtliche Untersuchungen im westschweizerdeutschen Sprachgrenzraum (Sprache und Dichtung. Neue Folge 22. Sonderreihe Berner Arbeiten zur Dialektologie und Volkskunde), Bern/Stuttgart 1977.

Glatz, Hohlglasfunde Glatz, Regula, Hohlglasfunde der Region Biel, Zur Glasproduktion im Jura (SADB), Bern 1991.

Glatz/Gutscher, Burgdorf Kirchbühl Glatz, Regula/Daniel Gutscher, Burgdorf, Kirchbühl. Die archäologischen Beobachtungen während der Werkleitungserneuerungen von 1991, in: AKBE 4B, S. 235–249.

Glatz/Gutscher, Nachträge Glatz, Regula/Gutscher, Daniel, Kanton Bern, in: Stadt- und Landmauern, Bd. 2: Stadtmauern in der Schweiz. Kataloge, Darstellungen (Veröffentlichungen des Instituts für Denkmalpflege an der ETH Zürich 15.2), Zürich 1999, S. 61–99.

Glatz/Gutscher, Unterseen Glatz, Regula/Daniel Gutscher, Archäologie in Unterseen, in: Berner Volkskalender 2000, S. 88–97.

Gmür, Zehnt Gmür, Rudolf, Der Zehnt im alten Bern, Bern 1954.

Goetz, Leben Goetz, Hans-Werner, Leben im Mittelalter, München 1994.

Golay, Sculptures médiévales Golay, Laurent, Les sculptures médiévales. La collection du Musée cantonal d'histoire, Sion (Valère, Art & Histoire 2), Lausanne 2000.

Goll u. a., Klosterziegelei Goll, Jürg/Silvan Fässler/Christine Maurer u. a., Die Klosterziegelei St. Urban – Blütezeit und Nachleben, in: Bericht der Stiftung Ziegelei-Museum 11, Cham 1994, S. 5–61.

Goll, St. Urban Goll, Jürg, St. Urban, Baugeschichte und Baugestalt des mittelalterlichen Klosters (Archäologische Schriften Luzern 4), Luzern 1994.

Gottwald, Catalogus Gottwald, Benedikt, *Catalogus codicum manu scriptorum qui asservantur in Bibliotheca Monasterii OSB Engelbergensis*, in: Helvetia, Freiburg i. Br. 1891.

Graf/Hedinger/Jauch u. a. Hintergrund Graf, Markus/Bettina Hedinger/Vreni Jauch u. a., Hintergrund – Untergrund. Archäologische Entdeckungsreise durch Winterthur (Neujahrsblatt der Stadtbibliothek Winterthur 331), Winterthur 2000.

Graus, Judenpogrome Graus, František, Judenpogrome im 14. Jahrhundert: Der Schwarze Tod, in: Die Juden als Minderheit in der Geschichte, hg. von Bernd Martin/Ernst Schulin, München 1981, S. 68–84.

Graus, Pest Graus, František, Pest-Geissler-Judenmorde. Das 14. Jahrhundert als Krisenzeit (Veröffentlichungen des Max-Planck-Instituts für Geschichte 86), 4. Aufl. Göttingen 1997.

Graus, Randgruppen Graus, František, Randgruppen in der städtischen Gesellschaft im Spätmittelalter, in: Zeitschrift für historische Forschung 8, 1981, S. 385–437.

Greyerz, Nation von Greyerz, Hans, Nation und Geschichte im bernischen Denken. Festschrift zur Feier Bern 600 Jahre im Bund der Eidgenossen, Bern 1953.

Greyerz, Studien von Greyerz, Hans, Studien zur Kulturgeschichte der Stadt Bern am Ende des Mittelalters (AHVB 35, 2), Bern 1940, S. 173–491.

Grosjean, Bieler Altstadtkern Grosjean, Georges, Anlage und Grundriss des Bieler Altstadtkerns. Versuch einer Deutung, in: Bieler Jb. 1963, S. 5–19.

Grosjean, Kanton Bern Grosjean, Georges, Kanton Bern. Historische Planungsgrundlagen, hg. vom Kantonalen Planungsamt, Bern 1973.

Grubmüller, Esopus Grubmüller, Klaus, Meister Esopus. Untersuchungen zu Geschichte und Funktion der Fabel im Mittelalter (Münchener Texte und Untersuchungen zur deutschen Literatur des Mittelalters 56), München 1977.

Grundbacher, Tierreste Grundbacher, Barbara, Die Tierreste aus dem «Alten Schloss» von Bümpliz (Kanton Bern, Schweiz), in: Jb. Naturhistorisches Museum Bern, Bd. 7, Bern 1981, S. 223–245.

Gruner, Deliciae Gruner, Johann Rudolf, *Deliciae urbis Bernae*. Merkwürdigkeiten der hochlöblichen Stadt Bern, Zürich 1732.

Grunsky, Johanniterkirchen Grunsky, Eberhard, Doppelgeschossige Johanniterkirchen und verwandte Bauten, Studien zur Typengeschichte mittelalterlicher Hospitalarchitekur, Diss. Tübingen 1970.

Grütter, Kirchen Grütter, Max, Tausendjährige Kirchen an Thuner- und Brienzersee (Berner Heimatbücher 66), 3., überarbeitete Aufl., Bern 1981.

Grütter, Raum Grütter, Hans, Der Raum Bern in vorstädtischer Zeit, in: Jahresbericht der Geographischen Gesellschaft von Bern 50, 1970/72, S. 79–104.

Grütter, Scherzligen Grütter, Max, Die Kirche von Scherzligen und ihre Wandmalereien, in: ASA NF 30, 1928, S. 37–46, 90–102, 155–167, 217–231.

Grütter, SKF Scherzligen Grütter, Max, Scherzligen und Schadau bei Thun (Schweizerische Kunstführer), Basel 1974.

Guggenheim-Grünberg, Judenschicksale Guggenheim-Grünberg, Florence, Judenschicksale und *Judenschuol* im mittelalterlichen Zürich (Beiträge zur Geschichte und Volkskunde der Juden in der Schweiz 8), Zürich 1967.

Guggisberg, Bernische Kirchengeschichte Guggisberg, Kurt, Bernische Kirchengeschichte, Bern 1958.

Gut, Memorialorte Gut, Johannes, Memorialorte der Habsburger im Südwesten des Alten Reiches. Politische Hintergründe und Aspekte, in: Vorderösterreich – nur die Schwanzfeder des Kaiseradlers? Die Habsburger im deutschen Südwesten, hg. vom Württembergischen Landesmuseum Stuttgart, 2. Aufl., Ulm 1999, S. 95–113.

Gutscher u. a. Burgenforschung Gutscher, Daniel u. a., Burgenforschung und Konservierung im Kanton Bern – vier aktuelle Beispiele, in: Mittelalter, Zeitschrift des Schweizerischen Burgenvereins 1 Nr. 4, 1996, S. 69–91.

Gutscher, Aarberg Gutscher, Daniel, Von der Burg zur Stadt: Gründung und Leben im Mittelalter, in: Aarberg. Porträt einer Kleinstadt, hg. von der Einwohnergemeinde Aarberg, Aarberg 1999, S. 70–101.

Gutscher, Angenstein 1 Gutscher, Daniel, Duggingen, Schloss Angenstein. Vorbericht über die archäologischen Untersuchungen, in: Laufentaler Jb. 1992, Laufen 1991, S. 42–45.

Gutscher, Angenstein 2 Gutscher, Daniel, Duggingen, Schloss Angenstein. Bauuntersuchung und Teilgrabung 1988/89, in: AKBE 3A, S. 207–211.

Gutscher, Angenstein 3 Gutscher, Daniel, Duggingen BL, Schloss Angenstein, in: Burgenkalender 2001 des Schweizerischen Burgenvereins, Thun 2000.

Gutscher, Bergbau Gutscher, Daniel, Bern und der Bergbau, in: BGZ, S. 259.

Gutscher, Bern Klösterlistutz Gutscher Daniel, Bern, Klösterlistutz, Die archäologischen Untersuchungen im mittelalterlichen Siechenfriedhof 1988, in: AKBE 3B, Bern 1994, S. 489–494.

Gutscher, Burgenforschung Gutscher, Daniel, Burgenforschung im Kanton Bern – Neue Wege der Konservierung, in: Château Gaillard XX, Caen 2002, S. 111–121.

Gutscher, *Erguël* 1 Gutscher, Daniel, Les ruines de château *d'Erguel* à Sonvilier, in: Mittelalter, Zeitschrift des Schweizerischen Burgenvereins 4, 1996, S. 87–91.

Gutscher, *Erguël* 2 Gutscher, Daniel, Sonvilier BE, Château *d'Erguel*, in: Burgenkalender des Schweizerischen Burgenvereins 2003, Thun 2002.

Gutscher, Forschungsstand Gutscher, Daniel, Zum Forschungsstand der Stadtarchäologie – Burgdorf als Modellfall, in: Archäologie der Schweiz 16, 1993, S. 99–102.

Gutscher, Fragen Gutscher, Daniel, Fragen zur zähringischen Gründungsstadt. Der Modellfall Burgdorf, in: Archäologie des Mittelalters und Bauforschung im Hanseraum, hg. von Manfred Gläser, Rostock 1993, S. 137–142.

Gutscher, Grossmünster Gutscher, Daniel, Das Grossmünster in Zürich. Eine baugeschichtliche Monographie (Beiträge zur Kunstgeschichte der Schweiz 5), Bern 1983.

Gutscher, Holzbau Gutscher, Daniel, Weg mit euch, mit den Wänden von Quadersteinen – Holzbau in der Stadt des Mittelalters, in: Kunst+Architektur in der Schweiz 52, Heft 3, 2001, S. 21–30.

Gutscher, Lenbrunnen Gutscher, Daniel, Der Lenbrunnen, Berns ältestes datiertes Bauwerk, Faltblatt hg. vom ADB, Bern 1995.

Gutscher, Marienkapelle Oberbüren Gutscher, Daniel, In der Marienkapelle in Oberbüren kann man vor dem Marienbild tote Kinder zum Leben erwecken, in: Bildersturm, S. 252.

Gutscher, Neugestaltung Gutscher, Daniel, Neugestaltung des städtischen Raumes, *solich hus zu slissen sy dem kilchhof zu gut*, Bern entdeckt seine Freiräume, in: BGZ, S. 82–88.

Gutscher, Nidau Gutscher, Daniel, Nidau Schloss, Baubegleitende Untersuchungen während der Restaurierung, in: AKBE 1, S. 100–105.

Gutscher, Nidau 2 Gutscher, Daniel, Schloss Nidau, in: Nachrichten des Schweizerischen Burgenvereins 62, 1989/1, S. 2–4.

Gutscher, Repräsentationsräume Gutscher-Schmid, Charlotte, Bemalte spätmittelalterliche Repräsentationsräume. Untersuchungen zur Wandmalerei und baugeschichtliche Beobachtungen anhand von Neufunden 1972–1980, in: *Nobile Turegum multarum copia rerum*, Zürich 1982, S. 75–127.

Gutscher, Stadtgenese Gutscher, Daniel, Typologische Fragen zur Stadtgenese im 13. Jahrhundert zwischen Hochrhein und Alpen: Burgdorf – Unterseen – Laufen, in: Urbanism in Medieval Europe. Papers of the Medieval Europe Brugge 1997, hg. von Guy De Boe/Frans Verhaeghe (I.A.P. Rapporten 1), Zellik 1997, S. 259–270.

Gutscher, Stadthaus Unterseen Gutscher, Daniel, Die archäologischen Rettungsgrabungen im Westen des Stadthauses, in: Stadthaus Unterseen, hg. vom Touristikmuseum der Jungfrauregion, Unterseen 1991, S. 12–14.

Gutscher, Thun Bälliz Gutscher, Daniel, Thun, Bälliz 71–75. Die Ergebnisse der Bauuntersuchungen am aufgehenden Mauerwerk 1987 und 1988, in: AKBE 2B, S. 429–440.

Gutscher, Thun Scherzligen Gutscher, Daniel, Thun, Kirche Scherzligen. Die archäologischen Forschungen im Bereich der ehemaligen Sakristeien und an der Westfassade 1989, in: AKBE 3A, S. 521–550.

Gutscher, Trub Gutscher, Daniel, Archäologie im ehemaligen Benediktinerkloster Trub, in: Alpenhornkalender, Brattig für das Emmental 74, 1999, S. 44–52.

Gutscher, Urwald Gutscher, Daniel, Urwald oder Kulturlandschaft? Archäologische und botanische Fragen zum Mythos der Siedlungsgründung an Beispielen des 12. und 13. Jahrhunderts aus dem Kanton Bern (Schweiz), in: Mitteilungen der Arbeitsgemeinschaft für Archäologie des Mittelalters und der Neuzeit, 11, (2000), S. 30.

Gutscher/Gerber Burgdorf Schlachthaus Gutscher, Daniel/Markus Gerber, Burgdorf, Altes Schlachthaus. Rettungsgrabung im ehemaligen Niederspital 1988–1991, in: AKBE 3A, S. 199–206.

Gutscher/Grütter, Mülenen Daniel Gutscher/Hans Grütter, Die Letzi von Mülenen, Gemeinde Reichenbach im Kandertal (mit Hinweis auf die Letzi von Wimmis), Faltblatt hg. vom ADB, Bern 2000.

Gutscher/Kellenberger, Burgdorfer Marktlaube Gutscher, Daniel/Heinz Kellenberger, Die Rettungsgrabungen in der Burgdorfer Marktlaube 1985, in: AKBE 1, S. 241–267.

Gutscher/Kissling, Köniz-Niederwangen Gutscher, Daniel/Christiane Kissling, Köniz BE, Niederwangen, in: Jb. der Schweizerischen Gesellschaft für Ur- und Frühgeschichte 83, 2000, S. 262f.

Gutscher/Leibundgut, Nidau Gutscher, Daniel/Markus Leibundgut, Vorbericht über die archäologischen Untersuchungen 1993, in: Rathaus Nidau. Umbau und Restaurierung 1992–1994, hg. von der Burgergemeinde Nidau, Nidau 1994, S. 37–45.

Gutscher/Portmann, Wangen Gutscher, Daniel/Martin Portmann, Archäologische Beobachtungen im Städtli Wangen an der Aare, in: Jb. des Oberaargaus 43, Langenthal 2000, S. 47–70.

Gutscher/Reicke, Wandmalereien Gutscher, Charlotte/Daniel Reicke, 1987 entdeckte Wandmalereien am Heuberg 20. Höfische Dekoration in bürgerlichem Auftrag, in: Basler Stadtbuch 1988, Basel 1989, S. 129–138.

Gutscher/Roulet u. a. Französische Kirche Gutscher, Charlotte, Roulet, Odette u. a., Die Französische Kirche in Bern (Schweizerische Kunstführer, Serie 61, Nr. 608/9), Bern 1997.

Gutscher/Strübin/Ueltschi, Gemeindehaus Wangen Gutscher, Daniel/Johanna Strübin/Alexander Ueltschi, Das Gemeindehaus von Wangen a.d.A., eine monumentenarchäologische Untersuchung, in: Jb. des Oberaargaus 30, 1987, S. 245–296.

Gutscher/Ueltischi/Ulrich-Bochsler, St. Petersinsel Gutscher, Daniel/Alexander Ueltschi/Susi Ulrich-Bochsler, Die St. Petersinsel im Bielersee, ehemaliges Cluniazenser-Priorat (SADB), Bern 1997.

Gutscher/Ueltschi/Schweizer, Laupen Gutscher, Daniel/Alexander Ueltschi/Jürg Schweizer, Schloss Laupen, in: «Der Achetringeler», Chronik für das Amt Laupen 64a, 1989, S. 1727–1736.

Gutscher/Ulrich-Bochsler/Utz Tremp, Wallfahrt Gutscher, Daniel/Susi Ulrich-Bochsler/Kathrin Utz Tremp, *Hie findt man gesundtheit des libes und der sele* – Die Wallfahrt im 15. Jahrhundert am Beispiel der wundertätigen Maria von Oberbüren, in: BGZ, S. 380–391.

Gutscher/Utz Tremp, Lettner Gutscher-Schmid, Charlotte/Utz Tremp, Kathrin, *Die Predigerbrueder heilgeten iren drifarben rosenkranz.* Rund um den Lettner der Dominikanerkirche (Französische Kirche), in: BGZ, S. 489–501.

Haase, Entstehung Haase, Carl, Die Entstehung der westfälischen Städte (Veröffentlichungen des Provinzialinstituts für westfälische Landes- und Volkskunde I,11), Münster [3]1976.

Haase, Stadtbegriff Haase, Carl, Stadtbegriff und Stadtentstehungsschichten in Westfalen, in: Die Stadt des Mittelalters, Bd. 1, hg. von Carl Haase (Wege der Forschung 243), Darmstadt 1969, S. 60–94.

Habsb. Urbar II Das Habsburgische Urbar II, 1, hg. von Rudolf Maag (Quellen zur Schweizer Geschichte 15.1), Basel 1899.

Habsburger zwischen Rhein und Donau Die Habsburger zwischen Rhein und Donau, hg. vom Erziehungsdepartement des Kantons Aargau, Aarau 1996.

Hadorn, Beziehungen Hadorn, Walther, Die Beziehungen zwischen Bern und Savoien bis zum Jahre 1384, in: AHVB 15, 1898, S. 133–293.

Häfliger, Orden Häfliger, Bruno, Der Deutsche Orden in der Schweiz, in: Der Deutsche Orden und die Ballei Elsass-Burgund. Freiburger Vorträge zur 800-Jahr-Feier des Deutschen Ordens, hg. von Hermann Brommer (Veröffentlichung des Alemannischen Instituts Freiburg i. Br. 63), Bühl/Baden 1996, S. 271–290.

Haller, Ratsmanuale Haller, Berchtold, Bern in seinen Ratsmanualen, 1465 bis 1565, 3 Bde., Bern 1900–1902.

Haller, Spiez Haller, Hans, Die romanische Kirche in Spiez (Schweizerische Kunstführer 149), Basel 1974.

Hamann, Habsburger Hamann, Brigitte, Die Habsburger. Ein biographisches Lexikon, München 1988.

Hamburger, Nuns Hamburger, Jeffrey F., Nuns as Artists. The Visual Culture of a Medieval Convent, Berkeley/Los Angeles/London 1997.

Hamburger, Schriftlichkeit Hamburger, Jeffrey F., Frauen und Schriftlichkeit in der Schweiz im Mittelalter, in: Bibliotheken bauen. Tradition und Vision, hg. von der Schweizerischen Landesbibliothek, Basel 2001, S. 71–121.

Hamburger, Unterlinden Hamburger, Jeffrey F., La bibliothèque d'Unterlinden et l'art de la formation spirituelle, in: Les dominicaines d'Unterlinden, Bd. 2 (Ausstellungskatalog Colmar, Museum Unterlinden), Paris 2001, S. 110–159.

Hamburger, Visual Hamburger, Jeffrey F., The Visual and the Visionary. Art and Female Spirituality in Late Medieval Germany, New York 1998.

Handbuch der baden-württembergischen Geschichte 1/1 Handbuch der baden-württembergischen Geschichte, Bd. 1/1, hg. von Meinrad Schaab (†) und Hansmartin Schwarzmaier, Stuttgart 2001.

Hänggi, Rheinauer Liber Ordinarius Hänggi, Anton, Der Rheinauer Liber Ordinarius (Zürich Rh 80, Anfang 12. Jh.) (*Spicilegium Friburgense* 1), Freiburg/Schweiz 1957.

Hänni, Strättligen Hänni, Louis, Strättligen. Herrschaft und ihre Sitze im In- und Ausland. 75 Jahre Thun-Strättligen 1920–1994, 2. Aufl., Thun 1997.

Hardt, Stadtburg Hardt, Matthias, Stadtburg, Lex MA VIII, Zürich 1997, Sp. 13f.

Haselier, Breisach am Rhein 1 Haselier, Günther, Geschichte der Stadt Breisach am Rhein, Bd. 1: Von den Anfängen bis zum Jahr 1700, Breisach am Rhein 1969.

Hasler, Sammlung Wyss Hasler, Rolf, Die Scheibenriss-Sammlung Wyss. Depositum der Schweizerischen Eidgenossenschaft im Bernischen Historischen Museum. Katalog, 2 Bde., Bern 1996/97.

Hauptmann, Entstehung Hauptmann, Felix, Die Entstehung des Berner Wappens, in: Blätter für bernische Geschichte, Kunst und Altertumskunde 1923, S. 96–106.

Hauser, Wirtschaftsgeschichte Hauser, Albert, Schweizerische Wirtschafts- und Sozialgeschichte, Erlenbach-Zürich/Stuttgart 1961.

Häusler, Emmental Häusler, Fritz, Das Emmental im Staate Bern bis 1798, 2 Bde. (Schriften der Berner Burgerbibliothek), Bern 1958.

Hausmann, *Helvetia Sacra* III/2, Payerne Hausmann, Germain, Payerne (*Helvetia Sacra* III/2), S. 391–460.

Haverkamp, Judenverfolgungen Haverkamp, Alfred, Die Judenverfolgungen zur Zeit des Schwarzen Todes im Gesellschaftsgefüge deutscher Städte, in: Zur Geschichte der Juden im Deutschland des späten Mittelalters und der frühen Neuzeit, hg. von Alfred Haverkamp (Monographien zur Geschichte des Mittelalters 24), Stuttgart 1981, S. 27–93.

HBLS I–VII, Supplement Historisch-Biographisches Lexikon der Schweiz, 7 Bde. und Supplement, Neuenburg 1921–1934.

Hecht, Kirchenbau Hecht, Josef, Der romanische Kirchenbau des Bodenseegebietes von seinen Anfängen bis zum Ausklingen. Bd. 1, Analysen der Bauten, Basel 1928.

Hecker, Bettelorden Hecker, Norbert, Bettelorden und Bürgertum. Konflikt und Kooperation in deutschen Städten des Spätmittelalters (Europäische Hochschulschriften Reihe 23: Theologie 146), Frankfurt/Bern/Cirencester 1981.

Heer, *Helvetia Sacra* III/1, Engelberg Heer, Gall, Engelberg-Sarnen (*Helvetia Sacra* III/1), S. 1733–1759.

Hegg, Pflanzenwelt Hegg, Otto, Die Pflanzenwelt, in: Die Natur. Schönheit, Vielfalt, Gefährdung (Illustrierte Berner Enzyklopädie 1), Bern 1981, S. 62–87.

Hegi, Wappenrolle Hegi, Friedrich/Walther Merz, Die Wappenrolle von Zürich, Zürich/Leipzig 1930.

Heineberg, Stadtgeographie Heineberg, Heinz, Stadtgeographie (Grundriss Allgemeine Geographie, Teil X), Paderborn/München/Wien/Zürich 1986.

Heinemann, Erbe Heinemann, Hartmut: Das Erbe der Zähringer, in: Die Zähringer III, S. 215–265.

Heinemann, Untersuchungen I und II Heinemann, Hartmut, Untersuchungen zur Geschichte der Zähringer in Burgund, in: Archiv für Diplomatik, Schriftgeschichte, Siegel- und Wappenkunde, Köln und Wien, Erster Teil: 29, 1983, S. 42–192; Zweiter Teil: 30, 1984, S. 97–257.

Heinemann, Zähringer und Burgund Heinemann, Hartmut: Die Zähringer in Burgund, in: Zähringer I, S. 59–74.

Heinemeyer, Handfeste Heinemeyer, Walter, Die Berner Handfeste, in: Archiv für Diplomatik, Schriftgeschichte, Siegel- und Wappenkunde 16, Köln/Wien 1970, S. 214–324.

Heinemeyer, Ulrich von Bollingen Heinemeyer, Walter, Ulrich von Bollingen – weder Verfasser noch Schreiber der Berner Handfeste, in: Archiv für Diplomatik, Schriftgeschichte, Siegel- und Wappenkunde 24, Köln/Wien 1978, S. 381–407.

Heinig, Reichsstädte Heinig, Paul-Joachim, Reichsstädte, freie Städte und Königtum 1389–1450. Ein Beitrag zur deutschen Verfassungsgeschichte, Wiesbaden 1983.

Heinrich Brennwalds Schweizerchronik Heinrich Brennwalds Schweizerchronik, hg. von R. Luginbühl, Bd. 1, 1908.

Heinzer, Hirsauer Liber Ordinarius Heinzer, Felix, Der Hirsauer *Liber Ordinarius*, in: Revue Bénédictine 102, 1992, S. 309–347.

Heinzer, Maulbronn Heinzer, Felix, Maulbronn und die Buchkultur Südwestdeutschlands im 12. und 13. Jahrhundert, in: Anfänge der Zisterzienser in Südwestdeutschland. Politik, Kunst und Liturgie im Umfeld des Klosters Maulbronn, hg. von Peter Rückert und Dieter Planck (Oberrheinische Studien 16), Stuttgart 1999, S. 147–166.

Heinzle, Einführung Heinzle, Joachim, Einführung in die mittelhochdeutsche Dietrichepik (de Gruyter Studienbuch), Berlin/New York 1999, S. 140–143.

Heinzle, Mittelalter Das Mittelalter in Daten. Literatur, Kunst, Geschichte 750–1520, hg. von Joachim Heinzle, München 1993.

Heinzmann, Beschreibung Heinzmann, Johann Georg, Beschreibung der Stadt und Republik Bern, 2 Bde., Bern 1794/96.

Helmig/Jaggi, Untersuchungen Helmig, Guido/Bernhard Jaggi, Archäologische und baugeschichtliche Untersuchungen in der Deutschritterkapelle in Basel, in: Jahresbericht der Archäologischen Bodenforschung Basel-Stadt 1988, hg. von der Archäologischen Bodenforschung Basel-Stadt, Basel 1990, S. 110–194.

Helvetia Sacra I/1 *Helvetia Sacra* I/1, Schweizerische Kardinäle. Das apostolische Gesandtschaftswesen in der Schweiz. Erzbistümer und Bistümer I, redigiert von Albert Bruckner, Bern 1972.

Helvetia Sacra I/4 *Helvetia Sacra* I/4, Le diocèse de Lausanne (Ve siècle–1821), rédaction Patrick Braun, Bâle/Francfort-sur-le-Main 1988.

Helvetia Sacra II/2 *Helvetia Sacra* II/2, Die weltlichen Kollegiatstifte der deutsch- und französischsprachigen Schweiz, redigiert von Guy Marchal, Bern 1977.

Helvetia Sacra III/1 *Helvetia Sacra* III/1, Frühe Klöster, die Benediktiner und Benediktinerinnen in der Schweiz, 3 Teile (durchpaginiert), redigiert von Elsanne Gilomen-Schenkel, Bern 1986.

Helvetia Sacra III/2 *Helvetia Sacra* III/2, Die Cluniazenser in der Schweiz, redigiert von Hans-Jörg Gilomen, Basel/Frankfurt a. M. 1991.

Helvetia Sacra III/3 *Helvetia Sacra* III/3, Die Zisterzienser und Zisterzienserinnen in der Schweiz, 2 Teile (durchpaginiert), redigiert von Cécile Sommer-Ramer und Patrick Braun, Bern 1982.

Helvetia Sacra IV/4 *Helvetia Sacra* IV/4, Die Antoniter, die Chorherren vom heiligen Grab in Jerusalem und die Hospitaliter vom Heiligen Geist in der Schweiz, redigiert von Elsanne Gilomen-Schenkel, Basel/Frankfurt a. M. 1996.

Helvetia Sacra IV/5/1 und 2 *Helvetia Sacra* IV/5/1, Die Dominikaner und Dominikanerinnen in der Schweiz, redigiert von Petra Zimmer unter Mitarbeit von Brigitte Degler-Spengler, Basel 1999.

Helvetia Sacra V/1 *Helvetia Sacra* V/1, Der Franziskusorden. Die Franziskaner, die Klarissen und die regulierten Franziskaner-Terziarinnen in der Schweiz, redigiert von Brigitte Degler-Spengler, Bern 1978.

Helvetia Sacra IX/2 *Helvetia Sacra* IX/2, Die Beginen und Begarden in der Schweiz, redigiert von Cécile Sommer-Ramer, Basel/Frankfurt a. M. 1995.

Herlihy, Schwarzer Tod Herlihy, David, Der Schwarze Tod und die Verwandlung Europas, Berlin 1998.

Herzog, Stadt Herzog, Erich, Die ottonische Stadt. Die Anfänge der mittelalterlichen Stadtbaukunst in Deutschland (Frankfurter Forschungen zur Architekturgeschichte 2), Berlin 1964.

Hesse, Expansion Hesse, Christian, Expansion und Ausbau. Das Territorium Berns und seine Verwaltung im 15. Jahrhundert, in: BGZ, S. 330–348.

Hessel, Jahrbücher Hessel, A. Jahrbücher des Deutschen Reiches unter König Albrecht I. von Habsburg (Jahrbücher der Deutschen Geschichte, hg. durch die Hist. Kommission bei der Bayer. Akademie der Wissenschaften), München 1931.

Heusinger, Mulberg von Heusinger, Sabine, Johannes Mulberg OP († 1414). Ein Leben im Spannungsfeld von Dominikanerobservanz und Beginenstreit (Quellen und Forschungen zur Geschichte des Dominikanerordens NF Bd. 9), Berlin 2000.

Heyck, Geschichte Heyck, Eduard, Geschichte der Herzoge von Zähringen, hg. von der Badischen Historischen Kommission, Freiburg i.Br. 1891.

Heyck, Urkunden Heyck, Eduard, Urkunden, Siegel und Wappen der Herzoge von Zähringen, Freiburg 1892, Neudruck: Aalen 1980.

Himmel, Hölle, Fegefeuer Himmel, Hölle, Fegefeuer. Das Jenseits im Mittelalter: eine Ausstellung des Schweizerischen Landesmuseums in Zusammenarbeit mit dem Schnütgen-Museum und der Mittelalter Abteilung des Walraff-Richartz-Museums der Stadt Köln, Katalog von Peter Jezler, hg. von der Gesellschaft für das Schweizerische Landesmuseum, München 1994.

Hirsau, St. Peter und Paul Hirsau, St. Peter und Paul 1091–1991. Teil 1: Zur Archäologie und Kunstgeschichte, hg. vom Landesdenkmalamt Baden-Württemberg, Stuttgart 1991.

Histoire Neuchâtel 1 Histoire du Pays de Neuchâtel 1, Hauterive 1989.

Historischer Atlas Historischer Atlas der Schweiz, hg. von Hektor Ammann/Karl Schib, Aarau 1958.

Hitz, *Helvetia Sacra* IV/5, Chur Hitz, Florian, Chur (*Helvetia Sacra* IV/5), S. 325–345.

Hlawitschka, Rudolf von Rheinfelden Hlawitschka, Eduard, Zur Herkunft und zu den Seitenverwandten des Gegenkönigs Rudolf von Rheinfelden. Genealogische und politisch-historische Untersuchungen, in: Die Salier und das Reich Bd. 1, hg. von Stefan Weinfurter, Sigmaringen 1991, S. 175–220.

Hoen, Habsburg Hoen, Barbara, Habsburg und der schwäbische Adel im späten Mittelalter, in: Vorderösterreich – nur die Schwanzfeder des Kaiseradlers? Die Habsburger im deutschen Südwesten, hg. vom Württembergischen Landesmuseum Stuttgart, 2. Aufl., Ulm 1999, S. 173–181.

Hofacker, Herzogswürde Hofacker, Hans-Georg, Die schwäbische Herzogswürde. Untersuchungen zur landesfürstlichen und kaiserlichen Politik im Spätmittelalter und in der frühen Neuzeit, in: Zeitschrift für württembergische Landesgeschichte 47, 1988, S. 71–148.

Hofer, Altstadt Hofer, Paul, Die Berner Altstadt in Gefahr, in: Fundplätze, Bauplätze, Aufsätze zu Archäologie, Architektur und Städtebau, hg. von Paul Hofer (Geschichte und Theorie der Architektur 9), Basel, Stuttgart 1970, S. 80f.

Hofer, Fundplätze Hofer, Paul, Fundplätze – Bauplätze. Aufsätze zu Archäologie, Architektur und Städtebau (Schriftenreihe des Instituts für Geschichte und Theorie der Architektur an der ETH Zürich 9), Basel/Stuttgart 1970.

Hofer, Graffiti Hofer, Paul, Die Graffiti im Spiezer Schlossturm, in: ZAK 2, Heft 2, 1940, S. 101–108.

Hofer, Herkunft Hofer, Paul, Zur Herkunft des Stadtplans von Bern, in: BZ 58, Heft 3, 1996, S. 271–299.

Hofer, Rathaus Hofer, Paul, Bern. Rathaus Skulpturenschmuck, in: Die Parler und der Schöne Stil 1350–1400. Europäische Kunst unter den Luxemburgern. Handbuch zur Ausstellung des Schnütgen-Museums in der Kunsthalle Köln, Bd. 1, Köln 1978, S. 308–311.

Hofer, Sandsteinbrüche Hofer, Paul, Die vier Sandsteinbrüche Berns, in: Fundplätze, Bauplätze. Aufsätze zu Archäologie, Architektur und Städtebau, hg. von Paul Hofer (Geschichte und Theorie der Architektur 9), Basel, Stuttgart 1970, S. 74–78.

Hofer, Sodbrunnen Hofer, Paul, Über drei neuentdeckte Sodbrunnen in der Berner Altstadt, in: Jb. des Bernischen Historischen Museums 39/40, 1959/60, S. 115–278.

Hofer, Stadtanlage Hofer, Paul, Die Stadtanlage von Thun. Burg und Stadt in vorzähringischer Zeit, Thun 1981.

Hofer, Stadtanlagen Hofer, Paul, Die freiburgischen Stadtanlagen im Mittelalter, in: Geschichte des Kantons Freiburg, Bd. 1, hg. von der Kommission zur Herausgabe der Freiburger Kantonsgeschichte, Freiburg 1981, S. 207–226.

Hofer, Stadtgründung Hofer, Paul, Die Stadtgründungen des Mittelalters zwischen Genfersee und Rhein, Flugbild der Schweizer Stadt, hg. von Hans Bloesch/Paul Hofer, Bern 1963.

Hofer, Strukturanalysen Hofer, Paul, Strukturanalysen zu Anlage und Entwicklung des Berner Stadtkerns, in: Studie Bern der ETH Zürich, Lehrstühle D. Schnebeli und P. Hofer, Manuskript, Zürich 1977.

Hofer, Wehrbauten Hofer, Paul, Die Wehrbauten Berns, Burg Nydegg und Stadtbefestigung vom 12.–19. Jahrhundert, Bern 1953.

Hofer, Zeitglockenturm Hofer, Paul, Der Zeitglockenturm in Stadtbild und Stadtgeschichte, in: Zytglogge. Der Wehrturm, der zum Denkmal wurde. Ein Bericht zum Abschluss der Restaurierung 1981–1983, hg. von der Baudirektion der Stadt Bern, Bern 1983, S. 15–25.

Hofer/Bellwald, Grabungen Hofer, Paul/Ueli Bellwald, Die Grabungen auf dem Bubenbergplatz 1970 bis 1972, in: BZ 34, 1972, S. 101–132.

Hofer/Meyer, Nydegg Hofer, Paul/Hans Jakob Meyer, Die Burg Nydegg. Forschungen zur frühen Geschichte von Bern (Schriften der Historisch-Antiquarischen Kommission der Stadt Bern 5), Bern 1991.

Hofer/Schmid, Erlacherhof Hofer, Paul/Bernhard Schmid, Der Erlacherhof in Bern vom 14. bis 20. Jahrhundert, in: BZ 1942, S. 175–202.

Hofmeister, Gotteshaus Hofmeister, Philipp, Das Gotteshaus als Begräbnisstätte, in: Archiv für katholisches Kirchenrecht 111 (4. Folge Bd. 19), Mainz 1931, S. 450–487.

Homburger, Zähringergrab Solothurn Homburger, Otto: Das Zähringergrab zu Solothurn, in: ZAK 4, 1942, S. 7–15.

Horat, Flühli-Glas Horat, Heinz, Flühli-Glas (Suchen und Sammeln 9), Bern/Stuttgart 1986.

Hörsch, Adel Hörsch, Waltraud, Adel im Bannkreis Österreichs, in: Sempach 1386. Von den Anfängen des Territorialstaates Luzern. Beiträge zur Frühgeschichte des Kantons Luzern, hg. von Guy P. Marchal, Basel 1986, S. 353–402.

Hostettler, Boner Hostettler, Elisabeth, *Von einem Hanen und einem edelen Steine*. Ulrich Boners Edelstein – Eine Handschrift der Burgerbibliothek Bern aus dem 15. Jahrhundert, in: BGZ, S. 511–516.

Hotz, Burg Hotz, Walter, Kleine Kunstgeschichte der deutschen Burg, Darmstadt 1975.

Howald, Leutkirche Howald, Karl, Die alte Leutkirche Berns, Eine historisch-topographische Studie, in: Berner Taschenbuch, 1872, S. 160–237.

Hübner, Botenwesen Hübner, Klara, Berns *Louffende Botten* von den Anfängen bis zur Reformation. Entstehung, Organisation und Funktionsweise des Berner Botenwesens zwischen Tradition und Innovation, Lizentiat Bern 2000.

Hübner/Vicaire/Elm, Lex MA III Von Hübner, D./M-H. Vicaire/Kaspar Elm, Dominikaner, Dominikanerinnen, in: Lex MA III, München/Zürich 1986, Sp. 1192–1220.

Hug, Anthropologische Sammlung Hug, Erik, Die Anthropologische Sammlung im Naturhistorischen Museum Bern, in: Mitteilungen der Naturforschenden Gesellschaft in Bern 13, 1956, S. 1–55.

Hüster-Plogman u. a. Mittelalterliche Ernährungswissenschaft Hüster-Plogman, Heidemarie/Paul Jordan/André Rehazek u. a. Mittelalterliche Ernährungswirtschaft, Haustierhaltung und Jagd, in: Beiträge zur Mittelalterarchäologie in Österreich 15, 1999, S. 223–240

Hydrologisches Jahrbuch Hydrologisches Jahrbuch der Schweiz, hg. von der Landeshydrologie und -geologie, Bern 2000.

Illi, *Schîssgruob* Illi, Martin, Von der *Schîssgruob* zur modernen Stadtentwässerung, Zürich 1987.

Imer, La Neuveville Imer, Florian, La Neuveville, histoire de ma cité, in: Actes de la Société jurassienne d'émulation 72, 1969, S. 9–105.

Isenmann, Deutsche Stadt Isenmann, Eberhard, Die deutsche Stadt im Spätmittelalter 1250–1500. Stadtgestalt, Recht, Stadtregiment, Kirche, Gesellschaft, Wirtschaft, Stuttgart 1988.

Jacobsen/Schaefer/Sennhauser, Vorromanische Kirchenbauten Jacobsen, Werner/Leo Schaefer/Hans Rudolf Sennhauser, Vorromanische Kirchenbauten. Katalog der Denkmäler bis zum Ausgang der Ottonen, Nachtragsband, München 1991.

Jäggi, Montagny Jäggi, Stefan, Die Herrschaft Montagny. Von den Anfängen bis zum Übergang an Freiburg (1146–1478), in: Freiburger Geschichtsblätter 66, 1989, S. 1–357.

Jäggi, Valeria Jäggi, Carola, Bericht über die 1989 durchgeführten archäologischen Untersuchungen auf der Valeria/Sion, in: Nachrichten des Schweizerischen Burgenvereins 64, Heft 1, 1991, S. 2–8.

Jakubiec, Braunbär Jakubiec, Zbigniew, Braunbär, in: Handbuch der Säugetiere Europas, Band 5/1, hg. von Michael Stubbe/Franz Krapp, Wiesbaden 1993, S. 255–300.

Janssen, Königshagen Janssen, Walter, Königshagen, ein archäologisch-historischer Beitrag zur Siedlungsgeschichte des südwestlichen Harzvorlandes (Quellen und Darstellungen zur Geschichte Niedersachsens 64), Hildesheim 1965.

JbSGUF Jahrbuch der Schweizerischen Gesellschaft für Ur- und Frühgeschichte, Basel, Bd. 1, 1909 bis Bd. 84, 2001.

Jenisch, Villingen Jenisch, Bertram, Die Entstehung der Stadt Villingen. Archäologische Zeugnisse und Quellenüberlieferung (Forschungen und Berichte der Archäologie des Mittelalters in Baden-Württemberg 22), Stuttgart 1999.

Jezler, Kirchenbau Jezler, Peter, Der spätgotische Kirchenbau in der Zürcher Landschaft. Die Geschichte eines «Baubooms» am Ende des Mittelalters, Pfäffikon 1988.

Johanek, Geschichtsschreibung Städtische Geschichtsschreibung im Spätmittelalter und in der frühen Neuzeit, hg. von Peter Johanek (Städteforschung A 47), Köln/Weimar/Wien 2000.

Johanek, Höfe Johanek, Peter, Höfe und Residenzen, Herrschaft und Repräsentation, in: Mittelalterliche Literatur im Lebenszusammenhang. Ergebnisse des Troisième Cycle Romand 1994, hg. von Eckart Conrad Lutz (*Scrinium Friburgense* 8), Freiburg i. Ü. 1997, S. 45–78.

Johanek, Städte Johanek, Peter, Landesherrliche Städte – kleine Städte, in: Landesherrliche Städte in Südwestdeutschland, hg. von Jürgen Treffeisen/Kurt Andermann (Oberrheinische Studien 12), Sigmaringen 1994, S. 9–25.

Johannes von Viktring 1 und 2 *Iohannis abbatis Victriensis Liber certarum Historiarum*, hg. von F. Schneider, 2 Bde., (*Scriptores rerum Germanicarum in usum scholarum ex monumentis Germaniae Historicis* 42). Leipzig/Hannover 1909/1910.

Johanniter-Orden Der Johanniter-Orden. Der Malteser-Orden. Der ritterliche Orden des hl. Johannes vom Spital zu Jerusalem, hg. von Adam Wienand, Köln, 2. Aufl. 1977.

Joho, Histoire Joho, Jean-Jacques, Histoire des relations entre Berne et Fribourg, Neuenburg 1955.

Jones, Burg Jones, Naomi, Die Burg des Bürger. Das ikonographische Programm eines spätmittelalterlichen Kachelofens. Unpublizierte Seminararbeit im Fach Ältere deutsche Literatur, Bern 1999.

Jörger, Brevier Jörger, Albert, Der Miniaturist des Breviers des Jost von Silenen. Ein anonymer Buchmaler um 1500 und seine Werke in Freiburg, Bern, Sitten, Ivrea und Aosta (Vallesia, Beiheft Nr. 6), Sitten 2001.

Jubiläumsführer BE 800 Jubiläumsführer BE 800, Bern 1991.

Junkes, Keramikgeschirr Junkes, Marina, Keramikgeschirr aus Konstanz, in: Stadtluft, Hirsebrei und Bettelmönch. Die Stadt um 1300, Katalog Zürich 1992, S. 340–346.

Jurot, Zeugen Jurot, Romain, Die handschriftlichen Zeugen der Liturgie des alten Bistums Basel, in: Der Basler Münsterschatz, Ausstellungskatalog, hg. vom Historischen Museum Basel, Basel 2001, S. 310–317.

Justinger Die Berner Chronik des Conrad Justinger, hg. von Gottlieb Studer, Bern 1871.

Kaiser, Frühmittelalter Kaiser, Reinhold, Vom Früh- zum Hochmittelalter, in: Geschichte des Kantons Zürich, Bd. 1: Frühzeit bis Spätmittelalter, hg. von Niklaus Flüeler/Marianne Flüeler-Grauwiler, Zürich 1995, S. 130–171.

Kälble, Stadtgemeinde Kälble, Mathias, Zwischen Herrschaft und bürgerlicher Freiheit. Stadtgemeinde und städtische Führungsgruppen in Freiburg im Breisgau im 12. und 13. Jahrhundert (Veröffentlichungen aus dem Archiv der Stadt Freiburg i. Br. 33), Freiburg 2001.

Kälble, Villingen Kälble, Mathias, Villingen, die Zähringer und die Zähringerstädte. Zu den herrschaftsgeschichtlichen Rahmenbedingungen der Stadtentstehung im 12. Jahrhundert, in: Villingen 999–1218. Aspekte seiner Stadtwerdung und Geschichte bis zum Ende der Zähringerzeit im überregionalen Vergleich, hg. von Heinrich Maulhardt/Thomas Zotz (im Druck).

Karmon, Johanniter Karmon, Yehuda, Die Johanniter und Malteser, Ritter und Samariter. Die Wandlungen des Ordens vom heiligen Johannes, München 1987.

Kasser, Amt und Schloss Aarwange Kasser, Paul, Geschichte des Amtes und Schlosses Aarwangen, Bern o. J.

Kasser, Deutschordenskirche Kasser, Paul, Die Deutschordenskirche Köniz, in: Berner Taschenbuch, N.F., Bern 1933, S. 1–23.

Kasser, Herren von Aarwangen Kasser, Paul, Die Herren von Aarwangen, in: Berner Taschenbuch auf das Jahr 1908, Bern 1907, S. 39–100.

Kasser, Kirche Kasser, Herrmann, Die Kirche und ehemalige Deutschordenskommende Köniz, in: Berner Heim 2, 1891, S. 123f., 131–133, 141f., 149–151, 156f.

Kat. datierte Handschriften 1 Katalog der datierten Handschriften in der Schweiz in lateinischer Schrift vom Anfang des Mittelalters bis 1550, Bd. 1: Die Handschriften der Bibliotheken von Aarau, Appenzell und Basel (Text und Abbildungen), bearbeitet von Beat Matthias von Scarpatetti, Zürich 1977.

Kat. datierte Handschriften 2 Katalog der datierten Handschriften in der Schweiz in lateinischer Schrift vom Anfang des Mittelalters bis 1550, Bd. 2: Die Handschriften der Bibliotheken Bern – Porrentruy in alphabetischer Reihenfolge (Text und Abbildungen), bearbeitet von Beat Matthias von Scarpatetti, Zürich 1983.

Kat. Friburgum *Friburgum* – Freiburg, Ansichten einer Stadt, Ausstellungskatalog, hg. vom Augustinermuseum/Stadt Freiburg i. Br., Freiburg i. Br. 1995.

Kat. Handschriften Stuttgart Katalog der illuminierten Handschriften der Württembergischen Landesbibliothek Stuttgart, Bd. 3: Teil 1. Vom späten 12. bis zum frühen 14. Jahrhundert, bearbeitet von Christine Sauer mit Beiträgen von Ulrich Kuder (Denkmäler der Buchkunst 12), Stuttgart 1996.

Kat. Kreuz Kreuz und Schwert: der Deutsche Orden in Südwestdeutschland, in der Schweiz und im Elsass, Ausstellungskatalog, hg. von Udo Arnold, Mainau 1991.

Kat. Münsterschatz Der Basler Münsterschatz, Ausstellungskatalog, hg. vom Historischen Museum Basel, Basel 2001.

Kat. Sempacherzeit Alltag zur Sempacherzeit. Innerschweizer Kultur und Sachkultur im Spätmittelalter, Ausstellungskatalog, hg. vom Historischen Museum Luzern, Luzern 1986.

Kaufmann/Buschor/Gutscher, Ofenkeramik Kaufmann, Eva Roth/René Buschor/Daniel Gutscher, Spätmittelalterliche reliefierte Ofenkeramik in Bern. Herstellung und Motive (SADB), Bern 1994.

Kdm Aargau III Maurer, Emil, Die Kunstdenkmäler des Kantons Aargau, Bd. 3: Das Kloster Königsfelden (Die Kunstdenkmäler der Schweiz 32), Basel 1954.

Kdm Bern Land I Schweizer, Jürg, Die Kunstdenkmäler des Kantons Bern, Land, Bd. 1: Die Stadt Burgdorf (Die Kunstdenkmäler der Schweiz 75), Basel 1985.

Kdm Bern Land II Moser, Andres, Die Kunstdenkmäler des Kantons Bern, Land, Bd. 2: Der Amtsbezirk Erlach und der Amtsbezirk Nidau, 1. Teil (Die Kunstdenkmäler der Schweiz 90), Basel 1998.

Kdm Bern Stadt I Hofer, Paul, Die Kunstdenkmäler des Kantons Bern, Die Stadt Bern, Bd. 1: Stadtbild, Wehrbauten, Stadttore, Anlagen, Denkmäler, Brücken, Stadtbrunnen, Spitäler, Waisenhäuser (Die Kunstdenkmäler der Schweiz 28), Basel 1952.

Kdm Bern Stadt II Hofer, Paul, Die Kunstdenkmäler des Kantons Bern, Die Stadt Bern, Bd. 2: Gesellschaftshäuser und Wohnbauten (Die Kunstdenkmäler der Schweiz 40), Basel 1959.

Kdm Bern Stadt III Hofer, Paul, Die Kunstdenkmäler des Kantons Bern, Die Stadt Bern, Bd. 3: Die Staatsbauten (Die Kunstdenkmäler der Schweiz 19), Basel 1982, unveränderter Nachdruck mit Nachträgen von Georges Herzog.

Kdm Bern Stadt IV Mojon, Luc, Die Kunstdenkmäler des Kantons Bern, Die Stadt Bern, Bd. 4: Das Berner Münster (Die Kunstdenkmäler der Schweiz 42), Basel 1960.

Kdm Freiburg II Strub, Marcel, Les monuments d'art et d'histoire du canton de Fribourg, La ville de Fribourg, Bd. 2: Les monuments réligieux, Teil 1 (Die Kunstdenkmäler der Schweiz 36), Basel 1956.

Kdm Freiburg Land V Schöpfer, Hermann, Die Kunstdenkmäler des Kantons Freiburg, Land, Bd. 5: Der Seebezirk II (Die Kunstdenkmäler der Schweiz 95), Basel 2000.

Kdm Luzern IV Reinle, Adolf, Die Kunstdenkmäler des Kantons Luzern, Bd. 4 (Die Kunstdenkmäler der Schweiz 47), Basel 1963.

Kdm Solothurn I Schubiger, Benno, Die Kunstdenkmäler des Kantons Solothurn, Bd. 1: Die Stadt Solothurn (Die Kunstdenkmäler der Schweiz 86), Basel 1994.

Keck, Kachelofen Keck, Gabriele, Ein Kachelofen der Manesse-Zeit, Ofenkeramik aus der Gestelnburg/Wallis, in: ZAK 50, 1993, S. 321–356.

Kellenbenz, Wirtschaftsgeschichte Kellenbenz, Hermann, Deutsche Wirtschaftsgeschichte, Bd. 1, München 1977.

Keller, Brudermord Keller, Hans Gustav, Der Brudermord im Hause Kiburg, Bern 1939.

Keller, Charakter Keller, Hagen, Über den Charakter Freiburgs in der Frühzeit der Stadt, in: Festschrift für Berent Schwineköper zum 70. Geb., hg. von Helmut Maurer/Hans Patze, Sigmaringen 1982, S. 249–282.

Keller, Gefässkeramik Keller, Christine, Gefässkeramik aus Basel. Untersuchungen zur spätmittelalterlichen und frühneuzeitlichen Gefässkeramik aus Basel, 2 Bde., hg. von der archäologischen Bodenforschung des Kantons Basel Stadt (Materialhefte zur Archäologie in Basel 15), Basel 1999.

Keller, Grafen von Kiburg Keller, Karl, Die Grafen von Kiburg und ihre Stadtgründungen, in: Die Grafen von Kiburg, hg. vom Schweizerischen Burgenverein (Schweizer Beiträge zur Kulturgeschichte und Archäologie 8), Olten 1980, S. 87–95.

Keller, Strättligen Keller, Jon, Heinrich von Strättligen – ein Minnesänger am Thunersee, in: Jb. vom Thuner- und Brienzersee 1985, S. 34–47.

Keller, Thun Keller, Hans Gustav, Die Erbauung der Burg und die Entstehung der Stadt Thun. Eine burgen- und stadtgeschichtliche Untersuchung, in: Zeitschrift für schweizerische Geschichte 12, Nr. 3, 1932, S. 265–299.

Kern, Villars-les-Moines Léon Kern, Notes pour servir à l'histoire du prieuré et du village de Villars-les-Moines, in: AHVB 44/2, 1958, S. 403–412; Neudruck in: Etudes d'histoire ecclésiastique et de diplomatique (MDR 3e sér., t. 9), Lausanne 1973, S. 111–121.

Kessler, Buchmalerei Kessler, Cordula M., Gotische Buchmalerei des Bodenseeraumes. Aus der Zeit von 1260 bis um 1340/50, in: Buchmalerei im Bodenseeraum: 13. bis 16. Jahrhundert, hg. von Eva Moser, Friedrichshafen 1997, S. 70–96 und S. 218–252.

Kessler, Studien Kessler, Cordula M., Studien zu gotischen Handschriften aus dem südlichen Teil der Diözese Konstanz, Diss. Universität Bern 2000 (im Druck).

KFS III Kunstführer durch die Schweiz, begründet von Hans Jenny, hg. von der Gesellschaft für Schweizerische Kunstgeschichte, Bd. 3: Basel-Landschaft/Basel-Stadt/Bern/Freiburg/Jura/Solothurn, Wabern 1982.

Kießling, Stadt Kießling, Rolf, Die Stadt und ihr Umland. Umlandpolitik, Bürgerbesitz und Wirtschaftsgefüge in Ostschwaben vom 14. bis ins 16. Jahrhundert (Städteforschung, Reihe A: Darstellungen 29), Köln/Wien 1989.

Kirche Meiringen Die St. Michaelskirche von Meiringen, hg. von Kirchgemeinde Meiringen, 2. Aufl., Meiringen 1998.

Kirchgässner, Währungspolitik Kirchgässner, Bernhard, Währungspolitik, Stadthaushalt und soziale Fragen südwestdeutscher Reichsstädte im Spätmittelalter, in: Jb. für die Geschichte des Oberrheins 11, 1965.

Kirchhof-Hüssy, Untersuchungsbericht Kirchhof-Hüssy, Annelies, Untersuchungsbericht zu Lokalisation und Baugeschichte des Doppelklosters in Königsfelden anhand von Quellen aus den Staatsarchiven der Kantone Aargau und Bern, Manuskript, Bern 1984.

Kissling/Gutscher, Mévilier Kissling, Christiane/Gutscher, Daniel, Court BE. Mévilier (Jb. der Schweiz. Gesellschaft für Ur- und Frühgeschichte 82), Basel 1999, S. 307f.

Kläui, Uri Kläui, Paul, Bildung und Auflösung der Grundherrschaft im Lande Uri, in: Ausgewählte Schriften (Mitteilungen der Antiquarischen Gesellschaft in Zürich 43/1), Zürich 1964, S. 76–117.

Kläui, Zürich Kläui, Paul, Zürich und die letzten Zähringer, in: Aus Verfassungs- und Landesgeschichte. Festschrift zum 70. Geb. von Theodor Mayer, Bd. 2, hg. von Heinrich Büttner, Lindau/Konstanz 1955, S. 93–104.

Kletzl, Übertragung Kletzl, Helmut, Die Übertragung von Augustiner-Chorherrenstiften an den Deutschen Orden zwischen 1220 und 1323, Ursachen, Verlauf, Entwicklungen (Deutsche Hochschuledition 66), Neuried 1998.

Kloster St. Peter, Schwarzwald Das Kloster St. Peter auf dem Schwarzwald. Studien zu seiner Geschichte von der Gründung im 11. Jahrhundert bis zur frühen Neuzeit, hg. von Hans-Otto Mühleisen/Hugo Ott/Thomas Zotz (Veröffentlichung des Alemannischen Instituts Freiburg i. Br. 68), Waldkirch 2001.

Kluge-Pinsker, Schach Kluge-Pinsker, Antje, Schach und Trictrac. Zeugnisse mittelalterlicher Spielfreude in salischer Zeit (Römisch-Germanisches Zentralmuseum, Monographien 30), Sigmaringen 1991.

Kluge-Pinsker, Wohnen Kluge-Pinsker, Antje, Wohnen im hohen Mittelalter, in: Geschichte des Wohnens 500–1800, Bd. 2, hg. von Ulf Dirlmeier, Stuttgart 1998.

Klumpp, Tierknochenfunde Klumpp, Gerhilde, Die Tierknochenfunde aus der mittelalterlichen Burgruine Niederrealta, Gemeinde Cazis/GR (Schriftenreihe des Rätischen Museums Chur 3), Chur 1967.

Knoepfli, Kunstgeschichte Knoepfli, Albert, Kunstgeschichte des Bodenseeraums. Bd. 1: Von der Karolingerzeit bis zur Mitte des 14. Jahrhunderts, Konstanz/Lindau 1961.

Kohlhaussen, Minnekästchen Kohlhaussen, Heinrich, Minnekästchen im Mittelalter, Berlin 1928.

Köhn, Landvogt Köhn, Rolf, Der Landvogt in den spätmittelalterlichen Vorlanden: Kreatur des Herzogs und Tyrann der Untertanen?, in: Die Habsburger im deutschen Südwesten. Neue Forschungen zur Geschichte Vorderösterreichs, hg. von Gerhard Faix/Franz Quarthal, Stuttgart 2000, S. 153–198.

Koller, Gräber Koller, Heinrich, Die Habsburger Gräber als Kennzeichen politischer Leitmotive in der österreichischen Historiographie, in: *Historiographia mediaevalis*, Studien zur Geschichtsschreibung und Quellenkunde des Mittelalters, Festschrift für F.-J. Schmale zum 65. Geburtstag, hg. von D. Berg/H.-W. Goetz, Darmstadt 1988, S. 256–269.

Koller, Grundhaltung Koller, Heinrich, Die politische Grundhaltung der Habsburger und der Südwesten des Reichs, in: Die Eidgenossen und ihre Nachbarn im Deutschen Reich des Mittelalters, hg. von Peter Rück, Marburg 1991, S. 37–59.

Koller, Reformation Koller, Heinrich, Reformation Kaiser Siegmunds (*Monumenta Germaniae historica*: Staatsschriften des späteren Mittelalters VI), Stuttgart 1964.

Körner, Kawerschen Körner, Martin, Kawerschen, Lombarden und die Anfänge des Kreditwesens in Luzern, in: Hochfinanz, Wirtschaftsräume, Innovationen. Festschrift für Wolfgang von Stromer, Bd. 1, hg. von Uwe Bestmann/Franz Irsigler/Jürgen Schneider, Trier 1987, S. 245–265.

Kötting, Reliquienkult Kötting, Bernhard, Der frühchristliche Reliquienkult und die Bestattung im Kirchengebäude, Köln/Opladen 1965.

Krieger, Habsburger Krieger, Karl-Friedrich, Die Habsburger im Mittelalter. Von Rudolf I. bis Friedrich III., Stuttgart/Berlin/Köln 1994.

Krüger, Bildkult Krüger, Klaus, Der frühe Bildkult des Franziskus in Italien. Gestalt und Funktionswandel des Tafelbilds im 13. und 14. Jahrhundert, Berlin 1992.

Krüger, Ehrenrettung Krüger, Emil, Eine Ehrenrettung Berchtolds V., des letzten Zähringers, in: Badische Landeszeitung 223, 225, 1890.

Krüger, Krise Krüger, Sabine, Krise der Zeit als Ursache der Pest? Der Traktat *De mortalitate in Alamannia* des Konrad von Megenberg, in: Festschrift für Hermann Heimpel zum 70. Geburtstag, Bd. 2, hg. von den Mitarbeitern des Max-Planck-Instituts für Geschichte, (Veröffentlichungen des Max-Planck-Instituts für Geschichte 36/II), Göttingen 1972, S. 839–883.

Küchler, Protokoll Küchler, Remigius, Das Protokoll des Fünfzehnergerichts Obwalden. In: Geschichtsfreund 146, 1993, 1. Teil, S. 151–153.

Küffer, Amtsbezirk Küffer, Peter, Thun (Amtsbezirk), Historisches Lexikon der Schweiz [elektronische Publikation HLS], Manuskriptversion vom 4.4.1996, Bern 1996.

Küffer, Bällizbefestigung Küffer, Peter, Die Bällizbefestigung, in: Schlossmuseum Thun 1979, S. 4–21.

Küffer, Zusammenfassung Küffer, Peter, Thun, Geschichtliche Zusammenfassung von einst bis heute, Thun 1981.

Küffer/Müller, Gemeinde Küffer, Peter/Felix Müller, Thun (Gemeinde), Historisches Lexikon der Schweiz [elektronische Publikation HLS], Manuskriptversion vom 7.4.1999, Bern 1996.

Kümmerli/Otto, Heimatbuch Kümmerli, Arnold/Breiter Otto, Heimatbuch von Thunstetten, 2 Bde., Interlaken/Langenthal 1952–1958.

Kunst der Habsburger Die Kunst der Habsburger (Kunst+Architektur in der Schweiz 47 Heft 2), 1996.

Kupfer/Weingarten, Integration und Ausgrenzung Kupfer, Claude/Ralf Weingarten, Zwischen Integration und Ausgrenzung. Geschichte und Gegenwart der Jüdinnen und Juden in der Schweiz, Zürich 1999.

Küpper, Tierknochenfunde Küpper, Werner, Die Tierknochenfunde von der Burg Schiedberg bei Sagogn in Graubünden, II: Die kleinen Wiederkäuer, die Wildtiere und das Geflügel, Diss. München 1972.

Kurmann, Architektur Kurmann, Peter, «Architektur in Architektur»: der gläserne Bauriß der Gotik, in: Himmelslicht. Europäische Glasmalerei im Jahrhundert des Kölner Dombaus (1248–1349), Ausstellungskatalog Schnütgenmuseum Köln, Köln 1998, S. 35–43.

Kurmann/Kurmann-Schwarz, Das religiöse Kunstwerk Kurmann, Peter/Brigitte Kurmann-Schwarz, Das religiöse Kunstwerk der Gotik als Zeichen der Übereinkunft zwischen Pfaffen und Laien, in: Pfaffen und Laien – ein mittelalterlicher Antagonismus?, hg. von Eckard Conrad Lutz/Ernst Tremp (Freiburger Colloquium 1996), Freiburg 1999, S. 78–99.

Kurmann/Lutz, Marienkrönungen Kurmann, Peter/Eckart Conrad Lutz, Marienkrönungen in Text und Bild, in: Die Vermittlung geistlicher Inhalte im deutschen Mittelalter, Internationales Symposium, Roscrea 1994, hg. von Timothy R. Jackson/Nigel F. Palmer/Almut Suerbaum, Tübingen 1996, S. 23–54.

Kurmann-Schwarz, CVMA Schweiz 4 Kurmann-Schwarz, Brigitte, Die Glasmalereien des 15.–18. Jahrhunderts im Berner Münster (*Corpus Vitrearum* Schweiz 4), Bern 1998.

Kurmann-Schwarz, Datierung und Bedeutung Kurmann-Schwarz, Brigitte, Datierung und Bedeutung von «Stifterbildern» in Glasmalereien, in: *Nobilis artis manus*, Festschrift für Antje Middeldorf-Kosegarten, hg. von Bruno Klein/Harald Wolter – von dem Knesebeck, Dresden/Göttingen 2002, S. 228–243.

Kurmann-Schwarz, Franziskusfenster Kurmann-Schwarz, Brigitte, Das Franziskusfenster von Königsfelden. Bild- und Texttradition, in: Pierre, lumière, couleur. Etudes d'histoire de l'-art du Moyen Age, hg. von Fabienne Joubert/Dany Sandron, Paris 1999, S. 297–307.

Kurmann-Schwarz, Klara Kurmann-Schwarz, Brigitte, Die heilige Klara in den Glasmalereien der ehemaligen Klosterkirche von Königsfelden, in: Chiara d'Assisi e la memoria di Francesco, Atti del Convegno per l'VIII centenario della nascita di S. Chiara, Fara Sabina 1994, hg. von A. Marini/M.B. Mistretto, Città del Castello 1995, S. 129–147.

Kurmann-Schwarz, Klarafenster Kurmann-Schwarz, Brigitte, Das Klarafenster, in: Himmelslicht. Europäische Glasmalerei im Jahrhundert des Kölner Dombaus (1248–1349), hg. von Hiltrud Westermann-Angerhausen, Köln 1998, S. 284–286.

Kurmann-Schwarz, Königsfelden, Staufberg, Zofingen Kurmann-Schwarz, Brigitte, Königsfelden, Staufberg, Zofingen – die mittelalterlichen Glasmalereien (Glasmalerei im Kanton Aargau 1), Aarau 2002.

Kurmann-Schwarz, Sorge Kurmann-Schwarz, Brigitte, Die Sorge um die Memoria. Das Habsburger Grab zu Königsfelden im Lichte seiner Bildausstattung, in: Kunst+Architektur 50, 1999, S. 12–23.

Kurmann-Schwarz, Vitraux Kurmann-Schwarz, Brigitte, Les vitraux du chœur de l'ancienne abbatiale de Königsfelden. L'origine des ateliers, leurs modèles et la place de leurs œuvres dans le vitrail alsacien, in: Revue de l'Art 121, 1998 Heft 3, S. 29–42.

Kurz, Geschichte Kurz, Gottlieb, Geschichte der Landschaft Hasli, Meiringen 1979.

Küster, Geschichte Küster, Hansjörg, Geschichte des Waldes, München 1998.

Lachat, Barfüsserkloster Bern Lachat, Paul, Barfüsserkloster Bern (Alemania Franciscana antiqua IV), Ulm 1958.

Lachat, Barfüsserkloster Burgdorf Lachat, Paul, Das Barfüsserkloster Burgdorf, Burgdorf 1955.

Lachat, Helvetia Sacra V/1, Bern Lachat, Paul, Barfüsserkloster Bern (*Helvetia Sacra* V/1), S. 137–146.

Lachat, Helvetia Sacra V/1, Burgdorf Lachat, Paul, Barfüsserkloster Burgdorf (*Helvetia Sacra* V/1), S. 147–151.

Lackner, Verwaltung Lackner, Christian, Die Verwaltung der Vorlande im späten Mittelalter, in: Vorderösterreich – nur die Schwanzfeder des Kaiseradlers? Die Habsburger im deutschen Südwesten, hg. vom Württembergischen Landesmuseum Stuttgart, 2. Aufl., Ulm 1999, S. 61–71.

Ladner, Politische Geschichte Ladner, Pascal, Politische Geschichte und Verfassungsgeschichte Freiburgs bis zum Ausgang des Mittelalters, in: Geschichte des Kantons Freiburg, hg. von der Kommission zur Herausgabe der Freiburger Kantonsgeschichte, Freiburg 1981, Bd. 1, S. 167–205.

Ladner, Städtegründungen Ladner, Pascal, Zähringische Städtegründungen und zähringische Stadtrechtsüberlieferung in der Westschweiz, in: Zähringer III, S. 37–45.

Lamb, Klima Lamb, Hubert Horace, Klima und Kulturgeschichte. Der Einfluss des Wetters auf den Gang der Geschichte, Hamburg 1989.

Landolt, Diessenhofen Landolt, Oliver, *Wie die juden zü Diessenhofen ein armen knaben ermurtend, und wie es inen gieng*. Ritualmordvorwürfe und die Judenverfolgungen von 1401, in: Schaffhauser Beiträge zur Geschichte 73, 1996, S. 161–194.

Landolt, Finanzierungsprobleme Landolt, Oliver, *... umb sölich grob und swer jerlich zinse ...* Finanzierungsprobleme und Verschuldung von Städten im Spätmittelalter, in: etü – historikerInnenzeitschrift 16/2, 2000, S. 13–16.

Lang, Guglerkrieg Lang, Beatrix, Der Guglerkrieg. Ein Kapitel Dynastengeschichte im Vorfeld des Sempacherkriegs (Historische Schriften der Universität Freiburg 10), Freiburg i. Ü. 1982.

Lanz, Untersuchungen Lanz, Hanspeter, Untersuchungen zur Kassette von Attinghausen UR, in: 100. Jahresbericht SLM 1991, Zürich 1992, S. 78–80.

Lauffer, Beschreibung Lauffer, Jakob, Genaue und umständliche Beschreibung Helvetischer Geschichte, 18 Teile mit Register, Zürich 1736–1739.

Lauwers, Mémoire Lauwers, Michel, La mémoire des ancêtres, le souci des mortS. Morts, rites et société au Moyen Age (Diocèse de liège, XIe–XIIIe siècles), Paris 1997.

Le Landeron Le Landeron: histoires d'une ville, hg. von Jacques Bujard u. a. Hauterive 2001.

Le Roy Ladurie, concept Le Roy Ladurie, Emmanuel, Un concept: L'unification microbienne du monde (XIVe–XVIIe siècles), in: Schweizerische Zeitschrift für Geschichte 23, 1973, S. 627–696.

Lehmann, Briefe Lehmann, Heinrich Ludwig, *Briefe alter Berner-Helden, aus dem Reiche der Todten an die heutigen Burger von Bern, und ihre lieben und getreuen Angehörigen. Herausgegeben von einem Freunde des Vaterlandes. Erster [und einziger] Theil,* Bern 1791.

Lehmann, Glasmalerei Lehmann, Hans, Zur Geschichte der Glasmalerei in der Schweiz, in: Mitteilungen der antiquarischen Gesellschaft in Zürich 1906, S. 157–209; 1907, S. 213–264; 1908, S. 269–316; 1910, S. 319–358; 1912, S. 363–434, Register im letzten Heft.

Lehmann, Glasmalerei Bern Lehmann, Hans, Die Glasmalerei in Bern am Ende des 15. und Anfang des 16. Jahrhunderts, in: Anzeiger für schweizerische Altertumskunde, NF. XIV, 1912, S. 287–309; XV, 1913, S. 45–52, 100–116, 205–226, 321–346; XVI, 1914, S. 41–57, 124–150, 207–233, 304–324; XVII, 1915, 45–65, 136–159, 217–240, 305–329; XVIII, 1916, 54–74, 135–153, 225–243.

Leiser, Territorien Leiser, Wolfgang, Territorien süddeutscher Reichsstädte, ein Strukturvergleich, in: Zeitschrift für Bayrische Landesgeschichte 38, 1975, S. 967–981.

Leisibach, Antiphonare Leisibach, Joseph, Die Antiphonare des Berner Münsters St. Vinzenz. Eine nicht erhoffte Neuentdeckung, in: Zeitschrift für schweizerische Kirchengeschichte 83, 1989, S. 177–200.

Leisibach, Bibelhandschriften Leisibach, Joseph, Mittelalterliche Bibelhandschriften in der Westschweiz, in: Die Bibel in der Schweiz, Basel 1997, S. 91–104.

Leisibach, Blochinger Leisibach, Joseph, Konrad Blochinger, ein Walliser Kalligraph und Illuminist an der Wende des Mittelalters, in: Vallesia 44, 1989, S. 211–221.

Leisibach, Handschriften Leisibach, Josef, Die liturgischen Handschriften der Kantons- und Universitätsbibliothek Freiburg, hg. von Pascal Ladner, Teil I (*Spicilegii Friburgensis Subsidia* 15), Freiburg i. Ü. 1976.

Leisibach, Kapitelsarchiv Leisibach, Josef, Die liturgischen Handschriften des Kapitelsarchivs in Sitten (*Iter helveticum* 3), Freiburg 1979.

Leisibach/Jörger, Livres sédunoi Leisibach, Joseph/Albert Jörger, Livres sédunois du moyen âge. Enluminures et miniatureS. Trésors de la bibliothèques du Chapitre de Sion (*Sedunum nostrum* 10), Sion 1985.

Leistikow, Hospitalbauten Leistikow, Dankwart, Hospitalbauten in Europa aus zehn Jahrhunderten. Ein Beitrag zur Geschichte des Krankenhausbaues, Ingelheim 1967.

Lerner, Heresy Lerner, Robert, The Heresy of the Free Spirit in the Later Middle Ages, Berkeley/Los Angeles/London 1972.

Leroquais, Bréviaire Leroquais, Victor, Les Bréviaires manuscrits des Bibliothèques publiques de France 2, Paris 1934.

Leuzinger, Berns Griff Leuzinger, Jürg, Berns Griff nach den Klöstern, in: BGZ, S. 360–366.

Lexer Matthias Lexers Mittelhochdeutsches Taschenwörterbuch, hg. von Wolfgang Bachofer, Stuttgart 1986.

Lhotsky, Geschichte Österreichs Lhotsky, Alfons, Geschichte Österreichs seit der Mitte des 13. Jahrhunderts, 1281–1358, Wien 1967.

Liber decimacionis *Liber decimacionis cleri Constanciensis pro Papa de anno 1275*, hg. von Wendelin Haid (Freiburger Diözesanarchiv 1), Freiburg i.Br. 1865.

Liber Donationum Altaeripae (LDA) *Liber Donationum Altaeripae*. Cartulaire de l'abbaye cistercienne d'Hauterive (XIIe–XIIIe siècles), hg. von Ernst Tremp (Mémoires et documents publies par la société d'histoire de la Suisse romande, 3. Reihe, Bd. 15), Lausanne 1984.

Liederdichter Deutsche Liederdichter des 13. Jahrhunderts, 2 Bde., hg. von Carl von Kraus, Tübingen 1952, 1958.

Lindner, Geschichtlicher Abriss Lindner, Kurt, Geschichtlicher Abriss, in: Die Beizjagd, hg. von Heinz Brüll/Günter Trommer, 4. Aufl., Berlin 1997, S. 114–134.

Lindner, Inkorporation Lindner, Dominikus, Die Inkorporation im Bistum Regensburg während des Mittelalters, in: Zeitschrift der Savigny-Stiftung für Rechtsgeschichte, Bd. 67 (Zeitschrift für Rechtsgeschichte LXXX, Kanonistische Abteilung XXXVI), Weimar 1950, S. 205–327.

Liturgica Friburgensia *Liturgica Friburgensia*. Des livres pour dieu – Schrift und Gebet, Ausstellungskatalog bearbeitet von Joseph Leisibach/Michel Dousse, Freiburg i. Ü. 1993.

Lohner, Kirchen Lohner, Conrad F. L., Die reformierten Kirchen und ihre Vorsteher im eidgenössischen Freistaate Bern, nebst den vormaligen Klöstern, Thun 1864.

Lohner, Münzen Lohner, Carl, Die Münzen der Republik, Bern/Zürich 1846.

Lohners, Thun Lohners, Karl Friedrich Ludwig, Chronik der Stadt Thun, hg. von Gertrud Züricher, Bern 1935.

Lorenz, Weilheim Lorenz, Sönke, Zur Geschichte des «verlegten» Klosters Weilheim vor und nach 1093, in: Das Kloster St. Peter auf dem Schwarzwald, Studien zu seiner Geschichte von der Gründung im 11. Jahrhundert bis zur frühen Neuzeit, hg. von Hans-Otto Mühleisen/Hugo Ott /Thomas Zotz (Veröffentlichung des Alemannischen Instituts Freiburg i. Br. 68), Waldkirch 2001, S. 11–32.

Ludwig, Bundesfest Ludwig, Gottfried, Das Bundesfest in Bern 1853, in: Berner Taschenbuch 1854, S. 230–282.

Ludwig, Regula Ludwig, Walter, *Una Regula Similibus Moribus*. Die Zisterziensische Liturgiereform des 12. Jahrhunderts, in: Liturgie und Buchkunst der Zisterzienser im 12. Jahrhundert. Katalogisierung von Handschriften der Zisterzienserbibliotheken, hg. von Charlotte Ziegler, Frankfurt 2000, S. 103–106.

Ludwig, Technik Ludwig, Karl-Heinz, Technik im hohen Mittelalter zwischen 1000 und 1350/1400, in: Propyläen Technikgeschichte, Bd. 2: Metalle und Macht 1000–1600, hg. von Wolfgang König, Berlin 1997, S. 10–205.

Lüps/Althaus, Fragmente Lüps, Peter/Rosemarie Althaus, Fragmente zur Geschichte der Beizjagd in der Schweiz, in: Greifvögel und Falknerei 1997, 1998, S. 24–40.

Lüscher, Bern Lüscher, Geneviève, Bern, der Bär und Brenodor, in: Der kleine Bund 66, 18.3.2000.

Lüthi, Wandmalerei Lüthi, Verena, Neuentdeckte Wandmalerei in der Kirche Aeschi, in: Unsere Kunstdenkmäler 18, 1967, S. 201–205.

Lutz, *Spiritualis fornicatio* Lutz, Eckart Conrad, *Spiritualis fornicatio*. Heinrich Wittenwiler, seine Welt und sein ‹Ring› (Konstanzer Geschichts- und Rechtsquellen 32), Sigmaringen 1990.

Maag, Urbar Das Habsburgische Urbar, hg. von Rudolf Maag (Quellen zur Schweizer Geschichte 14/15), Basel 1894–1904.

Maier, Orden Maier, Christoph, Deutscher Orden, Historisches Lexikon der Schweiz [elektronische Publikation HLS], Version vom 4.4.2001, Bern 2001.

Maier/Ostorero/Utz Tremp, Inquisition Maier, Eva/Martine Ostorero/Kathrin Utz Tremp, Le pouvoir de l'inquisition, in: Les pays romands au Moyen Age, hg. von Agostino Paravicini Bagliani u. a. Lausanne 1997, S. 247–258.

Maison Forte La Maison Forte au Moyen Age, hg. Ministère de la Culture, Sous-Direction de l'Archéologie, Paris 1986.

Marchal, Die «Alten Eidgenossen» Marchal, Guy P., Die «Alten Eidgenossen» im Wandel der Zeiten. Das Bild der frühen Eidgenossen im Traditionsbewusstsein und in den Identitätsvorstellungen der Schweizer vom 15. bis ins 20. Jh., in: Innerschweiz und frühe Eidgenossenschaft 2, Olten 1991, S. 307–403.

Marchal, Geschichtsbild Marchal, Guy P., Geschichtsbild im Wandel, 1782–1982. Historische Betrachtung zum Geschichtsbewusstsein der Luzerner im Spiegel der Gedenkfeiern zu 1332 und 1386, Luzern 1982.

Marchal, Geschichtsforschung Marchal, Guy P., Die schweizerische Geschichtsforschung und die österreichische Herrschaft: Ergebnisse und Fragen, in: Die Eidgenossen und ihre Nachbarn im Deutschen Reich des Mittelalters, hg. von Peter Rück, Marburg 1991, S. 15–36.

Marchal, Pfahlbürger Marchal, Guy P., Pfahlbürger, bourgeois forains, buitenpoorters, bourgeois du roi. Aspekte einer zweideutigen Rechtsstellung, in: Neubürger im späten Mittelalter, hg. von Rainer C. Schwinges (Beiheft 30 der Zeitschrift für Historische Forschung), Berlin 2002, S. 333–367.

Marchal, Sempach Marchal, Guy P., Sempach 1386. Von den Anfängen des Territorialstaates Luzern. Beiträge zur Frühgeschichte des Kantons Luzern, Basel 1986, S. 353–402.

Marchal, Helvetia Sacra II/2 Marchal, Guy P., St. Mauritius in Amsoldingen (*Helvetia Sacra* II/2), S. 107–119.

Marchal, Ursprünge Marchal, Guy P., Die Ursprünge der Unabhängigkeit, in: Geschichte der Schweiz und der Schweizer 1, Basel 1982, S. 109–214.

Marks, Glass Marks, Richard, English Stained Glass During the Middle Ages, London 1993.

Marks, Glazing Marks, Richard, Glazing in the Romanesque Parish Church, in: Il colore nes medioevo. Arte, Simbolo, Tecnica. La Vetrata in occidente dal IV all'XI secolo, Lucca 2001, S. 173–181.

Marks, Medieval Glass Marks, Richard, The Medieval Stained Glass of Northhamptonshire (*Corpus Vitrearum Medii Aevi* Great Britain, Summary Catalogue 4), Oxford 1998.

Marti, Engelberg Marti, Susan, Malen, Schreiben und Beten. Die spätmittelalterliche Handschriftenproduktion im Doppelkloster Engelberg, Diss. Universität Zürich, Zürich (im Druck).

Marti/Meier u. a. Gräberfel Marti, Reto/Hans-Rudolf Meier/Renata Windler, Ein frühmittelalterliches Gräberfeld bei Erlach BE (Antiqua 23), Basel 1992.

Martin, Hoheitszeichen Martin, Paul, Die Hoheitszeichen der freien Stadt Strassburg 1200–1681 (Veröffentlichungen der städtischen Museen Strassburg), Strassburg 1941.

Martin, Waffen Martin, Paul, Waffen und Rüstungen von Karl dem Grossen bis zu Ludwig XIV, Freiburg i.Ü. 1967.

Maschke, Deutsche Städte der Stauferzeit Maschke, Erich, Die deutschen Städte der Stauferzeit, in: Die Zeit der Staufer, Geschichte, Kunst, Kultur, Ausstellungskatalog Bd. 3, hg. vom Württembergischen Landesmuseum, Stuttgart 1977, S. 59–73.

Maschke, Mittelschichten Maschke, Erich, Mittelschichten in deutschen Städten des Mittelalters, in: Städtische Mittelschichten, hg. von Erich Maschke/Jürgen Sydow (Veröffentlichungen der Kommission für geschichtliche Landeskunde in Baden-Württemberg, Reihe B: Forschungen 69), Stuttgart 1972, S. 1–31.

Maschke, Unterschichten Maschke, Erich, Die Unterschichten der mittelalterlichen Städte Deutschlands, in: Gesellschaftliche Unterschichten in den südwestdeutschen Städten, hg. von Erich Maschke/Jürgen Sydow (Veröffentlichungen der Kommission für geschichtliche Landeskunde in Baden-Württemberg, Reihe B: Forschungen 41), Stuttgart 1967, S. 1–74.

Maschke, Verfassung Maschke, Erich, Verfassung und soziale Kräfte in der deutschen Stadt des späten Mittelalters, vornehmlich in Oberdeutschland, in: Vierteljahrschrift für Sozial- und Wirtschaftsgeschichte 46, 1959, S. 289–349; S. 433–476.

Masson, Décor Masson, André, Le décor des bibliothèques du Moyen Age à la Révolution (Histoire des idées et critique littéraire 125), Genève 1972.

Matile, Ämterscheiben Matile, Heinz, Berner Ämterscheiben, in: Jb.BHM 45/46, 1965/66, S. 29–72.

Matter, Keramik um 1300 Matter, Annamaria, Keramik um 1300 aus der Brandschuttverfüllung eines Steinkellers in Winterthur-Marktgasse 54, in: Archäologie im Kanton Zürich 1993–1994 (Berichte der Kantonsarchäologie Zürich 13), Zürich/Egg 1996, S. 243–277.

Matter, Keramikentwicklung Matter, Annamaria, Keramikentwicklung in Winterthur vom 12. Jh. bis um 1400. Sechs Kellerverfüllungen aus der Altstadt, in: Archäologie im Kanton Zürich 1997–1998 (Berichte der Kantonsarchäologie Zürich 15), Zürich/Egg 2000, S. 183–245.

Matter/Wild, Kachelöfen Matter, Annamaria/Werner Wild, Neue Erkenntnisse zum Aussehen von Kachelöfen des 13. und frühen 14. Jahrhunderts – Befunde und Funde aus dem Kanton Zürich, in: Mittelalter, Zeitschrift des Schweizerischen Burgenvereins 2, 1997, S. 77–95.

Mattmüller, Bevölkerungsgeschichte Mattmüller, Markus, Bevölkerungsgeschichte der Schweiz, Teil 1: Die Frühe Neuzeit 1500–1700, Bd. 1: Darstellungen (Basler Beiträge zur Geschichtswissenschaft 154/1), Basel 1987.

Maurer, Backsteinwerkstücke Maurer, Christine, Die Backsteinwerkstücke des Zisterzienserklosters St. Urban. Kunstgeschichtliche Untersuchung zu Produktion und Formgebung einer mittelalterlichen Ziegelei, Diss. Manus. , Stuttgart 1999.

Maurer, Burgen Maurer, Hans Martin, Burgen, in: Die Zeit der Staufer, Geschichte, Kunst, Kultur, Ausstellungskatalog Bd. 3, hg. vom Württembergischen Landesmuseum, Stuttgart 1977, S. 119–128.

Maurer, Habsburger Maurer, Hans-Martin, Die Habsburger und ihre Beamten im schwäbischen Donaugebiet um 1300, in: Neue Beiträge zur südwestdeutschen Landesgeschichte. Festschrift für Max Miller (Veröffentlichungen der Kommission für Geschichtliche Landeskunde in Baden-Württemberg, Reihe B: Forschungen 21), Stuttgart 1962, S. 24–54.

Maurer, Herzog von Schwaben Maurer, Helmut, Der Herzog von Schwaben. Grundlagen, Wirkungen und Wesen seiner Herrschaft in ottonischer, salischer und staufischer Zeit, Sigmaringen 1978.

Maurer, Karl IV. Maurer, Helmut, Karl IV. und die Erneuerung des Herzogtums Schwaben, in: Blätter für deutsche Landesgeschichte 114, 1978, S. 645–657.

Maurer, Stadt Maurer, Fritz, Stadt und Festung Bern, Bern 1946.

May, Bartholomeus May von May, A., Bartholomeus May und seine Familie, in: Berner Taschenbuch 1874, S. 1–178.

Meckseper, Architektur Meckseper, Cord, Architektur und Lebensformen, Burgen und Städte als Orte von Festlichkeit und literarischem Leben, in: Mittelalterliche Literatur im Lebenszusammenhang. Ergebnisse des Troisième Cycle Romand 1994, hg. von Eckart Conrad Lutz (*Scrinium Friburgense* 8), Freiburg i. Ü. 1997, S. 15–43.

Meckseper, Kunstgeschichte Meckseper, Cord, Kleine Kunstgeschichte der deutschen Stadt im Mittelalter, Darmstadt, 2. Aufl. 1991.

Meier, Geschichte Meier, Beat, Zur Geschichte des spätmittelalterlichen Judentums. Die Juden im Gebiet der heutigen Schweiz und der europäische Kontext, in: *Judaica* 42, 1986, S. 2–16.

Menke, Geschichtsschreibung Menke, Bernhard, Geschichtsschreibung und Politik in deutschen Städten des Spätmittelalters. Die Entstehung deutscher Geschichtsprosa in Köln, Braunschweig, Lübeck, Mainz und Magdeburg (Jb. des Kölnischen Geschichtsvereins 33 und 34/35), Köln 1958 und 1960, S. 1–84 und S. 85–194.

Mentgen, Jüdische Financiers Mentgen, Gerd, Herausragende jüdische Finanziers im mittelalterlichen Strassburg, in: Hochfinanz im Westen des Reiches, hg. von Friedhelm Burgard/Alfred Haverkamp/Franz Irsigler/Winfried Reichert (Trierer Historische Forschungen 31), Trier 1996, S. 75–100.

Mentgen, Studien Mentgen, Gerd, Studien zur Geschichte der Juden im mittelalterlichen Elsass (Forschungen zur Geschichte der Juden, Abt. A: Abhandlungen, Bd. 2), Hannover 1995.

Mertens/Müller, Epische Stoffe Epische Stoffe des Mittelalters, hg. von Volker Mertens/Ulrich Müller (Kröners Taschenausgabe 483), Stuttgart 1984.

Mertens, Habsburger Mertens, Dieter, Die Habsburger als Nachfahren und als Vorfahren der Zähringer, in: Zähringer I, S. 151–174.

Merz, Genealogisches Handbuch Merz, Walther, Grafen von Buchegg, Grafen und Freie von Bechburg und Falkenstein, in: Genealogisches Handbuch zur Schweizer Geschichte, Bd. 1: Hoher Adel, Zürich 1900–1908, S. 68–72 und S. 235–257.

Mesqui, Château Mesqui, Jean, Château et Enceintes de la France médiévale, Paris 1991/93.

Messerli u. a. Beiträge Messerli, Bruno u. a., Beiträge zum Klima des Raumes Bern (Jahresbericht der Geographischen Gesellschaft von Bern 50/1970–72), Bern 1973, S. 45–78.

Meyer, Bechburg Meyer, Werner, «Bechburg, von», in: Historisches Lexikon der Schweiz [elektronische Publikation HLS], Version vom 6.6.2001.

Meyer, Bruderstreit Meyer, Bruno, Der Bruderstreit auf dem Schloss Thun, in: Zeitschrift für Schweizerische Geschichte 29, 1949, S. 449–493.

Meyer, Burg und Herrschaft Meyer, Werner, Burg und Herrschaft zwischen Alpen und Rhein im 12./13. Jahrhundert, ZAK 1990, S. 161–190.

Meyer, Burgenbau Meyer, Werner, Burgenbau und Burgenbruch in den Waldstätten, in: Die bösen Türnli. Archäologische Beiträge zur Burgenforschung in der Urschweiz, hg. von Werner Meyer u.a. (Schweizer Beiträge zur Kulturgeschichte und Archäologie des Mittelalters 11), Olten 1984, S. 181–196.

Meyer, Burgenbruch Meyer, Werner, Burgenbruch und Adelspolitik im alten Bern, in *Discordia concors*, Festschrift für Edgar Bonjour, Basel 1968, S. 317–337.

Meyer, Burgerbuch Meyer, Werner, Schweiz, in: Burgen in Mitteleuropa, ein Handbuch, hg. von der Deutschen Burgenvereinigung, Stuttgart/Darmstadt 1999, Bd. 1, S. 225–236.

Meyer, Eidgenossenschaft Meyer, Bruno, Die Bildung der Eidgenossenschaft im 14.Jahrhundert. Vom Zugerbund zum Pfaffenbrief, Zürich 1972.

Meyer, Frohburg Meyer, Werner, Die Frohburg. Ausgrabungen 1973–1977 (Schweizer Beiträge zur Kulturgeschichte und Archäologie des Mittelalters 16), Zürich 1989.

Meyer, Habsburg Meyer, Bruno, Habsburg-Laufenburg und Habsburg-Österreich, in: ZSG 1948, S. 310–343.

Meyer, Habsburger Meyer, Werner, Habsburger Burgenbau zwischen Alpen und Rhein, ein Überblick, in: Kunst+Architektur in der Schweiz 47, Heft 2, 1996, S. 115–124.

Meyer, Kiburg Meyer, Bruno, Studien zum habsburgischen Hausrecht IV: Das Ende des Hauses Kiburg, in: ZSG 27, 1947, S. 273–323.

Meyer, Statussymbol Meyer, Werner, Die Burg als repräsentatives Statussymbol, in: ZAK 33, 1976, S. 173–181.

Meyer, Studien Meyer, Bruno, Studien zum habsburgischen Hausrecht, in: ZSG 1947, S. 273–323.

Meyer, Umkämpfte Burg Meyer, Werner, Die umkämpfte Burg, Bemerkungen zur Rolle der Burgen in eidgenössisch-habsburgischen Konflikten des Spätmittelalters, in «Mittelalter», Zeitschrift des Schweizerischen Burgenvereins 1, 1996, S. 49 ff.

Meyer, Verwaltungsorganisation Meyer, Werner, Die Verwaltungsorganisation des Reiches und des Hauses Habsburg-Österreich im Gebiete der Ostschweiz 1264–1460, Affoltern am Albis 1933.

Meyer, Zürcherbund Meyer, Bruno, Zürcherbund und Bernerbund, in: ZSG 22, 1972, S. 27–30.

Meyer/Strübin Rindisbacher, Bümpliz Meyer, Werner/Johanna Strübin Rindisbacher, Das Alte Schloss Bümpliz. Bericht über die Grabungen von 1966–1970 sowie die Bau- und Besitzergeschichte (SADB), Bern 2002.

Meyer/Widmer, Burgenbuch Schweiz Meyer, Werner/Eduard Widmer, Das grosse Burgenbuch der Schweiz, Zürich 1977.

Meylan, flûte Meylan, Raymond, Nouvelle datation de la flûte en os «préhistorique» dite de Corcelettes, in: *Helvetia Archaeologica* 114, 1998, S. 50–64.

Meynen, Zentralität Zentralität als Problem der mittelalterlichen Stadtgeschichtsforschung, hg. von Emil Meynen (Städteforschung A 8), Köln 1979.

MGH D Burg Die Urkunden der burgundischen Rudolfinger *(Regum Burgundiae e stirpe Rudolfina Diplomata et Acta)*, hg. von Theodor Schieffer *(Monumenta Germaniae Historica Diplomata)*, München 1977.

MGH D FI. Die Urkunden Friedrichs I., Teil 1: 1152–1158, hg. von Heinrich Appelt (*Monumenta Germaniae Historica Diplomata.* Die Urkunden der deutschen Könige und Kaiser 10), Hannover 1975.

MGH D LIII. Die Urkunden Lothars III. und der Kaiserin Richenza, hg. von Emil von Ottenthal und Hans Hirsch (*Monumenta Germaniae Historica Diplomata.* Die Urkunden der deutschen Könige und Kaiser 8), Hannover 1927, Nachdruck 1993.

Michel, Das alte Bern Michel, Hans A., Das alte Bern und sein Verhältnis zum Land, in: Stadt und Land. Die Geschichte einer gegenseitigen

Abhängigkeit (Kulturhistorische Vorlesungen der Universität Bern 1986/87), Bern 1988, S. 115–150.

Mittelalterarchäologie Mittelalterarchäologie in Zentraleuropa. Zum Wandel der Aufgaben und Zielsetzungen, hg. von Heiko Steuer (Zeitschrift für Archäologie des Mittelalters, Beiheft 9), Köln 1995.

Mittelstrass, Gebetskette Mittelstrass, Tilman, Zur Archäologie der christlichen Gebetskette, in: Zeitschrift für Archäologie des Mittelalters 27/28, 1999/2000, S. 219–261.

Möbius, Chorpartie Möbius, Friedrich, Die Chorpartie der westeuropäischen Klosterkirche zwischen 8. und 11. Jahrhundert. Kulturgeschichtliche Voraussetzungen, liturgischer Gebrauch, soziale Funktion, in: Architektur des Mittelalters, Funktion und Gestalt, Weimar 1984, S. 9–41.

Moeri, Köniz Moeri, René, Köniz Kirche/Schloss (Schweizerische Kunstführer 214), Basel 1976.

Mojon, St. Johannsen Mojon, Luc, St. Johannsen, Saint-Jean de Cerlier. Beiträge zum Bauwesen des Mittelalters aus den Bauforschungen in der ehemaligen Benediktinerabtei 1961–1984 (SADB), Bern 1987.

Mojon, Wangen Mojon, Luc, Wangen an der Aare (Schweizerische Kunstführer Serie 42), Basel 1955.

Mols, Introduction Mols, Roger, Introduction à la démographie historique des villes d'Europe du XIVe au XVIIIe siècle, 3 Bde., Louvain 1954–1956.

Mommsen, Eidgenossen Mommsen, Karl, Eidgenossen, Kaiser und Reich. Studien zur Stellung der Eidgenossenschaft innerhalb des heiligen römischen Reiches, Basel 1958.

Mommsen, Schaffhausen Mommsen, Karl, Schaffhausen unter österreichischer Herrschaft, in: Schaffhauser Beiträge zur Geschichte 50, 1973, S. 48–69.

Monuments 1 Monuments de l'histoire de Neuchâtel, Bd. 1, hg. von Georges-Auguste Matile, Neuchâtel 1844.

Moosbrugger, Schnurvermessung Moosbrugger, Rudolf, Die Schnurvermessung im mittelalterlichen Bauwesen, in: Mittelalter, Zeitschrift des Schweizerischen Burgenvereins 5, 2000, S. 1–30.

Morard, Blütezeit Morard, Nicolas, Eine kurze Blütezeit: Die Freiburger Wirtschaft im 14. und 15. Jahrhundert, in: Geschichte des Kantons Freiburg, hg. von der Kommission zur Herausgabe der Freiburger Kantonsgeschichte, Freiburg 1981, Bd. 1, S. 227–274.

Morard, Investissements Morard Nicolas, Les investissements bourgeois dans le plat pays autour de Fribourg de 1250 à 1350, in: Fribourg, ville et territoire, hg. von G. Gaudard/C. Pfaff/R. Ruffieux, Freiburg 1981, S. 89–104.

Morard, Macht Morard, Nicolas, Auf der Höhe der Macht (1394–1536), in: Geschichte der Schweiz und der Schweizer, Basel/Frankfurt am Main 1986, S. 215–356.

Moraw, König und Reich Moraw, Peter, Über König und Reich. Aufsätze zur deutschen Verfassungsgeschichte des späten Mittelalters, Sigmaringen 1995.

Moraw, Reich Moraw, Peter, Reich, König und Eidgenossen im späten Mittelalter, in: Jb. der historischen Gesellschaft Luzern 4, Luzern 1986, S. 15–33.

Moraw, Reichsstadt Moraw, Peter, Reichsstadt, Reich und Königtum im späten Mittelalter, in: Zeitschrift für historische Forschung 6, 1979, S. 385–424.

Morerod, Genèse Morerod, Jean-Daniel, Genèse d'une principauté épiscopale. La politique des évêques de Lausanne (IXe–XIVe siècle) (Bibliothèque historique vaudoise 116), Lausanne 2000.

Morerod, Ulric II Morerod, Jean-Daniel, La zone d'influence d'Ulric II dans l'arc jurassien et la genèse du comté de Neuchâtel (1140–1191), in: Revue historique neuchâteloise 1999, S. 237–246.

Morgenthaler, Bilder Morgenthaler, Hans, Bilder aus der ältern Geschichte der Stadt Bern, 2., erweiterte Aufl., Bern 1935.

Morgenthaler, Burgerspital Morgenthaler, Hans, Geschichte des Burgerspitals der Stadt Bern, Bern 1945.

Morgenthaler, Herrschaft Bipp Morgenthaler, Hans, Die kirchlichen Verhältnisse der Herrschaft Bipp bis zur Reformation (Neues Berner Taschenbuch 32 und 33) Bern 1927, S. 71–107; 1928, S. 56–80.

Mörke, Konflikt Mörke, Olaf, Der «Konflikt» als Kategorie städtischer Sozialgeschichte der Reformationszeit. Ein Diskussionsbeitrag am Beispiel der Stadt Braunschweig, in: Beiträge zum spätmittelalterlichen Städtewesen, hg. von Bernhard Diestelkamp, Köln/Wien 1982, S. 144–161.

Mortet/Deschamps, Receuil Mortet, Victor/Paul Deschamps, Recueil de textes relatifs à l'histoire de l'architecture et à la condition des architectes en France au Moyen Age, XIIe–XIIIe siècles, Paris 1929.

Moser, Laupenkrieg Moser, Franz, Der Laupenkrieg 1339 (AHVB 35), Bern 1939, S. 1–174.

Moser, Patrozinien Moser, Andres, Die Patrozinien der bernischen Kirchen im Mittelalter, in: Zeitschrift für Schweizerische Kirchengeschichte 52, 1958, S. 27–47.

Moser, Schönegg Moser, Andres, Ausgrabung «Schönegg»/«Blankenburg» bei Burgistein 1959–1964. Bericht über die Anlage – historische Fragen, in: BZ 1966, Heft 2, S. 41–53.

Mülinen, Herren von Mülinen, Egbert Friedrich, Die weltlichen und geistlichen Herren im Emmental im höheren Mittelalter (AHVB 8), Bern 1872–1875, S. 65–150.

Mülinen, Wappenschmuck von Mülinen, Wolfgang Friedrich, Wappenschmuck im alten Bubenberghause zu Bern, in: Schweizer Archiv für Heraldik VIII, 1903, S. 114–116, Tf. VIII/IX.

Müller, Des Christen Vorbereitung Müller, Eduard, Des Christen Vorbereitung auf das bevorstehende Bundesfest. Predigt über Psalm XXIV gehalten 12. Juni 1853 in Hl. Geistkirche Bern, Bern 1853.

Müller-Büchi, Handfeste Müller-Büchi, Emil, Die Handfeste von Freiburg i.Ü., in: Fribourg-Freiburg, Freiburg 1957, S. 131–150.

Müller-Landgraf, Spitäler Müller-Landgraf, Ingrid, Die Spitäler, in: BGZ, S. 504.

Münger, Hanse und Eidgenossenschaft Münger, Tamara, Hanse und Eidgenossenschaft – zwei mittelalterliche Gemeinschaften im Vergleich, in: Hansische Geschichtsblätter 119, 2001, S. 5–48.

Mülinen, Äusserer Stand von Mülinen, Wolfgang Friedrich: Vom Äussern Stand und dem Urispiegel, in: Blätter für bernische Geschichte und Altertumskunde XII, 1916, S. 1–32.

Nachricht von dem Militär-Aufzuge *Nachricht von dem Militär-Aufzuge bey der bevorstehenden Jubelfeyer auf die Erbauung der Stadt Bern, im Jahre 1791*, Bern 1790.

Nagel, Kaufhaus Nagel, Gerhard, Das mittelalterliche Kaufhaus und seine Stellung in der Stadt. Eine baugeschichtliche Untersuchung an südwestdeutschen Beispielen, Berlin 1971.

Naujoks, Obrigkeit Naujoks, Eberhard, Obrigkeit und Zunftverfassung in den südwestdeutschen Reichsstädten, in: Zeitschrift für württembergische Landesgeschichte 33, 1974, S. 53–93.

Neidiger, Mendikanten Neidiger, Bernhard, Mendikanten zwischen Ordensideal und städtischer Realität. Untersuchungen zum wirtschaftlichen Verhalten der Bettelorden in Basel (Berliner Historische Studien 5; Ordenstudien III), Berlin 1981.

Neidinger, Helvetia Sacra IV/5 Neidinger, Bernhard, Basel Predigerkloster (*Helvetia Sacra* IV/5/1), S. 189–284.

Neuenburg Chronik Die Chronik des Mathias von Neuenburg, hg. von Adolf Hofmeister (*Monumenta Germaniae Historica, Scriptores Rerum Germanicarum, Nova Series, Tomus IV*), 2. Aufl., Berlin 1955.

Nevismal, Königin Agnes Nevismal, Alfred, Königin Agnes von Ungarn. Leben und Stellung in der habsburgischen Politik ihrer Zeit, Wien 1951.

Nicolas, Münster Nicolas, Raoul, Das Berner Münster, Frauenfeld/Leipzig 1923.

Nidau Nidau – 650 Jahre Wandlung, hg. Einwohnergemeinde und Burgergemeinde Nidau, Nidau 1988.

Niederberger, Vinzenz Niederberger, Basilius, Die Verehrung des Martyrerdiakons Vinzenz in Bern, in: Zeitschrift für schweizerische Kirchengeschichte 31, 1937, S. 283–300.

Niederstätter, Habsburg Niederstätter, Alois, Habsburg und die Eidgenossenschaft im Spätmittelalter. Zum Forschungsstand über eine «Erbfeindschaft», in: Schriften des Vereins für Geschichte des Bodensees und seiner Umgebung 116, 1998, S. 1–21.

Nouvelle histoire du Jura Nouvelle histoire du Jura, hg. vom Cercle d'études historiques de la Société jurassienne d'émulation, Porrentruy 1984.

Nussbaumer, Jagdfasan Nussbaumer, Marc A., Nachweis des Jagdfasans *Phasianus colchicus* im frühen 13. Jahrhundert in Nidau/Schweiz, in: Ornithologischer Beobachter 85, 1988, S. 394–395.

Nussbaumer, Tierknochen Nussbaumer, Marc A., Tierknochen, in: Laufen Rathausplatz. Eine hölzerne Häuserzeile in einer mittelalterlichen Kleinstadt: Hausbau, Sachkultur und Alltag, hg. Jochem Pfrommer/Daniel Gutscher, Bern 1999, S. 267–275, Tab. 195–203.

Oehler, Bubenberg Oehler, Robert, Zur Genealogie Bubenberg, in: BZ 38, 1976, S. 58–66.

Oexle, Kinderspiel Oexle, Judith, Minne en miniature – Kinderspiel im mittelalterlichen Konstanz, in: Stadtluft, Hirsebrei und Bettelmönch. Die Stadt um 1300, Ausstellungskatalog Schweizerisches Landesmuseum, hg. vom Landesdenkmalamt Baden-Württemberg und der Stadt Zürich, Zürich 1992, S. 392–395.

Oexle, Memoria Oexle, Otto Gerhard, Memoria und Memorialbild, in: Memoria. Der geschichtliche Zeugniswert des liturgischen Gedenkens im Mittelalter, hg. von Karl Schmid/Joachim Wollasch (Münstersche Mittelalterschriften 48), München 1984, S. 384–440.

Oexle, Würfel Oexle, Judith, Würfel- und Paternoster-Hersteller im Mittelalter, in: Der Keltenfürst von Hochdorf, hg. vom Landesdenkmalamt Baden-Württemberg, Stuttgart 1985, S. 455–463.

Orth, Landgraf Orth, E., Landgraf, in: Handbuch für Rechtsgeschichte 2, 1978, Sp. 1501–1505.

Ortsnamenbuch Ortsnamenbuch des Kantons Bern (alter Kantonsteil), begründet von Paul Zinsli, Bd. 1: Dokumentation und Deutung. 1. Teil: A–F, hg. von Paul Zinsli in Zusammenarbeit mit Rudolf Ramseyer/Peter Glatthard, Bern 1976; 2. Teil: G–K/Ch, hg. von Paul Zinsli/Peter Glatthard in Zusammenarbeit mit Rudolf J. Ramseyer/Niklaus Bigler/Erich Blatter, Bern 1987.

Oswald/Schaefer/Sennhauser, Vorromanische Kirchenbauten Oswald, Friedrich/Leo Schaefer/Hans Rudolf Sennhauser, Vorromanische Kirchenbauten. Katalog der Denkmäler bis zum Ausgang der Ottonen, 3 Bde., München 1966, 1968 und 1971.

Otto von Freising, Gesta Frederici Bischof Otto von Freising und Rahewin. Die Taten Friedrichs, hg. von Franz-Josef Schmale (Ausgewählte Quellen zur deutschen Geschichte des Mittelalters 17, Freiherr vom Stein – Gedächtnisausgabe), 2. Aufl. Darmstadt 1974.

Palmer, Ars moriendi Palmer, Nigel F., *Ars moriendi* und Totentanz: Zur Verbildlichung des Todes im Spätmittelalter, in: Tod im Mittelalter, hg. von Arno Borst/Gerhart von Graevenitz/Alexander Patschovsky/Karlheinz Stierle, Konstanz 1993, S. 313–334.

Parlow, Zähringer Parlow, Ulrich, Die Zähringer. Kommentierte Quellendokumentation zu einem südwestdeutschen Herzogsgeschlecht des hohen Mittelalters (Veröffentlichungen der Kommission für geschichtliche Landeskunde in Baden-Württemberg, Reihe A Quellen 50), Stuttgart 1999.

Parpoil, chasse Parpoil, Catherine, La chasse au vol en France à l'époque médiévale et sous l'ancien régime, in: La chasse au vol au fil des temps, hg. von Catherine Parpoil/Thierry Vincent, Gien 1994, S. 114–134.

Pasztor/Martin/Berg, Lex MA IV Pasztor, E./H. Martin,/Dieter Berg, Franziskaner, in: Lex MA IV, München/Zürich 1989, Sp. 800–824.

Patze, Stadtgründung Patze, Hans, Stadtgründung und Stadtrecht, in: Recht und Schrift im Mittelalter, hg. von Peter Classen (Vorträge und Forschungen 23), Sigmaringen 1977, S. 163–196.

Patze, Territorialstaat Der deutsche Territorialstaat im 14. Jahrhundert, hg. von Hans Patze (Vorträge und Forschungen 13/14), 2. Aufl. Sigmaringen 1983.

Person-Weber, *Liber Decimationis* Person-Weber, Gerlinde, Der *Liber Decimationis* des Bistums Konstanz. Studien, Edition und Kommentar (Forschungen zur oberrheinischen Landesgeschichte 44), Freiburg 2001.

Petitmermet, Johanniterhause Petitmermet, Roland, Aus dem ehemaligen Johanniterhause Buchse, in: Jb. des Amtes Fraubrunnen 2, 1948/49, S. 85–89.

Petitmermet, Konventsaal Petitmermet, Roland, Der Konventsaal und seine Wandmalereien (Beiträge zur Geschichte von Münchenbuchsee 25), Münchenbuchsee 1982.

Petitmermet, Stiftung Petitmermet, Roland, Die Stiftung des Hauses Buchse 1180 (Beiträge zur Geschichte von Münchenbuchsee 1), Münchenbuchsee 1972.

Peyer, Anfänge Peyer, Hans Conrad, Die Anfänge der schweizerischen Aristokratien, in: Hans Conrad Peyer, Könige, Stadt und Kapital. Aufsätze zur Wirtschafts- und Sozialgeschichte des Mittelalters, hg. von Ludwig Schmugge/Roger Sablonier/Konrad Wanner, Zürich 1982, S. 195–218.

Peyer, Archiv Peyer, Hans Conrad, Das Archiv der Feste Baden. Dorsualregesten und Archivordnung im Mittelalter, in: Festgabe Hans von Greyerz zum 60. Geburtstag, hg. von Ernst Walder u. a., Bern 1967, S. 685–698.

Peyer, Eidgenossenschaft Peyer, Hans Conrad, Frühes und hohes Mittelalter. Die Entstehung der Eidgenossenschaft, in: Handbuch der Schweizer Geschichte 1, Zürich 1972 (2. Aufl. Zürich 1980), S. 161–238.

Peyer, Märkte Peyer, Hans Conrad, Die Märkte der Schweiz in Mittelalter und Neuzeit, in: Hans Conrad Peyer: Könige, Stadt und Kapital. Aufsätze zur Wirtschafts- und Sozialgeschichte des Mittelalters, hg. von Ludwig Schmugge/Roger Sablonier/Konrad Wanner, Zürich 1982, S. 243–261.

Peyer, Schweizer Städte Peyer, Hans Conrad, Schweizer Städte des Spätmittelalters im Vergleich mit den Städten der Nachbarländer, in: Hans Conrad Peyer, Könige, Stadt und Kapital. Aufsätze zur Wirtschafts- und Sozialgeschichte des Mittelalters, hg. von Ludwig Schmugge/Roger Sablonier/Konrad Wanner, Zürich 1982, S. 262–270.

Peyer, Wollgewerbe Peyer, Hans Conrad, Wollgewerbe, Viehzucht und Bevölkerungsentwicklung in Stadt und Landschaft Freiburg i. Ü. vom 14. bis zum 16. Jahrhundert, in: Hans Conrad Peyer, Könige, Stadt und Kapital. Aufsätze zur Wirtschafts- und Sozialgeschichte des Mittelalters, hg. von Ludwig Schmugge/Roger Sablonier/Konrad Wanner, Zürich 1982, S. 163–182; zuvor veröffentlicht in: Agrarisches Nebengewerbe und Formen der Reagrarisierung im Spätmittelalter, hg. von H. Kellenbenz, Stuttgart 1975, S. 79–95 u. in: Freiburger Geschichtsblätter 61, 1977, S. 17–41.

Pfaff, Freiburg im Üechtland Pfaff, Carl, Freiburg im Üechtland – Zur Verfassungs- und Sozialtopographie einer Zähringerstadt, in: Die Zähringer III. Schweizer Vorträge und neue Forschungen, hg. von Karl Schmid, Sigmaringen 1990, S. 25–36.

Pfister, Kirchengeschichte Pfister, Rudolf, Kirchengeschichte der Schweiz, Bd. 1, Zürich 1964, S. 350–351.

Pfrommer/Gutscher, Laufen Pfrommer, Jochem/Daniel Gutscher, Laufen Rathausplatz. Eine hölzerne Häuserzeile in einer mittelalterlichen Kleinstadt: Hausbau, Sachkultur und Alltag (SADB), Bern 1999.

Philipp, Pfarrkirchen Philipp, Klaus Jan, Pfarrkirchen. Funktion, Motivation, Architektur. Eine Studie am Beispiel der Pfarrkirchen der schwäbischen Reichsstädte im Spätmittelalter (Studien zu Kunst- und Kulturgeschichte 4), Marburg 1987.

Pierre II Pierre II de Savoie, ‹Le Petit Charlemagne›, hg. von Bernard Andermatten/Agostino Paravicini Bagliani/Eva Pibiri (Cahiers Lausannois d'Histoire Médiévale 27), Lausanne 2000.

Piper, O. Burgenkunde Piper, Otto, Burgenkunde, München 1912, verbesserter Nachdruck Frankfurt 1967.

Plaar, Studien Plaar, Klaus, «Gereinigt ist die Stadt, geläutert durch die Flamme»? Studien zur Geschichte der Juden in Zofingen, Zofingen 1993.

Planta, Adel von Planta, Peter Condradin, Adel, Deutscher Orden und Königtum im Elsass des 13. Jahrhunderts (Freiburger Beiträge zur mittelalterlichen Geschichte 8), Frankfurt a. M. 1997.

Plotzek-Wederhake, Buchmalerei Plotzek-Wederhake, Gisela, Buchmalerei in Zisterzienserklöstern, in: Die Zisterzienser. Ordensleben zwischen Ideal und Wirklichkeit, Ausstellungskatalog Aachen, Krönungssaal des Rathauses (Schriften des Rheinischen Museumsamtes 10), Köln 1980, S. 357–378.

Plüss, Grünenberg Plüss, August, Die Freiherren von Grünenberg in Kleinburgund, in: AHVB 16, 1902, S. 43–292.

Portmann, Bürgerschaft Portmann Urs, Bürgerschaft im mittelalterlichen Freiburg, Freiburg 1986.

Pressmann, Chorfenster Pressmann, Klaus, Die Chorfenster der Johanniterkirche in Münchenbuchsee, Münchenbuchsee 1980.

Proetel, Werk Proetel, Katrin, Großes Werk eines ‹kleinen Königs›. Das Vermächtnis Friedrichs des Schönen zwischen Disposition und Durchführung, in: Stiftungen und Stiftungswirklichkeiten. Vom Mittelalter bis zur Gegenwart, hg. von Michael Borgolte (Stiftungsgeschichten 1), Berlin 2000, S. 59–95.

Quarthal, Königslandschaft Quarthal, Franz, Königslandschaft, Herzogtum oder fürstlicher Territorialstaat: Zu den Zielen und Ergebnissen der Territorialpolitik Rudolfs von Habsburg im schwäbisch-nordschweizerischen Raum, in: Rudolf von Habsburg 1273–1291. Eine Königsherrschaft zwischen Tradition und Wandel, hg. von Egon Boshof/Franz-Reiner Erkens (Passauer historische Forschungen 7), Köln/Weimar/Wien 1993, S. 125–138.

Quarthal, Residenz Quarthal, Franz, Residenz, Verwaltung und Territorialbildung in den westlichen Herrschaftsgebieten der Habsburger während des Spätmittelalters, in: Die Eidgenossen und ihre Nachbarn im Deutschen Reich des Mittelalters, hg. von Peter Rück, Marburg 1991, S. 61–85.

Quarthal, Vorderösterreich Quarthal, Franz, Vorderösterreich, in: Handbuch der Baden-Württembergischen Geschichte, Bd. 1: Allgemeine Geschichte, Teil 2: Vom Spätmittelalter bis zum Ende des Alten Reiches, hg. von Meinrad Schaab u. a. Stuttgart 2000, S. 587–780.

Quenedey, Donjon Quenedey, R., Le Donjon de Thoune et les donjons normands du XIIe siècle, in: Bulletin archéologique 1934/35, Paris 1938, S. 601–XXX.

Necrologium Münchenwiler Das Necrologium des Cluniazenser-Priorates Münchenwiler, hg. von Gustav Schnürer (*Collectanea Friburgensia* N.F. 10), Freiburg i. Ü. 1909.

de Raemy/Wyss, Bellelay de Raemy, Daniel/Wyss, Alfred, L'ancienne abbaye de Bellelay. Histoire de son architecture (Edition Intervalles), o. O. 1992.

Rabe, Rat Rabe, Horst, Der Rat der niederschwäbischen Reichsstädte. Rechtsgeschichtliche Untersuchungen über die Ratsverfassung der Reichsstädte Niederschwabens bis zum Ausgang der Zunftbewegungen im Rahmen der oberdeutschen Reichs- und Bischofsstädte (Forschungen zur deutschen Rechtsgeschichte 4), Köln-Graz 1966.

Rahn, Geschichte Rahn, Johann Rudolf, Geschichte der bildenden Künste in der Schweiz von den ältesten Zeiten bis zum Schlusse des Mittelalters, Zürich 1876.

Raiser, Städtische Territorialpolitik Raiser, Elisabeth, Städtische Territorialpolitik im Mittelalter. Eine vergleichende Untersuchung ihrer verschiedenen Formen am Beispiel Lübecks und Zürichs (Historische Studien 406), Lübeck/Hamburg 1969.

Rathgen, Geschütz Rathgen, Bernhard, Das Geschütz im Mittelalter. Quellenkritische Untersuchungen, Berlin 1928.

Reber, Gestaltung Reber, O., Die Gestaltung des Kultes weiblicher Heiliger, Hersbruck 1963.

Rehazek, Archäozoologie Rehazek, André, Archäozoologische Untersuchungen mittelalterlicher und frühneuzeitlicher Fundstellen aus dem Kanton Bern (Arbeitstitel). Dissertation Universität Basel, in Arbeit.

Reichert, Kawertschen Reichert, Winfried, Kawertschen, in: Von Aktie bis Zoll. Ein historisches Lexikon des Geldes, hg. von Michael North, München 1995, S. 189f.

Reichert, Lombarden Reichert, Winfried, Lombarden, in: Von Aktie bis Zoll. Ein historisches Lexikon des Geldes, hg. von Michael North, München 1995, S. 225–227.

Reicke, Untersuchung Reicke, Daniel, *Von starken und grossen Flüejen*. Eine Untersuchung zu Megalith- und Buckelquader-Mauerwerk an Burgtürmen im Gebiet zwischen Alpen und Rhein, (Schweizer Beiträge zur Kulturgeschichte und Archäologie des Mittelalters 22), Basel 1995.

Reiners, Münster Konstanz Reiners, Heribert, Das Münster Unserer Lieben Frau zu Konstanz (Die Kunstdenkmäler Südbadens 1), Lindau/Konstanz 1955.

Reinle, Ausstattung Adolf Reinle, Die Ausstattung deutscher Kirchen im Mittelalter. Eine Einführung, Darmstadt 1988.

Reinle, Kunst der Innerschweiz Reinle, Adolf, Die Kunst der Innerschweiz von 1200 bis 1450. Ein Überblick, in: Innerschweiz und frühe Eidgenossenschaft. Verfassung, Kirche, Kunst, Bd. 1, Olten 1990, S. 283–371.

Rennefahrt, Berner Bund Rennefahrt, Hermann, Die rechtliche Bedeutung des Bundes Berns mit den Waldstätten, (AHVB 42), Bern 1953.

Rennefahrt, Freiheit Rennefahrt, Hermann, Die Freiheit der Landleute im Berner Oberland, Bern 1939.

Rennefahrt, Gründzüge Rennefahrt, Hermann, Grundzüge der bernischen Rechtsgeschichte, Bern 1928–1936.

Rennefahrt/Hintzsche, Inselspital Rennefahrt, Hermann/Erich Hintzsche, 1354–1954. Sechshundert Jahre Inselspital, Bern 1954.

Resmini, Arelat Resmini, Bertram, Das Arelat im Kräftefeld der französischen, englischen und angovinischen Politik nach 1250 und das Einwirken Rudolfs von Habsburg, Köln/Wien 1980.

RHV, 1987–1989, 1991, 1994–1997 Chronique des fouilles archéologiques, in: Revue historique vaudoise, 1987–1989, 1991, 1994–1997.

Rigaudière, Konsulat Rigaudière, Albert, Konsulat, in: Lex MA V, Stuttgart-Weimar 1999, Sp. 1409–1413.

Riha, Ärzte Riha, Ortrun, Die Ärzte und die Pest, in: Seuchen in der Geschichte: 1348–1998. 650 Jahre nach dem Schwarzen Tod. Referate einer interdisziplinären Ringvorlesung im Sommersemester 1998 an der Universität Leipzig, hg. von Ortrun Riha, Aachen 1999, S. 7–26.

Ripart, Genèse Ripart, Laurent, *Non est consuetum in comitatu Sabaudie quod filia succedit patri in comitatu et possessione comitatus.* Genèse de la coutume savoyarde de l'exclusion des filles, in: Pierre II de Savoie, S. 295–331.

Geistliche Ritterorden Die geistlichen Ritterorden Europas, hg. von Josef Fleckenstein/Manfred Hellmann (Vorträge und Forschungen 26), Sigmaringen 1980.

Ritterorden Die Ritterorden zwischen geistlicher und weltlicher Macht im Mittelalter, hg. von Zenon H. Nowak (*Ordines militares V*), Torun 1990.

Röber, Mittelalter Röber, Ralph, Das Mittelalter: Hauswerk, Handwerk, Hohe Kunst, in: «Knochenarbeit». Artefakte aus tierischen Rohstoffen im Wandel der Zeit, hg. von Mostefa Kokabi/Björn Schlenker/Joachim Wahl (Archäologische Informationen aus Baden-Württemberg 27), Stuttgart 1994, S. 110–120.

Rödel, Grosspriorat Rödel, Walter Gerd, Das Grosspriorat Deutschland des Johanniter-Ordens im Übergang vom Mittelalter zur Reformation an Hand der Generalvisitationsberichte von 1494/95 und 1540/41, Köln 1966.

von Rodt, Bern von Rodt, Eduard, Bern im 13. und 14. Jahrhundert, nebst einem Rückblick auf die Vorgeschichte der Stadt, Bern 1907.

von Rodt, Bernische Kirchen von Rodt, Eduard, Bernische Kirchen. Ein Beitrag zur ihrer Geschichte, Bern 1912.

von Rodt, Burgen von Rodt, Eduard, Bernische Burgen, Bern 1909.

von Rodt, Jagdwesen von Rodt, Eduard, Alt-Bernisches Jagdwesen, in: Neues Berner Taschenbuch auf das Jahr 1901, Bern 1900, S. 18–59.

von Rodt, Stadtgeschichte von Rodt, Eduard, Bernische Stadtgeschichte, Bern 1886.

Rohrdorf, Schweizer-Jäger Rohrdorf, Hans Caspar, Der Schweizer-Jäger, Glarus 1835.

Rösener, Grundherrschaften Rösener, Werner, Grundherrschaften des Hochadels in Südwestdeutschland im Spätmittelalter, in: Die Grundherrschaft im späten Mittelalter, hg. von Hans Patze (Vorträge und Forschungen 27), Sigmaringen 1983, S. 87–176.

Rössler, Deutsches Patriziat Deutsches Patriziat 1430–1740, hg. von Helmut Rössler, Limburg/Lahn 1968.

Roth, Aarberg Roth, Eva, Funde berichten vom Leben in der mittelalterlichen Stadt, in: Aarberg. Porträt einer Kleinstadt, hg. von der Einwohnergemeinde Aarberg, Aarberg 1999, S. 102–114.

Roth, Bodenplatten Roth, Eva, Spätromanische Bodenplatten aus der Burgruine Strassberg, Büren a.d.A., in: AKBE 5B (im Druck).

Roth, Kachelöfen Roth Heege, Eva, Bernische Kachelöfen im späten Mittelalter, in: *Keramos.* Zeitschrift der Gesellschaft der Keramikfreunde e.V. Düsseldorf, Heft 171, 2001, S. 73–100.

Roth, Nidau Roth, Eva, Nidau, Schloss, in: AKBE 5B (im Druck).

Roth, Ofen Roth Kaufmann, Eva, Ofen und Wohnkultur, in: Material Culture in Medieval Europe. Papers of the «Medieval Europe Brugge 1997» Conference, Bd. 7, hg. von Guy de Boe/Frans Verhaeghe, Zellik 1997, S. 471–483.

Roth, Saugern Roth, Carl, Die Grafen von Saugern, in: Basler Zeitschrift für Geschichte 9, 1910, S. 44–65.

Roth, Wohnbauten Roth, Eva, *Wie man nach der brunst buwen sol.* Städtische Wohnbauten im spätmittelalterlichen Bern, in: BGZ, S. 161–173.

Roth/Buschor/Gutscher, Ofenkeramik Roth Kaufmann, Eva/René Buschor/Daniel Gutscher, Spätmittelalterliche reliefierte Ofenkeramik in Bern. Herstellung und Motive (SADB), Bern 1994.

Roth/Gutscher, Burgdorf Kronenhalde Roth, Eva/Daniel Gutscher, Burgdorf, Kindergarten Kronenhalde. Funde aus dem Stadtgraben 1991, in: AKBE 4B, S. 251–270.

Roth/Gutscher, Thun Hauptgasse Roth, Eva/Daniel Gutscher, Thun, Obere Hauptgasse 6/8. Die Funde der Rettungsgrabungen von 1989, in: AKBE 4 B, S. 343–378.

Rubli, Holländerturm Rubli, Markus F., Holländerturm Bern. Die Entstehung der Stadt Bern in Bildern, Bern 1997.

Rück, Eidgenossen Die Eidgenossen und ihre Nachbarn im Deutschen Reich des Mittelalters, hg. von Peter Rück, Marburg 1991.

Rupf, Tennenbach Rupf, Philipp, Das Zisterzienserkloster Tennenbach im mittelalterlichen Breisgau. Besitzgeschichte und Außenbeziehungen (Forschungen zur oberrheinischen Landesgeschichte), im Druck.

Ruppen, Leuk Ruppen, Walter, Der Skulpturenfund von Leuk (1982), in: ZAK 40 Heft 4, 1983, S. 241–268.

Ruppen, Naters Ruppen, Walter, Der Fund im Beinhaus von Naters (1985), in: ZAK 43 Heft 2, 1986, S. 181–186.

Ruser, Oberdeutsche Städtebünde Ruser, Konrad, Die Urkunden und Akten der oberdeutschen Städtebünde vom 13. Jahrhundert bis 1549, Göttingen 1979/88.

Rutishauser, Amsoldingen Rutishauser, Samuel, Amsoldingen. Ehemalige Stiftskirche. Ein Bautypus im frühen Mittelalter (SADB), 2 Bde., Bern 1982.

Ryser, Christophorus Ryser, Hans-Peter, Der heilige Christophorus im Berner Oberland, Spiez 1991.

Ryser, Kirche Därstetten Ryser, Hans-Peter, Kirche Därstetten (Schweizerische Kunstführer GSK), Bern 1997.

Ryser, Truberhaus Ryser, Hans-Peter, Das Truberhaus in Burgdorf. Eine monumentenarchäologische Untersuchung, in: Burgdorfer Jb., Heft 57, 1990, S. 9–73.

Sablonier, Adel Sablonier, Roger, Adel im Wandel. Eine Untersuchung zur sozialen Situation des ostschweizerischen Adels um 1300 (Veröffentlichungen des Max-Planck-Instituts für Geschichte 66), Göttingen 1979 (2. Aufl. Zürich 2000).

Sablonier, Kiburgische Herrschaftsbildung Sablonier, Roger, Kiburgische Herrschaftsbildung im 13. Jahrhundert, in: Die Grafen von Kiburg. Kiburger-Tagung 1980 in Winterthur (Schweizer Beiträge zur Kulturgeschichte und Archäologie des Mittelalters 8), Olten und Freiburg 1981, S. 39–52.

Sablonier, Innerschweizer Gesellschaft Sablonier, Roger, Innerschweizer Gesellschaft im 14. Jahrhundert, in: Innerschweiz und frühe Eidgenossenschaft. Gesellschaft, Alltag, Geschichtsbild, Bd. 2, Olten 1990, S. 11–233.

Sablonier, Schriftlichkeit Sablonier, Roger, Schriftlichkeit, Adelsbesitz und adliges Handeln im 13. Jahrhundert, in: *Nobilitas.* Funktion und Repräsentation des Adels in Alteuropa, hg. von

Otto G. Oexle/Werner Paravicini (Veröffentlichungen des Max-Planck-Instituts für Geschichte 133), Göttingen 1997, S. 67–100.

Sammlung Bernischer Biographien I–V Sammlung Bernischer Biographien, 5 Bde., Bern 1884–1906.

Sauer, Fundatio Sauer, Christine, *Fundatio et memoria*, Stifter und Klostergründer im Bild, 1100–1350, (Veröffentlichungen des Max-Planck-Instituts für Geschichte 109), Göttingen 1993.

von Scarpatetti, Katalog 2 von Scarpatetti, Beat Matthias, Katalog der datierten Handschriften in der Schweiz in lateinischer Schrift von Anfang des Mittelalters bis 1550, Bd. 2, Zürich 1983.

Schadek, Vorstädtische Siedlung Schadek, Hans, Vorstädtische Siedlung und «Gründungsstädte» der Zähringer – der Beitrag der Archäologie zur Entstehungsgeschichte von Markt und Stadt, in: Archäologie und Geschichte des ersten Jahrtausends in Südwestdeutschland, hg. von Hans Ulrich Nuber/Karl Schmid u. a., Sigmaringen 1990, S. 417–455.

Schadek/Untermann, Gründung Schadek, Hans/Matthias Untermann, Gründung und Ausbau. Freiburg unter den Herzögen von Zähringen, in: Geschichte der Stadt Freiburg im Breisgau, Bd. 1: Von den Anfängen bis zum «Neuen Stadtrecht» von 1520, hg. von Heiko Haumann/Hans Schadek, Stuttgart 1996, S. 57–132.

Schäfer, Marbach Schäfer, Hartmut, Marbach am Neckar, in: Stadtluft, Hirsebrei und Bettelmönch. Die Stadt um 1300, Ausstellungskatalog hg. vom Landesdenkmalamt Baden-Württemberg/Stadt Zürich, Zürich 1992, S. 134–143.

Schäfer, Stadtgründung Schäfer, Hartmut, Stadtgründung und Stadtburg im hohen Mittelalter. Archäologische Untersuchungen und Fragestellungen in Marbach/Neckar, in: Stadtarchäologie in Deutschland und den Nachbarländern (Lübecker Schriften zur Archäologie und Kulturgeschichte 14), Bonn 1988, S. 29–36.

Schaffry, Spannungsfeld Schaffry, Andreas, Im Spannungsfeld zwischen Literaturkritik und philologischer Methode. Aspekte der Rezeption von Ulrich Boners ‹Edelstein› von Lessing bis Benecke, in: Jb. der Oswald von Wolkenstein Gesellschaft 7, 1992/93, S. 405–433.

Scharer, Schweiz Scharer, Anton, Die werdende Schweiz aus österreichischer Sicht bis zum ausgehenden 14. Jahrhundert, in: Mitteilungen des Instituts für österreichische Geschichtsforschung 95, 1987, S. 235–270.

Schaufelberger, Spätmittelalter Schaufelberger, Walter, Spätmittelalter, in: Handbuch der Schweizer Geschichte 1, Zürich 1972, S. 240–388.

Scheidegger, Berner Glasmalerei Scheidegger, Alfred, Die Berner Glasmalerei (Berner Schriften zur Kunst 4), Bern 1947.

Schenkluhn, Architektur Schenkluhn, Wolfgang, Architektur der Bettelorden. Die Baukunst der Dominikaner und Franziskaner in Europa, Darmstadt 2000.

Schib, Rheinfelden Schib, Karl, Geschichte der Stadt Rheinfelden, Rheinfelden 1961.

Schibler/Hüster-Plogmann, Wildtierfauna Schibler, Jörg/Heidemarie Hüster-Plogmann, Die neolithische Wildtierfauna und ihr Aussagegehalt betreffend Umwelt und Umweltveränderungen, in: Die Schweiz vom Paläolithikum bis zum frühen Mittelalter, Bd. 11, Neolithikum, hg. Werner E. Stöckli/Urs Niffeler/Eduard Gross-Klee, Basel 1995, S. 76–83.

Schiendorfer, Minnesänger Die Schweizer Minnesänger. Nach der Ausgabe von Karl Bartsch neu bearbeitet und hg. von Max Schiendorfer, Bd. 1: Texte, Tübingen 1990.

Schilling, Berner Chronik Schilling, Diebold, (Amtliche) Berner Chronik, hg. von Hans Bloesch und Paul Hilber, 4 Bde., Bern 1943–1945.

Schilling, Spiezer Chronik Schilling, Diebold, Spiezer Bilderchronik. Studienausgabe zur Faksimile-Edition der Handschrift MsS. hist. helv. I.16 der Burgerbibliothek Bern, hg. von Hans A. Haeberli/Christoph von Steiger, Luzern 1990.

Schlager, Ars cantandi Schlager, Karlheinz, *Ars cantandi – Ars componendi.* Texte und Kommentare zum Vortrag und zur Fügung des mittelalterlichen Chorals, in: Die Lehre vom einstimmigen liturgischen Gesang (Geschichte der Musiktheorie 4), Darmstadt 2000, S. 217–292.

Schläppi, Unterseen Schläppi, Ernst, Geschichte Unterseens von den Anfängen bis zur Reformation, Interlaken 1979.

Schläppi/Stähli-Lüthi, Aeschi Schläppi, Christoph/Verena Stähli-Lüthi, Kirche und Pfarrhaus von Aeschi BE (Schweizerische Kunstführer Serie 44, Nr. 437), Bern 1988.

Schlunk, Kawer(t)schen Schlunk, A., Kawer(t)schen, in: Lex MA V, Sp. 1090 f.

Schlunk, Lombarden Schlunk, A., Lombarden, in: Lex MA V, Sp. 2098 f.

Schmedding, Romanische Madonnen Schmedding, Brigitta, Romanische Madonnen der Schweiz. Holzskulpturen des 12. und 13. Jahrhunderts (*Scrinium friburgense 4*), Freiburg 1974.

Schmid, Aspekte Schmid, Karl, Aspekte der Zähringerforschung, in: Zeitschrift für die Geschichte des Oberrheins 131, 1983, S. 225–252.

Schmid, Bern – Reichsstadt Schmid, Bernhard, War Bern in staufischer Zeit Reichsstadt?, in: SZG 20, 1940, S. 160–194.

Schmid, Reden Schmid, Regula, Reden, rufen, Zeichen setzen. Politisches Handeln während des Berner Twingherrenstreits 1469–1471, Zürich 1995.

Schmid, Sasbach und Limburg Schmid, Karl, Sasbach und Limburg. Zur Identifizierung zweier mittelalterlicher Plätze, in: Zeitschrift für die Geschichte des Oberrheins 137, 1989, S. 63–33.

Schmid, Staufer und Zähringer Schmid, Karl, Staufer und Zähringer. Über die Verwandtschaft und Rivalität zweier Geschlechter, in: Die Staufer in Schwaben und Europa (Schriften zur staufischen Geschichte und Kunst 5), Göppingen 1980, S. 64–80.

Schmid, Zähringergeschichte Schmid, Karl, Zähringergeschichte und Zähringertradition als Themen der Zähringerforschung, in: Zähringer I, S. 211–228.

Schmid, Zürich Schmid, Karl, Zürich und der staufisch-zähringische Ausgleich 1098, in: Zähringer III, S. 49–79.

Schmidt, Chorschrankenmalereien Gerhard Schmidt, Die Chorschrankenmalereien des Kölner Domes und die europäische Malerei, in: Kölner Domblatt 54, 1979/1980, S. 293–340.

Schmidt, Datierung Gerhard Schmidt, Zur Datierung der Chorfenster von Königsfelden, in: Österreichische Zeitschrift für Kunst und Denkmalpflege 40, 1986, S. 161–171.

Schmidt, Städtechroniken Schmidt, Heinrich, Die deutschen Städtechroniken als Spiegel des bürgerlichen Selbstverständnisses im Spätmittelalter, Göttingen 1958.

Schmitt, Mémorial Schmitt, P. M., Notices sur les couvents du diocèse de Lausanne, in: Mémorial de Fribourg 2, Freiburg i. Ü. 1855.

Schmucki, Büren Schmucki, Johann, Die Stadtkirche von Büren an der Aare (Schweizerische Kunstführer Nr. 91), Bern 1969.

Schmutz/Koenig, Fundmünzen Schmutz, Daniel/Franz E. Koenig, Gespendet – verloren – wiedergefunden. Die Fundmünzen aus der reformierten Kirche Steffisburg als Quelle zum spätmittelalterlichen Geldumlauf, in: Steffisburg, Reformierte Pfarrkirche. Die Ergebnisse der archäologischen Forschungen von 1980 und 1982 (SADB), Bd. 2, Bern (im Druck).

Schmutz/Lory, Geld Schmutz, Daniel/Martin Lory, Geld – Preise – Löhne. Ein Streifzug durch die Berner Wirtschaftsgeschichte (Glanzlichter aus dem BHM 5), Bern 2001.

Schneider, Benfeld Schneider, Reinhard, Der Tag von Benfeld im Januar 1349: Sie kamen zusammen und kamen überein, die Juden zu vernichten, in: Spannungen und Widersprüche. Gedenkschrift für František Graus, hg. von Susanna Burghartz/Hans-Jörg Gilomen/Guy P. Marchal/Rainer C. Schwinges/Katharina Simon-Muscheid, Sigmaringen 1992, S. 255–271.

Schneider, Waffen Schneider, Hugo, Waffen im Schweizerischen Landesmuseum. Griffwaffen, Bd. 1, Zürich 1980.

Schneider, Zürich Schneider, Jürg E., Zürich, in: Stadtluft, Hirsebrei und Bettelmönch, Die Stadt um 1300, Ausstellungskatalog, hg. vom Landesdenkmalamt Baden-Württemberg und der Stadt Zürich, Zürich 1992, S. 68–91.

Schneider/Meyer, Pfostenbau Schneider, Hugo/Werner Meyer, Pfostenbau und Grubenhaus. Zwei frühe Burgplätze in der Schweiz (Schweizer Beiträge zur Kulturgeschichte und Archäologie des Mittelalters 17), Basel 1991.

Schneider-Lastin, Fortsetzung Schneider-Lastin, Wolfram, Die Fortsetzung des Ötenbacher Schwesternbuchs und andere vermisste Texte in Breslau, in: Zeitschrift für deutsches Altertum und deutsche Literatur 124, 1995, S. 201–210.

Schneider-Lastin, Handexemplar Schneider-Lastin, Wolfram, Das Handexemplar einer mittelalterlichen Autorin. Zur Edition der Offenbarungen Elsbeths von Oye, in: *Editio* 8, 1994, S. 53–70.

Schneidmüller, Braunschweig Schneidmüller, Bernd, Braunschweig als welfischer Herrschaftssitz im Hochmittelalter, in: Burg Dankwarderode. Ein Denkmal Heinrichs des Löwen, hg. von Peter Königfeld/Reinhard Roseneck, Bremen 1995, S. 15–21.

Schnyder, Baukeramik Schnyder, Rudolf, Die Baukeramik und der mittelalterliche Backsteinbau des Zisterzienserklosters St. Urban (Berner Schriften zur Kunst 8), Bern 1958.

Schnyder, Soziale Schichtung Schnyder, Werner, Soziale Schichtung und Grundlagen der Vermögensbildung in den spätmittelalterlichen Städten der Eidgenossenschaft, in: Festschrift Karl Schib, Schaffhausen 1968, S. 230–245.

Schoch/Ulrich Bochsler, Anthropologische Sammlung Schoch, Willi/Susi Ulrich-Bochsler, Die Anthropologische Sammlung des Naturhistorischen Museums Bern. Katalog der Neueingänge 1956–1985, in: Jb. Naturhistorisches Museum Bern 9, 1987, S. 267–350.

Scholkmann, Archäologie Scholkmann, Barbara, Archäologie des Mittelalters und der Neuzeit heute: Eine Standortbestimmung im interdisziplinären Kontext, in: Zeitschrift für Archäologie des Mittelalters, 1998, S. 7–18.

Schöller, Organisation Schöller, Wolfgang, Die rechtliche Organisation des Kirchenbaus im Mittelalter, vornehmlich des Kathedralbaus. Baulast – Bauherrenschaft – Baufinanzierung, Köln/Wien 1989.

Schönherr, Handschriften Schönherr, Alfons, Die mittelalterlichen Handschriften der Zentralbibliothek Solothurn, Solothurn 1964.

Schöpfer, Bildhauerei Schöpfer, Hermann, Bildhauerei des Mittelalters und der Renaissance, in: Geschichte des Kantons Freiburg, Bd. 1, Freiburg 1981, S. 421–459.

Schreiner, Staufer Schreiner, Klaus, Die Staufer als Herzöge von Schwaben, in: Die Zeit der Staufer III, Stuttgart 1977, S. 7–19.

Schreiner, Tod Marias Schreiner, Klaus, Der Tod Marias als Inbegriff christlichen Sterbens. Sterbekunst im Spiegel mittelalterlicher Legendenbildung, in: Tod im Mittelalter, hg. von Arno Borst/Gerhart von Graevenitz/Alexander Patschkovsky/Karlheinz Stierle, Konstanz 1993, S. 261–312.

Schubert, Grabmäler Schubert, Ernst, Drei Grabmäler des Thüringer Landgrafenhauses aus dem Kloster Reinhardsbrunn, in: Skulptur des Mittelalters. Funktion und Gestalt, hg. von Friedrich Möbius/Ernst Schubert, Weimar 1987, S. 211– 242.

Schubert, König und Reich Schubert, Ernst, König und Reich. Studien zur spätmittelalterlichen deutschen Verfassungsgeschichte, Göttingen 1979.

Schubert, Landesherrschaft Schubert, Ernst, Landesherrschaft und -hoheit, in: Lex MA V, Sp.1653–1656.

Schubert, Memorialdenkmäler Schubert, Ernst, Memorialdenkmäler für Fundatoren in drei Naumburger Kirchen des Hochmittelalters, in: Frühmittelalterliche Studien (Jb. des Instituts für Frühmittelalterforschung der Universität Münster 25), 1991, S. 188–225.

Schubert, Städte Schubert, Ernst, Städte im Aufbruch und Wandel, in: Stadtluft, Hirsebrei und Bettelmönch, Die Stadt um 1300, Ausstellungskatalog, hg. vom Landesdenkmalamt Baden-Württemberg und der Stadt Zürich, Zürich 1992, S. 381–392.

Schuck, Horn Schuck, Marianne, Horn-, Geweih- und Knochenverarbeitung, in: Stadtluft, Hirsebrei und Bettelmönch, Die Stadt um 1300, Ausstellungskatalog, hg. vom Landesdenkmalamt Baden-Württemberg und der Stadt Zürich, Zürich 1992, S. 416–417.

Schuler, Notare Schuler, Peter-Johannes, Notare Südwestdeutschlands. Ein prosopographisches Verzeichnis für die Zeit von 1300 bis ca. 1520 (Veröffentlichungen der Kommission für geschichtliche Landeskunde in Baden-Württemberg, Reihe B, Bd. 90 [Textband] und Bd. 99 [Registerband]), Stuttgart 1987.

Schulte, Geschichte Schulte, Aloys, Geschichte des mittelalterlichen Handels und Verkehrs zwischen Westdeutschland und Italien mit Ausschluss von Venedig, Bd. 1, Leipzig 1900.

Schulthess, Siegel Schulthess, Emil, Die Siegel der Stadt Bern und der Landschaft des Kantons, in: Mitteilungen der Antiquarischen Gesellschaft in Zürich IX/1,2, 3–5, 1853.

Schulz, Ministerialität Schulz, Knut, Ministerialität, Ministeriale, in: Lex MA VI, Sp. 636–639.

Schulz, Politische Zunft Schulz, Knut, Die politische Zunft eine die spätmittelalterliche Stadt prägende Institution?, in: Verwaltung und Politik in Städten Mitteleuropas. Beiträge zu Verfassungsnorm und Verfassungswirklichkeit in altständischer Zeit, hg. von Wilfried Ehbrecht (Städteforschung, Reihe A: Darstellungen 34), Köln/Weimar/Wien 1994, S. 1–20.

Schulz, Verfassungsentwicklung Schulz, Knut, Verfassungsentwicklung der deutschen Städte um die Mitte des 13. Jahrhunderts, in: Europas Städte zwischen Zwang und Freiheit. Die europäische Stadt um die Mitte des 13. Jahrhunderts, hg. von Wilfried Hartmann, Regensburg 1995, S. 43–61.

Schulze-Dörrlamm, Wülfingen Schulze-Dörrlamm, Mechthild, Das Dorf Wülfingen im württembergischen Franken während des 11. und 12. Jahrhunderts, in: Siedlung und Landesausbau zur Salierzeit, Bd. 2, hg. von Horst Wolfgang Böhme (Monographien des Römisch-Germanischen Zentralmuseums 28), Sigmaringen 1992, S. 39–56.

Schürmann, Studien Schürmann, Josef, Studien über den eidgenössischen Pfaffenbrief von 1370, Freiburg 1948.

Schwab, Pest Schwab, Rudolf, Die Pest im Emmental, in: Blätter für bernische Geschichte, Kunst und Altertumskunde 1, 1905, S. 186–190.

Schwabe, Burgen Schwabe, Erich, Burgen der Schweiz, Bd. 9: Kantone Bern und Freiburg, Zürich 1983.

Schwarzmaier, Markgrafen Schwarzmaier, Hansmartin, Die Markgrafen und Grossherzoge von Baden als Zähringer, in: Zähringer I, S. 193–210.

Schweikert, edelfreie Geschlechter Schweikert, Ernst, Die deutschen, edelfreien Geschlechter des Berner Oberlandes bis zur Mitte des XIV. Jahrhunderts. Ein Beitrag zur Entwicklungsgeschichte der Stände im Mittelalter, Bonn 1911.

Schweizer Minnesänger Die Schweizer Minnesänger, hg. von Karl Bartsch (Bibliothek älterer Schriftwerke der deutschen Schweiz und ihres Grenzgebietes 6), Frauenfeld 1886 (Nachdruck: Frauenfeld 1964).

Schweizer, Burgdorf Schweizer, Jürg, Das zähringische Burgdorf, in: Zähringer III, S. 15–24.

Schweizer, Burgdorf Schweizer, Jürg, Die Grabungen in der Stadtkirche Burgdorf 1968/69, in: Burgdorfer Jb. 1971, S. 15–57.

Schweizer, Burgen Schweizer, Jürg, Burgen, Schlösser, Landsitze, in: Siedlung und Architektur (Illustrierte Berner Enzyklopädie 3), Wabern-Bern 1987, S. 80–109.

Schweizer, Forschungsaufgaben Schweizer, Jürg, Forschungsaufgaben und einstweilige Ergebnisse der dendrochronologischen Untersuchung, in «Schlossmuseum Thun» 1996, hg. von der Stiftung Schlossmuseum Thun, Thun 1996, S. 8–12.

Schweizer, Fraubrunnen Schweizer, Jürg, Fraubrunnen BE. Hinweise auf Baugeschichte und Baugestalt aufgrund der Untersuchungen und Dokumentationen während der Gesamtrestaurierung 1975–1979 des heute als Amtssitz dienenden Bauwerks, in: Zisterzienserbauten in der Schweiz. Neue Forschungsergebnisse zur Archäologie und Kunstgeschichte, Bd. 1: Frauenklöster (ID 10.1), Zürich 1990, S. 121–128.

Schweizer, Frienisberg Schweizer, Jürg, Zisterzienserkloster Frienisberg. Hinweise zur Baugeschichte und Baugestalt, in: Zisterzienserbauten in der Schweiz. Neue Forschungsergebnisse zur Archäologie und Kunstgeschichte, Bd. 2: Männerklöster (ID 10.2), Zürich 1990, S. 41–56.

Schweizer, Kloster Trub Schweizer, Jürg, Kloster Trub. Grabung 1976/77, in: archäologie der schweiz 3, 1980 Heft 2, S. 132 f.

Schweizer, Kurzbericht Schweizer, Jürg, Kurzbericht über die Restaurierungsarbeiten 1999–2000, in «Schlossmuseum Thun» 1999, hg. von der Stiftung Schlossmuseum Thun, Thun 1999.

Schweizer, Ordenslandschaften Schweizer, Christian, Franziskanische Ordenslandschaften und landesherrliche Räume im Gebiet der heutigen Schweiz während des Mittelalters bis zum Beginn der Kapuziner-Reform, in: Könige, Landesherren und Bettelorden. Konflikt und Kooperation in West- und Mitteleuropa bis zur frühen Neuzeit, hg. von Dieter Berg (*Saxonia Franziscana* 10), Werl 1998, S. 305–329.

Schweizer, Rolle Schweizer, Christian, Zur Rolle Bernhards von Clairvaux und zur Bedeutung der Choralreform, in: Cistercienser-Chronik 94, 1987, S. 144–163.

Schweizer, Schlossbau Schweizer, Jürg, Der bernische Schlossbau im 15. Jahrhundert, in: BGZ, S. 173–187.

Schweizer, Stadtbefestigungen Schweizer, Jürg, Berns Stadtbefestigungen – zwischen Funktion und Rerpäsentation, in: BGZ, S. 88–95.

Schweizer/Gutscher, Laupen Schweizer, Jürg/ Daniel Gutscher, Schloss Laupen, in: Bericht über die Sanierungsarbeiten 1983–1989, hg. von der Baudirektion des Kantons Bern, Bern 1989.

Schwengeler, Hie Bern! Schwengeler, Arnold, *Hie Bern! Hie Eidgenossenschaft*! Spiel zur Gedenkfeier des 600. Jahrestages des Eintritts von Bern in den Ewigen Bund der Eidgenossen, Bern 1953.

Schwineköper, Beobachtungen Schwineköper, Berent, Beobachtungen zum Problem der «Zähringerstädte», in: Schau-ins-Land, Zeitschrift des Breisgau-Geschichtsvereins 84/85, 1966/67, S. 49–78.

Schwineköper, Gerichtslaube Schwineköper, Berent, Gerichtslaube und Rathaus zu Freiburg, eine quellenkritische Untersuchung zu Grundfragen der Freiburger Topographie, in: Schau-ins-Land, Zeitschrift des Breisgau-Geschichtsvereins, Heft 83, 1965, S. 5–69.

Schwineköper, Problematik Schwineköper, Berent, Die Problematik von Begriffen wie Stauferstädte, Zähringerstädte und ähnliche Bezeichnungen, in: Südwestdeutsche Städte im Zeitalter der Staufer, hg. von Erich Maschke/Jürgen Sydow (Stadt in der Geschichte 6), Sigmaringen 1980, S. 95–172.

Schwineköper, Städtewesen Schwineköper, Berent, Das hochmittelalterliche Städtewesen Westeuropas und die Städtegründungen der Herzöge von Zähringen im deutschen Südwesten, in: Zähringer III, S. 275–280.

Schwineköper, Villingen Schwineköper, Berent, Die heutige Stadt Villingen, eine Gründung Herzog Bertolds V. von Zähringen (1186–1218), in: Zähringer I, S. 75–100.

Schwinges, Bern Schwinges, Rainer C., Bern – eine mittelalterliche Reichsstadt?, in: BZ 53, 1991, S. 5–20.

Schwinges, Bern – Heiliges Römisches Reich Schwinges, Rainer C., Bern und das Heilige Römische Reich, in: BGZ, S. 261–267.

Schwinges, Bürgermigration Schwinges, Rainer C., Bürgermigration im Alten Reich des 14. bis 16. Jahrhunderts, in: Migration in die Städte. Ausschluss – Assimilierung – Integration – Multikulturalität, hg. von Hans Jörg Gilomen/Anne-Lise Head-König/Anne Radeff (Schweizerische Gesellschaft für Wirtschafts- und Sozialgeschichte 16), Zürich 2000, S. 17–37.

Schwinges, Neubürger Neubürger im späten Mittelalter, hg. von Rainer C. Schwinges (Beiheft 30 der Zeitschrift für Historische Forschung), Berlin 2002.

Schwinges, Solothurn Schwinges, Rainer C., Solothurn und das Reich im späten Mittelalter, in: SZG 46, 1996, S. 451–473.

Segesser, Rechtsgeschichte von Segesser, Anton Philipp, Rechtsgeschichte der Stadt und Republik Lucern, Bd. 2, Lucern 1850.

Senn/Moser, Reiterschild Senn, Matthias/Franz Moser, Der Reiterschild von Seedorf UR. Ein Untersuchungs- und Restaurierungsbericht, in: Schweizerisches Landesmuseum, Jahresbericht 100, Zürich 1991, S. 80–85.

Senn, Turnier Senn, Matthias, *Der turnay macht gesellen gut*: Turnier und Bewaffnung, in: Die Manessische Liederhandschrift in Zürich, hg. von Claudia Brinker/Dione Flühler-Kreis, Zürich 1991, S. 163–171.

Sennhauser, Abteikirche Payerne Sennhauser, Hans Rudolf, Die Abteikirche von Payerne (Schweizerische Kunstführer Nr. 495), Bern 1991.

Sennhauser, Cluniazenserarchitektur Sennhauser, Hans Rudolf, Romainmôtier und Payerne. Studien zur Cluniazenserarchitektur des 11. Jahrhunderts in der Westschweiz, Basel 1970.

Sennhauser, Kirche Oberbipp Sennhauser, Hans Rudolf, Ergebnisse der Ausgrabungen in der Kirche von Oberbipp, in: Jb. des Oberaargaus 1971, Langenthal 1971, S. 31–37.

Sennhauser, Kirchen Sennhauser, Hans Rudolf, Kirchen und Klöster der Zisterzienserinnen in der Schweiz, in: Zisterzienserbauten in der Schweiz, Bd. 1: Frauenklöster (Veröffentlichungen des Instituts für Denkmalpflege an der ETH Zürich 10), Zürich 1990, S. 9–55.

Sennhauser, St. Ursen Sennhauser, Hans Rudolf, St. Ursen – St. Stephan – St. Peter. Die Kirchen von Solothurn im Mittelalter. Beiträge zur Kenntnis des frühen Kirchenbaus in der Schweiz, in: Solothurn, Beiträge zur Entwicklung der Stadt im Mittelalter (ID 9), Zürich 1990, S. 83–219.

Sennhauser, Rougement Sennhauser, Hans Rudolf, Etude archéologique sur la première église, in: Rougement, 9e Centenaire, 1080–1980 (Bibliothèque historique vaudoise 65), Lausanne 1980, S. 109–123.

Sennhauser, Stadtumgrenzung Sennhauser, Hans Rudolf, Stadtumgrenzung und Grenzen in der Stadt. Zur kosmologischen und heilsgeschichtlichen Ausdeutung von Stadtgestalt und Stadtsymbol – ein Ausschnitt, in: Stadt- und Landmauern, Bd. 3: Abgrenzungen – Ausgrenzungen in der Stadt und um die Stadt (Veröffentlichungen des Instituts für Denkmalpflege an der ETH Zürich 15.3), Zürich 1999, S. 147–167.

Siegwart, Chorherren Siegwart, Josef, Die Chorherren- und Chorfrauengemeinschaften in der deutschsprachigen Schweiz vom 6. Jahrhundert bis 1160. Mit einem Überblick über die deutsche Kanonikerreform des 10. und 11. Jh. (*Studia Friburgensia* NF 30), Freiburg i.Ü. 1962.

Sigrist, Buchegg Sigrist, Hans, Die Grafen von Buchegg, in: Jurablätter. Monatsschrift für Heimat- und Volkskunde 35, 1973, S. 57–71.

Sinner, Versuch von Sinner, Carl Ludwig, Versuch einer diplomatischen Geschichte der Edlen von Scharnachthal, in: Der Schweizerische Geschichtsforscher 3, 1820, S. 33–105; S. 273–475.

Sladeczek, Erhard Küng Sladeczek, Franz-Josef, Erhard Küng. Bildhauer und Baumeister am Münster zu Bern (um 1420–1507). Untersuchungen zur Person, zum Werk und zum Wirkungskreis eines westfälischen Künstlers der Spätgotik, Bern 1990.

Sladeczek, Skulpturenfund Sladeczek, Franz-Josef, Der Berner Skulpturenfund. Die Ergebnisse der kunsthistorischen Auswertung, Bern 1999.

Solothurn. Beiträge Solothurn, Beiträge zur Entwicklung der Stadt im Mittelalter (Veröffentlichungen des Instituts für Denkmalpflege an der Eidgenössischen Technischen Hochschule Zürich 9), 2. Aufl. Zürich 1991.

Solothurner Urkundenbuch I Solothurner Urkundenbuch, bearbeitet von Ambros Kocher, Bd. 1, Solothurn 1952.

Sonderegger, Ortsnamen Sonderegger, Stefan, Die Ortsnamen, in: Ur- und frühgeschichtliche Archäologie der Schweiz, Bd. 6: Das Frühmittelalter, Basel 1979, S. 75–96.

Spörhase/Wulff/Wulff, Bern Spörhase, Rolf/Dietrich Wulff/Ingeborg Wulff, Bern. Karten zur Entwicklung der Stadt. Das Werden des Stadtgrundrisses im Landschaftsraum, Stuttgart 1971.

Spycher, Solothurn Spycher, Hanspeter, Solothurn in römischer Zeit. Ein Bericht zum Forschungsstand, in: Solothurn. Beiträge zur Entwicklung der Stadt im Mittelalter (Veröffentlichungen des Instituts für Denkmalpflege an der ETH Zürich 9), Zürich 1990, S. 11–32.

SSRQ Bern Land I–X Die Rechtsquellen des Kantons Bern. Landrechte, Bde. I–X (Sammlung Schweizerischer Rechtsquellen II. Abteilung), Aarau und Basel 1912–2001.

SSRQ Bern Stadt I–XII Die Rechtsquellen des Kantons Bern. Stadtrechte, Bde. I–XII (Sammlung Schweizerischer Rechtsquellen II. Abteilung), Aarau und Basel 1902–1979.

SSRQ Schaffhausen I/1 Die Rechtsquellen des Kantons Schaffhausen. Erster Teil: Stadtrechte, Erster Band: Rechtsquellen 1045–1415, bearbeitet von Karl Mommsen (Sammlung Schweizerischer Rechtsquellen XII. Abteilung), Aarau 1989.

SSRQ Schaffhausen I/2 Die Rechtsquellen des Kantons Schaffhausen. Erster Teil: Stadtrechte, Zweiter Band: Das Stadtrecht von Schaffhausen II. Das Stadtbuch von 1385, bearbeitet von Karl Schib (Sammlung Schweizerischer Rechtsquellen XII. Abteilung), Aarau 1967.

Staeger, Baugrundkarte Staeger, Dieter, Baugrundkarte der Stadt Bern und Umgebung 1:10 000 mit Erläuterungen (Beiträge zur Geologie der Schweiz, Kleine Mitteilungen 80), hg. von der Schweiz. Geotechnischen Kommission, Bern 1988.

Stähli, *Cronica* Stähli, Marlis, *Cronica de Berno.* Daten unter der Lupe, in: Der kleine Bund, 8. 2. 1992.

Stähli-Lüthi, Kirche Kirchlindach Stähli-Lüthi, Verena, Die Kirche von Kirchlindach mit ihren Wandmalereien, Kirchlindach 1985.

Stähli-Lüthi, Kirche Wimmis Stähli-Lüthi, Verena, Die Kirche Wimmis, Wimmis 1982.

Stähli-Lüthi, Reutigen Stähli-Lüthi, Verena, Die Kirche Reutigen (Schweizerische Kunstführer Serie 20, Nr. 199), 2. Aufl., Bern 1997.

Stammler, Teppiche Stammler, Jakob, Die Teppiche des historischen Museums in Thun, in: AHVB 13 Heft 2, 1891, S. 231–294.

Stampfli, Tierknochenfunde Stampfli, Hans Rudolf, Die Tierknochenfunde der Burg Grenchen, in: Jb. für Solothurnische Geschichte 35, Solothurn 1962, S. 160–178.

Steck/Tobler, Aktensammlung Steck, Rudolf/Gustav Tobler, Aktensammlung zur Geschichte der Berner Reformation 1521–1532, Bern 1923.

Steinacker, Habsburger Steinacker, Harold, Die Habsburger und der Ursprung der Eidgenossenschaft, in: Mitteilungen des Instituts für österreichische Geschichtsforschung 61, 1953, S. 1–37.

Steinberg, Studien Steinberg, Augusta, Studien zur Geschichte der Juden in der Schweiz während des Mittelalters, Diss. Universität Bern, Zürich 1902.

Stelzer, Kanzlei Stelzer, Winfried, Zur Kanzlei der Herzoge von Österreich aus dem Hause Habsburg (1282–1365) in: Landesherrliche Kanzleien im Spätmittelalter. Referate zum VI. Internationalen Kongreß für Diplomatik München 1983, Bd. 1, München 1984, S. 297–313.

Stenzl, Kirchenmusik Stenzl, Jürg, Zur Kirchenmusik im Berner Münster vor der Reformation, in: Festschrift Arnold Geering zum 70. Geburtstag, hg. von Victor Ravizza, Bern/Stuttgart 1972, S. 89–109.

Stercken, Begrenzungen Stercken, Martina, Begrenzungen des Marktgebietes in der mittelalterlichen Stadt, in: Stadt- und Landmauern, Bd. 3: Abgrenzungen – Ausgrenzungen in der Stadt und um die Stadt, (Veröffentlichungen des Instituts für Denkmalpflege an der ETH Zürich 15.3), Zürich 1999, S. 71–84.

Stercken, Kleinstadt Stercken, Martina, Kleinstadt, Herrschaft und Stadtrecht. Das Privileg König Albrechts I. für Sursee vom 29. März 1299, Sursee 1999.

Stettler, Genealogien Stettler, Karl Ludwig, Historische Genealogien, 6 Bde.; BBB MsS. h.h. XIV. 62–67.

Stettler, Habsburg Stettler, Bernhard, Habsburg und die Eidgenossenschaft um die Mitte des 14. Jahrhunderts, in: SZG 23, 1973, S. 750–764.

Stettler, Reichsreform Stettler, Bernhard, Reichsreform und werdende Eidgenossenschaft, in: SZG 44, 1994, S. 203–229.

Stettler, Ringgenberger Handel Stettler, Bernhard, Tschudis Darstellung des Ringgenberger Handels, in: Aegidius Tschudi, *Chronicon helveticum* 5, Basel 1984, S. 308–315.

Stettler, Studien Stettler, Bernhard, Studien zur Geschichte des obern Aareraums im Früh- und Hochmittelalter, Thun 1964.

Stettler, Untersuchungen Stettler, Bernhard, Untersuchungen zur Entstehung des Sempacherbriefs, in: Aegidius Tschudi, *Chronicon helveticum* 6, Basel 1986, S. 14–83.

Stettler, Versuch Stettler, Friedrich, Versuch einer Geschichte des deutschen Ritterordens im Kanton Bern. Ein Beitrag zur Geschichte der Stadt und des Kantons Bern, Bern 1842.

Steuer, Beitrag Steuer, Heiko, Der Beitrag der Archäologie zur Stadtgeschichtsforschung, in: Stadtgeschichtsforschung. Aspekte, Tendenzen, Perspektiven, hg. von Fritz Mayrhofer (Beiträge zur Geschichte der Städte Mitteleuropas 12), Linz 1993, S. 173–196.

Stoob, Einführung Stoob, Heinz, Einführung, in: Forschungen zum Städtewesen in Europa. Eine Aufsatzfolge, Bd. 1: Räume, Formen und Schichten der mitteleuropäischen Städte, hg. von Heinz Stoob, Köln/Wien 1970, S. 1–14.

Stoob, Möglichkeiten Stoob, Heinz, Kartographische Möglichkeiten zur Darstellung der Stadtentstehung in Mitteleuropa, besonders zwischen 1450 und 1800, in: Forschungen zum Städtewesen in Europa. Eine Aufsatzfolge, Bd. 1: Räume, Formen und Schichten der mitteleuropäischen Städte, hg. von Heinz Stoob, Köln/Wien 1970, S. 15–42.

Stoob, Städtebildung Stoob, Heinz, Die hochmittelalterliche Städtebildung im Okzident, in: Die Stadt, Gestalt und Wandel bis zum industriellen Zeitalter, hg. von Heinz Stoob, Köln/Wien 1979, S. 131–156.

Stoob, Stadtformen Stoob, Heinz, Stadtformen und städtisches Leben im späten Mittelalter, in: Die Stadt, Gestalt und Wandel bis zum industriellen Zeitalter, hg. von Heinz Stoob, Köln/Wien 1979, S. 157–194.

Störmer, Gründung Störmer, Wilhelm, Die Gründung von Kleinstädten als Mittel herrschaftlichen Territorienaufbaus, gezeigt an fränkischen Beispielen, in: Zeitschrift für bayerische Landesgeschichte 36, 1973, S. 563–585.

Strahm, Area Strahm, Hans, Die Area in den Städten, in: Schweizer Beiträge zur Allgemeinen Geschichte 3, 1945, S. 22–61.

Strahm, Geschichte Strahm, Hans, Geschichte der Stadt und Landschaft Bern, Bern 1971.

Strahm, Studien zur Gründungsgeschichte Strahm, Hans, Studien zur Gründungsgeschichte der Stadt Bern (Neujahrsblatt der literarischen Gesellschaft Bern, N.F. Heft 13), Bern 1935.

Strahm, Gründungsplan Strahm, Hans, Der zähringische Gründungsplan der Stadt Bern, in: AHVB 39, 1948, S. 361–390.

Strahm, Handfeste Strahm, Hans, Die Berner Handfeste, Bern und Stuttgart 1953.

Strahm, Justinger Strahm, Hans, Der Chronist Conrad Justinger und seine Berner Chronik von 1420, Bern 1978.

Stretlinger Chronik Die Stretlinger Chronik. Ein Beitrag zur Sagen- und Legendengeschichte der Schweiz aus dem XV. Jahrhundert. Mit einem Anhang: Vom Herkommen der Schwyzer und Oberhasler, hg. von Jakob Baechtold (Bibliothek älterer Schriftwerke der deutschen Schweiz und ihres Grenzgebietes 1), Frauenfeld 1877.

von Stromer, Hochfinanz Von Stromer, Wolfgang, Oberdeutsche Hochfinanz 1350–1450 (Vierteljahresschrift für Sozial- und Wirtschaftsgeschichte, Beihefte 55–57), Wiesbaden 1970.

Stückelberg, Meiringen Stückelberg, Ernst Alfred, Die spätromanischen Wandgemälde zu Meiringen, in: ASA, N.F. 19, 1917, S. 284f.

Stüdeli, Gemeinschaftszentren Stüdeli, Bernhard, Minoriten- und andere Mendikanten-Niederlassungen als Gemeinschaftszentren im öffentlichen Leben der mittelalterlichen Stadt, in: Stadt und Kirche, hg. von Franz-Heinz Hye (Beiträge zur Geschichte der Städte Mitteleuropas 13), Linz 1995, S. 239–256.

Stüdeli, Minoritenniederlassungen Stüdeli, Bernhard, Minoritenniederlassungen und mittelalterliche Stadt, Beiträge zur Bedeutung von Minoriten- und anderen Mendikantenanlagen im öffentlichen Leben der mittelalterlichen Stadtgemeinde, insbesondere der deutschen Schweiz (Franziskanische Forschungen 21), Werl 1969.

Studer, *Conflictus Conflictus Laupensis,* in: Die Berner Chronik des Conrad Justinger, nebst vier Beilagen, hg. von Gottlieb Studer, Bern 1871, S. 302–313.

Studer, *Cronica Cronica de Berno*, in: Die Berner Chronik des Conrad Justinger, nebst vier Beilagen, hg. von Gottlieb Studer, Bern 1871, S. 295–301.

Studer, Helvetia Sacra, Bd. IV/2 Studer, Barbara, Interlaken (*Helvetia Sacra* IV/2), im Druck.

Studer, Inselkloster Studer, Gottlieb, Zur Geschichte des Inselklosters, in: AHVB 4, 1858–60, S. 1–48 (Heft 1) und S. 1–56 (Heft 2).

Studer, Juden Studer, Charles, Die Juden in Solothurn, in: Jb. für Solothurnische Geschichte 64, Solothurn 1991, S. 53–76.

Studer, Justinger Die Berner Chronik des Conrad Justinger, nebst vier Beilagen, hg. von Gottlieb Studer, Bern 1871, S.

Studer, Thüring Frickart Thüring Frickarts Twingherrenstreit, hg. von Gottlieb Studer (Quellen zur Schweizer Geschichte, A.F. 1), Basel 1877.

Studie Bern Materialien zur Studie Bern, 4. Jahreskurs 1974/75 der Architekturabteilung ETH Zürich, bearbeitet von Arthur Rüegg, hg. von Paul Hofer/Dolf Schnebli, Zürich 1975.

Stumpf, 1548 Stumpf, Johannes, *Gemeiner loblicher Eydgnoschaft Stetten, Landen und Völkkeren Chronikwirdiger thaaten beschreybung*, Zürich 1548.

Stürler, Berner Geschlechter Stürler, Moritz, von, Berner Geschlechter, 4 Bde.; BBB MsS. h.h. III. 62–65.

SUB Solothurner Urkundenbuch 1, hg. von Ambros Kocher (Quellen zur Solothurnischen Geschichte), Solothurn 1952.

Suckale, Hofkunst Suckale, Robert, Die Hofkunst Kaiser Ludwig des Bayern, München 1993.

Sveva Gai, Reliquiengläser Sveva Gai, Antonella, Reliquiengläser aus Altarsepulkren. Eine Materialstudie zur Geschichte des deutschen Glases vom 12. bis zum 19. Jahrhundert, Bd. 1: Text (Schriften zur südwestdeutschen Landeskunde Bd. 30/1), Leinfelden-Echterdingen 2001.

Sydow, Städte Sydow, Jürgen, Städte im deutschen Südwesten, Stuttgart 1987.

Sydow, Stradtgründer Sydow, Jürgen, Adelige Stadtgründer in Südwestdeutschland, in: Südwestdeutsche Städte im Zeitalter der Staufer, hg. von Erich Maschke/Jürgen Sydow, Sigmaringen 1980, S. 173–192.

Tatarinoff, Entwicklung Tatarinoff, Eugen, Die Entwicklung der Probstei Interlaken im 13. Jahrhundert, Schaffhausen 1892.

Tauber, Beinschnitzer Tauber, Jürg, Beinschnitzer auf der Frohburg. Ein Beitrag zur Geschichte eines Handwerks im Mittelalter, in: Festschrift Elisabeth Schmid zu ihrem 65. Geburtstag, hg. von Ludwig Berger/Georg Bienz/Jürg Ewald u. a. Basel 1977, S. 214–225.

Tauber, Herd Tauber, Jürg, Herd und Ofen im Mittelalter (Schweizer Beiträge zur Kulturgeschichte und Archäologie des Mittelalters 7), Olten/Freiburg i. Br. 1980.

von Tavel, Selbstdarstellung von Tavel, Hans Christoph, Zur Selbstdarstellung des Standes Bern im 17. Jahrhundert, in: Im Schatten des Goldenen Zeitalters, Bd. II: Essays, hg. von Georges Herzog/Elisabeth Ryter/Johanna Strübin Rindisbacher und dem Kunstmuseum Bern, Bern 1995, S. 293–304.

Tennenbacher Güterbuch Das Tennenbacher Güterbuch (1317–1341), hg. von Max Weber u.a. (Veröffentlichungen der Kommission für Geschichtliche Landeskunde in Baden-Württemberg, Reihe A, Quellen 19), Stuttgart 1969.

Tervooren, Sangspruchdichtung Tervooren, Helmut, Sangspruchdichtung (Sammlung Metzler 293), Stuttgart 1995.

Teuscher, Bekannte Teuscher, Simon, Bekannte – Klienten – Verwandte. Soziabilität und Politik in der Stadt Bern um 1500 (Norm und Struktur 9), Köln/Weimar/Wien 1998.

Textilsammlung Iklé Textilsammlung L. Iklé, Katalog des Industrie- und Gewerbemuseums St. Gallen, Zürich 1908.

Thommen, Urkunden Thommen, Rudolf, Urkunden zur Schweizerischen Geschichte aus österreichischen Archiven, Bde. 1 und 2, Basel 1899 und 1900.

Tobler, Bernerjubiläum Tobler, Gustav, Das projektierte Bernerjubiläum von 1791, in: Berner Taschenbuch auf das Jahr 1889/90, S. 145–159.

Tobler, Hexenwesen Tobler, Gustav, Zum Hexenwesen in Bern, in: Schweizerisches Archiv für Volkskunde 2, 1898, 59f.; 4, 1900, S. 236–238.

Tobler, Juden Tobler, Gustav, Zur Geschichte der Juden im alten Bern bis 1427, in: AHVB 12, 1889, S. 336–367.

Toch, Juden Toch, Michael, Die Juden im mittelalterlichen Reich (Enzyklopädie deutscher Geschichte 44), München 1998.

Tomei, pittura Tomei, Alessandro, La pittura e le arti suntuarie: Da Alessandro IV a Bonifacio VIII (1254–1303), in: Roma nel Duecento. L'arte nella città dei papi da Innocenzo III a Bonifazio VIII, coordinatore dell'opera Angiola Maria Romanini, Torino 1991, S. 321–418.

Topographia Helvetiae Matthaeus Merian, *Topographia Helvetiae*, Faksimile der Ausgabe Frankfurt a. M. 1654, hg. von Lucas Heinrich Wüthrich, Kassel/Basel 1960.

Torbus, Konventsburgen Torbus, Tomasz, Die Konventsburgen im Deutschordensland Preussen (Schriften des Bundesinstituts für ostdeutsche Kultur und Geschichte 11), München 1998.

Traub, Choralüberlieferung Traub, Andreas, Zur Choralüberlieferung bei den Zisterziensern, in: Anfänge der Zisterzienser in Südwestdeutschland. Politik, Kunst und Liturgie im Umfeld des Klosters Maulbronn, hg. von Peter Rückert und Dieter Planck (Oberrheinische Studien 16), Stuttgart 1999, S. 167–180.

Treffeisen, Neuenburg Treffeisen, Jürgen, Neuenburg im Mittelalter, in: Dieter Speck/Jürgen Treffeisen, Neuenburg am Rhein. Stadt und Landstände im vorderösterreichischen Breisgau, Neuenburg am Rhein 2000.

Treffeisen, Zähringerstädte Treffeisen, Jürgen, Zähringerstädte, in: Lex MA IX, München 1998, Sp. 467f.

Tremp, Emmental Tremp, Ernst, «Unter dem Krummstab im Emmental». Die emmentalische Klosterlandschaft im Mittelalter, in: BZ 53, Nr. 3, 1991, S. 109–137.

Tremp, Gebärden Tremp, Ernst, Feudale Gebärden im Spätmittelalter. Eine Urkundenfälschung aus dem Cluniazenserpriorat Rüeggisberg im Umfeld des Sempacherkrieges, in: Fälschungen im Mittelalter. Internationaler Kongress der *Monumenta Germaniae Historica* München, 16.–19. September 1986, Teil III, Diplomatische Fälschungen (I) (MGH Schriften 33, III), Hannover 1988, S. 675–710.

Tremp, Mönche Tremp, Ernst, Mönche als Pioniere. Die Zisterzienser im Mittelalter, Meilen, 2. Aufl. 2002.

Tremp, Peter II Tremp, Ernst, Peter II. und die Nachbarn der Waadt, in: Pierre II de Savoie, ‹Le Petit Charlemagne›, hg. von Bernard Andermatten/Agostino Paravicini Bagliani/Eva Pibiri (Cahiers Lausannois d'Histoire Médiévale 27), Lausanne 2000, S. 192–216.

Tremp-Utz, Kirche und Münsterbau Tremp-Utz, Kathrin, Die mittelalterliche Kirche und der Münsterbau, in: Das Jüngste Gericht. Das Berner Münster und sein Hauptportal, hg. vom Verein zur Förderung des Bernischen Historischen Museum, Bern 1982, S. 10–25.

Tremp-Utz, Kollegiatsstift Tremp-Utz, Kathrin, Das Kollegiatstift St. Vinzenz in Bern, von der Gründung 1484/85 bis zur Aufhebung 1528 (AHVB 69), Bern 1985.

Tribolet, Conflit de Tribolet, Maurice, Un conflit entre la comtesse de Neuchâtel et ses bourgeois de Cerlier à la fin du XIVe siècle, in: BZ 64, 1984, S. 39–48.

Tribolet, Seigneurie de Tribolet, Maurice, Seigneurie et avouerie en pays neuchâtelois au XIIIe siècle, in: Musée neuchâtelois 1981, S. 63.

Tschachtlans Bilderchronik Tschachtlans Bilderchronik. Kommentar zur Faksimile-Ausgabe, hg. von Alfred A. Schmid, Luzern 1988.

Tschudi, *Chronicon Helveticum* Tschudi, Aegidius, *Chronicon Helveticum*, bearbeitet von Peter Stadler und Bernhard Stettler (Quellen zur Schweizer Geschichte N.F., 1. Abt., Chroniken), Bde. VII/1–4, Bern 1968–80; Basel 1982f.

Tschumi, Aarberg Tschumi, Otto, Beiträge zur Siedelungsgeschichte des Kantons Bern, Nr. 5. Nachgrabungen auf der «Burg» bei Aarberg vom 31. März 1927, in: Jb. BHM 7, 1927, Bern 1928, S. 52f.

Tschumi, Burgunder Tschumi, Otto, Burgunder, Alamannen und Langobarden in der Schweiz auf Grund der Funde im Historischen Museum Bern, Bern 1945.

Tschumi, Engehalbinsel Tschumi, Otto, Engehalbinsel, in: Jb. BHM, Bern 1919, S. 13–19.

Tschumi, Schwandiburg Tschumi, Otto, Die Ausgrabung der mittelalterlichen Burgruine Schwandiburg bei Deisswil (Gemeinde Stettlen), in: Jb. BHM 18, Bern 1939, S. 126–133.

Tumler/Arnold, Orden Tumler, Marian/Udo Arnold, Der Deutsche Orden, Bad Münstereifel 1981.

Tuor, Mass Tuor, Robert, Mass und Gewicht im Alten Bern, Bern 1977.

Türler, Burgernziel Türler, Heinrich, Das Burgernziel in Bern, Festschrift Walther Merz, Aarau 1928, S. 158–215.

Türler, Ende Türler, Heinrich, Das Ende der Grafen von Kiburg, in: Blätter für bernische Geschichte, Kunst und Altertumskunde 1909, S. 272–287.

Türler, Häuser Türler, Heinrich, 20 Häuser an der Junkerngasse in Bern, in: Berner Taschenbuch 1892, S. 173–284.

Türler, Rechnung Türler, Heinrich, Die Rechnung über den savoyischen Hülfszug im Burgdorferkrieg 1383 (AHVB 15, 1899), S. 275–293.

Türler, Vorburg Türler, Heinrich, Die Vorburg in Thun, in: Neues Berner Taschenbuch auf das Jahr 1932, S. 120–142.

UB Strassburg Urkundenbuch der Stadt Strassburg. Politische Urkunden 1332–1365, Bd. V, Strassburg 1896.

Ulrich-Bochsler, Frau und Kind Ulrich-Bochsler, Susi, Anthropologische Befunde zur Stellung von Frau und Kind in Mittelalter und Neuzeit. Soziobiologische und soziokulturelle Aspekte im Lichte von Archäologie, Geschichte, Volkskunde und Medizingeschichte, Bern 1997.

Ulrich-Bochsler, Stadtbevölkerung Ulrich-Bochsler, Susi, Die Stadtbevölkerung im Spiegel des Siechenfriedhofs am Klösterlistutz. Krankheit und Tod, in: Unipress, April 1999, S. 11–13.

Ulrich-Bochsler/Eggenberger, Gräber Köniz Ulrich-Bochsler, Susi/Peter Eggenberger, Die früh- bis spätmittelalterlichen Gräber im Chor der Kirche Köniz, in: Ulrich-Bochsler, Susi, Büetigen – Köniz – Unterseen. Anthropologische Untersuchungen an früh- und hochmittelalterlichen Skeletten (SADB), Bern 1995, S. 29–88.

Ulrich-Bochsler/Gutscher, Gräber Ulrich-Bochsler, Susi/Daniel Gutscher, Die früh- bis hochmittelalterlichen Gräber von Unterseen, Obere Gasse 42, in: Ulrich-Bochsler, Susi, Büetigen – Köniz – Unterseen. Anthropologische Untersuchungen an früh- und hochmittelalterlichen Skeletten (SADB), Bern 1995, S. 95–124.

Ulrich-Bochsler/Meyer, Französische Kirche Ulrich-Bochsler, Susi/Liselotte Meyer, Anthropologische Befunde zu den Gräbern aus dem Kreuzgang, in: Georges Descœudres/Kathrin Utz Tremp, Französische Kirche. Ehemaliges Predigerkloster: Archäologische und historische Untersuchungen 1988–1990 zu Kirche und ehemaligen Konventgebäuden (SADB), Bern 1993, S. 187–202.

Unterirdische Bauten Unterirdische Bauten im historischen Bereich, ein Grundsatzpapier, hg. von der Eidgenössische Kommission für Denkmalpflege, Ms. Masch., Bern 2001.

Untermann, Befunde Untermann, Matthias, Archäologische Befunde zur Frühgeschichte der Stadt Freiburg, in: Freiburg 1091–1120. Neue Forschungen zu den Anfängen der Stadt (Archäologie und Geschichte. Freiburger Forschungen zum ersten Jahrtausend in Südwestdeutschland 7), hg. von Hans Schadek/Thomas Zotz, Sigmaringen 1995, S. 195–230.

Untermann, Brunnen Untermann, Matthias, *so vil wassers, alse wir bedurften*. Brunnen und Wasserleitungen, in: Geschichte der Stadt Freiburg im Breisgau, Bd. 1: Von den Anfängen bis zum «Neuen Stadtrecht» von 1520, hg. von Heiko Haumann/Hans Schadek, Stuttgart 1996, S. 496–500.

Untermann, Chorschranken Untermann, Matthias, Chorschranken und Lettner in südwestdeutschen Stadtkirchen. Beobachtungen zu einer Typologie mittelalterlicher Pfarrkirchen, in: Architektur Geschichten. Festschrift Günther Binding, hg. von Udo Mainzer, Köln 1996, S. 73–90.

Untermann, Harmonie-Gelände Untermann, Matthias, Das «Harmonie»-Gelände in Freiburg im Breisgau (Forschungen und Berichte der Archäologie des Mittelalters in Baden-Württemberg 19), Stuttgart 1995.

Untermann, Mönchshaus Untermann, Matthias, Das «Mönchshaus» in der früh- und hochmittelalterlichen Klosteranlage, in: Wohn- und Wirtschaftsbauten frühmittelalterlicher Klöster. Internationales Symposium 26.9.–1.10.1995 in Zurzach und Müstair, hg. von Hans Rudolf Sennhauser (Veröffentlichungen des Instituts für Denkmalpflege an der ETH Zürich 17), Zürich 1996, S. 233–257.

Urban, Chorgestühl Urban, Martin, Chorgestühl, in: Reallexikon zur deutschen Kunstgeschichte III, Stuttgart 1954, Sp. 514–536

Urkunden zur Schweizer Geschichte Urkunden zur Schweizer Geschichte aus österreichischen Archiven 1, hg. von Rudolf Thommen, Basel 1899.

Urkundenbuch Augsburg Bd. 2 Urkundenbuch der Stadt Augsburg, Bd. 2: Die Urkunden vom Jahre 1347–1399, hg. von Christian Meyer, Augsburg 1878.

Urkundenbuch Zürich (UB) Urkundenbuch der Stadt und Landschaft Zürich, bearbeitet von Jakob Escher und Paul Schweizer, hg. von einer Commission der Antiquarischen Gesellschaft in Zürich, 9 Bde., Zürich 1888–1890.

Utz Tremp, Barmherzigkeit Utz Tremp, Kathrin, Barmherzigkeit und Versicherung zugleich. Die Armenfürsorge der Freiburger Heiliggeistbruderschaft an der Wende vom Spätmittelalter zur Frühen Neuzeit, in: Von der Barmherzigkeit zur Versicherung. Armenfürsorge im Wandel vom Spätmittelalter zur Frühen Neuzeit. Kolloquium der Schweizerischen Gesellschaft für Wirtschafts- und Sozialgeschichte, Bern, 18. Mai 2001 (im Druck).

Utz Tremp, Beginen Utz Tremp, Kathrin, Zwischen Ketzerei und Krankenpflege – Die Beginen in der spätmittelalterlichen Stadt Bern, in: Zwischen Macht und Dienst. Beiträge zur Geschichte und Gegenwart von Frauen im kirchlichen Leben der Schweiz, hg. von Sophia Bietenhard u. a. Bern 1991, S. 27–52; wiederabgedruckt in: Fromme Frauen oder Ketzerinnen? Leben und Verfolgung der Beginen im Mittelalter, hg. von Martina Wehrli-Johns und Claudia Opitz, Freiburg/Basel/Wien 1998, S. 169–194.

Utz Tremp, Handfeste Utz Tremp, Kathrin, Die befleckte Handfeste. Die innerstädtischen Unruhen im Spiegel der spätmittelalterlichen bernischen Chronistik, in: Die Schweiz im Mittelalter in Diebold Schillings Spiezer Bilderchronik. Studienausgabe zur Faksimile-Edition der Handschrift MsS. hist. helv. I. 16 der Burgerbibliothek Bern, hg. von Hans Haeberli/Christoph von Steiger, Luzern 1991, S. 135–150.

Utz Tremp, Helvetia Sacra IV/4, Heiliggeistspital Utz Tremp, Kathrin, Heiliggeistspital Bern (*Helvetia Sacra* IV/4), S. 255–287.

Utz Tremp, Helvetia Sacra III/2, Hettiswil Utz Tremp, Kathrin, Hettiswil (*Helvetia Sacra* III/2), S. 339–352.

Utz Tremp, Helvetia Sacra III/2, St. Petersinsel Utz Tremp, Kathrin, St. Petersinsel (*Helvetia Sacra* III/2), S. 707–729.

Utz Tremp, Hexenverfolgungen Utz Tremp, Kathrin, Ist Glaubenssache Frauensache? Zu den Anfängen der Hexenverfolgungen in Freiburg (um 1440), in: Freiburger Geschichtsblätter 72, 1995, S. 9–50.

Utz Tremp, houptstuk Utz Tremp, Kathrin, *Das ... houptstuk, zům Gots- und der kirchen dienst gehörend, namlich die Priesterschaft.* Das Chorherrenstift St. Vinzenz (1484/1485–1528) als «Ausstattungsstück» des Münsters, in: BGZ, S. 474–482.

Utz Tremp, Mönche Utz Tremp, Kathrin, Mönche, Chorherren oder Pfarrer? Die Prämonstratenserstifte Humilimont (FR) und Gottstatt (BE) im Vergleich, in: Zeitschrift für schweizerische Kirchengeschichte 95, 2001, im Druck.

Utz Tremp, Helvetia Sacra III/2, Münchenwiler Utz Tremp, Kathrin, Münchenwiler (*Helvetia Sacra* III/2), S. 368–369.

Utz Tremp, Quellen Waldenser Quellen zur Geschichte der Waldenser von Freiburg im Uechtland (1399–1439), hg. von Kathrin Utz Tremp (*Monumenta Germaniae Historica*, Quellen zur Geistesgeschichte des Mittelalters 18), Hannover 2000.

Utz Tremp, Vinzenz Ferrer Utz Tremp, Kathrin, Ein Dominikaner im Franziskanerkloster. Der Wanderprediger Vinzenz Ferrer und die Freiburger Waldenser (1404). Zu Codex 62 der Franziskanerbibliothek, in: Zur geistigen Welt der Franziskaner im 14. und 15. Jahrhundert. Die Bibliothek des Franziskanerklosters in Freiburg/Schweiz, hg. von Ruedi Imbach und Ernst Tremp (*Scrinium Friburgense* 6), Freibug i.Ü., 1995, S. 81–109.

Utz Tremp, Waldenser Utz Tremp, Kathrin, Die letzten deutschen Waldenser im Mittelalter? Die Waldenser von Freiburg im Üechtland (Ende 14./frühes 15. Jahrhundert), in: Die Waldenser. Spuren einer europäischen Glaubensbewegung, hg. von Günther Frank u. a. Bretten 1999, S. 70–81.

Utz Tremp, Waldenser, Wiedergänger Utz Tremp, Kathrin, Waldenser, Wiedergänger, Hexen und Rebellen. Biographien zu den Waldenserprozessen von Freiburg i.Ü. (1399 und 1430) (Freiburger Geschichtsblätter, Sonderband), Freiburg 1999.

Utz Tremp, Waldenserprozess Utz Tremp, Kathrin, Der Freiburger Waldenserprozess von 1399 und seine bernische Vorgeschichte, in: Freiburger Geschichtsblätter 68, 1991, S. 57–85.

Utz Tremp, Helvetia sacra IV/5/1 Utz Tremp, Kathrin, Bern (*Helvetia sacra* IV/5/1), S. 285–324.

Utz Tremp, Helvetia Sacra IX/2, Bern Utz Tremp, Kathrin, Bern (Stadt) (*Helvetia Sacra* IX/2), S. 248–315.

Utz Tremp, Helvetia Sacra IX/2, Burgdorf Utz Tremp, Kathrin, Burgdorf (*Helvetia Sacra* IX/2), S. 243–245.

Van Berchem, Campagnes Van Berchem, Victor, Les dernières campagnes de Pierre II comte de Savoie en Valais et en Suisse, in: Revue historique vaudoise 9, 1907, S. 257–269, 289–297, 321–329, 353–365.

2VL (Verfasserlexikon) Die deutsche Literatur des Mittelalters. Verfasserlexikon, 2. völlig neu bearbeitete Aufl., hg. von Kurt Ruh u. a. Berlin/New York 1978.

Vicaire/Binding, Lex MA III Vicaire, Marie-Humbert/Günter Binding, Dominikus, in: Lex MA III, München und Zürich 1986, Sp. 1221–1223.

Villingen 999–121 Villingen 999–1218. Aspekte seiner Stadtwerdung und Geschichte bis zum Ende der Zähringerzeit im überregionalen Vergleich, hg. von Heinrich Maulhardt/Thomas Zotz (Veröffentlichungen des Stadtarchivs und der Städtischen Museen Villingen-Schwenningen), im Druck.

Vischer, Wasserbauten Vischer, Daniel L., Bernische Wasserbauten des 18. Jahrhunderts, in: *währschafft, nuzlich und schön*. Bernische Architekturzeichnungen des 18. Jahrhunderts, Ausstellungskatalog, hg. von Thomas Lörtscher, Bern 1994, S. 49–61.

Vollenweider, Laufhunde Vollenweider, Otto, Die Schweizer Laufhunde, in: Schweizer Hundestammbuch Bd. 32, S. 1–64.

Volmar, Bärenbuch Volmar, Friedrich August, Das Bärenbuch, Bern 1940.

Vor- und Frühformen Vor- und Frühformen der europäischen Stadt im Mittelalter, hg. von Herbert Jankuhn/Walter Schlesinger/Heiko Steuer (Abhandlungen der Akademie der Wissenschaften in Göttingen, Philologisch-Historische Klasse, Dritte Folge 83), Göttingen 1973.

Vorderösterreich Vorderösterreich – nur die Schwanzfeder des Kaiseradlers? Die Habsburger im deutschen Südwesten, hg. vom Württembergischen Landesmuseum Stuttgart, 2. Aufl., Ulm 1999.

Vorderösterreich, Metz Vorderösterreich. Eine geschichtliche Landeskunde. Mit einem einleitenden Beitrag von Franz Quarthal, hg. von Friedrich Metz, 4., erweiterte Aufl., Freiburg 2000.

Wäber, Veranstaltungen Wäber, J. Harald, Die Veranstaltungen des Äusseren Standes im 18. Jahrhundert, in: Der Äussere Stand von Bern und sein Rathaus (Berner Heimatbücher 129), Bern 1982, S. 53–96.

Waber/Gugger, Wohlen Waber, Christoph/ Gugger, Hans, Die Pfarrkirche von Wohlen bei Bern (Schweizerische Kunstführer Serie 57, Nr. 568), Bern 1995.

Wälchli/Wäber u. a. Bernische Denkmäler Wälchli, Karl F./J. Harald Wäber/Peter Martig/Peter Hurni, Bernische Denkmäler. Ehrenmale in der Gemeinde Bern und ihre Geschichte, bearbeitet vom Staatsarchiv des Kantons Bern, Bern 1987.

Waldstein-Wartenberg, Vasallen Waldstein-Wartenberg, Berthold, Die Vasallen Christi, Kulturgeschichte des Johanniterordens im Mittelalter, Wien/Köln/Graz 1988.

Walther von der Vogelweide, Werke Walther von der Vogelweide, Werke, 2 Bde., hg. von Günther Schweikle (RUB 819f.), Stuttgart 1994, 1998.

Walther, Miniaturen Sämtliche Miniaturen der Manesse-Liederhandschrift, hg. von Ingo F. Walther, Aachen 1979.

Walther, Prüfung Walther, Gottlieb, *Critische Prüfung der Geschichte von Ausrottung des Zäringischen Stamms durch Vergiftung zweier Söhnen Berchtolds V.,* Bern 1765.

Wand, Holzheim Wand, Norbert, Holzheim bei Fritzlar in salischer Zeit – ein nordhessisches Dorf mit Herrensitz, Fronhof und Eigenkirche, in: Siedlungen und Landesausbau zur Salierzeit, Bd. 1, hg. von Horst Wolfgang Böhme (Monographien des Römisch-Germanischen Zentralmuseums 27), Sigmaringen 1992, S. 169–210.

Wappenbuch Wappenbuch des Kantons Bern, Bern 1981.

Weber, Bern 800 Weber, Berchtold, Bern 800. Festzugführer, 8. September 1991, Bern 1991.

Weber, Festspiel Weber, Heinrich, Dramatisches Festspiel in sechs Gruppen. Gründungsfeier der Stadt Bern 1191–1891, Bern 1891.

Weber, Inschriftenfragment Weber, Gabriele, *Hanc Dux Berchtoldus ...* Zur Wiederauffindung eines zähringischen Inschriftenfragments von der Breisacher Burg, in: Denkmalpflege Baden-Würtemberg 2, 1992, S. 52–54.

Weber, Wappen Weber, Berchtold, Die Berner und ihre Wappen – Einige heraldische Betrachtungen, in: BGZ, S. 306–313.

Weech, ***Rotulus*** von Weech, Friedrich, Der *Rotulus Sanpetrinus* nach dem Original im Großherzoglichen General-Landesarchiv zu Karlsruhe, in: Freiburger Diözesanarchiv 15, 1882, S. 133–184.

Wegeli, Inventar 1916 Wegeli, Rudolf, Inventar der Waffensammlung des Bernischen historischen Museums in Bern. I. Schutzwaffen, in: Jahresbericht des Historischen Museums in Bern, 1916, S. 121–139 und 1917, S. 77–100.

Wegeli, Inventar 1919 Wegeli, Rudolf/Rudolf Münger, Inventar der Waffensammlung des Bernischen historischen Museums in Bern. II. Hieb und Stichwaffen, in: Jahresbericht des Historischen Museums in Bern, 1919, S. 71–98 und 1927, S. 17–41.

Wegeli, Inventar 1931 Wegeli, Rudolf, Inventar der Waffensammlung des Bernischen historischen Museums in Bern. Halparte, in: Jb. des Historischen Museums in Bern 11, Bern 1931, S. 20–48.

Wegeli, Inventar 1935 Wegeli, Rudolf, Inventar der Waffensammlung des Bernischen historischen Museums in Bern. Langspiess, in: Jb. des Historischen Museums in Bern 15, 1935, S. 17–36.

Wehlte, Praxis Wehlte, Kurt, Aus der Praxis der maltechnischen Röntgenographie, in: Technische Mitteilungen für Malerei 9, München 1932, S. 69–80.

Wehrli, Helvetia Sacra IV/5, Zürich-Oetenbach Wehrli-Johns, Martina, Zürich-Oetenbach (*Helvetia sacra* IV/5), S. 1019–1029.

Wehrli-Johns, Zürcher Predigerkonvent Wehrli-Johns, Martina, Geschichte des Zürcher Predigerkonvents (1230–1524). Mendikantentum zwischen Kirche, Adel und Stadt, Zürich 1980.

Wehrli-Jones, Wirksamkeit Wehrli-Jones, Martina, Stellung und Wirksamkeit der Bettelorden in Zürich. Ein Diskussionsbeitrag, in: Stellung und Wirksamkeit der Bettelorden in der städtischen Gesellschaft, hg. von Kaspar Elm (Berliner Historische Studien 3, Ordensstudien 2), Berlin 1981, S. 77–84.

Weigele-Ismael, Rudolf von Ems Weigele-Ismael, Erika, Rudolf von Ems: Wilhelm von Orlens. Studien zur Ausstattung und zur Ikonographie einer illustrierten deutschen Epenhandschrift des 13. Jahrhunderts am Beispiel des Cgm 63 der Bayerischen Staatsbibliothek München (Europäische Hochschulschriften, Reihe 28: Kunstgeschichte 285), Frankfurt a.M. u. a. 1997.

Weingartner, Abflussregimes Weingartner, Rolf, Abflussregimes als Grundlage zur Abschätzung von Mittelwerten des Abflusses, in: Hydrologischer Atlas der Schweiz, Tafel 5.3, Bern 1992 ff.

Weis, Grafen von Lenzburg Weis, Herbert, Die Grafen von Lenzburg in ihren Beziehungen zum Reich und zur adeligen Umwelt, Diss. Manus., Freiburg i.Br. 1959.

Welker, Melodien Welker, Lorenz, Melodien und Instrumente, in: Codex Manesse. Ausstellungskatalog, hg. von Elmar Mittler/Wilfried Werner, Heidelberg 1988, S. 113–126.

Welti, Pilgerfahrt Welti, Friedrich Emil, Die Pilgerfahrt des Hans von Waltheym im Jahre 1474, Bern 1925.

Welti, Stadtrechnungen Die Stadtrechnungen von Bern aus den Jahren 1375–1384, 2 Bde., hg. von Friedrich Emil Welti, Bern 1896.

Wentzel, CVMA Deutschland 1 Wentzel, Hans, Die Glasmalereien in Schwaben von 1200–1350 (*Corpus Vitrearum Medii Aevi*, Deutschland 1, Schwaben 1, 1), Berlin 1958.

Westschweizer Schiedsurkunden Westschweizer Schiedsurkunden bis zum Jahre 1300, hg. von Emil Usteri, Zürich 1955.

Wetterwald, Sohn Guebweilers Wetterwald, Charles, Ein vergessener Sohn Guebweilers in Bern, in: Annuaire de la Société d'Histoire des Régions de Thann-Guebwiller 1955/1956, S. 54.

Wicki, Grundlagen Wicki, Hans, Die geschichtlichen Grundlagen der Freiburger Stadtgründung, in: Fribourg – Freiburg 1157–1481, Freiburg i. Ü. 1957, S. 19–53.

Widmer, St. Ursus Widmer, Berthe, Der St. Ursus- und Victorkult in Solothurn, in: Solothurn. Beiträge zur Geschichte der Stadt im Mittelalter, Zürich 1990, S. 33–81.

Wiedenau, Wohnbauten Wiedenau, Anita, Katalog der romanischen Wohnbauten in westdeutschen Städten und Siedlungen (Das deutsche Bürgerhaus 34), Tübingen 1984.

Wiegel, Rembrandtgemälde Wiegel, Albert, Die geröntgten Rembrandtgemälde der Staatlichen Gemäldegalerie Kassel, in: Technische Mitteilungen für Malerei 1, München 1936, S. 3–6.

Wild, Mülenen Wild, Werner, Reichenbach. Burg und Letzi Mülenen. Die Rettungsgrabungen von 1941 und 1990–1996 (SADB), Bern 1997.

Wild, Stadtplanung Wild, Dölf, Mittelalterliche Stadtplanung im Rennwegquartier. Ein Vorbericht zu den archäologischen Untersuchungen von 1997–1999, in: Zürcher Denkmalpflege. Stadt Zürich. Bericht 1997/98, hg. vom Hochbaudepartement der Stadt Zürich, Amt für Städtebau, Zürich 1999, S. 47–60.

Wild/Böhmer, Brunnenhof Wild, Dölf/Roland Böhmer, Die spätmittelalterlichen Wandmalereien im Haus «Zum Brunnenhof» in Zürich und ihre jüdischen Auftraggeber. Sonderabdruck aus dem Bericht «Zürcher Denkmalpflege», Stadt Zürich 1995/1996.

Will, Därstetten Will, Günter, Die Kirche von Därstetten im Simmental. Ergebnisse einer Bauuntersuchung, in: Unsere Kunstdenkmäler 18, 1967, S. 18–22.

Willoweit, Herr Willoweit, Dietmar, Herr, Herrschaft, in: Lex MA IV, Sp. 2176–2179.

Wirz, Regesten Wirz, Caspar, Regesten zur Schweizergeschichte aus den päpstlichen Archiven 1447–1513, 6 Bde., Bern 1911–1918.

Wirz, Zürichs Bündnispolitik Wirz, Hans Georg, Zürichs Bündnispolitik im Rahmen der Zeitgeschichte 1291–1353, in: Mitteilungen der antiquarischen Gesellschaft in Zürich 36, 1955, S. 50–56.

Witolla, Beziehungen Witolla, Gabriele, Die Beziehungen des Rektors von Burgund zu den Klöstern und Stiften, in: Zähringer III, S. 177–213.

Wittwer, Interlaken Wittwer, Peter, Liturgische Handschriften aus dem Chorherrenstift Interlaken und ihre elsässischen Quellen, in: Zeitschrift für Schweizerische Kirchengeschichte 81, 1987, S. 105–150.

Wittwer, Quellen Wittwer, Peter, Quellen zur Liturgie der Chorherren von Marbach, in: Archiv für Liturgiewissenschaft 32, 1990, S. 307–361

Wittwer, Zurzacher *Liber Ordinarius* Wittwer, Peter, Der Zurzacher *Liber Ordinarius* und seine Beziehungen zur Marbacher Liturgie (*Spicilegium Friburgense*), im Druck.

Wojtecki, Orden Wojtecki, Dieter, Der Deutsche Orden unter Friedrich II., in: Probleme um Friedrich II., hg. von Josef Fleckenstein (Vorträge und Forschungen 16), Sigmaringen 1974, S. 187–224.

Wolf, Bricks Wolf, Sophie, The bricks from St. Urban: analytical and technical investigation on Cistercian bricks in Switzerland, Diss. Manus. , Freiburg 1999.

Wollasch, Cluny Wollasch, Joachim, Cluny im 10. und 11. Jahrhundert, Göttingen 1967.

Wollasch, Toten- und Armensorge Wollasch, Joachim, Toten- und Armensorge, in: Gedächtnis, das Gemeinschaft stiftet, hg. von Karl Schmid (Schriftenreihe der Katholischen Akademie der Erzdiözese Freiburg), München/Zürich 1985, S. 9–38.

Wollasch, Totenbuch Wollasch, Joachim, Ein cluniazensisches Totenbuch aus der Zeit Abt Hugos von Cluny, in: Frühmittelalterliche Studien 1, Berlin 1967, S. 406–443.

Wood, Perception Wood, Jeryldine, Perceptions of Holiness in Thirteenth Century Italian Painting: Clare of Assisi, in: Art History. Journal of the Association of Art Historians 14, Oxford 1991, S. 301–328.

Wullschleger, 750 Jahre Bern Wullschleger, Bernhard, 750 Jahre Bern. Die Jubiläumsfeier von 1941, im Auftrag des Organisationskomitees, Bern 1941.

Würsten, Schloss Interlaken Würsten, Hans Peter, Doppelkloster, Landvogtei, Bezirksverwaltung: 700 Jahre Bauentwicklung im Schloss Interlaken (im Druck).

Wüst, Kommunikation Wüst, Wolfgang, Reichsstädtische Kommunikation in Franken und Schwaben. Nachrichtennetze für Bürger, Räte und Kaufleute im Spätmittelalter, in: Zeitschrift für Bayrische Landesgeschichte 62, Heft 3, 1999, S. 681–709.

Wüthrich, Wandgemälde Wüthrich, Lucas, Wandgemälde. Von Müstair bis Hodler. Katalog der Sammlung des Schweizerischen Landesmuseums Zürich, Zürich 1980.

Zahnd, «... zu ewigen zitten angedenck ...» Zahnd, Urs Martin, ... *zu ewigen zitten angedenck* ... Einige Bemerkungen zu den bernischen Stadtchroniken aus dem 15. Jahrhundert, in: BGZ, S. 187–190.

Zahnd, Bündnis und Territorialpolitik Zahnd, Urs Martin, Berns Bündnis- und Territorialpolitik in der Mitte des 14. Jahrhunderts, in: BZ 53, 1991, S. 21–59.

Zahnd, König, Reich und Stadt Zahnd, Urs Martin, König Reich und Stadt. Einige Bemerkungen zu Stadtrechten und politischem Alltag in Bern, Solothurn und Murten im 13./14. Jahrhundert, in: Der Geschichtsfreund 152, 1999, S. 57–83.

Zahnd, Zunft zum Mittellöwen Zahnd, Urs Martin, Die Berner Zunft zum Mittellöwen im Spätmittelalter (Geschichte der Berner Zunft zu Mittellöwen 1), Bern 1984.

Zahnd, Wirtschaftsordnung Zahnd, Urs Martin, Zur Wirtschaftsordnung hochmittelalterlicher Zisterzienserklöster im oberdeutschen und schweizerischen Raum, in: SZG 40, 1990, S. 55–66.

Zähringer I Die Zähringer. Eine Tradition und ihre Erforschung, hg. von Karl Schmid (Veröffentlichungen zur Zähringerausstellung I), Sigmaringen [2]1991.

Zähringer II Die Zähringer. Anstoß und Wirkung, hg. von Hans Schadek und Karl Schmid (Veröffentlichungen zur Zähringer-Ausstellung II), Sigmaringen 1991.

Zähringer III Die Zähringer. Schweizer Vorträge und neue Forschungen, hg. von Karl Schmid (Veröffentlichungen zur Zähringer-Ausstellung III), Sigmaringen 1990.

Zeichen der Freiheit Zeichen der Freiheit. Das Bild der Republik in der Kunst des 16. bis 20. Jahrhunderts. 21. Europäische Kunstausstellung unter dem Patronat des Europarates, Bernisches Historisches Museum, Kunstmuseum Bern, 1. Juni bis 15. September 1991, Katalog, hg. von Dario Gamboni/Georg German, Bern 1991.

Zeininger, L'Ordre Teutonique Zeininger, Henri Charles, L'Ordre Teutonique en Suisse, in: SZG 7, 1957, S. 487–497.

Zeller-Werdmüller, Denkmäler Zeller-Werdmüller, Heinrich, Denkmäler der Feudalzeit aus dem Lande Uri. Das Kästchen von Attinghausen, in: Mitteilungen der antiquarischen Gesellschaft in Zürich 21, Heft 5, 1884, S. 111–142.

Zeller-Werdmüller, Eschenbach Zeller-Werdmüller, Heinrich, Die Freien von Eschenbach, Schnabelburg und Schwarzenberg, in: Zürcher Taschenbuch N.F. 16, 1893, S. 75–132.

Zemp, Backsteine Zemp, Josef, Die Backsteine von St. Urban, in: Festgabe auf die Eröffnung des schweizerischen Landesmuseums in Zürich, hg. von H. Angst u. a. Zürich 1898, S. 109–170.

Zesiger, Pest Zesiger, Alfred, Die Pest in Bern, Bern 1918.

Zesiger, Schultheissen Zesiger, Alfred, Die bernischen Schultheissen, in: Blätter für bernische Geschichte, Kunst und Altertumskunde 4, 1908, S. 235–258.

Zesiger, Zunftwesen Zesiger, Alfred, Das bernische Zunftwesen, Bern 1911.

Zettler, Graf Berthold Zettler, Alfons, Graf Berthold, sein kaiserliches Marktprivileg für Villingen und der Aufstieg der Zähringer in Schwaben, in: Menschen – Mächte – Märkte. Schwaben vor 1000 Jahren und das Villinger Marktrecht (Veröffentlichungen des Stadtarchivs und der Städtischen Museen Villingen-Schwenningen 20), Villingen-Schwenningen 1999, S. 117–139.

Zettler, Zähringerburgen Zettler, Alfons: Zähringerburgen – Versuch einer landesgeschichtlichen und burgenkundlichen Beschreibung der wichtigsten Monumente in Deutschland und in der Schweiz, in: Zähringer III, S. 95–176.

Zimmer, Helvetia Sacra IV/5/1 Zimmer, Petra, Einleitung I (*Helvetia Sacra* IV/5/1), S. 25–95.

Zimmermann, Baumsarg Zimmermann, Karl, Baumsarg und «Totenbaum». Zu einer Bestattung unter dem Berner Münster (*Acta Bernensia* XI), Bern 1992.

Zimmermann; Geschosspitzen Zimmermann, Bernd, Mittelalterliche Geschossspitzen. Kulturhistorische, archäologische und archäometallurgische Untersuchungen, hg. vom Schweizerischen Burgenverein (Schweizer Beiträge zur Kulturgeschichte und Archäologie des Mittelalters 26), Basel 2000.

Zinn, Kanonen Zinn, Karl Georg, Kanonen und Pest. Über die Ursprünge der Neuzeit im 14. und 15. Jahrhundert, Opladen 1989.

Zinsli, Oberland Zinsli, Paul, Das Berner Oberland als frühe alemannische Siedlungsstaffel im westlichen schweizerdeutschen Sprachgrenzraum. Nach dem Zeugnis von Streuung und Lautstand der Ortsnamen, in: Namenforschung. Festschrift für Adolf Bach zum 75. Geburtstag, hg. von Rudolf Schützeichel/Matthias Zender, Heidelberg 1965, S. 330–358.

Zinsli, Ortsnamen Zinsli, Paul, Ortsnamen. Strukturen und Schichten in den Siedlungs- und Flurnamen der deutschen Schweiz (Schriften des deutschschweizerischen Sprachvereins 7), 2. Aufl. Frauenfeld 1975.

Zinsli, Sammlung Zinsli, Paul, Die Orts- und Flurnamensammlung des Kantons Bern und ihre Probleme. Ein Zwischenbericht, in: Schulpraxis 50/9, 1961, S. 189–216.

Zisterzienserbauten Zisterzienserbauten in der Schweiz, Neue Forschungsergebnisse zur Archäologie und Kunstgeschichte, 2 Bde., hg. von Hans Rudolf Sennhauser (Veröffentlichungen des Instituts für Denkmalpflege an der ETH Zürich 10), Zürich 1990.

Zopfi, Siedlungsgeschichte Zopfi, Fritz, Zur Siedlungsgeschichte, in: Das Emmental. Land und Leute. Beiträge zur Heimatkunde, Langnau 1954, S. 20–41.

Zotz, Dux de Zaringen Zotz, Thomas: *Dux de Zaringen – dux Zaringiae*. Zum zeitgenössischen Verständnis eines neuen Herzogtums im 12. Jahrhundert, in: Zeitschrift für die Geschichte des Oberrheins 139, 1991, S. 1–44.

Zotz, Präsenz Zotz, Thomas, Fürstliche Präsenz und fürstliche Memoria an der Peripherie der Herrschaft. Die Habsburger in den Vorderen Landen im Spätmittelalter, in: *Principes.* Dynastien und Höfe im späten Mittelalter, hg. von Karl-Heinz Spieß (Residenzenforschung 14), Stuttgart 2002.

Zotz, Verleihung Zotz, Thomas: Die Verleihung des Markt-, Münz- und Zollrechts durch Kaiser Otto III. an Graf Berthold für seinen Ort Villingen, in: Villingen und Schwenningen. Geschichte und Kultur (Veröffentlichungen des Stadtarchivs und der Städtischen Museen Villingen-Schwenningen 15), Villingen-Schwenningen 1998, S. 10–25.

Zotz, Zähringer Zotz, Thomas: Artikel «Zähringer», in: Lex MA IX, München 1998, Sp. 464–467 (mit Stammtafel der «Zähringer» im Anhang).

Zotz, Zähringerhaus Zotz, Thomas: Das Zähringerhaus unter Kaiser Heinrich V. und die Freiburger Marktgründung, in: Geschichte in Verantwortung. Festschrift für Hugo Ott zum 65. Geburtstag, hg. von Hermann Schäfer, Frankfurt/New York 1996, S. 25–52.

Zumbrunn/Gutscher, Skulpturenfunde Zumbrunn, Urs/Gutscher, Daniel, Bern. Die Skulpturenfunde der Münsterplattform. Katalog der figürlichen und architektonischen Plastik (SADB), Bern 1994.

Zurich, Origines de Zurich, Pierre, Les origines de Fribourg et le quartier du Bourg aux XVe et XVIe siècles, Lausanne u. a. 1924.

zytglogge *zytglogge*. Der Wehrturm, der zum Denkmal wurde. Ein Bericht zum Abschluss der Restaurierung 1981–1983, hg. von der Baudirektion der Stadt Bern, Bern 1983.

Orts- und Namensregister

Aufgenommen sind Begriffe aus den Aufsätzen und Kastentexte. Zu häufig auftretende Namen (Bern, Konrad Justinger) entfallen. Barbara Studer ist herzlich für ihre Hilfe zu danken.

I

J

K

L

M

N

Abbildungsnachweis

Aarau, Staatsarchiv: Kasten S. 227 rechts.

Aarau, Kantonale Denkmalpflege: 113f., 116–123; 479, 483. Kasten S. 144.

Augsburg (D), Universitätsbibliothek: 16.

Basel, Staatsarchiv: 130.

Basel, Universitätsbibliothek: 489.

Bern, Archäologischer Dienst des Kantons Bern: Armand Baeriswyl: 42, 60, 68, 70, 72, 310, 316, 319. Adriano Boschetti: Kasten S. 384. René Buschor: 277f., 285; Kasten S. 311 links. Regula Glatz: 74 rechts, 77, 168–170, 271. Hans Grüter: Kasten S. 123 rechts. Daniel Gutscher: 178, 267, 365, 397, 410, Kästen S. 337 und S. 398. Daniel Kissling: 24, 66, 81. Roger Lüscher: 315. S. Mesaric, U. Kindler: Kasten S. 337. Arthur Nydegger: 236, 259b, 362; Kästen S. 292 oben, S. 311 rechts. Martin Portmann: 240, 398. Badri Redha: 23, 24, 28, 41, 59, 69, 74, 76, 78, 82, 144, 151, 225, 227, 229, 239, 241–243, 249f., 251, 264, 273–276, 280f., 283f., 286–291, 300, 334, 408, 416, 439, 442f., 472, 500, 507; Kästen S. 261, S. 268, S. 313 links, S. 383, S. 405, S. 478, S. 523 und S. 526f. entsprechend Abbildungslegende. Eliane Schranz: 5, 8, 30, 31, 37 (nach Regula Glatz), 39, 40, 55, 65 (nach Originalen im Archiv ADB), 71, 73, 75, 80, 101, 146–150, 153–158, 160, 166f., 182, 185, 188–190, 251, 258, 259a, 261, 266, 268, 282 (zus. mit Max Stöckli und Eva Roth Heege), 303, 311, 313, 318, 394, 396, 402, 410, 423; Kästen S. 123 (nach Vorlage Bruno Seitz), S. 292, S. 304, S. 337 unten, S.383. Max Stöckli: 25 (Digitales Geländemodell, Bern Vermessungsamt, Umzeichnung ADB), 26, 53 (nach Ammann und Hofer), 79, 257, 270, S. 363f., 368f., 371, 374, 379, 388f., 417, 422, 497; Kästen S. 293, S. 313 unten, S. 337 oben, S. 478. Ueltschi, Alex: Titelbild und Forsatzblatt, 35, 38, 107, 162, 174, 260, 269, 302, 367, 395, 401, 403–407, 409, 411–413, 528; Kästen S. 211 Mitte und S. 292 rechts. AAM: 372, 382, 500, Kästen S. 402 rechts, S. 211 links und unten (F. Wadsack). Luftbildinventar (Patrick Nagy): 33, 145, 152, 159, 161, 165, 175–177, 216f., 297f., 324, 338, 350, 400.

Bern, Burgerbibliothek: 1, 11, 13, 17, 62, 84, 88, 98, 103, 108, 124, 163, 173, 181, 191f., 196f., 220, 244–246, 262, 304, 339, 359f., 444, 448, 452f., 493f., 515, 548.

Kästen S. 107, S. 227 links, S. 272, S. 315 unten, S. 387, S. 397, S. 489. Martin Germann: 496.

Bernisches Historisches Museum (Stefan Rebsamen): 2f., 21, 29, 32, 43f., 87, 91, 132, 164, Fotos Kasten S. 223, 218f., 226, 228, 230, 232f., 279, 301, 308, 312, 429f., 433–436, 447, 464f., 495, 501–506, 508, 516, 520–522, 524, 526f., 534, 543, 547. Kästen S. 277 oben, S. 507, S. 523 und S. 527 entsprechend Abbildungslegende.

Bern, Kantonale Denkmalpflege: 85f., 135f., 138, 184, 186, 200, 295, 321, 326–332, 335–337, 340–349, 351–354, 356–358, 370, 375f., 380f., 427, 437f., 440f., 455, 467–471, 473–478, 480–482, 485, 487, 541, 545. Kästen S. 169, S. 211 rechts oben, S. 355, S. 415. Martin Hesse: 57f., 183, 265, 383–388, 424f. Gerhard Howald: 18f., 361, Kästen S. 313 rechts und S. 402 links.

Bern, Eidgenössisches Archiv für Denkmalpflege: 83, 320, Kasten S. 526 Mitte.

Bern, Naturhistorisches Museum: 27 (Albert Stähli).

Bern, Staatsarchiv des Kantons Bern: Einleitungsbild, 6, 22, 102, 125–129, 131, 137, 171f., 195, 201, 205, 207, 210–213, 221f., 426, 519, 531f., 537, 546, 549–556. Kästen S. 126, S. 129, S. 229, S. 233, S. 279, S. 311, S. 315 oben, S. 507.

Bern, Stadtarchiv: 36, Kästen S. 241 und S. 395.

Bern, Stadt- und Universiätsbibliothek: Repro aus Faksimile StUB PW 429 (Manessische Liederhandschrift, Heidelberg) 512–514.

Bern, Historische Anthropologie der Universität: 392f., Kasten S. 369 (Verena Leistner).

Bern, Vermessungsamt: 193

Ballif, Charles (La Neuveville): 133

Bärmann, Michael (Bern): 14f.

Bernhard, Jürg (Bern): 421.

Böhmer, Roland (Zürich): 355, 456–463; Kasten S. 319 rechts.

Breisach (D), Stadtgeschichtliches Museum: 323.

Brugg, Kantonsarchäologie: Plan Kasten S. 145.

Burgdorf, Rittersaalgesellschaft: 446

Clergy-Pontoise (F), Villiers-le-Sec: 414f.

Eggenberger, Peter (Luzern): 373, Kasten S. 352.

Fibbi-Aeppli, Daniel und Suzanne (Grandson): 307.

Freiburg i. Ü., Denkmalpflege: 96, 139.

Freiburg i. Ü., Kantons- und Universitätsbibliothek: 491.

Freiburg i. Ü., Staatsarchiv: 34.

Geiger, Hans-Ulrich (Zürich): 223f.

Gerber Roland (Langenthal): 194, 198f., 202–204, 206, 215, 252–256, 294, 538–540, 542, 544; Kästen S. 234, S. 239.

Heidelberg (D), Universitätsbibliothek: 106.

Hübner, Klara (Bern): 208f.

Immenhauser, Beat (Bern): 134, 293 und 299 (nach Entwurf Kathrin Utz Tremp).

Leuzinger, Jürg (Muri): Kasten S. 126 oben und Grafik.

Luzern, Zentral- und Hochschulbibliothek: 490, 510.

Müchenbuchsee, Sammlung Alt Buchsee: 305f., 317, Kasten S. 319 links.

Mulhouse (F), Archives Municipales de la Ville: 20.

München, Bayerische Staatsbibliothek: 272.

Neuchâtel, Service de la protection des monuments et des sites: 105, Kasten S. 135.

Prolith AG Köniz: 180.

Saanen (BE), Gemeindearchiv: 179.

Sitten, Kapitelsarchiv: 492, 498.

Studer, Barbara (Bern): 234f. (nach Entwürfen U.M. Zahnd: 518, 523, 530, 533, 535).

Stuttgart (D), Landesbildstelle Württemberg: 486.

Ulrich-Bochsler, Susi (Bern): 390f.

Utz Tremp, Kathrin (Freiburg i.Ü.):428, 432, 449.

von Woyski Niedermann, Ina (Trimbach, SO): 420.

Wien, Österreichische Nationalbibliothek: Kasten S. 145.

Zürich, Graphische Sammlung der ETH: 63.

Zürich, Kunsthaus: 466.

Zürich, Schweizerisches Landesmuseum: 99, 231, 296; Kästen S. 277 unten, S. 526 rechts.

Zürich, Stadtarchäologie: 54 (Werner Wild), Kasten S. 251.

Zürich, Zentralbibliothek: 64, 90, 97 (Foto ADB), 100, 214, 292, 488.

Reproduktionen aus:

Andenmatten/de Raemy, Maison de Savoie, S. 46: 93; S. 104: 94; S. 64: 95.

Baeriswyl, Vorstadt: 56.

Gutscher/Reike, Wandmalereien, S. 129: 418f.

BGZ S. 127, Abb. 78: 450.

Bildersturm, S. 90, Abb. 1: 237; S. 286, Kat. 133: 454.

Chronik des Ulrich Richental (Konstanz, Rosgartenmuseum), Faksimile: 238, 247, 509.

Encyclopédie du Canton de Fribourg, Tf. nach S. 12: 140.

Fellmann, Zinktäfelchen, S. 141: K. S. 27.

Trier, Stadtführer, S. 125: 67.

Glatthard, Ortsnamen, Ausschnitte S. 112: 49; S. 114: 50.

Doggwiler, Gruss aus Bern: 187.

Habsburger zwischen Rhein und Donau, S. 55: 109; S. 44: 111; S. 145: 112,

Heubach, Alfred, Schloss Spiez, Spiez 1984, S. 28: 529.

Historischer Atlas, S. 59: 104.

Illustrierte Berner Enzyklopädie, Berner – deine Geschichte, Bd. II, Bern 1981, S. 55: 517; S. 57: 525.

Kat. Friburgum: 61.

Kdm Aargau III, S. 11: 115.

Kdm Bern Stadt II, S. 66: Kasten S. 89.

Kdm Bern Land I, S. 377, Abb. 324: 451.

Kdm Freiburg I, S. 106: 141; S. 18: 143; S. 74: 142; S. 60: 536.

Krieger, Habsburger, S. 238: 110.

Lachat, Burgdorf, Fig.1: 445.

Mülinen, Wappenschmuck: Kasten S. 251.

Rubli, Holländerturm, S. 20: 4.

Schöepflin, J. D., Historia Zaringo-Badensis I, 1763, S. 197: 322.

Schulthess, Siegel: 325.

SKF Serie 34, Nr. 339, S. 4, Schloss Jegenstorf: 248.

SKF Serie 22, Nr. 214, Köniz Kirche/Schloss: 484.

Sonderegger, Ortsnamen, Ausschnitt S. 88: 47.

Stammler, Jakob, Der Paramentenschatz im Historischen Museum zu Bern in Wort und Bild, Bern 1895, S. 43: 431.

Studie Bern, S. 20: Kasten S. 89.

Zahnd, König, Reich und Stadt, S. 68: 89.

Zinsli, Ortsnamen, Ausschnitte Tf.II: 46; S. 39: 48; Tf.IV.: 51; Tf.IX.: 52.

Zähringer II: Abb. 63.5, S. 102: 6; Abb. 58, S. 95: 9; Abb. 214, S. 382: 10; Abb. 61, S. 98: 12.